경제·경영수학 길잡이

4TH EDITION

FUNDAMENTAL METHODS of MATHEMATICAL ECONOMICS

ALPHA C. CHIANG
KEVIN WAINWRIGHT
정기준 · 이성순 역주

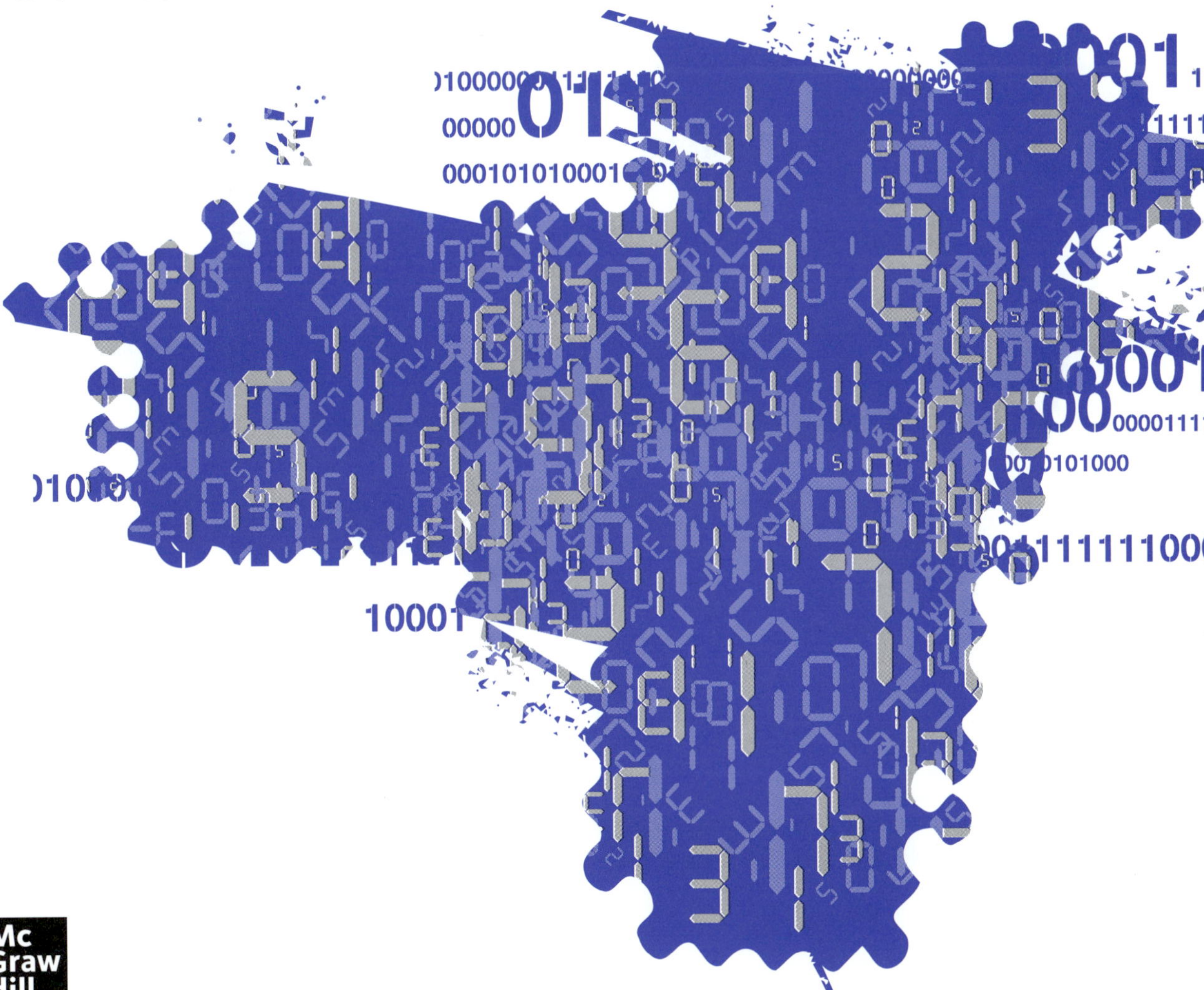

Mc Graw Hill

Fundamental Methods of Mathematical Economics, Fourth Edition

18 19 20 MHE-KOREA 20 24

Original: Fundamental Methods of Mathematical Economics, Fourth Edition
by Alpha C. Chiang, Kevin Wainwright
ISBN 0-07-010910-9

Korean ISBN 978-89-88825-90-7 93320

Printed in Korea

경제·경영수학 길잡이, 4판

발 행 일 / 2006년 2월 20일 1쇄
2024년 2월 26일 18쇄
저 자 / Alpha C. Chiang, Kevin Wainwright
역 자 / 정기준 • 이성순
발 행 인 / SHARALYN YAP LUYING(샤랄린얍루잉)
발 행 처 / 맥그로힐에듀케이션코리아 유한회사
주 소 / 서울시 마포구 양화로 45, 8층 801호
(서교동, 메세나폴리스)
전 화 / (02)325-2351
등록번호 / 제2013-000122호(2012.12.28)

ISBN: 978-89-88825-90-7

판 매 처 / 지필미디어
문 의 / 031)923-4504
가 격 / 34,000원

Fundamental Methods of Mathematical Economics

역주자 서문

이 역주서는 A. C. Chiang, and Kevin Wainwright, Fundamental Methods of Mathematical Economics, 4th edition, McGraw-Hill, 2005의 번역에 역주를 첨가한 책이다. 원저는 1967년 그 초판이 나온 이래 전세계적으로 좋은 평판을 얻어, 1974년에 제 2 판, 1984년에 제 3 판 그리고 2005년에 제 4 판이 나왔다.

이 역주서는 원래 원저의 제 3 판이 나온 직후 비봉출판사의 박기봉사장의 제의로 경제수학입문이란 제목으로 1985년에 출간되었고, 1988년에는 번역판권이 진영사로 넘어가, 진영사판으로 재출간되었다. 이번 제 4 판은 McGraw-Hill Korea가 직접 번역출판권을 행사하였고, 제목에 "경영"을 넣기로 하였다. 실제로 책의 내용이 경제와 경영을 망라하고 있고, 전세계적으로 경영학도들의 수학의 길잡이 교재로 널리 사용되고 있기 때문이다.

과거 역주판을 만드는 과정에서는 저자와 긴밀한 서신왕래를 통하여 원저자체의 내용을 상당수 바로잡았고, 이를 역주의 형태로 반영하였다. 원저자도 그 사실을 인정하여, 원저자의 한국어판 서문에 한국어판이 영어판보다 더 완벽하다고 하였다. 그리고 원저 제 4 판에서는 이를 상당히 반영하여, 역주의 수를 상당히 줄일 수 있게 되었다. 이번 판의 역주과정에서는 과거 역주판에 남아있는 잘못된 부분 및 원저의 추가부분의 새로운 오류도 바로잡아보려고 노력하였다.

원저의 내용은 초보자들을 위한 길잡이로서 매우 친절하게 설명되어 있고, 어떻게 보면 지루하다고 할 부분도 있다. 그러나 이 역주서는 원저자의 의도를 존중하여 축약을 시도하지 않았다. 그러나 제 4 판에 새로 추가된 부분 중에는 전후관계로 보아 빼는 것이 좋겠다는 판단을 한 부분이 있고, 그 사실은 해당 부분에서 지적하였다. 그리고 독자의 편의를 위하여 각장의 뒤에는 원저에는 없는 요약문을 추가하였다.

2006년 1월

역주자

Fundamental Methods of Mathematical Economics

한국어판에 대한 원저자 서문

누구든지 자신의 저서가 타국어로 번역되어 나오는 것을 보는 것은 즐거운 일이다. 더욱이 그 번역이 탁월한 능력과 함께, 그 작업을 신중하고 책임있게 하려는 의욕을 가진 분들에 의해서 이루어질 때 그 즐거움은 배가된다. 본 한국어판 번역을 맡은 정기준 · 이성순 두 교수야말로 이러한 능력과 의욕을 가진 분들이다. 그렇기 때문에 본인은 이분들이 이 번역작업에 동의한 것을 영광스럽게 생각하는 바이다. 특히 정기준 교수는 본인과 이전부터 서신교환이 있었고, 본서에 대해서 여러 가지로 값있는 조언을 해 준 데 대해서 감사하고 있는 터이다.

본서의 제 2 판까지는 이미 스페인어, 중국어, 이탈리아어, 일본어, 포르투갈어, 터키어 및 인도네시아어로 번역된 바 있다. 그러나 제 3 판이 번역된 것은 한국어판이 처음이다. 또 이 한국어판은 "역주"를 포함하고 있기 때문에 영문원판보다도 더 완전하고 값진 것이 될 것으로 믿는다. 본인은 한국의 독자 여러분들이 이 책으로부터 가치와 보람을 동시에 얻으리라고 확신하는 바이다.

蔣中一

Alpha C. Chiang

Fundamental Methods of Mathematical Economics

Preface for the Korean Translation

It is always a pleasure for an author to see his book appear in another language. But it is even a greater pleasure to know that the translators are people who possess superior knowledge and at the same time are willing to perform the task with care and patience. Since Professors Ki-Jun Jeong and S. S. Lee have those qualifications, I feel very much honored that they have agreed to translate my book. Professor Jeong, In particular, has corresponded with me previously, and has offered me many valuable suggestions on my book, for which I am very grateful.

Although the earlier editions of the book have been translated into Spanish, Chinese, Italian, Japanese, Portuguese, Turkish and Indonesian, this is the first time the third edition has ever been translated. The fact that the Korean editon contains the feature of "Translator' s Notes" will certainly make the Korean editon more complete and valuable than the English version. It is my sincere belief that your reading of this book will prove to be fruitful and worthwhile.

Alpha C. Chiang

Fundamental Methods of Mathematical Economics

저자 서문

이 책은 오늘날의 경제학 문헌을 제대로 이해하기 위해서는 반드시 필요한 기본적인 수학적 방법들을 배우고자 하는 경제학도들을 위해서 쓰여졌다. 유감스럽게도 많은 사람들은 수학을 공부한다는 것이 마치 쓴 약을 먹는 것과 같다고 생각한다. 꼭 필요하지만 매우 고통스러운 일이라고 말이다. "수학공포증"이라 할 수 있는 이러한 태도의 원인은 대부분, 우리가 생각하기로는, 수학이 학생들에게 불친절하게 소개되고 있다는 데에 있다. 간결함이 우아함을 의미한다는 믿음에서 설명이 너무 간단하여 분명치 않고, 학생들을 당혹시키고, 그들에게 쓸데없는 지적 열등감을 주기도 한다. 지나치게 형식적인 제시방법은 직관적 설명이나 "실생활과의 관련성"의 입증이 뒤따르지 않을 때, 동기유발에 실패할 수도 있다. 내용의 수준이 일정치 않음으로 해서 어떤 수학적 원리들은 실제보다 더 어렵게 느껴질 수 있다. 마지막으로, 연습문제의 수준이 너무 높으면, 학생들의 사고를 자극해 보겠다는 의도가 오히려 자신감을 무너뜨릴 지도 모른다.

이 책에서는 이런 점들을 염두에 두고, 공포증을 야기하는 요인들을 최소화하려고 진지한 노력을 기울였다. 가능한 한 신비스러운 설명을 버리고 친절한 설명을 제시하였다. 형식적인 서술방법을 버리고 독자의 "가려운 데를 긁어주는" 방식을 택하였다. 당연히, 학생들이 읽어나가면서 떠올릴 의문점들을 미리 짐작하여 답하려고 노력하였다. 수학이 경제학을 공부하는데 왜 그토록 중요한가를 강조하기 위하여, 해당하는 수학적 기법이 경제학자들의 분석적 필요성 때문에 요구됨을 밝히고, 즉시 적당한 경제모형을 들어 이를 예시하였다. 또한 우리의 수학적 도구상자를 마련함에 있어서, 도구들을 배열하는 순서에도 세심한 주의를 기울여서, 초보적인 도구들이 디딤돌이 되어서 후의 보다 세련된 도구들의 이해에 무리가 없도록 만전을 기하였다. 적당한 경우에는 언제나, 그래프를 이용한 설명을 통해서 대수적 결과들을 시각적으로 확인할 수 있도록 했다. 그리고 연습문제는 이해를 확실히 하고 자신감을 강화하는 데 도움을 주는 것들로 고안하였으며, 의도치 않은 좌절감을 주거나 초보자를 겁주는 도전적인 문제들은 피했다.

이 책에서는 다음과 같은 경제분석의 주요한 유형들을 망라하였다. 정태분석(균형분석), 비교정태분석, (정태분석의 특별한 한 유형으로서의) 최적화분석, 동태분석, 그리고 동태적 최적화분석, 등이 그것이다. 이러한 분석기법들을 공략하기 위해서, 우리는 다음과 같은 수학적인 방법들을 적당한 순서에 따라 설명하였다. 행렬대수학, 미분과 적분, 미분방정식, 차분방정식, 그리고 최적제어이론 등이 그것이다. 이 책은 상당히 많은 수의 미시 및 거시 경제모형들을 예로 들고 있기 때문에, 이미 수학적으로 잘 훈련을 받은 사람이 그 수학지식을 경제학에 적용하는 방법을 터득하는데도 이 책은 유용할 것이다. 같은 이유로, 이 책은 경제수학 · 경영수학의 교재로서 뿐만 아니라 거시이론, 미시이론, 그리고 경제성장 및 발전 등과 같은 다른 강좌의 보충용으로도 이용될 수 있다.

이 제 4 판은 이전 판의 주요한 목적과 문체를 그대로 유지하려고 노력하였다. 그러나 이 판은 몇가지 중요한 변화를 포함하고 있다. 수리계획법에 관한 내용은 좀 앞당겨져서, "최적화의 추가문제"라는 제목으로 새로이 마련된 제 13 장에서 다루어진다. 이 장에서 다루는 중요한 두 주제는 부등식제약하의 최적화문제와 포락성정리이다. 첫 번째 주제 속에서는, 쿤-터커 조건이 전판에서와 매우 유사한 방법으로 전개된다. 그러나, 성수기간과 비성수기간의 가격설정문제와, 소비자 배급문제를 포함하여 몇가지 새로운 경제적 응용문제들을 추가하였다. 두 번째 주제는 포락성정리, 최적값함수, 그리고 쌍대개념의 전개와 관련된 설명이다. 포락성정리를 다양한 경제모형에 적용함으로써 로이의 항등식, 세퍼드의 정리, 그리고 호텔링의 정리와 같은 중요한 결과를 유도하게 된다.

이 제 4 판에서의 두 번째 주요한 새로운 추가는 제 20 장의 최적제어이론이다. 이 장의 목적은 기본적인 최적제어문제를 소개하고, 그것이 경제학에 어떻게 적용되는가를 예시하는 일이다. 적용의 예로는 자연자원경제학과 최적성장이론을 들 수 있다. 이 장의 내용의 상당부분은 Alpha C. Chiang의 저서 Element of Dynamic Optimization 에서 다루고 있는 최적제어이론의 발췌이다. 이 책은 최적제어이론과 그 전신인 변분법을 모두 자세히 취급하고 있다.

새로이 마련된 이 두 장 이외에도, 이 제 4 판에서는 여러 군데 중요한 문제들을 추가하고 손질하였다. 제 3 장에서는, 고계다항방정식을 인수분해로 푸는 방법에 대한 논의를 추가하였다 (제 3.3 절). 제 4 장에서는, 마르코프연쇄를 논의한 새로운 절을 추가하였다 (제 4.7 절[번역에서는 제외하였다]). 그리고 제 5 장에서는, 사다리꼴행렬을 이용한 행렬위수의 검토방법 (제 5.1 절), 그리고 레온티에프 투입산출모형과 관련된 호킨스-사이몬 조건 (제 5.7 절)을 추가하였다. 경제적 응용에 관해서는, 수많은 새로운 예들을 추가하였고, 또 기존의 응용례들의 일부를 확장하였다. 선형의 IS-LM 모형을 제 5.6 절에 포함하였고, [번역에서는 이 절을 제외하였다.] 제 8.6 절에서는 폐쇄경제와 개방경제를 모두 포함하는 보다 일반적 유형의 모형으로 확장함으로써, 일반함수모형에 적용되는 비교정태문제를 매우 폭넓게 다루었다. 그 밖에도 기대효용과 위험선호의 논의 (제 9.3 절), 콥-더글라스 생산함수를 반영한 이윤극대화모형 (제 11.6 절), 그리고 2기간의 시간선택문제 (제 12.3 절)를 추가하였다. 마지막으로, 연습문제들을 개정 · 확장하여, 학생들로 하여금 기량을 증진시킬 수 있는 기회를 더 많이 가질 수 있게 하였다.

Fundamental Methods of Mathematical Economics

감사의 글

이 책을 집필하는데 우리는 수많은 사람들에게 신세를 졌다. 무엇보다도 먼저, 이 책에서 다루어지는 내용을 개척한 수학자들과 경제학자들에게 감사한다. 다음으로, 다년간 수많은 학생들의 노력과 질문들이 이 책의 집필의 철학과 접근방법을 구체화 하는데 도움을 주었다.

이 판의 이전에 발간된 세 개의 판에서 다음과 같은 분들의 비평 및 제안에 큰 혜택을 입었다(알파벳 순서): Nancy S. Barrett, Thomas Birnberg, E. J. R Booth, Charles E. Butler, Roberta Grower Carey, Emily Chiang, Lloyd R. Cohen, Gary Cornell, Harald Dickson, John C. H. Fei, Warren L. Fisher, Roger N. Folsom, Dennis R. Heffley, Jack Hirshleifer, James C. Hsiao, Ki–Jun Jeong (정기준), George Kondor, William F. Lott, Paul B. Manchester, Peter Morgan, Mark Nerlove, J. Frank Sharp, Alan G. Sleeman, Dennis Starleaf, Henry Y. Wan, Jr., and Chiou–Nan Yeh.

이 제 4 판에서는 다음 여러분들의 귀중한 착상과 제안에 감사한다 (알파벳 순서): Curt L. Anderson, David Andolfatto, James Bathgate, C. r. Birchenhall, Michael Bowe, John Carson, Kimoon Cheong, Youngsub Chun, Kamran M. Dadkhah, Robert Delorme, Patrick Emerson, Roger Nils Folsom, Paul Gomme, Terry Heaps, Suzanne Helburn, Melvin Iyogu, Ki–Jun Jeong (정기준), Robbie Jones, John Kane, Heon–Goo Kim, George Kondor, Hui–wen Koo, Stephen Layson, Boon T. Lim, Anthony M. Marino, Richard Miles, Peter Morgan, Rafael Hernandez Nunez, Alex Panayides, Xinghe Wang, and Hans–Olaf Wiesemann.

깊은 감사의 말을 받아야 할 사람은 Sarah Dunn이다. 그녀는 타자수로서, 교정자로서, 그리고 연구조수로서 헌신적으로 일했다. 또한 이 책을 만드는 전 과정에서 보여준 Denise Potten 양의 노력과 기량에 특히 감사하고 싶다. 마지막으로 이 원고를 참을성 있고 능숙하게 처리해준 McGraw–Hill의 Lucille Sutton, Bruce Gin, 그리고 Lucy Mullins에게 깊은 사의를 표하고 싶다. 그러나 있을지 모르는 오류에 대한 최종 책임은 우리에게 있다.

이 책의 이용방법

이 책은 수학적 도구들을 점진적으로 쌓아 올리는 방식으로 도구상자를 마련하고 있기 때문에, 책의 순서를 그대로 따르는 것이 이상적인 학습방법이 될 것이다. 그러나 읽는 순서를 약간 변경해도 무방한 경우는 다음과 같다. 즉, 1계미분방정식 (제 15 장) 을 끝낸 뒤에 바로 최적제어이론 (제 20 장) 으로 들어갈 수 있다. 그러나 그렇게 할 경우 2변수 위상도를 다루는 제 19.5 절을 먼저 훑어 보는 것이 좋을 것이다.

비교정태분석이 주요 관심영역이 아니라면, 일반함수모형의 비교정태분석 (제 8 장) 을 건너뛰고, 제 7 장에서 제 9 장으로 넘어가도 무방하다. 그러나 이 경우는 제 11.7 절, 제 12.5 절의 비교정태 분석부분, 그리고 제 13 장의 쌍대문제의 논의를 생략해야할 것이다.

Alpha C. Chiang
Kevin Wainwright

경제 · 경영수학 길잡이

목차 요약

Fundamental Methods of Mathematical Economics

목 차

Part 5 동태분석

Chapter 16 고계미분방정식 525

Chapter 17 이산적 시간 : 1계차분방정식 569

Part 1

서론

Introduction

Chapter 01

수리경제학의 성격

수리경제학(mathematical economics)은 우리가 재정학이나 국제무역론을 경제학의 한 분야라고 할 때와 같은 의미에서 별개의 경제학분야라고는 말할 수 없다. 그것은 오히려 경제분석의 한 **접근방법**으로서, 경제학자가 수학의 기호를 사용하여 문제를 서술하고, 그 해결을 위한 추론과정에서, 수학의 정리를 이용하는 것을 가리킨다. 분석의 특정한 주제로 말하면, 수리경제학은 미시 또는 거시경제이론, 재정학, 도시경제학, 그리고 그 밖의 여러 분야를 다룰 수 있다.

수리경제학이란 용어를 가장 넓은 의미로 사용하면, 이론적 결과를 도출하는데 기하학적 방법을 자주 이용한다는 점에서, 오늘날의 모든 초보적인 경제학 교과서들이 수리경제학의 예라고 하여도 틀린 말은 아닐 것이다. 그러나 수리경제학이란 용어는 간단한 기하학의 정도를 넘어서서 전통적으로 행렬대수, 미분 및 적분법, 미분방정식, 그리고 차분방정식 등과 같은 수학의 기법을 사용하는 경우를 의미하는 것으로 받아들여지고 있다. 이 책의 목적은 현재의 경제학 문헌에서 우리가 끊임없이 접하게 되는 이러한 수학적 기법들의 가장 기본적인 측면을 독자들에게 소개하는 데 있다.

1.1 | 수리경제학과 비수리경제학

수리경제학은 경제분석에 대한 하나의 접근방법에 불과하므로 경제분석의 **비**수리적 접근방법과 기본적으로 달라서도 안 될 것이며 다르지 않다. 모든 이론적 분석의 목적은, 그 접근방법에 관계없이, 항상 주어진 일단의 가정이나 공준들로부터 추론과정을 통해 일단의 결론이나 정리들을 도출하는 것이다. "수리경제학"과 "비수학적 경제학"의 주된 차이점은 두 가지이다: 첫째, 기본적으로 전자에서는 가정과 결론이 말보다는 수학기호로, 그리고 문장보다는 수식으로 표현된다. 둘째, 추론과정에서 비수학적 논리대신에, 풍부하게 존재하는 수학의 정리를 이용한다. 기호와 말은 실질적으로 동등한 것이기 때문에, (기호들은 보통 말로 정의된다는 점을 상기하라) 어느 것을 선택하느냐 하는 것은 그리 중요하지 않다. 그러나 수학적 기호가 말보다 연역적 추론에 있어 더 편리하고 더 간략하고 정확하다는 점은 아마 논할 필요도 없을 것이다.

다시 말하면, 비수학적 논리와 수학적인 논리 사이의 선택은 별로 중요한 문제가 아니지만, 수학은 연구자로 하여금 추론의 모든 단계에서 가정을 명시하도록 한다는 장점이 있다. 이것은 수학의 정리가 보통 "~이면 ~이다(if ~ then)"라는 "조건-결론"의 형식으로 이루어지므로, 연구자가 정리의 "결론"부분을 이용하려면 정리의 조건부분이 채택된 가정과 명시적으로 일치하는가를 우선 확인하여야만 하기 때문이다.

이런 사실을 받아들인다 하더라도, 왜 기하학적 방법의 범위를 넘어설 필요가 있는가에 대해서는 여전히 의문이 남을지 모른다. 그것은, 기하학적 분석이 시각적이라는 중요한 장점이 있기는 하지만, 차원이 제한된다는 중대한 결점을 갖기 때문이다. 예를 들어, 흔히 무차별곡선을 그래프상으로 논할 때의 표준적인 가정은 오직 두 재화만을 소비자가 이용할 수 있다는 것이다. 이러한 단순화 가정은 우리가 원해서 채택된 것이 아니라, 3차원의 그래프를 그리는 일이 매우 어렵고 나아가서 4(또는 그 이상) 차원의 그래프의 작성은 물리적으로 불가능하기 때문이다. 보다 일반적인 3, 4 또는 n개 재화의 경우를 다루기 위해서는 방정식이라는 보다 신축성 있는 도구에 의존해야 한다. 이 이유 하나만으로도 기하학을 넘어선 수학적 기법을 연구하는 충분한 동기가 마련된다고 할 것이다.

요약하면, 수리적 접근은 다음과 같은 장점을 갖는다: (1) 사용되는 "언어"가 더 간결하고 정확하다. (2) 풍부한 수학적 정리를 마음 놓고 사용할 수 있다. (3) 그 수학적 정리의 선행조건이 되는 가정을 모두 명시적으로 서술해야 하므로, 의도되지 않은 암묵적 가정을 무심코 채택하게 되는 함정을 피할 수 있다. (4) 변수가 n개인 일반적인 경우를 취급할 수 있다.

이러한 장점에 반하여, 우리는 수학적으로 도출된 이론은 불가피하게 **비현실적**이라는 비판의 소리를 가끔 듣는다. 그러나 이 비판은 타당하지 못하다. 사실 "비현실적"이란 형용어구는 그 접근방법이 수리적이든 아니든 경제이론 일반을 비판하는 데 사용될 수 없다. 그 본질상 이론은 현실세계에 대한 하나의 추상이다. 즉 이론은 실재하는 많은 복잡성에 구애받음이 없이, 당면한 문제의 요점을 연구할 수 있도록 가장 필수적인 요인과 관계만을 추출하는 수단인 것이다. 따라서 "이론이 현실성을 결여하고 있다"라는 서술은 자명한 진실을 말하는 것일 뿐, 이론에 대한 타당한 비판으로 받아들여질 수 없다. 그러므로 이론에 대한 어떤 접근방법을 집어내어 그 방법 자체를 "비현실적"이라고 하는 것은 전혀 무의미하다. 예를 들어, 순수경쟁하에서의 기업이론은 불완전경쟁하에서의 기업이론과 마찬가지로 비현실적이다. 그러나 이 이론이 수학적으로 도출되었는지의 여부는 그 비현실성과는 아무 관계도 없을 뿐 아니라 중요하지도 않다.

풍부한 수학 도구들을 잘 이용하려면 당연히 이 도구들을 손에 넣어야 한다. 불행하게도 경제학자들에게 중요한 이러한 도구들은 많은 (전형적인 경제학 학생들의 학습계획에 잘 어울리도록 짜맞추기에는 너무 많은) 수학과목들 속에 널리 분산되어 있다. 이 책의 역할은 경제학 문헌과 관련이 지대한 수학적 방법들을 한곳에 모으고, 이것들을 학습의 논리적 순서로 체계화하여, 각 방법을 충분히 설명하고, 그런 다음 곧바로 이 방법이 경제분석에 어떻게 응용되는가를 예시하는 일이다. 이처럼 수학적 방법들과 그들의 경제학에의 응용들을 함께 연결지움으로써, 예시된 응용들이 주로 물리학 · 공학에 연결되어 있는 정규 수학과목들보다 더 명료하게 경제학과 수학의 관련성을 설명할 수 있게 된다. 그러므로 이 책의 내용을 잘 이해하고 나면 (그리고 가능하다면, 이 책의 속편 : Alpah C. Chiang, *Element of Dynamic Optimization*, Waveland Press, Inc 속편의 내용도 함께), 여러분은 적어도 *American Economic Review, Quarterly Journal of Economics, Journal of Political Economy, Review of Economics and Statistics, Economic Journal* 등과 같은 학술지에 등장하는 대부분의 전문적인 논문들을 대부분 이해할 수 있게 될 것이다. 이러한 과정을 통해, 수리경제학에 진지한 관심을 갖게 된 사람은 좀 더 엄밀하고 높은 수준의 수학공부를 계속해 나갈 수 있을 것이다.

1.2 | 수리경제학과 계량경제학

수리경제학이란 용어는 때때로 이와 관련된 **계량경제학**(econometrics)이란 용어와 혼동되곤 한다. "계량"(metrics)이라는 말이 암시하듯이, 계량경제학은 주로 경제자료의 측정을 다룬다. 따라서 그것은 추정과 가설검정의 통계적 방법을 이용하여 **경험적** 관측치들을 다룬다. 반면에, 수리경제학은 경제분석의 순수이론적 측면에 수학을 적용하는 것을 가리키며, 분석 대상인 변수들의 측정오차와 같은 통계적 문제에는 거의 또는 전혀 관심을 두지 않는다.

이 책에서는 수리경제학만을 다루고, 즉 귀납적 추론보다는, 연역적 추론에 수학을 적용하는 것에 주된 관심을 두고, 따라서 경험적인 것보다는 이론적인 것을 주로 취급하게 될 것이다. 물론 이것은 단지 논의의 범위를 어떻게 잡느냐에 달렸을 뿐이고, 결코 계량경제학이 덜 중요하다는 것을 의미하지는 않는다.

사실, 경험적 연구와 이론적 분석은 흔히 상호보완적이며 서로 보강해 주는 역할을 한다. 즉 한편으로 이론이 신뢰성을 가지고 적용될 수 있으려면, 그에 앞서 경험적 자료에 의한 검정과정을 거쳐야하고, 다른 한편으로 통계적 작업이 가장 의미가 있고 유용한 연구방향을 결정하려면 그 지침으로서 경제이론을 필요로 한다.

그러나, 어떤 의미에서는 이 둘 중에서 수리경제학이 더 기본적인 것으로 생각될 수 있을 것이다. 이는 의미 있는 통계적 · 계량경제학적 연구를 위해서는 좋은 이론적 틀 — 되도록이면 수학의 형식을 갖춘 이론적 틀 — 이 없어서는 안 되기 때문이다. 따라서, 이 책의 주제는 이론경제학에 관심이 있는 사람뿐만 아니라, 계량경제학 연구를 수행해 나가는 데 필요한 토대를 얻고자 하는 사람에게도 유용하다.

Chapter 1 요약

❖ 수리경제학의 성격 ❖

1. 수리경제학은 경제분석에의 한 접근방법으로서, 경제학자가 수학적 기호를 사용하여 문제를 서술하고 그 해결을 위한 추론과정에 있어서 이미 알려져 있는 수학의 정리를 이용하는 것을 가리킨다.
2. 수리경제학은 경제분석에의 한 접근방법에 불과하므로, 경제분석에의 비수학적 접근방법과 기본적으로 다르지 않고 또 달라서도 안 된다. 수리경제학과 비수학적 경제학의 주된 차이점은, 기본적으로 전자에 있어서는 가정과 결론이 말보다는 수학기호로, 문장보다는 식으로 표현되며, 나아가서 추론과정에 있어서 비수학적 논리 대신에 풍부하게 존재하는 수학의 정리를 이용한다는 사실에 있다.
3. 계량경제학은 경험적으로 관측된 것들을 추정과 가설검정 등의 통계적 방법을 이용하여 연구하는 것인 반면에, 수리경제학은 경제분석의 순수이론적 측면에 수학을 적용하는 것을 가리킨다는 데에 차이가 있다. 이 둘은 상호보완적이다.

Chapter 02

경제모형

앞에서 언급했듯이, 경제이론은 필연적으로 현실세계에 대한 하나의 추상일 수밖에 없다. 예를 들면, 현실 경제의 엄청난 복잡성 때문에 모든 상호관계를 단번에 이해하는 것은 불가능하고, 또 우리가 검토하려는 특정한 경제현상을 이해하는 데 있어 그 모든 상호관계가 똑같은 중요성을 갖는 것도 아니다. 그러므로, 우리 생각에, 당면문제와 관련하여 가장 중요하다고 여겨지는 요인과 관계를 추려내어, 이들에 대해서만 집중적으로 관심을 두는 것이 합리적이다. 이와 같이 의도적으로 단순화시킨 분석의 틀을 **경제모형**(economic model)이라 한다. 모형은 단지 실제경제의 골격을 개략적으로 나타내주기 때문이다.

2.1 | 수리모형의 구성요소

경제모형은 단지 이론적 틀일뿐이므로, 그것이 반드시 수리적이어야 할 내재적 이유는 없다. 그러나 그것이 수리적 모형이라면, 그 모형은 일반적으로 그 구조를 나타내는 일단의 **방정식들**(equations)로 구성된다. 이 방정식들은 여러 변수들(variables)을 특정한 방법으로 상호관련시키게 되고, 이로써 우리가 채택한 일단의 분석적 가정들은 수리적 형태를 부여받게 된다. 그리고 나서, 우리는 이들 방정식체계에 적절한 수학적 조작을 가함으로써 모형의 가정들로부터 논리적으로 도출되는 일련의 결론을 얻고자 하는 것이다.

변수, 상수, 파라미터

변수(variable)는 그 크기가 변할 수 있는 것, 즉 여러 가지 값을 취할 수 있는 것이다. 경제학에서 자주 사용하는 변수로는 가격, 이윤, 판매수입, 비용, 국민소득, 소비, 투자, 수입, 수출 등등이 있다. 각 변수는 여러 값을 취할 수 있으므로, 특정한 숫자대신 기호로 표시하여야만 한다. 예를 들면, 가격은 P, 이윤은 π, 판매수입은 R, 비용은 C, 국민소득은 Y 등으로 나타낼 수 있다. 그러나, $P=3$ 또는 $C=18$로 쓸 때 우리는 이들 변수들을 (적절하게 선택된 단위로 표시한) 특정한 값으로 "동결"시키게 된다.

일단 경제모형이 적절하게 구성되고 나면, 그 모형을 풀어서 여러 변수들의 **해의 값**을 구할 수 있다. 시장을 청산하는 가격수준이나 이윤을 극대화하는 산출수준 등이 그것이다. 우리가 모형으로부터 해의 값을 구하려하는 그러한 변수들을 **내생변수**(endogeneous variable), 즉 모형내부에서 결정되는 변수라고 한다. 그러나 모형에는 모형 외부의 힘에 의해 결정된다고 가정되는 변수로서 그 크기가 주어진 것으로 간주되는 변수들도 포함되는데, 그러한 변수를 **외생변수**(exogeneous variable) 즉, 모형외부에서 결정되는 변수라고 한다. 그런데, 어떤 모형에서 내생변수인 것이 다른 모형에서는 외생변수가 될 수 있다는 점에 주의해야 한다. 예를 들어, 소맥가격(P)의 결정과정에 대한 시장모형분석에서 변수 P는 분명히 내생변수이어야만 하지만, 소비자 지출이론의 체계에서 P는 개별 소비자에게 주어진 것이 되고 따라서 외생변수로 간주되어야 한다.

변수들은 $7P$ 또는 $0.5R$처럼 자주 고정된 수, 즉 상수와 결합하여 나타난다. **상수**(constant)는 변하지 않는 양이며 따라서 변수의 정반대이다. 상수가 변수에 결합될 때, 이를 그 변수의 **계수**(coefficient)라고 한다. 그러나 계수는 수가 아니라 기호일 수도 있다. 예를 들어, 더 높은 수준의 일반성을 얻기 위해, 모형에서 a가 어떤 주어진 상수를 나타낸다고 하고 $7P$ 대신에 aP의 표현을 사용할 수 있는 것이다(제 2.7 절 참조). 이러한 기호 a는 다소 특수한 경우이다. 즉, 그것은 주어진 상수를 나타내는 것으로 생각되지만, 어떤 특정한 수치로도 지정되지 않았으므로, 실제로는 어떤 값도 취할 수 있다. 요컨대, 그것은 **변수**가 되는 **상수**인 것이다. 그 특별한 지위를 나타내기 위해 파라미터적 상수(parametric constant) 또는 간단히 **파라미터**(parameter)라는 별도의 이름으로 부른다.

한 파라미터에 여러 다른 값들을 지정할 수 있다. 그러나 그것은 그 모형 속에서는 주어진 것으로 간주되어야만 한다는 점에 주목할 필요가 있다. 바로 이러한 이유 때문에 상수가 파라미터일 때에도 때때로 간단히 "상수"라고 한다. 이러한 점에서 파라미터는 외생변수와 아주 비슷하다. 왜냐하면 둘 다 모형의 외부로부터 "주어진 것"으로 취급되기 때문이다. 이 때문에 어떤 사람들은 간편하게 양자 모두를 합쳐 "파라미터"라고 하기도 한다.

관행상 파라미터는 보통 a, b, c와 같은 기호나 또는 그에 대응하는 그리스 문자인 α, β, γ 등으로 나타낸다. 그러나 다른 기호도 역시 사용할 수 있다. 앞으로 외생변수를 내생변수와 시각적으로 구분하기 위해 우리는 외생변수에는 하첨자 0을 붙이도록 한다. 예를 들어, P가 가격을 나타내면 P_0는 외생적으로 결정된 가격을 나타낸다.

등식과 항등식

변수들은 독립적으로 존재하기도 하지만, 실제로 변수들이 우리의 흥미대상이 되는 것은 이들이 등식이나 부등식에 의해 서로 관련될 때이다. 여기서 우리는 우선 등식만을 논하기로 한다.

경제학에서 우리는 등식을 정의식, 행태식, 조건식의 세 가지 형태로 구분할 수 있다.

정의식(definitional equation)은 똑같은 의미를 갖는 두 개의 다른 표현 사이의 항등관계를 설정하는 것이다. 정의식에 대해서는 보통의 등호 = 대신에 항등부호 ≡("~은 ~과 항등적으로 같다"라고 읽는다)가 쓰여지기도 한다. 물론 등호를 쓸 수도 있다. 예를 들어, 총이윤은 총수입이 총비용을 초과한 부분이라고 정의되고, 이것은

$$\pi \equiv R - C$$

로 쓸 수 있다.

반면에 **행태식**(behavioral equation)은 한 변수가 다른 변수들의 변화에 어떤 식으로 반응하는가하는 행태를 규정한다. 이것은 인간의 행태 (예컨대, 국민소득의 변화에 따른 총소비의 행태)와 인간의 행태가 아닌 것 (예컨대, 기업의 총비용이 산출의 변화에 어떻게 반응하는가 하는 것)을 포함한다. 넓게 정의하면, 행태식은, 기술적 측면 (예컨대, 생산함수)과 법적 측면 (예컨대, 조세구조)을 포함하여, 모형의 일반적인 제도적 배경을 기술하는 데 사용할 수 있다. 그러나 행태식을 쓰려면 먼저 해당 변수의 행태유형에 관한 가정을 확정적으로 채택하는 것이 필수적이다. 두 비용함수

$$C = 75 + 10Q \tag{2.1}$$

$$C = 110 + Q^2 \qquad \textbf{(2.2)}$$

을 검토해 보자. 여기서 Q는 산출량을 나타낸다. 두 식이 다른 형태이므로 가정된 생산조건 역시 서로 다르다. (2.1)에서는 고정비용($Q = 0$일 때 C의 값)이 75인 반면, (2.2)에서는 110이다. 비용의 변화형태 역시 다르다. (2.1)에서는 Q가 한 단위 증가하면 C는 10만큼씩 일정하게 증가한다. 그러나 (2.2)에서는 Q가 한 단위씩 증가함에 따라 C는 누진적으로 더 크게 증가한다. 분명히, 우리가 모형에서 채택한 가정을 수학적으로 표현하는 방법은 일차적으로는 행태식의 형태의 설정을 통해서 이루어진다.

세 번째 형태의 등식인 **조건식**(conditional equation)은 충족되어야 할 요건을 진술한다. 예컨대, 균형개념을 포함하는 모형에서는, 균형달성의 조건을 나타내는 **균형조건**(equilibrium condition)을 설정하여야 한다. 경제학에서 가장 잘 나오는 두 가지 균형조건은

$$Q_d = Q_s \qquad \text{〔수요량 = 공급량〕}$$

이라는 조건과

$$S = I \qquad \text{〔의도된 저축 = 의도된 투자〕}$$

인데, 이들은 각각 하나의 시장모형의 균형과, 가장 단순한 형태의 국민소득모형의 균형에 해당한다. 마찬가지로, 최적화모형은 **최적화조건**(optimization condition)을 도출하거나 최적화조건을 적용한다. 금방 생각나는 이러한 조건중의 하나는 기업이론에서 나오는

$$\text{MC} = \text{MR} \qquad \text{〔한계비용 = 한계수입〕}$$

이라는 조건이다. 이러한 조건식들은 정의식도 아니고 행태식도 아니므로 별도로 분류되는 것이다.

2.2 | 실수체계

등식과 변수는 수리모형의 본질적 요소들이다. 그러나 경제변수가 취하는 값은 보통 수치이므로 수의 체계에 대해 몇 마디 언급할 필요가 있다. 여기서는 이른바 "실수"만을 다루기로 한다.

1, 2, 3, …과 같은 수를 **양의 정수**라고 하며, 수를 셀 때 가장 많이 사용된다. −1, −2, −3, … 등은 **음의 정수**라고 하며, 예를 들어 영하의 온도를 나타낼 때 사용된다. 반면에 0은 양수도 음수도 아니며, 그런 의미에서 독특한 것이다. 모든 양수와 모든 음수 그리고 0을 한 범주로 묶어서 **모든 정수의 집합**(set of all integers)이라고 한다.

물론 정수가 모든 수를 다 포괄하는 것은 아니다. 왜냐하면 2/3, 5/4, 7/3 과 같이 정수와 정수 사이에는 **분수**(fraction)가 있기 때문이다. 또한 −1/2, −2/5와 같은 음의 분수도 있다. 이들을 전부 합쳐서 **모든 분수의 집합**(set of all fractions)이라고 한다.

모든 분수의 공통적인 성질은 두 정수의 비로 표현될 수 있다는 것이다. 두 정수의 비로 나타낼 수 있는 수를 **유리수**(rational number)라고 부른다. 그러나 임의의 정수 n은 비율 $n/1$으로 볼 수 있기 때문에 정수 그 자체도 유리수이다. 모든 정수의 집합과 모든 분수의 집합이 합쳐져서 **모든 유리수의 집합**(set of all rational numbers)을 이룬다.

유리수를 규정하는 또 다른 특성은 그것이 유한소수(terminating decimal : 즉 1/4 = 0.25)로 표현되거나, 또는 소수점 오른쪽의 한개 또는 복수개의 숫자들이 무한히 반복되는, 순환소수(repeating

그림 2.1

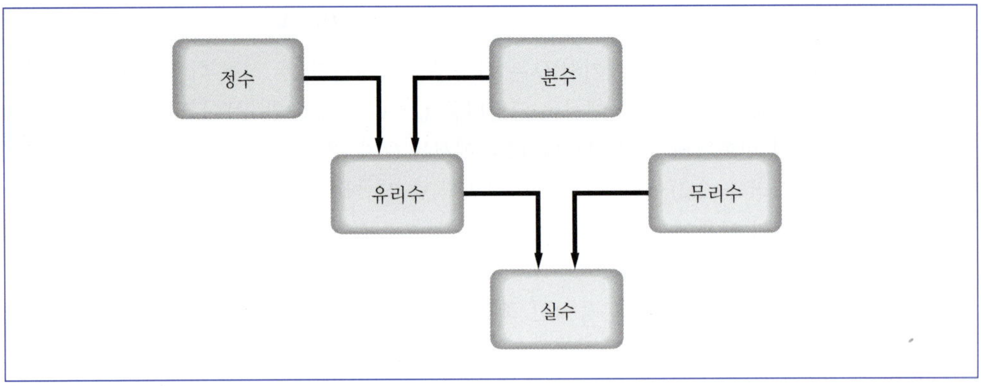

decimal), (예컨대 1/3 = 0.3333⋯) 로 표현될 수 있다는 것이다.

그러나 일단 유리수라는 개념이 사용되면, 자연히 두 정수의 비로 표현될 수 **없는** 수인 **무리수**(irrational number)의 개념이 등장한다. $\sqrt{2} = 1.4142\cdots$가 무리수의 한 예인데, 이 수는 비순환무한소수이다. 또 원둘레와 지름의 비를 나타내는 특별한 상수 $\pi = 3.1415\cdots$가 무리수의 또 다른 예인데, 이 수 역시 비순환무한소수이다. 이와 같이 비순환무한소수라는 것은 무리수의 공통적인 특성이 된다.

각 무리수는 수직선상에서 두 유리수 사이에 위치하게 될 것이다. 따라서, 수직선상에서 분수가 정수 사이의 틈을 채워 주듯이, 무리수는 유리수 사이의 틈을 채워 준다. 이러한 채워 넣기 과정의 결과는 수의 연속체(continuum)가 된다. 이 수들을 모두 실수라 한다. 이 연속체는 **모든 실수의 집합**(set of all real numbers)을 이루며 보통 R로 표기된다. 수직선을 연장하여 그 집합 R을 하나의 직선으로 나타낼 때, 그 직선을 우리는 **실직선**(real line)이라고 한다.

[그림 2.1]에는 모든 수의 집합들이 (앞에서 논의된 순서대로) 서로의 관련성에 따라 배열되어 있다. 그러나 밑에서부터 읽어 올라가면 이것은 실수의 집합이 그를 구성하는 수의 집합들로 나눠어지는 분류도가 된다. 그러므로 이 그림은 실수체계의 구조를 요약한 것이 된다.

실수가 이 책의 앞부분 15개 장들에서 필요한 전부이기는 하지만, 수학에서 사용하는 유일한 수는 아니다. 사실 "실"수라는 용어를 쓰는 이유는 "허"수(imaginary number)도 있기 때문이다. 허수는 음수의 제곱근과 관계가 있는데 제16장에서 다룰 것이다.

2.3 | 집합의 개념

앞에서 이미 우리는 여러 번 **집합**(set)이란 단어를 사용하였다. 집합의 개념이 현대수학의 모든 분야의 기초가 된다는 점을 감안하면, 우리는 적어도 그것의 기본적인 내용들에 익숙해지는 것이 바람직하다.

집합의 표기법

집합은 단순히 서로 다른 대상들의 모임이다. 이 대상들은 수일수도 있고, 사람일수도 있고, 식품일수도 있고 또는 다른 어떤 것일 수도 있다. 따라서 세 개의 정수 2, 3, 4가 집합을 이룰 수 있는 것과 마찬가지로, 특정한 경제학 과목을 신청한 학생 모두를 하나의 집합으로 간주할 수 있다. 집합을 구성하는 대상을 그 집합의 **원소** (element) 라고 한다.

집합을 표기하는 방법에는 **열거**방법과 **서술**방법의 두 가지가 있다. S가 세 개의 수 2, 3, 4의 집합을 나타낸다고 하면, 원소들을 열거함으로써

$$S = \{2, 3, 4\}$$

로 표기할 수 있다. 그러나 I가 **모든** 양의 정수의 집합을 나타낸다고 하면, 열거는 곤란하게 되고 그 대신 간단하게 원소의 특징을 서술하여

$$I = \{x \mid x \text{ 는 양의 정수}\}$$

로 쓸 수 있으며 이것은 다음과 같이 읽는다: "I는 모든 x(수)의 집합인데, 이 때 x는 양의 정수이다." 두 경우 모두 집합을 둘러싸기 위해 대괄호를 사용한 것에 주의하라. 서술적 표기방법에서는 언제나 수직의 바(또는 콜론)가 원소를 나타내는 일반적 기호와 원소에 대한 서술을 분리하기 위해 삽입된다. 또 하나의 예로, 2보다 크고 5보다 작은 모든 실수의 집합(이를 J라고 하자)은 기호를 써서 다음과 같이 표기할 수 있다.

$$J = \{x \mid 2 < x < 5\}$$

여기서는 원소의 특징을 서술하는 문장도 기호로 표현되었다.

위의 집합 S와 같이 유한한 개수의 원소를 가진 집합을 **유한집합** (finite set) 이라 한다. 반면에 무한한 개수의 원소를 가진 집합인 I나 J는 **무한집합** (infinite set) 의 예가 된다. 유한집합은 항상 **번호를 매길 수 있다** (denumerable, 또는 셀 수 있다: countable). 즉 그 원소들을 수열 1, 2, 3,⋯에 대응시켜서 하나하나 셀 수 있다. 그러나 무한집합은 번호를 매길 수 있는 경우도 있고(집합 I), **번호를 매길 수 없는** (nondenumerable) 경우도 있다(집합 J). 즉, 후자의 경우 자연수 1, 2, 3, ⋯에 그 집합의 원소들을 대응시킬 수 없으며 따라서 그 집합은 셀 수 없다.

집합의 구성요소라는 것을 기호 $\in$("원소": element의 e를 의미하는 그리스 문자 ε의 변형)로 나타내며, "~는 ~의 원소이다"라고 읽는다. 따라서 위에서 정의된 두 집합 S와 I에 대해서

$$2 \in S \qquad 3 \in S \qquad 8 \in I \qquad 9 \in I$$

등으로 쓸 수 있으나 명백하게 $8 \notin S$("8은 집합 S의 원소가 아니다"라고 읽는다)인 것을 알 수 있다. 모든 실수의 집합을 표기하는 데 기호 R을 사용하게 되면, "x는 하나의 실수이다"라는 문장은 $x \in R$로 간단하게 표현할 수 있다.

$$x \in R$$

집합간의 관계

두 집합을 서로 비교할 때 여러 종류의 관계가 성립할 수 있다. 두 집합 S_1과 S_2가

$$S_1 = \{2, 7, a, f\} \quad \text{및} \quad S_2 = \{2, a, 7, f\}$$

처럼 동일한 원소들을 포함한다면, S_1과 S_2는 **같다** (equal) 고 한다(즉, $S_1 = S_2$). 여기서, 한 집합 내에서 원소가 나타나는 순서는 중요하지 않다는 것에 주의하라. 그러나 단 하나의 원소라도 다른 경우 두 집합은 같지 않다.

또 하나의 집합관계는 한 집합이 다른 집합의 **부분집합**(subset)이 될 수 있다는 것이다. 두 집합, S, T 가 있을 때, T 의 모든 원소가 S 의 원소이면, T 는 S 의 부분집합이라 한다. 예컨대, 두 집합이

$$S = \{1, 3, 5, 7, 9\} \qquad \text{및} \qquad T = \{3, 7\}$$

로 주어져 있을 때, T 의 모든 원소는 S 의 원소이므로, T 는 S 의 부분집합이다. 이를 좀 더 형식을 갖추어 정의하면 다음과 같다: T 가 S 의 부분집합이면 $x \in T$ 일 때 반드시 $x \in S$ 이다. 이 때, 집합의 포함기호 $\subset$ (~은 ~에 포함된다)와 $\supset$ (~은 ~을 포함한다)를 사용하여

$$T \subset S \qquad \text{또는} \qquad S \supset T$$

로 표기할 수 있다. 두 개의 주어진 집합이 서로의 부분집합일 수 있다. 그러나 이 경우에 두 집합은 반드시 같게 된다. 이를 형식을 갖추어 서술하면 다음과 같다. 즉 $S_1 \subset S_2$ 와 동시에 $S_2 \subset S_1$ 라는 명제는 $S_1 = S_2$ 라는 명제와 서로 동치가 된다.

기호 $\in$는 개개의 **원소**를 **집합**과 관계시키는데 반해서, 기호 $\subset$는 **부분집합**을 **집합**과 관계시킨다는 점에 주의하라. 이 개념을 응용하여 말해보면 [그림 2.1]에서 모든 정수의 집합은 모든 유리수집합의 부분집합이다. 마찬가지로, 모든 유리수의 집합은 모든 실수집합의 부분집합이다.

집합 $S = \{1, 3, 5, 7, 9\}$ 에 속하는 다섯 개의 원소들로부터 부분집합을 몇 개나 만들 수 있겠는가? 우선 S 의 각 원소는 $\{1\}$, $\{3\}$ 등과 같이 S 의 서로 다른 부분집합으로 간주될 수 있다. 그리고 $\{1, 3\}$, $\{1, 5\}$, $\cdots$, $\{3, 7, 9\}$ 등과 같이 원소를 두 개, 세 개 또는 네 개씩 묶은 모든 것이 그러하다. S 의 **모든** 원소들을 포함하지 **않는** 부분집합을 **진부분집합**(proper subset)이라고 한다. 그러나 집합 S 그 자체(다섯 개의 원소를 모두 가진 집합)도 그 자신의 부분집합의 하나로 생각할 수 있다. 즉, S 의 모든 원소는 S 의 원소이므로, 집합 S 자체는 부분집합의 정의를 충족하는 것이다. 물론 이것은 S 의 가능한 "가장 큰" 부분집합(즉 S 자체)을 얻게 되는 극한적인 경우이다.

또 다른 극단적인 경우로서, S 의 "가장 작은" 부분집합은 원소를 전혀 포함하지 않는 집합이다. 그러한 집합을 **공집합**(null set 또는 empty set)이라 하며 ϕ 또는 $\{\ \}$으로 표기한다. 공집합을 S 의 부분집합으로 간주하는 이유는 매우 재미있다. 즉, 만일 공집합이 S 의 부분집합이 아니라면 (즉, $\phi \not\subset S$ 라면), ϕ 는 $X \notin S$ 인 원소 x 를 적어도 하나 포함하여야 한다는 발상이다. 그러나, 정의상 공집합은 어떤 원소도 포함하지 않으므로, 우리는 $\phi \not\subset S$ 라고 말할 수 없다. 따라서 공집합은 S 의 부분집합이다.†

우리가 극히 주의해야 할 것은, 기호 ϕ 나 $\{\ \}$는 분명히 $\{0\}$ 라는 개념과 구별되어야 한다는 것이다. 전자는 원소가 없으나 후자는 하나의 원소 0을 포함한다. 공집합은 유일하다. 즉, 온 세상에 그와 같은 집합은 오직 하나뿐이며, 그것은 생각할 수 있는 모든 집합의 부분집합이 된다.

두 가지 극한적인 부분집합 S 와 ϕ 를 포함하여 S 의 모든 부분집합을 세면, 총수는 $2^5 = 32$ 개임을 알 수 있다. 일반적으로 어떤 집합이 n 개의 원소를 갖는다면 그 원소들로부터 총 2^n 개의 부분집합을 만들 수 있다.††

세 번째 유형의 집합관계는, 두 집합이 공통된 원소를 전혀 갖지 않는 것이다. 이 경우 두 집합은 **분리**(disjoint)되어 있다고 한다. 예를 들면 모든 양의 정수의 집합과 모든 음의 정수의 집합은

† 역주: 이런식의 논리전개를 위해서는 위의 부분집합의 정의는 부적절하다. 그 정의는 다음과 같이 수정되어야 한다.: "T 가 S 의 원소 이외의 것을 포함하지 않을 때 T 는 S 의 부분집합이라 한다."

서로 떨어져 있으며, 따라서 그 둘은 분리집합(disjoint sets)이다.

네 번째 유형의 관계는, 두 집합의 원소의 일부만이 공통되는 경우이다. 그 경우 두 집합은 같지도 않고 분리되어 있는 것도 아니다. 또한, 둘 중 어느 집합도 다른 것의 부분집합이 아니다.

집합의 연산

수를 더하거나, 빼거나, 곱하거나, 나누거나, 또는 제곱근을 취할 때 우리는 수학적 연산을 한다고 한다. 집합은 수와는 다르지만, 특정한 수학적 연산은 집합에도 비슷하게 행할 수 있다. 여기서 논의할 주요한 연산은 합집합, 교집합, 보집합을 얻는 3가지이다.

두 집합 A와 B의 **합집합**(union)은 A, 또는 B, 또는 A 및 B 모두에 속하는 원소들로만 이루어지는 새로운 집합이다. 합집합은 $A \cup B$로 표시하며, "A와 B의 합집합"이라고 읽는다.

예 1 $A = \{3, 5, 7\}$, $B = \{2, 3, 4, 8\}$이면, $A \cup B = \{2, 3, 4, 5, 7, 8\}$이 성립한다.

이 예는, 우연히도, A와 B가 같지도 않고, 분리되어 있지도 않으며, 어느 것도 다른 것의 부분집합이 아닌 경우를 나타내고 있다.

예 2 [그림 2.1]에서 모든 정수의 집합과 모든 분수의 집합의 합집합은 모든 유리수의 집합임을 알 수 있다. 마찬가지로, 유리수의 집합과 무리수의 집합의 합집합은 모든 실수의 집합이 된다.

반면에 두 집합 A와 B의 **교집합**(intersection)은 A 및 B 모두에 속하는 원소들로만 이루어지는 새로운 집합이다. 교집합은 $A \cap B$로 표시하며 "A와 B의 교집합"이라고 읽는다.

예 3 [예 1]의 A, B 집합들로부터 다음과 같이 쓸 수 있다.

$$A \cap B = \{3\}$$

예 4 $A = \{-3, 6, 10\}$, $B = \{9, 2, 7, 4\}$이면, $A \cap B = \phi$이 성립한다. 집합 A와 B는 분리집합이다. 그러므로 그들의 교집합은 공집합이다. 즉, A와 B에 공통인 원소는 없다.

교집합이 합집합보다 더 제한적인 개념임은 분명하다. 후자의 경우 A **또는** B중 **어느 하나에라도** 속하는 원소는 합집합의 원소가 될 수 있는 반면에, 전자에서는 A **와** B **에 공통되는** 원소만이 허용된다. 연산기호 $\cap$와 $\cup$는 — 연산기호 $\sqrt{\ }$, +, ÷ 등과 **동일한** 종류의 (연산상의) 지위를 가지고 있는데 — 각각 "및"(and)과 "또는"(or)의 의미를 내포한다. 이 점은 다음과 같은 교집합과 합집합에 대한 형식적인 정의를 비교함으로써 더 잘 이해할 수 있다:

$$\text{교집합:} \quad A \cap B = \{x \mid x \in A \quad \text{및} \quad x \in B\}$$

†† n개의 원소를 갖는 집합 $\{a, b, c, \cdots, n\}$이 주어지면, 우선 그 부분집합들을 원소 a를 갖는 것과 갖지 않는 것의 두 가지 범주로 분류할 수 있다. 이들 각각의 범주는 다시 원소 b를 갖는 것과 갖지 않는 것의 두 가지 하위범주로 분류할 수 있다. 두 번째 원소 b를 고려함으로써 분류된 범주들의 수는 2에서 $4 (= 2^2)$로 배가 된다. 마찬가지로, 원소 c를 고려하면 범주들의 총수는 $8 (= 2^3)$로 증가한다. 모든 n개의 원소가 고려되면, 범주들의 총수는 부분집합들의 총수가 되고, 그 수는 2^n이다.

$$합집합:\ A \cup B = \{x \mid x \in A \quad 또는 \quad x \in B\}$$

보집합(complement of set)은 무엇인가? 이것을 설명하기 위하여 우선 **전체집합**(universal set)의 개념을 도입하도록 하자. 어떤 특정 논의와 관련해서 사용되는 수가 1에서 7까지의 양의 정수뿐이라면, 우리는 그것을 전체집합이라 부를 수 있고, 이를 U로 나타낸다. 그러면 어떤 주어진 집합, 가령 $A = \{3, 6, 7\}$에 대해 또 하나의 집합 $\tilde{A}$("A의 보집합"이라고 읽는다)를 다음과 같이 정의할 수 있다. 즉, 보집합 $\tilde{A}$는 전체집합 U의 원소 중에서 집합 A에 속하지 않는 모든 원소들을 포함하는 집합으로 정의된다. 즉, 다음과 같다.

$$\tilde{A} = \{x \mid x \in U \quad 및 \quad x \notin A\} = \{1, 2, 4, 5\}$$

주의할 것은, 기호 ∪가 "또는"의 의미를 내포하고, 기호 ∩는 "및"을 의미하는 반면, 보집합기호 ~은 "부정"을 뜻한다는 것이다.

예 5 $U = \{5, 6, 7, 8, 9\}$이고 $A = \{5, 6\}$이면, $\tilde{A} = \{7, 8, 9\}$이다.

예 6 U의 보집합은 무엇인가? 현재의 고려 대상은 모두 전체집합에 포함되므로, U의 보집합은 공집합이어야만 한다. 따라서 $\tilde{U} = \phi$다.

세 유형의 집합연산은 [그림 2.2]의 세 개의 그림으로 나타낼 수 있다. 이 그림을 **벤 다이아그램**(Venn diagram)이라 한다. 다이아그램 (*a*)에서 위에 있는 원은 집합 A를, 아래쪽 원은 집합 B를 표시한다. 이때 A와 B의 합집합은 두 원을 모두 포괄하는 음영부분이 된다. 다이아그램 (*b*)에도 같은 두 집합(원) A, B가 나타나있다. 교집합은 이 두 집합 모두에 공통되는 점들만으로 이루어지므로, 두 원이 겹쳐지는 (음영) 부분만이 정의를 만족한다. 다이아그램 (*c*)에서는, 사각형 내의 점들이 전체집합이고 A가 원 안의 점들의 집합이라고 하면, 보집합 $\tilde{A}$는 원 밖의 (음영) 부분이 된다.

그림 2.2

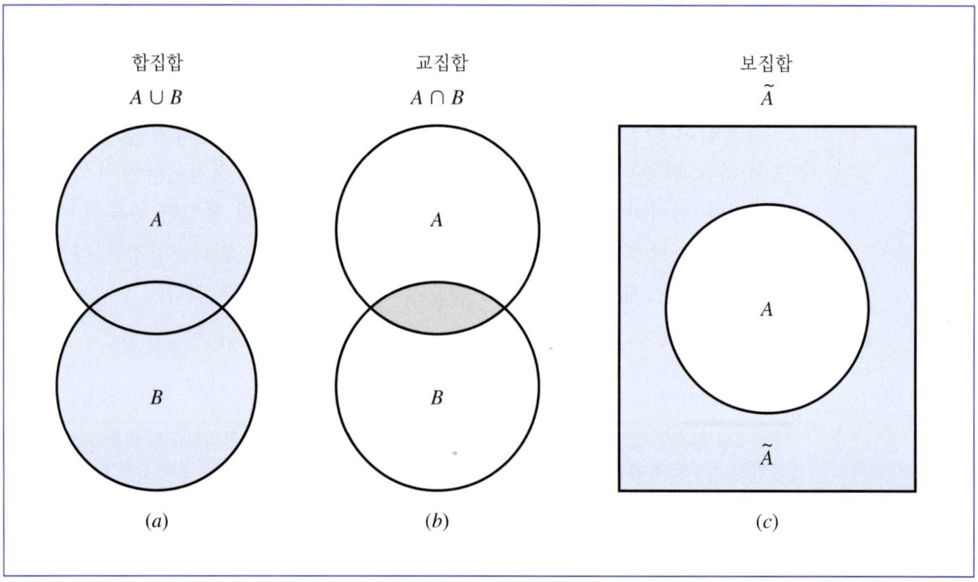

그림 2.3

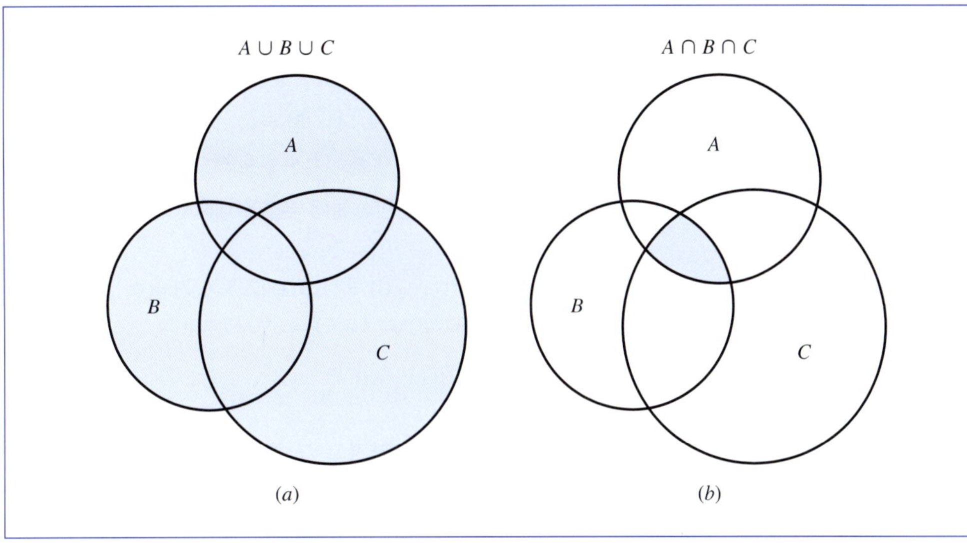

집합연산의 법칙

[그림 2.2]로부터 그림 (a)의 음영 부분은 $A \cup B$를 나타낼 뿐만 아니라 $B \cup A$도 나타냄을 알 수 있다. 마찬가지로, 그림 (b)에서 작은 음영부분은 $A \cap B$뿐만 아니라 $B \cap A$의 시각적 표현이 된다. 이를 공식화하여 우리는 (합집합과 교집합의) **교환법칙** (commutative law)이라한다: 즉

$$A \cup B = B \cup A \qquad A \cap B = B \cap A$$

이 관계들은 연산 $a+b=b+a$ 및 $a \times b = b \times a$와 매우 흡사하다.

세 개의 집합 A, B, C의 합집합을 구하기 위해서는, 우선 그 중 임의의 두개의 집합의 합집합을 구하고 그 결과와 나머지 세 번째 집합과의 합집합을 구하면 된다. 교집합의 연산에 대해서도 같은 과정을 적용할 수 있다. 그러한 연산의 결과가 [그림 2.3]에 도시되어 있다. 연산을 수행하기 위해 집합들이 선택되는 순서가 중요하지 않다는 것은 흥미있는 사실이다. 이 사실로부터 (합집합과 교집합의) **결합법칙** (associative law)을 얻을 수 있다: 즉,

$$A \cup (B \cup C) = (A \cup B) \cup C$$
$$A \cap (B \cap C) = (A \cap B) \cap C$$

이들 등식은 연산법칙 $a+(b+c)=(a+b)+c$ 및 $a \times (b \times c) = (a \times b) \times c$를 강력히 연상시킨다.

합집합과 교집합이 함께 사용될 때 적용되는 또 하나의 연산법칙이 있는데, 이것이 (합집합과 교집합의) **분배법칙** (distributive law)으로 다음과 같다:

$$A \cup (B \cap C) = (A \cup B) \cap (A \cup C)$$
$$A \cap (B \cup C) = (A \cap B) \cup (A \cap C)$$

이것은 연산법칙 $a \times (b+c) = (a \times b) + (a \times c)$와 비슷하다.†

† 역주 : 이 분배법칙 중 둘째부분만이 그러하다.

예 7

$A=\{4, 5\}$, $B=\{3, 6, 7\}$, $C=\{2, 3\}$이 주어졌을 때, 분배법칙을 확인하라. 이 법칙의 첫째 부분을 확인하기 위하여 좌변과 우변을 분리해서 생각한다:

좌변 $A \cup (B \cap C) = \{4, 5\} \cup \{3\} = \{3, 4, 5\}$

우변 $(A \cup B) \cap (A \cup C) = \{3, 4, 5, 6, 7\} \cap \{2, 3, 4, 5\} = \{3, 4, 5\}$

양변이 같은 결과가 되므로 법칙이 확인된다. 둘째 부분에 대해서도 똑같은 과정을 반복하면 다음을 얻는다:

좌변 $A \cap (B \cup C) = \{4, 5\} \cap \{2, 3, 6, 7\} = \phi$

우변 $(A \cap B) \cup (A \cap C) = \varnothing \cup \varnothing = \phi$

따라서 그 법칙이 다시 한번 확인된다.

법칙을 확인한다는 것은 특정한 예를 가지고 그 법칙이 실제로 성립하는지의 여부를 점검한다는 것을 뜻한다. 그 법칙이 옳다면 어떤 특정한 예에서도 그것이 성립하여야 한다. 이것은 법칙이 하나의 예에서라도 성립하지 않는다면 그 법칙은 옳지 않다는 것을 의미한다. 반면에 (아무리 많은) 특정한 예들에 의하여 법칙의 타당성이 확인되더라도, 그것은 그 자체로서 그 법칙을 증명하는 것은 아니다. 법칙을 **증명** (prove) 하기 위하여는 그 법칙이 모든 가능한 경우에 옳다는 것을 보여야 한다. 이러한 논증과정은 후에 예시될 것이다. (예컨대 2.5 절을 참조할 것)

연습문제 2.3

1. 다음을 집합의 표기법으로 표시하라
   (a) 34 보다 큰 모든 실수의 집합
   (b) 8 보다 크고 65 보다 작은 모든 실수의 집합
2. $S_1=\{2,4,6\}$, $S_2=\{7,2,6\}$, $S_3=\{2,4\}$일 때, 다음 명제들 중 옳은 것은?
   (a) $S_1 = S_3$　(d) $3 \notin S_2$　(g) $S_1 \supset S_4$
   (b) $S_1 = R$ (실수집합)　(e) $4 \notin S_3$　(h) $\phi \subset S_2$
   (c) $8 \in S_2$　(f) $S_4 \subset R$　(i) $S_3 \supset \{1, 2\}$
3. 앞 문제에서 주어진 네 개의 집합에 대해 다음을 구하라:
   (a) $S_1 \cup S_2$　(c) $S_2 \cap S_3$　(e) $S_4 \cap S_2 \cap S_1$
   (b) $S_1 \cup S_3$　(d) $S_2 \cap S_4$　(f) $S_3 \cup S_1 \cup S_4$
4. 다음 명제들 중 타당한 것은?
   (a) $A \cup A = A$　(d) $A \cup U = U$　(g) $\tilde{A}$ 의 보집합은 A이다.
   (b) $A \cap A = A$　(e) $A \cap \phi = \phi$　(h) $\tilde{A}$ 는 A이다.
   (c) $A \cup \phi = A$　(f) $A \cap U = A$
5. $A=\{4,5,6\}$, $B=\{3,4,6,7\}$, $C=\{2,3,6\}$일 때, 분배법칙을 확인하라.
6. 음영표시 순서를 달리하면서 벤 다이아그램을 이용하여, 분배법칙을 확인하라.
7. 집합 $\{5, 6, 7\}$의 모든 부분집합들을 열거하라.
8. 집합 $S=\{a, b, c, d\}$의 모든 부분집합을 열거하라. 부분집합은 모두 몇 개인가?
9. [예 6]은 ϕ가 U의 보집합임을 보여준다. 그러나 공집합은 **어떠한** 집합에 대해서도 부분집합이 되므로, ϕ는 U의 부분집합이 되어야 한다. "U의 부분집합"이란 용어가 U **안에 있다**는 개념을

의미하고 있는 반면, "U의 보집합"이란 용어는 U **안에 없다**는 개념을 의미하는 것이므로, ϕ가 U의 보집합이며 동시에 부분집합이라는 것은 역설적으로 들린다. 여러분은 이 역설을 어떻게 해결하겠는가?

2.4 | 관계와 함수

우리가 집합에 대한 논의를 시작한 것은, 실수체계에서의 여러 종류의 수와 관련해서 그 용어를 사용했기 때문이다. 그러나 집합은 수 이외의 대상에도 사용할 수 있다. 특히 우리는 "순서쌍"의 집합이라는 개념을 생각할 수 있으며, 이는 우리를 관계와 함수라는 중요한 개념으로 이끌어 준다.

순서쌍

집합 $\{a, b\}$를 표기할 때, 우리는 원소 a와 b가 나타나는 순서에 대해서는 관심을 두지 않는다. 왜냐하면 정의상 $\{a, b\} = \{b, a\}$이기 때문이다. 이 경우 원소 a와 b의 쌍은 **비순서쌍**(unordered pair)이다. 그러나 a와 b의 순서가 의미를 가질 때는, (a, b)와 (b, a)로 표시되는 두 개의 상이한 **순서쌍**(ordered pair)이 존재하게 되며 이들은 $a = b$가 아닌 한 $(a, b) \neq (b, a)$라는 성질을 갖는다.

두 개 이상의 원소를 갖는 집합에 대해서도 유사한 개념을 적용할 수 있다. 그리하여 3중쌍(triple), 4중쌍(quadruple), 5중쌍(quintuple) 등에 대해서도 순서쌍과 비순서쌍을 구분할 수 있다. 이때 2중순서쌍, 3중순서쌍 등을 통틀어서 **순서집합**(ordered set)이라고 하고, 그것들을 대괄호({ })대신 소괄호(( ))로 표기한다.

예 1 한 학급의 각 학생의 나이와 체중을 나타내기 위해 (a, w)이라는 순서쌍을 만들 수 있는데, 이때 첫 번째 원소는 나이(연령으로 표시)를, 두 번째 원소는 체중(파운드로 표시)을 나타낸다. 그러면, (19, 127)과 (127, 19)는 분명히 다른 의미를 가질 것이며, 더구나 후자의 순서쌍은 어떤 학생에게도 해당되지 않을 것이다.

예 2 올림픽 경기에서 모든 경쟁자들의 집합을 언급할 때, 그 순서는 의미가 없으며 따라서 그것은 비순서쌍을 이룬다. 그러나 {금메달 수령자, 은메달 수령자, 동메달 수령자}의 집합은 순서쌍이다.†

다른 대상들처럼 순서쌍 역시 집합의 원소가 될 수 있다. [그림 2.4]의 직교좌표평면을 생각해 보자. 여기서 x축과 y축은 서로 직교하면서 평면을 4개의 상한(quadrant)으로 나누고 있다. 이 xy평면은 점들의 무한집합으로, 이 점들 각각은 첫 번째 원소가 x값이고 두 번째 원소가 y값인 순서쌍을 나타낸다. 분명히 (4, 2)로 표시된 점은 점 (2, 4)와는 다르다. 따라서 여기서는 순서가 중요하다.

이러한 시각적인 이해를 가지고 이제 순서쌍들을 만들어 내는 과정을 고려해 볼 수 있다. 두개의 주어진 집합 $x = \{1, 2\}$ 및 $y = \{3, 4\}$로부터, 첫 번째 원소는 집합 x에서, 두 번째 원소는 집합 y에서 취하여 모든 가능한 순서쌍들을 만든다고 하자. 그 결과는 물론 4개의 순서쌍들 (1, 3), (1,

† 역주: 소괄호를 쓰는 것이 옳다.

그림 2.4

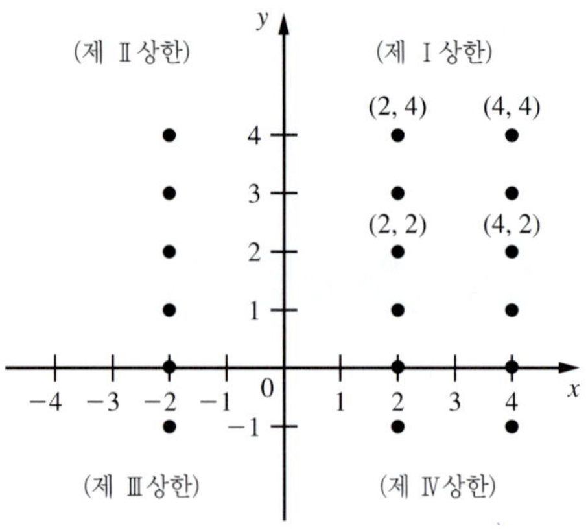

4), (2, 3), (2, 4)의 집합일 것이다. 이 집합을, 데카르트(Descartes)의 이름을 따서, 집합 x와 y의 **데카르트 곱**(Cartesian product) 또는 **직접 곱**(direct product)이라고 하며, $x \times y$로 표기한다. x와 y는 수들의 집합인 반면, 데카르트 곱은 순서쌍들의 집합임을 기억하는 것이 중요하다. 열거법이나 서술법에 의해 데카르트 곱을 다음과 같이 표현할 수 있다.

$$x \times y = \{(1, 3), (1, 4), (2, 3), (2, 4)\}$$

또는

$$x \times y = \{(a, b) \mid a \in x \quad \text{및} \quad b \in y\}$$

후자의 표현은 사실상 임의의 주어진 집합 x와 y에 대한 데카르트 곱의 일반적 정의라고 생각할 수 있다.

시야를 넓혀 이제 x와 y 둘 다 모든 실수를 포함한다고 하자. 그러면 데카르트 곱

$$x \times y = \{(a, b) \mid a \in R \quad \text{및} \quad b \in R\} \tag{2.3}$$

은 실수값을 원소로 하는 모든 순서쌍들의 집합을 나타낸다. 거기다가, 각 순서쌍은 [그림 2.4]의 직교좌표평면상의 하나의 **유일한 점**에 대응하며, 역으로 그 좌표평면상의 각 점은 집합 $x \times y$에 속하는 하나의 유일한 순서쌍에 대응한다. 이러한 이중 유일성에서, 우리는 데카르트 곱 (2.3)의 순서쌍의 집합과 직교좌표평면상의 점들의 집합 사이에 **1 : 1 대응**(one-to-one correspondence)이 존재한다고 말한다. $x \times y$란 표현을 쓰는 근거는 이제 쉽게 알 수 있다. 즉, 그것은 [그림 2.4]에서 x축과 y축의 교차와 관련시킬 수 있다. (2.3)의 집합 $x \times y$를 좀 더 간단하게 표현하는 방법은 직접 $R \times R$로 표현하는 것이다. 이것은 또한 보통 R^2으로 표기되기도 한다.

이러한 개념을 확장하여 세 개의 집합 x, y, z의 데카르트 곱을 다음과 같이 정의할 수 있다:

$$x \times y \times z = \{(a, b, c) \mid a \in x, b \in y, c \in z\}$$

이것은 3중 순서쌍들의 집합이다. 더구나 집합 x, y, z가 각각 모든 실수로 이루어진다면, 데카르트 곱은 3차원 공간상의 모든 점들의 집합과 대응하게 될 것이다. 이것은 $R \times R \times R$ 또는 더 간단하게 R^3으로 표기할 수 있다. 이하에서 논의를 전개할 때, 모든 변수는 실수값을 갖는다고 간주할 것이다; 따라서, 논의의 틀은 일반적으로 R^2, 또는 R^3, ⋯, 또는 R^n이 될 것이다.

그림 2.5

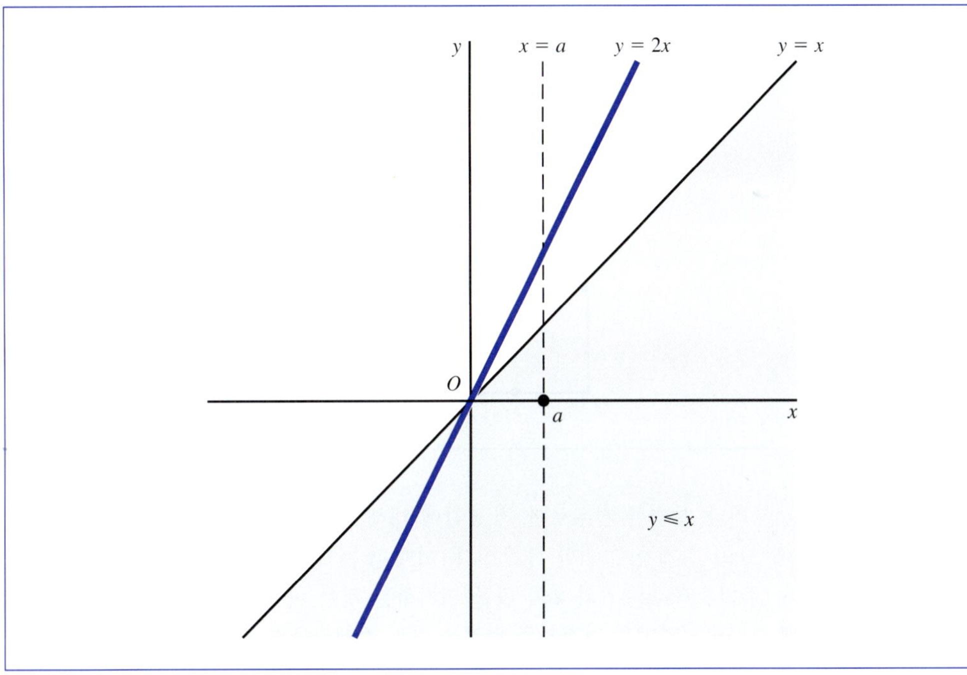

관계와 함수

모든 순서쌍들은 y 값을 x 값과 관련시키는 것이므로, 순서쌍들의 어떤 집합 — 즉 데카르트 곱 (2.3) 의 어떤 부분집합 — 은 y 와 x 사이의 하나의 **관계**(relation)를 구성할 것이다. x 값이 하나 주어지면, 그 관계에 의해 한 개 이상의 y값이 규정된다. 지금부터 우리는 편의상 $x \times y$ 의 원소를 — (2.3) 에서처럼 (a, b) 로 쓰는 대신에 — 일반적으로 (x, y) 로 쓰기로 한다. 단 여기서 x 와 y 는 둘 다 변수다.

예 3 집합 $\{(x, y) | \ y = 2x\}$ 는, 예를 들어 (1, 2), (0, 0), (-1, -2) 를 포함하는 순서쌍들의 집합이다. 이것은 일종의 관계를 이루며, 그래프 상으로는 [그림 2.5] 에서와 같이 직선 $y = 2x$ 상에 놓인 점들의 집합이 된다.

예 4 집합 $\{(x, y) | \ y \leq x\}$ 는 (1, 0), (1, 1), (1, -4) 와 같은 순서쌍들로 이루어지며, 이 역시 또 하나의 관계를 구성한다. [그림 2.5]에서 이 집합은 부등식 $y \leq x$ 를 만족하는, 음영 부분의 모든 점들의 집합에 대응한다.

주목할 것은, x 값이 주어졌을 때 어떤 관계로부터 항상 **유일한** y 값을 결정할 수 있는 것은 아니라는 사실이다. 즉, [예 4] 에서 예로 든 3개의 순서쌍은 $x = 1$ 일 때 y 는 0, 1 또는 −4 등의 여러 가지 값을 가질 수 있지만, 그 각 경우는 설정된 관계를 만족시키고 있는 것이다. 도표상으로는 어떤 한 관계의 둘 또는 그보다 많은 점들이 xy 평면상에서 하나의 수직인 직선 위에 놓일 수 있게 되는 것이다. 이것은 [그림 2.5] 에 예시되고 있는데, ($y \leq x$ 의 관계를 나타내는) 음영 부분에 속하는 많은 점들이 $x = a$ 로 이름붙인, 점선으로 표시한 수직인 직선 위에 놓여 있다.

그림 2.6

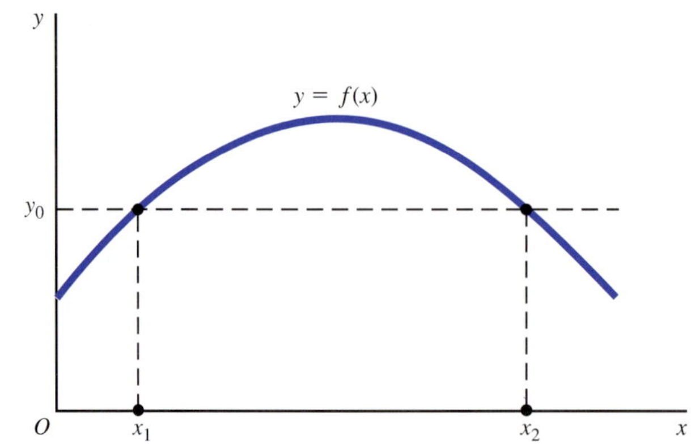

그러나, 특별한 경우로서, 각 x값에 대해 오직 **하나**의 y값만이 대응하는 관계가 있을 수 있다. [예 3]의 관계가 그러한 경우이다. 이때, y는 x의 **함수**(function)라고 하며, $y=f(x)$로 표기한다.(주의 : $f(x)$는 f와 x의 곱을 의미하는 것이 **아니다**). 그러므로, 함수는 각각의 x값이 **유일하게** 하나의 y값만을 결정하는 성질을 갖는 순서쌍들의 집합이다.† 함수는 관계임에 틀림없지만, 관계는 함수가 아닐 수도 있다는 것은 분명하다.

비록 함수의 정의가 각 x에 대해 유일한 y를 규정짓고 있지만, 그 역은 요구하고 있지 않다. 다시 말하자면, 다수의 x값들이 동일한 y값과 관련을 맺는 것은 무방하다. 이러한 경우는 [그림 2.6]에 나타나 있다. 거기에서 보면 x 집합에 속하는 값 x_1과 x_2는 모두 함수 $y=f(x)$에 의해 y 집합에 속하는 동일한 값(y_0)과 관련을 맺고 있다.

함수는 또한 **사상**(mapping)이나 **변환**(transformation)이라고도 하는데, 두 단어 모두 어떤 것을 다른 것과 연관시킨다는 함의를 갖는다. $y=f(x)$의 표현에서, 함수를 나타내는 기호 f는 집합 x를 집합 y로 "사상하는"(또는 "변환하는") 하나의 규칙을 의미하는 것으로 해석할 수 있다. 따라서 다음과 같이 쓸 수 있다.

$$f: x \to y$$

여기서 화살표는 사상을 표시하고, 문자 f는 어떤 사상의 규칙을 상징적으로 나타내고 있다. f가 어떤 **특정한** 사상의 규칙을 나타내므로, 같은 모형에서 나타나는 다른 함수는 다른 함수기호로 표시하여야만 한다. f 이외에 이러한 목적을 위해 보통 쓰이는 기호는 g, F, G, 그리스문자 ϕ(화이)와 ψ(프사이), 그리고 그 대문자들인 Φ와 Ψ 등이다. 예를 들자면, 두 변수 y와 z가 모두 x의 함수일 수 있는데, 이때 한 함수를 $y=f(x)$로 쓰면, 다른 하나는 $z=g(x)$ 또는 $z=\phi(x)$와 같이 표기하여야 한다. 그러나 기호 f와 g를 전혀 쓰지 않고, $y=y(x)$와 $z=z(x)$로 써도 무방하다.

함수 $y=f(x)$에서 x를 함수의 **독립변수**(argument 또는 independent variable)라고 하고, y를 함수의 **값**(value)이라고 한다. 또 y를 **종속변수**(dependent variable)라고도 한다. 어떤 주어진 문

† **함수**의 이러한 정의는 과거의 용어로는 **일가함수**(single-valued function)라고 불리던 것에 해당한다. 이전에 **다가함수**(multivalued function)라고 부르던 것을 지금의 **관계**(relation) 또는 **대응**(correspondence)이라고 한다. (역주: 현재는 "관계"보다 "대응"(correspondence)이라는 말이 더 보편적으로 쓰인다.)

그림 2.7

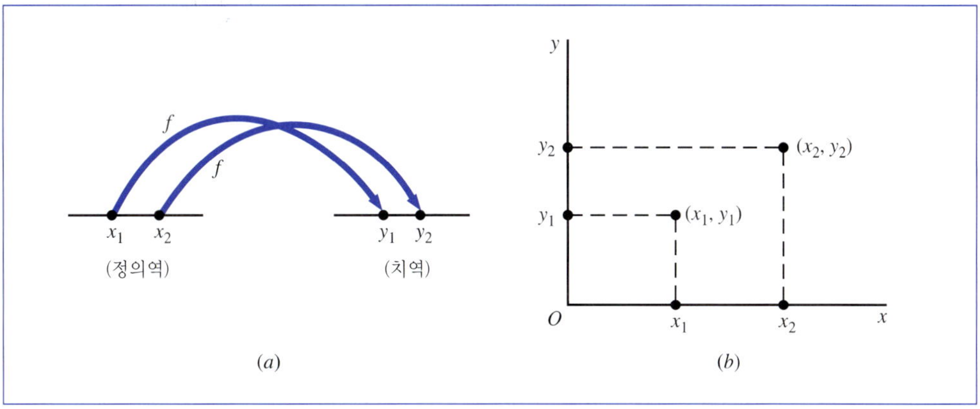

맥에서 x가 취할 수 있는 모든 값들의 집합을 함수의 **정의역**(domain)이라고 하는데, 이는 모든 실수들의 집합의 부분집합이 될 것이다. x 값이 사상되는 y 값을 그 x 값의 **상**(image)이라고 한다. 모든 상들의 집합을 함수의 **치역**(range)이라고 하는데, 이는 y 변수가 취할 수 있는 모든 값들의 집합이 된다. 따라서 정의역은 독립변수 x와 관련이 있고, 치역은 y와 관련이 있는 것이다.

[그림 2.7] (a)에 예시된 것처럼, 우리는 함수 f를, 어떤 선분 (정의역) 상의 각 점을 다른 선분 (치역) 상의 어떤 점에 사상하는 규칙으로 생각할 수 있다. 그러나 [그림 2.7] (b)에서와 같이, 정의역을 x축에 그리고 치역을 y축에 놓게 되면, x값과 y값 사이의 관련이 (x_1, y_1)과 (x_2, y_2)와 같은 순서쌍들의 집합에 의해 규정되는 낯익은 2차원 그래프를 얻을 수 있다.

경제모형에서 행태식은 보통 함수로 나타난다. 경제모형에서 나타나는 대부분의 변수들은 그 성격상 음이 아닌† 실수들로 국한되기 때문에, 그 정의역들도 역시 그렇게 제한된다. 이것이 바로 경제학에서 대부분의 기하학적 표현들을 제 I 상한에 국한하여 그리는 이유이다. 일반적으로 모든 경제모형에서 모든 함수의 정의역을 일일이 밝힐 필요는 없다. 정의역이 명시되어 있지 않은 경우, 정의역 (또는 치역) 은 함수가 경제적으로 의미가 있도록 하는 영역의 수들만을 포함한다고 이해하면 된다.

예 5

어떤 기업의 하루 총비용 C 는 하루 산출량 Q 의 함수로서, $C = 150 + 7Q$ 이다. 기업의 산출능력은 하루 100단위로 제한되어 있다. 이 비용함수의 정의역과 치역은 어떻게 되는가? Q 가 0과 100 사이에서만 변할 수 있으므로, 정의역은 $0 \leq Q \leq 100$ 인 값들의 집합이다. 즉 다음과 같이 나타낼 수 있다.

$$\text{정의역} = \{Q \mid 0 \leq Q \leq 100\}$$

치역에 대해서는, 함수의 그래프가 직선이고, C 의 최소값은 150 ($Q = 0$ 일 때) 이고, C 의 최대값은 850 ($Q = 100$ 일 때) 이므로, 다음을 얻는다.

$$\text{치역} = \{C \mid 150 \leq C \leq 850\}$$

그러나 주목할 것은, 정의역의 극값에서 언제나 치역의 극값이 나타나는 것은 아니라는 점이다.

† 0도 포함시키기 위해 "양" 보다는 "음이 아닌" (nonnegative) 이라는 표현을 사용한다.

연습문제 2.4

1. $S_1 = \{3, 6, 9\}$, $S_2 = \{a, b\}$, $S_3 = \{m, n\}$일 때 다음의 데카르트 곱을 구하라.
   (a) $S_1 \times S_2$ (b) $S_2 \times S_3$ (c) $S_3 \times S_1$
2. 앞의 문제에 주어진 정보로부터 데카르트 곱 $S_1 \times S_2 \times S_3$를 구하라.
3. 일반적으로 $S_1 \times S_2 = S_2 \times S_1$이라고 할 수 있는가? 어떤 조건하에서 이 두 데카르트 곱이 같아지는가?
4. 다음 중 직교좌표평면에 그렸을 때 함수를 나타내는 것이 있는가?
   (a) 원 (c) 직사각형
   (b) 삼각형 (d) 우하향 기울기의 직선
5. 함수 $y = 5 + 3x$의 정의역이 집합 $\{x \mid 1 \le x \le 9\}$일 때 함수의 치역을 구하고, 그것을 집합으로 나타내라.
6. 함수 $y = -x^2$의 정의역이 모든 음이 아닌 실수들의 집합일 때 그 치역은 어떻게 되는가?
7. 기업이론에서 경제학자들은 총비용 C를 산출량수준 Q의 함수, 즉 $c = f(Q)$로 간주한다.
   (a) 함수의 정의에 따라 각각의 비용의 값은 유일한 산출량수준과 관련되어야만 하는가?
   (b) 각 산출량수준은 유일한 비용을 결정해야하는가?
8. 산출량수준 Q_1이 C_1의 비용으로 생산될 수 있다면, Q_1을 $C_1 + 1$원 또는 $C_1 + 2$원 등의 비용으로 (덜 효율적으로) 생산하는 것도 가능해야 한다. 따라서 산출량수준 Q가 유일하게 총비용 C를 결정하지 않는다고 생각될 것이다. 그렇다면 $C = f(Q)$로 표기하는 것은 함수의 정의를 위배하는 것이 될 것이다. 이러한 추론에도 불구하고 여러분은 함수 $C = f(Q)$의 사용을 어떻게 정당화할 수 있겠는가?

2.5 | 함수의 유형

$y = f(x)$라는 표현은 어떤 하나의 사상(mapping)이 가능하다는 것을 말해 주는 일반적인 진술일 뿐, 거기에는 그 사상의 실제 규칙이 명시적으로 드러나 있지는 않다. 이제 각각 상이한 사상규칙을 나타내는 몇 가지 특정 유형의 함수들을 살펴보도록 하자.

상수함수

치역이 단 하나의 원소만으로 이루어지는 함수를 **상수함수**(constant function)라고 한다. 예를 들어 함수

$$y = f(x) = 7$$

을 보자. 이것은 $y = 7$ 또는 $f(x) = 7$로 달리 표현할 수도 있는데, 그 함수 값은 x값에 관계없이 일정하다. 좌표평면에서 그러한 함수는 수평인 직선으로 나타날 것이다. 투자(I)가 외생적으로 결정되는 국민소득모형에서, 투자함수는 $I = 100$억원 또는 $I = I_0$의 형태를 취하는데, 이것이 바로 상수함수의 예이다.

다항함수

상수함수는 사실 **다항함수**(polynomial function)라고 부르는 함수가 "퇴화"된 경우이다. **다항**(polynomial)이란 "여러 개의 항"을 뜻하며, 단일변수 x에 관한 다항함수는 다음과 같은 일반형을 갖는다.

$$y = a_0 + a_1x + a_2x^2 + \cdots + a_nx^n \tag{2.4}$$

여기서 각 항은 계수뿐 아니라 변수 x의 음이 아닌 정수의 멱(power)을 포함한다.(이절의 끝 부분에서 설명되겠지만, 일반적으로 $x^1 = x$ 및 $x^0 = 1$로 쓸 수 있다. 따라서 처음 두 항은 각각 a_0x^0 및 a_1x^1로 볼 수 있다.) 계수로는 기호 $a, b, c, \cdots$ 대신에 a에 하첨자(subscripted symbol)를 붙인 $a_0, a_1, \cdots, a_n$ 등을 사용한 것에 주목하라. 이것은 다음 두 가지 점을 고려하기 때문이다: (1) 이러한 방법을 택하게 되면 문자 a만을 사용하게 되기 때문에 기호를 절약할 수 있다. (2) 하첨자는 전체 식에서 특정 계수의 위치를 알 수 있게 해준다. 예를 들어 (2.4)식에서 a_2는 x^2의 계수를 나타낸다.

정수 n(x의 최고 멱수)의 값에 따라 다항함수를 몇 가지로 분류할 수 있다.

$n = 0$인 경우:	$y = a_0$	[**상수**함수]
$n = 1$인 경우:	$y = a_0 + a_1x$	[**선형**함수]
$n = 2$인 경우:	$y = a_0 + a_1x + a_2x^2$	[**2차**함수]
$n = 3$인 경우:	$y = a_0 + a_1x + a_2x^2 + a_3x^3$	[**3차**함수]

등등이다. x의 멱을 나타내는 상첨자를 **지수**(exponents)라 한다. 최고의 멱수, 즉 n의 값을 흔히 다항함수의 **차수**(degree)라 한다. 예를 들면, 2차함수는 2차의 다항함수이며, 3차함수는 3차의 다항함수이다.† 등호의 우변에 여러 항들이 나타나는 순서는 중요하지 않다. 위에서와는 달리 차수가 감소하는 순으로 항들을 배열할 수도 있다. 또한 좌변에 기호 y를 썼지만 그 대신에 $f(x)$를 써도 무방하다.

선형함수를 좌표평면에 그리면, [그림 2.8](a)에서와 같이, 직선으로 나타나게 된다. $x = 0$일 때, 그 선형함수는 $y = a_0$의 값을 가지며, 따라서 순서쌍 $(0, a_0)$는 그 직선 위에 있게 된다. 이 점에서 수직 좌표축과 그 직선이 교차하므로, 이를 y절편(또는 **수직절편**)이라 한다. 다른 계수 a_1은 그 직선의 **기울기**(slope: 가파른 정도)를 나타낸다. 이것은 x가 1단위 증가하면 y는 a_1만큼 증가함을 뜻한다.[그림 2.8](a)는 $a_1 > 0$의 경우로, 이는 양의 기울기이므로 우상향의 직선이 된다. $a_1 < 0$이면 직선은 우하향할 것이다.

반면에 2차함수는 **포물선**(parabola)을 그리게 되는데, 그 모양은 대강 이야기해서 굴곡이 한 번 있는 곡선이라고 할 수 있다. [그림 2.8](b)에 예시된 포물선은 a_2가 음의 값을 갖는 경우를 보여주고 있다. 이와는 달리 $a_2 > 0$일 때는 곡선은 반대 방향으로 "열려 있게"되고 봉우리가 아니라 골짜기 모양을 보여 주게 된다. 3차함수의 그래프는 일반적으로, [그림 2.8](c)에서 보듯이, 두 개의 굴곡을 갖는다. 이 함수들은 앞으로 논의할 경제모형에서 자주 사용될 것이다.

† 여기서 언급한 몇 가지 정식에서 마지막 계수 a_n은 항상 0이 아니라고 가정된다. 그렇지 않은 경우 그 함수는 낮은 차수의 다항식으로 되어 버리고 만다.

그림 2.8

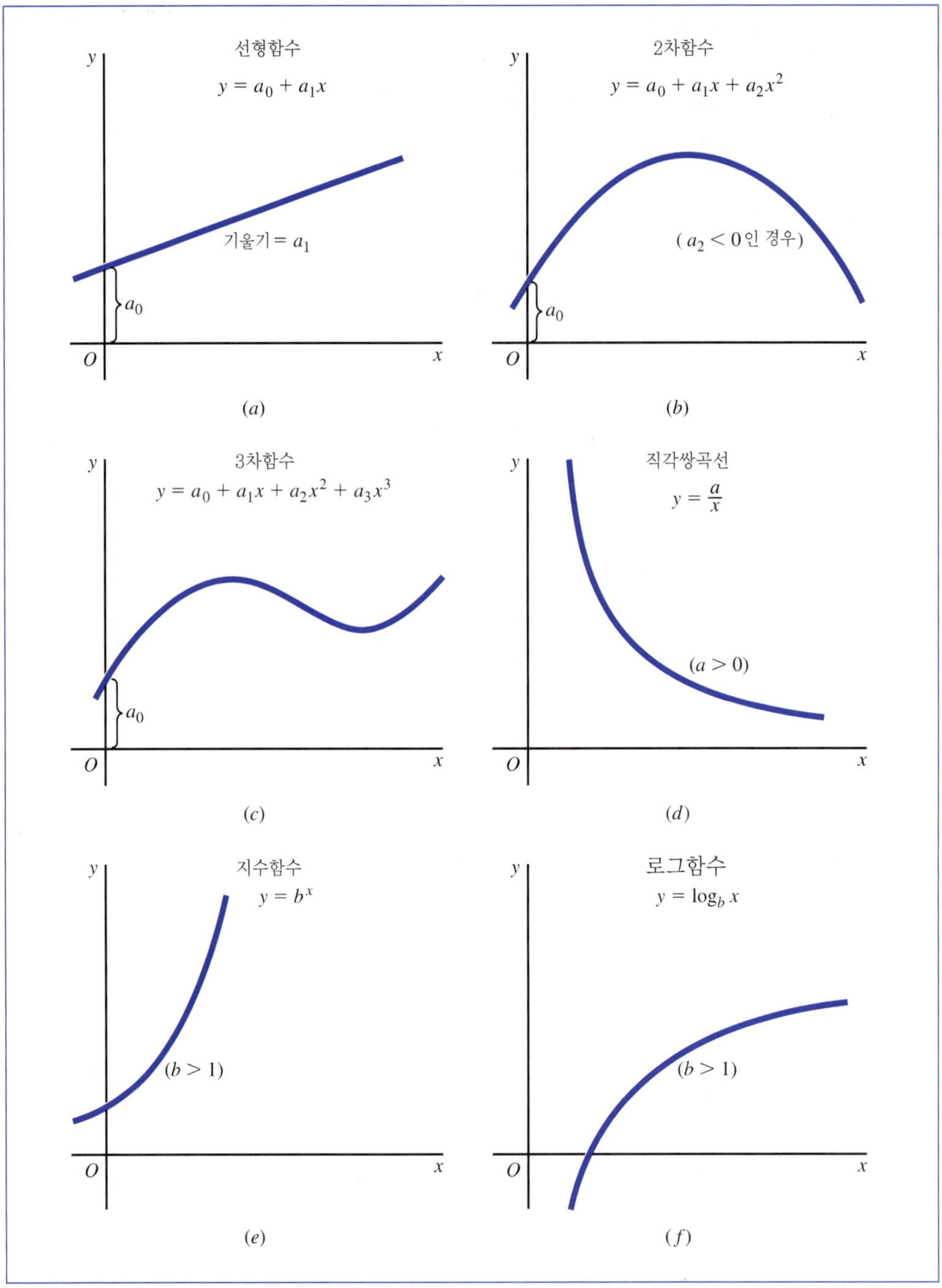

유리함수

함수형태가

$$y = \frac{x - 1}{x^2 + 2x + 4}$$

과 같이, y가 변수 x에 관한 두 다항식의 비로 표현되는 함수를 **유리함수**(rational function)라고 한다. 이 정의에 따르면, 다항함수는 그 자신이 유리함수가 된다. 왜냐하면 그것은 항상 1에 대한 비로 표현될 수 있고, 1은 상수함수이기 때문이다.

경제학에서 사용되는 흥미있는 특별한 유리함수로는, 함수

$$y = \frac{a}{x} \quad \text{또는} \quad xy = a$$

를 들 수 있는데, 이는 [그림 2.8](d)에서와 같이 **직각쌍곡선**(rectangular hyperbola)으로 나타나게 된다. 이 경우 두 변수의 곱이 항상 일정한 상수가 되므로, 이 함수는 가격 P와 수량 Q를 두 축에 잡았을 때 총지출 PQ가 모든 가격수준들에서 일정하게 되는 특별한 수요곡선을 나타내는 데 사용할 수 있다(그러한 수요곡선은 그 곡선상의 모든 점에서 탄력성의 값이 1이 된다). 또 다른 예는 평균고정비용(average fixed cost: AFC) 곡선이다. 한 축에 AFC를 잡고 다른 축에 산출 Q를 잡으면, AFC × Q (= 총고정비용)는 일정한 상수이므로 AFC곡선은 직각쌍곡선이 된다.

$xy = a$의 그래프인 직각쌍곡선은 위쪽으로나 오른쪽으로 무한히 연장시킨다 하더라도, 어느 축과도 만나지 않고 축에 **점근적으로**(asymptotically) 접근하게 된다. 즉, y가 매우 커짐에 따라 곡선은 y축에 점점 더 가까워지지만 실제로 축에 도달하지는 않으며, x축에 대해서도 이와 마찬가지이다. 이때 두 축은 이 함수의 **점근선**(asymptote)을 이룬다고 한다.

비대수함수

다항식이나 다항식의 근(root: 예컨대, 제곱근)으로 표현되는 모든 함수는 **대수함수**(algebraic function)이다. 따라서 이제까지 논의된 함수는 모두 대수함수이다.

그러나 $y = b^x$ 같이 독립변수가 지수에 나타나는 **지수함수**(exponential function)는 **비대수함수**(nonalgebraic function)이다. 이와 밀접하게 관련된, $y = \log_b x$ 같은 **로그함수**(log-arithmic function) 역시 비대수함수이다. 이 두 유형의 함수들은 제 10장에서 자세히 다룰 것이지만, 그들의 일반적인 그래프 형태는 [그림 2.8](e)와 (f)에서 보는 바와 같다. 또 다른 유형의 비대수함수로는 동태분석과 관련하여 제 16장에서 논의하게 되는 **삼각함수**(trigonometric 또는 circular function)가 있다. 한 가지 덧붙이면, 비대수함수는 **초월함수**(transcendental function)라는 좀 더 전문적인 이름으로도 알려져 있다.

지수에 대하여

다항함수를 논할 때 우리는 변수(또는 수)가 거듭 제곱되는 멱을 나타내는 것으로 **지수**(exponent)라는 용어를 도입하였다. 6^2이란 수식은 6을 제곱한 것을 의미한다. 즉, 6에 그 자신을 곱한 것인데, $6^2 \equiv 6 \times 6 = 36$이 된다. 일반적으로, 정수 n에 대하여

$$x^n \equiv \underbrace{x \times x \times \cdots \times x}_{n\text{개 항}}$$

이라 정의하고, 특별한 경우로서 $x^1 = x$로 표기한다. 이와 같은 일반적 정의로부터 지수는 양의 정수 m 및 n에 대하여 다음의 법칙들을 따른다는 것을 알 수 있다:

법칙 1 $x^m \times x^n = x^{m+n}$ (예를 들면, $x^3 \times x^4 = x^7$)

증명 ▶

$$x^m \times x^n = (\underbrace{x \times x \times \cdots \times x}_{m\text{개 항}})(\underbrace{x \times x \times \cdots \times x}_{n\text{개 항}}) = \underbrace{x \times x \times \cdots \times x}_{m+n\text{개 항}} = x^{m+n}$$

이 증명에서 수 x 또는 지수 m 및 n에 어떤 특정한 값을 지정하지 않은 것에 주목하라. 즉 위에서 얻은 결과는 일반적으로 성립한다. 바로 이 이유 때문에 위에서 보인 논증은 단순한 확인이 아니라 증명이 된다. 다음의 법칙 2의 증명에서도 같은 논리가 적용된다.

법칙 2 $\dfrac{x^m}{x^n} = x^{m-n}$ $(x \neq 0)$ $\left(\text{예를 들면, } \dfrac{x^4}{x^3} = x\right)$

증명 ▶

$$\frac{x^m}{x^n} = \frac{\overbrace{x \times x \times \cdots \times x}^{m\text{개 항}}}{\underbrace{x \times x \times \cdots \times x}_{n\text{개 항}}} = \underbrace{x \times x \times \cdots \times x}_{m-n\text{개 항}} = x^{m-n}$$

이것은 분모의 n개 항이 분자의 m개 항 중 n개를 약분하여 소거하기 때문이다. 이 법칙에서 $x = 0$의 경우는 배제되고 있는 것에 주의하라. $x = 0$이 되면, x^m/x^n의 수식은 0으로 나누는 것이 되는데, 이것은 정의되지 않기 때문이다.

$m < n$일 때, 예를 들어 $m = 2$, $n = 5$일 때는 어떻게 되겠는가? 이 경우에는 법칙 2에 따라 $x^{m-n} = x^{-3}$이 되어서 x의 멱이 음수가 된다. 이것은 무엇을 뜻하는가? 그 답은 법칙 2자체로부터 얻을 수 있다. 즉 $m = 2$, $n = 5$일 때

$$\frac{x^2}{x^5} = \frac{x \times x}{x \times x \times x \times x \times x} = \frac{1}{x \times x \times x} = \frac{1}{x^3}$$

이므로, $x^{-3} = 1/x^3$이 성립하고, 이것은 다음과 같이 또 하나의 법칙으로 일반화될 수 있다.

법칙 3 $x^{-n} = \dfrac{1}{x^n}$ $(x \neq 0)$

0이 아닌 수를 $-n$제곱한다는 것은 그 수의 n제곱의 역수를 취하는 것과 같다.

법칙 2를 적용할 때 발생하는 또 하나의 특수한 경우는 $m = n$인 경우인데, 이때는 $x^{m-n} = x^{m-m} = x^0$이 된다. 어떤 수 x를 0제곱한다는 것의 의미를 이해하기 위해, x^{m-m}을 법칙 2에 따라 풀어 써 보면, $x^m/x^m = 1$이 된다. 따라서 모든(0이 아닌) 수를 0제곱한 것은 1이 됨을 알 수 있다. (0^0의 수식은 정의되지 않는다.) 이를 또 다른 법칙으로 나타내 보면 다음과 같다:

법칙 4 $x^0 = 1$ $(x \neq 0)$

우리가 단지 다항함수에만 관심을 가지는 한, (음이 아닌) 정수의 멱만 필요하다. 그러나, 지수함수에서의 지수는 정수가 아닌 값도 취할 수 있는 변수이다. $x^{1/2}$과 같은 수의 의미를 알기 위해 다음과 같은 관계식이 앞의 법칙 1에 의해 성립한다는 사실에 주목해 보자.†

$$x^{1/2} \times x^{1/2} = x^1 = x$$

$x^{1/2}$ 에다 그 자신을 곱한 것이 x 이므로, $x^{1/2}$ 은 x 의 제곱근임에 틀림없다. 마찬가지로, $x^{1/3}$ 은 x 의 세제곱근임을 보일 수 있다. 그러므로, 일반적으로 다음의 법칙을 얻을 수 있게 된다.

법칙 5

$$x^{1/n} = \sqrt[n]{x}$$

지수에 관한 다른 두 가지 법칙은 다음과 같다.††

법칙 6

$$(x^m)^n = x^{mn}$$

법칙 7

$$x^m \times y^m = (xy)^m$$

연습문제 2.5

1. 다음 함수들을 그래프로 나타내라.
   (a) $y = 16 + 2x$ (b) $y = 8 - 2x$ (c) $y = 2x + 12$
   (각 경우, 그 정의역은 음이 아닌 실수만으로 이루어진다.)
2. 위 문제에서 (a)와 (b) 간의 중요한 차이점은 무엇인가? 이러한 차이점은 그래프상에 어떻게 나타나는가? 그리고, (a)와 (c) 간의 중요한 차이점은 무엇인가? 이것은 그래프에 어떻게 나타나는가?
3. 정의역이 $-5 \le x \le 5$ 로 이루어진 집합일 때 다음 함수들을 그래프로 나타내라.
   (a) $y = -x^2 + 5x - 2$ (b) $y = x^2 + 5x - 2$
   여기서 x^2 항의 계수의 부호가 이 2차함수의 그래프가 "봉우리"모양인지 또는 "골짜기"모양인지를 결정한다는 것은 알려져 있는 바이다. 이 문제에서 볼 때 어떤 부호가 "봉우리"와 관련되는가? 이에 대해 직관적인 설명을 해보라.
4. x 와 y 가 양의 값만을 취할 수 있다고 할 때 함수 $y = 36/x$ 를 그래프로 나타내라. 그런 다음 두 변수가 음의 값도 취할 수 있다고 하면 그 그래프는 어떻게 수정되어야만 하는가?
5. 다음 수식들을 간략히 표현하라:
   (a) $x^4 \times x^{15}$ (b) $x^a \times x^b \times x^c$ (c) $x^3 \times y^3 \times z^3$
6. 다음을 구하라.
   (a) x^3/x^{-3} (b) $(x^{1/2} \times x^{1/3})/x^{2/3}$
7. $x^{m/n} = \sqrt[n]{x^m} = (\sqrt[n]{x})^m$ 임을 보여라. 이때 각 단계에 적용된 법칙을 구체적으로 지적해보라.
8. 법칙 6과 법칙 7을 증명하라.

† 역주 : 법칙 1은 m 과 n 이 정수일 경우에 관해서만 증명되어 있다. 그러므로 정수가 아닌 1/2에 관해서 이 법칙을 적용하는 것은, 엄밀하게 말하면, 부당하다.(다음 역주 참조).

†† 역주 : m 과 n 이 정수일 때 법칙 6과 7이 성립하는 것은 법칙 1을 이용하여 설명할 수 있다. 그러나 지수연산은 법칙 1이 모든 $x > 0$ 에 관해서, 그리고 모든 실수 m 과 n 에 관해서 성립하는 것으로 정의할 수 있고, 이 정의하에서 법칙 1~6이 모두 성립함을 보일 수 있다. 또 제 10 장에서의 논의를 위해서는, 법칙 1을 이 정의에 맞추어 확장하는 것이 필수적이다.

2.6 | 둘 이상의 독립변수를 갖는 함수

지금까지는 독립변수가 하나인 함수 $y = f(x)$ 만을 고려해 왔다. 그러나 함수의 개념은 독립변수가 둘 이상인 경우로 확장할 수 있다. 함수

$$z = g(x, y)$$

가 주어져 있을 때, 주어진 x 와 y 값의 쌍은 종속변수 z 의 값을 유일하게 결정한다. 그러한 함수의 예를 들면 다음과 같다.

$$z = ax + by \qquad \text{또는} \qquad z = a_0 + a_1x + a_2x^2 + b_1y + b_2y^2$$

함수 $y = f(x)$ 가 정의역상의 한 점을 치역상의 한 점으로 옮겨 주는 것처럼, 위의 함수 g 도 똑같은 역할을 한다. 그러나 이 경우 정의역은 수의 집합이 아니라 순서쌍 (x, y) 의 집합이 된다. 왜냐하면 ***x* 및 *y* 가 둘 다** 구체적으로 정해질 때에만 z 를 결정 할 수 있기 때문이다. 따라서 함수 g 는, [그림 2.9] (*a*) 에서 보듯이, (x_1, y_1) 의 점을 z_1 으로 또는 (x_2, y_2) 를 z_2 로 옮겨 주는 것처럼, 2차원 공간의 한 점을 직선 (일차원 공간) 위의 한 점으로 옮겨 주는 하나의 사상이다.

그러나 그림 (*b*)에서와 같이 하나의 z 축을 xy 평면에 수직으로 세우게 되면, 3차원 공간이 생기

그림 2.9

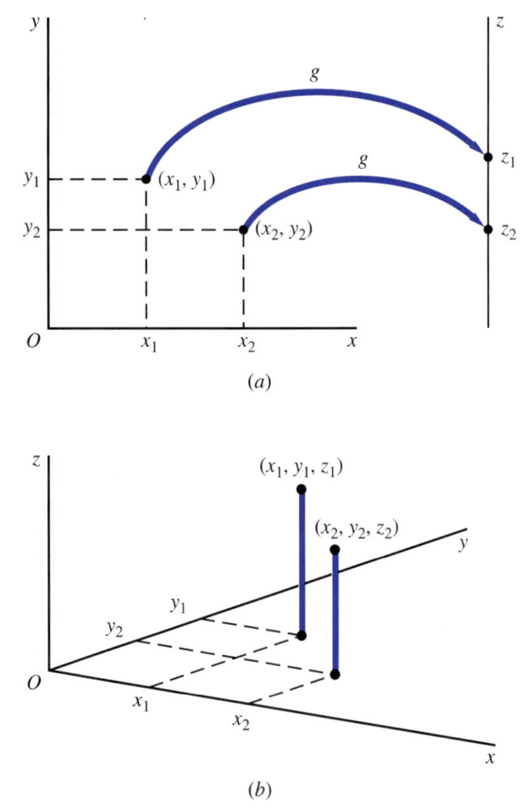

게 되는데, 그 공간에서 함수 g는 다음과 같은 그래프로서의 표현을 갖는다. 즉, 이 함수의 정의역은 xy 평면상의 점들의 어떤 부분집합이 될 것이고, 예를 들어 (x_1, y_1)과 같은 그 정의역상의 주어진 한 점에 대한 함수의 값(z 의 값)은 그 점에서 세워진 수직선의 높이로 나타내질 수 있다. 따라서 이 세변수간의 연관성은 3차원 공간의 특정한 한 점인 3중 순서쌍(x_1, y_1, z_1)으로 요약된다. 이들 3중 순서쌍들의 궤적은 **곡면**(surface)의 형태를 띨 것이며, 이것이 함수 g의 그래프가 된다. $y = f(x)$가 순서**쌍**들의 집합인 데 반해, 함수 $z = g(x, y)$는 **3중** 순서**쌍**들의 집합이 된다. 경제모형에서 우리는 이러한 함수들을 사용할 경우가 많을 것이다. 쉽게 떠오르는 한 예는 생산함수의 분야에서이다. 산출량수준(Q)이 자본(K)과 노동(L)의 고용량에 의해 결정된다고 가정하면, 우리는 그 생산함수를 $Q = Q(K, L)$과 같은 일반적 형태로 쓸 수 있게 되는 것이다.

이제 이상의 논의를 셋 이상의 독립변수를 갖는 경우로 확장시킬 수 있다는 것은 자명하다. 예를 들어, 함수 $y = h(u, v, w)$에서는 3차원 공간의 한 점 (u_1, v_1, w_1)을 1차원 공간의 한 점(y_1)으로 사상할 수 있다. 그러한 함수는 어떤 한 소비자의 효용이 세 가지 다른 재화의 소비의 함수임을 나타내는 데 사용할 수 있으며, 이것은 3차원의 재화공간으로부터 1차원의 효용공간으로의 사상이 된다. 그러나 이 경우 그 함수의 그래프를 그린다는 것은 물리적으로 불가능하다. 왜냐하면 4중 순서쌍을 나타내기 위해서는 4차원의 그래프가 필요한데, 우리가 살고 있는 세계는 3차원에 불과하기 때문이다. 그럼에도 불구하고 직관적인 기하학적 유추의 관점에서, 4중 순서쌍 (u_1, v_1, w_1, y_1)을 4차원 공간의 한 "점"이라고 말할 수 있다. 그러한 점들의 궤적은 함수 $y = h(u, v, w)$의 (그릴 수는 없는) "그래프"가 될 것이며, 이것을 우리는 **초곡면**(hypersurface)이라고 한다. 이러한 점이나 초곡면 같은 용어들은 n차원 공간의 일반적인 경우에도 확장 적용된다.

둘 이상의 변수들의 함수 역시 여러 유형으로 분류할 수 있다. 예를 들어 형태가

$$y = a_1x_1 + a_2x_2 + \cdots + a_nx_n$$

인 함수는 선형함수다. 그 특성은 모든 변수가 1차의 멱을 갖는다는 것이다. 반면에 2차함수는 하나 이상의 독립변수의 1차와 2차의 멱을 포함하나, 한 항에 들어 있는 독립변수들의 지수의 합은 2를 초과할 수 없다.

독립변수를 x, u, v, w 등으로 표시하는 대신에, 우리는 기호를 $x_1, x_2, \cdots, x_n$ 등으로 바꿔 표기하였음에 주목하라. 후자의 표기는, 하첨자를 가진 계수체계에서처럼, 함수에 포함된 변수들의 수를 보다 쉽게 셀 수 있을 뿐만 아니라, 기호에 사용되는 문자를 절약할 수 있다는 장점이 있다.

2.7 | 일반성의 정도

여러 유형의 함수들을 논할 때, 우리는 일반성의 정도에 차이가 있는 여러 가지 함수들을 도입해 왔다. 그러나 이를 명시적으로 지적한 일은 없다. 어떤 경우에 우리는 함수를 다음과 같은 형태로 표기하였다.

$$y = 7 \qquad y = 6x + 4 \qquad y = x^2 - 3x + 1 \qquad (\text{등등.})$$

이 함수들은 계수가 숫자로 표현되어 있을 뿐만 아니라, 각 함수가 상수함수인지 선형함수인지 또는 2차함수인지의 여부도 구체적으로 알 수 있게끔 되어 있다. 이 함수들을 그래프로 표현해 보면

잘 정의된 유일한 형태의 곡선들이 된다. 이 함수들의 수치적 성질 때문에 이들 함수에 근거한 모형의 해도 역시 수치로 나타날 것이다. 그러나 여기에는 다음과 같은 결점이 있다. 즉 모형에서 계수들의 값이 달라지면 분석의 결과가 어떻게 변하겠는가를 알고 싶을 때 추론과정을 매번 새롭게 반복해야 하는 것이다. 따라서 이렇게 구체적 함수들로부터 얻어진 결과들은 일반성이 거의 없다.

좀 더 일반적인 논의와 분석에서는 다음과 같은 형태의 함수들을 사용한다.

$$y = a \qquad y = a + bx \qquad y = a + bx + cx^2 \qquad (\text{등등.})$$

파라미터가 사용되므로 이때의 각 함수는 하나의 곡선이 아니라 하나의 곡선군을 나타내게 된다. 예를 들어 함수 $y = a$는 $y = 0$, $y = 1$, $y = 2$와 같은 특정한 경우들뿐만 아니라 $y = 1/3$, $y = -5$, … 등 무한히 많은 경우를 포괄한다. 파라미터가 있는 함수의 경우에는 수학적 연산의 결과도 또한 파라미터로 나타나게 된다. 이때 모형의 해에 나타나는 파라미터들에 여러 다른 값들을 대입함으로써, 추론과정을 새롭게 반복하지 않고도 수많은 구체적 해들의 집합을 얻을 수 있다는 의미에서, 이 결과는 보다 일반적이다.

더 높은 일반성 수준에 도달하기 위해서는, 함수를 $y = f(x)$ 또는 $z = g(x, y)$와 같은 일반형태로 나타낼 수 있다. 이러한 형태로 표현할 때 함수는 1차함수, 2차함수, 지수함수 또는 삼각함수 등으로 제한되지 않고 그 모든 것들을 포함하게 된다. 그러므로 그러한 일반함수 형식에 의한 분석 결과는 가장 일반적인 적용가능성을 갖게 된다. 그러나 아래에서 밝혀지겠지만, 경제적으로 의미 있는 결과를 얻기 위해서는, 모형을 구성하는 일반함수에 대하여, 수요함수가 음의 기울기를 갖는다거나, 소비함수가 1보다 작은 양의 기울기를 갖는 그래프라는 등, 어떤 정성적 제한을 부과할 필요가 있는 경우가 보통이다.

이 장을 요약하면, 수리경제모형의 구조는 이제 분명하다. 일반적으로 수리경제모형은 방정식 내지 등식들의 체계로 이루어진다. 그런데 그 방정식 내지 등식들은 정의식, 행태식, 또는 균형조건식 등일 수 있다.† 행태식은 함수의 형태로 보통 나타나는데, 그것은 선형일 수도 있고 비선형일 수도 있으며, 구체적 수치로 표현될 수도 있고 파라미터로 표현될 수도 있다. 그리고 독립변수가 하나일 수도 있고 여럿일 수도 있다. 모형에서 채택되는 분석적 가정들이 수학적 표현으로 주어지는 것은 바로 이 방정식들을 통해서이다.

그러므로 어떤 한 분석적인 문제를 해결하려 할 때, 첫 단계는 모형에 포함될 적절한 변수—내생변수뿐만 아니라 외생변수도—를 선택하는 것이다. 다음 단계에서 우리는 변수의 작용에 영향을 미치는 인간적, 제도적, 기술적, 법적, 그리고 기타 다른 행태적 측면에 관해서 채택된 분석적 가정들을 방정식형태로 바꾸어야 한다. 그리고 나서야 우리는 비로서 필요한 수학적 연산과 조작을 거쳐 일단의 결론들을 얻고, 그것들에 적절한 경제적 해석을 가할 수 있는 것이다.

† 부등식도 모형의 중요한 구성요소가 될 수 있으나 당분간 이를 고려하지 않기로 한다.

Chapter 2 요약

❖ 경제모형 ❖

1. 경제이론은 실제세계에 대한 하나의 추상이다. 당면한 경제문제와 관련하여 가장 중요하다고 여겨지는 변수들과 이들간의 관계를 추려내어 의도적으로 단순화시킨 분석적 틀을 경제모형이라 한다.
2. 경제모형이 수학적으로 표현될 때 이는 수리경제모형이 된다. 일반적으로 수리경제모형은 방정식체계로 이루어진다.
3. 방정식들은 여러 변수들을 특정한 방법으로 관련시키게 되고, 이로써 우리가 채택한 일단의 분석적 가정들은 수학적 형태를 부여받게 되는 것이다.
4. 수리경제모형 설정의 첫 단계는 모형에 포함될 적절한 변수를 선택하는 것이다. 그리고 그 다음 단계는 변수의 작용에 영향을 미치는 여러 측번에 관해서 채택된 가정들을 방정식들로 바꾸어야 한다. 그리고 나서 필요한 수학적 연산과 조작을 거쳐 일단의 결론들을 얻고 적절한 경제적 해석을 가할 수 있게 된다.
5. 변수는 그 크기가 변할 수 있는 양으로서, 내생변수와 외생변수로 나누어진다. 내생변수는 그 모형에서 크기가 결정되는 변수이고, 외생변수는 그 모형의 외부에서 그 크기가 주어지는 변수이다.
6. 상수는 그 크기가 고정되어 있는 양이다. 파라미터는 상수이긴 하나 특정한 값으로 지정되지 않았기 때문에 여러 가지 값을 부여할 수 있는 상수를 말한다. 그러나 그것은 그 모형 내에서는 주어진 것으로 취급된다.
7. 모형을 구성하는 방정식은 정의식, 행태식, 균형조건식으로 나눌 수 있다. 정의식은 항등관계를 설정한다. 행태식은 한 변수가 다른 변수들의 변화에 어떤 식으로 대응하는가를 규정한다. 균형조건식은 모형의 균형개념을 규정한다.
8. 경제모형에서 다루는 수는 주로 실수에 국한한다. 실수는 정수, 유리수, 무리수를 모두 포함하며, 기하학적으로는 실수직선에 대응시킬 수 있다.
9. 집합의 개념은 수리경제모형을 포함하여 모든 분야의 현대수학의 기초를 이룬다. 집합은 성격이 명확한 대상들을 모아 놓은 것이다. 집합을 표기하는 데는 그 원소를 열거하는 방법과 원소의 성격을 서술하는 방법의 두 가지가 있다.
10. 집합간의 관계와 기본적인 연산은 수리경제모형을 이해하는 데 필수적이므로, 벤 · 다이아그램 등에 의해서 잘 익혀둘 필요가 있다.
11. 집합에서 원소가 나타나는 순서가 중요성을 가질 때, 이 집합을 순서집합 또는 순서쌍이라 한다. 실수만을 원소로 하는 n 중 순서쌍의 전체는 n 차원 실수공간 R^n 이 된다.
12. 2차원 공간 R^2 의 원소를 $(x,\ y)$ 로 대표하면, R^2 의 임의의 부분집합은 y 와 x 사이의 하나의 "관계"를 구성한다. 그러나 이 관계는 x 가 주어졌을 때 유일한 y 를 결정할 수 있게 해주지는 못한다.
13. 특별한 경우로서, 각 x 에 대해서 오직 하나의 y 값만이 대응하는 관계가 있을 수 있는데, 이 때 y 는 x 의 함수라 하며, $y = f(x)$ 등으로 표기한다. 이 개념은 고차원의 경우로 확장될 수 있다.
14. 함수는 그 형태에 따라서 여러 가지로 분류할 수 있다. 또, 경제분석의 관점에서는 일반성의

정도의 차이가 문제될 수 있다. 일반성의 정도가 높을수록 가장 일반적인 적용가능성을 가지나, 구체성이 결여된다.

Part 2

정태분석 (균형분석)

Static (or Equilibrium) Analysis

Chapter 03

경제학에서의 균형분석

제 2 장에서 설명한 분석절차를 먼저 **정태분석**(static analysis) 또는 **균형분석**(equilibrium analysis)으로 알려진 경제학 분석에 적용해 보기로 한다. 이를 위해서는 우선 **균형**이 무엇을 의미하는가를 명확히 이해하지 않으면 안된다.

3.1 | 균형의 의미

다른 경제학 용어들과 마찬가지로 **균형**은 여러 방식으로 정의될 수 있다. 한 정의에 의하면, 균형이란 "선택된 상호 관련된 변수들로 구성된 모형에서 그 변수들이 변화하려는 내재적 경향을 갖지 않도록 상호간에 조정되어 있는 상태"이다.† 이 정의에는 특별히 유의해야 할 몇 가지 단어가 있다. 첫째, **선택된** 변수들이라는 말은 분석자의 선택에 따라 모형에 포함되지 않는 변수들이 존재한다는 사실을 강조하는 것이다. 따라서 우리의 논의대상이 되는 균형은 바로 그 특정한 선택된 변수들의 집합과 관련해서만 의미를 갖게 된다. 가령 다른 변수가 추가되어 모형이 확대된다면, 확대되기 전의 모형에서의 균형 상태는 이 확대된 모형에 더 이상 적용될 수 없게 된다.

둘째, **상호 관련된** 변수라는 말은 균형이 달성되기 위해서는 모형 내의 모든 변수들이 동시에 정지상태에 있어야 함을 함축한다. 더욱이 각 변수의 정지상태는 다른 모든 변수의 정지상태와 상충되지 않아야 한다. 그렇지 않으면 일부 변수들이 변화할 것이고, 그로 인해 다른 변수들도 연쇄 반응으로 변화하게 되고, 그래서 균형이 존재한다고 말할 수 없게 된다.

셋째, **내재적 경향**이라는 말은 균형을 정의하는 데 있어서, 정지상태는 오직 모형의 내부 힘들의 조정과정에만 기초를 둔 정지상태임을 의미한다. 여기서 외부의 요인들은 일정하다고 가정된다. 모형을 조작하는 관점에서 보면, 이것은 파라미터들과 외생변수들이 상수로 취급됨을 의미한다. 외부의 요인들이 실제로 변화하면, 이 새로운 파라미터 값들에 기초하여 정의되는 새로운 균형이 존재한다. 그러나 이 새로운 균형을 정의하는 데 있어서 새로운 파라미터 값들은 또다시 불변인 상태로 지속된다고 가정되어야 한다.

요컨대, 특정 모형에서의 균형은 변화경향이 없음으로 특징지워지는 상태이다. 균형분석(더 구체적으로 말해서, 균형상태를 찾아내는 연구)을 **정태분석**(statics)이라고 부르는 것은 바로 이 이유 때문이다.

† Fritz Machlup, "Equilibrium and Disequilibrium: Misplaced Concreteness and Disguised Politics," *Economic Journal*, March 1958, p. 9. (Reprinted in F. Machlup, *Essays on Economic Semantics*, Prentice Hall, Inc., Englewood Cliffs, N. J., 1963.)

균형이란 변화하려는 경향이 없음을 의미한다는 사실로부터, 우리는 균형이 필연적으로 바람직한 혹은 이상적인 상태를 성립시킨다고 결론내리고 싶을지 모른다. 어떤 이상적인 상태에서만 변화하려는 동기가 없을 것이라는 근거에서 말이다. 그러나 이와 같은 결론은 항상 옳은 것은 아니다. 기업의 입장에서 이윤극대화가 이루어지는 상태처럼 어떤 특정한 균형상태는 바람직하거나 추구되는 상태를 나타낼 수도 있지만, 불완전고용하에서의 국민소득의 균형과 같이, 균형상태는 바람직하지 않고, 오히려 회피되어야 하는 상태를 나타낼 수도 있다. 따라서 균형에 관한 올바른 설명은, 만약 균형이 일단 달성되면 외부의 힘들에 어떤 변화가 발생하는 경우를 제외하고는 그 균형 자체가 지속되는 경향이 있는 상태라고 할 수 있다.

우리가 **목적균형** (goal equilibrium) 이라고 부르는 바람직한 상태로서의 균형은 최적화문제로서 제 4 부에서 다루어질 것이다. 이 장에서는 **비목적균형** (nongoal equilibrium) 만을 논의할 것이다. 비목표균형이란 균형이 어떤 특정한 목적에 관한 의식적 계획에서 이루어지는 것이 아니라, 비인간적이고 초인간적인 경제적 힘들의 상호작용과 조정과정으로부터 유래하는 균형이다. 이와 같은 비목표균형의 예는 주어진 수요와 공급조건하에서 시장에서 달성되는 균형, 주어진 소비 및 투자 양태의 조건하에서 달성되는 국민소득의 균형들이다.

3.2 | 부분시장균형-선형모형

정태균형모형에서 표준적인 문제는 그 모형의 균형조건을 만족하는 내생변수들의 값을 찾아내는 것이다. 왜냐하면 일단 그 내생변수들의 값을 찾아내면 결과적으로 균형상태를 찾아내는 셈이 되기 때문이다. 이것을 소위 부분시장균형모형, 즉 하나의 고립된 시장에서의 가격결정모형을 예로 하여 설명해 보자.

모형의 설정

이 모형에서는 오직 한 상품만이 고려되므로 변수는 단지 세 개, 즉 그 상품의 수요량 (Q_d), 공급량 (Q_s) 및 가격 (P) 만 있으면 된다. 수량은 일주일에 몇 킬로그램 식으로 측정되고, 가격은 원으로 측정된다. 변수들을 선택한 다음에는, 시장의 작용에 관한 어떤 가정을 하여야 한다. 먼저 우리는 균형조건 — 균형모형에서 절대 필요한 것 — 을 규정하여야 한다. 균형조건에 대한 표준적 가정은, 「시장에서의 균형은 초과수요가 영일 때 $(Q_d - Q_s = 0)$, 즉 시장이 청산될 때 달성된다는 것이다.」 그러나 이 가정은 Q_d 및 Q_s 자체는 어떻게 결정되는가 하는 문제를 즉각 제기한다. 이 문제를 해결하기 위해서 우리는 Q_d 가 P 의 선형감소함수 (P 가 증가함에 따라 Q_d 는 감소한다) 라고 가정한다. 또 한편으로는, P 가 어떤 양의 수준을 초과하지 않는 한 공급은 전혀 이루어지지 않는다는 전제조건하에서, Q_s 는 P 의 선형증가함수 (P 가 증가함에 따라 Q_s 도 증가한다) 라고 가정한다. 그러면 모형은 하나의 균형조건식외에 시장의 수요와 공급측면을 각각 규정하는 두 개의 행태식을 갖게 된다.

수식으로 표시하면 이 모형은 다음과 같이 나타낼 수 있다:

$$\begin{aligned} Q_d &= Q_s \\ Q_d &= a - bP \qquad (a, b > 0) \\ Q_s &= -c + dP \qquad (c, d > 0) \end{aligned} \tag{3.1}$$

그림 3.1

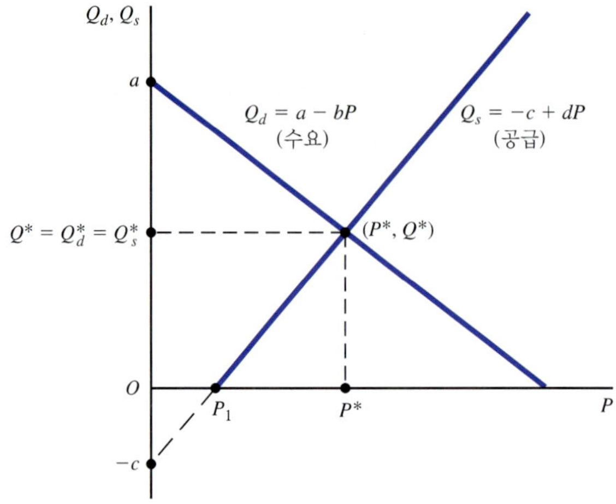

네 개의 파라미터 a, b, c, d가 두 선형함수에 나타나고, 그들 모두는 양으로 규정되었다. 수요함수를 [그림 3.1]과 같이 그리면, 세로축상의 절편은 a이고 그 기울기는 $-b$로서 위에서 규정한 것처럼 음이다. 공급함수도 또한 규정한대로 양의 기울기 d를 갖지만, 세로축상의 절편은 $-c$로 음인 것을 알 수 있다. 그러면 우리는 왜 그와 같이 세로축상의 절편을 음으로 설정하기를 원하는가? 이것은 공급함수가 음의 세로축 절편을 가져야만 공급곡선이 P_1에서 양의 가로축 절편을 갖게 되고, 그리하여 가격이 양이고 충분히 큰 값을 갖지 않는 한 공급은 이루어지지 않는다고 하는 앞에서 말한 전제조건을 충족하기 때문이다.

[그림 3.1]에는 통상의 경우와는 반대로 가격이 아니라 수량이 세로축에 그려져 있는 것에 주목하기 바란다. 이것은 그러나 **종속**변수를 세로축에 위치하도록 하는 수학에서의 관례에 따른 것이다. 수요함수를 기업의 관점에서 보아 평균수입곡선 $AR \equiv P = f(Q_d)$로 간주하는 또 다른 맥락에서는, 축을 바꾸어 P를 세로축에 그리게 될 것이다.

이와 같이 모형이 구성되면 다음 단계는 모형을 푸는 과정, 즉 세 내생변수 Q_d, Q_s 및 P의 해값을 찾는 과정이다. 해의 값들은 (3.1)의 세 방정식을 동시에 충족하는 값들이 된다; 즉 이 해값들은 세 방정식에 그것을 대입하였을 때 세 방정식을 모두 충족시키는 값들이다. 균형모형의 문맥에서는 이 해값들을 당해 변수들의 **균형값**(equilibrium value)이라고도 한다.

많은 저자들이 내생변수의 해값을 나타내는데 어떤 특정한 기호들을 사용하지 않는다. 그러면 Q_d는(전체 치역의 모든 값은 가질 수 있는) 수요량 변수를 나타내거나, 또는 (어떤 특정 값을 갖는) 그것의 해값을 나타내는 것으로 사용된다. Q_s 및 P 기호들의 경우에도 마찬가지이다. 이러한 관행은 불행하게도 혼동을 야기할 수 있고, 비교정태분석 (예를 들면 제 7.5 절)과 관련하여 특히 그러하다. 이러한 혼동의 원인을 없애기 위하여, 이 책에서는 내생변수들의 해값은 별표를 붙여 표시할 것이다. 즉 Q_d, Q_s 및 P의 해값들은 각각 Q_d^*, Q_s^* 및 P^*로 표시된다. 그러나 $Q_d^* = Q_s^*$이므로, 균형값은 하나의 기호 Q^*로 대체될 수 있고, 따라서 이 모형의 균형해는 간단히 하나의 순서쌍 (P^*, Q^*)로 표시된다. 해가 유일하지 않은 경우에는, 다수의 순서쌍들이 존재하게 되고, 이들 각각은 주어진 연립방정식체계를 충족한다. 즉 두 개 이상의 원소를 갖는 해집합이 존재하게 된다.

그러나 여기에 예시된 것과 같은 선형모형에서는 다수의 균형의 상황은 발생할 수 없다.

변수소거에 의한 해법

방정식체계의 해를 구하는 하나의 방법은 대입법을 써서 변수들과 방정식들을 순차적으로 소거시키는 것이다. (3.1) 로 주어진 모형은 세 변수와 세 방정식으로 구성되어 있다. 그러나 균형조건에 의해서 Q_d 와 Q_s 가 같아져야 하므로, $Q = Q_d = Q_s$ 라고 놓을 수 있고, 주어진 모형을

$$\begin{aligned} Q &= a - bP \\ Q &= -c + dP \end{aligned} \qquad \textbf{(3.2)}$$

로 변형시킬 수 있게 되어, 모형은 두 개의 변수로 이루어진 두 개의 방정식으로 축약된다. 또 (3.2) 의 첫 번째 방정식을 두 번째 방정식에 대입하면

$$a - bP = -c + dP$$

로 되어, 모형은 이제 하나의 변수를 가진 하나의 방정식으로 축약된다. 또는 이 방정식의 양변에서 $(a + dP)$ 를 뺀 다음에 모두 (-1) 을 곱하여 다음의 식을 얻을 수 있다:

$$(b + d)P = a + c \qquad \textbf{(3.3)}$$

물론 이 결과는 (3.1) 에서 두 번째 와 세 번째 방정식을 첫 번째 방정식에 대입함으로써 직접 얻을 수도 있다.

$b + d \neq 0$ 이기 때문에, (3.3) 의 양변을 $(b + d)$ 로 나눌 수 있다. 그 결과는 P 의 해값이 된다:

$$P^* = \frac{a + c}{b + d} \qquad \textbf{(3.4)}$$

여기서 유의해야 할 것은 P^* 는 — 모든 해가 그래야 하듯이 — 모형에 주어진 자료를 나타내는 파라미터들로만 표시되어 있다는 점이다. 따라서 P^* 는 하나의 확정적 수치다. 또한 모형설정에 의해서 4개의 파라미터들이 모두 양이기 때문에, P^* 는 — 모든 가격이 그래야만 하는 것처럼 — 양수인 것에 주목하기 바란다.

균형가격 P^* 에 대응하는 균형수량 Q^* $(= Q_d^* = Q_s^*)$ 를 구하기 위해서는, 단순히 (3.4) 를 (3.2) 의 어느 한 식에 대입한 다음 그 방정식을 풀면 된다. 예를 들어 (3.4) 를 수요함수에 대입하면

$$Q^* = a - \frac{b(a + c)}{b + d} = \frac{a(b + d) - b(a + c)}{b + d} = \frac{ad - bc}{b + d} \qquad \textbf{(3.5)}$$

를 얻고, 이것도 역시 파라미터들로만 표시된다. 분모 $(b + d)$ 가 양이기 때문에, Q^* 가 양이 되기 위해서는 분자 $(ad - bc)$ 도 양이 되어야 한다. 따라서 이 모형이 경제적 의미를 갖기 위해서는, 현재 모형에 $ad > bc$ 라는 제약조건이 추가되어야 한다.

이 제약조건의 의미는 [그림 3.1] 에서 쉽게 알 수 있다. 잘 알려진 바와 같이, 시장모형에서 P^* 및 Q^* 는 그래프상으로 수요와 공급곡선의 교점에서 결정된다. Q^* 가 0 보다 크기 위해서는 (즉, $Q^* > 0$), [그림 3.1] 에서 교점이 가로축의 위쪽에 위치해야 하는데, 이것은 두 곡선의 기울기와 절편의 상대적 크기도 어떤 제약을 충족해야 함을 뜻한다. 그런데 b 와 d 가 모두 양으로 주어져 있으므로, 그 제약은 식 (3.5) 에 따라, $ad > bc$ 가 된다.

[그림 3.1]에서 수요와 공급곡선의 교집합은 [그림 2.2] (*b*)의 「벤 다이어그램」에서 보여주는 교집합과 개념상 차이가 없다. 오직 차이가 있다면, 2개의 원 안에 동시에 존재하는 점들 대신에, 현재의 경우는 2개의 직선상에 동시에 존재하는 점이라는 것뿐이다. 수요곡선과 공급곡선상에 있는 점의 집합을 각각 D와 S로 표시하면, 2개의 집합과 그들의 교집합은 기호 $Q = (= Q_d = Q_s)$를 사용하여 다음과 같이 나타낼 수 있다.

$$D = \{(P, Q) \mid Q = a - bP\}$$
$$S = \{(P, Q) \mid Q = -c + dP\}$$

및
$$D \cap S = (P^*, Q^*)^{\dagger}$$

이 예에서 교집합은 오직 하나의 원소인 순서쌍 (P^*, Q^*)만을 가진다. 따라서 그 시장균형은 유일하다.

연습문제 3.2

1. 시장모형이 다음과 같이 주어져 있다고 하자.
$$Q_d = Q_S$$
$$Q_d = 21 - 3P$$
$$Q_S = -4 + 8P$$
(*a*) 변수소거법과, (*b*) 공식 (3.4) 및 (3.5)를 이용하여, P^*와 Q^*를 구하라. (결과를 모두 분수로 나타내라)
2. 수요함수와 공급함수가 다음과 같다고 하자:
(*a*) $Q_d = 51 - 3P$, $Q_s = 6P - 10$ (*b*) $Q_d = 30 - 2P$, $Q_s = -6 + 5P$
변수소거법에 의해 P^*와 Q^*를 구하라. (결과를 분수로 나타내라.)
3. (3.5)에 의하면 Q^*가 양이 되기 위해서는 식 $(ad - bc)$와 $(b + d)$는 동일한 부호를 가져야 한다. 위의 문제 1.과 2.에 주어진 모형 모두에서 이 조건이 실제로 충족되고 있음을 확인하라.
4. 선형시장모형에서 $(b + d) = 0$이면, 하나의 균형해가 (3.4)와 (3.5)를 이용하여 구해질 수 있는가? 그 이유는?
5. 선형시장모형에서 $(b + d) = 0$이면, [그림 3.1]에서 수요곡선과 공급곡선의 위치에 관해서 어떤 결론을 내릴 수 있는가? 그렇다면 균형해에 관해서는 어떤 결론을 내릴 수 있는가?

3.3 | 부분시장균형 – 비선형모형

고립된 시장모형에서 공급함수는 전과 같이 선형이라고 하고, 수요함수는 비선형인 2차함수로 바꾸기로 하자. 그리고 계수로는 파라미터 대신에 수치를 사용하여 다음과 같은 모형을 만들어 보자:

† 역주 : 교집합은 $D \cap S = [(P^*, Q^*)]$로 표시함이 옳다. (P^*, Q^*)는 이 집합의 유일한 원소다.

$$Q_d = Q_s$$
$$Q_d = 4 - P^2 \qquad \textbf{(3.6)}$$
$$Q_s = 4P - 1$$

앞에서와 같이 이 세 방정식체계를 변수의 소거 (대입) 에 의해 단일방정식으로 축약할 수 있다:

$$4 - P^2 = 4P - 1$$

즉

$$P^2 + 4P - 5 = 0 \qquad \textbf{(3.7)}$$

이것은 좌변의 식이 변수 P 의 2차함수 형태로 표현되어 있으므로 2차방정식이다. 2차방정식과 선형방정식의 주요한 차이는 2차방정식이 일반적으로 두 개의 해값을 갖는다는 점이다.

2차방정식과 2차함수

해를 찾는 방법을 논의하기 전에, **2차방정식** (quadratic equation) 과 **2차함수** (quadratic function) 의 차이점이 언급되어야 하겠다. 앞에서 논의 한 바에 의하면, 식 $P^2 + 4P - 5$ 는 2차**함수**, 예를 들어 $f(P)$ 를 성립시키고, 따라서 다음과 같이 쓸 수 있다.

$$f(P) = P^2 + 4P - 5 \qquad \textbf{(3.8)}$$

식 (3.8)의 역할은 다음 표와 같이 P 에서 $f(P)$ 로의 사상의 규칙을 설정하는 데 있다.

P	···	−6	−5	−4	−3	−2	−1	0	1	2	···
$f(P)$	···	7	0	−5	−8	−9	−8	−5	0	7	···

우리는 여기서 단지 9개의 P 값만으로 표를 작성하였지만, 실제로는 함수의 정의역내의 **모든** P 값에 대해서 이런 표를 만들 수 있다. 우리가 방정식 $f(P) = P^2 + 4P - 5$ 를 "푼다"라고는 거의 말하지 않는 것은 아마도 이 때문일 것이다. 즉 우리는 "해값"의 수효가 많지 않을 것으로 기대하는 것이 보통이지만, 이 경우에는 모든 P 의 값이 해값과 관련될 수 있기 때문이다. 그럼에도 불구하고 위의 표에 있는 (−6, 7) 및 (−5, 0) 같은 순서쌍들을 방정식 (3.8) 의 해†로 생각할 수 있는데, 그 이유는 이러한 각각의 순서쌍이 실제로 그 방정식을 만족하기 때문이다. 하나의 P 값에 대해 하나의 순서쌍을 쓸 수 있고, 그러한 순서쌍들을 무한히 많이 쓸 수 있으므로, 방정식 (3.8) 의 해†는 무한히 많다고 할 수 있는 것이다. 이같은 순서쌍을 좌표에 도시하면 [그림 3.2] 의 포물선으로 나타난다.

그러나 (3.7) 의 경우처럼, 2차함수 $f(P)$ 가 0으로 주어지면, 상황은 근본적으로 달라진다. 이제 변수 $f(P)$ 가 사라지기 때문에 (즉, 0으로 지정되기 때문에), 단일변수 P 를 갖는 2차**방정식**이 된다.†† 이제 $f(P)$ 가 0의 값을 갖는 것으로 제한되므로, 단지 소수의 P 값만이 (3.7) 을 만족하게 되고, 그

† 역주 : 식 (3.8)은 방정식이라고하나, 이는 정의식으로서의 합동식이다. 즉 P 의 모든 값에 관해서 이 식이 성립하고, 따라서 해는 무한히 많다. 이 문단의 논리는 이런 무의미한 논의로서 받아들이지 않고 순서쌍 $(P, f(P))$ 에 관한 논의로 받아들임이 바람직하다.

†† 여기서 논의되고 있는 2차함수와 2차방정식의 구분은 2차식이 아닌 다항식의 경우로 확장될 수 있다. 즉 3차함수를 0으로 놓으면 3차방정식이 된다.

그림 3.2

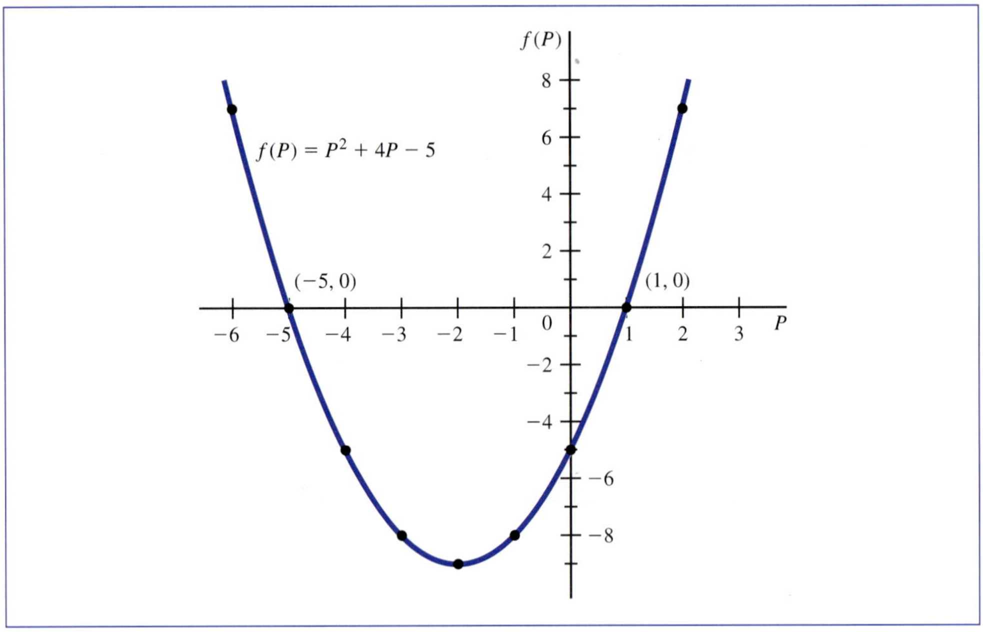

방정식의 해값이 될 수 있다. 즉 [그림 3.2]에서 포물선이 가로축과 교차하는 점($f(P)$가 0이 되는 점)에서 결정되는 P값만이 방정식의 해가 될 수 있다. 이번에는 해값이 순서쌍이 아닌 P값 자체임에 주목하라. 이 때 해값 P는 흔히 2차**방정식** $f(P)=0$의 **근**(root) 또는 2차**함수** $f(P)$의 **0값**(zero)이라고 한다.

[그림 3.2]에는 그러한 교점은 2개, 즉 (1, 0) 및 (−5, 0)가 존재한다. 이 순서쌍들의 두 번째 원소 (대응되는 점의 **세로좌표**)는, 요구되는 바와 같이, 두 경우 모두 $f(P)=0$인 것을 알 수 있다. 한편, 각각의 순서쌍의 첫 번째 원소 (대응되는 점의 **가로좌표**)는 P의 해값이 된다. 우리는 여기서 두 개의 해

$$P_1^* = 1 \qquad \text{및} \qquad P_2^* = -5$$

를 얻는다. 그러나 음의 가격은 배제되므로, 첫 번째 해값만이 경제적으로 인정될 수 있다.

2차방정식의 근의 공식

지금까지 방정식 (3.7)을 그래프에 의해서 풀었지만, 대수적 방법을 이용하여 풀 수도 있다. 일반적으로 2차방정식이

$$ax^2 + bx + c = 0 \qquad (a \neq 0) \tag{3.9}$$

으로 주어지면, 이 방정식의 두 근은 다음과 같은 **근의 공식**(quadratic formula)으로부터 구할 수 있다:

$$x_1^*, x_2^* = \frac{-b \pm (b^2 - 4ac)^{1/2}}{2a} \tag{3.10}$$

단, ($\pm$)부호의 (+)부분은 x_1^*에 대응하고, (−)부분은 x_2^*에 대응한다. 또한 $b^2 - 4ac > 0$인 경우에

한해서, x_1^* 와 x_2^* 의 값이 다르게 되고, 따라서 이 두 개의 다른 실수가 근의 값들이 된다는 것에 주목하기 바란다. 그러나 $b^2-4ac=0$ 이 되는 특별한 경우에는 $x_1^*=x_2^*=-b/2a$ 가 된다. 이 경우 두 개의 근은 똑같은 값을 갖게 되는데, 그것을 **이중근** (repeated roots) 이라고 부른다. 그리고 $b^2-4ac<0$ 이 되는 또 다른 특별한 경우에는 음수의 제곱근을 구하는 문제가 생기는데, 이것은 실수체계에서는 해결가능하지 않다. 이 마지막 경우에는 실수값을 갖는 근은 존재하지 않는다. 이 문제는 제 16.1 절에서 더 논의할 것이다.

폭넓게 사용되는 이 공식은 "완전제곱" (completing the square) 으로 알려진 과정에 의해서 유도된다. 먼저 (3.9) 의 각 항을 a 로 나누면

$$x^2+\frac{b}{a}x+\frac{c}{a}=0$$

을 얻고, 이 식의 양변에서 c/a 를 빼고, $b^2/4a^2$ 을 더하면 다음을 얻는다.

$$x^2+\frac{b}{a}x+\frac{b^2}{4a^2}=\frac{b^2}{4a^2}-\frac{c}{a}$$

이제 좌변은 "완전제곱꼴" 이고, 따라서 위의 방정식은

$$\left(x+\frac{b}{2a}\right)^2=\frac{b^2-4ac}{4a^2}$$

로 표시되거나 또는 양변에 제곱근을 취해

$$x+\frac{b}{2a}=\pm\frac{(b^2-4ac)^{1/2}}{2a}$$

로 표시될 수 있다. 마지막으로 양변에서 $b/2a$ 를 뺌으로써 (3.10) 의 결과를 얻게 된다.

이 공식을 (3.7) 에 적용하면, $a=1$, $b=4$, $c=-5$, $x=P$ 이므로, 두 근은

$$P_1^*,\ P_2^*=\frac{-4\pm(16+20)^{1/2}}{2}=\frac{-4\pm 6}{2}=1,\ -5$$

인 것을 알 수 있다. 이 두 근은 [그림 3.2] 의 그래프에 의해서 구한 두 해와 일치한다. 다시 경제적으로 의미가 없는 $P_2^*=-5$ 를 제외하고, 하첨자 1을 생략하면, 단순히 $P^*=1$ 이 된다.

이와 같이 균형가격이 구해지면 균형량 Q^* 는 (3.6) 의 두 번째 또는 세 번째 방정식으로부터 $Q^*=3$ 이 되는 것을 쉽게 알 수 있다.

그래프에 의한 또 다른 해법

그래프를 이용하여 현재 모형의 해를 찾는 하나의 방법은 [그림 3.2] 에서 소개되었다. 그러나 2차방정식을 유도하는 과정에서 수량변수가 소거되었기 때문에, 이 그림으로부터는 오직 P^* 만을 구할 수 있었다. 만약 우리가 P^* 와 Q^* 를 그래프에서 동시에 구하고자 하면, [그림 3.1] 과 같이 하나의 축은 Q 가 되고 또 다른 축은 P 가 되는 그림을 이용해야 한다. 이것이 [그림 3.3] 에 그려져 있다. 물론 여기서도 문제는 2개의 점들의 집합, 즉

$$D=\{(P,Q)\mid Q=4-P^2\}$$

그림 3.3

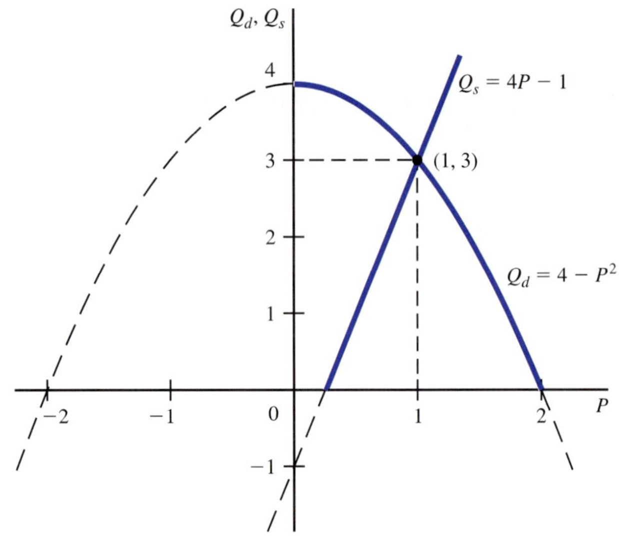

및 $$S = \{(P, Q) \mid Q = 4P - 1\}$$

의 교집합을 구하는 것이다. 정의역과 치역에 어떤 제약도 가하지 않는다면, 교집합은 2개의 원소를 가진다. 즉,

$$D \cap S = \{(1, 3), (-5, -21)\}$$

이 두 원소 중 전자는 1상한에 위치하고, 후자는 (그림에는 나와 있지 않지만) 3상한에 위치한다. 그러나 정의역과 치역이 음이 아니어야 한다는 제약이 가해지면, 첫 번째 순서쌍 (1, 3)만이 받아들여질 수 있고, 따라서 균형은 다시 유일하게 된다.

고차다항방정식

만약 연립방정식체계를 축약한 결과가 (3.3)[†]과 같은 선형방정식 또는 (3.7)과 같은 2차방정식으로 되지 않고, 3차 (cubic) 또는 4차 (quartic) 방정식으로 되면, 근을 구하기가 더 어렵다. 그러한 경우에 이용될 수 있는 하나의 편리한 방법은 함수를 **인수분해** (factoring) 하는 것이다.

예 1

식 $x^3 - x^2 - 4x + 4$는 3개의 인수 $(x-1)$, $(x+2)$ 및 $(x-2)$의 곱으로 나타낼 수 있다. 그리하여, 3차방정식

$$x^3 - x^2 - 4x + 4 = 0$$

을 인수분해하여, 다음과 같이 나타낼 수 있다.

$$(x-1)(x+2)(x-2) = 0$$

좌변의 곱이 0이 되려면, 그 3개의 곱의 인수 중에서 적어도 하나는 0이 되어야 한다. 각 인수를

[†] 방정식 (3.3)은 선형함수 $(b + d)P - (a + c)$를 0으로 놓았을 때의 결과로 볼 수 있다.

차례로 0으로 놓으면

$$x-1=0 \quad \text{또는} \quad x+2=0 \quad \text{또는} \quad x-2=0$$

을 얻는다. 이 3개의 방정식으로부터 3차방정식의 3개의 근, 즉

$$x_1^*=1 \qquad x_2^*=-2 \qquad \text{및} \qquad x_3^*=2$$

를 얻게 된다.

[예 1]은 인수분해에 관한 두 가지 재미있고 유용한 사실을 예시한다. 첫째, 3차 다항방정식을 인수분해하면 (x − 근) 형태를 갖는 세 개의 항이 생기고, 따라서 세 개의 근이 생기게 된다. 일반적으로 n차 다항방정식은 총 n개의 근을 가져야 한다. 둘째, 그리고 근을 찾는 목적에 더 중요한 것으로, 세 개의 근 (1, −2, 2)와 상수항 4사이에 성립하는 다음과 같은 관계를 우리는 주목한다. 즉 상수항은 세 개의 근들의 곱이 되어야 하므로, 각 근은 상수항의 약수가 되어야 한다. 이 관계는 다음의 정리로 정식화 될 수 있다.

정리 I 다항방정식이

$$x^n + a_{n-1}x^{n-1} + \cdots + a_1 x + a_0 = 0$$

으로 주어지고, 모든 상수는 정수이고, x^n의 계수가 1이라고 할 때, 근들이 모두 정수이면, 각각의 정수근은 a_0의 약수가 되어야 한다.

그러나 때로는 다항방정식이

$$x^4 + \tfrac{5}{2}x^3 - \tfrac{11}{2}x^2 - 10x + 6 = 0$$

처럼, 계수들이 분수로 주어지는데, 이 경우에는 정리 I의 조건을 충족하지 않는다. 분수들을 제거하기 위하여, 이 식에 2를 곱해보자. (결국 아래의 예 2에 제시되는 형태가 된다.) 그러나 이제는 최고차수의 항의 계수가 1이 아니므로 여전히 정리 I을 적용할 수 없다. 이 경우에는 더 일반적인 다음 정리를 적용할 수 있다:

정리 II 계수들이 정수인 다항방정식

$$a_n x^n + a_{n-1}x^{n-1} + \cdots + a_1 x + a_0 = 0$$

에서, 만약 하나의 유리근 r/s가 존재하고, r과 s는 1이외의 공약수를 갖지 않는 정수라면, r은 a_0의 약수이고, s는 a_n의 약수이다.

예 2

4차방정식

$$2x^4 + 5x^3 - 11x^2 - 20x + 12 = 0$$

은 유리근들을 갖는가? $a_0 = 12$이므로, r/s에서 분자 r이 가질 수 있는 값들은 a_0의 약수들의 집합 {1, -1, 2, -2, 3, -3, 4, -4, 6, -6, 12, -12}이다. 그리고 $a_n = 2$이므로, s가 가질 수 있는 값들은 a_n의 약수들의 집합 {1, -1, 2, -2}이다. r의 집합에 있는 각 원소를 차례로 취하여 s의 집합에 있는 각 원소로 나누면, r/s는 다음과 같은 값들만을 가질 수 있다는 것을 알 수 있다.

$$1, -1, \frac{1}{2}, -\frac{1}{2}, 2, -2, 3, -3, \frac{3}{2}, -\frac{3}{2}, 4, -4, 6, -6, 12, -12$$

근이 될 수 있는 이 후보들 가운데 많은 후보가 주어진 방정식을 충족하지 못한다. 예를 들어 그 4차방정식에 $x=1$을 대입하면, $-12=0$이라는 이상한 결과를 얻는다. 사실상, 4차방정식을 푸는 문제이므로 r/s 값들의 목록에서 근이 될 수 있는 것은 많아야 4개라는 것을 우리는 기대할 수 있다. 이들 가운데 그 식을 충족하는 후보들은 $-\frac{1}{2}$, 2, -2, 및 -3임을 확인할 수 있다. 따라서 인수분해의 원칙에 따라 주어진 4차방정식과 동치인 식을

$$(x-\tfrac{1}{2})(x-2)(x+2)(x+3)=0$$

으로 쓸 수 있다. 여기서 첫 번째 인수는 $(2x-1)$로 달리 쓸 수 있다.

예 2에서, $x=1$은 주어진 방정식을 충족하지 못하므로 (즉 $x=1$을 방정식에 대입하면 필요한 항등관계 $0=0$이 성립하지 않으므로), 1은 근이 될 수 없다. 이제 $x=1$이 사실상 어떤 다항방정식의 근이 되는 경우를 생각해 보자. 이 경우 $x^n=x^{n-1}=\cdots=x=1$이므로, 이 다항방정식은 간단히 $a_n+a_{n-1}+\cdots+a_1+a_0=0$이라는 형태로 바뀌게 된다. 이 사실은 다음 정리의 근본적 논거를 제공한다.

정리 Ⅲ 다항방정식

$$a_nx^n+a_{n-1}x^{n-1}+\cdots+a_1x+a_0=0$$

에서, 계수들 $a_n, a_{n-1}, \cdots a_0$의 합이 0이 되면, $x=1$은 이 방정식의 근이 된다.

연습문제 3.3

1. 다음 함수의 0값들을 그래프로 구하라:
   (a) $f(x)=x^2-8x+15$　　(b) $g(x)=2x^2-4x-16$
2. 앞의 문제를 근의 공식을 이용하여 풀어라.
3. (a) 6, -1, 및 3의 근들을 갖는 3차방정식을 구하라.
   (b) 1, 2, 3, 및 5의 근들을 갖는 4차방정식을 구하라.
4. 다음의 각각의 다항방정식에서 $x=1$이 근이 되는지의 여부를 말하라.
   (a) $x^3-2x^2+3x-2=0$　　(c) $3x^4-x^2+2x-4=0$
   (b) $2x^3-\frac{1}{2}x^2+x-2=0$
5. 다음 식에서 유리근들이 있다면 그것을 구하라.
   (a) $x^3-4x^2+x+6=0$　　(c) $x^3+\frac{3}{4}x^2-\frac{3}{8}x-\frac{1}{8}=0$
   (b) $8x^3+6x^2-3x-1=0$　　(d) $x^4-6x^3+7\frac{3}{4}x^2-\frac{3}{2}x-2=0$
6. 다음 모형의 균형해를 구하라.
   (a) $Q_d=Q_s$, $Q_d=3-P^2$, $Q_s=6P-4$
   (b) $Q_d=Q_s$, $Q_d=8-P^2$, $Q_s=P^2-2$
7. 시장균형조건 $Q_d=Q_s$는 "초과수요는 0이다"라는 경제적 의미를 갖는 $Q_d-Q_s=0$으로 흔히 표시된다. (3.7)은 이 후자의 균형조건을 나타내는 것인가? 그렇지 않다면 (3.7)에 대해 적절한 경제적 의미를 부여하라.

3.4 | 일반시장균형

앞의 두 절에서는 하나의 고립된 시장의 모형들을 다루었다. 거기에서는 한 상품의 Q_d 및 Q_s는 단지 그 상품의 가격만의 함수였다. 그러나 현실적으로 어떤 상품도 그와 같이 고립된 상태로 존재할 수는 없다. 모든 상품은 많은 대체재와 보완재를 갖는 것이 일반적이기 때문이다. 따라서 한 상품의 수요함수를 더 현실적으로 표현하기 위해서는 그 상품 자체의 가격의 효과뿐만 아니라 관련된 상품들의 가격의 효과도 감안하여야 한다. 이 논리는 공급함수에 대해서도 똑같이 적용된다. 그러나 일단 모형에서 다른 상품들의 가격을 고려하게 되면, 모형의 구조 자체가 이들 가격들의 균형값도 구할 수 있도록 확장되어야 한다. 결과적으로 다수상품의 가격변수들과 수량변수들이 한꺼번에 모두 내생적으로 모형에 도입되지 않으면 안 된다.[†]

하나의 고립된 시장모형에서의 균형조건은 단지 하나의 방정식 $Q_d = Q_s$ 또는 $E \equiv Q_d - Q_s = 0$이 된다. 여기서 E는 초과수요를 나타낸다. 그러나 다수의 상호 관련된 상품들을 동시에 고려하게 되면, 균형은 모든 상품 각각의 초과수요가 0이라는 조건을 필요로 한다. 왜냐하면 초과수요에 직면하는 상품이 **하나**라도 존재하는 한, 그 상품의 가격조정은 결국 관련된 상품들의 수요량 및 공급량에 영향을 주게 될 것이고, 이에 따라 모든 가격이 변하게 될 것이기 때문이다. 결과적으로 n 상품 시장모형의 균형조건은 각 상품에 대해 1개씩, 모두 n개의 방정식으로 이루어지며, 그것은 다음과 같은 형태가 된다.

$$E_i \equiv Q_{di} - Q_{si} = 0 \qquad (i = 1, 2, \ldots, n) \tag{3.11}$$

만약 해가 존재한다면, 그것은 균형조건을 나타내는 n개의 방정식 모두를 동시에 충족하는 가격 P_i^* 및 이에 대응하는 수량 Q_i^*의 집합이 존재하게 될 것이다.

2상품시장모형

그 문제를 실례를 들어 설명하기 위해서 오직 2개의 상품만이 서로 관련된 단순한 모형을 다루기로 하자. 또 두 상품의 수요와 공급함수는 간단히 선형함수라고 가정하자. 파라미터를 사용하여, 이 모형은 다음과 같이 나타낼 수 있다.

$$\begin{aligned} Q_{d1} - Q_{s1} &= 0 \\ Q_{d1} &= a_0 + a_1 P_1 + a_2 P_2 \\ Q_{s1} &= b_0 + b_1 P_1 + b_2 P_2 \\ Q_{d2} - Q_{s2} &= 0 \\ Q_{d2} &= \alpha_0 + \alpha_1 P_1 + \alpha_2 P_2 \\ Q_{s2} &= \beta_0 + \beta_1 P_1 + \beta_2 P_2 \end{aligned} \tag{3.12}$$

여기서 계수 a와 b는 첫 번째 상품의 수요 및 공급함수와 관련되며, 계수 α와 β는 두 번째 상품의 그것에 해당한다. 우리는 계수들의 부호를 규정하지는 않았다. 그러나 분석과정에서 경제적 의미를 갖는 결과를 얻기 위한 선행조건으로서 어떤 제약조건들이 분명하게 드러나게 될 것이다. 또

[†] 역주: 다른 재화의 가격이 내생변수로 도입되는 점에 주의하기 바란다. 외생변수로 도입되어 일방적으로 영향을 미치기만 하고 영향을 받지 않는 경우에는 앞 절에서처럼 고립된 시장모형이 그대로 적용될 수 있다. 즉 외생변수의 수의 증가는 모형의 성질을 변화시키지 않는다.

한 다음에 다루게 될 수치를 사용한 예에서는, 계수들에 주어지는 특정부호에 관하여 약간의 설명이 주어질 것이다.

이 모형의 해를 구하는 첫 단계로서 다시 변수의 소거법이 이용될 수 있다. (첫 번째 상품에 대해서는) 둘째와 셋째 방정식을 첫째 방정식에 대입하고, (두 번째 상품에 대해서는) 다섯째와 여섯째 방정식을 넷째 방정식에 대입함으로써, 이 모형은 다음과 같이 2개의 변수를 갖는 2개의 방정식으로 축약된다:

$$\begin{aligned}(a_0 - b_0) + (a_1 - b_1)P_1 + (a_2 - b_2)P_2 = 0 \\ (\alpha_0 - \beta_0) + (\alpha_1 - \beta_1)P_1 + (\alpha_2 - \beta_2)P_2 = 0\end{aligned} \qquad \textbf{(3.13)}$$

이 두 식은 2상품의 경우의 균형조건식 (3.11) 의 변형으로서, 수요와 공급함수를 두 균형조건식에 대입하여 얻은 것이다.

이것은 2개의 방정식으로 이루어진 단순한 연립방정식체계이지만, 12개의 파라미터들이 포함되어 있어 어떤 간략한 표기법을 도입하지 않는 한 대수적 계산은 매우 번거로운 문제가 된다. 그러므로 간략화 기호를 다음과 같이 정의하자.

$$\begin{aligned}c_i \equiv a_i - b_i \\ \gamma_i \equiv \alpha_i - \beta_i\end{aligned} \qquad (i = 0, 1, 2)$$

그러면 c_0와 γ_0항을 우변으로 이항하면,

$$\begin{aligned}c_1P_1 + c_2P_2 = -c_0 \\ \gamma_1P_1 + \gamma_2P_2 = -\gamma_0\end{aligned} \qquad \textbf{(3.13')}$$

을 얻고, 이 방정식체계는 소거법을 다시 한번 적용함으로써 풀 수 있다. 첫 번째 방정식으로부터 $P_2 = -(c_0 + c_1P_1)/c_2$ 임을 알 수 있고, 이것을 두 번째 방정식에 대입하여 풀면 다음을 얻는다.

$$P_1^* = \frac{c_2\gamma_0 - c_0\gamma_2}{c_1\gamma_2 - c_2\gamma_1} \qquad \textbf{(3.14)}$$

P_1^* 는, 해값이 그래야만 되는 것처럼, 전적으로 모형에 주어진 값 (파라미터) 들만으로 표시된 것에 주목하기 바란다. 마찬가지 과정에 의해서 두 번째 상품의 균형가격은

$$P_2^* = \frac{c_0\gamma_1 - c_1\gamma_0}{c_1\gamma_2 - c_2\gamma_1} \qquad \textbf{(3.15)}$$

임을 알 수 있다. 그러나 이 두 값이 의미를 갖기 위해서는, 모형에 어떤 제약조건들이 가해져야 한다. 첫째, 0으로 나눈다는 것은 정의되지 않기 때문에, (3.14) 와 (3.15) 의 공통인 분모가 0이 되어서는 안 된다. 즉 $c_1\gamma_2 \neq c_2\gamma_1$ 이어야 한다. 둘째, 가격이 양의 값을 갖는 것을 보장하기 위해서는, 분모와 분자가 동일한 부호를 가져야 한다.

균형가격들이 구해지면, 균형량 Q_1^* 및 Q_2^*는 (3.14) 와 (3.15) 를 (3.12) 의 둘째 (또는 셋째) 방정식과 다섯째 (또는 여섯째) 방정식에 대입함으로써 쉽게 계산될 수 있다. 이 해값들도 당연히 파라미터들로만 표시될 것이다. (이에 대한 실제 계산은 연습문제로 남겨둔다.)

수치예

수요함수와 공급함수가 다음과 같이 수치로 주어졌다고 가정하자:

$$
\begin{aligned}
Q_{d1} &= 10 - 2P_1 + P_2 \\
Q_{s1} &= -2 + 3P_1 \\
Q_{d2} &= 15 + P_1 - P_2 \\
Q_{s2} &= -1 \qquad\quad + 2P_2
\end{aligned}
\tag{3.16}
$$

이 모형의 균형해는 무엇인가?

이 질문에 대답하기 전에 먼저 수치로 주어진 계수들을 살펴보기로 하자. 각 상품에 대해서, Q_{si}는 오로지 P_i에만 의존하는 것을 알 수 있지만, Q_{di}는 두 가격의 함수로 주어져 있다. 우리가 예상할 수 있는 것처럼, Q_{d1}에서 P_1은 음의 계수를 갖는 반면, P_2의 계수는 양인 것에 주목하자. 이와 같이 P_2의 상승이 Q_{d1}을 증가시킨다는 사실은 두 상품이 서로 대체재임을 시사한다. Q_{d2} 함수에서 P_1의 역할도 마찬가지로 설명된다.

계수들이 이와 같이 주어지면, 간략화 기호 c_i 및 γ_i는 다음과 같은 값들이 된다:

$$
\begin{aligned}
&c_0 = 10 - (-2) = 12 \qquad && c_1 = -2 - 3 = -5 \qquad && c_2 = 1 - 0 = 1 \\
&\gamma_0 = 15 - (-1) = 16 && \gamma_1 = 1 - 0 = 1 && \gamma_2 = -1 - 2 = -3
\end{aligned}
$$

이것을 (3.14)와 (3.15)에 직접 대입하면 다음을 얻는다.

$$P_1^* = \tfrac{52}{14} = 3\tfrac{5}{7} \qquad \text{및} \qquad P_2^* = \tfrac{92}{14} = 6\tfrac{4}{7}$$

그리고 P_1^* 및 P_2^*를 다시 (3.16)에 대입함으로써 다음을 얻는다.

$$Q_1^* = \tfrac{64}{7} = 9\tfrac{1}{7} \qquad \text{및} \qquad Q_2^* = \tfrac{85}{7} = 12\tfrac{1}{7}$$

따라서 모든 균형값들은, 요구되는 바와 같이, 양의 값을 갖는다. P_1^* 및 P_2^*는 Q_1^* 및 Q_2^*를 계산하는 데 이용되므로, P_1^*와 P_2^*의 정확한 값을 유지하는 것이 좋고, 그러기 위해서는 이들 값을 소수보다는 분수로 표현하는 것이 좋다.

이 균형가격들은 그래프를 이용해서도 구할 수 있을까? 있다. (3.13)으로부터, 2상품모형은 두 개의 변수 P_1과 P_2를 갖는 두 개의 방정식으로 요약될 수 있다는 것은 분명하다. 이제 계수들의 값이 주어지면 이 두 방정식은 $P_1 P_2$ 좌표평면에 그려질 수 있고, 그러면 이 두 곡선의 교점은 균형가격 P_1^* 및 P_2^*의 값을 정확하게 나타낼 것이다.

n 상품의 경우

다수상품시장에 관한 앞의 논의는 2상품의 경우로 국한되었지만, 우리는 이미 **부분균형**(partial equilibrium) 분석에서 **일반균형**(general equilibrium) 분석으로 이행하였음을 분명히 알아야 한다. 더 많은 상품이 모형에 도입됨에 따라, 더 많은 변수와 더 많은 방정식이 필요하게 될 것이고, 방정식은 더 길고 복잡해질 것이다. 만약 한 경제내의 모든 상품이 하나의 포괄적인 시장모형에 포함된다면, 그 결과는 왈라스(Walras) 형의 일반균형모형이 된다. 이 모형에서는 각각의 상품에 대한 초과수요는 경제 내의 모든 상품들의 가격의 함수로 다루어진다.

물론 어떤 상품의 가격이 특정 상품의 초과수요를 결정하는 데 아무 역할도 하지 못할 때에는, 그 가격의 계수는 0이 될 것이다. 예컨대 피아노의 초과수요함수에서 팝콘의 가격계수는 당연히 0이 될 것이다. 그러나 일반적으로 n개의 상품인 경우에 수요함수와 공급함수는 (f와 g 대신에 Q_{di}와 Q_{si}를 함수기호로 사용하여) 다음과 같이 나타낼 수 있다.

$$Q_{di} = Q_{di}(P_1, P_2, \ldots, P_n) \qquad (i = 1, 2, \ldots, n) \qquad \textbf{(3.17)}$$
$$Q_{si} = Q_{si}(P_1, P_2, \ldots, P_n)$$

이 두 식의 하첨자 i를 보면 이 모형은 모두 $2n$ 개의 함수로 이루어졌다는 것을 알 수 있다. (이 함수들이 꼭 선형일 필요는 없다.) 더욱이 균형조건은 그 자체로 n 개의 식

$$Q_{di} - Q_{si} = 0 \qquad (i = 1, 2, \ldots, n) \qquad \textbf{(3.18)}$$

의 집합으로 구성되어 있다. (3.18) 이 (3.17) 에 합해질 때 모형은 완결되고, 따라서 이 모형은 모두 $3n$ 개의 방정식으로 구성된다.

그러나 (3.17) 을 (3.18) 에 대입함으로써 모형은 단지 n 개의 연립방정식들

$$Q_{di}(P_1, P_2, \ldots, P_n) - Q_{si}(P_1, P_2, \ldots, P_n) = 0 \qquad (i = 1, 2, \ldots, n)$$

의 집합으로 축약될 수 있다. 또 초과수요는 $E_i \equiv Q_{di} - Q_{si}$ 로 정의되고, E_i 도 반드시 n 개의 가격 모두의 함수이므로, 이 방정식들의 집합은 다음과 같이 나타낼 수 있다.

$$E_i(P_1, P_2, \ldots, P_n) = 0 \qquad (i = 1, 2, \ldots, n)$$

이 n 개의 방정식을 연립으로 풂으로써 n 개의 균형가격 P_i^* 가 결정되는 것이다. (물론 이 방정식체계의 해가 존재한다는 것이 전제되어야 한다.) 그러면 Q_i^* 는 수요함수 또는 공급함수로부터 얻을 수 있다.

일반방정식체계의 해

만약 모형이 (3.16) 과 같이 수치로 주어진 계수들을 가지면, 변수의 균형값들도 역시 수치로 표시된다. 더 일반적으로 모형이 (3.12) 와 같이 상수인 파라미터들로 표시되면 균형값들도 역시 파라미터들을 포함하게 되므로, (3.14) 와 (3.15) 에서 본 것처럼, "공식" (formula) 의 형태로 그 균형값이 표현된다. 그러나 보다 더 일반적으로 (3.17) 과 같이 함수형태들조차도 모형 내에서 규정되지 않는 경우에는, 필연적으로 그 해값들을 표시하는 방법 또한 극히 일반적인 형태로 될 수밖에 없다.

우리는 파라미터들로 주어진 모형에서 해값은 항상 파라미터들로 표시되는 것을 알고 있다. 예를 들어 모두 m 개의 파라미터들 $(a_1, a_2, \ldots a_m)$ 을 포함하는 일반적인 함수모형에서는 — m 은 반드시 n 과 같을 필요는 없다 — n 개의 균형가격들은 다음과 같은 일반적인 해석학적 형태가 될 것이다.

$$P_i^* = P_i^*(a_1, a_2, \ldots, a_m) \qquad (i = 1, 2, \ldots, n) \qquad \textbf{(3.19)}$$

이것은 **각** 변수 (여기서는 가격) 의 해값은 모형에 있는 모든 파라미터들의 함수라는 사실을, 기호를 이용하여 기술한 것이다. 이 식은 매우 일반적인 표현이기 때문에, 실제로 해에 대한 상세한 정보를 제공해 주지는 않는다. 그러나 어떤 종류의 문제를 일반화시켜 해석학적으로 취급할 때 이와 같은 해의 표시방법은, 얼핏 정보가치가 없어 보이지만, 실제로 매우 유용하다는 것을 제 8 장에서 알게 될 것이다.

해를 (3.19) 와 같이 표시하는 것은 아주 쉬운 일이지만, 이 표시방법은 **유일한** (unique) 해가 실제로 존재하는 경우에만 정당화될 수 있다는 것에 주의하여야 한다. 왜냐하면 유일한 해가 존재하면, 그리고 존재할 때만 m 중 순서쌍 $(a_1, a_2, \ldots a_m)$ 이 유일하게 각각의 가격 P_i^* 에 사상될 수 있기 때문이다. 그러나 불행하게도, 모든 모형이 자동적으로 유일한 해를 갖는다고 사전적으로 가정할 수 있는 근거는 없다. 이와 관련하여 우리가 강조할 필요가 있는 것은, "방정식의 수와 미지수의

수를 세는" 방법은, 유일한 해가 존재하는가를 검증하는 방법으로서 충분하지 못하다는 점이다. 우리는 매우 단순한 예를 가지고 방정식의 수와 미지수 (내생변수) 의 수가 동일하다는 사실이 유일한 해의 존재를 보장해주지 않는다는 것을 확인할 수 있다.

다음과 같은 3개의 연립방정식체계를 생각해 보자.

$$\begin{aligned} x + \ \ y &= 8 \\ x + \ \ y &= 9 \end{aligned} \tag{3.20}$$

$$\begin{aligned} 2x + \ \ y &= 12 \\ 4x + 2y &= 24 \end{aligned} \tag{3.21}$$

$$\begin{aligned} 2x + 3y &= 58 \\ y &= 18 \\ x + \ \ y &= 20 \end{aligned} \tag{3.22}$$

(3.20) 에서, 2개의 미지수가 정확히 2개의 방정식과 관련되어 있다는 사실에도 불구하고, 해는 존재하지 않는다. x 와 y 의 합이 8이면서 동시에 9가 될 수 없기 때문에, 이 두 개의 방정식은 **모순** (inconsistent) 된다. (3.21) 은 2개의 변수가 있는 2개의 방정식체계의 또 다른 경우인데, 이 2개의 방정식은 **함수적으로 종속** (functionally dependent) 이다. 이것은 한 방정식이 다른 방정식으로부터 유도될 수 있음 (그리고 한 방정식만 알면 다른 방정식을 알 수 있음) 을 의미한다. (여기서, 두 번째 방정식은 첫 번째 방정식의 2배가 된다.) 결과적으로, 한 개의 방정식은 불필요하여 체계에서 제외될 수 있으므로, 사실상 2개의 미지수가 있는 한 개의 방정식체계가 된다. 그러면 해는 방정식 $y = 12 - 2x$ 가 되고, 그것은 유일한 순서쌍 (x^*, y^*) 가 아니라, (0, 12), (1, 10), (2, 8) 등을 포함하는 무수히 많은 순서쌍들을 만들어내며, 이들은 모두 그 방정식체계를 만족한다. 끝으로, (3.22) 의 경우는 미지수들보다 더 많은 방정식들을 포함하지만, 순서쌍 (2, 18) 이 방정식체계의 유일한 해가 된다. 그 이유는 방정식들 간에 함수적 종속관계가 존재하므로 (첫 번째 식은 두 번째 식에 세 번째 식의 2배를 더한 것과 같다), 사실상 2개의 변수가 있는 2개의 독립이고 모순되지 않는 방정식체계가 되기 때문이다.

이 단순한 예들은 방정식의 수와 미지수의 수를 세는 방법을 적용하기 위해서는 **무모순성** (consistency) 및 **함수적 독립성** (functional independence) 이라는 2개의 선결조건이 충족되어야 한다는 것을 보여 주고 있다. 일반적으로 이 방법을 적용하기 위해서 우리가 확인해야 할 두 가지는, (1) 모형 내의 어떤 한 방정식을 충족하는 것이 또 다른 방정식을 충족하는 것을 배제하지 않는다는 것과, (2) 불필요한 방정식이 없다는 것이다. 예를 들어 (3.17) 을 보면, n 개의 수요함수와 n 개의 공급함수는 각각 상이한 원천에서 유래되기 때문에, 서로 독립이라고 가정해도 상관없다. — 각 수요함수는 하나의 소비자들 집단의 의사결정에서 비롯되고, 각 공급함수는 하나의 기업들 집단의 의사결정에서 비롯된다. 즉 각 함수는 시장환경의 한 단면을 나타내고, 그래서 불필요한 함수는 전혀 없다고 볼 수 있다. 상호모순이 없는 것도 역시 가정될 수 있을 것이다. 이에 추가하여 (3.18) 의 균형조건들도 서로 독립이며, 모순되지 않는 것으로 볼 수 있다. 그러므로 (3.19) 로 쓰여진 해석학적 해는 일반적으로 정당한 것으로 생각될 수 있다.†

† 이것은 레옹 왈라스(Léon Walras)가 일반시장균형의 존재에 관한 문제를 다룰 때 접근했던 방법과 본질적으로 같다. 현대 경제학의 문헌에는 어떤 경제적 조건의 가정하에서 경쟁시장균형의 존재를 증명한 것을 많이 볼 수 있지만, 대부분이 복잡한 수학을 사용한다. 아마도 가장 이해하기 쉬운 증명은 R. Dorfman, P. A. Samuelson and M. Solow, *Linear Programming and Economic Analysis*, McGraw-Hill Book Company, New York, 1958의 제 13 장일 것이다.

연립방정식모형이 유일한 해를 갖는지의 여부를 검증하는 체계적 방법이 있다. 선형모형인 경우, 이 검증은 제 5 장에서 소개될 **행렬식** (determinant) 개념을 적용하게 된다. 비선형모형의 경우에는 이 검증을 위하여, 소위 편도함수 (partial derivatives) 와 **야코비행렬식** (Jacobian determinant)이라 불리는 특별한 형태의 행렬식에 관한 지식을 필요로 하는데, 이는 제 7 장과 제 8 장에서 논의된다.

연습문제 3.4

1. 단계적으로 (3.13′) 의 해를 구하여 (3.14) 와 (3.15) 의 결과를 보여라.
2. (3.14) 와 (3.15) 를 모형 (3.12) 의 원래의 파라미터들로 다시 써라.
3. 2상품시장모형에서 수요와 공급함수가 다음과 같다고 하자.

$$Q_{d1} = 18 - 3P_1 + P_2 \qquad Q_{d2} = 12 + P_1 - 2P_2$$
$$Q_{s1} = -2 + 4P_1 \qquad Q_{s2} = -2 \quad + 3P_2$$

P_i^* 및 Q_i^* $(i = 1, 2)$ 를 구하라 (소수 대신 분수를 사용하라).

3.5 | 국민소득분석에서의 균형

우리는 지금까지 정태분석을 여러 형태의 **시장균형** — 선형과 비선형, 단일상품과 복수상품, 특수한 경우와 일반적 경우 — 에 국한하여 논의하였지만, 이 정태분석은 물론 경제학의 다른 분야에도 응용된다. 하나의 예로 간단한 케인즈의 국민소득모형을 인용하기로 한다. 즉,

$$\begin{aligned} Y &= C + I_0 + G_0 \\ C &= a + bY \end{aligned} \qquad (a > 0, \quad 0 < b < 1) \tag{3.23}$$

여기서 Y 와 C 는 각각 내생변수인 국민소득과 (계획된) 소비지출을 나타내고, I_0 와 G_0 는 외생적으로 결정되는 투자와 정부지출을 나타낸다. 첫 번째 방정식은 균형조건식 (국민소득 = 계획된 총지출) 이다. 두 번째 방정식으로 주어진 소비함수는 행태식이다. 소비함수의 두 파라미터 a 와 b 는 각각 독립적으로 결정되는 소비지출과 한계소비성향을 나타낸다.

2개의 내생변수를 갖는 이 2개의 방정식은 서로 함수적으로 독립이고 모순되지 않는 것이 분명하다. 그러므로 우리는 소득과 소비지출의 균형값 Y^* 와 C^* 를 파라미터 a 와 b, 그리고 외생변수 I_0 와 G_0 로 나타낼 수 있을 것이다.

두 번째 방정식을 첫 번째 방정식에 대입하면, (3.23) 은 하나의 변수 Y 를 갖는 단일방정식으로 축약된다. 즉,

$$Y = a + bY + I_0 + G_0$$

또는 $$(1 - b)Y = a + I_0 + G_0 \qquad (Y \text{ 를 포함하는 항들을 모으면})$$

Y 의 해값 (균형국민소득) 을 구하기 위해서는, 양변을 $(1 - b)$ 로 나누기만 하면 된다: 즉,

$$Y^* = \frac{a + I_0 + G_0}{1 - b} \tag{3.24}$$

이 해값은 전적으로 파라미터들과 외생변수들, 즉 모형에 주어진 자료로 표시되어 있다는 점에 유의하자. (3.24)를 (3.23)의 두 번째 방정식에 대입하면 다음과 같은 소비지출의 균형수준을 얻는다:

$$\begin{aligned} C^* = a + bY^* &= a + \frac{b(a + I_0 + G_0)}{1 - b} \\ &= \frac{a(1 - b) + b(a + I_0 + G_0)}{1 - b} = \frac{a + b(I_0 + G_0)}{1 - b} \end{aligned} \tag{3.25}$$

이 균형값도 역시 전적으로 주어진 자료에 의해서만 표시되어 있다.

Y^*와 C^*의 분모는 모두 $(1 - b)$이고, 따라서 0으로 나누어지는 것을 피하기 위해서는, $b \neq 1$이라는 제약조건이 필요하게 된다. 한계소비성향 b가 1보다 작은 양수로 가정되었으므로, 이 제약조건은 자동적으로 충족된다. 그리고 Y^*와 C^*가 양이 되기 위해서는, (3.24)와 (3.25)의 분자는 양이 되어야 한다. 파라미터 a (소비함수의 세로축 절편)와 마찬가지로, 외생적 지출 I_0와 G_0도 보통은 양이므로, 분자의 부호도 또한 두 식 모두 문제가 없다.

검산으로서 (3.25)의 C^*식을 $(I_0 + G_0)$에 더하고, 그 합계가 (3.24)의 Y^*식과 같은지의 여부를 확인할 수 있다.

이 모형은 매우 단순하고 조야한 것이지만 더 복잡하고 정교한 국민소득결정모형도 만들 수 있다. 그러나 각 국민소득모형의 구성과 분석의 원리는 앞에서 이미 논의한 것과 동일하다. 이 때문에 여기서 더 이상의 예는 제시하지 않을 것이다. 화폐시장과 재화시장이 동시에 균형을 이루게 되는, 포괄적인 국민소득모형은 제 8.6 절에서 논의될 것이다.

연습문제 3.5

1. 다음과 같은 모형이 주어졌다고 하자:

$$\begin{aligned} &Y = C + I_0 + G_0 \\ &C = a + b(Y - T) \quad (a > 0,\ 0 < b < 1) \quad [T : \text{조세}] \\ &T = d + tY \qquad\quad (d > 0,\ 0 < t < 1) \quad [t : \text{소득세율}] \end{aligned}$$

   (a) 내생변수는 몇 개인가? (b) Y^*, T^* 그리고 C^*를 구하라.

2. 국민소득모형이 다음과 같이 주어졌다고 가정하자:

$$\begin{aligned} &Y = C + I_0 + G \\ &C = a + b(Y - T_0) \quad (a > 0,\ 0 < b < 1) \\ &G = gY \qquad\qquad\quad (0 < g < 1) \end{aligned}$$

   (a) 내생변수들을 확인하라.
   (b) 파라미터 g의 경제적 의미를 설명하라.
   (c) 균형국민소득을 구하라.
   (d) 해가 존재하기 위해서는 파라미터들에 어떤 제약조건이 필요한가?

3. 다음 모형에서 Y^*와 C^*를 구하라:

$$\begin{aligned} &Y = C + I_0 + G_0 \\ &C = 25 + 6Y^{1/2} \\ &I_0 = 16 \\ &G_0 = 14 \end{aligned}$$

Chapter 3 요약

❖ 경제학에서의 균형분석 ❖

1. 균형이란 선택된 상호관련된 변수들로 구성된 모형의 내부에서 그 변수들이 변화하려는 내재적 경향을 갖지 않도록, 상호간에 조정되어 있는 상태를 말한다.
2. 정태균형모형의 표준적인 문제는 모형의 균형조건을 충족하는 내생변수들의 값을 구하는 것이다.
3. 한 상품에 관한 부분시장균형모형은 균형조건식과 수요함수와 공급함수로 구성된다. 이 모형의 해는 여러 가지 방법으로 구할 수 있다.
4. 부분시장균형모형에서는 하나의 상품에 관한 고립된 시장이 다루어진다. 그러나 일반시장균형모형에서는 여러 상품의 시장들간의 상호작용이 고려된다. 보다 많은 상품이 도입됨에 따라 모형은 복잡하고 규모가 커지게 된다.
5. 모형이 수치로 주어진 계수를 가지면, 변수의 균형값도 수치로 표시된다. 파라미터로 주어진 모형에서의 해는 항상 파라미터로 표시된다. 그러나 그것은 유일한 해가 실제로 존재할 때만 정당화될 수 있다.
6. 모형에서 방정식의 수와 미지수의 수를 세는 방법은 유일한 해가 존재하는가를 검증하는 방법으로 충분하지 못하다.
7. 유일해의 존재를 검증하는 방법으로서 방정식의 수와 미지수의 수를 세는 방법을 적용하기 위해서는, 무모순성과 함수적 독립성이라는 두 개의 선결조건이 충족되어야 한다.
8. 선형모형의 경우, 유일해의 존재를 검증하는 체계적인 방법은 제 5 장에서 다루어 진다.

Chapter 04

선형모형과 행렬대수

단일상품모형 (3.1)에서, (3.4)와 (3.5)로 표시된 해 P^*와 Q^*는 다수의 파라미터를 포함하지만 비교적 단순하였다. 그러나 더 많은 상품들이 모형에 도입됨에 따라, 이 해의 공식은 복잡하고 거추장스럽게 된다. 이 때문에 2상품일 때도(그 해 (3.14)와 (3.15)를 비교적 간결한 형태로 나타낼 수 있도록) 간단한 기호화를 시도하지 않을 수 없었다. 우리가 3상품 또는 4상품 모형을, 비록 선형으로조차도 취급하지 않았던 주된 이유는, 대규모의 연립방정식체계를 자유롭게 다룰 수 있는 적절한 방법을 아직 갖고 있지 않았기 때문이었다. 이 장과 다음 장의 주제인 **행렬대수**(matrix algebra)에는 바로 이 방법이 들어 있다.

행렬대수를 알면 우리는 많은 일을 할 수 있다. 첫째, 행렬대수는 방정식체계가 아무리 대규모라 하더라도 이를 간결하게 나타낼 수 있는 방법을 제공한다. 둘째, 행렬과 밀접하게 관련된 개념인 **행렬식**(determinant)의 평가로 해의 존재유무를 검증하는 방법을 제시한다. 셋째, (만일 해가 존재하면) 그 해를 구하는 방법을 제공한다. 방정식체계는 정태분석뿐만 아니라 비교정태분석, 동태분석 및 최적화문제에서도 나타나기 때문에, 행렬대수는 이후의 거의 모든 장에서 폭넓게 응용됨을 알게 될 것이다. 행렬대수를 일찌감치 소개하는 것이 바람직한 이유도 바로 이 때문이다.

그러나 하나의 작은 주의사항은 행렬대수가 **선형**방정식체계(linear equation system)에만 적용될 수 있다는 것이다. 선형방정식들이 얼마나 정확하게 현실경제관계들을 설명할 수 있는가하는 문제는 물론 다루어지는 경제관계의 본질에 의존한다. 비록 선형이라는 가정이 어느 정도 현실성을 희생시키겠지만, 많은 경우 가정된 선형관계가 실제의 비선형관계에 충분히 근사적으로 나타낼 수 있으므로 선형방정식의 사용이 정당화된다.

또 다른 경우 우리는 비선형성은 그대로 유지하면서, 변수변환을 통하여 그것을 선형관계로 다룰 수 있다. 예를 들어, 비선형함수

$$y = ax^b$$

는 양변에 로그를 취함으로써 다음의 함수로 변환시킬 수 있다:

$$\log y = \log a + b \log x$$

이 함수는 두 변수 $(\log y)$와 $(\log x)$에 관한 선형함수다(로그는 제10장에서 자세히 논의될 것이다). 더 중요한 것은, 우리가 앞으로 논의하게 될 비교정태분석과 최적화문제와 같은 많은 응용의 경우에, 비록 원래의 공식화된 경제모형이 비선형으로 주어지더라도 분석과정에서 선형방정식체계가 나타나게 된다는 것이다. 따라서 선형이라는 제약은 언뜻 생각하기처럼 그렇게 제한적인 것은 결코 아니다.

4.1 | 행렬과 벡터

2상품시장모형 (3.12)는 — 수량변수를 소거한 후 — (3.13′)와 같이 2개의 방정식으로 이루어지는 연립방정식체계로 나타낼 수 있다. 즉,

$$\begin{aligned} c_1P_1 + c_2P_2 &= -c_0 \\ \gamma_1P_1 + \gamma_2P_2 &= -\gamma_0 \end{aligned}$$

단, 파라미터 c_0와 γ_0는 등호의 우변에 나타나 있다. 일반적으로, n 개의 변수 $(x_1, x_2, \cdots, x_n)$에 관한 m 개의 식으로 이루어지는 선형방정식체계는 다음과 같은 형태로 정리될 수 있다:

$$\begin{aligned} a_{11}x_1 + a_{12}x_2 + \cdots + a_{1n}x_n &= d_1 \\ a_{21}x_1 + a_{22}x_2 + \cdots + a_{2n}x_n &= d_2 \\ \cdots\cdots\cdots\cdots\cdots\cdots\cdots\cdots\cdots & \\ a_{m1}x_1 + a_{m2}x_2 + \cdots + a_{mn}x_n &= d_m \end{aligned} \tag{4.1}$$

(4.1)에서 변수 x_1은 가장 왼쪽 열에만 나타나며, 일반적으로 변수 x_j는 등호의 좌변의 j번째 열에만 나타난다. 파라미터 기호 a_{ij}의 2중하첨자는 i번째 방정식에 나타나는 j번째 변수의 계수를 나타낸다. 예를 들어, a_{21}은 두 번째 방정식에 나타나는 변수 x_1의 계수이다. 한편, 어떤 변수의 계수도 아닌 파라미터 d_i는 i번째 방정식의 상수항을 나타낸다. 예를 들어 d_1은 첫 번째 방정식의 상수항이다. 그러므로 모든 하첨자들은 (4.1)에서 변수들과 파라미터들의 특정한 위치를 나타낸다.

배열로서의 행렬

방정식체계 (4.1)은 본질적으로 세 가지 유형의 구성요소로 이루어진다. 첫째는 계수 a_{ij}들의 집합이고, 둘째는 변수 $x_1, \cdots, x_n$의 집합이며, 마지막은 상수항 $d_1, \cdots, d_m$의 집합이다. 만약 우리가 이 세 개의 집합을 세 개의 직사각형 배열로 정돈하고, 그 배열 각각을 (첨자 없이) A, x, d라고 하면, 우리는 다음을 얻는다.

$$A = \begin{bmatrix} a_{11} & a_{12} & \cdots & a_{1n} \\ a_{21} & a_{22} & \cdots & a_{2n} \\ \cdots & \cdots & \cdots & \cdots \\ a_{m1} & a_{m2} & \cdots & a_{mn} \end{bmatrix} \qquad x = \begin{bmatrix} x_1 \\ x_2 \\ \vdots \\ x_n \end{bmatrix} \qquad d = \begin{bmatrix} d_1 \\ d_2 \\ \vdots \\ d_m \end{bmatrix} \tag{4.2}$$

간단한 예로서, 선형방정식체계가 다음과 같다고 하자.

$$\begin{aligned} 6x_1 + 3x_2 + x_3 &= 22 \\ x_1 + 4x_2 - 2x_3 &= 12 \\ 4x_1 - x_2 + 5x_3 &= 10 \end{aligned} \tag{4.3}$$

그러면, 우리는 그 배열들을 다음과 같이 쓸 수 있다.

$$A = \begin{bmatrix} 6 & 3 & 1 \\ 1 & 4 & -2 \\ 4 & -1 & 5 \end{bmatrix} \qquad x = \begin{bmatrix} x_1 \\ x_2 \\ x_3 \end{bmatrix} \qquad d = \begin{bmatrix} 22 \\ 12 \\ 10 \end{bmatrix} \tag{4.4}$$

(4.2) 또는 (4.4)에서의 각 배열은 하나의 **행렬** (matrix)을 이룬다.

행렬은 숫자, 파라미터 또는 변수를 직사각형으로 배열한 것으로 정의된다. 배열을 구성하는 행들을 행렬의 **원소**(element)라고 하며, 보통 (4.2)와 같이 대괄호로 묶거나, 때로는 괄호 혹은 두 개의 겹세로선 ‖ ‖으로 묶는다. 행렬 A(그 방정식체계의 **계수행렬**; coefficient matrix)의 각 원소는 콤마가 아니라 여백에 의해서 구분된다는 점에 주의하기 바란다. 행렬 A의 배열은 보다 간단히 다음과 같이 나타낼 수 있다.

$$A = [a_{ij}] \qquad \begin{pmatrix} i = 1, 2, \ldots, m \\ j = 1, 2, \ldots, n \end{pmatrix}$$

행렬에서의 각 원소의 위치는 하첨자에 의해서 명확하게 고정되므로, 각각의 행렬은 하나의 순서 집합이다.

특수한 행렬로서의 벡터

행렬의 **차원**(dimension)은 행렬을 구성하는 행의 수와 열의 수로 정의된다. (4.2)의 행렬 A는 m개의 행(row)과 n개의 열(column)을 포함하므로 $m \times n$ 차원이라고 말한다(m by n이라고 읽는다). 차원을 나타내는 데에는 항상 행을 먼저, 열을 뒤에 표시한다는 점에 유의해야 한다. 이것은 a_{ij}의 두 하첨자의 배열순서와 일치하는 것이다. 특히 $m = n$인 행렬을 **정방행렬**(square matrix)이라 한다. 즉, (4.4)의 행렬 A는 3×3 정방행렬이다.

행렬은 (4.2) 또는 (4.4)의 x와 d처럼 단지 하나의 열만 포함할 수 있다. 그런 행렬을 특별히 **열벡터**(column vactor)라고 한다. (4.2)에서 x의 차원은 $n \times 1$이고, d의 차원은 $m \times 1$이다. (4.4)의 x와 d의 차원은 모두 3×1이다. 그러나 변수 x_j를 가로로 배열하면, $1 \times n$ 행렬이 되고 이 행렬을 **행벡터**(row vactor)라고 한다. 행벡터는 프라임기호(′)를 사용하여 열벡터와 구분하는 것이 보통이다. 즉

$$x' = [x_1 \quad x_2 \quad \cdots \quad x_n]$$

(행벡터이든 열벡터이든 간에) 벡터는 단순히 순서대로 배열된 하나의 n중 **순서쌍**(n – tuple)이고, 또 벡터는 그 자체로서 n차원 공간의 한 점으로 해석할 수 있다. 따라서 $m \times n$ 차원의 행렬 A는 m개의 행벡터들로 이루어진 순서집합 혹은 n개의 열벡터들로 이루어진 순서집합으로 볼 수 있다. 이 점에 대해서는 제 5장에서 더 자세히 설명될 것이다.

우리의 제일차적인 관심사는, 앞에서 언급한 대로, 행렬기호가 방정식체계를 간결하게 표현하는데 어떻게 이용될 수 있는가 하는 점이다. (4.4)에서 정의된 행렬을 이용하면, 방정식체계 (4.3)은 다음과 같이 간단하게 표시할 수 있다.

$$Ax = d$$

그리고 A, x, d에 (4.2)에서 정의된 의미를 부여한다면 일반적인 방정식체계 (4.1)까지도 $Ax = d$로 간단하게 나타낼 수 있다. 그러므로 이 표기의 간결성은 의문의 여지가 없다.

그러나 방정식 $Ax = d$ 자체는 적어도 다음의 두 가지 의문을 제기한다. 즉, 두개의 행렬 A와 x를 어떻게 곱하는가? Ax와 d가 같다는 것은 무엇을 의미하는가? 행렬은 그 속에 배열된 수 전체를 포함하고 있기 때문에, 한 개의 숫자에 대해서 정의되는 통상의 대수연산규칙은 행렬의 연산에 그대로 적용될 수 없고, 새로운 연산규칙이 필요하게 된다.

연습문제 4.1

1. 시장모형 (3.1)을 (4.1)의 형식으로 바꾸어 써라. 또 세 개의 변수가 Q_d, Q_s, P 의 순서로 배열된다면, 계수행렬은

$$\begin{bmatrix} 1 & -1 & 0 \\ 1 & 0 & b \\ 0 & 1 & -d \end{bmatrix}$$

가 됨을 보여라. 상수항의 벡터는 어떻게 쓸 수 있는가?
2. 변수를 Q_{d1}, Q_{s1}, Q_{d2}, Q_{s2}, P_1, P_2 의 순서로 배열하여 시장모형 (3.12)를 (4.1)의 형식으로 바꾸어 표시하라. 계수행렬, 변수벡터, 그리고 상수벡터를 구하라.
3. 시장모형 (3.6)을 (4.1)의 형식으로 바꾸어 쓸 수 있는가? 그 이유는?
4. Y 를 첫 번째 변수로 하여, 국민소득모형 (3.23)을 (4.1)의 형식으로 바꾸어 표시하라. 계수행렬과 상수벡터를 구하라.
5. 변수를 Y, T 및 C 의 순서로 배열하여 연습문제 3.5.1에 주어진 국민소득모형을 (4.1)의 형식으로 바꾸어 표시하라. (힌트 : 소비함수에서 곱셈의 형태로 주어진 $b(Y-T)$를 주의하라.)

4.2 | 행렬연산

행렬대수를 다루기 위한 준비작업으로서 우선 **같음**(equality)의 뜻을 정의하자. 두 행렬 $A=[a_{ij}]$와 $B=[b_{ij}]$가 서로 **같으려면** 먼저 두 행렬의 차원이 같아야 하고, 또 대응하는 원소들이 모두 같아야 한다. 다시 말해서 $A=B$이기 위한 필요충분조건은 모든 i, j에 대해서 $a_{ij}=b_{ij}$가 성립하는 것이다. 예를 들면,

$$\begin{bmatrix} 4 & 3 \\ 2 & 0 \end{bmatrix} = \begin{bmatrix} 4 & 3 \\ 2 & 0 \end{bmatrix} \neq \begin{bmatrix} 2 & 0 \\ 4 & 3 \end{bmatrix}$$

임을 알 수 있다. 또 다른 예로서 $\begin{bmatrix} x \\ y \end{bmatrix} = \begin{bmatrix} 7 \\ 4 \end{bmatrix}$이면, $x=7$ 및 $y=4$임을 의미한다.

행렬의 덧셈과 뺄셈

두 행렬의 덧셈 연산이 가능하기 위해서는 두 행렬의 차원이 같아야만 한다. 이 차원상의 조건이 만족될 때 이 두 행렬은 **덧셈이 가능하다**(conformable for addition)고 한다. 이 경우에 $A=[a_{ij}]$와 $B=[b_{ij}]$의 덧셈 연산은 두 행렬의 각각의 대응원소쌍을 더하는 것으로 정의된다.

예 1

$$\begin{bmatrix} 4 & 9 \\ 2 & 1 \end{bmatrix} + \begin{bmatrix} 2 & 0 \\ 0 & 7 \end{bmatrix} = \begin{bmatrix} 4+2 & 9+0 \\ 2+0 & 1+7 \end{bmatrix} = \begin{bmatrix} 6 & 9 \\ 2 & 8 \end{bmatrix}$$

예 2

$$\begin{bmatrix} a_{11} & a_{12} \\ a_{21} & a_{22} \\ a_{31} & a_{32} \end{bmatrix} + \begin{bmatrix} b_{11} & b_{12} \\ b_{21} & b_{22} \\ b_{31} & b_{32} \end{bmatrix} = \begin{bmatrix} a_{11}+b_{11} & a_{12}+b_{12} \\ a_{21}+b_{21} & a_{22}+b_{22} \\ a_{31}+b_{31} & a_{32}+b_{32} \end{bmatrix}$$

일반적으로 덧셈법칙은 다음과 같이 나타낼 수 있다:

$$[a_{ij}]+[b_{ij}]=[c_{ij}] \qquad 단,\ c_{ij}=a_{ij}+b_{ij}$$

여기서 유의할 점은 합행렬(sum matrix) $[c_{ij}]$의 차원은 합해지는 행렬 $[a_{ij}]$ 및 $[b_{ij}]$의 차원과 동일하다는 것이다.

마찬가지로 뺄셈 $A-B$가 정의되기 위해서는 A와 B가 동일한 차원을 가져야 한다는 조건을 충족해야 한다. 두 행렬의 뺄셈연산의 결과는 다음과 같다.

$$[a_{ij}]-[b_{ij}]=[d_{ij}] \qquad 단,\ d_{ij}=a_{ij}-b_{ij}$$

예 3

$$\begin{bmatrix}19 & 3\\ 2 & 0\end{bmatrix}-\begin{bmatrix}6 & 8\\ 1 & 3\end{bmatrix}=\begin{bmatrix}19-6 & 3-8\\ 2-1 & 0-3\end{bmatrix}=\begin{bmatrix}13 & -5\\ 1 & -3\end{bmatrix}$$

뺄셈 $A-B$는 행렬 A와 또 다른 행렬 $(-1)B$의 덧셈으로 생각할 수 있다. 그러나 이것은 행렬에 하나의 수(여기에서는 -1)를 곱하는 것이 무엇을 의미하는가 하는 문제를 제기한다.

스칼라 곱셈

행렬에 어떤 수를 — 또는 행렬대수의 용어로는 어떤 **스칼라**(scalar)를 — 곱한다는 것은 행렬의 **모든** 원소에 그 주어진 스칼라를 곱하는 것이다.

예 4

$$7\begin{bmatrix}3 & -1\\ 0 & 5\end{bmatrix}=\begin{bmatrix}21 & -7\\ 0 & 35\end{bmatrix}$$

예 5

$$\frac{1}{2}\begin{bmatrix}a_{11} & a_{12}\\ a_{21} & a_{22}\end{bmatrix}=\begin{bmatrix}\frac{1}{2}a_{11} & \frac{1}{2}a_{12}\\ \frac{1}{2}a_{21} & \frac{1}{2}a_{22}\end{bmatrix}$$

위의 예에서 우리는 곱하는 수를 스칼라(scalar)라고 부르는 이유를 알 수 있다. 스칼라는 행렬의 스케일을 일정 배수로 "확대 또는 축소"(scales up or down)시킨다. 물론 스칼라는 음수일 수도 있다.

예 6

$$-1\begin{bmatrix}a_{11} & a_{12} & d_1\\ a_{21} & a_{22} & d_2\end{bmatrix}=\begin{bmatrix}-a_{11} & -a_{12} & -d_1\\ -a_{21} & -a_{22} & -d_2\end{bmatrix}$$

이 식의 좌변의 행렬이 다음 연립방정식체계의 계수와 상수항을 나타낸다고 하자.

$$a_{11}x_1+a_{12}x_2=d_1$$
$$a_{21}x_1+a_{22}x_2=d_2$$

그러면 위의 행렬에 스칼라 -1을 곱하는 것은 모든 방정식의 양변에 -1을 곱하는 것이 되므로, 이는 그 방정식체계의 모든 항의 부호를 바꾸는 셈이 된다.

행렬끼리의 곱셈

스칼라는 어떤 차원을 갖는 행렬에도 곱해질 수 있는 데 반해, 두 행렬끼리의 곱셈은 차원상의 어떤 요건이 충족되어야만 가능하다.

두 행렬 A와 B가 주어졌을 때, 이들의 곱 AB를 구하는 문제를 생각해 보자. 곱이 성립되기 위한 적합성조건(conformability condition)은 A(앞행렬)의 **열**의 차원이 B(뒤행렬)의 **행**의 차원과 같아야 한다는 것이다. 예를 들어,

$$\underset{(1\times 2)}{A} = [a_{11} \quad a_{12}] \qquad \underset{(2\times 3)}{B} = \begin{bmatrix} b_{11} & b_{12} & b_{13} \\ b_{21} & b_{22} & b_{23} \end{bmatrix} \tag{4.5}$$

일 때, A의 **열이 두 개**이고 B의 **행도 두 개**가 되어 A의 열수와 B의 행수가 똑같으므로, 곱 AB가 정의된다.[†] 이것은 A의 차원을 나타내는 (1×2)의 **두 번째** 수와 B의 차원을 나타내는 (2×3)의 **첫 번째** 수를 비교함으로써 한 눈에 확인할 수 있다. 그러나 곱 BA는 정의되지 **않는다**. 왜냐하면 B(이제는 앞행렬)의 열의 수는 **3**이고, A(뒤행렬)의 행의 수는 **1**이 되어 곱의 적합성조건이 만족되지 않기 때문이다.

일반적으로, A의 차원이 $m\times n$이고 B의 차원이 $p\times q$이면, 행렬곱 AB가 정의되기 위한 필요충분조건은 $n=p$이다. 또한 두 행렬의 곱이 정의되면, 행렬곱 AB는 $m\times q$차원 — 앞행렬 A의 행과 동일한 수의 **행**, 그리고 뒤행렬 B의 열과 동일한 수의 **열**을 가진 행렬 — 이 된다. (4.5)로 주어진 행렬의 경우, AB는 1×3차원이 된다.

이제 행렬의 곱을 정의하는 과정자체의 설명이 남아 있다. 이를 위해 (4.5)의 행렬 A와 B를 예로 하여 설명해 보자. 행렬곱 AB가 정의되고, 그 차원이 1×3으로 기대되므로, 일반적으로 (행벡터를 나타내는 c' 대신에 행렬기호 C를 사용하여)

$$AB = C = [c_{11} \quad c_{12} \quad c_{13}]$$

로 쓸 수 있다. 행렬곱 C의 각 원소는 c_{ij}로 표시되고, 이것은 앞행렬 A의 i번째 **행**의 원소와 뒤행렬 B의 j번째 **열**의 원소로 계산되는 곱들의 합으로 정의된다. 예를 들어, c_{11}을 구하기 위해 — [그림 4.1]의 윗 그림에서 보는 바와 같이 — A의 **첫 번째 행**($i=1$이므로)과 B의 **첫 번째 열**($j=1$이므로)을 택한 다음, 그 행과 열의 원소들로 순차적으로 쌍을 만들어, 각 쌍의 두 원소를 곱하고 이 곱들의 합을 취하면 다음을 얻는다.

$$c_{11} = a_{11}b_{11} + a_{12}b_{21} \tag{4.6}$$

마찬가지로, c_{12}를 구하려면 A의 **첫 번째 행**($i=1$이므로)과 B의 **두 번째 열**($j=2$이므로)을 취하고 — [그림 4.1]의 아래 그림대로 — 이 곱들의 합을 계산하면 되고, 그 결과는 다음과 같다:

$$c_{12} = a_{11}b_{12} + a_{12}b_{22} \tag{4.6'}$$

같은 방식으로 c_{13}을 계산하면 다음을 얻는다.

$$c_{13} = a_{11}b_{13} + a_{12}b_{23} \tag{4.6''}$$

이 계산 과정에서 바로 이 특정한 쌍을 이루게 하는 조건 때문에, 곱의 연산을 행하기 전에 앞행렬의 열의 차원과 뒤행렬의 행의 차원이 일치되어야 하는 것이 불가피하다.

[그림 4.1]에 예시된 곱셈과정은 두 벡터의 **내적**(inner product)의 개념을 이용해서 설명할 수

† 원래 행벡터인 행렬 A는 보통 a'로 표시되지만, 여기에서 설명하고 있는 곱셈법칙은 벡터와 행렬 사이뿐만 아니라 일반적으로 행렬들 사이에 적용될 수 있다는 것을 강조하기 위하여 A라고 표시하였다.

그림 4.1

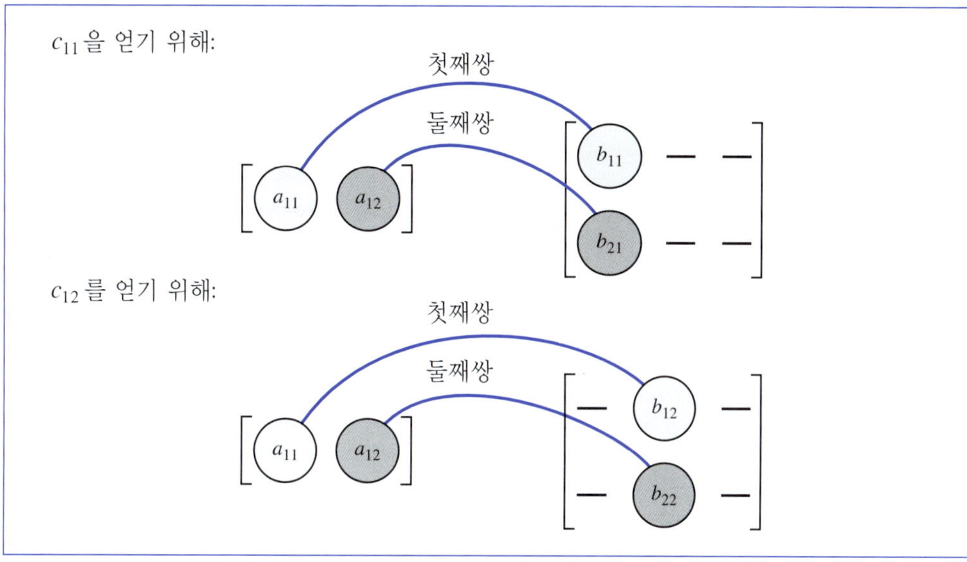

도 있다. n 개의 원소를 가진 두 벡터 $u=(u_1, u_2, \cdots, u_n)$ 과 $v=(v_1, v_2, \cdots, v_n)$ 이 두 행으로 **또는** 두 열로 **또는** 한 행과 한 열로 배열되면, (가운데 점을 찍어서) $u \cdot v$ 로 표시되는 내적은 다음과 같이 정의된다.

$$u \cdot v = u_1 v_1 + u_2 v_2 + \cdots + u_n v_n$$

이것은 대응하는 원소들의 곱들의 합이고, 따라서 두 벡터의 내적은 스칼라가 된다.

예 7

시장에서 n 개의 상품을 산 후, 이 n 개 상품의 구매량을 행벡터 $Q' = [Q_1 \;\; Q_2 \;\; \cdots \;\; Q_n]$ 으로 배열하고, 이들 상품의 가격을 가격벡터 $P' = [P_1 \;\; P_2 \;\; \cdots \;\; P_n]$ 으로 배열하면, 이 두 벡터의 내적은 다음과 같다:

$$Q' \cdot P' = Q_1 P_1 + Q_2 P_2 + \cdots + Q_n P_n = \text{총구매비용}.$$

이 개념을 사용하면, 곱행렬 $C=AB$ 의 원소 c_{ij} 는 앞행렬 A 의 i 번째 행과 뒤행렬 B 의 j 번째 열의 내적이라고 간단히 말할 수 있다. 이것은 [그림 4.1]을 검토함으로써 쉽게 확인할 수 있다.

위에서 설명한 곱의 법칙은 A 와 B 의 차원이 위의 예와 다른 경우에도 그대로 적용된다. 유일한 전제조건은 적합성조건이 만족되어야 한다는 것이다.

예 8

행렬이 다음과 같이 주어져 있다.

$$\underset{(3\times2)}{A} = \begin{bmatrix} 1 & 3 \\ 2 & 8 \\ 4 & 0 \end{bmatrix} \quad \text{및} \quad \underset{(2\times1)}{B} = \begin{bmatrix} 5 \\ 9 \end{bmatrix}$$

곱 AB 를 구하라. A 의 열의 수는 2이고 B 의 행의 수가 2이므로, 곱 AB 가 정의되는 것은 분명하다. 그들의 곱행렬은 3×1의 열벡터가 된다: 즉,

$$AB = \begin{bmatrix} 1(5)+3(9) \\ 2(5)+8(9) \\ 4(5)+0(9) \end{bmatrix} = \begin{bmatrix} 32 \\ 82 \\ 20 \end{bmatrix}$$

예 9

행렬이 다음과 같이 주어져 있다.

$$\underset{(3\times3)}{A}=\begin{bmatrix}3&-1&2\\1&0&3\\4&0&2\end{bmatrix}\quad 및 \quad \underset{(3\times3)}{B}=\begin{bmatrix}0&-\frac{1}{5}&\frac{3}{10}\\-1&\frac{1}{5}&\frac{7}{10}\\0&\frac{2}{5}&-\frac{1}{10}\end{bmatrix}$$

곱 AB를 구하라. 이번에는 동일한 곱의 법칙을 적용하면, 다음과 같은 아주 특별한 곱행렬을 얻게 된다:

$$AB=\begin{bmatrix}0+1+0&-\frac{3}{5}-\frac{1}{5}+\frac{4}{5}&\frac{9}{10}-\frac{7}{10}-\frac{2}{10}\\0+0+0&-\frac{1}{5}+0+\frac{6}{5}&\frac{3}{10}+0-\frac{3}{10}\\0+0+0&-\frac{4}{5}+0+\frac{4}{5}&\frac{12}{10}+0-\frac{2}{10}\end{bmatrix}=\begin{bmatrix}1&0&0\\0&1&0\\0&0&1\end{bmatrix}$$

이 마지막 행렬은 주대각선 (principal diagonal : 북서에서 남동으로 이어지는 선) 에 위치하는 대각원소들이 모두 1이고 다른 모든 원소들은 0인 정방행렬인데, 이런 형태는 **항등행렬** (indentity matrix)로 알려진 중요한 행렬로서, 이것에 관해서는 제 4.5절에서 더 자세히 논의될 것이다.

예 10

이번에는 (4.4)에서 정의된 행렬 A와 벡터 x의 곱 Ax를 구해보자. 이 곱행렬은 3×1차원의 열벡터가 된다: 즉,

$$Ax=\underset{(3\times3)}{\begin{bmatrix}6&3&1\\1&4&-2\\4&-1&5\end{bmatrix}}\underset{(3\times1)}{\begin{bmatrix}x_1\\x_2\\x_3\end{bmatrix}}=\underset{(3\times1)}{\begin{bmatrix}6x_1+3x_2+\ \ x_3\\x_1+4x_2-2x_3\\4x_1-\ \ x_2+5x_3\end{bmatrix}}$$

주의 : 우변의 곱은 부풀어서 커 보이지만, 그러나 그것은 하나의 **열**벡터에 불과하다. 따라서 $Ax=d$로 놓으면 다음을 얻는다.

$$\begin{bmatrix}6x_1+3x_2+\ \ x_3\\x_1+4x_2-2x_3\\4x_1-\ \ x_2+5x_3\end{bmatrix}=\begin{bmatrix}22\\12\\10\end{bmatrix}$$

이것은 행렬의 같음의 정의에 따라, 전체 방정식체계의 표현 (4.3)과 동치이다.

변수 x_j는 원래의 방정식체계에서 가로로 배열되어 있다. 그러나 행렬기호 $Ax=d$를 사용하기 위해서는 적합성조건 때문에, 이 변수 x_j를 행벡터가 아닌 **열**벡터로 나열할 필요가 있음에 주목하기 바란다.

예 11

두 내생변수 Y와 C로 구성되는 단순한 국민소득모형

$$Y=C+I_0+G_0$$
$$C=a+bY$$

는 다음과 같이 (4.1)의 표준형으로 다시 배열할 수 있다:

$$Y-C=I_0+G_0$$
$$-bY+C=a$$

따라서 계수행렬 A, 변수의 벡터 x, 상수의 벡터 d는 다음과 같다:

$$\underset{(2\times2)}{A}=\begin{bmatrix}1&-1\\-b&1\end{bmatrix}\qquad \underset{(2\times1)}{x}=\begin{bmatrix}Y\\C\end{bmatrix}\qquad \underset{(2\times1)}{d}=\begin{bmatrix}I_0+G_0\\a\end{bmatrix}$$

그러면 이렇게 주어진 체계가 방정식 $Ax = d$로 표시될 수 있음을 확인해 보자.

행렬곱의 법칙에 의해 다음을 얻는다:

$$Ax = \begin{bmatrix} 1 & -1 \\ -b & 1 \end{bmatrix}\begin{bmatrix} Y \\ C \end{bmatrix} = \begin{bmatrix} 1(Y) + (-1)(C) \\ -b(Y) + 1(C) \end{bmatrix} = \begin{bmatrix} Y - C \\ -bY + C \end{bmatrix}$$

그러므로 행렬방정식 $Ax = d$는 다음과 같이 된다:

$$\begin{bmatrix} Y - C \\ -bY + C \end{bmatrix} = \begin{bmatrix} I_0 + G_0 \\ a \end{bmatrix}$$

행렬이 서로 같다는 것은 대응하는 원소들간에 등식이 성립되는 것을 의미하기 때문에 방정식 $Ax = d$는 과연 (4.1)의 형태로 표시된 원래의 방정식체계를 정확히 나타내는 것을 알 수 있다.

나눗셈의 문제

행렬은, 수와 마찬가지로, 덧셈, 뺄셈, 곱셈 — 적합성조건하에서 — 이 가능하지만, 한 행렬을 다른 행렬로 나누는 것은 불가능하다. 즉, A/B는 성립하지 않는다.

두 수 a와 b에 대하여, 몫 $a/b\,(b \neq 0)$는 ab^{-1} 또는 $b^{-1}a$와 같이 나타낼 수 있다. 여기서 b^{-1}는 b의 **역수**(invers 또는 reciprocal)를 나타낸다. $ab^{-1} = b^{-1}a$이므로, 몫 a/b의 표시는 ab^{-1}와 $b^{-1}a$ 모두를 나타내는데 사용될 수 있다. 그러나 행렬의 경우는 다르다. 역수의 개념을 행렬에 적용하면, (제 4.6 절에서 논의되는) 어떤 특수한 경우에만 행렬 B의 역이되는 역행렬 B^{-1}를 정의할 수 있다. 그러나 적합성조건 때문에 AB^{-1}가 정의된다고 해서 $B^{-1}A$도 당연히 정의된다는 보장은 없다. 또 AB^{-1}와 $B^{-1}A$가 모두 정의되는 경우에도 이들이 동일한 곱이 아닐 수도 있다. 따라서 어느 쪽을 나타내는지 불분명한 A/B라는 표현의 사용은 피해야 한다. 그리하여 (역행렬 B^{-1}가 존재하고 또 곱 AB^{-1} 또는 $B^{-1}A$가 정의된다고 해도) AB^{-1} 또는 $B^{-1}A$ 중에서 어떤 행렬곱을 언급하는 것인지를 분명히 하여야만 한다. 역행렬은 제 4.6 절에서 더 자세히 논의될 것이다.

Σ 기호에 대한 보론

하첨자 기호의 사용은 파라미터들과 변수들의 위치를 지정하는 데 유용할 뿐만 아니라, 행렬곱셈의 연산과정에서 발생하는 항들의 합을 표기함에 있어서도 신축적인 간략화 방법을 제공한다.

덧셈을 간략하게 표기하는 방법으로 그리스 문자 Σ(시그마, "sum" 즉 합의 뜻을 나타낸다)를 사용한다. 예를 들어 x_1, x_2, x_3의 합을 표시하기 위하여, 우리는 이를

$$x_1 + x_2 + x_3 = \sum_{j=1}^{3} x_j$$

라고 쓰고 "j가 1에서 3까지 변화할 때 x_j의 합"이라고 읽는다. 기호 j는 **덧셈지표**(summation index)라고 하고, 오직 정수만을 취한다. x_j는 **더해지는 수**(summand)를 나타내며, 또 그것은 기본적으로 j의 함수이다. 덧셈지표로는 문자 j 이외에도 보통 i 또는 k 등이 사용된다. 즉

$$\sum_{i=3}^{7} x_i = x_3 + x_4 + x_5 + x_6 + x_7$$

$$\sum_{k=0}^{n} x_k = x_0 + x_1 + \cdots + x_n$$

$\sum$ 기호는 x항의 앞에 계수가 덧붙여져 있는 경우, 또는 합의 각 항이 어떤 정수의 제곱으로 되어있는 경우에도 쉽게 적용될 수 있다. 예를 들면, 우리는 다음과 같이 쓸 수 있다:

$$\sum_{j=1}^{3} ax_j = ax_1 + ax_2 + ax_3 = a(x_1 + x_2 + x_3) = a \sum_{j=1}^{3} x_j$$

$$\sum_{j=1}^{3} a_j x_j = a_1 x_1 + a_2 x_2 + a_3 x_3$$

$$\sum_{i=0}^{n} a_i x^i = a_0 x^0 + a_1 x^1 + a_2 x^2 + \cdots + a_n x^n$$
$$= a_0 + a_1 x + a_2 x^2 + \cdots + a_n x^n$$

특히, 마지막 예는 식 $\sum_{i=0}^{n} a_i x^i$가 실제로 일반적 다항함수 (2.4)를 간략하게 나타내는데 사용될 수 있음을 보여준다.

참고로 말하면, 덧셈의 범위가 명확할 경우에는 지수를 붙이지 않고 ($\sum x_i$ 와 같이) 기호 $\sum$ 만을 사용하거나, 또는 덧셈지표만을 기호 밑에 표기하여 ($\sum_i x_i$ 와 같이) 사용할 수도 있다.

이제 $\sum$ 표기법을 행렬곱에 적용해 보기로 하자. (4.6), (4.6′) 및 (4.6″)에서, 곱행렬 $C = AB$의 각 원소는 항들의 합으로 정의되는데, 이것은 이제 다음과 같이 다시 쓸 수 있다:

$$c_{11} = a_{11}b_{11} + a_{12}b_{21} = \sum_{k=1} a_{1k}b_{k1}$$

$$c_{12} = a_{11}b_{12} + a_{12}b_{22} = \sum_{k=1}^{2} a_{1k}b_{k2}$$

$$c_{13} = a_{11}b_{13} + a_{12}b_{23} = \sum_{k=1}^{2} a_{1k}b_{k3}$$

위의 각각의 경우에, c_{1j} 의 첫 번째 하첨자는, $\sum$ 표현에서, a_{1k} 의 첫 번째 하첨자에 반영되고, c_{1j} 의 두 번째 하첨자는 b_{kj} 의 두 번째 하첨자에 반영되어있다. 한편 지수 k 는 "더미" (dummy) 하첨자로, 어떤 원소쌍이 곱해지는가를 지시하는 데 도움을 줄 뿐이고 기호 c_{1j} 에는 나타나지 않는다.

이것을 $m \times n$ 행렬 $A = [a_{ik}]$ 와 $n \times p$ 행렬 $B = [b_{kj}]$ 의 곱에 적용하면, $m \times p$ 곱행렬 $AB = C = [c_{ij}]$ 의 원소들은

$$c_{11} = \sum_{k=1}^{n} a_{1k}b_{k1} \qquad c_{12} = \sum_{k=1}^{n} a_{1k}b_{k2} \qquad \cdots$$

또는 더 일반적으로

$$c_{ij} = \sum_{k=1}^{n} a_{ik}b_{kj} \qquad \begin{pmatrix} i = 1, 2, \ldots, m \\ j = 1, 2, \ldots, p \end{pmatrix}$$

로 나타낼 수 있다. 이 마지막 식은, 위에서 정의된 행렬들의 곱셈규칙을 나타내는 또 다른 방법도 된다.

연습문제 4.2

1. 행렬이 $A = \begin{bmatrix} 7 & -1 \\ 6 & 9 \end{bmatrix}$, $B = \begin{bmatrix} 0 & 4 \\ 3 & -2 \end{bmatrix}$, $C = \begin{bmatrix} 8 & 3 \\ 6 & 1 \end{bmatrix}$ 로 주어졌을 때 다음을 구하라:

   (a) $A+B$ (b) $C-A$ (c) $3A$ (d) $4B+2C$

2. 행렬이 $A = \begin{bmatrix} 2 & 8 \\ 3 & 0 \\ 5 & 1 \end{bmatrix}$, $B = \begin{bmatrix} 2 & 0 \\ 3 & 8 \end{bmatrix}$, $C = \begin{bmatrix} 7 & 2 \\ 6 & 3 \end{bmatrix}$ 로 주어져 있다:

   (a) AB 는 정의되는가? AB 를 계산하라. BA 를 계산할 수 있는가? 왜 그런가?

   (b) BC 는 정의되는가? BC 를 계산하라. CB 는 정의되는가? 정의된다면 CB 를 계산하라. $BC = CB$ 라는 것은 옳은가?

3. [예 9]에서 주어진 행렬의 경우 곱 BA는 정의되는가? 정의된다면 그 곱을 계산하라. 이 경우에 $AB = BA$ 인가?

4. 다음의 곱행렬을 구하라 (모든 행렬 밑에 차원을 표시하라):

   (a) $\begin{bmatrix} 0 & 2 & 0 \\ 3 & 0 & 4 \\ 2 & 3 & 0 \end{bmatrix} \begin{bmatrix} 8 & 0 \\ 0 & 1 \\ 3 & 5 \end{bmatrix}$ (c) $\begin{bmatrix} 3 & 5 & 0 \\ 4 & 2 & -7 \end{bmatrix} \begin{bmatrix} x \\ y \\ z \end{bmatrix}$

   (b) $\begin{bmatrix} 6 & 5 & -1 \\ 1 & 0 & 4 \end{bmatrix} \begin{bmatrix} 4 & -1 \\ 5 & 2 \\ 0 & 1 \end{bmatrix}$ (d) $\begin{bmatrix} a & b & c \end{bmatrix} \begin{bmatrix} 7 & 0 \\ 0 & 2 \\ 1 & 4 \end{bmatrix}$

5. [예 7]에서 수량과 가격을 행벡터들이 아니라 열벡터들로 배열하면, $Q \cdot P$ 는 정의되는가? 총구매비용을 $Q \cdot P$ 로 나타낼 수 있는가? $Q' \cdot P$ 로 나타낼 수 있는가? $Q \cdot P'$ 로 나타낼 수 있는가?

6. 다음의 덧셈을 전개하라:

   (a) $\sum_{i=2}^{5} x_i$ (d) $\sum_{i=1}^{n} a_i x^{i-1}$

   (b) $\sum_{i=5}^{8} a_i x_i$ (e) $\sum_{i=0}^{3} (x+i)^2$

   (c) $\sum_{i=1}^{4} bx_i$

7. Σ 기호를 사용하며 다음을 다시 표기하라:

   (a) $x_1(x_1-1) + 2x_2(x_2-1) + 3x_3(x_3-1)$

   (b) $a_2(x_3+2) + a_3(x_4+3) + a_4(x_5+4)$

   (c) $\frac{1}{x} + \frac{1}{x^2} + \cdots + \frac{1}{x^n} \quad (x \neq 0)$

   (d) $1 + \frac{1}{x} + \frac{1}{x^2} + \cdots + \frac{1}{x^n} \quad (x \neq 0)$

8. 다음 식이 옳다는 것을 보여라:

   (a) $\left(\sum_{i=0}^{n} x_i\right) + x_{n+1} = \sum_{i=0}^{n+1} x_i$

   (b) $\sum_{j=1}^{n} ab_j y_j = a \sum_{j=1}^{n} b_j y_j$

   (c) $\sum_{j=1}^{n} (x_j + y_j) = \sum_{j=1}^{n} x_j + \sum_{j=1}^{n} y_j$

4.3 | 벡터연산에 관한 주석

제 4.1 절과 제 4.2 절에서 벡터는 행렬의 특수한 형태로 간주되었기 때문에, 이미 논의한 모든 대수연산들은 벡터연산에도 적용될 수 있다. 그러나 벡터는 그 차원상의 특수성 때문에 벡터연산에 관한 몇 가지 주석을 추가하는 것이 유용하다.

벡터끼리의 곱셈

$m \times 1$ 열벡터 u 와 $1 \times n$ 행벡터 v' 의 곱행렬 uv' 의 차원은 $m \times n$ 이 된다.

예 1

$u = \begin{bmatrix} 3 \\ 2 \end{bmatrix}$, $v' = [1 \quad 4 \quad 5]$ 일 때, 벡터의 곱 uv' 은 다음과 같다.

$$uv' = \begin{bmatrix} 3(1) & 3(4) & 3(5) \\ 2(1) & 2(4) & 2(5) \end{bmatrix} = \begin{bmatrix} 3 & 12 & 15 \\ 2 & 8 & 10 \end{bmatrix}$$

u 의 각 행과 v' 의 각 열은 오직 한 개의 원소만으로 이루어졌기 때문에 uv' 의 각 원소는 곱들의 합이 아니라 단 하나의 곱으로 된다. 출발은 두개의 벡터이지만, 곱 uv' 은 하나의 2×3 행렬이 된다. 한편, $1 \times n$ 행벡터 u' 와 $n \times 1$ 열벡터 v 가 주어지면, 벡터의 곱 $u'v$ 의 차원은 1×1이 된다.

예 2

$u' = [3 \quad 4]$ 와 $v = \begin{bmatrix} 9 \\ 7 \end{bmatrix}$ 일 때, 벡터의 곱 $u'v$ 는 다음과 같다.

$$u'v = [3(9) + 4(7)] = [55]$$

$u'v$ 는 오직 하나의 원소만을 갖는다는 사실에도 불구하고, 위에서 표기한 바와 같이 이것도 역시 행렬이다. 그러나 1×1 행렬은 덧셈과 뺄셈에서 스칼라와 완전히 똑같은 특성을 가진다. 즉, $4 + 8 = 12$인 것처럼 $[4] + [8] = [12]$이며, $3(7) = 21$인 것처럼 $[3][7] = [21]$이다. 더욱이 1×1 행렬은 스칼라가 갖는 특성 이외의 어떤 다른 특성도 갖지 않는다. 사실 모든 스칼라의 집합과 스칼라 원소를 갖는 모든 1×1행렬의 집합 사이에는 1대 1의 대응관계가 성립한다. 이 때문에 $u'v$ 를 1×1 곱행렬에 대응하는 **스칼라**로 다시 정의할 수 있다. 따라서 (예2)에서 우리는 $u'v = 55$로 쓸 수 있다. 그와 같은 곱을 **스칼라 곱**(scalar product)이라고 한다.† 그러나 1×1 행렬은 스칼라로 간주될 수 있는 반면, 스칼라는 또 다른 계산이 수행될 때 적합성조건이 만족되지 않으면 1×1 행렬로 대체될 수 없다.††

예 3

행벡터가 $u' = [3 \; 6 \; 9]$로 주어질 때, $u'u$ 를 구하라. u 는 u' 의 원소들을 세로로 배열한 열벡터이므로, 그 값은

† 스칼라 곱의 개념은 동일한 요소를 갖는 두 벡터의 내적의 개념에 가깝다. 내적은 스칼라이다. 그러나 내적은 곱셈에 관한 적합성조건에 저촉되지 않기 때문에 이것을 $u \cdot v$ 라고 쓸 수 있었다. 반면에 스칼라 곱(두 벡터 사이의 점을 생략하고 표기한 것)은 행벡터가 열벡터에 의해서 곱해지는 형태로서만, 그 행벡터가 앞에 오는 형태로서만, 표시될 수 있다.

†† 역주: 예컨대 $2\begin{bmatrix} a & b \\ c & d \end{bmatrix} = \begin{bmatrix} 2 & 0 \\ 0 & 2 \end{bmatrix}\begin{bmatrix} a & b \\ c & d \end{bmatrix}$에서 볼 수 있는 바와 같이, 스칼라 2는 행렬 [2]가 아니라 행렬 $\begin{bmatrix} 2 & 0 \\ 0 & 2 \end{bmatrix}$로 대체되어야 한다.

$$u'u = [3 \quad 6 \quad 9]\begin{bmatrix}3\\6\\9\end{bmatrix} = (3)^2 + (6)^2 + (9)^2$$

이 된다. 여기서 우변의 1×1곱행렬에서 괄호는 생략하였다. 곱 $u'u$는 u의 원소들의 제곱의 합이 된다는 점에 주의하기 바란다.

일반적으로 $u' = [u_1 \quad u_2 \quad \cdots \quad u_n]$ 일 때, $u'u$는 원소 u_j들의 제곱합(하나의 스칼라)이 된다. 즉

$$u'u = u_1^2 + u_2^2 + \cdots + u_n^2 = \sum_{j=1}^{n} u_j^2$$

만일 우리가 내적 $u \cdot u$ (혹은 $u' \cdot u'$)를 계산했더라도 물론 위와 완전히 똑같은 결과를 얻을 수 있었을 것이다.

끝으로, uv' (1×1 보다 더 큰 행렬)의 의미와 $u'v$ (1×1 행렬 또는 스칼라)의 의미를 구별하는 것이 중요하다. 특히, 스칼라 곱은 앞행렬로서 **행**벡터를 가져야 하고 뒤행렬로서 **열**벡터를 가져야만 한다는 것에 주의해야 한다. 그렇지 않으면 곱은 1×1 이 될 수 없다.

벡터연산의 기하학적 해석

n 개의 원소를 가진 행벡터 또는 열벡터(이후에는 ***n* 차원 벡터**(n-vector)로 부르기로 한다)는 하나의 n 중 순서쌍으로 볼 수 있기 때문에 n 차원 공간(n-dimensional space)의 한 점으로 생각할 수 있다는 것은 이미 앞에서 언급하였다. 이 개념을 좀 더 자세히 설명해 보도록 하자. [그림 4.2](a)에서 하나의 점 (3, 2)를 2차원 공간에 그리고, 이를 u 라고 표시하였다. 이것은 벡터 $u = \begin{bmatrix}3\\2\end{bmatrix}$ 또는 벡터 $u' = [3 \ 2]$를 기하학적으로 표현한 것이고, u 와 u' 은 이와 같은 문맥에서 보면 완전히 동일한 순서쌍이다. 원점 (0, 0)에서 점 u 까지 화살표(방향을 갖는 선분)를 그리면, 그 화살표는 원점에서 점 u 에 도달하는 유일한 직선경로를 나타낸다. 각 점에 대응하여 유일한 화살표가 존재하기 때문에, 벡터 u 가 그래프에서 점(3, 2)로 나타내지거나 **또는** 이에 대응하는 화살표로 나타내지는 것으로 간주할 수 있다. 시계바늘과 같이 일정한 크기와 일정한 방향을 갖고 원점 (0, 0)에서 출발하는 그러한 화살표를 **반지름**벡터(radius vector)라고 부른다.

이와 같이 벡터를 새롭게 해석함으로써, 우리는 (a) 벡터의 스칼라 곱셈, (b) 벡터의 덧셈과 뺄셈, 그리고 보다 일반적으로, (c) 소위 벡터들의 "선형결합"(linear combination)을 기하학적으로 분석하는 것이 가능해진다.

첫째, 벡터 $\begin{bmatrix}6\\4\end{bmatrix} = 2u$ 를 [그림 4.2](a)에 그리면, 그 결과로서 생기는 화살표는 이미 그린 벡터 u 를 나타내는 화살표와 일부는 겹치면서 그 길이는 두 배가 된다. 사실 벡터 u 에 어떤 스칼라 k 를 곱하면, u 와 겹치는 화살표를 얻지만 $k = 1$ 이 아닌 한, 화살표 끝의 위치는 달라진다. 만약 $k > 1$ 이면 화살표는 길어지고, $0 < k < 1$ 이면 화살표는 짧아진다. $k = 0$ 이면 화살표의 위치는 원점이 되어 **영벡터**(null vector)가 된다. 음인 스칼라를 곱하면 화살표 방향은 역전된다. 예를 들어, 벡터 u 에 -1을 곱하면 $-u = \begin{bmatrix}-3\\-2\end{bmatrix}$를 얻는다. 이 벡터를 [그림 4.2](b)에 그리면, 그 길이는 u와 같지만, 그 방향은 정반대인 화살표가 된다.

그림 4.2

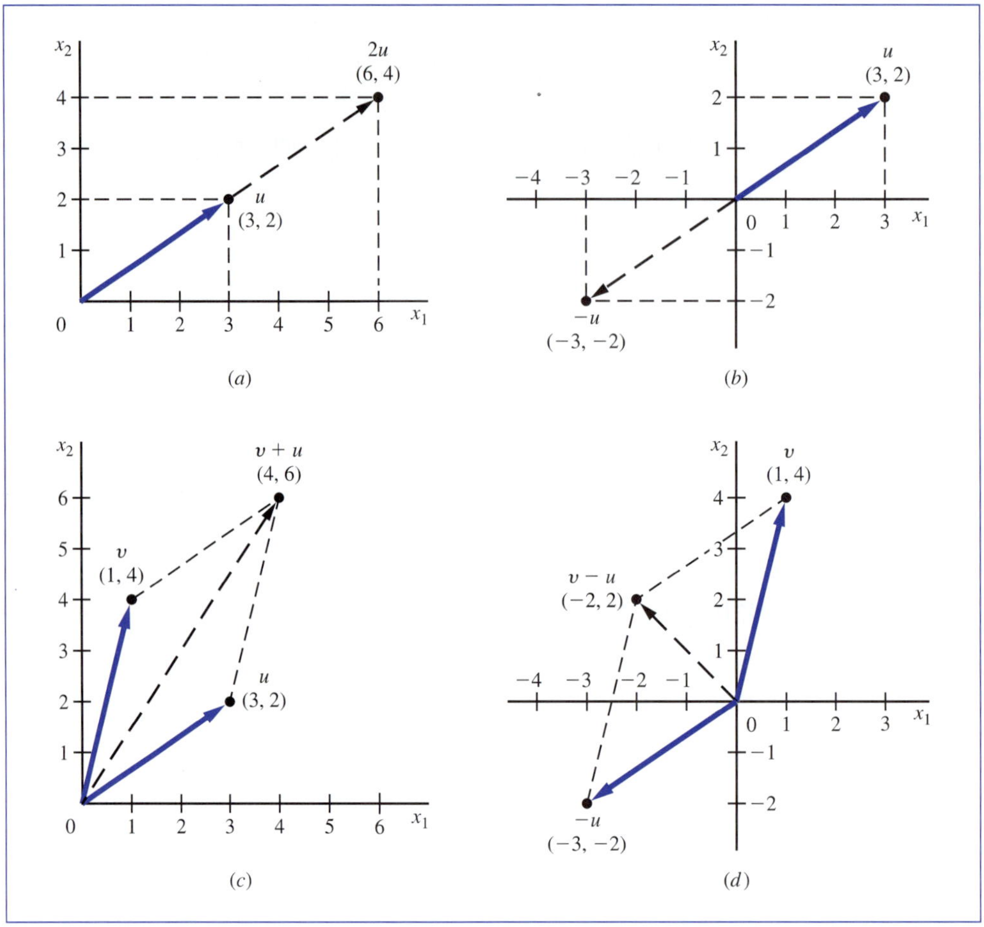

다음으로 두 벡터 $v = \begin{bmatrix} 1 \\ 4 \end{bmatrix}$와 $u = \begin{bmatrix} 3 \\ 2 \end{bmatrix}$를 더하는 문제를 생각해 보자. 벡터의 합 $v + u = \begin{bmatrix} 4 \\ 6 \end{bmatrix}$은 [그림 4.2](c)에서 보듯이 점선의 화살표로 직접 그려질 수 있다. 그러나 두 벡터 u와 v(실선의 화살표들)를 두 변으로 하는 평행사변형의 대각선은 바로 벡터합 $v + u$를 나타내는 화살표와 일치하게 된다는 것을 알 수 있다. 일반적으로 벡터합은 평행사변형을 이용하여 기하학적으로 구할 수 있다. 뿐만 아니라 **벡터차**(vector difference) $v - u$는 v와 $(-1)u$의 합과 같기 때문에, 이 방법은 벡터차를 구하는 데에도 이용될 수 있다. [그림 4.2](d)에서 보듯이, 먼저 그림 (c)와 (b)의 벡터 v와 음의 벡터 $-u$를 다시 그린 다음, 이 두 벡터로 이루어지는 평행사변형을 구성하면, 그 평행사변형의 대각선은 벡터차 $v - u$가 된다.

벡터들의 선형결합(즉, 선형합 또는 선형차)을 기하학적으로 설명하기 위해서는 위의 결과를 약간 확장시키면 된다. 다음과 같은 간단한 경우를 생각하자.

$$3v + 2u = 3\begin{bmatrix} 1 \\ 4 \end{bmatrix} + 2\begin{bmatrix} 3 \\ 2 \end{bmatrix} = \begin{bmatrix} 9 \\ 16 \end{bmatrix}$$

이 선형결합연산에서 스칼라 곱은 두 벡터 v와 u의 각 화살표 끝의 위치를 변경시키고, 덧셈은 평행사변형을 구성하는 것을 의미한다. 벡터들의 선형결합에는, 이 두 가지 기본적인 기하학적 연산 이외에 새로운 측면은 없다. 이와같은 사실은 다음 식과 같이 선형결합되는 항들이 더 많은 경우에도 그대로 적용된다.

$$\sum_{i=1}^{n} k_i v_i = k_1 v_1 + k_2 v_2 + \cdots + k_n v_n$$

여기서, k_i 는 스칼라들의 집합이지만, 첨자가 붙은 기호 v_i 는 벡터들의 집합을 나타낸다. 이 합을 얻기 위해서는 처음 두 항을 먼저 더하고, 그 다음 그 합에 세 번째 항을 더하는 등으로, 모든 항을 더해주면 된다.

선형종속

벡터들의 집합 $v_i, \cdots, v_n$ 에서 그 벡터중 어떤 한 벡터가 나머지 벡터들의 선형결합으로 표시될 수 있을 때, 이 벡터 집합은 **선형종속** (linearly dependent) 이라 한다. 그렇지 않으면, 이 집합은 **선형독립** (linearly independent) 이다.

예 4

세 벡터 $v_1 = \begin{bmatrix} 2 \\ 7 \end{bmatrix}$, $v_2 = \begin{bmatrix} 1 \\ 8 \end{bmatrix}$, $v_3 = \begin{bmatrix} 4 \\ 5 \end{bmatrix}$ 에서 v_3 를 다음과 같이 v_1 과 v_2 의 선형결합으로 나타낼 수 있다. 그러므로 이들은 서로 선형종속이다. 즉,

$$3v_1 - 2v_2 = \begin{bmatrix} 6 \\ 21 \end{bmatrix} - \begin{bmatrix} 2 \\ 16 \end{bmatrix} = \begin{bmatrix} 4 \\ 5 \end{bmatrix} = v_3$$

여기서 이 식은

$$3v_1 - 2v_2 - v_3 = 0$$

으로 나타낼 수 있음에 주목하라. 단, $0 \equiv \begin{bmatrix} 0 \\ 0 \end{bmatrix}$ 은 **영벡터** (null vector 또는 zero vector) 를 나타낸다.

예 5

두 행벡터 $v'_1 = [5 \quad 12]$ 와 $v'_2 = [10 \quad 24]$ 는

$$2v'_1 = 2[5 \quad 12] = [10 \quad 24] = v'_2$$

이므로 선형종속이다. 한 벡터가 다른 벡터의 배수가 된다는 것은 가장 단순한 선형종속[†]의 경우를 나타낸다. 위의 방정식을

$$2v'_1 - v'_2 = 0'$$

으로도 쓸 수 있음에 주의하라. 단, $0'$ 은 영행벡터 $[0 \quad 0]$ 를 나타낸다.

영벡터를 사용하여 선형종속은 다음과 같이 다시 정의할 수 있다. 즉, m 차원 벡터 $v_1, \cdots, v_n$ 의 집합이 **선형종속**이기 위한 필요충분조건은

$$\sum_{i=1}^{n} k_i v_i = \underset{(m\times 1)}{0}$$

[†] 역주: 원문에는 선형**결합**이라고 되어 있으나, 문맥으로 보아 선형종속이 옳을 것이다.

을 만족하는 스칼라 $k_1, \cdots, k_n$ (모두 0은 아니다) 이 존재하는 것이다. 한편 이 식이 모든 i 에 대해서 $k_i = 0$ 일 **때만** 만족된다면, 이 벡터들은 선형독립이다.

선형종속의 개념을 기하학적으로 해석하는 것은 쉽다. 두 벡터 u 와 $2u$ 가 종속관계라는 것은 분명하다. 하나의 벡터가 다른 벡터의 배수가 되어있다. 기하학적으로 보면 [그림 4.2](a)에 그려진 두 벡터의 화살표는 동일한 직선상에 위치하게 된다. [그림 4.2](b)에 주어진 두 개의 종속벡터 u 와 $-u$ 의 경우에도 똑같은 설명을 할 수 있다. 이와는 대조적으로, [그림 4.2](c)의 두 벡터 u 와 v 는 선형독립이다. 왜냐하면 한 벡터를 또 다른 벡터의 배수로 표시하는 것이 불가능하기 때문이다. 기하학적으로 그들의 화살표들은 동일한 직선상에 위치하지 않는다.

2차원 공간에서 셋 이상의 벡터를 고려할 때는, 다음과 같은 중요한 결론을 얻는다. 즉 2차원 공간에서 일단 두 개의 선형독립인 벡터 (예를 들어, u 와 v) 를 찾으면, 다른 모든 벡터들은 이 두 벡터 (u 와 v) 의 선형결합으로 표시할 수 있다. 이미 [그림 4.2]의 (c) 및 (d)에서, 두 개의 단순한 선형결합 $v+u$ 와 $v-u$ 를 어떻게 구할 수 있는가를 설명하였다. 더욱이 주어진 벡터 u 와 v 를 확대, 축소 그리고 반전시킨 다음에 이 두 벡터로 여러가지 평행사변형을 구성함으로써 무수히 많은 벡터들을 새로 만들어 낼 수 있으며, 이리하여 2차원 벡터 전체의 집합을 생성할 수 있게 된다. 이 때문에 세 개 이상의 2차원 벡터 (2차원 공간에 있는 세 개 이상의 벡터) 의 어떤 집합도 선형종속이 될 수밖에 없다. 그들 중 두 벡터는 독립일 수 있지만, 세 번째 벡터는 처음 두 벡터의 선형결합이 될 수밖에 없기 때문이다.

벡터공간

독립인 두 벡터 u 와 v 의 여러 가지 선형결합에 의해서 형성되는 2차원 벡터 전체는 2차원 **벡터공간** (vector space)을 **생성**한다. 우리는 그 원소가 실수인 벡터만을 다루고 있기 때문에, 이 벡터공간은 지금까지 다루어 온 2차원 공간 R^2 자체다. 2차원 공간은 2차원 벡터 하나로부터는 생성될 수 없다. 왜냐하면 하나의 2차원 벡터의 "선형결합"은 단일직선상에 위치하는 벡터들의 집합을 이루기 때문이다. 또한 2차원 공간의 생성은 두 개의 선형독립인 2차원 벡터보다 더 많은 벡터를 필요로 하지도 않는다. 선형독립인 벡터를 3개 이상 찾는 것은 사실 가능하지도 않다.

선형독립인 두 벡터 u 와 v 는 2차원 공간을 **생성** (span)한다고 말한다. 또 그 두 벡터는 2차원 공간에 대한 하나의 **기저** (basis) 를 이룬다고 한다. 여기서 유일한 기저가 아니라 **하나**의 기저라고 부른 것에 주의하여야 한다. 왜냐하면 2차원 벡터 두 개로 된 어떠한 쌍도 그들이 선형독립인 한, 하나의 기저가 될 수 있기 때문이다. 특히, 우리가 **단위벡터** (unit vector) 라고 부르는 두 벡터 [1 0]와 [0 1]을 고려하면, 첫 번째 벡터는 가로축상에 놓인 화살표로 그려지며, 두 번째 벡터는 세로축상에 놓인 화살표로 그려진다. 이 두 벡터는 선형독립이기 때문에 2차원 공간의 하나의 기저가 될 수 있다. 사실 우리는 2차원 공간을 두 개의 축에 의해서 생성되는 것으로 보통 생각하는데, 이 두 축은 그 두 단위벡터를 확장한 것에 지나지 않는다.

마찬가지로 3차원 벡터공간은 3차원 벡터들 전체이며, 정확히 세 개의 선형독립인 3차원 벡터에 의해서 생성된다. 예로서 세 개의 단위벡터의 집합을 생각해 보자:

$$e_1 \equiv \begin{bmatrix} 1 \\ 0 \\ 0 \end{bmatrix} \qquad e_2 \equiv \begin{bmatrix} 0 \\ 1 \\ 0 \end{bmatrix} \qquad e_3 \equiv \begin{bmatrix} 0 \\ 0 \\ 1 \end{bmatrix} \tag{4.7}$$

그림 4.3

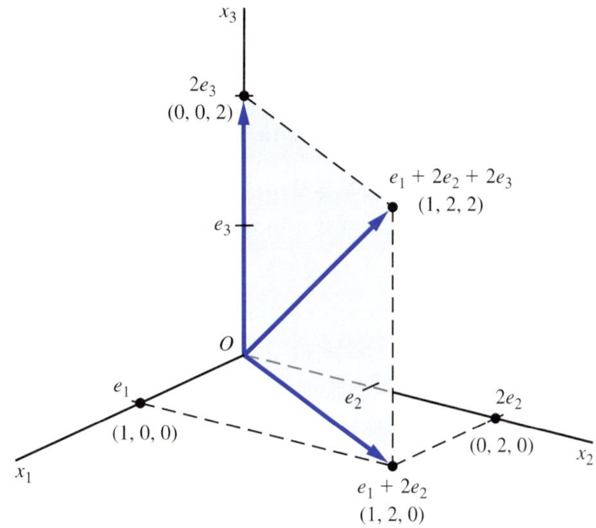

각 e_i는 i 번째 원소가 1이고 그 이외의 원소들은 0인 벡터이다. 이 세 벡터는 분명히 선형독립이고, [그림 4.3]에서 그들의 화살표는 3차원공간의 세 개의 축 위에 위치하고 있다. 그리하여 이 세 벡터는 3차원 공간을 생성하며, 이는 3차원 공간 전체 (즉 R^3)가 이 단위벡터들로부터 생성될 수 있음을 의미한다. 예를 들어, 벡터 $\begin{bmatrix} 1 \\ 2 \\ 2 \end{bmatrix}$는 선형결합 $e_1 + 2e_2 + 2e_3$로 간주될 수 있다. 기하학적으로는 [그림 4.3]에서 평행사변형 방법에 의해서 먼저 벡터 e_1과 $2e_2$를 더하여 x_1x_2 평면상의 점 (1, 2, 0)로 표시된 벡터 $e_1 + 2e_2$를 얻고, 그 다음에 이 벡터에 $2e_3$를 더하여 — 음영으로 표시된 수직평면 안의 평행사변형 — 점 (1, 2, 2)를 최종적으로 얻을 수 있다.

더 나아가서, n 차원 공간으로의 확장도 자명하다. n 차원 공간은 n 차원 벡터들 전체로 정의할 수 있다. n 차원 공간을 그래프로 나타낼 수는 없으나, 모두 선형독립인 n 개의 n 차원 단위벡터 전체에 의해서 생성되는 것으로 생각할 수 있다. 각 n 차원 벡터는, n 중 순서쌍으로서, n 차원 공간의 한 **점**, 즉 원점 (즉 n 개 원소를 갖는 영벡터) 에서 그 점까지 연장한 화살표를 의미한다. 그리고 임의의 주어진 n 개의 선형독립인 n 차원 벡터의 집합이라도 사실상 n 차원 공간 전체를 생성할 수 있다. 또 우리는 벡터의 각 원소를 실수로 한정하고 있기 때문에 이 n 차원 공간은 사실 R^n 이다.

위에서 언급한 n 차원 공간을 때로는 더 정확하게 (유클리드 이름을 따서) ***n* 차원 유클리드 공간** (euclidean n-space) 이라고 한다. 유클리드공간의 개념을 설명하기 위해서는 먼저 두 벡터점 사이의 **거리** (distance) 개념을 간단히 언급할 필요가 있다. 어떤 주어진 공간 안의 임의의 한 쌍의 벡터점 u와 v에 관해서, u 에서 v 까지의 거리는, 다음의 성질들을 만족하는 어떤 실가함수

$$d = d(u, v)$$

이다. 그 성질들은: (1) u 와 v 같을 때, 거리는 0이다. (2) 두 점이 다를 때, u 에서 v 까지의 거리와 v 에서 u 까지의 거리는 똑같은 양의 실수다. (3) u 에서 v 까지의 거리는 u 에서 w (u 및 v 와는 다른 점) 까지의 거리와 w 에서 v 까지의 거리를 합친 것보다 결코 길지 않다. 이상의 거리함수의 성질들

을 기호로 표시하면 다음과 같다.

$$d(u, v) = 0 \qquad (u = v \text{ 일 때})$$
$$d(u, v) = d(v, u) > 0 \qquad (u \neq v \text{ 일 때})$$
$$d(u, v) \leq d(u, w) + d(w, v) \qquad (w \neq u, v \text{ 일 때})$$

마지막 성질은 **삼각부등식** (triangular inequality) 으로 알려져 있다. 세 점 u, v, w 가 함께 하나의 삼각형을 정의하는 것이 일반적이기 때문이다.

벡터공간이 위의 세 성질을 만족하도록 정의된 거리함수 (distance function)를 가질 대, 그 공간을 **거리공간** (metric space) 이라 한다. 그러나 지금까지 거리 $d(u,v)$ 는 단지 일반적인 형태로만 논의되었다는 점에 주의하라. d 함수가 어떤 특정형태를 갖는가에 따라서, 다양한 거리공간들이 생길 수 있다. 소위 "유클리드공간"은 거리공간의 하나로서 다음과 같이 정의되는 거리함수를 갖는다. 즉, 점 u와 v를 각각 n 중 순서쌍 $(a_1, a_2, \cdots a_n)$ 과 $(b_1, b_2, \cdots b_n)$ 이라고 하면, 유클리드 거리함수는 다음과 같이 된다.

$$d(u, v) = \sqrt{(a_1 - b_1)^2 + (a_2 - b_2)^2 + \cdots + (a_n - b_n)^2}$$

이 거리함수는 위의 세 가지 성질을 모두 충족하는 것을 쉽게 확인 할 수 있다. 이를 [그림 4.2](a)의 2차원 공간에 적용하면, 두 점 (6, 4)와 (3, 2)사이의 거리는

$$\sqrt{(6 - 3)^2 + (4 - 2)^2} = \sqrt{3^2 + 2^2} = \sqrt{13}$$

인 것을 알 수 있다. 이 결과는, 직각삼각형의 빗변 (hypotenuse) 의 길이가 다른 두 변의 길이의 제곱의 합의 제곱근과 같다는 **피타고라스정리** (Pythagoras' theorem) 와 일치하는 것을 알 수 있다. 왜냐하면 (6, 4)와 (3, 2)를 u와 v로 간주하고 새로운 점 w를 (6, 2)라고하면, 실제로 가로의 길이와 세로의 길이가 각각 3과 2인 직각삼각형이 되고, 빗변의 길이 (u와 v 사이의 거리) 는 $\sqrt{3^2 + 2^2} = \sqrt{13}$ 이 되기 때문이다.

유클리드 거리함수는 또한 두 벡터의 스칼라 곱의 제곱근으로도 표시될 수 있다. u와 v가 두 개의 n중 순서쌍 $(a_1, \cdots a_n)$ 과 $(b_1, \cdots b_n)$ 을 나타내기 때문에, 원소 $a_1 - b_1$, $a_2 - b_2$, $\cdots a_n - b_n$을 갖는 열벡터는 $u - v$로 쓸 수 있다. 유클리드 거리함수의 근호 안에는 단순히 이 n개의 원소의 제곱합이 들어가게 되는데, 이것은 [예 3]에 따라 스칼라 곱 $(u - v)'(u - v)$로 쓸 수 있다. 그러므로 다음을 얻는다.

$$d(u, v) = \sqrt{(u - v)'(u - v)}$$

연습문제 4.3

1. 행벡터 $u' = [5 \quad 1 \quad 3]$, $v' = [3 \quad 1 \quad -1]$, $w' = [7 \quad 5 \quad 8]$, 및 $x' = [x_1 \quad x_2 \quad x_3]$ 가 주어졌을 때, 열벡터 u, v, w, x를 쓰고, 다음을 구하라.
   (a) uv' (c) xx' (e) $u'v$ (g) $u'u$
   (b) uw' (d) $v'u$ (f) $w'x$ (h) $x'x$

2. 벡터 $w = \begin{bmatrix} 3 \\ 2 \\ 16 \end{bmatrix}$, $x = \begin{bmatrix} x_1 \\ x_2 \end{bmatrix}$, $y = \begin{bmatrix} y_1 \\ y_2 \end{bmatrix}$, $z = \begin{bmatrix} z_1 \\ z_2 \end{bmatrix}$ 가 주어져 있다;

(a) 다음 중 어느 것이 정의되는가?

$$w'x,\ x'y',\ xy',\ y'y,\ zz',\ yw',\ x\cdot y$$

(b) 정의가능한 모든 곱을 구하라.

3. n 개의 상품의 판매량이 $Q_1, \cdots, Q_n$ 이고 가격이 $P_1, \cdots, P_n$ 이라 할 때, 총판매수입을 (a) $\sum$ 기호 그리고 (b) 벡터기호로 나타내라.

4. 두 개의 0이 아닌 벡터 w_1과 w_2가 주어진 경우에, 그들이 이루는 각 θ ($0° \le \theta \le 180°$)는 스칼라 곱 $w_1'w_2'(= w_2w_1)$ 과 다음과 같이 관련 된다:

θ 가 $\begin{Bmatrix} \text{예각} \\ \text{직각} \\ \text{둔각} \end{Bmatrix}$ 이기 위한 필요충분조건은 $w_1'w_2 \begin{Bmatrix} > \\ = \\ < \end{Bmatrix} 0$ 이다.

이것을 다음 각각의 벡터쌍에 대해 스칼라 곱을 계산함으로써 확인하라 ([그림 4.2]와 [그림 4.3]을 참조):

(a) $w_1 = \begin{bmatrix} 3 \\ 2 \end{bmatrix}, w_2 = \begin{bmatrix} 1 \\ 4 \end{bmatrix}$

(b) $w_1 = \begin{bmatrix} 1 \\ 4 \end{bmatrix}, w_2 = \begin{bmatrix} -3 \\ -2 \end{bmatrix}$

(c) $w_1 = \begin{bmatrix} 3 \\ 2 \end{bmatrix}, w_2 = \begin{bmatrix} -3 \\ -2 \end{bmatrix}$

(d) $w_1 = \begin{bmatrix} 1 \\ 0 \\ 0 \end{bmatrix}, w_2 = \begin{bmatrix} 0 \\ 2 \\ 0 \end{bmatrix}$

(e) $w_1 = \begin{bmatrix} 1 \\ 2 \\ 2 \end{bmatrix}, w_2 = \begin{bmatrix} 1 \\ 2 \\ 0 \end{bmatrix}$

5. 벡터 $u = \begin{bmatrix} 5 \\ 1 \end{bmatrix}$ 과 $v = \begin{bmatrix} 0 \\ 3 \end{bmatrix}$ 가 주어졌을 때, 그래프를 이용하여 다음을 구하라:

(a) $2v$
(b) $u + v$
(c) $u - v$
(d) $v - u$
(e) $2u + 3v$
(f) $4u - 2v$

6. 3차원 공간은 (4.7)에서 정의된 세 개의 단위벡터에 의해 생성되기 때문에, 어떤 3차원 벡터라도 e_1, e_2, e_3의 선형결합으로 표시될 수 있다. 다음의 3차원 벡터들이 그와 같이 표시될 수 있음을 보여라:

(a) $\begin{bmatrix} 4 \\ 7 \\ 0 \end{bmatrix}$ (b) $\begin{bmatrix} 25 \\ -2 \\ 1 \end{bmatrix}$ (c) $\begin{bmatrix} -1 \\ 6 \\ 9 \end{bmatrix}$ (d) $\begin{bmatrix} 2 \\ 0 \\ 8 \end{bmatrix}$

7. 3차원 유클리드공간에서 다음 점들 사이의 거리는 얼마인가?

(a) (3, 2, 8) 과 (0, −1, 5) (b) (9, 0, 4) 와 (2, 0, −4)

8. 3각 부등호는 강부등호 $<$가 아니라 **약**부등호 $\le$로 쓰여진다. 어떤 상황에서 약부등호의 "=" 부분이 적용되는가?

9. n 차원 유클리드공간에서 반지름벡터 v 의 거리 (즉, 원점에서 점 v 까지의 거리)를

(a) 스칼라 (b) 스칼라 곱 (c) 내적

을 이용하여 표시하라.

4.4 | 교환법칙, 결합법칙, 분배법칙

통상적인 스칼라 대수에서 덧셈과 곱셈은 다음과 같이 교환법칙 (commutative law), 결합법칙 (associative law), 분배법칙 (distributive law) 을 만족한다:

덧셈의 교환법칙	$a+b=b+a$
곱셈의 교환법칙	$ab=ba$
덧셈의 결합법칙	$(a+b)+c=a+(b+c)$
곱셈의 결합법칙	$(ab)c=a(bc)$
분배법칙	$a(b+c)=ab+ac$

이 법칙들은 합집합과 교집합의 연산에 적용된 비슷한 명칭의 법칙들을 논의할 때 이미 설명하였다. 이 법칙들의 대부분은 행렬연산에도 적용된다.— 다만 중요한 예외는 곱셈의 교환법칙이다.

행렬덧셈

행렬덧셈은 결합법칙뿐만 아니라 교환법칙도 만족한다. 이것은 행렬덧셈이 오직 두 행렬의 서로 대응하는 원소들의 덧셈만을 필요로 하고, 대응하는 원소들의 각 쌍을 더하는 순서와는 상관이 없기 때문이다. 이러한 관점에서 보면 뺄셈 $A-B$는 덧셈 $A+(-B)$로 단순히 생각할 수 있으므로, 별도의 논의가 필요하지 않다.

교환법칙과 결합법칙은 다음과 같이 나타낼 수 있다:

교환법칙 $$A+B=B+A$$

증명 ▶ $$A+B=[a_{ij}]+[b_{ij}]=[a_{ij}+b_{ij}]=[b_{ij}+a_{ij}]=B+A$$

예 1

$A=\begin{bmatrix}3&1\\0&2\end{bmatrix}$와 $B=\begin{bmatrix}6&2\\3&4\end{bmatrix}$가 주어졌을 때, 다음이 성립한다.

$$A+B=B+A=\begin{bmatrix}9&3\\3&6\end{bmatrix}$$

결합법칙 $$(A+B)+C=A+(B+C)$$

증명 ▶ $$(A+B)+C=[a_{ij}+b_{ij}]+[c_{ij}]=[a_{ij}+b_{ij}+c_{ij}]$$
$$=[a_{ij}]+[b_{ij}+c_{ij}]=A+(B+C)$$

예 2

$v_1=\begin{bmatrix}3\\4\end{bmatrix}$, $v_2=\begin{bmatrix}9\\1\end{bmatrix}$, $v_3=\begin{bmatrix}2\\5\end{bmatrix}$이면, 다음을 얻는다.

$$(v_1+v_2)-v_3=\begin{bmatrix}12\\5\end{bmatrix}-\begin{bmatrix}2\\5\end{bmatrix}=\begin{bmatrix}10\\0\end{bmatrix}$$

$$v_1 + (v_2 - v_3) = \begin{bmatrix} 3 \\ 4 \end{bmatrix} + \begin{bmatrix} 7 \\ -4 \end{bmatrix} = \begin{bmatrix} 10 \\ 0 \end{bmatrix}$$

이 둘은 서로 같다.

벡터들의 선형결합 $k_1v_1 + \cdots k_nv_n$에 이 결합법칙을 적용하면, 이 법칙은, n 개의 항이 배열된 순서와 상관없이, 먼저 어떤 한 쌍의 항을 선택해서 더하거나 빼도 무방하다는 것을 보여주고 있다.

행렬곱셈

행렬의 곱셈은 교환법칙을 만족하지 않는다. 즉,

$$AB \neq BA$$

이미 설명한 바와 같이 AB가 정의된다고 하더라도, BA는 정의되지 않을수도 있다. 또 곱들이 모두 정의된다고 하더라도 일반적인 규칙은 $AB \neq BA$ 이다.

예 3

$A = \begin{bmatrix} 1 & 2 \\ 3 & 4 \end{bmatrix}$ 와 $B = \begin{bmatrix} 0 & -1 \\ 6 & 7 \end{bmatrix}$ 가 주어졌다고 하자. 그러면

$$AB = \begin{bmatrix} 1(0)+2(6) & 1(-1)+2(7) \\ 3(0)+4(6) & 3(-1)+4(7) \end{bmatrix} = \begin{bmatrix} 12 & 13 \\ 24 & 25 \end{bmatrix}$$

그러나 $$BA = \begin{bmatrix} 0(1)-1(3) & 0(2)-1(4) \\ 6(1)+7(3) & 6(2)+7(4) \end{bmatrix} = \begin{bmatrix} -3 & -4 \\ 27 & 40 \end{bmatrix}$$

예 4

u' 이 1×3 (행벡터)이라고 하면, 그에 대응하는 열벡터 u는 3×1이 된다. 따라서 곱 $u'u$는 1×1 스칼라이지만, 곱 uu' 은 3×3 행렬이 된다. 그러므로 분명히 $u'u \neq uu'$ 이다.

일반적으로 $AB \neq BA$ 이므로, 곱셈의 순서를 규정하기 위하여 **앞곱하다**(premultiply)와 **뒤곱하다**(postmultiply) 라는 용어가 사용된다. 곱 AB는 행렬 B를 A로 **앞**곱한다고 할 수도 있고, A를 B로 **뒤**곱한다고도 할 수 있다.

그러나 법칙 $AB \neq BA$ 에는 재미있는 예외가 있다. 그 하나는 A가 정방행렬이고, B가 항등행렬인 경우이다. 또 다른 예외는 A가 B의 역행렬인 경우, 즉 $A = B^{-1}$인 경우이다. 이들 모두는 후에 다시 다루게 될 것이다. 또한 여기서 유의할 점은 행렬의 스칼라 곱셈은 교환법칙을 **반드시** 만족한다는 것이다. 즉, k가 스칼라이면 다음이 성립한다.

$$kA = Ak$$

행렬의 곱셈은 일반적으로 교환법칙을 만족하지 않지만 결합법칙은 만족한다.

결합법칙 $$(AB)C = A(BC) = ABC$$

곱 ABC를 만드는 데 있어서, **인접한**(adjacent) 한 쌍의 행렬은 적합성조건을 당연히 충족해야 한다. 다시 말해서 A가 $m \times n$이고 C가 $p \times q$이면, 적합성조건이 충족되려면 B는 $n \times p$이어야 한다. 즉

$$\underset{(m\times n)}{A}\ \underset{(n\times p)}{B}\ \underset{(p\times q)}{C}$$

차원의 지표들 중에서 n 과 p 가 두 번 나타난다는 점에 주목하라. 만일 적합성조건이 충족되면, 결합법칙은 어떤 **인접한** 한 쌍의 행렬을 먼저 곱해도 무방하다는 것을 의미한다. 다만 그 곱이 원래 행렬의 쌍이 있던 자리에 올바로 들어가야 함은 말할 필요도 없다.

예 5

만일 $x = \begin{bmatrix} x_1 \\ x_2 \end{bmatrix}$ 이고, 또 $A = \begin{bmatrix} a_{11} & 0 \\ 0 & a_{22} \end{bmatrix}$ 이면,

$$x'Ax = x'(Ax) = [x_1 \quad x_2]\begin{bmatrix} a_{11}x_1 \\ a_{22}x_2 \end{bmatrix} = a_{11}x_1^2 + a_{22}x_2^2$$

이다. 똑같은 결과를 다음과 같은 계산에 의해서도 구할 수 있다.

$$(x'A)x = [a_{11}x_1 \quad a_{22}x_2]\begin{bmatrix} x_1 \\ x_2 \end{bmatrix} = a_{11}x_1^2 + a_{22}x_2^2$$

(예5)에서 정방행렬의 주대각선에 위치한 원소 a_{11}과 a_{22}는 0이 아니고, 그 이외의 다른 원소들은 0이다. 이러한 행렬을 **대각행렬** (diagonal matrix) 이라고 부른다. 곱 $x'Ax$ 의 A 가 대각행렬이면, 곱 $x'Ax$ 는 "가중" (weighted) 제곱합이 되고, x_1^2 항과 x_2^2 항의 가중치는 A 의 대각선에 있는 원소들이 된다. 이 결과는 (가중되지 않은) 단순 제곱합이 되는 스칼라곱 $x'x$ 와 뚜렷한 차이를 보인다.

예 6

이상적 경제상태가 국민소득수준 Y^0와 이와 결부된 물가상승률 P^0로 정의된다고 가정하자. 또 실제소득 Y 가 Y^0를 초과해서 일탈하는 것도 미달해서 일탈하는 것과 똑같이 바람직하지 않다고 상정하자. 또, 실제 물가상승률 P 가 P^0에서 일탈하는 것도 마찬가지라고 상정하자. 그러면 사회손실함수 (social-loss function) 는 다음과 같이 쓸 수 있을 것이다.

$$\Lambda = \alpha(Y - Y^0)^2 + \beta(p - p^0)^2$$

여기서 α 와 β 는 사회손실의 두 원천에 주어지는 가중치들이다. 만약 Y 의 일탈이 더 심각한 손실 유형이라면, α 는 β 보다 더 커야 할 것이다.† 일탈의 규모를 제곱하는 것은 두 가지 효과를 생기게 한다는 점에 주목해야 한다. 첫째, 제곱을 하면 양의 일탈은 같은 규모의 음의 일탈과 동일한 손실값을 갖게 된다. 둘째, 제곱은 더 큰 일탈이 더 작은 일탈보다 사회손실 측정에서 훨씬 더 중요한 효과를 주도록 한다. 이러한 사회손실함수는 다음과 같은 행렬곱으로 나타낼 수 있다.

$$[Y - Y^0 \quad p - p^0]\begin{bmatrix} \alpha & 0 \\ 0 & \beta \end{bmatrix}\begin{bmatrix} Y - Y^0 \\ p - p^0 \end{bmatrix}$$

행렬의 곱셈은 또한 분배법칙을 만족한다.

분배법칙

$A(B + C) = AB + AC$ [A에 의한 앞곱하기]

$(B + C)A = BA + CA$ [A에 의한 뒤곱하기]

† 역주: Y 와 p 의 단위가 다르므로, α 와 β 의 단위도 다르다. 그러므로 α 와 β 의 크기는 비교대상이 될 수 없다. 따라서 α 는 β 보다 더 큰 것이 아니라 α 는 절대적으로 (β 와 관계없이) 크다고 해야한다.

각각의 경우에 곱셈뿐 아니라 덧셈에 관한 적합성조건이 충족되어야 함은 물론이다.

연습문제 4.4

1. 행렬 $A=\begin{bmatrix}3 & 6\\ 2 & 4\end{bmatrix}$, $B=\begin{bmatrix}-1 & 7\\ 8 & 4\end{bmatrix}$, $C=\begin{bmatrix}3 & 4\\ 1 & 9\end{bmatrix}$가 주어졌을 때 다음을 확인하라.
   (a) $(A+B)+C=A+(B+C)$
   (b) $(A+B)-C=A+(B-C)$
2. 행렬 B의 뺄셈은 행렬 $(-1)B$의 덧셈으로 생각할 수 있다. 덧셈의 교환법칙은 $A-B=B-A$의 성립을 허용하는가? 만일 그렇지 않다면, 이 표현은 어떻게 수정되어야 하는가?
3. 아래의 행렬을 사용하여, 곱셈 ABC의 결합법칙을 검증하라:

$$A=\begin{bmatrix}5 & 3\\ 0 & 5\end{bmatrix} \qquad B=\begin{bmatrix}-8 & 0 & 7\\ 1 & 3 & 2\end{bmatrix} \qquad C=\begin{bmatrix}1 & 0\\ 0 & 3\\ 7 & 1\end{bmatrix}$$

4. 임의의 두 스칼라 g와 k에 대해서 다음식이 성립함을 증명하라.
   (a) $k(A+B)=kA+kB$
   (b) $(g+k)A=gA+kA$
   (주의 : 특정한 예를 드는 것은 증명이 아니다.)
5. (a)에서 (d)까지 $C=AB$를 구하라.
   (a) $A=\begin{bmatrix}12 & 14\\ 20 & 5\end{bmatrix}$ $\quad B=\begin{bmatrix}3 & 9\\ 0 & 2\end{bmatrix}$
   (b) $A=\begin{bmatrix}4 & 7\\ 9 & 1\end{bmatrix}$ $\quad B=\begin{bmatrix}3 & 8 & 5\\ 2 & 6 & 7\end{bmatrix}$
   (c) $A=\begin{bmatrix}7 & 11\\ 2 & 9\\ 10 & 6\end{bmatrix}$ $\quad B=\begin{bmatrix}12 & 4 & 5\\ 3 & 6 & 1\end{bmatrix}$
   (d) $A=\begin{bmatrix}6 & 2 & 5\\ 7 & 9 & 4\end{bmatrix}$ $\quad B=\begin{bmatrix}10 & 1\\ 11 & 3\\ 2 & 9\end{bmatrix}$
   (e) $A=\begin{bmatrix}-2\\ 4\\ 7\end{bmatrix}$ $\quad B=[3 \quad 6 \quad -2]$ 일 때,
   (i) $C=AB$를 구하라. 그리고 (ii) $D=BA$를 구하라.
6. $(A+B)(C+D)=AC+AD+BC+BD$임을 증명하라.
7. [예 6]의 행렬 A에서 네 원소들이 모두 0이 아닌 경우에도 $x'Ax$는 여전히 가중제곱합이 되는가? 결합법칙은 여전히 적용될 수 있는가?
8. 가중제곱합 또는 비가중제곱합의 개념이 문제가 될 것으로 보이는 상황이나 사태의 예를 들어 보라.

4.5 | 항등행렬과 영행렬

항등행렬

항등행렬 (identity matrix) 이라는 용어는 이미 언급한 바 있다. 항등행렬은 주대각원소가 모두 1이고 비대각원소는 모두 0인 **정방** (square) 행렬로 정의된다. 기호로는 I 또는 I_n 으로 표시하며, 여기서 하첨자 n 은 행 (이나 열) 의 차원을 나타낸다. 즉,

$$I_2 = \begin{bmatrix} 1 & 0 \\ 0 & 1 \end{bmatrix} \qquad I_3 = \begin{bmatrix} 1 & 0 & 0 \\ 0 & 1 & 0 \\ 0 & 0 & 1 \end{bmatrix}$$

그러나 이것을 모두 I 로 표시할 수 있다.

이 특수한 행렬의 중요성은 그것이 스칼라대수에서 숫자 1과 비슷한 역할을 한다는 사실에 있다. 임의의 수 a 에 대하여 $1(a) = a(1) = a$ 가 성립하는 것과 마찬가지로 임의의 행렬 A에 대하여

$$IA = AI = A \tag{4.8}$$

가 성립한다.

예 1

$A = \begin{bmatrix} 1 & 2 & 3 \\ 2 & 0 & 3 \end{bmatrix}$ 이라 하자. 그러면 다음이 성립한다.

$$IA = \begin{bmatrix} 1 & 0 \\ 0 & 1 \end{bmatrix}\begin{bmatrix} 1 & 2 & 3 \\ 2 & 0 & 3 \end{bmatrix} = \begin{bmatrix} 1 & 2 & 3 \\ 2 & 0 & 3 \end{bmatrix} = A$$

$$AI = \begin{bmatrix} 1 & 2 & 3 \\ 2 & 0 & 3 \end{bmatrix}\begin{bmatrix} 1 & 0 & 0 \\ 0 & 1 & 0 \\ 0 & 0 & 1 \end{bmatrix} = \begin{bmatrix} 1 & 2 & 3 \\ 2 & 0 & 3 \end{bmatrix} = A$$

A 가 2×3 이므로 A 에 I 를 앞곱하거나 뒤곱할 경우에는 각각 차원이 다른 항등행렬, 즉, I_2 와 I_3 가 필요하게 된다. 그러나 A 가 $n \times n$ 인 경우에는 동일한 항등행렬 I_n 이 사용될 수 있기 때문에, (4.8)은 $I_n A = AI_n$ 이 된다. 이것은 행렬의 곱셈이 교환법칙을 만족하지 않는다는 법칙에 대한 하나의 예외로 되고 있다.

항등행렬의 이 특성 때문에 곱셈과정에서 항등행렬을 **삽입** 또는 **삭제**하더라도 행렬곱의 값은 영향을 받지 않는다. 이것은 (4.8)로부터 직접 확인할 수 있다. 예를 들어, 결합법칙에 의해

$$\underset{(m\times n)}{A}\ \underset{(n\times n)}{I}\ \underset{(n\times p)}{B} = (AI)B = \underset{(m\times n)}{A}\ \underset{(n\times p)}{B}$$

가 성립하고, 이것은 I 가 있거나 없거나 간에 행렬곱은 영향을 받지 않는다는 것을 보여준다. 또 I 가 있거나 없거나 간에 차원의 적합성조건은 그대로 유지되고 있다는 것에 유의하기 바란다.

흥미 있는 상황은 (4.8)에서 $A = I_n$ 일 때 발생한다. 왜냐하면 그 경우에

$$AI_n = (I_n)^2 = I_n$$

이 되고, 이것은 항등행렬의 제곱이 항등행렬 그 자체인 것을 의미하기 때문이다. 이 결과를 일반

화하면

$$(I_n)^k = I_n \qquad (k = 1, 2, \ldots)$$

이 된다. 항등행렬은 몇 번 제곱해도 그 멱은 변하지 않는다. 일반적으로 이와 같은 성질(즉, $AA = A$)을 갖는 행렬을 **멱등행렬**(idempotent matrix)이라고 한다.

영행렬

항등행렬 I가 수 1의 역할을 하는 것과 마찬가지로, 0으로 표시되는 **영행렬**(null or zero matrix)은 수 0의 역할을 한다. 영행렬은 모든 원소가 0인 행렬이다. I와는 달리, 영행렬은 정방행렬일 필요가 없다. 그러므로 영행렬은 다음과 같이 쓸 수 있다.

$$\underset{(2\times2)}{0} = \begin{bmatrix} 0 & 0 \\ 0 & 0 \end{bmatrix} \qquad \underset{(2\times3)}{0} = \begin{bmatrix} 0 & 0 & 0 \\ 0 & 0 & 0 \end{bmatrix}$$

정방인 영행렬은 멱등행렬이지만, 정방이 아닌 영행렬은 멱등행렬이 아니다(왜 그럴까?).

수 0에 대응하는 행렬로서의 영행렬은 덧셈과 뺄셈에 관하여(적합성조건하에서) 다음과 같은 연산규칙을 따른다:

$$\underset{(m\times n)}{A} + \underset{(m\times n)}{0} = \underset{(m\times n)}{0} + \underset{(m\times n)}{A} = \underset{(m\times n)}{A}$$

$$\underset{(m\times n)}{A}\ \underset{(n\times p)}{0} = \underset{(m\times p)}{0} \qquad \text{및} \qquad \underset{(q\times m)}{0}\ \underset{(m\times n)}{A} = \underset{(q\times n)}{0}$$

곱셈에서 등호의 좌변에 있는 영행렬과 우변에 있는 영행렬은 서로 차원이 다를 수 있다는 점에 주의하기 바란다.

예 2

$$A + 0 = \begin{bmatrix} a_{11} & a_{12} \\ a_{21} & a_{22} \end{bmatrix} + \begin{bmatrix} 0 & 0 \\ 0 & 0 \end{bmatrix} = \begin{bmatrix} a_{11} & a_{12} \\ a_{21} & a_{22} \end{bmatrix} = A$$

예 3

$$\underset{(2\times3)}{A}\ \underset{(3\times1)}{0} = \begin{bmatrix} a_{11} & a_{12} & a_{13} \\ a_{21} & a_{22} & a_{23} \end{bmatrix} \begin{bmatrix} 0 \\ 0 \\ 0 \end{bmatrix} = \begin{bmatrix} 0 \\ 0 \end{bmatrix} = \underset{(2\times1)}{0}$$

좌변의 영행렬은 3×1 영백터이고, 우변의 것은 2×1 영벡터이다.

행렬대수의 특이성

행렬대수와 스칼라대수가 매우 유사함에도 불구하고, 행렬의 경우에는 스칼라대수로 부터 "차용"할 수 없는 어떤 특이성을 갖는다. 우리는 이미 행렬대수에서 일반적으로 $AB \neq BA$인 것을 보았다. 그러한 행렬대수의 특이성을 두 가지 더 살펴보기로 하자.

그 중 하나는, 스칼라의 경우에 방정식 $ab = 0$은 a 또는 b 가운데 적어도 하나는 항상 0이 것을 의미하지만, 행렬곱셈에서는 그렇지 않다. 즉

$$AB = \begin{bmatrix} 2 & 4 \\ 1 & 2 \end{bmatrix} \begin{bmatrix} -2 & 4 \\ 1 & -2 \end{bmatrix} = \begin{bmatrix} 0 & 0 \\ 0 & 0 \end{bmatrix} = 0$$

에서 알 수 있는 것처럼, A 나 B 자체가 영행렬이 아니더라도, 그 곱은 영행렬이 될 수 있다.

다른 하나는, 스칼라의 경우에 방정식 $cd = ce$ $(c \neq 0)$는 $d = e$ 임을 의미하지만, 행렬대수에서는 이것이 성립되지 않는다. 즉,

$$C = \begin{bmatrix} 2 & 3 \\ 6 & 9 \end{bmatrix} \qquad D = \begin{bmatrix} 1 & 1 \\ 1 & 2 \end{bmatrix} \qquad E = \begin{bmatrix} -2 & 1 \\ 3 & 2 \end{bmatrix}$$

일 때, $D \neq E$ 임에도 불구하고

$$CD = CE = \begin{bmatrix} 5 & 8 \\ 15 & 24 \end{bmatrix}$$

가 된다.

이와 같은 특이한 결과들은 **특이행렬**(singular matrix)로 알려진 특수한 형태의 행렬에서만 발생한다. 위의 행렬 A, B, 및 C 는 특이행렬의 예이다(개략적으로 말해서, 이 행렬들은 어떤 한 행이 다른 행의 배수가 되는 모습을 갖는다). 어떻든 이 예들은 대수의 법칙들을 행렬연산에 곧바로 확장하려 할 때 빠질 수 있는 함정을 보여주는 것이다.

연습문제 4.5

행렬 $A = \begin{bmatrix} -1 & 5 & 7 \\ 0 & -2 & 4 \end{bmatrix}$, $b = \begin{bmatrix} 9 \\ 6 \\ 0 \end{bmatrix}$, $x = \begin{bmatrix} x_1 \\ x_2 \end{bmatrix}$ 가 주어졌다고 하자:

1. 다음을 계산하라.
   (a) AI (b) IA (c) Ix (d) $x'I$
   각각의 경우에 이용된 항등행렬의 차원을 밝혀라.
2. 다음을 계산하라.
   (a) Ab (b) AIb (c) $x'IA$ (d) $x'A$
   (b)에서처럼 I를 삽입하면 (a)의 결과에 영향을 미치는가? (d)에서처럼 I를 소거하면 (c)의 결과에 영향을 미치는가?
3. 다음 각각의 경우에서 얻어지는 영행렬의 차원은 얼마인가?
   (a) A 에 5×2 영행렬을 앞곱한다.
   (b) A 에 3×6 영행렬을 뒤곱한다.
   (c) b 에 2×3 영행렬을 앞곱한다.
   (d) x 에 1×5 영행렬을 뒤곱한다.
4. 다음의 **대각행렬**(diagonal matrix)이 멱등행렬이 되기 위해서는 각각의 대각원소가 1 또는 0이어야 하는 것을 보여라:

$$\begin{bmatrix} a_{11} & 0 & \cdots & 0 \\ 0 & a_{22} & \cdots & 0 \\ \cdots & \cdots & \cdots & \cdots \\ 0 & 0 & \cdots & a_{nn} \end{bmatrix}$$

위의 행렬에서 n×n 차원의 상이한 멱등대각행렬 (idempotent diagonal matrix) 을 몇 개나 만들 수 있는가?

4.6 | 전치행렬과 역행렬

행렬 A에서 첫 번째 행이 첫 번째 열이 되는 등으로, 행들과 열들이 서로 바뀔 때, 우리는 A의 **전치행렬** (transpose) 을 얻게 되고, 이것을 A' 또는 A^T 로 표시한다. 프라임기호 (′) 는 우리에게 결코 새로운 것이 아니며, 이미 행벡터와 열벡터를 구별하기 위해서 사용한 바 있다. 이 새로운 용어를 사용하면, 행벡터 x' 은 열벡터 x 를 전치연산한 것이 된다. 또 다른 표현에서의 상첨자 T 는 말할 필요도 없이, transpose의 약자이다.

예 1

행렬 $\underset{(2\times3)}{A} = \begin{bmatrix} 3 & 8 & -9 \\ 1 & 0 & 4 \end{bmatrix}$와 $\underset{(2\times2)}{B} = \begin{bmatrix} 3 & 4 \\ 1 & 7 \end{bmatrix}$가 주어져 있을 때, 행들과 열들을 서로 바꾸면 다음과 같은 결과를 얻는다.

$$\underset{(3\times2)}{A'} = \begin{bmatrix} 3 & 1 \\ 8 & 0 \\ -9 & 4 \end{bmatrix} \quad 및 \quad \underset{(2\times2)}{B'} = \begin{bmatrix} 3 & 1 \\ 4 & 7 \end{bmatrix}$$

정의에 의해서, 행렬 A가 $m\times n$이면, 그 전치행렬 A'은 $n\times m$이 된다. 그러나 $n\times n$ 정방행렬은 동일한 차원의 전치행렬로 된다.

예 2

$$C = \begin{bmatrix} 9 & -1 \\ 2 & 0 \end{bmatrix},\ D = \begin{bmatrix} 1 & 0 & 4 \\ 0 & 3 & 7 \\ 4 & 7 & 2 \end{bmatrix} \text{이면,}$$

$$C' = \begin{bmatrix} 9 & 2 \\ -1 & 0 \end{bmatrix} \quad D' = \begin{bmatrix} 1 & 0 & 4 \\ 0 & 3 & 7 \\ 4 & 7 & 2 \end{bmatrix} \text{이다.}$$

여기서 각 전치행렬의 차원은 원래 행렬의 차원과 같다.

이 예에서 행렬 D' 은 D와 동일한 차원을 가질 뿐만 아니라, D' 의 원소들의 배열도 원래의 행렬 D와 동일하다는 놀랄만한 결과에 주목하게 된다. $D' = D$ 라는 사실은 주대각원소의 양쪽에 위치하는 원소들이 대칭으로 배열된 결과다. D 에서 주대각선을 하나의 거울로 간주하면, 그것의 북동쪽에 위치한 원소들은 남서쪽에 위치한 원소들의 정확한 상들이 된다. 따라서 첫 번째 행은 첫 번째 열과 똑같이 읽혀지며, 다른 행들로 마찬가지이다. 행렬 D 는 **대칭행렬** (symmetric matrix) 로 알려진 정방행렬의 특수한 형태의 한 예를 보여준다. 그와 같은 행렬의 또 다른 예는 항등행렬 I 이며, 이는 대칭행렬로서, $I = I'$ 이다.

전치행렬의 성질

전치행렬은 다음과 같은 성질을 갖는다:

$$(A')' = A \tag{4.9}$$

$$(A+B)' = A' + B' \tag{4.10}$$

$$(AB)' = B'A' \tag{4.11}$$

첫 번째 성질은 전치행렬의 전치행렬은 원래의 행렬이 된다는 비교적 자명한 결론을 이야기한다. 두 번째 성질은, "합의 전치행렬은 전치행렬의 합과 같다"라고 말할 수 있는 성질이다.

예 3

만약 $A = \begin{bmatrix} 4 & 1 \\ 9 & 0 \end{bmatrix}$이고 $B = \begin{bmatrix} 2 & 0 \\ 7 & 1 \end{bmatrix}$이면,

$$(A+B)' = \begin{bmatrix} 6 & 1 \\ 16 & 1 \end{bmatrix}' = \begin{bmatrix} 6 & 16 \\ 1 & 1 \end{bmatrix} \text{이고}$$

$$A' + B' = \begin{bmatrix} 4 & 9 \\ 1 & 0 \end{bmatrix} + \begin{bmatrix} 2 & 7 \\ 0 & 1 \end{bmatrix} = \begin{bmatrix} 6 & 16 \\ 1 & 1 \end{bmatrix} \text{이다.}$$

세 번째 성질은, "곱의 전치행렬은 전치행렬의 **역순**(in reverse order)의 곱과 같다"는 성질이다. 순서를 바꾸어야 하는 필요조건을 이해하기 위해서, (4.11)의 양변에 있는 두 곱의 차원에 관한 적합성조건을 살펴보도록 하자. 만약 A가 $m \times n$이고 B가 $n \times p$이면, AB는 $m \times p$가 되고 $(AB)'$은 $p \times m$이 된다. 등호가 성립하려면, 우변의 $B'A'$은 $(AB)'$과 같은 차원이 되어야 한다. B'은 $p \times n$이고 A'은 $n \times m$이므로, 곱 $B'A'$의 차원은 $p \times m$이 된다. 그리하여 $B'A'$의 차원은 요구를 충족한다. 한편, 곱 $A'B'$은 $m = p$가 되지 않는 한, 정의조차 될 수 없음에 주의하기 바란다.

예 4

행렬 $A = \begin{bmatrix} 1 & 2 \\ 3 & 4 \end{bmatrix}$, $B = \begin{bmatrix} 0 & -1 \\ 6 & 7 \end{bmatrix}$가 주어졌다면,

$$(AB)' = \begin{bmatrix} 12 & 13 \\ 24 & 25 \end{bmatrix}' = \begin{bmatrix} 12 & 24 \\ 13 & 25 \end{bmatrix}$$

및

$$B'A' = \begin{bmatrix} 0 & 6 \\ -1 & 7 \end{bmatrix} \begin{bmatrix} 1 & 3 \\ 2 & 4 \end{bmatrix} = \begin{bmatrix} 12 & 24 \\ 13 & 25 \end{bmatrix}$$

가 되고, 이것은 세 번째 성질 (4.11)을 확인한 것이 된다.

역행렬과 그 성질

행렬 A가 주어지면 전치행렬 A'은 항상 유도할 수 있다. 그러나 A에서 "유도되는" 또 다른 형태의 행렬인 A의 **역행렬**은 존재할 경우도 있고, 그렇지 않을 경우도 있다. 행렬 A의 역행렬은 A^{-1}로 표기되며, A가 정방행렬일 경우에만 정의된다. A가 정방행렬일 때, A의 역행렬은 다음의 조건을 만족하는 행렬이다. 즉,

$$AA^{-1} = A^{-1}A = I \tag{4.12}$$

즉, A 에 A^{-1}를 앞곱하거나 뒤곱하거나 간에, 그 곱은 동일한 항등행렬이 되어야 한다. 이것은 행렬의 곱셈에는 교환법칙이 적용되지 않는다는 일반법칙에 대한 또 하나의 예외가 된다.

역행렬과 관련하여 다음과 같은 점들을 명심하자:

1. 모든 정방행렬이 역행렬을 갖는 것은 아니다.— 정방성은 역행렬이 존재하기 위한 **필요**조건이지 **충분**조건은 아니다. 만약 정방행렬 A가 역행렬을 갖는다면, A를 **비특이행렬** (nonsingular matrix) 이라 하고, 갖는 않는다면 **특이행렬** (singular matrix) 이라 한다.
2. A^{-1}가 실제로 존재하면 행렬 A^{-1}가 A의 역행렬인 것과 마찬가지로, 행렬 A는 A^{-1}의 역행렬로 간주될 수 있다. 요컨대 A와 A^{-1}는 서로 상대방의 역행렬이다.
3. A가 $n \times n$이면 A^{-1}도 역시 $n \times n$이어야 한다. 그렇지 않으면 앞곱하거나 뒤곱하는 경우에 곱의 적합성조건이 모두 만족되지 않는다. 그 곱셈에 의해서 얻어진 항등행렬도 $n \times n$이 된다.
4. 역행렬이 존재하면 그것은 유일하다. 역행렬의 유일성을 증명하기 위해, 우리는 B가 A의 역행렬임이 밝혀져 있고 따라서 다음 식이 성립한다고 가정하자.

$$AB = BA = I$$

이제 $AC = CA = I$를 충족하는 또 다른 행렬 C가 존재한다고 가정하고, $AB = I$ 의 양변에 C를 앞곱하면

$$CAB = CI(= C) \qquad [(4.8)\text{에 의해}]$$

를 얻는다. 가정에 의해 $CA = I$ 이므로 위의 식은

$$IB = C \quad \text{즉} \quad B = C$$

로 된다. 즉, B와 C가 동일한 역행렬이다. 이 때문에 A^{-1}는 A의 **유일한** 역행렬 (the inverse) 이다.

5. 조건 (4.12)의 두 부분 — 즉, $AA^{-1} = I$ 및 $A^{-1}A = I$ — 은 사실 서로 의미상으로 상대방을 포함하므로, 어느 한쪽만 충족하여도 A와 A^{-1}간의 역행렬관계를 입증하기에 충분하다. 이것을 증명하기 위해서 우리는 $AA^{-1} = I$가 성립하고 $BA = I$가 되는 행렬 B가 존재하면, $B = A^{-1}$가 되는 것을 보여야 한다.(따라서 $BA = I$는 실제로 방정식 $A^{-1}A = I$가 된다.) 방정식 $BA = I$ 의 양변에 A^{-1}를 뒤곱하면 다음과 같이 된다.

$$(BA)A^{-1} = IA^{-1}$$
$$B(AA^{-1}) = IA^{-1} \qquad [\text{결합법칙}]$$
$$BI = IA^{-1} \qquad [\text{가정에 의해 } AA^{-1} = I]$$

그러므로, 우리가 원하던대로

$$B = A^{-1} \qquad [(4.8)\text{에 의해}]$$

이다. 마찬가지로 $A^{-1}A = I$ 이면 $CA^{-1} = I$가 되는 유일한 행렬 C는 $C = A$가 됨을 증명할 수 있다.

예 5

$A=\begin{bmatrix}3 & 1\\0 & 2\end{bmatrix}$, $B=\frac{1}{6}\begin{bmatrix}2 & -1\\0 & 3\end{bmatrix}$ 이면, B에 있는 스칼라 곱 $(\frac{1}{6})$은 뒤로 이동할 수 있기 때문에 (교환법칙), 다음과 같이 쓸 수 있다.

$$AB=\begin{bmatrix}3 & 1\\0 & 2\end{bmatrix}\begin{bmatrix}2 & -1\\0 & 3\end{bmatrix}\frac{1}{6}=\begin{bmatrix}6 & 0\\0 & 6\end{bmatrix}\frac{1}{6}=\begin{bmatrix}1 & 0\\0 & 1\end{bmatrix}$$

이것은 B가 A의 역행렬이고, 또 A가 B의 역행렬임을 나타낸다. 곱의 순서를 바꾸어도 다음과 같이 동일한 항등행렬을 얻는다:

$$BA=\frac{1}{6}\begin{bmatrix}2 & -1\\0 & 3\end{bmatrix}\begin{bmatrix}3 & 1\\0 & 2\end{bmatrix}=\frac{1}{6}\begin{bmatrix}6 & 0\\0 & 6\end{bmatrix}=\begin{bmatrix}1 & 0\\0 & 1\end{bmatrix}$$

역행렬은 다음의 세 가지 흥미있는 성질을 갖는다. 즉 A와 B가 모두 차원이 $n\times n$인 비특이행렬이면 다음 관계가 성립한다:

$$(A^{-1})^{-1}=A \tag{4.13}$$

$$(AB)^{-1}=B^{-1}A^{-1} \tag{4.14}$$

$$(A')^{-1}=(A^{-1})' \tag{4.15}$$

첫 번째 성질은 역행렬의 역행렬은 원래의 행렬임을 말한다. 두 번째 성질은 곱의 역행렬은 순서를 바꾼 역행렬의 곱인 것을 나타낸다. 그리고 마지막 성질은 전치행렬의 역행렬이 역행렬의 전치행렬임을 의미한다. 그런데, 이들 성질은 역행렬이 존재하고, 적합성조건이 충족된다는 것을 전제하고 있음에 주의하기 바란다.

(4.13)이 성립하는 것은 아주 분명하므로, 여기서는 (4.14)와 (4.15)를 증명하기로 한다. 곱 AB가 주어진 경우, 그 역행렬을 C라고 하자. (4.12)에서 $CAB=I$인 것을 알 수 있으므로, 양변에 $B^{-1}A^{-1}$를 뒤곱하면

$$CABB^{-1}A^{-1}=IB^{-1}A^{-1}\ (=B^{-1}A^{-1}) \tag{4.16}$$

를 얻는다. 그러나 이 식의 좌변은 다음과 같이 축약된다.

$$\begin{aligned} CA(BB^{-1})A^{-1}&=CAIA^{-1} && [(4.12)\text{에 의해}]\\ &=CAA^{-1}=CI=C && [(4.12)\text{ 및 }(4.8)\text{에 의해}]\end{aligned}$$

이 결과를 (4.16)에 대입하면, $C=B^{-1}A^{-1}$가 된다. 다시 말해서 AB의 역행렬은 $B^{-1}A^{-1}$라는 것이 증명되었다. 이 증명에서 식 $AA^{-1}=A^{-1}A=1$가 두 번 이용되었고, 이 식의 적용은 어떤 한 행렬과 그 역행렬이 곱셈과정에서 서로 인접한 경우에만 허용된다는 점에 주의하기 바란다. 따라서 $AA^{-1}B=IB=B$라고 쓸 수 있지만 $ABA^{-1}=B$라고 쓸 수는 없다.

(4.15)의 증명은 다음과 같다. A'가 주어진 경우, 그 역행렬을 구해보자. 그 역행렬을 D라고 하면, 정의에 의해서 $DA'=I$가 된다. 그런데

$$(AA^{-1})'=I'=I$$

는 동일한 항등행렬이 된다. 즉, 다음과 같이 나타낼 수 있다.

$$
\begin{aligned}
DA' &= (AA^{-1})' \\
&= (A^{-1})'A' \qquad\qquad [(4.11)\text{에 의해}]
\end{aligned}
$$

이 식의 양변에 $(A')^{-1}$을 뒤곱하면

$$DA'(A')^{-1} = (A^{-1})'A'(A')^{-1}$$

즉,

$$D = (A^{-1})' \qquad\qquad [(4.12)\text{에 의해}]$$

을 얻을 수 있으므로 A'의 역행렬은 $(A^{-1})'$과 같다.

이상의 두 증명과정에서 수학적 연산은 수들의 전체 묶음에 대하여 행해졌다. 만약 이와 같이 수들의 묶음이 행렬이라는 수학적 실체로 다루어지지 않았다면, 동일한 연산이 더 길고 복잡하게 되었을 것이다. 행렬대수의 멋진 점은 바로 그와 같은 연산의 단순화에 있다.

역행렬과 선형방정식체계의 해

역행렬의 개념은 연립방정식체계의 해를 구하는 데 바로 직접적으로 응용된다. 우리는 방정식체계 (4.3)을 다음과 같이 행렬기호로 나타낼 수 있음을 이미 보았다.

$$\underset{(3\times3)}{A}\ \underset{(3\times1)}{x} = \underset{(3\times1)}{d} \tag{4.17}$$

단, A, x, d는 (4.4)에서 정의한 바와 같다. 이제 역행렬 A^{-1}가 존재한다면, 방정식 (4.17)의 양변을 A^{-1}로 앞곱해줌으로써 다음 결과를 얻는다.

$$A^{-1}Ax = A^{-1}d$$

즉,

$$\underset{(3\times1)}{x} = \underset{(3\times3)}{A^{-1}}\ \underset{(3\times1)}{d} \tag{4.18}$$

(4.18)의 좌변은 변수들의 열벡터이고, 우변의 곱은 미리 알려진 수들의 열벡터이다. 그러므로 행렬 혹은 벡터의 등호의 정의에 의해서 (4.18)은 방정식체계를 충족하는 변수들의 값, 즉 해값의 집합이 된다. 그리고 A^{-1}가 존재하는 경우, 그것은 유일하기 때문에, $A^{-1}d$는 유일한 해값의 벡터가 된다. 따라서 (4.18)의 x 벡터가 (유일한) 해의 자격을 가진 것을 나타내기 위하여 우리는 이것을 x^*라고 쓰기로 한다.

역행렬의 존재를 검증하고 계산하는 방법은 제 5 장에서 논의할 것이다. 그러나 여기에서는 (4.4)의 행렬 A의 역행렬이 다음과 같다는 것만 말해두자.

$$A^{-1} = \frac{1}{52}\begin{bmatrix} 18 & -16 & -10 \\ -13 & 26 & 13 \\ -17 & 18 & 21 \end{bmatrix}$$

따라서 (4.18)은

$$\begin{bmatrix} x_1^* \\ x_2^* \\ x_3^* \end{bmatrix} = \frac{1}{52}\begin{bmatrix} 18 & -16 & -10 \\ -13 & 26 & 13 \\ -17 & 18 & 21 \end{bmatrix}\begin{bmatrix} 22 \\ 12 \\ 10 \end{bmatrix} = \begin{bmatrix} 2 \\ 3 \\ 1 \end{bmatrix}$$

이 되고, 해는 $x_1^* = 2,\ x_2^* = 3,\ x_3^* = 1$로 된다.

요약하면, 계수행렬 A가 비특이행렬인 경우, 선형방정식체계 $Ax = d$의 해를 구하는 하나의 방법은, 우선 역행렬 A^{-1}를 구하고, 그 다음에 상수벡터 d에 A^{-1}를 앞곱하는 것이다. 그러면 곱 $A^{-1}d$는 변수들의 해값을 준다.

예 6

제 4.2 절의 (예 11)에서 보았듯이, 단순한 국민소득모형

$$Y = C + I_0 + G_0$$
$$C = a + bY$$

는 행렬표기 $Ax = d$로 쓸 수 있다. 여기서

$$A = \begin{bmatrix} 1 & -1 \\ -b & 1 \end{bmatrix} \qquad x = \begin{bmatrix} Y \\ C \end{bmatrix} \qquad d = \begin{bmatrix} I_0 + G_0 \\ a \end{bmatrix}$$

이다. 행렬 A의 역행렬은 (제 5.6 절의 설명을 참조) 다음과 같이 된다.

$$A^{-1} = \frac{1}{1-b}\begin{bmatrix} 1 & 1 \\ b & 1 \end{bmatrix}$$

따라서 이 모형의 해는 $x^* = A^{-1}d$, 즉

$$\begin{bmatrix} Y^* \\ C^* \end{bmatrix} = \frac{1}{1-b}\begin{bmatrix} 1 & 1 \\ b & 1 \end{bmatrix}\begin{bmatrix} I_0 + G_0 \\ a \end{bmatrix} = \frac{1}{1-b}\begin{bmatrix} I_0 + G_0 + a \\ b(I_0 + G_0) + a \end{bmatrix}$$

이다.

연습문제 4.6

1. 행렬 $A = \begin{bmatrix} 0 & 4 \\ -1 & 3 \end{bmatrix}$, $B = \begin{bmatrix} 3 & -8 \\ 0 & 1 \end{bmatrix}$, $C = \begin{bmatrix} 1 & 0 & 9 \\ 6 & 1 & 1 \end{bmatrix}$가 주어졌을 때, A', B', C'을 구하라.
2. 앞의 문제에서 주어진 행렬을 사용하여 다음을 확인하라.
   (a) $(A + B)' = A' + B'$ (b) $(AC)' = C'A'$
3. (4.11)의 결과를 3개 행렬의 곱의 경우로 일반화하라. 단, 이를 위하여, 적합성을 충족하는 임의의 행렬 A, B, C에 대해서, 방정식 $(ABC)' = C'B'A'$이 성립함을 증명하라.
4. 다음에 주어진 4개 행렬 중에서 어떤 하나가 다른 것의 역행렬인가를 검증하라:

$$D = \begin{bmatrix} 1 & 12 \\ 0 & 3 \end{bmatrix} \qquad E = \begin{bmatrix} 1 & 1 \\ 6 & 8 \end{bmatrix} \qquad F = \begin{bmatrix} 1 & -4 \\ 0 & \frac{1}{3} \end{bmatrix} \qquad G = \begin{bmatrix} 4 & -\frac{1}{2} \\ -3 & \frac{1}{2} \end{bmatrix}$$

5. (4.14)의 결과를 일반화하라. 단, 이를 위하여, 적합성을 충족하는 임의의 비특이행렬 A, B, C에 대해서, 식 $(ABC)^{-1} = C^{-1}B^{-1}A^{-1}$가 성립함을 증명하라.
6. $A = I - X(X'X)^{-1}X'$이라고 하자.
   (a) A는 정방행렬이어야 하는가? $(X'X)$는 정방행렬이어야 하는가? X는 정방행렬이어야 하는가?
   (b) 행렬 A가 멱등행렬임을 보여라. [주의: X'과 X가 정방행렬이 아니면, (4.14)를 적용할 수 없다.]

4.7 | 마코르프 연쇄†

† 역주: 이 절의 내용은 부적절하다고 판단되어 번역에서 제외한다.

Chapter 4 요약

❖ 선형모형과 행렬대수 ❖

1. 행렬대수는 선형모형과 관련하여 다음과 같이 이용된다. 첫째, 큰 방정식체계라도 이를 간결하게 나타낼 수 있다. 둘째, 행렬식을 계산함으로써 해의 존재유무를 검증할 수 있다. 셋째, 만일 해가 존재한다면 그 해를 구하는 방법을 제공한다.
2. 행렬은 보통 실수를 원소로 하여, m 개의 행과 n 개의 열로 직사각형 모양으로 배열한 순서집합이다. 이 때 $m \times n$ 을 이 행렬의 차원이라 한다. 이 때 $m = n$ 이면 정방행렬, $n = 1$ 이면 열벡터, $m = 1$ 이면 행벡터라고 한다.
3. m 개의 식과 n 개의 변수로 된 연립방정식은 $\underset{(m \times n)}{A} \ \underset{(n \times 1)}{x} = \underset{(m \times 1)}{d}$ 의 형태로 나타낼 수 있다.
4. 행렬에 관해서는 덧셈, 뺄셈, 스칼라 곱셈, 행렬끼리의 곱셈 등을 정의 할 수 있다.
5. 벡터연산은 행렬연산의 특수한 경우로 볼 수도 있으나, 벡터에는 내적, 선형독립, 선형종속 등의 중요한 개념이 등장한다.
6. n 개의 원소를 가지는 n 차원 벡터 전체의 집합을 n 차원 벡터공간이라 한다. 벡터의 원소를 실수로 한정할 때, 이 벡터공간은 R^n 과 같은 것으로 볼 수 있다.
7. n 차원 벡터공간은 n 개의 선형독립인 벡터로 이루어지는 기저벡터들의 선형결합에 의해서 생성되는 것으로 볼 수 있다.
8. 벡터공간에 유클리드거리 개념을 도입하면 유클리드 거리공간이 된다.
9. 행렬의 덧셈과 곱셈연산에서는 결합법칙과 분배법칙이 성립한다. 또 덧셈의 교환법칙이 성립한다. 그러나 곱셈의 교환법칙은 성립하지 않는다.
10. 스칼라의 1과 0에 해당하는 행렬은 항등행렬 I 와 영행렬 O 이다.
11. 행렬 A 가 $A^2 = A$ 의 성질을 가질 때 이를 멱등행렬이라 한다. 항등행렬과 정방인 영행렬은 멱등행렬이다.
12. $m \times n$ 행렬 A 의 행과 열을 바꾸어 $n \times m$ 행렬을 만들 때, 이를 전치행렬이라 하고, A' 로 나타낸다.
13. 정방행렬 A 에 관하여 $AA^{-1} = I$ 또는 $A^{-1}A = I$ 를 만족하는 행렬 A^{-1} 를 A의 역행렬이라 한다. 역행렬이 존재하면 그것은 유일하다.
14. 정방행렬 중 역행렬을 갖는 것을 비특이행렬, 갖지 않는 것을 특이행렬이라 한다.
15. 선형연립방정식체계 $Ax = d$ 에서 A 가 비특이행렬이면, 그 해는 $x^* = A^{-1}d$ 로 나타낼 수 있다.

Chapter 05

선형모형과 행렬대수[계속]

제 4 장에서는 선형방정식체계의 규모가 아무리 크더라도 간결한 행렬기호로 나타낼 수 있음을 보았다. 더욱이 계수행렬의 역행렬이 존재한다면, 그러한 방정식체계는 역행렬을 구함으로써 풀 수 있다. 이제 우리는 역행렬의 존재여부를 어떻게 검증할 수 있으며, 그 역행렬을 어떻게 구할 수 있는가 하는 문제를 본격적으로 다루지 않으면 안된다. 이 문제를 해결한 후에야 행렬대수를 경제모형에 유효하게 적용할 수 있게 된다.

5.1 | 행렬의 비특이성 조건

주어진 계수행렬 A가 역행렬을 가질 수 있는(즉, "비특이행렬"이 될 수 있는) 것은 그것이 정방행렬인 경우에 한한다. 그러나 이미 지적한 바와 같이, 행렬이 정방이라는 조건은 역행렬 A^{-1}가 존재하기 위한 필요조건이지 충분조건은 아니다. 정방행렬이라도, 특이행렬(역행렬을 갖지 못하는 행렬)이 될 수 있다.

필요조건 대 충분조건

"필요조건"과 "충분조건"의 개념은 경제학에서 자주 사용되기 때문에, 논의를 더 진행하기 전에, 이 개념의 정확한 의미를 이해하는 것이 중요하다.

필요조건은 본질적으로 전제조건이다. 어느 한 명제 p는 또다른 명제 q가 **참일 때만**(*only if*) 참이라고 하자. 그러면 명제 q는 p의 필요조건이 된다. 이것은 다음과 같이 기호

$$p \Rightarrow q \tag{5.1}$$

로 표시하고, "p는 q **일 경우에 한해서** 성립한다"("p *only if* q"), 또는 "p이면 q이다" ("if p then q")라고 읽는다. 또 (5.1)을 "p는 q를 **의미한다**"라고 해석해도 논리적으로 정당하다. 물론 $p \Rightarrow q$와 동시에 $p \Rightarrow w$도 성립될 수 있다. 이 경우에는 q와 w가 모두 p의 필요조건이 된다.

예 1

p는 "그 사람은 아버지이다"라는 명제이고, q는 "그 사람은 남자이다"라는 명제라고 하면, 논리적 명제 $p \Rightarrow q$가 적용된다. 남자**일 경우에만** 아버지가 될 수 있으므로, 남자라는 것은 아버지가 되기 위한 필요조건이다. 그러나 아버지는 남자이기 위한 필요조건이 아니므로, 그 역은 성립하지 않는다.

또다른 유형의 상황은 q가 참이면 p가 참이지만, q가 참이 아니라 해도 p가 참일 수 있는 경

우이다. 이 때, q는 p이기 위한 충분조건이라고 말한다. q가 참인 것은 p가 참이라는 것을 성립시켜 주기에 충분하지만, p가 참이기 위한 필요조건은 아니다. 이 경우에는 기호

$$p \Leftarrow q \tag{5.2}$$

로 표시하고, "p는 q **일 경우에** 성립한다." ("*p if q*") (필요조건에서 쓰여졌던 **"한해서"**는 붙지 않는다) 라고 읽거나, 또는 그 대안으로서 (5.2)를 반대로 읽는 것처럼, "q이면 p이다" ("if q, then p") 라고 읽는다. 또 "q는 p를 의미한다"로 해석할 수도 있다.

예 2

p는 "그 사람은 유럽에 간다"라는 명제라고 하고, q는 "그 사람은 비행기로 유럽에 간다"라는 명제라고 하면, $p \Leftarrow q$가 성립한다. 유럽으로 가는 방법은 비행기를 이용하는 방법 이외에 해상교통수단도 이용할 수 있으므로, 비행기로 가는 것은 전제조건이 아니다. 그러므로, $p \Leftarrow q$라고 쓸 수 있지만, $p \Rightarrow q$라고 쓸 수는 없다.

세 번째로 가능한 상황은 q가 p의 필요조건**도** 되고 충분조건**도** 되는 경우이다. 이 경우에는

$$p \Leftrightarrow q \tag{5.3}$$

로 쓰고 "p는 q일 경우에, 그리고 그 경우에 한해서 성립한다" ("*p if and only if q*") 라고 읽는다 (또한 "p iff q"라고 쓰기도 한다). 양쪽 방향으로 화살표가 있는 것은 (5.1)과 (5.2)의 두 화살표를 합친 것이므로, "경우에 (if)"와 "경우에 한해서 (only if)"라는 용어를 결합해서 사용한 것이 된다. (5.3)은 p가 q를 의미함은 물론 q도 p를 의미하고 있음을 나타낸다.

예 3

p는 "그 달의 일수는 30보다 적다"라는 명제라고 하고, q는 "그 달은 2월이다"라는 명제라고 하면, $p \Leftrightarrow q$가 성립된다. 그 달이 30보다 적은 일수를 갖는다면, 그 달은 필연적으로 2월이 되는 것이다. 반대로 2월이라는 특정한 달은 일수가 30보다 적은 것을 나타내기에 충분하다. 그러므로, q는 p이기 위한 필요충분조건이다.

$p \Rightarrow q$를 증명하기 위해서는, q가 p로부터 논리적으로 유도되는 것을 보여야 한다. 마찬가지로, $p \Leftarrow q$의 증명은 p가 q로부터 논리적으로 유도되는 것을 보여야 한다. 그리고 $p \Leftrightarrow q$의 증명은 p와 q가 서로 상대방으로부터 유도될 수 있음을 보여야 한다.

필요조건과 충분조건은 선발장치로서 중요한 역할을 한다. 장학금이나 일자리를 얻으려는 지원자들의 집단을 생각해 보자. 필요조건은 전제조건이라는 성질을 가지므로, 그것은 지원자들을 두 집단으로 갈라놓는 역할을 한다. 즉 필요조건을 충족시키지 못하는 사람들은 자동적으로 탈락되고, 필요조건을 충족시키는 사람들은 자격있는 후보자들로 남는다. 그러나 자격을 갖춘 후보자로 남는다는 것이 그 후보자가 궁극적으로 선발되는 것을 보장하지는 않는다. 즉, 필요조건은 합격자들의 확인보다 불합격자들을 탈락시키는데 더 결정적인 역할을 한다. 일반적으로, 필요조건은 그 자체로는 **충분하지 않다**는 점을 유의해야 한다.

필요조건과는 대조적으로, 충분조건은 합격자들을 직접 확인해주는 역할을 한다. 충분조건을 충족시키는 지원자는 자동적으로 합격자가 된다. 필요조건이 그 자체로는 충분하지 않은 것과 마찬가지로, 충분조건은 그 자체로 필요한 것은 아니다. 왜냐하면 어떤 주어진 충분조건에 더하여, 또다른 덜 엄중한 충분조건이 존재할 수 있고, 주어진 충분조건을 충족시키지 못하는 지원자도 더

쉬운 충분조건하에서는 자격을 가질 수 있기 때문이다. 예컨대 A학점은 교과과정에 합격하기에 충분하지만, B학점도 충분하기 때문에 그것은 필요조건이 아니다.

가장 효과적인 선발장치는 필요충분조건에서 찾을 수 있다. 이 조건을 충족시키지 못하는 지원자는 틀림없이 불합격된다는 것을 의미하고, 이 조건을 충족시키는 지원자는 틀림없이 합격된다는 것을 의미한다. 우리는 이 조건의 응용을, 우리가 곧 논의할 행렬의 특이성 논의에서 볼 수 있게 된다.

비특이성의 조건

정방성조건 (하나의 필요조건) 이 이미 충족된 다음에는, 비특이행렬이 되기 위한 충분조건은 그 행렬의 행들이 선형독립 (또는, 결국 같은 것이 되지만, 그 행렬의 **열들**이 선형독립) 이 되는 것이다. 행렬의 정방성과 선형독립성의 두 조건을 모두 묶으면, 그것은 비특이행렬이 되기 위한 필요충분조건이 된다 (즉, 비특이성 ⇔ 정방성 **및** 선형독립성).

어떤 $n \times n$ 계수행렬 A 는 행벡터들의 순서집합, 즉 각 행벡터 그 자체를 원소로 하는 열벡터로 생각할 수 있으므로 다음과 같이 나타낼 수 있다:

$$A = \begin{bmatrix} a_{11} & a_{12} & \cdots & a_{1n} \\ a_{21} & a_{22} & \cdots & a_{2n} \\ \cdots & \cdots & \cdots & \cdots \\ a_{n1} & a_{n2} & \cdots & a_{nn} \end{bmatrix} = \begin{bmatrix} v'_1 \\ v'_2 \\ \vdots \\ v'_n \end{bmatrix}$$

단, 여기서 $v'_i = [a_{i1}\ a_{i2}\ \cdots\ a_{in}]$, $i = 1, 2, \ldots, n$ 을 나타낸다.† 이 n 개의 행들 (행벡터들) 이 선형독립이 되려면, 어느 한 행이라도 나머지 다른 행들의 선형결합이 되어서는 안 된다. 보다 정확하게 말하면, 제 4.3 절에서 언급한 바와 같이, 그 선형독립성은, 벡터방정식

$$\sum^{n} k_i v'_i = 0 \tag{5.4}$$

을 충족시키는 스칼라 k_i 들의 유일한 집합이, 모든 i 에 대해서 $k_i = 0$ 일 경우에만 성립한다.

예 4

계수행렬이

$$A = \begin{bmatrix} 3 & 4 & 5 \\ 0 & 1 & 2 \\ 6 & 8 & 10 \end{bmatrix} = \begin{bmatrix} v'_1 \\ v'_2 \\ v'_3 \end{bmatrix}$$

일 때, $[6\ \ 8\ \ 10] = 2[3\ \ 4\ \ 5]$ 이므로, $v'_3 = 2v'_1 = 2v'_1 + 0v'_2$ 이 된다. 즉, 세 번째 행은 나머지 두 행의 선형결합으로 표시될 수 있기 때문에, 이 행들은 선형독립이 아니다. 다시 말하여 위의 방정식은

† 역주: 여기서 "행벡터 자체를 원소로 한다"는 것은 새로운 발상이다. 왜냐하면 지금까지는 원소는 실수에 국한되었기 때문이다. 그러나, 이 책에서는 설명이 되지 않았지만, 분할행렬 (partitioned matrix) 의 개념을 쓰면 이 발상은 합리화될 수 있다. 논리의 비약이 있는 설명에 불만인 사람은 분할행렬을 따로 공부해 주기 바란다.

$$2v_1' + 0v_2' - v_3' = [6 \quad 8 \quad 10] + [0 \quad 0 \quad 0] - [6 \quad 8 \quad 10] = [0 \quad 0 \quad 0]$$

으로 쓸 수 있고, (5.4)를 영벡터가 되게한 스칼라 k_i 들의 집합은 모든 i 에 대해서 $k_i = 0$ 이 아니기 때문에, 이 행들은 선형종속이다.

행렬의 정방성조건과는 달리, 선형독립성조건은 쉽게 식별될 수 없다. 따라서 행들(또는 열들) 사이의 선형독립을 검증하는 방법의 개발이 필요하다. 그러나 검증방법을 설명하기 전에, 먼저 왜 정방성조건에 부가하여 선형독립성조건이 필요한가를 직관적으로 이해하는 것이 우리의 동기 강화에 중요할 것이다. 우리는 제 3.4 절의 논의에서, 방정식의 수와 미지수의 수가 같다는 조건만으로는 방정식체계가 유일한 해를 갖기에 불충분하다는 일반적 결론을 얻었다. 그 조건에 추가해서, **방정식들**이 서로 모순되지 않고 함수적으로 독립이어야 한다(현재의 선형방정식체계의 문맥에서 보면 이는 **선형**독립이어야 함을 의미한다). "방정식의 수와 미지수의 수가 같다"라는 조건과 계수행렬의 **정방성조건**(행과 열의 수가 일치한다는 조건) 사이에는 아주 명확한 관계가 있다. "행들 사이의 선형독립"이라는 조건이 요구하는 것은 **각 방정식들 사이의** 모순성과 선형종속성을 배제하는 데 있다. 그러므로, 계수행렬의 정방성과 선형독립성이라는 두 조건을 결합한 것은 제 3.4 절에서 논의한 유일한 해가 존재하기 위한 조건과 같다.

계수행렬의 **행들 사이**의 선형종속이 어떻게 **방정식들 사이의** 모순성 또는 선형종속성을 야기시킬 수 있는가를 실례를 들어 설명해 보기로 하자. 방정식체계 $Ax = d$ 가 다음의 형태를 갖는다고 하자.

$$\begin{bmatrix} 10 & 4 \\ 5 & 2 \end{bmatrix} \begin{bmatrix} x_1 \\ x_2 \end{bmatrix} = \begin{bmatrix} d_1 \\ d_2 \end{bmatrix}$$

여기서 계수행렬 A 는 선형종속인 행들로 구성되어 있다. 즉, $v_1' = 2v_2'$ 이다(열들도 역시 선형종속임에 주목하기 바란다. 첫번째 열은 두번째 열의 $\frac{5}{2}$이다). 상수항 d_1 과 d_2 의 값을 규정하지는 않았지만, 그 상대적 크기를 말하면 **두가지** 가능성이 있을 뿐이다. 즉, (1) $d_1 = 2d_2$ 아니면 (2) $d_1 \neq 2d_2$ 이다. 첫번째의 경우 — 예를 들어 $d_1 = 12$ 와 $d_2 = 6$ 일 때 — 두 방정식은 모순되지는 않지만 **선형종속**이다(행렬 A의 두 행이 선형종속인 것처럼). 첫 번째 방정식은 단지 두 번째 방정식에 2를 곱해준 것에 불과하다. 그리하여 한 방정식은 불필요하고, 방정식체계는 사실상 무수한 해를 갖는 하나의 방정식 $5x_1 + 2x_2 = 6$ 으로 된다. 두 번째의 경우 — 예를 들어 $d_1 = 12$ 와 $d_2 = 0$ 일 때 — 두 방정식은 모순된다. 왜냐하면 첫번째 식 $(10x_1 + 4x_2 = 12)$ 이 옳은 경우에는, 각 항을 2로 나누면 $5x_1 + 2x_2 = 6$ 이 되고, 결과적으로 이 식과 두 번째 식 $(5x_1 + 2x_2 = 0)$이 동시에 옳을 수 없기 때문이다. 그러므로 해는 존재하지 않는다.

요컨대 계수행렬 A 의 행들이 선형종속인 한(두 가지 가능성 중에서 어떠한 경우에도), 유일한 해는 존재하지 않는다. 다시 말하면, 유일한 해는 계수행렬의 행들(또는 열들)이 선형독립이어야만 얻을 수 있다. 이 경우, A 는 비특이행렬이 되고, 이것은 역행렬 A^{-1} 이 존재함을 의미하고, 또 유일한 해 $x^* = A^{-1}d$ 가 구해질 수 있음을 의미한다.

행렬의 위수

지금까지는 행들의 독립성이라는 개념을 정방행렬의 관점에서만 논의하였지만, 이 개념은 임의의 $m \times n$의 직사각형 행렬에도 똑같이 적용될 수 있다. 만약 이러한 행렬에서 얻어지는 선형독립인 행들의 최대수가 r이면, 이 r은 그 행렬의 **위수** (rank)가 된다 (위수는 또한 그 행렬에서 선형독립인 열들의 최대수를 나타낸다). $m \times n$ 행렬의 위수는 아무리 커도 m과 n중에서 작은 것보다 더 클 수는 없다.

$n \times n$ 비특이행렬 A는 정의에 의하여 n개의 선형독립인 행 (또는 열) 들을 갖고, 따라서 이 행렬의 위수는 n이다. 역으로 위수가 n인 $n \times n$ 행렬은 비특이행렬이다.

행렬의 행 (또는 열) 들이 단지 둘이면, 행독립성 (또는 열독립성) 은—한 행 (열) 이 다른 것의 정확한 배수가 되는지의 여부를 점검하기만 하면 되므로—눈으로 한번 보아 쉽게 확인된다. 그러나 더 큰 차원의 행렬에서는 시각적 검사는 가능하지 않을 것이고, 더 공식적인 방법이 필요하다. 행렬 A (정방일 필요는 없음) 의 위수, 즉 A의 독립적 행들의 수를 찾는 하나의 방법은 어떤 정해진 "기본행연산" (elementary row operation) 을 사용하여 A를 소위 **사다리꼴행렬** (echelon matrix) 로 변형시키는 것이다. 그러면 사다리꼴행렬의 독특한 구조적 형태로부터 행렬 A의 위수를 알 수 있게 된다.

행렬에 관한 기본행연산은 세 가지 유형밖에 없다:[†] 즉,

1. 행렬의 어떤 두 행을 교환하는 연산
2. 행을 $k \neq 0$인 스칼라로 곱하는 (또는 나누는) 연산
3. "어떤 행의 k배"를 다른 행에 더하는 연산

이러한 각각의 연산은 주어진 행렬 A를 다른 형태로 변환시키지만, 그 기본연산의 어떤 것도 위수를 바꾸지는 않는다. 우리가 A의 위수를 그것의 사다리꼴행렬로부터 알 수 있는 것은 바로 이러한 기본행연산의 특성 때문이다. 사다리꼴행렬을 설명하는 가장 쉬운 방법은 구체적 예를 드는 것이다.

예 5

다음 행렬 A의 위수를 그것의 사다리꼴형태로부터 구한다.

$$A = \begin{bmatrix} 0 & -11 & -4 \\ 2 & 6 & 2 \\ 4 & 1 & 0 \end{bmatrix}$$

먼저 A의 첫 번째 열에 0의 원소들이 있는지를 점검한다. 열 1에 0 원소들이 있으면, 이 0 원소들을 행렬의 맨 아래로 이동시킨다. A의 경우, (열 1의 첫 번째 원소인) 그 0을 그 열의 맨 아래로 이동시키고 싶은데, 이것은 (첫번째 기본행연산을 이용하여) 행 1과 행 3을 교환함으로써 달성될 수 있다. 그 결과는 다음과 같다.

$$A_1 = \begin{bmatrix} 4 & 1 & 0 \\ 2 & 6 & 2 \\ 0 & -11 & -4 \end{bmatrix}$$

우리의 다음 목적은 A_1의 첫 번째 열을 변형시켜 (4.7)에서 정의된 것과 같은 단위벡터 e_1으로 만드는 것이다. 원소 4를 1로 바꾸기 위하여, (두번째 기본행연산을 적용하여) A_1의 행 1을 스칼라 4로 나누면 다음을 얻는다.

[†] 기본행연산과 유사하게, 기본열연산도 정의할 수 있다. 그러나 우리의 목적을 위해서는 행연산으로 충분하다.

$$A_2 = \begin{bmatrix} 1 & \frac{1}{4} & 0 \\ 2 & 6 & 2 \\ 0 & -11 & -4 \end{bmatrix}$$

그 다음에 A_2의 열 1에 있는 원소 2를 0으로 바꾸기 위하여, (세번째 기본행연산을 적용하여) A_2의 행 1을 −2로 곱한 다음 그 결과를 A_2의 행 2에 더한다. 그 결과 얻게 되는 행렬은 다음과 같다.

$$A_3 = \begin{bmatrix} 1 & \frac{1}{4} & 0 \\ 0 & 5\frac{1}{2} & 2 \\ 0 & -11 & -4 \end{bmatrix}$$

이제 그 A_3의 첫 번째 열은 우리가 바라던 단위벡터 e_1이 되었다. 이 목적을 완수했으므로, 우리는 이제 A_3의 첫 번째 행은 더 이상 고려하지 않고, 나머지 두 행에 대해서만 작업을 계속한다. 이 두 행에서 우리는 두 번째 열이 2원소단위벡터가 되도록 만들고 싶다. 즉, 원소 $5\frac{1}{2}$을 1로, 그리고 원소 −11을 0으로 바꾸고 싶다. 이를 위해서 우리는 A_3의 행 2를 $5\frac{1}{2}$로 나누어, 이 행을 벡터 $[0\ 1\ \frac{4}{11}]$로 바꾸고, 그런 다음 이 벡터에 11을 곱한 것을 A_3의 행 3에 더한다. 최종 결과는 다음과 같다.

$$A_4 = \begin{bmatrix} 1 & \frac{1}{4} & 0 \\ 0 & 1 & \frac{4}{11} \\ 0 & 0 & 0 \end{bmatrix}$$

이 행렬은 사다리꼴 행렬을 예시해 준다. 그리고 이 행렬은 정의상 세가지 구조적 특징을 가진다. 첫째, 0이 아닌 행들 (적어도 하나의 0이 아닌 원소를 가진 행들) 은 0인 행들 (오로지 0의 원소들만 가진 행들) 보다 위에 나타난다. 둘째, 모든 0이 아닌 행에서, 첫 번째 0이 아닌 원소는 1이다. 셋째, 어떤 행에서의 단위원소 1 (첫번째 0이 아닌 원소) 은 이 행의 바로 아래 행에서의 단위원소 1의 왼쪽에 나타나야 한다. 이제 우리가 행한 모든 기본행연산들은 A_4의 이러한 특징들을 만들기 위하여 디자인된 것이 분명해졌을 것이다.

이제 A_4의 위수는 사다리꼴행렬 A_4에 나타나는 0이 아닌 행들의 수로부터 쉽게 알 수 있다. A_4는 0이 아닌 행들을 두개 포함하므로, $r(A) = 2$로 결론지을 수 있다. 이 위수 2가 A_1에서 A_4까지의 행렬들의 위수도 된다는 것은 당연하다. 왜냐하면 기본행연산들은 행렬의 위수를 바꾸지 않기 때문이다.

사다리꼴행렬로의 변환 방법은 정방행렬뿐 아니라 비정방행렬에도 적용된다. (예 5)에서는 정방행렬을 선택하였지만, 그것은 우리의 당면목적이 정방행렬에만 관련되는 비특이성 문제를 다루는데 있기 때문이다. 정의에 의하면, $n \times n$ 행렬 A가 비특이행렬이 되려면, 그것은 선형독립인 n개의 행 (또는 열) 들을 가져야만 하고, 따라서 그 위수는 n이어야 하고, 그것의 사다리꼴행렬은 정확히 n개의 0이 아닌 행들을 가져야 한다. 역으로, 위수가 n인 $n \times n$ 행렬은 반드시 비특이행렬이다. 원래행렬과 마찬가지로 이로부터 기본행연산을 통해 도출한 0행을 갖지 않는 $n \times n$ 사다리꼴행렬은 비특이행렬이 되어야 한다. (예5)에서 행렬 A는 3×3이지만 $r(A) = 2$이므로, A는 비특이행렬이 아니다.

연습문제 5.1

1. 다음의 쌍을 이룬 명제에서 첫 번째 명제를 p, 두 번째 명제를 q로 하자. 각 경우에 (5.1), (5.2), (5.3) 중에서 어느 것이 적용되는가를 밝혀라.
   (*a*) 휴일이다; 추수감사절이다.
   (*b*) 어떤 기하도형이 4개의 변을 가지고 있다; 그것은 직사각형이다.
   (*c*) 두 개의 순서쌍 (a, b)와 (b, a)는 같다; a는 b와 같다.
   (*d*) 유리수이다; 그것은 두 개의 정수의 비로 나타낼 수 있다.
   (*e*) 어떤 4×4 행렬은 비특이행렬이다; 그 4×4 행렬의 위수는 4이다.
   (*f*) 내 자동차의 휘발유통이 비었다; 나는 내 자동차의 시동을 걸 수 없다.
   (*g*) 그 편지는 "수신자불명" 소인과 함께 발신자에게 되돌아왔다; 발신자는 편지 봉투에 틀린 주소를 썼다.
2. 명제 p는 "어떤 도형이 정사각형이다"라는 것이고, 명제 q는 다음과 같다고 하자.
   (*a*) 그것은 네 변을 갖는다.
   (*b*) 그것은 길이가 같은 네 변을 갖는다.
   (*c*) 그것은 길이가 같은 네 변을 갖고, 이웃하는 각 변은 서로 직각을 이룬다.
   각각의 경우에 $p \Rightarrow q$, $p \Leftarrow q$, $p \Leftrightarrow q$ 중에서 어느 것이 옳은가?
3. 다음의 각 경우에 행들이 선형종속인가?

   (*a*) $\begin{bmatrix} 24 & 8 \\ 9 & -3 \end{bmatrix}$ (*b*) $\begin{bmatrix} 2 & 0 \\ 0 & 2 \end{bmatrix}$ (*c*) $\begin{bmatrix} 0 & 4 \\ 3 & 2 \end{bmatrix}$ (*d*) $\begin{bmatrix} -1 & 5 \\ 2 & -10 \end{bmatrix}$

4. 앞의 문제에서 행렬의 열들의 선형독립 여부를 확인하라. 이것은 행들의 선형독립 여부와 일치하는가?
5. 다음의 각 행렬의 위수를 사다리꼴행렬로부터 구하고, 비특이성 문제에 대한 의견을 제시하라.

   (*a*) $A = \begin{bmatrix} 1 & 5 & 1 \\ 0 & 3 & 9 \\ -1 & 0 & 0 \end{bmatrix}$ (*c*) $C = \begin{bmatrix} 7 & 6 & 3 & 3 \\ 0 & 1 & 2 & 1 \\ 8 & 0 & 0 & 8 \end{bmatrix}$

   (*b*) $B = \begin{bmatrix} 0 & -1 & -4 \\ 3 & 1 & 2 \\ 6 & 1 & 0 \end{bmatrix}$ (*d*) $D = \begin{bmatrix} 2 & 7 & 9 & -1 \\ 1 & 1 & 0 & 1 \\ 0 & 5 & 9 & -3 \end{bmatrix}$

6. 행렬의 행들간의 선형종속의 정의에 의하면, 하나 또는 그 이상의 행들은 어떤 다른 행들의 선형결합으로 나타낼 수 있다. 사다리꼴행렬에서는 선형종속은 하나 또는 그 이상의 0행들의 존재로 나타난다. 주어진 행렬에서 행들의 선형결합의 존재와 사다리꼴행렬에서 0행들의 존재간의 연결고리를 규정하는 것은 무엇인가?

5.2 | 행렬식에 의한 비특이성 판정

정방행렬이 비특이행렬인지의 여부를 확인하기 위하여 우리는 또한 행렬식 개념을 이용할 수 있다.

행렬식과 비특이성

정방행렬 A의 행렬식 (determinant) 은 $|A|$로 표시되고, 그 행렬과 관련되어 유일하게 정의되는 스칼라 (수) 이다.† 행렬식은 **정방**행렬에 대해서만 정의된다. 가장 규모가 작은 행렬은 당연히 1×1 행렬 $A=[a_{11}]$이다. 정의에 따라 그 행렬식은 그 단일원소 a_{11} 그 자체다. 즉, $|A|=|a_{11}|=a_{11}$이다. 여기서 $|a_{11}|$ 기호는 수의 절대치를 나타내는 같은 모양의 기호와 혼동하지 말아야 한다. 절대치의 경우에는, 예를 들어 $|5|=5$일 뿐 아니라 $|-5|=5$가 되는데, 수의 절대치는 대수의 부호와 상관없는 그 수값이기 때문이다. 대조적으로, 행렬식 기호는 그 원소의 부호를 유지하고, 따라서 $|8|=8$(양의 수) 인 반면, $|-8|=-8$(음의 수) 이 된다. 이 차이점은 행렬식 검증을 응용하는 앞으로의 논의에서 매우 중요한데, 이 검증의 결과가 $|a_{11}|=a_{11}$과 같은 1×1 행렬식을 포함해서 다양한 차원의 행렬식의 부호에 결정적으로 의존하기 때문이다.

2×2행렬 $A=\begin{bmatrix} a_{11} & a_{12} \\ a_{21} & a_{22} \end{bmatrix}$의 행렬식은 다음과 같이 두 항의 합으로 정의된다:

$$|A| = \begin{vmatrix} a_{11} & a_{12} \\ a_{21} & a_{22} \end{vmatrix} = a_{11}a_{22} - a_{21}a_{12} \qquad [= \text{스칼라}] \qquad \textbf{(5.5)}$$

이것은 A의 두 주대각원소의 곱에서 나머지 두 원소의 곱을 뺌으로써 얻어진다. 행렬 A의 차원 때문에, (5.5)로 주어진 행렬식 $|A|$를 **2계행렬식** (second-order determinant) 이라 부른다.

예 1

행렬 $A=\begin{bmatrix} 10 & 4 \\ 8 & 5 \end{bmatrix}$와 $B=\begin{bmatrix} 3 & 5 \\ 0 & -1 \end{bmatrix}$의 행렬식은 각각

$$|A| = \begin{vmatrix} 10 & 4 \\ 8 & 5 \end{vmatrix} = 10(5) - 8(4) = 18$$

및

$$|B| = \begin{vmatrix} 3 & 5 \\ 0 & -1 \end{vmatrix} = 3(-1) - 0(5) = -3$$

이 된다. 행렬식 (대괄호가 아니고 두개의 세로줄로 둘러싸임) 은 정의에 따라 스칼라이지만, 행렬은 수치를 가지지 않는다. 다시 말해서, 행렬식은 하나의 수로 될 수 있지만, 이와는 대조적으로 행렬은 수들의 전체묶음이다. 또 행렬식은 정방행렬에 대해서만 정의되는 반면, 행렬은 반드시 정방일 필요가 없다는 점도 유의하여야 한다.

행렬식에 관한 이러한 초기 논의 단계에서도 우리는 행렬 A의 행들의 선형종속과 그것의 행렬식 $|A|$사이의 관계를 어렴풋이 알 수 있다. 두 행렬

† 역주: "행렬식"이란 관례적 역어는 적절하다고 볼 수 없다. 특이성, 비특이성을 판정하는데 (to determine) 이용되는 식이라는 뜻에서 "판정식"이라는 말이 더 적절한 것으로 보이나, 여기서는 관례를 따르기로 한다.

$$C = \begin{bmatrix} c_1' \\ c_2' \end{bmatrix} = \begin{bmatrix} 3 & 8 \\ 3 & 8 \end{bmatrix} \quad \text{및} \quad D = \begin{bmatrix} d_1' \\ d_2' \end{bmatrix} = \begin{bmatrix} 2 & 6 \\ 8 & 24 \end{bmatrix}$$

에서, $c_1' = c_2'$ 이고 $d_2' = 4d_1'$ 이므로, 두 행렬은 모두 선형종속인 행들을 갖는다. 또 이들의 행렬식의 값은 다음과 같이 모두 0이 된다:

$$|C| = \begin{vmatrix} 3 & 8 \\ 3 & 8 \end{vmatrix} = 3(8) - 3(8) = 0$$

$$|D| = \begin{vmatrix} 2 & 6 \\ 8 & 24 \end{vmatrix} = 2(24) - 8(6) = 0$$

이 결과는 행렬식의 값이 0이 된다는 것과 선형종속간에 어떤 관계가 있음을 강하게 시사한다. 이 관계가 실제로 성립한다는 사실을 우리는 곧 알게 될 것이다. 더욱이, 행렬식의 값 $|A|$는 행렬 A의 행들의 선형독립성 (즉, 비특이성)을 검증하는 기준이 될 뿐만 아니라, 역행렬 A^{-1}가 존재하는 경우에는 그 역행렬의 계산에도 이용된다.

그러나, 먼저 2계 보다 더 높은 계의 행렬식을 논의함으로써 우리의 시야를 넓힐 필요가 있다.

3계행렬식의 계산

계수가 3인 행렬식은 3×3 행렬과 관련되어 있다. 행렬이

$$A = \begin{bmatrix} a_{11} & a_{12} & a_{13} \\ a_{21} & a_{22} & a_{23} \\ a_{31} & a_{32} & a_{33} \end{bmatrix}$$

로 주어졌을 때, 그 행렬의 행렬식은 다음과 같은 값을 갖는다.

$$\begin{aligned} |A| = \begin{vmatrix} a_{11} & a_{12} & a_{13} \\ a_{21} & a_{22} & a_{23} \\ a_{31} & a_{32} & a_{33} \end{vmatrix} &= a_{11} \begin{vmatrix} a_{22} & a_{23} \\ a_{32} & a_{33} \end{vmatrix} - a_{12} \begin{vmatrix} a_{21} & a_{23} \\ a_{31} & a_{33} \end{vmatrix} + a_{13} \begin{vmatrix} a_{21} & a_{22} \\ a_{31} & a_{32} \end{vmatrix} \\ &= a_{11}a_{22}a_{33} - a_{11}a_{23}a_{32} + a_{12}a_{23}a_{31} - a_{12}a_{21}a_{33} \\ &\quad + a_{13}a_{21}a_{32} - a_{13}a_{22}a_{31} \qquad [= \text{하나의 스칼라}] \end{aligned} \tag{5.6}$$

먼저 (5.6)의 마지막 식을 보면, $|A|$의 값은 6개의 곱으로 이루어진 항들의 합으로 표시되고, 그 중 3개 항은 음의 부호, 그리고 3개 항은 양의 부호가 붙어 있음을 알 수 있다. 이 합은 아주 복잡한 것같이 보이지만, 주어진 3계행렬식에서 6개항 모두를 "얻을 수" 있는 아주 간단한 방법이 있다. 이것은 [그림 5.1]의 도식으로 가장 잘 설명 된다. [그림 5.1]에 나타난 행렬식에서, 첫 번째 행의 각 원소는 2개의 **실선**화살표를 통해서 다른 2개의 원소와 연결되어 있다: 즉 $a_{11} \to a_{22} \to a_{33}$, $a_{12} \to a_{23} \to a_{31}$, $a_{13} \to a_{32} \to a_{21}$. 이렇게 연결된 세 원소들의 각 조는 곱해질 수 있고, 또 그 곱은 (5.6)의 곱으로 되어있는 6개의 항 중 하나가 된다. 실선화살표로 주어지는 곱의 항들은 앞에 양의 부호가 붙게 된다.

한편, 첫 번째 행의 각 원소는 또한 2개의 **점선**화살표를 통해서 다른 두 개의 원소와 다음과 같이 연결되어 있다: 즉, $a_{11} \to a_{32} \to a_{23}$, $a_{12} \to a_{21} \to a_{33}$, $a_{13} \to a_{22} \to a_{31}$. 이렇게 연결된 세 원소들의 각 조도 또한 곱해질 수 있고, 그 곱은 (5.6)의 6개 항 중 하나로 된다. 이러한 곱의 항들은 앞에

그림 5.1

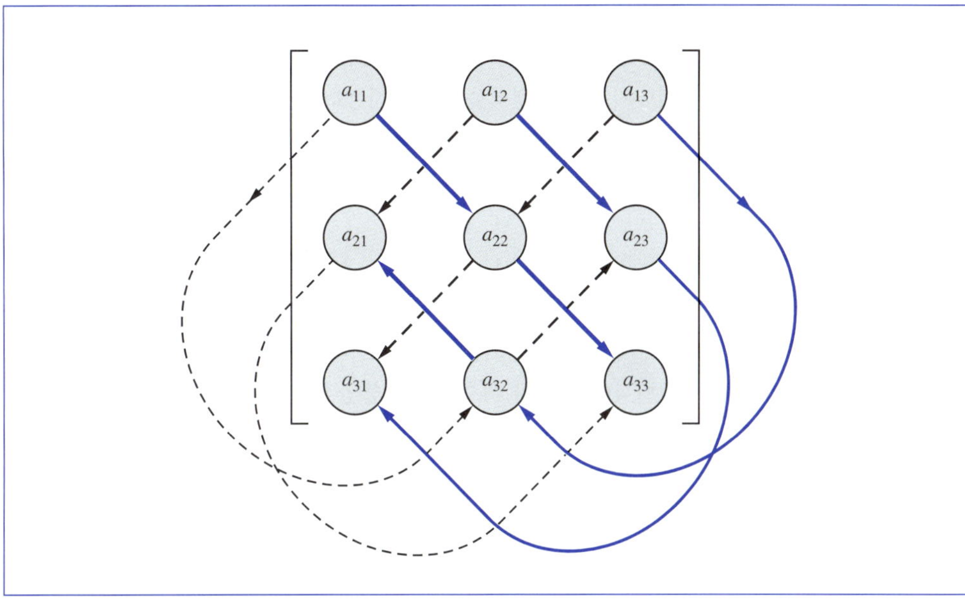

음의 부호가 붙어있다. 그러면 이 6개의 곱들을 모두 합한 것이 그 행렬식의 값이 된다.

예 2

$$\begin{vmatrix} 2 & 1 & 3 \\ 4 & 5 & 6 \\ 7 & 8 & 9 \end{vmatrix} = (2)(5)(9) + (1)(6)(7) + (3)(8)(4) - (2)(8)(6) - (1)(4)(9) - (3)(5)(7) = -9$$

예 3

$$\begin{vmatrix} -7 & 0 & 3 \\ 9 & 1 & 4 \\ 0 & 6 & 5 \end{vmatrix} = (-7)(1)(5) + (0)(4)(0) + (3)(6)(9) - (-7)(6)(4) - (0)(9)(5) - (3)(1)(0)$$
$$= 295$$

이와 같이 교차 대각선으로 곱하는 방법은 3계행렬식을 계산하는 손쉬운 방법이지만, 유감스럽게도 4계 이상의 행렬식에는 적용될 수 **없다**. 후자는 소위 행렬식의 "라플라스전개방법" (Laplace expansion) 에 의해 구해야 한다.

라플라스전개방법에 의한 n계행렬식의 계산

먼저 3계행렬식의 **라플라스전개방법**을 설명하기로 하자. (5.6)의 첫째 줄로 되돌아가면, $|A|$의 값은 또한 **세** 항들의 합으로 생각할 수 있는데, 이 각 항들은 첫 번째 행의 원소와 특정 **2계**행렬식의 곱으로 되어 있다. 이와 같이 $|A|$를 계산하는 방법—보다 낮은 계의 행렬식을 이용하는 방법—은 행렬식의 라플라스전개방법의 한 실례이다.

(5.6)에 포함된 세 개의 2계행렬식은 임의로 결정되는 것이 아니라, 명확한 법칙에 의해서 결정된다. 첫 번째 행렬식 $\begin{vmatrix} a_{22} & a_{23} \\ a_{32} & a_{33} \end{vmatrix}$은 $|A|$의 **첫 번째** 행과 **첫 번째** 열을 삭제함으로써 얻어지는 A 의

부분행렬식이다. 이것을 원소 a_{11}(삭제된 행과 열의 공통부분의 원소)의 **소행렬식**(minor)이라 부르며, $|M_{11}|$으로 표기한다. 일반적으로, 기호 $|M_{ij}|$는 주어진 행렬식의 i번째 행과 j번째 열을 삭제함으로써 얻어지는 소행렬식을 나타낸다. 소행렬식은 그 자체가 행렬식이므로, 하나의 스칼라 값을 갖는다. 여러분들은 (5.6)에 있는 다른 두 2계행렬식이 각각 소행렬식 $|M_{12}|$, $|M_{13}|$임을 쉽게 확인할 수 있을 것이다. 즉,

$$|M_{11}| \equiv \begin{vmatrix} a_{22} & a_{23} \\ a_{32} & a_{33} \end{vmatrix} \qquad |M_{12}| \equiv \begin{vmatrix} a_{21} & a_{23} \\ a_{31} & a_{33} \end{vmatrix} \qquad |M_{13}| \equiv \begin{vmatrix} a_{21} & a_{22} \\ a_{31} & a_{32} \end{vmatrix}$$

소행렬식과 밀접하게 관련되는 개념으로 **여인자**(cofactor)라는 개념이 있다. $|C_{ij}|$로 표기되는 여인자는 소행렬식에 지정된 대수부호를 붙인 것이다.† 부호에 관한 법칙은 다음과 같다. 소행렬식 $|M_{ij}|$에서 두 하첨자 i와 j의 합이 짝수이면, 여인자는 소행렬식과 같은 부호를 갖는다: 즉, $|C_{ij}| \equiv |M_{ij}|$이다. 그러나 그 합이 홀수이면, 여인자는 소행렬식과 반대의 부호를 갖는다: 즉, $|C_{ij}| \equiv -|M_{ij}|$이다. 요컨대,

$$|C_{ij}| \equiv (-1)^{i+j}|M_{ij}|$$

이다. 여기서 $(-1)^{i+j}$가 양이 되는 필요충분조건은 $(i+j)$가 짝수일 때라는 것을 쉽게 알 수 있다. 여인자가 특정부호를 갖는다는 사실은 매우 중요하므로 항상 기억해 두어야 한다.

예 4

행렬식 $\begin{vmatrix} 9 & 8 & 7 \\ 6 & 5 & 4 \\ 3 & 2 & 1 \end{vmatrix}$에서, 원소 8의 소행렬식은

$$|M_{12}| = \begin{vmatrix} 6 & 4 \\ 3 & 1 \end{vmatrix} = -6$$

이지만, 동일한 원소의 여인자는

$$|C_{12}| = -|M_{12}| = 6$$

이 된다. 왜냐하면 $i+j=1+2=3$ 으로 홀수이기 때문이다. 마찬가지로 원소 4의 여인자는 다음과 같다.

$$|C_{23}| = -|M_{23}| = -\begin{vmatrix} 9 & 8 \\ 3 & 2 \end{vmatrix} = 6$$

이 새로운 개념을 이용하여 3계행렬식은 다음과 같이 표시할 수 있다.

$$\begin{aligned} |A| &= a_{11}|M_{11}| - a_{12}|M_{12}| + a_{13}|M_{13}| \\ &= a_{11}|C_{11}| + a_{12}|C_{12}| + a_{13}|C_{13}| = \sum_{j=1}^{3} a_{1j}|C_{1j}| \end{aligned} \qquad \textbf{(5.7)}$$

† 소행렬식과 여인자는 기호 M_{ij}와 C_{ij}와 같이 세로줄 없이 사용되기도 한다. 본서에서는, 소행렬식과 여인자가 본질적으로 행렬식이기 때문에 스칼라 값을 갖는다는 사실을 강조하기 위해서, 세로줄을 붙이기로 한다.

즉, 이것은 3개 항의 합으로 이루어지는데, 그 각 항은 첫 번째 행의 원소와 그에 대응하는 여인자와의 곱으로 되어 있다. (5.7)에서 $a_{12}|M_{12}|$와 $a_{12}|C_{12}|$의 부호는 서로 다르다는 사실에 주의하라. 이것은 (1+2) 가 홀수이기 때문이다.

3계행렬식의 라플라스전개는 행렬식 값을 계산하는 문제를 단지 2계행렬식의 값을 구하는 문제로 간소화시킨다. 고계행렬식의 라플라스전개에서도 같은 방법으로 행렬식의 계의 수를 줄여 나갈 수 있다. 예를 들어, 4계행렬식 $|B|$에서 첫 번째 행은 네원소 $b_{11}, b_{12}, b_{13}, b_{14}$ 로 구성되어 있으므로, (5.7)과 똑같은 방식으로 다음과 같이 쓸 수 있다.

$$|B| = \sum_{j=1}^{4} b_{1j}|C_{1j}|$$

단, $|C_{1j}|$는 계수가 3인 여인자이다. 그러면 3계여인자는 각각 (5.6)과 같이 계산될 수 있다. 일반적으로 n계행렬식의 라플라스전개는 그 행렬식의 값을 구하는 문제를 n개의 $(n-1)$계여인자를 계산하는 문제로 간소화시킨다. 이 방법을 반복적으로 적용하면, 질서정연하게 점점 더 낮은 계의 행렬식으로 바뀔 것이고, 결국 마지막에는 (5.5)에서 정의된 것과 같은 기본적인 2계행렬식으로 되므로 원래 행렬식의 값은 쉽게 계산될 수 있다.

지금까지 라플라스전개방법을 첫 번째 행의 원소들에 대한 여인자로 설명하였으나, 임의의 행 또는 열의 여인자에 의해서도 행렬식을 전개할 수 있다. 예를 들어, 3계행렬식 $|A|$의 첫 번째 열이 a_{11}, a_{12}, a_{31} 이면, 이 원소들의 여인자에 의해서 전개해도 $|A|$의 값을 구할 수 있다. 즉,

$$|A| = a_{11}|C_{11}| + a_{21}|C_{21}| + a_{31}|C_{31}| = \sum_{i=1}^{3} a_{i1}|C_{i1}|$$

예 5

$|A| = \begin{vmatrix} 5 & 6 & 1 \\ 2 & 3 & 0 \\ 7 & -3 & 0 \end{vmatrix}$ 일 때 첫 번째 행에 대해서 전개하면 다음을 얻는다.

$$|A| = 5\begin{vmatrix} 3 & 0 \\ -3 & 0 \end{vmatrix} - 6\begin{vmatrix} 2 & 0 \\ 7 & 0 \end{vmatrix} + \begin{vmatrix} 2 & 3 \\ 7 & -3 \end{vmatrix} = 0 + 0 - 27 = -27$$

그러나 첫 번째 열에 대해서 전개해도 이와 똑같은 결과를 얻는다.

$$|A| = 5\begin{vmatrix} 3 & 0 \\ -3 & 0 \end{vmatrix} - 2\begin{vmatrix} 6 & 1 \\ -3 & 0 \end{vmatrix} + 7\begin{vmatrix} 6 & 1 \\ 3 & 0 \end{vmatrix} = 0 - 6 - 21 = -27$$

이 사실은, 수치계산에 관한 한, 전개하기 "쉬운" 어떤 행 또는 열을 선택할 수 있다는 것을 의미한다. 따라서 행렬식을 계산할 때, 0과 1이 가장 많이 포함된 행 또는 열을 선택하는 것이 항상 더 좋다. 왜냐하면, 0에 그것의 여인자를 곱하면 0이 되므로 그 항이 삭제되고, 1에 그것의 여인자를 곱하면 그 여인자 자체가 되므로, 적어도 한 번의 곱셈과정이 생략되기 때문이다. [예 5]에서 행렬식을 전개하는 가장 쉬운 방법은 원소가 1, 0, 0으로 구성된 세 번째 열에 의한 것이다. 그러므로 우리는 그것을 다음과 같이 계산할 수 있었다:

$$|A| = 1\begin{vmatrix} 2 & 3 \\ 7 & -3 \end{vmatrix} = -6 - 21 = -27$$

이상의 논의를 요약하면, n 계행렬식 $|A|$의 값은 다음과 같은 **임의의 행** 또는 **임의의 열**에 의한 라플라스전개에 의해서 구할 수 있다:

$$\begin{aligned} |A| &= \sum_{j=1}^{n} a_{ij}|C_{ij}| \qquad [i \text{ 번째 행에 의한 전개}] \\ &= \sum_{i=1}^{n} a_{ij}|C_{ij}| \qquad [j \text{ 번째 열에 의한 전개}] \end{aligned} \tag{5.8}$$

연습문제 5.2

1. 다음의 행렬식의 값을 계산하라:

(a) $\begin{vmatrix} 8 & 1 & 3 \\ 4 & 0 & 1 \\ 6 & 0 & 3 \end{vmatrix}$ (c) $\begin{vmatrix} 4 & 0 & 2 \\ 6 & 0 & 3 \\ 8 & 2 & 3 \end{vmatrix}$ (e) $\begin{vmatrix} a & b & c \\ b & c & a \\ c & a & b \end{vmatrix}$

(b) $\begin{vmatrix} 1 & 2 & 3 \\ 4 & 7 & 5 \\ 3 & 6 & 9 \end{vmatrix}$ (d) $\begin{vmatrix} 1 & 1 & 4 \\ 8 & 11 & -2 \\ 0 & 4 & 7 \end{vmatrix}$ (f) $\begin{vmatrix} x & 5 & 0 \\ 3 & y & 2 \\ 9 & -1 & 8 \end{vmatrix}$

2. 다음의 여인자들을 구하기 위해서 이와 관련된 소행렬식에 붙는 부호를 결정하라:

$$|C_{13}|,\ |C_{23}|,\ |C_{33}|,\ |C_{41}|,\ |C_{34}|$$

3. $\begin{vmatrix} a & b & c \\ d & e & f \\ g & h & i \end{vmatrix}$ 일 때, 원소 a, b, f 각각에 대응하는 소행렬식 및 여인자를 구하라.

4. 다음 행렬식의 값을 계산하라:

(a) $\begin{vmatrix} 1 & 2 & 0 & 9 \\ 2 & 3 & 4 & 6 \\ 1 & 6 & 0 & -1 \\ 0 & -5 & 0 & 8 \end{vmatrix}$ (b) $\begin{vmatrix} 2 & 7 & 0 & 1 \\ 5 & 6 & 4 & 8 \\ 0 & 0 & 9 & 0 \\ 1 & -3 & 1 & 4 \end{vmatrix}$

5. 앞 문제의 첫 번째 행렬식에서 원소 9에 대한 여인자의 값을 구하라.

6. $A = \begin{bmatrix} 9 & 11 & 4 \\ 3 & 2 & 7 \\ 6 & 10 & 4 \end{bmatrix}$ 일 때, 세 번째 행에 대한 소행렬식과 여인자를 구하라.

7. 라프라스전개방법을 이용하여, $A = \begin{bmatrix} 15 & 7 & 9 \\ 2 & 5 & 6 \\ 9 & 0 & 12 \end{bmatrix}$ 의 행렬식을 구하라.

5.3 | 행렬식의 기본성질

이 절에서는 정방행렬의 행들 사이에 선형종속이 성립하는 것과 그 행렬의 행렬식이 0이 되는 것과는 어떤 관계가 있는가를 보여주는 행렬식의 성질들을 논의한다.

여기서는 다섯 가지 기본성질이 논의될 것이다. 이 성질들은 주로 2계행렬식으로 설명되겠지만, 모든 계의 행렬식에 공통적으로 적용된다.

성질 1 행과 열을 교환하여 전치행렬을 만들어도 행렬식의 값을 변하지 않는다. 다시 말해서, 행렬 A의 행렬식의 값과 전치행렬 A'의 행렬식의 값은 같다: 즉, $|A|=|A'|$.

예 1

$$\begin{vmatrix} 4 & 3 \\ 5 & 6 \end{vmatrix} = \begin{vmatrix} 4 & 5 \\ 3 & 6 \end{vmatrix} = 9$$

예 2

$$\begin{vmatrix} a & b \\ c & d \end{vmatrix} = \begin{vmatrix} a & c \\ b & d \end{vmatrix} = ad - bc$$

성질 2 임의의 **두** 행(또는 임의의 **두** 열)을 교환하면, 행렬식의 부호는 변하지만, 그 수치는 변하지 않는다.(이 성질은 명백히, 행렬에 대한 첫번째 기본행연산과 관련된다.)

예 3

$\begin{vmatrix} a & b \\ c & d \end{vmatrix} = ad - bc$, 그런데 두 행을 교환하면 다음을 얻는다.

$$\begin{vmatrix} c & d \\ a & b \end{vmatrix} = cb - ad = -(ad - bc)$$

예 4

$\begin{vmatrix} 0 & 1 & 3 \\ 2 & 5 & 7 \\ 3 & 0 & 1 \end{vmatrix} = -26$ 이지만, 첫 번째 열과 세 번째 열을 교환하면 $\begin{vmatrix} 3 & 1 & 0 \\ 7 & 5 & 2 \\ 1 & 0 & 3 \end{vmatrix} = 26$ 이 된다.

성질 3 임의의 **한** 행(또는 한 **열**)에 스칼라 k를 곱하면 행렬식의 값은 k 배가 된다.(이 성질은 두 번째 행렬의 기본행연산과 관련된다.)

예 5

[예 3]에서 행렬식의 첫 번째 행을 k 배 하면 다음을 얻는다.

$$\begin{vmatrix} ka & kb \\ c & d \end{vmatrix} = kad - kbc = k(ad - bc) = k\begin{vmatrix} a & b \\ c & d \end{vmatrix}$$

여기서 두 식 kA 와 $k|A|$ 를 구별하는 것이 중요하다. **행렬** A 에 스칼라 k 로 곱해 주는 것은 A 의 모든 원소에 k 를 곱해 주는 것이 된다. 그러나 **행렬식** $|A|$ 에 k 로 곱해 주는 것은, [예5]의 방정식을 우에서 좌로 읽을때 알 수 있듯이, 오직 한 행(또는 열)에만 k 를 곱해주는 것이라는 사실을 알 수 있다. 그러므로, 이 식은 사실상 행렬식의 인수분해법칙을 보여준다. 즉, 어떤 하나의 행 또는 열이 공약수를 가지면 그 공약수를 인수분해해서 행렬식 밖으로 빼낼 수 있다.

예 6

첫 번째 열과 두 번째 행을 차례로 인수분해하면 다음을 얻는다.

$$\begin{vmatrix} 15a & 7b \\ 12c & 2d \end{vmatrix} = 3\begin{vmatrix} 5a & 7b \\ 4c & 2d \end{vmatrix} = 3(2)\begin{vmatrix} 5a & 7b \\ 2c & d \end{vmatrix} = 6(5ad - 14bc)$$

원래의 행렬식을 직접 계산해도 물론 같은 값을 얻는다.

이와는 대조적으로, **행렬**의 인수분해는 다음과 같이 **모든** 원소들에 대한 공약수가 있어야 한다.

$$\begin{bmatrix} ka & kb \\ kc & kd \end{bmatrix} = k\begin{bmatrix} a & b \\ c & d \end{bmatrix}$$

성질 4 어떤 행의 배수를 다른 행에 더해주어도(또는, 다른 행에서 빼주어도), 행렬식의 값은 변하지 않는다. 이것은 열에 대해서도 마찬가지로 성립한다.(이 성질은 행렬에 대한 세 번째 기본행연산과 관련된다.)

예 7

[예 3]에서 행렬식의 첫 번째 행에 k 를 곱한 것을 두 번째 행에 더해주어도 결국 그 행렬식의 값은 원래의 행렬식의 값과 같다. 즉,

$$\begin{vmatrix} a & b \\ c+ka & d+kb \end{vmatrix} = a(d+kb) - b(c+ka) = ad - bc = \begin{vmatrix} a & b \\ c & d \end{vmatrix}$$

성질 5 어떤 한 행(또는 열)이 다른 행(또는 열)의 배수이면, 행렬식의 값은 0이다. 특수한 예로서, 두 개의 행(또는 두 개의 열)이 **같으면** 행렬식의 값은 0이 된다.

예 8

$$\begin{vmatrix} 2a & 2b \\ a & b \end{vmatrix} = 2ab - 2ab = 0 \qquad \begin{vmatrix} c & c \\ d & d \end{vmatrix} = cd - cd = 0$$

행렬식의 값이 "0이 되는" 또 다른 예는 [연습문제 5.2]의 1에서 볼 수 있다.

이 중요한 성질은 사실상 행렬식의 성질 4에서 논리적으로 유도된다. 이것을 이해하기 위해서 [예 8]의 두 행렬식에 성질 4를 적용한 결과를 보도록 하자. 처음 행렬식의 첫 번째 행에서 두 번째 행의 두 배를 빼고, 두 번째 행렬식의 첫 번째 열에서 두 번째 열을 빼면 행렬식의 값들은 변하지 않기 때문에 다음과 같이 쓸 수 있다.

$$\begin{vmatrix} 2a & 2b \\ a & b \end{vmatrix} = \begin{vmatrix} 0 & 0 \\ a & b \end{vmatrix} \qquad \begin{vmatrix} c & c \\ d & d \end{vmatrix} = \begin{vmatrix} 0 & c \\ 0 & d \end{vmatrix}$$

이 새로운 (축약된) 행렬식들은 이제 각각 0들만을 갖는 행과 열을 가진다. 따라서, 두 경우 모두, 이들 0에 의한 라플라스전개는 0의 값을 가질 수밖에 없다. 일반적으로, 어떤 한 행 (열)이 다른 행 (열)의 배수가 될 때, 성질 4를 적용하면 그 행 (열)의 모든 원소가 0이 되기 때문에 성질 5가 성립한다.

지금까지 논의한 기본적인 성질들은 여러 면에서 유용하다. 그 하나의 예로, 이 성질들은 행렬식의 계산작업을 간소화하는 데 큰 도움을 준다. 예를 들어, 어느 한 행 (또는 열)의 배수를 다른 한 행 (또는 열)에 더해주거나 빼줌으로써 행렬식의 원소들을 훨씬 더 작고 간단한 수로 바꿀 수 있다. 가능하다면, 인수분해하는 것도 유용하다. 게다가 이 성질들을 이용해서 어느 행 또는 열을 주로 0 또는 1을 포함한 형태로 바꿀 수 있다면, 행렬식의 라플라스전개는 훨씬 더 간단해진다.

행렬식에 의한 비특이성의 판정

우리의 현재 관심사는 주로 행렬식의 행들이 선형종속이라는 것과 행렬식의 값이 0이 되는 것을 연결시키는 데 있다. 이 목적을 위해 성질 5가 이용될 수 있다. 방정식체계 $Ax = d$를 생각해 보자:

$$\begin{bmatrix} 3 & 4 & 2 \\ 15 & 20 & 10 \\ 4 & 0 & 1 \end{bmatrix} \begin{bmatrix} x_1 \\ x_2 \\ x_3 \end{bmatrix} = \begin{bmatrix} d_1 \\ d_2 \\ d_3 \end{bmatrix}$$

이 방정식체계가 유일한 해를 갖기 위한 필요충분조건은 계수행렬 A의 행들이 선형독립이고, 따라서 A가 비특이행렬이 되는 것이다. 그러나 두 번째 행은 첫 번째 행의 다섯 배가 되므로 행들은 선형종속이고, 따라서 유일한 해는 존재하지 않는다. 이 같은 행의 선형종속성은 눈으로 보고 쉽게 알아 낸 것이지만, 성질 5를 이용하여 $|A| = 0$이라는 사실을 통해서도 선형종속성을 발견할 수 있다.

물론, 행렬의 선형종속성은 더 복잡하고 눈에 안 띄는 은밀한 형태를 취할 수 있다. 예를 들어, 행렬

$$B = \begin{bmatrix} 4 & 1 & 2 \\ 5 & 2 & 1 \\ 1 & 0 & 1 \end{bmatrix} = \begin{bmatrix} v'_1 \\ v'_2 \\ v'_3 \end{bmatrix}$$

에서는 $2v'_1 - v'_2 - 3v'_3 = 0$ 이므로 행의 선형종속성이 존재하지만 한번 봐서 이 사실을 알아내기는 어렵다. 그러나, 이 경우에도 v'_3 의 3배를 v'_2 에 더해준 것에서 v'_1 의 2배를 빼주면 두 번째 행이 0벡터가 되기 때문에, 성질 5에 의해 $|B| = 0$이 되는 것을 알 수 있다[†]. 일반적으로, 행들 간의 **어떠한** 형태의 선형종속관계도 행렬식이 0의 값을 갖는 것으로 반영된다. 바로 여기에 성질 5의 멋진 점이 있다. 반대로, 행들이 선형독립이면 행렬식은 0이 아닌 값을 가질수 밖에 없다.

위에서는 행렬의 비특이성을 주로 **행들** 사이의 선형독립성과 연결시켰다. 그런데, 앞에서 우리는 **정방**행렬에 대하여 행의 독립 ⇔ 열의 독립이라고 주장한 바 있다. 이제 이 주장을 증명해보자:

성질 1에 의하면 $|A| = |A'|$이 성립한다. 행렬 A의 행 독립성 ⇔ $|A| \neq 0$ 이므로, A의 행

[†] 역주: 이것은 성질 5가 아니라 성질 4를 이용했다고 보아야 할 것이다 (이하 같음).

독립성 $\Leftrightarrow |A'| \neq 0$ 이라고도 말할 수 있다. 그러나, $|A'| \neq 0 \Leftrightarrow$ 전치행렬 A' 의 행 독립성 $\Leftrightarrow A$ 의 열 독립성이 된다 (정의에 따라, A' 의 행들은 A 의 열들이기 때문이다). 그러므로, A 의 **행** 독립성 $\Leftrightarrow A$ 의 **열** 독립성이 성립한다.

이제 비특이성의 검증에 관한 이상의 논의를 다음과 같이 요약할 수 있다. A 가 $n \times n$ 계수행렬인 선형방정식체계 $Ax = d$ 가 주어지면 다음과 같은 관계가 성립한다.

$$
\begin{aligned}
|A| \neq 0 &\Leftrightarrow A \text{ 의 행 (열) 은 독립이다.} \\
&\Leftrightarrow A \text{ 는 비특이행렬이다.} \\
&\Leftrightarrow A^{-1} \text{ 가 존재한다.} \\
&\Leftrightarrow \text{유일한 해 } x^* = A^{-1}d \text{ 가 존재한다.}
\end{aligned}
$$

그러므로, 계수행렬의 행렬식의 값 $|A|$ 은 행렬 A 의 비특이성과 방정식체계 $Ax = d$ 의 유일한 해의 존재여부를 검증할 수 있는 편리한 기준을 제공한다. 그러나 이 행렬식에 의한 판정기준은 방정식의 해값의 부호에 관해서는 아무런 정보도 제공하지 않는다는 점에 유의하여야 한다. 즉 $|A| \neq 0$ 이어서 유일한 해가 보장된다고 하더라도, 경제학에서는 허용될 수 없는 음의 해를 얻을 수도 있다.

예 9

다음의 방정식 체계는 유일한 해를 갖는가?

$$
\begin{aligned}
7x_1 - 3x_2 - 3x_3 &= 7 \\
2x_1 + 4x_2 + x_3 &= 0 \\
-2x_2 - x_3 &= 2
\end{aligned}
$$

행렬식 $|A|$ 의 값이

$$
\begin{vmatrix} 7 & -3 & -3 \\ 2 & 4 & 1 \\ 0 & -2 & -1 \end{vmatrix} = -8 \neq 0
$$

이므로 이 방정식은 유일한 해를 갖는다.

행렬의 위수의 재정의

행렬 A 의 위수 (rank) 는 A 에 있는 선형독립인 행들의 최대수라고 이미 앞에서 정의한 바 있다. 행의 독립성과 행렬식이 0이 아닌 것과의 관계를 고려하면, 어떤 $m \times n$ 행렬의 위수는 그 행렬의 행들과 열들로 구성될 수 있는 0이 아닌 값을 갖는 행렬식들에서 그 계의 수가 가장 큰 것의 계의 수 (maximum order) 라고 다시 정의할 수 있다. 행렬의 위수는 그 행렬에서 유일하다.

분명히, 위수는 아무리 크더라도 m 과 n 중에서 작은 것보다 더 클 수는 없다. 왜냐하면 행렬식은 정방행렬에 대해서만 정의되며, 어떤 행렬의 차원 (예를 들어 3×5) 에서 취할 수 있는 가장 큰 행렬식 (그 값이 0이든 또는 0이 아니든) 의 계의 수는 3이기 때문이다. 이 사실을 기호로 표시하면 다음과 같다:

$$r(A) \leq \min\{m, n\}$$

이것을 읽는 방법은, “A 의 위수는 두 수 m 과 n 중 작은값보다 더 작거나 같다”라고 한다. 어떤 $n \times n$ 비특이행렬 A 의 위수는 n 일 수밖에 없다. 이 경우에 $r(A) = n$ 으로 쓸 수 있다.

때로 우리는 두 행렬의 곱의 위수에 관심을 가질 수 있다. 이때는 다음의 법칙이 쓸모가 있다.

$$r(AB) \le \min\{r(A),\ r(B)\} \tag{5.9}$$

이 법칙은 유일한 $r(AB)$ 의 값을 제시해 주지는 못하지만, 이 법칙을 응용하면 유일한 결과를 얻을 수 있게 된다. 특히, 위수가 $r(A) = j$ 인 행렬 A 를 어떤 (적합성을 가진) 비특이행렬 B 로 곱하면, 곱행렬 AB (또는 사정에 따라서 BA)의 위수는 j 가 될 수밖에 없다는 것을 (5.9)로부터 보일 수 있다. 우리는 이것을 곱 AB 에 대해 증명해 보도록 한다. (BA 의 경우도 유사하다.) 먼저, (5.9)의 우변을 보면, 세 가지 경우 : (i) $r(A) < r(B)$, (ii) $r(A) = r(B)$, (iii) $r(A) > r(B)$ 만이 있을 수 있음을 알 수 있다. (i)과 (ii)의 경우에는, (5.9)는 바로 $r(AB) \le r(A) = j$ 로 될 수 밖에 없다. (iii)의 경우에는, $r(AB) \le r(B) r(A) = j$가 된다. 따라서 어느 쪽이든, 다음이 성립한다.

$$r(AB) \le r(A) = j \tag{5.10}$$

이제 항등관계 $(AB)B^{-1} = A$ 를 검토해보면, (5.9)에 의해서 다음의 결과를 얻는다.

$$r[(AB)B^{-1}] \le \min\{r(AB),\ r(B^{-1})\}$$

(5.10)의 결과를 이끌었던 똑같은 논리를 적용하면, 이로부터

$$r[(AB)B^{-1}] \le r(AB)$$

라고 결론을 내릴 수 있다. 이 부등식의 좌변은 $r(A) = j$ 와 같으므로,

$$j \le r(AB) \tag{5.11}$$

로 쓸 수 있다. 그러나 (5.10)과 (5.11)은 $r(AB) = j$ 가 아닌 한 동시에 만족될 수 없다. 따라서 곱행렬 AB 의 위수는 j 가 되어야 한다.

연습문제 5.3

1. 행렬식 $\begin{vmatrix} 4 & 0 & -1 \\ 2 & 1 & -7 \\ 3 & 3 & 9 \end{vmatrix}$ 을 이용하여 행렬식에 관한 처음 4개의 성질을 확인하여라.

2. n 계행렬식 $|A|$ 의 모든 원소를 k 배 하면 $k^n|A|$가 되는 것을 보여라.

3. 행렬식의 어떤 성질을 이용하면 다음과 같이 나타낼 수 있는가?

   (a) $\begin{vmatrix} 9 & 18 \\ 27 & 56 \end{vmatrix} = \begin{vmatrix} 9 & 18 \\ 0 & 2 \end{vmatrix}$ (b) $\begin{vmatrix} 9 & 27 \\ 4 & 2 \end{vmatrix} = 18 \begin{vmatrix} 1 & 3 \\ 2 & 1 \end{vmatrix}$

4. 다음 행렬이 비특이인가의 여부를 검증하라.

   (a) $\begin{bmatrix} 4 & 0 & 1 \\ 19 & 1 & -3 \\ 7 & 1 & 0 \end{bmatrix}$ (c) $\begin{bmatrix} 7 & -1 & 0 \\ 1 & 1 & 4 \\ 13 & -3 & -4 \end{bmatrix}$

(b) $\begin{bmatrix} 4 & -2 & 1 \\ -5 & 6 & 0 \\ 7 & 0 & 3 \end{bmatrix}$ (d) $\begin{bmatrix} -4 & 9 & 5 \\ 3 & 0 & 1 \\ 10 & 8 & 6 \end{bmatrix}$

5. 앞의 문제에서 각 행렬의 위수는 어떻게 되는가?
6. 다음의 3차원 벡터의 집합이 3차원 공간을 생성할 수 있는가? 그 이유는 무엇인가?

   (a) [1 2 1] [2 3 1] [3 4 2]
   (b) [8 1 3] [1 2 8] [−7 1 5]

7. 국민소득모형 (3.23)을 $Ax = d$ 의 형태로 다시 쓰고 (Y 를 x 벡터의 첫 번째 변수로 할 것), 계수행렬 A가 비특이행렬인지를 검증하라.
8. 다음 명제의 정당성에 대하여 의견을 말하라.
   (a) "어떤 행렬 A가 주어지면, 우리는 그로부터 전치행렬, 그리고 행렬식을 항상 도출할 수 있다."
   (b) "$n \times n$ 행렬식의 각각의 원소에 2를 곱하면 그 행렬식의 값은 두 배가 된다."
   (c) "정방행렬 A가 0의 값을 가지면, 방정식체계 $Ax = d$는 반드시 비특이행렬이 된다."

5.4 | 역행렬을 구하는 방법

선형방정식체계 $Ax = d$ 에서 행렬 A가 비특이행렬이면, A^{-1}가 존재하고, 이 방정식체계의 해는 $x^* = A^{-1}d$가 된다. 우리는 A의 비특이성을 $|A| \neq 0$의 기준에 의해서 검증할 수 있음을 보았다. 다음의 문제는, 만일 A가 이 기준을 통과한다면, 그 역행렬 A^{-1}을 어떻게 구할 수 있는가 하는 것이다.

타행 또는 타열의 여인자들에 의한 행렬식의 전개

이 문제에 답하기 전에, 행렬식의 또 다른 중요한 성질을 검토해 보자.

성질 6 행렬식을 하나의 타행 또는 타열의 여인자들 (즉 **타여인자들** (alien cofactors)) 에 의해 전개하면, 그 값은 항상 0이 된다.

예 1

행렬식 $\begin{vmatrix} 4 & 1 & 2 \\ 5 & 2 & 1 \\ 1 & 0 & 3 \end{vmatrix}$ 을 **첫 번째 행**의 원소들에 의해 전개하면서, 그러나 여인자들은 **두 번째 행**의 원소들의 여인자들, 즉

$$|C_{21}| = -\begin{vmatrix} 1 & 2 \\ 0 & 3 \end{vmatrix} = -3 \qquad |C_{22}| = \begin{vmatrix} 4 & 2 \\ 1 & 3 \end{vmatrix} = 10 \qquad |C_{23}| = -\begin{vmatrix} 4 & 1 \\ 1 & 0 \end{vmatrix} = 1$$

들을 이용하면, 그 전개 결과는 다음과 같다.

$$a_{11}|C_{21}| + a_{12}|C_{22}| + a_{13}|C_{23}| = 4(-3) + 1(10) + 2(1) = 0$$

보다 일반적으로, [예 1]에서 설명한 타여인자들에 의한 전개방법을 행렬식 $|A| = \begin{vmatrix} a_{11} & a_{12} & a_{13} \\ a_{21} & a_{22} & a_{23} \\ a_{31} & a_{32} & a_{33} \end{vmatrix}$ 에 적용하면, 그 결과는 다음과 같이 그 곱들의 합이 0이 된다:

$$\begin{aligned} \sum_{j=1}^{3} a_{1j}|C_{2j}| &= a_{11}|C_{21}| + a_{12}|C_{22}| + a_{13}|C_{23}| \\ &= -a_{11}\begin{vmatrix} a_{12} & a_{13} \\ a_{32} & a_{33} \end{vmatrix} + a_{12}\begin{vmatrix} a_{11} & a_{13} \\ a_{31} & a_{33} \end{vmatrix} - a_{13}\begin{vmatrix} a_{11} & a_{12} \\ a_{31} & a_{32} \end{vmatrix} \\ &= -a_{11}a_{12}a_{33} + a_{11}a_{13}a_{32} + a_{11}a_{12}a_{33} - a_{12}a_{13}a_{31} \\ &\quad - a_{11}a_{13}a_{32} + a_{12}a_{13}a_{31} = 0 \end{aligned} \tag{5.12}$$

이와 같은 결과를 얻게 되는 이유는, (5.12)의 곱들의 합이, 또 하나의 행렬식 $|A^*| \equiv \begin{vmatrix} a_{11} & a_{12} & a_{13} \\ a_{21} & a_{22} & a_{23} \\ a_{31} & a_{32} & a_{33} \end{vmatrix}$ 의 전개를 두 번째 행에 의해서 **통상의 방법**으로 전개했을 때 얻게 되는 결과로 생각할 수 있다는 사실에 있다. 여기서, $|A^*|$는 $|A|$와 두 번째 행만이 다르다. $|A^*|$의 첫 두 행은 동일하다. 여러분들은 연습문제로서, 실제로 $|A^*|$의 두 번째 행의 여인자들이 (5.12)에 나타난 것과, 부호를 포함하여, 똑같은 것임을 확인해 보기 바란다. 두 행이 같기 때문에 $|A^*|= 0$ 이고, 따라서 (5.12)로 표현되는 타여인자들에 의한 전개는 반드시 영의 값을 갖게 될 것이다.

성질 6은 모든 계의 행렬식에 대해서 성립하며, 행렬식의 전개가 어떤 행 또는 어떤 열의 타여인자들에 의해서 행해질 때에도 적용된다. 그러므로 일반적으로 n 계행렬식에 대하여 다음 식이 성립한다:

$$\begin{aligned} &\sum_{j=1}^{n} a_{ij}|C_{i'j}| = 0 \qquad (i \neq i') \qquad [i \text{ 번째 행의 원소들과 } i' \text{ 번째 행의 여인자들에 의한 전개}] \\ &\sum_{i=1}^{n} a_{ij}|C_{ij'}| = 0 \qquad (j \neq j') \qquad [j \text{ 번째 열의 원소들과 } j' \text{ 번째 열의 여인자들에 의한 전개}] \end{aligned} \tag{5.13}$$

(5.13)과 (5.8)을 주의깊게 비교해 보라. 후자(통상의 라플라스전개)의 경우에는, a_{ij}와 $|C_{ij}|$의 하첨자들은 전개된 다항식의 각 항에서 일치해야 한다. 반면에 (5.13)과 같이 타여인자들로 전개하는 경우에는, 두 하첨자 중의 하나(i' 또는 j')가 확실히 "부적합한 자리에" 있는 것이다.

역행렬구하기

(5.13)으로 요약된, 성질 6은 행렬의 역연산, 즉 역행렬을 구하는 방법을 찾는데 직접 도움이 된다. 하나의 $n \times n$ 비특이행렬 A가 다음과 같이 주어졌다고 가정하자:

$$\underset{(n\times n)}{A} = \begin{bmatrix} a_{11} & a_{12} & \cdots & a_{1n} \\ a_{21} & a_{22} & \cdots & a_{2n} \\ \cdots & \cdots & \cdots & \cdots \\ a_{n1} & a_{n2} & \cdots & a_{nn} \end{bmatrix} \qquad (|A| \neq 0) \tag{5.14}$$

A 의 각 원소는 여인자 $|C_{ij}|$ 를 가지므로, (5.14)의 각 원소 a_{ij} 를 그 원소의 여인자 $|C_{ij}|$ 로 대체함으로써 여인자들의 행렬을 만들 수 있다. $C=[|C_{ij}|]$ 로 표시되는 그러한 여인자행렬도 역시 $n\times n$ 일 수밖에 없다. 그런데 우리의 당면 목적을 위해서는, C 의 전치행렬이 더 흥미가 있다. 이 전치행렬 C' 을 보통 A 의 **부수행렬** (adjoint) 이라 하고, adj A 로 표기한다. 즉, 이 부수행렬을 확실하게 나타내면, 다음과 같은 형태가 된다:

$$\underset{(n\times n)}{C'} \equiv \text{adj } A \equiv \begin{bmatrix} |C_{11}| & |C_{21}| & \cdots & |C_{n1}| \\ |C_{12}| & |C_{22}| & \cdots & |C_{n2}| \\ \cdots & \cdots & \cdots & \cdots \\ |C_{1n}| & |C_{2n}| & \cdots & |C_{nn}| \end{bmatrix} \tag{5.15}$$

행렬 A 와 C' 은 곱셈의 적합성조건을 충족하고, 그들의 곱 AC' 은 또 하나의 $n\times n$ 행렬로서 그 각 원소는 곱들의 합이 된다. 라플라스전개의 공식과 행렬식에 관한 성질 6을 이용하면, 곱 AC' 은 다음과 같이 나타낼 수 있다:

$$\underset{(n\times n)}{AC'} = \begin{bmatrix} \sum_{j=1}^{n} a_{1j}|C_{1j}| & \sum_{j=1}^{n} a_{1j}|C_{2j}| & \cdots & \sum_{j=1}^{n} a_{1j}|C_{nj}| \\ \sum_{j=1}^{n} a_{2j}|C_{1j}| & \sum_{j=1}^{n} a_{2j}|C_{2j}| & \cdots & \sum_{j=1}^{n} a_{2j}|C_{nj}| \\ \vdots & \vdots & & \vdots \\ \sum_{j=1}^{n} a_{nj}|C_{1j}| & \sum_{j=1}^{n} a_{nj}|C_{2j}| & \cdots & \sum_{j=1}^{n} a_{nj}|C_{nj}| \end{bmatrix}$$

$$= \begin{bmatrix} |A| & 0 & \cdots & 0 \\ 0 & |A| & \cdots & 0 \\ \vdots & \vdots & & \vdots \\ 0 & 0 & \cdots & |A| \end{bmatrix} \qquad \text{[(5.8) 및 (5.13)에 의해]}$$

$$= |A| \begin{bmatrix} 1 & 0 & \cdots & 0 \\ 0 & 1 & \cdots & 0 \\ \vdots & \vdots & & \vdots \\ 0 & 0 & \cdots & 1 \end{bmatrix} = |A|I_n \qquad \text{[인수분해에 의해]}$$

행렬식 $|A|$ 는 영이 아닌 스칼라이므로, 식 $AC'=|A|I$ 의 양변을 $|A|$ 로 나눌 수 있고, 그 결과는

$$\frac{AC'}{|A|} = I \qquad \text{또는} \qquad A\frac{C'}{|A|} = I$$

가 된다. 위의 마지막 식의 양변을 A^{-1} 로 앞곱하고, $A^{-1}A=I$ 을 감안하면, $\frac{C'}{|A|}=A^{-1}$, 또는

$$A^{-1} = \frac{1}{|A|} \text{adj } A \qquad \text{[(5.15)에 의해]} \tag{5.16}$$

를 얻는다. 이것으로 행렬 A 의 역행렬을 구하는 한가지 방법을 찾아냈다 !

즉 정방행렬 A 의 역행렬을 구하는 일반적 과정은 다음의 단계를 거친다: (1) $|A|$ 를 구한다 ($|A|\neq 0$ 일 경우에만 다음 단계를 계속할 수 있다. 왜냐하면 $|A|=0$ 이면 (5.16)의 역행렬이 정의

되지 않기 때문이다.); (2) A 의 모든 원소에 대해 여인자를 구하여 여인자행렬 $C=[|C_{ij}|]$를 만든다; (3) C 를 전치시켜 A의 부수행렬 adj A 를 구한다 ; (4) adj A 를 행렬식 $|A|$로 나눈다. 그 결과는 우리가 원하는 역행렬 A^{-1}다.

예 2

$A=\begin{bmatrix}3 & 2\\1 & 0\end{bmatrix}$의 역행렬을 구하라. $|A|=-2\neq 0$ 이므로 역행렬 A^{-1}가 존재한다. 각 원소의 여인자는이 경우에 1×1 행렬식이고, 그것은 단순히 그 행렬식 자체의 스칼라 원소들로 정의된다(즉, $|a_{ij}|\equiv a_{ij}$). 따라서, 다음의 여인자행렬을 얻는다.

$$C=\begin{bmatrix}|C_{11}| & |C_{12}|\\|C_{21}| & |C_{22}|\end{bmatrix}=\begin{bmatrix}0 & -1\\-2 & 3\end{bmatrix}$$

여인자에 관한 부호의 규정 때문에, 1과 2에 음의 부호가 붙어 있는 것을 주목하라. 이 여인자행렬을 전치시키면,

$$\text{adj } A=\begin{bmatrix}0 & -2\\-1 & 3\end{bmatrix}$$

가 되므로, 역행렬 A^{-1}는 다음과 같이 쓸 수 있다 :

$$A^{-1}=\frac{1}{|A|}\text{adj } A=-\frac{1}{2}\begin{bmatrix}0 & -2\\-1 & 3\end{bmatrix}=\begin{bmatrix}0 & 1\\\frac{1}{2} & -\frac{3}{2}\end{bmatrix}$$

예 3

$B=\begin{bmatrix}4 & 1 & -1\\0 & 3 & 2\\3 & 0 & 7\end{bmatrix}$의 역행렬을 구하라. $|B|=99\neq 0$ 이므로, 역행렬 B^{-1}가 존재한다. 여인자행렬은 다음과 같다.

$$\begin{bmatrix}\begin{vmatrix}3 & 2\\0 & 7\end{vmatrix} & -\begin{vmatrix}0 & 2\\3 & 7\end{vmatrix} & \begin{vmatrix}0 & 3\\3 & 0\end{vmatrix}\\ -\begin{vmatrix}1 & -1\\0 & 7\end{vmatrix} & \begin{vmatrix}4 & -1\\3 & 7\end{vmatrix} & -\begin{vmatrix}4 & 1\\3 & 0\end{vmatrix}\\ \begin{vmatrix}1 & -1\\3 & 2\end{vmatrix} & -\begin{vmatrix}4 & -1\\0 & 2\end{vmatrix} & \begin{vmatrix}4 & 1\\0 & 3\end{vmatrix}\end{bmatrix}=\begin{bmatrix}21 & 6 & -9\\-7 & 31 & 3\\5 & -8 & 12\end{bmatrix}$$

그러므로,

$$\text{adj } B=\begin{bmatrix}21 & -7 & 5\\6 & 31 & -8\\-9 & 3 & 12\end{bmatrix}$$

그리고 원하는 역행렬은 다음과 같다.

$$B^{-1}=\frac{1}{|B|}\text{adj } B=\frac{1}{99}\begin{bmatrix}21 & -7 & 5\\6 & 31 & -8\\-9 & 3 & 12\end{bmatrix}$$

(예2)와 (예3)의 결과들이 과연 각각 $AA^{-1}=A^{-1}A=I$ 와 $BB^{-1}=B^{-1}B=I$ 를 충족하는지를 확인해보기 바란다.

연습문제 5.4

1. 4계행렬식을 **세 번째 열**과 **두 번째 열**의 원소들의 여인자들로 전개한다고 하자. 그 결과 얻게되는 곱들의 합을 $\sum$ 기호를 사용하여 나타내라. 만일 **두 번째 행**과 **네 번째 행**의 원소들의 여인자들로 전개한다면, 그 곱들의 합은 $\sum$ 기호를 사용하여 어떻게 표시되는가?
2. 다음 각 행렬의 역행렬을 구하라:

   (a) $A=\begin{bmatrix}5 & 2\\ 0 & 1\end{bmatrix}$ (b) $B=\begin{bmatrix}-1 & 0\\ 9 & 2\end{bmatrix}$ (c) $C=\begin{bmatrix}3 & 7\\ 3 & -1\end{bmatrix}$ (d) $D=\begin{bmatrix}7 & 6\\ 0 & 3\end{bmatrix}$

3. (a) 앞 문제의 답에 의거하여 주어진 2×2행렬 A의 여인자행렬을 구하는 2 단계 공식을 만들어 보라: 첫 번째 단계에서는, adj A 의 대각원소들을 구하기 위해 A의 두 개의 대각원소를 어떻게 조작해야 하는가를 보여라. 두 번째 단계에서는, A 의 두 개의 비대각원소를 어떻게 조작해야 하는가를 보여라.
   (주의: 이 법칙은 2×2 행렬에만 적용된다.)
   (b) 앞의 두 단계와 함께, 2×2 역행렬 A^{-1}를 구하는 세 번째 단계를 추가하라.

4. 다음 행렬의 역행렬을 구하라:

   (a) $E=\begin{bmatrix}4 & -2 & 1\\ 7 & 3 & 0\\ 2 & 0 & 1\end{bmatrix}$ (c) $G=\begin{bmatrix}1 & 0 & 0\\ 0 & 0 & 1\\ 0 & 1 & 0\end{bmatrix}$

   (b) $F=\begin{bmatrix}1 & -1 & 2\\ 1 & 0 & 3\\ 4 & 0 & 2\end{bmatrix}$ (d) $H=\begin{bmatrix}1 & 0 & 0\\ 0 & 1 & 0\\ 0 & 0 & 1\end{bmatrix}$

5. 다음의 행렬 A의 역행렬을 구하라.

$$A=\begin{bmatrix}4 & 1 & -5\\ -2 & 3 & 1\\ 3 & -1 & 4\end{bmatrix}$$

6. 다음의 방정식체계 $Ax=d$ 를 역행렬을 이용하여 풀어라.

   (a) $4x+3y=28$
   $2x+5y=42$

   (b) $4x_1+x_2-5x_3=8$
   $-2x_1+3x_2+x_3=12$
   $3x_1-x_2+4x_3=5$

7. 행렬이 자신의 역행렬과 같아질 수 있는가?

5.5 | 크래머의 법칙

제 5.4 절에서 논의한 행렬의 역연산 방법을 이용하여 **크래머의 법칙** (Cramer's rule) 으로 알려진 선형방정식체계를 푸는 방법을 도출할 수 있다. 이 방법은 항상 효율적은 아니지만 하나의 실용적인 방법임에는 틀림없다.

법칙의 도출

A 가 $n \times n$ 인 비특이행렬이면, 방정식체계 $Ax = d$ 의 해는

$$x^* = A^{-1}d = \frac{1}{|A|}(\text{adj } A)d \qquad [(5.16)\text{에 의해}]$$

로 쓸 수 있다. (5.15)에 의하면 이것은 다음을 의미한다.

$$\begin{bmatrix} x_1^* \\ x_2^* \\ \vdots \\ x_n^* \end{bmatrix} = \frac{1}{|A|}\begin{bmatrix} |C_{11}| & |C_{21}| & \cdots & |C_{n1}| \\ |C_{12}| & |C_{22}| & \cdots & |C_{n2}| \\ \cdots & \cdots & \cdots & \cdots \\ |C_{1n}| & |C_{2n}| & \cdots & |C_{nn}| \end{bmatrix}\begin{bmatrix} d_1 \\ d_2 \\ \vdots \\ d_n \end{bmatrix}$$

$$= \frac{1}{|A|}\begin{bmatrix} d_1|C_{11}| + d_2|C_{21}| + \cdots + d_n|C_{n1}| \\ d_1|C_{12}| + d_2|C_{22}| + \cdots + d_n|C_{n2}| \\ \cdots\cdots\cdots\cdots\cdots\cdots \\ d_1|C_{1n}| + d_2|C_{2n}| + \cdots + d_n|C_{nn}| \end{bmatrix}$$

$$= \frac{1}{|A|}\begin{bmatrix} \sum_{i=1}^{n} d_i|C_{i1}| \\ \sum_{i=1}^{n} d_i|C_{i2}| \\ \vdots \\ \sum_{i=1}^{n} d_i|C_{in}| \end{bmatrix}$$

방정식의 양변에 있는 서로 대응하는 원소들을 같게 놓음으로써 우리는 다음과 같은 해를 얻는다.

$$x_1^* = \frac{1}{|A|}\sum_{i=1}^{n} d_i|C_{i1}| \qquad x_2^* = \frac{1}{|A|}\sum_{i=1}^{n} d_i|C_{i2}| \qquad (\text{등등.}) \tag{5.17}$$

(5.17)의 $\sum$ 항들은 생소하게 보인다. 이것은 무엇을 의미하는가? (5.8)로부터 행렬식 $|A|$의 첫 번째 열에 의한 라플라스전개는 식 $\sum_{i=1}^{n} a_{i1}|C_{i1}|$의 형태로 표현될 수 있음을 안다. $|A|$의 첫 번째 열을 열벡터 d로 대체하고 다른 모든 열은 그대로 두면, 새로운 행렬식을 얻게 되는데, 이것을 $|A_1|$이라고 하자. 이때 하첨자 1은 첫 번째 열이 d 로 대체되었음을 나타낸다. $|A_1|$의 첫 번째 열 (d 열) 에 의해서 전개하면, d_i 가 원소 a_{ij} 의 자리에 위치하게 되기 때문에, 식 $\sum_{i=1}^{n} d_i|C_{i1}|$을 얻는다. 따라서 (5.17)로 되돌아가면 다음을 얻는다.

$$x_1^* = \frac{1}{|A|}|A_1|$$

마찬가지로, $|A|$의 두 번째 열을 열벡터 d로 대체하고 나머지 열을 그대로 둠으로써 얻어지는 새로운 행렬식 $|A_2|$를 두 번째 열(d 열)에 의해 전개하면, 식 $\sum d_i|C_{i2}|$이 된다. 이 새로운 합을 $|A|$로 나누면 해 x_2^*를 얻는다. 나머지 해들도 마찬가지 방법으로 얻을 수 있다.

이제 이 과정은 일반화될 수 있다. j 번째 변수의 해 x_j^*를 구하기 위해서는, 행렬식 $|A|$의 j 번째 열의 원소들을 상수항 $d_1 \cdots d_n$으로 대체하여 새로운 항렬식 $|A_j|$를 구하고, 이를 원래의 행렬식 $|A|$로 나누면 된다. 즉 연립방정식 $Ax = d$의 해는 다음과 같이 나타낼 수 있다.

$$x_j^* = \frac{|A_j|}{|A|} = \frac{1}{|A|}\begin{vmatrix} a_{11} & a_{12} & \cdots & d_1 & \cdots & a_{1n} \\ a_{21} & a_{22} & \cdots & d_2 & \cdots & a_{2n} \\ \vdots & \vdots & & \vdots & & \vdots \\ a_{n1} & a_{n2} & \cdots & d_n & \cdots & a_{nn} \end{vmatrix} \tag{5.18}$$

(j번째 열이 d로 대체되었음)

이 (5.18)의 결과가 바로 크래머의 법칙이다. 역행렬 방법을 이용하면 **모든** 내생변수의 해를 한 번에 구할 수 있는 반면(x^*는 벡터이다), 크래머의 법칙을 적용하면 오직 하나의 내생변수의 해를(x_j^*는 스칼라이다) 구할 수 있음에 주목하기 바란다. 그 방법이 효율적이지 않을 수 있다는 것은 바로 이 말이다.

예 1

다음 방정식체계의 해를 구하라.

$$\begin{aligned} 5x_1 + 3x_2 &= 30 \\ 6x_1 - 2x_2 &= 8 \end{aligned}$$

계수와 상수항으로부터 다음의 행렬식을 얻는다:

$$|A| = \begin{vmatrix} 5 & 3 \\ 6 & -2 \end{vmatrix} = -28 \qquad |A_1| = \begin{vmatrix} 30 & 3 \\ 8 & -2 \end{vmatrix} = -84$$

$$|A_2| = \begin{vmatrix} 5 & 30 \\ 6 & 8 \end{vmatrix} = -140$$

따라서, (5.18)에 의하여 곧바로 다음의 해를 구할 수 있다.

$$x_1^* = \frac{|A_1|}{|A|} = \frac{-84}{-28} = 3 \qquad x_2^* = \frac{|A_2|}{|A|} = \frac{-140}{-28} = 5$$

예 2

다음 방정식체계의 해를 구하라.

$$\begin{aligned} 7x_1 - x_2 - x_3 &= 0 \\ 10x_1 - 2x_2 + x_3 &= 8 \\ 6x_1 + 3x_2 - 2x_3 &= 7 \end{aligned}$$

이 문제와 관련된 행렬식 $|A|$및 $|A_j|$는 다음과 같다.

$$|A| = \begin{vmatrix} 7 & -1 & -1 \\ 10 & -2 & 1 \\ 6 & 3 & -2 \end{vmatrix} = -61 \qquad |A_1| = \begin{vmatrix} 0 & -1 & -1 \\ 8 & -2 & 1 \\ 7 & 3 & -2 \end{vmatrix} = -61$$

$$|A_2| = \begin{vmatrix} 7 & 0 & -1 \\ 10 & 8 & 1 \\ 6 & 7 & -2 \end{vmatrix} = -183 \qquad |A_3| = \begin{vmatrix} 7 & -1 & 0 \\ 10 & -2 & 8 \\ 6 & 3 & 7 \end{vmatrix} = -244$$

따라서 변수의 해는 다음과 같다.

$$x_1^* = \frac{|A_1|}{|A|} = \frac{-61}{-61} = 1 \qquad x_2^* = \frac{|A_2|}{|A|} = \frac{-183}{-61} = 3 \qquad x_3^* = \frac{|A_3|}{|A|} = \frac{-244}{-61} = 4$$

위의 예에서 $|A| \neq 0$ 임을 주목하라. 이것은 역행렬 A가 존재하기 위한 필요조건인 것과 같이, 크래머의 법칙을 적용하기 위한 필요조건이기도 하다. 결국 크래머의 법칙은, 실제로는 행렬 역연산의 계산과정을 거치지 않았지만, 역행렬의 개념에 기초하고 있는 것이다.

동차방정식 체계에 관한 보주

앞에서 다룬 방정식체계 $Ax = d$ 의 벡터 d는 어떠한 상수라도 가질 수 있다. 그런데 $d = 0$, 즉 $d_1 = d_2 = \cdots = d_n = 0$ 이면 방정식체계는

$$Ax = 0$$

이 된다. 여기서 0은 영벡터이다. 이 특별한 경우를 **동차방정식체계**(homogeneous equation system)라고 한다. 동차라는 단어는 모든 변수 $x_1, \cdots, x_n$에 어떤 동일한 수를 곱해주어도 방정식체계는 그대로 성립한다는 성질을 나타낸다. 이것은 상수항이 모두 0인 경우에만 가능하다.

행렬 A가 비특이행렬이면, 동차방정식체계는 오직 "0인 해", 즉 $x_1^* = x_2^* = \cdots = x_n^* = 0$ 만을 갖는다. 이것은 동차방정식체계의 해 $x^* = A^{-1}d$ 가 다음과 같다는 사실로부터 알 수 있다.

$$\underset{(n\times 1)}{x^*} = \underset{(n\times n)}{A^{-1}} \underset{(n\times 1)}{0} = \underset{(n\times 1)}{0}$$

이 결과는 또한 크래머의 법칙에 의해서도 도출될 수 있다. $d = 0$ 이라는 사실은 모든 j에 대하여 $|A_j|$가 0으로만 이루어진 열을 포함할 수밖에 없다는 것을 의미하고, 따라서 해는

$$x_j^* = \frac{|A_j|}{|A|} = \frac{0}{|A|} = 0 \qquad (j = 1, 2, \ldots, n)$$

이 된다.

흥미로운 점은 동차방정식체계에서 0이 **아닌** 해를 얻는 **유일한** 경우는 $|A| = 0$, 즉 계수행렬 A가 **특이행렬**인 경우뿐이라는 사실이다. 이 경우에는

$$x_j^* = \frac{|A_j|}{|A|} = \frac{0}{0}$$

이 성립한다. 단, 0/0이라는 표현은 0이 아니라 부정형이다. 결과적으로 크래머의 법칙은 적용될

수 없다. 이것은 해를 구할 수 없음을 의미하는 것이 아니라, 단지 유일한 해를 구할 수 없음을 의미한다.

다음과 같은 동차방정식체계를 생각해보자.

$$\begin{aligned} a_{11}x_1 + a_{12}x_2 &= 0 \\ a_{21}x_1 + a_{22}x_2 &= 0 \end{aligned} \tag{5.19}$$

해가 $x_1^* = x_2^* = 0$ 이 된다는 것은 자명하지만 0인 해 일 뿐이다. 이제 계수행렬 A가 특이행렬이고, 따라서 $|A| = 0$ 이라고 가정하자. 이것은 행벡터 $[a_{11} \; a_{12}]$가 행벡터 $[a_{21} \; a_{22}]$의 배수임을 의미하므로, 결과적으로 두 방정식 중 하나는 불필요한 것이다. (5.19)에서 하나의 방정식, 예를 들어 두 번째 방정식을 제외시키면, 2개의 변수를 갖는 한 개의(첫번째) 방정식만 남고, 그 해는 $x_1^* = (-a_{12}/a_{11})x_2^*$가 된다. $a_{11} \neq 0$ 이면, 이 해는 0이 아닌 해이며 또 잘 정의되지만, 무수한 해를 나타낸다. 왜냐하면 가능한 모든 x_2^*의 값에 대해서 그에 대응하는 값 x_1^*가 존재하며 그 두 값의 쌍은 해가 되기 때문이다. 따라서 이 동차방정식체계에는 0이 아닌 유일한 해는 존재하지 않는다. 이 명제는 일반적으로 n 변수의 경우에 대해서도 성립한다.

선형방정식체계에서의 해의 결과

우리는 지금까지 논의한 선형방정식체계 $Ax = d$ 의 여러 변형으로부터 네가지 상이한 해의 형태가 있음을 알 수 있다. 이 변형들을 한 눈에 개관할 수 있도록, 그것들을 <표 5.1>에서 보듯이 표의 형식으로 정리하였다.

첫 번째 가능성은 방정식체계가 0이 아닌 유일해를 가지는 경우이다. 이러한 유형의 해는 방정식체계가 비동차이며, 계수행렬 A가 비특이인 경우에만 발생한다.

두 번째 가능한 결과는 0인 유일해로서, 이것은 A가 비특이인 동차방정식체계의 경우이다. 세 번째 가능성은 무수한 해가 존재하는 경우이다. 이 가능성은 방정식들이 종속인 경우(즉, 불필요한 방정식이 존재하는 경우)에만 발생한다. 이때 방정식체계가 동차인가의 여부에 따라 0인 해가 그 무수한 해의 집합에 포함되는가의 여부가 결정된다. 끝으로, 모순된 방정식체계의 경우에는 해

표 5.1 선형방정식체계 $Ax = d$ 의 해의 결과

행렬식 $\|A\|$ \ 벡터 d		$d \neq 0$ (비동차방정식체계)	$d = 0$ (동차방정식체계)
$\|A\| \neq 0$ (비특이행렬)		0이 아닌 유일해 $x^* \neq 0$가 존재한다	0인 유일해 $x^* = 0$가 존재한다
$\|A\| = 0$ (특이행렬)	방정식체계가 종속임	무수한 해가 존재한다 (0인 해를 포함하지 않는다)	무수한 해가 존재한다 (0인 해를 포함한다)
	방정식체계가 모순됨	해가 존재하지 않는다	[모순될 수 없다]†

† 역주: 이는 $d = 0$ 일 때는 방정식체제가 모순되는 경우가 나타날 수 없음을 뜻한다. 일반적으로, $[A \;\; d] = A^*$ 라 하면,
(1) $r(A^*) \neq r(A)$ 일 때는 해가 존재하지 않으며,
(2) $r(A^*) = r(A) = n$ 일 때는 유일해가 존재하며,
(3) $r(A^*) = r(A) < n$ 일 때는 무수한 해가 존재한다.
따라서, $d = 0$ 이면 항상 $r(A^*) = r(A)$가 되어 해는 항상 존재한다.

가 하나도 존재하지 않는다. 모형 작성자의 관점에서 가장 유용하고 바람직한 형태는 물론 0이 아니면서도 유일해 $x^* \neq 0$ 을 갖는 경우이다.

연습문제 5.5

1. 크래머의 법칙을 이용하여 다음 방정식체계를 풀어라:

(a) $\begin{aligned} 3x_1 - 2x_2 &= 6 \\ 2x_1 + x_2 &= 11 \end{aligned}$ (c) $\begin{aligned} 8x_1 - 7x_2 &= 9 \\ x_1 + x_2 &= 3 \end{aligned}$

(b) $\begin{aligned} -x_1 + 3x_2 &= -3 \\ 4x_1 - x_2 &= 12 \end{aligned}$ (d) $\begin{aligned} 5x_1 + 9x_2 &= 14 \\ 7x_1 - 3x_2 &= 4 \end{aligned}$

2. 앞 문제의 각 방정식체계에서 계수행렬의 역행렬을 구하고, 공식 $x^* = A^{-1}d$ 에 의하여 해를 구하라.

3. 크래머의 법칙을 이용하여 다음 방정식체계를 풀어라:

(a) $\begin{aligned} 8x_1 - x_2 \qquad &= 16 \\ 2x_2 + 5x_3 &= 5 \\ 2x_1 \qquad + 3x_3 &= 7 \end{aligned}$ (c) $\begin{aligned} 4x + 3y - 2z &= 1 \\ x + 2y \qquad &= 6 \\ 3x \qquad + z &= 4 \end{aligned}$

(b) $\begin{aligned} -x_1 + 3x_2 + 2x_3 &= 24 \\ x_1 \qquad + x_3 &= 6 \\ 5x_2 - x_3 &= 8 \end{aligned}$ (d) $\begin{aligned} -x + y + z &= a \\ x - y + z &= b \\ x + y - z &= c \end{aligned}$

4. 크래머의 법칙은 다음과 같은 과정에 의해서도 유도될 수 있음을 보여라. 방정식체계 $Ax = d$ 에서 첫 번째 방정식의 양변을 여인자 $|C_{1j}|$로 곱하고, 또 두 번째 방정식의 양변을 여인자 $|C_{2j}|$로 곱하고, 나머지 방정식에도 마찬가지 계산을 한다. 이렇게 만들어진 새로운 방정식들을 모두 더한다. 그리고 지표 j에 차례로 1, 2, ⋯, n의 값을 부여하여, (5.17)에 나타난 해값 $x_1^*, x_2^*, \ldots, x_n^*$ 를 얻는다.

5.6 | 시장모형과 국민소득모형에 대한 응용

제 3 장에서 논의된 단순균형모형들은 크래머의 법칙 또는 행렬의 역연산으로 쉽게 풀 수 있다.

시장모형

(3.12)에 나타난 2상품모형은 (수량변수를 제거한 후) (3.13′)과 같은 두 선형방정식의 체계로 나타낼 수 있다:

$$\begin{aligned} c_1 P_1 + c_2 P_2 &= -c_0 \\ \gamma_1 P_1 + \gamma_2 P_2 &= -\gamma_0 \end{aligned}$$

해를 구하는 데 필요한 세 개의 행렬식 —$|A|, |A_1|, |A_2|$— 은 다음과 같은 값을 갖는다:

$$|A| = \begin{vmatrix} c_1 & c_2 \\ \gamma_1 & \gamma_2 \end{vmatrix} = c_1\gamma_2 - c_2\gamma_1$$

$$|A_1| = \begin{vmatrix} -c_0 & c_2 \\ -\gamma_0 & \gamma_2 \end{vmatrix} = -c_0\gamma_2 + c_2\gamma_0$$

$$|A_2| = \begin{vmatrix} c_1 & -c_0 \\ \gamma_1 & -\gamma_0 \end{vmatrix} = -c_1\gamma_0 + c_0\gamma_1$$

그러므로 균형가격은 다음과 같다.

$$P_1^* = \frac{|A_1|}{|A|} = \frac{c_2\gamma_0 - c_0\gamma_2}{c_1\gamma_2 - c_2\gamma_1} \qquad P_2^* = \frac{|A_2|}{|A|} = \frac{c_0\gamma_1 - c_1\gamma_0}{c_1\gamma_2 - c_2\gamma_1}$$

이것은 (3.14) 및 (3.15)에서 얻은 결과와 일치한다. 균형량은 앞에서와 마찬가지로 수요함수 또는 공급함수에서 $P_1 = P_1^*$ 및 $P_2 = P_2^*$로 놓음으로써 구할 수 있다.

국민소득모형

(3.23)에서 인용된 단순국민소득모형도 역시 크래머의 법칙을 이용하여 풀 수 있다. (3.23)에 표기된 바와 같이, 이 모형은 다음의 두 연립방정식으로 이루어진다:

$$\begin{aligned} Y &= C + I_0 + G_0 \\ C &= a + bY \qquad (a > 0, \quad 0 < b < 1) \end{aligned}$$

이것은

$$\begin{aligned} Y - C &= I_0 + G_0 \\ -bY + C &= a \end{aligned}$$

의 형태로 다시 배열할 수 있고, 이 배열에서 내생변수 Y와 C는 등호의 좌변에만 나타나며, 외생변수들과 계수가 아닌 파라미터는 우변에만 나타난다. 이제 계수행렬은 $\begin{bmatrix} 1 & -1 \\ -b & 1 \end{bmatrix}$이고, 상수 (주어진 값)들의 열벡터는 $\begin{bmatrix} I_0 + G_0 \\ a \end{bmatrix}$이다. 이 벡터에서 합 $I_0 + G_0$는 하나의 실체, 즉 하나의 원소가 된다.

이제 크래머의 법칙을 적용하면 바로 다음의 해를 구할 수 있다:

$$Y^* = \frac{\begin{vmatrix} (I_0 + G_0) & -1 \\ a & 1 \end{vmatrix}}{\begin{vmatrix} 1 & -1 \\ -b & 1 \end{vmatrix}} = \frac{I_0 + G_0 + a}{1 - b}$$

$$C^* = \frac{\begin{vmatrix} 1 & (I_0 + G_0) \\ -b & a \end{vmatrix}}{\begin{vmatrix} 1 & -1 \\ -b & 1 \end{vmatrix}} = \frac{a + b(I_0 + G_0)}{1 - b}$$

여러분은 방금 구한 해가 (3.24) 및 (3.25)로 주어진 해와 일치하는가를 확인해 보기 바란다.

이번에는 이 모형을 계수행렬의 역연산에 의해서 풀어 보기로 하자. 계수행렬이 $A = \begin{bmatrix} 1 & -1 \\ -b & 1 \end{bmatrix}$

이므로, 여인자행렬은 $\begin{bmatrix} 1 & b \\ 1 & 1 \end{bmatrix}$ 이고, 따라서 그 부수행렬은 adj $A = \begin{bmatrix} 1 & 1 \\ b & 1 \end{bmatrix}$ 이다. 이로부터 역행렬은

$$A^{-1} = \frac{1}{|A|}\text{adj}A = \frac{1}{1-b}\begin{bmatrix} 1 & 1 \\ b & 1 \end{bmatrix}$$

이 된다. 우리는 방정식체계 $Ax = d$ 에 대한 해는 $x^* = A^{-1}d$ 로 표시될 수 있음을 안다. 이를 현재의 모형에 적용하면 다음의 결과를 얻는다.

$$\begin{bmatrix} Y^* \\ C^* \end{bmatrix} = \frac{1}{1-b}\begin{bmatrix} 1 & 1 \\ b & 1 \end{bmatrix}\begin{bmatrix} I_0 + G_0 \\ a \end{bmatrix} = \frac{1}{1-b}\begin{bmatrix} I_0 + G_0 + a \\ b(I_0 + G_0) + a \end{bmatrix}$$

이 해가 앞에서 구한 해와 일치한다는 것은 쉽게 확인할 수 있다.

IS-LM 모형: 폐쇄경제†

행렬대수 대 변수소거법

위에서 예로 든 두 경제모형은 모두 2개의 방정식만으로 구성되었기 때문에 오직 2계행렬식을 계산하면 되었다. 그러나, 더 큰 방정식체계의 경우에는 고계행렬식들이 나타나게 되고, 그 계산은 결코 쉬운 일이 아니다. 또 대규모 행렬의 역연산방법도 더 복잡해 질 것이다. 사실 계산에 관한 한, 행렬의 역연산과 크래머의 법칙은 변수들을 연속적으로 소거하는 방법보다 반드시 더 효율적이라고는 말할 수 없다.

그렇다면 어째서 행렬방법을 사용하는가 하는 의문이 제기될 수 있다. 우리가 앞에서 본 바와 같이, 행렬대수는 어떠한 선형방정식체계라도 간결하게 표시할 수 있게 해주고, 또 유일한 해의 존재를 검증할 수 있는 행렬식 기준을 제공한다. 이것이 다른 방법에서는 가능하지 않은 행렬대수의 이점이다. 더욱이, 해를 수학적인 형태로 표현할 수 없는 변수소거법과는 달리, 행렬의 역연산방법과 크래머의 법칙은 간편한 해의 표현방법인 $x^* = A^{-1}d$ 및 $x_j^* = |A_j| \,/\, |A|$를 제공한다. 이와 같은 해의 수학적 표현은 해의 도출과정을 간결히 요약했다는 점에서 뿐만 아니라, 그렇게 표현된 해에 대하여, 필요하다면 그 다음 단계의 수학적 연산을 수행할 수 있다는 점에서도 유용하다.

어떤 특정한 상황에서는 행렬방법이 계산상의 이점을 가질 수도 있다. 예를 들어, 계수행렬 A는 동일하지만 상수항 벡터가 서로 다른 여러 개의 방정식체계를 동시에 풀어야 하는 경우이다. 그와 같은 경우에는 변수소거법에 의하면 새로운 방정식체계를 검토할 때마다 계산 과정을 반복해야 한다. 그러나 행렬의 역연산방법에 의하면 공통의 역행렬 A^{-1}을 **단 한번만** 구하면 된다. 그러면, 바로 그 역행렬을 각 방정식체계에 포함된 모든 상수항 벡터에 앞곱함으로써 각 방정식체계의 해를 구할 수 있다. 이 특별한 계산상의 이점은 제 5.7 절에서 다루게 되는 레온티에프 투입산출 모형 (Leontief input-output model) 의 해를 고찰할 때 매우 중요한 실질적 이점을 갖게 된다.

† 역주: 신판에 새로이 마련된 이 절은 불필요하게 복잡하고, 모형설명이 부족할 뿐아니라 제 3 부에서 다루는 비교정태 분석으로 설명되어야 할 승수개념이 나오는 등의 이유 때문에 이 역주서에서는 삭제한다.

연습문제 5.6

1. [연습문제 3.5]의 1의 국민소득모형을
   (*a*) 행렬의 역연산 방법으로 풀어라. (*b*) 크래머의 법칙에 의해 풀어라
   (변수들을 Y, C, T의 순서로 나열하라)
2. [연습문제 3.5]의 2의 국민소득모형을
   (*a*) 행렬의 역연산 방법으로 풀어라. (*b*) 크래머의 법칙에 의해 풀어라
   (변수들을 Y, C, G의 순서로 나열하라)
3. (삭제함)

5.7 | 레온티에프 투입산출모형

노벨상 수상자인 레온티에프교수의 "정태적" 투입산출분석 (input-output analysis)[†]은 "일국 경제에서 n개의 산업 각각의 생산물에 대한 총수요를 과부족 없이 만족시키기 위해서는 각 산업이 어느 정도 수준의 산출량을 생산해야 하는가"라는 특별한 문제를 다룬다.

투입산출분석이라는 용어를 사용하는 근거는 아주 명백하게 알 수 있다. 어떤 산업 (예를 들어 철강산업) 의 산출물은 다른 많은 산업 또는 그 산업 자체의 투입요소로 투입된다. 따라서 "정확한" 즉, 과부족 없는 철강의 산출수준은 모든 n개 산업의 투입소요량에 의존할 것이다. 반대로, 다른 많은 산업들의 산출물은 철강산업에 생산요소로 투입될 것이고, 결과적으로 다른 생산물들의 "정확한" 산출수준들도 부분적으로 철강산업의 투입소요량에 의존할 것이다. 이러한 산업간의 상호의존성이라는 관점에서 보면, n개 산업의 "정확한" 산출량수준들의 집합은, 경제 내의 모든 투입소요량과 모순되지 않아서, 어느 곳에서도 생산의 장애가 발생하지 않을 그런 집합이어야 한다. 이런 관점에서 보면, 투입산출분석은 분명히 한 나라의 경제개발계획이나 국방계획과 같은 생산계획에 아주 유용하게 사용될 수 있다.

엄밀하게 말해서, 투입산출분석은 제 3 장에서 논의된 일반균형분석의 형태는 아니다. 비록 여러 산업간의 상호의존성이 강조되기는 하지만, 계획된 "정확한" 산출수준은 시장균형조건이 아니라 기술적 투입산출관계를 충족하는 것이다. 그러나 투입산출분석에서 제시되는 문제는 결국, 역시 연립방정식체계를 푸는 문제로 요약되며, 행렬대수가 다시 유용한 분석수단이 된다.

투입산출모형의 구조

투입산출모형은 보통 다수의 산업을 포함하므로, 그 구조는 당연히 꽤 복잡해진다. 문제를 단순하게 하기 위해서 대개 다음의 가정들이 채택된다: (1) 각 산업은 하나의 동질상품 (homogeneous commodity) 만을 생산한다 (넓은 의미로 해석하면 이 가정은, 둘 또는 그 이상의 상품이 고정비율로 생산된다면, 결합생산도 허용한다). (2) 각 산업은 고정 투입비율 (또는 요소결합) 로 산출물을

[†]Wassily W. Leontief, *The Structure of American Economy 1919~1939*, 2nd ed., Oxford University Press, Fair Lawn, N.J., 1951.

표 5.2 투입계수행렬

	산출				
투입	I	II	III	⋯	N
I	a_{11}	a_{12}	a_{13}	⋯	a_{1n}
II	a_{21}	a_{22}	a_{23}	⋯	a_{2n}
III	a_{31}	a_{32}	a_{33}	⋯	a_{3n}
⋮	⋮	⋮	⋮	⋮	⋮
N	a_{n1}	a_{n2}	a_{n3}	⋯	a_{nn}

생산한다. (3) 각 산업의 생산은 규모수익불변의 조건하에서 이루어진다. 그리하여 모든 생산요소의 투입을 k 배하면 산출량도 정확히 k 배로 된다. 이 가정들은 물론 비현실적이다. 이를 보완하는 한 가지 방법으로, 만약 한 산업이 서로 다른 두 상품을 생산하거나 또는 서로 다른 두 요소결합방법을 사용한다면 그 산업을—적어도 개념적으로—두 개의 다른 산업으로 분리시킬 수 있을 것이다.

이 가정들로부터 j 상품 한 단위를 생산하기 위한 i 상품의 투입량은 일정해야 된다는 것을 알 수 있다. 이 고정된 양을 a_{ij} 로 표시하기로 한다. 구체적으로 j 상품을 한 단위 생산하는데 첫 번째 상품 a_{1j} (수량), 두 번째 상품 a_{2j}, ⋯, n 번째 상품 a_{nj} 를 필요로 한다 (a_{ij} 의 하첨자 순서는 기억하기 쉽다: 첫 번째 하첨자는 투입을 나타내고 두 번째 하첨자는 산출을 나타내므로, a_{ij} 는 j 상품의 각 한단위 생산을 위해 i 상품이 얼마나 사용되는가를 나타낸다). 이 계수의 단위는 실물단위이지만, 여기서는 가격을 주어진 것으로 가정하고, 각 상품의 "1원 가치"를 그 상품의 단위로 채택할 수 있다. 그러면 $a_{32} = 0.35$ 는 생산요소로서 세 번째 상품 35전어치가 두 번째 상품 1원어치를 생산하는데 소요된다는 것을 의미한다. 우리는 이 a_{ij} 를 **투입계수** (input coefficient) 라고 부른다.

n 산업으로 구성된 경제에서 투입계수는, <표 5.2>와 같이, 행렬 $A = [a_{ij}]$ 로 배열할 수 있다. 여기서 각 **열**은 어떤 특정산업의 산출물 1단위를 생산하기 위한 투입소요량을 나타낸다. 예를 들어 두 번째 열을 보면, 상품 Ⅱ를 1단위 (1원어치) 생산하기 위한 투입소요량은 상품 Ⅰ의 a_{12} 단위, 상품 Ⅱ의 a_{22} 단위 등이 된다는 것을 알 수 있다. 만약 어떤 산업도 그 자신의 산출물을 투입요소로 사용하지 않는다면, 행렬 A 의 주대각원소는 모두 0이 된다.

개방모형

(표 5.2)의 n 개의 산업들만으로 경제전체가 구성된다면, 그 산출물 모두는 바로 그 n 개 산업의 **투입수요** (또 다른 생산을 위해 투입되는 수요) 를 충족시킨다는 단 한가지 목적을 위해 존재할 것이다. 이 경우에는 (생산의 지속과 관계없는 소비자수요와 같은) **최종수요** (final demand) 는 고려대상이 아니다. 동시에 경제내에서 사용되는 투입요소 모두는 **중간투입** (n 개 산업들에 의해서 공급되는 것) 이라는 성질을 가질 것이다. 그러나 이와 비교하여 (산업의 산출물이 아닌 노동과 같은) **원초투입** (primary input) 도 존재한다. 이러한 최종수요와 원초투입의 존재를 참작하기 위하여는 모형에 n 개 산업 네트워크에 속하지 않는 **개방부문** (open sector) 을 포함시켜야 한다. 그러한 개방부문은 소비자가계의 행동, 정부부문의 행동, 그리고 해외부문의 행동까지도 수용할 수 있다.

개방부문의 실재를 고려하면, 투입계수행렬 A (또는 간단히 투입행렬 A) 의 각 열에 포함된 원소들의 합은 1보다 작아야 한다. 각 열의 합은 어떤 상품 1원어치를 생산하는 데 소요되는 투입비용의 **일부** (원초투입의 비용은 포함하지 않은 것)를 나타내므로, 이 합계가 1원보다 더 크거나 같다면 생산은 경제적으로 정당화될 수 없다. 이 사실은 기호

$$\sum_{i=1}^{n} a_{ij} < 1 \qquad (j = 1, 2, \ldots, n)$$

로 표시되고, 이 합은 i 에 관해서, 즉 특정한 j 열의 **행**들에 관해서 이루어진다. 이러한 사고방식을 한 단계 더 진행시키면, 산출물의 가치 (1원)는 모든 투입요소에 완전히 지불되어야 하므로, 1원에서 열의 합계액을 뺀 금액은 개방부문의 원초투입에 대한 지불을 나타낸다. 따라서 j 상품을 한 단위 생산하는 데 소요되는 원초투입의 가치는 $1 - \sum_{i=1}^{n} a_{ij}$ 이다.

만약 산업 I 이 n 개 산업의 투입소요량뿐만 아니라 개방부문의 최종수요를 정확하게 충족시키는 산출량을 생산하려 한다면, 그 산출량수준 x_1 은 다음 방정식을 만족하여야 한다:

$$x_1 = a_{11}x_1 + a_{12}x_2 + \cdots + a_{1n}x_n + d_1$$

여기서, d_1 은 산업 I의 산출물에 대한 최종수요이고, $a_{ij}x_j$ 는 j 산업으로부터의 요소수요를 나타낸다.† 마찬가지로, 다른 산업의 산출량 수준도 다음의 방정식들을 만족하여야 한다:

$$\begin{array}{c} x_2 = a_{21}x_1 + a_{22}x_2 + \cdots + a_{2n}x_n + d_2 \\ \cdots\cdots\cdots\cdots\cdots\cdots\cdots\cdots\cdots\cdots \\ x_n = a_{n1}x_1 + a_{n2}x_2 + \cdots + a_{nn}x_n + d_n \end{array}$$

변수 x_j 들을 포함하는 모든 항들을 등호의 좌변으로 이동시키고, 외생적으로 결정되는 최종수요 d_j 만을 우변에 그대로 남겨놓으면, n 개 산업의 "정확한" 산출량 수준은 다음의 n 개 선형방정식체계로 나타낼 수 있다:

$$\begin{array}{rcl} (1 - a_{11})x_1 - a_{12}x_2 - \cdots - a_{1n}x_n &=& d_1 \\ -a_{21}x_1 + (1 - a_{22})x_2 - \cdots - a_{2n}x_n &=& d_2 \\ \cdots\cdots\cdots\cdots\cdots\cdots\cdots\cdots\cdots\cdots\cdots\cdots && \\ -a_{n1}x_1 - a_{n2}x_2 - \cdots + (1 - a_{nn})x_n &=& d_n \end{array} \tag{5.20}$$

행렬기호를 사용하면 다음과 같이 쓸 수 있다.

$$\begin{bmatrix} (1 - a_{11}) & -a_{12} & \cdots & -a_{1n} \\ -a_{21} & (1 - a_{22}) & \cdots & -a_{2n} \\ \vdots & \vdots & & \vdots \\ -a_{n1} & -a_{n2} & \cdots & (1 - a_{nn}) \end{bmatrix} \begin{bmatrix} x_1 \\ x_2 \\ \vdots \\ x_n \end{bmatrix} = \begin{bmatrix} d_1 \\ d_2 \\ \vdots \\ d_n \end{bmatrix} \tag{5.20$'$}$$

좌변에 있는 행렬의 주대각선상의 1만 무시하면, 행렬은 간단히 $-A = [-a_{ji}]$가 된다. 그런데 사실 이 행렬은 항등행렬 I_n (주대각원소는 모두 1이고 나머지 원소는 모두 0인 행렬)과 행렬 $-A$ 의 합이다. 즉, (5.20′)은 다시

† 투입계수의 행들을 가로로 그냥 더하지는 말아야 한다. 그러한 합은 — 예를 들어 $a_{11} + a_{12} + \cdots + a_{1n}$ — 아무런 경제적 의미를 갖지 않는다. 반면에 곱들의 합인 $a_{11}x_1 + a_{12}x_2 + \cdots + a_{1n}x_n$ 은 경제적으로 의미를 갖는다. 그것은 n 개 산업 모두에 생산요소로서 소요되는 x_1 의 총량을 나타낸다.

$$(I - A)x = d \qquad \textbf{(5.20'')}$$

로 쓸 수 있다. 단 x와 d는 각각 변수벡터와 최종수요(상수항) 벡터이다. 이 행렬 $(I-A)$를 **레온티에프행렬**(Leontief matrix)이라고 부른다. $(I-A)$가 비특이행렬인 한, 그 역행렬 $(I-A)^{-1}$을 구할 수 있고, 그 방정식체계의 유일해는 식

$$x^* = (I - A)^{-1}d \qquad \textbf{(5.21)}$$

로부터 얻을 수 있다.

수치 예

실례를 들어 설명하기 위해 경제 내에는 단지 세 산업과 하나의 원초투입이 존재하고, 투입계수행렬이 다음과 같다고 가정하자(이번에는 소수를 이용하자):

$$A = \begin{bmatrix} a_{11} & a_{12} & a_{13} \\ a_{21} & a_{22} & a_{23} \\ a_{31} & a_{32} & a_{33} \end{bmatrix} = \begin{bmatrix} 0.2 & 0.3 & 0.2 \\ 0.4 & 0.1 & 0.2 \\ 0.1 & 0.3 & 0.2 \end{bmatrix} \qquad \textbf{(5.22)}$$

A의 각 열의 합은 당연히 1보다 작은 것에 주의하라. 또한 a_{0j}는 j 상품 1원어치를 생산하는 데 사용되는 원초투입의 원화의 금액을 나타낸다고 하면, (1에서 (5.22)의 각 열의 합을 뺌으로써) 다음을 얻는다:

$$a_{01} = 0.3 \qquad a_{02} = 0.3 \qquad a_{03} = 0.4 \qquad \textbf{(5.23)}$$

(5.22)의 행렬 A를 사용하여 개방투입산출체계는 다음과 같이 $(I-A)x = d$의 형태로 표시할 수 있다:

$$\begin{bmatrix} 0.8 & -0.3 & -0.2 \\ -0.4 & 0.9 & -0.2 \\ -0.1 & -0.3 & 0.8 \end{bmatrix} \begin{bmatrix} x_1 \\ x_2 \\ x_3 \end{bmatrix} = \begin{bmatrix} d_1 \\ d_2 \\ d_3 \end{bmatrix} \qquad \textbf{(5.24)}$$

여기서 우리는 최종수요 d_1, d_2, d_3에 특정한 값을 일부러 부여하지 않았다. 이렇게 벡터 d를 파라미터 형태로 유지함으로써, 해는 "공식" 형태로 나타날 것이고, 따라서 d 벡터의 여러 특정 값에 대응하는 특정한 해들을 얻을 수 있게 된다.

이 3×3 레온티에프행렬을 역연산함으로써, (5.24)의 해는 근사적으로(소수의 반올림 때문에) 다음과 같이 된다:

$$\begin{bmatrix} x_1^* \\ x_2^* \\ x_3^* \end{bmatrix} = (I - A)^{-1}d = \frac{1}{0.384} \begin{bmatrix} 0.66 & 0.30 & 0.24 \\ 0.34 & 0.62 & 0.24 \\ 0.21 & 0.27 & 0.60 \end{bmatrix} \begin{bmatrix} d_1 \\ d_2 \\ d_3 \end{bmatrix}$$

특정한 최종수요벡터(이를테면, 개발계획의 최종생산량목표)가 $d = \begin{bmatrix} 10 \\ 5 \\ 6 \end{bmatrix}$(조원 단위)라고 하면, 다음과 같은 특정한 해를 얻는다(역시 조원 단위):

$$x_1^* = \frac{1}{0.384}[0.66(10) + 0.30(5) + 0.24(6)] = \frac{9.54}{0.384} = 24.84$$

마찬가지로,

$$x_2^* = \frac{7.94}{0.384} = 20.68 \qquad \text{및} \qquad x_3^* = \frac{7.05}{0.384} = 18.36$$

여기서 하나의 중요한 문제가 제기된다. 산출량 조합 x_1^*, x_2^*, x_3^*를 생산하는 데에는 일정량의 원초투입이 반드시 필요하게 된다. 그런데, 이 필요한 그 원초투입의 **총량**이 경제내에서 **이용가능한** 범위와 일치할 것인가? (5.23)에 의하면 원초투입은 다음과 같이 계산될 수 있다:

$$\sum_{j=1} a_{0j}x_j^* = 0.3(24.84) + 0.3(20.68) + 0.4(18.36) = ₩21.00\,(\text{조원})$$

그러므로 특정한 최종수요 $d = \begin{bmatrix} 10 \\ 5 \\ 6 \end{bmatrix}$는 이용가능한 원초투입의 총량이 적어도 21(조원)일 경우에만 실현될 수 있을 것이다. 만약 이용가능한 총량이 이보다 부족하다면, 특정한 생산목표는 당연히 하향 조정되지 않으면 안 된다.

이 분석의 하나의 중요한 특징은, 투입계수가 변하지 않는 한, 역행렬 $(I-A)^{-1}$은 변하지 않는다는 것이다. 따라서 여러 개발목표의 스펙트럼과 같은, 수천 수만의 서로 다른 최종수요벡터들을 고려할 경우에도, 단지 **한번**만 역행렬을 계산하면 된다는 점이다. 이는 특히 대규모 방정식체계를 다룰 경우에 변수소거법과 비교하면 계산이 상당히 쉬워짐을 의미한다. 식(5.18)의 크래머의 법칙은 이와 같은 이점을 갖고 있지 않다는 점에 주목하기 바란다. 크래머의 법칙에 의하면 상이한 최종수요벡터 d가 사용될 때마다, (5.18)의 분자의 행렬식을 다시 계산하여야 하고, 이것은 이미 알고 있는 역행렬 $(I-A)^{-1}$에 새로운 벡터 d를 곱하는 것처럼 간단하지 않기 때문이다.

비음해의 존재

앞의 수치 예에서, 레온티에프 행렬 $I-A$는 마침 비특이행렬이었고, 그래서 산출량 변수 x_j의 해가 존재하였다. 더욱이 그 해 x_j는, 경제적 의미를 가질 수 있도록, 모두 비음임이 판명되었다. 그러나 그러한 바람직한 결과가 자동적으로 나타날 것으로 기대할 수는 없다. 왜냐하면 그러한 결과는 레온티에프행렬이 일정한 성질들을 가지는 경우에만 발생하기 때문이다. 이 성질들은 소위 **호킨스-사이몬 조건**(Hawkins-Simon condition)으로 표현된다.†

이 조건을 설명하기 위해서는 행렬의 **주소행렬식**(principal minor)이라는 수학적 개념을 도입하는 것이 필요하다. 왜냐하면 주소행렬식의 대수적 부호가 우리의 분석적 결과를 좌우하는 중요한 단서를 제공하기 때문이다. 우리는 정방행렬, 예컨대 B와 그 행렬식 $|B|$가 주어지면, 소행렬식은 $|B|$의 행 i와 열 j를 삭제해서 얻게 되는 부분행렬식이라는 것을 이미 알고 있다. 단 여기서 i와 j는 반드시 같을 필요는 없다. 이제 $i=j$라는 제약을 가하면, 그로부터 얻게 되는 소행렬식이 주소행렬식으로 된다. 예를 들어, 3 × 3 행렬 B가 주어지면, 그 행렬식은 일반적으로

$$|B| = \begin{vmatrix} b_{11} & b_{12} & b_{13} \\ b_{21} & b_{22} & b_{23} \\ b_{31} & b_{32} & b_{33} \end{vmatrix} \tag{5.25}$$

† David Hawkins and Herbert A. Simon, "Note: Some Conditions of Macroeconomic Stability," *Econometrica*, July–October, 1949, pp. 245–48.

로 쓸 수 있다. i 번째 행과 j 번째 열을 동시에 (i = 3, 2, 1 의 순서로) 삭제하면 다음의 세 개의 2×2 주소행렬식들을 얻는다.

$$\begin{vmatrix} b_{11} & b_{12} \\ b_{21} & b_{22} \end{vmatrix} \qquad \begin{vmatrix} b_{11} & b_{13} \\ b_{31} & b_{33} \end{vmatrix} \qquad \begin{vmatrix} b_{22} & b_{23} \\ b_{32} & b_{33} \end{vmatrix} \tag{5.26}$$

이것은 차원이 2×2 이므로, 2계 주소행렬식으로 부른다. 또한 $|B|$로부터, 임의의 두개의 행과 그것과 같은 숫자가 매겨진 두개의 열을 삭제하면, 1계 주소행렬식 (1×1)을 얻을 수 있는데, 그것은 다음과 같다:

$$|b_{11}| = b_{11} \qquad |b_{22}| = b_{22} \qquad |b_{33}| = b_{33} \tag{5.27}$$

마지막으로, 모든 상황을 전부 고려하기 위하여, $|B|$ 그 자체를 $|B|$의 3계 주소행렬식으로 생각할 수 있다. (5.25)에서 (5.27)까지의 모든 소행렬식들을 보면, 그 주대각선 원소들은 오직 B 의 주대각선 원소들로만 이루어진 것에 주목하기 바란다. "주소행렬식" 으로 이름 붙여진 이유는 바로 이 사실로부터 찾을 수 있다†.

그런데 일부의 응용에서는 행렬 B 의 주소행렬식들의 부호를 **모두** 검토하는 것이 필요하지만, 많은 경우에 그 결론은 주소행렬식들의 특정부분집합의 부호패턴에만 의존하게 된다. 이러한 특정부분집합의 주소행렬식들은 **선도주소행렬식들** (leading principal minors 또는 naturally ordered principal minors 또는 successive principal minors) 의 집합이라고 부른다. 3 × 3 행렬의 경우, 이 부분집합은 (5.25)에서 (5.27)까지의 첫 번째 주소행렬식들로만 구성된다. 즉,

$$|B_1| \equiv |b_{11}| \qquad |B_2| \equiv \begin{vmatrix} b_{11} & b_{12} \\ b_{21} & b_{22} \end{vmatrix} \qquad |B_3| \equiv \begin{vmatrix} b_{11} & b_{12} & b_{13} \\ b_{21} & b_{22} & b_{23} \\ b_{31} & b_{32} & b_{33} \end{vmatrix} \tag{5.28}$$

여기서 기호 $|B_m|$에 붙여진 단일 하첨자 m은, 크래머 법칙과 관련한 하첨자 사용법과는 달리, 선도주소행렬식의 차원이 $m \times m$ 이라는 것을 표시하기 위하여 쓰여졌다. 선도주소행렬식들을 도출하는 하나의 쉬운 방법은 아래에서 보듯이 행렬식 $|B|$를 다음 그림의 점선에 따라 차례로 잘라내는 것이다 :

$$\begin{vmatrix} b_{11} & b_{12} & b_{13} \\ b_{21} & b_{22} & b_{23} \\ b_{31} & b_{32} & b_{33} \end{vmatrix} \tag{5.29}$$

† 주소행렬식을 정의하는 또다른 방법은 하첨자 지수들 i , j , 및 k 를 다양하게 교환하여 정의하는 것이다. 이것은, 투입산출분석의 맥락에서 보면, 산업들의 번호를 다시 매기는 것을 의미한다.(즉, 첫 번째 산업이 두 번째 산업이 되고, 또 거꾸로 두 번째 산업이 첫 번째 산업이 되고, 그래서 하첨자 11이 22가 되고, 또 하첨자 22가 11이 되는 등등이다.) 그 결과로서, (5.26)의 2×2 주소행렬식들에 추가해서, 우리는 다음과 같은 주소행렬식들을 얻을 수 있다 :

$$\begin{vmatrix} b_{22} & b_{21} \\ b_{12} & b_{11} \end{vmatrix} \qquad \begin{vmatrix} b_{33} & b_{31} \\ b_{13} & b_{11} \end{vmatrix} \quad \text{및} \quad \begin{vmatrix} b_{33} & b_{32} \\ b_{23} & b_{22} \end{vmatrix}$$

그러나 이 세 개는 주어진 순서대로, (5.26)에 열거된 세 개와 그 값과 대수적 부호가 정확히 같다.(역주: 5.3 절에서 설명한 행렬식의 기본성질 2를 상기할 것) 따라서 우리의 목적상 이들을 고려의 대상에서 제외시킬 수 있다. 마찬가지로, 하첨자 지수들의 교환이 추가적 3×3 주소행렬식들을 생성하더라도, 그것들은 단순히 (5.25)의 값과 부호를 그대로 반복하는 것이 되고, 따라서 이것들도 무시할 수 있다.

$|B|$ 의 주대각선에 있는 맨 위의 원소 그 자체만을 취한 것이 $|B_1|$ 이 되고, 주대각선에 있는 처음 두 원소 b_{11} 과 b_{22} 그리고 이것에 수반되는 비대각 원소들을 함께 취한 것이 $|B_2|$ 가 되는 등등이다.

더 높은 차원의 행렬식, 예컨대 $n \times n$ 행렬식이 주어지면, 당연히 더 많은 수의 주소행렬식들이 나타나겠지만, 그들의 구성방식은 마찬가지이다. k 계 주소행렬식을 얻으려면, 언제나 임의의 $n-k$ 개의 행들과 이것들과 같은 숫자가 매겨진 열들을 $|B|$ 에서 삭제하면 된다. 또 그것의 선도주소행렬식 $|B_m|$ $(m = 1, 2, \cdots, n)$ 을 구성하려면, 언제나 $|B|$ 에 있는 처음 m 개의 주대각선 원소들과 그것에 수반되는 비대각선 원소들을 함께 취하면 된다.

이 기초지식을 가지면, 이제 호킨스와 사이몬 (Hawkins and Simon) 의 다음의 중요한 정리를 진술할 수 있게 된다.

> (a) $n \times n$ 행렬 B 에서 $b_{ij} \leq 0\ (i \neq j)$ (즉 비대각선 원소가 모두 비양) 이고, 또 (b) $n \times 1$ 벡터 $d \geq 0$ (모든 원소가 비음) 이면, $Bx^* = d$ 가 되는 $n \times 1$ 벡터 $x^* \geq 0$ 이 존재하기 위한 필요충분조건은
>
> $$|B_m| > 0 \qquad (m = 1, 2, \ldots, n)$$
>
> 이다. 즉, B 의 선도적 주소행렬식들이 모두 양이 되는 것이다.

여기서 B 가 레온티에프행렬 $I - A$ ($i \neq j$ 인 $b_{ij} = -a_{ij}$ 는 사실 모두 비양이다) 를 나타내고, d 가 최종수요벡터 (원소들은 사실 모두 비음이다) 를 나타내는 것으로 보면, 이 정리와 투입산출분석간의 관련성은 분명해진다. 그러면 $Bx^* = d$ 와 $(I - A)x^* = d$ 는 같은 것이 되고, $x^* \geq 0$ 의 존재는 비음산출수준의 해를 보장한다. **호킨스-사이몬조건** (Hawkins-Simon condition) 으로 알려져 있는, 이 조건을 위한 필요충분조건은 레온티에프행렬 $I - A$ 의 모든 주소행렬식의 값이 양이 되는 것이다.

이 정리의 증명을 여기서 소개하기에는 너무 길지만†, 그 경제적 의미를 찾아내는 것은 가치 있는 일이 될 것이다. 비교적 쉽게 이해할 수 있는 2산업 ($n = 2$) 의 경우를 검토해 보자.

호킨스-사이몬 조건의 경제적 의미

2산업의 경우, 레온티에프행렬은 다음과 같다.

$$I - A = \begin{bmatrix} 1 - a_{11} & -a_{12} \\ -a_{21} & 1 - a_{22} \end{bmatrix}$$

호킨스-사이몬조건의 첫 번째 부분, $|B_1| > 0$ 은 다음 조건을 의미한다.

$$1 - a_{11} > 0 \qquad \text{또는} \qquad a_{11} < 1$$

경제적으로 이것은 첫 번째 상품 1원어치의 생산에 사용된 첫 번째 상품의 총액은 1원보다 적어야 된다는 것을 의미한다. 이 조건의 또 다른 부분, $|B_2| > 0$ 은 다음 조건을 요구한다.

$$(1 - a_{11})(1 - a_{22}) - a_{12}a_{21} > 0$$

또는 같은 것으로

† 완벽한 논의는 Akira Takayama, *Mathematical Economics*, 2d ed., Cambridge University Press, 1985, pp. 380-385에서 볼 수 있다. (역주: 이하 8행 삭제)

$$a_{11} + a_{12}a_{21} + (1 - a_{11})\, a_{22} < 1$$

을 요구한다. 더욱이, $(1 - a_{11})a_{22}$ 는 양이므로, 위의 부등식은

$$a_{11} + a_{12}a_{21} < 1$$

을 의미한다. 경제적으로, a_{11} 은 첫 번째 상품을 생산하는데 첫 번째 상품 그 자체가 생산요소로 투입되는 직접소요량을 나타내고, $a_{12}a_{21}$ 은 간접소요량을 나타낸다. 즉, 그것은 첫 번째 상품 1원어치의 생산에 투입되는 두 번째 상품의 특정량을 생산하는데 필요한 첫 번째 상품의 총액을 나타낸다. 따라서 바로 위의 부등식은 첫 번째 상품 1원어치를 생산하는데 직접 그리고 간접으로 사용되는 첫 번째 상품 그 자체의 총량은 1원보다 더 적어야 된다는 것을 요구한다. 그러므로 호킨스-사이몬조건은 생산공정에 대한 어떤 실행가능성과 존속가능성 제약들을 규정하는 것이 된다. 생산공정이 경제적으로 실행가능하고 또 존속가능할 경우에 또 그 경우에만 그것은 경제적 의미를 가지는 비음해인 산출수준들을 가질 수 있다.†

폐쇄모형

개방투입산출모형의 외생부문을 단지 또 하나의 **산업**으로 간주하고, 이것을 방정식체계에 포함시키면, 그 모형은 **폐쇄모형** (closed model) 이 된다. 이 모형에서는 최종수요나 원초투입은 나타나지 않고, 그 대신 새로이 도입된 산업의 투입소요량과 산출량이 추가 될 것이다. 이제 모든 재화들은 사실상 **중간재** (intermediate good) 가 되는데, 왜냐하면 생산되는 것 모두가 모형내 $(n + 1)$ 개 산업들의 투입소요량을 충족시키기 위해서만 생산되기 때문이다.

개방부문을 또 하나의 추가적인 산업으로 전환한 것이 얼핏 보기에는 모형을 분석하는데 어떤 중대한 변화를 일으키지 않을 것처럼 보인다. 그러나 실제로는, 새로운 산업이 다른 산업과 마찬가지로 일정한 요소투입비율을 갖는 것으로 가정되기 때문에, 원래 원초투입이었던 것의 공급은 이제 원래 최종수요로 불렀던 것과 일정한 비례관계를 가져야만 한다. 더 구체적으로, 이것은 예컨대 가계가 그들이 공급하는 노동용역에 비례하도록 일정 비율로 각 상품을 소비하게 되는 것을

† 역주: 이 절의 설명은 극히 만족스럽지 못하다. 호킨스-사이몬 조건의 경제적 의미에 관한 만족스러운 해석은 이미 1982년에 발표되었고, Samuelson, Solow등 (1958) 에 의한 종전의 해석의 잘못을 시정하였다. 여기서 2부문의 경우에 한해서 간단히 설명하면 다음과 같다.

이 경우 그 조건은 이 절의 본문에서 설명하는 대로, (a) $1 - a_{11} > 0$ 및 (b) $(1 - a_{11})(1 - a_{22}) - a_{21}a_{22} > 0$ 이다. 그리고 조건 (a)의 경제적 의미는 이 절에서의 설명과 같다. 그러나 조건 (b)의 경제적 의미의 설명에 차이가 있다. 본 역주자의 설명의 요체는 조건 (a) 하에서 조건 (b)의 양변을 $(1 - a_{11})$ 으로 나누는 "트릭"에서 찾아진다. 즉 그 결과는 (c) $1 > a_{22} + a_{21}(1 - a_{11})^{-1}a_{12}$ 이다.

조건 (c)의 우변의 첫째 항은 둘째 상품 1단위를 생산하는데 소요되는 둘째 상품의 직접투입소요량이며, 둘째 항은 그 간접투입소요량 전체로 해석할 수 있다. 왜냐하면, 그 둘째 항은 다음과 같이 전개되기 때문이다.

$$a_{21}(1 - a_{11})^{-1}a_{12} = a_{21}(1 + a_{11} + a_{11}^2 + a_{11}^3 + \cdots)\, a_{12} = a_{21}a_{12} + a_{21}a_{11}a_{12} + a_{21}a_{11}^2a_{12} + \cdots$$

즉 그 둘째 항은 제1차, 제2차, 제3차 등등의 간접투입소요량의 합이 되는 것이다. 그런데 Samuelson과 Solow 등은 그 직접 및 간접투입소요량 전체를 $a_{22} + a_{22}^2 + a_{21}a_{12} + a_{21}a_{12}a_{22} + a_{21}a_{11}a_{12} + \cdots$ 로 잘못 해석했던 것이며, 그들은 1982년 논문이 나온 후 자신들의 잘못을 인정하였다. (참고: Dorfman, R. A., P.A. Samuelson, and R.M. Solow, *Linear Programming and Economic Analysis*. New York: McGraw-Hill, 1958. Jeong,Ki-jun, "Direct and Indirect Requirements: A Correct Economic Interpretation of the Hawkins-Simon Conditions," *Journal of Macroeconomics* 4 (Summer 1982): 349-356.)

의미한다. 이로인해 분석체계에 중요한 변화를 가져오는 것은 분명하다.

수학적으로는 최종수요가 없어진다는 것은 동차방정식체계로 됨을 의미한다. 네 산업만을 가정하면 (하첨자 0으로 표시된 새로운 산업을 포함하여) "정확한" 산출수준은, (5.20′)와 비슷하게, 다음과 같은 방정식체계를 만족하는 것이 될 것이다:

$$\begin{bmatrix} (1-a_{00}) & -a_{01} & -a_{02} & -a_{03} \\ -a_{10} & (1-a_{11}) & -a_{12} & -a_{13} \\ -a_{20} & -a_{21} & (1-a_{22}) & -a_{23} \\ -a_{30} & -a_{31} & -a_{32} & (1-a_{33}) \end{bmatrix} \begin{bmatrix} x_0 \\ x_1 \\ x_2 \\ x_3 \end{bmatrix} = \begin{bmatrix} 0 \\ 0 \\ 0 \\ 0 \end{bmatrix}$$

이 방정식체계는 동차이므로, 4×4 레온티에프행렬의 행렬식의 값이 0일 경우에만 0이 아닌 해를 갖는다. 이 조건은 사실 항상 충족된다: 폐쇄모형에서는 원초투입이 존재하지 않으므로, 투입계수행렬 A의 각 열의 합은 이제 (1보다 작지 않고) 정확하게 1이 되어야 한다; 즉, $a_{0j}+a_{1j}+a_{2j}+a_{3j}=1$, 또는

$$a_{0j} = 1 - a_{1j} - a_{2j} - a_{3j}$$

이 된다. 그런데 이것은 본래 주어진 행렬 $(I-A)$의 모든 열에서, 맨 위의 원소가 다른 세원소들의 합에 음의 부호를 붙인 것과 항상 같다는 것을 의미한다. 결과적으로 네 개의 행은 선형종속이며, $|I-A|=0$ 이 되어야 한다. 이것은 방정식체계가 0이 아닌 해를 갖는다는 것을 의미한다. 실제로 <표 5.1>에서 지적한 바와 같이, 그러한 해는 무수히 존재한다. 이는 동차방정식체계를 갖는 폐쇄모형에서는, 유일하고 "정확한" 산출량의 조합은 존재하지 않음을 의미한다. 즉 우리는 산출수준 $x_1^*, \cdots, x_4^*$의 상대적 비율은 알 수 있지만. 모형에 추가적인 제약이 없는 한, 그들의 산출수준의 절대값을 알 수는 없다.

연습문제 5.7

1. (5.24)의 모형에 기초하여, 최종수요가 각각 $d_1=30$, $d_2=15$, $d_3=10$일 때 (모두 조원 단위) 세 산업에 대한 산출수준의 해를 구하라 (소수 둘째자리까지 구하라).
2. (5.23)의 정보를 이용하여 앞 문제의 산출수준을 생산하는 데 소요되는 원초투입의 총액을 계산하라.
3. 2산업 경제에서, 산업 I 은 1원어치의 상품 I 을 생산하기 위해 10전의 그 자체의 상품과 60전의 상품 II 를 사용하며, 산업 II 는 1원어치의 상품 II 를 생산하기 위해 50전의 상품 I 을 사용하며 그 자체의 상품은 사용하지 않는다. 그리고 개방부문의 최종수요는 1,000억원의 상품 I 과 2,000억원의 상품 II 로 구성되어 있다.
   (*a*) 투입행렬 및 레온티에프행렬을 쓰고, 이 경제에 대한 투입산출 방정식체계를 행렬기호를 이용하여 작성하라.
   (*b*) 크래머의 법칙에 의하여 산출수준의 해를 구하라.
4. 투입행렬과 최종수요 벡터는 다음과 같다:

$$A = \begin{bmatrix} 0.05 & 0.25 & 0.34 \\ 0.33 & 0.10 & 0.12 \\ 0.19 & 0.38 & 0 \end{bmatrix} \qquad d = \begin{bmatrix} 1800 \\ 200 \\ 900 \end{bmatrix}$$

(*a*) 원소 0.33, 0, 200의 경제적 의미를 설명하라.

(*b*) 세 번째 열의 합은 어떤 경제적 의미 (만일 있다면) 를 가지는지 설명하라.

(*c*) 세 번째 행의 합의 경제적 의미 (만일 있다면) 를 설명하라.

(*d*) 이 모형에 대한 투입산출행렬방정식을 작성하라.

(*e*) 이 문제에 주어진 자료가 호킨스-사이몬조건을 충족시키는지 여부를 점검하라.

5. (*a*) 주어진 4×4 행렬 $B = [b_{ij}]$의 주소행렬식들을 모두 써보라.

   (*b*) 선도주소행렬식들을 모두 써보라.

6. 호킨스-사이몬조건은 (행렬 B에 대한 다른 제약들이 없어도) 그 자체로, 비록 반드시 비음은 아니지만, 유일한 벡터 x^*의 존재를 보장한다는 것을 보여라.

5.8 | 정태분석의 한계

시장과 국민소득의 정태균형에 관한 논의에서, 우리의 주요 관심사는 모형의 내생변수들의 균형값들을 찾는 일이었다. 그러한 분석에서 무시된 중요한 문제는 궁극적으로 균형상태에 도달하게 되는 (만약 도달할 수 있다면) 변수들의 실제적 조정과정과 재조정과정이다. 우리는 단지 어디에 도달할 것인가를 다루었을 뿐이지, 언제 도달하고, 도달과정에서 어떤 일이 발생할 것인가는 문제삼지 않았다.

그러므로 정태분석은 두 가지 중요한 문제를 고려하지 못한다. 하나는 조정과정이 완결되기까지는 오랜 시간이 소요되므로, 만일 조정과정 동안 모형의 외생적 힘에 어떤 변화가 발생하면, 정태분석의 특정한 틀 내에서 도출된 균형상태는 그것이 달성되기도 전에 이미 그 타당성을 상실할 수 있다는 것이다. 이것은 균형상태의 이동 (shift) 에 관한 문제이다. 둘째로는, 설령 조정과정이 교란 받지 않으면서 계속될 수 있더라도, 정태분석에서 도출된 균형상태에 도달하는 것이 전혀 불가능할 수도 있다는 것이다. 이것은 소위 "불안정균형"의 경우로서, 조정과정에서 변수들이 균형상태로 접근하기보다는 오히려 점점 더 이탈한다는 사실로 특정지워진다. 따라서 조정과정을 무시하는 것은 곧 균형의 도달가능성 문제를 논외로 취급함을 의미한다.

(외생적 변화에 대응한) 균형상태의 이동은 **비교정태분석** (comparative statics) 이라고 부르는 분석영역에 속하며, 도달가능성 및 균형의 안정성에 관한 문제는 **동태분석** (dynamic analysis) 의 영역에 속한다. 이들은 제각기 정태분석의 중대한 결함을 보충해 주므로, 이 분석영역들도 검토하지 않을 수 없다. 우리는 동태분석의 연구를 제 5부로 미루고, 비교정태분석의 문제를 바로 다음 제 3부에서 다루기로 한다.

Chapter 5 요약

❖ 선형모형과 행렬대수 (계속) ❖

1. $n \times n$ 정방행렬이 비특이행렬이기 위한 필요충분조건은 그 행렬의 행들이 (또는 열들이) 선형독립이 되는 것이다.
2. 어떤 행렬 A 에서 얻어지는 선형독립인 행들의 최대수를 그 행렬의 위수라 하고 $r(A)$ 로 나타낸다. $n \times n$ 비특이행렬 A 의 위수 $r(A)$ 는 정의상 n 이다.
3. 정방행렬 A 의 행렬식 $|A|$ 는 A 의 각 행과 열에서 하나씩 뽑은 원소들의 곱에 알맞은 부호를 붙여서 더한 것이다.
4. $n \times n$ 정방행렬 A 의 원소를 a_{ij} 라 하고, a_{ij} 에 대응하는 여인자를 $|C_{ij}|$ 라 하면, 다음의 관계가 성립한다.

$$|A| = \sum_{i=1}^{n} a_{ij}|C_{ij}| = \sum_{j=1}^{n} a_{ij}|C_{ij}| \qquad [i,\ j=1,\ 2,\ \cdots,\ n]$$

$$0 = \sum_{j=1}^{n} a_{ij}|C_{i'j}| = \sum_{i=1}^{n} a_{ij}|C_{ij'}| \qquad [i \neq i',\ j \neq j']$$

5. A 가 $n \times n$ 계수행렬인 선형방정식체계 $Ax = d$ 에 관해서 다음과 같은 동치관계가 성립한다.
   $|A| \neq 0 \Leftrightarrow A$ 의 행의 독립 $\Leftrightarrow A$ 의 열의 독립 $\Leftrightarrow A$ 는 비특이행렬
   $\Leftrightarrow A^{-1}$ 의 존재 $\Leftrightarrow$ 유일해 $x^* = A^{-1}d$ 의 존재
6. $|A| \neq 0$ 일 때, A 의 여인자 $|C_{ij}|$ 를 원소로 하는 여인자행렬의 전치행렬을 부수행렬 adj A라 하면, A 의 역행렬 A^{-1}는 다음과 같이 구할 수 있다.

$$A^{-1} = \frac{1}{|A|} \text{adj } A$$

7. 크래머의 공식에 의하면, $|A| \neq 0$ 일 때, $Ax = d$ 의 해는

$$x_j^* = \frac{|A_j|}{|A|} \qquad [j = 1,\ 2,\ \cdots,\ n]$$

   로 나타낼 수 있다. 단 x_j^* 는 x^* 의 j 번째 원소이며, $|A_j|$ 는 $|A|$ 에서 j 번째 열을 d 로 치환한 것이다.
8. 선형동차방정식체계 $Ax = 0$ 은 $|A| = 0$ 일 때만 0이 아닌 해를 갖는다.
9. 레온티에프 투입산출모형에서, 투입계수행렬이 A 인 개방모형 $(I-A)x = d$ 의 해는 $x^* = (I-A)^{-1}d$ 로 주어진다.
10. 레온티에프 투입산출모형이 $(I-A)x = 0$ 형태의 개방모형일 때, $|I-A| = 0$ 이 항상 성립하며, 따라서 0이 아닌 해가 항상 존재한다. 그러나 유일해가 아니라 무수히 많은 해가 존재한다. 따라서 이 모형은 x^* 의 원소들 상호간의 상대적인 값만을 정해줄 뿐이다.

Part 3

비교정태분석

Comparative-Static Analysis

Chapter 06

비교정태분석과 도함수의 개념

이 장과 제 7 장 및 8 장에서는 비교정태분석 (comparative-static analysis) 의 방법들을 논의한다.

6.1 | 비교정태분석의 본질

비교정태분석은, 그 이름이 시사하는 바와 같이, 서로 다른 균형상태를 비교하는 것이고, 이들 서로 다른 균형상태는 각각 다른 값을 갖는 파라미터와 외생변수로 이루어진다. 그러한 균형상태들을 비교하기 위해서는 초기균형상태를 주어진 것으로 가정해야 한다. 예를 들어, 부분 시장모형에서, 그러한 초기균형상태는 어떤 확정된 가격 P^* 와 이에 대응하는 수량 Q^* 로 나타날 것이다. 마찬가지로, 단순한 국민소득모형 (3.23) 의 초기균형은 어떤 확정된 소득 Y^* 와 이에 대응하는 소비 C^* 로 규정될 것이다. 이제 이 모형에서 균형을 교란시키는 변화가 — 어떤 파라미터 또는 외생변수의 값이 변화하는 형태로 — 발생하면 초기균형은 자연히 파괴될 것이다. 그 결과로 각각의 내생변수들이 조정되어야 한다. 만약 새로운 값들과 관련되는 새로운 균형상태가 정의될 수 있고, 또 달성될 수 있다고 가정하면, 비교정태분석에서 제기되는 문제는 이 새로운 균형과 초기균형이 어떻게 비교될 수 있을 것인가 하는 것이 된다.

비교정태분석에서는 또한 변수들의 조정과정을 고려하지 않는다는 점에 유의해야 한다; 즉, 우리는 그저 초기 (변화 **전**) 균형상태와 최종 (변화 **후**) 균형상태를 비교한다. 또한 초기균형이 달성될 수 있었던 것과 마찬가지로 새로운 균형도 달성될 수 있다고 가정하기 때문에, 불안정균형의 가능성은 배제된다.

비교정태분석은 정성적 (qualitative) 분석일 수도 있고, 또는 정량적 (quantitative) 분석일 수도 있다. 예컨대, 투자 I_0 의 증가가 균형소득 Y^* 를 증가시킬 것인가 또는 감소시킬 것인가 하는 문제에만 우리의 관심이 있다면, 오직 변화의 **방향**만이 문제가 되므로, 그 분석은 정성적 분석이 될 것이다. 그러나, I_0 의 변화로부터 야기되는 Y^* 의 변화의 **크기** (즉, 투자승수의 크기) 에 관심을 갖는다면, 그 분석은 분명히 정량적 분석이 될 것이다. 그러나 정량적 변화의 결과를 얻게 되면, 그것의 대수 부호로부터 변화의 방향을 자동적으로 알 수 있으므로, 정량적 분석은 결국 정성적 분석을 포함하는 것이 된다.

우리가 공부하고자 하는 비교정태분석은 본질적으로 **변화율** (rate of chagnge) 을 찾는 문제, 즉 어떤 특정 파라미터나 외생변수의 변화에 대응하는 내생변수의 균형값의 변화율을 찾는 문제가 된다. 이 이유 때문에, **도함수** (derivative) 라는 수학적 개념이 비교정태분석에서 차지하는 의의는 매우 크다. 왜냐하면 수학의 한 분과인 **미분학**(differential calculus)에서 가장 기본적 개념인 도함수는 변화율의 개념과 직접 관련되기 때문이다. 더 나아가서 도함수의 개념은 또한 최적화문제에서도 대단히 중요하다는 것을 이후에 분석에서 알게 될 것이다.

6.2 | 변화율과 도함수

우리가 현재 관심을 갖는 것은 모형에 있는 변수들의 균형값들의 변화율이지만, 보다 일반적 방법으로 논의를 전개하기 위해서 임의의 변수 x의 변화에 대응한 변수 y의 변화율을 고려하기로 하자. 단, 두 변수는 함수

$$y = f(x)$$

에 의하여 서로 관련되어 있다. 이 함수를 비교정태상황에 적용하면, 변수 y는 내생변수의 균형값을 나타낼 것이고, x는 어떤 파라미터로 될 것이다. 우선 모형에 하나의 파라미터 또는 외생변수만이 있는 단순한 경우에 한정해서 논의를 전개하기로 한다. 그러나 일단 이 단순한 모형에 숙달하게 되면 다수의 파라미터들이 포함된 모형으로 확장하는 것은 비교적 쉽다는 것을 알게 될 것이다.

차분몫

현재의 논의에서는 '변화'의 개념이 중요하므로, 그것을 표시하기 위한 특정기호가 필요하다. 변수 x가 x_0에서 새로운 값 x_1으로 변할 때, 이 변화는 차분(difference) $x_1 - x_0$로 측정된다. 따라서 x_0의 변화는, 기호 Δ("차분": difference을 나타내는 그리스 대문자 델타)를 사용하여 표시하고, $\Delta x = x_1 - x_0$로 쓴다. 또한 x의 여러 값에 대응하는 함수 $f(x)$의 값을 나타내는 표현방법이 필요하다. 일반적 관행으로는, $x = x_i$일 때 $f(x)$의 값을 나타내기 위해서 $f(x_i)$ 표기법을 사용한다. 즉, 함수가 $f(x) = 5 + x^2$일 때, $f(0) = 5 + 0^2 = 5$이고, 마찬가지로 $f(2) = 5 + 2^2 = 9$ 등이다.

x가 초기값 x_0에서 새로운 값 $(x_0 + \Delta x)$로 변할 때, 함수 $y = f(x)$의 값은 $f(x_0)$에서 $f(x_0 + \Delta x)$로 변한다. 이때 x의 단위변화에 대한 y의 변화는 **차분몫**(difference quotient)

$$\frac{\Delta y}{\Delta x} = \frac{f(x_0 + \Delta x) - f(x_0)}{\Delta x} \tag{6.1}$$

으로 나타낼 수 있다. 이 몫은 y의 평균변화율을 나타내는데, x의 초기값 x_0와 x의 변화크기 Δx를 알면 이 몫을 계산할 수 있다. 즉, $\Delta y/\Delta x$는 x_0와 Δx의 함수이다.

예 1 함수 $y = f(x) = 3x^2 - 4$가 주어졌을 때, 우리는 다음과 같이 쓸 수 있다;

$$f(x_0) = 3(x_0)^2 - 4 \qquad f(x_0 + \Delta x) = 3(x_0 + \Delta x)^2 - 4$$

따라서 차분몫은

$$\frac{\Delta y}{\Delta x} = \frac{3(x_0 + \Delta x)^2 - 4 - (3x_0^2 - 4)}{\Delta x} = \frac{6x_0\,\Delta x + 3(\Delta x)^2}{\Delta x} \tag{6.2}$$
$$= 6x_0 + 3\,\Delta x$$

가 되고, 이 몫은 x_0 와 Δx 가 주어지면 계산될 수 있다. $x_0 = 3$ 이고 $\Delta x = 4$ 라고 하면, y 의 평균변화율은 6(3) + 3(4) = 30이 된다. 이것은 x 가 3에서 7로 변할 때, x 의 단위변화에 대한 y 의 평균변화율이 30임을 의미한다.

도함수

우리는 때때로 Δx 가 매우 작을 때의 y 의 변화율에 흥미를 갖는다. 이 경우에는, Δx 를 포함하는 모든 항을 차분몫에서 제거함으로써, $\Delta y/\Delta x$ 의 근사값을 구할 수 있다. 예를 들어, (6.2) 에서 Δx 가 매우 작다면, 간단히 우변에 있는 항 $6x_0$ 를 $\Delta y/\Delta x$ 의 근사값으로 받아들일 수 있다. 물론 Δx 값이 작으면 작을수록, 근사값은 $\Delta y/\Delta x$ 의 참값에 더욱더 가까워진다.

Δx 가 0에 접근함에 따라 (이것은 Δx 가 0에 점점 더 가까워지지만, 실제로는 0에 이르지 않는 것을 의미한다), $(6x_0 + 3\Delta x)$ 는 값 $6x_0$ 에 접근하고, 마찬가지로 $\Delta y/\Delta x$ 도 $6x_0$ 에 접근한다. 이것을 기호로 나타내면, $\Delta x \to 0$ 일 때 $\Delta y/\Delta x \to 6x_0$ 로 표시하거나, 또는 다음 식으로 표시한다.

$$\lim_{\Delta x \to 0} \frac{\Delta y}{\Delta x} = \lim_{\Delta x \to 0} (6x_0 + 3\Delta x) = 6x_0 \qquad \textbf{(6.3)}$$

단, 기호 $\lim\limits_{\Delta x \to 0}$ 를 "Δx 가 0에 접근할 때, …의 극한"이라고 읽는다. 만약 $\Delta x \to 0$ 일때, 차분몫 $\Delta y/\Delta x$ 의 극한이 존재하면, 그 극한을 함수 $y = f(x)$ 의 도함수 (derivative) 라고 부른다.

도함수에 대해서는 다음의 몇 가지 점을 유의해야 한다. 첫째, 도함수는 **함수**이다. 사실 **도함수**란 용어는 유도된 함수 (derived function) 를 의미한다. 원래의 함수 $y = f(x)$ 는 **원시함수** (primitive function) 이고, 도함수는 그로부터 유도되는 또다른 함수이다. 차분몫은 x_0 와 Δx 의 함수인데 반하여, (6.3) 에서 보듯이, 도함수는 x_0 만의 함수임을 알 수 있다. 왜냐하면 Δx 가 이미 0에 접근시켜졌고, 따라서 그것은 함수에서 또다른 변수로 간주될 수가 없기 때문이다. 또한 지금까지는 x 의 변화가 어떤 특정한 x 의 값에서 시작해야만 한다는 사실을 강조하기 위해서, 하첨자 기호 x_0 를 사용해 왔음을 첨언한다. 이제 이같은 사실을 알게 되었으므로 우리는 하첨자를 생략하고, 도함수는 원시함수와 마찬가지로, 그 자체가 독립변수의 함수라고 간단히 말할 수 있다. 즉, x 의 각 값에 대해서 도함수의 값이 유일하게 대응한다.

둘째, 도함수는 y 의 변화율의 정도를 나타내는 차분몫의 극한이므로, 도함수도 당연히 어떤 변화율의 척도가 되어야 한다. 그러나 도함수 개념에 나타나는 x 의 변화는 무한소 (즉 $\Delta x \to 0$)라는 사실에 비추어 보면, 도함수로 측정된 변화율은 **순간적** 변화율이라는 성질을 가지게 된다.

셋째, 표기법의 문제이다. 도함수는 보통 두 가지 방법으로 표기된다. 원시함수 $y = f(x)$ 의 도함수를 (만약 존재한다면) 나타내는 하나의 방법은 기호 $f'(x)$, 또는 간단히 f' 을 사용하는 것이다. 이 표기법은 수학자 라그랑지 (*Lagrange*) 로부터 연유한다. 또다른 통상적인 표기법은 dy/dx 로서, 이것은 수학자 라이프니쯔 (*Leibniz*) 에 의해 고안된 것이다. (또, Dy 또는 $Df(x)$)라는 제3의 표기법이 있지만, 이것은 이후의 논의에서는 사용하지 않을 것이다.) 표기법 $f'(x)$ 는 원시함수 $f(x)$ 의 표기법과 유사하고, 도함수 자체가 x 의 함수라는 의미를 나타내는 이점을 갖는다. 도함수를 예컨대 $\phi(x)$ 라고 표기하기보다는 $f'(x)$ 로 표기하는 이유는 함수 f' 이 원시함수 f 에서 유도된다는 것을 강조하려는 데 있다. 또다른 표기법인 dy/dx 는 도함수의 값이 변화율을 나타낸다는 것을 강조하는 데 도움을 준다. 문자 d 는 그리이스 문자 Δ 에 해당하는 것이고, dy/dx 와 $\Delta y/\Delta x$ 의 주된 차이점은, Δx 가 0에 접근할 때 $\Delta y/\Delta x$ 의 극한이 dy/dx 라는 것이다. 이후의 논의에서는 어떤 표기법이 특정 내용에 더 편리한가에 따라 두 표기법을 모두 사용할 것이다.

이 두 표기법을 이용하면, 주어진 함수 $y = f(x)$ 의 도함수는 다음과 같이 정의된다:

$$\frac{dy}{dx} \equiv f'(x) \equiv \lim_{\Delta x \to 0} \frac{\Delta y}{\Delta x}$$

예 2

함수 $y = 3x^2 - 4$ 를 한번 더 다루어 보자. 이 함수의 차분몫은 (6.2) 이고, 그 극한은 (6.3) 이라는 것을 이미 보았다. 도함수 표기법에 의하여 이제는 (x_0 를 x 로 바꾸어서) 다음과 같이 쓸 수 있다:

$$\frac{dy}{dx} = 6x \qquad \text{또는} \qquad f'(x) = 6x$$

주의할 것은 x 의 다른 값에 대응하여 도함수도 다른 값을 갖는다는 점이다. 예를 들어, $x = 3$ 일 때 $f'(x)$ 식에서 $x = 3$ 으로 대체함으로써, $f'(x) = 6$ 을 얻는다; 마찬가지로 $x = 4$ 일 때, $f'(4) = 6(4) = 24$ 를 얻는다. 따라서 $f'(x)$ 는 **도함수**를 나타내는데 반하여, 식 $f'(3)$ 및 $f'(4)$ 는 각각 특정한 **도함수 값**을 나타낸다.

연습문제 6.2

1. 함수 $y = 4x^2 + 9$ 가 주어졌을 때
   (a) x 와 Δx 의 함수인 차분몫을 구하라. (x_0 대신에 x 를 사용하라.)
   (b) 도함수 dy/dx 를 구하라.
   (c) $f'(3)$ 와 $f'(4)$ 를 구하라.
2. 함수 $y = 5x^2 + 4x$ 가 주어졌을 때
   (a) x 와 Δx 의 함수인 차분몫을 구하라.
   (b) 도함수 dy/dx 를 구하라.
   (c) $f'(2)$ 와 $f'(3)$ 를 구하라.
3. 함수 $y = 5x - 2$ 가 주어졌을 때
   (a) 차분몫 $\Delta y/\Delta x$ 를 구하라. 그것은 어떠한 형태의 함수인가?
   (b) Δx 가 (a) 의 함수 $\Delta y/\Delta x$ 에 나타나지 않는데, 이것이 Δx 가 크냐 작으냐에 따라 $\Delta y/\Delta x$ 값에 어떤 차이를 발생시키는가? 결과적으로 Δx 가 0에 접근할 때 차분계수의 극한은 무엇인가?

6.3 | 도함수와 곡선의 기울기

초보 경제학에서는, 총비용함수 $C = f(Q)$ (단, C 는 총비용, Q 는 산출을 나타낸다) 가 주어지면, 한계비용 (MC) 은 산출량 Q 가 1단위 증가함으로써 발생하는 총비용 C 의 변화로 정의된다; 즉, $MC = \Delta C/\Delta Q$ 이다. ΔQ 가 극히 작은 변화임은 물론이다. 산출물의 단위가 (단지 정수만 갖는) 불연속인 경우에는, 1단위의 변화가 가장 작은 변화이다. 그러나 산출량이 연속적으로 변하는 경우에는, ΔQ 는 무한소의 변화를 나타낸다. 후자의 경우에 한계비용은 총비용곡선의 기울기로 측정될 수 있다는 것은 잘 알려진 사실이다. 그런데 총비용곡선의 기울기는 ΔQ 가 0에 접근할 때 비율 $\Delta C/\Delta Q$ 의 극

한에 지나지 않는다. 즉, 곡선의 기울기는 단지 도함수의 개념을 기하학적으로 표현한 것에 불과하다. 양자는 모두 경제학에서 널리 사용되는 "한계" (marginal) 개념과 관련된다.

[그림 6.1] 에는, (원시) 함수 $C = f(Q)$ 의 그래프인 총비용곡선 C 가 그려져 있다. 초기산출량수준이 Q_0 이고, 이 수준에서 산출량의 증가를 측정한다고 가정하면, 이와 관련된 비용곡선상의 점은 점 A 가 된다. 만약 산출량이 $Q_0 + \Delta Q = Q_2$ 로 증가하면, 총비용은 C_0 에서 $C_0 + \Delta C = C_2$ 로 증가한다; 즉 $\Delta C/\Delta Q = (C_2 - C_0)/(Q_2 - Q_0)$ 이다. 기하학적으로 이것은 두 선분의 비율 EB/AE , 또는 선분 AB 의 **기울기**가 된다. 이 비율은 평균변화율 — 그림에 표시된 특정한 ΔQ 에 대한 **평균**한계비용 — 의 척도가 되고, 차분몫을 나타낸다. 그리하여, 그것은 초기산출량 수준 Q_0 와 변화량 ΔQ 의 함수이다.

ΔQ 의 크기를 변화시키면 어떻게 되겠는가? 산출량의 증가가 더욱 적어지면 (이를테면 Q_0 에서 Q_1 까지만), 평균한계비용은 이번에는 선분 AD 의 기울기가 된다. 그리고 산출량 증가가 점점 더 감소함에 따라 선분은 점점 더 평평해져, 결국 ($\Delta Q \to 0$ 이 되는) 극한에서는 선분 KG (이것은 A 점에서의 비용곡선에 대한 **접선**이다) 가 된다. KG 의 기울기 ($= HG/KH$) 는 A 점에서의 총비용곡선의 기울기의 정도를 나타내고, 또한 초기산출량 $Q = Q_0$ 에서 $\Delta Q \to 0$ 일 때 $\Delta C/\Delta Q$ 의 극한을 나타낸다. 그러므로 도함수를 써서 나타내면, 점 A 에서의 곡선 $C = f(Q)$ 의 기울기는 특정한 도함수값 $f'(Q_0)$ 에 해당한다.

초기생산량수준이 Q_0 가 아니라 Q_2 라고 하면 어떻게 될까? 이 경우에는 초기산출량수준에 대응하는 곡선상의 점은 B 가 되고, 이 새로운 점 B 에서의 곡선의 기울기는 도함수값 $f'(Q_2)$ 가 된다. 또 다른 초기산출량수준에 대해서도 이와 비슷한 결과를 얻을 수 있다. 일반적으로 Q 의 함수인 도함수 $f'(Q)$ 는 Q 가 변함에 따라 변화한다.

그림 6.1

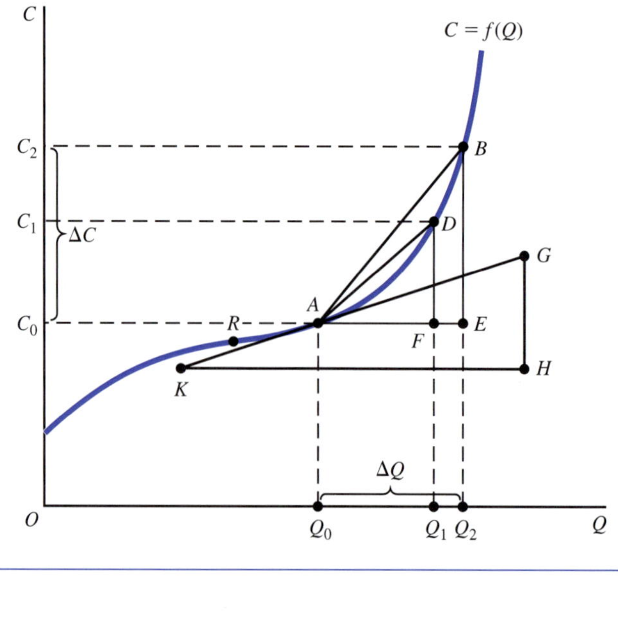

6.4 | 극한의 개념

도함수 dy/dx 는 $\Delta x \to 0$ 일 때 차분몫 $\Delta y/\Delta x$ 의 극한으로 정의되었다. 만약 간단한 기호 $q \equiv \Delta y/\Delta x$ (q 는 몫 *quotient* 를 나타낸다) 와 $v \equiv \Delta x$ (v 는 x 값의 변화 variation을 나타낸다) 를 사용하면,

$$\frac{dy}{dx} = \lim_{\Delta x \to 0} \frac{\Delta y}{\Delta x} = \lim_{v \to 0} q$$

가 된다. 도함수의 개념은 극한의 개념에 크게 기초하고 있기 때문에 극한의 개념을 확실히 이해하는 것이 꼭 필요하다.

왼쪽극한과 오른쪽극한

극한 (limit) 의 개념은, "한 변수 (이를테면 v) 가 어떤 특정한 값 (이를테면, 0) 에 접근할 때, 다른 변수 (이를테면, q) 는 어떤 값을 갖는가?" 하는 문제와 관련된다. 이 문제가 의미를 갖기 위해서는, q 가 당연히 v 의 함수, 이를테면, $q = g(v)$ 가 되어야 한다. 우리의 당면 관심사는 $v \to 0$ 일 때 q 의 극한을 구하는 것이지만, $v \to N$ 일 때의 보다 일반적인 극한문제로 쉽게 확장시킬 수 있다. 여기서 N 은 임의의 유한실수이다. 그렇다면, $\lim_{v \to 0} q$ 는 $\lim_{v \to N} q$ 에서 $N = 0$ 이 되는 특수한 경우에 지나지 않는다. 극한을 논의하는 과정에서 우리는 $v \to +\infty$ (양의 무한대) 또는 $v \to -\infty$ (음의 무한대) 일 때 q 의 극한도 다루게 될 것이다.

우리가 $v \to N$ 이라고 말할 때, 변수 v 는 N 보다 더 큰 값 또는 N 보다 더 작은 값에서 수 N 에 접근할 수 있다. 왼쪽에서 (N 보다 더 작은 값에서) $v \to N$ 일 때, q 가 유한한 수 L 에 접근하면, L 을 q 의 **왼쪽극한**이라고 부른다. 이와 반대로 오른쪽에서 (N 보다 더 큰 값에서) $v \to N$ 일 때, q 가 L 에 접근하면, L 을 **오른쪽극한**이라고 부른다. 왼쪽극한과 오른쪽극한은 같을 수도 있고 같지 않을 수도 있다.

q 의 왼쪽극한은 $\lim_{v \to N^-} q$ (음부호는 N 보다 작은 값에서 접근하는 것을 의미한다) 로 표시되고, q 의 오른쪽극한은 $\lim_{v \to N^+} q$ 로 표시된다. 이 두 극한이 동일한 유한값 (이를 테면, L) 을 가질 때 또 그때에만 q 의 극한이 존재한다고 하고, 이를 $\lim_{v \to N} q = L$ 로 표기한다. L 은 반드시 **유한**한 수이어야 한다는 점에 주의하라. 만일 $\lim_{v \to N} q = \infty$ (또는 $-\infty$) 이면, q 는 극한을 갖지 **않는다**. 왜냐하면 $\lim_{v \to N} q = \infty$ 는 $v \to N$ 일 때 $q \to \infty$ 임을 의미하고, 또 v 가 N 에 접근함에 따라 q 의 값이 **지속적으로 증가하면**, q 가 극한을 갖는다고 말하는 것은 모순이기 때문이다. 그러나 $v \to N$ 일 때 $q \to \infty$ 인 사실을 나타내는 편리한 방법으로, 보통 $\lim_{v \to N} = \infty$ 라고 쓰고, q 가 "무한인 극한"을 갖는다고 말한다.

어떤 경우에는 한 쪽의 극한만을 생각하면 충분하다. 예를 들어, $v \to +\infty$ 일 때의 q 의 극한을 다룰 경우에는 단지 q 의 왼쪽극한만이 관련된다. 왜냐하면 v 는 왼쪽에서만 $+\infty$ 에 접근할 수 있기 때문이다. 마찬가지로, $v \to -\infty$ 인 경우에는, 오른쪽 극한만이 관련된다. 이 모든 경우에서, q 의 극한이 존재하는지의 여부는 $v \to +\infty$ 일 때 또는 $v \to -\infty$ 일 때, q 가 유한한 값에 접근하는지의 여부에 전적으로 의존한다.

여기서 우리는 기호 ∞ (무한대) 는 수가 아니므로 통상적인 대수적 연산이 불가능하다는 것을 인식하는 것이 중요하다. 우리는 $3 + \infty$ 또는 $1/\infty$ 을 계산할 수 없을 뿐만 아니라 $q = \infty$ 라고 쓸 수도 없다. $q = \infty$ 는 $q \to \infty$ 와 같은 것이 아니다. 그러나, q 의 **극한**은 ($q \to \infty$ 대신에) "$q = \infty$"로 표시하는 것은 가능하다. 왜냐하면 이것은 단지 $q \to \infty$ 인 것을 나타낼 따름이기 때문이다.

그래프에 의한 설명

함수 $q = g(v)$ 의 극한에 관한 몇 가지 가능한 상황들을 [그림 6.2] 에서 예시하여 보자.

[그림 6.2] (a) 는 매끄러운 곡선을 보여준다. 변수 v 가 가로축의 **어느** 쪽에서든지 N 값에 접근함에 따라, 변수 q 는 L 에 접근한다. 이 경우에는, 왼쪽극한과 오른쪽극한이 같다; 따라서 $\lim_{v \to N} q = L$ 로 쓸 수 있다.

[그림 6.2] (b) 에 그려진 곡선은 매끄럽지 않다; 그것은 점 N 바로 위에서 꺾여져 있다. 그럼에도 불구하고, v 가 어느 쪽에서 N 에 접근하더라도, q 는 역시 같은 값 L 에 접근한다. 이 경우에도 q 의 극한이 존재하고 그것은 L 이 된다.

[그림 6.2] (c) 는 **계단함수** (step function)†를 보여 준다††. 이 경우에는 v 가 N 에 접근할 때, q 의 왼쪽극한은 L_1 이지만, 오른쪽극한은 L_2 로서 L_1 과 다르다. 이 경우 $v \to N$ 일 때 q 의 극한은 존재하지 않는다.

마지막으로, [그림 6.2] (d) 에서는 v 가 N 에 접근할 때, 왼쪽극한은 $-\infty$ 인 반면에 오른쪽극한은 $+\infty$ 이다. 왜냐하면 (쌍) 곡선의 두 부분이 수직의 점선으로 표시된 점근선 (asymptote) 에 접근하면서

그림 6.2

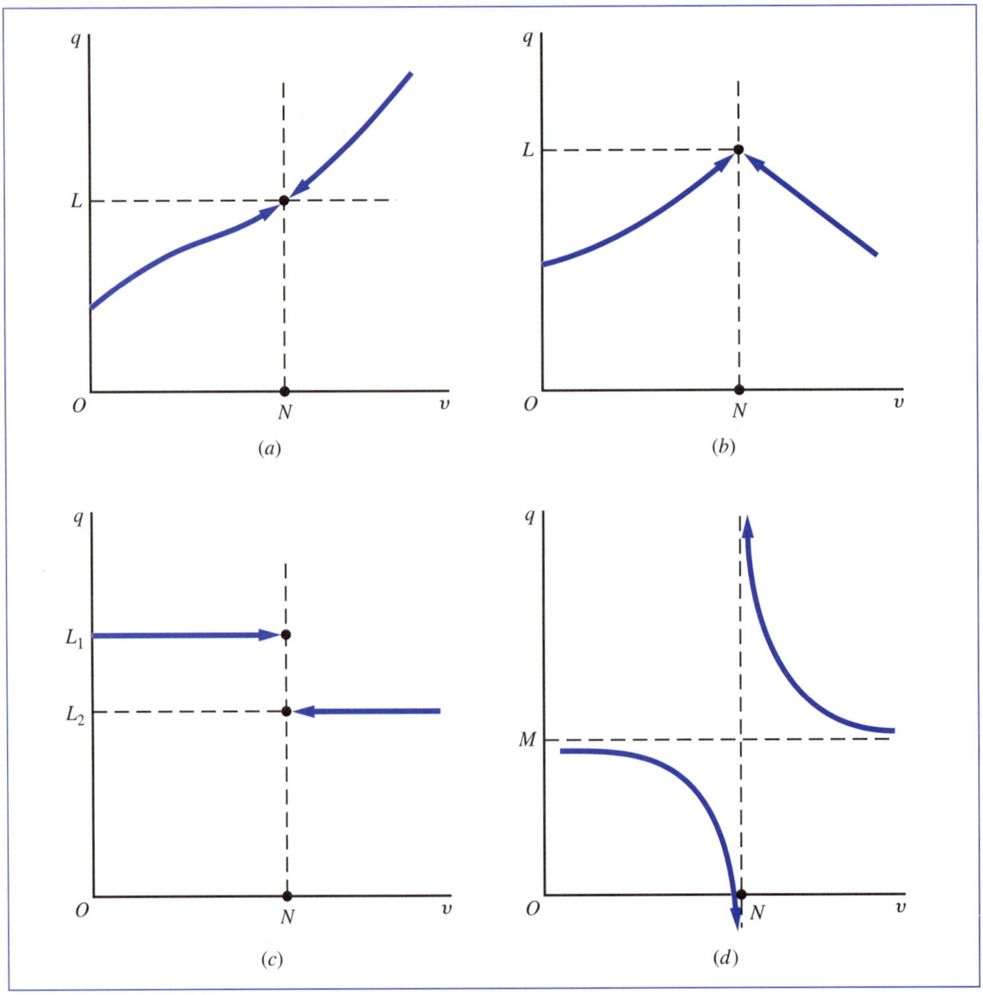

무한히 하락하고 상승하기 때문이다. 이 경우에도 $\lim_{v \to N} q$ 는 존재하지 않는다. 한편 그림 (d) 에서 다른 종류의 극한, 즉 $\lim_{v \to +\infty} q$ 를 고려하면, 단지 왼쪽 극한만이 의미를 가지며 극한 $\lim_{v \to +\infty} q = M$ 이 존재하는 것을 알 수 있다; 마찬가지로, $\lim_{v \to -\infty} q = M$ 인 것도 확인할 수 있다.

왼쪽극한과 오른쪽극한의 개념은 [그림 6.1]에서 설명한 한계비용의 논의에도 적용할 수 있다. 그 경우에, 변수 q 와 v 는 각각 차분몫 $\Delta C/\Delta Q$ 와 ΔQ 의 크기를 나타낸다. 단 모든 변화는 곡선상의 A 점으로부터 측정된다. 다시 말해서, q 는 AB, AD, KG 와 같은 선분의 기울기를 나타내는 반면, v 는 Q_0Q_2 (= 선분 AE) 와 Q_0Q_1 (= 선분 AF) 과 같은 선분의 길이를 나타낸다. 앞에서 본 바와 같이, v 가 양의 값에서 0으로 접근함에 따라, q 는 직선 KG 의 기울기와 동일한 값에 접근할 것이다. 마찬가지로, ΔQ 가 음의 값에서 0에 접근함에 따라 (즉, 산출량의 **감소**가 점점 더 작아짐에 따라), RA (그리지 않은 곡선) 와 같은 직선의 기울기로 측정되는, 차분몫 $\Delta C/\Delta Q$ 도 또한 직선 KG 의 기울기와 동일한 값에 접근하는 것을 확인할 수 있다. 실제로 이 상황은 [그림 6.2](a) 에서 예시된 것과 매우 비슷하다. 즉, [그림 6.1]에서 KG의 기울기 ([그림 6.2]의 L 에 대응하는 것) 는 바로 v 가 0에 접근할 때 계수 q 의 극한이며, 결국 그것은 산출량수준 $Q = Q_0$ 에서의 한계비용이 된다.

극한의 계산

이제 어떤 주어진 함수 $q = g(v)$ 의 극한을 계산하는 방법을 설명하기로 하자.

예 1

함수가 $q = 2 + v^2$ 일 때, $\lim_{v \to 0} q$ 를 구하라. 왼쪽극한을 구하기 위해서 일련의 음의 값들인 $-1, -\frac{1}{10}, -\frac{1}{100}, \cdots$ 을 (이 순서대로) v 에 대입하면, $(2 + v^2)$ 이 계속 감소하여 (v^2 이 점차로 0에 접근할 것이므로) 2에 접근하게 되는 것을 알 수 있다. 다음으로 오른쪽극한을 구하기 위해서 일련의 양의 값들인 $1, \frac{1}{10}, \frac{1}{100}, \cdots$ 을 (이 순서대로) v 에 대입하면, 앞의 것과 동일한 극한을 얻는다. 이 두 극한이 같으므로, q 의 극한이 존재한다고 볼 수 있고, 이것을 $\lim_{v \to 0} q = 2$ 로 쓴다.

[예 1]에서 구한 극한은 방정식 $q = 2 + v^2$ 에 $v = 0$ 을 대입시킨 결과로 생각하기 쉽지만, 이러한 대입방법은 일반적으로 옳지 않다. 극한 $\lim_{v \to N} q$ 를 계산할 때, 우리는 단지 v 를 N 에 **접근**시키는 것이지, $v = N$ 이 되도록 하는 것은 아니다. 사실 N 이 함수 $q = g(v)$ 의 정의역에 포함되지 **않더라도**, 우리는 $v \to N$ 일 때 q 의 극한을 생각할 수 있다. 후자의 경우에, 만일 $v = N$ 이 되도록 하면, q 는 분명히 정의되지 않는다.

† 계단함수라는 명칭은 곡선의 형태에 의해서 명명된 것임을 쉽게 알 수 있다. 계단함수는 또한 대수적으로도 표현할 수 있다. 예를 들어 [그림 6.2](c) 의 계단함수는 다음의 방정식으로 나타낼 수 있다.

$$q = \begin{cases} L_1 & (0 \le v < N\text{에 대해서}) \\ L_2 & (N \le v\text{에 대해서}) \end{cases}$$

위에서 설정된 정의역의 각 부분집합에서, 계단함수는 그림처럼 "계단"을 형성하는 별개의 상수함수로 나타난다는 점에 주의하여야 한다. 경제학에서 계단함수들은, 예를 들면 상이한 구매량에 청구되는 상이한 가격들을 나타내거나 ([그림 6.2])(c) 에 그려진 곡선은 수량할인을 표시한다) 또는 상이한 소득계층에 부과되는 상이한 세율을 나타낼 경우에 사용될 수 있다.

†† 역주 : 그림에 의하면 N 일 때의 함수값이 L_1 이며 또 L_2 인 것처럼 그려져 있다. 그러나 이는 함수의 정의에 위배되므로 잘못이다. N 에서의 함수값은 L_2 뿐이도록 그림이 수정되어야 한다.

예 2 함수가 $q = (1 - v^2)/(1 - v)$일 때, $\lim_{v \to 1} q$를 구하라. 여기서 $N = 1$은 함수의 정의역 내에 있지 않고, 따라서 $v = 1$이라고 놓을 수 없다. 왜냐하면 $v = 1$이면 0으로 나누는 것이 되기 때문이다. 또 [예 1]에서 사용된 것처럼, $v \to 1$로 두면서 극한을 계산하는 방법까지도 어려움에 직면한다. 왜냐하면 $v \to 1$일 때 분모 $(1 - v)$가 0에 접근하고, 우리는 이런 분수의 극한을 구하는 방법을 아직 모르기 때문이다.

이 어려움에서 벗어나는 하나의 방법은 v가 분모에 나타나지 않는 형태로 변형하는 것이다. $v \to 1$은 $v \neq 1$인 것을 의미하므로, $(1 - v)$는 0이 아니다. 따라서 $(1 - 2v)$을 $(1 - v)$로 나눌 수 있고, 다음과 같이 쓸 수 있다:†

$$q = \frac{1 - v^2}{1 - v} = 1 + v \qquad (v \neq 1)$$

q에 관한 이 새로운 식은 분모에 v를 더이상 포함하고 있지 않다. 이제 **어느 쪽**에서 접근하더라도 $v \to 1$일 때 $(1 + v) \to 2$가 되므로 $\lim_{v \to 1} q = 2$가 된다.

예 3 함수가 $q = (2v + 5)/(v + 1)$일 때, $\lim_{v \to +\infty} q$를 구하라. 이번에도 변수 v가 분자와 분모에 모두 나타나 있다. 만약 분모와 분자에서 $v \to \infty$로 놓으면, 그 결과는 무한히 큰 두 수간의 비율이 될 것이고, 이것은 명확한 의미를 갖지 않는다. 이와 같은 난점을 피하기 위해서, 이번에는 변수 v가 분자에 나타나지 않는 형태로 변환시킨다.†† 그러나 $(2v + 5)$는 $(v + 1)$로 나누어지지 않기 때문에, 그 결과는 다음과 같은 잉여항을 포함한다:

$$q = \frac{2v + 5}{v + 1} = 2 + \frac{3}{v + 1}$$

그러나, 어떻든 q에 관한 이 새로운 식은 이제 분자에 v를 포함하지 않는다. 그러면 잉여항은 $v \to +\infty$일 때 $3/(v + 1) \to 0$이 되기 때문에 $\lim_{v \to +\infty} q = 2$가 된다.

극한을 계산하는 데 유효하게 사용되는 정리들이 몇 개 더 있지만, 이것들은 제 6.6 절에서 논의하기도 한다.

극한개념의 정식화

앞의 논의는 극한개념에 관한 어떤 일반적인 의미를 설명한 것이지만 이제는 이 개념을 보다 정

† 나눗셈은, 수의 경우처럼, 다음과 같이 행해질 수 있다.

$$\begin{array}{r} 1 + v \\ 1 - v \,\overline{\big)\, 1 \qquad - v^2} \\ \underline{1 - v \qquad} \\ v - v^2 \\ \underline{\underline{v - v^2}} \end{array}$$

또다른 방법으로, 아래와 같이 인수분해에 의해서도 구할 수 있다.

$$\frac{1 - v^2}{1 - v} = \frac{(1 + v)(1 - v)}{1 - v} = 1 + v \qquad (v \neq 1)$$

†† $v \to 0$ 인 경우에는 0으로 나누는 것을 피하기 위해서, v를 분모로부터 제거시키려 하였다. 그러나 $v \to \infty$ 인 경우는 v를 분자로부터 제거하는 것이 유리하다. $v \to \infty$ 일 때 분모에 v를 포함한 식은 편리하게도 0의 값을 갖기 때문이다.

확하게 정의해 보자. 극한개념에 관한 그러한 정의는 선분상의 한 점(특히, 실수 선분상에 있는 한 점으로서 어떤 특정한 수)의 **근방**(neighborhood)이라는 개념을 사용하게 되므로, 우선 이 개념을 설명하기로 한다.

어떤 주어진 수 L에 대하여, L보다 작은 어떤 수 $(L-a_1)<L$과 L보다 큰 또다른 수 $(L+a_2)>L$은 항상 존재한다. 단 a_1과 a_2는 어떤 임의의 양수이다. $(L-a_1)$과 $(L-a_2)$ 사이에 있는 모든 수들의 집합을 이 두 수 사이의 **구간**(interval)이라고 한다. 만약 두 수 $(L-a_1)$과 $(L-a_2)$가 이 집합에 포함되면, 그 집합은 **폐구간**(closed interval)고, 그 수들이 제외되면 그 집합은 **개구간**(open interval)이다. $(L-a_1)$과 $(L-a_2)$ 사이의 **폐**구간은 대괄호를 사용하여 다음과 같이 표시한다.

$$[L-a_1, L+a_2] \equiv \{q \mid L-a_1 \le q \le L+a_2\}$$

그리고 **개**구간은 괄호를 사용하여 다음과 같이 표시한다:

$$(L-a_1, L+a_2) \equiv \{q \mid L-a_1 < q < L+a_2\} \qquad \textbf{(6.4)}$$

즉, [ ]는 약부등호 $\le$와 관련되고, ( )는 강부등호 $<$와 관련된다. 그러나 두 형태의 구간 모두에서, 더 작은 수 $(L-a_1)$이 항상 먼저 표시된다. 후에, $(3, 5]$ 및 $[6, \infty)$와 같은 **반개**구간(half-open interval)과 **반폐**구간(half-closed interval)에 대해서도 언급되는데, 이들은 다음의 의미를 갖는다.

$$(3, 5] \equiv \{x \mid 3 < x \le 5\} \qquad [6, \infty) \equiv \{x \mid 6 \le x < \infty\}$$

이제 L의 **근방**을 (6.4)로 정의된 **개구간**으로 정의할 수 있다. 그런데 이 개구간은 수 L을 "포함"하는 구간이다.† 임의의 수 a_1과 a_2의 크기에 따라서, 주어진 수 L의 여러 가지 근방(즉 L 근방)을 구성할 수 있다. 근방의 개념을 이용하여 함수의 극한은 다음과 같이 정의할 수 있다:

> v가 수 N에 접근함에 따라, 함수 $q=g(v)$의 극한이 수 L이라는 것은 다음의 조건이 충족될 때이다. 즉, 만약 모든 가능한 L 근방에 관해서 그 근방이 **아무리 작더라도** 함수의 정의역 내에 이에 대응하는 하나의 N의 근방($v=N$이 되는 점은 제외하고††)이 존재함으로써, 이 N 근방 내의 모든 v 값의 상이 그 L 근방 안에 위치하도록 할 수 있다는 조건이다.

이 정의는 [그림 6.2](a)와 비슷한 [그림 6.3]의 도움으로 더 분명히 설명될 수 있다. [그림 6.2]에서 본 바에 의하면, 우리는 [그림 6.3]에서 $\lim_{v \to N} q = L$인 것을 안다. 이제 L이 과연 이 새로운 극한의 정의를 충족하는가를 보도록 하자. 먼저, L의 임의의 작은 근방, 예컨대 $(L-a_1, L-a_2)$을 선택한다(이 근방은 훨씬 더 작아야 했겠지만 설명을 용이하게 하기 위해서 비교적 큰 것을 그대로 둔다). 이제 N의 근방, 예컨대, $(N-b_1, N+b_2)$를 취하되, L의 근방과 N의 근방이 (1상한으로 확장될 때) 함께 직사각형(그림에서 어둡게 그린 것)을 이루고, 그것의 모서리를 주어진 곡선상에 놓이도록 한다. 그러면 이 N의 근방에 있는 v의 모든 값(단, $v=N$은 제외)에 대해서, 이에 대응하는 $q=g(v)$의 값은 선택된 L의 근방 안에 위치하게 되는 것을 알 수 있다. 사실 우리가 선택하는 L 근방이 아무리 **작더라도**, 위의 성질을 만족하는 하나의 (L 근방에 상응하는 작은) N 근방을 구할 수 있다. 따라서 L은 극한의 정의를 충족한다.†††

† 개구간을 어떤 한 점의 근방과 동일시할 수 있는 것은, 그 점이 선상(1차원 공간)에 있는 경우에만 타당하다. 평면(2차원 공간)에서 1점의 근방은 그 점을 중심으로 하는 어떤 영역, 예컨대 원의 영역으로 간주되어야 한다.

†† 역주: N이 정의역 내의 점이 아닐 수도 있기 때문에 이를 제외하는 것이다(앞의 [예 2] 처럼).

그림 6.3

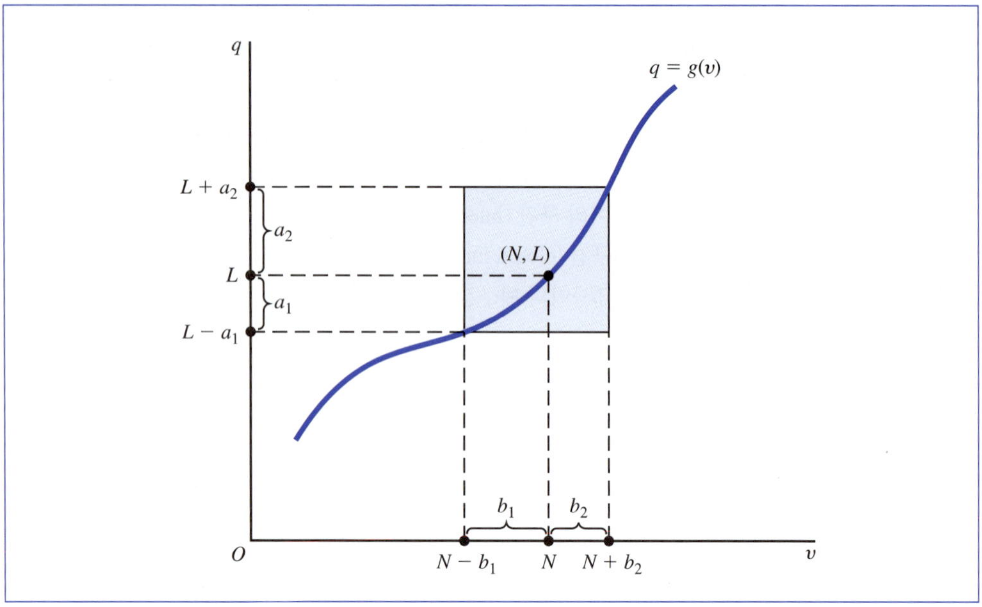

또한 이 극한의 정의를 [그림 6.2](c)의 계단함수에 적용하여, L_1과 L_2는 모두 $\lim_{v \to N} q$를 만족하지 않음을 보일 수 있다. 만약 L_1의 매우 작은 근방 — 이를 테면, L_1의 양쪽에 꼭 하나의 머리털 넓이만큼 — 을 선택하면, 어떠한 N 근방을 선택하더라도, 이 두 근방으로 형성되는 직사각형은 그 계단 함수의 아래쪽 계단을 결코 포함할 수 없다. 결과적으로 $v > N$인 어떤 값에 대하여, 이에 대응하는 q의 값(더 낮은 계단에 위치한 값)은 L_1의 근방에 포함되지 않는다. 따라서 L_1은 극한이 될 수 없다. 마찬가지 논리로 L_2 역시 극한이 될 수 없다. 사실, 이 경우에 $v \to N$일 때 q의 극한은 존재하지 않는다.†

극한의 정의를 충족하는가의 여부는 그래프대신에 대수적인 방법으로도 확인할 수 있다. 예를 들어 다음의 함수를 다시 생각해 보자.

$$q = \frac{1 - v^2}{1 - v} = 1 + v \qquad (v \neq 1) \tag{6.5}$$

[예 2]에서 구한바와 같이 $\lim_{v \to 1} q = 2$이다; 즉 $N = 1$이고 $L = 2$이다. $L = 2$가 과연 q의 극한인가를 입증하기 위해서는, 선택된 어떤 L의 근방$(2 - a_1,\ 2 + a_2)$에 대해서, v가 N의 근방에 포함될 때에는 언제든지 q가 선택된 L의 근방에 반드시 포함되도록 하는 N의 근방이 존재함을 보여야 한다. 이는 본질적으로, 주어진 a_1과 a_2의 값들이 아무리 작더라도, 부등식

$$1 - b_1 < v < 1 + b_2 \qquad (v \neq 1) \tag{6.6}$$

††† 역주: 이 예에서 "직사각형의 모서리가 주어진 곡산상에 놓이도록"하면, L 근방이 주어질 때 N근방은 유일하게 결정되어 버리고 만다. 그러나 위의 정의는 그런 뜻을 내포하고 있지 않다. 임의로 잡은 L 근방을 $B_a(L)$이라 하자. 그리고 어떤 한 N 근방 $B_b(N)$ 내의 모든 값(N은 제외)에 대응하는 함수값으로 이루어지는 집합을 $g(B_a(N) \equiv \{q \mid q = g(v), v \in B_b(N)\}$이라고 하자. 그러면 정의가 요구하는 것은 $g(B_b(N)) \subset B_a(L)$이 되는 $B_b(N)$이 항상 존재한다는 것이다(여러분은 이를 그림에 나타내 보기 바란다).

† 역주 : 앞의 역주를 참조하여 재음미하고 설명 중 부적당한 부분이 어디인지를 확인해 보기 바란다.

가 충족될 때에는 언제든지 또 다른 부등식

$$2 - a_1 < q < 2 + a_2 \tag{6.7}$$

도 역시 만족되도록 하는 두 수 b_1과 b_2를 반드시 구할 수 있어야 함을 의미한다. 이 한 쌍의 수 b_1과 b_2를 찾기 위해, 먼저 (6.5)를 (6.7)에 대입하면 다음과 같이 된다;

$$2 - a_1 < 1 + v < 2 + a_2 \tag{6.7'}$$

이것은, 이번에는 (양변에서 1을 빼면) 다음의 부등식으로 변형될 수 있다

$$1 - a_1 < v < 1 + a_2 \tag{6.7''}$$

(6.7)의 변형 (6.7″)과 (6.6)을 비교함으로써 두 수 b_1과 b_2를 $b_1 = a_1$과 $b_2 = a_2$가 되도록 선택하면, 두 부등식 (6.6) 및 (6.7)이 동시에 항상 충족된다는 것을 알 수 있다. 따라서 극한의 정의에서 필요로 하는 N의 근방 $(1 - b_1,\ 1 + b_2)$은 분명히 $L = 2$에서는 구해질 수 있다. 그리고 이것은 $L = 2$가 극한인 것을 입증한 것이 된다.

이제는 극한의 정의를 이용하여 2와 다른 값 (이를 테면, 3)은 함수 (6.5)의 극한 $\lim_{v \to 1} q$가 될 수 없다는 것을 보도록 하자. 만약 3이 극한이라고 가정하면, 선택된 3의 모든 근방, $(3 - a_1,\ 3 + a_2)$에 대해서, v가 1의 근방에 있을 때에는 언제든지 q가 3의 근방에 있도록 하는 1의 근방이 존재 한다는 것이 진실이어야 한다. 즉, 부등식

$$1 - b_1 < v < 1 + b_2$$

가 충족될 때에는 언제든지, 또다른 부등식

$$3 - a_1 < 1 + v < 3 + a_2$$

즉,

$$2 - a_1 < v < 2 + a_2$$

도 역시 충족되어야 한다. 이 결과를 얻을 수 있는 **유일**한 방법은 $b_1 = a_1 - 1$과 $b_2 = a_2 + 1$을 선택하는 것이다. 이것은 1의 근방이 개구간 $(2 - a_1,\ 2 + a_2)$가 되어야 함을 의미한다. 그러나 극한의 정의에 따르면 a_1과 a_2는 임의로 작게 할 수 있다, 이를테면, $a_1 = a_2 = 0.1$이 될 수 있다. 이 경우 개구간은 (1.9, 2.1)이 되고, 이것은 세로축상의 점 $v = 1$의 오른쪽에 완전히 놓이게 되므로 1의 근방이 될 수 없다. 따라서 수 3은 극한의 정의를 충족시킬 수 없다. 마찬가지 방법으로, 2이외의 **어떤** 수도 이 경우에는 극한의 정의에 모순된다는 것을 보일 수 있다.

일반적으로, $v \to N$일 때 어떤 하나의 수가 q의 극한의 정의를 충족시키면 그 이외의 다른 어떤 수도 이 정의를 충족시킬 수 없다. 극한이 존재한다면, 그것은 유일하다.

연습문제 6.4

1. 함수 $q = (v^2 + v - 56)/(v - 7)$, $(v \neq 7)$에서 v가 7에 접근할 때 q의 왼쪽극한과 오른쪽극한을 구하라. 이 답에서 v가 7에 접근할 때 q는 극한을 갖는다고 결론 내릴 수 있는가?
2. 함수가 $q = [(v + 2)^3 - 8]/v$, $(v \neq 0)$일 때, 다음을 구하라:

(a) $\lim_{v \to 0} q$ (b) $\lim_{v \to 2} q$ (c) $\lim_{v \to a} q$

3. 함수가 $q = (5 - 1)/v$, $(v \neq 0)$ 일 때, 다음을 구하라:

(a) $\lim_{v \to +\infty} q$ (b) $\lim_{v \to -\infty} q$

4. [그림 6.3]을 이용하여, v가 N에 접근할 때, 수$(L + a_2)$는 q의 극한이 될 수 없음을 보여라.

6.5 | 부등식과 절대값에 대한 보론†

6.6 | 극한정리

우리의 관심은 변화율에 있다. 이 변화율을 논의하기 위해, 우리는 도함수의 개념을 고려해야 했다. 또 도함수는 본질적으로 차분몫의 극한이기 때문에, 극한의 존재여부와 계산방법에 관하여 공부하였다. 극한을 계산하는 기본과정은 제 6.4 절에서 설명한바와 같이, 변수 v를 어떤 특정한 수(이를테면, N)에 접근시키고, 이때 q가 접근하는 값을 관찰하는 것이었다. 그러나 함수의 극한을 실제로 계산할 때는, 우리는 이미 확립된 극한의 정리들을 사용할 수 있다. 이 정리들을 사용하면, 특히 복잡한 함수의 경우에, 계산을 훨씬 간단히 해낼 수 있다.

단일함수에 관한 극한정리

단일함수 $q = g(v)$를 다루는 경우에는 다음의 정리들이 적용될 수 있다.

정리 1 만약 $q = av + b$ 이면, $\lim_{v \to N} q = aN + b$ 이다 (a와 b는 상수).

예 1 $q = 5v + 7$ 일 때, $\lim_{v \to 2} q = 5(2) + 7 = 17$이 된다. 마찬가지로, $\lim_{v \to 0} q = 5(0) + 7 = 7$이다.

정리 2 만약 $q = g(v) = b$ 이면, $\lim_{v \to N} q = b$ 이다.

이 정리는 상수함수의 극한은 그 함수의 상수가 된다는 것을 보여 준다, 이것은 정리1에서 $a = 0$이 되는 특수한 경우에 불과하다(여러분들은 이 경우의 예를 [연습문제 6.2]의 3에서 이미 다루었다).

정리 3 만약 $q = v$ 이면, $\lim_{v \to N} q = N$ 이다.
만약 $q = v^k$ 이면, $\lim_{v \to N} q = N^k$ 이다.

예 2 $q = v^3$ 일 때, $\lim_{v \to 2} q = (2)^3 = 8$이다.

† 역주 : 이절은 삭제한다.

위의 세 정리에서 $v \to N$ 일 때 q 의 극한을 구하기 위해 $v = N$ 으로 놓았다. 그러나 이것은 특별한 경우에 불과하고, "$v \to N$"이 "$v = N$"을 의미하지 않는다는 일반적인 법칙은 그대로 유효하다.

두 함수가 관련된 극한정리

만약 두 함수 $q_1 = g(v)$ 및 $q_2 = k(v)$ 가 동일한 독립변수 v 를 갖고, 두 함수가 **모두** 극한

$$\lim_{v \to N} q_1 = L_1 \qquad \lim_{v \to N} q_2 = L_2$$ (단, L_1 과 L_2 는 두 **유한한** 수이다.)

를 갖는다면, 다음의 정리들이 적용될 수 있다.

정리 4 (합과 차의 극한정리)

$$\lim_{v \to N} (q_1 \pm q_2) = L_1 \pm L_2$$

두 함수의 합 (차) 의 극한은 그들 각각의 극한들의 합 (차) 이다.
특히,

$$\lim_{v \to N} 2q_1 = \lim_{v \to N} (q_1 + q_1) = L_1 + L_1 = 2L_1$$

으로, 이것은 정리 1과 일치한다.

정리 5 (곱의 극한정리)

$$\lim_{v \to N} (q_1 q_2) = L_1 L_2$$

두 함수의 곱 (product) 의 극한은 그 함수들의 극한들의 곱이다.

함수의 제곱에 적용하면,

$$\lim_{v \to N} (q_1 q_1) = L_1 L_1 = L_1^2$$

이며, 이것은 정리 3과 일치한다.

정리 6 (몫의 극한정리)

$$\lim_{v \to N} \frac{q_1}{q_2} = \frac{L_1}{L_2} \qquad (L_2 \neq 0)$$

두 함수의 몫 (quotien) 의 극한은 그들의 극한들의 몫이다. 물론 극한 L_2 는 0이 아니라는 제약을 받는다; 그렇지 않으면 몫은 정의되지 않는다.

예 3 $\lim_{v \to 0}(1 + v)/(2 + v)$를 구하라. 여기서 $\lim_{v \to 0} = 1$이고 $\lim_{v \to 0}(2 + v) = 2$ 이므로, 구하려는 극한은 $\frac{1}{2}$ 이다.

여러분들은 L_1 과 L_2 가 유한한 수를 나타낸다는 것을 잊지 말아야 한다. 그렇지 않으면 위의 정리들은 적용될 수 없다. 더욱이, 정리 6의 경우에는, L_2 가 0이어서도 안 된다. 이 제약들이 충족되지 않는다면, 제 6.4 절의 [예 2] 와 [예 3] 에서 설명한 극한의 계산방법을 따라야만 하는데, 이것은 각각 L_2 가 0이 되고 L_2 가 무한대가 되는 경우가 된다.

다항함수의 극한

위의 극한정리들을 사용하면, v 가 수 N 에 접근할 때 임의의 다항함수

$$q = g(v) = a_0 + a_1 v + a_2 v^2 + \cdots + a_n v^n \tag{6.11}$$

의 극한도 쉽게 계산할 수 있다. 각 항의 극한들은 각각

$$\lim_{v \to N} a_0 = a_0 \qquad \lim_{v \to N} a_1 v = a_1 N \qquad \lim_{v \to N} a_2 v^2 = a_2 N^2 \qquad \text{(등등)}$$

이므로, 이 다항함수의 극한은 (합의 극한정리에 의해) 다음과 같이 된다.

$$\lim_{v \to N} q = a_0 + a_1 N + a_2 N^2 + \cdots + a_n N^n \tag{6.12}$$

또한 이 극한은 실제로 $g(N)$과 같다. 즉 $v = N$ 일 때 (6.11) 의 함수값과 사실상 같다는 것에 주목해야 한다. 이 특정한 결과는 다항함수의 **연속성** (continuity) 개념을 논의하는 데 중요하다는 것을 알게 될 것이다.

연습문제 6.6

1. 함수 $q = 7 - 9v + v^2$ 의 극한을 구하라:
   (a) $v \to 0$ (b) $v \to 3$ (c) $v \to -1$
2. 함수 $q = (v+2)(v-3)$ 의 극한을 구하라:
   (a) $v \to -1$ (b) $v \to 0$ (c) $v \to 5$
3. 함수 $q = (3v+5)(v+2)$ 의 극한을 구하라:
   (a) $v \to 0$ (b) $v \to 5$ (c) $v \to -1$

6.7 | 함수의 연속성과 미분가능성

지금까지 논의한 극한 개념과 그 계산방법은 이제 함수의 연속성과 미분가능성 (differentiability)을 정의하는 데 이용될 수 있다. 이 개념들은 우리의 관심사인 함수의 도함수와 직접적으로 관련된다.

함수의 연속성

함수 $q = g(v)$ 는 정의역에서 v 가 N 에 접근함에 따라 극한을 갖고, 동시에 이 극한이 $g(N)$과 같을 때 — 즉 $v = N$ 에서의 함수의 값과 같을 때 — 그 함수는 N 에서 **연속**이라고 한다. 따라서 함수의 **연속성** (continuity) 은 다음 세 가지 조건을 필요로 한다: (1) 점 N 은 함수의 정의역 내에 있어야 한다; 즉, $g(N)$ 이 정의되어야 한다; (2) 함수는 $v \to N$ 일 때 극한을 가져야 한다; 즉, $\lim_{v \to N} g(v)$ 가 존재한다; (3) 그 극한은 $g(N)$ 의 값과 같아야 한다; 즉, $\lim_{v \to N} g(v) = g(N)$ 이어야 한다.

곡선의 극한을 [그림 6.3] 에서 논의할 때 점 (N, L) 은 고려대상에서 제외되었지만, 함수의 연속성을 논의할 때는 그 점을 더 이상 제외하지 않는다는 것에 주목하는 것이 중요하다. 오히려, 세 번째 조

건이 구체적으로 언급하는 것처럼, 함수가 점 N 에서 연속이기에 앞서, 점 (N, L) 은 반드시 함수의 그래프 상에 존재해야만 한다.

이제 [그림 6.2] 에 나타난 함수들이 연속인지의 여부를 검토해 보자. [그림 6.2] (a) 에서, 점 N 은 세 조건을 모두 충족한다. 점 N 은 정의역 내에 있다; $v \to N$ 일 때 q 는 극한 L 을 가진다; 그리고 극한 L 은 N 에서의 함수값과 같다. 따라서 이 곡선으로 표시되는 함수는 N 에서 연속이다. [그림 6.2] (b) 에 그려진 함수도 연속이다. 왜냐하면 v 가 정의역 내에 있는 값 N 에 접근할 때 L 이 그 함수의 극한이고, 또한 L 이 N 에서의 함수의 값과 일치하기 때문이다. 이 마지막 예는 점 N 에서 함수가 연속이라 하더라도, 함수의 그래프가 $v = N$ 에서 반드시 "매끄러운" (smooth) 곡선일 필요는 없다는 사실을 보여준다. 왜냐하면 [그림 6.2] (b) 에서, 점 (N, L) 은 실제로 "뾰족점" 이지만 함수는 N 에서 연속이기 때문이다.

함수 $q = g(v)$ 가 구간 (a, b) 에 있는 모든 v 의 값에서 연속일 때, 함수는 그 구간에서 연속이라고 한다. 만약 함수가 정의역의 부분집합 S (여기서 부분집합 S 는 다수의 분리된 구간들의 집합일 수 있다) 에 있는 모든 점에서 연속이면, 그 함수는 S 에서 연속이라고 한다. 그리고 마지막으로, 함수가 정의역에 있는 모든 점에서 연속이라면, 그 함수는 그 정의역에서 연속이라고 한다. 그러나 이 경우에도, v 의 어떤 값이 함수의 정의역 내에 있지 **않으면**, 함수의 그래프는 그 값, 이를테면 $v = 5$ 에서 불연속성 (틈) 을 나타낼 수 있다.

다시 [그림 6.2] 로 돌아가 그림 (c) 를 보면, 극한이 N 점에서 존재하지 않아 연속성의 둘째 조건을 위반하기 때문에 함수는 **불연속** (discontinuous) 임을 알 수 있다. 그럼에도 불구하고, 그 함수는 정의역 내의 구간 $[N, \infty]$ 뿐만 아니라 구간 $(0, N)$ 에서 연속성의 조건을 충족한다. 그림 (d) 도 $v = N$ 에서 분명히 불연속이다. 이번에는, 연속성의 첫 번째 조건을 위반하여 N 이 정의역에서 제외된다는 사실로부터 불연속성이 초래된다.

[그림 6.2] 의 그래프들에 의하면, 그림 (b) 의 경우와 같이 뾰족점은 연속성조건에 위배되지 않지만, 그림 (c) 와 (a) 와 같이 **틈** (gap) 이 있는 경우에는 연속성 조건에 위배되는 것을 알 수 있다. 그러므로 개괄적으로 말해서, 특정 구간에서 연속인 함수는 그 구간에서 연필이나 펜을 종이에서 떼지 않고 함수의 그래프가 그려질 수 있는 함수이다.그래프를 이렇게 그리는 것은 뾰족점이 존재하더라도 가능하지만, 틈이 존재할 때는 불가능하다.

다항함수와 유리함수

이제 우리가 자주 접하게 되는 함수들의 연속성을 생각해 보자. 우리는 (6.11) 의 $q = g(v)$ 와 같은 다항함수에서는 $\lim_{v \to N} q$ 가 존재하고, N 에서의 함수값과 같다는 것을 (6.12) 로부터 알았다. N 이 함수의 정의역 내에 있는 한 점 (임의의 점) 이기 때문에, 모든 다항함수는 그 함수의 정의역에서 연속이라고 말할 수 있다. 다항함수들은 자주 마주치기 때문에 이 사실은 매우 유용한 지식이다.

유리함수의 경우는 어떠한가? 연속성에 관한 매우 흥미있는 정리 (연속성정리) 가 있는데, 그것은 정의역에서 연속인 어떤 유한한 수의 함수들의 합, 차, 곱, 그리고 몫은, 각각, 그 정의역에서 역시 연속이라는 것이다. 따라서 임의의 유리함수 (두 다항함수의 몫) 도 역시 그 함수의 정의역에서 연속이 된다.

예 1 유리함수

$$q = g(v) = \frac{4v^2}{v^2+1}$$

은 모든 유한실수에 대해서 정의된다; 즉 그 함수의 정의역은 구간 $(-\infty, \infty)$가 된다. 정의역 내의 어떤 수 N에 대해서, q의 극한은 (몫의 극한정리에 의해) 다음과 같다:

$$\lim_{v \to N} q = \frac{\lim_{v \to N}(4v^2)}{\lim_{v \to N}(v^2+1)} = \frac{4N^2}{N^2+1}$$

이것은 $g(N)$과 같다. 따라서 연속성의 세 가지 필요조건들이 N에서 모두 충족된다. 더구나 N은 이 함수의 정의역 내에 있는 어떤 점도 나타낼 수 있으므로 이 함수는 그 정의역에서 연속이다.

예 2 유리함수

$$q = \frac{v^3 + v^2 - 4v - 4}{v^2 - 4}$$

는 $v = 2$와 $v = -2$에서 정의되지 않는다. v의 그러한 두 값들은 정의역 내에 있지 않으므로, v가 -2 또는 2에 접근할 때 q의 극한이 존재한다는 사실에도 불구하고, 이 함수는 $v = -2$와 $v = 2$에서 불연속이다. 이 함수를 그래프로 그리면, v의 이 두 값에서 틈을 나타낼 것이다. 그러나 이 함수는 (정의역 내에 있는) v의 다른 값들에 대해서 연속이다.

함수의 미분가능성

앞의 논의는 어떤 임의의 함수의 독립변수가 어떤 특정한 값에 접근할 때, 그 함수가 극한을 갖는지의 여부를 확인할 수 있는 방법을 제공한다. 즉, x가 어떤 선택된 값, 이를테면 x_0에 접근할 때, 임의의 함수 $y = f(x)$의 극한을 구해 볼 수 있다. 그러나 우리는 "극한"의 개념을 또 다른 차원에 적용할 수 있다. 즉, Δx가 0에 접근할 때 그 함수의 차분몫 $\Delta y/\Delta x$의 극한을 취할 수 있다. 이 두 다른 차원에서 얻은 극한의 결과들은 그 함수 f의 두 가지 다른 성질들 (서로 관련이 없지는 않지만) 과 관계가 있다.

우리는 앞 절의 논의에 따라 함수 $y = f(x)$ 그 자체의 극한을 취함으로써, 함수 f가 $x = x_0$에서 **연속**인지의 여부를 알아 낼 수 있었다. 연속성의 조건들은 (1) $x = x_0$가 함수 f의 정의역 내에 있어야 하고, (2) $x \to x_0$일 때 y는 반드시 극한을 가져야 하고, (3) 그 극한이 반드시 $f(x_0)$와 같아야 한다는 것이다. 이 조건들이 충족될 때 다음과 같이 쓸 수 있다.

$$\lim_{x \to x_0} f(x) = f(x_0) \qquad \text{[연속성조건]} \tag{6.13}$$

이와 대조적으로, $\Delta x \to 0$일 때의 차분몫 $\Delta y/\Delta x$에 "극한" 개념을 적용하면, 우리는 연속성 대신에 함수 f가 $x = x_0$에서 **미분가능**한지, 즉 도함수 dy/dx가 $x = x_0$에서 존재하는지, 또는 $f'(x_0)$가 존재하는지의 여부에 관한 문제를 다룰 수 있게 된다. 도함수 dy/dx를 구하는 과정을 **미분**(differenatiable, 이것을 derivation이라고도 함) 이라고 하기 때문에 여기서 "미분가능" (differentiable) 이란 용어가 사용된다. $f'(x_0)$가 존재하기 위한 필요충분조건은 $\Delta x \to 0$일 때 $x = x_0$에서 $\Delta y/\Delta x$의 극한이 존재하는 것이므로, f의 미분가능성을 식으로 나타내면 다음과 같다.

$$f'(x_0) = \lim_{\Delta x \to 0} \frac{\Delta y}{\Delta x}$$
$$\equiv \lim_{\Delta x \to 0} \frac{f(x_0 + \Delta x) - f(x_0)}{\Delta x} \qquad [\text{미분가능성조건}]^{\dagger} \qquad \textbf{(6.14)}$$

이 두 성질, 즉 연속성과 미분가능성은 서로 매우 밀접하게 관련된다. 즉 f 의 연속성은 f 가 미분가능하기 위한 필요조건이다(나중에 알게 되겠지만 이 조건은 충분조건이 아니다). 이것은 $x = x_0$ 에서 미분가능한 함수가 되기 위해서는, 그 함수가 우선 $x = x_0$ 에서 연속이어야 한다는 것을 의미한다. 이것을 증명하기 위해서는 함수 $y = f(x)$ 가 $x = x_0$ 에서 미분가능하면 그 함수는 $x = x_0$ 에서 당연히 연속이라는 것을 보여야 한다. 즉, 조건 (6.13)은 조건 (6.14)에서 유도된다는 것을 증명해야 한다. 그러나 이것을 증명하기 전에 표기법을 다소 단순화하여, (1) x_0 를 기호 N 으로 바꾸고, (2) $(x_0 + \Delta x)$ 를 기호 x 로 바꾸기로 하자. 이와 같이 바꿀 수 있는 것은 x 의 변화 후의 값이(변화의 크기에 따라) 어떤 임의의 수라도 될 수 있고, 따라서 x 로 표시될 수 있는 하나의 변수가 되기 때문이다. 두 표기법이 같다는 것은 [그림 6.4]에서 나타나 있는데, 여기서는 지금까지 사용해 온 표기법(대괄호 안의 표기법)이 새로운 표기법과 함께 나타나 있다. 표기법을 바꾸었기 때문에, Δx 는 이제 $(x - N)$ 이 되어서 "$\Delta x \to 0$" 표기는 "$x \to N$"이 되고, 이것은 함수 $q = g(v)$ 와 관련하여 앞에서 사용되었던 $v \to N$ 표기와 비슷하다. 이에 따라, 이제 (6.13)과 (6.14)는 각각 다음과 같이 쓸 수 있다.

$$\lim_{x \to N} f(x) = f(N) \qquad \textbf{(6.13')}$$

그림 6.4

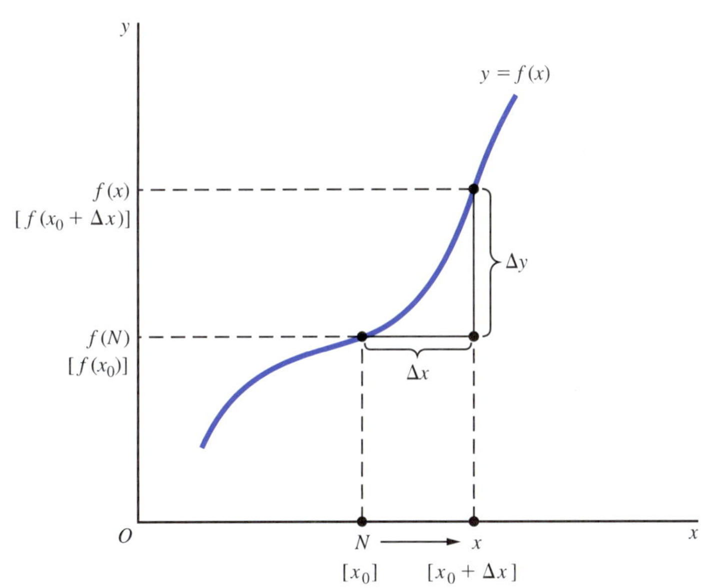

† 역주: 이것은 제 6.2절의 $f'(x) \equiv \lim_{\Delta x \to 0} \frac{\Delta y}{\Delta x}$ 라는 $f'(x)$ 의 정의에 비추어 볼 때 엄밀한 표현이 아니다. 이 정의는 미분가능성을 전제로 했을 때의 정의이다. 그러므로 미분가능성 자체를 문제로 삼는 식 (6.14)에서는 미분가능성조건을, ① 극한값으로 어떤 상수(예컨대 a)가 존재하고, ② 이것이 x_0 의 함수이며, ③ 이를 편의상 $f'(x_0)$ 로 나타낸다고 하는 것이 옳다.

$$f'(N) = \lim_{x \to N} \frac{f(x) - f(N)}{x - N} \tag{6.14'}$$

그러면 우리가 증명하고자 하는 바는 미분가능성조건 (6.14′)은 연속성조건 (6.13′)를 당연히 충족한다는 것이 된다. 우선 $x \to N$ 표기는 $x \neq N$을 의미하고, 따라서 $x - N$은 0이 아니므로, 다음의 항등식으로 나타내는 것이 가능해진다:

$$f(x) - f(N) \equiv \frac{f(x) - f(N)}{x - N}(x - N) \tag{6.15}$$

$x \to N$ 일 때 (6.15) 의 양변의 극한을 취하면, 다음의 결과를 얻는다.

좌변	$= \lim_{x \to N} f(x) - \lim_{x \to N} f(N)$	[차의 극한정리]
	$= \lim_{x \to N} f(x) - f(N)$	[$f(N)$ 은 상수]
우변	$= \lim_{x \to N} \frac{f(x) - f(N)}{x - N} \lim_{x \to N}(x - N)$	[곱의 극한정리]
	$= f'(N)(\lim_{x \to N} x - \lim_{x \to N} N)$	[(6.14′) 및 차의 극한정리에 의해]
	$= f'(N)(N - N) = 0$	

만약 조건 (6.14′) 가 충족되지 않으면, 이러한 결과들을 얻을 수 없다는 점에 주의하여야 한다. 왜냐하면 $f'(N)$이 존재하지 않으면, (6.15) 의 우변식 (따라서 좌변식도) 은 극한을 갖지 않기 때문이다. 그러나 만약 $f'(N)$이 존재하면, 양변은 위와 같은 극한을 갖는다.† 더구나 좌변의 결과와 우변의 결과를 같다고 놓을 때, $\lim_{x \to N} f(x) - f(N) = 0$을 얻게 되며, 이것은 (6.13′) 와 일치한다. 따라서 (6.13′) 로 주어진 연속성조건은 (6.14′) 로 주어진 미분가능성조건에서 유도된다는 것이 증명되었다. 일반적으로, 어떤 함수가 정의역 내의 모든 점에서 미분가능하면, 그 함수는 그 정의역에서 연속이라고 말할 수 있다.

미분가능성은 연속성을 의미하지만, 그 역은 성립하지 않는다. 즉 연속성은 미분가능성의 **필요**조건이지 **충분**조건은 아니다. 이를 증명하기 위해서는 단지 반대되는 예를 하나만 제시하면 된다. 함수

$$y = f(x) = |x - 2| + 1 \tag{6.16}$$

를 생각해 보자. 이 함수는 [그림 6.5] 에 그려져 있다. 그래프에서 바로 알 수 있듯이, 이 함수는 $x = 2$일 때 연속이지만 미분가능하지 않다. 이 함수가 $x = 2$에서 연속인 것은 쉽게 입증된다. 첫째, $x = 2$는 함수의 정의역 내에 있다. 둘째, x가 2에 접근할 때, y의 극한이 존재한다; 더 정확하게 말하면, $\lim_{x \to 2^-} y = \lim_{x \to 2^+} y = 1$이다. 셋째, $f(2)$ 도 1이다. 따라서 연속성에 관한 세 조건이 모두 충족된다. 함수가 $x = 2$에서 미분가능하지 **않다**는 것을 보이기 위해서는, 차분몫의 극한

$$\lim_{x \to 2} \frac{f(x) - f(2)}{x - 2} = \lim_{x \to 2} \frac{|x - 2| + 1 - 1}{x - 2} = \lim_{x \to 2} \frac{|x - 2|}{x - 2}$$

가 존재하지 **않는다**는 것을 보여야 한다. 이것은 왼쪽극한과 오른쪽극한간이 서로 일치하지 않는다는 것을 보이는 것이 된다.†† 오른쪽극한을 보면, x가 2보다 크기 때문에 절대값의 정의 (6.8) 에 따

† 역주: "만약 …" 으로 시작되는 이 세 문장은 삭제하는 것이 옳다. 여기서 증명하고자 하는 것은 (6.14′) ⇒ (6.13′) 뿐이기 때문이다.

그림 6.5

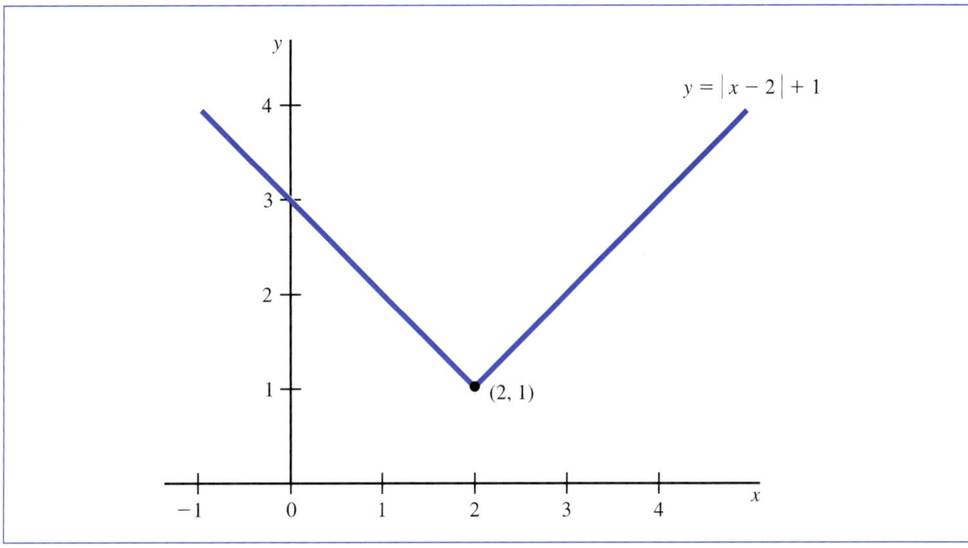

라 $|x-2|=x-2$ 가 된다. 따라서 오른쪽극한은

$$\lim_{x\to 2^+}\frac{|x-2|}{x-2}=\lim_{x\to 2^+}\frac{x-2}{x-2}=\lim_{x\to 2^+}1=1$$

이다. 한편 왼쪽극한에서는, x 가 2보다 더 작기 때문에, (6.8) 에 의해, $|x-2|=-(x-2)$ 이다. 결과적으로 왼쪽극한은

$$\lim_{x\to 2^-}=\frac{|x-2|}{x-2}=\lim_{x\to 2^-}\frac{-(x-2)}{x-2}=\lim_{x\to 2^-}(-1)=-1$$

로서 오른쪽극한과 다르다. 이것은 연속성이 미분가능성을 보장하지 않는다는 것을 의미한다. 요약하면, 미분가능한 함수들은 모두 연속이지만, 연속인 함수들이 모두 미분가능하지는 않다.

[그림 6.5] 에서, 함수가 $x=2$ 에서 미분가능하지 않다는 것은 점 (2.1) 에서는 접선이 정의되지 않고, 따라서 그 점에서는 기울기가 결정되지 않는다는 사실로부터 명백해진다. 구체적으로 곡선의 기울기가 점 $x=2$ 의 왼쪽에서는 −1이지만, 오른쪽에서는 +1이 된다. 그래서 양쪽 곡선의 기울기들은 $x=2$ 에서 하나의 공통의 크기로 접근하는 경향을 보이지 않는다. 물론 점 (2.1) 은 곡선상의 유일한 뾰족점인 특별한 점이다. 그러나 곡선상의 다른 점에서는 도함수가 정의되고 함수는 미분가능하다. 보다 구체적으로 말하면, (6.16) 의 함수는 다음과 같이 두 선형함수로 나누어질 수 있다:

$$\text{왼쪽부분 :}\quad y=-(x-2)+1=3-x\quad (x\le 2)$$
$$\text{오른쪽부분:}\quad y=(x-2)+1=x-1\quad (x>2)$$

왼쪽 부분은 정의역 내의 구간 $(-\infty,2)$ 에서 미분가능하고, 오른쪽 부분은 정의역 내의 구간 $(2,\infty)$ 에서 미분가능하다.

†† 역주: 이와 관련하여 우리는 미분가능성의 조건을 차분몫의 왼쪽극한과 오른쪽극한이 모두 존재하고, 이 둘이 같다는 말로 표현할 수 있다.

일반적으로, 미분가능성은 연속성 이상의 어떤 조건을 필요로 하기 때문에, 미분가능성은 연속성보다 더 제한적인 조건이다. 어떤 점에서의 연속성은 단지 틈이 존재하는 것을 배제하는 반면에, 미분가능성은 "뾰족점"도 배제한다. 그러므로 미분가능성은 함수(곡선)의 연속성뿐만 아니라 "매끄러움"도 필요로 한다. 경제학에서 사용되는 대부분의 **구체적인** 함수는 모든 점에서 미분가능하다는 성질을 갖는다. 더욱이 **일반** 함수가 사용되는 경우에는, 보통 모든 점에서 미분가능한 것으로 가정된다. 우리도 이후의 논의에서 그렇게 가정할 것이다.

연습문제 6.7

1. 연속성에 관한 세 가지 조건들 중 **한 조건**이라도 $x = x_2$에서 성립하지 않는 경우에는 함수 $y = f(x)$는 $x = x_0$에서 불연속이다. 각각의 조건이 성립하지 않는 경우를 세 개의 그래프를 그려서 설명하라.
2. 함수 $q = g(v) = v^2 - 5v - 2$의 정의역이 모든 유한실수의 집합일 경우,
   (a) v가 N(임의의 유한실수)에 접근할 때, q의 극한을 구하라.
   (b) 이 극한이 $g(N)$과 같은지의 여부를 판별하라.
   (c) 함수가 N에서, 그리고 정의역에서, 연속인지의 여부를 판별하라.
3. 함수가 $q = g(v) = \dfrac{v+2}{v^2+2}$일 때,
   (a) 극한정리를 이용하여 $\lim_{v \to N} q$를 구하라. 단, N은 유한실수이다.
   (b) 이 극한이 $g(N)$과 같은지의 여부를 검증하라.
   (c) N에서, 그리고 정의역 $(-\infty, \infty)$에서 함수 $g(v)$의 연속성을 점검하라.
4. 함수 $y = f(x) = \dfrac{x^2 - 9x + 20}{x - 4}$에서
   (a) $x \to 4$일 때 이 함수의 극한을 구하기 위해 몫의 극한정리를 적용할 수 있는가?
   (b) $x = 4$에서 이 함수는 연속인가? 그 이유는?
   (c) $x \neq 4$일 때 위의 함수와 동치인 함수를 구하고, 이 동치인 함수로부터 $x \to 4$일 때 y의 극한을 구하라.
5. [예 2]의 유리함수에서, 분자는 분모로 나머지 없이 정확하게 나누어지고, 그 몫은 $v + 1$이다. 그 이유만으로 그 함수를 곧바로 $q = v + 1$로 바꿀 수 있는가? 그 이유는 무엇인가?
6. [그림 2.8]의 6개 함수들의 그래프에 근거하여, 각 함수가 그것의 정의역 내의 모든 점에서 미분가능하다고 결론내릴 수 있는가? 설명하라.

Chapter 6 요약

❖ 비교정태분석과 도함수의 개념 ❖

1. 비교정태분석은 모형에서 균형을 교란시키는 변화가 있을 때 초기균형상태와 최종균형상태를 비교하는 것이다.
2. 비교정태분석은 본질적으로 파라미터 또는 외생변수의 변화에 대응하는 내생변수의 변화율을 찾는 문제로 되며, 따라서 도함수개념이 이 분석에서 중요한 역할을 한다.

3. 함수 $y = f(x)$ 의 도함수는 그 자체가 x 의 함수로서 원시함수 $f(x)$ 로부터 유도된 것이다. 따라서 이를 $f'(x)$ 로 표기한다. 또 이는 변화율을 나타내므로 이를 강조하기 위해서 dy/dx 로도 표기한다.
4. 기하학적으로 볼 때 도함수는 함수의 그래프의 기울기를 나타낸다.
5. 함수 $y = f(x)$ 의 도함수는 극한개념을 써서 다음과 같이 정의된다:

$$dy/dz = \lim_{\Delta x \to 0} \Delta y/\Delta x \equiv \lim_{\Delta x \to 0} \frac{f(x + \Delta x) - f(x)}{\Delta x}$$

6. 변수 x 가 x_0 보다 작은 값으로부터 x_0 에 수렴할 때의 함수의 극한을 왼쪽극한이라 하고, x_0 보다 큰 값으로부터 x_0 에 수렴할 때의 극한을 오른쪽극한이라 하는데, 왼쪽극한과 오른쪽극한이 모두 유일한 값으로 존재하고 그 둘이 같을 때 x_0 에서 극한이 존재한다고 한다. 그리고 이 공통의 값을 극한값이라 한다.
7. 함수 $y = f(x)$ 가 x_0 에서 극한을 갖고, 그 극한값이 $f(x_0)$ 와 같을 때, 그 함수는 점 x_0 에서 연속이라 한다. 그리고 모든 정의역에서 연속일 때 그 함수는 연속이다.
8. 연속성조건은 다음과 같이 나타낼 수 있다:

$$\lim_{x \to x_0} f(x) = f(x_0)$$

이는 (1) $f(x_0)$가 정의되고, (2) x_0 에서 극한이 존재하며, (3) 이 극한이 $f(x_0)$와 같다는 세 가지 요건이 모두 갖추어져야만 점 x_0 에서 연속이라고 말할 수 있음을 보여 준다.
9. 미분가능성조건은 다음과 같이 나타낼 수 있다.

$$f'(x) = \lim_{\Delta x \to 0} \frac{f(x + \Delta x) - f(x_0)}{\Delta x}$$

이는 (1) 우변의 극한이 유일한 값으로 존재하며, (2) 그것은 x_0 의 함수로서 예컨대 $f'(x_0)$ 로 나타낼 수 있음을 보여 준다.
10. 점 x_0 에서의 미분가능성조건은 연속성조건을 포함한다. 그러나 그 역은 성립하지 않는다.

Chapter 07

미분법칙과 비교정태분석

비교정태분석(comparative-static analysis)의 중심 문제, 즉 변화율을 구하는 문제는 어떤 함수 $y=f(x)$에서 x의 미소변화만을 고려한다면, 그 도함수(derivative)를 구하는 문제와 동일한 것으로 볼 수 있다. 도함수 dy/dx는 $v \to 0$일때 차분몫(difference quotient) $q=g(v)$의 극한으로 정의되지만, 도함수를 구할 때 마다 극한을 구하는 과정을 반복할 필요는 없다. 왜냐하면 우리가 원하는 도함수를 바로 구할 수 있게 해주는 여러 가지 미분법칙, 즉 도함수를 구하는 방법들이 존재하기 때문이다. 그러므로 비교정태모형을 바로 다루기 전에 먼저 몇 가지 미분법칙들을 배우기로 하자.

7.1 | 일변수함수에 관한 미분법칙

먼저, 우리는 단일독립변수를 갖는 함수 중, $y=k$(상수함수; constant function), $y=x^n$ 및 $y=cx^n$(멱함수; power function)과 같은 형태의 함수에 각각 적용될 수 있는 세 가지 법칙을 논의하기로 한다. 이 함수들은 모두 매끄럽고 연속인 그래프를 가지고, 따라서 모든 점에서 미분가능하다.

상수함수의 미분법칙

상수함수 $y=k$, 즉 $f(x)=k$의 도함수는 항상 0이다. 즉 x의 모든 값에 대하여 0이다. 이 것을 기호로 표시하는 방법은

$$\frac{dy}{dx}=\frac{dk}{dx}=0 \qquad \text{또는} \qquad f'(x)=0$$

이다. 또, 이 법칙은 다음과 같은 형태로도 표시할 수 있다:

$$\frac{d}{dx}y=\frac{d}{dx}f(x)=\frac{d}{dx}k=0$$

여기서 도함수기호는 d/dx와 y[또는 $f(x)$ 또는 k]의 두 부분으로 분리된다. 첫 번째 부분, d/dx는 특정한 수학적 연산을 나타내는 **연산기호**(operator symbol)로 생각할 수 있다. 연산기호 $\sqrt{\ }$가 제곱근을 구하라고 지시하는 것과 마찬가지로, 기호 d/dx는 변수 x에 관해, (어떤 함수를) 미분하라는, 또는 도함수를 구하라는 지시를 나타낸다. 연산되는(미분되는) 함수는 두 번째 부분에 표시된다 ; 여기서 그것은 $y=f(x)=k$이다.

이 미분법칙의 증명은 다음과 같다. $f(x)=k$일 때, 어떠한 N의 값에 대해서도 $f(N)=k$이다.

따라서 $x = N$ 에서의 도함수의 값인 $f'(N)$ 의 값은 (6.13) 에서 정의된 바와 같이

$$f'(N) = \lim_{x \to N} \frac{f(x) - f(N)}{x - N} = \lim_{x \to N} \frac{k - k}{x - N} = \lim_{x \to N} 0 = 0$$

이 된다. 그리고 N 은 어떠한 x 의 값이라도 나타낼 수 있으므로, 미분결과 $f'(N) = 0$ 은 바로 식 $f'(x) = 0$ 으로 일반화될 수 있다. 이로써 이 미분법칙은 증명되었다.

식 $f'(x) = 0$ 과 식 $f'(x_0) = 0$ 은 서로 비슷하게 보이지만 명백히 다르므로 잘 구별하여야 한다. $f'(x) = 0$ 은 도함수 f' 이 x 의 **모든** 값에 대해서 0의 값을 갖는다는 것을 의미하는 반면에 $f'(x_0) = 0$ 은 단지 x 의 특정한 값, 즉 $x = x_0$ 에 대해서 도함수가 0의 값을 갖는다는 것을 의미한다.

앞에서 논의한 바와 같이 함수의 도함수는 기하학적으로 보면 곡선의 기울기에 대응한다. 상수함수, 이를테면 고정비용함수 $C_F = f(Q) = ₩\ 1{,}200$의 그래프는 0의 기울기를 갖는 수평선이다. 이에 따라, 도함수도 Q 의 모든 값에 대해서 0이 되어야 한다. 즉,

$$\frac{d}{dQ} C_F = \frac{d}{dQ} 1200 = 0$$

멱함수의 미분법칙

멱함수 (power function) $y = f(x) = x^n$ 의 도함수는 nx^{n-1} 이다. 이것을 기호로 표시하면 다음과 같다.

$$\frac{d}{dx} x^n = nx^{n-1} \qquad \text{또는} \qquad f'(x) = nx^{n-1} \tag{7.1}$$

예 1

$y = x^3$ 의 도함수는 $\frac{dy}{dx} = \frac{d}{dx} x^3 = 3x^2$ 이다.

예 2

$y = x^9$ 의 도함수는 $\frac{d}{dx} x^9 = 9x^8$ 이다.

이 법칙은 x 가 어떠한 실수치의 멱을 갖더라도 성립한다. 그러나 여기서는 n 이 양의 정수인 경우에 대해서만 이 법칙을 증명하기로 한다. 가장 간단한 경우, 즉 $n = 1$ 일 때, 함수는 $f(x) = x$ 이고, 미분법칙에 의하면 도함수는

$$f'(x) = \frac{d}{dx} x = 1(x^0) = 1$$

이 된다. 이 결과는 $f'(N)$ 의 정의 (6.14′) 로부터 쉽게 증명할 수 있다. $f(x) = x$ 일 때 x 의 어떤 값, 예를들면 $x = N$ 의 도함수는

$$f'(N) = \lim_{x \to N} \frac{f(x) - f(N)}{x - N} = \lim_{x \to N} \frac{x - N}{x - N} = \lim_{x \to N} 1 = 1$$

이다. N 은 어떠한 x 의 값이라도 나타낼 수 있기 때문에 $f'(x) = 1$ 로 쓸 수 있다. 이것으로 $n = 1$ 인 경우에 대한 멱함수의 미분법칙이 증명되었다. 이 결과를 그래프로 표시하면, 함수 $y = f(x) = x$ 는 45° 선으로 그려지고, +1 의 기울기를 갖는다.

1보다 더 큰 정수 $n = 2, 3 \cdots$ 의 경우를 증명하기 위해, 우선 다음의 항등식들을 살펴보자:

$$\frac{x^2 - N^2}{x - N} = x + N \qquad \text{[우변에 2개의 항]}$$

$$\frac{x^3 - N^3}{x - N} = x^2 + Nx + N^2 \qquad \text{[우변에 3개의 항]} \tag{7.2}$$

$$\frac{x^n - N^n}{x - N} = x^{n-1} + Nx^{n-2} + N^2x^{n-3} + \cdots + N^{n-1}$$

[우변에 n 개의 항]

(7.2)에 의하면, $x = N$ 에서의 멱함수 $f(x) = x^n$ 의 도함수는 다음과 같이 쓸 수 있다:

$$\begin{aligned} f'(N) &= \lim_{x \to N} \frac{f(x) - f(N)}{x - N} = \lim_{x \to N} \frac{x^n - N^n}{x - N} \\ &= \lim_{x \to N}(x^{n-1} + Nx^{n-2} + \cdots + N^{n-1}) && \text{[(7.2)에 의해]} \\ &= \lim_{x \to N} x^{n-1} + \lim_{x \to N} Nx^{n-2} + \cdots + \lim_{x \to N} N^{n-1} && \text{[합의 극한정리]} \\ &= N^{n-1} + N^{n-1} + \cdots + N^{n-1} && \text{[전부 } n \text{ 개의 항]} \\ &= nN^{n-1} \end{aligned} \tag{7.3}$$

여기서도 N 은 임의의 x 값이고, 따라서 이 마지막 결과는

$$f'(x) = nx^{n-1}$$

로 일반화될 수 있는데, 이것은 임의의 양의 정수 n 에 대한 멱함수의 미분법칙을 증명한 것이 된다.

앞에서 언급한 바와 같이 멱함수 x^n 의 지수 n 이 양의 정수가 아닐 때에도 이 법칙은 성립한다. 다음의 예들은 멱함수법칙이 양의 정수가 아닌 경우에 응용되는 것을 보여주고 있다.

예 3

$y = x^0$ 의 도함수를 구하라. (7.1)을 적용하면 다음을 얻는다.

$$\frac{d}{dx}x^0 = 0(x^{-1}) = 0$$

예 4

$y = 1/x^3$ 의 도함수를 구하라. 이것은 멱함수의 역수이지만, 이 함수를 $y = x^{-3}$ 으로 바꿔 쓰고, (7.1) 을 다시 적용하면 도함수는 다음과 같이 된다 :

$$\frac{d}{dx}x^{-3} = -3x^{-4} \qquad \left[= \frac{-3}{x^4}\right]$$

예 5

$y = \sqrt{x}$ 의 도함수를 구하라. 이 경우에는 제곱근이 관련되어 있지만, $\sqrt{x} = x^{1/2}$ 이므로, 도함수는 다음과 같이 구할 수 있다 :

$$\frac{d}{dx}x^{1/2} = \frac{1}{2}x^{-1/2} \qquad \left[= \frac{1}{2\sqrt{x}} = \frac{\sqrt{x}}{2x}\right]$$

도함수들은 그 자체가 독립변수 x 의 함수이다. 예를 들어, [예 1]에서 도함수는 $dy/dx = 3x^2$, 또는 $f'(x) = 3x^2$ 이므로 다음과 같이 x 의 값이 변하면 도함수의 값도 변한다.

$$f'(1) = 3(1)^2 = 3 \qquad f'(2) = 3(2)^2 = 12$$

이 특정한 도함수의 값들은

$$\left.\frac{dy}{dx}\right|_{x=1} = 3 \qquad \left.\frac{dy}{dx}\right|_{x=2} = 12$$

와 같이 다른 방법으로도 표시할 수 있지만, $f'(1)$ 과 $f'(2)$ 로 표기하는 것이 더 간단하기 때문에 이 방법이 더 많이 사용되고 있다.

도함수값 $f'(1)$, $f'(2)$ 등을 구하는 데 있어서 가장 중요한 점은 **먼저** 함수 $f(x)$를 미분하여 도함수 $f'(x)$를 얻고, **그 다음에** x 의 특정한 값을 $f'(x)$ 에 대입해야 한다는 것이다. x 의 특정한 값을 미분하기 전의 원시함수(primitive function) $f(x)$ 에 대입해서는 안된다. 한 예로서, [예 1]의 함수에서 미분하기 전에 $x = 1$을 대입하면, 그 함수는 $y = x^3 = 1$과 같이 상수함수로 퇴화하여 도함수는 0이 되기 때문에 정답 $f'(x) = 3x^2$ 을 구할 수 없게 된다.

멱함수의 미분법칙의 일반화

$f(x) = cx^n$ 과 같이 멱함수에 상수 c 가 곱해져 있을 때, 그 도함수는

$$\frac{d}{dx}cx^n = cnx^{n-1} \qquad \text{혹은} \qquad f'(x) = cnx^{n-1}$$

이 된다. 이 결과는 cx^n 을 미분할 때, 상수 c 는 그대로 두고 x^n 항을 (7.1)에 따라 미분할 수 있다는 것을 보여 준다.

예 6

$y = 2x$ 일 때, $dy/dx = 2x^0 = 2$ 이다.

예 7

$f(x) = 4x^3$ 일 때, 도함수는 $f'(x) = 12x^2$ 이다.

예 8

$f(x) = 3x^{-2}$ 의 도함수는 $f'(x) = -6x^{-3}$ 이다.

이 새로운 미분법칙을 증명하기 위해, x 의 임의의 값, 예를들면, $x = N$ 에 관한 $f(x) = cx^n$ 의 도함수값을 다음과 같이 유도해 보자.

$$f'(N) = \lim_{x\to N}\frac{f(x)-f(N)}{x-N} = \lim_{x\to N}\frac{cx^n - cN^n}{x-N} = \lim_{x\to N} c\left(\frac{x^n - N^n}{x-N}\right)$$

$$= \lim_{x\to N} c \lim_{x\to N}\frac{x^n - N^n}{x-N} \qquad \text{[곱의 극한정리]}$$

$$= c\lim_{x\to N}\frac{x^n - N^n}{x-N} \qquad \text{[상수의 극한]}$$

$$= cnN^{n-1} \qquad \text{[(7.3) 에 의해]}$$

여기서 N 은 x 의 임의의 값이므로, 마지막 식은 $f'(x) = cnx^{n-1}$ 로 바로 일반화할 수 있다. 이것으로 이 미분법칙은 증명되었다.

연습문제 7.1

1. 다음 함수들의 도함수를 구하라 :
   (a) $y = x^{12}$ (c) $y = 7x^5$ (e) $w = -4u^{1/2}$
   (b) $y = 63$ (d) $w = 3u^{-1}$ (f) $w = 4u^{1/4}$
2. 다음을 구하라 :
   (a) $\frac{d}{dx}(-x^{-4})$ (c) $\frac{d}{dw}5w^4$ (e) $\frac{d}{du}au^b$
   (b) $\frac{d}{dx}9x^{1/3}$ (d) $\frac{d}{dx}cx^2$ (f) $\frac{d}{du}-au^{-b}$
3. 다음의 함수들에서 $f'(1)$ 과 $f'(2)$ 를 구하라 :
   (a) $y = f(x) = 18x$ (c) $f(x) = -5x^{-2}$ (e) $f(w) = bw^{1/3}$
   (b) $y = f(x) = cx^3$ (d) $f(x) = \frac{3}{4}x^{4/3}$ (f) $f(w) = -3w^{-1/6}$
4. 도함수가 $f'(x) = 0$ 이 되는 함수 $f(x)$ 의 그래프를 그려라. 그 다음에 $g'(x_0) = 0$ 인 어떤 함수 $g(x)$ 의 그래프를 그려라.

7.2 | 동일한 변수를 갖는 둘 이상의 함수들의 미분법칙

제 7.1 절에서 다룬 세 미분법칙은 각각 하나의 주어진 함수 $f(x)$ 에 적용되는 것이다. 이제는 동일한 변수 x 를 갖는 두 **미분가능한 함수**, 예컨대 $f(x)$ 와 $g(x)$ 가 있다고 하고, 이 두 함수로 형성되는 합, 차, 곱, 몫의 미분을 생각해 보자. 이러한 경우에 적용할 수 있는 적당한 미분법칙이 과연 존재하는가? 더 구체적으로, 두 함수, 예를들면 $f(x) = 3x^2$ 및 $g(x) = 9x^{12}$ 가 주어질 때, $3x^2 + 9x^{12}$ 의 도함수 또는 $(3x^2)(9x^{12})$ 의 도함수는 어떻게 구할 것인가?

합과 차의 미분법칙

두 함수의 합 (차) 의 도함수는 두 함수의 도함수의 합 (차) 이다 :

$$\frac{d}{dx}[f(x) \pm g(x)] = \frac{d}{dx}f(x) \pm \frac{d}{dx}g(x) = f'(x) \pm g'(x)$$

이 법칙의 증명은 다시 도함수의 정의와 여러 가지 극한정리들의 적용을 필요로 한다. 우리는 이의 증명을 생략하는 대신에, 이 법칙의 정당성을 밝히고 그 응용을 예시하는데 그치기로 한다.

예 1

함수 $y = 14x^3$으로부터 도함수 $dy/dx = 42x^2$을 구할 수 있다. 그러나 $14x^3 = 5x^3 + 9x^3$이므로, y는 두 함수 $f(x) = 5x^3$과 $g(x) = 9x^3$의 합으로 볼 수 있다. 그러면 합의 미분법칙에 따라

$$\frac{dy}{dx} = \frac{d}{dx}(5x^3 + 9x^3) = \frac{d}{dx}5x^3 + \frac{d}{dx}9x^3 = 15x^2 + 27x^2 = 42x^2$$

이 되며, 이것은 위의 결과와 일치한다.

이와 같이 두 함수에 관해 설명한 합과 차의 미분법칙은 보다 많은 함수들이 포함된 경우로 쉽게 일반화될 수 있다. 즉 다음과 같이 쓸 수 있다.

$$\frac{d}{dx}[f(x) \pm g(x) \pm h(x)] = f'(x) \pm g'(x) \pm h'(x)$$

예 2

[예 1]에서 인용된 함수 $y = 14x^3$은 $y = 2x^3 + 13x^3 - x^3$으로 고쳐 쓸 수 있다. 후자의 도함수는, 합과 차의 미분법칙에 따라, 다음과 같다.

$$\frac{dy}{dx} = \frac{d}{dx}(2x^3 + 13x^3 - x^3) = 6x^2 + 39x^2 - 3x^2 = 42x^2$$

이 결과는 [예 1]에서 구한 답과 같음을 알 수 있다.

이 미분법칙은 실용적인 측면에서 보면 대단히 중요하다. 이것을 이용함으로써 이제 어떠한 다항함수의 도함수도 쉽게 구할 수 있다. 왜냐하면 다항함수는 멱함수들의 합에 불과하기 때문이다.

예 3

$$\frac{d}{dx}(ax^2 + bx + c) = 2ax + b$$

예 4

$$\frac{d}{dx}(7x^4 + 2x^3 - 3x + 37) = 28x^3 + 6x^2 - 3 + 0 = 28x^3 + 6x^2 - 3$$

위의 [예 3] 및 [예 4]에서 보면 상수항 c와 37은 도함수에 아무런 영향을 미치지 않는데, 이것은 상수항의 도함수는 0이 되기 때문이다. 변수에 **곱해지는** 상수(계수)는 미분과정에서 남게 되지만, 이와는 대조적으로 **가법적으로 주어지는** 상수(상수항)는 미분하면 0이 되어 없어진다. 이 사실은, 우리가 잘 아는 기업의 고정비용은 한계비용에 아무런 영향을 미치지 않는다는 경제원칙을 수학적으로 설명해준다. 단기비용함수가

$$C = Q^3 - 4Q^2 + 10Q + 75$$

일 때, (미소한 산출량변화에 대응하는) 한계비용함수는 몫 $\Delta C/\Delta Q$ 의 극한이다. 즉 비용함수의 도함수

$$\frac{dC}{dQ} = 3Q^2 - 8Q + 10$$

이 된다. 반면에 고정비용은 상수항 75로 표시되는데, 상수항은 dC/dQ 를 도출하는 과정에서 없어지므로, 명백히 고정비용의 크기는 한계비용에 영향을 미칠 수 없다는 사실을 알 수 있다.

일반적으로, 원시함수 $y = f(x)$ 가 **총함수** (total function) 를 나타낸다고 하면, 그 도함수 dy/dx 는 **한계함수** (marginal function) 가 된다. 물론 두 함수는 모두 변수 x 에 관해서 그래프로 그려질 수 있다; 그리고 x 의 각 값에 대하여 함수의 도함수와 곡선의 기울기는 서로 일치하기 때문에 한계함수는 주어진 x 값에서의 총함수의 기울기를 나타낸다. [그림 7.1] (a) 에서 일정한 기울기를 갖는 선형

그림 7.1

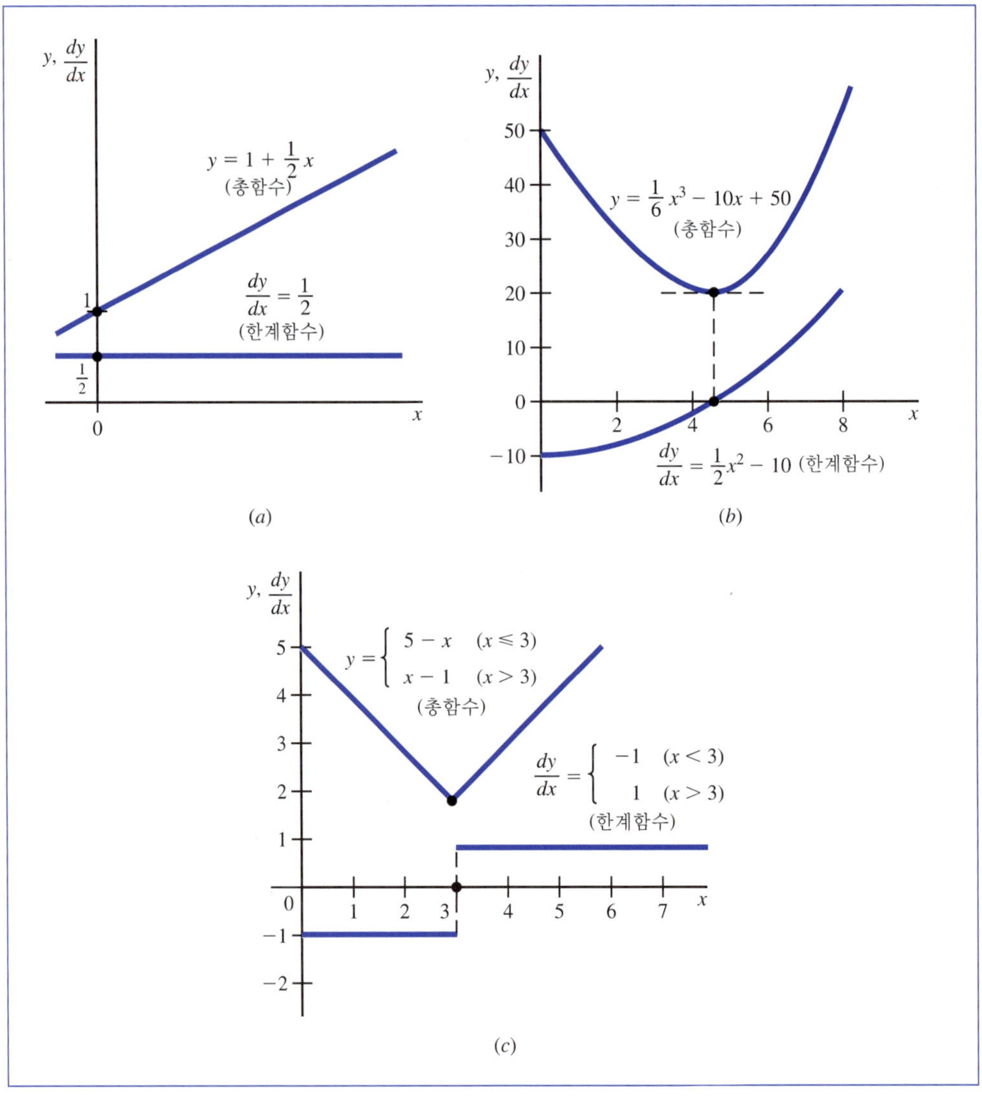

총함수는 상수인 한계함수를 갖는 것으로 나타난다. 반면에 [그림 7.1] (*b*) 와 같이, 기울기가 변하는 비선형 총함수는 곡선으로 된 한계함수를 가지는데, 이 한계함수는 총함수의 기울기가 음 (양) 일 때 가로축의 아래 (위) 에 위치하게 된다. 마지막으로, [그림 7.1] (*c*) ([그림 6.5] 참조) 에서 알 수 있듯이 "매끄럽지 않은" 총함수는 한계함수, 즉 도함수에 틈 (불연속성) 을 생기게 한다. 이것은 [그림 7.1] (*b*) 와 같이 모든 점에서 매끈한 총함수가 연속인 한계함수를 생기게 하는 것과는 현저한 대조를 이룬다. 이 이유 때문에, **원시함수**가 **매끄럽다**는 것을 그 **도함수**의 **연속성**과 연결지을 수 있다. 특히, 어떤 함수가 모든 점에서 매끄럽다 (그리고 미분가능하다) 고 말하는 대신에, 우리는 이것을 연속도함수를 갖는 함수로 규정할 수 있고, 그러한 함수를 **연속미분가능**함수 (continuously differentiable function) 라고 한다.

함수 f 의 연속성과 미분가능성을 나타내기 위하여 다음의 표기법이 자주 사용된다 :

$$f \in C^{(0)} \quad \text{또는} \quad f \in C: \quad f \text{ 는 연속함수다.}$$
$$f \in C^{(1)} \quad \text{또는} \quad f \in C': \quad f \text{ 는 연속미분가능함수다.}$$

여기서 $C^{(0)}$, 즉 간단히 C 는 모든 연속함수들의 집합을 나타내는 기호이고, $C^{(1)}$, 즉 C' 은 모든 연속미분가능함수들의 집합을 나타내는 기호이다.

곱의 미분법칙

두 (미분가능한) 함수의 곱의 도함수는 첫 번째 함수에 두 번째 함수의 도함수를 곱한 것과 두 번째 함수에 첫 번째 함수의 도함수를 곱한 것을 합한 것과 같다:

$$\begin{aligned}\frac{d}{dx}[f(x)g(x)] &= f(x)\frac{d}{dx}g(x) + g(x)\frac{d}{dx}f(x) \\ &= f(x)g'(x) + g(x)f'(x)\end{aligned} \qquad \textbf{(7.4)}$$

물론 순서를 바꾸어 다음과 같이 쓸 수도 있다.

$$\frac{d}{dx}[f(x)g(x)] = f'(x)g(x) + f(x)g'(x) \qquad \textbf{(7.4')}$$

예 5

$y = (2x+3)(3x^2)$ 의 도함수를 구하라. 먼저, $f(x) = 2x+3$ 및 $g(x) = 3x^2$ 이라고 하자. 그러면 $f'(x) = 2$ 및 $g'(x) = 6x$ 가 되고, (7.4) 에 따라 구하려는 도함수는 다음과 같이 된다:

$$\frac{d}{dx}[(2x+3)(3x^2)] = (2x+3)(6x) + (3x^2)(2) = 18x^2 + 18x$$

이 결과는 먼저 곱 $f(x)g(x)$ 를 구한 다음, 이 곱의 다항함수의 도함수를 구해봄으로써 확인될 수 있다. 이 경우 곱의 다항함수는 $f(x)g(x) = (2x+3)(3x^2) = 6x^3 + 9x^2$ 이고, 이것을 직접 미분하면 동일한 도함수 $18x^2 + 18x$ 를 얻게 된다.

여기서 유의해야 할 점은 두 함수의 곱의 도함수는 두 개별 도함수를 단순히 곱한 것이 **아니라**는 것이다. 대신에, 그것은 $f'(x)$ 와 $g'(x)$ 의 가중합이고, 가중치는 각각 $g(x)$ 와 $f(x)$ 가 된다. 이 법칙은 앞에서 본 다른 미분법칙을 직관적으로 일반화하여 얻을 수 있는 것이 아니므로, (7.4) 를 증명해 보기로 한다. (6.13) 에 의하면, $x = N$ 일 때 $f(x)g(x)$ 의 도함수의 값은

$$\frac{d}{dx}[f(x)g(x)]\Big|_{x=N} = \lim_{x \to N} \frac{f(x)g(x) - f(N)g(N)}{x - N} \tag{7.5}$$

이 되어야 한다. 그러나 분자에 $f(x)g(N)$을 더하고 또 빼면(이 연산에 의해서 원래의 값은 변하지 않는다), (7.5)의 우변의 몫은 다음과 같이 변형될 수 있다 :

$$\frac{f(x)g(x) - f(x)g(N) + f(x)g(N) - f(N)g(N)}{x - N}$$
$$= f(x)\frac{g(x) - g(N)}{x - N} + g(N)\frac{f(x) - f(N)}{x - N}$$

이 결과를 (7.5)의 우변에 대입하고 그것의 극한을 취하면, 다음을 얻는다.

$$\begin{aligned}\frac{d}{dx}[f(x)g(x)]\Big|_{x=N} &= \lim_{x \to N} f(x) \lim_{x \to N} \frac{g(x) - g(N)}{x - N} \\ &+ \lim_{x \to N} g(N) \lim_{x \to N} \frac{f(x) - f(N)}{x - N}\end{aligned} \tag{7.5'}$$

(7.5′)에 있는 4개의 극한은 쉽게 계산될 수 있다. 첫 번째 것은 $f(N)$이고, 세 번째 것은 $g(N)$(상수의 극한)이다. 나머지 둘의 극한은, (6.13)에 의해서, 각각 $g'(N)$ 및 $f'(N)$이다. 따라서 (7.5′)는

$$\frac{d}{dx}[f(x)g(x)]\Big|_{x=N} = f(N)g'(N) + g(N)f'(N) \tag{7.5''}$$

으로 간단히 정리된다. 그리고 N은 어떤 x값이든 될 수 있으므로, 기호 N을 모두 x로 대체하여도 (7.5″)는 여전히 성립한다. 이것으로 곱의 미분법칙이 증명된 셈이다.

이 미분법칙을 함수가 셋인 경우로 확장하면, 다음을 얻는다.

$$\begin{aligned}\frac{d}{dx}[f(x)g(x)h(x)] &= f'(x)g(x)h(x) + f(x)g'(x)h(x) \\ &+ f(x)g(x)h'(x) \qquad [\text{식 (7.4′) 참조}]\end{aligned} \tag{7.6}$$

말로하면, 세함수의 곱의 도함수는 두 번째와 세 번째 함수의 곱에 첫 번째 함수의 도함수를 곱한 것 더하기 첫 번째와 세 번째 함수의 곱에 두 번째 함수의 도함수를 곱한 것 더하기 첫 번째와 두 번째 함수의 곱에 세 번째 함수의 도함수를 곱한 것이다. 이 결과는 (7.4)를 반복하여 적용함으로써 얻어질 수 있다. 먼저 곱 $g(x)h(x)$를 하나의 함수, 예컨대 $\phi(x)$로 취급하면, 원래의 세 함수의 곱은 **두** 함수의 곱 $f(x)\phi(x)$가 된다. 그러면 이 곱에 (7.4)를 적용할 수 있게 된다. $f(x)\phi(x)$의 도함수를 구한 후에는, $\phi'(x)$를 구하기 위해 곱 $g(x)h(x) \equiv \phi(x)$에 (7.4)를 다시 적용할 수 있다. 그러면 그 결과가 (7.6)이 된다. 자세한 것은 연습문제로 남겨둔다.

어떤 미분법칙이 타당하다는 것과 유용하다는 것은 별개의 문제이다. 두 함수 $f(x)$와 $g(x)$를 곱한 다음에 그 곱의 도함수를 직접 구하는 방법을 사용할 수 있는데도 왜 곱의 미분법칙을 필요로 하는가? 이 문제에 대한 하나의 답은 두 함수를 곱한 후에 그 곱의 도함수를 구하는 방법은(수치 또는 파라미터로 주어지는) **특정한** 함수에만 적용될 수 있는 반면에, 곱의 미분법칙은 함수가 **일반적인** 형태로 주어질 때에도 적용될 수 있다는 것이다. 이 점을 경제학의 예를 가지고 설명해 보기로 하자.

평균수입함수로부터 한계수입함수 구하기

평균수입함수 (average revenue : AR) 가

$$\text{AR} = 15 - Q$$

와 같이 특정한 형태로 주어지면, 한계수입함수 (marginal revenue : MR) 는 먼저 AR에 Q를 곱하여 총수입 (R) 의 함수

$$R \equiv \text{AR} \cdot Q = (15 - Q)Q = 15Q - Q^2$$

을 구하고, 이것을 Q에 관하여 미분함으로써 구할 수 있다 :

$$\text{MR} \equiv \frac{dR}{dQ} = 15 - 2Q$$

그러나 AR함수가 AR $= f(Q)$ 와 같이 일반함수 형태로 주어지면, 총수입함수도 역시 다음과 같은 일반형태가 된다:

$$R \equiv \text{AR} \cdot Q = f(Q) \cdot Q$$

이 경우에는 "곱한 뒤에 미분하는" 방법은 이용될 수 없다. 그러나 R은 Q의 두 함수, 즉 $f(Q)$와 Q 그 자체의 곱이므로, 곱의 미분법칙을 이용할 수 있다. 즉 다음과 같이 R을 미분함으로써 MR 함수를 구할 수 있다:

$$\text{MR} \equiv \frac{dR}{dQ} = f(Q) \cdot 1 + Q \cdot f'(Q) = f(Q) + Qf'(Q) \tag{7.7}$$

이 MR함수는 일반함수 형태로 주어졌지만, 이로부터 MR에 대한 어떤 중요한 특징을 얻을 수 있다. 이를 보기 위해 함수 $f(Q)$가 AR함수를 나타낸다는 것을 염두에 두면서, (7.7)을 다시 정리하여 다음과 같이 써보자.

$$\text{MR} - \text{AR} = \text{MR} - f(Q) = Qf'(Q) \tag{7.7'}$$

이로부터, 우리는 MR과 AR 사이에는 항상 $Qf'(Q)$ 만큼의 차이가 난다는 중요한 관계를 알 수 있다.

이제 식 $Qf'(Q)$를 검토해 보자. 이 식의 첫 번째 인수인 Q는 산출량을 나타내고 항상 비음이다. 또다른 인수 $f'(Q)$는 Q에 관해서 그려진 AR곡선의 기울기를 나타낸다. "평균수입"과 "가격"은 이름은 다르지만 서로 같은 것이므로, 즉

$$\text{AR} \equiv \frac{R}{Q} \equiv \frac{PQ}{Q} \equiv P$$

이므로, AR곡선을 산출량 Q에 가격 P를 관련짓는 MR 곡선, 즉 $P = f(Q)$와 같은 것으로도 볼 수 있다. 이러한 관점에서 보면, AR함수는 단지 기업의 생산물에 대한 수요함수의 **역함수**에 불과하다. 즉 AR곡선은 P와 Q축을 역전시킨 수요곡선이 된다. 완전경쟁하에서, AR곡선은 수평선이므로, $f'(Q) = 0$이며, (7.7′)에 따라, 모든 가능한 Q값에 대해서 MR − AR = 0이다. 즉, MR곡선과 AR곡선은 반드시 일치한다. 다른 한편, 불완전경쟁하에서 AR곡선의 기울기는 [그림 7.2]에서처

그림 7.2

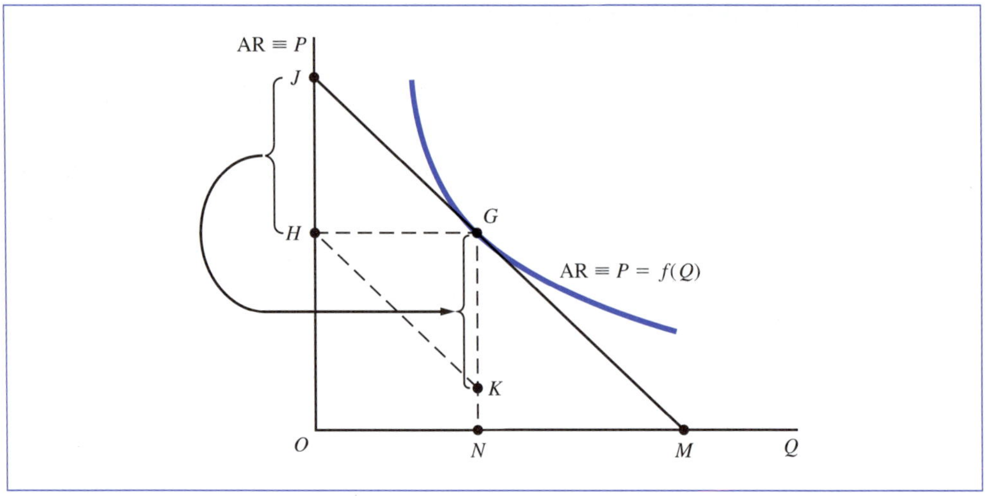

럼, 우하향하는 것이 일반적이며, 따라서 $f'(Q) < 0$ 이고, (7.7′)에 의하여, 모든 양의 산출량수준에서 $\mathrm{MR} - \mathrm{AR} < 0$ 이 된다. 즉 MR곡선은 반드시 AR곡선의 아래에 위치하게 된다.

위에서 언급한 결론은 두 곡선의 상대적 위치에만 관계된다는 점에서 본질적으로 **정성적** 성격을 가지고 있다. 그러나 (7.7′)는 MR곡선이 어떠한 산출량수준 Q 에서도 정확히 $Qf'(Q)$ 만큼 AR 곡선의 아래에 위치한다는 **정량적** 분석도 가능하게 한다. [그림 7.2]로 다시 돌아가서 특정 산출 수준 N 을 고려해 보자. 그 산출 수준에서, $Qf'(Q)$ 는 구체적으로 $Nf'(N)$ 이 된다. 만약 그림에서 $Nf'(N)$ 의 크기를 구할 수 있다면, 우리는 평균수입곡선상의 점 G 로부터 얼마만큼 아래에, 이에 대응하는 한계수입곡선상의 점이 위치해야 되는가를 알 수 있다.

N 의 크기는 미리 정해진 값이다. 그리고 $f'(N)$ 은 단지 점 G 에서의 AR곡선의 기울기이다 (이 점에서 $Q = N$ 이다). 즉 $f'(N)$ 은 접선 JM 의 기울기로서 두 거리의 비율 OJ/OM 로 측정되는 크기이다. 그러나 $OJ/OM = HJ/HG$ 이고, HG 의 거리는 미리 정해진 산출량수준, N 과 정확히 같다는 것을 알 수 있다. 따라서 거리 산출량 N 에서 AR곡선과 그 아래에 위치한 MR곡선 사이의 거리 $Nf'(N)$ 은

$$Nf'(N) = HG\frac{HJ}{HG} = HJ$$

가 된다. 이에 따라 우리가 G 점 바로 아래에 수직거리 $KG = HJ$ 가 되도록 점 K 를 잡으면, 이 점은 반드시 MR곡선상의 한 점이 되어야 한다 (KG 를 정확히 그릴 수 있는 간단한 방법은 점 H 를 통과하고 선분 JG 와 평행하는 직선을 그리는 것이다. 이때 점 K 는 이 직선이 수직선 NG 와 서로 교차하는 곳에 위치하게 된다).[†]

마찬가지 방법으로 MR곡선상에 위치하는 다른 점들도 구할 수 있다. 먼저 AR곡선상의 어떤 선택된 점 G' 에서 AR곡선의 접선을 그리면 이 접선은 세로축의 어떤 점 J' 와 만나게 될 것이다. 그 다음에 G' 에서 가로축에 평행한 직선을 그리고, 이 직선과 가로축이 교차하는 점을 H' 라고 표시한다. 점 G' 의 바로 아래에 수직거리 $K'G' = H'J'$ 이 되도록 K' 를 표시하면, 점 K' 가 MR곡선상의 한

[†] 역주 : 또 점 K 는, HG 의 중점과 J 를 잇는 직선이 GN 과 만나는 점이라고 말할 수 있다.

점이 될 것이다. 이것이 주어진 AR곡선에서 MR곡선을 도출하는 기하학적인 방법이다. 엄밀히 말하면 접선을 정확히 그리기 위해서는 주어진 산출량에서의 도함수값, 즉 $f'(N)$을 알아야 한다. 그러므로 방금 설명한 기하학적인 방법은 도함수값을 알아야만 비로소 적용이 가능하게 된다. 여기서 중요한 하나의 예외는 AR곡선이 선형인 경우인데, 이때는 AR곡선상의 어떤 점에서도 직선 그 자체가 접선이기 때문에, 구태여 접선을 구할 필요가 없다. 따라서, 이 경우에는 위의 기하학적인 방법을 보다 쉽게 적용할 수 있다.

몫의 미분법칙

두 함수의 몫 $f(x)/g(x)$의 도함수는 다음과 같다.

$$\frac{d}{dx}\frac{f(x)}{g(x)} = \frac{f'(x)g(x) - f(x)g'(x)}{g^2(x)}$$

우변의 분자에는 곱의 형태로 된 2개의 항이 있는데, 각 항은 원래의 두 함수 중 한 함수의 도함수를 포함하고 있다. $f'(x)$는 양의 항에 나타나고, $g'(x)$는 음의 항에 나타난다는 점에 주의하라. 분모는 함수 $g(x)$의 제곱으로 되어 있다. 즉 표기법의 정의상 $g^2(x) \equiv [g(x)]^2$이다.

예 6

$$\frac{d}{dx}\left(\frac{2x-3}{x+1}\right) = \frac{2(x+1)-(2x-3)(1)}{(x+1)^2} = \frac{5}{(x+1)^2}$$

예 7

$$\frac{d}{dx}\left(\frac{5x}{x^2+1}\right) = \frac{5(x^2+1)-5x(2x)}{(x^2+1)^2} = \frac{5(1-x^2)}{(x^2+1)^2}$$

예 8

$$\frac{d}{dx}\left(\frac{ax^2+b}{cx}\right) = \frac{2ax(cx)-(ax^2+b)(c)}{(cx)^2} = \frac{c(ax^2-b)}{(cx)^2} = \frac{ax^2-b}{cx^2}$$

이 미분법칙은 다음과 같이 증명할 수 있다. 임의의 값 $x=N$에 대하여, 다음 식을 얻는다.

$$\left.\frac{d}{dx}\frac{f(x)}{g(x)}\right|_{x=N} = \lim_{x\to N}\frac{f(x)/g(x) - f(N)/g(N)}{x-N} \tag{7.8}$$

우변에 있는 몫의 식은 다음 형태로 다시 쓸 수 있다 :

$$\frac{f(x)g(N) - f(N)g(x)}{g(x)g(N)}\ \frac{1}{x-N}$$

이 식의 분자에 $f(N)g(N)$을 더하고 또 뺀 다음에 다시 정리하면, 다음과 같은 식으로 변형시킬 수 있다.

$$\frac{1}{g(x)g(N)}\left[\frac{f(x)g(N) - f(N)g(N) + f(N)g(N) - f(N)g(x)}{x-N}\right]$$

$$= \frac{1}{g(x)g(N)}\left[g(N)\frac{f(x)-f(N)}{x-N} - f(N)\frac{g(x)-g(N)}{x-N}\right]$$

이 결과를 (7.8) 에 대입해서 극한을 취하면, 다음 식을 얻는다.

$$\left.\frac{d}{dx}\frac{f(x)}{g(x)}\right|_{x=N} = \lim_{x\to N}\frac{1}{g(x)g(N)}\left[\lim_{x\to N} g(N)\lim_{x\to N}\frac{f(x)-f(N)}{x-N}\right.$$
$$\left.- \lim_{x\to N} f(N)\lim_{x\to N}\frac{g(x)-g(N)}{x-N}\right]$$
$$= \frac{1}{g^2(N)}[g(N)f'(N) - f(N)g'(N)] \qquad [(6.13) \text{ 에 의해}]$$

여기서 N 은 어떠한 x 의 값이라도 나타낼 수 있으므로, 기호 N 를 x 로 대체함으로써, 위의 식은 일반화될 수 있다. 이것으로 몫의 미분법칙이 증명되었다.†

한계비용함수와 평균비용함수 간의 관계

몫의 미분법칙을 경제학에 적용한 하나의 예로서, 산출량이 변화할 때 평균비용의 변화율을 생각해 보자.

총비용함수 $C = C(Q)$ 가 주어지고 $Q > 0$ 이면, 평균비용 (AC) 함수는 $\text{AC} \equiv C(Q)/Q$ 로 정의되고, 이것은 Q 에 관한 두 함수의 몫이 된다. 그러므로 Q 에 관한 AC의 변화율은 AC를 미분함으로써 구할 수 있다 :

$$\frac{d}{dQ}\frac{C(Q)}{Q} = \frac{[C'(Q)\cdot Q - C(Q)\cdot 1]}{Q^2} = \frac{1}{Q}\left[C'(Q) - \frac{C(Q)}{Q}\right] \tag{7.9}$$

이 식으로부터 $Q > 0$ 에 대하여 다음의 관계가 성립한다.

$$C'(Q) \gtreqless \frac{C(Q)}{Q} \text{ 이면,} \qquad \frac{d}{dQ}\frac{C(Q)}{Q} \gtreqless 0 \text{ 이다.} \tag{7.10}$$

도함수 $C'(Q)$ 는 한계비용 (MC) 함수를 나타내고, $C(Q)/Q$ 는 평균비용 (AC) 함수를 나타내므로, (7.10) 의 경제적 의미는 다음과 같다: AC곡선의 기울기가 양, 0, 또는 음이 되기 위한 필요충분조건은 한계비용곡선이 AC곡선의 위쪽, 교차점, 또는 아래쪽에 위치하는 것이다. 이상은 [그림 7.3] 에 예시되어 있는데, 여기서 MC와 AC함수는 특정한 총비용함수

$$C = Q^3 - 12Q^2 + 60Q$$

에 근거하여 그려졌다. $Q = 6$ 의 왼쪽에서는 AC가 감소하고 이에 따라 MC는 AC의 아래쪽에 위치하고, 오른쪽에서는 그와 반대이다. $Q = 6$ 에서는 AC가 0의 기울기를 갖고, MC와 AC의 값은 같다.††

(7.10) 으로 주어지는 정성적 결론은 비용함수들의 관점에서 명쾌하게 설명된다. 그러나 우리가 $C(Q)$ 를 **임의의 다른** 미분가능한 총함수로 생각하고, $C(Q)/Q$ 와 $C'(Q)$ 를 각각 그에 대응하는 평

† 역주 : 이와 관련하여 우리는 함수 $g(x)$ 의 역수 $1/g(x)$ 의 도함수가 $\frac{d}{dx}\frac{1}{g(x)} = \frac{-g'(x)}{g^2(x)}$ 로 됨을 보일 수 있다. 이는 몫의 미분법칙에서 $f(x) = 1$ 인 특수한 경우로 볼 수도 있으나, 거꾸로, 보다 간단한 이것을 먼저 설명한다면, 몫의 미분법칙은 곱의 미분법칙의 특수한 경우로 볼 수도 있다.

†† (7.10) 은 AC의 기울기가 음일 때 MC의 기울기도 음이어야 한다는 것을 이야기하는 것은 아니고, 단지 AC의 기울기가 음일 때 AC가 MC보다 커야 한다는 것을 나타낼 뿐이라는 것에 주의하기 바란다. 예를 들면, [그림 7.3] 의 $Q = 5$ 에서 AC는 감소하지만 MC는 증가한다. 따라서 이때의 AC와 MC 두 곡선의 기울기의 부호는 서로 반대가 된다.

그림 7.3

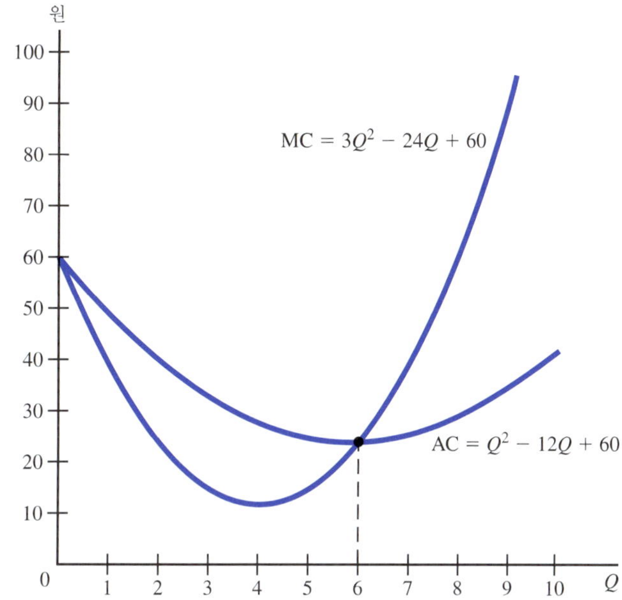

균함수와 한계함수라고 생각하더라도, (7.10)의 결론은 여전히 성립한다. 따라서 이 결과는 한계함수와 평균함수간의 **일반적인** 관계를 나타내고 있다고 할 수 있다. 특히, [그림 7.2]와 관련하여 논의된 것처럼, AR이 우하향일 때 MR이 AR의 아래쪽에 위치한다는 사실은 (7.10) 의 일반적 결과의 하나의 특수한 경우에 불과하다는 것을 지적할 수 있다.

연습문제 7.2

1. 총비용함수가 $C = Q^3 - 5Q^2 + 12Q + 75$ 일 때 가변비용함수 (variable cost: VC) 를 써보라. VC 함수의 도함수를 구하고, 그 도함수의 경제적 의미를 설명하라.
2. 평균비용함수가 $AC = Q^2 - 4Q + 174$ 일 때, MC 함수를 구하라. 주어진 함수가 장기함수로 더 적합한가, 아니면 단기함수로 더 적합한가? 그 이유는?
3. 곱의 미분법칙을 이용하여 다음을 미분하라.
   (*a*) $(9x^2 - 2)(3x + 1)$ (*c*) $x^2(4x + 6)$ (*e*) $(2 - 3x)(1 + x)(x + 2)$
   (*b*) $(3x + 10)(6x^2 - 7x)$ (*d*) $(ax - b)(cx^2)$ (*f*) $(x^2 + 3)x^{-1}$
4. (*a*) $AR = 60 - 3Q$ 일 때 평균수입곡선을 그리고, [그림 7.2]에서 사용된 방법으로 MR곡선을 구하라.
   (*b*) 주어진 AR 함수로부터 수학적으로 총수입함수와 한계수입함수를 유도하라.
   (*c*) (*a*) 에서 기하학적으로 도출한 MR곡선과 (*b*) 에서 수학적으로 도출한 MR곡선은 서로 일치하는가?
   (*d*) AR 함수와 MR 함수를 비교할 때, 그들의 상대적인 기울기에 관하여 어떠한 결론을 내릴 수 있는가?
5. **선형**평균곡선이 주어질 때, 이에 대응하는 한계곡선은 같은 수직 절편을 갖지만 평균곡선보다

두 배 더 가파르다는 일반적 결과를 수학적으로 증명하라.

6. (7.6)의 결과를 우선 $g(x)h(x)$를 하나의 함수 $g(x)h(x) \equiv \phi(x)$로 취급하고, 그 다음 곱의 미분법칙 (7.4)를 적용해서 증명하라.
7. 다음 함수의 도함수를 구하라.
   (a) $(x^2+3)/x$ (c) $6x/(x+5)$
   (b) $(x+9)/x$ (d) $(ax^2+b)/(cx+d)$
8. 함수가 $f(x) = ax + b$로 주어질 때, 다음의 도함수를 구하라.
   (a) $f(x)$ (b) $xf(x)$ (c) $1/f(x)$ (d) $f(x)/x$
9. (a) $f \in C' \Rightarrow f \in C$는 사실인가?
   (b) $f \in C \Rightarrow f \in C'$는 사실인가?
10. 다음의 총함수들의 한계함수 및 평균함수를 구하고, 그 결과를 그래프로 나타내라.
   (a) 총비용함수 : $C = 3Q^2 + 7Q + 12$
   (b) 총수입함수 : $R = 10Q - Q^2$
   (c) 총생산함수 : $Q = aL + bL^2 - cL^3 \quad (a, b, c > 0)$

7.3 | 상이한 변수를 갖는 함수들에 관련된 미분법칙

제 7.2 절에서, 우리는 동일한 변수를 갖는 두 개의(또는 그 이상의) 미분가능한 함수들의 합, 차, 곱, 몫에 관한 미분법칙을 논의하였다. 이제 우리는 둘 또는 그 이상의 미분가능한 함수들이 존재하고, 이 함수들이 각각 **상이한** 독립변수를 갖는 경우를 살펴보기로 하자.

연쇄법칙

미분가능한 함수 $z = f(y)$가 주어지고, 여기서 y는 또 다른 변수 x의 미분가능한 함수, 이를테면 $y = g(x)$라면, z의 x에 관한 도함수는 z의 y에 관한 도함수에 y의 x에 관한 도함수를 곱한 것과 같다. 이것을 기호로 표시하면 다음과 같다.

$$\frac{dz}{dx} = \frac{dz}{dy}\frac{dy}{dx} = f'(y)g'(x) \tag{7.11}$$

연쇄법칙(chain rule)으로 알려진 이 미분법칙은 직관적으로 쉽게 알 수 있다. Δx가 주어지면, 함수 $y = g(x)$를 통하여 Δy가 결정되고, 이 Δy는 이번에는 함수 $z = f(y)$를 통하여 Δz를 결정한다. 즉, 다음과 같은 "연쇄반응"(chain reaction)이 있게 된다:

$$\Delta x \xrightarrow{g\text{를 통하여}} \Delta y \xrightarrow{f\text{를 통하여}} \Delta z$$

이 연쇄반응에서의 두 관계는 두 개의 차분몫, $\Delta y/\Delta x$와 $\Delta z/\Delta y$를 수반하지만, 이들이 곱해지면, 다음과 같이 Δy는 상쇄되어 소거된다.

$$\frac{\Delta z}{\Delta y}\frac{\Delta y}{\Delta x} = \frac{\Delta z}{\Delta x}$$

그리하여 Δz를 Δx에 바로 연결시키는 차분몫을 얻게 된다. 만약 $\Delta x \to 0$일 때(이것은 $\Delta y \to 0$을 의미한다) 이러한 차분몫들의 극한을 취하면, 각각의 차분몫은 도함수가 된다. 즉 우리는 $(dz/dy)(dy/dx) = dz/dx$를 얻게 되고, 이것은 바로 (7.11)의 결과이다.

함수 $y = g(x)$를 써서, 우리는 함수 $z = f(y)$를 $z = f[g(x)]$로 나타낼 수 있다. 여기서 두 함수의 기호 f와 g가 서로 인접하여 나타나는 것은 이것이 **합성함수**(함수의 함수)임을 나타낸다. 연쇄법칙을 **합성함수의 법칙**(composite-function rule) 또는 **함수의 함수의 법칙**(function-of-a-function rule)으로 부르는 것도 바로 이 이유 때문이다.

연쇄법칙을 셋 또는 그 이상의 함수로 확장하는 것은 간단하다. 함수가 $z = f(y)$, $y = g(x)$, 및 $x = h(w)$로 주어지면, 다음 식이 성립한다.

$$\frac{dz}{dw} = \frac{dz}{dy}\frac{dy}{dx}\frac{dx}{dw} = f'(y)g'(x)h'(w)$$

이보다 더 많은 함수가 포함되는 경우에도 마찬가지다.

예 1

$z = 3y^2$이고 $y = 2x + 5$이면, dz/dx는 연쇄법칙에 의해 다음과 같다.

$$\frac{dz}{dx} = \frac{dz}{dy}\frac{dy}{dx} = 6y(2) = 12y = 12(2x + 5)$$

예 2

$z = y - 3$이고 $y = x^3$이면, dz/dx는 연쇄법칙에 의해 다음과 같다.

$$\frac{dz}{dx} = 1(3x^2) = 3x^2$$

예 3

이 연쇄법칙은 $z = (x^2 + 3x - 2)^{17}$과 같은 함수를 미분할 때 그 진가를 발휘한다. 연쇄법칙을 사용하지 않으면, 17제곱의 식을 전개해야 하는 힘든 과정을 거쳐야만 dz/dx를 구할 수 있다. 그러나 연쇄법칙을 사용하면, 새로운 **중간**변수(intermediate variable) $y = x^2 + 3x - 2$를 사용하여 두 함수

$$z = y^{17} \qquad y = x^2 + 3x - 2$$

를 연쇄적으로 연결함으로써 도함수 dz/dx를 다음과 같이 간단히 구할 수 있다.

$$\frac{dz}{dx} = \frac{dz}{dy}\frac{dy}{dx} = 17y^{16}(2x + 3) = 17(x^2 + 3x - 2)^{16}(2x + 3)$$

예 4

기업의 총수입함수가 $R = f(Q)$이고, 산출량 Q는 노동투입량 L의 함수, 즉 $Q = g(L)$일 때, dR/dL을 구하라. 연쇄법칙에 의해 다음 식이 성립한다.

$$\frac{dR}{dL} = \frac{dR}{dQ}\frac{dQ}{dL} = f'(Q)g'(L)$$

경제학 용어로 다시 표현하면, dR/dQ는 한계수입(MR) 함수이고 dQ/dL은 노동의 한계실물생산 함수(marginal physical product of labor : MPP_L)이다. 마찬가지로 dR/dL은 노동의 한계수입생산 함수(marginal revenue product of labor : MRP_L)를 나타낸다. 따라서 위의 결과는 경제학에서 잘 알려진 $MRP_L = MR \cdot MPP_L$이라는 결과를 수학적으로 표현한 것이 된다.

역함수의 미분법칙

함수 $y=f(x)$가 1대 1 사상 (one-to-one mapping), 즉 서로 다른 x 값에 대하여 y가 항상 서로 다른 값을 갖는 함수라면, 함수 f는 **역함수** (inverse function) $x=f^{-1}(y)$ ("x는 y의 역함수"라고 읽는다)를 갖는다. 여기서 기호 f^{-1}는, 도함수 기호 f' 처럼, 함수 f와 관련된 함수라는 것을 보여주는 함수 기호이다. 이것은 함수 $f(x)$의 역수 $[1/f(x)]$를 뜻하는 것이 **아니다**.

역함수의 존재가 본질적으로 의미하는 것은, x 값이 주어지면 y 값이 유일하게 결정될 뿐만 아니라 [즉, $y=f(x)$], y 값이 주어지면 x 값도 유일하게 결정된다는 것이다 [즉, $x=f^{-1}(y)$]. 수치가 아닌 1 대 1 사상의 예를 들어보면, 일부일처제 사회에서 모든 남편들의 집합과 모든 아내들의 집합을 대응시키는 사상은 1 대 1 사상이다. 각각의 남편은 유일한 아내를 갖고, 각각의 아내는 유일한 남편을 갖는다. 이와는 대조적으로 모든 아버지들의 집합에서 모든 아들들의 집합으로 가는 사상은 1 대 1 사상이 아니다. 왜냐하면 비록 각각의 아들은 유일한 아버지를 갖지만, 각각의 아버지는 둘 이상의 아들을 가질 수 있기 때문이다.

x와 y가 특히 수를 가리킬 때, 1 대 1 사상의 특성은 **강단조함수** (strictly monotonic (또는 monotone) function)로 알려진 함수의 부류에서만 유일하게 찾아볼 수 있다. 주어진 함수 $f(x)$에서, 독립변수 x가 순차적으로 더 큰 값을 가질 때 $f(x)$가 **항상** 순차적으로 더 큰 값을 가지면, 즉

$$x_1 > x_2 \Rightarrow f(x_1) > f(x_2)$$

이면, 함수 f는 **강증가** (strictly increasing) 함수라고 한다. 다른 한편, x가 순차적으로 증가할 때 $f(x)$가 항상 순차적으로 감소하면, 즉

$$x_1 > x_2 \Rightarrow f(x_1) < f(x_2)$$

이면, 이 함수는 **강감소** (strictly decreasing) 함수라고 한다. 이 두 단조함수의 어느 경우에서든 역함수 f^{-1}가 존재한다.†

주어진 함수 $y=f(x)$의 강단조성을 확인하는 하나의 실제적인 방법은 x의 모든 값에 대해 도함수 $f'(x)$가 항상 같은 대수적 부호 (0이 아닌)를 갖는지의 여부를 점검하는 것이다. 기하학적으로, 이것은 함수의 기울기가 항상 위쪽으로 향하거나 또는 아래쪽으로 향하는 것을 뜻한다. 따라서 전 영역에서 음의 기울기를 갖는 기업의 수요함수 $Q=f(P)$는 강단조함수이다. 그렇기 때문에, 이 함수는 역함수 $P=f^{-1}(Q)$를 갖는다. 또 앞에서도 언급한 것처럼, $P=\text{AR}$ 이므로 이것은 기업의 평균수입곡선이 된다.

예 5

함수

$$y=5x+25$$

는 도함수 $dy/dx=5$를 갖고, 이것은 x의 값에 관계없이 항상 양이다. 즉 이 함수는 강증가함수이다. 따라서 역함수가 존재한다. 이 경우, 그 역함수는 주어진 방정식 $y=5x+25$를 x에 대해 풀어

---

† 우리는 "강" 이라는 말을 빼고, **단조함수**들을 다음과 같이 정의할 수 있다. **증가함수**란 $x_1 > x_2 \Rightarrow f(x_1) \geq f(x_2)$인 성질을 갖는 함수를 말하고 **감소함수**란 $x_1 > x_2 \Rightarrow f(x_1) \leq f(x_2)$인 성질을 갖는 함수를 말한다. 이 용어의 정의에 따르면 상승하는 (하강하는) 계단함수는 이 함수의 그래프가 수평인 부분을 포함한다는 사실에도 불구하고 증가(감소)함수가 된다. 그러나 그런 함수는 1 대 1 사상이 아니므로, 역함수를 갖지 못한다.

쉽게 구할 수 있다. 즉 역함수는 다음과 같다.

$$x = \frac{1}{5}y - 5$$

이 역함수도, 모든 y 값에 대해 $dx/dy = \frac{1}{5} > 0$ 이므로, 역시 강증가함수이다.

일반적으로, 역함수가 존재하면, 원래함수와 역함수는 모두 강단조함수이어야 한다. 더욱이 f^{-1}가 f의 역함수이면, f는 f^{-1}의 역함수가 되어야 한다. 즉 f와 f^{-1}는 서로 상대방의 역함수이어야 한다.

$y = f(x)$의 그래프와 $x = f^{-1}(y)$의 그래프는 축만 바뀌었을 뿐 완전히 똑같은 것임을 쉽게 보일 수 있다. f^{-1} 그래프의 x축을 f 그래프의 x축에 그대로 놓는다면 (y축에 대해서도 마찬가지) 두 곡선은 일치한다. 다른 한편, f^{-1} 그래프의 x축이 f 그래프의 y축에 놓인다면 (그리고 역도 또한 마찬가지), 두 곡선은 원점을 통과하는 45° 선에 대해서 서로 **대칭** (mirror image) 이 된다. 이러한 대칭관계 (mirror image relationship) 를 사용하면 원래의 함수 f의 그래프가 주어졌을 때 역함수 f^{-1}의 그래프를 쉽게 그릴 수 있게 된다. (여러분은 이것을 [예 5]의 두 함수에 적용시켜 보기 바란다.)

역함수에 대한 미분법칙은 다음과 같다.

$$\frac{dx}{dy} = \frac{1}{dy/dx}$$

이것은 역함수의 도함수는 원래함수의 도함수의 역수임을 의미한다. 그 때문에 dx/dy는 dy/dx와 같은 부호를 갖게 되어, f가 강증가 (감소) 함수이면 f^{-1}도 반드시 강증가 (감소) 함수로 된다.

이 법칙을 확인하기 위해 [예 5]를 다시 살펴보기로 하자. [예 5]에서 보았듯이, dy/dx는 5이고 $dx/dy = \frac{1}{5}$ 이므로, 이 두 도함수는 과연 서로의 역수이고 같은 부호를 갖는다.

그 간단한 예에서는, 역함수를 구하는 것이 비교적 쉽기 때문에, 도함수 dy/dx는 역함수로부터 직접 구할 수 있다. 그러나 다음의 [예 6]에서 보듯이 역함수를 명시적으로 나타내는 것이 쉽지 않을 때가 있기 때문에 직접 미분하는 것이 사실상 불가능 할 수도 있다. 그 경우에는 역함수의 미분법칙이 보다 유효하게 사용될 수 있다.

예 6 식 $y = x^5 + x$ 이 주어졌을 때, 도함수 dx/dy를 구하라. 먼저 임의의 x 값에 대해

$$\frac{dy}{dx} = 5x^4 + 1 > 0$$

이므로, 주어진 함수는 강증가함수이고, 역함수가 존재한다. 이 식을 x에 관해 푸는 것은 그리 쉬운 일이 아니지만, 역함수의 도함수는 역함수의 미분법칙을 사용하여 곧바로 구할 수 있다:

$$\frac{dx}{dy} = \frac{1}{dy/dx} = \frac{1}{5x^4 + 1}$$

역함수의 미분법칙은 엄밀하게 말하면, 관련된 함수가 1 대 1 사상일 때만 적용될 수 있다. 그러나 사실 단조함수가 아닌 함수의 경우에도 이 미분법칙을 적용할 수 있는 편법이 있다. 예를 들어, U 자형곡선 (강단조가 아닌 곡선) 을 다룰 때, 곡선의 우하향 부분과 우상향 부분을 각각 제한된 정

의역을 갖는 **별개의** 두 함수로 생각할 수 있고, 따라서 각 함수는 이 제한된 정의역 내에서 강단조 함수가 된다. 그러면 이들 함수 각각에 역함수의 미분법칙을 다시 적용할 수 있다.

연습문제 7.3

1. $y = u^3 + 2u$ 이고 $u = 5 - x^2$ 일 때, 연쇄법칙을 이용하여 dy/dx 를 구하라.
2. $w = ay^2$ 및 $y = bx^2 + cx$ 가 주어질 때, 연쇄법칙을 이용하여 dw/dx 를 구하라.
3. 연쇄법칙을 이용하여 다음 식에서 dy/dx 를 구하라.
   (a) $y = (3x^2 - 13)^3$ (b) $y = (7x^3 - 5)^9$ (c) $y = (ax + b)^5$
4. $y = (16x + 3)^{-2}$ 으로 주어질 때, 연쇄법칙을 이용하여 dy/dx 를 구하라. 그 다음에 함수를 $y = 1/(16x + 3)^2$ 으로 다시 쓰고, 몫의 미분법칙을 이용하여 dy/dx 를 구하라. 두 답이 서로 일치하는가?
5. $y = 7x + 21$의 역함수를 구하라. 그 다음 dy/dx 와 dx/dy 를 구하고, 역함수의 미분법칙을 확인하라. 또 이 두 함수의 그래프는 45° 선에 대해서 서로 대칭의 관계에 있다는 것을 보여라.
6. 다음의 함수들은 강단조함수인가?
   (a) $y = -x^6 + 5 \quad (x > 0)$ (b) $y = 4x^5 + x^3 + 3x$
   역함수의 미분법칙을 이용하여 각각의 강단조함수에 대해 dx/dy 를 구하라.

7.4 | 편미분

지금까지 우리는 하나의 독립변수를 갖는 함수의 도함수만을 살펴보았다. 그러나 비교정태분석에서는 다수의 파라미터들이 모형에 포함되고, 따라서 각 내생변수의 균형값이 둘 이상의 파라미터들의 함수가 되는 상황에 직면하게 될 수 있다. 그러므로 도함수의 개념을 비교정태분석에 적용하기 위한 마지막 준비로서, 둘 이상의 변수를 갖는 함수의 도함수를 구하는 방법을 배워야 한다.

편도함수

다음과 같은 함수를 생각해 보자.

$$y = f(x_1, x_2, \ldots, x_n) \tag{7.12}$$

여기서 변수 $x_i (i = 1, 2, \cdots, n)$는 모두 서로 **독립**이고, 따라서 각 변수는 다른 변수에 영향을 주지 않고 그 자체만 홀로 변할 수 있다. 만약 변수 $x_2, \cdots, x_n$ 이 모두 그대로 고정되어 있고, 변수 x_1 만이 Δx_1 만큼 변한다면, 이에 대응하여 y 는 Δy 만큼 변할 것이다. 이 경우에 차분몫은

$$\frac{\Delta y}{\Delta x_1} = \frac{f(x_1 + \Delta x_1, x_2, \ldots, x_n) - f(x_1, x_2, \ldots, x_n)}{\Delta x_1} \tag{7.13}$$

으로 표시할 수 있다. 만약 $\Delta x_1 \to 0$ 일 때, $\Delta y/\Delta x_1$ 의 극한을 취하면, 그 극한은 도함수가 될 것이

다. 우리는 이것을 x_1에 관한 y의 **편도함수**(partial derivative)라고 한다. 이를 편도함수라고 부르는 이유는 x_1을 제외한 다른 모든 변수들은 일정하게 유지되기 때문이다. 다른 독립변수들의 미소변화에 대해서도 비슷한 편도함수를 정의할 수 있다. 이 편도함수를 구하는 과정을 **편미분**(partial differentiation)이라고 한다.

편도함수는 도함수와 분명하게 구별되는 독특한 기호로 나타낸다. 도함수의 미분기호 d (dy/dx에서 볼 수 있는 기호) 대신에 그리스 문자 δ(소문자 델타)의 변형인 기호 ∂를 사용한다. 즉 우리는 이제 편도함수를 $\partial y/\partial x_i$라고 쓰고, 이것을 "x_i에 관한 y의 편도함수"라고 읽는다. 편도함수기호를 때로는 $\frac{\partial}{\partial x_i}y$로 쓰기도 한다. 이 경우에 $\partial/\partial x_i$ 부분은 변수 x_i에 관해 (어떤 함수의) 편도함수를 구할 것을 지시하는 연산기호로 볼 수 있다. 여기서 다루고 있는 함수는 (7.12)와 같이 f로 표시되므로, $\partial f/\partial x_i$로 쓸 수도 있다.

앞에서 사용된 도함수 기호 $f'(x)$와 대응할 수 있는 기호가 편도함수에도 있다. 즉, 편도함수에서는 f' 대신에 f_1, f_2 등을 사용한다. 여기서 하첨자는 어느 독립변수가(만이) 변화하도록 허용되는가를 가리킨다. 만약 (7.12)의 함수가 $y=f(u, v, w)$와 같이, 하첨자가 없는 변수로 표현되었다면, 편도함수는 f_1, f_2, f_3 대신에 f_u, f_v, f_w로 표시된다.

이러한 표기법과 (7.12) 및 (7.13)에 근거하여, 이제 우리는 함수 f의 n개의 편도함수들 중에서 첫 번째 편도함수를 다음과 같이 정의할 수 있다 :

$$f_1 \equiv \frac{\partial y}{\partial x_1} \equiv \lim_{\Delta x_1 \to 0} \frac{\Delta y}{\Delta x_1}$$

편미분법칙

편미분과 앞에서 논의한 미분의 주된 차이점은, 편미분과정에서는 **한** 독립변수의 변화만을 허용하고 나머지 $(n-1)$개의 독립변수들은 일정하게 고정시켜야 한다는 것이다. 그런데 우리는 미분에서 **상수**를 어떻게 취급해야 하는가를 이미 배웠기 때문에, 실제 편미분과정에서는 새삼스러운 문제가 없을 것으로 기대된다.

예 1

주어진 함수 $y=f(x_1, x_2)=3x_1^2+x_1x_2+4x_2^2$에서, 편도함수들을 구하라. $\partial y/\partial x_1$(또는 f_1)을 구할 때, 미분과정에서 x_2는 상수로 취급된다는 것을 명심해야 한다. 그 때문에, x_2가 ($4x_2^2$ 항과 같이) **더해지는** 상수이면 x_2는 미분과정에서 없어지지만, x_2가 (x_1x_2항과 같이) **곱해지는** 상수이면 x_2는 미분과정에서 남아 있게 된다. 따라서 다음 식을 얻는다.

$$\frac{\partial y}{\partial x_1} \equiv f_1 = 6x_1 + x_2$$

마찬가지로, x_1을 상수로 취급하면, 다음을 얻는다.

$$\frac{\partial y}{\partial x_2} \equiv f_2 = x_1 + 8x_2$$

주의할 것은, 원시함수 f와 마찬가지로, 두 편도함수는 그 자체가 모두 변수 x_1과 x_2의 함수라는 것이다. 즉 두 편도함수는 다음과 같이 유도된 함수로 나타낼 수 있다:

$$f_1 = f_1(x_1, x_2) \qquad \text{및} \qquad f_2 = f_2(x_1, x_2)$$

예를 들어, 함수의 정의역에 있는 점 $(x_1, x_2) = (1, 3)$에서의 편도함수는 다음과 같은 특정한 값을 갖는다 :

$$f_1(1, 3) = 6(1) + 3 = 9 \qquad \text{및} \qquad f_2(1, 3) = 1 + 8(3) = 25$$

예 2

함수가 $y = f(u, v) = (u + 4)(3u + 2v)$일 때, 편도함수들은 곱의 미분법칙을 이용하여 구할 수 있다. v를 상수로 보면 f_u는 다음과 같다 :

$$f_u = (u + 4)(3) + 1(3u + 2v) = 2(3u + v + 6)$$

마찬가지로 u를 상수로 보면 f_v는 다음과 같다:

$$f_v = (u + 4)(2) + 0(3u + 2v) = 2(u + 4)$$

$u = 2$이고 $v = 1$일 때, 이 편도함수들의 값은 다음과 같다 :

$$f_u(2, 1) = 2(13) = 26 \qquad \text{및} \qquad f_v(2, 1) = 2(6) = 12$$

예 3

함수가 $y = (3u - 2v)/(u^2 + 3v)$로 주어질 때, 편도함수들은 몫의 미분법칙을 이용하여 구할 수 있다:

$$\frac{\partial y}{\partial u} = \frac{3(u^2 + 3v) - 2u(3u - 2v)}{(u^2 + 3v)^2} = \frac{-3u^2 + 4uv + 9v}{(u^2 + 3v)^2}$$

$$\frac{\partial y}{\partial v} = \frac{-2(u^2 + 3v) - 3(3u - 2v)}{(u^2 + 3v)^2} = \frac{-u(2u + 9)}{(u^2 + 3v)^2}$$

편도함수의 기하학적 의미

도함수의 특별한 한 형태로서, 편도함수는 어떤 변수의 순간변화율의 척도가 된다. 그리고 이 성질 때문에 그것은 또한 기하학적으로 보면 특정 곡선의 기울기에 대응한다.

생산함수 $Q = Q(K, L)$을 생각해 보자. 여기서 Q, K, L은 각각 생산량, 자본투입량, 노동투입량을 나타낸다. 이 함수는 (7.12)에서 독립변수가 두 개(즉 $n = 2$)인 특수한 경우가 된다. 그러므로 두 개의 편도함수 $\partial Q/\partial K$(또는 Q_K)와 $\partial Q/\partial L$(또는 Q_L)를 정의할 수 있다. 편도함수 Q_K는 노동투입량이 일정할 때 자본의 미소한 변화에 대한 산출량의 변화율이다. 즉 Q_K는 자본의 한계실물생산함수(marginal physical product of capital: MPP_K)를 나타낸다. 마찬가지로 편도함수 Q_L은 MPP_L 함수를 수학적으로 표현한 것이 된다.

기하학적으로 보면, 생산함수 $Q = Q(K, L)$은, [그림 7.4]에서 볼 수 있는 것처럼, 3차원 공간에서 **생산곡면**(production surface)으로 그려질 수 있다. 변수 Q를 세로축에 표시하면 밑 평면(KL 평면)에 있는 어떤 점 (K, L)에서 곡면까지의 높이는 산출량 Q를 나타낸다. 함수의 정의역은 밑 평면의 비음상한(nonnegative quadrant) 전체로 구성되어야 하지만, 여기서는 비음상한의 한 부분집합, 즉 직사각형 OK_0BL_0만을 고려하는 것으로 충분하다. 따라서 그 그림에서는 생산곡면의 오직 작은 일부분만이 그려져 있다고 볼 수 있다.

이제 자본투입량을 K_0수준에 고정시키고 노동투입량 L의 변화만을 생각해 보자. $K = K_0$로 놓으면, 선분 K_0B상의 점들을 제외한 정의역에 있는 다른 모든 점들은 고려할 필요가 없게 된다. 이

그림 7.4

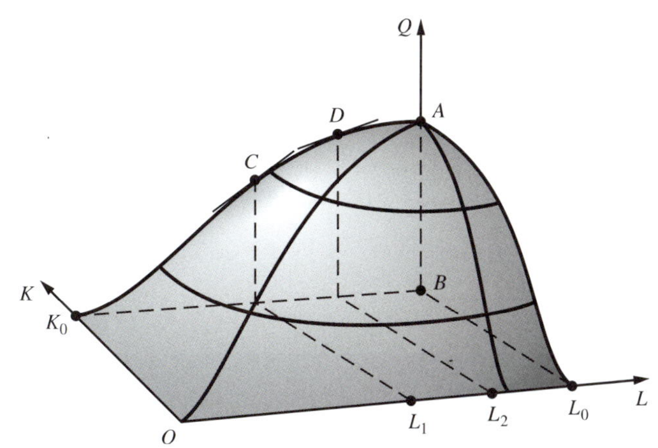

에 따라, 오직 곡선 K_0CDA (생산곡면의 한 횡단면: cross section) 만이 논의의 대상이 된다. 이 곡선은 일정한 자본량 $K=K_0$ 에 대한 노동의 총실물생산곡선 (total physical product of labor: TPP_L)을 나타내고, 따라서 이 곡선의 기울기는 K 가 일정하게 유지될 때 L 의 변화에 대한 Q 의 변화율을 의미한다. 그러므로 하나의 곡선 K_0CDA 의 기울기는 편도함수 Q_L 을 기하학적으로 표현한 것이라는 점이 분명해진다. 여기서 우리는 다시 한 번 총함수 (즉 TPP_L) 의 곡선의 기울기는 그에 대응하는 한계함수 (즉 $\text{MPP}_L \equiv Q_L$) 의 곡선임을 알 수 있다.

앞에서 언급한 것처럼, 편도함수는 원시함수에 포함된 모든 독립변수들의 함수이다. 편도함수 Q_L 이 L 의 함수라는 것은 K_0CDA 곡선 그 자체로부터 바로 알 수 있다. $L=L_1$ 일 때 Q_L 의 값은 점 C 에서의 그 곡선의 기울기와 같고, $L=L_2$ 일 때 Q_L 의 값은 점 D 에서의 기울기이다. 그러면 왜 Q_L 이 K 의 함수도 되는가? 이에 대한 답은 K 가 여러가지 수준으로 고정될 수 있고, 각 K 의 고정된 수준에 따라, TPP_L 곡선 (생산곡면의 다른 횡단면) 도 다르게 주어지기 때문에, 편도함수 Q_L 이 불가피하게 영향을 받는다는 사실에서 찾아 볼 수 있다. 그러므로 Q_L 도 역시 K 의 함수이다.

편도함수 Q_K 에 대해서도 비슷한 설명이 가능하다. K 대신에 노동투입을 (이를테면, L_0 수준에서) 고정시키면, 선분 L_0B 는 정의역의 부분집합이 되고, 곡선 L_0A 는 생산곡면의 부분집합이 된다. 그러면 편도함수 Q_K 는 곡선 L_0A 의 기울기로 설명될 수 있다 —[그림 7.4] 에서 K 축은 남동에서 북서로 그려져 있다는 것을 유의해야 한다. 그리고 주의해야 할 것은, Q_K 도 역시 변수 L 과 K 모두의 함수라는 점이다.

기울기벡터

함수 $y=f(x_1, x_2, \cdots x_n)$ 의 모든 편도함수들은 하나의 수학적 실체로 모아질 수 있는데, 이것을 함수 f 의 **기울기벡터** (gradient vector, 또는 간단히 gradient) 라고 부른다:

$$\text{grad}\, f(x_1, x_2, \ldots, x_n) = (f_1, f_2, \ldots, f_n)$$

단, $f_i = \partial y/\partial x_i$ 이다. 여기서 벡터를 쓸 때 대괄호가 아니라 괄호를 사용한 것에 주목하라. 이 표기법 대신, 기울기벡터는 $\nabla f(x_1, x_2, x_n)$ 로 표시될 수 있는데, 여기서 ∇ (" del " 이라고 읽음) 은 그리스 문자 Δ을 뒤집어 놓은 것이다.

함수 f는 n개의 독립변수를 가지므로, 모든 n개의 편도함수가 있다. 그러므로, grad f는 n차원 벡터이다. 이 도함수들이 정의역 내의 특정한 점 $(x_{10}, x_{20}, \cdots, x_{n0})$에서 계산될 때, 우리는 특정 도함수 **값들**의 벡터, grad $f(x_{10}, x_{20}, \cdots, x_{n0})$를 얻는다.

예 4

생산함수 $Q = Q(K, L)$의 기울기벡터는 다음과 같다:

$$\nabla Q = \nabla Q(K, L) = (Q_K, Q_L)$$

연습문제 7.4

1. 다음 함수에서 $\partial y / \partial x_1$ 및 $\partial y / \partial x_2$를 구하라.
   (a) $y = 2x_1^3 - 11x_1^2 x_2 + 3x_2^2$
   (b) $y = 7x_1 + 6x_1 x_2^2 - 9x_2^3$
   (c) $y = (2x_1 + 3)(x_2 - 2)$
   (d) $y = (5x_1 + 3)/(x_2 - 2)$
2. 다음 함수에서 f_x 및 f_y를 구하라.
   (a) $f(x, y) = x^2 + 5xy - y^3$
   (b) $f(x, y) = (x^2 - 3y)(x - 2)$
   (c) $f(x, y) = \dfrac{2x - 3y}{x + y}$
   (d) $f(x, y) = \dfrac{x^2 - 1}{xy}$
3. 문제 2.의 해에서 각 함수에 대해 $x = 1$ 및 $y = 2$일 때의 편도함수 값인 $f_x(1, 2)$를 구하라.
4. 주어진 생산함수 $Q = 96K^{0.3}L^{0.7}$에서 MPP_K 및 MPP_L 함수를 구하라. MPP_K는 K만의 함수인가 또는 K와 L 모두의 함수인가? MPP_L은 어떠한가?
5. 한 소비자의 효용함수의 형태가 다음과 같다고 하자.
   $$U = U(x_1, x_2) = (x_1 + 2)^2 (x_2 + 3)^3$$
   단, U는 총효용이고, x_1과 x_2는 두 상품의 소비량이다.
   (a) 각각의 상품에 대한 한계효용함수를 구하라.
   (b) 각 상품의 소비량이 3단위일 때 첫째 상품의 한계효용의 값을 구하라.
6. 총화폐공급 M은 은행예금 D 및 현금보유 C의 두 부분으로 구성되고, 우리는 이것이 일정비율 $C/D = c$, $0 < c < 1$을 갖는 것으로 가정한다. 본원통화 H는 일반국민의 현금보유와 은행의 준비금의 합으로 정의한다. 은행준비금은 준비율 r, $0 < r < 1$에 의해서 결정되는 은행예금의 일부이다.
   (a) 화폐공급 M을 본원통화 H의 함수로 나타내라.
   (b) 준비율 r의 증가는 화폐공급을 증가시킬 것인가 또는 감소시킬 것인가?
   (c) 현금예금비율 c의 증가는 화폐공급에 어떤 영향을 미치는가?
7. 다음 함수의 기울기벡터를 구하라.
   (a) $f(x, y, z) = x^2 + y^3 + z^4$
   (b) $f(x, y, z) = xyz$

7.5 | 비교정태분석에의 응용

지금까지 배운 여러가지 미분법칙을 가지고 이제 우리는 드디어 비교정태분석에서 제기되는 문제, 즉 어떤 외생변수나 파라미터가 변할 때 내생변수의 균형값이 어떻게 변하는가 하는 문제를 다룰 수 있게 되었다.

시장모형

먼저 (3.1) 로 주어진 단순한 단일상품 시장모형을 다시 생각해 보자. 이 모형은 다음의 두 방정식으로 쓸 수 있다.

$$Q = a - bP \qquad (a, b > 0) \qquad [\text{수요}]$$
$$Q = -c + dP \qquad (c, d > 0) \qquad [\text{공급}]$$

그리고 그 해는 다음과 같다.

$$P^* = \frac{a+c}{b+d} \tag{7.14}$$

$$Q^* = \frac{ad-bc}{b+d} \tag{7.15}$$

이 해들은 **축약형** (reduced form) 으로 표시되었다고 한다. 즉 두 내생변수는 상호독립인 네 개의 파라미터 a, b, c, d 의 명시적 함수로 축약되어 있다.

파라미터 중에서 하나가 미소하게 변하는 것이 P^* 의 값에 어떻게 영향을 미치는가를 보기 위해서는 (7.14) 를 각각의 파라미터에 대해 편미분하면 된다. 편도함수의 부호, 이를테면, $\partial P^*/\partial a$ 의 **부호**가 파라미터에 관한 주어진 정보로부터 결정될 수 있다면 파라미터 a 가 변할 때 P^* 의 변화 방향을 알 수 있다. 이것은 정성적 결과를 나타내는 것이 되지만, 만약 $\partial P^*/\partial a$ 의 크기를 확인할 수 있다면, 우리는 정량적 결과도 얻을 수 있다.

마찬가지로, $\partial Q^*/\partial a$ 와 같은, 각각의 파라미터에 대한 Q^* 의 편도함수로부터 정성적 또는 정량적 결과를 도출할 수 있다. 그러나 오해를 피하기 위해서는, 두개의 도함수 $\partial Q^*/\partial a$ 및 $\partial Q/\partial a$ 간에는 명백한 차이점이 있음을 인식하여야 한다. $\partial Q/\partial a$ 는 공급함수는 고려하지 않고 수요함수만을 고려할 때 적용되는 개념인데 대하여, 도함수 $\partial Q^*/\partial a$ 는 모형의 해가 되는 (7.15) 의 균형량과 관련되는 것으로, 수요와 공급의 상호작용을 함께 고려한 것이다.† 이 차이점을 강조하기 위해, 우리는 앞으로 파라미터에 관한 P^* 및 Q^* 의 편도함수를 **비교정태도함수** (comparative static derivative) 라고 부르기로 한다. 우리가 균형값을 나타내기 위해 Q^* 처럼 별표기호를 사용하기로 선택했던 이유는 바로 $\partial Q^*/\partial a$ 와 $\partial Q/\partial a$ 을 혼동할 수 있었기 때문이다.

앞으로 당분간 P^* 에 집중하기로 하면, 우리는 (7.14) 로부터 다음과 같은 네 개의 편도함수를 얻을 수 있다:

$$\frac{\partial P^*}{\partial a} = \frac{1}{b+d} \qquad [\text{파라미터 } a \text{ 의 계수는 } \frac{1}{b+d} \text{ 이다.}]$$

† 역주 : $\partial Q/\partial a$ 를 그렇게 해석하는 것은, 수요함수를 $Q = a - bP \equiv Q(a, b, P)$ 로 보는 것을 의미한다. 즉 가격이 변하지 않을 때 a 의 변화가 수요에 어떤 영향을 미치는가를 보는 것이다.

$$\frac{\partial P^*}{\partial b} = \frac{0(b+d) - 1(a+c)}{(b+d)^2} = \frac{-(a+c)}{(b+d)^2} \qquad \text{[몫의 미분법칙]}$$

$$\frac{\partial P^*}{\partial c} = \frac{1}{b+d} \left(= \frac{\partial P^*}{\partial a} \right)$$

$$\frac{\partial P^*}{\partial d} = \frac{0(b+d) - 1(a+c)}{(b+d)^2} = \frac{-(a+c)}{(b+d)^2} \left(= \frac{\partial P^*}{\partial b} \right)$$

이 모형에서는 파라미터들이 모두 양이기 때문에 다음의 결과를 얻을 수 있다.

$$\frac{\partial P^*}{\partial a} = \frac{\partial P^*}{\partial c} > 0 \qquad \text{및} \qquad \frac{\partial P^*}{\partial b} = \frac{\partial P^*}{\partial d} < 0 \tag{7.16}$$

(7.16)의 결과들을 보다 완전하게 이해하기 위하여, 각각 파라미터가 하나씩 변할 때의 변화를 보여 주고 있는 [그림 7.5]를 검토해 보자. 이 그림에서도 앞에서와 마찬가지로 (P 대신) Q를 세로축에 잡았다.

[그림 7.5](a)는 파라미터 a가 (a'로) 증가하는 것을 나타내고 있고, 이것은 수요곡선의 세로축 절편이 더 높아진 것을 뜻한다. 그러므로 파라미터 b(기울기 파라미터)가 불변인 한, a의 증가는 수요함수를 D에서 D'로 위로 평행이동시키게 된다. D'와 공급곡선 S가 교차하는 점에서 새로운

그림 7.5

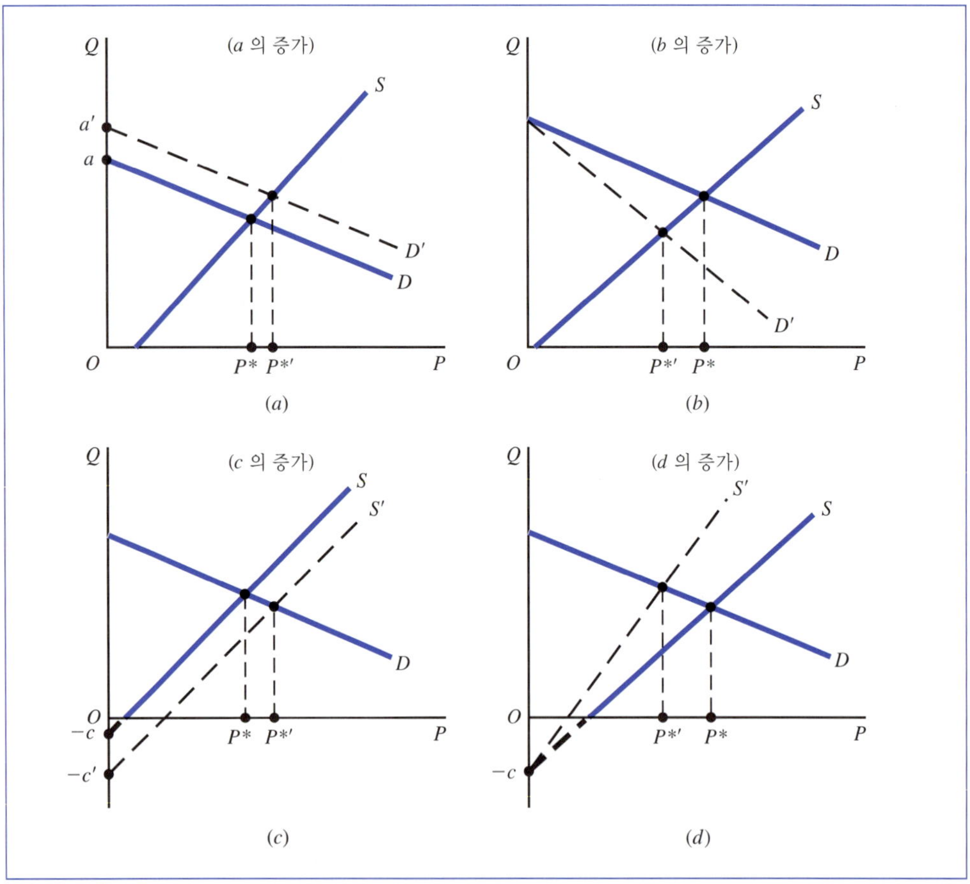

균형가격 $P^{*'}$ 가 결정되며, 이 $P^{*'}$ 는 이전의 균형가격 P^* 보다 더 크다는 사실을 알 수 있다. 이것은 $\partial P^*/\partial a > 0$ 이라는 (7.16) 의 결과를 확인해준다. 다만 설명의 편의상 [그림 7.5] (a) 에 나타난 파라미터 a 의 변화는 도함수 개념이 의미하는 것보다 훨씬 더 큰 것으로 그려져 있다.

[그림 7.5] (c) 의 경우도 똑같이 설명할 수 있다. 여기서는 파라미터 c 가 증가하므로 그 결과는 수요곡선 대신 공급곡선이 평행이동한 것으로 나타난다. 공급곡선의 세로축 절편은 $-c$ 이므로, 공급곡선은 아래쪽으로 이동하게 된다. 즉 c 의 증가는 절편이, 이를테면 −2 에서 −4 로 변하는 것을 뜻한다. 그래프 상에 P^* 에서 $P^{*'}$ 로 가격이 상승한 것으로 나타난 비교정태적 결과는 다시 도함수 $\partial P^*/\partial c$ 의 부호가 양이라는 사실과 일치한다.

[그림 7.5] (b) 와 [그림 7.5] (d) 는 각각 모형에서 두 함수의 기울기를 나타내는 파라미터 b 와 d 가 변화했을 때의 효과를 보여주고 있다. b 의 증가는 수요함수의 기울기가 더 큰 수치(절대치)를 갖게 되는 것을 의미한다; 즉, 수요곡선이 더 가파르게 되는 것을 의미한다. 그림을 보면 $\partial P^*/\partial b < 0$ 인 결과와 같이 P^* 가 감소하는 것을 알 수 있다. 공급곡선을 더 가파르게 만드는 d 의 증가도 역시 균형가격의 감소를 초래한다. 물론 이것도 비교정태도함수 $\partial P^*/\partial d$가 음의 부호를 갖는다는 사실과 일치한다.

지금까지 설명한 바로는 (7.16) 의 모든 결과들은 기하학적으로도 얻을 수 있는 것으로 보인다. 만약 그렇다면, 우리는 도대체 왜 미분법칙을 배우려고 애써야만 하는가? 이에 대한 대답은 미분에 의한 접근법이 적어도 두 가지 중요한 이점을 갖고 있기 때문이다. 첫째, 기하학적인 방법은 차원수에 제약을 받지만, 미분에 의한 접근법은 이런 제약을 받지 않는다. 내생변수와 파라미터의 수가 많아 균형상태를 그래프로 나타낼 수 없는 경우라도 미분법칙에 의한 접근법은 적용될 수 있다. 둘째, 미분을 사용하면 보다 일반성의 수준이 높은 결과를 얻을 수 있다. 즉 파라미터 a, b, c, d 가 부호에 관한 제약을 충족하는 한, 이 파라미터들이 어떠한 값을 갖더라도 (7.16) 의 결과는 항상 성립한다. 그래서 이 모형에서 얻어지는 비교정태에 관한 결론들은 사실상 무한히 많은 (선형) 수요함수와 공급함수의 조합에 적용될 수 있게 된다. 이와는 대조적으로, 기하학적 접근은 수많은 수요곡선과 공급곡선들 중 어떤 특정 경우만을 다룰 수 있을 뿐이며, 또 그로부터 도출되는 분석결과는, 엄밀히 말해서, 그래프로 그려진 특정 함수에만 적용될 수 있는 것이다.

이상의 논의는 편미분이 단순 시장모형의 비교정태분석에 어떻게 적용될 수 있는가를 예시한 것이다. 그러나 그것도 반 밖에는 설명하지 않은 셈이다. 왜냐하면 Q^* 에 관한 비교정태도함수들도 마찬가지 방법으로 구할 수 있기 때문이다. 이것은 여러분에게 연습문제로 남겨둔다.

국민소득모형

제 3 장에서 논의한 단순한 국민소득모형을 좀 더 확장하여 세 개의 내생변수 Y (국민소득), C (소비), T (조세)를 갖는 다음과 같은 모형을 다루기로 하자 :

$$
\begin{aligned}
&Y = C + I_0 + G_0 \\
&C = \alpha + \beta(Y - T) \qquad (\alpha > 0;\quad 0 < \beta < 1) \\
&T = \gamma + \delta Y \qquad (\gamma > 0;\quad 0 < \delta < 1)
\end{aligned}
\tag{7.17}
$$

이 모형에서 첫 번째 방정식은 국민소득에 대한 균형조건을 나타내고, 두 번째와 세 번째 방정식은 각각 C 와 T 가 모형 내에서 어떻게 결정되는가를 보여 준다.

파라미터 α, β, γ, δ 의 값에 주어진 제약은 다음과 같이 설명될 수 있다; α 가 양으로 제한된 것은 가처분소득 $(Y-T)$ 가 영이라도 소비는 양이 되어야 하기 때문이다; β 는 한계소비성향을 나타내므로 1보다 작은 양수이다; γ 가 양인 것은 Y 가 0인 경우에도 정부는 여전히 (소득 이외의 세원으로부터) 양의 조세수입을 갖게 되기 때문이다; 마지막으로 δ 는 소득세율을 나타내고, 그렇기 때문에 100%를 초과할 수 없으므로 1보다 작은 양수이다. 외생변수 I_0 (투자) 와 G_0 (정부지출) 는 모두 음이 아닌 것은 물론이다. 모든 파라미터들과 외생변수들은 서로 독립적이라고 가정되므로 그들 중 어떤 것도 다른 것에 영향을 주지 않으면서 새로운 값을 가질 수 있다.

이 모형은 (7.17) 의 세 번째 방정식을 두 번째 방정식에 대입하고, 여기서 얻어진 방정식을 첫 번째 방정식에 대입함으로써 Y^* 에 대해서 풀 수 있다. 이렇게 해서 구한 (축약형으로 표시된) 균형소득 Y^* 는 다음과 같다.

$$Y^* = \frac{\alpha - \beta\gamma + I_0 + G_0}{1 - \beta + \beta\delta} \qquad \textbf{(7.18)}$$

마찬가지 방법으로 내생변수 C 와 T 의 균형값들도 구할 수 있지만, 여기서는 균형국민소득만을 다루기로 한다.

(7.18) 로부터 여섯 개의 비교정태도함수를 구할 수 있다. 이 중에서, 다음의 세 개가 특별한 정책적 의미를 갖는다:

$$\frac{\partial Y^*}{\partial G_0} = \frac{1}{1 - \beta + \beta\delta} > 0 \qquad \textbf{(7.19)}$$

$$\frac{\partial Y^*}{\partial \gamma} = \frac{-\beta}{1 - \beta + \beta\delta} < 0 \qquad \textbf{(7.20)}$$

$$\frac{\partial Y^*}{\partial \delta} = \frac{-\beta(\alpha - \beta\gamma + I_0 + G_0)}{(1 - \beta + \beta\delta)^2} = \frac{-\beta Y^*}{1 - \beta + \beta\delta} < 0 \qquad [(7.18)\text{에 의해}] \qquad \textbf{(7.21)}$$

(7.19) 의 편도함수는 **정부지출승수** (government-expenditure multiplier) 를 나타낸다. 이 승수는 양의 부호를 갖는다. 왜냐하면 β 가 1보다 작고 $\beta\delta$ 는 0보다 크기 때문이다. 만약 파라미터 β 와 δ 의 값이 주어지면, 우리는 (7.19) 로부터 이 승수의 값도 구할 수 있다. (7.20) 의 편도함수는 **비소득세승수** (nonincome-tax multiplier) 라 할 수 있는데, 왜냐하면 그것은 비소득 세원으로부터의 정부수입을 나타내는 γ 의 변화가 균형소득에 어떻게 영향을 미치는가를 나타내기 때문이다. 현재의 모형에서 이 승수는, (7.20) 의 분모가 양이고 분자는 음이므로, 음이 된다. 마지막으로 (7.21) 의 편도함수는 소득세율 δ 의 증가가 균형소득을 어느 정도 감소시킬 것인가를 말해준다. 이것은 승수의 성질을 갖지 않는다. 왜냐하면 (7.19) 와 (7.20) 의 편도함수의 경우와는 다르게 어떤 화폐액의 변화가 다른 화폐액의 변화와 결부되지 않기 때문이다.

여기서도, 두 도함수 $\partial Y^*/\partial G_0$ 와 $\partial Y/\partial G_0$ 의 차이점에 유의해야 한다. $\partial Y^*/\partial G_0$ 는 균형소득을 나타내는 식 (7.18) 로부터 구할 수 있는 반면에, $\partial Y/\partial G_0$ 는 (7.17) 의 첫 번째 방정식으로부터 얻을 수 있고, $\partial Y/\partial G_0 = 1$ 이다. 이와 같이 두 편도함수는 그 크기나 개념에 있어서 완전히 다른 것이다.

투입산출모형

개방 투입산출모형(open input-output model)의 해는 행렬방정식 $x^* = (I-A)^{-1}d$ 로 표시된다. 역행렬 $(I-A)^{-1}$ 를 $V = [v_{ij}]$ 로 쓰면, 예컨대, 세 산업으로 구성된 경제에 대한 해는 $x^* = Vd$, 또는

$$\begin{bmatrix} x_1^* \\ x_2^* \\ x_3^* \end{bmatrix} = \begin{bmatrix} v_{11} & v_{12} & v_{13} \\ v_{21} & v_{22} & v_{23} \\ v_{31} & v_{32} & v_{33} \end{bmatrix} \begin{bmatrix} d_1 \\ d_2 \\ d_3 \end{bmatrix} \tag{7.22}$$

로 쓸 수 있다.

외생적 최종수요 d_1, d_2, d_3에 관한 해값 x_j^*의 변화율은 일반적으로 다음과 같이 나타낼 수 있다.

$$\frac{\partial x_j^*}{\partial d_k} = v_{jk} \qquad (j, k = 1, 2, 3) \tag{7.23}$$

이것을 이해하기 위해, (7.22)의 Vd를 전개하여 다음과 같이 나타내 보자.

$$\begin{bmatrix} x_1^* \\ x_2^* \\ x_3^* \end{bmatrix} = \begin{bmatrix} v_{11}d_1 + v_{12}d_2 + v_{13}d_3 \\ v_{21}d_1 + v_{22}d_2 + v_{23}d_3 \\ v_{31}d_1 + v_{32}d_2 + v_{33}d_3 \end{bmatrix}$$

이 방정식체계에서, 각 방정식은 외생적 최종수요들의 함수로서 특정한 해값을 나타낸다. 이들을 편미분하면 모두 9개의 비교정태도함수를 얻는다:

$$\begin{array}{lll} \dfrac{\partial x_1^*}{\partial d_1} = v_{11} & \dfrac{\partial x_1^*}{\partial d_2} = v_{12} & \dfrac{\partial x_1^*}{\partial d_3} = v_{13} \\ \dfrac{\partial x_2^*}{\partial d_1} = v_{21} & \dfrac{\partial x_2^*}{\partial d_2} = v_{22} & \dfrac{\partial x_2^*}{\partial d_3} = v_{23} \\ \dfrac{\partial x_3^*}{\partial d_1} = v_{31} & \dfrac{\partial x_3^*}{\partial d_2} = v_{32} & \dfrac{\partial x_3^*}{\partial d_3} = v_{33} \end{array} \tag{7.23'}$$

이것은 (7.23)을 풀어 쓴 것에 불과하다.

(7.23′)를 세 개의 열로 나누어 각 열에 있는 세 개의 도함수를 결합하여 하나의 행렬도함수(또는 벡터도함수)로 나타내면 다음과 같다:

$$\frac{\partial x^*}{\partial d_1} \equiv \frac{\partial}{\partial d_1}\begin{bmatrix} x_1^* \\ x_2^* \\ x_3^* \end{bmatrix} = \begin{bmatrix} v_{11} \\ v_{21} \\ v_{31} \end{bmatrix} \qquad \frac{\partial x^*}{\partial d_2} = \begin{bmatrix} v_{12} \\ v_{22} \\ v_{32} \end{bmatrix} \qquad \frac{\partial x^*}{\partial d_3} = \begin{bmatrix} v_{13} \\ v_{23} \\ v_{33} \end{bmatrix} \tag{7.23''}$$

(7.23″)의 세 개의 열벡터는 단지 행렬 V의 각 열들에 불과하므로, 한번 더 결합하여, 9개의 도함수를 하나의 행렬도함수 $\partial x^* / \partial d$로 통합할 수 있다. 그러므로 $x^* = Vd$가 주어질 때 모든 편도함수를 다음과 같이 간단하게 쓸 수 있다.

$$\frac{\partial x^*}{\partial d} = \begin{bmatrix} v_{11} & v_{12} & v_{13} \\ v_{21} & v_{22} & v_{23} \\ v_{31} & v_{32} & v_{33} \end{bmatrix} = V \equiv (I - A)^{-1}$$

따라서, 레온티에프의 역행렬, $(I - A)^{-1}$은, 개방 투입산출모형의 모든 비교정태도함수들을 간결하게 나타내는 방법이다. 이 행렬도함수를 세 산업모형에서 일반적인 n산업모형으로 쉽게 확장할 수 있음은 의심의 여지가 없다.

투입산출모형의 비교정태도함수들이 경제계획의 도구로써 대단히 유용한 이유는 이 도함수들이 다음과 같은 문제에 대한 해답을 제공하기 때문이다. 즉, 만약 $(d_1, d_2, d_3, \cdots, d_n)$으로 설정된 경제계획목표들이 변경되고, 또 만약 생산상의 애로가 전혀 발생하지 않도록 경제 내 모든 직접적 · 간접적 투입소요량을 확보하기를 원한다면, n 개 산업의 산출량목표를 어떻게 변경시켜야 하는가?

연습문제 7.5

1. (7.15) 에서 균형량의 비교정태적 특성을 고찰하고, 이 결과를 기하학적인 분석에 의해서 확인하라.
2. (7.18) 에 근거하여, 편도함수 $\partial Y^*/\partial I_0$, $\partial Y^*/\partial \alpha$, 및 $\partial Y^*/\partial \beta$ 를 구하라. 이들의 의미를 설명하고, 그 부호를 결정하라.
3. 제 5.7 절에서는 수치를 사용하여 투입산출모형 (5.21) 을 구하였다.
   (*a*) 이 모형에서 비교정태도함수를 몇 개나 도출할 수 있는가?
   (*b*) 이 도함수들을 (7.23′) 및 (7.23″) 의 형태로 표시하라.

7.6 | 야코비행렬식에 관한 주석

편도함수에 관해서 우리가 공부하게 된 동기는 오로지 비교정태분석을 위해서였다. 그러나 편도함수는 또한 n 개의 변수를 갖는 n 개의 함수로 이루어진 집합에서 함수적 종속성 (선형 또는 비선형) 이 존재하는지의 여부를 검증하는 수단도 제공한다. 이것은 (Jacobi의 이름을 따라 명명된) 야코비행렬식 (Jacobian determinant) 의 개념과 관련이 있다.

다음의 두 함수를 고려해 보자.

$$\begin{aligned} y_1 &= 2x_1 + 3x_2 \\ y_2 &= 4x_1^2 + 12x_1x_2 + 9x_2^2 \end{aligned} \tag{7.24}$$

이 두 함수의 4개의 편도함수를 모두 구하면 다음과 같다:

$$\frac{\partial y_1}{\partial x_1} = 2 \qquad \frac{\partial y_1}{\partial x_2} = 3 \qquad \frac{\partial y_2}{\partial x_1} = 8x_1 + 12x_2 \qquad \frac{\partial y_2}{\partial x_2} = 12x_1 + 18x_2$$

이 편도함수들을 일정한 순서로 배열하면, 이는 야코비행렬 (Jacobian matrix) 이라고 불리는 정방행렬이 되며, 이것을 J 로 표기한다. 이 행렬의 행렬식을 취하면, **야코비행렬식** (Jacobian determinant, 또는 간단히 **야코비안**) 으로 알려진 것이 되고, $|J|$ 로 쓴다 :

$$|J| \equiv \begin{vmatrix} \dfrac{\partial y_1}{\partial x_1} & \dfrac{\partial y_1}{\partial x_2} \\ \dfrac{\partial y_2}{\partial x_1} & \dfrac{\partial y_2}{\partial x_2} \end{vmatrix} = \begin{vmatrix} 2 & 3 \\ (8x_1 + 12x_2) & (12x_1 + 18x_2) \end{vmatrix} \tag{7.25}$$

때로는 이 야코비안을 공간의 절약을 위해서 다음과 같이 간단히 표기하기도 한다.

$$|J| \equiv \left| \frac{\partial(y_1, y_2)}{\partial(x_1, x_2)} \right|$$

보다 일반적인 설명을 위하여, 만약, n 개의 변수를 갖는 n 개의 미분가능한 함수가 다음과 같다고 하자(이들은 반드시 선형일 필요는 없다).

$$\begin{aligned} y_1 &= f^1(x_1, x_2, \ldots, x_n) \\ y_2 &= f^2(x_1, x_2, \ldots, x_n) \\ &\cdots\cdots\cdots\cdots\cdots\cdots \\ y_n &= f^n(x_1, x_2, \ldots, x_n) \end{aligned} \tag{7.26}$$

여기서 기호 f^n 은 n 번째의 함수를 나타낸다.(함수를 n 제곱하는 것이 아니다) 우리는 이 함수들로부터 모두 n^2 개의 편도함수를 구할 수 있다. 기호 $f^i_j \equiv \partial y^i / \partial x_j$ 를 채택하면 야코비안은 다음과 같이 쓸 수 있다.

$$\begin{aligned} |J| &\equiv \left| \frac{\partial(y_1, y_2, \ldots, y_n)}{\partial(x_1, x_2, \ldots, x_n)} \right| \\ &\equiv \begin{vmatrix} \partial y_1/\partial x_1 & \cdots & \partial y_1/\partial x_n \\ \vdots & & \vdots \\ \partial y_n/\partial x_1 & \cdots & \partial y_n/\partial x_n \end{vmatrix} \equiv \begin{vmatrix} f_1^1 & \cdots & f_n^1 \\ \vdots & & \vdots \\ f_1^n & \cdots & f_n^n \end{vmatrix} \end{aligned} \tag{7.27}$$

n 개 함수의 집합 중에서 함수적 종속관계가 존재하는지의 여부를 검증하기 위한 야코비안 판정법은 다음의 정리로 주어진다: 즉, (7.26) 에서 n 개의 함수 $f^1, \cdots, f_n$ 들이 함수적으로 (선형 또는 비선형으로) 종속관계이기 위한 필요충분조건은 (7.27) 에서 정의된 야코비안 $|J|$가 모든 $x_1, \cdots, x_n$ 의 값에 대해서 항등적으로 0이 되는 것이다.

예를들어, (7.24) 로 주어진 두 함수에 대한 야코비안은 (7.25) 로 주어졌고, 그 값은 다음과 같다.

$$|J| = (24x_1 + 36x_2) - (24x_1 + 36x_2) = 0$$

즉, 야코비안은 x_1과 x_2 의 모든 값에 대해서 0이 된다. 그러므로, 위의 정리에 의하면, (7.24) 의 두 함수는 서로 종속적이어야 한다. 여러분은 y_2 가 단순히 y_1 의 제곱이라는 사실을 알 수 있을 것이다. 즉, 그들은 함수적으로 종속이다. — 여기서는 **비선형**종속이다.

이제 특수한 경우로서 **선형함수**체계를 생각해 보자. 우리는 이미 하나의 선형방정식체계

$$\begin{aligned} a_{11}x_1 + a_{12}x_2 + \cdots + a_{1n}x_n &= d_1 \\ a_{21}x_1 + a_{22}x_2 + \cdots + a_{2n}x_n &= d_2 \\ \cdots\cdots\cdots\cdots\cdots\cdots\cdots\cdots\cdots\cdots \\ a_{n1}x_1 + a_{n2}x_2 + \cdots + a_{nn}x_n &= d_n \end{aligned} \tag{7.28}$$

에서 계수행렬 A 의 행들이 선형종속이기 위한 필요충분조건은 행렬식 $|A| = 0$ 이라는 것을 보인바 있다. 이제 이 결과는, 함수적 종속성에 관한 야코비안 판정기준의 특별한 경우로 해석될 수 있다.

방정식체계 (7.28) 에 있는 각 방정식의 좌변을 n 개의 변수 $x_1, \cdots, x_n$ 을 갖는 별개의 함수로 보고, 이 함수들을 $y_1, \cdots, y_n$ 으로 표시하자. 그러면 이 함수들의 편도함수들은 $\partial y_1/\partial x_1 = a_{11}$, $\partial y_1/\partial x_2 = a_{12}$ 등이 되고, 일반적으로, $\partial y_i/\partial x_j = a_{ij}$ 로 나타낼 수 있다. 그러므로, 위의 n 개 함수의 야코비행렬의 원소들은, 이미 올바른 순서로 배열된, 계수행렬 A 의 원소들과 정확하게 일치한다. 즉 $|J| = |A|$가 되고, 따라서 $y_1, \cdots, y_n$ 사이의 함수적 종속성 — 또는, 같은 말이지만, 계수행렬 A 의 행들 사이의 선형종속성 — 에 관한 야코비안 판정기준은 현재와 같은 선형함수의 경우에는 판

정기준 $|A|=0$ 과 서로 동치가 된다.

우리는 n 개의 변수를 갖는 n 개 함수의 방정식체계의 관점에서 야코비안을 논의하였다. 그러나 (7.26)의 각 함수가 n 개보다 많은 변수, 이를 테면 $(n+2)$ 개의 변수

$$y_i = f^i(x_1, \ldots, x_n, x_{n+1}, x_{n+2}) \qquad (i = 1, 2, \ldots, n)$$

를 포함한다고 하더라도, (7.27) 로 주어진 야코비안이 정의된다는 것을 지적하고 싶다. 이 경우에는 변수들 중에서 어떤 두 개의 변수(이를테면, x_{n+1} 과 x_{n+2})를 일정하게 고정시키거나 또는 파라미터로 취급함으로써, 우리는 다시 정확히 n 개의 변수를 갖는 n 개의 함수를 갖게 되고 야코비안을 구성할 수 있게 된다. 더욱이, n 개의 변수들 중 다른 한 쌍을 일정하게 고정시킴으로써, 우리는 또 다른 야코비안을 만들 수 있다. 과연 그러한 경우를 우리는 음함수정리의 논의와 관련하여 제 8 장에서 마주치게 될 것이다.

연습문제 7.6

1. 야코비행렬식을 사용하여, 아래와 같이 짝지워진 함수들 사이에 함수적 종속성이 존재하는지의 여부를 검증하라.
   (a) $y_1 = 3x_1^2 + x_2$
   $y_2 = 9x_1^4 + 6x_1^2(x_2 + 4) + x_2(x_2 + 8) + 12$
   (b) $y_1 = 3x_1^2 + 2x_2^2$
   $y_2 = 5x_1 + 1$
2. (7.22)를 3개의 함수 $x_i^* = f^i(d_1, d_2, d_3)$ (단 $i = 1, 2, 3$)의 집합으로 보자.
   (a) 3×3 야코비안을 구하라. 이것은 (7.23′)와 어떤 관계가 있는가? 또 $|J| = |V|$로 쓸 수 있는가?
   (b) $V \equiv (I - A)^{-1}$이므로, $|V| \neq 0$이라고 결론내릴 수 있는가? 이로부터 (7.22)의 세 방정식에 대해 무엇을 추론할 수 있는가?

Chapter 7 요약

❖ 미분법칙과 비교정태분석 ❖

1. 함수를 미분할 때는 여러 가지 미분법칙을 익혀두는 것이 편리한 바, 그 중 중요한 것을 들면 다음과 같다 :

$$\frac{d}{dx}c = 0, \qquad c \text{ 는 상수}$$

$$\frac{d}{dx}x^n = nx^{n-1}$$

$$\frac{d}{dx}[f(x) \pm g(x)] = \frac{d}{dx}f(x) \pm \frac{d}{dx}g(x) \equiv f'(x) \pm g'(x)$$

$$\frac{d}{dx}[f(x)g(x)] = f(x)g'(x) + g(x)f'(x)$$

$$\frac{d}{dx}[f(x)/g(x)] = \frac{f'(x)g(x) - f(x)g'(x)}{g^2(x)}$$

$$\frac{dz}{dx} = \frac{dz}{dy}\frac{dy}{dx}, \qquad \text{단 } z = z(y),\ y = y(x)$$

$$\frac{dx}{dy} = 1/\frac{dy}{dx}, \qquad \text{단 } y = f(x) \text{는 단조함수}$$

2. 다변수함수 $y = f(x_1, x_2, \cdots, x_n)$ 에서, 한 변수만 독립적으로 변할 때 편도함수는 다음과 같이 정의된다:

$$\frac{\partial y}{\partial x_i} = \lim_{\Delta x_i \to 0} \frac{f(x_1, \cdots, x_i + \Delta x_i, \cdots x_n) - f_i(x_i, \cdots, x_i + \Delta x_i \cdots x_n)}{\Delta x_i}$$

$$\equiv f_i(x_1, \cdots, x_n)$$

3. 편도함수 역시 기하학적으로는 함수의 그래프의 기울기와 관련시킬 수 있다.
4. 비교정태분석에서 편도함수는 독립변수의 변화에 따르는 종속변수의 변화의 정도를 나타내며, 따라서 그것은 승수의 의미를 갖는다.

Chapter 08

일반함수모형의 비교정태분석

제 7 장에서 우리는 편도함수를 써서 모형의 균형해를 축약형태로 명시할 수 있는 비교적 단순한 모형의 비교정태문제를 다룰 수 있었다. 그 경우에 우리가 원하는 비교정태분석의 정보는 해를 편미분함으로써 바로 얻을 수 있었다. 편도함수의 정의는 독립변수들(이를테면, x_i) 사이에 어떤 함수관계도 존재하지 않는다는 것을 필요로 하므로, x_1 은 $x_2, x_3 \cdots, x_n$ 의 값들에 영향을 주지 않으면서 변할 수 있었다는 것을 기억할 것이다. 이것은 비교정태분석에서 축약형의 해에 나타나는 파라미터들이나 또는 외생변수들이 반드시 상호독립적이어야 한다는 것을 의미한다. 실제로 파라미터나 외생변수는 모형의 목적에 따라 사전에 결정된 여건으로 규정되기 때문에, 그들이 상호 영향을 미칠 가능성은 애초에 배제된다. 이러한 이유때문에 제 7 장에서 선택한 편미분법칙의 적용은 완전히 합리화될 수 있는 것이다.

그러나 일반함수형태가 모형에 도입되어 명시적인 축약형의 해를 얻을 수 없을 때에는 그러한 편리한 방법은 기대할 수 없다. 이 경우에 비교정태도함수들은 모형에 주어진 원래의 방정식에서 직접 구해야 할 것이다. 예를 들어, 두 내생변수 Y 와 C 로 이루어진 단순한 국민소득모형을 생각해 보자:

$$Y = C + I_0 + G_0$$
$$C = C(Y, T_0) \qquad [T_0 : \text{외생변수로서의 조세}]$$

이 모형은 Y^* 에 관해 풀 수 있는 하나의 단일방정식(하나의 균형조건)으로 다음과 같이 축약해서 표현할 수 있다:

$$Y = C(Y, T_0) + I_0 + G_0$$

그러나 C 함수가 일반함수형태로 주어졌으므로 명시적인 해를 얻는 것은 불가능하다. 따라서 우리는 비교정태도함수들을 이 식으로부터 직접 구하지 않으면 안된다. 그러면 우리는 이 문제에 어떻게 접근해야 하는가? 우리가 직면하는 특별한 문제는 무엇인가?

어떤 균형해 Y^* 가 과연 존재한다고 가정하자. 그러면, (제 8.5 절에서 논의될) 매우 일반적인 일정조건들 하에서, Y^* 를 외생변수 I_0, G_0 및 T_0 의 미분가능한 함수로 생각할 수 있다. 따라서 비록 함수 Y^* 의 형태를 명시적으로 결정할 수는 없다고 하더라도, 다음과 같은 방정식으로 나타낼 수 있다.

$$Y^* = Y^*(I_0, G_0, T_0)$$

더욱이, 균형값 Y^* 의 한 근방에서는, 다음의 항등식이 성립한다:†

† 역주: 이 명제는 뒤에 나오는 음함수정리에 의해서만 만족스럽게 설명할 수 있다. 여기서는 그대로 받아들이는 수밖에 없다.

$$Y^* \equiv C(Y^*, T_0) + I_0 + G_0$$

이 항등식은 변수 Y를 그것의 균형값 Y^*로 바꿔 놓은 균형조건에 불과하기 때문에, **균형항등식**(equilibrium identity)이라 한다. 이제 Y^*가 등장했기 때문에, 언뜻 보면 이 항등식을 편미분하기만 하면 우리가 바라는 어떤 비교정태도함수, 이를테면 $\partial Y^*/\partial T_0$를 구할 수 있을 것처럼 보인다. 그러나 불행하게도 사실은 그렇지 않다. 왜냐하면 Y^*가 T_0의 함수이므로, 함수 C에 포함된 두 변수는 독립적인 관계에 **있지 않기** 때문이다. 특히, T_0는 **직접적**으로 C에 영향을 미칠 뿐만 아니라, Y^*를 통해 **간접적**으로도 영향을 미친다. 결과적으로, 편미분은 현재의 문제를 해결하는 데는 적절한 방법이 되지 못한다. 그러면 이 문제를 어떻게 해결해야 하는가?

그 답은 **전미분**연산(total differentiation) (편미분 연산에 대비되는 개념)에서 찾을 수 있다. **전미분**(total differentiation)의 개념에 기초하여, 전미분의 과정은 **전도함수**(total derivative)의 개념과 관련된다. 전도함수는 $C(Y^*, T_0)$와 같은 함수에서, 독립변수 T_0가 다른 독립변수 Y^*에 영향을 줄 때, 변수 T_0에 관한 그 함수의 변화율의 정도를 나타낸다. 따라서 일단 이러한 개념들을 알고 나면, 독립변수들이 모두 독립적인 관계에 있지 않은 함수들도 다룰 수 있게 되므로 지금까지 일반함수모형의 비교정태연구에서 제기되었던 주요 장애물을 제거할 수 있게 된다. 그러나 이 개념들을 논의하기 위한 준비단계로서 먼저 **미분**(differential)의 개념을 알아야 한다.†

8.1 | 미분

지금까지는 함수 $y = f(x)$의 도함수를 나타내는 기호 dy/dx는 그 전체가 하나의 실체로 간주되어 왔다. 이제 우리는 그것을 두 개의 양, dy와 dx의 비율로 새롭게 해석하려 한다.

미분과 도함수

정의에 의하면, 도함수 $dy/dx = f'(x)$는 차분몫의 극한이다 :

$$\frac{dy}{dx} = f'(x) = \lim_{\Delta x \to 0} \frac{\Delta y}{\Delta x} \tag{8.1}$$

따라서, $\Delta y/\Delta x$ 그 자체는 ($\Delta x \to 0$의 규정없이) dy/dx와 같지 않다. 만약 이 두 몫의 불일치를 δ로 나타내면, 다음과 같이 쓸 수 있다.

$$\frac{\Delta y}{\Delta x} - \frac{dy}{dx} = \delta \qquad \text{단, } \Delta x \to 0 \text{ 에 따라 } \delta \to 0 \qquad [(8.1)\text{에 의해}] \tag{8.2}$$

식 (8.2) 전체를 Δx로 곱하고, 다시 정리하면, 다음을 얻는다.

$$\Delta y = \frac{dy}{dx}\Delta x + \delta\,\Delta x \qquad \text{또는} \qquad \Delta y = f'(x)\Delta x + \delta\,\Delta x \tag{8.3}$$

이 식은 Δx의 특정변화로 인한 y의 변화 (Δy)를 표현하는데, 그 특정변화란 함수 $y = f(x)$의 정의

† 역주 : 우리는 differentiation과 differential을 모두 미분이라고 번역한다. 그러나 이를 명백히 구별할 필요가 있을 때는 전자를 "미분연산"이라고 번역할 것이다.

그림 8.1

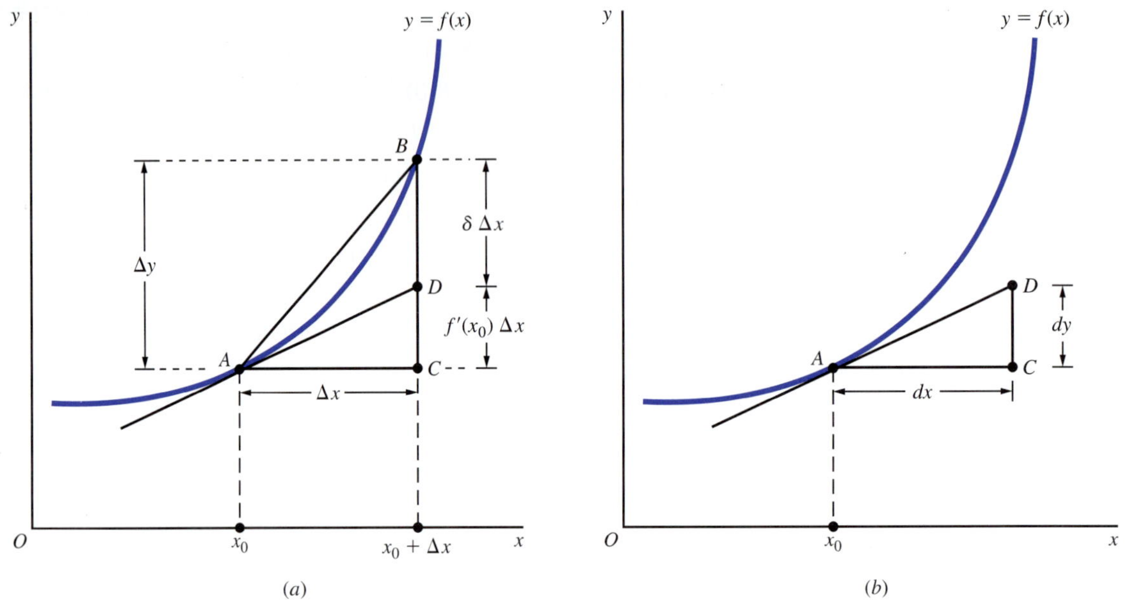

역 내의 어떤 x 값으로부터 시작하는 x 의 특정한 — 반드시 작은 것이 아닌 — 변화 (Δx) 를 말한다. 그러나 그것은 또한 불일치항 $\delta\Delta x$ 를 무시하면, $f'(x)\Delta x$ 항을 실제의 Δy 값의 근사값으로 사용할 수 있다는 것을 시사한다. 여기서 이 근사값은 Δx 가 작아질수록 실제의 Δy 값에 점점 더 가까워 진다.

[그림 8.1] (a) 에서 보듯이, x 가 x_0 에서 $x_0 + \Delta x$ 로 변할 때, $y = f(x)$ 의 그래프 위에서는 점 A 로부터 점 B 로의 이동이 발생한다. 실제의 Δy 는 거리 CB 로 측정되고, 두 거리의 비율 $CB/AC = \Delta y/\Delta x$ 는 선분 AB 의 기울기라는 것을 알 수 있다. 그러나 점 A 를 통과하는 접선 AD 를 그리고, CB 대신에 CD 를 Δy 값의 근사값으로 사용하면, 우리는 거리 CD 를 얻고, 이것은 불일치 또는 근사값의 오차로 거리 DB 만큼을 남겨둔다. AD 의 기울기는 $f'(x_0)$ 이므로, Δx 가 감소함에 따라 점 B 는 점 A 를 향하여 곡선을 따라 미끄러질 것이고, 이에 따라 불일치를 줄이고 $f'(x_0)$, 즉 dy/dx 를 $\Delta y/\Delta x$ 에 더 가까운 근사값으로 만든다.

접선 AD 에 초점을 맞추고, 거리 CD 를 CB 에 대한 근사값으로 취하기 위하여, [그림 8.1] (b) 와 같이, 거리 AC 와 CD 에 각각 dx 와 dy 라는 새로운 이름을 붙이기로 하자. 그러면

$$\frac{dy}{dx} = \text{접선 } AD \text{ 의 기울기} = f'(x)$$

가 되고, 전체를 dx 로 곱하면

$$dy = f'(x)\,dx \tag{8.4}$$

를 얻는다. 그러면 도함수 $f'(x)$ 는 무한소가 아닌 두 변화 dy 와 dx 의 비례인자로 새로 해석할 수 있다. 따라서, dx 의 어떤 특정한 값이 주어지면, 그것에 $f'(x)$ 를 곱함으로써 Δy 의 근사값으로서의

dy를 구할 수 있다. 여기서 우리는 dx가 더 작을수록 더 좋은 근사값이라고 이해한다. 변화량 dy와 dx를 각각 x와 y의 **미분**(differential)이라고 부른다.

미분을 수학적 실체로 간주하는 것에 관한 몇 가지 주의사항이 있다. 첫째, dx는 독립변수인데 반하여, dy는 종속변수이다. 특히, dy는 dx뿐 아니라 x의 함수이다: dy가 x에 의존하는 이유는 [그림 8.1]에서 x의 위치가 달라지면 점 A의 위치가 달라지고, 따라서 그 접선이 달라지는 것을 의미하기 때문이다: dy가 dx에 의존하는 이유는 dx의 크기가 달라지면 점 C의 위치가 달라질 뿐 아니라 거리 CD가 달라지는 것을 의미하기 때문이다. 둘째, $dx=0$이면 $dy=0$이 된다. 왜냐하면 점 B가 그 경우에는 점 A와 일치하기 때문이다. 그러나 $dy \neq 0$이면, $f'(x)$를 얻기 위하여 dy를 dx로 나눌 수 있다. dy를 얻기 위하여 dx에 $f'(x)$를 곱할 수 있는 것과 마찬가지다. 셋째, 미분 dy는 어떤 다른 미분(들)—여기서는, dx—에 의해서만 표현될 수 있다. 이것은 우리의 상황이 종속적 변화 dy와 독립적 변화 dx를 연계시켜 생각할 수밖에 없기 때문이다. $dy=f'(x)dx$로 쓰는 것은 사리에 맞지만, 우변의 dx항을 잘라내어 $dy=f'(x)$로 쓰는 것은 아무런 의미가 없다. 두 변화의 연계는 도함수 $f'(x)$를 통하여 이루어지고, 이것은 하나의 주어진 변화 dx를 이에 대응하는 변화 dy로 바꾸어 주는 "변환장치"(converter)로 볼 수 있다.

주어진 함수 $y=f(x)$로부터 미분 dy를 구하는 과정을 **미분연산**(differentiation)이라고 한다. 우리는 지금까지 이 용어를 충분한 설명 없이 도함수를 구하는 과정과 동의어로 사용해 왔다. 그러나 우리가 도함수를 두 미분의 몫으로 설명한 점에서 보면, 미분이라는 용어를 사용해 온 근본적 이유는 자명해진다. 그렇다고 하더라도, "미분연산"이라는 하나의 용어가 도함수를 구하는 과정뿐만 아니라, 미분 dy를 구하는 과정을 나타내기 위해서 사용된다는 것은 어쩐지 좀 분명치 않은 점이 있다. 그래서 이와 같은 혼란을 피하기 위해 도함수 dy/dx를 구할 때는, 통상적으로 "에 관한"이라는 문구와 함께 "미분연산"이라는 단어를 사용한다.

미분과 점탄력성

미분이 경제학에 응용되는 하나의 예로서 함수의 탄력성 개념을 생각해 보자. 수요함수 $Q=f(P)$의 탄력성은 $(\Delta Q/Q)/(\Delta P/P)$로 정의된다. [그림 8.1]에서 설명한 근사값의 생각을 이용하면, 독립적 변화 ΔP 및 종속적 변화 ΔQ는 각각 dP 및 dQ로 바꿀 수 있고, 이리하여 ε_d(탄력성 "elasticity"의 e를 나타내는 그리스 문자 epsilon)로 표시되는 수요의 **점탄력성**(point elasticity)으로 알려진 근사값으로서의 탄력성측도를 얻는다.†

$$\varepsilon_d \equiv \frac{dQ/Q}{dP/P} = \frac{dQ/dP}{Q/P} \tag{8.5}$$

이식의 가장 오른쪽 변에는 미분 dQ와 dP가 비율 dQ/dP로 다시 정리되어 있고, 이 비율은 수요함수 $Q=f(P)$의 도함수, 즉 **한계**함수로 해석될 수 있다. 마찬가지로 분모에 나타나는 비율 Q/P는 수요함수의 **평균**함수로 볼 수 있으므로, (8.5)의 수요의 점탄력성 ε_d는 수요함수의 평균함수에 대한 한계함수의 비율인 것을 알 수 있다.

이러한 관계는 실제로 수요함수뿐만 아니라 다른 어떤 함수에 대해서도 성립한다. 왜냐하면 주

† 점탄력성 측정치는 $\Delta P \to 0$일 때 $\dfrac{\Delta Q/Q}{\Delta P/P} = \dfrac{\Delta Q/\Delta P}{Q/P}$의 극한으로도 해석할 수 있는데 이것은 (8.4)와 같은 결과를 가져온다.

어진 임의의 총함수 $y = f(x)$ 에서 x 에 관한 y 의 점탄력성 공식은

$$\varepsilon_{yx} = \frac{dy/dx}{y/x} = \frac{\text{한계함수}}{\text{평균함수}} \tag{8.6}$$

로 나타낼 수 있기 때문이다. 어떤 특정한 점에서 함수가 탄력적인지의 여부를 결정할 때는 관례상 탄력성 측정치의 **절대값**이 사용된다. 예를 들어 수요함수의 경우에는 다음과 같이 규정한다.

$$\text{어떤 한 점에서 } |\varepsilon_d| \gtreqless 1\text{일 때 수요는 } \begin{Bmatrix} \text{탄 력 적} \\ \text{단위탄력적} \\ \text{비 탄 력 적} \end{Bmatrix} \text{ 이다}$$

예 1

수요함수가 $Q = 100 - 2P$ 일 때 ε_d 를 구하라. 이 수요함수의 한계함수와 평균함수는

$$\frac{dQ}{dP} = -2 \quad \text{및} \quad \frac{Q}{P} = \frac{100 - 2P}{P}$$

이고, 이들의 비율은 다음과 같다.

$$\varepsilon_d = \frac{-P}{50 - P}$$

이처럼 탄력성은 P 의 함수로 주어진다. 그래서 특정한 가격이 선택되면 곧 점탄력성의 크기가 결정된다. 예를 들어, $P = 25$ 일 때, $\varepsilon_d = -1$ 또는 $|\varepsilon_d| = 1$이므로 수요는 이 점에서 단위탄력적이다. 이와는 대조적으로, $P = 30$ 일 때는 $|\varepsilon_d| = 1.5$ 이므로, 수요는 이 가격에서 탄력적(elastic)이다. 보다 일반적으로 말하면 이예에서는 $25 < P < 50$ 일 때 $|\varepsilon_d| > 1$이고, $0 < P < 25$ 일 때 $|\varepsilon_d| < 1$임을 보일 수 있다(여기서 $P > 50$ 인 가격은 의미가 있다고 생각하는가?).

예 2

공급함수 $Q = P^2 + 7P$ 에서 공급의 점탄력성 ε_s 를 구하고, 공급이 $P = 2$ 에서 탄력적인지를 결정하라. 한계 및 평균함수가 각각

$$\frac{dQ}{dP} = 2P + 7 \quad \text{및} \quad \frac{Q}{P} = P + 7$$

이므로, 그들의 비율은 공급의 탄력성이 된다.

$$\varepsilon_s = \frac{2P + 7}{P + 7}$$

$P = 2$ 일 때, 이 탄력성의 값은 $11/9 > 1$이 된다. 따라서 공급은 $P = 2$ 에서 탄력적이다.

본론에서 약간 벗어나긴 했지만, 여기서 두 미분의 비율을 도함수로 해석한 것은 — 그리고 당연한 결과로서 함수의 탄력성 공식을 평균함수에 대한 한계함수의 비율로 변환시킨 것은 — 점탄력성을 기하학적으로 바로 결정하는 방법을 제공해준다는 것도 부언하고자 한다. [그림 8.2]의 두 그림은 각각 기울기가 음인 곡선과 양인 곡선을 예시한다. 두 경우 모두 곡선상의 점 A 또는 정의역에 있는 $x = x_0$ 에서의 한계함수의 값은 접선 AB 의 기울기로 측정된다. 다른 한편, 평균함수의 값은 직선 OA(반지름벡터와 같이, 원점과 곡선상의 점 A를 연결하는 직선)의 기울기로 측정된다. 왜냐하면 점 A 에서 $y = x_0A$ 이고 $x = Ox_0$ 이므로, 평균함수의 값은 $y/x = x_0A/Ox_0 = OA$ 의 기울기이기 때문이다. 따라서 점 A 에서의 탄력성은 평균함수와 한계함수의 두 기울기의 **수치**를 비교함으로써 즉시 알 수 있다; 즉, AB 의 기울기가 OA 의 기울기보다 더 크다면 함수는 점 A에서 탄

그림 8.2

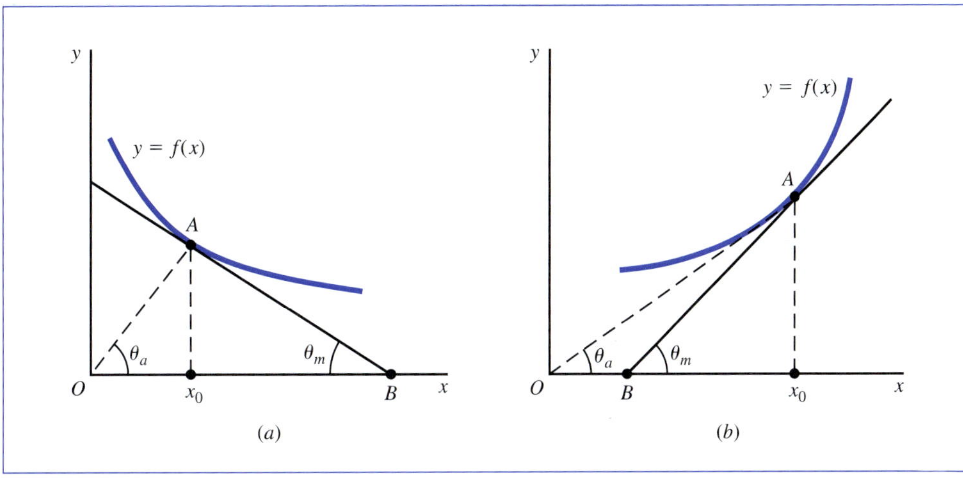

그림 8.3

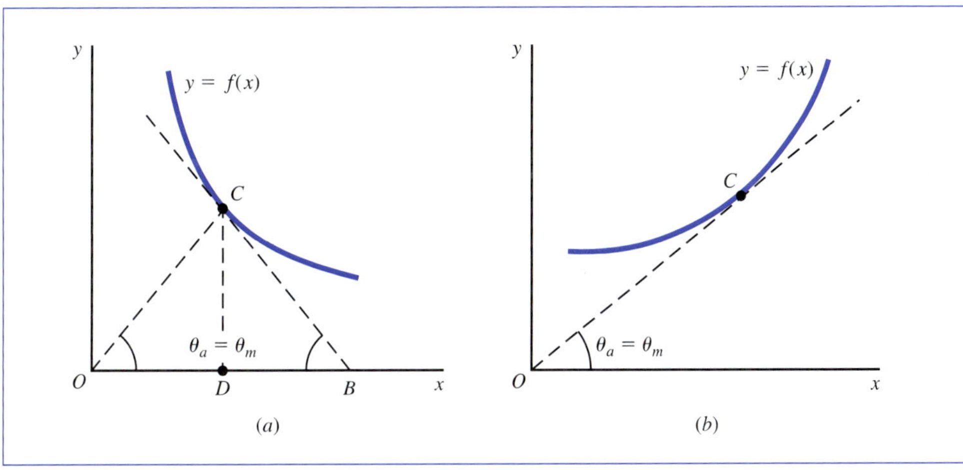

력적이다: 반대의 경우에는 점 A에서 비탄력적이다. 따라서, [그림 8.2](a) 에 그려진 함수는 점 A (즉 $x = x_0$)에서 비탄력적이고, [그림 8.2](b) 의 함수는 점 A에서 탄력적이다.

더욱이 비교되고 있는 두 기울기는 두 각 θ_m과 θ_a(그리스 문자 「쎄타」: 하첨자 m과 a는 각각 한계와 평균을 가리킨다) 의 크기에 직접적으로 의존한다. 따라서 두 기울기를 비교하는 대신에 이에 상응하는 두 각을 비교해도 좋을 것이다. [그림 8.2]를 다시 보면, 그림 (a)의 점 A에서는 $\theta_m < \theta_a$ 임을 알 수 있고, 이것은 한계함수의 각이 평균함수의 각 보다 더 작다는 것을 나타내므로 함수는 점 A에서 비탄력적이다. 그림 (b)는 이와 정반대의 경우가 된다.†

때때로 우리는 주어진 곡선상에서 탄력성이 1이 되는 점의 위치에 관심을 갖는다. 이제 이 점은 쉽게 구할 수 있다. [그림 8.3](a) 에서처럼, 곡선의 기울기가 음이라면, 직선 OC와 접선 BC가 비록 기울기의 부호는 반대지만, x축에 대해 각의 크기가 같게 되도록 하는 점 C를 구하면 된다. [그림 8.3](b) 에서처럼, 곡선의 기울기가 양인 경우에는 C에서의 접선을 적절히 연장하여, 그 접선이 원점을 통과하게 되도록, 점 C를 구하기만 하면 된다.

† 역주: 두 경우 모두 각의 크기를 비교하는 대신 선분의 길이를 비교하여 탄력성의 크기를 구할 수 있다. 즉 두 경우 모두 탄력성의 절대치는 x_0O/x_0B 임을 쉽게 확인할 수 있다.

지금까지 설명한 기하학적 방법은 함수 $y=f(x)$의 종속변수 y가 세로축에 놓인다는 가정에 근거하고 있다는 점에 유의해야 한다. 특히 수요곡선에 이 방법을 적용할 때는, Q가 세로축에 위치하는가를 확인해야 한다. (Q가 실제로 가로축에 위치하게 되면, 점탄력성을 구하는 방법은 어떻게 수정되어야 할까?)

연습문제 8.1

1. 다음 함수에서 미분 dy를 구하라.
   (a) $y=-x(x^2+3)$ (b) $y=(x-8)(7x+5)$ (c) $y=\dfrac{x}{x^2+1}$
2. 수입함수 $M=f(Y)$에서 수입의 소득탄력성 ε_{MY}을 수입성향으로 표시해 보라. 여기서 M은 수입, Y는 국민소득을 나타낸다.
3. 소비함수 $C=a+bY$에서 (단 $a>0;\ 0<b<1$)
   (a) 한계함수와 평균함수를 구하라.
   (b) 소비의 소득탄력성 ε_{CY}를 구하고, $Y>0$이라고 가정할 때 소득탄력성의 부호를 결정하라.
   (c) 이 소비함수가 모든 양의 소득수준에서 비탄력적임을 보여라.
4. 주어진 소비함수 $Q=k/P^n$에서 수요의 점탄력성을 구하라. 단, k 및 n은 양의 상수이다.
   (a) 이 경우에 탄력성은 가격에 의존하는가?
   (b) $n=1$인 특별한 경우에, 수요곡선의 형태는 어떠한가? 또 수요의 점탄력성을 구하라.
5. (a) 곡선상의 모든 점에서 일정한 점탄력성을 갖는 기울기가 양인 곡선을 구하라.
   (b) 그 곡선의 식을 쓰고, (8.6)에 의해서 그 탄력성이 실제로 일정하다는 것을 보여라.
6. 주어진 $Q=100-2P+0.02Y$에서 Q는 수요량, P는 가격, 그리고 Y는 소득이고, 또 $P=20$ 및 $Y=5,000$일 때, 다음을 구하라.
   (a) 수요의 가격탄력성
   (b) 수요의 소득탄력성

8.2 | 전미분

미분의 개념은 독립변수가 둘 이상인 함수에도 쉽게 확장될 수 있다. 저축함수

$$S=S(Y,i) \tag{8.7}$$

를 생각해 보자. 여기서 S는 저축, Y는 국민소득, i는 이자율이다. 이 저축함수는 — 여기서 사용하게 될 모든 함수와 마찬가지로 — 연속이며 연속(편)도함수들을 갖는다고 가정한다. 즉, 기호로 $f\in C'$을 가정한다. 편도함수 $\partial S/\partial Y$는 한계저축성향의 정도를 나타낸다. 따라서 Y의 미소변화 dY에 기인하는 S의 변화는 근사값 $(\partial S/\partial Y)dY$로 나타낼 수 있는데, 이것은 (8.4)식의 우변에 해당되는 것이다. 마찬가지로, i의 미소변화 di로 인한 S의 변화는 근사값 $(\partial S/\partial i)di$로 나타낼 수 있다. 그러면 S의 총변화는 미분

$$dS=\frac{\partial S}{\partial Y}dY+\frac{\partial S}{\partial i}di \tag{8.8}$$

로 근사될 수 있다. 또는 다른 표기법으로 나타내면

$$dS = S_Y\, dY + S_i\, di$$

가 된다. 두 편도함수 S_Y와 S_i는 여기서도 변화 dY와 di 각각을 이에 대응하는 변화 dS로 바꾸어 주는 "변환장치" (converter)의 역할을 한다는 것에 주목하라. 위의 식에서 dS는 두 원천으로부터 발생하는 변화의 **합**이기 때문에, 이것을 저축함수의 **전미분**(total differential)이라 하고, 그리고 이러한 전미분을 구하는 과정을 **전미분연산**(total differentiation)이라고 한다. 이와 대조적으로, (8.8) 식에서 등호의 우변에 있는 두 개의 더해지는 항들은 저축함수의 **편미분**(partial differential)이라고 부른다.

물론 i가 일정하게 유지되면서 Y만이 변할 수 있다. 이 경우에는, $di = 0$이고, 전미분은 $dS = (\partial S/\partial Y)\, dY$로 되고, 양변을 dY로 나누면 다음 식을 얻는다.

$$\frac{\partial S}{\partial Y} = \left(\frac{dS}{dY}\right)_{i\ 일정}$$

따라서 편도함수 $\partial S/\partial Y$는, 저축함수에 포함된 S 이외의 독립변수인 i가 일정하다는 전제하에서, [그림 8.1](*b*) 에서 설명한 것처럼, 두 미분 dS와 dY의 비율로 해석될 수 있음을 알 수 있다. 같은 방법으로 편도함수 $\partial S/\partial i$는 (Y가 일정할 때) 미분 di에 대한 미분 dS의 비율로 생각할 수 있다. 비록 dS와 di는 각각 그 자체가 미분으로서의 의미를 갖지만, 식 $\partial S/\partial i$는 여전히 단일의 실체가 된다는 점에 주목하자.

이제 n개의 독립변수로 구성된 보다 일반적인 함수를 다루기 위해 다음과 같이 일반함수 형태로 주어진 효용함수를 예로 들어보자.

$$U = U(x_1, x_2, \ldots, x_n) \tag{8.9}$$

이 함수의 전미분은 다음과 같이 쓸 수 있다.

$$dU = \frac{\partial U}{\partial x_1} dx_1 + \frac{\partial U}{\partial x_2} dx_2 + \cdots + \frac{\partial U}{\partial x_n} dx_n \tag{8.10}$$

또는 $$dU = U_1\, dx_1 + U_2\, dx_2 + \cdots + U_n\, dx_n = \sum_{i=1}^{n} U_i\, dx_i$$

여기서 우변의 각 항은 어떤 하나의 독립변수가 미소하게 변화할때 초래되는 U의 변화의 근사값을 나타낸다. 경제적으로, 첫 번째 항 $U_1 dx_1$은 첫 번째 상품의 한계효용에 그 상품의 소비의 증가를 곱한 것을 의미하고, 다른 항들도 마찬가지의 의미를 가진다. 따라서 이들의 합 dU는 가능한 모든 변화의 원천으로부터 발생하는 효용의 총변화의 근사값을 나타낸다. 식 (8.3)에서 논의한 것과 마찬가지로, 근사값으로서의 dU는 모든 dx_i항들이 0으로 접근함에 따라 실제의 ΔU에 접근할 것이다.

다른 함수와 마찬가지로, 저축함수 (8.7)과 효용함수 (8.9)에 대해서도 (8.6)에서 정의된 것과 같은 점탄력성을 구할 수 있다. 그러나 이 경우에 각 탄력성은 여러 개의 독립변수 중 오직 어떤 **한** 독립변수의 변화에 대한 종속변수의 변화로 정의되어야 한다. 따라서 저축함수에 대해서는 두 개의 탄력성이 정의될 수 있고, 효용함수에 대해서는 n개의 탄력성이 정의될 수 있다. 따라서 이

편도함수들은 **편탄력성** (partial elasticity) 이라고 한다. 저축함수에 대한 편탄력성은

$$\varepsilon_{SY} = \frac{\partial S/\partial Y}{S/Y} = \frac{\partial S}{\partial Y}\frac{Y}{S} \qquad \varepsilon_{Si} = \frac{\partial S/\partial i}{S/i} = \frac{\partial S}{\partial i}\frac{i}{S}$$

로 나타낼 수 있다. 효용함수에 대한 n 개의 편탄력성은 다음과 같이 나타낼 수 있다:

$$\varepsilon_{Ux_i} = \frac{\partial U}{\partial x_i}\frac{x_i}{U} \qquad (i = 1, 2, \ldots, n)$$

예 1

다음의 효용함수의 전미분을 구하라. 단 $a, b > 0$ 이다.

(a) $U(x_1, x_2) = ax_1 + bx_2$

(b) $U(x_1, x_2) = x_1^2 + x_2^3 + x_1x_2$

(c) $U(x_1, x_2) = x_1^a x_2^b$

전미분은 다음과 같다.

(a)
$$\frac{\partial U}{\partial x_1} = U_1 = a \qquad \frac{\partial U}{\partial x_2} = U_2 = b$$

및

$$dU = U_1\,dx_1 + U_2\,dx_2 = a\,dx_1 + b\,dx_2$$

(b)
$$\frac{\partial U}{\partial x_1} = U_1 = 2x_1 + x_2 \qquad \frac{\partial U}{\partial x_2} = U_2 = 3x_2^2 + x_1$$

및

$$dU = U_1\,dx_1 + U_2\,dx_2 = (2x_1 + x_2)\,dx_1 + \left(3x_2^2 + x_1\right)dx_2$$

(c)
$$\frac{\partial U}{\partial x_1} = U_1 = ax_1^{a-1}x_2^b = \frac{ax_1^a x_2^b}{x_1} \qquad \frac{\partial U}{\partial x_2} = U_2 = bx_1^a x_2^{b-1} = \frac{bx_1^a x_2^b}{x_2}$$

및

$$dU = \left(\frac{ax_1^a x_2^b}{x_1}\right)dx_1 + \left(\frac{bx_1^a x_2^b}{x_2}\right)dx_2$$

연습문제 8.2

1. 전미분 dU 를 기울기벡터 ∇U 를 이용하여 표시하라.
2. 다음의 전미분을 구하라.

   (a) $z = 3x^2 + xy - 2y^3$ (b) $U = 2x_1 + 9x_1x_2 + x_2^2$
3. 다음의 전미분을 구하라.

   (a) $y = \dfrac{x_1}{x_1 + x_2}$ (b) $y = \dfrac{2x_1x_2}{x_1 + x_2}$
4. 어떤 상품의 공급함수가

   $$Q = a + bP^2 + R^{1/2} \qquad (a < 0,\ b > 0) \qquad [R\text{: 강우량}]$$

   로 주어졌을 때, 공급의 가격탄력성 ε_{QP} 를 구하고, 또 공급의 강우량탄력성 ε_{QR} 을 구하라.
5. 문제 4.에서 P 와 R 이 변할 때 두 편탄력성은 어떻게 변하는가? (P 와 R 이 양이라고 가정하면) 강단조적으로 변하는가?

6. 자국수출품에 대한 외국수요 X는 외국소득 Y_f와 자국물가수준 P에 의존하며, 그 관계가 $X = Y_f^{1/2} + P^{-2}$로 주어졌다고 하자. 자국물가수준이 변할 때 자국수출품에 대한 외국수요의 편탄력성을 구하라.
7. 다음 각 함수의 전미분을 구하라.
   (a) $U = -5x^3 - 12xy - 6y^5$
   (b) $U = 7x^2y^3$
   (c) $U = 3x^3(8x - 7y)$
   (d) $U = (5x^2 + 7y)(2x - 4y^3)$
   (e) $U = \dfrac{9y^3}{x - y}$
   (f) $U = (x - 3y)^3$

8.3 | 미분연산법칙

함수

$$y = f(x_1, x_2)$$

의 전미분 dy를 구하는 간단한 방법은 편도함수 f_1과 f_2를 구하고, 이것을 다음의 식에 대입하는 것이다.

$$dy = f_1\,dx_1 + f_2\,dx_2$$

그러나 때로는 특정한 미분연산법칙을 적용하는 것이 더 편리한 경우가 있는데, 이 미분연산법칙들은 앞에서 공부한 도함수 공식과 거의 같기 때문에 기억하기가 아주 쉽다.

이하에서 k는 상수이고, u와 v는 변수 x_1와 x_2의 함수라고 하자. 그러면 다음과 같은 법칙들이 성립한다:†

법칙 1	$dk = 0$	(상수함수법칙 참조)
법칙 2	$d(cu^n) = cnu^{n-1}\,du$	(멱함수법칙 참조)
법칙 3	$d(u \pm v) = du \pm dv$	(합과 차의 법칙 참조)
법칙 4	$d(uv) = v\,du + u\,dv$	(곱의 법칙 참조)
법칙 5	$d\left(\dfrac{u}{v}\right) = \dfrac{1}{v^2}(v\,du - u\,dv)$	(몫의 법칙 참조)

여기서는 이 법칙들의 증명을 생략하고, 대신에 이것들이 응용되는 실례를 들어 설명하기로 한다.

† 이 절에서 논의되는 모든 미분연산법칙들은 u와 v 그 자체가 (어떤 다른 변수 x_1와 x_2의 함수가 아니라) 독립변수일 때도 역시 적용될 수 있다.

예 1

다음 함수의 전미분을 구하라.

$$y = 5x_1^2 + 3x_2$$

전미분을 구하는 간단한 방법은 편도함수 $f_1 = 10x_1$과 $f_2 = 3$을 구하고, 다시 다음과 같이 표시하는 것이다:

$$dy = f_1 dx_1 + f_2 dx_2 = 10x_1 dx_1 + 3dx_2$$

그러나 $u = 5x_1^2$과 $v = 3x_2$로 놓고, 위의 미분법칙들을 적용하여도 다음과 같이 똑같은 답을 얻을 수 있다.

$$\begin{aligned} dy &= d(5x_1^2) + d(3x_2) && \text{[법칙 3에 의해]} \\ &= 10x_1 dx_1 + 3dx_2 && \text{[법칙 2에 의해]} \end{aligned}$$

예 2

다음 함수의 전미분을 구하라.

$$y = 3x_1^2 + x_1 x_2^2$$

$f_1 = 6x_1 + x_2^2$이고 $f_2 = 2x_1 x_2$이므로, 구하고자 하는 미분은 다음과 같다:

$$dy = (6x_1 + x_2^2)\,dx_1 + 2x_1 x_2\,dx_2$$

위의 법칙들을 적용해도 같은 결과를 얻을 수 있다: 즉,

$$\begin{aligned} dy &= d(3x_1^2) + d(x_1 x_2^2) && \text{[법칙 3에 의해]} \\ &= 6x_1 dx_1 + x_2^2 dx_1 + x_1 d(x_2^2) && \text{[법칙 2와 4에 의해]} \\ &= (6x_1 + x_2^2)\,dx_1 + 2x_1 x_2\,dx_2 && \text{[법칙 2에 의해]} \end{aligned}$$

예 3

다음 함수의 전미분을 구하라.

$$y = \frac{x_1 + x_2}{2x_1^2}$$

이 함수의 편도함수들은

$$f_1 = \frac{-(x_1 + 2x_2)}{2x_1^3} \quad \text{및} \quad f_2 = \frac{1}{2x_1^2}$$

이기 때문에 (이것을 확인해 보라), 구하고자 하는 미분은 다음과 같다.

$$dy = \frac{-(x_1 + 2x_2)}{2x_1^3}\,dx_1 + \frac{1}{2x_1^2}\,dx_2$$

그러나, 앞의 미분법칙들을 적용해도 같은 결과를 얻을 수 있다: 즉,

$$\begin{aligned} dy &= \frac{1}{4x_1^4}[2x_1^2 d(x_1 + x_2) - (x_1 + x_2)\,d(2x_1^2)] && \text{[법칙 5에 의해]} \\ &= \frac{1}{4x_1^4}[2x_1^2(dx_1 + dx_2) - (x_1 + x_2)4x_1\,dx_1] && \text{[법칙 3과 2에 의해]} \\ &= \frac{1}{4x_1^4}[-2x_1(x_1 + 2x_2)\,dx_1 + 2x_1^2 dx_2] \\ &= \frac{-(x_1 + 2x_2)}{2x_1^3}\,dx_1 + \frac{1}{2x_1^2}\,dx_2 \end{aligned}$$

이 법칙들은 x_1과 x_2로 이루어진 함수가 셋 이상인 경우에도 당연히 성립된다. 특히 앞의 미분

법칙들에 다음의 두 법칙을 첨가할 수 있다.

법칙 6 $$d(u \pm v \pm w) = du \pm dv \pm dw$$

법칙 7 $$d(uvw) = vw\,du + uw\,dv + uv\,dw$$

법칙 7을 유도하기 위해서, 먼저 $z = vw$ 라고 놓는 우리에게 아주 익숙한 방법을 사용하면 다음을 얻는다.

$$d(uvw) = d(uz) = z\,du + u\,dz \qquad \text{[법칙 4에 의해]}$$

그 다음 법칙 4를 다시 dz 에 적용하면, 중간결과로

$$dz = d(vw) = w\,dv + v\,dw$$

를 얻고, 이것을 위의 방정식에 대입하면, 구하고자 하는 최종결과는 다음과 같다.

$$d(uvw) = vw\,du + u(w\,dv + v\,dw) = vw\,du + uw\,dv + uv\,dw$$

마찬가지 절차를 적용하면, 법칙 6도 증명할 수 있다.

연습문제 8.3

1. 미분연산법칙을 이용해 (*a*) $z = 3x^2 + xy - 2y^3$ 에서 dz를 구하고, (*b*) $U = 2x_1 + 9x_1x_2 + x_2^2$ 에서 du를 구하라. 여기서 구한 답과 [연습문제 8.2]의 2에서 구한 답을 비교하라.
2. 미분연산법칙을 이용하여 다음 함수들의 dy를 구하라:

   (*a*) $y = \dfrac{x_1}{x_1 + x_2}$ (*b*) $y = \dfrac{2x_1x_2}{x_1 + x_2}$

   여기서 구한 답과 [연습문제 8.2]의 3에서 구한 답을 비교하라.
3. $y = 3x_1(2x_2 - 1)(x_3 + 5)$ 에서
   (*a*) 법칙 7을 사용하여 dy를 구하라.
   (*b*) $dx_2 = dx_3 = 0$일 때 y 의 미분을 구하라.
4. u와 v가 (어떤 다른 변수의 함수가 아닌) 독립변수라고 가정하고, 법칙 2, 3, 4 및 5를 증명하라.

8.4 | 전도함수

미분연산의 개념을 마음대로 다룰 수 있게 되었으므로 이제 우리는 이 장의 첫머리에서 제기된 문제, 즉, Y^*와 T_0가 상호 관련 되었을 때, T_0에 관한 함수 $C(Y^*, T_0)$의 변화율을 어떻게 구할 수 있는가 하는 문제에 대해서 알아보자. 이에 대한 답은, 앞에서 언급한 바와 같이, 전도함수의 개념에서 찾을 수 있다. **편**도함수와는 달리, **전**도함수는 T_0가 변할 때 독립변수 Y^*가 일정하게 유지될 것을 요구하지 않기 때문에 독립변수간에 존재하는 관계를 참작할 수 있다.

전도함수를 구하는 법

논의를 일반적 상황에서 진행하기 위해서, 다음과 같은 일반적 함수형태를 생각해 보자.

$$y = f(x, w) \quad \text{단,} \quad x = g(w) \tag{8.11}$$

함수 f 와 g 는 합성함수(composite fuction)

$$y = f[g(w), w] \tag{8.11′}$$

로 결합될 수 있다. 여기서 세 변수 y, x, w 간의 상호관계는 [그림 8.4]와 같이 나타낼 수 있다. **경로도**(channel map)라고 부르는 이 그림을 보면, 변화를 일으키는 궁극적인 원인이 되는 w는 두 경로를 통해 y에 영향을 준다는 것을 알 수 있다; 즉, (1) **간접적**으로 함수 g를 거친 다음 함수 f를 통해(직선의 화살표), 그리고 (2) **직접적**으로 함수 f를 통해서(아래쪽의 굽은 화살표) 영향을 준다. 직접적 효과는 간단히 편도함수 f_w로 나타낼 수 있다. 그러나 간접적 효과는 합성함수의 연쇄법칙인 두 도함수의 곱, $f_x \dfrac{dx}{dw}$ 즉 $\dfrac{\partial y}{\partial w}\dfrac{dx}{dw}$로만 표현될 수 있다. 이 두 효과를 합하면, 우리가 원하는 w에 관한 y의 전도함수를 얻는다: 즉,

$$\begin{aligned} \frac{dy}{dw} &= f_x \frac{dx}{dw} + f_w \\ &= \frac{\partial y}{\partial x}\frac{dx}{dw} + \frac{\partial y}{\partial w} \end{aligned} \tag{8.12}$$

이 전도함수는 다른 방법으로도 얻을 수 있다. 우선 함수 $y = f(x, w)$를 전미분해서 전미분

$$dy = f_x\, dx + f_w\, dw$$

를 얻고, 그 다음 양변을 dw로 나누면 (8.12)와 같은 결과를 얻는다. 어느 방법에서나, 전도함수 dy/dw를 구하는 과정을 **w에 관한 y의 전미분연산**(total differentiation of y with respect to w)이라고 한다.

식 (8.12)에서 두 개의 비슷한 기호 dy/dw와 $\partial y/\partial w$를 구별하는 것이 대단히 중요하다. 전자는 **전**도함수이고, 후자는 **편도**함수이다. 편도함수는 사실상 전도함수의 하나의 구성요소에 지나지 않는다.

예 1

다음 함수의 전도함수 dy/dw를 구하라.

$$y = f(x, w) = 3x - w^2 \quad \text{단,} \quad x = g(w) = 2w^2 + w + 4$$

(8.12)에 의하면, 전도함수는 다음과 같이 된다:

그림 8.4

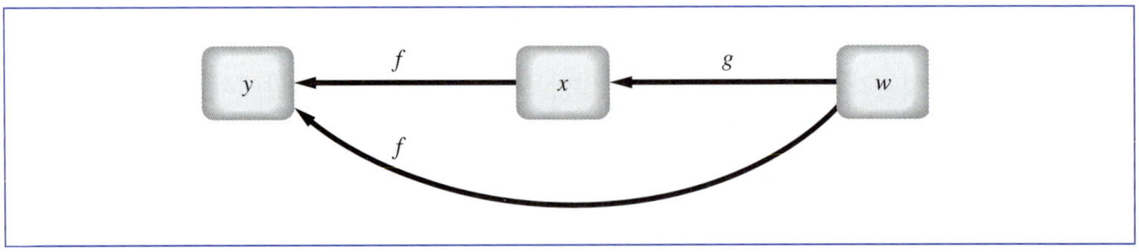

$$\frac{dy}{dw} = 3(4w+1) + (-2w) = 10w + 3$$

이것을 검산하기 위하여, 함수 g를 함수 f에 대입하여 다음과 같은 변수 w만의 함수를 얻는다.

$$y = 3(2w^2 + w + 4) - w^2 = 5w^2 + 3w + 12$$

그러면 도함수 dy/dw는 $10w+3$으로 위의 해와 일치하는 것을 쉽게 알 수 있다.

예 2

효용함수가 $U = U(c, s)$라고 하자. 단, c는 커피 소비량이고 s는 설탕 소비량이다. 그리고 또다른 방정식 $s = g(c)$는 이 두 재화 사이의 보완관계를 나타낸다고 하자. 그러면 우리는 효용함수를 간단히 합성함수

$$U = U[c, g(c)]$$

로 쓸 수 있고, 이로부터 다음 식을 얻는다.

$$\frac{du}{dc} = \frac{\partial U}{\partial c} + \frac{\partial U}{\partial g(c)} g'(c)$$

전도함수 구하는 문제의 변형

함수가 다음과 같이 주어지면 전도함수의 계산은 약간 더 복잡해질 뿐이다.

$$y = f(x_1, x_2, w) \qquad \text{단,} \quad \begin{cases} x_1 = g(w) \\ x_2 = h(w) \end{cases} \tag{8.13}$$

경로도는 이제 [그림 8.5]와 같이 나타날 것이다. 이 경우에 변수 w는 세 경로를 통하여 y에 영향을 주게 된다: (1) 간접적으로 함수 g를 거친 다음 함수 f를 통해, (2) 또 간접적으로 함수 h를 거쳐서 함수 f를 통해, 그리고 (3) 직접적으로 함수 f를 통해 y에 영향을 준다. 이 세 효과는 각각 $\frac{\partial y}{\partial x_1}\frac{dw_1}{dw}$, $\frac{\partial y}{\partial x_2}\frac{dx_2}{dw}$, $\frac{\partial y}{\partial w}$로 나타낼 수 있게 된다. 이들을 함께 더하면, 다음의 전도함수를 얻는다.

$$\begin{aligned} \frac{dy}{dw} &= \frac{\partial y}{\partial x_1}\frac{dx_1}{dw} + \frac{\partial y}{\partial x_2}\frac{dx_2}{dw} + \frac{\partial y}{\partial w} \\ &= f_1\frac{dx_1}{dw} + f_2\frac{dx_2}{dw} + f_w \end{aligned} \tag{8.14}$$

그림 8.5

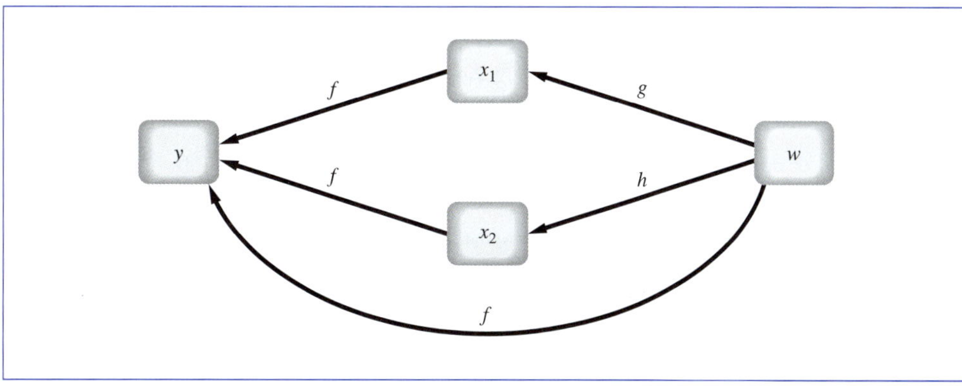

이 식은 (8.12)에 해당한다. 먼저 y의 전미분 dy를 구하고, 그 다음 양변을 dw로 나누어도 같은 결과를 얻는다.

예 3

생산함수가 다음과 같다고 하자.

$$Q = Q(K,\ L,\ t)$$

이 함수에는 두 생산요소 K와 L 이외에 시간을 나타내는 세 번째 독립변수 t가 첨가되었다. 이 t변수가 존재하는 것은 기술의 변화를 반영하여 생산함수가 시간이 경과함에 따라 이동될 수 있음을 나타내는 것이다. 따라서 이것은 정태적 생산함수가 아니라 동태적 생산함수라 할 수 있다. 자본량과 노동량도 역시 시간이 경과함에 따라 변할 수 있으므로 다음과 같이 쓸 수 있다.

$$K = K(t) \qquad L = L(t)$$

그러면 시간에 관한 생산량의 변화율은 전도함수 공식 (8.14)에 따라

$$\frac{dQ}{dt} = \frac{\partial Q}{\partial K}\frac{dK}{dt} + \frac{\partial Q}{\partial L}\frac{dL}{dt} + \frac{\partial Q}{\partial t}$$

또는 다른 표기법을 써서

$$\frac{dQ}{dt} = Q_k K'(t) + Q_L L'(t) + Q_t$$

로 나타낼 수 있다.

전도함수를 구하는 문제의 또다른 변형 †

몇 가지 일반적인 유의사항

이 절을 마치면서, 전도함수와 전미분에 관한 3가지의 일반적인 유의사항을 지적하고자 한다.

1. 우리가 지금까지 논의한 경우는 예외없이 첫번째 변수가 두 번째 변수에 함수적으로 종속되고, 이 두번째 변수는 차례로 세 번째 변수에 함수적으로 종속되어 있는 상황이었다. 결과적으로, 전도함수의 구성요소에 두 도함수의 곱 (또는 곱들)이 나타나고 또, 연쇄의 개념이 불가피하게 등장하게 된다. 이 때문에 (8.12), (8.14) 및 (8.16)의 전도함수 공식은 연쇄법칙, 또는 제 7.3 절에서 소개된 바 있는 보다 정교한 연쇄법칙인 합성함수법칙으로 생각할 수 있다.
2. 도함수의 연쇄를 단지 두 개의 "연결" (두 도함수의 곱)에만 한정할 필요는 없다; 전도함수의 개념은 합성함수에 둘 또는 그 이상의 연결이 있는 경우로 확장될 수 있다.
3. 지금까지 논의된 모든 경우에서, 전도함수는 연쇄관계에서의 어떤 궁극적인 변수들에 관한 변화율의 척도가 된다. 여기서 궁극적인 변수란 어떤 의미에서 외생적인 변수로서, 다른 변수들의 함수로 표시되지 **않는** 변수를 말한다. 전도함수와 전미분과정의 본질은 어떤 궁극적인 독립변수의 변화가 특정한 종속변수에 영향을 미칠 수 있는 직접 · 간접의 모든 가능한 경로를 고려하는데 있다.

† 역주 : 이 부분은 불필요하다고 판단되어 생략한다.

연습문제 8.4

1. 다음의 식에서 전도함수 dz/dy를 구하라.
   (a) $z = f(x, y) = 5x + xy - y^2$, 단 $x = g(y) = 3y^2$
   (b) $z = 4x^2 - 3xy + 2y^2$, 단 $x = 1/y$
   (c) $z = (x + y)(x - 2y)$, 단 $x = 2 - 7y$
2. 다음의 식에서 전도함수 dz/dt를 구하라.
   (a) $z = x^2 - 8xy - y^3$, 단 $x = 3t$, $y = 1 - t$
   (b) $z = 7u + vt$, 단 $u = 2t^2$, $v = t + 1$
   (c) $z = f(x, y, t)$, 단 $x = a + bt$, $y = c + kt$
3. 생산함수가 다음과 같다고 하자. $Q = A(t)K^{\alpha}L^{\beta}$, 여기서 $A(t)$는 t의 증가함수이고, $K = K_0 + at$이고, $L = L_0 + bt$이다. 시간 t에 관한 산출량의 변화율을 구하라.
4. 다음 식에서 편전도함수 §W/§u 및 §W/§v를 구하라
   (a) $W = ax^2 + bxy + cu$, 단 $x = \alpha u + \beta v$, $y = \gamma u$
   (b) $W = f(x_1, x_2)$, 단 $x_1 = 5u^2 + 3v$, $x_2 = u - 4v^3$

8.5 | 음함수와 도함수

전미분의 개념을 이용하면 소위 "음함수"의 도함수도 구할 수 있다.

음함수

$y = f(x)$의 형태로 주어진 함수, 이를 테면,

$$y = f(x) = 3x^4 \tag{8.17}$$

는 **양함수**(explict fuction)라고 한다. 왜냐하면 변수 y가 x의 함수로 명시적으로, 즉 양표적으로 표시되어 있기 때문이다. 그러나 이 함수가 동일한 의미를 갖는 다른 형태

$$y - 3x^4 = 0 \tag{8.17′}$$

으로 쓰여지면, 이것은 이제 양함수가 아니다. 더 정확히 말하면, 함수 (8.17)은 방정식 (8.17′)에 의해서 단지 **묵시적**(implicitly)으로, 즉 음복적으로만 정의된다. 그러므로 방정식이 오직 (8.17′)의 형태로만 주어질 때, 그것은 함수 $y = f(x)$를 의미할 수 있지만, 그 함수의 구체적인 형태를 알 수 없는 경우도 있다. 이 때 이 함수를 **음복함수** 또는 **음함수**(implicit fuction)라고 한다.

(8.17′)의 형태로 표시된 방정식은, 그 좌변이 두 변수 y와 x의 함수이기 때문에, 일반적으로 $F(y, x) = 0$으로 표시할 수 있다. 여기서 우리는 함수 f와 구별하기 위해 대문자 F를 사용한 것에 유의해야 한다; 즉, (8.17′)에서 좌변의 식을 나타내는 함수 F는 두 독립변수 y와 x를 가지고 있는데 반해, 음함수 f는 오직 하나의 독립변수 x만을 가지고 있다. 물론 F 함수에는 둘 이상의 변수가 존재할 수 있다. 예컨대, 방정식 $F(y, x_1, \cdots, x_m)$의 형태로 주어질 수 있다. 또 이 방정식은 하나의 음함수 $y = f(x_1, \cdots, x_m)$을 정의하고 있을 **가능성**이 있다.

그림 8.6

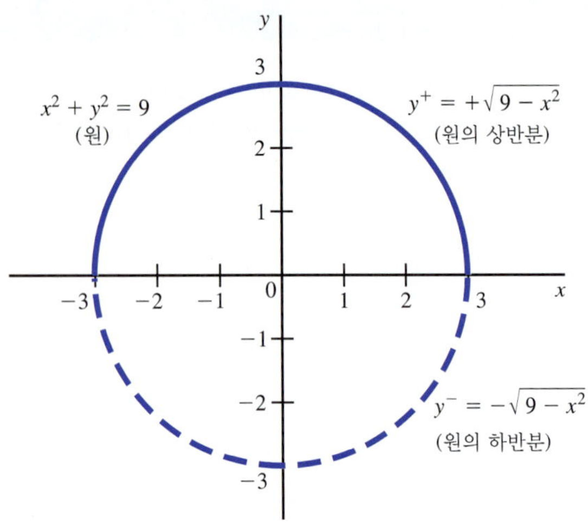

위의 문장에서는 **가능성**이라는 애매한 용어를 의식적으로 사용하였다. 그 이유는 양함수, 예컨대 $y = f(x)$는 $f(x)$ 식을 등호의 좌변으로 이항하기만 하면 방정식 $F(y, x) = 0$ 형태로 항상 변환될 수 있지만, 역의 변환은 항상 가능한 것이 아니기 때문이다. 실제로 어떤 경우에는, $F(y, x) = 0$ 의 형태로 주어진 방정식이 음함수 $y = f(x)$를 정의하지 못할 수도 있다. 예를 들어, 방정식 $x^2 + y^2 = 0$은 원점 (0, 0) 에서만 만족되기 때문에 의미있는 함수라고 말할 수 없다. 또다른 예로서, 방정식

$$F(y, x) = x^2 + y^2 - 9 = 0 \qquad \textbf{(8.18)}$$

은 함수가 아니라 하나의 관계에 불과하다. 왜냐하면 (8.18) 은 [그림 8.6] 에 그려진 것처럼 하나의 원을 나타내기 때문에, x 의 각 값에 대응하는 y 값이 유일하게 존재하지 않는다. 그렇지만 y 의 값을 비음으로 제한한다면, 원의 상반분으로 구성되는 함수 $y = +\sqrt{9 - x^2}$ 을 가질 수 있다는 점에 주의하여야 한다. 마찬가지로 y 의 값이 비양이면 이와 관련되는 원의 하반분은 또다른 함수 $y = -\sqrt{9 - x^2}$ 를 구성한다. 이와는 달리, 원의 왼쪽 반분이나 오른쪽 반분은 그 어느 것도 함수가 될 수 없다.

이와 같은 불확실성 때문에, 다음의 형태로 주어진 방정식

$$F(y, x_1, \ldots, x_m) = 0 \qquad \textbf{(8.19)}$$

이 과연 음함수

$$y = f(x_1, \ldots, x_m) \qquad \textbf{(8.20)}$$

을 정의하는가를 확인할 수 있는 일반적인 조건이 존재하는가의 여부에 관심을 갖게 된다. 이에 대한 대답은, 국소적으로는, 즉 정의역 내의 특정한 점 근방에서는, 소위 "음함수정리" (implicit function theorem) 에서 찾 을 수 있다. 이 정리는 다음과 같다:

> (8.19) 에서, 만약 (*a*) 함수 F 가 연속편도함수 F_y, $F_1, \cdots, F_m$ 을 갖고, (*b*) 방정식 (8.19) 를 만족하는 점 $(y_0, x_{10}, \cdots, x_{m0})$ 에서, F_y 가 0 이 아니라면, 점 $(x_{10}, \cdots, x_{m0})$ 의 m 차원 근방 N

이 존재하여, 이 근방에서 (8.20) 형태의 음함수 y, 즉 변수 $x_1, \cdots, x_m$에 의해서 묵시적으로 정의되는 함수가 존재한다. 이 음함수는 $y_0 = f(x_{10}, \cdots, x_{m0})$을 충족한다. 그것은 또한 근방 N에 있는 모든 m중 순서쌍 $(x_1, \cdots, x_m)$에 대해서 방정식 (8.19)를 만족하고, 따라서(8.19)는 그 N근방에서 **항등식**이 된다.[†] 더욱이 이 음함수 f는 연속이고, 연속편도함수 $f_1, \cdots, f_m$을 갖는다.

이 정리를 단지 하나의 변수 x로 이루어진 원의 방정식 (8.18)에 적용해 보자. 우선 우리는 $F_y = 2y$ 및 $F_x = 2x$가 이 정리가 요구하는 바와 같이, 연속임을 보일 수 있다. 그런데, F_y는 $y = 0$인 경우, 즉 원위의 왼쪽 끝점 (−3, 0)과 오른쪽 끝점 (3, 0)인 경우,를 제외하고, 0이 아니라는 것에 유의해야 한다. 따라서 (−3, 0)과 (3, 0)을 제외한 원위의 임의의 점 주위에서, 우리는 어떤 한 근방을 만들어[††], 이 근방에서 방정식 (8.18)이 음함수 $y = f(x)$를 정의하게끔 할 수 있다. 이것은 [그림 8.6]으로부터 쉽게 확인 할 수 있다. 즉 [그림 8.6]에서 (−3, 0)과 (3, 0)을 제외한 원위의 임의의 점 주위에 직사각형을 그려, 원 중에서 그 직사각형으로 둘러싸인 부분이, 그 직사각형으로 둘러싸인 모든 x값에 대하여 유일한 y값을 주는 함수의 그래프가 될 수 있도록 할 수 있기 때문이다.

음함수정리에 대하여는 몇 가지 유의할 점이 있다. 첫째, 이 정리에서 언급된 조건은 (필요조건이 아니고) 충분조건의 성질을 갖는다. 이것은 (8.19)를 만족하는 점에서 $F_y = 0$이라고 하더라도, 그 점 주위에서 음함수가 존재하지 않는다고 말할 수 없다는 것을 의미한다. 왜냐하면 그러한 함수가 실제로 존재할 수 있기 때문이다([연습문제 8.5]의 7참조).[†††] 둘째, 음함수 f가 존재한다는 것이 확인되더라도, 이 정리는 함수 f의 구체적인 형태에 대해서는 아무런 단서를 제공해 주지 못하고, 또 음함수가 정의되는 근방 N의 정확한 크기에 관해서도 설명해주지 못한다. 그러나, 이러한 한계에도 불구하고, 이 정리는 매우 중요하다. 왜냐하면 이 정리의 조건이 충족되기만 하면, 모형에 포함된 방정식 (8.19)에서 y를 x변수들의 함수로 명시적으로 푸는 것이 어렵거나 또는 불가능하다고 하더라도, (8.20)과 같은 함수에 관해 논의하거나 사용하는 것이 의미를 갖기 때문이다. 더욱이 이 정리는 편도함수 $f_1, \cdots, f_m$이 존재하는 것을 보장하므로, 그 음함수의 도함수에 관해 논의하는 것도 역시 의미를 갖게 된다.

음함수의 도함수

만약 방정식 $F(y, x_1, \cdots x_m)$을 y에 대해서 풀 수 있다면, 함수 $y = f(x_1, \cdots, x_m)$를 명시적으로 나타낼 수 있고, 따라서 이 함수의 도함수들을 앞에서 배운 방법으로 구할 수 있다. 예를 들어 (8.18)을 y에 대해서 풀면 다음과 같은 두 함수를 얻는다.

[†] 역주: 여기서 항등식이 된다는 말은 $F(f(x_1, \cdots, x_m), x_1, \cdots x_m) \equiv 0$의 항등식이 N 내의 모든 점에서 성립한다는 것을 의미한다.

[††] 역주: 여기서 "근방"이라 함은 원둘레 위의 근방이 아니라 x축의 임의의 점 x_0의 근방으로 해석해야 옳다.

[†††] 그러나 어떤 근방 (neighborhood) 전체에서 $F_y = 0$이면, 그 근방에서는 어떠한 음함수도 정의되지 않는다고 말할 수 있다. 마찬가지로 항등적으로 $F_y = 0$이면 음함수는 어디에도 존재하지 않는다.

$$y^+ = +\sqrt{9-x^2} \qquad \text{[원의 상반분]}$$
$$y^- = -\sqrt{9-x^2} \qquad \text{[원의 하반분]} \tag{8.18'}$$

그리고 이 함수들의 도함수를 다음과 같이 구할 수 있다.

$$\begin{aligned}\frac{dy^+}{dx} &= \frac{d}{dx}(9-x^2)^{1/2} = \tfrac{1}{2}(9-x^2)^{-1/2}(-2x)\\ &= \frac{-x}{\sqrt{9-x^2}} = \frac{-x}{y^+} \qquad (y^+ \neq 0)\\ \frac{dy^-}{dx} &= \frac{d}{dx}[-(9-x^2)^{1/2}] = -\tfrac{1}{2}(9-x^2)^{-1/2}(-2x)\\ &= \frac{x}{\sqrt{9-x^2}} = \frac{-x}{y^-} \qquad (y^- \neq 0)\end{aligned} \tag{8.21}$$

그러나 만약 주어진 방정식 $F(y, x_1, \cdots, x_m) = 0$을 y에 대해서 명시적으로 풀 수 없다면 어떻게 될까? 이 경우에도, 만약 음함수정리의 조건이 충족되어 음함수가 존재한다는 것을 알 수 있다면, 이 음함수를 먼저 y에 대해서 풀지 않고서도, 우리가 바라는 도함수들은 얻을 수 있다. 이를 위해서 우리는 소위 "음함수법칙" (implicit fuction rule)을 이용하게 되는데, 이 법칙은 주어진 방정식에 의해서 정의되는 **모든** 음함수의 도함수들을 얻게 해준다. 이 법칙의 유도는 다음과 같은 기본적인 사실들에 의존한다; (1) 양변이 **항등적으로** 같다면, 이 양변의 전미분은 반드시 같아야 한다†; (2) $y, x_1, \cdots, x_m$을 포함하는 식을 미분하면, 미분 $dy, dx_1, \cdots, dx_m$을 포함하는 식이 된다; 그리고 (3) y의 미분, dy는 대입되어 제거될 수 있기 때문에 y에 대해 풀 수 없다는 사실은 아무 문제가 안된다.

이 사실들을 방정식 $F(y, x_1, \cdots x_m) = 0$ — 우리는 이 방정식이 음함수가 정의되는 근방 N에서 항등의 상태가 된다는 것을 알고 있다 — 에 적용하면, 우리는 $dF = d0$, 또는

$$F_y\, dy + F_1\, dx_1 + F_2\, dx_2 + \cdots + F_m\, dx_m = 0 \tag{8.22}$$

---

† 예를 들어 다음과 같은 항등식을 다루어 보자

$$x^2 - y^2 \equiv (x+y)(x-y)$$

이 식은 어떠한 x와 y의 값에 대해서도 양변이 같기 때문에 항등식이다. 양변을 전미분하면 다음을 얻는다:

$$\begin{aligned} d\,(\text{좌표}) &= 2x\,dx - 2y\,dy \\ d\,(\text{우변}) &= (x-y)\,d(x+y) + (x+y)\,d(x-y) \\ &= (x-y)(dx+dy) + (x+y)(dx-dy) \\ &= 2x\,dx - 2y\,dy \end{aligned}$$

두 결과는 확실히 같다. 그러나 만약 두 식이 항등식으로 같지 않고, 변수들의 어떤 특정한 값에 대해서만 같다면 전미분은 같지 않게 된다. 예를 들어 방정식

$$x^2 - y^2 = x^2 + y^2 - 2$$

는 $y = \pm 1$에서만 성립한다. 양변의 전미분은 다음과 같다:

$$\begin{aligned} d\,(\text{좌변}) &= 2x\,dx - 2y\,dy \\ d\,(\text{우변}) &= 2x\,dx + 2y\,dy \end{aligned}$$

양변은 일치하지 않는다. 특히 $y = \pm 1$에 대해서도 일치하지 않는다.

이라는 결과를 얻을 수 있다. 음함수 $y = f(x_1, x_2, \cdots, x_m)$ 의 전미분은

$$dy = f_1\,dx_1 + f_2\,dx_2 + \cdots + f_n\,dx_n$$

이므로, 이 dy 식을 (8.22) 에 대입하면, (항들을 조정한 후) 다음을 얻을 수 있다.

$$(F_y\,f_1 + F_1)\,dx_1 + (F_y\,f_2 + F_2)\,dx_2 + \cdots + (F_y\,f_m + F_m)\,dx_m = 0 \qquad \textbf{(8.22')}$$

모든 dx_i 들이 서로 독립적으로 변할 수 있다는 사실은 식 (8.22′)가 성립하기 위하여는 각각의 괄호안의 식이 개별적으로 0이 되어야 한다는 것을 의미한다. 즉, 다음이 성립하여야 한다.

$$F_y\,f_i + F_i = 0 \qquad (\text{모든 } i \text{ 에 대하여})$$

양변을 F_y 로 나누고, f_i 에 관해 풀면, 우리는 음함수 $y = f(x_1, x_2, \cdots x_m)$ 의 편도함수 f_i 를 구할 수 있게 해주는 소위 음함수법칙을 얻는다: 즉,

$$f_i \equiv \frac{\partial y}{\partial x_i} = -\frac{F_i}{F_y} \qquad (i = 1, 2, \ldots, m) \qquad \textbf{(8.23)}$$

주어진 방정식이 $F(y, x) = 0$ 인 간단한 함수의 경우에는, 이 법칙은 다음과 같이 된다.

$$\frac{dy}{dx} = -\frac{F_x}{F_y} \qquad \textbf{(8.23')}$$

이 법칙이 의미하는 것은, 우리가 비록 음함수의 구체적 형태를 알지 못하더라도, 주어진 방정식에 나타나는 F 함수가 그 음함수를 정의한다고 하면, 이 음함수의 도함수는 F 함수의 한 쌍의 편도함수들의 비율에 **음**의 부호를 붙인 것이 된다는 것이다. 여기서 F_y 는 항상 이 비율의 분모에 나타난다는 것을 알 수 있다. 따라서 $F_y = 0$ 은 허용되지 않는다. 음함수정리는 음함수가 정의되는 점 주위에서 $F_y \neq 0$ 인 것을 규정하고 있기 때문에, 이 점 근방에서 분모가 0이 되는 문제는 자동적으로 해결된다.

예 1

(8.17′)로 정의되는 음함수의 dy/dx 를 구하라. $F(y, x)$는 $y - 3x^4$ 이므로 (8.23′)에 의해 도함수는 다음과 같다.

$$\frac{dy}{dx} = -\frac{F_x}{F_y} = \frac{-12x^3}{1} = 12x^3$$

이 특수한 경우에는, 주어진 방정식을 y 에 대해서 간단히 풀어 $y = 3x^4$ 을 얻을 수 있다. 따라서 위의 도함수가 옳다는 것은 바로 확인된다.

예 2

원의 방정식 (8.18)로 정의되는 음함수의 dy/dx 를 구하라. 이번에는 $F(y, x) = x^2 + y^2 - 9$ 이므로 $F_y = 2y$, $F_x = 2x$ 이다. (8.23′)에 의해, 구하려는 도함수는 다음과 같다.

$$\frac{dy}{dx} = -\frac{2x}{2y} = -\frac{x}{y} \quad (y \neq 0)^{\dagger}$$

어떤 주어진 방정식에 의해 정의되는 **모든** 음함수의 도함수는 음함수법칙에 의해서 구할 수 있다는 것을 앞에서 이미 언급하였다. 이것을 (8.18′)의 두 함수와 이 함수들의 도함수 (8.21)을 이용하여

† 물론 $y \neq 0$ 의 제약은 음함수정리에 관한 논의에 이어 방정식 (8.18) 에 관해서 행한 논의와 완전히 일치한다.

확인해 보자. 만약 음함수법칙의 결과인 $dy/dx = -x/y$ 에서 y 를 y^+ 로 대체하면, (8.21)에 나타난 것과 똑같은 도함수 dy^+/dx 를 구할 수 있다. 마찬가지로, y 를 y^- 로 대체하면 (8.21)의 또다른 도함수를 구할 수 있다. 따라서 우리가 주장한 것이 확인된 셈이다.

예 3

방정식 $F(y, x, w) = y^3x^2 + w^3 + yxw - 3 = 0$ 에 의해서 정의되는 음함수(들)의 $\partial y/\partial x$ 를 구하라. 이 방정식은 y 에 대해 쉽게 풀리지 않는다. 그러나 F_y, F_x, 및 F_w 는 모두 연속이고, 또 $F_y = 3y^2x^2 + xw$ 는 주어진 방정식을 만족하는 (1, 1, 1)과 같은 점에서 0이 아닌 것이 확실하므로, 적어도 이 점 근방에서는 분명히 음함수 $y = f(x, w)$ 가 존재한다. 따라서 도함수 $\partial y/\partial x$ 를 말할 수 있고, 이것은 (8.23)에 의해, 즉시 다음과 같이 쓸 수 있다.

$$\frac{\partial y}{\partial x} = -\frac{F_x}{F_y} = -\frac{2y^3x + yw}{3y^2x^2 + xw}$$

점 (1, 1, 1)에서, 이 도함수의 값은 $-\frac{3}{4}$ 이다.

예 4

방정식 $F(Q, K, L) = 0$ 은 묵시적으로 생산함수 $Q = f(K, L)$ 을 정의한다고 가정하고, 한계실물생산 MPP_K 및 MPP_L 을 함수 F 와 관련하여 나타내는 방법을 찾아 보기로 하자. 한계생산은 단순히 편도함수 $\partial Q/\partial K$ 및 $\partial Q/\partial L$ 이므로, 음함수법칙을 적용하여 다음과 같이 나타낼 수 있다.

$$MPP_K \equiv \frac{\partial Q}{\partial K} = -\frac{F_K}{F_Q} \quad \text{및} \quad MPP_L \equiv \frac{\partial Q}{\partial L} = -\frac{F_L}{F_Q}$$

이밖에도, 방정식 $F(Q, K, L) = 0$ 에서 다음과 같은 또다른 편도함수를 얻을 수 있다:

$$\frac{\partial K}{\partial L} = -\frac{F_L}{F_K}$$

$\partial K/\partial L$ 의 경제적 의미는 무엇인가? 편미분 기호는 다른 변수 Q 가 일정하게 고정되어 있다는 것을 의미한다; 이 때문에 이 도함수에 의해 설명되는 K 와 L 의 변화는 산출량 Q 가 어떤 특정한 수준에서 일정하게 유지되도록 하는 "보상적"(compensatory) 변화의 성격을 갖게 된다. 그러므로 이것은 **등생산곡선**(production isoquant) **을 따라** 이동하는 변화의 형태가 된다. 따라서 도함수 $\partial K/\partial L$ 은 등생산곡선의 기울기를 나타내는 것으로 보통 음의 값을 갖는다. 다른 한편 $\partial K/\partial L$ 의 절대값은 두 투입요소 간의 **기술적 한계대체율**(marginal rate of technical substitution)이라는 척도가 된다.

연립방정식으로의 확장

음함수정리는 또한 연립방정식들의 집합

$$\begin{aligned} &F^1(y_1, \ldots, y_n; x_1, \ldots, x_m) = 0 \\ &F^2(y_1, \ldots, y_n; x_1, \ldots, x_m) = 0 \\ &\cdots\cdots\cdots\cdots\cdots\cdots\cdots\cdots \\ &F^n(y_1, \ldots, y_n; x_1, \ldots, x_m) = 0 \end{aligned} \tag{8.24}$$

이 음함수들의 집합

$$\begin{aligned} &y_1 = f^1(x_1, \ldots, x_m) \\ &y_2 = f^2(x_1, \ldots, x_m) \\ &\cdots\cdots\cdots\cdots\cdots \\ &y_n = f^n(x_1, \ldots, x_m) \end{aligned} \tag{8.25}$$

을 확실히 정의할 수 있게끔 보장하는 조건들을 다루는 경우에 보다 일반적이고 강력한 정리로 된다.† 이 정리의 일반화된 형태는 다음과 같다;

방정식체계 (8.24) 가 주어져 있을때, 만약 (*a*) 함수 $F^1, \cdots, F^n$ 모두가 모든 y 변수와 x 변수들에 관하여 연속편도함수를 가지며, 또 (*b*) (8.24) 를 만족하는 점 $(y_{10}, \cdots, y_{n0} ; x_{10}, \cdots, x_{m0})$ 에서 평가한 야코비행렬식이 0이 아니라면, 즉

$$|J| \equiv \left|\frac{\partial(F^1,\ldots,F^n)}{\partial(y_1,\ldots,y_n)}\right| \equiv \begin{vmatrix} \frac{\partial F^1}{\partial y_1} & \frac{\partial F^1}{\partial y_2} & \cdots & \frac{\partial F^1}{\partial y_n} \\ \frac{\partial F^2}{\partial y_1} & \frac{\partial F^2}{\partial y_2} & \cdots & \frac{\partial F^2}{\partial y_n} \\ \cdots & \cdots & \cdots & \cdots \\ \frac{\partial F^n}{\partial y_1} & \frac{\partial F^n}{\partial y_2} & \cdots & \frac{\partial F^n}{\partial y_n} \end{vmatrix} \neq 0$$

이라면, 점 $(x_{10}, \cdots, x_{m0})$ 의 m 차원 근방 N 이 존재하고 이 근방에서 식 (8.25) 행태의 함수들이 존재하여, 변수 $y_1, \cdots, y_n$ 은 변수 $x_1, \cdots, x_m$ 의 함수가 된다. 이 음함수들은 다음을 만족한다.

$$\begin{aligned} y_{10} &= f^1(x_{10},\ldots,x_{m0}) \\ &\cdots\cdots\cdots\cdots \\ y_{n0} &= f^n(x_{10},\ldots,x_{m0}) \end{aligned}$$

그리고 이 음함수들은 근방 N 에 있는 모든 m 중 순서쌍 $(x_1, \cdots, x_m)$ 에 대하여 (8.24)를 만족하여, 따라서 이 근방에 관한 한, (8.24) 는 항등식이 된다. 더욱이 이 음함수 $f^1, \cdots, f^n$ 은 연속이고, 모든 x 변수들에 대하여 연속편도함수를 갖는다.

단일방정식의 경우와 마찬가지로, 이 음함수들의 편도함수는 y 변수들에 대하여 풀 필요가 없이, (8.24) 의 n 개의 방정식으로 부터 직접 구할 수 있다. 근방 N 에서, (8.24) 의 방정식들은 항등식이 된다는 사실을 이용함으로써, 이들 각 항등식의 전미분을 구하여 이것을 $dF^j = 0\ (j = 1, 2, \cdots, n)$으로 쓸 수 있다. 이로부터 미분 $dy_1, \cdots, dy_n$ 과 $dx_1, \cdots, dx_m$ 을 포함하는 연립방정식체계를 얻을 수 있고, 특히 dx_i 항들을 등호의 우변으로 이항하면 다음을 얻는다.

$$\begin{aligned} \frac{\partial F^1}{\partial y_1}dy_1 + \frac{\partial F^1}{\partial y_2}dy_2 + \cdots + \frac{\partial F^1}{\partial y_n}dy_n &= -\left(\frac{\partial F^1}{\partial x_1}dx_1 + \cdots + \frac{\partial F^1}{\partial x_m}dx_m\right) \\ \frac{\partial F^2}{\partial y_1}dy_1 + \frac{\partial F^2}{\partial y_2}dy_2 + \cdots + \frac{\partial F^2}{\partial y_n}dy_n &= -\left(\frac{\partial F^2}{\partial x_1}dx_1 + \cdots + \frac{\partial F^2}{\partial x_m}dx_m\right) \\ \cdots\cdots\cdots\cdots\cdots\cdots\cdots\cdots\cdots & \\ \frac{\partial F^n}{\partial y_1}dy_1 + \frac{\partial F^n}{\partial y_2}dy_2 + \cdots + \frac{\partial F^n}{\partial y_n}dy_n &= -\left(\frac{\partial F^n}{\partial x_1}dx_1 + \cdots + \frac{\partial F^n}{\partial x_m}dx_m\right) \end{aligned} \tag{8.26}$$

더욱이, (8.25) 로부터, y_j 의 미분들은

† 달리 말하면, 이 조건들의 역할은, (8.24) 의 n 개의 연립방정식이 **원칙적**으로는 n 개의 변수 $y_1, \cdots, y_n$ 에 관해서 풀어질 수 있도록 보장하는 것이다. (8.25) 의 해를 명시적인 형태로 얻을 수 없는 경우라도 말이다.

$$
\begin{aligned}
dy_1 &= \frac{\partial y_1}{\partial x_1}dx_1 + \frac{\partial y_1}{\partial x_2}dx_2 + \cdots + \frac{\partial y_1}{\partial x_m}dx_m \\
dy_2 &= \frac{\partial y_2}{\partial x_1}dx_1 + \frac{\partial y_2}{\partial x_2}dx_2 + \cdots + \frac{\partial y_2}{\partial x_m}dx_m \\
&\cdots\cdots\cdots\cdots\cdots\cdots\cdots\cdots\cdots \\
dy_n &= \frac{\partial y_n}{\partial x_1}dx_1 + \frac{\partial y_n}{\partial x_2}dx_2 + \cdots + \frac{\partial y_n}{\partial x_m}dx_m
\end{aligned} \tag{8.27}
$$

로 쓸 수 있고, 이것들은 (8.26) 에서 dy_j 식들을 소거하는데 사용될 수 있다. 그러나 대입결과는 다루기 힘들 정도로 복잡해지기 때문에, 문제를 단순화하여 x_1 만 변하고 다른 모든 변수들 $x_2, \cdots, x_m$ 은 일정한 경우만을 생각하도록 하자. 이제 (8.26) 및 (8.27) 에서, $dx_1 \neq 0$ 이지만 $dx_2 = \cdots = dx_m = 0$ 으로 놓고, (8.27) 을 (8.26) 에 대입하고, 양변을 $dx_1 \neq 0$ 으로 나누면, 다음과 같은 연립방정식체계를 얻는다.

$$
\begin{aligned}
\frac{\partial F^1}{\partial y_1}\left(\frac{\partial y_1}{\partial x_1}\right) + \frac{\partial F^1}{\partial y_2}\left(\frac{\partial y_2}{\partial x_1}\right) + \cdots + \frac{\partial F^1}{\partial y_n}\left(\frac{\partial y_n}{\partial x_1}\right) &= -\frac{\partial F^1}{\partial x_1} \\
\frac{\partial F^2}{\partial y_1}\left(\frac{\partial y_1}{\partial x_1}\right) + \frac{\partial F^2}{\partial y_2}\left(\frac{\partial y_2}{\partial x_1}\right) + \cdots + \frac{\partial F^2}{\partial y_n}\left(\frac{\partial y_n}{\partial x_1}\right) &= -\frac{\partial F^2}{\partial x_1} \\
\cdots\cdots\cdots\cdots\cdots\cdots\cdots\cdots\cdots\cdots\cdots\cdots& \\
\frac{\partial F^n}{\partial y_1}\left(\frac{\partial y_1}{\partial x_1}\right) + \frac{\partial F^n}{\partial y_2}\left(\frac{\partial y_2}{\partial x_1}\right) + \cdots + \frac{\partial F^n}{\partial y_n}\left(\frac{\partial y_n}{\partial x_1}\right) &= -\frac{\partial F^n}{\partial x_1}
\end{aligned} \tag{8.28}
$$

이 결과 조차도 — x_1 만 변하는 경우의 결과도 — 도함수들로 꽉 차있어, 엄청나게 복잡해 보인다. 그러나 일단 (8.28) 에 나타나는 도함수들을 두 유형으로 구별하면, 그 구조를 이해하는 것은 사실상 매우 쉽다. 하나의 유형은 음함수들의 x_1 에 관한 편도함수들로서, 시각적으로 구별하기 위하여 괄호 안에 넣은 것이다. 이것이 우리가 찾고자 하는 것이므로, (8.28) 에서 우리가 풀어야 되는 "변수들"로 간주되어야 한다. 또 하나의 유형은 (8.24) 에 주어진 F^j 함수들의 편도함수들이다. 이 편도함수들은 점 $(y_{10}, \cdots, y_{n0}\,;\, x_{10}, \cdots, x_{m0})$ — 이 점 주위에서 우리의 음함수들이 정의된다 — 에서 계산될 때 모두 특정한 값을 가지므로, 여기서 도함수들로 등장하는 것이 아니라 도함수 값들로 등장한다. 따라서 이 편도함수들은 상수로 취급될 수 있고, 이 사실 때문에 (8.28) 은, (4.1) 과 같은 구조를 가지는, 선형방정식체계가 된다. 흥미로운 것은 그러한 선형방정식체계가 반드시 선형일 필요가 없는 문제를 분석하는 과정에서 발생했다는 것이다. 왜냐하면 방정식체계 (8.24) 에는어떠한 선형성제한도 부과되지 않았기 때문이다. 이것은 비선형문제에서라도 선형대수가 어떻게 적용될 수 있는가를 보여주는 하나의 예이다.

선형방정식체계이므로, (8.28) 은 행렬기호를 써서 다음과 같이 나타낼 수 있다.

$$
\begin{bmatrix}
\frac{\partial F^1}{\partial y_1} & \frac{\partial F^1}{\partial y_2} & \cdots & \frac{\partial F^1}{\partial y_n} \\
\frac{\partial F^2}{\partial y_1} & \frac{\partial F^2}{\partial y_2} & \cdots & \frac{\partial F^2}{\partial y_n} \\
\cdots & \cdots & \cdots & \cdots \\
\frac{\partial F^n}{\partial y_1} & \frac{\partial F^n}{\partial y_2} & \cdots & \frac{\partial F^n}{\partial y_n}
\end{bmatrix}
\begin{bmatrix}
\left(\frac{\partial y_1}{\partial x_1}\right) \\
\left(\frac{\partial y_2}{\partial x_1}\right) \\
\vdots \\
\left(\frac{\partial y_n}{\partial x_1}\right)
\end{bmatrix}
=
\begin{bmatrix}
-\frac{\partial F^1}{\partial x_1} \\
-\frac{\partial F^2}{\partial x_1} \\
\vdots \\
-\frac{\partial F^n}{\partial x_1}
\end{bmatrix} \tag{8.28'}
$$

(8.28′) 에서 계수행렬의 행렬식은 음함수정리의 조건하에서 0이 아니라고 했던 바로 그 야코비행렬식 $|J|$ 이며, 이 방정식체계는 비동차체계임이 분명하기 때문에 (그 이유는?), (8.28′) 의 유일한 해가 존재하게 된다.† 이 해는 크래머의 공식을 이용하여 다음과 같이 수학적으로 나타낼 수 있다:

$$\left(\frac{\partial y_j}{\partial x_1}\right) = \frac{|J_j|}{|J|} \qquad (j = 1, 2, \ldots, n) \qquad [(5.18) \text{ 참조}] \qquad \textbf{(8.29)}$$

이 과정을 적절하게 조정하면, 그 음함수의 다른 변수 $x_2, \cdots, x_m$ 에 대한 편도함수들도 구할 수 있다. 이 과정의 매력적인 특징은 특정한 x_i 가 변할 때마다 그 특정한 변수에 관한 모든 음함수들 $f^1, \cdots, f^n$ 의 편도함수들을 한꺼번에 구할 수 있다는 것이다.

단일방정식에 적용했던 음함수법칙 (8.23) 과 마찬가지로, 위에서 설명한 과정은 음함수 $f^1, \cdots, f^n$ 의 편도함수들을 계산할 때 점 $(y_{10}, \cdots, y_{n0}; x_{10}, \cdots, x_{m0})$ 에서 계산된 F 함수의 편도함수들만 이용하게 된다. 따라서 행렬방정식 (8.28′) 과 그것의 해 (8.29) 는 결국 음함수법칙을 연립방정식체계에 확장한 것이다.

조건 $F_y \neq 0$ 이 음함수법칙 (8.23) 과 (8.23′) 에서 분모가 0인 것을 배제하는 것과 마찬가지로, $|J| \neq 0$ 은 (8.29) 에서 분모가 0인 것을 배제한다는 점에 주의하라. 또한 조건 $|J| \neq 0$ 의 역할이 일반적인 (아마도 **비선형**인) 방정식체계 (8.24) 에 대한 유일한 (묵시적이지만) 해 (8.25) 를 보장하는 데 있다는 것은 **선형**체계 $Ax = d$ 에서의 비특이성 조건 $|A| \neq 0$ 의 역할과 매우 비슷하다.

예 5

다음의 세 방정식

$$\begin{aligned} xy - w &= 0 & F^1 &= (x, y, w; z) = 0 \\ y - w^3 - 3z &= 0 & F^2 &= (x, y, w; z) = 0 \\ w^3 + z^3 - 2zw &= 0 & F^3 &= (x, y, w; z) = 0 \end{aligned}$$

은 점 P 에서 성립한다. 즉, $(x, y, w; z) = (\frac{1}{4}, 4, 1, 1)$ 이다. F^j 함수들은 분명히 연속도함수들을 가지므로 야코비안 $|J|$ 가 점 P 에서 0이 아니면, 음함수정리를 이용하여 비교정태도함수 $(\partial x / \partial z)$ 를 구할 수 있다.

이 도함수를 구하기 위해, 우선 이 방정식체계의 전미분을 취한다:

$$\begin{aligned} &y\,dx + x\,dy - dw = 0 \\ &dy - 3w^2\,dw - 3\,dz = 0 \\ &(3w^2 - 2z)\,dw + (3z^2 - 2w)\,dz = 0 \end{aligned}$$

외생변수의 미분의 항들을 우변으로 이항하고, 행렬모양으로 나타내면, 다음을 얻는다.

$$\begin{bmatrix} y & x & -1 \\ 0 & 1 & -3w^2 \\ 0 & 0 & (3w^2 - 2z) \end{bmatrix} \begin{bmatrix} dx \\ dy \\ dw \end{bmatrix} = \begin{bmatrix} 0 \\ 3 \\ 2w - 3z^2 \end{bmatrix} dz$$

여기서 좌변의 계수행렬은 야코비안

$$|J| = \begin{vmatrix} F_x^1 & F_y^1 & F_w^1 \\ F_x^2 & F_y^2 & F_w^2 \\ F_x^3 & F_y^3 & F_w^3 \end{vmatrix} = \begin{vmatrix} y & x & -1 \\ 0 & 1 & -3w^2 \\ 0 & 0 & (3w^2 - 2z) \end{vmatrix} = y(3w^2 - 2z)$$

† 역주: <표 5.1> 에 잘 설명된 바와 같이 비동차체계라는 것은 유일한 해가 존재하기 위한 조건이 아니고, 영이 아닌 해일 조건이다.

의 행렬 J가 된다. 점 P에서, 야코비행렬식의 값은 $|J| = 4\ (\neq 0)$이다. 따라서, 음함수법칙이 적용될 수 있고, 다음을 얻는다.

$$\begin{bmatrix} y & x & -1 \\ 0 & 1 & -3w^2 \\ 0 & 0 & (3w^2 - 2z) \end{bmatrix} \begin{bmatrix} \left(\frac{\partial x}{\partial z}\right) \\ \left(\frac{\partial y}{\partial z}\right) \\ \left(\frac{\partial w}{\partial z}\right) \end{bmatrix} = \begin{bmatrix} 0 \\ 3 \\ 2w - 3z^2 \end{bmatrix}$$

크레머 법칙을 적용하면, 다음과 같은 $(\partial x/\partial z)$의 값을 구할 수 있다.

$$\begin{aligned} \left(\frac{\partial x}{\partial z}\right) &= \frac{\begin{vmatrix} 0 & x & -1 \\ 3 & 1 & -3w^2 \\ 2w - 3z^2 & 0 & (3w^2 - 2z) \end{vmatrix}}{|J|} = \frac{\begin{vmatrix} 0 & \frac{1}{4} & -1 \\ 3 & 1 & -3 \\ -1 & 0 & 1 \end{vmatrix}}{4} \\ &= 0 + (-3)\frac{\begin{vmatrix} \frac{1}{4} & -1 \\ 0 & 1 \end{vmatrix}}{4} + (-1)\frac{\begin{vmatrix} \frac{1}{4} & -1 \\ 1 & -3 \end{vmatrix}}{4} \\ &= \frac{-3}{16} + \frac{-1}{16} \\ &= -\frac{1}{4} \end{aligned}$$

예 6 국민소득모형 (7.17)을 다음의 형태로 다시 쓰도록 하자.

$$\begin{aligned} Y - C - I_0 - G_0 &= 0 \\ C - \alpha - \beta(Y - T) &= 0 \\ T - \gamma - \delta Y &= 0 \end{aligned} \qquad \textbf{(8.30)}$$

여기서 내생변수 (Y, C, T)를 (y_1, y_2, y_3)라고 보고 외생변수와 파라미터 $(I_0, G_0, \alpha, \beta, \gamma, \delta)$를 $(x_1, x_2, \cdots, x_6)$로 보면, 각 방정식의 좌변은 $F^j(Y, C, T; I_0, G_0, \alpha, \beta, \gamma, \delta)$의 형태로 표시되는 특정 F함수로 생각할 수 있다. 따라서 (8.30)은 $n = 3$이고 $m = 6$인 (8.24)의 특수한 경우가 된다. 함수 F^1, F^2, F^3는 연속편도함수들을 갖고, 이것과 관련된 야코비행렬식 (내생변수의 도함수들로만 이루어진 행렬식)

$$|J| = \begin{vmatrix} \frac{\partial F^1}{\partial Y} & \frac{\partial F^1}{\partial C} & \frac{\partial F^1}{\partial T} \\ \frac{\partial F^2}{\partial Y} & \frac{\partial F^2}{\partial C} & \frac{\partial F^2}{\partial T} \\ \frac{\partial F^3}{\partial Y} & \frac{\partial F^3}{\partial C} & \frac{\partial F^3}{\partial T} \end{vmatrix} = \begin{vmatrix} 1 & -1 & 0 \\ -\beta & 1 & \beta \\ -\delta & 0 & 1 \end{vmatrix} = 1 - \beta + \beta\delta \qquad \textbf{(8.31)}$$

은 언제나 0이 아니므로 (β와 δ가 모두 양의 소수이다), (8.30)을 만족하는 **점**과 **그 근방**에서 우리는 Y, C, T를 $(I_0, G_0, \alpha, \beta, \gamma, \delta)$의 음함수로 볼 수 있다. 그러나 (8.30)을 만족하는 점은 균형해 Y^*, C^*, T^*가 된다.† 그러므로 음함수정리가 말하는 것은 내생변수들의 균형값을 다음과 같이 외생변수들과 파라미터들로 이루어진 음함수로 나타내는 것이 합당하다는 것이다:

$$Y^* = f^1(I_0, G_0, \alpha, \beta, \gamma, \delta)$$
$$C^* = f^2(I_0, G_0, \alpha, \beta, \gamma, \delta)$$
$$T^* = f^3(I_0, G_0, \alpha, \beta, \gamma, \delta)$$

$\partial Y^*/\partial I_0$, $\partial Y^*/\partial G_0$와 같은 음함수의 편도함수는 비교정태도함수의 성질을 갖는다. 이 편도함수들을 구하는데 필요한 것은 오직 모형의 균형점에서 계산된 F 함수들의 편도함수들이다. 그리고 $n=3$이므로 이 편도함수들 중의 세 개는 한 번의 연산으로 구할 수 있다. 이제 G_0를 제외한 모든 외생변수들과 파라미터들이 고정된 것으로 가정하자. 그러면, (8.28′)의 결과를 적용함으로써 다음의 방정식을 얻을 수 있다.

$$\begin{bmatrix} 1 & -1 & 0 \\ -\beta & 1 & \beta \\ -\delta & 0 & 1 \end{bmatrix} \begin{bmatrix} \partial Y^*/\partial G_0 \\ \partial C^*/\partial G_0 \\ \partial T^*/\partial G_0 \end{bmatrix} = \begin{bmatrix} 1 \\ 0 \\ 0 \end{bmatrix}$$

이로부터 세 개의 (모두 G_0에 관한) 비교정태도함수를 계산할 수 있다. 예를 들어 첫째 도함수는 정부지출승수를 나타내는 것으로 다음과 같이 계산된다.

$$\frac{\partial Y^*}{\partial G_0} = \frac{\begin{vmatrix} 1 & -1 & 0 \\ 0 & 1 & \beta \\ 0 & 0 & 1 \end{vmatrix}}{|J|} = \frac{1}{1-\beta+\beta\delta} \qquad [(8.31)\text{에 의해}]$$

이것은 물론 앞의 (7.19)에서 얻은 결과와 같다. 그러나 주목할 사실은 여기서는 오직 음함수가 존재한다는 사실만을 이용하였고, (8.30)의 체계를 Y^*, C^*, T^*에 대하여 명시적으로 푸는 과정을 완전히 생략하였다는 점이다. 그리고 우리가 앞으로 다룰 일반함수모형은 그 본질상 명시적인 해를 구할 수 없다. 이 방법의 바로 이 특색이야말로 일반함수모형의 비교정태분석을 가능하게 해 주는 핵심이다.

연습문제 8.5

1. 다음의 함수 $F(x, y)=0$에서, dy/dx를 구하라.
   (a) $y-6x+7=0$
   (b) $3y+12x+17=0$
   (c) $x^2+6x-13-y=0$
2. 다음의 함수 $F(x, y)=0$에서, 음함수법칙을 이용하여 dy/dx를 구하라.
   (a) $F(x, y)=3x^2+2xy+4y^3=0$
   (b) $F(x, y)=12x^5-2y=0$

† 역주 : 이상의 두 문장은 섬세한 논리적인 문제를 내포하기 있기 때문에 다음과 같이 부연하여 설명하기로 한다. 여기서 내생변수의 벡터를 $Y \equiv (Y, C, T)$, 외생변수의 백터를 $x \equiv (I_0, G_0, \alpha, \beta, \gamma, \delta)$라 하자. 이때 (8.25)를 만족하는 9차원의 한 점을 (y^0, x^0)라 하면 $y^0=f(x^0)$, $y^*=f(x)$, $x \in N$이면서 (y^*, x)가 (8.25)를 항상 만족시키도록 하는 함수백터 $f=(f_1, f_2, f_3)$가 존재한다. 단, N은 6차원 백터 x^0의 한 근방이다. 그런데 그런 성질을 가지는 y^*는 정의상 균형해이므로 뒤의 설명이 가능하다.

(c) $F(x, y) = 7x^2 + 2xy^2 + 9y^4 = 0$

(d) $F(x, y) = 6x^3 - 3y = 0$

3. 다음의 함수 $F(x, y, z) = 0$ 에서, 음함수법칙을 이용하여, $\partial y/\partial x$ 및 $\partial y/\partial z$ 를 구하라.
   (a) $F(x, y, z) = x^2y^3 + z^2 + xyz = 0$
   (b) $F(x, y, z) = x^3z^2 + y^3 + 4xyz = 0$
   (c) $F(x, y, z) = 3x^2y^3 + xz^2y^2 + y^3zx^4 + y^2z = 0$
4. 방정식 $F(U, x_1, x_2, \cdots, x_n) = 0$ 이 묵시적으로 효용함수 $U = f(x_1, x_2, \cdots, x_n)$ 을 정의한다고 가정하고 다음 문제를 풀어라.
   (a) $\partial U/\partial x_2$, $\partial U/\partial x_n$, $\partial x_3/\partial x_2$, $\partial x_4/\partial x_n$ 을 구하라.
   (b) 각각에 대하여 그 경제적 의미를 설명하라.
5. 방정식 $F(y, x) = 0$ 이 아래와 같이 주어질 때, 음함수 $y = f(x)$ 는 점 $(y = 3,\ x = 1)$ 의 근방에서 정의되는가?
   (a) $x^3 - 2x^2y + 3xy^2 - 22 = 0$
   (b) $2x^2 + 4xy - y^4 + 67 = 0$

   만약 정의된다면 음함수법칙에 의해 dy/dx 를 구하고, 위의 점에서 이 도함수의 값을 계산하라.
6. $x^2 + 3xy + 2yz + y^2 + z^2 - 11 = 0$ 일 때, 음함수 $z = f(x, y)$ 가 점 $(x = 1,\ y = 2,\ z = 0)$ 의 근방에서 정의되는가? 만약 정의된다면, 음함수법칙에 의해 $\partial z/\partial x$ 와 $\partial z/\partial y$ 를 구하고 그 점에서의 이들 도함수의 값을 계산하라.
7. 방정식 $F(y, x) = (x - y)^3 = 0$ 을 원점 주위의 근방에서 고려함으로써, 음함수정리에서 언급한 조건들이 **필요**조건의 성질을 갖지 **못함**을 증명하라.
8. 방정식 $F(x, y, z) = 0$ 에서 각각의 세 변수들이 묵시적으로 다른 두 변수의 함수로 정의되고, 또 문제가 되는 모든 도함수들이 존재한다면, $\frac{\partial z}{\partial x}\ \frac{\partial x}{\partial y}\ \frac{\partial y}{\partial z}$ 를 구하라.
9. 방정식체계 (8.28′) 가 비동차이어야 한다는 본문에서의 주장이 타당함을 증명하라.
10. 국민소득모형 (8.30) 에서 음함수법칙을 이용하여 비소득세승수를 구하라. 그 결과는 (7.20) 과 일치하는가를 확인하라.

8.6 | 일반함수모형의 비교정태분석

우리가 제 7 장에서 처음으로 비교정태분석의 문제를 고찰할 때는, 모형에 있는 내생변수의 균형값이 외생변수들과 파라미터들에 의해서 명시적으로 표시될 수 있는 경우만 다루었다. 이 경우에 우리가 필요로 했던 것은 단순한 편미분 방법뿐이었다. 그러나 일반형태의 함수가 모형에 포함되면, 명시적인 해를 구할 수 없으므로 이 단순한 편미분 방법은 적용할 수 없게 된다. 대신에 음함수정리와 음함수법칙 및 전미분과 전도함수라는 개념을 이용하는 새로운 방법이 적용되어야 한다. 이 새로운 방법을 먼저 시장모형에 적용하고, 이어서 국민소득모형에 적용해 보기로 한다.

시장모형

단일상품시장에서 수요량 Q_d 가 가격 P 뿐 아니라 외생적으로 결정되는 소득 Y_0 의 함수인 경우를 생각하자. 반면에 공급량 Q_s 는 가격만의 함수라고 하자. 이 함수들이 구체적인 형태로 주어지

지 않는다면, 모형은 다음과 같이 일반함수 형태로 표시될 수 있을 것이다:

$$\begin{aligned} Q_d &= Q_s \\ Q_d &= D(P, Y_0) \qquad (\partial D/\partial P < 0;\ \partial D/\partial Y_0 > 0) \\ Q_s &= S(P) \qquad (dS/dP > 0) \end{aligned} \tag{8.32}$$

D 함수와 S 함수는 모두 연속인 도함수를 갖는다고(즉 매끄럽게 그려질 수 있다고) 가정하자. 그리고 경제적 타당성을 부여하기 위하여 각 도함수의 부호에 대해 명시적인 제약을 가하였다. 즉, 제약조건 $dS/dP > 0$ 으로 공급함수는 강증가하는 것으로 된다. 그러나 그것이 선형이든 비선형이든 상관없다. 마찬가지로, 수요함수의 두 편도함수에 주어진 제약은 이 함수가 가격의 강감소함수이며 소득의 강증가함수라는 것을 말해준다. 기호표시를 단순화하기 위하여, 함수의 도함수에 주어지는 부호의 제약은 때때로 독립변수의 바로 밑에 놓은 + 또는 − 기호로 표시된다. 즉 (8.32)의 D 와 S 함수는 다음과 같이 나타낼 수 있다.

$$Q_d = D(\underset{-}{P}, \underset{+}{Y_0}) \qquad Q_s = S(\underset{+}{P})$$

이 제약들은 우리의 분석을 우리가 흔히 볼 수 있는 "정상적인" (normal) 경우로 한정시키기 위해 필요한 것이다.

보통 형태의 2차원 수요곡선을 그리려면, 소득수준은 고정된 것으로 가정해야 한다. 이때 소득수준의 변화는 수요곡선을 이동시키고, 이에 따라 주어진 균형도 변화하게 된다. 이와 마찬가지로 (8.32)에서, Y_0 의 변화는 수요함수를 통하여 균형을 교란시키게 된다. 여기서, Y_0 가 유일한 외생변수이기 때문에 이 모형의 비교정태분석은 순전히 Y_0 의 변화가 모형의 균형상태에 어떻게 영향을 미치는가 하는 문제와 관련된다.

시장의 균형상태는 균형조건 $Q_d = Q_s$ 에 의해서 정의되는데, 이 식을 다시 정리하면 다음과 같이 표시될 수 있다:

$$D(P, Y_0) - S(P) = 0 \tag{8.33}$$

이 방정식을 균형가격 P^* 에 대하여 명시적으로 풀 수는 없지만, 우리는 정태균형이 존재한다고 가정해야 할 것이다. 왜냐하면 이 가정 없이는 비교정태분석이라는 문제가 제기될 수 조차 없기 때문이다. 구체적 함수로 주어진 모형의 경험에 의하여, 우리는 P^* 가 외생변수 Y_0 의 함수일 것으로 예상할 수 있다:

$$P^* = P^*(Y_0) \tag{8.34}$$

그러나 이제 우리는 음함수정리에 의해서 이와 같은 예상에 대한 엄밀한 근거를 제공할 수 있다. (8.33)은 $F(P, Y_0) = 0$ 의 형태를 가지므로, 음함수정리의 조건들이 충족된다면, (8.33)을 만족하는 점의 근방, 즉 초기의 균형해 근방에서, Y_0 의 모든 값에 대응하여 P^* 값이 유일하게 존재하는 것이 보장된다. 이 경우에, 우리는 비로소 그 음함수를 $P^* = P^*(Y_0)$ 로 쓸 수 있고, 이 음함수의 도함수 dP^*/dY_0 를 논할 수 있게 된다. 그 존재가 보장되는 이 도함수가 바로 우리가 구하려는 비교정태 도함수이다. 그러면 이 조건들을 확인해 보도록 하자. 첫째, 함수 $F(P, Y_0)$ 는 실제로 연속도함수를 갖는다. 왜냐하면 가정에 의해, $F(P, Y_0)$를 구성하는 두 함수 $D(P, Y_0)$ 및 $S(P)$ 가 연속도함수를 갖기 때문이다. 둘째, F 의 P 에 관한 편도함수, 즉 $F_P = \partial D/\partial P - dS/dP$ 는 어느 점에서 계산하여도,

음의 값을 갖고, 따라서 0이 아니다. 그러므로 음함수정리가 적용될 수 있으며, 아울러 (8.34) 도 성립한다.

이 정리에 따라, 균형조건 (8.33) 은 이제 균형해의 근방에서 항등관계로 볼 수 있다. 그래서 균형항등식은 다음과 같이 나타낼 수 있다.

$$\underbrace{D(P^*, Y_0) - S(P^*)}_{F(P^*, Y_0)} \equiv 0 \quad [\text{균형에서, 초과수요} \equiv 0] \tag{8.35}$$

그러면 비교정태도함수, dP^*/dY_0 는 단지 음함수법칙을 직접 적용함으로써 얻을 수 있다. 이제부터 이 도함수를 괄호로 묶어 모형을 규정하는 과정에서 등장하는 통상적인 도함수의 표현과 구분하기로 하자. 그러면 비교정태함수는 다음과 같이 나타낼 수 있다.

$$\left(\frac{dP^*}{dY_0}\right) = -\frac{\partial F/\partial Y_0}{\partial F/\partial P^*} = -\frac{\partial D/\partial Y_0}{\partial D/\partial P^* - dS/dP^*} > 0 \tag{8.36}$$

이 결과에서 식 $\partial D/\partial P^*$ 는 초기균형, 즉 $P = P^*$ 에서 계산된 도함수 $\partial D/\partial P$ 를 나타내고, 마찬가지의 해석이 dS/dP^*에도 적용된다. 사실, $\partial D/\partial Y_0$ 도 균형점에서 계산되어야 한다. (8.32) 에서 규정된 부호에 의해, (dP^*/dY_0) 는 반드시 양이 된다. 따라서 우리는 소득수준이 증가(감소)하면 균형가격은 항상 상승(하락)한다는 **정성적** 결론을 얻을 수 있다. 만약 초기균형에서 수요와 공급함수의 도함수들이 갖는 값을 알면, (8.36) 으로부터 **정량적** 결론도 얻을 수 있음은 물론이다.

시장조정에 대한 이상의 논의는 Y_0 의 변화가 P^* 에 미치는 효과를 분석한 것이지만, 균형량 $Q^*(=Q_d=Q_s)$ 에 미치는 효과도 분석할 수있다. 균형상태에서는, $Q^*=S(P^*)$ 이고 $P^*=P^*(Y_0)$ 이므로, 연쇄법칙을 적용하여 다음의 도함수를 구할 수 있다:

$$\left(\frac{dQ^*}{dY_0}\right) = \frac{dS}{dP^*}\left(\frac{dP^*}{dY_0}\right) > 0 \quad [\frac{dS}{dP^*} > 0 \text{ 이므로}] \tag{8.37}$$

따라서 이 모형에서는 균형량도 역시 Y_0 와 양의 관계를 갖는다. 그리고, 균형점에서의 각 도함수의 값을 알면, (8.37) 으로부터 정량적 분석 결론도 얻을 수 있다.

(8.36) 과 (8.37) 의 결과는 이모형의 비교정태분석내용을 모두 담고 있는데 (이모형의 변수는 하나의 외생변수와 두 개의 내생변수만을 가지기 때문이다), 이것은 결코 놀랄 만한 결과는 아니다 사실, 이것은 수요곡선이 위로 이동하면 균형량이 증가하고 균형가격이 상승한다는 명제를 서술한 것에 지나지 않는다. 이 명제는 단순한 그래프 분석으로 쉽게 얻을 수 있을 것으로 보인다. 그리고 과연 그렇다. 그러나 지금까지 사용한 분석방법이 더, 훨씬 더 일반적이라는 것을 간과해서는 안된다. 반복해서 말하면, 그래프분석은 그 성격상, 구체적인 곡선형태 (즉 구체적인 함수형태를 기하학적으로 나타낸 것) 에 국한되는 것이다. 그러므로 그래프분석에서 얻은 결론은, 엄밀히 말해서, 주어진 그 곡선에만 타당하고 또 적용되는 것이다. 이것과는 대조적으로 (8.32) 의 정식화는, 단순한 형태이긴 하지만, 음의 기울기를 갖는 수요함수와 양의 기울기를 갖는 공급함수의 가능한 모든 조합들의 집합에 적용될 수 있고, 그렇기 때문에 이 방법이 훨씬 더 일반적이다. 또 위에서 사용한 분석방법은 그래프에 의한 접근방법으로는 해결할 수 없는 훨씬 더 복잡한 문제들도 다룰 수 있게 해준다.

연립방정식 접근법

앞에서 분석한 모형 (8.32)는 단일방정식 (8.35)를 기초로 하여 이루어졌다. 하나의 방정식에는 오로지 하나의 내생변수만이 들어 있어야 유익한 분석이 가능하므로, P^*가 포함되려면 Q^*가 배제 되어야 한다. 그리하여 우리는 먼저 (dP^*/dY_0)를 구하고, 그 다음 단계에서 (dQ^*/dY_0)를 추론할 수밖에 없었다. 이제, 어떻게 P^*와 Q^*를 동시에 분석할 수 있는가를 알아 보기로 하자. 두 개의 내생변수가 있으므로, 2차방정식체계가 구성될 것이다. 먼저 (8.32)에서 $Q = Q_d = Q_s$로 놓고 이것을 다시 정리하면, 시장모형은 다음과 같이 나타낼 수 있다.

$$\begin{aligned} F^1(P, Q; Y_0) &= D(P, Y_0) - Q = 0 \\ F^2(P, Q; Y_0) &= S(P) - Q = 0 \end{aligned} \tag{8.38}$$

이것은 (8.24)의 형태에서 $n = 2$이고 $m = 1$이 되는 경우이다. 여기서도 다시 음함수 정리의 조건을 확인하는 것이 중요하다. 첫째, 수요함수와 공급함수는 모두 연속도함수를 갖는다고 가정되므로, 함수 F^1과 F^2도 연속도함수를 갖는다. 둘째, 내생변수에 관한 야코비안(P와 Q에 관한 것)은, 그것이 어느 곳에서 계산되는가에 상관없이, 0이 아니다. 왜냐하면 다음 식이 성립하기 때문이다.

$$|J| = \begin{vmatrix} \dfrac{\partial F^1}{\partial P} & \dfrac{\partial F^1}{\partial Q} \\ \dfrac{\partial F^2}{\partial P} & \dfrac{\partial F^2}{\partial Q} \end{vmatrix} = \begin{vmatrix} \dfrac{\partial D}{\partial P} & -1 \\ \dfrac{dS}{dP} & -1 \end{vmatrix} = \frac{dS}{dP} - \frac{\partial D}{\partial P} > 0 \tag{8.39}$$

그러므로 만약 균형해 (P^*, Q^*)가 존재한다면(비교정태분석에 관한 논의가 의미를 가지려면 균형해의 존재를 반드시 가정해야 한다.), 음함수정리에 의해, 우리는 P^* 및 Q^*에 대해서 명시적으로 풀 수 없다고 하더라도 다음과 같이 음함수로 나타낼 수 있다.

$$P^* = P^*(Y_0) \qquad \text{및} \qquad Q^* = Q^*(Y_0) \tag{8.40}$$

이 함수들이 연속인 도함수를 갖는 것을 알고 있다. 더욱이 (8.39)는 균형상태의 근방에서 다음과 같은 한 쌍의 항등식으로 된다.

$$\begin{aligned} D(P^*, Y_0) - Q^* &\equiv 0 \\ S(P^*) - Q^* &\equiv 0 \end{aligned} \tag{8.41}$$

이 식들로부터, 음함수법칙 (8.28′)을 이용하여 (dP^*/dY_0) 및 (dQ^*/dY_0)를 동시에 구할 수 있다.

식 (8.41)로 정의된 F^1 및 F^2, 그리고 두 내생변수 P^* 및 Q^*와 하나의 내생변수 Y_0를 포함하는 현재의 경우에는, 음함수법칙은 다음과 같은 형태가 된다.

$$\begin{bmatrix} \dfrac{\partial F^1}{\partial P^*} & \dfrac{\partial F^1}{\partial Q^*} \\ \dfrac{\partial F^2}{\partial P^*} & \dfrac{\partial F^2}{\partial Q^*} \end{bmatrix} \begin{bmatrix} \left(\dfrac{dP^*}{dY_0}\right) \\ \left(\dfrac{dQ^*}{dY_0}\right) \end{bmatrix} = \begin{bmatrix} -\dfrac{\partial F^1}{\partial Y_0} \\ -\dfrac{\partial F^2}{\partial Y_0} \end{bmatrix}$$

이 모형에는 단지 하나의 내생변수만 있으므로, 비교정태도함수들은 기호 ∂가 아니라 기호 d로 쓰여졌다는 것을 주목하라. 더 구체적으로 표현하면, 마지막 식은 다음과 같이 나타낼 수 있다.

$$\begin{bmatrix} \dfrac{\partial D}{\partial P^*} & -1 \\ \dfrac{dS}{dP^*} & -1 \end{bmatrix} \begin{bmatrix} \left(\dfrac{dP^*}{dY_0}\right) \\ \left(\dfrac{dQ^*}{dY_0}\right) \end{bmatrix} = \begin{bmatrix} -\dfrac{\partial D}{\partial Y_0} \\ 0 \end{bmatrix}$$

그러면 크래머의 법칙과 (8.39)를 이용하여 다음과 같은 해를 구할 수 있다:

$$\left(\frac{dP^*}{dY_0}\right) = \frac{\begin{vmatrix} -\dfrac{\partial D}{\partial Y_0} & -1 \\ 0 & -1 \end{vmatrix}}{|J|} = \frac{\dfrac{\partial D}{\partial Y_0}}{|J|}$$

$$\left(\frac{dQ^*}{dY_0}\right) = \frac{\begin{vmatrix} \dfrac{\partial D}{\partial P^*} & -\dfrac{\partial D}{\partial Y_0} \\ \dfrac{dS}{dP^*} & 0 \end{vmatrix}}{|J|} = \frac{\dfrac{dS}{dP^*}\dfrac{\partial D}{\partial Y_0}}{|J|} \qquad \textbf{(8.42)}$$

단 수요와 공급함수의 모든 도함수들은 (야코비안에 있는 도함수들도 포함하여) 초기균형점에서 계산된 것이다. 여러분은 방금 구한 결과가 단일 방정식을 이용하여 얻었던 (8.36)과 (8.37)의 결과와 일치하는 것을 확인할 수 있을 것이다.

음함수법칙을 직접 적용하는 대신에, 먼저 (8.41)의 각 항등식을 차례로 전미분하여 변수 dP^* 및 dQ^*에 관한 선형방정식체계:

$$\frac{\partial D}{\partial P^*}dP^* - dQ^* = -\frac{\partial D}{\partial Y_0}dY_0$$
$$\frac{dS}{dP^*}dP^* - dQ^* = 0$$

를 얻고, 그 다음에 이 식의 양변을 $dY_0 \neq 0$으로 나누어서, 두 미분의 몫을 각각의 도함수로 해석하면, 똑같은 결과를 얻을 수 있다.

전도함수의 이용

지금까지 설명한 단일방정식과 연립방정식에 의한 방법은 모두 균형항등식의 양변의 **전미분**을 취하고, 그 두 결과를 같게 놓는다는 점에서 하나의 공통적인 특징을 가진다. 그러나 전미분을 취하는 대신, 균형방정식에서 양변의 특정 외생변수 또는 파라미터에 관한 **전도함수**를 취하고, 그 두 결과를 같게 놓음으로써 동일한 결과를 얻을 수 있다.

예를들어, 단일방정식의 경우, 균형방정식은 다음과 같다.

$$D(P^*, Y_0) - S(P^*) \equiv 0 \qquad [(8.35)\text{으로부터}]$$

단, $$P^* = P^*(Y_0) \qquad [(8.34)\text{로부터}]$$

이 식에서 Y_0에 관한 균형방정식의 전도함수 — 이것은 Y_0의 변화로부터 발생하는 직접효과뿐 아니라 간접효과도 고려한 것이다 — 를 구하면, 다음과 같은 방정식을 얻는다.

그림 8.7

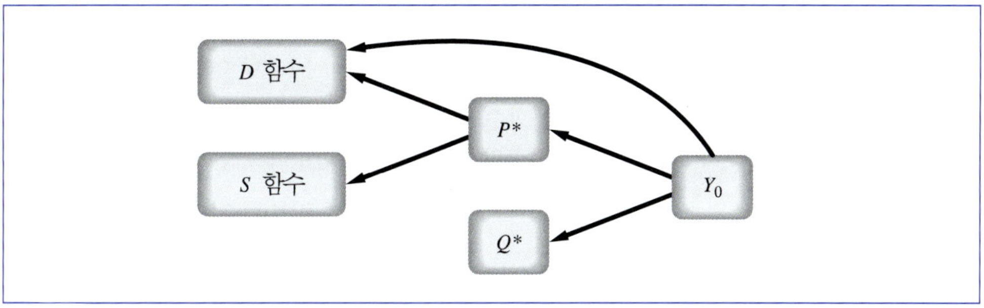

$$\underset{\left(\substack{D\text{에 대한 } Y_0\\ \text{의 간접효과}}\right)}{\frac{\partial D}{\partial P^*}\left(\frac{dP^*}{dY_0}\right)} + \underset{\left(\substack{D\text{에 대한 } Y_0\\ \text{의 직접효과}}\right)}{\frac{\partial D}{\partial Y_0}} - \underset{\left(\substack{S\text{에 대한 } Y_0\\ \text{의 간접효과}}\right)}{\frac{dS}{dP^*}\left(\frac{dP^*}{dY_0}\right)} = 0$$

이것을 (dP^*/dY_0)에 대해서 풀면, 그 결과는 (8.36)의 그것과 일치한다.

한편, 연립방정식에 의한 방법에서는, 다음과 같은 한 쌍의 균형항등식이 존재한다:

$$D(P^*, Y_0) - Q^* \equiv 0$$

$$S(P^*) - Q^* \equiv 0 \qquad [(8.41)\text{로부터}]$$

단, $$P^* = P^*(Y_0) \qquad Q^* = Q^*(Y_0) \qquad [(8.40)\text{로부터}]$$

이제 Y_0의 여러 효과를 파악하기는 더 어렵지만, [그림 8.7]의 경로도를 이용하면, 그 효과의 패턴은 명백해진다. 예를 들어, D 함수를 Y_0에 관해 미분하려면, 이 경로도를 볼 때, Y_0의 직접효과(굽은 화살표) 뿐 아니라, P^*를 거쳐 D에 영향을 미치는 Y_0의 간접효과도 고려해야 한다는 것을 알 수 있다. 이와는 달리 S 함수를 Y_0에 관해 미분할 때는 오로지 (P^*를 통한) 간접효과만을 고려하면 된다. 따라서 두 항등식을 Y_0에 관해 전미분한 결과는 다음과 같은 한 쌍의 방정식으로 정리된다.

$$\frac{\partial D}{\partial P^*}\left(\frac{dP^*}{dY_0}\right) - \left(\frac{dQ^*}{dY_0}\right) = -\frac{\partial D}{\partial Y_0}$$

$$\frac{dS}{dP^*}\left(\frac{dP^*}{dY_0}\right) - \left(\frac{dQ^*}{dY_0}\right) = 0$$

이 식들은 물론 전미분의 방법으로 구했던 방정식들과 일치하며, 이 식으로부터 다시 (8.42)의 비교정태도함수들을 구할 수 있다.

국민소득모형 †

이제 지금까지 설명한 과정을 일반적 형태의 함수들로 이루어진 국민소득모형에 적용해 보기로 하자. 다양한 경우를 고려해 보기 위해 이번에는 정부지출과 조세를 제외하는 대신에 국제무역관계를 모형에 도입하고, 재화시장과 함께 화폐시장도 포함시키기로 한다.

구체적으로 **재화시장**(goods market)은 다음의 네 함수로 특정지워진다고 가정하자.

† 역주: 이 부분은 신판의 국민소득모형의 내용과 수준이 적절하지 않다고 판단되어 제 3 판의 국민소득모형을 그대로 살린 것이다.

1. 투자지출 I 는 이자율 i 의 감소함수이다:

$$I = I(i) \qquad (I' < 0)$$

단, $I' \equiv dI/di$ 는 투자함수의 도함수이다.

2. 저축 S 는 이자율 i 와 국민소득 Y 의 증가함수이며, 한계저축성향은 1보다 작은 양수이다:

$$S = S(Y, i) \qquad (0 < S_y < 1;\ S_i > 0)$$

단, $S_y \equiv \partial S/\partial Y$ (한계저축성향) 및 $S_i \equiv \partial S/\partial i$ 는 편도함수들이다.

3. 수입 M 은 국민소득의 함수이며, 한계수입성향은 1 보다 작은 양수이다:

$$M = M(Y) \qquad (0 < M' < 1)$$

4. 수출 X 는 외생적으로 결정된다:

$$X = X_0$$

화폐시장 (money market) 은 다음의 두 함수로 구성된다.

5. 화폐수요 M_d 는 국민소득의 증가함수 (**거래적 수요**) 이며, 이자율의 감소함수 (**투기적 수요**) 이다:

$$M_d = L(Y, i) \qquad (L_r > 0;\ L_i < 0)$$

함수기호를 L 로 표시한 이유는 화폐수요함수를 보통 **유동성함수** (liquidity function) 라고 부르기 때문이다. 화폐수요를 나타내는 기호 M_d 는 수입을 나타내는 M 과 구별되어야 한다.

6. 화폐공급은 **통화정책**상의 문제로서 외생적으로 결정되는 것으로 본다:

$$M_s = M_{s0}$$

여기서 변수 I, S, M 그리고 X 는 **유량** (flow) 개념으로 Y 와 마찬가지로 모두 **일정한 기간 동안**에 흘러가는 양으로 측정되는 것이다. 이와는 달리 M_d 와 M_s 는 **저량** (stock) 개념으로 어떤 특정 **시점**에 존재하는 양을 나타낸다. 위의 함수들은 유량이거나 혹은 저량이거나에 관계없이 모두 연속도함수를 갖는다고 가정한다.

이 모형에서 균형이 달성되려면, 화폐시장의 균형조건 [(화폐수요) = (화폐공급), 즉 $M_d = M_s$] 과 상품시장의 균형조건 [(주입) = (누출), 즉 $I + X = S + M$] 이 동시에 만족되어야 한다. 위에서 언급된 일반함수들을 기초로 하면, 균형상태는 다음의 한 쌍의 조건으로 설명될 수 있다:

$$\begin{aligned} I(i) + X_0 &= S(Y, i) + M(Y) \\ L(Y, i) &= M_{s0} \end{aligned} \qquad \textbf{(8.43)}$$

기호 I, S, M, L 은 함수기호로 볼 수 있기 때문에, 이 식은 실제로 단지 두 개의 내생변수인 소득 Y 와 이자율 i 를 갖고, 이에 더해서 두 외생변수인 수출 X_0 (해외 부분에서 결정되는) 와 통화공급 M_{s0} (통화당국에 의해 결정되는) 으로 이루어진다. 따라서 (8.43) 은 $n = m = 2$ 인 (8.24) 의 형태로 다음과 같이 나타낼 수 있다:

$$\begin{aligned} F^1(Y, i; X_0, M_{s0}) &= I(i) + X_0 - S(Y,\ i) - M(Y) = 0 \\ F^2(Y, i; X_0, M_{s0}) &= L(Y,\ i) - M_{s0} = 0 \end{aligned} \qquad \textbf{(8.43')}$$

이 체계는 음함수정리의 조건들을 만족하는데, 그 근거는 다음과 같다. (1) F^1 과 F^2 는 연속도함수들을 갖는다(왜냐하면 F^1과 F^2를 구성하는 모든 함수들이 가정에 의해 연속도함수를 갖기 때문이다). (2) 내생변수에 관한 야코비안은 다음식에서 알 수 있는 바와 같이 항상 0이 아니며, 특히 초기균형점(이것은 존재한다고 가정됨)에서 0이 아니다:

$$|J| = \begin{vmatrix} \partial F^1/\partial Y & \partial F^1/\partial i \\ \partial F^2/\partial Y & \partial F^2/\partial i \end{vmatrix} = \begin{vmatrix} -S_Y - M' & I' - S \\ L_y & L_i \end{vmatrix}$$
$$= -L_i(S_Y + M') - L_Y(I' - S_i) > 0 \qquad \textbf{(8.44)}$$

그러므로 명시적으로 풀 수는 없어도, 균형값 Y^*와 i^*의 음함수는 다음과 같이 나타낼 수 있다.

$$Y^* = Y^*(X_0, M_{s0}) \quad \text{및} \quad i^* = i^*(X_0, M_{s0}) \qquad \textbf{(8.45)}$$

더욱이 (8.43′)는 균형의 어떤 근방에서 한 쌍의 항등식으로 볼 수 있으므로 다음과 같이 나타낼 수 있다.†

$$\begin{aligned} I(i^*) + X_0 - S(Y^*, i^*) - M(Y^*) &\equiv 0 \\ L(Y^*, i^*) - M_{s0} &\equiv 0 \end{aligned} \qquad \textbf{(8.46)}$$

이들 균형항등식으로부터 모두 4개의 비교정태도함수를 구할 수 있는데 이 중 2개는 X_0와 관련된 것이고, 다른 2개는 M_{s0}와 관련된 것이다. 여기서 전자의 X_0와 관련된 두 개의 도함수만을 유도해 보기로 하고, 나머지 두 개는 여러분의 연습문제로 남겨둔다.

먼저 (8.46)의 각 항등식에서 전미분을 구한 다음에 dM_{s0}를 0으로 놓으면 dX_0만이 모형의 균형을 교란시키는 요인이 될 것이다. 다음에 dX_0로 나누어, 두 미분의 몫을 편도함수(또 하나의 외생변수 M_{s0}가 일정하므로 편도함수가 된다)로 보면 다음과 같은 행렬방정식을 얻는다.

$$\begin{bmatrix} -S_y - M' & I' - S \\ L_y & L_i \end{bmatrix} \begin{bmatrix} (\partial Y^*/\partial X_0) \\ (\partial i^*/\partial X_0) \end{bmatrix} = \begin{bmatrix} -1 \\ 0 \end{bmatrix} \qquad \textbf{(8.47)}$$

이 행렬방정식의 해는 크래머의 법칙과 (8.44)에 의해 다음과 같이 구해질 수 있다.

$$\left(\frac{\partial Y^*}{\partial X_0}\right) = \frac{\begin{vmatrix} -1 & I' - S_i \\ 0 & L_i \end{vmatrix}}{|J|} = \frac{-L_i}{|J|} > 0$$
$$\left(\frac{\partial i^*}{\partial X_0}\right) = \frac{\begin{vmatrix} -S_Y - M' & -1 \\ L_Y & 0 \end{vmatrix}}{|J|} = \frac{L_Y}{|J|} > 0 \qquad \textbf{(8.48)}$$

단, 등호의 우변에 있는 모든 도함수들(야코비안에 나타나는 것을 포함하여)은 초기균형, 즉 $Y = Y^*$와 $i = i^*$에서 계산된 것이다. 이 도함수들의 구체적 값들을 알고 있으면, (8.48)로부터 수출의 변화가 미치는 효과에 관한 정량적 결론을 얻을 수 있다. 그러나 그러한 구체적인 값들을 알지 못하면, 현재의 모형에서 Y^*와 i^*는 모두 수출의 증가에 따라 증가할 것이라는 정성적 결론에 만족할 수 밖에 없다.

† 역주 : 앞에서도 말했지만 이 설명은 다음과 같이 이해되어야 한다. 즉 초기균형에 대응하는 외생변수의 점을 (X_0^*, M_{s0}^*)라 하면 그 점의 근방 내의 점들에 대응하는 균형점들이 식 (8.45)에 의해서 (Y^*, i^*)로 규정되고, 이 값을 식 (8.43′)에 대입하면 항등식 (8.45)가 얻어지는 것이다. 본문의 설명은 이 뜻을 명확히 전달하지 못하고 있는 듯하다.

그림 8.8

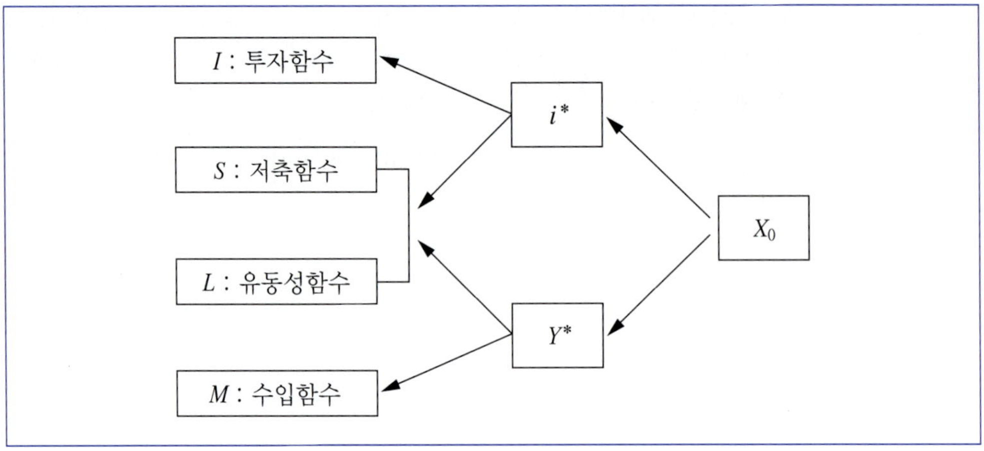

시장모형에서와 마찬가지로, 전미분을 사용하는 대신 특정한 외생변수에 관한 (8.46)의 균형항등식의 **전도함수**(total derivative)를 사용할 수도 있다. 물론 이 방법을 사용할 때도 음함수 (8.45)를 고려해야 한다. (8.45)와 (8.46)에서 주어진 바와 같이, X_0가 모형 내의 다른 변수에 효과를 미칠 수 있는 여러 방법은 [그림 8.8]의 경로도로 요약될 수 있다. 특히 저축함수 또는 유동성함수를 X_0에 관해 미분할 때는 i^*와 Y^*를 통한 **두 가지** 간접효과를 고려하여야 한다. 이 경로도를 참조하여 균형항등식들을 X_0에 전미분하면 다음과 같은 한 쌍의 방정식을 얻는다:

$$I'\left(\frac{\partial i^*}{\partial X_0}\right)+1-S_Y\left(\frac{\partial Y^*}{\partial X_0}\right)-S_i\left(\frac{\partial i^*}{\partial X_0}\right)-M'\left(\frac{\partial Y^*}{\partial X_0}\right)=0$$

$$L_Y\left(\frac{\partial Y^*}{\partial X_0}\right)+L_i\left(\frac{\partial i^*}{\partial X_0}\right)=0$$

또다른 외생변수 M_{s0}는 일정하게 유지되기 때문에, 각 식의 좌변은 이에 대응하는 균형항등식의 좌변의 **편전**도함수(partial total derivative)가 된다. 그러나 비교정태도함수 $(\partial Y^*/\partial X_0)$ 및 $(\partial i^*/\partial X_0)$는 음함수 (8.45)의 도함수들이기 때문에, 보통의 **편**도함수가 된다. 이 두 방정식을 정리하면 (8.47)이 되고, 따라서 전미분 방법과 전도함수방법의 결과는 일치한다.

우리가 구한 편도함수 $(\partial Y^*/\partial X_0)$는 수출승수임을 알 수 있다. 또 수출의 증가에 따라 유발된 국민소득의 증가는 수입함수 $M=M(Y)$를 통하여 수입을 증가시키기 때문에, 우리는 다시 연쇄법칙을 이용하여 다음과 같은 (부수적인) 비교정태도함수를 구할 수 있다:

$$\left(\frac{\partial M^*}{\partial X_0}\right)=M'\left(\frac{\partial Y^*}{\partial X_0}\right)=\frac{-M'L_i}{|J|}$$

여기서 $M'>0$이므로, 이 도함수의 부호는 양이 된다. 같은 방법으로 우리는 $(\partial I^*/\partial X_0)$와 $(\partial S^*/\partial X_0)$와 같은 부수적인 비교정태도함수도 구할 수 있다.

분석절차의 요약

일반함수형태로 이루어진 시장모형과 국민소득모형을 분석할때 내생변수의 해를 명시적으로 얻는 것은 불가능하다. 대신에, 음함수정리를 이용해서 다음과 같은 음함수로 나타낼 수 있다.

$$P^* = P^*(Y_0) \quad \text{및} \quad r^* = r^*(G_0, M_0^s)$$

여기서 (dP^*/dY_0) 및 $(\partial i^*/\partial G_0)$와 같은 비교정태도함수를 구하는 과정이 의미를 가지는 것은 역시 음함수정리에 의해 함수 P^* 및 i^* 함수들이 연속도함수들을 갖는다는 알려진 사실에 기초를 두고 있다.

이 정리를 쉽게 적용하기 위해서, 모형의 균형조건(들)을 (8.19) 또는 (8.24)의 형태로 나타내는 것이 보통이다. 그리고 나서 (1) F 함수(들)이 연속도함수를 갖는지 그리고 (2) F_y의 값 또는 내생변수에 관한 야코비행렬식이 모형의 초기균형점에서 0인지의 여부를 확인해야 한다. 그러나 모형의 개별 함수들이 연속도함수를 갖는 한 — 이것은 일반함수모형에서 흔히 채택되는 가정이다 — 첫 번째 조건은 자동적으로 충족된다. 그러므로 실제의 문제에 있어서는, F_y 또는 내생변수에 관한 야코비행렬식의 값만을 확인하기만 하면 된다. 그리고 그것이 균형에서 0이 아니라면, 곧바로 비교정태도함수들을 구하는 작업을 시작할 수 있다.

이 과정에서 음함수법칙이 유용하게 쓰인다. 단일방정식의 경우에는, 균형조건에서 내생변수들을 그들의 균형값과 같다고 놓고(즉 $P^* = P^*$), 그 결과 얻게 되는 균형항등식에 (8.23)의 법칙을 적용하면 된다. 연립방정식의 경우에는, 먼저 균형조건에서 모든 내생변수들을 그들의 균형값과 같다고 놓고, 이로부터 얻어지는 균형항등식들에 (8.29)의 음함수법칙을 적용하거나, 또는 아래에 요약한 몇 단계를 적용하면 된다.

1. 각 균형항등식의 전미분을 차례로 구한다.
2. 균형을 교란시키는 요인으로서 오직 하나의 외생변수(이를테면 X_0)를 택하고, **다른 모든** 외생변수의 미분을 0으로 놓는다. 그 다음 각 항등식에 남아 있는 모든 항들을 dX_0로 나누어, 두 미분의 몫을 비교정태도함수로 해석한다 — 이 도함수는 모형이 둘 이상의 외생변수들로 이루어진 경우에는 편도함수가 된다.†
3. 이로부터 얻어지는 방정식체계를 비교정태도함수에 관해 풀고, 그 경제적 의미를 설명한다. 이 단계에서, 만약 크래머의 법칙이 사용된다면, $|J| \neq 0$이라는 조건을 검증하기 위해 이미 계산된 $|J|$의 값을 이용할 수 있다. 왜냐하면 $|J|$는 바로 이 단계에서 나타나는 방정식체계의 계수행렬의 행렬식이기 때문이다.
4. 균형을 교란시키는 다른 요인(다른 외생변수)을 분석하기 위해서는 단계 2와 3을 반복한다. 이 새로운 방정식체계에도 또 다른 비교정태도함수들이 나타나지만, 계수행렬은 전과 동일하고, 따라서 이미 계산된 $|J|$의 값을 다시 사용할 수 있다.

주어진 모형에 m개의 외생변수가 있을 때, 모든 비교정태도함수를 구하기 위해서는 위에서 설명한 과정을 정확히 m번 반복하면 된다.

† 단계 1과 2를 거치는 대신에 각 균형항등식의 양변을 임의의 외생변수에 대해 전도함수를 구하는 방법을 사용할 수도 있다. 이 경우에는 경로도가 이해에 도움이 된다.

연습문제 8.6

1. 국민소득모형의 균형조건이 다음과 같다고 하자.

$$S(Y)+T(Y)=I(Y)+G_0 \qquad (S', T', I'>0; \quad S'+T'>I')$$

단, S, Y, T, I, G는 각각 저축, 국민소득, 조세, 투자, 정부지출을 나타낸다. 그리고 모든 도함수들은 연속이다.

(a) 도함수 S', T', I'의 경제적 의미를 설명하라.

(b) 음함수정리의 조건들이 충족되는가를 확인하라. 만약 충족된다면 균형항등식을 써라.

(c) dY^*/dG_0을 구하고 그 경제적 의미를 설명하라.

2. 어떤 상품의 수요함수와 공급함수가 다음과 같다고 하자.

$$Q_d=D(P, Y_0) \qquad (D_p<0; \quad D_{Y0}>0)$$
$$Q_S=S(P, T\,) \qquad (S_p>0; \quad S_T'<0)$$

단, Y_0는 소득, T_0는 상품에 대한 조세이다. 그리고 모든 도함수는 연속이다.

(a) 균형조건을 단일방정식으로 나타내라.

(b) 음함수정리가 적용될 수 있는가를 확인하라. 만약, 적용된다면 균형항등식을 써라.

(c) $(\partial P^*/\partial Y_0)$ 및 $(\partial P^*/\partial T_0)$를 구하고 그 경제적 의미를 설명하라.

(d) (8.37)의 방법을 이용하여, 공급함수로부터 $(\partial Q^*/\partial Y_0)$를 구하고, 수요함수로부터 $(\partial Q^*/\partial T_0)$를 구하라 (왜 전자에는 수요함수를, 후자에는 공급함수를 사용하지 않는가?).[†]

3. 연립방정식 접근법을 이용해서 문제 2.를 풀어라.

4. 어떤 상품의 수요함수와 공급함수가 다음과 같다고 하자.

$$Q_d=D(\underset{-}{P}, \underset{+}{t_0}) \qquad \text{및} \qquad Q_s=Q_{s0}$$

단, t_0는 그 상품에 대한 소비자기호를 나타내고, 두 도함수는 연속이다.

(a) 독립변수 P 및 t_0의 바로 밑에 위치한 − 와 + 기호의 의미는 무엇인가?

(b) 균형조건을 단일방정식으로 표시하라.

(c) 음함수정리를 적용할 수 있는가?

(d) 균형가격은 소비자기호의 변화에 따라 어떻게 변화하는가?

5. 다음의 국민소득모형을 생각하자 (조세는 무시함).

$$Y-C(Y)-I(i)-G_0=0 \qquad (0<C'<1; \quad I'<0)$$
$$kY+L(i)-M_{s0}=0 \qquad (k=\text{양의 상수}; L'<0)$$

(a) 첫 번째 방정식은 균형조건의 성질을 갖는가?

(b) 이 모형에서 총화폐수요량은 무엇인가?

(c) 통화공급이 변할 때 (금융정책)와 정부지출이 변할 때 (재정정책), 이 모형의 비교정태분석을 행하라.

6. 문제 5에서, 화폐수요는 규정된 것처럼 여전히 Y에 의존하지만, 이제 그것은 이자율의 영향을 받지 않는다고 가정하자.

(a) 모형은 어떻게 바꾸어져야 하는가?

(b) 새로운 야코비안을 쓰고, 그것을 $|J|'$로 부르자. $|J|'$는 수치적으로 (절대값으로) $|J|$보다 더 큰가 또는 적은가?

[†] 역주 : 사용하지 않을 이유가 없다. 어느 것을 사용하더라도 같은 결과가 나올 것이다.

(*c*) 음함수정리는 여전히 적용될 수 있는가?

(*d*) 새로운 비교정태도함수들을 구하라.

(*e*) 새로운 $(\partial Y^*/\partial G_0)$를 문제 5.의 그것과 비교하면, Y가 i에 독립일 때 새로운 모형의 재정정책의 유효성에 대하여 어떤 결론을 내릴 수 있는가?

(*f*) 새로운 $(\partial Y^*/\partial M_{s0})$을 문제 5.의 그것과 비교하면, 새로운 모형의 통화정책의 유효성에 대하여 무엇을 얘기할 수 있는가?

8.7 | 비교정태분석의 한계

경제학에서는 보통 균형을 교란시키는 어떤 파라미터의 변화가 모형의 균형상태에 어떠한 영향을 미칠 것인가 하는 문제에 관심이 있기 때문에 비교정태분석은 유용한 연구분야이다. 그러나 비교정태분석은 본질적으로 원래의 균형에서 새로운 균형으로 가는 조정과정과, 그 조정과정에 필요한 시간요소를 무시한다는 점을 염두에 두어야 한다. 결과적으로, 비교정태분석은 모형에 내재하는 불안정성으로 인해, 새로운 균형이 결코 달성될 수 없는 것일 수도 있다는 사실을 필연적으로 무시하게 된다. 조정과정 그 자체에 대한 연구는 **동태경제학**의 영역에 속한다. 우리가 그 문제를 다루게 될 때, 시간에 걸친 변수의 변화양태에 특별히 주목할 것이고, 또 균형의 안정성 문제를 명시적으로 고려할 것이다.

그러나 동태분석이라는 중요한 논제는 다음으로 미루고. 그에 앞서 제 4 부에서 우리는 최적화문제를 다루기로 한다. 이 최적화문제는 균형분석의 매우 중요하고 특수한 변형이며, 동시에 그 자체로서 비교정태분석의 대상이 되며, 또 분석의 복잡성을 수반한다.

Chapter 8 요약

❖ 일반함수모형의 비교정태분석 ❖

1. 함수 $y = f(x)$ 에서 x 의 독립적인 변화 dx 에 따른 y 의 미분 dy 는 다음과 같이 정의된다:

$$dy = f'(x)\,dx$$

   여기서 도함수 $f'(x)$ 는 미분변화 dx 를 대응하는 변화 dy 로 변환시키는 변환장치로 볼 수 있다.

2. 일반적으로 총함수가 $y = f(x)$ 로 주어졌을 때, x 에 관한 y 의 점탄력성은 다음과 같이 쓸 수 있다:

$$\varepsilon_{yx} = \frac{dy/dx}{y/x} = \frac{\text{한계함수}}{\text{평균함수}}$$

3. 다변수함수 $y = f(x_1, x_2, \cdots, x_n)$ 에서 x 들의 독립적인 변화 $dx_i\,(i = 1, \cdots, n)$ 에 따른 y 의 전미분 dy 는 다음과 같이 정의된다.

$$dy = f_1\,dx_1 + f_2\,dx_2 + \cdots + f_n\,dx_n$$

   이것은 모든 가능한 변화의 원천으로부터 발생하는 미소변화로 말미암은 y 의 총변화를 나타낸다.

4. 도함수법칙으로부터 미분 또는 전미분을 구하는 미분연산법칙들을 유도할 수 있다.
5. 독립변수의 변화에 따른 종속변수의 변화를, 직접적인 경로뿐 아니라 간접적인 경로까지도 고려하여 고찰할 때 전도함수의 개념이 나타난다.
6. 전미분을 이용하여 음함수의 도함수를 구할 수 있다.
7. 음함수정리는 변수들간의 관계 속에 묵시적으로 존재하는 함수의 존재를 확인할 수 있는 조건과, 그 함수의 성질을 규정한다. 이 정리는 한 개의 식 뿐 아니라, 방정식체계에도 적용할 수 있다.
8. 일반함수로 주어진 경제모형을 비교정태분석하면, 이로부터 정성적인 결론을 얻을 수 있는 경우가 있다.

Part 4

최적화문제

Optimization Problems

Chapter 09

최적화분석

제 3 장에서 우리가 처음으로 균형이라는 용어를 사용하였을 때, 균형을 목적균형과 비목적균형으로 대별하였다. 시장모형과 국민소득모형에서 설명한 바 있는 비목적균형에서는 어떤 대립되는 힘들이 상호작용하여 균형상태를 실현한다. 예를 들어, 시장모형에서는 수요와 공급의 힘들이 그리고 소득모형에서는 누출과 주입의 힘들이 상호작용하여 균형상태를 실현하게 된다. 균형상태에서는 그런 대립되는 힘들이 서로 정확히 평형을 이루게 되고, 따라서 더 이상 변화하려는 경향은 없어진다. 이런 형태의 균형이 달성되는 것은 상호작용하는 힘들이 독자적으로 평형을 이룬 결과일 뿐이지 어떤 특정한 목적을 성취하기 위한 일부 개인들의 의식적인 노력의 결과가 아니다. 즉 수요의 배후에 있는 가계와, 공급의 배후에 있는 기업이 각각 주어진 상황하에서 최적상태를 찾으려고 노력하지만, 시장 그 자체만 고려하는 한, 어느 누구도 어떤 특정한 균형가격 또는 특정한 균형량을 목표로 삼지 않는다(물론 정부가 가격을 고정시키려고 하지 않는다고 볼 때 그렇다). 마찬가지로, 국민소득결정에 있어서도 누출과 주입의 비인격적(impersonal) 조화에 의해서 균형상태가 이루어지는 것이며, 어떤 특정한 목적(예컨대, 금융정책 또는 재정정책의 수단에 의해 바람직스럽지 않는 소득수준을 변경하려는 시도)을 달성하려는 의식적인 노력은 전혀 요구되지 않는다.

그러나 이 책의 제 4 부에서 다루게 되는 것은 **목적균형**(goal equilibrium)으로서, 이 목적균형에서의 균형상태는 어떤 경제단위(가계, 기업, 또는 경제 전체)의 관점에서 본 최적상태로 정의되고, 그 경제단위는 그런 균형을 달성하기 위하여 의도적으로 노력해야 하는 것이다. 결과적으로, 이러한 맥락에서 보면, 균형이 반드시 바람직한 상태를 의미하는 것은 아니라는 앞서의 주장은 이제 부적절한 것이며 중요하지도 않다. 이 제 4 부에서의 우리의 주된 관심은 미분법을 사용하여 최적위치를 찾는 고전적 최적화 기법에 있다. 수리계획법으로 알려진 보다 최근에 발전된 최적화 기법은 제 13 장에서 논의될 것이다.

9.1 | 최적값과 극값

경제학은 선택의 과학이라고 보아도 무방하다. 어떤 경제과제를 수행할 필요가 있을 때, 예컨대 일정 수준의 산출량을 생산하려고 할 때, 보통 이를 달성하는 데에는 여러 가지 이용가능한 대안들이 존재하게 된다. 그러나 어떤 기준에 비추어 볼 때, 이 대안들 중 어떤 하나(또는 그 이상)의 대안이 다른 대안보다 더 바람직하게 되고, 또 그런 특정한 기준을 토대로 최선의 대안을 선택하는 것이 바로 최적화문제의 본질이다.

경제학에서 가장 보편적으로 이용되는 선택기준은 어떤 것을 **극대화**(maximizing)하는 목적(예컨대 기업의 이윤극대화, 소비자의 효용극대화, 한 기업 또는 한 국가의 성장률극대화)이나 혹은 어떤 것을 **극소화**(minimizing) 하는 목적 (주어진 산출물의 생산비용극소화) 이다. 경제학에서는 그와 같은 극대화와 극소화문제를 보다 일반적으로 **최적화**(optimization) 문제라고 하는데, 그 의미는 "최선을 추구한다"는 것이다. 그러나 순수하게 수학적인 관점에서 보면, "극대" (maximum) 와 "극소" (minimum) 라는 용어에는 최적성 (optimality) 이라는 의미는 전혀 내포되어 있지 않다. 따라서 수학적인 개념으로서 극대와 극소를 총괄적으로 나타내는 용어는 극단을 의미하는 **극점** 또는 **극값**(extreme) 이고, 이것이 더 사실중시적인 명칭이다.

최적화문제를 정식화하는 데 있어서 가장 먼저 해야 할 일은 **목적함수**(objective function) 를 설정하는 것이다. 이 목적함수에서, 종속변수는 극대화 또는 극소화되는 대상을 나타내며, 독립변수들의 집합은 당해 경제주체가 최적화의 관점에서 그 크기를 선택할 수 있는 대상들을 나타낸다. 이 때문에 우리는 독립변수를 **선택변수**(choice variable) 라고 부를 것이다.† 최적화 과정의 핵심은 우리가 원하는 목적함수의 극값을 가져다 주는 선택변수들의 값을 찾는 것이다.

예를 들면, 기업은 이윤 π, 즉 총수입 R과 총비용 C의 차를 극대화하려고 시도할 것이다. 이때 생산기술이 주어지고, 기업의 제품에 대한 시장수요가 주어졌다면, R과 C는 모두 산출량수준 Q의 함수가 되기 때문에, π도 역시 Q의 함수가 되어

$$\pi(Q) = R(Q) - C(Q)$$

로 표시할 수 있다. 이 식은 문제의 목적함수가 된다. 여기서 π는 극대화되는 대상이고 Q는 그 함수의 (유일한) 선택변수이다. 그러면 최적화문제는 π를 극대화하는 Q의 수준을 선택하는 것이 된다. 여기서 한 가지 유의할 점은, π의 **최적수준**은 정의상 π의 **극대값**이지만, 선택변수 Q의 최적수준은 그 자체가 극대값 또는 극소값이어야 할 필요는 없다는 것이다.

앞으로 이 문제의 논의를 더 일반적인 상황에서 진행하기 위해서 (비록 계속해서 1변수만의 목적함수에 한정하지만), 일반함수

$$y = f(x)$$

를 고려하기로 하고, 여기서 y의 값을 극대화 또는 극소화하는 x의 수준을 찾아내는 방법을 전개시켜 보도록 하자. 단, 우리의 논의과정을 통하여 함수 f는 연속미분가능하다고 가정하기로 한다.

9.2 | 상대적 극대 및 극소: 1계도함수검증법

목적함수 $y = f(x)$가 일반함수 형태로 표시되었기 때문에, 그것이 선형인지 비선형인지의 여부, 또는 단조함수인지 아닌지의 여부에 관해서는 아무런 제약도 없다. 제 9.1 절에서 논의된 목적함수의 형태로 표시될 수 있는 많은 종류의 함수 중에서 우리는 [그림 9.2]에 그려진 세 개의 특별한 함수를 선택하였다. 이 그림들은 매우 단순하지만, 그것들로부터 함수 $y = f(x)$의 극대값 또는 극소값을 찾는 문제에 관한 유익한 시사를 얻을 수 있다.

상대적 극값 대 절대적 극값

목적함수가, [그림 9.1](a)와 같이, 상수함수이면, 선택변수 x의 모든 값에 대응하는 y의 값은

† 이것은 또한 **의사결정변수**(decision variable) 또는 **정책변수**(policy variable) 라고 불리워진다.

그림 9.1

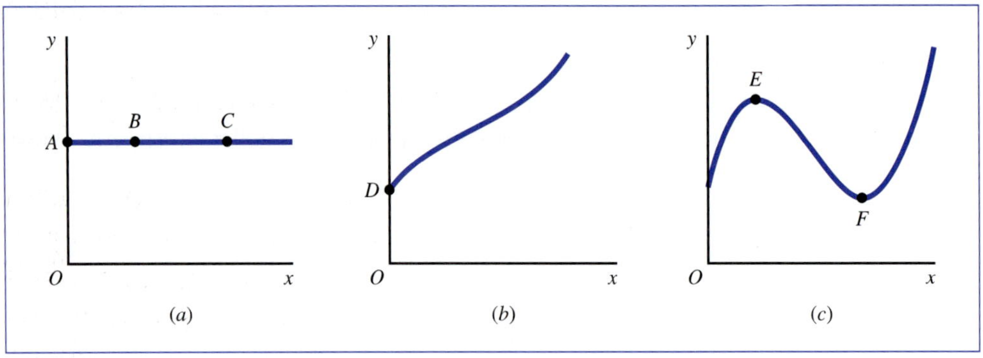

동일하며, 그 함수의 그래프상에 있는 각 점(A 또는 B 또는 C와 같은 점)의 높이를 극대 혹은 극소 혹은 어느 쪽도 아니라고 생각할 수 있다. 이 경우에는 y를 극대화 또는 극소화하기 위해 x의 값을 선택한다는 것은 사실 의미가 없다.

[그림 9.1](b)의 함수는 강증가함수이다. 만약 그 함수의 정의역이 비음실수집합이라고 하면, 유한한 극대값은 존재하지 않는다. 그러나 왼쪽에 있는 끝점 D(y축 절편)는 극소값으로 생각할 수 있다; 사실, 이 경우에 그 점은 함수의 치역에서 **절대적**(absolute) 극소, 즉 **전역적**(global) 극소가 된다.

한편 [그림 9.1](c)의 점 E와 F는 **상대적**(relative) 극점, 즉 **국지적**(local) 극점의 예들이다. 상대적 극점이라는 것은 이 점들이 각각 오직 그 점의 근방에서 극값이 된다는 의미이다. 물론 점 F가 상대적 극소점이라는 사실이 곧 그 점은 절대적 극소점이라는 것을 보장하는 것은 아니다(단, 이 그림에서는 절대적 극소점이 상대적 극소점과 우연히 일치하고 있다). 마찬가지로, E와 같은 상대적 극대점이 전역적 극대점일 수도 있고 또 그렇지 않을 수도 있다. 또 어떤 함수는 다수의 상대적 극값을 가질 수 있는데, 극값 중 몇 개는 극대값이 되고 다른 몇 개는 극소값이 될 수 있다는 점에 주의해야 한다.

우리가 곧 다루게 될 대부분의 경제문제에 있어서 주된 관심은 끝점이 아닌 극점에 있다. 이것은 대부분의 경제문제에서 목적함수의 정의역이 비음실수의 집합으로 제한되고, 따라서(왼쪽의) 끝점은 선택변수가 0이라는 것을 나타내게 되어, 사실상 현실적으로 관심의 대상이 아니기 때문이다. 실제로 경제분석에서 자주 접하게 되는 함수형태는 [그림 9.1](c)에서 그려진 함수나 혹은 그런 함수의 어떤 변형된 함수로, 곡선에 단지 하나의 굴곡부분을 갖는 함수이다. 그러므로 앞으로 우리는 점 E와 F 같은 상대적 극값을 구하는 문제를 주로 논의하게 될 것이다. 그러나 이것이 절대적 극대값에 대한 논의를 제외한다는 것은 결코 아니다. 왜냐하면 절대적 극대값은 상대적 극대값이 되거나 또는 함수의 끝점값 중의 하나가 되기 때문이다. 따라서 만약 모든 상대적 극대값을 알고 있다면, 이 중 가장 큰 상대적 극대값을 선택하여, 그것을 끝점값과 비교함으로써 절대적 극대값을 결정할 수 있다. 함수의 절대적 극소값도 같은 방법에 의해서 구할 수 있다. 지금부터는 별도의 언급이 없는 한, 극값은 **상대적** 극값 혹은 **국지적** 극값으로 생각하기로 한다.

1계도함수 검증법

먼저 용어의 문제로서, 이제부터 우리는 어떤 함수의 도함수를 그 함수의 **1계도함수**(first or first-order derivative)라고 하기로 한다. 그 이유는 곧 명백하게 될 것이다.

그림 9.2

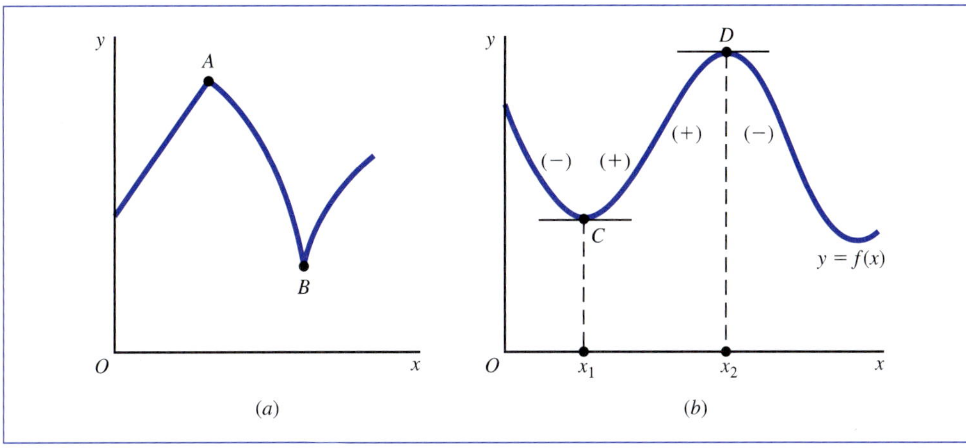

함수 $y=f(x)$가 주어지면, 1계도함수 $f'(x)$는 그 함수의 극값을 탐색하는 데 있어서 중요한 역할을 한다. 이것은 함수의 상대적 극값이 $x=x_0$에서 이루어진다면, (1) $f'(x)$가 존재하지 않거나, 혹은 (2) $f'(x_0)=0$이 된다는 사실에 기인한다. 이 첫 번째 가능성이 [그림 9.2](a)에 그려져 있는데, 이 그림에서 두 점 A와 B는 y의 상대적 극값을 나타내고 있으나, 도함수는 이러한 뾰족점에서 정의되지 않는다. 그러나 우리의 논의에서는 $y=f(x)$가 연속이고, 또 연속도함수를 갖는다고 가정되기 때문에, 사실상 뾰족점들은 논의의 대상에서 배제되어 있다. 함수의 곡선이 매끈한 경우에는, 상대적 극값은 1계도함수의 값이 0인 곳에서만 발생할 수 있다. 이것은 [그림 9.2](b)에서 점 C와 D로 예시되어 있는데, 이 두 점은 모두 극값을 나타내며, 이 점에서 곡선의 기울기는 0, 즉 $f'(x_1)=0$ 및 $f'(x_2)=0$이 된다. 또한 그 기울기가 0이 아닐 때, 상대적 극소(계곡의 바닥) 또는 상대적 극대(언덕의 정상)를 가질 수 없다는 것을 쉽게 알 수 있다. 이 때문에, 매끈한 함수의 경우에, 우리는 조건 $f'(x)=0$을 상대적 극점(극대 또는 극소)의 **필요**조건이라고 볼 수 있다.

그러나 곡선의 기울기가 0이라는 것은 상대적 극점이기 위한 **필요**조건이지 **충분**조건은 아님을 알아야 한다. 기울기가 0인 것이 극값과는 아무 관련이 없는 경우의 예는 잠시 후에 들기로 한다. 그러나 기울기가 0이라는 조건에 어떤 단서를 덧붙이기만 하면, 상대적 극값을 찾을 수 있는 결정적인 검증법을 얻을 수 있다. 이 검증법은 다음과 같이 나타낼 수 있다.

상대적 극값에 대한 1계도함수 검증법 만약 $x=x_0$에서 함수 $f(x)$의 1계도함수가 $f'(x)=0$이면, x_0에서 함수의 값 $f(x_0)$는

a. 만약 x의 값이 점 x_0의 바로 왼쪽에서 바로 오른쪽으로 넘어갈 때 도함수 $f'(x)$의 부호가 양에서 음으로 변하면, 상대적 **극대**이다.
b. 만약 x의 값이 x_0의 바로 왼쪽에서 바로 오른쪽으로 넘어갈 때 도함수 $f'(x)$의 부호가 음에서 양으로 변하면, 상대적 **극소**이다.
c. 만약 x_0의 바로 왼쪽과 바로 오른쪽에서 도함수 $f'(x)$의 부호가 같다면, 상대적 극소도 상대적 극대도 아니다.

$f'(x_0)=0$일 때, x_0 값을 x의 **임계값**(critical value)이라고 하며, $f(x_0)$를 y(또는 함수 f)의

정지값 (stationary value)이라고 한다. 그리고 x_0와 $f(x_0)$ 좌표를 갖는 점을 **정지점** (stationary point)이라고 한다 ("정지 (stationary)"라는 용어의 의미는 스스로 명백하다 — 기울기가 0이 되는 점은 결코 상승 혹은 하강하려는 경향이 있는 곳에 위치하는 것이 아니라, 오히려 멈춘 상태에 있게 된다). 그래프로 보면, 이 검증법에 나타난 첫 번째 가능성은 [그림 9.2](b)의 점 D처럼 언덕의 꼭대기와 같은 정지점을 나타내는데 반하여, 두 번째 가능성은 점 C처럼 계곡의 밑바닥과 같은 정지점을 나타낸다. 그러나 여기서 주의해야 할 점은, 아직 논의하지 않은 세 번째 가능성이 존재하기 때문에, 조건 $f'(x) = 0$을 상대적 극치의 **충분조건**으로 볼 수 없다는 것이다. 그러나 **만약** 필요조건 $f'(x) = 0$이 만족되면, **그때에는** 도함수의 부호 변화를 나타내는 조건은 부호가 변하는 방향에 따라, 상대적 극대 또는 상대적 극소의 **충분조건**으로서의 역할을 할 수 있게 된다.

그러면 이제 세 번째 가능성을 설명하기로 하자. [그림 9.3](a)에서, 함수 f는 J에서 ($x = j$ 일 때) 곡선의 기울기가 0이 되는 것으로 그려져 있다. 그러나 $f'(j)$가 0이지만 — 이것은 $f(j)$를 정지값이 되도록 한다 — 그 도함수의 부호는 $x = j$의 양쪽에서 같다. 따라서 1계도함수 검증법에 의하면, 점 J는, 그래프에서 알 수 있듯이, 극대도 극소도 아니다. 그 점은 **변곡점** (inflection point)이다.

변곡점의 특징은 그 점에서 (원시함수가 아니라) 도함수가 극값에 도달한다는 것이다. 또 함수의 극값은 극대 또는 극소가 될 수 있기 때문에 변곡점의 형태는 두 가지가 된다. 도함수 $f'(x)$를 그린 [그림 9.3](a')에서 보듯이, $x = j$에서 도함수는 0의 값을 갖지만 (점 J'를 참조), 점 J'의 양쪽에서 양의 값을 갖는다. 따라서, J'은 도함수 $f'(x)$의 **극소**점이 된다.

또다른 형태의 변곡점이 [그림 9.3](b)에 그려져 있는데, 이 그림의 함수 $g(x)$의 기울기는 점 k에 도달할 때까지 증가하다가 그 이후에는 감소한다. 따라서 도함수 $g'(x)$의 그래프는 그림 (b')에

그림 9.3

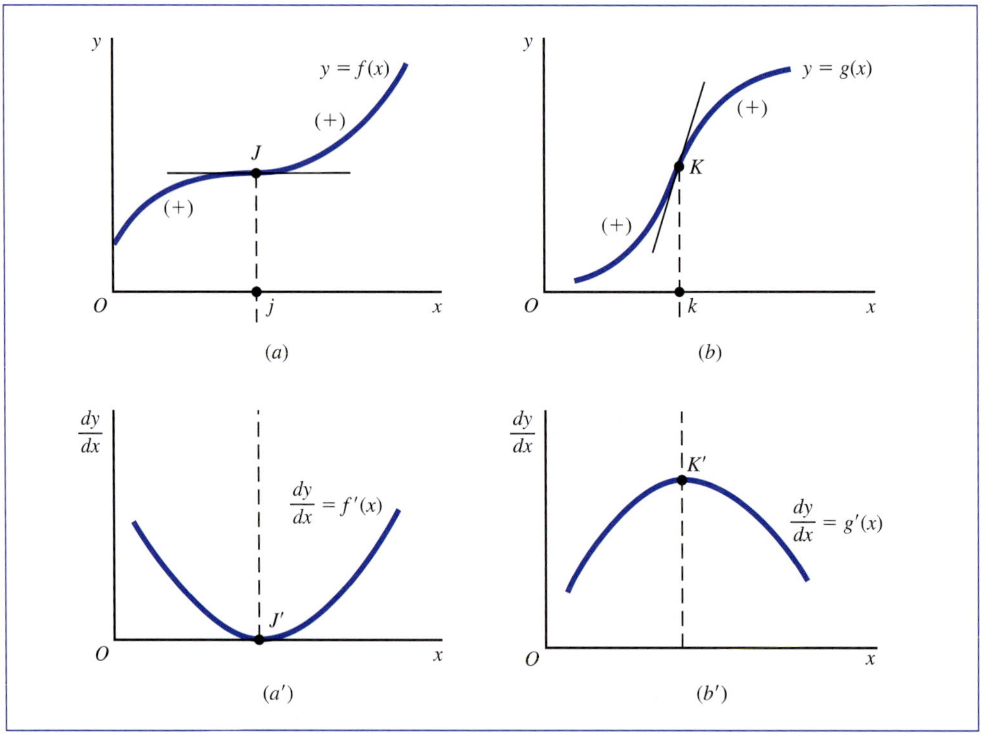

그려진 것과 같은 형태가 되고, 도함수 $g'(x)$는 점 K'에서 극대값을 갖는다.†

이상을 요약하면 다음과 같다. 상대적 극값은 반드시 정지값이지만, 정지값은 상대적 극값 혹은 변곡점과 관련될 수 있다. 그러므로 주어진 함수의 상대적 극대 또는 극소를 찾기 위해서는, 그 과정은 먼저 조건 $f'(x) = 0$이 만족되는 곳에서 함수의 정지값을 구하고, 그 다음에 각 정지값이 상대적 극대인지, 상대적 극소인지, 혹은 극대도 극소도 아닌지의 여부를 1계도함수 검증법을 적용하여 결정해야 한다.

예 1

함수

$$y = f(x) = x^3 - 12x^2 + 36x + 8$$

의 상대적 극값을 구하라. 먼저 이 함수의 도함수를 구하면

$$f'(x) = 3x^2 - 24x + 36$$

이 된다. 임계값을 구하기 위해, 즉 조건 $f'(x) = 0$을 만족하는 x의 값을 구하기 위해, 2차식으로 주어진 이 도함수를 0으로 놓아 2차방정식

$$3x^2 - 24x + 36 = 0$$

을 얻는다. 이 다항식을 인수분해하거나 또는 근의 공식을 적용하면 다음과 같은 한쌍의 근(해)을 구할 수 있다.

$$x_1^* = 6 \qquad [\text{이 점에서, } f'(6) = 0 \text{ 이고 } f(6) = 8 \text{ 이다}]$$
$$x_2^* = 2 \qquad [\text{이 점에서, } f'(2) = 0 \text{ 이고 } f(2) = 40 \text{ 이다}]$$

$f'(6) = f'(2) = 0$이므로, 이 두 개의 x값이 우리가 구하고자 하는 임계값이다.

우리는 $x = 6$의 바로 근방에서, $x < 6$일 때 $f'(x) > 0$이고, $x > 6$일 때 $f'(x) < 0$이라는 것을 쉽게 알 수 있다. 즉 그 점에 대응하는 함수의 값 $f(6) = 8$은 상대적 극대값이다. 마찬가지로, $x = 2$의 바로 근방에서, $x < 2$일 때 $f'(x) < 0$이고, $x > 2$일 때 $f'(x) > 0$이므로, 함수의 값 $f(2) = 40$은 상대적 극소값이다.

이 예에 주어진 함수의 그래프는 [그림 9.4]에 그려져 있다. 그와 같은 그래프는 1계도함수 검증법을 이용하여 얻어진 극값의 위치를 확인하는 데 이용될 수 있다. 그러나, 실제로는 이와 반대의 경우가 더 "유용한 것"이 보통이다. 즉, 수학적으로 도출된 극값들은 그래프를 그리는 데 도움을 준다. 그래프를 정확하게 그리기 위해서는 정의역 내에 있는 모든 점에서의 함수의 값을 알 필요가 있다. 그러나 실제로 그래프를 그리기 위해서는 정의역 내의 몇 개의 점만이 선택되고, 나머지 점들은 일반적으로 보간(interpolation)에 의해 채워진다. 그러한 방법의 결점은 정지점이 우연히 발견되지 않는 한, 그 곡선의 전환점들의 정확한 위치를 찾을 수 없다는 데 있다. 그러나 이제 우리는 1계도함수 검증법을 마음대로 구사할 수 있기 때문에, 이들 전환점의 위치를 정확하게 결정할 수 있다.

† 도함수의 값이 0인 것은 상대적 극값이기 위한 필요조건이지만 그것이 변곡점이기 위해 필요한 것은 아니다. 왜냐하면 도함수 $g'(x)$는 $x = k$에서 양의 값을 갖지만 점 K는 변곡점이 되기 때문이다.

그림 9.4

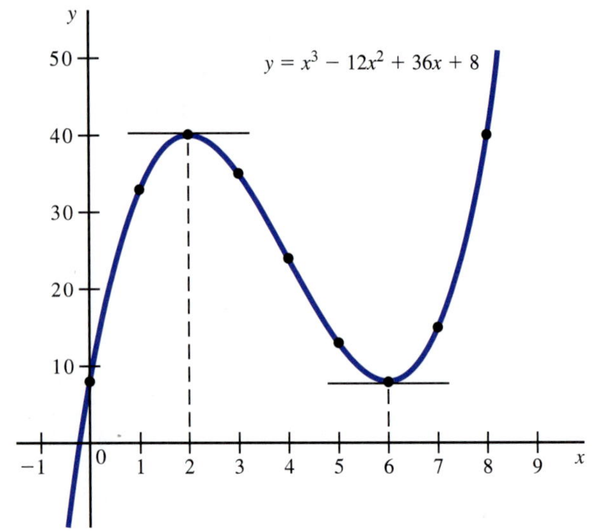

예 2

평균비용함수

$$AC = f(Q) = Q^2 - 5Q + 8$$

의 상대적 극값을 구하라. 이 함수의 도함수는 $f'(Q) = 2Q - 5$ 이고, 선형함수이다. $f'(Q)$ 를 0으로 놓으면, 선형방정식 $2Q - 5 = 0$ 을 얻고, 이 방정식은 하나의 근 $Q^* = 2.5$ 를 갖는다. 이것은 이 함수의 유일한 임계값이다. 이제 1계도함수 검증법을 이용하기 위하여, 예를 들어 $Q = 2.4$ 및 $Q = 2.6$ 에서의 도함수의 값들을 각각 구하자. 그러면 $f'(2.4) = -0.2 < 0$ 이지만 $f'(2.6) = 0.2 > 0$ 이므로, 정지값 $AC = f(2.5) = 1.75$ 는 상대적 극소라고 결론내릴 수 있다. 여기서 예로 든 함수의 그래프는 실제로 U자형 곡선이고, 따라서 이미 구한 상대적 극소는 또한 절대적 극소가 된다. 이 극소점의 정확한 위치를 안다는 것은 AC곡선을 그리는 데 큰 도움을 준다.

연습문제 9.2

1. 정의역이 모든 실수의 집합이라고 가정하고, 다음 식의 정지값들을 구하라(상대적 극대인가 극소인가, 혹은 변곡점인가를 판별하라).

   (a) $y = -2x^2 + 8x + 7$ (b) $y = 5x^2 + x$ (c) $y = 3x^2 + 3$ (d) $y = 3x^2 - 6x + 2$

2. 정의역이 구간 $[0, \infty)$라고 가정하고, 다음 식의 정지값들을 구하라(상대적 극대인가 극소인가, 혹은 변곡점인가를 판별하라).

   (a) $y = x^3 - 3x + 5$
   (b) $y = \frac{1}{3}x^3 - x^2 + x + 10$
   (c) $y = -x^3 + 4.5x^2 - 6x + 6$

3. 함수 $y = x + 1/x\,(x \neq 0)$은 2개의 상대적 극값을 갖고, 이 중 하나는 극대이고 다른 하나는 극소임을 증명하라. "극소"가 "극대"보다 더 큰가 또는 작은가? 어떻게 이런 역설적인 결과가 가능한가?
4. $T = \phi(x)$를 총함수(즉 총생산 또는 총비용)라고 하자.
   (a) **한계**함수 M과 **평균**함수 A를 나타내는 식을 써라.
   (b) A가 극값에 도달할 때, M과 A가 같은 값을 가져야 함을 증명하라.
   (c) 이것은, 한계곡선과 평균곡선을 동일한 도표에 그릴 때, 어떠한 일반적인 원칙을 시사하고 있는가?
   (d) A가 극값에 도달하는 점에서 총함수 T의 탄력성에 대하여 어떠한 결론을 내릴 수 있는가?

9.3 | 2계도함수와 고계도함수

지금까지 우리는 $y = f(x)$의 1계도함수 $f'(x)$만을 고려하였다. 이제 **2계도함수**(second derivative 혹은 second-order derivative)와 그보다 더 높은 고계도함수의 개념을 도입해 보자. 이 개념을 이용함으로써, 함수의 상대적 극값의 위치를 정할 수 있는 또다른 기준을 찾아낼 수 있다.

도함수의 도함수

1계도함수 $f'(x)$는 그 자체가 x의 함수이기 때문에, 1계도함수가 연속이고 매끈한 곡선을 갖는다면 그것은 또한 x에 관해 미분가능해야 된다. 1계도함수를 미분한 결과를 함수 f의 2계도함수라고 하고, 다음과 같이 표기한다.

$f''(x)$ 여기서 2중 프라임기호는 $f(x)$가 x에 관해서 두 번 미분된 것을 나타내며, 또 2중 프라임기호 뒤에 나타나는 표현 (x)는 2계도함수가 다시 x의 함수임을 나타내는 것이다. 이는 또 다음과 같이 표기하기도 한다.

$\dfrac{d^2 y}{dx^2}$ 이 표기법은 2계도함수가 사실상 $\dfrac{d}{dx}\left(\dfrac{dy}{dx}\right)$를 의미한다는 것에서 유래한다. 따라서 이 기호의 분자에 d^2, 분모에 dx^2이 나타난다.

만약 2계도함수 $f''(x)$가 정의역 내의 모든 x값에서 존재하면, 함수 $f(x)$는 **2계미분가능**(twice differentiable)하다고 한다. 또한 $f''(x)$가 연속이면, 함수 $f(x)$는 **2계연속미분가능**(twice continuously differentiable)하다고 한다. 표기법 $f \in C^{(1)}$ 또는 $f \in C'$이 흔히 함수 f가 연속미분가능하다는 것을 나타내는데 사용되는 것과 같이, 비슷한 표기법 $f \in C^{(2)}$ 또는 $f \in C''$은 f가 2계연속미분가능하다는 것을 나타내기 위하여 사용될 수 있다.

미분가능성의 조건만 충족된다면, 2계도함수도 x의 함수이므로, 이것을 x에 관해서 미분할 수 있으며, 그 결과로 3계도함수가 얻어진다. 그리하여 3계도함수로부터 4계도함수가 얻어지고, 이와 같이 미분가능성의 조건이 만족되는 한, 이 과정은 무한히 계속될 수 있다. 이들 고계도함수를 2계도함수의 표기법에 따라 나타내면 다음과 같다.

$$f'''(x),\ f^{(4)}(x), \ldots, f^{(n)}(x) \qquad \text{[상첨자를 ( )로 묶는다]}$$

혹은

$$\frac{d^3y}{dx^3}, \frac{d^4y}{dx^4}, \ldots, \frac{d^ny}{dx^n}$$

이 마지막 표기법은 또한 $\frac{d^n}{dx^n}y$로 나타낼 수 있는데, 여기서 $\frac{d^n}{dx^n}$ 부분은 x에 관해 (어떤 함수의) n 계도함수를 취하라고 지시하는 연산기호의 역할을 한다.

우리가 앞으로 다루게 되는 거의 모든 **특정한** 형태의 함수는 원하는 모든 계의 연속도함수들을 가지게 된다. 즉 이런 함수는 **어떤** 계까지라도 연속미분가능하다. 그리고 $f(x)$와 같은 **일반적인** 형태의 함수가 사용될 경우에는, 그 함수는 우리가 필요로 하는 어떤 계의 도함수라도 갖는 것으로 항상 가정된다.

예 1

다음 함수의 1계에서 5계까지의 도함수를 구하라.

$$y = f(x) = 4x^4 - x^3 + 17x^2 + 3x - 1$$

구하려는 도함수는 다음과 같다.

$$\begin{aligned} f'(x) &= 16x^3 - 3x^2 + 34x + 3 \\ f''(x) &= 48x^2 - 6x + 34 \\ f'''(x) &= 96x - 6 \\ f^{(4)}(x) &= 96 \\ f^{(5)}(x) &= 0 \end{aligned}$$

이 특정한 (다항함수의) 예에서, 잇따른 각각의 도함수는 ― 3차에서 2차로, 1차로, 상수로 ― 바로 전의 도함수보다 더 낮은 차수의 다항함수로 된다. 또한 상수의 도함수가 되는 5계도함수는 모든 x값에 대하여 0이 된다. 그러므로 우리는 그것을 $f^{(5)}(x) \equiv 0$으로 쓸 수 있었다. 식 $f^{(5)}(x) = 0$는 식 $f^{(5)}(x_0) = 0$ (x_0 에서만 0)과 확실히 구별해야 한다. 또한 $f^{(5)}(x) \equiv 0$이라는 말은 5계도함수가 존재하지 않는다는 것을 의미하지 않음을 이해해야 한다. 그것은 실제로 존재하고, 또 0의 값을 갖는다.

예 2

유리함수

$$y = g(x) = \frac{x}{1+x} \qquad (x \neq -1)$$

의 1계에서 4계까지의 도함수를 구하라. 이 도함수들은 몫의 미분법칙을 사용하거나 또는 함수를 $y = x(1+x)^{-1}$로 다시 쓴 다음에 곱의 미분법칙을 적용하여 구할 수 있다:

$$\left.\begin{aligned} g'(x) &= (1+x)^{-2} \\ g''(x) &= -2(1+x)^{-3} \\ g'''(x) &= 6(1+x)^{-4} \\ g^{(4)}(x) &= -24(1+x)^{-5} \end{aligned}\right\} \qquad (x \neq -1)$$

이 경우에는 미분을 계속하여도 도함수의 식은 간단하게 되지 않는다.

또 원시함수 $g(x)$와 마찬가지로, 잇달아 얻어지는 모든 도함수들도 그 자체가 x의 함수라는 점에 주의해야 한다. 그러나 x의 값이 특정하게 주어지면, 이 도함수들은 특정한 값을 갖게 된다. 예를 들어, $x = 2$일 때 [예 2]의 2계도함수값을 계산하면

$$g''(2) = -2(3)^{-3} = \frac{-2}{27}$$

가 되고, 또 x의 다른 값에 대해서도 같은 방법으로 도함수값을 계산할 수 있다. 여기서 가장 중요한 점은 $x = 2$에서 2계도함수 $g''(x)$를 계산하려면, 먼저 $g'(x)$로부터 $g''(x)$를 얻고, 그 다음에, $g''(x)$를 나타내는 식에 $x = 2$를 대입해야 된다는 것이다. $g''(x)$를 얻기 **전**에 $g(x)$식이나 혹은 $g'(x)$식에 $x = 2$를 대입하는 것은 옳지 **않**다.

2계도함수의 해석

도함수 $f'(x)$는 함수 f의 변화율의 크기를 나타낸다. 마찬가지로, 2계도함수 f''은 1계도함수 f'의 변화율의 척도이다. 다시 말해서, 2계도함수는 원시함수 f의 변화율의 변화율을 나타낸다. 독립변수 x가 점 $x = x_0$에서 미소하게 증가하는 경우에, 이것을 달리 표현하면 다음과 같다.

$$\left.\begin{matrix} f'(x_0) > 0 \\ f'(x_0) < 0 \end{matrix}\right\} \text{은 } \textbf{함수의 값}\text{이 } \left\{\begin{matrix} \text{증가} \\ \text{감소} \end{matrix}\right\} \text{하고 있다는 것을 의미한다.}$$

이에 반하여 2계도함수에 관해서는,

$$\left.\begin{matrix} f''(x_0) > 0 \\ f''(x_0) < 0 \end{matrix}\right\} \text{은 } \textbf{곡선의 기울기}\text{가 } \left\{\begin{matrix} \text{증가} \\ \text{감소} \end{matrix}\right\} \text{하고 있다는 것을 의미한다.}$$

따라서 $x = x_0$에서 1계도함수가 양이고 동시에 2계도함수도 양이면, 그 점에서 곡선의 기울기는 **양이고** 또 점점 **증가**하고 있다는 것을 뜻한다. 다시 말하여 함수의 값이 점점 빠른 증가율로 증가한다. 이와 비슷하게, 1계도함수가 양이고 2계도함수가 음이면, 곡선의 기울기는 **양이지만** 점점 **감소**하고 있음을 나타낸다. 즉 함수의 값이 점점 느린 증가율로 증가한다. 1계도함수가 음인 경우에도 마찬가지로 해석할 수 있으나, 이 경우에는 한 가지 주의할 점이 있다. 즉 $f'(x_0) < 0$이고 $f''(x_0) > 0$인 경우에 곡선의 기울기는 **음이고** 또 점점 **증가**하고 있지만, 이것은 기울기가, 이를테면, (−10)에서 (−11)로 변한다는 것을 의미하지는 **않는다**. 오히려 이와 반대로, 그 변화는 작은 수 (−11)에서 큰 수(−10)로 변한다는 것을 의미한다. 다시 말해서, 기울기가 음이면 x가 증가함에 따라 경사는 더 **완만**해져야 한다. 끝으로 $f'(x_0) < 0$이고 $f''(x_0) < 0$일 때, 곡선의 기울기는 **음이고 감소**해야 된다. 이것은 기울기가 음이면 x가 증가함에 따라 경사는 더 **급해진다**는 것을 뜻한다.

이 모든 것은 그래프로 설명하면 더 분명해 진다. [그림 9.5](a)는 모든 점에서 $f''(x) < 0$이 되는 함수를 예시한다. 그래프 위에서 x가 증가함에 따라 기울기는 꾸준히 감소해야 하므로, 왼쪽에서 오른쪽으로 이동할 때 양의 기울기를 가진 점 A, 그 다음에 0의 기울기를 가진 점 B, 그리고 그 다음에 음의 기울기를 가진 점 C를 통과한다. $f''(x) < 0$이 되는 함수가 어디서나 $f'(x) > 0$이 될 수가 있는데, 이 경우에 함수의 곡선은 역U자형 곡선의 증가하는 부분으로만 그려진다. 또는 $f''(x) < 0$이 되는 함수가 어디서나 $f'(x) < 0$이 되면, 그 곡선은 역U자형 곡선의 감소하는 부분으로만 그려진다.

[그림 9.5](*b*)는 함수가 모든 점에서 $f''(x) > 0$이 되는 반대의 경우를 예시하고 있다. 여기서는

그림 9.5

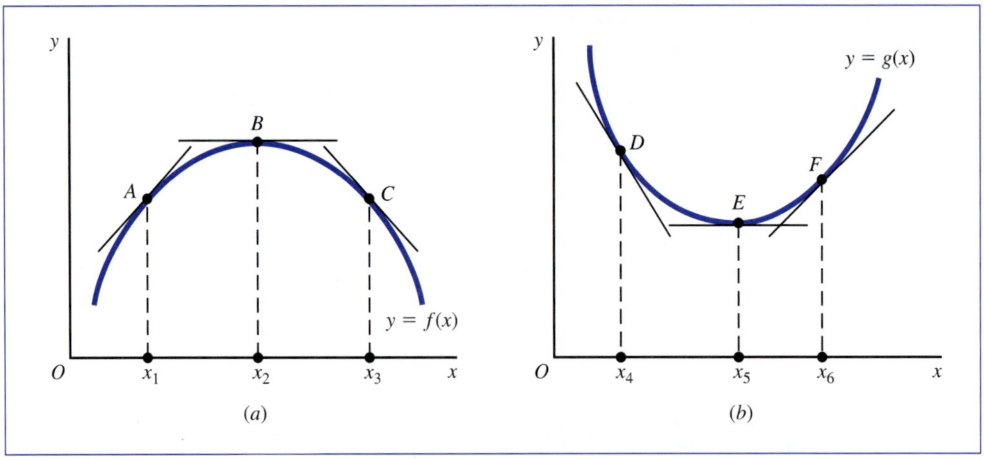

우리가 점 D에서 E를, F를 통과할 때, 기울기는 계속 증가하여, 음에서 0으로 양으로 변한다. 다시 모든 점에서 $f''(x) > 0$이 되는 함수는, 1계도함수의 부호에 따라, U자형 곡선의 증가하는 부분 또는 감소하는 부분으로만 그려진다는 것을 부언한다.

[그림 9.5]로부터, 2계도함수 $f''(x)$가 그래프의 **굽은 상태**와 관련된다는 것은 명백하다. 그것은 곡선이 어떻게 구부러져 있는가를 결정한다. 위에서 논의한 상이한 두 유형의 굽은 상태를 설명하기 위하여 [그림 9.5](*a*)의 것을 **강오목**(strictly concave) 상태, 그리고 [그림 9.5](*b*)의 것을 **강볼록**(strictly convex) 상태라고 부른다. 그리고 이 용어에 걸맞게, 그래프의 상태가 강오목(강볼록)인 함수를 **강오목(강볼록) 함수**라고 부른다. 강오목함수의 정확한 기하학적 정의는 다음과 같다. 만약 강오목함수의 곡선상의 임의의 두 점 M과 N을 선택하여 그 두 점을 직선으로 연결하면, 선분MN은 점 M과 N을 제외하고는 완전히 그 곡선의 **아래쪽**에 위치해야 한다. 또 강볼록함수의 정의는 위의 문장에 나타난 "아래쪽"이라는 단어를 "위쪽"이라는 단어로 바꾸기만 하면 된다. 이것을 [그림 9.5]에 실제로 시도해 보기 바란다. 만약 이런 특징을 나타내는 조건이 다소 완화되어, 직선 MN이 곡선의 아래쪽에 놓이거나 **또는** 곡선을 따라(곡선과 일치하여) 위치하는 것이 허용된다면, 그 함수를 "강"이라는 수식어 없이 그냥 **오목함수**(concave function)라고 한다. 마찬가지로, 선분 MN이 곡선의 위쪽에 위치하거나 **또는** 곡선을 따라 위치한다면, 그 함수를 "강"이라는 수식어 없이 그냥 **볼록함수**(convex function)라고 한다. 선분 MN이 (비강) 오목상태의 곡선 또는 (비강) 볼록상태의 곡선과 일치할 수 있기 때문에, 볼록곡선이나 오목곡선은 당연히 직선부분을 포함할 수 있다. 이와는 대조적으로, **강**오목곡선 또는 **강**볼록곡선은 직선부분을 결코 포함할 수 없다. 따라서 강오목(강볼록) 함수는 자동적으로 오목(볼록) 함수이지만, 그 역은 성립하지 않는다.†

2계도함수에 관한 위의 논의로부터, 이제 2계도함수 $f''(x)$가 모든 x에 대하여 음이면 원시함수 $f(x)$는 강오목함수가 되어야 한다고 추론할 수 있다. 마찬가지로, $f''(x)$가 모든 x에 대하여 양이면, $f(x)$는 강볼록함수가 되어야 한다. 그러나 이 추론의 역은 성립하지 않는다. 즉, $f(x)$가 강오목(강볼록) 함수라도, $f''(x)$가 모든 x에 대해 음(양)이라고 추론할 수는 **없다**. 왜냐하면 어떤 예외적인 강볼록 또는 강오목곡선의 경우에, 그 곡선상에 있는 어떤 정지점에서 2계도함수가 0의 값

† 이 개념에 대해서는 제 11.5절에서 상세히 논의할 것이다.

을 가질 수 있기 때문이다.† 그런 경우를 나타내는 예는 함수 $y = f(x) = x^4$ 이다. 이 함수의 곡선은 강볼록이지만, 도함수는

$$f'(x) = 4x^3 \qquad f''(x) = 12x^2$$

이 되고, 따라서 $x = 0$ 인 정지점에서 2계도함수의 값은 $f''(0) = 0$ 이 되는 것을 알 수 있다. 그러나 $x \neq 0$ 인 모든 다른 점에서는, 이 함수의 2계도함수는(예상한 대로) 양의 부호를 갖는다. 그러므로 정지점에서 2계도함수가 0의 값을 가질 가능성을 배제하면, 강오목함수 또는 강볼록함수의 2계도함수는 일반적으로 단 한 가지의 대수적 부호를 갖는다고 볼 수 있다.

다른 형태의 함수의 경우, 2계도함수는 x 의 값에 따라, 양과 음의 값을 모두 취할 수 있다. 예를 들어, [그림 9.3]의 (a)와 (b)에 그려진 함수 $f(x)$ 와 $g(x)$ 를 보면, 변곡점 J 와 K 에서 2계도함수의 부호가 바뀐다. [그림 9.3](a′)의 경우, $f'(x)$ 의 기울기 즉, $f''(x)$ 의 값은 $x = j$ 에서 음에서 양으로 변한다. 그 정반대가 되는 [그림 9.3](b′)의 경우에는 $g'(x)$ 의 기울기, 즉 $g''(x)$ 의 값은 양에서 음으로 변한다. 이것을 곡선의 굽은 상태로 보면, $f(x)$ 의 그래프는 점 J 에서 오목에서 볼록으로 바뀌는 반면에, $g(x)$ 의 그래프는 점 K 에서 반대로 바뀌는 것을 뜻한다. 결과적으로, 우리는 변곡점을 1계도함수가 극값에 도달하는 점으로 보는 대신에, 함수자체의 곡선의 굽은 상태가 바뀌는 점으로, 또는 2계도함수의 부호가 바뀌는 점으로 볼 수 있다.

하나의 응용

[그림 9.5]의 두 곡선은 2차함수의 그래프를 예시한 것으로서, 그 함수는 일반적으로 다음과 같은 형태로 표시될 수 있다.

$$y = ax^2 + bx + c \qquad (a \neq 0)$$

2계도함수의 논의로부터, 이제 우리는 어떤 주어진 2차함수의 그래프가 강볼록(U자형)인가 또는 강오목(역U자형)인가를 결정하는 편리한 방법을 도출할 수 있다.

이 2차함수의 2계도함수는 $d^2y/dx^2 = 2a$ 이므로, 이 도함수는 항상 계수 a 와 동일한 대수적 부호를 갖게 된다. 2계도함수가 양이라는 것은 강볼록곡선을 의미한다는 것을 상기하면, 위의 2차함수의 계수 a 가 양이면 그 함수의 그래프는 U자형임을 추론할 수 있다. 이와는 달리, 계수 a 가 음이면 2차함수는 역U자형의 강오목곡선이 된다.

제 9.2 절의 마지막에서 설명한 바와 같이, 이 함수의 상대적 극값은 또한 그 함수의 절대적 극값이 된다. 이것은 2차함수의 경우에는 U자형과 역U자형의 그래프에서 알 수 있듯이 오직 하나의 골짜기 또는 봉우리만이 존재할 수 있기 때문이다.

위험에 대한 태도

한계효용개념의 응용은 대부분 재화의 소비와 관련하여 이루어진다. 그러나 또 다른 유효한 응용으로써, **소득**의 한계효용, 또는 현재 논의하려고 하는 내기게임의 **이득**, 그리고 이 개념을 이용한 위험에 대한 각기 다른 독특한 태도를 구별하는 문제를 생각할 수 있다.

† 역주: "정지점"이라고 한정할 필요는 없다. 1계도함수의 값에 관계없이 2계도함수의 값이 0이 되면서 강볼록함수 또는 강오목함수가 될 수 있기 때문이다.

그림 9.6

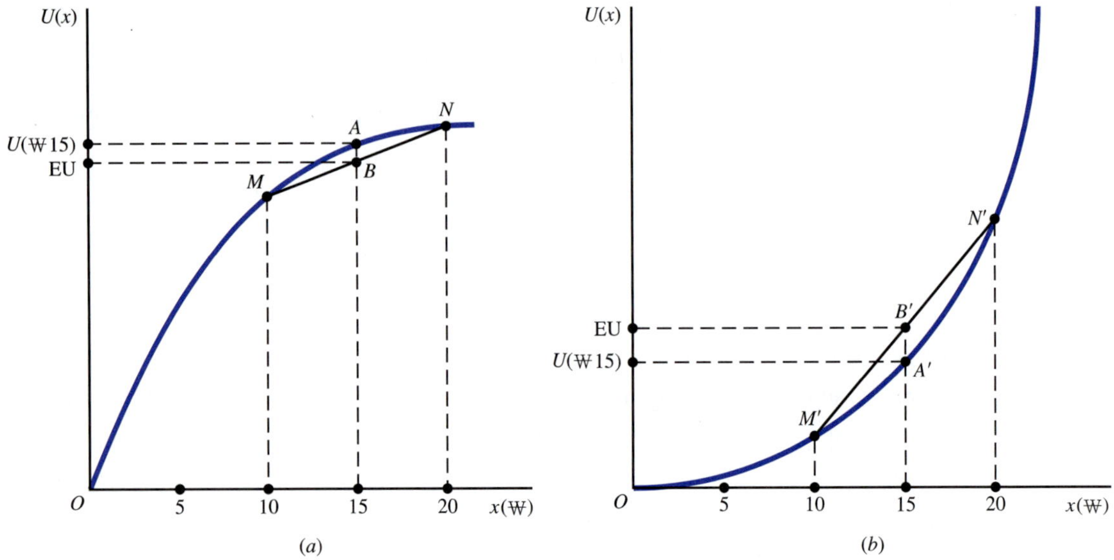

이제 일정금액을 선불로 지급하고(게임의 **비용**), 주사위를 던져 홀수가 나오면 ₩10을 받고, 그 수가 짝수이면 ₩20을 받는 게임을 생각해 보자. 두 결과의 확률이 같으므로, 수학적으로 **이득의 기대값** (expected value of payoff / EV)은

$$\text{EV} = 0.5 \times ₩10 + 0.5 \times ₩20 = ₩15$$

가 된다. 만약 게임의 비용이 꼭 ₩15이면, 이 게임은 **공정한 게임** 또는 **공정한 내기**로 간주된다. 게임의 공정성에도 불구하고, 그러한 게임은 여전히 위험을 내포하는데, 왜냐하면 두 가능한 결과의 확률분포는 알려져 있지만, 어떤 개별 게임의 실제결과는 모르기 때문이다. 그러므로 "위험을 싫어하는" (risk-averse) 사람은 언제나 그러한 게임을 멀리할 것이다. 한편, "위험을 선호하는" (risk-preferring) 사람은 공정한 게임 또는 그에게 승산이 없는 게임조차도(즉 게임의 비용이 이득의 기대값을 초과해도) 환영할 것이다.

위험에 대한 그러한 다양한 태도는 사람들이 가지는 효용함수의 차이에서 쉽게 발견될 수 있다. 잠재적 게임자가 [그림 9.6](*a*)에 그려진 강오목효용함수 $U = U(x)$를 가진다고 가정하자. 단, x는 이득을 나타내고, 모든 x에 대하여 $U'(x) > 0$ (양의 소득 또는 이득의 한계효용), 그리고 $U''(x) > 0$ (한계효용체감)이다. 이 사람의 경제적 의사결정은 두 행동방식 사이의 선택이 된다: 첫째는, 게임을 하지 않음으로써, 이 사람은 게임의 비용 ₩15을 절약하고, 따라서 곡선위의 점 A의 높이로 측정되는 효용수준 U(₩15)를 얻는다. 둘째는, 게임을 함으로써, 이 사람은 ₩10을 받고, 따라서 U(₩10)(점M 참조)을 얻을 확률 0.5, 더하기 ₩20을 받고 따라서 U(₩20)(점 N 참조)을 얻을 확률 0.5를 가진다. 그러므로, **게임으로부터의 기대효용**은

$$\text{EU} = 0.5 \times U(₩10) + 0.5 \times U(₩20)$$

이 된다. 이것은 M 의 높이와 N 의 높이의 평균으로, 선분 MN 위의 중간점이 되는 점 B 의 높이로 측정된다. 강오목효용함수의 정의에 의하면, 선분 MN 은 호 MN 의 아래에 위치해야 하므로, 점 B 는 점 A 보다 더 낮아야 한다. 즉 게임으로부터의 기대효용 EU는 게임비용의 효용에 미치지 못하고, 게임은 하지 않아야 한다. 이 때문에 강오목효용함수는 위험회피 행동과 관련된다.

위험을 좋아하는 사람의 의사결정과정도 비슷하지만, 이제 관련되는 효용함수가 강볼록이므로 반대의 행동이 선택된다. [그림 9.6](b)에서 보듯이, 게임을 하지 않고 ₩15을 보존할 때의 효용 U(₩15)는 곡선위의 점 A' 이 되고, 게임의 기대효용, EU는 선분 $M'N'$ 위의 중간점, B' 로 주어진다. 그러나 이번에는, 선분 $M'N'$ 가 호 $M'N'$ 위쪽에 위치하고, 점 B' 도 점 A' 위쪽에 위치한다. 따라서 게임을 하려는 적극적 동기가 분명히 존재한다. [그림 9.6](a)의 상황과는 대조적으로, 우리는 강볼록효용함수를 위험선호 행동과 연결시킬 수 있다.

연습문제 9.3

1. 다음 함수의 2계 및 3계도함수를 구하라.

   (a) $ax^2 + bx + c$ (c) $\dfrac{3x}{1-x}$ $(x \neq 1)$

   (b) $7x^4 - 3x - 4$ (d) $\dfrac{1+x}{1-x}$ $(x \neq 1)$

2. 다음 2차함수 중에서 어느 것이 강볼록함수인가?

   (a) $y = 9x^2 - 4x + 8$ (c) $u = 9 - 2x^2$

   (b) $w = -3x^2 + 39$ (d) $v = 8 - 5x + x^2$

3. (a) 오목이지만 강오목이 아닌 곡선을 그려라. 그리고 (b) 오목이면서 또 동시에 볼록이 될 수 있는 곡선을 그려라.

4. 주어진 함수 $y = a - \dfrac{b}{c+x}$ $(a,\ b,\ c > 0;\ x \geq 0)$ 에서, (a) 그것의 1계 및 2계도함수, (b) 세로축의 절편, 그리고 (c) x 가 무한대로 접근할 때 y 의 극한을 검토하여, 그래프의 일반적인 형태를 결정하라. 만약 이 함수가 소비함수로 이용된다면, 그것이 경제적으로 의미를 갖기 위해서는 파라미터들에 어떤 제약이 부과되어야 하는가?

5. $f'(x) \equiv 0$ 인 함수 $f(x)$ 의 그래프와 $g'(3) = 0$ 인 함수 $g(x)$ 의 그래프를 그려라. $f(x)$ 와 $g(x)$ 의 본질적인 차이점을 정지점의 개념을 사용하여 한 문장으로 요약하라.

6. 위험회피적도 아니고 위험선호적도 아닌 (공정한 게임에 대하여 무차별인) 사람은 “위험중립적” (risk-neutral) 이라고 한다.

   (a) 그러한 사람의 특징을 설명하기 위하여 어떤 종류의 효용함수를 사용할 수 있는가?

   (b) 본문에서 설명한 주사위던지기 게임을 이용하여, 위험중립적인 사람에 대한 U (₩15)와 EU 간의 관계를 설명하라.

9.4 | 2계도함수 검증법

이제 2계도함수와 곡선의 굽은 상태 사이에 확립된 새로운 관계를 [그림 9.5]에 있는 극점 B 와

E에 적용해 보면, 상대적 극값에 대한 다음과 같은 기준이 성립함을 알 수 있다.

상대적 극값에 대한 2계도함수 검증법 만약 $x = x_0$에서 함수 f의 1계도함수가 $f'(x_0) = 0$이라면, x_0에서의 함수의 값 $f(x_0)$는

a. 만약 x_0에서 2계도함수의 값이 $f''(x_0) < 0$이면, 상대적 **극대**이다.
b. 만약 x_0에서 2계도함수의 값이 $f''(x_0) > 0$이면, 상대적 **극소**이다.

일반적으로 이 검증법은 1계도함수 검증법보다 사용하기에 더욱 편리하다. 왜냐하면 x_0의 왼쪽과 오른쪽에서 도함수 부호를 검토할 필요가 없기 때문이다. 그러나 이 검증법은 $f''(x_0) = 0$일 때 명확한 결론을 유도할 수 없다는 결점을 갖고 있다. 그 경우에 정지값 $f(x_0)$는 상대적 극대 **또는** 상대적 극소 **또는** 변곡점을 나타내는 값이 될 수 있기 때문이다.† 그래서 $f''(x_0) = 0$인 상황에 직면하게 되면, 우리는 1계도함수 검증법을 이용하거나 또는 제 9.6절에서 다루게 되는 3계 또는 보다 고계의 도함수를 포함하는 또다른 검증방법에 의존해야 한다. 그러나 대부분의 경제학 문제에서 상대적 극대 혹은 상대적 극소를 결정하기 위해서는 보통 이 2계도함수 검증법으로 충분하다.

예 1

함수

$$y = f(x) = 4x^2 - x$$

의 상대적 극값을 구하라. 1계 및 2계도함수는

$$f'(x) = 8x - 1 \quad \text{및} \quad f''(x) = 8$$

이다. $f'(x)$를 0으로 놓고 그 방정식을 풀면, (유일한) 임계값은 $x^* = \frac{1}{8}$이 되고, 이로부터 (유일한) 정지값 $f\left(\frac{1}{8}\right) = -\frac{1}{16}$을 얻는다. 2계도함수가 양이므로 (이 경우에는 사실 x의 어떠한 값에 대해서도 2계도함수는 양이다), 그 극값은 극소값이 된다. 사실 주어진 함수가 U자형 곡선을 그리므로 상대적 극소는 또한 절대적 극소가 된다.

예 2

함수

$$y = g(x) = x^3 - 3x^2 + 2$$

의 상대적 극값을 구하라. 이 함수의 1계 및 2계도함수는

† 변곡점이 $f''(x_0) = 0$일 때 가능함을 보기 위해서 [그림 9.3](a)와 [그림 9.3](a')를 다시 검토해 보자. [그림 9.3](a)에서 점 J는 변곡점이고, $x = j$는 그 임계값이다. [그림 9.3](a')에서 $f'(x)$ 곡선은 $x = j$에서 극소값이기 때문에 $f'(x)$의 기울기는 [즉, $f''(x)$는] 임계값 $x = j$에서 0이 되어야 한다. 즉, 점 J는 $f''(x_0) = 0$일 때 변곡점이 될 수 있음을 보여 주고 있다.

상대적 극값도 역시 $f''(x_0) = 0$과 양립할 수 있다는 것을 보기 위해 함수 $y = x^4$를 생각해 보자. 이 함수는 U자형의 곡선이고 임계값 $x = 0$에서 극소값 $y = 0$을 갖는다. 이 함수의 2계도함수는 $f''(x_0) = 12x^2$이기 때문에 임계값 $x = 0$에서 이 도함수의 값은 0이 된다. 즉 이 함수는 $f''(x_0) = 0$일 때 상대적 극값이 발생할 수 있음을 보여주고 있다.

$$g'(x) = 3x^2 - 6x \quad \text{및} \quad g''(x) = 6x - 6$$

이다. $g'(x)$를 0으로 놓아 얻어지는 2차방정식 $3x^2 - 6x = 0$을 풀면, 임계값 $x_1^* = 2$ 및 $x_2^* = 0$를 얻는다. 그리고 그것에 대응하는 2개의 정지값은 다음과 같다.

$$g(2) = -2 \quad [g''(2) = 6 > 0 \text{ 이므로 극소}]$$
$$g(0) = 2 \quad [g''(0) = -6 < 0 \text{ 이므로 극대}]$$

필요조건 대 충분조건

기울기가 0이라는 조건 $f'(x) = 0$은, 1계도함수 검증법에서와 마찬가지로, 2계도함수 검증법에서도 **필요**조건의 역할을 한다. 이 조건은 1계도함수에 근거를 두고 있기 때문에, 흔히 **1계조건** (first-order condition)이라고 한다. 일단 1계조건이 $x = x_0$에서 만족되면, $f''(x_0)$의 부호가 음(양)이라는 것만으로 문제의 정지값 $f(x_0)$가 상대적 극대(극소)로 입증되기에 **충분**하다. 이 충분조건은 2계도함수에 기초하고 있기 때문에 흔히 **2계조건** (second-order condition)이라 한다.

1계조건은 상대적 극대 또는 극소이기 위한 **필요조건**이지만 **충분조건은 아니라는 것**을 되풀이해서 강조한다(변곡점을 상기할 것). 이와는 극히 대조적으로, $f''(x_0)$가 임계값 x_0에서 음(양)이라는 2계조건은 상대적 극대(상대적 극소)이기 위한 **충분조건**이지만 **필요조건은 아니다**. ($f''(x_0) = 0$일 때의 상대적 극값을 상기할 것). 이러한 이유 때문에, "정지값 $f(x_0)$가 이미 극소인 것으로 알려져 있기 때문에, $f''(x_0) > 0$임에 틀림없다"라는 추론은 오류이다. 왜냐하면 그것은 $f''(x_0)$의 부호가 양이라는 것을 $f(x_0)$가 극소이기 위한 필요조건으로 잘못 인식했기 때문이다.

이것은 상대적 극값에 대한 **필요**조건을 서술할 때, 2계도함수들은 전혀 사용될 수 없음을 의미하는 것은 아니다. 사실 2계도함수들도 필요조건을 나타내기 위해 사용될 수 있다. 그러나 그때에는 상대적 극대(극소)는 $f''(x_0)$가 음(양)일 때뿐만 아니라 $f''(x_0)$가 0일 때에도 발생할 수 있다는 사실을 참작해야 한다. 결론적으로, **2계필요조건** (second-order necessary condition)은 **약부등식**으로 표시되어야 한다. 즉, 정지값 $f(x_0)$가 상대적 $\begin{Bmatrix}\text{극대}\\\text{극소}\end{Bmatrix}$이기 위한 필요조건은 $f''(x_0)\begin{Bmatrix}\le\\\ge\end{Bmatrix} 0$이다.

이상의 논의는 [표 9.1]로 요약될 수 있다. 이 표에 있는 모든 등호와 부등호는 실제로 충족되어야 하는 조건을 의미하는 것이지, 주어진 함수의 성질을 설명하는 것이 아니다. 특히, 방정식 $f'(x) = 0$은 함수 f가 모든 점에서 0의 기울기를 갖는다는 의미가 아니다. 그것은 $f'(x) = 0$을 만족하는 x의 값들만이 임계값으로서의 자격을 갖는다는 조건을 말한다.

표 9.1 상대적 극점이기 위한 조건 : $y = f(x)$

조 건	극 대	극 소
1계 필요조건	$f'(x) = 0$	$f'(x) = 0$
2계 필요조건*	$f''(x) \le 0$	$f''(x) \ge 0$
2계 충분조건*	$f''(x) < 0$	$f''(x) > 0$

*1계 필요조건이 충족된 후에만 적용할 수 있다.

이윤극대화조건

이제 우리는 극값문제, 즉 최적화문제의 경제적인 예를 다루기로 한다.

경제학도가 최초로 배우는 것 중의 하나는 이윤을 극대화하기 위해 기업은 한계비용과 한계수입이 같아지도록 산출량을 선택해야 된다는 것이다. 이 조건을 수학적으로 도출해 보기로 하자. 이 문제를 일반적인 수준에서 분석하기 위해서, 총수입함수 $R = R(Q)$와 총비용함수 $C = C(Q)$가 모두 단일변수 Q의 일반함수인 경우를 다루기로 한다. 이 함수들로부터 이윤함수(목적함수)도 역시 Q(선택함수)의 함수로 나타낼 수 있다:

$$\pi = \pi(Q) = R(Q) - C(Q) \tag{9.1}$$

이윤극대화 산출량 수준을 구하기 위해서는 극대의 1계필요조건이 만족되어야 한다. 즉, $\frac{d\pi}{dQ} = 0$이 만족되어야 한다. 이에 따라, (9.1)을 Q에 관해서 미분하고, 그로부터 얻은 도함수를 0으로 놓으면 그 결과는 다음과 같다.

$$\begin{aligned} \frac{d\pi}{dQ} &\equiv \pi'(Q) = R'(Q) - C'(Q) \\ &= 0 \qquad \Leftrightarrow \qquad R'(Q) = C'(Q) \end{aligned} \tag{9.2}$$

따라서, **최적**산출량(**균형**산출량) Q^*는 방정식 $R'(Q^*) = C'(Q^*)$, 즉 MR = MC를 만족해야 한다. 이것이 이윤극대화를 위한 1계조건이다.

그러나 1계조건은 최대이윤이 아니라 최소이윤에 이르게 할 수도 있다. 따라서 다음으로 우리는 2계조건을 검토해야 한다. (9.2)의 1계도함수를 Q에 관해서 미분함으로써 2계도함수를 얻을 수 있다. 즉,

$$\begin{aligned} \frac{d^2\pi}{dQ^2} &\equiv \pi''(Q) = R''(Q) - C''(Q) \\ &\leq 0 \qquad \Leftrightarrow \qquad R''(Q) \leq C''(Q) \end{aligned}$$

이 마지막 부등식이 극대이기 위한 2계필요조건이다. 만약 그것이 충족되지 않으면, Q^*는 이윤을 극대화할 수 없다. 사실 그것은 이윤을 극소화한다. 만약 $R''(Q^*) = C''(Q^*)$이면, 확실한 결론을 얻을 수 없다. 최선의 방법은 극대이기 위한 2계충분조건을 만족하는 $R''(Q^*) < C''(Q^*)$의 상황이 되는 것이다. 그 경우에는, Q^*를 확실한 이윤극대화 산출량이라고 할 수 있다. 경제학적으로 보면, 이것은 MR = MC이 되는 산출량에서 MR의 변화율이 MC의 변화율보다 작다면, 그 산출량은 이윤을 극대화한다는 것을 의미한다.

이 조건들이 [그림 9.7]에 예시되어 있다. [그림 9.7](a)에는 총수입곡선과 총비용곡선이 그려져 있는데, 이 두 곡선은 Q_2와 Q_4의 산출량에서 두 번 교차하는 것을 볼 수 있다. 개구간 (Q_2, Q_4)에서 총수입 R은 총비용 C를 초과하고, 따라서 π는 양이다. 그러나 구간 $[0, Q_2)$와 $(Q_4, Q_5]$에서 π는 음이다. 단, Q_5는 기업의 생산능력의 상한을 나타낸다. 이와 같은 사실은 [그림 9.7](b)에 반영되어 있는데, 이 그림에서 이윤곡선 — 각 산출량에서 R곡선과 C곡선 사이의 수직거리를 구하여 얻어진 곡선 — 은 구간 (Q_2, Q_4)에서만 가로축의 위쪽에 놓여 있다.

우리가 1계조건에 따라 $\frac{d\pi}{dQ} = 0$으로 놓을 때, 그 의도는 이윤곡선상의 기울기가 0이 되는 산출량 Q_3에서 그 곡선상의 극대점 K를 구하려는 데 있다. 그러나 상대적 극소점 M도 (산출량 Q_1에서) 기울기가 0이라는 조건을 충족하기 때문에, 점 M도 역시 후보자로서의 자격을 가지고 있다. 따라서, 그런 "부적절한" 극값을 제외시키기 위해 우리는 2계조건이 필요하게 되는데, 이에 대해

그림 9.7

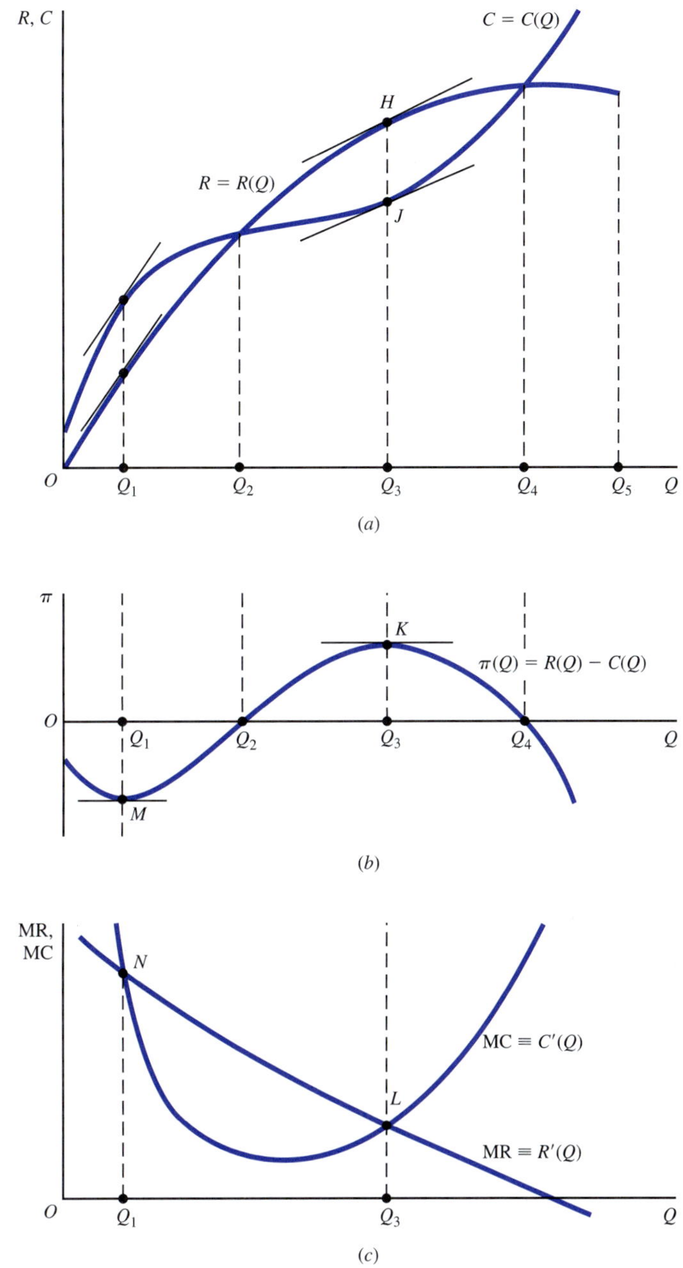

(a) (b) (c)

서는 다음에 설명된다.

1계조건 $\frac{d\pi}{dQ} = 0$은 $R'(Q^*) = C'(Q^*)$라는 조건과 동치이다. [그림 9.7](*a*)에서, 산출량 Q_3는 이 조건을 충족하고 있다. 왜냐하면 Q_3에서 R곡선과 C곡선의 기울기가 같기 때문이다(점 H와 J에서 그려진 접선들은 서로 평행이다). 이것은 산출량이 Q_1인 경우에도 마찬가지이다. R과 C의 기울기가 같다는 것은 MR과 MC가 같다는 것을 의미하므로, [그림 9.7](*c*)에 그려진 바와 같이, 산출량 Q_3와 Q_1은 분명히 MR곡선과 MC곡선이 교차하는 곳에 위치하여 있다.

그러면 2계조건은 이 상황과 어떻게 관련되는가? 우선 [그림 9.7](b)를 보자. 점 K에서 π함수의 2계도함수는(그 값이 0인 예외적인 경우를 제외하면) 음의 값, 즉 $\pi''(Q_3) < 0$이 된다. 왜냐하면, 이윤곡선은 K 주위에서 역U자형이기 때문이다. 즉, 이것은 Q_3가 이윤을 극대화한다는 것을 의미한다. 한편 점 M에서 $\pi''(Q_1) > 0$으로 기대할 수 있으며, 따라서 π는 Q_1에서 상대적 극소가 된다.† 극대이기 위한 2계충분조건은 물론, $R''(Q^*) < C''(Q^*)$, 즉 MR곡선의 기울기가 MC곡선의 기울기보다 작다는 것으로 대신 설명될 수도 있다. [그림 9.7](c)에서 보듯이, 산출량 Q_3가 이 조건을 충족한다는 것은 분명하다. 왜냐하면 점 L에서 MR의 기울기는 음인 반면에 MC의 기울기는 양이기 때문이다. 그러나 산출량 Q_1은 이 조건을 충족하지 않는데, 왜냐하면 점 N에서 MC와 MR의 기울기가 모두 음이지만 MR의 기울기가 MC의 기울기보다 **절대치**에 있어서 **더 작기** 때문이다. 즉 이것은 $R''(Q_1)$이 $C''(Q_1)$보다 더 **크다**는 것을 의미하기 때문이다. 그러므로 산출량 Q_1은 상대적 극대이기 위한 2계 **필요**조건에 위배되고, 대신 상대적 극소이기 위한 2계 **충분**조건을 만족한다.

예 3

$R(Q)$함수와 $C(Q)$함수가 다음과 같다고 하자.

$$R(Q) = 1,200Q - 2Q^2$$
$$C(Q) = Q^3 - 61.25Q^2 + 1,528.5Q + 2,000$$

그러면 이윤함수는 다음과 같다.

$$\pi(Q) = -Q^3 + 59.25Q^2 - 328.5Q - 2,000$$

단, R, C, 및 π는 모두 원 단위로 표시되고, Q는 (이를테면) 주당 톤 단위로 표시된 것이다. 이 이윤함수는 2개의 임계값, $Q = 3$ 및 $Q = 36.5$를 갖는다. 왜냐하면

$$\frac{d\pi}{dQ} = -3Q^2 + 118.5Q - 328.5 = 0$$

은 $Q = 3$ 및 $Q = 36.5$일 때만 성립하기 때문이다. 그러나 2계도함수가

$$\frac{d^2\pi}{dQ^2} = -6Q + 118.5 \quad \begin{cases} > 0 & (Q = 3 \text{ 일때}) \\ < 0 & (Q = 36.5 \text{ 일때}) \end{cases}$$

이므로, 이윤극대화 산출량은 $Q^* = 36.5$(톤)이다 (다른 산출량 $Q^* = 3$은 이윤을 극소화한다). 그리고 Q^*를 이윤함수에 대입하면, 극대이윤은 $\pi^* = \pi(36.5) = 16,318.44$(원)임을 알 수 있다.

이상의 방법과는 달리, 먼저 MR함수와 MC함수를 구하고 나서 이 두함수를 같게 놓음으로써 해를 구할 수도 있다. 즉 두함수의 교집합을 구할 수 있다. MR함수와 MC함수는

$$R'(Q) = 1,200 - 4Q$$
$$C'(Q) = 3Q^2 - 122.5Q + 1,528.5$$

이므로, 두 함수를 같게 놓으면, $\frac{d\pi}{dQ} = 0$으로 놓아서 얻었던 2차방정식과 똑같은 식이 된다. 이로부터 위에서 열거한 두 임계값을 구할 수 있다.

† 역주 : 여기서 저자는 좀 혼란된 설명을 하고 있다. 이하의 설명만으로 족하다.

3차함수인 총비용함수의 계수들

[예 3]에서 총비용함수는 3차함수로 설명되었다. 전통적인 총비용곡선 $C = C(Q)$는, [그림 9.7] (a)에 그려진 것처럼, 오목한 부분(한계비용이 체감하는 부분)과 그리고 이것에 잇따른 볼록한 부분(한계비용이 체증하는 부분)으로 이루어진 두 개의 굴곡을 포함하는 것으로 가정된다. 3차함수의 그래프는, [그림 9.4]와 같이, 항상 두개의 굴곡을 가지기 때문에, 총비용곡선을 묘사하는 데에는 3차함수가 적합하다. 그러나 [그림 9.4]의 3차함수를 그대로 총비용함수로 사용하는 데에는 문제가 있다. 왜냐하면 총비용함수가 경제적 의미를 가지려면, 그 함수의 기울기가 모든 곳에서 양(산출량이 증가하면 총비용도 항상 증가)이 되어야 하는데 반하여, 3차함수의 그래프는 기울기가 음이 되는 부분을 포함할 수 있기 때문이다. 그러므로, 3차함수

$$C = C(Q) = aQ^3 + bQ^2 + cQ + d \tag{9.3}$$

를 총비용함수로 사용하려면, 이 C곡선이 아래로 구부러지는 것을 방지하기 위해서 파라미터들에 적절한 제약을 가하는 것이 필수적이다.

이 조건은 MC함수가 모든 점에서 양이 되어야 한다는 것과 같은 의미이며, 이것은 MC함수의 **절대적 극소값**이 양이 되는 경우에만 보장될 수 있다. 이제 (9.3)을 Q에 관해 미분하면 다음과 같은 MC함수를 얻는다.

$$MC = C'(Q) = 3aQ^2 + 2bQ + c \tag{9.4}$$

이 함수는 2차함수이므로, [그림 9.7] (c)에서와 같이 포물선으로 그려진다. MC곡선이 어느 점에서나 양이 되려면(가로축의 위쪽에 위치하려면), 이 포물선은 U자형이 되어야 한다(그렇지 않고 역U자형이 되면, 그 곡선은 2상한까지 연장될 수밖에 없다). 그러므로 (9.4)의 Q^2 항의 계수는 양이어야 한다. 즉, $a > 0$이라는 제약이 가해져야 한다. 그러나 이 제약만으로는 충분하지 않다. 왜냐하면, U자형 MC곡선의 극소값 — 이것을 $\text{MC}_{\min}$ (상대적 극소값이며 동시에 절대적 극소값)이라고 하자 — 은 가로축의 아래에서 발생할 수 있기 때문이다. 따라서 우리는 다음으로 $\text{MC}_{\min}$을 구하고, 그것이 양이 되도록 하는 제약을 파라미터에 가해야 한다.

상대적 극점에 대한 우리의 지식에 의하면, MC의 극소값은

$$\frac{d}{dQ}\text{MC} = 6aQ + 2b = 0$$

에서 발생한다. 이 1계조건을 충족하는 산출량은

$$Q^* = \frac{-2b}{6a} = \frac{-b}{3a}$$

이다. 이것은 MC를 (극대화하는 것이 아니라) 극소화한다. 왜냐하면 2계도함수 $d^2(\text{MC})/dQ^2 = 6a$는 제약조건 $a > 0$으로 인해 양이 되는 것이 확실하기 때문이다. 이제 Q^*를 알았으므로, $\text{MC}_{\min}$을 계산할 수 있지만, 우선 이 식으로부터 계수 b의 부호를 추론할 수 있다. 산출량수준이 음인 것은 배제되므로, b는 결코 양($a > 0$일 때)이 될 수 없다는 것을 안다. 더욱이 수확체감의 법칙이 양의 산출량수준에서 일어난다고 가정되므로(즉, MC곡선은 초기에 체감하는 부분을 갖는다고 가정되므로), Q^*는 (0이 아니라) 양이 되어야 한다. 따라서 $b < 0$이라는 제약이 가해져야 한다.

이제 MC를 극소화하는 산출량 Q^* 를 (9.4) 에 대입하여 $\text{MC}_{\min}$ 을 얻는 것은 간단한 일이다.

$$\text{MC}_{\min} = 3a\left(\frac{-b}{3a}\right)^2 + 2b\frac{-b}{3a} + c = \frac{3ac - b^2}{3a}$$

따라서, 양의 $\text{MC}_{\min}$ 을 보장하기 위해 우리는 $b^2 < 3ac$ 라는 제약을 가해야만 한다.† 또 이 마지막 제약은 사실상 $c > 0$ 이라는 제약을 의미한다는 것을 부언한다(그 이유는?).

이상의 논의에서는 세 개의 파라미터 a, b, c 가 관련되어 있다. 그러면 또다른 파라미터 d 는 어떻게 되는가? 이에 대한 답은. d 에 대한 제약도 역시 필요하지만 MC가 양이 되는 문제와는 관계가 없다는 것이다. 만약 (9.3) 에서 $Q = 0$ 으로 놓으면, $C(0) = d$ 를 얻는다. 이처럼 d 의 역할은 그 곡선의 기울기와는 아무런 관계없이 C 곡선의 세로축 절편만을 결정하는 데 있다. d 의 경제적 의미는 기업의 고정비용이므로, 적절한 제약은(단기에 있어서) $d > 0$이 될 것이다.

요약하면, 총비용함수 (9.3) 의 계수들은(단기를 가정할 때) 다음과 같이 제약하에 놓여야 한다.

$$a, c, d > 0 \qquad b < 0 \qquad b^2 < 3ac \tag{9.5}$$

우리는 [예 3]의 $C(Q)$ 함수가 (9.5) 를 만족하는 것을 쉽게 확인할 수 있다.

양의 기울기를 갖는 한계수입곡선

[그림 9.7](c) 의 한계수입곡선은 전반적으로 음의 기울기를 갖는 것으로 그려져 있다. 물론 이것은 전통적으로 불완전경쟁하에서 기업의 MR곡선으로 그려왔던 것이다. 그러나 MR곡선의 기울기가 부분적으로 또는 전반적으로 양이 될 수 있는 가능성을 결코 선험적으로 배제할 수는 없다.††

평균수입함수 $\text{AR} = f(Q)$ 가 주어지면, 한계수입함수는

$$\text{MR} = f(Q) + Qf'(Q) \qquad [(7.7)\text{로부터}]$$

로 나타낼 수 있다. 그러면 MR곡선의 기울기는 도함수

$$\frac{d}{dQ}\text{MR} = f'(Q) + f'(Q) + Qf''(Q) = 2f'(Q) + Qf''(Q)$$

로부터 알아낼 수 있다. AR곡선이 음의 기울기를 가지는 한(말하자면, 불완전경쟁하의 AR곡선의

† 이 제약은 또한 **완전제곱**(completing the square) 의 방법에 의해서도 구해질 수 있다. MC함수는 다음과 같이 변형될 수 있다.

$$\begin{aligned}\text{MC} &= 3aQ^2 + 2bQ + c \\ &= \left(3aQ^2 + 2bQ + \frac{b^2}{3a}\right) - \frac{b^2}{3a} + c \\ &= \left(\sqrt{3a}Q + \sqrt{\frac{b^2}{3a}}\right)^2 + \frac{-b^2 + 3ac}{3a}\end{aligned}$$

제곱으로 주어진 식은 0이 될 수 있기 때문에, 양의 MC는 — 주어진 $a > 0$ 에서 — $b^2 < 3ac$ 인 경우에만 성립된다.

†† 다음 논문은 이 점을 크게 부각시켜 강조하고 있다. John P. Formby, Stephen Layson, and W. James Smith, "The Law of Demand, Positive Sloping Marginal Revenue, and Multiple Profit Equilibria," *Economic Inquiry*, April 1982, pp.303~311

형태가 되는 한), $2f'(Q)$ 항은 확실히 음이다. 그러나 $Qf''(Q)$ 항은 AR함수의 2계도함수의 부호에 따라, 즉 AR곡선이 강오목인지, 선형인지, 또는 강볼록인지의 여부에 따라 음, 0, 또는 양이 될 수 있다. 만약 AR곡선이 ([그림 7.2]에 그려진 것처럼) 전반적으로 또는 특정한 부분에서 강볼록이라고 하면, (양인) $Qf''(Q)$ 항이 (음인) $2f'(Q)$ 항 보다 더 클 가능성이 있다. 그리하여 MR곡선의 기울기는 전반적으로 또는 부분적으로 양이 될 수 있는 것이다.

예 4

평균수입함수가 다음과 같다고 하자.

$$\text{AR} = f(Q) = 8{,}000 - 23Q + 1.1Q^2 - 0.018Q^3$$

이 함수는 불완전경쟁하의 기업에 적절한 AR곡선으로, 음의 기울기를 갖는다(이에 대한 증명은 [연습문제 9.4]의 7 참조). 그리고

$$\text{MR} = f(Q) + Qf'(Q) = 8{,}000 - 46Q + 3.3Q^2 - 0.072Q^3$$

이므로, MR의 기울기는

$$\frac{d}{dQ}\text{MR} = -46 + 6.6Q - 0.216Q^2$$

이 된다. 이것은 2차함수이며, Q^2의 계수가 음이기 때문에, $d\text{MR}/dQ$는, [그림 9.5](*a*)에 그려진 것처럼, Q에 대해 역U자형 곡선이 된다. 만약 이 곡선의 일부가 가로축의 위쪽에 위치하게 되면, MR의 기울기는 양의 값을 갖게 된다.

이제 $d\text{MR}/dQ = 0$으로 놓고 근의 공식을 적용하면, 2차방정식의 해는 (대략 계산하여) $Q_1 = 10.76$, $Q_2 = 19.79$가 된다. 이것은 개구간 (Q_1, Q_2)에 있는 Q의 값들에 대해, $d\text{MR}/dQ$ 곡선이 가로축의 위쪽에 위치하게 된다는 것을 뜻한다. 따라서 한계수입곡선은 Q_1과 Q_2 사이에 있는 생산수준에서 양의 기울기를 갖게 된다.

이처럼 MR곡선에 양의 기울기를 갖는 부분이 존재한다는 것은 흥미로운 의미를 내포하고 있다. 그런 MR곡선은 다수의 굴곡을 보임으로써 MC곡선과 두 점 이상에서 교차할 수 있고, 그렇게 되면 두 점 이상에서 이윤극대화에 대한 2계충분조건이 충족된다. 그러나 그런 교차점들은 모두 국지적 최적점은 될 수 있지만, 그들 중 오직 한 점만이 기업이 추구하는 전역적 최적점이 된다.

연습문제 9.4

1. 2계도함수 검증법에 의하여 y의 상대적 극대와 극소를 구하라.

   (*a*) $y = -2x^2 + 8x + 25$ (*c*) $y = \frac{1}{3}x^3 - 3x^2 + 5x + 3$

   (*b*) $y = x^3 + 6x^2 + 9$ (*d*) $y = \dfrac{2x}{1-2x} \quad \left(x \neq \dfrac{1}{2}\right)$

2. 어떤 사람이 그의 집 벽을 따라서 직사각형의 화단을 만들려고 한다. 그리고 남은 3면을 철망으로 막으려고 하는데, 철망은 32ft 밖에 되지 않는다. 그러면 화단의 면적이 최대로 되는 직사각형의 길이 L과 폭 W는 얼마인가? 이 해가 최소면적이 아니고 최대면적이 된다는 것을 어떻게 확인할 수 있는가?

3. 어떤 기업의 총비용함수와 수요함수는 다음과 같다.

$$C = \tfrac{1}{3}Q^3 - 7Q^2 + 111Q + 50$$
$$Q = 100 - P$$

   (*a*) 총비용함수는 (9.5)의 계수에 대한 제약들을 만족하는가?
   (*b*) 총수입함수 R을 Q의 함수로 나타내라.
   (*c*) 총이윤함수 π를 Q의 함수로 나타내라.
   (*d*) 이윤극대화 산출량 Q^*를 구하라.
   (*e*) 극대이윤은 얼마인가?

4. 총비용함수 (9.3)의 계수 b가 0의 값을 갖는다면, 한계비용곡선과 총비용곡선은 어떠한 형태가 될 것인가?

5. 2차함수인 이윤함수 $\pi(Q) = hQ^2 + jQ + k$는 다음과 같은 가정을 반영한다.
   (*a*) 아무것도 생산하지 않는다면 이윤은 음이 된다(고정비용 때문에).
   (*b*) 이윤함수는 강오목이다.
   (*c*) 극대이윤은 산출량 Q^*가 양일 때 발생한다.
   파라미터들에 어떠한 제약들이 요구되는가?

6. 어떤 완전경쟁기업의 단일 가변생산요소는 L(노동)이고, 그 임금율은 기간당 W_0이다. 그 기업의 고정요소비용은 기간당 총 F원이며, 제품의 가격은 P_0이다.
   (*a*) 이 기업의 생산함수, 수입함수, 비용함수, 그리고 이윤함수를 나타내라.
   (*b*) 이윤을 극대화하기 위한 1계조건은 무엇인가? 이 조건을 경제적으로 해석하라.
   (*c*) 어떤 경제적 상황 때문에 이윤은 극소화가 아니라 극대화된다고 볼 수 있는가?

7. [예 4]에 주어진 AR곡선의 기울기가 음인 것을 다음의 절차를 거쳐서 확인하라.
   (*a*) AR의 기울기를 S로 나타내라. S에 관한 식을 써라.
   (*b*) 2계도함수 검증법을 사용하여 S의 극대값 S_{max}를 구하라.
   (*c*) AR곡선의 기울기가 모든 점에서 음인 것을 S_{max}로부터 추론하라.

9.5 | 매클로린급수와 테일러급수

이제 2계도함수가 정지점에서 0의 값을 갖는 경우에도 적용할 수 있는 상대적 극값의 검증법을 설명할 단계가 되었다. 그러나 그 전에 먼저 함수 $y = f(x)$를 "전개" (expansion)하는 문제를 논의할 필요가 있다. 이 전개방법에는 **매클로린급수**(Maclaurin series; 점 $x = 0$ 주위에서의 전개식)와 **테일러급수**(Taylor series; 어떤 점 $x = x_0$ 주위에서의 전개식)가 있다

어떤 함수 $y = f(x)$를 점 x_0 주위에서 **전개**한다는 것은, 현재의 문맥에서 볼 때, 그 함수를 **다항식** 형태로 변형하는 것을 의미한다. 그 다항식의 계수들은 모두 전개점 x_0에서 계산된 도함수값 $f'(x_0)$, $f''(x_0)$ 등으로 표시된다. 매클로린급수에서는 이 도함수들이 $x = 0$에서 계산된다. 따라서 다항식의 계수는 $f'(0)$, $f''(0)$ 등이 된다. 전개한 결과는, 멱함수들의 합으로 이루어진 다항식이 되기 때문에, **멱급수**(power series)가 된다.

다항함수의 매클로린급수

우선 n 차**다항**함수

$$f(x) = a_0 + a_1x + a_2x^2 + a_3x^3 + a_4x^4 + \cdots + a_nx^n \tag{9.6}$$

을 동치인 n 차다항식으로 전개하는 문제를 생각해 보자. 이때 계수들은 $a_0, a_1, \cdots$ 등 대신에 도함수 값 $f'(0), f''(0)$ 등으로 표시된다. 이것은 하나의 다항식을 같은 차수의 또다른 다항식으로 변형하는 것이기 때문에, 무의미하고 목적 없는 연습문제처럼 생각될 수 있으나, 실제로는 함수의 전개에 관한 전체적인 개념을 밝히는데 많은 도움을 준다.

전개 후의 멱급수는 함수 f 의 여러 계의 도함수들을 포함하게 되므로, 우선 이 도함수들을 구해 보기로 하자. (9.6)을 순차로 미분하면, 다음과 같은 도함수들을 얻을 수 있다.

$$\begin{aligned}
f'(x) &= a_1 + 2a_2x + 3a_3x^2 + 4a_4x^3 + \cdots + na_nx^{n-1} \\
f''(x) &= 2a_2 + 3(2)a_3x + 4(3)a_4x^2 + \cdots + n(n-1)a_nx^{n-2} \\
f'''(x) &= 3(2)a_3 + 4(3)(2)a_4x + \cdots + n(n-1)(n-2)a_nx^{n-3} \\
f^{(4)}(x) &= 4(3)(2)a_4 + 5(4)(3)(2)a_5x + \cdots + n(n-1)(n-2)(n-3)a_nx^{n-4} \\
&\vdots \\
f^{(n)}(x) &= n(n-1)(n-2)(n-3)\cdots(3)(2)(1)a_n
\end{aligned}$$

순차로 한번 더 미분함에 따라 도함수의 항의 수가 하나씩 줄어들어 — 각 도함수의 앞에 나타나는 상수항이 제거되어 — 결국 n 계도함수에는 단지 하나의 곱의 항(하나의 상수항)만이 남게 되는 것을 주목하라. 이 도함수들은 x 의 여러 값에서 계산될 수 있으나, 여기서는 $x = 0$ 에서 계산하면, x 가 들어 있는 모든 항들이 없어지는 결과를 얻는다. 그러면 다음과 같이 매우 산뜻한 도함수 값들이 남게 된다.

$$f'(0) = a_1 \qquad f''(0) = 2a_2 \qquad f'''(0) = 3(2)a_3 \qquad f^{(4)}(0) = 4(3)(2)a_4$$
$$\cdots \qquad f^{(n)}(0) = n(n-1)(n-2)(n-3)\cdots(3)(2)(1)a_n \tag{9.7}$$

이제 축약화 기호 $n!$ (n 계승 또는 n factorial이라고 읽는다)을 채택해 보자. $n!$ 은

$$n! \equiv n(n-1)(n-2)\cdots(3)(2)(1) \qquad (n = \text{어떤 양의 정수})$$

로 정의되고, 따라서 예를 들면, $2! = 2 \times 1 = 2$, $3! = 3 \times 2 \times 1 = 6$ 등이 된다 ($0!$ 은 1로 정의된다). 그러면 (9.7)의 결과는 다음과 같이 다시 쓸 수 있다.

$$a_1 = \frac{f'(0)}{1!} \qquad a_2 = \frac{f''(0)}{2!} \qquad a_3 = \frac{f'''(0)}{3!} \qquad a_4 = \frac{f^{(4)}(0)}{4!} \qquad \cdots \qquad a_n = \frac{f^{(n)}(0)}{n!}$$

이것들을 (9.6)에 대입하고, $f(0) = a_0$ 라는 명백한 사실을 이용하면, 이제 주어진 함수 $f(x)$ 는 새로운 그러나 같은 차수의 다항식으로 표시될 수 있는데, 그 계수들은 $x = 0$ 에서 계산된 도함수들로 나타난다. 즉,†

$$f(x) = \frac{f(0)}{0!} + \frac{f'(0)}{1!}x + \frac{f''(0)}{2!}x^2 + \frac{f'''(0)}{3!}x^3 + \cdots + \frac{f^{(n)}(0)}{n!}x^n \qquad \text{[매클로린 공식]} \tag{9.8}$$

다항함수 $f(x)$의 매클로린급수라고 부르는 이 새로운 다항식은 0 주위($x=0$)에서 함수 $f(x)$를 전개한 것을 나타낸다. 여기서 우리의 전개점(여기서는, 0)은 단지 $f(x)$와 그 도함수 모두를 계산하기 위하여 사용되는 x의 값에 지나지 않음에 주목하라.

예 1

함수

$$f(x) = 2 + 4x + 3x^2 \tag{9.9}$$

의 매클로린급수를 구하라. 이 함수의 도함수들은 다음과 같다.

$$\begin{aligned} f'(x) &= 4 + 6x \\ f''(x) &= 6 \end{aligned} \qquad \text{따라서} \begin{cases} f'(0) = 4 \\ f''(0) = 6 \end{cases}$$

그러므로 매클로린급수는

$$\begin{aligned} f(x) &= f(0) + f'(0)x + \frac{f''(0)}{2}x^2 \\ &= 2 + 4x + 3x^2 \end{aligned}$$

이 된다. 바로 앞의 식은 매클로린급수가 과연 주어진 함수를 정확하게 대표하고 있음을 입증한다.

다항함수의 테일러급수

보다 일반적으로, (9.6)의 다항함수는 꼭 0일 필요가 없는 임의의 점 주위에서 전개될 수 있다. 설명을 단순하게 하기 위하여, 우선 이것을 특정한 2차함수인 (9.9)식을 사용하여 설명한 다음에 그 결과를 일반화하기로 한다.

특정한 점 x_0 주위에서의 전개를 위해, 먼저 어떤 주어진 x값을 x_0로부터의 **편차**(deviation)로 생각하기로 한다. 더 명확하게, $x = x_0 + \delta$라고 하자. 단, δ는 x_0값으로부터의 편차를 나타낸다. 이러한 해석에 따르면, 주어진 함수 (9.9)와 그 도함수들은 다음과 같이 된다.

$$\begin{aligned} f(x) &= 2 + 4(x_0 + \delta) + 3(x_0 + \delta)^2 \\ f'(x) &= 4 + 6(x_0 + \delta) \\ f''(x) &= 6 \end{aligned} \tag{9.10}$$

이 함수에서 $(x_0 + \delta) = x$라는 표현이 하나의 변수이지만, 현재의 상황에서는 x_0가 고정된(선택된) 수이기 때문에, 오직 δ만이 (9.10)의 진정한 변수로 볼 수 있다. 따라서 $f(x)$는 사실상 δ의 함수, 이를테면, $g(\delta)$가 된다. 즉,

† 0!=1, 1!=1이므로, (9.8)의 우변에 있는 처음 2개의 항은 각각 보다 간단하게 $f(0)$와 $f'(0)x$로 쓸 수 있다. 여기서 분모 0!와 1!를 포함시킨 것은 이 전개식의 각 항 사이의 대칭성에 주의를 환기시키기 위함이다.

$$g(\delta) = 2 + 4(x_0 + \delta) + 3(x_0 + \delta)^2 \qquad [\equiv f(x)]$$

그리고 그 도함수들은 다음과 같다.

$$\begin{aligned} g'(\delta) &= 4 + 6(x_0 + \delta) \quad & [\equiv f'(x)] \\ g''(\delta) &= 6 & [\equiv f''(x)] \end{aligned}$$

우리는 이미 0주위 $(\delta = 0)$ 에서 $g(\delta)$ 를 전개하는 방법을 알고 있다. 즉 (9.8)에 따라 위의 함수를 전개하면 다음과 같은 매클로린급수를 얻는다:

$$g(\delta) = \frac{g(0)}{0!} + \frac{g'(0)}{1!}\delta + \frac{g''(0)}{2!}\delta^2 \tag{9.11}$$

그러나 $x = x_0 + \delta$ 로 놓았기 때문에, $\delta = 0$ 이라는 사실은 $x = x_0$ 인 것을 의미한다. 따라서, 항등식 $g(\delta) \equiv f(x)$ 에 기초하여 $\delta = 0$ 인 경우를 다음과 같이 쓸 수 있다:

$$g(0) = f(x_0) \qquad g'(0) = f'(x_0) \qquad g''(0) = f''(x_0)$$

이것들을 (9.11) 식에 대입하면, 점 x_0 주위에서 $f(x)$ 를 전개한 결과를 얻는다. 왜냐하면 그 계수들은 모두 $x = x_0$ 에서 계산된 도함수 $f'(x_0)$, $f''(x_0)$ 등이기 때문이다. 즉,

$$f(x)[= g(\delta)] = \frac{f(x_0)}{0!} + \frac{f'(x_0)}{1!}(x - x_0) + \frac{f''(x_0)}{2!}(x - x_0)^2 \tag{9.12}$$

이 결과가 $f(x)$ 의 테일러 다항함수이다. 여러분은 이것을 (9.11)에 나타난 $g(\delta)$ 의 매클로린 다항함수와 비교해 보기 바란다.

현재 다루고 있는 특정한 함수, 즉 (9.9)의 경우에는,

$$f(x_0) = 2 + 4x_0 + 3x_0^2 \qquad f'(x_0) = 4 + 6x_0 \qquad f''(x_0) = 6$$

이 되기 때문에, (9.12)의 테일러 다항함수는

$$\begin{aligned} f(x) &= 2 + 4x_0 + 3x_0^2 + (4 + 6x_0)(x - x_0) + \tfrac{6}{2}(x - x_0)^2 \\ &= 2 + 4x + 3x^2 \end{aligned}$$

이 된다. 이로써 테일러 다항함수가 주어진 함수를 정확히 대표한다는 것이 입증된다.

(9.12)의 전개공식은 n 차다항식 (9.6)에 적용되도록 일반화할 수 있다. 일반화된 공식은 다음과 같다:

$$\begin{aligned} f(x) = {} & \frac{f(x_0)}{0!} + \frac{f'(x_0)}{1!}(x - x_0) + \frac{f''(x_0)}{2!}(x - x_0)^2 + \cdots \\ & + \frac{f^{(n)}(x_0)}{n!}(x - x_0)^n \qquad [\text{테일러의 공식}] \end{aligned} \tag{9.13}$$

이것이 (9.8)의 매클로린 공식과 다른 점은 단지 함수의 전개점이 0에서 x_0 로 대체되고, 또 x 가 $(x - x_0)$ 로 대체되었다는 것이다. (9.13)이 의미하는 바는, 주어진 n 차다항식 $f(x)$ 에서, 만약 (9.13)의 우변에 있는 항들에 (가령) $x = 7$ 이라 놓고, 어떤 임의의 수 x_0 를 선택한 다음 이들 항을 계산해서 더하면, 정확히 $x = 7$ 에서 $f(x)$ 의 값인 $f(7)$ 이 된다는 것이다.

예 2

$x_0 = 3$ 을 전개점으로 택하면, (9.6) 식은 그것과 동치인 다음 식으로 다시 쓸 수 있다:

$$f(x) = f(3) + f'(3)(x-3) + \frac{f''(3)}{2}(x-3)^2 + \cdots + \frac{f^{(n)}(3)}{n!}(x-3)^n$$

임의의 함수의 전개

지금까지 우리는 n 차다항함수가 어떻게 또다른, 동치인, n 차다항식 형태로 표시될 수 있는가를 보였다. 그리고 뒤에서 밝혀지는 바와 같이, 만약 어떤 임의의 함수 $\phi(x)$ 가 — 이 함수가 반드시 다항식일 필요는 없다 — 전개점 x_0 에서 바라는 계수까지 유한이고 연속인 도함수들을 가진다면, $\phi(x)$ 를 (9.13)과 비슷한 다항식 형태로 표시할 수 있다.

테일러의 정리 (Taylor' s theorem) 로 알려진 수학적 명제에 따르면, 임의의 함수 $\phi(x)$ 가 주어지고, 만약 $x = x_0$ 에서 이 함수의 값 [즉, $\phi(x_0)$]과 이 함수의 도함수들의 값 [즉, $\phi'(x_0)$, $\phi''(x_0)$ 등]을 알고 있다면, 이 함수는 점 x_0 주위에서 다음과 같이 전개될 수 있다 (단, n 은 임의의 선택된 일정한 양의 정수이다):

$$\begin{aligned}\phi(x) &= \left[\frac{\phi(x_0)}{0!} + \frac{\phi'(x_0)}{1!}(x-x_0) + \frac{\phi''(x_0)}{2!}(x-x_0)^2 \right.\\ &\quad \left. + \cdots + \frac{\phi^{(n)}(x_0)}{n!}(x-x_0)^n\right] + R_n \\ &\equiv P_n + R_n \qquad [\text{잉여항을 갖는 테일러 공식}] \qquad \textbf{(9.14)}\end{aligned}$$

여기서 P_n 은 (대괄호로 묶여져 있는) n 차다항식 [우변에 있는 처음 $(n+1)$개의 항]을 나타내며, R_n 은 (249쪽에서 설명되는) **잉여항** (remainder) 이다.[†] 이제 R_n 이 존재함으로 해서 (9.14)는 (9.13)과 구별되고, 이 때문에 (9.14)는 **잉여항을 갖는 테일러공식** (Taylor formula with remainder) 이라고 부른다. 다항식 P_n 의 형태와 잉여항 R_n 의 크기는 우리가 선택하는 n 의 값에 의존한다. n 이 커질수록, P_n 에 더 많은 항들이 포함된다. 이에 따라 R_n 은 일반적으로 각각의 다른 n 에 대해 다른 값을 갖는 것으로 가정된다. 이런 이유 때문에 두 기호 P_n 과 R_n 에 하첨자 n 이 필요하게 된다. 기억하기 편하도록, n 을 P_n 에서 가장 높은 계수의 도함수의 계수라고 생각할 수 있다 ($n = 0$ 인 특별한 경우에는, P_n 에 도함수는 전혀 나타나지 않는다).

(9.14) 에서 잉여항 R_n 이 나타나는 것은, 여기서 우리가 다루는 임의의 함수 ϕ 가 (9.13) 으로 주어진 다항식 형태로 언제나 **정확하게** 변형될 수 없고, 단지 근사적으로만 변형될 수 있다는 사실에 기인한다. 그러므로, $\phi(x)$ 와 P_n 간의 불일치를 나타내기 위하여, 잉여항은 P_n 부분을 보충하는 것으로 포함되는 것이다. 즉, P_n 은 $\phi(x)$ 에 대한 다항근사식 (polynomial approximation) 이 되고, 잉여항 R_n 은 근사의 오차 (error of approximation) 의 척도로 볼 수 있다. 예를 들어 $n = 1$을 선택하면,

$$\phi(x) = [\phi(x_0) + \phi'(x_0)(x-x_0)] + R_1 = P_1 + R_1$$

을 얻는다. 여기서 P_1은 $n + 1 = 2$ 개의 항으로 구성되고, $\phi(x)$ 에 대한 **선형**근사식이 된다. 만약

[†] 기호 R_n (잉여항) 을 (n 차원 공간을 나타내는) 기호 R^n 과 혼동하지 말아야 한다.

$n = 2$ 를 선택하면 제곱항이 나타나고, 다음 결과를 얻는다.

$$\phi(x) = \left[\phi(x_0) + \phi'(x_0)(x - x_0) + \frac{\phi''(x_0)}{2!}(x - x_0)^2\right] + R_2 = P_2 + R_2$$

단, P_2 는 $n + 1 = 3$ 개의 항으로 이루어지고, $\phi(x)$ 에 대한 **2차**근사식이 된다. 어떤 임의의 함수 (그것이 유한한 연속도함수를 가지면) 에 대한 다항근사식을 만들어 낼 수 있다는 사실은 매우 큰 실용적 중요성을 가진다. 다항함수들은 — 그것이 고차의 다항함수라해도 — 다루기가 비교적 쉽고, 또 만약 그것들이 어떤 복잡한 함수들의 훌륭한 근사로 될 수 있다면, 아래의 두 예가 예시하는 것처럼, 실용적으로 커다란 편리성을 얻게 해 준다.

또 언급해야 할 것은, 임의의 함수 $\phi(x)$ 가 (9.6) 의 n 차다항식을 특별한 경우로서 포함할 수 있다는 것이다. 그리고 이 후자의 n 차다항식을 또다른 n 차다항식으로 전개하면, 바로 (9.13) 의 결과를 얻게 된다. 즉, 다른 말로 하면, $R_n \equiv 0$ 을 갖는 (9.14) 의 결과를 얻게 된다. 그러나 만약 주어진 n 차다항식 $f(x)$ 가 더 **낮은** 차수의 다항식으로 전개된다면, 이 낮은 차수의 다항식은 단지 $f(x)$ 의 근사식으로만 고려될 수 있고, 잉여항이 나타날 수 밖에 없다. 이 경우에는, 0이 아닌 잉여항을 갖는 (9.14) 의 결과가 적용될 수 있다. 따라서, (9.14) 의 형태로 주어진 테일러공식은 극히 일반적인 형태이다.

예 3

비다항함수

$$\phi(x) = \frac{1}{1 + x}$$

을 점 $x_0 = 1$ 주위에서 $n = 4$ 로 하여 전개하라. 우리는 $\phi(x)$ 의 처음 4개의 도함수를 필요로 하고, 그것들은 다음과 같다.

$$\begin{aligned}
\phi'(x) &= -(1 + x)^{-2} & \text{따라서} \quad \phi'(1) &= -(2)^{-2} = \frac{-1}{4} \\
\phi''(x) &= 2(1 + x)^{-3} & \phi''(1) &= 2(2)^{-3} = \frac{1}{4} \\
\phi'''(x) &= -6(1 + x)^{-4} & \phi'''(1) &= -6(2)^{-4} = \frac{-3}{8} \\
\phi^{(4)}(x) &= 24(1 + x)^{-5} & \phi^{(4)}(1) &= 24(2)^{-5} = \frac{3}{4}
\end{aligned}$$

또한 $\phi(1) = \frac{1}{2}$ 임을 안다. 따라서 (9.14)에서 $x_0 = 1$로 놓고, 위에서 구한 도함수들을 이용하면, 다음의 잉여항을 갖는 테일러급수를 얻는다:

$$\begin{aligned}
\phi(x) &= \frac{1}{2} - \frac{1}{4}(x - 1) + \frac{1}{8}(x - 1)^2 - \frac{1}{16}(x - 1)^3 + \frac{1}{32}(x - 1)^4 + R_4 \\
&= \frac{31}{32} - \frac{13}{16}x + \frac{1}{2}x^2 - \frac{3}{16}x^3 + \frac{1}{32}x^4 + R_4
\end{aligned}$$

물론, 여기서도 $x_0 = 0$ 을 전개점으로 선택할 수 있다. 그 경우에, (9.14)에서 x_0 을 0으로 놓으면, 전개된 식은 **잉여항을 갖는 맥클로린급수**가 된다.

예 4

2차함수

$$\phi(x) = 5 + 2x + x^2$$

을 $x_0 = 1$ 주위에서 $n = 1$로 하여 전개하라. 이 함수는 [예 1]의 (9.9)와 같은 2차 다항식이다. 그러나 $n = 1$이므로, 주어진 과제는 이 함수를 1차다항식 ($n = 1$)으로 전개하는 것, 즉, 주어진 2차함수에 대한 선형근사식을 구하는 것이다. 따라서 잉여항이 반드시 나타나게 된다. 이 때문에, $\phi(x)$는 테일러전개를 위한 "임의의" 함수로 간주되어야 한다.

이 전개를 위해서는, 오직 1계도함수 $\phi'(x) = 2 + 2x$만이 필요하다. $x_0 = 1$에서 계산하면, 주어진 함수와 그 도함수는

$$\phi(x_0) = \phi(1) = 8 \qquad \phi'(x_0) = \phi'(1) = 4$$

가 된다. 따라서 잉여항을 갖는 테일러공식에 따라 다음을 얻는다.

$$\begin{aligned}\phi(x) &= \phi(x_0) + \phi'(x_0)(x - x_0) + R_1 \\ &= 8 + 4(x - 1) + R_1 = 4 + 4x + R_1\end{aligned}$$

여기서 $(4 + 4x)$항은 선형근사식이고, R_1항은 근사식의 오차를 나타낸다.

[그림 9.8]에서, $\phi(x)$는 포물선으로 그려지고, 또 그것의 선형근사식은 점 (1, 8)에서 곡선 $\phi(x)$에 접하는 직선이 된다. 접점이 $x = 1$에서 발생한 것은 우연의 일치가 아니다. 오히려 그것은 전개점이 특별한 x값으로 설정된 사실의 직접적인 결과이다. 이것은 어떤 임의의 함수 $\phi(x)$가 다항식으로 근사될 때, 그 다항식은 전개점**에서** (그리고 오직 전개점**에서만**) $\phi(x)$의 정확한 값을 나타낸다는 것을 시사한다. 즉 전개점에서만 근사의 오차가 0이 된다 (즉, $R_1 = 0$). 그 밖의 점에서는 R_1은 정확히 0이 아니다. 사실상, 전개점 x_0로부터 점점 더 멀리 떨어진 x값에 대해 $\phi(x)$를 근사시키려고 하면, 근사의 오차 R_1은 점점 더 커질 것이다. 그리하여, 어떤 함수 $\phi(x)$를 다항함수로 근사시키려고 시도할 때, 우리의 당면 관심사가 특정한 x값, 이를테면 x_0의 근방에서 정확한 근사

그림 9.8

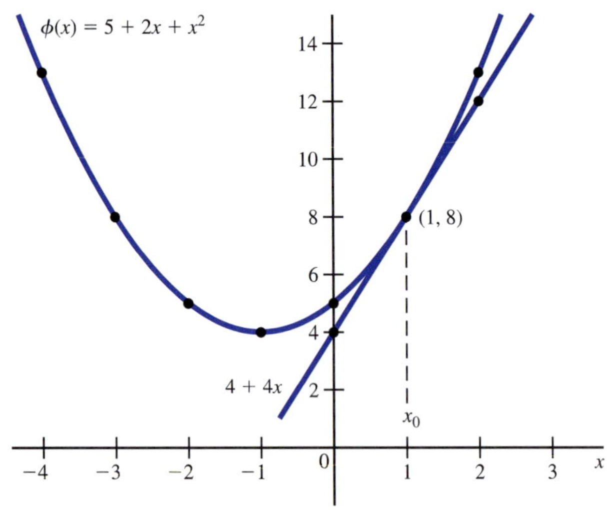

값을 얻는 것이라면, 전개점은 x_0로 선택해야만 한다.

[그림 9.8]의 모양은 [그림 8.1]을 강하게 연상시킨다. 사실, 두 그림은 모두 "근사값"과 관련된다. 그러나 근사의 범위에서 차이가 있다. [그림 8.1]에서, 우리는 주어진 시작점 x_0에서 그려진 접선의 도움으로, Δy를 미분 dy로 근사시키려고 시도하였다. 한편, [그림 9.8]에서, 우리는 좀 더 넓게 전체곡선을 특정한 직선으로 근사시키려고 시도한다. 즉, x의 어떤 값, 이를테면 x_1에서의 곡선의 높이를, x_1에서의 그 직선의 대응하는 높이로 근사시키려고 시도한다. 두 경우 모두, 근사값의 오차는 x의 값에 따라 변한다는 것을 주목해야 한다. [그림 8.1]에서는, Δx가 작아질수록, 즉 x가 접선이 그려지는 점 x_0에 가까워질수록, 오차(dy와 Δy 간의 차이)는 점점 더 작아진다. [그림 9.8]에서는, x가 선택된 전개점 x_0에 접근함에 따라, 오차(직선과 곡선간의 수직적 불일치)는 점점 작아진다.

잉여항의 라그랑지형식

이제 잉여항에 대하여 좀 더 설명해야겠다. **잉여항의 라그랑지형식**(Lagrange form of the remainder)에 따르면, 우리는 R_n을 다음과 같이 표시할 수 있다.

$$R_n = \frac{\phi^{(n+1)}(p)}{(n+1)!}(x - x_0)^{n+1} \qquad \textbf{(9.15)}$$

단, p는 x (임의의 함수 ϕ를 계산하고자 하는 점)와 x_0(함수 ϕ를 전개하는 점) 사이에 있는 어떤 수이다. 이 식은, 도함수가 x_0 대신에 p 점에서 계산된다는 것을 제외하면, 논리적으로 볼 때 (9.14)의 P_n의 마지막 항 다음에 올 항과 매우 흡사하다는 점에 주목하기 바란다. 불행하게도, 점 p는 다른 방법으로 규정되지 않으므로, 이 공식에 의해서 실제로 R_n을 계산할 수는 없다. 그럼에도 불구하고 이 식은 수학적으로 매우 중요한 의미를 갖는다. 그러므로. 비록 $n = 0$인 간단한 경우지만, 이 식의 기하학적 의미를 설명하기로 한다.

$n = 0$인 경우, 다항식 부분 P_0에는 도함수가 전혀 나타나지 않는다. 따라서 (9.14)는

$$\phi(x) = P_0 + R_0 = \phi(x_0) + \phi'(p)(x - x_0)$$

또는

$$\phi(x) - \phi(x_0) = \phi'(p)(x - x_0)$$

가 된다. 이 결과는 **평균값정리**(mean-value theorem)의 간단한 경우에 해당하며, 그것은 x_0에서의 함수 ϕ의 값과 또다른 x값에서의 함수 ϕ의 값 사이의 차이는 차 $(x - x_0)$와 p에서 계산된 도함수의 값 ϕ'의 곱으로 표시될 수 있음을 의미한다(단, p는 x와 x_0 사이에 있는 어떤 점이다). [그림 9.9]에서 보듯이, 함수 $\phi(x)$는 모든 점에서 도함수값이 정의되는 연속인 곡선으로 그려져 있다. x_0는 전개점으로 선택된 점이고, 또 x는 가로축상의 **임의의** 점이라 하자. 만약 $\phi(x)$, 즉 거리 xB를 $\phi(x_0)$, 즉 거리 x_0A로 근사시키려고 한다면, $\phi(x) - \phi(x_0)$, 즉, 거리 CB만큼의 근사오차가 발생한다. 평균값정리가 의미하는 것은 오차 CB — 이것은 전개식에서 잉여항 R_0의 값이 된다 — 가 $\phi'(p)(x - x_0)$로 표시될 수 있다는 것이다. 단, p는 x와 x_0 사이에 있는 어떤 점이다. 먼저, 점 A와 B 사이에 있는 곡선상에 점 D를 정하되, 그 점에서의 접선이 직선 AB에 평행하도록 한다. 그 곡선은 A에서 B까지 연속이고 매끈하게 통과하므로, 그러한 점 D는 반드시 존재한다. 그러면 잉여항은 다음과 같이 된다.

그림 9.9

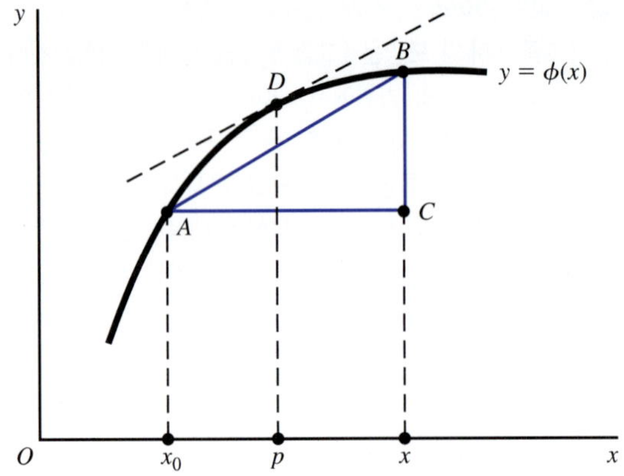

$$R_0 = CB = \frac{CB}{AC} AC = (AB \text{ 의 기울기}) \cdot AC$$
$$= (\text{점 } D\text{에서의 접선의 기울기}) \cdot AC$$
$$= (x = p \text{ 에서의 곡선의 기울기}) \cdot AC$$
$$= \phi'(p)(x - x_0)$$

단, 점 p 는 x 와 x_0 사이에 위치한다. 이것은 $n = 0$ 일 때, 잉여항의 라그랑지형식의 원리를 설명하고 있다. R_0 는 $\phi'(p)(x - x_0)$ 로 항상 표시될 수 있다. 비록 p 가 어떤 특정한 값으로 규정될 수 없다고 하더라도, 그러한 점이 존재한다고 확신할 수 있기 때문이다.

방정식 (9.15) 는 잉여항 R_n 을 나타내는 하나의 방법이지만, 그것은 $\phi(x)$ 와 다항식 P_n 간의 불일치의 원천으로서의 R_n 을 제거하지는 못한다. 그러나 만약 n 이 한정없이 증가함에 따라 (즉 다항함수의 차수가 한정없이 증가함에 따라)

$$n \to \infty \text{ 일 때 } R_n \to 0$$

이 되고, 따라서

$$n \to \infty \text{ 일 때 } P_n \to \phi(x)$$

이 된다면, 테일러급수는 그 전개점에서 $\phi(x)$ 에 수렴한다고 하고, 테일러급수는 다음과 같은 **수렴무한급수** (convergent infinite series) 로 쓸 수 있다 :

$$\phi(x) = \frac{\phi(x_0)}{0!} + \frac{\phi'(x_0)}{1!}(x - x_0) + \frac{\phi''(x_0)}{2!}(x - x_0)^2 + \cdots \tag{9.16}$$

이제 R_n 항이 더 이상 나타나지 않는다는 것을 주목하라. 그대신 생략부호가 들어있는데, 이것은 이 다항함수가 무한한 수의 차후의 항들을 포함하고, 그 항들의 수학적 구조는 이전에 항들에 의해서 지정되는 패턴을 따른다는 것을 의미한다. 이러한 (편리한) 경우에는, 충분히 큰 n 의 값을 선택함으로써, 즉 충분히 많은 수의 항들을 다항함수 P_n 에 포함시킴으로써, P_n 을 우리가 원하는 만큼 $\phi(x)$ 에 정확하게 근사시키는 것이 가능해진다. 이것의 중요한 예는 제 10.2절에서 논의될 것이다.

연습문제 9.5

1. 다음 계승의 값을 구하라.

   (*a*) 5!　　(*c*) $\frac{4!}{3!}$　　(*e*) $\frac{(n+2)!}{n!}$

   (*b*) 8!　　(*d*) $\frac{6!}{4!}$

2. 매클로린급수의 처음 5개의 항을 구하라 (즉, $n = 4$를 선택하고, $x_0 = 0$로 놓아라).

   (*a*) $\phi(x) = \frac{1}{1-x}$　　(*b*) $\phi(x) = \frac{1-x}{1+x}$

3. 문제 2의 두 함수에 대해, $n = 4$, $x_0 = -2$인 경우의 테일러급수를 구하라.
4. 잉여항이 라그랑지형식으로 되어 있는 테일러급수에 근거하여 [(9.14)와 (9.15) 참조], 전개점 $(x = x_0)$에서 테일러급수는 단지 근사값이 아니라 그 점에서의 정확한 함수의 값 $\phi(x_0)$가 됨을 보여라

9.6 | 1변수함수의 상대적 극값에 관한 N계도함수 검증법

어떤 함수의 테일러 (또는 매클로린) 급수로의 전개는, $n \to \infty$일 때 $R_n \to 0$이 되는 상황에서 하나의 근사장치로서 유용하다. 그러나 우리의 당면한 관심사는 상대적 극값의 일반적 검증법을 개발하는데 있어서 그것을 응용하려는 데 있다.

테일러전개와 상대적 극값

이 과제에 접근하는 준비단계로서 상대적 극값을 다음과 같이 다시 정의하기로 한다:

> 만약 $f(x) - f(x_0)$가 x_0의 근방에서 x_0의 바로 왼쪽과 바로 오른쪽에 있는 x의 값들에 관해서 음 (양) 이면, 함수 $f(x)$는 x_0에서 상대적 극대값 (극소값) 이 된다.

이것은 [그림 9.10]을 보면 분명해지는데, 이 그림에서 x_1은 x_0의 왼쪽에 있는 x의 값이고, x_2의 x_0의 오른쪽에 있는 x의 값이다. [그림 9.10](*a*)에서 $f(x_0)$는 상대적극대값이다. 즉 $f(x_0)$는 $f(x_1)$보다도 크고 $f(x_2)$보다도 크다. 요컨대, $f(x) - f(x_0)$는 x_0의 바로 근방에 있는 어떤 x의 값에 대해서도 음이다. [그림 9.10](*b*)의 경우는 그 반대다. 즉, 이 그림에서 $f(x_0)$는 상대적 극소값이고, 따라서 $f(x) - f(x_0) > 0$이다.

$f(x)$가 점 $x = x_0$에서 바라는 계까지 유한하고 연속인 도함수를 갖는다고 가정하면, 그 함수 $f(x)$; "반드시 다항함수일 필요는 없다 — 는 점 x_0 주위에서 테일러급수로 전개될 수 있다. (9.14)식의 기초 위에서 (ϕ를 f로 적절히 바꾼 후), 그리고 잉여항의 라그랑지형식을 사용하면, 우리는 다음과 같이 쓸 수 있다.

$$f(x) - f(x_0) = f'(x_0)(x - x_0) + \frac{f''(x_0)}{2!}(x - x_0)^2 + \cdots$$
$$+ \frac{f^{(n)}(x_0)}{n!}(x - x_0)^n + \frac{f^{(n+1)}(p)}{(n+1)!}(x - x_0)^{n+1} \quad \textbf{(9.17)}$$

만약 x_0 의 바로 왼쪽과 오른쪽에 있는 x 의 값들에 대해서 식 $f(x) - f(x_0)$ 의 부호가 결정될 수 있다면, $f(x_0)$ 가 극값인지 여부를 쉽게 알 수 있고, 또 극값이라면 그것이 극대값인지 혹은 극소값인지의 여부도 알 수 있다. 이를 위해서는, 식 (9.17) 의 우변의 합을 검토할 필요가 있다. 이 우변합에는 $(n+1)$ 개의 항이 있고 — P_n 의 n 개항, 더하기 $(n+1)$ 번째 차수에 있는 잉여항 — 따라서 항들의 실제수는 우리가 선택하는 n 의 값에 따라 변하기 때문에 일정하지 않다. 그러나 n 을 적절히 선택함으로써, 우리는 언제나 우변에 단지 하나의 항만이 존재하도록 할 수 있다. 이것은 $f(x) - f(x_0)$ 의 부호를 평가하고, $f(x_0)$ 가 극값인지의 여부를 확인하고, 그리고 만약 극값이라면 어떤 형태의 극값인가를 결정하는 과제를 엄청나게 단순화시킬 것이다.

몇 가지 구체적인 경우

이상의 논의는 몇 가지 구체적 실례를 통해서, 보다 분명히 이해할 수 있다.

경우 1 $\quad f'(x_0) \neq 0$

만약 x_0 에서의 1계도함수가 0이 아니라면, $n = 0$ 을 선택하자. 이때 잉여항은 1차식이 될 것이다. 그러면 우변에는 단지 $n + 1 = 1$ 개의 항만이 존재하게 되고, 이것은 오직 잉여항 R_0 만이 우변

그림 9.10

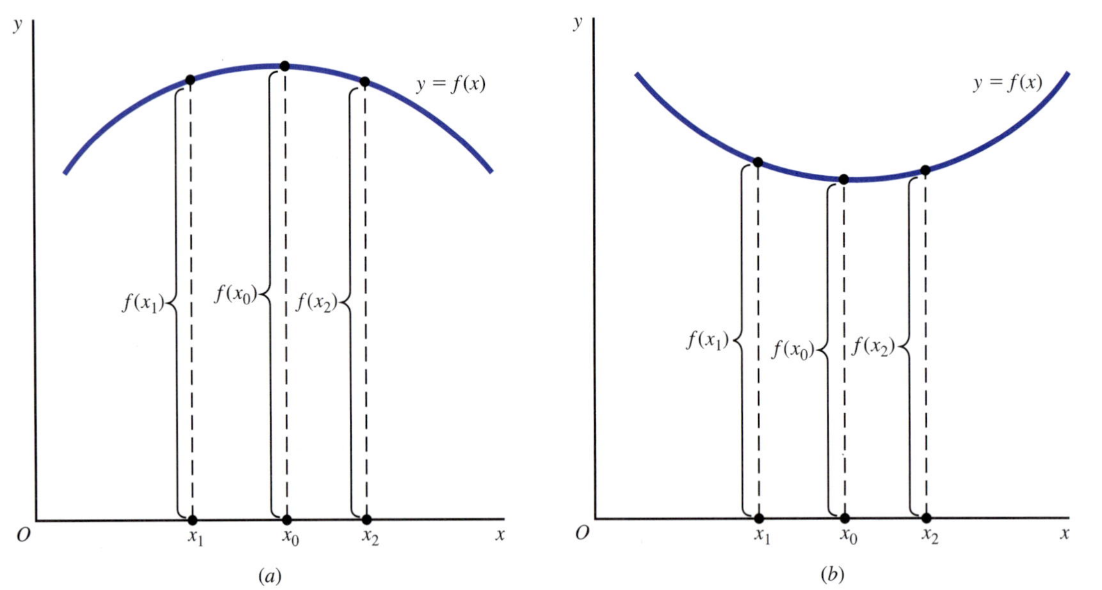

에 나타난다는 것을 뜻한다. 즉, 다음 결과를 얻는다.

$$f(x) - f(x_0) = \frac{f'(p)}{1!}(x - x_0) = f'(p)(x - x_0)$$

단, p 는 x_0 와 x_0 의 바로 근방에 있는 x 의 값 사이에 있는 어떤 수이다. 따라서 p 는 x_0 에 매우 가까운 점이 되어야 한다는 것을 주의하라.

우변의 식은 어떤 부호를 갖게 되는가? 위에서 언급한 것처럼, p 는 x_0 에 매우 가까운 점이기 때문에, 도함수의 연속성으로부터 $f'(p)$ 의 부호는 $f'(x_0)$ 의 부호와 일치하게 된다. 현재의 경우에는, $f'(p)$ 는 0이 아닌 것이 틀림없다.† 사실 그것은 특정한 양수 또는 음수가 되어야 한다. 그러나 $(x - x_0)$ 부분은 어떤가? x_0 의 왼쪽에서 오른쪽으로 x_0 를 지날 때, x 는 $x_1 < x_0$ 의 값에서 $x_2 > x_0$ 의 값으로 변한다 ([그림 9.10] 참조). 결과적으로, 식 $(x - x_0)$ 는 음에서 양으로 변하고, 또한 x_0 의 왼쪽과 오른쪽에서 $f(x) - f(x_0) = f'(p)(x - x_0)$ 의 부호도 변하게 된다. 그러나 이것은 상대적 극값에 대한 새로운 정의에 위배된다. 따라서 $f'(x_0) \neq 0$ 일 때, $f(x_0)$ 에서 상대적 극값은 존재하지 않는다 — 이 사실은 우리가 이미 잘 알고 있다.

경우 2 $\qquad f'(x_0) = 0; \quad f''(x_0) \neq 0$

이 경우에는, $n = 1$ 을 선택하자. 그러면 잉여항은 2차식이 되고, 우변에는 일단 $n + 1 = 2$ 개의 항이 나타나게 된다. 그러나 $f'(x_0) = 0$ 이므로 이 항들 중 하나는 없어지고, 고려 대상이 될 항은 다시 하나만 남는다; 즉,

$$\begin{aligned} f(x) - f(x_0) &= f'(x_0)(x - x_0) + \frac{f''(p)}{2!}(x - x_0)^2 \\ &= \tfrac{1}{2} f''(p)(x - x_0)^2 \qquad [f'(x_0) = 0 \text{ 이므로}] \end{aligned}$$

전과 마찬가지로, $f''(p)$ 는 $f''(x_0)$ 와 같은 부호를 갖고, 또 그 부호는 미리 규정되어 있으며 변하지 않는다. 반면에 $(x - x_0)^2$ 부분은 제곱으로 주어지고 반드시 양이다. 따라서 식 $f(x) - f(x_0)$ 는 $f''(x_0)$ 과 같은 부호를 가져야 되고, 그리고 앞의 상대적 극값에 대한 정의에 따라 다음과 같이 말할 수 있다.

만약 $f''(x_0) < 0$ 이면 x_0 는 $f(x)$ 의 상대적 극대점이다.
만약 $f''(x_0) > 0$ 이면 x_0 는 $f(x)$ 의 상대적 극소점이다. $\quad [f'(x_0) = 0$ 일 때$]$

이것은 바로 앞에서 소개한 2계도함수 검증법임을 알 수 있다.

경우 3 $\qquad f'(x_0) = f''(x_0) = 0,$ 그러나 $f'''(x_0) \neq 0$

이제 $f''(x_0)$ 가 0이므로, 우리는 2계도함수 검증법을 적용할 수 없는 상황에 직면한다. 그러나 테일러급수의 도움으로 어렵지 않게 확실한 결론을 얻을 수 있다.

† 역주 : 도함수의 연속성으로부터 유도되는 것은, 예컨대 $f'(x_0) > 0$ 이면, $f'(p) \geq 0$ 이라는 것이지 $f'(p) \neq 0$ 이라는 것은 아니다. 따라서 이 논증방법은 엄밀성을 결여하고 있다. 즉 이 논증은 $f'(x_0) > 0$ 일 때는 항상 $f'(p) > 0$ 이 되게끔 x 가 속하는 근방을 정할 수 있다는 전제 위에 서 있다.

$n=2$를 선택하자. 그러면 처음에는 3개의 항이 우변에 나타날 것이다. 그러나 $f'(x_0)=f''(x_0)=0$이므로 이들 중 두 개의 항은 없어지고, 고려해야 할 항은 또다시 하나만 남는다. 즉,

$$f(x)-f(x_0)=f'(x_0)(x-x_0)+\frac{1}{2!}f''(x_0)(x-x_0)^2+\frac{1}{3!}f'''(p)(x-x_0)^3$$
$$=\frac{1}{6}f'''(p)(x-x_0)^3 \qquad [f'(x_0)=0,\ f''(x_0)=0\text{이므로}]$$

전과 마찬가지로, 도함수가 연속이고, p가 x_0에 극히 가깝기 때문에, $f'''(P)$의 부호는 $f'''(x_0)$의 부호와 일치하게 된다. 그러나 $(x-x_0)^3$ 부분의 부호는 변한다. 구체적으로, $(x-x_0)$는 x_0의 왼쪽에서 음이므로, $(x-x_0)^3$도 음이 된다. 그러나, x_0의 오른쪽에서 $(x-x_0)^3$ 부분은 양이 된다. 따라서 x가 x_0를 통과함에 따라 $f(x)-f(x_0)$의 부호는 변하게 되는데, 이것은 상대적 극값의 정의에 위배된다. 그러나 x_0는 임계값이다. $[f'(x_0)=0]$. 또 상대적 극값이 아니기 때문에, 그것은 변곡점이 될 수 밖에 없다.

경우 4 $\quad f'(x_0)=f''(x_0)=\cdots=f^{(N-1)}(x_0)=0,$ 그러나 $f^{(N)}(x_0)\neq 0$

이것은 가장 일반적인 경우이고, 따라서 그로부터 일반적인 결론을 도출할 수 있다. 여기서 N계도함수에 이를 때까지 모든 도함수값들이 0이라는 점에 주의하기 바란다.

앞의 세 경우와 마찬가지로, 이 경우의 테일러급수는 다음과 같은 간단한 형태로 된다.

$$f(x)-f(x_0)=\frac{1}{N!}f^{(N)}(p)(x-x_0)^N$$

다시, $f^{(N)}(p)$는 $f^{(N)}(x_0)$와 같은 부호를 갖고, 또 이 부호는 변하지 않는다. 한편, $(x-x_0)^N$ 부분의 부호는, 만약 N이 **홀수**(경우 1과 3 참조)이면 **변하고**, N이 **짝수**(경우 2 참조)이면 **변하지 않고 그대로이다**. 따라서 N이 홀수일 때, 점 x_0를 통과함에 따라 $f(x)-f(x_0)$의 부호는 변하게 되고, 그리하여 상대적 극값의 정의에 위배된다(이것은 임계값 x_0에서 $f(x_0)$가 변곡점이 될 수밖에 없다는 것을 뜻한다). 그러나 N이 짝수일 때, $f(x)-f(x_0)$의 부호는, 임계값 x_0의 왼쪽에서 오른쪽으로 통과할 때 변하지 않고, 따라서 $f^{(N)}(x_0)$가 음인지 양인지의 여부에 따라, 정지값 $f(x_0)$는 상대적 극대값 혹은 상대적 극소값이 된다.

N계도함수 검증법

드디어 우리는 다음과 같은 일반적인 검증법을 진술할 수 있게 되었다.

1변수함수의 상대적 극값에 관한 N계도함수 검증법 만약 함수 $f(x)$의 1계도함수가 x_0에서 $f'(x_0)=0$이며, $f(x)$를 순차로 미분할 때 x_0에서 평가한 최초의 **0이 아닌** 도함수값이 $f^{(N)}(x_0)\neq 0$이라면, 정지값 $f(x_0)$는,

a. 만약 N이 짝수이고 $f^{(N)}(x_0)<0$이면, 상대적 **극대**이다.
b. 만약 N이 짝수이고 $f^{(N)}(x_0)>0$이면, 상대적 **극소**이다.

c. 만약 N 이 홀수이면, **변곡점**이다.

이상의 논의에서 알 수 있는 것은, N 계도함수 검증법이 적용되기 위한 필요충분조건은 임계점 x_0 에서 함수 $f(x)$ 의 도함수가 조만간 0이 아니어야 한다는 것이다. 이 조건을 만족하지 않는 예외적인 함수가 존재하는 것은 분명하지만, 우리가 다루는 대부분의 함수는 순차적 미분과정에서 0이 아닌 값을 갖는 도함수 $f^{(N)}(x_0)$ 가 나타날 것이다.† 따라서, 이 검증법은 대부분의 경우에 사용될 수 있다.

예 1

함수 $y=(7-x)^4$ 의 상대적 극값을 검토하라. 1계도함수 $f'(x)=-4(7-x)^3$ 은 $x=7$ 일 때 0이므로, 검증을 위한 임계값으로 $x=7$ 을 택한다. 또 $x=7$ 일 때 $y=0$ 는 함수의 정지값이다. 1계도함수를 순서대로 미분하면 (점 $x=7$ 에서 0이 아닌 도함수값을 얻을 때까지 계속한다) 다음을 얻는다.

$$f''(x)=12(7-x)^2 \qquad \text{따라서} \qquad f''(7)=0$$
$$f'''(x)=-24(7-x) \qquad\qquad f'''(7)=0$$
$$f^{(4)}(x)=24 \qquad\qquad f^{(4)}(7)=24$$

이 경우 4는 짝수이고 $f^{(4)}(7)$ 은 양이므로, 점 (7, 0) 은 상대적 극소라고 결론내릴 수 있다.

이 함수가 강볼록곡선으로 그려진다는 것을 쉽게 알 수 있다. 그리고 $x=7$ 에서 2계도함수가 (양이 아니라) 0이기 때문에, 이 예는 "모든 x 에 대해서 $f''(x)$ 가 양이라는 것은 강볼록함수 $f(x)$ 를 의미하지만, 강볼록함수 $f(x)$ 는 $f''(x)$ 가 양인 것을 의미하지는 **않는다**"라는 취지의 2계도함수와 곡선의 굽은 모양에 관한 논의 (제 9.3 절) 를 예시하는 것이 된다. 더 중요한 것은, 그것은 또한 강볼록 (강오목) 곡선이 주어졌을 때 그 곡선상에서 얻어지는 극값은 극소 (극대) 가 되어야 한다는 사실을 의미한다는 것이다. 왜냐하면, 그러한 극값은 극소 (극대) 이기 위한 2계충분조건을 만족하거나, **또는** 그렇지 않은 경우에는 또다른 (고계) 충분조건을 만족하기 때문이다.

† 예를 들어 $f(x)$ 가 상수함수라면, 분명히 $f'(x)=f''(x)=\cdots=0$ 이고, 따라서 0이 아닌 도함수값을 구할 수 없다. 그러나 상수함수에 대해서는 극값검증이 필요 없으므로, 이것은 자명한 경우이다. 자명하지 않는 예로서 다음 함수를 생각해 보자.

$$y=\begin{cases} e^{-1/x^2} & (x\neq 0\text{에 대해}) \\ 0 & (x=0\text{에 대해}) \end{cases}$$

단, 함수 $y=e^{-1/x^2}$ 은 지수함수로 아직 소개되지 않았다 (제 10 장). 함수 $y=e^{-1/x^2}$ 은 $x=0$ 에서 불연속이다. 왜냐하면, $x=0$ 은 정의역 내에 있지 않기 때문이다 (0으로 나누는 것은 정의되지 않는다). 그러나 $\lim_{x\to 0} y=0$ 이므로, $x=0$ 에 대해서 $y=0$ 이라는 조건을 부가함으로써 정의역에 있는 틈을 메울 수 있고, 따라서 연속함수를 얻을 수 있다. 이 함수의 그래프는 $x=0$ 에서 극소임을 보여준다. 그러나 $x=0$ 에서 모든 도함수들 (계의 수를 아무리 크게 해도) 은 0의 값을 갖는다. 즉, 함수가 $x=0$ 에서 극소값을 갖는다는 사실을 그림으로 확인하였지만, 이것을 N 계도함수 검증법을 이용하여 확인할 수는 없다. 이러한 예외적인 경우에 대한 상세한 논의에 대해서는 다음을 참조하라.
R. Courant, *Differential and Integral Calculus* (E. J. McShane에 의해 영어로 번역됨) Interscience, New York, Vol. I, 2nd ed., 1937, pp. 196, 197, 및 336.

연습문제 9.6

1. 다음 함수의 정지값들을 구하라.

   (a) $y = x^3$ (b) $y = -x^4$ (c) $y = x^6 + 5$

   이 정지값들이 상대적 극대, 상대적 극소, 혹은 변곡점을 나타내는지를 N 계도함수 검증법을 이용하여 검증하라.

2. 다음 함수의 정지값들을 구하라.

   (a) $y = (x-1)^3 + 16$ (c) $y = (3-x)^6 + 7$
   (b) $y = (x-2)^4$ (d) $y = (5-2x)^4 + 8$

   N 계도함수 검증법을 이용하여 이 정지값들의 정확한 성질을 진술하라.

Chapter 9 요약

❖ 최적화 분석 ❖

1. 최적화분석은 목적균형을 찾는 균형분석의 한 형태로 파악할 수 있다.
2. 함수, $y=f(x)$ 에서 $f'(x_0)=0$ 이면, 이때의 x_0 를 x 의 임계값이라 하며, $f(x_0)$ 를 y 또는 함수 $f(x)$ 의 정지값이라 한다.
3. 함수 $y=f(x)$ 가 연속미분가능할 때, 최적화의 1계도함수 검증법에 의하면, $f'(x_0)=0$ 는 상대적 극값의 필요조건이 된다. 즉 상대적 극값은 반드시 정지값이지만 정지값은 상대적 극값이 아닐 수도 있다. (변곡점인 정지값이 존재할 수 있다.)
4. 점 x_0 에서 $f'(x_0)=0$ 라 할 때, 상대적 최적화의 2계도함수 검증법에 의하면 $f'(x_0)<0$ 는 극대화의 충분조건이고, $f'(x_0)\le 0$ 는 그 필요조건이다. (극소화의 조건은 부등호의 방향이 바뀐다.)
5. 2계도함수의 부호는 함수의 오목성, 볼록성과 관련이 있다.
6. 테일러급수는 임의의 함수를 다항식으로 근사시키는 데 유용하게 이용될 수 있다. 또 이를 이용하여 상대적 최적화의 N 계도함수 검증법을 유도할 수 있다.
7. 상대적 극값에 관한 N 계도함수 검증법에 의하면 $f'(x_0)=0$ 일 때, x_0 에서 0이 아닌 도함수가 처음으로 N 계에서 나타난다면, 다음과 같이 검증된다.
   ① N 이 짝수이고 $f^{(N)}(x_0)<0$ 이면 $f(x_0)$ 는 상대적 극대이다.
   ② N 이 짝수이고 $f^{(N)}(x_0)>0$ 이면 $f(x)$ 는 상대적 극소이다.
   ③ N 이 홀수이면 $f(x_0)$ 는 변곡점이다.

Chapter **10**

지수함수와 로그함수

제 9 장에서 설명한 N 계도함수 검증법에 의해서, 우리는 어떤 목적함수의 극값이 어디에 위치하는가를 찾아내는 방법을 알았다. 다만 이 N 계도함수 검증법이 적용되기 위해서는, 목적함수가 오직 하나의 선택변수만을 가지고 있고, 목적함수의 도함수들이 바라는 계까지 존재하고, 또 임계값 x_0 에서 0이 아닌 도함수가 조만간 나타나야 된다는 전제조건들이 필요하였다. 그리고 제 9 장에서 인용된 예들에서 우리는 다항함수와 유리함수들만을 이용했고, 이 함수들에 관해서는 필요한 도함수들을 어떻게 구할 수 있는가를 알고 있었다. 그러나 이제 목적함수가 다음과 같은 **지수함수** (exponential function) 로 주어졌다고 가정해보자.

$$y = 8^{x-\sqrt{x}}$$

그러면 우리는 이 함수를 미분하는 방법을 아직 배우지 않았기 때문에, 우리의 도함수 기준을 적용할 수 없게 된다. 바로 이 문제가 이 장에서 다루고자 하는 문제이다.

지수함수뿐 아니라 이와 밀접하게 관련된 로그함수 (logarithmic function) 는 특히 경제성장 문제와 관련된 경제학, 그리고 경제동태분석 전반에 광범위하게 응용된다. 그러나 이 제 4 부에서는 특별히 선택변수가 **시간** (time) 이 되는 최적화문제를 다루는데 응용된다. 예를 들어, 포도주업자가 저장해 둔 포도주의 시장가치는 그 제조연도에 따라 어떤 특정한 방식으로 시간의 경과와 함께 증가한다고 한다. 그러면 문제는 포도주의 재고에 묶여 있는 화폐자본의 이자비용을 감안한 후, 포도주의 가치함수에 기초하여 저장한 포도주의 최적판매시기를 결정하는 것이다. 지수함수는 이 문제에 두 가지 방식으로 관련된다. 첫째 포도주의 가치는 **지수법칙**에 따라 시간과 함께 증가할 것이다. 그 경우에 포도주의 가치함수는 지수함수로 된다. 둘째, 이자비용을 고려할 때, 이자의 복리계산 때문에 지수함수가 등장할 수밖에 없다. 따라서 이러한 유형의 최적화문제를 논의하기 전에, 우리는 지수함수의 성질을 공부해야 한다.

선택변수로서 시간 (time) 을 다루는 것이 우리의 일차적 목적이기 때문에, 앞으로의 논의에서는 독립변수를 나타내기 위해 x 대신에 기호 t 를 사용하기로 한다 (그러나 동일한 기호 t 는 시간 이외의 다른 변수를 나타낼 수도 있음은 물론이다).

10.1 | 지수함수의 성질

다항함수와 관련하여 소개한 바와 같이, **지수** (exponent) 라는 것은 변수가 거듭제곱될 때 그 멱 (the power) 을 나타내는 지표이다. 멱이 x^3 또는 x^5 과 같이 표시될 때, 그 지수는 **상수**이다. 그러나 멱이 3^x 또는 3^t 과 같이 **가변적인** 지수로 되지 말란 법은 없다. 즉 숫자 3은 가변적인 멱 (x 또는

t의 여러 값들)에 의해서 거듭제곱된다. 함수의 **독립변수**가 지수의 역할을 하는 함수를 **지수함수**(exponential function) 라고 한다.†

간단한 지수함수

지수함수는 간단히 다음과 같은 형태로 표시될 수 있다.

$$y = f(t) = b^t \qquad (b > 1) \tag{10.1}$$

단, y와 t는 각각 종속변수와 독립변수이며, b는 지수의 고정된 **밑수**(base)이다. 그러한 함수의 정의역은 모든 실수의 집합이다. 즉 다항함수의 지수와는 달리, (10.1)의 가변지수 t는 양의 정수로 한정되지 않는다. 그렇게 한정하려면 추가로 제약을 가해야 한다.

그런데 $b > 1$이란 제약은 왜 가하는가? 그 설명은 다음과 같다. (10.1)의 함수의 정의역이 모든 실수의 집합이므로, t는 $\frac{1}{2}$과 같은 값을 가질 수 있다. 그런데 만약 b가 음이라면, b의 $\frac{1}{2}$ 제곱은 음수의 제곱근을 취하는 것이 된다. 이러한 문제를 다루는 것이 불가능한 일은 아니지만, 우리는 b를 양수로 제약함으로써 문제를 보다 쉽게 회피할 수 있다. 그러나 우리가 일단 $b > 0$이라는 제약을 채택한다면, 내친김에 한 걸음 더 나아가서 차라리 $b > 1$이라는 제약을 가하는 것이 좋다: 제약 $b > 1$과 $b > 0$이 서로 다른 점은 제약 $b > 1$이 (1) $0 < b < 1$과 (2) $b = 1$인 경우를 제외한다는 것이다. 그러나 앞으로 알게 되겠지만, 첫 번째 경우는 제약조건 $b > 1$에 포함될 수 있고, 또 두 번째 경우는 그대로 제외시킬 수 있다. 우선 첫 번째 경우를 생각해 보자. 만약 $b = \frac{1}{5}$이면,

$$y = \left(\frac{1}{5}\right)^t = \frac{1}{5^t} = 5^{-t}$$

을 얻는다. 이것은 밑수가 1보다 작은 함수는 밑수가 1보다 큰 함수로 쉽게 다시 쓸 수 있음을 보여준다. 다음으로 두 번째의 경우를 보면, 만약 $b = 1$이면 $y = 1^t = 1$이라는 함수가 되어, 사실상 지수함수는 하나의 상수함수가 되므로, 그것을 지수함수에서 제외시켜도 별 문제가 없다.

그래프형태

지수함수 (10.1)의 그래프는 보통 [그림 10.1]과 같은 곡선 형태를 띤다. 이 곡선은 $b = 2$인 경우이지만, b가 다른 값을 가지더라도 그 곡선의 형태는 대체로 같은 모양이 된다.

이러한 지수함수의 그래프형태는 다음과 같은 몇 가지 특이한 성질을 갖는다. 첫째, 지수함수의 그래프는 모든 점에서 연속이며 매끄럽다. 즉, 모든 점에서 미분가능하다. 실제로 지수함수는 계속해서 몇 번이라도 미분가능하다. 둘째, 지수함수의 그래프는 강증가하고 사실상 y는 전 영역에 걸쳐서 체증하는 율로 증가한다. 따라서 지수함수 $y = b^t$의 1계 및 2계도함수는 모두 양이 된다. 이 사실은 지수함수의 미분공식을 배운 후에 확인할 수 있을 것이다. 셋째, 지수함수의 정의역이 양수뿐만 아니라 음수를 포함하지만, 지수함수의 치역은 개구간 $(0, \infty)$으로 한정된다. 즉, 종속변수 y는 독립변수 t의 부호에 관계없이 반드시 **양**이 된다.

지수함수가 강단조성을 가지는 함수라는 사실은 적어도 두 가지 흥미있고 중요한 의미를 가진

† 역주 : 이 문장은 지수함수의 정의로서는 매우 불완전하다. 지수함수를 정확히 정의하면 다음과 같다. 즉 "$f(x+y) = f(x) \cdot f(y)$, $f(1) = b$를 만족하는 함수 f를 b를 밑으로 하는 지수함수라 한다." 그리고 이를 $f(x) = b^x$로 표시한다.

그림 10.1

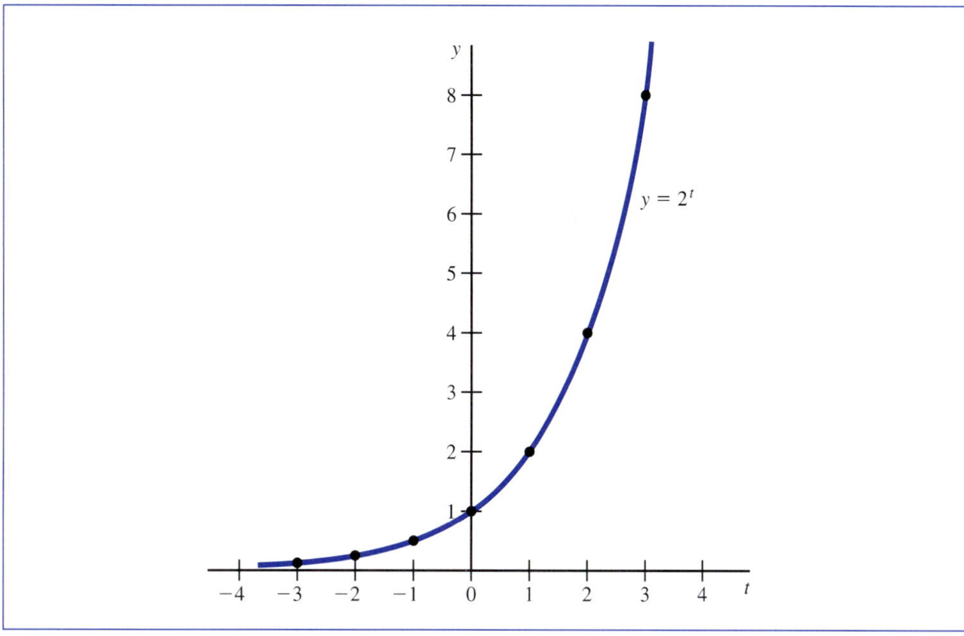

다. 첫째, 지수함수는 반드시 역함수를 가지며, 그 역함수 역시 강단조성을 가짐을 추론할 수 있다. 이 역함수는 곧 알게 되겠지만, 바로 **로그**함수(logarithmic function)가 된다. 둘째, 강단조성은 주어진 y값에 대해 유일한 t값이 존재한다는 것을 의미하고, 또 지수함수의 치역은 개구간 $(0, \infty)$이기 때문에, **어떠한 양수**라도 1보다 큰 밑수 b의 유일한 멱으로 나타낼 수 있다. 이 사실은 [그림 10.1]에서 명백하다. 이 그림에서 $y = 2^t$ 곡선의 치역은 y의 모든 양의 값을 포함한다. 그러므로 y의 어떤 양의 값도 숫자 2의 유일한 멱으로 표현할 수 있다. 실제로, 밑수가 1보다 큰 다른 임의의 실수로 바뀐다 하더라고, 치역이 같기 때문에, 어떤 임의의 양의 수 y라도 1보다 큰 어떤 임의의 밑수 b의 멱으로 표시할 수 있다.

일반화된 지수함수

이 마지막 사실은 보다 자세하게 검토할 필요가 있다. 만약 양수 y가 서로 다른 밑수들의 멱으로 표시될 수 있다면, **밑수변환**(base conversion)에 관한 어떤 일반적인 법칙이 있어야 한다. 예를 들어, 함수 $y = 9^t$의 경우, 우리는 그것을 $y = (3^2)^t = 3^{2t}$으로 쉽게 변형시킬 수 있다. 즉, 지수가 t에서 $2t$로 적절히 변경되기만 하면, 밑수를 9에서 3으로 바꿀 수 있다. 그러나 밑수변환에 필연적으로 수반되는 지수의 변화가 어떤 새로운 형태의 함수를 만들어 내는 것은 아니다. 왜냐하면, $w = 2t$로 놓으면, $y = 3^{2t} = 3^w$은 여전히 (10.1)의 형태로 되기 때문이다. 그러나 밑수가 3이라면, 지수는 t가 아니라 이제 $2t$가 된다. 수치로 된 계수(여기서는 2)가 지수 t에 덧붙여지면 어떤 효과가 발생하는가?

그에 대한 답은 두 곡선이 그려져 있는 [그림 10.2](a)에서 찾을 수 있다. 그 그림에서 두 곡선 중 하나는 함수 $y = f(t) = b^t$이고, 다른 하나는 $y = g(t) = b^{2t}$이다. 후자의 지수는 전자의 지수의 꼭 두 배이며, 두 함수의 밑수가 같기 때문에, 함수 g에 임의의 값 $t = t_0$를 주고 함수 f에 $t = 2t_0$를 주면, 두 함수의 값은 다음과 같이 반드시 같아져야 한다. 즉,

그림 10.2

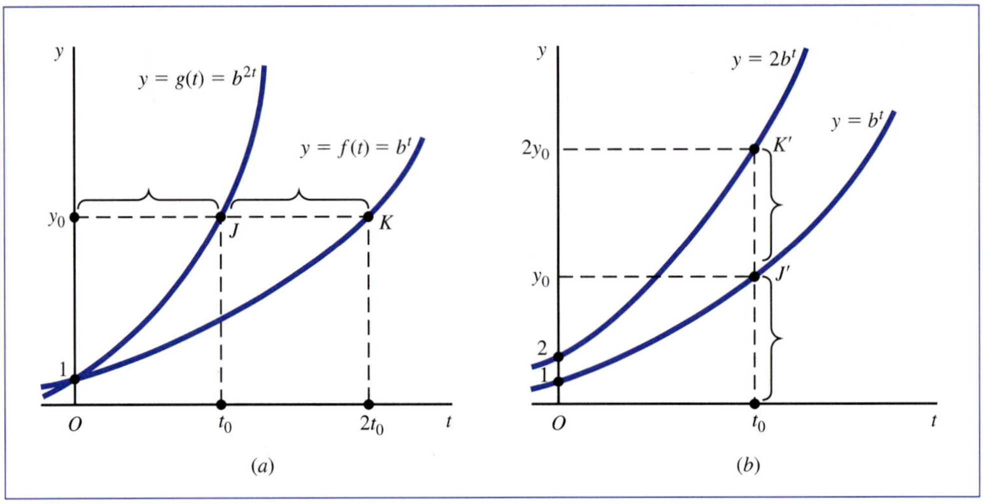

$$f(2t_0) = g(t_0) = b^{2t_0} = y_0$$

그래서, 거리 $y_0 J$ 는 $y_0 K$ 의 절반이 된다. 마찬가지 이유로, y 의 어떤 값에 대해서도 함수 g 는 함수 f 와 세로축 사이의 꼭 중간에 위치하게 된다. 그러므로, 지수를 **두 배**하는 것은 y 축 쪽으로 원래의 지수함수를 **절반**으로 축소하는 효과를 가져오는 반면, 지수를 **반배**하는 것은 y 축으로부터 수평거리가 **두 배**인 곳으로 그 곡선을 확대하는 것이 된다.

흥미로운 점은 두 함수가 모두 같은 세로축 절편을 갖는다는 것이다. 즉,

$$f(0) = g(0) = b^0 = 1$$

지수 t 를 $2t$ 로 바꾸거나 혹은 t 의 다른 배수로 바꾸어도, 세로축 절편은 변하지 않고 그대로이다. 이것은 축소라는 관점에서 보면, 0인 수평거리를 축소하여도 거리는 여전히 0이 되기 때문이다.

이와 같이 지수를 변경시키는 것은 지수함수 (10.1)을 바꾸는 — 그리고 일반화하는 — 하나의 방법이다. 또 하나의 방법은 $2b^t$ 과 같이 b^t 에 계수를 덧붙이는 것이다 [주의 : $2b^t \neq (2b)^t$]. 그와 같은 계수의 변경도 또한 지수곡선을 축소 또는 확대하는 효과를 갖지만, 이번에는 그 방향이 수평이 아니라 수직이 된다. [그림 10.2](b)에서, 위의 곡선은 $y = 2b^t$ 을 나타내고, 아래의 곡선은 $y = b^t$ 을 나타낸다. t 의 모든 값에 대해, 전자의 y 값은 후자의 y 값의 두 배이기 때문에, 전자는 후자의 2배 높이에 위치해야 한다. 즉, $t_0 J' = J'K'$ 이다. 이 경우에는 세로축 절편도 역시 바뀐다는 점에 주의하라. 그러므로 계수를 두 배하는 것은(여기에서는 1에서 2로) 곡선을 가로축으로부터 수직거리로 2배 확대하는 역할을 하는 반면, 계수를 반배하는 것은 지수곡선을 t 축 쪽으로 반감하여 축소하는 것이 된다.

지금까지 논의한 두 가지 변경으로부터 얻은 지식을 토대로, 지수함수 $y = b^t$ 을

$$y = ab^{ct} \tag{10.2}$$

의 형태로 일반화할 수 있다. 단 a 와 c 는 그래프를 "축소" 또는 "확대"하는 인수들이다. 이 인수가 여러 값을 가질 때, 지수곡선의 위치는 바뀔 것이며, 따라서 일련의 지수곡선(함수)군이 얻어질 것이다. 만약 a 와 c 가 양이면, 지수함수의 대체적 형태는 [그림 10.2]에 그려진 것과 같아질 것이

다. 그러나 만약 a와 c가 모두 음이면, 지수곡선의 형태는 근본적으로 수정되어야 한다(아래의 [연습문제 10.1]의 5 참조).

바람직한 밑수

지수를 t에서 ct로 변환시키는 논의를 한 것은, 그것이 사실은 밑수변환 문제와 관련되기 때문이다. 그러나 밑수변환의 가능성을 인정하더라도, 도대체 왜 밑수를 바꾸려고 하는가? 그에 대한 하나의 답은 수학적 조작의 관점에서, 어떤 밑수가 다른 밑수보다 더 편리하다는 데 있다.

참 이상하게도, 미적분학에서는 기호 e로 표시되는 특정한 무리수가 바람직한 밑수로 되어 있다. 그 무리수는 다음과 같다.

$$e = 2.71828\ldots$$

이 밑수 e가 지수함수에 사용될 때, 그 함수를 **자연지수함수**(natural exponential function)라고 한다. 예를 들면 다음과 같은 것들이다.

$$y = e^t \qquad y = e^{3t} \qquad y = Ae^{rt}$$

이 함수들은 또한 다른 표기법을 사용하여 다음과 같이 나타낼 수 있다.

$$y = \exp(t) \qquad y = \exp(3t) \qquad y = A\exp(rt)$$

단, 약어 exp(지수 exponential을 표시한다)는 밑수 e가 그의 지수로서 괄호 안의 표현을 갖는다는 것을 나타낸다.

$e = 2.71828\cdots$과 같은 상당히 낯선 수가 바람직한 밑수로 선택된다는 것이 이상하게 생각될지 모른다. 그러나 여기에는 충분한 이유가 있다. 그것은 함수 e^t의 도함수가 그 함수 자체인 e^t으로 된다는 멋진 성질을 갖기 때문이다! 즉,

$$\frac{d}{dt}e^t = e^t$$

이다. 이것은 그 함수를 미분한다는 것이 사실상 전혀 아무 일도 하지 않는 것과 같다는 것을 의미한다. 더욱이, 이 미분법칙을 이용하면 — 이것은 제 10.5 절에서 증명된다 — $y = Ae^{rt}$과 같은 보다 복잡한 자연지수함수의 도함수도 쉽게 구할 수 있다. 이 함수 $y = Ae^{rt}$의 도함수를 구하기 위해, 우선 $w = rt$로 놓으면, 그 함수는

$$y = Ae^w \qquad [\text{단, } w = rt \text{ 이며 } A,\ r \text{ 은 상수}]$$

가 된다. 그러면 연쇄법칙에 의해

$$\frac{dy}{dt} = \frac{dy}{dw}\frac{dw}{dt} = Ae^w(r) = rAe^{rt}$$

즉,

$$\frac{d}{dt}Ae^{rt} = rAe^{rt} \tag{10.3}$$

가 된다. 그러므로 밑수 e가 수학적으로 편리하다는 것은 매우 분명하다.

연습문제 10.1

1. 지수함수 $y = 3^t$ 과 $y = 3^{2t}$ 의 그래프를 하나의 도표에 그려라.
   (a) 위의 두 그래프는 [그림 10.2] (a) 에 그려진 것과 같은 위치관계를 갖는가?
   (b) 이 두 곡선의 y 축 절편은 같은가? 그 이유는 무엇인가?
   (c) 동일한 도표에 함수 $y = 3^{3t}$ 의 그래프를 그려라.
2. 지수함수 $y = 4^t$ 과 $y = 3(4^t)$ 의 그래프를 하나의 도표에 그려라.
   (a) 위의 두 그래프는 [그림 10.2] (b) 에 그려진 것과 같은 위치관계를 갖는가?
   (b) 이 두 곡선의 y 축 절편은 같은가? 그 이유는 무엇인가?
   (c) 동일한 도표에 함수 $y = \frac{3}{2}(4^t)$ 의 그래프를 그려라.
3. e^t 이 그 자체의 도함수라는 것을 일단 인정하고, 연쇄법칙을 이용하여 다음 함수에 관한 dy/dt 를 구하라.
   (a) $y = e^{5t}$　　(b) $y = 4e^{3t}$　　(c) $y = 6e^{-2t}$
4. 식 (10.1)에 관한 논의를 고려하면, 함수 $y = e^t$ 은 체증하는 율로 강증가하는 함수라고 말할 수 있는가? 이 함수의 1계 및 2계도함수의 부호를 검토함으로써 이것을 증명하라. 그때 함수의 정의역은 모든 실수집합, 즉 구간 $(-\infty, \infty)$ 인 것을 고려하라.
5. (10.2)에서, 만약 a 와 c 가 음의 값이면, [그림 10.2] 에 그려진 곡선의 일반적인 형태는 더 이상 유지되지 않는다. 곡선의 형태가 어떻게 변화하는가를 (a) $a = 1$과 $a = -1$인 경우, 그리고 (b) $c = 1$과 $c = -1$인 경우를 비교하여 검토하라.

10.2 | 자연지수함수와 성장의 문제

위의 논의에서 당연히 제기되는 문제로서 아직 그 답이 주어지지 않은 문제들은 다음과 같다. 수 e 는 어떻게 정의되는가? 수 e 는 편리한 밑수로서 수학적으로 중요하다는 것 이외에, 어떤 다른 경제적 의미를 갖는가? 자연지수함수는 어떤 형태로 경제분석에 응용되는가?

e 라는 수

다음과 같은 함수를 생각해 보자:

$$f(m) = \left(1 + \frac{1}{m}\right)^m \tag{10.4}$$

만약 m 이 점점 더 큰 값은 가지면, $f(m)$ 도 역시 더 큰 값을 갖게 된다. 특히 다음을 얻는다.

$$\begin{aligned} f(1) &= \left(1 + \tfrac{1}{1}\right)^1 = 2 \\ f(2) &= \left(1 + \tfrac{1}{2}\right)^2 = 2.25 \\ f(3) &= \left(1 + \tfrac{1}{3}\right)^3 = 2.37037\ldots \\ f(4) &= \left(1 + \tfrac{1}{4}\right)^4 = 2.44141\ldots \\ &\vdots \end{aligned}$$

더욱이 m 이 무한히 증가하면, $f(m)$ 은 수 $2.71828 \cdots \equiv e$ 에 수렴할 것이며, 따라서 e 는 $m \to \infty$ 일 때, (10.4)의 극한값으로 정의할 수 있다. 즉,

$$e \equiv \lim_{m\to\infty} f(m) = \lim_{m\to\infty}\left(1+\frac{1}{m}\right)^m \tag{10.5}$$

이다. e 의 근사값이 2.71828이라는 것은 함수 $\phi(x) = e^x$ 의 매클로린급수를 구함으로써 확인될 수 있다 — 여기서 t 대신 x 를 사용한 것은 전개식 (9.14)의 적용을 쉽게하기 위해서이다. 이 매클로린급수는 e^x 의 다항근사식이 되고, 따라서 $e(=e^1)$ 의 값은 그 다항식에 $x=1$ 로 놓음으로써 근사될 수 있다. 만약 매클로린급수에서 항의 개수가 무한히 증가할 때 잉여항 R_n 이 0에 접근한다면, 즉 그 급수가 $\phi(x)$ 에 수렴한다면, 그 급수에 포함되는 항의 수를 충분히 크게 함으로써, 우리는 얼마든지 정확한 e 의 근사값을 얻을 수 있다.

이를 위해서는 $\phi(x)$ 함수에 대한 여러 계수의 도함수들이 필요하게 된다. e^x 의 1계도함수가 e^x 그 자체라는 사실을 받아들이면, $\phi(x)$ 의 도함수는 간단히 e^x 이 되고, 마찬가지로 2계, 3계, 또는 고계도함수들도 역시 e^x 이 되어야 한다. 따라서 모든 도함수들을 전개점 $(x_0=0)$ 에서 계산하면, 다음과 같은 아주 멋진 결과를 얻는다.

$$\phi'(0) = \phi''(0) = \cdots = \phi^{(n)}(0) = e^0 = 1$$

따라서, (9.14)에서 $x_0 = 0$ 으로 놓음으로써, e^x 의 매클로린급수는 다음과 같이 된다.

$$\begin{aligned} e^x = \phi(x) &= \phi(0) + \phi'(0)x + \frac{\phi''(0)}{2!}x^2 + \frac{\phi'''(0)}{3!}x^3 + \cdots + \frac{\phi^{(n)}(0)}{n!}x^n + R_n \\ &= 1 + x + \frac{1}{2!}x^2 + \frac{1}{3!}x^3 + \cdots + \frac{1}{n!}x^n + R_n \end{aligned}$$

잉여항 R_n 은 (9.15)에 의하면 다음과 같이 된다.

$$R_n = \frac{\phi^{(n+1)}(p)}{(n+1)!}x^{n+1} = \frac{e^p}{(n+1)!}x^{n+1} \qquad [\phi^{(n+1)}(x) = e^x;\ \therefore \phi^{(n+1)}(p) = e^p]$$

n 이 증가함에 따라 계승의 식 $(n+1)!$ 의 값이 멱의 식 x^{n+1}(유한한 x 에 대해서) 보다 그 값에서 더 빠르게 증가하므로, $n \to \infty$ 일 때 $R_n \to 0$ 이 된다. 즉, 매클로린급수는 수렴하고, 그에 따라 e^x 의 값은 다음과 같은 수렴하는 **무한급수**(infinite series)로 표시될 수 있다.

$$e^x = 1 + x + \frac{1}{2!}x^2 + \frac{1}{3!}x^3 + \frac{1}{4!}x^4 + \frac{1}{5!}x^5 + \cdots \tag{10.6}$$

특별한 경우로서, $x = 1$ 이면, 이 무한급수는 다음과 같다.

$$\begin{aligned} e &= 1 + 1 + \frac{1}{2!} + \frac{1}{3!} + \frac{1}{4!} + \frac{1}{5!} + \cdots \\ &= 2 + 0.5 + 0.1666667 + 0.0416667 + 0.0083333 + 0.0013889 \\ &\quad + 0.0001984 + 0.0000248 + 0.0000028 + 0.0000003 + \cdots \\ &= 2.7182819 \end{aligned}$$

따라서, 만약 소수점 이하 다섯째 자리까지의 정확한 수치를 원한다면, $e = 2.71828$ 로 쓸 수 있다.

무한급수에서 그 이후에 계속되는 항들에 대해서는 걱정할 필요가 없다. 왜냐하면 소수점 이하 다섯째 자리까지만 관심을 갖는다면, 뒤의 항들의 크기는 무시할 수 있을 정도로 작기 때문이다.

e의 경제적 해석

수학적으로 수 e는 (10.5)의 극한값으로 표시된다. 그러나 e가 어떤 경제적 의미를 가지고 있는가? 그에 대한 답은 수 e가 복리계산의 특별한 과정에서 도출된 결과라는 사실에서 찾을 수 있다.

이제 1원의 원금(또는 자본)이 있으며, 어떤 가상적인 은행가가 유별나게 높은 100%의 이자율(년간 1원의 이자)을 제공하다고 가정하자. 만약 이자가 일년에 한 번만 지급된다면, 연말의 자산가치는 2원이 될 것이며, 이 값을 $V(1)$로 표기하기로 하자. 단, 괄호 안의 수는 1년간에, 이자가 원금에 산입되는 회수를 나타낸다. 즉,

$$\begin{aligned} V(1) &= \text{초기의 원금 } (1 + \text{이자율}) \\ &= 1(1 + 100\%) = \left(1 + \tfrac{1}{1}\right)^1 = 2 \end{aligned}$$

그러나 이자가 6개월마다 원금에 산입된다면, 원금의 50%(100%의 절반)에 달하는 이자가 6개월이 경과한 후에 원금에 산입될 것이다. 따라서 다음 6개월 기간의 새로운 원금은 1.50원이 되고, 이자는 1.50원의 50%로 계산될 것이다. 따라서 연말의 자산가치는 1.50(1 + 50%)가 될 것이다. 즉,

$$V(2) = (1 + 50\%)(1 + 50\%) = \left(1 + \tfrac{1}{2}\right)^2$$

마찬가지로 $V(3) = \left(1 + \dfrac{1}{3}\right)^3$, $V(4) = \left(1 + \dfrac{1}{4}\right)^4$ ⋯등이 된다. 또는 일반적으로 다음과 같이 나타낼 수 있다.

$$V(m) = \left(1 + \frac{1}{m}\right)^m \qquad \textbf{(10.7)}$$

단, m은 1년간 이자가 원금에 산입되는 회수를 나타낸다.

이자가 1년 동안에 **연속적으로** 원금에 산입될 경우, 즉 m이 무한대가 되는 극단의 경우에는, 자산가치는 "눈덩이 불어나는" 식으로 증가하게 되어 1년 말에는

$$\lim_{m\to\infty} V(m) = \lim_{m\to\infty}\left(1 + \frac{1}{m}\right)^m = e\,(\text{원}) \qquad [(10.5)\text{에 의해}]$$

이 된다. 즉, 수 $e = 2.71828$은 연간 100%의 이자율이 연속적으로 원금에 산입될 때, 1원의 원금이 불어나게 되는 연말의 자산가치로 볼 수 있다.

100%의 이자율은 단지 **명목이자율**(nominal interest rate)이다. 그것은 1원이 1년 후 e원 =2.718 원이 된다면, **실효이자율**(effective interest rate)은 연간 약 172%가 되기 때문이다.

복리와 함수 Ae^{rt}

지금까지 논의한 연속적 복리계산 방식은 다음을 참작하여 세 방향으로 일반화 될 수 있다: (1) 복리계산이 1년 이상인 경우, (2) 원금이 1원이 아닌 경우, (3) 명목이자율이 100%가 아닌 경우이다.

만약 1원의 원금이 위와 같은 연속적 복리계산으로 1년 후에 e원이 되고, 또 e원이 2차년도

(그 기간 동안 각 1원은 다시 e 원이 된다) 의 새로운 원금이 된다고 하면, 2년 후의 자산가치는 분명히 $e(e)$ 원 $= e^2$ 원이 될 것이다. 게다가 3년 후에 그것은 e^3 원이 될 것이고, 보다 일반적으로 t 년 후에는 e^t 원이 될 것이다.

다음에는 원금이 1원에서 불특정한 금액 A 원으로 변화되었다고 하자. 이러한 변화는 다음과 같이 쉽게 처리될 수 있다. 즉, 만약 원금 1원이 매년 100%의 명목이자율로 이자가 연속적으로 원금에 산입된 t 년 후에 e^t 원으로 증가하게 되면, A 원은 당연히 Ae^t 원으로 증가하게 됨을 쉽게 알 수 있다.

명목이자율이 100%가 아닌 경우, 예를 들어 $r = 0.05\,(= 5\%)$ 인 경우에는 어떻게 될까? 이와 같은 이자율의 변화는 식 Ae^t 을 Ae^{rt} 으로 바꾸는 효과를 가져오게 되는데, 이에 대한 증명은 다음과 같다. 초기원금 A 원이 t 년 동안 명목이자율 r 로 투자된다면, 복리계산공식 (10.7)은 다음과 같이 수정되어야 한다.

$$V(m) = A\left(1 + \frac{r}{m}\right)^{mt} \qquad \textbf{(10.8)}$$

계수 A 가 삽입된 것은 원금이 종전의 수준인 1원에서 A 원으로 변화하였다는 것을 반영한다. 또 몫 r/m 은 1년에 이자가 m 회 지급될 때, 각 이자지급기간에서 명목이자율 r 의 $1/m$ 만이 실제로 지급된다는 것을 의미한다. 끝으로 지수 mt 는 1년에 이자가 m 회 복리지급되기 때문에 t 년 동안에 이자지급회수는 mt 가 된다는 것을 뜻한다.

공식 (10.8)은 다음과 같은 다른 형태로 변형될 수 있다.

$$\begin{aligned} V(m) &= A\left[\left(1 + \frac{r}{m}\right)^{m/r}\right]^{rt} \\ &= A\left[\left(1 + \frac{1}{w}\right)^{w}\right]^{rt} \qquad \text{단,}\quad w \equiv \frac{m}{r} \end{aligned} \qquad \textbf{(10.8')}$$

이자가 지급되는 회수 m 이 증가함에 따라, 새로운 변수 w 도 반드시 같은 보조로 증가한다. 즉 $m \to \infty$일 때 $w \to \infty$ 이며, (10.8′) 의 대괄호 안의 식은, (10.5)에 의해, 수 e 가 된다. 그러므로 일반화된 연속적 복리계산방식에서의 자산가치는 예상한 대로 다음과 같다.

$$V \equiv \lim_{m\to\infty} V(m) = Ae^{rt} \qquad \textbf{(10.8'')}$$

(10.8)에서 t 는 (**연속**변수가 아니라) **이산**변수 (discrete variable) 임에 주의하자. 즉, t 는 $1/m$ 의 정수배가 되는 값만을 취할 수 있다. 예를 들어 $m = 4$ 이면 (매 4분기마다 이자가 지급된다면), t 는 $\frac{1}{4}, \frac{1}{2}, \frac{3}{4}, 1$ 등등의 값들만을 취할 수 있는데, 이것은 $V(m)$ 이 오직 각각의 새로운 4분기 말에만 새로운 값을 갖는다는 것을 나타낸다. 그러나 (10.8″) 에서와 같이, $m \to \infty$ 일 때 $1/m$ 은 미소한 변화가 될 것이며 따라서 변수 t 는 연속변수가 될 것이다. 그런 경우에는, 1년의 몇분의 몇이라는 식으로 말할 수 있게 되므로, t 를 가령 1.2 또는 1.35와 같은 값을 갖는 것으로 생각할 수 있게 된다.

결론적으로, e, e^t, Ae^t 및 Ae^{rt} 은 모두 연속적 복리계산방식과 결부하여 경제적으로 해석될 수 있는데, 이것은 <표 10.1>에 요약되어 있다.

표 10.1 연속적 복리계산방식

원금, ₩	명목이자율	복리계산 년수	복리계산이 끝났을 때의 자산가치, ₩
1	100% (= 1)	1	e
1	100%	t	e^t
A	100%	t	Ae^t
A	r	t	Ae^{rt}

순간성장률

그러나, 복리계산방식은 자연지수함수 Ae^{rt} 이 응용될 수 있는 하나의 예이며, 그것이 자연지수함수의 유일한 해석은 아니라는 점을 인식해야 한다. 복리계산방식은 단순히 **지수적 성장** (exponential growth)의 일반적인 과정을 예시한 것이며 (여기서는 시간에 걸친 화폐자본의 증가), 우리는 그 함수를 인구, 재부, 또는 실질자본의 증가에도 똑같이 적용할 수 있다.

자연지수함수가 복리계산방식 이외의 다른 문제에 적용되는 경우, Ae^{rt} 의 계수 r 은 더 이상 명목이자율을 나타내지 않는다. 그러면, 그것은 어떤 경제적 의미를 갖는가? 결론부터 말하면, r 은 함수 Ae^{rt} 의 **순간성장률** (instantaneous rate of growth)로 해석할 수 있다 (사실, 애초부터 기호 r 을 채택한 것은, 그것이 성장률 (rate of growth)을 나타내게 되겠기 때문이다). 함수 $V = Ae^{rt}$ 이 주어지고, 그것이 t 의 각 시점에서 V 값을 나타내면, V 의 변화속도는 다음과 같은 도함수가 된다:

$$\frac{dV}{dt} = rAe^{rt} = rV \qquad [(10.3)\text{참조}]$$

그러나 V 의 **성장률**은 단순히 상대적인 (백분율) 값으로 표시된 **변화속도**, 즉 V 그 자체의 값에 대한 비율로 표시된 V 의 변화속도이다. 따라서, 이미 언급했듯이, 어떤 주어진 시점에서 V 의 성장률은 다음과 같이 된다.

$$V\text{의 성장률} \equiv \frac{dV/dt}{V} = \frac{rV}{V} = r \tag{10.9}$$

이 성장률에 대해서는 몇 가지 주의할 점이 있지만, 그보다 먼저 시간의 개념에 관한 근본적인 문제, 즉 **시점** (point of time)과 **기간** (period of time)의 차이점을 명확하게 설명할 필요가 있다. 변수 V (화폐액, 인구규모 등을 나타내는 것)는 **저량** (stock) 개념이고, 그것은 어떤 주어진 순간에 얼마만큼의 양이 **존재**하는가 하는 문제와 관련된다. 이처럼 V 는 **시점**의 개념과 관련되어 있으며, 각 시점에서 V 는 유일한 값을 갖는다. 한편, V 의 변화는 **유량** (flow) 개념을 나타내는데, 그것은 어떤 주어진 시간 동안에 그 양이 얼마만큼 **변화하는가** 하는 문제와 관련된다. 그러므로 V 의 변화 그리고, 마찬가지로 V 의 변화율은, 이를테면 매 1년 동안이라고 하는 어떤 특정한 기간과 결부되어야만 한다.

이같은 이해를 토대로 하여, (10.9)로 되돌아가, 몇 가지 주의할 점을 지적해 보자:

1. (10.9)에서 정의된 성장률은 **순간성장률**이다. $V = Ae^{rt}$ 과 마찬가지로, 도함수 $dV/dt = rAe^{rt}$ 은 t 가 다르면 다른 값을 갖기 때문에, 이 둘의 비율도 역시 t 의 어느 특정한 점 (또는 순간)과 관련되어야 한다. 이런 의미에서, 그 성장률은 순간성장률이다.

2. 그러나, 이 경우에 순간성장률은 상수 r 이며, 따라서 성장률은 모든 시점에서 동일하다. 물론 이것은 현실적으로 직면하게 되는 모든 성장형태에 타당한 것은 아니다.
3. 성장률 r 은 어떤 특정 시점에서 순간적으로 측정된다고 하더라도, 그 크기는 **시간**의 **단위당**, 이를테면 매년 (만약 t 가 1년 단위로 측정된다면) 몇 %라는 의미를 갖는다. 성장은 그 본질상 단지 어떤 시간간격에 대해서만 발생한다. 그 이유는 (어떤 한 순간의 상황을 기록하는) 하나의 정지된 사진으로는, 예를 들어, 어린이의 성장을 결코 묘사할 수 없지만, 상이한 시점, 예를 들어 1년의 간격을 두고 찍은 두 개의 정지된 사진으로는 성장을 포착할 수 있기 때문이다. 그러므로 V 가 순간 $t = t_0$ 에서의 성장률을 갖는다는 것은, 만약, $t = t_0$ 에서의 성장률 r 이 전체 1단위 시간 (1년) 동안 그대로 지속된다고 하면, V 는 그 연말에 rV 만큼 증가하게 된다는 것을 뜻한다.
4. 지수함수 $V = Ae^{rt}$ 의 경우, 성장의 **백분율** (percentage rate) 은 t 의 모든 시점에서 일정하지만, V 의 변화속도의 **절대량**은 시간이 지남에 따라 증가한다. 왜냐하면, 백분율이 점점 더 큰 기준에 근거하여 계산되기 때문이다.

일단 r 을 순간성장률이라고 해석할 수 있음을 알게 된 이상, $y = Ae^{rt}$ 과 같은 형태를 갖은 자연지수함수에서 r 이 상수라면, 그 성장률을 구하는 것은 아주 쉽다. 예를 들어, 주어진 함수 $y = 75e^{0.02t}$ 에서 y 의 성장률은 기간당 0.02, 즉 2%임을 즉시 알 수 있다.

연속적 성장 대 이산적 성장

위의 논의는 수학적으로는 흥미가 있지만 현실경제에 그대로 결부시키기에는 문제가 있다. 왜냐하면, 실제로는 경제성장이 항상 **연속적**으로 이루어진다고 단정할 수 없기 때문이다 — 복리계산방식의 경우에도 마찬가지이다. 그러나 다행히 변화가 순간에서 순간으로 일어나는 것이 아니라, 어느 기간당 한번만 일어나는 **이산적 성장** (discrete growth) 의 경우라도 연속적 지수성장함수를 사용하는 것이 정당화될 수 있다.

우선 하나의 예를 들면, 이자의 원금산입의 회수가 무한대는 아니지만 비교적 많은 경우에는, 연속적 성장유형을 실제의 성장유형과 유사한 것으로 볼 수 있다. 그러나 보다 중요한 것은 이산적 성장 또는 불연속적 성장은 그와 동치인 연속적 성장으로 언제나 변형될 수 있음을 밝힐 수 있다는 것이다.

이제 다음과 같은 수열로 나타나는 등비적 성장유형 (예를 들어, **이산적** 복리계산방식) 을 가정하여 보자:

$$A,\ A(1+i),\ A(1+i)^2,\ A(1+i)^3,\ \ldots$$

단, i 는 기간당 실효이자율을 나타내며, 식에서 $(1+i)$ 의 지수는 이자가 원금에 산입되는 회수를 나타낸다. 만약 $(1+i)$ 를 지수식의 밑수 b 로 본다면, 위의 수열은 지수함수 Ab^t 으로 요약될 수 있다. 다만 여기서는 당면한 문제가 이산적 특성을 갖기 때문에, 지수 t 는 오직 정수값으로 제한된다. 그리고, $b = 1 + i$ 는 양수이며, i 가 음의 이자율, 예를 들어, −0.04일 때에도 양수이다. 따라서 그것은, e 를 포함하여 1보다 큰 어떤 실수의 멱으로 항상 표시될 수 있다. 이것은 다음 식을 만족하는 r 이 존재해야 한다는 것을 의미한다.†

† 어떤 특정한 b 값이 주어질 때, 수 t 를 구하는 방법은 제10.4절에서 다루게 된다.

$$1 + i = b = e^r$$

따라서, Ab^t 을 자연지수함수

$$A(1+i)^t = Ab^t = Ae^{rt}$$

로 변형할 수 있다.

t 의 값이 어떤 값으로 주어지든지 간에 그 값 — 이 문맥에서는 t 의 정수값들 — 에 대해서 함수 Ae^{rt} 은, $A(1+i) = Ae^r$, $A(1+i)^2 = Ae^{2r}$ 과 같이, $A(1+i)^t$ 과 완전히 같은 값을 갖는다. 따라서 $A(1+i)^t$ 라는 **이산적** 성장유형을 고려하는 경우라도, 우리는 연속자연지수함수 Ae^{rt} 를 써서 분석할 수 있다. 이 때문에 성장유형이 사실상 모두 연속은 아니라는 사실에도 불구하고 자연지수함수가 경제분석에 광범위하게 사용되는 것이다.†

할인과 음의 성장

이제 복리계산방식에서, 그와 밀접하게 관련된 개념인 **할인** (discounting) 문제로 우리의 관심을 잠깐 돌려보자. 복리계산문제에서는, 주어진 **현재가치** A (초기 원금) 로부터 **미래가치** V (원금과 이자의 합) 를 구하려고 시도하였다. 그러나 **할인**문제는 이와 정반대로 지금부터 t 년 후에 획득할 수 있는 주어진 합계 V 의 현재가치 A 를 구하는 것이다.

먼저 이산적인 경우를 다루어 보자. 만약 원금 A 가 1년마다 이자율 i 로 매년 이자가 원금에 산입된 t 년 후에 미래가치 $A(1+i)^t$ 로 증가된다면, 즉

$$V = A(1+i)^t$$

가 된다면, 위 식의 양변을 $(1+i)^t$ (이것은 0이 아니다) 으로 나눔으로써 지수가 음인 할인공식:

$$A = \frac{V}{(1+i)^t} = V(1+i)^{-t} \tag{10.10}$$

을 얻을 수 있다. 이 공식에서 V 와 A 의 역할은 반대임을 알아야 한다. 즉 V 는 이제 주어진 반면에, A 는 i (할인율) 와 t (년수) 로부터 계산되는 미지수이다.

마찬가지로, 연속적인 경우를 보면, 원금 A 가 공식

$$V = Ae^{rt}$$

에 따라 이자율 r 로 연속복리계산된 t 년 후에 Ae^{rt} 이 된다면, 위의 방정식의 양변을 e^{rt} 으로 나눔으로써, 다음과 같은 연속적인 할인공식을 얻을 수 있다:

$$A = \frac{V}{e^{rt}} = Ve^{-rt} \tag{10.11}$$

여기서도 (V 가 아니라) A 는 주어진 미래가치 V, 명목할인율 r, 년수 t 로부터 계산되는 미지수이다. 식 e^{-rt} 는 흔히 **할인요인** (discount factor) 이라고 한다.

(10.11)을 지수성장함수로 보면, $-r$ 은 A 의 순간성장률로 볼 수 있다. 그런데 이 성장률이 음이

† 역주 : 여기서 i 와 r 모두 성장율로 해석할 수 있고, 이들간에는 $i = e^r - 1$ 이라는 항등관계가 있다. 그리고 $i = r = 0$ 일 때를 제외하면, $i > r$ 인 관계가 항상 성립한다. 단, i 의 값이 작을수록 i 와 r 의 차이는 작아진다.

기 때문에, 때로는 **감모율** (rate of decay) 이라고도 한다. 복리계산방식이 양의 성장과정을 보여주는 것과 마찬가지로, 할인과정은 음의 성장과정을 보여준다.

연습문제 10.2

1. (10.6)의 무한급수 e^x를 이용하여, 다음의 근사값을 구하라.
   (a) e^2 (b) $\sqrt{e}\,(=e^{1/2})$
   (각 항에 대하여 소수점 이하 셋째자리까지 계산하여, 그것이 0.000의 항에 도달할 때까지 계속하라.)
2. 주어진 함수 $\phi(x)=e^{2x}$ 에서,
   (a) 매클로린급수의 다항식 부분 P_n을 써라.
   (b) 잉여항 R_n의 라그랑지형식을 써라. 그리고, $n\to\infty$일 때 $R_n\to 0$인지, 즉 이 급수가 $\phi(x)$로 수렴하는지를 밝혀라.
   (c) 만약 수렴하게 되어, $\phi(x)$가 무한급수로 표시되면, 그 급수를 써라.
3. 다음 값을 지수식으로 나타내라.
   (a) 원금 70원, 3년 동안 연리 4%로 연속복리계산방식으로 계산된 금액
   (b) 원금 690원, 2년 동안 연리 5%로 연속복리계산방식으로 계산된 금액
   (이 이자율은 명목이자율이다)
4. 다음 식에서 y의 순간성장률을 구하라.
   (a) $y=e^{0.07t}$ (b) $y=Ae^{0.4t}$
   (c) $y=15e^{0.03t}$ (d) $y=0.03e^{t}$
5. 두 함수 $y_1=Ae^{rt}$(복리율)과 $y_2=Ae^{-rt}$(할인율)이 y축에 대해 서로 대칭임을 보여라. ([연습문제 10.1]의 5(b)와 비교.)

10.3 | 로그

지수함수는 **로그함수** (logarithmic 혹은 log function) 와 밀접하게 관련되어 있다. 로그함수를 논의하기 전에 우선 **로그** (logarithm) 라는 용어의 의미를 이해하지 않으면 안 된다.

로그의 의미

방정식 $4^2=16$으로 상호 관련되는 두 수 4와 16이 있을 때, 우리는 그 식의 **지수** 2를 밑수 4에 대한 16의 **로그**라고 정의하고, 다음과 같이 쓴다:

$$\log_4 16 = 2$$

이 예에서 분명히 알 수 있듯이, 로그는 밑수 (4)가 어떤 특정한 수 (16)을 얻기 위해서 거듭제곱되어야 하는 **멱수**에 불과하다. 일반적으로, 다음과 같이 나타낸다.

$$y=b^t \quad \Leftrightarrow \quad t=\log_b y \tag{10.12}$$

이것은 밑수 b에 대한 y의 로그($\log_b y$로 표시된 것)는, y의 값을 얻기 위해 밑수 b가 거듭제곱되어야 하는 멱수임을 나타낸다. 이러한 이유 때문에, 동어반복적이긴 하지만, 다음과 같이 쓰는 것도 맞는다.

$$b^{\log_b y} = y$$

y가 주어져 있을 때, 그것의 로그 $\log_b y$를 구하는 과정을 **밑수 b에 대한 y의 로그를 취한다**고 말한다. 그 역의 과정, 즉 이미 알고 있는 y의 로그 $\log_b y$의 값으로부터 y를 구하는 역의 과정은 $\log_b y$의 **역로그를 취한다**고 말한다.

지수함수를 논의할 때, 함수 $y = b^t$ $(b > 1)$은 강증가함수임을 강조한 바 있다. 이것은 y의 어떤 양의 값에 대해서 $y = b^t$을 만족하는 유일한 지수 t(꼭 양수일 필요는 없다)가 존재한다는 것을 의미한다. 더욱이, [그림 10.2]에서 알 수 있듯이, y의 값이 커지면, t도 더 커져야 한다. 로그의 개념으로 바꾸어 생각해 보면, 지수함수의 강단조성은 어떤 임의의 양수 y는 밑수 $b > 1$에 대한 **유일한** 로그 t를 반드시 가져야 하고, 그리하여 y가 커지면 y의 로그도 커져야 한다는 것을 의미한다. [그림 10.1]과 [그림 10.2]가 보여 주듯이, y는 지수함수 $y = b^t$에서 반드시 양이다. 따라서, 음수나 0은 로그를 가질 수 없다.

상용로그와 자연로그

로그의 밑수 $b > 1$은 어떤 특정한 수로 제약될 필요는 없지만, 실제의 로그계산에서는 두 개의 수 — 수 10과 수 e — 가 밑수로서 폭넓게 선택된다. 10이 밑수일 때의 로그를 **상용로그**(common logarithm)라 하고, $\log_{10}$(또는 전후사정이 분명하다면 단순히 log)으로 표기한다. 한편 e가 밑수로 사용되는 경우의 로그는 **자연로그**(natural logarithm)라 하고, $\log_e$ 또는 ln(natural logarithm을 나타냄)으로 표시한다. 또한 특정한 문맥에서, 애매하지 않다면, 기호 log(하첨자 e는 생략하고)를 사용할 수도 있다.

상용로그는 **계산**작업에서 자주 사용되는 것으로 다음과 같은 예를 들 수 있다:

$$\begin{aligned}
&\log_{10} 1{,}000 = 3 && [\text{왜냐하면 } 10^3 = 1000] \\
&\log_{10} 100 = 2 && [\text{왜냐하면 } 10^2 = 100] \\
&\log_{10} 10 = 1 && [\text{왜냐하면 } 10^1 = 10] \\
&\log_{10} 1 = 0 && [\text{왜냐하면 } 10^0 = 1] \\
&\log_{10} 0.1 = -1 && [\text{왜냐하면 } 10^{-1} = 0.1] \\
&\log_{10} 0.01 = -2 && [\text{왜냐하면 } 10^{-2} = 0.01]
\end{aligned}$$

여기서 등호의 바로 왼쪽에 있는 숫자들과 바로 오른쪽에 있는 숫자들은 서로 밀접하게 관련되어 있음을 알 수 있다. 이 예에서 분명한 것은, 10과 100 사이의 수에 대한 상용로그는 1과 2사이에 있어야 하며, 1과 10 사이의 수에 대한 상용로그는 반드시 1보다 작은 양수이어야 한다는 것 등이다. 정확한 로그의 값은 상용로그표 또는 로그를 계산할 수 있는 전자계산기로 쉽게 구할 수 있다.†

그러나 **분석**작업에서는 상용로그를 사용하는 것보다 자연로그를 사용하는 것이 훨씬 더 편리

† 보다 근본적으로 로그의 값은, (10.6)에서 e의 값을 구할 때와 비슷하게, 로그함수의 매클로린 급수전개식을 이용하여 계산(혹은 근사)될 수 있다. 그러나 여기서는 이를 시도하지 않겠다.

하다. 로그의 정의에 의하면,

$$y = e^t \quad \Leftrightarrow \quad t = \log_e y \qquad (\text{또는 } t = \ln y) \tag{10.13}$$

라는 관계를 가지므로, 지수함수에 있어서 e의 수학적 편리성은 e를 밑수로 하는 로그의 경우로 자동적으로 연장되는 것을 쉽게 알 수 있다.

다음은 자연로그를 예시한 것이다:

$$\begin{aligned}
\ln e^3 &= \log_e e^3 = 3 \\
\ln e^2 &= \log_e e^2 = 2 \\
\ln e^1 &= \log_e e^1 = 1 \\
\ln 1 &= \log_e e^0 = 0 \\
\ln \frac{1}{e} &= \log_e e^{-1} = -1
\end{aligned}$$

이 예로부터 얻어지는 일반적인 원칙은 e^k (단 k는 임의의 실수)이 주어질 때, 지수 k를 자동적으로 e^k의 자연로그로 볼 수 있다는 것이다. 그러므로 일반적으로 $\ln e^k = k$ 라는 결과를 얻는다.†

상용로그와 자연로그는 서로 대체될 수 있다. 즉 지수식의 밑수가 바뀔 수 있는 것처럼 로그의 밑수는 변경될 수 있다. 기본적인 로그법칙을 배운 후에 이 밑수 변환공식을 다루기로 한다.

로그법칙

로그는 지수의 성질을 갖기 때문에, 제 2.5 절에서 소개된 지수법칙과 밀접하게 관련된 일정한 법칙을 따른다.†† 이것은 수학적 조작을 간단히 할 때 아주 유용하다. 처음 세 법칙은 자연로그에 대해서 서술하고 있지만, 그것들은 기호 ln 이 $\log_b$로 대체되어도 그대로 성립한다.

법칙 1 **곱의 로그** $\ln(uv) = \ln u + \ln v \qquad (u, v > 0)$

예 1

$$\ln(e^6 e^4) = \ln e^6 + \ln e^4 = 6 + 4 = 10$$

예 2

$$\ln(Ae^7) = \ln A + \ln e^7 = \ln A + 7$$

증명 ▶ 정의에 의해 $\ln u$는 u의 값을 얻기 위해서 e가 거듭제곱되어야 하는 멱수이다. 즉, $e^{\ln u} = u$ 이다.††† 마찬가지로, $e^{\ln v} = v$ 및 $e^{\ln (uv)} = uv$를 얻는다. 후자는 uv를 지수로 나타낸 것이다.

† 기억을 돕기 위한 하나의 방법으로써, 기호 ln(혹은 $\log_e$)이 e^k의 왼쪽에 위치하게 되면, 기호 ln이 기호 e를 말소하는 것처럼 되어, k만이 해답으로 남게 된다고 생각할 수 있다.

†† 역주 : 제 2.5 절에 소개된 「지수법칙」은 여기에 그대로 적용하기에는 불완전하다. 왜냐하면, 거기에는, m과 n은 (암묵적으로) 정수에 국한되어 있기 때문이다. 그러므로 우리의 목적에 맞게 이 법칙을 다시 정리하는 것이 필요하며, 이를 다음과 같이 나타내기로 한다 (단, u와 v는 모든 실수).

법칙 1 : $e^u e^v = e^{u+v}$
법칙 2 : $e^u / e^v = e^{u-v}$
법칙 3 : $(e^u)^v = e^{uv}$
법칙 4 : $e^0 = 1$

그러면 아래의 로그법칙 1, 2, 3은 각각 이 지수법칙 1, 2, 3을 이용하여 얻어짐을 알 수 있다.

그러나 u와 v를 직접 곱함으로써 uv에 대한 또다른 표현을 얻을 수 있다. 즉,

$$uv = e^{\ln u}e^{\ln v} = e^{\ln u + \ln v}$$

그러므로, uv에 관한 두 개의 식을 같다고 놓으면 다음을 얻는다.

$$e^{\ln(uv)} = e^{\ln u + \ln v} \qquad \text{혹은} \qquad \ln(uv) = \ln u + \ln v$$

법칙 2 **몫의 로그** $\ln(u/v) = \ln u - \ln v \qquad (u, v > 0)$

예 3

$$\ln(e^2/c) = \ln e^2 - \ln c = 2 - \ln c$$

예 4

$$\ln(e^2/e^5) = \ln e^2 - \ln e^5 = 2 - 5 = -3$$

이 법칙의 증명은 법칙 1의 증명과 아주 비슷하므로 여러분에게 연습문제로 남겨둔다.

법칙 3 **멱의 로그** $\ln u^a = a \ln u \qquad (u > 0)$

예 5

$$\ln e^{15} = 15 \ln e = 15$$

예 6

$$\ln A^3 = 3 \ln A$$

증명▶ 정의에 의해서 $e^{\ln u} = u$이며, 마찬가지로 $e^{\ln u^a} = u^a$이다. 그러나 u^a에 관한 또다른 표현은 다음과 같이 나타낼 수 있다:

$$u^a = (e^{\ln u})^a = e^{a \ln u}$$

u^a에 대한 두 개의 표현에서 그 지수를 같다고 놓으면, 구하려는 결과 $\ln u^a = a \ln u$를 얻는다.

이 세 법칙은 어떤 특정한 형태의 문제에서 수학적인 조작을 간단하게 하는 방법으로써 아주 유용하다. 법칙 1은 로그를 사용하여, 곱셈 (uv)를 덧셈 $(\ln u + \ln v)$로 바꾸는 역할을 하며, 법칙 2는 나눗셈 (u/v)를 뺄셈 $(\ln u - \ln v)$로 바꾸며, 법칙 3은 멱을 어떤 수에 곱해지는 상수(즉, 일정한 배수)로 바꾸는 역할을 한다. 더욱이, 이들 법칙들을 결합하여 사용할 수도 있다. 또한 이 법칙들은 거꾸로 읽힐 수 있고, 또 거꾸로 적용될 수 있다.

예 7

$$\ln(uv^a) = \ln u + \ln v^a = \ln u + a \ln v$$

예 8

$$\ln u + a \ln v = \ln u + \ln v^a = \ln(uv^a) \qquad \text{[예 7의 역]}$$

그러나 **덧셈**형태의 표현식이 먼저 주어지는 경우에는, 로그는 전혀 도움이 안된다는 사실에 주

††† e가 $\ln u$를 멱으로 제곱되는 경우, 기호 e와 기호 ln은 다시 말소되는 것처럼 되어, u만이 답으로 남게 된다.

의해야 한다. 특히

$$\ln(u \pm v) \neq \ln u \pm \ln v$$

임을 기억해야 한다.

이제 로그에서 밑수의 변환에 관련된 두 법칙을 소개하기로 한다.

법칙 4 **로그밑수의 변환** $\log_b u = (\log_b e)(\log_e u) \qquad (u > 0)$

연쇄법칙과 비슷한 모양을 하고 있는("연쇄" 모양 $_b\nearrow^e\searrow_e\nearrow^u$ 를 목격할 수 있다) 이 법칙을 사용하여 (밑수가 b 인) 로그 $\log_b u$ 로부터 (밑수가 e 인) 로그 $\log_e u$ 를 도출할 수 있고, 또 그 역도 성립한다.

증명 ▶ 이제 $u = e^p$ 라고 하면, $p = \log_e u$ 가 된다. 그러면 다음이 성립한다.

$$\log_b u = \log_b e^p = p \log_b e = (\log_e u)(\log_b e)$$

법칙 4는 다음과 같이 일반화 될 수 있다.

$$\log_b u = (\log_b c)(\log_c u)$$

단, c 는 b 가 아닌 어떤 밑수이다.

법칙 5 **로그밑수의 역변환** $\log_b e = \dfrac{1}{\log_e b}$

이 법칙은 역함수의 미분연산법칙과 비슷한 것으로서, 이 법칙을 사용하여, 밑수 b 에 대한 e 의 로그가 주어지면 밑수 e 에 대한 b 의 로그를 즉시 구할 수 있으며, 그 역도 가능하다 (이 법칙도 $\log_b c = 1/\log_c b$ 의 형태로 일반화될 수 있다).

증명 ▶ 법칙 4의 응용으로서 $u = b$ 라 놓으면,

$$\log_b b = (\log_b e)(\log_e b)$$

를 얻는다. 그러나 왼쪽 표현은 $\log_b b = 1$ 이므로, $\log_b e$ 와 $\log_e b$ 는 법칙 5에 나타난 바와 같이 서로 역의 관계에 있게 된다.

위의 마지막 두 법칙으로부터, 다음과 같은 한 쌍의 상용로그와 자연로그 사이의 변환공식을 쉽게 도출할 수 있다:

$$\begin{aligned} \log_{10} N &= (\log_{10} e)(\log_e N) = 0.4343 \log_e N \\ \log_e N &= (\log_e 10)(\log_{10} N) = 2.3026 \log_{10} N \end{aligned} \tag{10.14}$$

단, N 은 양의 실수이다. 이 두 공식에서 첫 번째 등호는 법칙 4에 의해서 쉽게 정당화된다. 첫 번째 공식에서, 값 0.4343(2.71828의 상용로그)은 상용로그표나 전자계산기로 구할 수 있다. 두번째 공식에서, 값 2.3026(10의 자연로그)은 바로 0.4343의 역수이며, 또 그렇게 계산될 수 있는 것은 법칙 5 때문이다.

예 9

$\log_e 100 = 2.3026(\log_{10} 100) = 2.3026(2) = 4.6052$. 역으로,
$\log_{10} 100 = 0.4343(\log_e 100) = 0.4343(4.6052) = 2$ 가 된다.

응용

위의 로그법칙들을 사용하면, 어떤 간단한 **지수방정식**(지수**함수**를 0으로 놓은 것)을 쉽게 풀 수 있다. 예를 들어, 방정식

$$ab^x - c = 0 \qquad (a, b, c > 0)$$

을 만족하는 x의 값을 구하기 위해서는 우선 로그를 이용하여 이 지수방정식을 선형방정식으로 변형시킨 다음, 그 선형방정식을 풀면 된다. 이를 위해서는, 먼저 c 항을 우변으로 이항시켜야 한다:

$$ab^x = c$$

이렇게 이항한 것은 덧셈으로 주어진 식 $(ab^x - c)$는 간단한 로그식으로 나타낼 수 없지만, 어떤 수들이 곱해져 있는 항 ab^x이나 또는 개별적으로 주어진 수 c는 편리한 로그식으로 나타낼 수 있기 때문이다. 따라서 c를 이항한 후, 양변에(이를테면, 10을 밑수로 하는) 로그를 취하면 다음을 얻는다.

$$\log a + x \log b = \log c$$

이것은 변수 x에 관한 선형방정식이며, 그 해는 다음과 같다.

$$x = \frac{\log c - \log a}{\log b}$$

연습문제 10.3

1. 다음의 로그값을 구하라.
   (*a*) $\log_{10} 10,000$ (*b*) $\log_3 81$
   (*c*) $\log_{10} 0.0001$ (*d*) $\log_5 3,125$
2. 다음의 로그값을 구하라.
   (*a*) $\ln e^7$ (*b*) $\ln(1/e^3)$ (*c*) $(e^{\ln 3})!$
   (*d*) $\log_e e^{-4}$ (*e*) $\log_e(1/e^2)$ (*f*) $\ln e^x - e^{\ln x}$
3. 로그법칙을 이용하여 다음의 값을 구하라
   (*a*) $\log_{10}(100)^{13}$ (*b*) $\ln(3/B)$ (*c*) $\ln ABe^{-4}$
   (*d*) $\log_{10}\frac{1}{100}$ (*e*) $\ln Ae^2$ (*f*) $(\log_4 e)(\log_e 64)$
4. 다음 중 옳은 것은 어떤 것인가?
   (*a*) $\ln u - 2 = \ln\frac{u}{e^2}$ (*b*) $\ln u + \ln v - \ln w = \ln\frac{uv}{w}$
   (*c*) $3 + \ln v = \ln\frac{e^3}{v}$ (*d*) $\ln 3 + \ln 5 = \ln 8$
5. $\ln(u/v) = \ln u - \ln v$를 증명하라.

10.4 | 로그함수

어떤 변수가 다른 변수의 로그의 함수로 표시된 경우, 그 함수를 **로그함수**(logarithmic function)라 한다. 우리의 이미 (10.12)와 (10.13)에서 이런 유형의 함수

$$t = \log_b y \qquad \text{및} \qquad t = \log_e y\ (= \ln y)$$

를 다룬 바 있다. 이 두 함수는 로그의 밑수에 있어서만 서로 다르다.

로그함수와 지수함수

앞에서 언급한 바와 같이, 로그함수는 지수함수의 역함수이다. 위의 두 로그함수는 각각 지수함수

$$y = b^t \qquad \text{및} \qquad y = e^t$$

의 역함수임을 알 수 있다. 왜냐하면 위의 두 로그함수는 그에 대응하는 지수함수의 종속변수와 독립변수의 역할을 역전시킨 결과이기 때문이다. 물론 기호 t는 여기서 일반적인 기호로 사용된 것이며, 반드시 시간을 나타내는 것은 아니다. 또 t가 시간을 나타내는 종속변수인 경우에도, t는 어떤 변수 y에 의해서 결정된다는 것을 의미하지는 않는다. 즉, 그것은 다만 주어진 y값이 어떤 유일한 시점과 관련된다는 것을 의미할 뿐이다.

로그함수는 강증가(지수)함수의 역함수이므로, 로그함수도 역시 강증가함수이어야 한다. 이것은 어떤 수가 점점 더 커지면, 어떤 주어진 밑수에 대한 로그도 점점 더 커진다는 앞에서의 설명과 일치하는 것이다. 이 성질을 기호로 표시하면 다음의 두 명제와 같다. 즉, 양의 값을 갖는 두 개의 y(y_1과 y_2)에 대해서 다음 관계가 성립한다.

$$\begin{aligned} \ln y_1 = \ln y_2 \quad &\Leftrightarrow \quad y_1 = y_2 \\ \ln y_1 > \ln y_2 \quad &\Leftrightarrow \quad y_1 > y_2 \end{aligned} \qquad \textbf{(10.15)}$$

물론, 이 명제는 ln을 $\log_b$로 대체하여도 성립한다.

그래프형태

로그함수의 단조성과 그 밖의 일반적인 성질들은 그 함수의 그래프를 통하여 분명히 관찰할 수 있다. 주어진 지수함수 $y = e^t$의 그래프에서, 지수함수에 대응하는 로그함수의 그래프는 전치된 두 축에 원래의 그래프를 다시 그림으로써 얻어진다. 그렇게 그려진 결과가 [그림 10.3]에 예시되어 있다. 여기서 그림 (*b*)를 그림 (*a*) 위에 포개놓아, y 축이 y 축 위에 t 축이 t 축 위에 위치하도록 하면, 이 두 곡선은 완전히 일치한다. 반면에 [그림 10.3]에 나타나 있는 그래도 보면 — 여기서는 두 축이 바뀌어져 있다 — 두 곡선은 원점을 통과하는 45° 선에 대해 서로 대칭이다(어떤 한 쌍의 역함수의 그래프도 일반적으로 이런 성질을 갖는다).

이같은 대칭관계는 몇 가지 중요한 함축의미를 갖는다. 첫째로, 비록 두 곡선이 모두 단조적으로 증가하지만, 지수곡선이 체증율로 증가하는 것과는 대조적으로 로그곡선은 **체감률**(2계도함수가 음)로 증가한다. 또하나 흥미있는 대칭관계는, 지수함수가 양의 **치역**(range)을 갖는 반면에 로그함수는 양의 **정의역**(domain)을 갖는다는 것이다(로그함수의 정의역이 양이라는 제약은 오직

그림 10.3

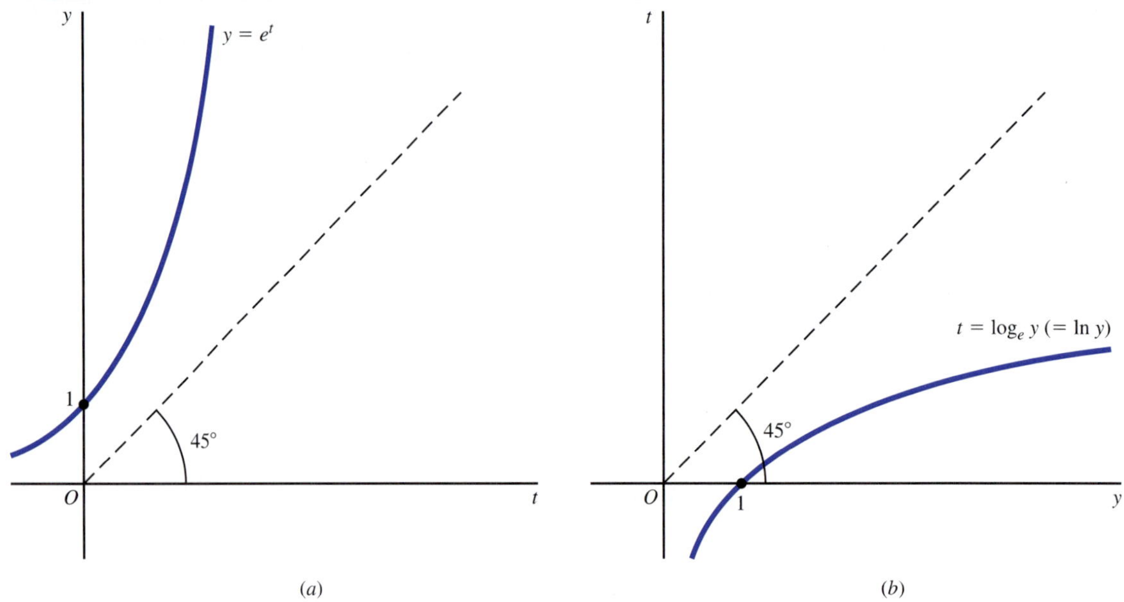

양수만이 로그를 갖는다는 것을 나타내는 또다른 방법이다). 대칭관계의 세 번째 특징은, $y = e^t$ 이 반드시 1에서 세로축 절편을 갖는 것처럼, 로그함수 $t = \log_e y$ 는 $y = 1$ 에서 가로축과 교차한다는 것이다. 이것은 $\log_e 1 = 0$ 이라는 것을 의미한다. 이처럼 가로축 절편이 로그의 밑수에 의해서 영향을 받지 않기 때문에 — 예를 들어 $\log_{10} 1$ 도 0이다 — [그림 10.3](b) 의 로그곡선의 일반적인 형태로부터 다음을 추론할 수 있다. 즉 **어떠한** 밑수에 대해서도 다음 관계가 성립한다:

$$\left.\begin{array}{r} 0 < y < 1 \\ y = 1 \\ y > 1 \end{array}\right\} \Leftrightarrow \left\{\begin{array}{l} \log y < 0 \\ \log y = 0 \\ \log y > 0 \end{array}\right. \tag{10.16}$$

이를 입증하기 위해서는 제 10.3 절에서 소개한 상용로그와 자연로그에 대한 두 예를 점검해 보면 된다. 그리고, 다음 관계도 성립한다.

$$y \rightarrow \left\{\begin{array}{c} \infty \\ 0^+ \end{array}\right\} \quad \text{일 때} \quad \log y \rightarrow \left\{\begin{array}{c} \infty \\ -\infty \end{array}\right\} \tag{10.16'}$$

[그림 10.3]에서 비교한 로그함수와 지수함수의 그래프는 단순한 함수 $y = e^t$ 과 $t = \ln y$ 를 토대로 한 것이다. 그러나 일반적인 지수함수 $y = Ae^{rt}$ 과 그에 상응하는 로그함수를 비교하여도 동일한 결과를 얻는다. (양의) 상수 A 와 r 이 지수곡선을 **확대** (extend) 또는 **축소** (compress) 시키는 효과를 갖는다고 하더라도, 그 곡선의 세로축 절편이 $y = 1$ 에서가 아니라, $y = A$ ($t = 0$ 일때 $y = Ae^0 = A$ 이다) 에 놓인다는 점을 제외하면, 지수곡선은 [그림 10.3](a) 의 일반적인 형태와 비슷할 것이다. 이에 따라, 그 함수의 역함수도 $y = A$ 에서 **가로축** 절편을 갖는다. 일반적으로 지수함수와 그에 대응하는 로그함수는 45° 선에 대해 대칭이 된다.

만약 $y = Ae^{rt}$ 의 역함수를 특정한 대수식으로 표시할 필요가 있을 때에는, 이 지수함수의 양변에 자연로그를 취하고 (이렇게 해도 (10.15)의 첫 번째 명제에 의해 등식은 그대로 성립한다), 그 다음에 t 에 관해서 풀면 된다. 즉,

$$\ln y = \ln(Ae^{rt}) = \ln A + rt \ln e = \ln A + rt$$

이며, 따라서

$$t = \frac{\ln y - \ln A}{r} \qquad (r \neq 0) \tag{10.17}$$

가 된다. 로그함수로 주어진 이 결과는 지수함수 $y = Ae^{rt}$ 의 역함수가 된다. 이미 밝힌 바와 같이, (10.17)의 함수는 $y = A$ 에서 가로축 절편을 갖는다. 왜냐하면 $y = A$ 일 때, $\ln y = \ln A$ 이며, 따라서 $t = 0$ 이기 때문이다.

밑수변환

제 10.2 절에서 지수함수 $y = Ab^t$ 은 항상 **자연**지수함수 $y = Ae^{rt}$ 으로 변형될 수 있다고 언급하였다. 이제 밑수변환공식을 도출하기 위한 준비가 된 셈이다. 그러나, Ab^t 대신에 보다 일반적인 식 Ab^{ct} 을 Ae^{rt} 으로 변환하는 문제를 고려해 보자. 문제의 요점은

$$e^r = b^c$$

이 되는, 주어진 값 b 와 c 로부터 r 을 구하는 것이기 때문에, 필요한 것은 r 을 b 와 c 의 함수로 표시하는 것이다. 그런 함수는 위의 식의 양변에 자연로그를 취함으로써 쉽게 얻어진다. 즉, 양변에 로그를 취하면

$$\ln e^r = \ln b^c$$

이 되고, 이 식의 좌변은 r 이 된다는 것을 즉시 알 수 있기 때문에, 구하려는 식 (밑수 변환공식)은 다음과 같이 된다:

$$r = \ln b^c = c \ln b \tag{10.18}$$

이것은 함수 $y = Ab^{ct}$ 을 항상 자연로그가 밑수로 주어지는 형태인 $y = Ae^{(c \ln b)t}$ 으로 변형시킬 수 있음을 나타낸다.

예 1

$y = 2^t$ 을 자연지수함수로 변환하라. 여기서 $A = 1$, $b = 2$, $c = 1$이다. 따라서 $r = c \ln b = \ln 2$ 이며, 구하려는 지수함수는 다음과 같이 된다.

$$y = Ae^{rt} = e^{(\ln 2)t}$$

만약 우리가 원한다면 (10.14)와 상용로그표를 사용하여 $(\ln 2)$ 의 값을 다음과 같이 계산할 수 있다:

$$\ln 2 = 2.3026 \log_{10} 2 = 2.3026(0.3010) = 0.6931 \tag{10.19}$$

그리하여 위의 결과는 $y = e^{0.6931t}$ 으로 달리 나타낼 수 있다.

예 2

$y = 3(5)^{2t}$ 을 자연지수함수로 변환하라. 이 예에서 $A = 3$, $b = 5$, $c = 2$ 이며, 따라서 공식 (10.18)로부터 $r = 2\ln 5$ 를 얻는다. 그러므로 구하려는 함수는 다음과 같이 된다.

$$y = Ae^{rt} = 3e^{(2\ln 5)t}$$

다시, 우리가 원한다면 다음과 같이 계산할 수 있다:

$$2\ln 5 = \ln 25 = 2.3026\log_{10} 25 = 2.3026(1.3979) = 3.2188$$

그래서 앞의 결과는 $y = 3e^{3.2188t}$ 으로 달리 표시될 수 있다.

물론 $t = \log_b y$ 와 같은 형태의 로그함수도 그것과 동치인 자연로그함수로 변환시킬 수 있다. 그와 같이 변형시키기 위해서는 다음과 같이 표시되는 로그법칙 4를 적용하는 것으로 충분하다.

$$\log_b y = (\log_b e)(\log_e y)$$

이 결과를 주어진 로그함수에 직접 대입하면 구하려는 자연로그함수를 바로 얻을 수 있다. 즉,

$$\begin{aligned} t &= \log_b y = (\log_b e)(\log_e y) \\ &= \frac{1}{\log_e b}\log_e y \qquad \text{[로그법칙 5에 의해]} \\ &= \frac{\ln y}{\ln b} \end{aligned}$$

이와 같은 방식으로, 보다 일반적인 로그함수 $t = a\log_b(cy)$ 는 그와 동치의 형태인 다음 형태로 변환시킬 수 있다.

$$t = a(\log_b e)(\log_e cy) = \frac{a}{\log_e b}\log_e(cy) = \frac{a}{\ln b}\ln(cy)$$

예 3

함수 $t = \log_2 y$ 를 자연로그형태로 변환하라. 이 예에서 $b = 2$, $a = c = 1$ 이기 때문에 구하려는 함수는 다음과 같다.

$$t = \frac{1}{\ln 2}\ln y$$

그러면 (10.19)에 의해 이 식을 또한 $t = (1/0.6391)\ln y$ 로 표시할 수 있다.

예 4

함수 $t = 7\log_{10} 2y$ 를 자연로그형태로 변환하라. 이 경우, 상수의 값은 $a = 7$, $b = 10$, $c = 2$ 이고, 따라서 구하려는 함수는 다음과 같다.

$$t = \frac{7}{\ln 10}\ln(2y)$$

그러나 (10.14)에서 지적한 것처럼 $\ln 10 = 2.3026$ 이므로, 위의 함수는 $t = (7/2.3026)\ln(2y) = 3.0400\ln(2y)$ 로 다시 나타낼 수 있다.

위의 논의에서는 함수가 로그함수일 때 t를 y의 함수로 표시하는 방법을 보았다. 그렇게 표시한 이유는 단지 지수함수와 로그함수간에 역함수관계가 있음을 강조하기 위해서이다. 그러나 로그함수 그 **자체**가 분석의 대상이 될 때는 보통 ($t = \ln y$ 가 아니라) $y = \ln t$ 로 표시한다. 물론 이와 같이 기호를 대체하여도 논의의 수학적 측면에는 아무런 영향이 없다.

연습문제 10.4

1. $y = Ae^{rt}$ 의 역함수의 식 (10.17)에서, r은 0이 아니어야 한다는 조건이 필요하다. 이 조건은 원래의 지수함수 $y = Ae^{rt}$ 과 관련해서 보면 어떤 의미를 갖는가?
2. (*a*) 지수함수 $y = Ae^{rt}$ 의 그래프를 그려라. 세로축 절편의 값을 구하라.
   (*b*) 로그함수 $t = \dfrac{\ln y - \ln A}{r}$ 의 그래프를 그려라. 가로축 절편의 값을 구하라.
3. $y = ab^{ct}$ 의 역함수를 구하라.
4. 다음 함수를 그에 대응하는 자연지수 형태로 바꾸어라.
   (*a*) $y = 8^{3t}$
   (*b*) $y = 2(7)^{2t}$
   (*c*) $y = 5(5)^t$
   (*d*) $y = 2(15)^{4t}$
5. 다음 함수를 그에 대응하는 자연로그 형태로 바꾸어라.
   (*a*) $t = \log_7 y$
   (*b*) $t = \log_8(3y)$
   (*c*) $t = 3\log_{15}(9y)$
   (*d*) $t = 2\log_{10} y$
6. 다음과 같은 이산적인 복리계산의 이자율 (i)과 동치인 연속적인 복리계산의 매년당 명목이자율 (r)을 구하라.
   (*a*) 연 5%, 1년마다 복리계산
   (*b*) 연 5%, 반년마다 복리계산
   (*c*) 연 6%, 반년마다 복리계산
   (*d*) 연 6%, $\frac{1}{4}$년마다 복리계산
7. (*a*) [그림 10.3] 에서, 만약 두 곡선을 서로 포개 놓으면, 두 곡선은 대칭관계가 된다는 것을 설명하였다. 대칭을 이루는 "거울"의 위치는 어디인가?
   (*b*) 함수 $f(x)$와 그것의 음, $-f(x)$를 하나의 도표에 그리면, 두 곡선도 대칭관계를 보여주는가? 만약 그렇다면, 이 경우 대칭을 이루는 "거울"의 위치는 어디인가?
   (*c*) Ae^{rt} 와 Ae^{-rt} 의 그래프를 하나의 도표에 그리면, 두 곡선은 서로 대칭이 되는가? 만약 그렇다면, "거울"은 어디에 위치하는가?

10.5 | 지수함수와 로그함수의 도함수

함수 e^t 의 도함수는 함수 그 자체가 된다는 것을 이미 설명한 바 있다. 그런데 자연로그함수 $\ln t$ 도 역시 그 도함수가 $d(\ln t)/dt = 1/t$ 이라는 편리한 성질을 갖는다. 밑수 e 의 사용이 더욱 선호되는 것은 바로 이런 성질 때문이다. 이제 이 두 도함수공식의 타당성을 증명하고, 그 다음에 지수식과 로그식, e^t 과 $\ln t$ 의 일정한 변형들에 대한 도함수공식을 도출해 보기로 하자.

로그함수의 미분법칙

로그함수 $y = \ln t$ 의 도함수는 다음과 같다:

$$\frac{d}{dt}\ln t = \frac{1}{t}$$

이것을 증명하기 위해서는 $y = \psi(t) = \ln t$ 의 도함수가 정의에 의해 $t = N$ 에서 다음과 같이 표현된다는 것을 상기하자 ($t \to N^+$ 를 가정한다):

$$\begin{aligned}\psi'(N) &= \lim_{t\to N^+}\frac{\psi(t)-\psi(N)}{t-N} = \lim_{t\to N^+}\frac{\ln t - \ln N}{t-N} \\ &= \lim_{t\to N^+}\frac{\ln(t/N)}{t-N} \qquad \text{[로그법칙 2에 의해]}\end{aligned}$$

이제 기호를 축약하여, $m \equiv \frac{N}{t-N}$ 을 사용하면, $\frac{1}{t-N} = \frac{m}{N}$, 그리고 $\frac{t}{N} = 1 + \frac{t-N}{N} = 1 + \frac{1}{m}$ 이 된다. 따라서 위 식의 극한 부호의 오른쪽 부분은 다음과 같이 변형시킬 수 있다.

$$\frac{1}{t-N}\ \ln\frac{t}{N} = \frac{m}{N}\ \ln\left(1+\frac{1}{m}\right) = \frac{1}{N}\ \ln\left(1+\frac{1}{m}\right)^m \qquad \text{[로그법칙 3에 의해]}$$

그런데 t 가 N^+ 에 접근하면, m 은 무한대가 된다. 따라서 구하고자 하는 도함수의 값을 얻기 위해서는, 위의 마지막 식에서 $m \to \infty$ 일 때의 극한을 취하면 된다:

$$\psi'(N) = \lim_{m\to\infty}\frac{1}{N}\ln\left(1+\frac{1}{m}\right)^m = \frac{1}{N}\ln e = \frac{1}{N} \qquad \text{[(10.5)에 의해]}$$

그러나 N 은 로그가 정의되는 수이면 어떠한 수도 될 수 있기 때문에, 이 결과를 일반화하여 $\psi'(t) = d(\ln t)/dt = 1/t$ 로 쓸 수 있다. 이것으로 $t \to N^+$ 에 대해서 로그함수의 미분법칙이 증명되었다.

$t \to N^-$ 의 경우에는, 약간의 수정이 필요하지만, 증명의 요점은 비슷하다. 이제, $y = \ln t$ 의 도함수의 값은 다음과 같이 된다.

$$\begin{aligned}\psi'(N) &= \lim_{t\to N^-}\frac{\psi(t)-\psi(N)}{t-N} = \lim_{t\to N^-}\frac{\psi(N)-\psi(t)}{N-t} \\ &= \lim_{t\to N^-}\frac{\ln N - \ln t}{N-t} = \lim_{t\to N^-}\frac{\ln(N/t)}{N-t}\end{aligned}$$

여기서 $\mu = t/(N-t)$ 로 놓으면, $1/(N-t) = \mu/t$ 이고, $N/t = 1 + (N-t)/t = 1 + 1/\mu$ 이 된다. 이 식들을 바로 위의 방정식 $\psi'(N)$ 의 마지막 극한부호의 오른쪽에 대입하고 다시 쓰면,

$$\frac{1}{N-t}\ln\frac{N}{t} = \frac{\mu}{t}\ln\left(1+\frac{1}{\mu}\right) = \frac{1}{t}\ln\left(1+\frac{1}{\mu}\right)^\mu$$

로 된다. 그런데 $t \to N^-$ 일 때, $\mu \to \infty$ 이 된다. 따라서 구하고자 하는 도함수 값은

$$\psi'(N) = \lim_{t\to N^-}\frac{1}{N}\ln e = \frac{1}{N}$$

이 되고, 이것은 $t \to N^+$ 일 때의 결과와 일치한다. 이로써 로그함수의 미분법칙이 완료되었다. 다

시 한번, 주목할 것은, 증명과정에서 어떤 특정한 수치를 사용하지 않았고, 따라서 이 결과는 일반적으로 적용될 수 있다는 것이다.

지수함수의 미분법칙

함수 $y = e^t$ 의 도함수는 다음과 같다.

$$\frac{d}{dt}e^t = e^t$$

이것은 로그함수의 법칙으로부터 쉽게 유도된다. 함수 $y = e^t$ 의 역함수는 $t = \ln y$ 이며, 그것의 도함수는 $\frac{dt}{dy} = \frac{1}{y}$ 이라는 것을 알고 있다. 그러므로 역함수의 미분법칙에 의해 바로 다음과 같이 나타낼 수 있다.

$$\frac{d}{dt}e^t = \frac{dy}{dt} = \frac{1}{dt/dy} = \frac{1}{1/y} = y = e^t$$

두 법칙의 일반화

위의 두 법칙은 식 e^t 와 $\ln t$ 에서 변수 t 가 t 의 어떤 **함수**, 예컨대 $f(t)$ 로 대체된 경우로 일반화될 수 있다. 이 두 법칙을 일반화하면 다음과 같다.

$$\frac{d}{dt}e^{f(t)} = f'(t)e^{f(t)} \qquad \left[\text{혹은} \quad \frac{d}{dt}e^u = e^u\frac{du}{dt}\right]$$
$$\frac{d}{dt}\ln f(t) = \frac{f'(t)}{f(t)} \qquad \left[\text{혹은} \quad \frac{d}{dt}\ln v = \frac{1}{v}\frac{dv}{dt}\right] \qquad \textbf{(10.20)}$$

(10.20)을 증명하려면 연쇄법칙을 직접 적용하면 된다. 주어진 함수 $y = e^{f(t)}$ 에서, 먼저 $u = f(t)$ 라고 놓으면, $y = e^u$ 이 된다. 그러면 연쇄법칙에 의해 도함수는 다음과 같이 된다.

$$\frac{d}{dt}e^{f(t)} = \frac{d}{dt}e^u = \frac{de^u}{du}\frac{du}{dt} = e^u\frac{du}{dt} = e^{f(t)}f'(t)$$

마찬가지로, 주어진 함수 $y = \ln f(t)$ 에서 연쇄관계를 형성하도록 우선 $v = f(t)$ 라 놓으면, $y = \ln v$ 가 된다 (단, $v = f(t)$). 그러면 연쇄법칙에 의해 다음을 얻는다.

$$\frac{d}{dt}\ln f(t) = \frac{d}{dt}\ln v = \frac{d\ln v}{dv}\frac{dv}{dt} = \frac{1}{v}\frac{dv}{dt} = \frac{1}{f(t)}f'(t)$$

이 일반화된 법칙 (10.20)에 실질적으로 도입된 수정 내용은 단순한 법칙 $de^t/dt = e^t$ 과 $d(\ln t)/dt = 1/t$ 에 단지 $f'(t)$ 가 곱해져 있다는 것뿐이다.

예 1 함수 $y = e^{rt}$ 의 도함수를 구하라. 여기서 지수는 $rt = f(t)$ 이며, 따라서 $f'(t) = r$ 이다. 그러므로 도함수는 다음과 같이 된다:

$$\frac{dy}{dt} = \frac{d}{dt}e^{rt} = re^{rt}$$

예 2

함수 $y=e^{-t}$에서 $\frac{dy}{dt}$를 구하라. 이 경우 $f(t)=-t$이고, 따라서 $f'(t)=-1$이다. 결과적으로 다음이 성립한다.

$$\frac{dy}{dt}=\frac{d}{dt}e^{-t}=-e^{-t}$$

예 3

함수 $y=\ln(at)$에서 $\frac{dy}{dt}$를 구하라. 이 경우에는 $f(t)=at$이고, 따라서 $f'(t)=a$이기 때문에 도함수는 다음과 같이 된다.

$$\frac{d}{dt}\ln(at)=\frac{a}{at}=\frac{1}{t}$$

이것은 흥미롭게도 $y=\ln t$의 도함수와 같다.

이 예는 로그식 안에 있는 t에 곱해진 상수는 미분연산과정에서 없어진다는 사실은 보여 주고 있다. 그러나 어떤 상수 k에 대해서

$$\frac{d}{dt}k\ln t=k\frac{d}{dt}\ln t=\frac{k}{t}$$

이므로, 로그식의 밖에서 곱해져 있는 상수는 미분연산과정에서 그대로 남게 된다.

예 4

함수 $y=\ln t^c$의 도함수를 구하라. 여기서 $f(t)=t^c$이고, 따라서 $f'(t)=ct^{c-1}$이므로, (10.20)의 공식에 의해 다음을 얻는다.

$$\frac{d}{dt}\ln t^c=\frac{ct^{c-1}}{t^c}=\frac{c}{t}$$

예 5

$y=t^3\ln t^2$에서 $\frac{dy}{dt}$를 구하라. 이 함수는 2개의 인수 t^3과 $\ln t^2$의 곱으로 이루어져 있기 때문에, 곱의 공식이 적용되어야 한다:

$$\begin{aligned}\frac{dy}{dt}&=t^3\frac{d}{dt}\ln t^2+(\ln t^2)\frac{d}{dt}t^3\\&=t^3\left(\frac{2t}{t^2}\right)+(\ln t^2)(3t^2)\\&=2t^2+3t^2(2\ln t)\quad\text{[로그법칙 3에 의해]}\\&=2t^2(1+3\ln t)\end{aligned}$$

밑수가 b인 경우

밑수가 b인 지수함수와 로그함수의 도함수는 다음과 같다.

$$\frac{d}{dt}b^t=b^t\ln b\qquad\left[\text{주의: }\frac{d}{dt}b^t\neq tb^{t-1}\right]\qquad\textbf{(10.21)}$$

$$\frac{d}{dt}\log_b t=\frac{1}{t\ln b}$$

밑수가 e인 특별한 경우($b=e$인 경우), $\ln b=\ln e=1$이기 때문에, 위의 두 도함수는 각각 기본

지수함수의 미분법칙 $(d/dt)e^t = e^t$, 그리고 기본 로그함수의 미분법칙 $(d/dt)\ln t = 1/t$ 이 된다.

(10.21)의 증명은 어렵지 않다. b^t 의 경우, 그 증명은 항등식 $b \equiv e^{\ln b}$ 에 근거하고 있는데, 이 항등식으로부터

$$b^t = e^{(\ln b)t} = e^{t \ln b}$$

으로 쓸 수 있다(여기서 t 는 로그식의 일부가 아니라는 것을 강조하기 위해서 $\ln bt$ 대신에 $t \ln b$ 로 표시한다). 그러므로 다음 결과를 얻는다.

$$\begin{aligned}\frac{d}{dt}b^t &= \frac{d}{dt}e^{t\ln b} = (\ln b)(e^{t\ln b}) \qquad [(10.20)\text{에 의해}]\\ &= (\ln b)(b^t) = b^t \ln b\end{aligned}$$

한편, (10.21)의 두 번째 부분의 증명은 로그의 기본적인 성질을 이용하여 행한다. 즉,

$$\log_b t = (\log_b e)(\log_e t) = \frac{1}{\ln b}\ln t$$

이로부터 다음의 도함수를 얻을 수 있다.

$$\frac{d}{dt}\log_b t = \frac{d}{dt}\left(\frac{1}{\ln b}\ln t\right) = \frac{1}{\ln b}\frac{d}{dt}\ln t = \frac{1}{\ln b}\left(\frac{1}{t}\right)$$

이 두 공식을 보다 일반화하면 다음과 같다.

$$\begin{aligned}\frac{d}{dt}b^{f(t)} &= f'(t)b^{f(t)}\ln b\\ \frac{d}{dt}\log_b f(t) &= \frac{f'(t)}{f(t)}\frac{1}{\ln b}\end{aligned} \qquad \textbf{(10.21')}$$

다시, 만약 $b = e$ 이면 $\ln b = 1$ 이고, 이들 공식은 (10.20)과 일치하게 되는 것을 알 수 있다.

예 6

함수 $y = 12^{1-t}$ 의 도함수를 구하라 여기서 $b = 12$, $f(t) = 1 - t$, $f'(t) = -1$이다. 즉,

$$\frac{dy}{dt} = -(12)^{1-t}\ln 12$$

고계도함수

지수함수와 로그함수의 고계도함수는 다른 함수형태의 도함수와 마찬가지로 미분을 반복하여 얻어진 결과에 불과하다.

예 7

$y = b^t$ $(b > 1)$의 **2계**도함수를 구하라. 1계도함수는 (10.21)에 의해 $y'(t) = b^t \ln b$ (단, $\ln b$는 물론 상수)이다. 따라서, t에 관해서 한번 더 미분하면 다음과 같은 결과를 얻는다.

$$y''(t) = \frac{d}{dt}y'(t) = \left(\frac{d}{dt}b^t\right)\ln b = (b^t \ln b)\ln b = b^t(\ln b)^2$$

$y = b^t$는 항상 양이고, $\ln b$ ($b > 1$에 대해)도 또한 양 [(10.16)에 의해]이다. 따라서 $y'(t) = b^t \ln b$ 는 반드시 양이 되어야 한다. 그리고 b^t과 제곱된 수 $(\ln b)^2$의 곱으로 주어진 $y''(t)$도 역시 양이

다. 이 사실로부터 지수함수 $y=b^t$ 은 체증률로 강증가한다는 이전의 주장이 옳았음을 알 수 있다.

예 8

$y=\ln t$ 의 2계도함수를 구하라. 1계도함수는 $y'=\frac{1}{t}=t^{-1}$ 이고, 따라서 2계도함수는 다음과 같다.

$$y''=-t^{-2}=\frac{-1}{t^2}$$

이 함수의 정의역은 개구간 $(0, \infty)$ 이기 때문에, $y'=\frac{1}{t}$ 은 양수이어야 한다. 한편 y'' 은 항상 음이다. 이 두 결론을 종합하면 로그함수 $y=\ln t$ 는 체감률로 단조증가한다는 이전의 주장을 뒷받침한다.

응용

로그의 주요한 특징 중의 하나는 곱셈을 덧셈으로, 나눗셈을 뺄셈으로 바꿀 수 있다는 데 있다. 이 성질은 어떤 형태의 함수이든(반드시 지수함수 또는 로그함수일 필요는 없다) 이들의 복잡한 **곱**이나 **몫**으로 주어진 식을 미분할 때 사용될 수 있다.

예 9

다음 함수에서 $\frac{dy}{dx}$ 를 구하라.

$$y=\frac{x^2}{(x+3)(2x+1)}$$

곱과 몫의 법칙을 적용하는 대신에, 먼저 양변에 자연로그를 취하면 다음과 같은 함수를 얻는다.

$$\ln y=\ln x^2-\ln(x+3)-\ln(2x+1)$$

(10.20)에 따라, 좌변을 x 에 관해서 미분하면 다음 결과를 얻는다.

$$\frac{d}{dx}\text{(좌변)}=\frac{1}{y}\frac{dy}{dx}$$

한편 우변은 다음과 같이 된다.

$$\frac{d}{dx}\text{(우변)}=\frac{2x}{x^2}-\frac{1}{x+3}-\frac{2}{2x+1}=\frac{7x+6}{x(x+3)(2x+1)}$$

이 두 결과를 같게 놓고 양변에 y 를 곱하면, 구하려는 도함수는 다음과 같다:

$$\begin{aligned}\frac{dy}{dx}&=\frac{7x+6}{x(x+3)(2x+1)}y\\&=\frac{7x+6}{x(x+3)(2x+1)}\frac{x^2}{(x+3)(2x+1)}=\frac{x(7x+6)}{(x+3)^2(2x+1)^2}\end{aligned}$$

예 10

$y=x^a e^{kx-c}$ 에서 $\frac{dy}{dx}$ 를 구하라. 양변에 자연로그를 취하면 다음을 얻는다.

$$\ln y=a\ln x+\ln e^{kx-c}=a\ln x+kx-c$$

양변을 x 에 관해서 미분하고 (10.20)을 적용하면 다음 결과를 얻는다:

$$\frac{1}{y}\frac{dy}{dx}=\frac{a}{x}+k$$

즉, $$\frac{dy}{dx} = \left(\frac{a}{x} + k\right) y = \left(\frac{a}{x} + k\right) x^a e^{kx-c}$$

그렇지만, 만약 함수가 더해지는 항들을 포함하면, 이 함수를 로그형태로 바꾸는 것이 바람직하지 않다는 것을 주목하기 바란다.

연습문제 10.5

1. 다음 함수의 도함수를 구하라.

   (a) $y = e^{2t+4}$ (b) $y = e^{1-9t}$ (c) $y = e^{t^2+1}$ (d) $y = 5e^{2-t^2}$ (e) $y = e^{ax^2+bx+c}$ (f) $y = xe^x$ (g) $y = x^2e^{2x}$ (h) $y = axe^{bx+c}$

2. (a) 방정식 $\ln(at) = \ln a + \ln t$를 이용하여 [예 3]의 도함수를 증명하라.

   (b) $\ln t^c = c \ln t$ 를 이용하여 [예 4]의 결과를 증명하라.

3. 다음 함수의 도함수를 구하라.

   (a) $y = \ln(7t^5)$ (b) $y = \ln(at^c)$ (c) $y = \ln(t+19)$ (d) $y = 5\ln(t+1)^2$ (e) $y = \ln x - \ln(1+x)$ (f) $y = \ln[x(1-x)^8]$ (g) $y = \ln\left(\frac{2x}{1+x}\right)$ (h) $y = 5x^4 \ln x^2$

4. 다음 함수의 도함수를 구하라.

   (a) $y = 5^t$ (b) $y = \log_2(t+1)$ (c) $y = 13^{2t+3}$ (d) $y = \log_7 7x^2$ (e) $y = \log_2(8x^2+3)$ (f) $y = x^2 \log_3 x$

5. (10.21′)의 두 공식을 증명하라.

6. 함수 $V = Ae^{rt}$ $(A, r > 0)$와 함수 $A = Ve^{-rt}$ $(V, r > 0)$는 모두 강단조함수임을 보여라. 또 그 방향은 반대이지만 모두 강볼록임을 보여라 ([연습문제 10.2]의 5 참조).

7. 다음 함수의 도함수를 양변에 자연로그를 취하여 구하라.

   (a) $y = \frac{3x}{(x+2)(x+4)}$ (b) $y = (x^2+3)e^{x^2+1}$

10.6 | 최적시점의 선택

지금까지 우리가 지수함수와 로그함수에 관하여 배운 것은 이제 최적판매시점을 결정하는 문제에 적용할 수 있다.

포도주 저장의 문제

어떤 포도주업자가 특정량(예컨대, 한 상자)의 포도주를 보유하고 있고, 그는 현시점 $(t = 0)$에서 이것을 K 원에 팔거나, 혹은 어떤 일정 기간 동안 저장하였다가 더 높은 가격에 팔 수 있다고 가정하자. 또 포도주 가치(V)는 다음과 같이 시간의 증가함수로 알려져 있다고 하자:

$$V = Ke^{\sqrt{t}} \quad [= K \exp(t^{1/2})] \tag{10.22}$$

따라서, 만약 $t = 0$ 이면 (현 시점에서 판매하면), $V = K$ 이다. 이제 문제는, 저장비용이 없다고 가정할 때, 이윤극대화를 위해 포도주의 판매시점을 결정하는 것이다.†

포도주의 비용은 "매몰"비용 (sunk cost) — 포도주업자는 이미 포도주 대금을 지불하였다 — 이며, 저장비용은 존재하지 않는다고 가정하였기 때문에, 이윤을 극대화한다는 것은 판매수익 또는 V 의 가치를 극대화하는 것과 같다. 그러나 여기서 한 가지 주의할 점이 있다. 어떤 특정한 시점 t 에 대응하는 V 의 각 값은 그 시점에서 받을 수 있는 금액을 나타내고, 또 이자문제가 수반되기 때문에, 다른 시점에서의 V 의 값과 직접 비교될 수 없다. 이런 난점을 해결하는 방법은 각 V 의 값을 그것의 **현재가치** (즉, 시점 $t = 0$ 에서의 값) 로 **할인**하는 것이다. 그렇게 되면 모든 V 의 값들은 비교 가능한 기준에 놓이게 된다.

이제 연속복리계산의 기준이 되는 이자율이 r 이라고 가정하자. 그러면 (10.11)에 따라 V 의 현재가치는 다음과 같이 나타낼 수 있다.

$$A(t) = Ve^{-rt} = Ke^{\sqrt{t}}e^{-rt} = Ke^{\sqrt{t}-rt} \tag{10.22'}$$

여기서 A 는 V 의 현재가치를 나타내며, A 그 자체는 t 의 함수이다. 그러므로 문제는 A 를 극대화하는 t 의 값을 찾는 것과 같다.

극대화조건

A 의 극대화에 대한 1계조건은 $\frac{dA}{dt} = 0$ 이다. 이 도함수는 (10.22′) 를 t 에 관해서 직접 미분하거나 혹은 간접적으로 먼저 (10.22′) 의 양변에 자연로그를 취하고 나서 t 에 관해서 미분하여 구할 수 있다. 이 후자의 과정을 설명해 보자.

우선 (10.22′) 로부터 방정식

$$\ln A(t) = \ln K + \ln e^{\sqrt{t}-rt} = \ln K + (t^{1/2} - rt)$$

를 얻고, 양변을 t 에 관해서 미분하면

$$\frac{1}{A}\frac{dA}{dt} = \frac{1}{2}t^{-1/2} - r$$

또는

$$\frac{dA}{dt} = A\left(\frac{1}{2}t^{-1/2} - r\right)$$

을 얻는다. $A \neq 0$ 이기 때문에, 조건 $\frac{dA}{dt} = 0$ 이 만족되기 위한 필요충분조건은 다음 식이 성립하는 것이다:

$$\frac{1}{2}t^{-1/2} = r \qquad \text{또는} \qquad \frac{1}{2\sqrt{t}} = r \qquad \text{또는} \qquad \frac{1}{2r} = \sqrt{t}$$

이것은 포도주의 최적저장기간은

† 저장비용을 고려하려면 난점이 따르는데, 우리는 아직 이 난점을 다룰 수 있는 분석수단을 갖추지 못했다. 이 문제는 제 13 장에서 다시 다루게 될 것이다.

$$t^* = \left(\frac{1}{2r}\right)^2 = \frac{1}{4r^2}$$

임을 의미한다. 예를 들어, 만약 $r = 0.10$ 이면 $t^* = 25$가 되어, 포도주업자는 포도주를 25년간 저장해야 한다. 이자율(할인율)이 점점 높아질수록, 최적저장기간은 점점 짧아지게 된다.

1계조건 $1/(2/\sqrt{t}) = r$ 의 경제적 의미는 쉽게 설명될 수 있다. 이 식의 좌변은 단순히 포도주가치 V 의 증가율을 나타낸다. 왜냐하면, (10.22)로부터

$$\begin{aligned}\frac{dV}{dt} &= \frac{d}{dt}K\exp(t^{1/2}) = K\frac{d}{dt}\exp(t^{1/2}) && \text{[K는 일정]}\\ &= K\left(\frac{1}{2}t^{-1/2}\right)\exp(t^{1/2}) && \text{[(10.20)에 의해]}\\ &= \left(\frac{1}{2}t^{-1/2}\right)V && \text{[(10.22)에 의해]}\end{aligned}$$

가 되고, 따라서 V 의 증가율은 사실상 1계조건의 좌변식이 되기 때문이다;

$$r_V \equiv \frac{dV/dt}{V} = \frac{1}{2}t^{-1/2} = \frac{1}{2\sqrt{t}}$$

이와 대조적으로, 1계조건의 우변식 r 은 이자율 , 즉 **만약** 포도주가 지금 이 시점에서 판매되는 경우에 받을 수 있는 현금기금증가의 복리율이다. 즉 포도주 저장의 **기회비용** (opportunity cost) 이다. 그러므로, 두 개의 순간적인 증가율을 같게 놓는다는 것은, [그림 10.4]에 예시된 것처럼, 포도주 저장의 이익이 완전히 없어질 때까지 포도주를 보유하는 것, 즉 (체감하는) 포도주가치의 증가율이 현금판매수입액에 대한 (일정한) 이자율과 같게 되는 시점까지 기다리는 것이다.

다음의 문제는 t^* 의 값이 A 가 극대이기 위한 2계조건을 만족하는지의 여부를 검증하는 것이다. A 의 2계도함수는 다음과 같다.

그림 10.4

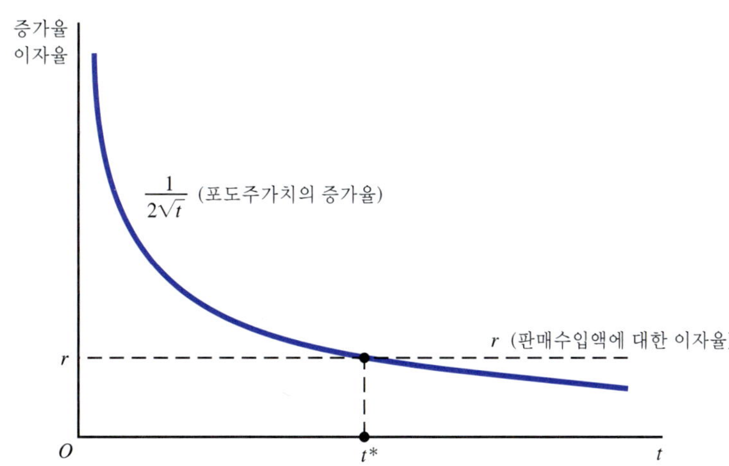

$$\frac{d^2A}{dt^2} = \frac{d}{dt}A\left(\frac{1}{2}t^{-1/2} - r\right) = A\frac{d}{dt}\left(\frac{1}{2}t^{-1/2} - r\right) + \left(\frac{1}{2}t^{-1/2} - r\right)\frac{dA}{dt}$$

그러나 이 식의 마지막 항은 $\frac{dA}{dt} = 0$이 되는 균형점(최적점)에서 0이 되기 때문에, 결국 다음과 같이 된다.

$$\frac{d^2A}{dt^2} = A\frac{d}{dt}\left(\frac{1}{2}t^{-1/2} - r\right) = A\left(-\frac{1}{4}t^{-3/2}\right) = \frac{-A}{4\sqrt{t^3}}$$

$A > 0$ 이라는 측면에서 보면, 이 2계도함수는 $t^* > 0$ 에서 계산될 때 음이 되고, 그리하여 해값 t^* 가 실제로 이윤을 극대화하는 최적시점임을 보증한다.†

재목 벌채의 문제

최적시점을 선택하는 것과 비슷한 문제로서 재목벌채의 문제가 있다.

(어떤 토지에 육성된) 재목의 가치는 다음과 같이 시간 t의 증가함수라고 가정하자.

$$V = 2^{\sqrt{t}}$$

단, 단위는 1,000만원이다. (연속적인 기준에서) 할인율은 r 이고 재목이 성장하는 기간동안에 유지비는 없다고 가정할 때, 재목을 벌채하여 판매할 최적시점은 언제인가?

포도주 문제처럼, 먼저 V 를 그것의 현재가치로 변환시켜야 한다. 즉,

$$A(t) = Ve^{-rt} = 2^{\sqrt{t}}e^{-rt}$$

그러므로, $\ln A = \ln 2^{\sqrt{t}} + \ln e^{-rt} = \sqrt{t}\ln 2 - rt = t^{1/2}\ln 2 - rt$ 이다. A 를 극대화하기 위해서는 $dA/dt = 0$ 으로 놓아야 한다. 1계도함수는 $\ln A$ 를 t 에 관해서 미분하고, 그 다음에 A 를 곱함으로써 얻을 수 있다. 즉,

$$\frac{1}{A}\frac{dA}{dt} = \frac{1}{2}t^{-1/2}\ln 2 - r$$

즉, $$\frac{dA}{dt} = A\left(\frac{\ln 2}{2\sqrt{t}} - r\right)$$

이 된다. $A \neq 0$ 이기 때문에, 조건 $dA/dt = 0$ 이 만족되기 위한 필요충분조건은 다음과 같다.

$$\frac{\ln 2}{2\sqrt{t}} = r \qquad \text{또는} \qquad \sqrt{t} = \frac{\ln 2}{2r}$$

결과적으로, 최적성장의 연수는 다음과 같다.

$$t^* = \left(\frac{\ln 2}{2r}\right)^2$$

† 역주 : 이 최적화문제의 접근에 있어서는 식 (10.22′)를 다음과 같이 써봄으로써 문제를 단순화할 수 있다.

$$A(t) = Ke^{v(t)}, \quad v(t) \equiv \sqrt{t} - rt$$

여기서 $A(t)$ 의 극대화조건을 찾는 것인데, $A(t)$ 는 $v(t)$ 의 강증가함수이므로, $A(t)$ 의 최적화 조건과 $v(t)$ 의 최적화 조건은 같다. 여기서 $v(t)$ 의 최적화의 1계조건과 2계조건을 구해 보면, 본문에서 구한 것과 같은 결과를 얻을 수 있다.

이 해로부터 할인율이 점점 더 커질수록, 재목벌채의 시기가 더 빨라져야 한다는 것을 알 수 있다.

t^* 가 (극소값이 아닌) 극대값을 주는 해임을 확인하기 위해서는 2계조건을 검토해야 한다. 그러나 이것은 여러분에게 연습문제로 남겨두기로 한다.

이 예에서, 나무는 이미 심어져 있다고 가정함으로써 식목비용을 고려하지 않았고, 따라서 (매몰된) 식목비용은 최적화문제에서 제외될 수 있었다. 그러나 문제가 벌채할 시점이 아니라 근본적으로 식목할 것인가의 여부를 결정하는 것이라면, (**현재**의 시점에서 발생되는) 식목비용은 최적치 t^* 에서 계산된 목재산출량의 **현재가치**와 당연히 비교되어야만 한다. 예를 들어, 만약 $r = 0.05$ 이면, 다음 결과를 얻는다.

$$t^* = \left(\frac{0.6931}{0.10}\right)^2 = (6.931)^2 = 48.0\text{년}$$

그리고

$$A^* = 2^{6.931}e^{-0.05(48.0)} = (122.0222)e^{-2.40}$$
$$= 122.0222(0.0907) = 11.0674\text{ 원 (단위 1,000만)}$$

따라서 식목비용이 A^* 보다 작은 경우에만 비로소 식목할 가치가 있다 — 여기서도 유지비용은 없다고 가정하였다.

연습문제 10.6

1. 만약 포도주 가치가 (10.22) 대신에 함수 $V = Ke^{2\sqrt{t}}$ 에 따라 증가한다면, 포도주업자는 얼마 동안 포도주를 저장하겠는가?
2. 재목 벌채의 문제에 대한 2계조건을 검토하라.
3. 이 절에서 설명한 최적화문제의 일반화로서 다음 조건이 성립하는 것을 보여라.
   (a) 어떤 가치함수 $V = f(t)$ 와 연속적인 할인율 r 이 주어지는 경우, V 의 현재가치 A 가 극대이기 위한 1계조건은 V 의 증가율이 r 과 일치하는 것이다.
   (b) 극대이기 위한 2계조건은 V 의 증가율이 시간의 감소함수라는 규정과 같다.

10.7 | 지수 및 로그의 도함수에 관한 기타 응용

제 10.5 절의 도함수 공식은 최적화문제뿐만 아니라, 몇 가지 다른 경제적인 문제에도 유효하게 적용된다.

성장률을 구하는 방법

변수 y 가 시간의 함수, 즉 $y = f(t)$ 일 때 순간성장률은 다음과 같이 정의된다.†

† 만약 변수 t 가 시간을 나타내지 않는다면, $(dy/dt)/y$ 는 t 에 대한 y 의 **백분비변화율** (proportional rate of change) 이라 한다.

$$r_y \equiv \frac{dy/dt}{y} = \frac{f'(t)}{f(t)} = \frac{\text{한계함수}}{\text{총함수}} \tag{10.23}$$

그러나, (10.20)으로부터 이 비율은 $\ln f(t) = \ln y$ 의 도함수와 완전히 같음을 알 수 있다. 따라서 시간의 함수에 대한 순간성장률을 구하기 위해, 우리는 그 함수를 t 에 관해서 미분한 다음 $f(t)$ 로 나누는 방법 대신에, 단순히 그 함수에 자연로그를 취하고 나서 $\ln f(t)$ 를 시간에 관해서 미분하는 방법을 사용할 수 있다.† 이 방법은 만약 $f(x)$ 가 곱이나 혹은 몫의 형태로 주어지게 되어, 이 함수식의 로그를 취함으로써 가법적 항들의 합이나 차로 나타낼 수 있는 경우에 보다 간단한 접근방법이 된다.

예 1

$V = Ae^{rt}$ 의 성장률을 구하라. 단, t 는 시간을 나타낸다. 우리는 V 의 성장률이 r 임을 이미 알고 있지만, $\ln V$ 의 도함수를 구함으로써 그 사실을 확인해 보자. $\ln V$ 의 도함수는 다음과 같다.

$$\ln V = \ln A + rt \ln e = \ln A + rt \qquad [A\text{는 상수}]$$

그러므로, 이미 예상된 바와 같이 다음 결과를 얻는다.

$$r_V = \frac{d}{dt} \ln V = 0 + \frac{d}{dt} rt = r$$

예 2

$y = 4^t$ 의 성장률을 구하라. 이 경우에는,

$$\ln y = \ln 4^t = t \ln 4$$

이고, 따라서

$$r_y = \frac{d}{dt} \ln y = \ln 4$$

가 된다. 이 식은 $e^{\ln 4} \equiv 4$ 이므로 당연히 성립되어야 한다. 따라서 $y = 4^t$ 은 $y = e^{(\ln 4)t}$ 으로 다시 쓸 수 있고, 이로부터 $(\ln 4)$ 가 y 의 성장률임을 바로 알 수 있다.

함수들이 결합된 경우의 성장률

이상의 논의에서 한 단계 더 나아가, 시간의 함수인 두 함수의 **곱**에 대한 순간성장률을 검토해 보기로 하자. 즉, 두함수의 곱

$$y = uv \qquad \text{단} \begin{cases} u = f(t) \\ v = g(t) \end{cases}$$

의 성장률을 얻기 위해, y 의 자연로그를 취하면 다음을 얻는다.

$$\ln y = \ln u + \ln v$$

따라서 구하려는 성장률은 다음과 같이 된다.

† 만약 2차원에서 $f(t)$ 의 자연로그를 t 에 관해서 그리면, 그 곡선의 기울기는 $f(t)$ 의 성장률을 나타낸다. "반로그"도표(semilog scale charts)가 사용되는 것은 이 때문이다. 이 도표는 상이한 변수들의 성장률의 비교, 또는 같은 변수의 성장률의 국별 비교 등에 이용된다.

$$r_y = \frac{d}{dt}\ln y = \frac{d}{dt}\ln u + \frac{d}{dt}\ln v$$

그러나 우변에 있는 두 항은 각각 u와 v의 성장률이다. 그러므로 다음과 같은 법칙을 얻는다.

$$r_{(uv)} = r_u + r_v \tag{10.24}$$

이것은 함수들의 **곱**(product)의 순간성장률은 각각의 함수에 대한 순간성장률들의 **합**(sum)과 같음을 뜻한다.

마찬가지 방법으로, 함수들의 **몫**의 성장률은 각 함수들의 성장률간의 **차**가 된다([연습문제 10.7]의 4 참조). 즉, 다음과 같은 법칙을 얻는다:

$$r_{(u/v)} = r_u - r_v \tag{10.25}$$

예 3

만약 소비 C의 증가율은 α이고, 인구 H의 증가율은 β라고 하면, 1인당 소비증가율은 얼마인가? 1인당 소비는 C/H이므로, 그 증가율은

$$r_{(C/H)} = r_C - r_H = \alpha - \beta$$

가 되어야 한다.

다음으로, 시간의 함수인 두 함수의 **합**에 대한 순간성장률을 생각해 보자. 즉

$$z = u + v \qquad \text{단,} \begin{cases} u = f(t) \\ v = g(t) \end{cases}$$

의 순간성장률을 구하기 위해 자연로그를 취하면 다음을 얻는다.

$$\ln z = \ln(u+v) \qquad [\neq \ln u + \ln v]$$

따라서 다음과 같은 결과를 얻는다.

$$\begin{aligned} r_z = \frac{d}{dt}\ln z &= \frac{d}{dt}\ln(u+v) \\ &= \frac{1}{u+v}\frac{d}{dt}(u+v) \qquad [(10.20)\text{에 의해}] \\ &= \frac{1}{u+v}[f'(t) + g'(t)] \end{aligned}$$

그러나 (10.23)으로부터 $r_u = f'(t)/f(t)$를 얻고, 따라서 $f'(t) = f(t)r_u = ur_u$이다. 마찬가지로 $g'(t) = ur_v$가 된다. 결과적으로 다음과 같은 법칙을 얻을 수 있다.

$$r_{(u+v)} = \frac{u}{u+v}r_u + \frac{v}{u+v}r_v \tag{10.26}$$

이것은 함수들의 **합**의 성장률은 각 함수의 성장률들의 **가중평균**(weighted average)임을 나타낸다.

그뿐 아니라, 다음의 법칙을 얻을 수 있다([연습문제 10.7]의 5 참조).

$$r_{(u-v)} = \frac{u}{u-v}r_u - \frac{v}{u-v}r_v \tag{10.27}$$

예 4

한 국가의 재화수출 $G = G(t)$의 증가율이 $\frac{a}{t}$이고, 용역수출 $S = S(t)$의 증가율은 $\frac{b}{t}$라고 하면, 총수출의 증가율은 얼마인가? 총수출은 합계 $X(t) = G(t) + s(t)$이므로, 그 증가율은 다음과 같다.

$$\begin{aligned} r_X &= \frac{G}{X}r_G + \frac{S}{X}r_S \\ &= \frac{G}{X}\left(\frac{a}{t}\right) + \frac{S}{X}\left(\frac{b}{t}\right) = \frac{Ga + Sb}{Xt} \end{aligned}$$

점탄력성을 구하는 방법

주어진 함수 $y = f(t)$에서, $\ln y$의 도함수는 y의 순간성장률을 나타낸다는 것을 알고 있다. 이제 주어진 함수 $y = f(x)$에서, x에 관해서가 아니라 $(\ln x)$에 관해서 $(\ln y)$를 미분하면 어떤 결과가 발생할 것인가를 알아보자.

우선 $u \equiv \ln y$이고, $v \equiv \ln x$라고 정의하자. 그러면 u에서 y로, 그리고 y로부터 x와 v로 다음과 같은 연쇄관계가 성립한다:

$$u \equiv \ln y \qquad y = f(x) \qquad x \equiv e^{\ln x} \equiv e^v$$

따라서 $(\ln x)$에 관한 $(\ln y)$의 도함수는 다음과 같이 된다.

$$\begin{aligned} \frac{d(\ln y)}{d(\ln x)} &= \frac{du}{dv} = \frac{du}{dy}\frac{dy}{dx}\frac{dx}{dv} \\ &= \left(\frac{d}{dy}\ln y\right)\left(\frac{dy}{dx}\right)\left(\frac{d}{dv}e^v\right) = \frac{1}{y}\frac{dy}{dx}e^v = \frac{1}{y}\frac{dy}{dx}x = \frac{dy}{dx}\frac{x}{y} \end{aligned}$$

그러나 이 표현은 바로 그 함수의 점탄력성을 나타낸다. 그러므로 어떤 함수 $y = f(x)$에 대해서, x에 관한 y의 점탄력성은

$$\varepsilon_{yx} = \frac{d(\ln y)}{d(\ln x)} \tag{10.28}$$

이라는 일반적인 원칙을 얻게 된다. 이 기호에서 하첨자 yx는 y와 x가 이 식에 포함된 두 변수라는 것을 나타내는 것이지, y와 x의 곱이라는 것을 의미하지는 않는다. 이것은 하첨자가 **반드시** 곱을 나타내는 $r_{(uv)}$의 경우와는 다르다. 우리는 이제 로그를 사용하여 어떤 함수의 점탄력성을 구하는 또다른 방법을 알게 되었는데, 이 방법은 주어진 함수가 곱이나 몫의 형태로 주어진 경우에 보다 쉬운 접근방법이 될 수 있다.

예 5

주어진 함수 $Q = k/p$ (단, k는 양의 상수)에서, 수요의 점탄력성을 구하라. 이것은 직각쌍곡선 ([그림 2.8] (d) 참조)의 방정식이다. 이미 잘 알고 있듯이, 이러한 형태를 갖는 수요함수의 점탄력성은 모든 점에서 단위탄력적이다. 이것을 증명하기 위해 (10.28)을 적용해 보자. 수요함수의 자연로그는

$$\ln Q = \ln k - \ln P$$

이기 때문에, (P 에 대한 Q 의) 수요의 탄력성은 다음과 같이 된다.

$$\varepsilon_d = \frac{d(\ln Q)}{d(\ln P)} = -1 \qquad \text{혹은} \qquad |\varepsilon_d| = 1$$

(10.28)의 결과는 도함수의 연쇄법칙을 이용하여 유도되었다. 이와 비슷한 연쇄법칙이 탄력성의 경우에도 성립한다는 것은 매우 흥미로운 일이다. 즉, 주어진 함수 $y = g(w)$, 단, $w = h(x)$ 에서 다음과 같은 결과를 얻는다.

$$\varepsilon_{yx} = \varepsilon_{yw}\varepsilon_{wx} \tag{10.29}$$

그 증명은 다음과 같다:

$$\varepsilon_{yw}\varepsilon_{wx} = \left(\frac{dy}{dw}\frac{w}{y}\right)\left(\frac{dw}{dx}\frac{x}{w}\right) = \frac{dy}{dw}\frac{dw}{dx}\frac{w}{y}\frac{x}{w} = \frac{dy}{dx}\frac{x}{y} = \varepsilon_{yx}$$

연습문제 10.7

1. 순간성장률을 구하라.
   (a) $y = 5t^2$ (b) $y = at^c$ (c) $y = ab^t$ (d) $y = 2^t(t^2)$ (e) $y = t/3^t$
2. 만약 인구가 함수 $H = H_0(2)^{bt}$ 에 따라 증가하고, 소비는 함수 $C = C_0 e^{at}$ 에 따라 증가할 때, 자연로그를 사용하여 인구증가율, 소비증가율, 1인당 소비증가율을 구하라.
3. 만약 y 와 x 가 $y = x^k$ 로 관련되었다면, 성장률 r_y 와 r_x 는 어떻게 관련되겠는가?
4. 만약 $y = u/v$ (단, $u = f(t)$, $v = g(t)$)이면, y 의 성장률은 (10.25)에서와 같이 $r_y = r_u - r_v$ 임을 증명하라.
5. 실질소득 y 는 명목소득 Y 를 가격수준 P 로 조정한 것으로 정의된다. r_y (실질소득증가율) 은 r_Y (명목소득증가율) 과 어떻게 관련되는가?
6. 성장률에 관한 법칙 (10.27) 을 증명하라.
7. 주어진 수요함수 $Q_d = k/P^n$ (단, k 와 n 은 양의 상수) 에서, (10.28) 을 이용하여 수요의 점탄력성 ε_d 를 구하라 ([연습문제 8.1] 의 4 참조).
8. (a) 주어진 함수 $y = wz$, 단, $w = g(x)$, $z = h(x)$ 에서, 다음을 증명하라.
   $$\varepsilon_{yx} = \varepsilon_{wx} + \varepsilon_{zx}$$
   (b) 주어진 함수 $y = u/v$, 단, $u = G(x)$, $v = H(x)$ 에서, 다음을 증명하라.
   $$\varepsilon_{yx} = \varepsilon_{ux} - \varepsilon_{vx}$$
9. 주어진 함수 $y = f(x)$ 에서, $d(\log_b y)/d(\log_b x)$ — 밑수가 e 가 아니라 b 인 로그 — 도 역시 점탄력성 ε_{yx} 을 나타냄을 증명하라.
10. 만약 화폐수요 M_d 가 국민소득 $Y = Y(t)$ 와 이자율 $i = i(t)$ 의 함수라면, M_d 의 증가율은 r_Y 와 r_i 의 가중합으로 다음과 같이 표시될 수 있음을 나타내라.
    $$r_{M_d} = \varepsilon_{M_dY} r_Y + \varepsilon_{M_di} r_i$$
    단, 가중치는 각각 Y 와 i 에 대한 M_d 의 탄력성이다.

11. 생산함수 $Q = F(K, L)$가 주어졌을 때, K와 L의 성장률을 써서 Q의 성장률을 나타내는 일반적인 공식을 구하라.

Chapter 10 요약

❖ 지수함수와 로그함수 ❖

1. 함수의 독립변수가 지수의 자리에 나타나는 함수를 지수함수라 한다. 그리고 가장 간단한 지수함수가 $y = f(t) = b^t\,(b > 1)$로 나타낼 수 있다. 단, b는 밑수이며, 정의역은 모든 실수의 집합이다.
2. 위에 정의된 지수함수는 강증가함수이다.
3. 밑수로써 $e = 2.71828 \cdots$로 되는 무리수 e를 사용한 지수함수를 자연지수함수라 하는데, 이는 다음과 같이 나타낸다.

$$y = e^t \equiv \exp t$$

4. 자연지수함수의 밑수 e는 다음과 같이 정의된다.

$$e \equiv \lim_{m \to \infty}\left(1 + \frac{1}{m}\right)^m$$

5. 원금 A를 연리 r로 t년간 연속복리계산방식에 의하여 증식시킬 때 그 원리합계는 $V = Ae^{rt}$로 나타내어진다. 이것은 지수적 성장의 일반적인 과정을 예시하고 있으며, r은 이 과정의 순간성장률로 해석할 수 있다.
6. t가 정수값만을 취하는 이산복리계산에서의 원리합계도 $V = A(1+i)^t = Ae^{rt}$로 나타낼 수 있다. 단, $1 + i \equiv e^r$이다.
7. 지수함수 $y = b^t$, $(b > 1)$의 역함수를 $t = \log_b y$라 할 때, 이를 로그함수라 한다. 여기서도 밑수를 e로 할 때 이를 자연로그함수라 하고 다음과 같이 여러 가지 방법으로 나타낸다.

$$t = \log_e y \equiv \ln y, \qquad y > 0$$

8. 로그함수에서 성립하는 로그법칙은 다음과 같다.

$$\ln(uv) = \ln u + \ln v, \quad \ln(u/v) = \ln u - \ln v$$
$$\ln u^a = a \ln u, \quad \log_b u = \log_b e \cdot \ln u, \quad \log_b e = 1/\ln b$$

이들은 지수법칙과 밀접하게 관련된다.

9. 지수함수와 로그함수는 서로 역함수 관계에 있기 때문에 두 함수의 그래프는 원점을 지나는 45° 선에 관하여 대칭이 된다.
10. 로그함수 $y = \ln t$의 도함수는 $\frac{1}{t}$이다.
11. 지수함수 $y = e^t$의 도함수는 e^t이다.
12. 최적판매시점 선택문제의 목적함수는 지수함수의 형태를 띨 수 있다.
13. $y = uv$에서 각 변수의 순간성장률간에는 $r_y = r_u + r_v$의 관계가 있다.
14. $y = f(x)$로 주어지는 함수관계에서 점탄력성은 $\varepsilon_{yx} = d(\ln y)/(\ln x)$로 나타낼 수 있다.

Chapter 11

다변수함수의 극대와 극소

우리는 제 9 장에서 선택변수가 하나인 목적함수에 관한 최적화문제를 다루었다. 그리고 제 10 장에서는 목적함수가 지수함수인 경우로 논의를 확장하였지만, 선택변수는 여전히 하나로 국한되어 있었다. 이제 우리는 목적함수가 둘 또는 그 이상의 선택변수를 가질 때, 함수의 극값을 구하는 방법을 모색해야 한다. 이 문제를 해결해야만 비로서 다제품기업이 직면하는 문제와 같은 유형의 문제를 다룰 수 있게 된다. 왜냐하면 다제품기업이 이윤을 극대화하기 위해서는 여러 제품의 최적 산출량수준과 여러 생산요소의 최적결합을 선택해야 하기 때문이다.

우선 그래프로 나타낼 수 있도록 하기 위해서, 선택변수가 두 개인 목적함수 $z=f(x,y)$ 의 경우를 논의한 다음에, 분석적 결과를 그래프로 나타낼 수 없는 n 변수함수의 경우로 일반화하기로 한다. 그러나 변수의 수에 관계없이 함수가 일반적인 형태일 때 목적함수는, 특별한 경우가 아닌 한, 필요한 계까지 연속편도함수를 갖는다고 가정할 것이다. 이러한 가정은 편도함수들뿐만 아니라, 그 목적함수도 매끈하고 미분가능하게 되는 것을 보장한다.

다변수함수의 경우에도 극값은 (1) 절대적 또는 전역적 극값과 (2) 상대적 또는 국지적 극값의 두 종류가 있다. 그러나 우리는 앞에서와 마찬가지로 상대적 극값을 구하는 문제를 주로 다룰 것이다. 이러한 이유 때문에 "상대적" 이라는 형용사를 생략하더라도, 별도의 언급이 없는 한, 극값은 **상대적** 극값을 의미하는 것으로 이해하기로 한다. 그러나 제 11.5 절에서는 **절대적** 극값의 조건도 적절하게 다루어 질 것이다.

11.1 | 미분을 이용한 최적화조건의 설명

제 9 장에서 단일 선택변수의 최적화문제를 논의할 때, 그 최적화조건들은 미분이 아니라 전적으로 **도함수**로 설명하였다. 둘 또는 그 이상의 선택변수의 최적화문제의 논의를 준비하기 위하여, 어떻게 그러한 조건들이 동치인 **미분**으로 표현될 수 있는가를 알아보기로 하자.

1계조건

함수 $z=f(x)$ 가 주어지면, 제 8.1 절에서 설명한 바와 같이, 우리는 그 미분을

$$dz = f'(x)\,dx \tag{11.1}$$

로 쓸 수 있고, dz 를 x 가 x_0 에서 $x_0+\Delta x$ 로 변화함으로써 유발된 z 의 실제의 변화, Δz 의 근사값으로 사용할 수 있다: Δx 가 점점 더 작아질수록, 점점 더 좋은 근사값이 된다. (11.1) 로부터, 만약 $f'(x)>0$ 이면, dz 와 dx 는 같은 부호를 가져야 한다는 것을 쉽게 알 수 있다: 이것은 [그림 11.1]

그림 11.1

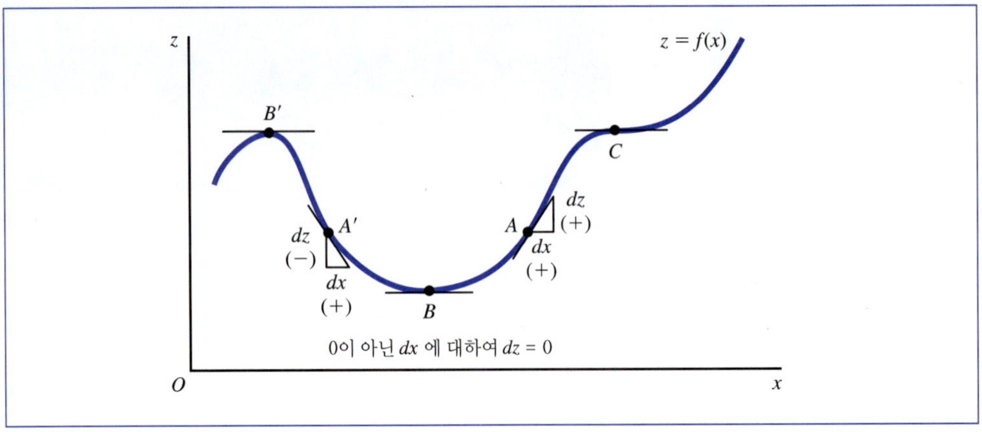

(그림 [8.1] (b) 참조)의 점 A로 예시된다. $f'(x) < 0$이 되는 반대의 경우에는, 점 A'로 예시되고, dz와 dx는 반대의 부호를 가진다. A와 A'와 같은 점들은 ($f'(x) \neq 0$이고, 따라서 $dz \neq 0$이 되는 점들은) 정지점이 될 수 없으므로, z가 극값 (정지값)이기 위한 필요조건은 $dz = 0$이라고 추론할 수 있다. 더 정확히, 이 조건은 "임의의 0이 아닌 dx값에 관해서 $dz = 0$"이라고 말해야 한다. 왜냐하면 0의 dx(x가 변화하지 않을 때)는 현재의 논의와 아무런 관계가 없기 때문이다. [그림 11.1]에서, z의 극소값은 점 B에서 발생하고, z의 극대값은 점 B'에서 발생한다. 두 경우 모두, 점 B와 점 B'에서 접선은 수평이 되고, 즉 $f'(x) = 0$이 되고, 따라서 dz(접선이 빗변을 이루는 삼각형의 수직변)는 실제로 0이 된다. 따라서 1계**도함수**조건 "$f'(x) = 0$"은 1계**미분**조건 "임의의 0이 아닌 dx값에 관해서 $dz = 0$"으로 바꿀 수 있다. 그러나 이 미분조건은 극값이기 위한 필요조건이지만 충분조건은 아니라는 것을 유의해야 한다. 왜냐하면 [그림 11.1]의 C와 같은 변곡점도 임의의 0이 아닌 dx에 대하여 $dz = 0$이라는 조건을 충족하기 때문이다.

2계조건

z의 극값에 대한 2계충분조건은, 도함수로 나타내면, 정지점에서 $f''(x) < 0$(극대값의 경우), 그리고 $f''(x) > 0$(극소값의 경우)이 된다. 이 조건들을 동치인 미분으로 바꾸기 위해서는, 미분의 미분, 즉 $d(dz)$로 정의되고, 보통 d^2z로 표시되는 **2계미분**의 개념이 필요하다.

주어진 $dz = f'(x)\,dx$에서 dz를 단지 한 번 더 미분하면 d^2z를 구할 수 있다. 그러나 그 과정에서 우리가 유의해야 할 것은, dx는 x의 0이 아닌 임의의 또는 주어진 변화를 나타내므로 상수로 취급된다는 점이다. 따라서 dz는 오직 $f'(x)$와 함께 변할 수 있는데, $f'(x)$가 x의 함수이므로, 결국 dz는 x의 변화에 따라 변할 수 있을 뿐이다. 이를 수식으로 나타내면 다음과 같다.

$$\begin{aligned} d^2z \equiv d(dz) &= d[f'(x)\,dx] && [(11.1)\text{에 의해}] \\ &= [df'(x)]\,dx && [dx\text{는 상수}] \\ &= [f''(x)\,dx]\,dx = f''(x)\,dx^2 \end{aligned} \tag{11.2}$$

식(11.2)에서 지수 2가 전혀 다른 두 가지 의미로 사용되고 있다는데 주목하자. 기호 d^2z에서는 지수 2가 z의 **2계**미분을 의미하는 반면, 기호 $dx^2 \equiv (dx)^2$에서의 지수 2는 1계**미분** dx의 **제곱**을 의미한다. (11.2)의 결과는 d^2z와 $f''(x)$ 간에 직접적인 관계가 있음을 보여준다. 여기서는 오직 0

이 아닌 dx 만을 고려하기 때문에, dx^2 항은 항상 양이되고, 따라서 d^2z 와 $f''(x)$ 의 부호는 일치하게 된다. 정지점에서 양 (음) 의 $f''(x)$ 가 계곡 (언덕) 모양을 확실히 보여주는 것과 꼭 마찬가지로, 그 점에서 양 (음) 의 d^2z 는 계곡 (언덕) 모양을 보여주어야 한다.

따라서, "$f''(x) < 0$ 은 z 가 극대값이기 위한 충분조건이다"라는 **도함수**조건은 "0 이 아닌 임의의 dx 에 대하여 $d^2z < 0$ 은 z 가 극대값이기 위한 충분조건이다"라는 동치의 **미분**조건으로 말할 수 있다. z 의 극소값에 대한 조건의 변환도 비슷하다. 즉 앞의 문장에서 부호의 방향을 바꾸기만 하면 된다. 한 걸음 더 나아가, 우리는 또한 2계**필요**조건은, (11.2) 에 기초하여, 다음과 같이 변환시킬 수 있다; 즉, 2계필요조건,

$$z \text{ 의 극대값의 경우:} \quad f''(x) \le 0$$
$$z \text{ 의 극소값의 경우:} \quad f''(x) \ge 0$$

은 각각 다음과 같이 바꿀 수 있다.

$$\left.\begin{array}{l} z \text{ 의 극대값의 경우:} \\ z \text{ 의 극소값의 경우:} \end{array}\right\} \text{0이 아닌 임의의 } dx \text{ 의 값에 관해서 } \left\{\begin{array}{l} d^2z \le 0 \\ d^2z \ge 0 \end{array}\right.$$

미분조건 대 도함수조건

우리는 1계 및 2계 도함수조건을 dz 와 d^2z 로 표현하는 방법을 설명하였는데, 그러면 이미 도함수조건을 이용할 수 있는데도 왜 굳이 미분조건을 애써 만드는가를 묻는 것은 당연하다. 그 이유는 미분조건의 표현형태는 — 도함수 조건과 달리 — 단일변수의 경우를 다변수의 경우로 직접 일반화시킬 수 있는 형태로 진술되고 있기 때문이다. 좀 더 구체적으로 말하면, "0이 아닌 임의의 dx 의 값에 관해서" 라는 구절을 선택변수의 개수의 변화를 반영할 수 있도록 적절히 수정하기만 하면, 미분으로 표시된 1계조건 $(dz = 0)$ 및 2계조건 $(d^2z > 0$ 또는 $d^2z < 0)$ 은 모든 경우에 동등한 효력으로 적용될 수 있는 것이다.

이것은, 그러나 도함수조건이 이 이상 역할을 하지 않는다는 것을 의미하지는 않는다. 그와 반대로, 도함수조건을 적용하는 것이 조작상으로는 더 편리하다. 그러므로 우리는 — 다수의 선택변수를 가진 함수의 경우에 대한 미분조건의 일반화 방법을 설명한 후에 — 그러한 경우에 상당하는 도함수조건의 도출을 시도하고 또 사용할 것이다.

11.2 | 2변수함수의 극값

1변수함수의 극값은 2차원 그래프에서 봉우리의 꼭대기나 골짜기의 바닥으로 표시된다. 선택변수가 2개인 함수 $z = f(x, y)$ 의 그래프는 3차원 공간에서 곡면(surface)이 되고, 극값은 여전히 봉우리의 꼭대기나 골짜기의 바닥에 해당되지만, 이러한 "봉우리"와 "골짜기"는 이제 3차원의 성격을 갖는다. 즉, 봉우리와 골짜기는 이제 각각 둥근지붕과 사발모양이 된다. [그림 11.2]의 두 그림이 이것을 보여주고 있다. [그림 11.2](a) 의 A 점은 둥근 지붕의 꼭대기로서 극대를 나타낸다. 왜냐하면 이 점에서의 z 의 값은 A 점 근방의 어떤 다른 점에서의 z 값보다 더 크기 때문이다. 마찬가지로, [그림 11.2](b) 에서의 B 점은 사발의 바닥으로서 극소를 나타낸다. 왜냐하면 B 점 바로 근방

그림 11.2

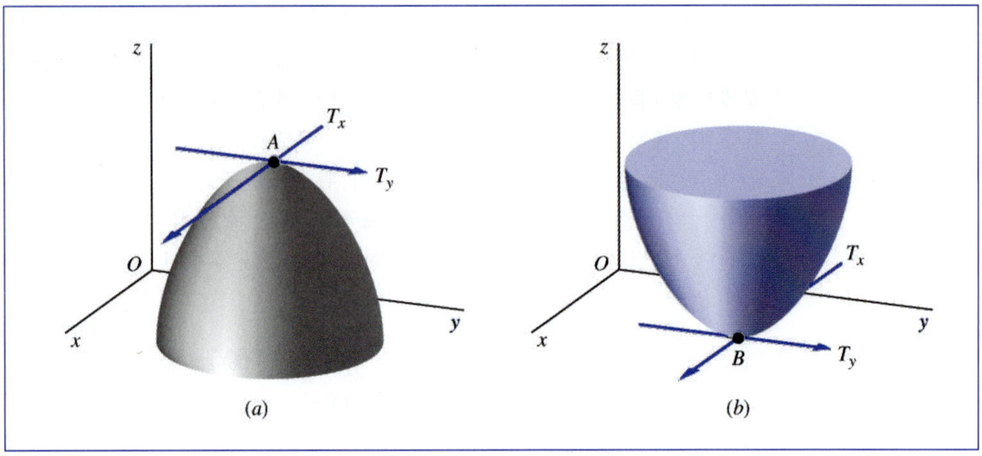

의 모든 점에서의 함수값은 B 점에서의 그것보다 더 크기 때문이다.

1계조건

함수 $z=f(x,y)$의 극값(극대값 또는 극소값)이 되기 위한 1계필요조건은 $dz=0$이다. 그러나 그 함수는 두 독립변수를 갖기 때문에, dz는 이제 **전**미분이며 1계조건은 다음과 같이 수정되어야 한다.

$$\text{둘 다 0은 아닌 임의의 } dx \text{ 와 } dy \text{ 값에 관해서, } dz=0 \text{ 이다.} \tag{11.3}$$

이와 같이 수정되어야 하는 근본적인 이유는 1변수함수에서 $dz=0$이라는 조건의 설명과 유사하다. 즉 극값은 반드시 정지점이어야 하고, 정지점에서 둘 다 0이 아닌 임의의 dx와 dy 값에 관해서, 실제의 변화 Δz에 대한 근사값으로서의 dz는 반드시 0이 되어야 한다는 것이다.

이제 2변수함수의 전미분은

$$dz=f_x\,dx+f_y\,dy \tag{11.4}$$

이고, 조건 (11.3)이 충족되기 위한 필요충분조건은 두 개의 편도함수 f_x와 f_y가 동시에 0이어야 한다는 것이다. 즉, 1계조건 (11.3)과 동치인 도함수조건은 다음과 같다.

$$f_x=f_y=0 \qquad \left[\text{즉, } \frac{\partial z}{\partial x}=\frac{\partial z}{\partial y}=0\right] \tag{11.5}$$

이 조건은 그래프로 간단히 설명될 수 있다. [그림 11.2](*a*)의 A 점에서 $f_x=0$이 되는 것은 A 점을 통과하고 (y를 일정하게 유지하는) xz 평면에 평행으로 그려진 접선 T_x의 기울기가 0인 것을 의미한다. 그리고 A 점에서 $f_y=0$이 되는 것은 A 점을 통과하고 (x를 일정하게 유지하는) yz 평면에 평행으로 그려진 접선 T_y가 0의 기울기를 가져야 한다는 것을 의미한다. 이와 같은 접선조건은 [그림 11.2](*b*)의 극소점 B에도 적용됨을 쉽게 알 수 있다. 왜냐하면 조건 (11.5)는, 조건 (11.3)과 같이, 극대값과 극소값에 **모두** 적용되는 필요조건이기 때문이다.

앞에서 논의한 바와 같이 1계조건은 극값이기 위한 **필요**조건이지만 **충분**조건은 아니다. 1계조건이 극값을 달성하기 위한 충분조건이 아니라는 것은 [그림 11.3]의 두 그림에서 알 수 있다. [그

그림 11.3

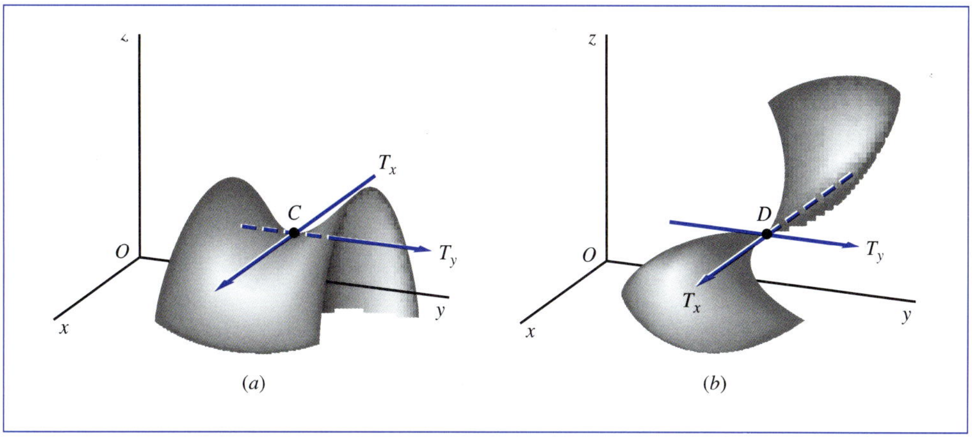

림 11.3](*a*)의 C 점에서는 T_x와 T_y의 기울기는 모두 0이지만 이 C 점은 극값이 아니다. 왜냐하면 C 점은 yz 평면을 배경으로 보면 **극소점**이지만, xz 평면을 배경으로 보면 **극대점**이 되기 때문이다. 이와 같은 "2중적인 특성"을 갖는 점을 그 모양 때문에 **안장점**(saddle point)이라고 한다. 마찬가지로 [그림 11.3](*b*)의 D 점에서 T_x와 T_y는 수평이지만 극값은 아니다. 비틀린 곡면 위에 위치한 D 점은 xz 평면 또는 yz 평면에서 보면 **변곡점**(inflection point)이기 때문이다. 이 두 반대예는 1계 조건이 극값이기 위한 충분조건이 될 수 없다는 것을 분명히 보여주고 있다.

충분조건을 전개하기 위해서는 2계편도함수와 관계가 있는 2계전미분을 검토하지 않으면 안 된다.

2계편도함수

함수 $z = f(x, y)$에서는 **두 개**의 1계편도함수

$$f_x \equiv \frac{\partial z}{\partial x} \qquad \text{및} \qquad f_y \equiv \frac{\partial z}{\partial y}$$

를 구할 수 있다. f_x는 그 자체가 x의 함수(또한 y의 함수)이므로, y가 일정할 때 x에 관한 f_x의 변화율은 f_{xx} 또는 $\partial^2 z/\partial x^2$로 표시되는 특정한 2계편도함수로 나타낼 수 있다. 즉,

$$f_{xx} \equiv \frac{\partial}{\partial x}(f_x) \qquad \text{또는} \qquad \frac{\partial^2 z}{\partial x^2} \equiv \frac{\partial}{\partial x}\left(\frac{\partial z}{\partial x}\right)$$

기호 f_{xx}는 2중의 하첨자를 가지고 있는데, 이것은 원래의 함수 f가 x에 관해서 두 번 편미분된 것을 의미한다. 한편, 기호 $\partial^2 z/\partial x^2$는 기호 $d^2 z/dx^2$와 비슷하지만, 여기서는 편도함수의 기호가 사용되었다. 똑같은 방법으로 2계편도함수

$$f_{yy} \equiv \frac{\partial}{\partial y}(f_y) \qquad \text{또는} \qquad \frac{\partial^2 z}{\partial y^2} = \frac{\partial}{\partial y}\left(\frac{\partial z}{\partial y}\right)$$

는 x가 일정할 때, y에 관한 f_y의 변화율을 나타낸다.

그러나 f_x는 y의 함수도 되고 f_y는 x의 함수도 되기 때문에, 추가로 다음과 같은 2개의 2계편도함수를 생각할 수 있다.

$$f_{xy} \equiv \frac{\partial^2 z}{\partial x\,\partial y} \equiv \frac{\partial}{\partial x}\left(\frac{\partial z}{\partial y}\right) \qquad \text{및} \qquad f_{yx} \equiv \frac{\partial^2 z}{\partial y\,\partial x} \equiv \frac{\partial}{\partial y}\left(\frac{\partial z}{\partial x}\right)$$

이것은 어떤 1계편도함수의 "타"변수에 관한 변화율을 나타내는 것으로, **교차**(혹은 **혼합**) **편도함수**(cross or mixed partial derivatives)라고 한다.

함수 $z=f(x,y)$의 2계편도함수들은, z와 1계편도함수 f_x, f_y와 마찬가지로, 변수 x와 y의 함수라는 것을 유념해야 한다. 이 사실을 강조할 필요가 있을 때에는 f_{xx}를 $f_{xx}(x,y)$로, f_{xy}를 $f_{xy}(x,y)$ 등으로 표기할 수 있다. 또한 기호 $f_{yx}(1,2)$는 $x=1$과 $y=2$에서 계산된 f_{yx}의 값을 나타내기 위하여 사용될 수 있다.

비록 f_{xy}와 f_{yx}를 따로따로 정의하였지만 이 두 교차편도함수가 모두 연속이기만 하면, **영의 정리**(Young' s theorem)에 의하여 $f_{xy}=f_{yx}$가 되기 때문에 편미분을 구하는 순서는 문제가 되지 않는다. 이 연속성조건은 우리가 다루는 **특수한** 형태의 함수에서는 **보통** 만족되고, 앞에서 언급한 것과 같이 **일반**함수형태에서는 연속성조건이 **항상** 성립된다고 가정한다. 그러므로 교차편도함수들은 일반적으로 서로 같다고 볼 수 있다. 사실, 이 정리는 셋 또는 그 이상의 변수를 갖는 함수에도 적용된다. 예를 들어, 함수 $z=g(u,v,w)$의 교차편도함수들이 모두 연속이기만 하면, $g_{uv}=g_{vu}$, $g_{vw}=g_{wv}$, 등이 된다.

예 1

함수 $z=x^3+5xy-y^2$의 네 개의 2계편도함수를 구하라. 이 함수의 1계편도함수들은 다음과 같다:

$$f_x = 3x^2+5y \qquad \text{및} \qquad f_y = 5x-2y$$

그러므로 한 번 더 미분하면 다음과 같은 2계편도함수들을 얻는다:

$$f_{xx}=6x \qquad f_{yx}=5 \qquad f_{xy}=5 \qquad f_{yy}=-2$$

예상한 대로 f_{yx}와 f_{xy}는 서로 일치한다.

예 2

함수 $z=x^2e^{-y}$의 모든 2계편도함수를 구하라. 이 경우에 1계편도함수들은

$$f_x = 2xe^{-y} \qquad \text{및} \qquad f_y = -x^2e^{-y}$$

이고, 2계편도함수들은

$$f_{xx}=2e^{-y} \qquad f_{yx}=-2xe^{-y} \qquad f_{xy}=-2xe^{-y} \qquad f_{yy}=x^2e^{-y}$$

이다. 다시, f_{yx}와 f_{xy}인 것을 알 수 있다.

앞에서도 강조했듯이 2계편도함수들은 모두 원래의 변수 x와 y의 함수라는 것을 주목해야 한다. 이 사실은 [예 2]에서는 분명히 나타나지만, [예 1]의 경우에도 타당하다. 다만 일부 2계편도함수가 **상수**함수일 뿐이다.

2계전미분

이제 2계편도함수의 개념을 활용하여 (11.4)식으로 주어진 전미분 dz를 한 번 더 미분함으로써 2계전미분 d^2z를 구할 수 있다. 2계전미분을 구할 때 한 가지 주의해야 할 점이 있는데, 그것

은 방정식 $dz = f_x dx + f_y dy$ 에 있는 기호 dx 와 dy 는 변수 x, y 의 주어진 변화 또는 임의의 변화를 표시하기 때문에 미분과정에서는 상수로 취급되어야 한다는 것이다. 결과적으로, dz 는 오직 f_x 와 f_y 에만 의존하게 되고, f_x 와 f_y 그 자체는 x 와 y 의 함수이기 때문에, dz 도 z 와 마찬가지로 x 와 y 의 함수가 된다.

이제 d^2z 를 구하려면 (11.4) 식으로 주어진 미분의 정의를 단순히 dz 자체에 적용하면 된다. 즉,

$$\begin{aligned} d^2z \equiv d(dz) &= \frac{\partial(dz)}{\partial x}dx + \frac{\partial(dz)}{\partial y}dy \qquad [(11.4) \text{ 참조}] \\ &= \frac{\partial}{\partial x}(f_x\,dx + f_y\,dy)\,dx + \frac{\partial}{\partial y}(f_x\,dx + f_y\,dy)\,dy \\ &= (f_{xx}\,dx + f_{xy}\,dy)\,dx + (f_{yx}\,dx + f_{yy}\,dy)\,dy \\ &= f_{xx}\,dx^2 + f_{xy}\,dy\,dx + f_{yx}\,dx\,dy + f_{yy}\,dy^2 \\ &= f_{xx}\,dx^2 + 2f_{xy}\,dx\,dy + f_{yy}\,dy^2 \qquad [f_{xy} = f_{yx}] \end{aligned} \qquad \textbf{(11.6)}$$

(11.6) 에서, 지수 2가 전혀 다른 두 방법으로 사용되고 있다는 점에 다시 한 번 주의하라. 기호 d^2z 의 지수 2는 z 의 **2계**전미분을 의미하지만, 기호 $dx^2 \equiv (dx)^2$ 의 지수 2는 1계미분 dx 의 **제곱**을 나타낸다.

(11.6) 의 결과는 정의역 내의 어떤 점 (x_0, y_0) 에서 측정된 dx 와 dy 의 주어진 값에 의해서 결정되는 d^2z 의 크기를 보여 준다. 그러나 d^2z 의 값을 계산하기 위해서는, 점 (x_0, y_0) 에서 계산된 2계편도함수 f_{xx}, f_{xy}, f_{yy} 의 값들을 모두 알아야 한다. 이것은 (11.4) 로부터 dz 를 계산하기 위해 1계편도함수들을 알아야 하는 것과 마찬가지 이치이다.

예 3

주어진 함수 $z = x^3 + 5xy - y^2$ 에서 dz 와 d^2z 를 구하라. 이 함수는 [예 1] 의 함수와 동일하므로 [예 1] 에서 이미 구한 도함수들을 (11.4) 와 (11.6) 에 대입하면,

$$dz = (3x^2 + 5y)\,dx + (5x - 2y)\,dy$$

및

$$d^2z = 6x\,dx^2 + 10\,dx\,dy - 2\,dy^2$$

을 얻는다.†

우리는 또한, dz 와 d^2z 를 정의역내의 어떤 특정한 점에서 계산할 수 있다. 예를 들어, 점 $x = 1$ 과 $y = 2$ 에서는 다음을 얻는다.

$$dz = 13\,dx + dy \qquad \text{및} \qquad d^2z = 6\,dx^2 + 10\,dx\,dy - 2\,dy^2$$

† 이와 같은 결과를 얻는 또 다른 방법은, 함수를 직접 미분하는 것이다. 즉,

$$\begin{aligned} dz &= d(x^3) + d(5xy) - d(y^2) \\ &= 3x^2\,dx + 5ydx + 5xdy - 2ydy \end{aligned}$$

dz 를 한번 더 미분하면 (dx 와 dy 를 상수로 보고) 다음을 얻는다.

$$\begin{aligned} d^2z &= d(3x^2)\,dx + d(5y)\,dx + d(5x)\,dy - d(2y)\,dy \\ &= (6xdx)\,dx + (5dy)\,dx + (5dx)\,dy - (2dy)\,dy \\ &= 6xdx^2 + 10dxdy - 2dy^2 \end{aligned}$$

2계조건

1변수의 경우에는, 정지점에서 $d^2 z < 0$ 이 되면, 그 점은 2차원공간에서 봉우리의 꼭대기가 된다. 마찬가지로, 2변수의 경우에는, 정지점에서 $d^2 z < 0$ 이 되면, 그 점이 3차원공간에서 둥근지붕의 꼭대기로 되는 점을 확인해 줄 것이다. 따라서, 일단 1계필요조건이 충족되면, $z = f(x, y)$ 의 극대값에 대한 2계충분조건은

$$\text{둘 다 0은 아닌 임의의 } dx \text{ 와 } dy \text{ 값에 대하여, } d^2 z < 0 \text{ 이다.} \qquad \textbf{(11.7)}$$

한편 정지점에서의 양의 $d^2 z$ 는 사발의 밑바닥과 관련된다. $z = f(x, y)$ 의 극소값에 대한 2계충분조건은

$$\text{둘 다 0은 아닌 임의의 } dx \text{ 와 } dy \text{ 값에 대하여, } d^2 z > 0 \text{ 이다.} \qquad \textbf{(11.8)}$$

(11.7) 과 (11.8) 이 충분조건이지만 필요조건이 아닌 이유는 $d^2 z$ 가 극대점이나 극소점에서 0의 값을 가질 수 있는 가능성이 있기 때문이다. 이 이유 때문에 2계**필요**조건은 다음과 같이 약부등호로 표시되어야만 한다.

$$\text{둘다 0은 아닌 임의의 } dx \text{ 와 } dy \text{ 값에 대해서 } \begin{cases} \text{극대: } d^2z \le 0 \text{ 이다.} \\ \text{극소: } d^2z \ge 0 \text{ 이다.} \end{cases} \qquad \textbf{(11.9)}$$

그러나 이후에서 우리는 2계충분조건을 보다 중점적으로 설명할 것이다.

계산의 편의를 위하여 2계미분조건을 동치인 2계도함수조건으로 전환하기로 한다. 2변수의 경우에 (11.6) 은 2계편도함수 f_{xx}, f_{xy} 및 f_{yy} 의 부호에 제약을 가하는 것을 의미한다. 사실상 이같은 전환에는 제 11.3 절에서 다루어질 2차형식 (quadraticform) 에 관한 지식을 필요로 한다. 그러나, 주된 결과만을 여기서 소개하면 다음과 같다: 즉 둘 다 0은 아닌 임의의 dx 와 dy 값에 대해서 다음이 성립한다.

$$d^2z \begin{cases} < 0 & \Leftrightarrow & f_{xx} < 0; & f_{yy} < 0; & \text{및} & f_{xx}f_{yy} > f_{xy}^2 \\ > 0 & \Leftrightarrow & f_{xx} > 0; & f_{yy} > 0; & \text{및} & f_{xx}f_{yy} > f_{xy}^2 \end{cases}$$

$d^2 z$ 의 부호는 [그림 11.4] 의 A 점에서 T_x (동서) 와 T_y (남북) 로 그려진 두 개의 기본방향에서의 곡면의 형태와 관계가 있는 f_{xx} 와 f_{yy} 에 의해서 결정될 뿐만 아니라, 교차편도함수 f_{xy} 에 의해서도 결정된다는 점에 유의하여야 한다. 이 후자의 편도함수는 2개의 기본방향 (동서와 남북) 뿐만 아니라 (북동이나 남서와 같은) 다른 모든 가능한 방향에서 문제의 곡면이 (산과 골짜기 같은) 동일한 형태의 (2차원) 횡단면을 갖게 되는 것을 보증하는 역할을 한다.

이상의 결과와 1계조건 (11.5) 로부터, 우리는 상대적 극값에 관한 조건을 <표11.1> 과 같이 나타낼 수 있다. <표 11.1> 에 있는 2계편도함수들은 모두 $f_x = f_y = 0$ 이 되는 정지점에서 계산된 것이다. 또 2계충분조건은 극값이기 위한 **필요조건**이 아니라는 점도 강조되어야 한다. 특히 정지값이 $f_{xx} f_{yy} = f_{xy}^2$ 으로 규정되면, 2계충분조건을 위배하지만 그 정지값은 극값으로 판명될 수도 있다. 한편 2계조건을 만족하지 않는 또 다른 경우로서, 정지점이 $f_{xx} f_{yy} < f_{xy}^2$ 으로 규정되면 $d^2 z$ 의 부호는 부정부호 (dx 와 dy 의 어떤 값에 대해서는 양이지만 다른 값에 대해서는 음이 되는 경우) 가 될 것이기 때문에 우리는 그 점이 안장점임을 알 수 있다.

그림 11.4

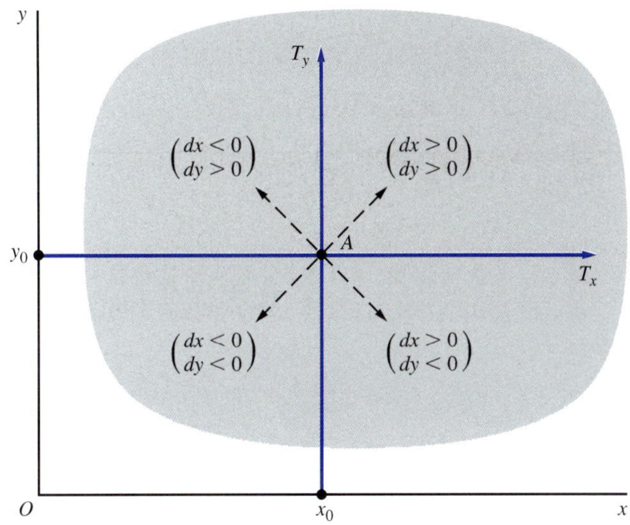

예 4

함수 $z = 8x^3 + 2xy - 3x^2 + y^2 + 1$의 극값을 구하라. 먼저 1계편도함수와 2계편도함수를 모두 계산하면 다음과 같다.

$$f_x = 24x^2 + 2y - 6x \qquad f_y = 2x + 2y$$
$$f_{xx} = 48x - 6 \qquad f_{yy} = 2 \qquad f_{xy} = 2$$

1계조건은 연립방정식 $f_x = 0$과 $f_y = 0$을 만족하여야 한다. 즉,

$$24x^2 + 2y - 6x = 0$$
$$2y + 2x = 0$$

두 번째 방정식에서 $y = -x$를 구하고, 이것을 첫 번째 방정식에 대입하면 $24x^2 - 8x = 0$이 되며, 이로부터 다음과 같은 한 쌍의 해를 구할 수 있다.

$$x_1^* = 0 \qquad [\text{따라서 } y_1^* = -x_1^* = 0]$$
$$x_2^* = \tfrac{1}{3} \qquad \left[\text{따라서 } y_2^* = -\tfrac{1}{3}\right]$$

다음으로 2계조건을 적용해 보자. 먼저,

$$x_1^* = y_1^* = 0$$

일 때, f_{xx}는 -6이 되고 f_{yy}는 2가 된다. 따라서 $f_{xx}f_{yy}$는 음이 되어 $f_{xx}f_{yy}$는 제곱이 된 f_{xy}^2 값보다 필연적으로 작기 때문에, 이 해는 2계조건을 만족하지 않는다. 물론 f_{xx}와 f_{yy}가 반대의 부호를 갖는다는 사실은 문제의 곡면이 한쪽 방향으로 뒤틀려 올라가고, 다른 쪽 방향으로는 뒤틀려 내려가는 것을 의미한다. 따라서 그 점은 안장점이 된다.

또 다른 해는 어떠한가? 점 $x_2^* = \frac{1}{3}$에서 계산할 때 $f_{xx} = 10$이 된다. 이와 함께 $f_{yy} = f_{xy} = 2$라는 사실은 극소이기 위한 2계충분조건의 세 부등식을 모두 만족한다. 그러므로, 주어진 함수에 $x = \frac{1}{3}$

표 11.1
상대적 극값의 조건 : $z = f(x, y)$

조 건	극 대	극 소
1계필요조건	$f_x = f_y = 0$	$f_x = f_y = 0$
2계충분조건†	$f_{xx},\ f_{yy} < 0$ 과 $f_{xx} f_{yy} > f_{xy}^2$	$f_{xx},\ f_{yy} > 0$ 과 $f_{xx} f_{yy} > f_{xy}^2$

† 1계필요조건이 만족된 후에만 적용할 수 있다.

과 $y = -\frac{1}{3}$ 을 대입하면, z 의 극소값 $z^* = \frac{23}{27}$ 을 얻을 수 있다. 이 예에서는 오직 하나의 상대적 극값 (극소값) 이 존재하고, 이것을 3중 순서쌍으로 나타내면 다음과 같다.

$$(x^*, y^*, z^*) = \left(\frac{1}{3}, \frac{-1}{3}, \frac{23}{27}\right)$$

예 5

함수 $z = x + 2ey - e^x - e^{2y}$ 의 극값을 구하라. 이 함수와 관련된 도함수들은 다음과 같다.

$$f_x = 1 - e^x \qquad f_y = 2e - 2e^{2y}$$
$$f_{xx} = \quad -e^x \qquad f_{yy} = -4e^{2y} \qquad f_{xy} = 0$$

필요조건을 만족하기 위해서는

$$1 - e^x = 0$$
$$2e - 2e^{2y} = 0$$

이 되어야 하고, 이것은 오직 하나의 해 $x^* = 0$ 과 $y^* = \frac{1}{2}$ 을 갖는다. 이 해 (정지값) 에 대응하는 z 값의 상태를 확인하기 위해서, $x = 0$ 과 $y = \frac{1}{2}$ 에서 계산된 2계도함수를 구하면 $f_{xx} = -1$, $f_{yy} = -4e$ 및 $f_{xy} = 0$ 을 얻는다. f_{xx} 와 f_{yy} 가 모두 음이고, 또 $(-1)(-4e) > 0$ 이기 때문에, 우리는 문제의 z 값, 즉

$$z^* = 0 + e - e^0 - e^1 = -1$$

은 이 함수의 극대값이라고 말할 수 있다. 주어진 곡면상에서 이 극대점은 3중 순서쌍 $(x^*, y^*, z^*) = (0, \frac{1}{2}, -1)$ 로 나타낼 수 있다.

여기서 다시 x^* 와 y^* 에서 계산된 2계편도함수를 구하려면, 먼저 미분을 구하고, 그 후 마지막 단계에서 특정한 값 x^* 와 y^* 를 도함수에 대입해야 한다는 점에 주의해야 한다.

연습문제 11.2

〈표 11.1〉 을 이용하여 다음 네 함수 각각의 극값을 구하고, 그것이 극대인가 극소인가를 확인하라.

1. $z = x^2 + xy + 2y^2 + 3$
2. $z = -x^2 - y^2 + 6x + 2y$
3. $z = ax^2 + by^2 + c$: 다음의 3가지 경우를 생각하라.
   (a) $a > 0,\ b > 0$ (b) $a < 0,\ b < 0$ (c) a 와 b 의 부호가 반대인 경우
4. $z = e^{2x} - 2x + 2y^2 + 3$ 에서
5. 주어진 함수 $z = (x-2)^4 + (y-3)^4$ 에서
   (a) z 가 $x^* = 2$ 와 $y^* = 3$ 일때 극소 $(z^* = 0)$ 가 되는 것을 직관적인 논리로 입증하라

(*b*) 〈표 11.1〉 의 1계필요조건이 만족되는가?
(*c*) 〈표 11.1〉 의 2계충분조건이 만족되는가?
(*d*) d^2z 의 값을 구하라. 그것은 (11.9) 의 극소이기 위한 2계필요조건을 만족하는가?

11.3 | 2차형식 : 보론

d^2z 에 관한 식 (11.6) 의 마지막 줄은 이른바 **2차형식** (quadratic form) 의 예를 보여주고 있다. 둘 다 0이 아닌 임의의 dx 와 dy 값에 대해서, 이 2차형식의 부호가 언제나 양, 음, 비양 또는 비음 중 어떤 것이 되는가를 결정해 줄 수 있는 확립된 기준이 있다. 극값에 대한 2계조건은 d^2z 의 부호에 직접 의존하기 때문에, 그 부호를 결정해 주는 이 기준은 우리의 관심대상이 된다.

먼저 **형식** (form) 이란 용어를 각 항이 동일한 차수를 갖는 다항식으로 정의하자. 우리가 지금까지 본 다항식은 $a_0 + a_1x + \cdots + a_nx^n$ 과 같이 단일변수의 경우로 한정되었다. 여기에 다수의 변수가 포함되면, $3x + 4x^2y^3 - 2yz$ 와 같이, 다항식의 각 항은 하나의 변수나 여러 개의 변수를 포함하게 되고 각 변수는 비음인 정수의 멱으로 나타난다. 각 항이 같은 차수를 갖는 특별한 경우, 즉 각 항의 지수들의 합이 같은 경우의 다항식을 **형식**이라고 한다. 예를 들어, $4x - 9y + z$ 의 각 항은 1차이기 때문에, 이 식은 변수가 세 개인 **1차형식** (linear form) 이 된다. 반면에 다항식 $4x^2 - xy + 3y^2$ 의 경우에는 각 항이 2차이므로 (지수들의 합 = 2이므로) 2변수의 **2차형식** (quadratic form) 이 된다. 또한 $x^2 + 2xy - yw + 7w^2$ 과 같이 3변수의 2차형식이나 n 변수의 2차형식도 구성할 수 있다.

2차형식으로서의 2계전미분

만약 (11.6) 에서 미분 dx 와 dy 를 변수로 생각하고, 편도함수들을 계수로 보면, 즉

$$\begin{aligned} &u \equiv dx \qquad v \equiv dy \\ &a \equiv f_{xx} \qquad b \equiv f_{yy} \qquad h \equiv f_{xy}[= f_{yx}] \end{aligned} \tag{11.10}$$

로 놓으면, 2계전미분

$$d^2z = f_{xx}\,dx^2 + 2f_{xy}\,dx\,dy + f_{yy}\,dy^2$$

은 두 변수 u 와 v 를 갖는 다음과 같은 2차형식 q 가 되는 것을 쉽게 알 수 있다.

$$q = au^2 + 2huv + bv^2 \tag{11.6'}$$

이 2차형식에서는 $dx \equiv u$ 와 $dy \equiv v$ 가 변수로 취급되는 반면에, 2계편도함수는 상수로 취급되고 있는 사실에 주의해야 한다. 이는 d^2z 를 구하기 위하여 dz 를 미분할 때의 경우와 전혀 반대의 경우라고 할 수 있다. 이러한 역할의 반전이 일어나게 된 이유는 현재 우리가 다루고 있는 문제의 본질이 변하였다는 데서 찾아볼 수 있다. 극값이기 위한 2계충분조건은, dx 와 dy 가 어떠한 값을 갖는가에 상관없이, (둘 다 0은 아닌 한) d^2z 가 명백히 양 (극소의 경우) 이나 음 (극대의 경우) 이 되어야 한다는 것을 규정한다. 그러므로 현재의 문맥에서 보면 dx 와 dy 는 **변수**로 취급되어야 한다.

반면에 2계편도함수들의 경우는 우리가 극값인지 아닌지를 검토하고자 하는 바로 그 점에서 어떤 특정한 값을 가질 것이므로 **상수**로 간주될 수 있다.

이제 우리가 해결해야 할 주된 문제는 다음과 같다: u와 v가 어떠한 값이라도 가질 수 있다고 할 때, 2차형식 q가 어떤 일정한 부호를 갖기 위하여는 (11.6′)의 a, b 및 h에 어떠한 제약이 주어져야 하는가?

양정부호성과 음정부호성

먼저 용어를 정의하자. 2차형식을 구성하는 변수들의 값에 관계없이, (둘 다 0은 아니라면)

만일 q가 항상 { 양 (> 0) / 비음 (≥ 0) / 비양 (≤ 0) / 음 (< 0) } 이면 2차형식 q는 { **양정부호** (positive definite) / **양반정부호** (positive semidefinite) / **음반정부호** (negative semidefinite) / **음정부호** (negative semidefinite) } 라고 한다.

한편, 변수들의 값이 변함에 따라 q의 부호가 변하면, 2차형식 q는 **부정부호**(indefinite)라고 한다. $q = d^2z$가 양정부호와 음정부호를 갖는 것은 분명히 극대와 극소에 대한 2계**충분**조건과 관련된다. 반면에, 반정부호의 경우는 2계**필요**조건과 관련된다. 또 $q = d^2z$가 부정부호인 경우는 안장점과 관련되는 것으로 판단할 수 있다.

행렬식을 사용한 정부호성 검증법

q의 정부호성을 검증하는 데는 행렬식들의 부호를 검토하는 방법이 폭넓게 사용되고 있다. 이 방법은 (반정부호의 경우보다) 양정부호나 음정부호를 검증하는 경우에 훨씬 쉽게 적용될 수 있다. 즉 행렬식을 사용한 검증법은 2계필요조건보다는 2계충분조건에 더 쉽게 적용될 수 있다. 여기서는 단지 충분조건에 한정하여 논의할 것이다.[†]

q의 정부호성에 대한 행렬식 조건은 두 변수의 경우에 비교적 쉽게 도출될 수 있다. 먼저 (11.6′)의 첫 번째와 세 번째 항의 부호는 변수 u와 v가 제곱 형태로 나타나기 때문에 이들 변수 u와 v의 값과는 무관한 것을 알 수 있다. 따라서 a와 b의 부호를 제한함으로써 이 두 항의 양정부호성이나 음정부호성 조건을 쉽게 규정할 수 있다. 문제는 중간 항에 있다. 그러나 우리가 전체 다항식을 변수 u와 v의 제곱의 형태만으로 나타내지는 식으로 변형시킬 수만 있다면 q의 정부호성은 쉽게 다룰 수 있게 될 것이다.

이를 위한 우리의 방법은 완전제곱의 형태로 만드는 방법이다. 먼저 (11.6′)의 우변에 h^2v^2/a을 더하고 나서, 다시 그것을 빼주면 그 2차형식을 다음과 같이 고쳐 쓸 수가 있다.

$$
\begin{aligned}
q &= au^2 + 2huv + \frac{h^2}{a}v^2 + bv^2 - \frac{h^2}{a}v^2 \\
&= a\left(u^2 + \frac{2h}{a}uv + \frac{h^2}{a^2}v^2\right) + \left(b - \frac{h^2}{a}\right)v^2 \\
&= a\left(u + \frac{h}{a}v\right)^2 + \frac{ab - h^2}{a}(v^2)
\end{aligned}
$$

† 2계필요조건에 대한 행렬식 검증은 Alpha C. Chiang, *Elements of Dynamic Optimization*, Waveland Press Inc., 1992, pp 85–90을 참조.

이제 변수 u와 v는 제곱의 형태로만 나타나기 때문에, 우리는 q의 부호를 계수 a, b 및 h의 값에 의해서 전적으로 주장할 수 있다. 즉,

$$q\text{가}\begin{Bmatrix}\text{양정부호}\\ \text{음정부호}\end{Bmatrix}\text{이기 위한 필요충분조건은}\begin{Bmatrix}a>0\\ a<0\end{Bmatrix}\text{ 및 }\quad ab-h^2>0\text{이다} \tag{11.11}$$

여기서 유의해야 할 점은 (1) $ab-h^2$은 양정부호와 음정부호의 양쪽 경우에서 모두 **양수**가 되고, (2) $ab-h^2$이 양이 되기 위한 전제조건으로서 곱 ab가 양이 되어야 한다는 것이다(왜냐하면 ab가 제곱항 h^2보다 커야 하기 때문이다). 그러므로 위의 두 조건은 자동적으로 a와 b의 대수적 부호가 일치하여야 한다는 것을 의미하게 된다.

방금 구한 조건은 행렬식을 사용하여 훨씬 더 간결하게 나타낼 수 있다. 먼저 (11.6′)의 2차형식을 다음과 같은 정방 대칭형으로 다시 배열할 수 있다.

$$\begin{aligned} q = \quad & a(u^2) + h(uv) \\ & + h(vu) + b(v^2) \end{aligned}$$

이 식에서 제곱으로 된 두 항은 대각선상에 놓이게 되고, $2huv$항은 둘로 똑같이 나누어져 대각선의 양쪽에 놓이게 된다. 이제 계수들은 a와 b가 주대각선상에 있고, h가 비대각선에 있는 대칭행렬을 형성하게 된다. 이러한 관점에서 보면 2차형식은 다음과 같이 행렬곱셈으로부터 유래되는 1×1 행렬(즉, 스칼라)임을 쉽게 알 수 있다:

$$q = [u \quad v]\begin{bmatrix} a & h \\ h & b \end{bmatrix}\begin{bmatrix} u \\ v \end{bmatrix}$$

이것은 제 4.4 절의 [예 5]에서 논의한 행렬곱 $x'Ax$를 더 일반화한 것임을 주목하라. 그 예에서, A처럼 이른바 대각행렬(비대각선의 원소들이 모두 0인 대칭행렬)이면, 곱 $x'Ax$는 가중제곱합이 된다. 여기서의 A처럼 그것이 어떤 대칭행렬(0이 아닌 비대각선의 원소들을 허용하는 행렬)이면, 그 곱 $x'Ax$는 2차형식이 된다.

위의 식의 2×2 계수행렬의 행렬식 $\begin{vmatrix} a & h \\ h & b \end{vmatrix}$은 2차형식 q의 **판별식**(discriminant)이라고 부르며, 따라서 우리는 이것을 $|D|$로 표시하기로 한다. 이 판별식은 (11.11)의 기준을 설명해 주는 단서를 제공한다. 왜냐하면 (11.11)을 그 행렬식을 써서 다음과 같이 표시할 수 있기 때문이다.

$$q\text{가}\begin{Bmatrix}\text{양정부호}\\ \text{음정부호}\end{Bmatrix}\text{이기 위한 필요충분조건은}\begin{Bmatrix}|a|>0\\ |a|<0\end{Bmatrix}\text{ 및 }\begin{vmatrix} a & h \\ h & b \end{vmatrix}>0\text{ 이다.} \tag{11.11′}$$

행렬식 $|a|=a$는 단지 $|D|$의 **1계주소행렬식**(first principal minor)이다. 한편 행렬식 $\begin{vmatrix} a & h \\ h & b \end{vmatrix}$는 $|D|$의 **2계주소행렬식**(second principal minor)이다. 현재의 경우에는 단지 두 개의 주소행렬식만이 존재하며 그 부호들이 q의 양정부호성이나 음정부호성을 결정하는 구실을 한다.

식 (11.11′)를 (11.10)에 따라 2계전미분 d^2z의 항들로 바꾸어 표현하면 다음과 같다.

$$d^2z\text{가}\begin{Bmatrix}\text{양정부호}\\ \text{음정부호}\end{Bmatrix}\text{이기 위한 필요충분조건은}\begin{Bmatrix}f_{xx}>0\\ f_{xx}<0\end{Bmatrix}\text{ 및 }\begin{vmatrix} f_{xx} & f_{xy} \\ f_{xy} & f_{yy} \end{vmatrix} = f_{xx}f_{yy}-f_{xy}^2>0\text{이다.}$$

위의 마지막 부등식은 f_{xx}와 f_{yy}가 **동일한** 부호를 가져야 함을 의미하고 있는데, 이는 <표 11.1>

에 제시된 2계충분조건과 일치하는 것이다.

일반적으로 2차형식

$$q = au^2 + 2huv + bv^2$$

의 판별식은 대칭행렬식 $\begin{vmatrix} a & h \\ h & b \end{vmatrix}$이 된다. 이제 2차형식이

$$d^2z = f_{xx}\,dx^2 + 2f_{xy}\,dx\,dy + f_{yy}\,dy^2$$

과 같은 특수한 형태일 때, 판별식은 2계편도함수들을 그 원소로 갖는 행렬식이 된다. 그러한 행렬식을 **헤시안 행렬식** (Hessian determinant) (혹은 간단히 **헤시안** (Hessian)) 이라고 한다. 2변수함수의 경우에 헤시안은 다음과 같이 된다.

$$|H| = \begin{vmatrix} f_{xx} & f_{xy} \\ f_{yx} & f_{yy} \end{vmatrix}$$

그리고 판별식이 모두 그러해야 하듯이, 이것은 영의 정리 ($f_{xy} = f_{yx}$) 에 의해서 대칭행렬이 된다. 여러분은 이 헤시안행렬식과 제 7.6 절에서 설명한 야코비행렬식을 주의 깊게 구별하여야 할 것이다.

예 1

$q = 5u^2 + 3uv + 2v^2$은 양정부호인가 음정부호인가? q의 판별식은 $\begin{vmatrix} 5 & 1.5 \\ 1.5 & 2 \end{vmatrix}$이며, 주소행렬식들은 $5 > 0$ 및 $\begin{vmatrix} 5 & 1.5 \\ 1.5 & 2 \end{vmatrix} = 7.75 > 0$이다. 그러므로 q는 양정부호이다.

예 2

함수 $z = f(x, y)$의 어떤 점에서 $f_{xx} = -2$, $f_{xy} = 1$ 및 $f_{yy} = -1$일 때, d^2z는 dx와 dy의 값에 관계없이 그 점에서 정부호를 갖게 되는가? 2차형식 d^2z의 판별식은 이 경우에 $\begin{vmatrix} -2 & 1 \\ 1 & -1 \end{vmatrix}$이고, 두 주소행렬식은 $-2 < 0$ 및 $\begin{vmatrix} -2 & 1 \\ 1 & -1 \end{vmatrix} = 1 > 0$이므로, d^2z는 음정부호이다.

3변수 2차형식

3변수로 이루어지는 2차형식에 관해서 2변수에서 본 바와 같은 유사한 조건들을 유도할 수 있을 것인가?

3변수 u_1, u_2, u_3로 이루어지는 2차형식은 일반적으로 다음과 같이 나타낼 수 있다.

$$\begin{aligned} q(u_1, u_2, u_3) = \;& d_{11}(u_1^2) + d_{12}(u_1u_2) + d_{13}(u_1u_3) \\ &+ d_{21}(u_2u_1) + d_{22}(u_2^2) + d_{23}(u_2u_3) \\ &+ d_{31}(u_3u_1) + d_{32}(u_3u_2) + d_{33}(u_3^2) \\ =\;& \sum_{i=1}^{3}\sum_{j=1}^{3} d_{ij}u_iu_j \end{aligned} \tag{11.12}$$

여기서 이중 합산기호가 의미하는 것은 지수 i와 j가 각각 1, 2, 3의 값을 갖는다는 것을 의미하고, 따라서 이 이중합으로 된 식은 위와 같은 3×3 배열과 동치이다. 다시 말해서 2차형식의 이러

한 정방행렬은, 비록 하나의 계수쌍 (d_{12}, d_{21}) 혹은 (d_{23}, d_{32})에서 각 쌍의 두 원소는 마치 서로 다른 것인양 쓰여졌지만, 항상 대칭이라고 생각할 수 있다. 왜냐하면 변수 u_1과 u_2를 포함하고 있는 2차형식의 한 항이, 예를 들어 $12u_1u_2$인 경우에, 우리는 항상 $d_{12}=d_{21}=6$으로 할 수 있고, 따라서 $d_{12}u_1u_2=d_{21}u_2u_1$이 되기 때문이다. 마찬가지로 다른 비대각원소들도 역시 서로 대칭이 되게 할 수 있기 때문이다.

이제 이 3변수 2차형식도 다음과 같이 3개 행렬의 곱으로 나타낼 수 있다.

$$q(u_1, u_2, u_3) = [u_1 \quad u_2 \quad u_3] \begin{bmatrix} d_{11} & d_{12} & d_{13} \\ d_{21} & d_{22} & d_{23} \\ d_{31} & d_{32} & d_{33} \end{bmatrix} \begin{bmatrix} u_1 \\ u_2 \\ u_3 \end{bmatrix} \equiv u'Du \qquad \textbf{(11.12')}$$

두 변수의 경우와 마찬가지로, 첫 번째 행렬 (행벡터)과 세 번째 행렬 (열벡터)은 변수들을 단순히 열거하고 있고, 중간행렬 (D) 만이 (11.12)에서 본 2차형식의 정방배열로부터 얻어지는 대칭적인 계수행렬이다. 그런데 이번 경우에는 판별식으로부터 다음과 같은 총 **3**개의 주소행렬식을 만들 수 있다.

$$|D_1| \equiv d_{11} \qquad |D_2| \equiv \begin{vmatrix} d_{11} & d_{12} \\ d_{21} & d_{22} \end{vmatrix} \qquad |D_3| \equiv \begin{vmatrix} d_{11} & d_{12} & d_{13} \\ d_{21} & d_{22} & d_{23} \\ d_{31} & d_{32} & d_{33} \end{vmatrix}$$

단 $|D_i|$는 판별식 $|D|$의 i계주소행렬식을 나타낸다.† 이제 양반정부호성 또는 음반정부호성에 관한 조건이 이 주소행렬식들에 대한 어떤 부호제약으로 표시될 수 있음을 설명하고자 한다.

이미 알고 있는 완전제곱꼴로 만드는 방법을 써서, (11.12)의 2차형식을 세 변수들이 모두 어떤 제곱꼴의 구성요소가 되는 식으로 변환할 수 있다 특히 $d_{12}=d_{21}$ 등이 되기 때문에, 그 식은 다음과 같이 변형될 수 있다.

$$q = d_{11}\left(u_1 + \frac{d_{12}}{d_{11}}u_2 + \frac{d_{13}}{d_{11}}u_3\right)^2 + \frac{d_{11}d_{22} - d_{12}^2}{d_{11}}\left(u_2 + \frac{d_{11}d_{23} - d_{12}d_{13}}{d_{11}d_{22} - d_{12}^2}u_3\right)^2$$
$$+ \frac{d_{11}d_{22}d_{33} - d_{11}d_{23}^2 - d_{22}d_{13}^2 - d_{33}d_{12}^2 + 2d_{12}d_{13}d_{23}}{d_{11}d_{22} - d_{12}^2}(u_3)^2$$

이 제곱들의 합이, 셋 다 0은 아닌 u_1, u_2, u_3에 대해서, 양 (음)이 되기 위한 필요충분조건은 3개의 제곱으로 표시된 항의 계수들이 모두 양 (음)이 되는 것이다. 그런데 이 세 계수들은 (주어진 순서대로) 다음과 같은 세 개의 주소행렬식들로 나타낼 수 있다.

$$|D_1| \qquad \frac{|D_2|}{|D_1|} \qquad \frac{|D_3|}{|D_2|}$$

그러므로 **양정부호**가 되기 위한 필요충분조건은 아래의 세 조건들이 성립하는 것이다.

$$|D_1| > 0$$

† 우리는 지금까지 i계주소행렬식 $|D_i|$를 $|D|$의 i번째까지의 주대각원소를 갖는 소행렬식으로 보아 왔다. 그러나 **소행렬식**이란 의미자체는 원래의 행렬식에서 무엇인가를 **뺀 것**을 뜻하므로, i계주소행렬식은 마지막 $(n-i)$개의 행과 열을 각각 뺌으로써 형성되는 부분행렬식으로 생각할 수 있다.

$$|D_2| > 0 \qquad [|D_1| > 0 \text{ 으로 정해진 다음에}]$$
$$|D_3| > 0 \qquad [|D_2| > 0 \text{ 으로 정해진 다음에}]$$

다시 말해서 이 세 주소행렬식들이 모두 양이 되어야 하는 것이다. 반면에 **음정부호**가 되기 위한 필요충분조건은 다음과 같이 된다.

$$|D_1| < 0$$
$$|D_2| > 0 \qquad [|D_1| < 0 \text{ 으로 정해진 다음에}]$$
$$|D_3| < 0 \qquad [|D_2| > 0 \text{ 으로 정해진 다음에}]$$

즉, 세 주소행렬식들의 부호가 특정한 방식으로 교대해야 한다.

예 3

$q = u_1^2 + 6u_2^2 + 3u_3^2 - 2u_1u_2 - 4u_2u_3$는 양정부호인가, 음정부호인가를 결정하라. 이것의 판별식은

$$\begin{vmatrix} 1 & -1 & 0 \\ -1 & 6 & -2 \\ 0 & -2 & 3 \end{vmatrix}$$

이며, 그 주소행렬식들은 다음과 같다.

$$1 > 0 \qquad \begin{vmatrix} 1 & -1 \\ -1 & 6 \end{vmatrix} = 5 > 0 \qquad \text{및} \qquad \begin{vmatrix} 1 & -1 & 0 \\ -1 & 6 & -2 \\ 0 & -2 & 3 \end{vmatrix} = 11 > 0$$

따라서 이 2차형식은 양정부호이다.

예 4

$q = 2u^2 + 3v^2 - w^2 + 6uv - 8uw - 2vw$는 양정부호인가, 음정부호인가를 결정하라. q의 판별식은 $\begin{vmatrix} 2 & 3 & -4 \\ 3 & 3 & -1 \\ -4 & -1 & -1 \end{vmatrix}$이며, 이것의 1계주소행렬식은 $|D_1| = 2 > 0$이고, 2계주소행렬식은 $\begin{vmatrix} 2 & 3 \\ 3 & 3 \end{vmatrix} = -3 < 0$임을 알 수 있다. 이는 양정부호나 음정부호이기 위한 조건을 모두 만족하지 않으므로, q는 양정부호도 음정부호도 아니다.

n변수 2차형식

위의 결과를 n변수의 경우로 확장하면, 다음과 같은 결과를 얻을 수 있다. 단 증명은 생략하기로 한다. 즉, 2차형식

$$q(u_1, u_2, \ldots, u_n) = \sum_{i=1}^{n} \sum_{j=1}^{n} d_{ij} u_i u_j \qquad [\text{단, } d_{ij} = d_{ji}]$$
$$= \underset{(1\times n)}{u'} \; \underset{(n\times n)}{D} \; \underset{(n\times 1)}{u} \qquad [(11.12') \text{와 비교}]$$

가 **양정부호**이기 위한 필요충분조건은 $|D|$의 주소행렬식들, 즉

$$|D_1| \equiv d_{11} \qquad |D_2| \equiv \begin{vmatrix} d_{11} & d_{12} \\ d_{21} & d_{22} \end{vmatrix} \qquad \cdots \qquad |D_n| \equiv \begin{vmatrix} d_{11} & d_{12} & \cdots & d_{1n} \\ d_{21} & d_{22} & \cdots & d_{2n} \\ \cdots & \cdots & \cdots & \cdots \\ d_{n1} & d_{n2} & \cdots & d_{nn} \end{vmatrix}$$

들이 모두 양이어야 한다. 또 **음정부호**이기 위한 필요충분조건은 주소행렬식들이 다음과 같이 그 부호가 교대하는 것이다.

$$|D_1| < 0 \qquad |D_2| > 0 \qquad |D_3| < 0 \qquad (\text{등.})$$

다시 말하면 계수가 **홀수**인 주소행렬식의 부호는 모두 음이고, **짝수**인 주소행렬식의 부호는 모두 양이어야 한다. n 계주소행렬식 $|D_n|=|D|$는 n이 짝수이면 양이고, 홀수이면 음이어야 한다. 이 조건은 부등식 $(-1)^n|D_n|>0$으로 간결하게 표시될 수 있다.

특성근을 사용한 정부호성 검증법

2차형식 $u'Du$의 정부호성을 검증하는 데는 위의 행렬식을 사용하는 검증법 이외에 행렬의 특성근이란 개념을 사용하는 또 다른 검증법도 있다. 이 개념은 다음 문제에서 나온다. 그 문제란, 주어진 $n \times n$ 행렬 D에서, 행렬방정식

$$\underset{(n\times n)}{D}\ \underset{(n\times 1)}{x} = r\ \underset{(n\times 1)}{x} \qquad \textbf{(11.13)}$$

를 만족하는 스칼라 r과 $n \times 1$ 벡터 $x \neq 0$을 찾을 수 있는가 하는 문제이다. 만약 찾을 수 있다면, 그 스칼라 r을 행렬 D의 **특성근**(characteristic root)이라고 하고, x를 그 행렬의 **특성벡터**(characteristic vector)라고 한다.†

행렬방정식 $Dx = rx$는 $Dx - rIx = 0$, 또는

$$(D - rI)x = 0 \qquad [\text{단, } 0\text{은 } n \times 1\text{이다}] \qquad \textbf{(11.13')}$$

으로 고쳐 쓸 수 있다. 물론 이 식은 n개의 선형동차방정식체계를 나타낸다. 여기서 우리는 해로서, 0이 아닌 x를 원하기 때문에, 계수행렬 $(D - rI)$—이 행렬을 D의 **특성행렬**(characteristic matrix)이라고 한다—는 특이행렬이어야 한다. 다시 말하면 계수행렬의 행렬식의 값이 0이 되어야 한다. 즉,

$$|D - rI| = \begin{vmatrix} d_{11} - r & d_{12} & \cdots & d_{1n} \\ d_{21} & d_{22} - r & \cdots & d_{2n} \\ \cdots & \cdots & \cdots & \cdots \\ d_{n1} & d_{n2} & \cdots & d_{nn} - r \end{vmatrix} = 0 \qquad \textbf{(11.14)}$$

방정식 (11.14)를 우리는 행렬 D의 **특성방정식**(characteristic equation)이라고 한다. 행렬식 $|D - rI|$는, 라플라스전개에 의해, 변수 r의 n차다항식이 되므로, 식 (11.14)는 사실상 n차방정식이 된다. 그러므로 이 방정식은 총 n개의 근 $(r_1, \cdots, r_n)$을 가지게 되고, 그 각각은 특성근이 된다. 2차형식의 계수행렬의 경우와 같이, D가 대칭행렬이면 특성근들은 반드시 실수가 되는 것으로 알려져 있다. 그러나, 그 부호는 음이나 양 또는 0이 될 수 있다.

이 n개의 근은 모두 행렬식 $|D - rI|$를 0으로 만들기 때문에, 이들 중 어떤 임의의 근 (예컨대, r_i)을 방정식체계 (11.13')에 대입하여도 그에 대응하는 벡터 $x|_{r=r_i}$를 얻을 수 있다. 보다 정확히 말하면, 그 방정식체계가 동차이기 때문에, 근 r_i에 대응하는 무수한 벡터를 얻을 수 있다. 그러나 우리는 ([예 5]에서 설명하는) **정규화**(normalization) 방법을 사용하여 r_i에 대응하는 특성벡터로

† 특성근은 또한 **고유근**(latent root 또는 eigenvalue)이라고도 하고, 특성벡터를 **고유벡터**(eigenvector)라고도 한다.

서 그 무한집합의 특정한 벡터를 하나 선택하여, 이 벡터를 v_i로 표시하기로 한다.† 그러면 총 n개의 특성근이 존재하기 때문에, 이에 대응하는 그런 특성벡터들은 모두 n개가 존재하게 된다.

예 5

행렬 $\begin{bmatrix} 2 & 2 \\ 2 & -1 \end{bmatrix}$의 특성근과 특성벡터를 구하라. 이 행렬을 식 (11.14)의 D에 대입함으로써 다음 방정식을 얻는다.

$$\begin{vmatrix} 2-r & 2 \\ 2 & -1-r \end{vmatrix} = r^2 - r - 6 = 0$$

이 방정식의 근은 $r_1 = 3$, $r_2 = -2$이다. 첫 번째 근을 이용하면, 행렬방정식 (11.13′)는 다음의 형태를 취한다.

$$\begin{bmatrix} 2-3 & 2 \\ 2 & -1-3 \end{bmatrix}\begin{bmatrix} x_1 \\ x_2 \end{bmatrix} = \begin{bmatrix} -1 & 2 \\ 2 & -4 \end{bmatrix}\begin{bmatrix} x_1 \\ x_2 \end{bmatrix} = \begin{bmatrix} 0 \\ 0 \end{bmatrix}$$

이 계수행렬의 두 행은, (11.14)로부터 예상할 수 있는 것처럼, 선형종속이기 때문에 무수한 해가 존재하고, 이것은 방정식 $x_1 = 2x_2$로 표시할 수 있다. 유일한 해를 구하기 위하여 제약식 $x_1^2 + x_2^2 = 1$††을 부과함으로써 해를 **정규화**하면,

$$x_1^2 + x_2^2 = (2x_2)^2 + x_2^2 = 5x_2^2 = 1$$

이 되기 때문에, (양의 제곱근을 취하면) $x_2 = 1/\sqrt{5}$ 및 $x_1 = 2x_2 = 2/\sqrt{5}$를 얻을 수 있다. 따라서 첫 번째 특성벡터는 다음과 같이 된다.

$$v_1 = \begin{bmatrix} 2/\sqrt{5} \\ 1/\sqrt{5} \end{bmatrix}$$

마찬가지 방법으로, 두 번째 근 $r_2 = -2$를 (11.13′)에 적용하면 다음과 같은 방정식을 얻는다.

$$\begin{bmatrix} 2-(-2) & 2 \\ 2 & -1-(-2) \end{bmatrix}\begin{bmatrix} x_1 \\ x_2 \end{bmatrix} = \begin{bmatrix} 4 & 2 \\ 2 & 1 \end{bmatrix}\begin{bmatrix} x_1 \\ x_2 \end{bmatrix} = \begin{bmatrix} 0 \\ 0 \end{bmatrix}$$

이로부터 해 $x_1 = -\frac{1}{2}x_2$를 얻을 수 있다. 이 해를 정규화하면

$$x_1^2 + x_2^2 = \left(-\tfrac{1}{2}x_2\right)^2 + x_2^2 = \tfrac{5}{4}x_2^2 = 1$$

이 되고, 따라서 근은 $x_2 = 2/\sqrt{5}$, $x_1 = -1/\sqrt{5}$이 된다. 즉, 두 번째 특성벡터는 다음과 같이 된다.

$$v_2 = \begin{bmatrix} -1/\sqrt{5} \\ 2/\sqrt{5} \end{bmatrix}$$

이러한 방법으로 얻어진 특성벡터들의 집합은 다음과 같은 두 가지 중요한 특징을 갖게 된다. 첫째, 스칼라 곱 $v_i'v_i$ $(i = 1, 2, \cdots, n)$는 반드시 1이 된다. 왜냐하면

† 역주: 원문에서는 이 방법으로 특성벡터가 유일하게 결정되는 것으로 표현하고 있다(the characteristic vector 라고 함). 그러나 정규화방법으로 특성벡터는 유일하게 결정되지 않는다. 예컨대 아래의 [예 5]에서 $x_2 = -1/\sqrt{5}$, $x_2 = 2/\sqrt{5}$로 할 수 있다. 또 특성근이 등근일 때는 더 많은 가능성이 있다.

†† 일반적으로 n개의 변수일 때는 $\sum_{i=1}^{n} x_i^2 = 1$이 되어야 한다.

$$v_i'v_i = [x_1 \quad x_2 \quad \cdots \quad x_n]\begin{bmatrix} x_1 \\ x_2 \\ \vdots \\ x_n \end{bmatrix} = \sum_{i=1}^{n} x_i^2 = 1 \qquad [\text{정규화에 의해}]$$

이 되기 때문이다. 둘째, 스칼라 곱 $v_i' v_j$ (단, $i \neq j$)는 항상 0이 되게 할 수 있다.† 그러므로 요약하면 다음과 같이 쓸 수 있다.

$$v_i'v_i = 1 \qquad \text{및} \qquad v_i'v_j = 0 \qquad (i \neq j) \tag{11.15}$$

이 두 성질이 유용하다는 것은 이후의 논의 ([예 5] 참조)에서 입증될 것이다. 일반적으로 두 벡터의 곱이 0인 스칼라가 된다면, 그 두 벡터를 **직교** (orthogonal) (혹은 수직 (perpendicular)) 이라고 한다.†† 그러므로 행렬 D의 한 쌍의 특성벡터들은 서로 직교가 된다. 또 하나의 성질 $v_i'v_i = 1$ 은 정규화를 나타낸다. 이 두 성질이 합쳐져서 특성벡터들 $(v_i, \cdots, v_n)$ 이 서로 **직교정규** (orthonormal) 인 벡터들의 집합을 이룬다는 사실을 설명하고 있다. 여러분은 [예 5]에서 구한 두 특성벡터가 직교정규임을 확인해 보기 바란다.

이제 우리는 행렬 D의 특성근이나 특성벡터가 2차형식 $u'Du$의 정부호성을 결정하는데 어떤 역할을 하는가를 설명할 준비가 되었다. 기본적인 발상은 $u'Du$를 (이것은 제곱의 항 $u_1^2, \cdots, u_n^2$ 뿐만 아니라 u_1u_2, u_2u_3와 같이 교차된 곱의 항을 갖는다) 오직 제곱의 항만을 포함하는 형태로 변환시켜 주는 것이다. 즉, 이 접근방법은 앞에서 행렬식에 의한 검증법을 도출할 때 사용한 완전제곱의 방법과 사실상 같은 것이다. 그러나 현재의 변환은 제곱으로 주어진 각 항의 계수가 특성근이 되고, 따라서 n개의 특성근의 부호가 2차형식의 정부호성을 결정하는데 충분한 정보를 제공하게 된다는 추가적인 특징을 갖는다.

이러한 결과를 가져오게 하는 변환과정은 다음과 같다. 먼저 특성벡터 $v_1, \cdots, v_n$ 들이 행렬 T의 열들을 구성한다고 하자. 즉,

$$\underset{(n\times n)}{T} = [v_1 \quad v_2 \quad \cdots \quad v_n]$$

그리고 변환식 $\underset{(n\times 1)}{u} = \underset{(n\times n)}{T}\ \underset{(n\times 1)}{y}$ 를 2차형식 $u'Du$에 대입하자:

---

† 이것을 증명하기 위해서 먼저 식 (11.13)에 따라 $Dv_j = r_jv_j$ 및 $Dv_i = r_iv_i$로 나타내고, 두 식의 양변에 알맞은 행벡터를 앞에서 곱하면 다음을 얻는다.

$$v_i'Dv_j = v_i'r_jv_j = r_j\, v_i'\, v_j \qquad [r_j \text{ 는 스칼라}]$$
$$v_j'Dv_i = v_j'r_iv_i = r_i\, v_j'v_i = r_i\, v_i'\, v_j \qquad [v_i'v_j = v_j'v_i\ ]$$

$v_i'D\,v_j$ 와 $v_j'Dv_i$ 는 모두 1×1이며, 또 서로 전치관계에 있기 때문에 (D는 대칭행렬이므로 $D' = D$임) 둘은 동일한 스칼라이어야 한다. 즉, 두 식의 가장 우변 $r_j\, v_i'\, v_j$ 와 $r_i\, v_i'\, v_j$는 서로 같게 되므로, 이들을 뺌으로써 다음을 얻는다.

$$(r_j - r_i)\,v_i'v_j = 0$$

여기서, 만일 $r_j \neq r_i$ (상이한 근) 이면 이 방정식이 성립하기 위해서는 $v_i'v_j = 0$이 되어야 한다. 그리고, $r_j = r_i$ (중근) 이면 $v_i'v_j = 0$을 만족하는 두 개의 선형독립인 정규화된 벡터를 항상 찾을 수 있음을 보일 수 있다. 그러므로, 우리는 일반적으로 $i \neq j$ 이면, $v_i'v_j = 0$ 이 항상 성립한다고 말할 수 있다.

†† 이것을 간단히 예시하기 위해, 우선 2차원 공간의 두 단위벡터 $e_1 = \begin{bmatrix} 1 \\ 0 \end{bmatrix}$ 와 $e_2 = \begin{bmatrix} 0 \\ 1 \end{bmatrix}$ 을 생각해 보자. 이 벡터들은 각각 두 개의 축상에 있고, 따라서 수직이다. 동시에 $e_1'\, e_2 = e_2'\, e_1 = 0$ 인 것을 알 수 있다.

$$u'Du = (Ty)'D(Ty) = y'T'DTy \quad [(4.11)\text{에 의해}]$$
$$= y'Ry \qquad [\text{단 } R \equiv T'DT\,]$$

결과적으로, 변수 u_i 로 구성된 원래의 2차형식은 이제 변수 y_i 로 구성된 또다른 형태의 2차형식이 된다. 그런데, 변수 u_i 와 y_i 는 같은 범위의 값을 취하기 때문에, 이러한 변환으로 인해 2차형식의 정부호성은 영향을 받지 않는다.† 따라서 $u'Du$ 대신에 $y'Ry$ 의 정부호성을 검토하여도 무방하다. 이 후자의 2차형식 $y'Ry$ 의 형태가 더 흥미를 돋우는 것은, 행렬 R 이 대각행렬로서 행렬 D 의 근 $r_i, \cdots, r_n$ 이 행렬 R 의 대각선상에 위치하게 되고, 그 밖의 원소는 0이 되는 것을 보일 수 있기 때문이다. 즉, 2차형식 $u'Du$ 는 실제로 다음과 같다:

$$u'Du = y'Ry = [y_1 \quad y_2 \quad \cdots \quad y_n] \begin{bmatrix} r_1 & 0 & \cdots & 0 \\ 0 & r_2 & \cdots & 0 \\ \cdots & \cdots & \cdots & \cdots \\ 0 & 0 & \cdots & r_n \end{bmatrix} \begin{bmatrix} y_1 \\ y_2 \\ \vdots \\ y_n \end{bmatrix}$$
$$= r_1y_1^2 + r_2y_2^2 + \cdots + r_ny_n^2 \tag{11.16}$$

이것은 각 항이 오직 제곱의 항만으로 이루어진 식이다. 그러므로 변환 $R \equiv T'DT$ 는 대칭행렬 D 를 특정한 대각행렬 R 로 **대각화** (diagonalizing) 시키는 방법인 것이다.

예 6

[예 5]에서 주어진 행렬 $\begin{bmatrix} 2 & 2 \\ 2 & -1 \end{bmatrix}$은 행렬 $\begin{bmatrix} r_1 & 0 \\ 0 & r_2 \end{bmatrix} = \begin{bmatrix} 3 & 0 \\ 0 & -2 \end{bmatrix}$로 대각화될 수 있음을 보여라.

[예 5]에서 구한 특성벡터들에 기초하면, 변환행렬 T 는

$$T = [v_1 \quad v_2] = \begin{bmatrix} 2/\sqrt{5} & -1/\sqrt{5} \\ 1/\sqrt{5} & 2/\sqrt{5} \end{bmatrix}$$

이 되어야 하고, 따라서

$$R \equiv T'DT = \begin{bmatrix} \frac{2}{\sqrt{5}} & \frac{1}{\sqrt{5}} \\ -\frac{1}{\sqrt{5}} & \frac{2}{\sqrt{5}} \end{bmatrix} \begin{bmatrix} 2 & 2 \\ 2 & -1 \end{bmatrix} \begin{bmatrix} \frac{2}{\sqrt{5}} & -\frac{1}{\sqrt{5}} \\ \frac{1}{\sqrt{5}} & \frac{2}{\sqrt{5}} \end{bmatrix} = \begin{bmatrix} 3 & 0 \\ 0 & -2 \end{bmatrix}$$

가 된다. 이것은 그 대각화과정의 타당성을 보여 주고 있다.

(11.16) 의 대각화의 결과를 증명하기 위하여, 행렬 R 을 다음과 같이 (부분적으로) 펼쳐 써 보자.

$$R \equiv T'DT = \begin{bmatrix} v_1' \\ v_2' \\ \vdots \\ v_n' \end{bmatrix} D[v_1 \quad v_2 \quad \cdots \quad v_n]$$

여기서 $D[v_1\ v_2\ \cdots v_n]$는 $[Dv_1\ Dv_2\ \cdots\ Dv_n]$으로 다시 쓸 수 있음을 쉽게 알 수 있다. 또, (11.13) 에 의해서, 이것을 다시 $[r_1v_1\ r_2v_2\ \cdots\ r_nv_n]$으로 고쳐 쓸 수가 있다. 그러므로 다음의 결과를 얻는다.

† 역주: 이 명제는 추가적인 설명을 필요로 한다. $u = Ty$ 에서 T 는 비특이행렬이다. 그러므로 u 와 y 는 1대 1의 대응을 보인다. 특히 $y = 0 \longleftrightarrow u = 0$, $y \neq 0 \longleftrightarrow u \neq 0$ 이다. 이 성질이 이 명제의 타당성을 설명한다.

$$R = \begin{bmatrix} v'_1 \\ v'_2 \\ \vdots \\ v'_n \end{bmatrix} [r_1 v_1 \quad r_2 v_2 \quad \cdots \quad r_n v_n] = \begin{bmatrix} r_1 v'_1 v_1 & r_2 v'_1 v_2 & \cdots & r_n v'_1 v_n \\ r_1 v'_2 v_1 & r_2 v'_2 v_2 & \cdots & r_n v'_2 v_n \\ \cdots & \cdots & \cdots & \cdots \\ r_1 v'_n v_1 & r_2 v'_n v_2 & \cdots & r_n v'_n v_n \end{bmatrix}$$

$$= \begin{bmatrix} r_1 & 0 & \cdots & 0 \\ 0 & r_2 & \cdots & 0 \\ \vdots & \vdots & & \vdots \\ 0 & 0 & \cdots & r_n \end{bmatrix} \qquad [(11.15)\text{에 의해}]$$

이것이 바로 우리가 보이고자 했던 것이다.

(11.16)의 결과로부터, 특성근을 사용한 2차형식의 정부호성 검증법은 다음과 같이 정형화될 수 있다.

1. $q = u'Du$가 양 (음) 정부호이기 위한 필요충분조건은 D의 **모든** 특성근이 양 (음)이 되는 것이다.
2. $q = u'Du$가 양 (음) 반정부호이기 위한 필요충분조건은 D의 **모든** 특성근이 비음 (비양)이 되는 것이다.
3. $q = u'Du$가 부정부호이기 위한 필요충분조건은 D의 어떤 특성근은 양이고 어떤 특성근을 음이 되는 것이다.

이 검증법을 적용하는 데 있어서 우리가 필요로 하는 것은 특성근뿐이며, 변환행렬 T를 원하지 않는 한, 특성벡터는 필요로 하지 않는다는 점을 주목하기 바란다. 또한 이 검증법은 위에서 설명한 행렬식을 사용한 검증법과는 달리, 충분조건 (위의 1)과 함께 2계필요조건 (위의 2)도 아울러 확인할 수 있다는 점도 주목하여야 한다. 그러나 특성근을 사용한 검증법은 결점도 가지고 있다. 그것은 행렬 D가 높은 차원인 경우, 다항방정식 (11.14)의 특성근들을 구하기란 그리 쉬운 일이 아니라는 점이다. 그러한 경우에는 행렬식을 사용한 검증법이 보다 나을지도 모른다.

연습문제 11.3

1. 행렬끼리의 곱셈 방법에 따라, 아래의 각 행렬곱들을 2차형식으로 표시하라.

   (a) $[u \quad v]\begin{bmatrix} 4 & 2 \\ 2 & 3 \end{bmatrix}\begin{bmatrix} u \\ v \end{bmatrix}$ (c) $[x \quad y]\begin{bmatrix} 5 & 2 \\ 4 & 0 \end{bmatrix}\begin{bmatrix} x \\ y \end{bmatrix}$

   (b) $[u \quad v]\begin{bmatrix} -2 & 3 \\ 1 & -4 \end{bmatrix}\begin{bmatrix} u \\ v \end{bmatrix}$ (d) $[dx \quad dy]\begin{bmatrix} f_{xx} & f_{xy} \\ f_{yx} & f_{yy} \end{bmatrix}\begin{bmatrix} dx \\ dy \end{bmatrix}$

2. 앞 문제의 (b)와 (c)에서 계수행렬은 주대각원소에 대하여 대칭이 아니다. 그러나 비대각 원소들을 평균하여 각각 $\begin{bmatrix} -2 & 2 \\ 2 & -4 \end{bmatrix}$과 $\begin{bmatrix} 5 & 3 \\ 3 & 0 \end{bmatrix}$으로 바꿈으로써, 전과 동일한 2차형식을 얻을 수 있음을 보여라.
3. 서로 대칭인 계수행렬을 이용하여 문제 1.의 (a), (b) 및 (c)가 양정부호인지 음정부호인지를 행

렬식을 사용한 검증법에 의해 결정하라.

4. 다음의 2차형식을 대칭인 계수행렬을 포함하는 행렬곱의 형태로 나타내라.

(a) $q = 3u^2 - 4uv + 7v^2$
(b) $q = u^2 + 7uv + 3v^2$
(c) $q = 8uv - u^2 - 31v^2$
(d) $q = 6xy - 5y^2 - 2x^2$
(e) $q = 3u_1^2 - 2u_1u_2 + 4u_1u_3 + 5u_2^2 + 4u_3^2 - 2u_2u_3$
(f) $q = -u^2 + 4uv - 6uw - 4v^2 - 7w^2$

5. 문제 4.의 대칭인 계수행렬에서 얻어진 판별식으로 어떤 2차형식이 양정부호인지 또는 음정부호인지를 행렬식을 사용한 검증법으로 확인하라.

6. 다음 행렬의 특성근을 구하라.

(a) $D = \begin{bmatrix} 4 & 2 \\ 2 & 3 \end{bmatrix}$ (b) $E = \begin{bmatrix} -2 & 2 \\ 2 & -4 \end{bmatrix}$ (c) $F = \begin{bmatrix} 5 & 3 \\ 3 & 0 \end{bmatrix}$

2차형식 $u'Du$, $u'Eu$, 및 $u'Fu$의 부호에 대해서 어떤 결론을 내릴 수 있는가. (이 결과를 문제 3.의 결과와 대조해 보라.)

7. 행렬 $\begin{bmatrix} 4 & 2 \\ 2 & 1 \end{bmatrix}$의 특성벡터를 구하라.

8. 2차형식 $u'Du$에서 (단 D는 2×2 행렬), D의 특성방정식은 다음과 같이 나타낼 수 있다.

$$\begin{vmatrix} d_{11} - r & d_{12} \\ d_{21} & d_{22} - r \end{vmatrix} = 0 \qquad (d_{12} = d_{21})$$

이 행렬식을 전개하라. 즉, 2차방정식의 근의 공식을 이용하여 이 방정식의 근들을 표시하라. 그리고 아래 사항을 연역해 보라.

(a) r_1과 r_2는 허수 ($\sqrt{-1}$을 포함하는 수)를 포함하지 않는다.

(b) 중근을 가지려면 행렬 D는 $\begin{bmatrix} c & 0 \\ 0 & c \end{bmatrix}$의 형태를 취해야 한다.

(c) 양반정부호성 또는 음반정부호성을 가지려면 2차형식의 판별식은 0이어야 한다. 즉, $|D| = 0$이어야 한다.

11.4 | 3변수 이상으로 구성된 목적함수

목적함수를 구성하는 선택변수의 수 n이 3개 이상인 경우에는, $(n+1)$ 차원 공간에서 **초곡면**(hypersurface)을 논의할 수는 있어도, 그 함수를 그래프로 그릴 수는 없다. 그러나 (그래프를 그릴 수 없는) 그러한 $(n+1)$ 차원의 초곡면상에서도 둥근 지붕의 꼭대기나 사발의 밑바닥에 해당되는 점은 존재할 것이다. 우리는 이 점들을 어떻게 찾아낼 것인가?

극값의 1계조건

3개의 선택변수로 이루어진 함수

$$z = f(x_1, x_2, x_3)$$

가 1계편도함수 f_1, f_2, f_3와 2계편도함수 $f_{ij} (\equiv \partial^2 z / \partial x_i \partial x_j \quad i, j = 1, 2, 3)$를 갖는다고 하자. 이미 영의 정리 (Young' s theorem)에 따라 $f_{ij} = f_{ji}$임을 알고 있다.

우리가 앞에서 논의한 바와 같이, z가 극대 또는 극소이기 위해서는 모두 다 0이 아닌 임의의 dx_1, dx_2, dx_3 값에 대해서 $dz = 0$이 되는 것을 필요로 한다. 이제 dz의 값은

$$dz = f_1\,dx_1 + f_2\,dx_2 + f_3\,dx_3 \tag{11.17}$$

이고, dx_1, dx_2, dx_3는 모두 다 0이 아닌 독립변수들의 임의의 변화를 나타내기 때문에, dz가 0이 되는 유일한 방법은 $f_1 = f_2 = f_3 = 0$이 되는 것이다. 따라서 극값이 되기 위한 필요조건은, 2변수함수의 경우와 마찬가지로, 1계편도함수들이 모두 0이 되는 것이다.†

극값의 2계조건

1계조건이 만족된다는 것은 z의 어떤 값이 목적함수의 정지값이라는 것을 의미한다. 만약 z의 어떤 한 정지값에서 d^2z가 양정부호이면, 그 z의 값은 극소값이 되기에 충분하다. 마찬가지로, d^2z가 음정부호라는 것은 그 정지값이 극대값이기 위한 충분조건이 된다. 이것은 함수 내에 변수가 3개 있을 때 d^2z를 어떻게 표현할 것이며, d^2z의 양정부호성 또는 음정부호성을 어떻게 결정할 것인가라는 문제를 제기한다.

d^2z에 관한 식은 (11.17)에서 dz를 미분함으로써 얻을 수 있다. 그 미분과정에서, (11.6)에서와 같이, 도함수 f_i는 변수로 취급되고 미분 dx_i는 상수로 취급되어야 한다. 그리하여 d^2z은 다음과 같이 된다.

$$\begin{aligned} d^2z = d(dz) &= \frac{\partial(dz)}{\partial x_1}dx_1 + \frac{\partial(dz)}{\partial x_2}dx_2 + \frac{\partial(dz)}{\partial x_3}dx_3 \\ &= \frac{\partial}{\partial x_1}(f_1\,dx_1 + f_2\,dx_2 + f_3\,dx_3)\,dx_1 \\ &\quad + \frac{\partial}{\partial x_2}(f_1\,dx_1 + f_2\,dx_2 + f_3\,dx_3)\,dx_2 \\ &\quad + \frac{\partial}{\partial x_3}(f_1\,dx_1 + f_2\,dx_2 + f_3\,dx_3)\,dx_3 \\ &= f_{11}\,dx_1^2 + f_{12}\,dx_1\,dx_2 + f_{13}\,dx_1\,dx_3 \\ &\quad + f_{21}\,dx_2\,dx_1 + f_{22}\,dx_2^2 + f_{23}\,dx_2\,dx_3 \\ &\quad + f_{31}\,dx_3\,dx_1 + f_{32}\,dx_3\,dx_2 + f_{33}\,dx_3^2 \end{aligned} \tag{11.18}$$

이 식은 (11.12)와 마찬가지의 2차형식이기 때문에, 앞에서 이미 배운 바 있는 양정부호와 음정부호를 판정하는 기준이 이 식에도 직접 적용될 수 있다.

d^2z가 양정부호인가 음정부호인가를 결정할 때, (11.6)에서와 마찬가지로, dx_i는 어떤 임의의 값들 (그러나 모두 다 0이 아닌)을 가질 수 있는 변수로 취급되어야 하고, 도함수 f_{ij}는 어떤 제약이 가해지는 계수로 취급되어야 한다. (11.18)의 계수들은 다음과 같은 대칭적인 헤시안행렬식으

† 특별한 경우로서 함수 $z = f(x_1, x_2, x_3)$가 묵시적으로 방정식 $F(z, x_1, x_2, x_3) = 0$에 의해서 정의되면

$$f_i \equiv \frac{\partial z}{\partial x_i} = \frac{-\partial F/\partial x_i}{\partial F/\partial z} \qquad (i = 1, 2, 3)$$

로 되며, 1계조건 $f_1 = f_2 = f_3 = 0$은

$$\frac{\partial F}{\partial x_1} = \frac{\partial F}{\partial x_2} = \frac{\partial F}{\partial x_3} = 0$$

과 같은 조건이 된다. 왜냐하면 분모가 $\partial F/\partial z \neq 0$이기 때문이다.

로 정리된다. 즉

$$|H| = \begin{vmatrix} f_{11} & f_{12} & f_{13} \\ f_{21} & f_{22} & f_{23} \\ f_{31} & f_{32} & f_{33} \end{vmatrix}$$

그리고 그 주소행렬식들은 다음과 같이 표시된다.

$$|H_1| = f_{11} \qquad |H_2| = \begin{vmatrix} f_{11} & f_{12} \\ f_{21} & f_{22} \end{vmatrix} \qquad |H_3| = |H|$$

따라서 양정부호와 음정부호에 대한 행렬식 검증기준에 의하면, z의 극값에 관한 2계충분조건은 다음과 같이 나타낼 수 있다:

$$z^* \text{가} \begin{Bmatrix} \text{극대값} \\ \text{극소값} \end{Bmatrix} \text{이기 위한 충분조건은}$$
$$\begin{Bmatrix} |H_1| < 0; \quad |H_2| > 0; \quad |H_3| < 0 \quad (\text{즉 } d^2z \text{ 는 음정부호}) \\ |H_1| > 0; \quad |H_2| > 0; \quad |H_3| > 0 \quad (\text{즉 } d^2z \text{ 는 양정부호}) \end{Bmatrix} \text{이다} \qquad \textbf{(11.19)}$$

이 조건을 사용하는 데 있어서 우리는 모든 주소행렬식을 $f_1 = f_2 = f_3 = 0$ 이 되는 정지점에서 계산하여야 한다.

물론 특성근에 의한 검증법을 사용할 수도 있는데, 이 경우에는 $d^2 z$ 의 양정부호성 (음정부호성) 은 **헤시안행렬** $H = \begin{bmatrix} f_{11} & f_{12} & f_{13} \\ f_{21} & f_{22} & f_{23} \\ f_{31} & f_{32} & f_{33} \end{bmatrix}$ 의 특성근이 모두 양 (음) 이 되는 것과 관련된다. 사실 2계전미분 $d^2 z$ 가 양 (음) 정부호라고 말하는 대신에, 헤시안행렬 H (헤시안행렬식 $|H|$ 와 구별됨) 가 양 (음) 정부호라고 말할 수도 있다. 그러나 이 용어를 사용할 때 H 의 정부호성은 H 와 관련되는 2차형식 $d^2 z$ 의 부호에 관해 언급하는 것이지, H 자체의 원소들의 부호를 언급하는 것은 아니라는 점에 주의하기 바란다.

예 1

함수 $z = 2x_1^2 + x_1x_2 + 4x_2^2 + x_1x_3 + x_3^2 + 2$ 의 극값 (들) 을 구하라. 극값이기 위한 1계조건은 다음 세 방정식이 동시에 성립하는 것이다.

$$\begin{aligned} (f_1 =)\ 4x_1 + \ \ x_2 + \ \ x_3 &= 0 \\ (f_2 =)\ \ x_1 + 8x_2 \qquad\quad &= 0 \\ (f_3 =)\ \ x_1 \qquad\quad + 2x_3 &= 0 \end{aligned}$$

이것은 동차선형방정식체계이고 이 체계에 포함되어 있는 세 방정식 모두는 독립이기 때문에 (계수행렬의 행렬식은 0이 아님), 유일한 해 $x_1^* = x_2^* = x_3^* = 0$ 이 존재한다. 이 값들을 방정식에 대입하면 $z^* = 2$ 인 정지값을 얻는다.

이 함수의 헤시안행렬식은

$$|H| = \begin{vmatrix} f_{11} & f_{12} & f_{13} \\ f_{21} & f_{22} & f_{23} \\ f_{31} & f_{32} & f_{33} \end{vmatrix} = \begin{vmatrix} 4 & 1 & 1 \\ 1 & 8 & 0 \\ 1 & 0 & 2 \end{vmatrix}$$

이고, 그 주소행렬식들은 다음과 같이 모두 양이다.

$$|H_1| = 4 \qquad |H_2| = 31 \qquad |H_3| = 54$$

그러므로 (11.9)에 의해 $z^* = 2$ 는 극소값이다.

예 2

함수 $z = -x_1^3 + 3x_1x_3 + 2x_2 - x_2^2 - 3x_3^2$ 의 극값(들)을 구하라. 1계편도함수를 구하면 다음과 같다.

$$f_1 = -3x_1^2 + 3x_3 \qquad f_2 = 2 - 2x_2 \qquad f_3 = 3x_1 - 6x_3$$

모든 f_i 를 0으로 놓으면, 하나의 비선형방정식과 두 개의 선형방정식으로 구성된 세 개의 연립방정식을 얻는다.

$$\begin{aligned} -3x_1^2 \qquad\quad + 3x_3 &= 0 \\ -\, 2x_2 \qquad\quad &= -2 \\ 3x_1 \qquad\quad - 6x_3 &= 0 \end{aligned}$$

두 번째 방정식에서 $x_2^* = 1$ 이 되고 세 번째 방정식에서 $x_1^* = 2x_3^*$ 가 되는데, 이것들을 첫 번째 방정식에 대입하면 다음과 같은 두 개의 해를 구할 수 있다.

$$(x_1^*, x_2^*, x_3^*) = \begin{cases} (0, 1, 0), & \text{따라서 } z^* = 1 \\ \left(\frac{1}{2}, 1, \frac{1}{4}\right), & \text{따라서 } z^* = \frac{17}{16} \end{cases}$$

그리고 2계편도함수들을 적절히 배열하면, 다음과 같은 헤시안이 만들어진다.

$$|H| = \begin{vmatrix} -6x_1 & 0 & 3 \\ 0 & -2 & 0 \\ 3 & 0 & -6 \end{vmatrix}$$

여기서 첫 번째 원소 $(-6x_1)$는, 첫 번째 해 $(x_1^* = 0)$ 에 의하면 0이 되고, 두 번째 해 $(x_1^* = \frac{1}{2})$ 에 의하면 -3이 된다. 그런데, 첫 번째 해는 $|H_1| = 0$ 이기 때문에, 충분조건을 만족하지 않는다는 것을 즉각 알 수 있다. 여기서 이 이상의 정보는 특성방정식 (11.14)를 이용한 특성근 검증법으로부터 얻게 된다. 즉 검증될 2차형식은 d^2z 이고, 그것의 판별식은 헤시안행렬식이기 때문에, 특성방정식의 d_{ij} 원소들은 당연히 헤시안의 원소들로 대체되어야 된다. 그러므로 (첫 번째 해에 대한) 특성방정식은 다음과 같이 된다.

$$\begin{vmatrix} -r & 0 & 3 \\ 0 & -2-r & 0 \\ 3 & 0 & -6-r \end{vmatrix} = 0$$

이를 전개하면 다음과 같은 3차방정식을 얻는다.

$$r^3 + 8r^2 + 3r - 18 = 0$$

제 3.3 절의 정리 1을 적용하면, 정수근 -2를 얻을 수 있다. 따라서 이 3차방정식은 $(r+2)$로 나누어 떨어져야 되고, 이 3차방정식을 인수분해하면 이 식은 다음과 같이 나타낼 수 있다.

$$(r+2)(r^2 + 6r - 9) = 0$$

$(r+2)$ 항으로부터 특성근 중의 하나는 $r_1 = -2$ 인 것을 알 수 있다. 다른항 $(r_2 + 6r - 9)$에 근의 공식을 적용함으로써 다른 두 개의 근 $r_2 = -3 + \frac{1}{2}\sqrt{72}$ 및 $r_3 = -3 - \frac{1}{2}\sqrt{72}$를 구할 수 있다. r_1과 r_3

는 음이지만 r_2가 양이기 때문에, 2차형식 d^2z는 부정부호가 되어, z의 극대값이나 극소값이기 위한 2계필요조건은 만족되지 못한다. 그러므로 첫 번째 해 ($z^*=1$)는 극값이 아니라 변곡점이다.

두 번째 해의 경우는 이보다 간단하다. 즉 주소행렬식들은 다음과 같다.

$$|H_1|=-3 \qquad |H_2|=6 \qquad \text{및} \qquad |H_3|=-18$$

이 주소행렬식들은 부호가 교대로 변하기 때문에, 행렬식에 의한 검증기준 (11.19)에 의하면 해 $z^*=\frac{17}{16}$은 극대값이다.

*n*변수함수의 경우

n개의 선택변수로 이루어진 목적함수는 다음과 같이 나타낼 수 있다.

$$z=f(x_1,x_2,\ldots,x_n)$$

이것의 전미분은

$$dz=f_1\,dx_1+f_2\,dx_2+\cdots+f_n\,dx_n$$

이기 때문에, 극값이기 위한 필요조건 (모두 0이 아닌 임의의 dx_i에 대해서 $dz=0$)은 n개의 1계 편도함수들이 모두 0이 되는 것이다.

그러면 2계미분 d^2z는 다시 2차형식이므로, (11.18)과 마찬가지로 도출될 수 있으며, 또 $n\times n$ 배열로 표시될 수 있다. 그 배열의 계수들을 적절히 조정하면 다음과 같은 (대칭의) 헤시안

$$|H|=\begin{vmatrix} f_{11} & f_{12} & \cdots & f_{1n} \\ f_{21} & f_{22} & \cdots & f_{2n} \\ \cdots & \cdots & \cdots & \cdots \\ f_{n1} & f_{n2} & \cdots & f_{nn} \end{vmatrix}$$

을 얻고, 이미 정의한 바 있는 주소행렬식 $|H_1|$, $|H_2|$, $\cdots$, $|H_n|$을 얻는다. 극값이기 위한 2계충분조건은 전과 같이 이 n개의 주소행렬식들이 모두 양 (z가 극소값이기 위하여)이 되는 것과, 최초의 주소행렬식이 음으로 시작해서 부호가 교대로 변하는 것이다. (z가 극대값이기 위하여)

지금까지의 논의를 행렬식 검증법에 초점을 맞추어 요약하면 <표11.2>를 작성할 수 있다. 이것은 목적함수가 몇 개의 선택변수들로 이루어지더라도 타당하다. 예를 들어서 $n=1$ 또는 $n=2$인 특별한 경우를 생각할 수 있는데, $n=1$인 경우에 목적함수는 $z=f(x)$이고, 극대이기 위한 조건 $f_1=0$ 및 $|H_1|<0$은 $f'(x)=0$ 및 $f''(x)<0$이 되므로, 우리가 제 9.4 절에서 배운 조건과 일치한다. 마찬가지로 $n=2$일 때 목적함수는 $z=f(x_1,x_2)$이고, 따라서 극대이기 위한 1계조건은 $f_1=f_2=0$이 되며, 2계조건은

$$f_{11}<0 \qquad \text{및} \qquad \begin{vmatrix} f_{11} & f_{12} \\ f_{21} & f_{22} \end{vmatrix}=f_{11}f_{22}-f_{12}^2>0$$

표 11.1 상대적 극값에 대한 행렬식 검증법: $z=f(x_1,x_2,\cdots,x_n)$

조 건	극 대	극 소
1계필요조건	$f_1=f_2=\cdots=f_n=0$	$f_1=f_2=\cdots=f_n=0$
2계충분조건†	$\|H_1\|<0$; $\|H_2\|>0$; $\|H_3\|<0$; $\cdots$; $(-1)^n\|H_n\|>0$	$\|H_1\|$, $\|H_2\|$, $\cdots$ $\|H_n\|>0$

† 1계필요조건이 충족된 후에만 적용될 수 있다.

이 된다. 이것은 <표 11.1>에 제시한 것을 반복한 것에 불과하다.

연습문제 11.4

다음 네 개의 함수에서 극값이 존재하면 그 극값을 구하라. 행렬식을 사용한 검증법을 이용하여 극값이 극대인지 극소인지를 판별하라.

1. $z = x_1^2 + 3x_2^2 - 3x_1x_2 + 4x_2x_3 + 6x_3^2$
2. $z = 29 - \left(x_1^2 + x_2^2 + x_3^2\right)$
3. $z = x_1x_3 + x_1^2 - x_2 + x_2x_3 + x_2^2 + 3x_3^2$
4. $z = e^{2x} + e^{-y} + e^{w^2} - (2x + 2e^w - y)$

헤시안행렬과 그 특성근에 관한 다음의 문제에 답하라.

5. (*a*) 위의 네 문제 중에서 대각헤시안행렬을 구할 수 있는 것은 어떤 것인가? 그 경우에 대각원소들은 모두 같은 부호를 갖는지를 밝혀라.
   (*b*) 앞의 문제에서 찾아낸 각 대각헤시안행렬의 특성근들에 관하여 어떤 결론을 얻을 수 있는가? $d^2 z$의 정부호성에 관해서는 어떠한가?
   (*c*) 특성근을 사용한 검증법의 결과는 행렬식을 사용한 검증법의 결과와 일치하는가?
6. (*a*) 문제 3.에 대한 헤시안행렬의 특성근들을 구하라.
   (*b*) 그 결과로부터 어떤 결론을 얻을 수 있는가?
   (*c*) (*b*)의 답은 위의 문제 3.에 대한 행렬식을 사용한 검증의 결과와 일치하는가?

11.5 | 오목성 · 볼록성과 2계조건

2계조건은 — 그것이 헤시안행렬식의 주소행렬식으로 표현되거나 혹은 헤시안행렬의 특성근으로 표현되거나 관계없이 — 정지점이 산의 봉우리인지 혹은 골짜기의 밑바닥인지의 여부를 항상 고려하게 된다. 다시 말해서 2계조건은 곡선, 곡면, 혹은 (경우에 따라) 초곡면 자체가 정지점 주변에서 어떠한 모양으로 굽어져 있는가와 관련된다. 선택변수가 하나뿐인 $z = f(x)$의 경우에는 산(골짜기)의 모양은 역U자형 (U자형)의 곡선으로 나타난다. 2변수함수 $z = f(x, y)$의 경우에는 산(골짜기)은 [그림 11.2](*a*) ([그림 11.2](*b*))와 같이, 둥근 지붕 (사발) 형태의 곡면을 취한다. 셋 혹은 그 이상의 선택변수를 포함하는 함수에서는 산과 골짜기는 더 이상 그래프로 나타낼 수 없지만, 초곡면상의 "산" 또는 "골짜기"에 관해서 생각해 볼 수는 있을 것이다.

정의역의 전구간에서 산을 형성하는 함수를 **오목**(concave) 함수라고 하고, 골짜기를 형성하는 함수를 **볼록**(convex) 함수라고 한다.† 현재의 논의에서 정의역은 R^n 전체라고 하자. 단, n은 선택변수의 수를 나타낸다. 또, 여기서 산 및 골짜기라고 하는 것은 전체 정의역에 관한 것이 되기 때문에 오목성 및 볼록성도 물론 전역적인 개념이다. 분류를 보다 세분하면, 오목성과 볼록성 이외에, **강**오목성 (strict concavity)과 **강**볼록성 (strict convexity)으로 구분할 수도 있다. "강"이라는 접

† 정의역의 부분집합 S에서만 산 (골짜기)이 형성되면 함수는 S에서 오목 (볼록)이라고 한다.

두사가 붙지 **않은** 경우에는 산 또는 골짜기를 그리는 (곡선상의) 선분이나 (곡면상의) 평면부분과 같은 (굽어지지 않은) 평평한 부분들이 존재하여도 무방하다. 반면에 "강"이라는 접두사가 붙으면, 그러한 직선이나 평면들은 배제된다. [그림 11.2]에 그려진 두 곡면은 각각 강오목함수와 강볼록함수를 보여 주고 있다. 반면에 [그림 6.5]의 곡선은 (골짜기의 형태를 취하여) 볼록이지만 (선분을 포함하고 있으므로) 강볼록은 아니다. 강오목 (강볼록) 함수는 반드시 오목 (볼록) 함수이다. 그러나 그 역은 성립하지 않는다.

오목성 및 강오목성이 곧 전역적인 산 형태와 관련된다는 점에서 보면, 오목함수의 극값은 꼭대기, 즉 (극소가 아니라) 극대가 되어야 한다. 더욱이 그 산이 전체 정의역에서 형성되는 것이기 때문에 그 극대는 (상대적 극대가 아니라) 절대적 극대가 되어야 한다. 그러나 그 산의 꼭대기가 평평하다면 다수의 극대가 존재할 수 있으므로 극대는 유일하지 않다. 다수의 극대가 존재할 가능성은 강오목성을 규정함으로써만 배제할 수 있다. 그래야만 꼭대기는 하나의 점만으로 이루어지고 그 절대적 극대는 **유일한** 극대가 될 것이기 때문이다. 유일한 (비유일한) 절대적 극대를 **강** (**약**) 절대적 극대라고도 한다.

마찬가지의 이유로, **볼록**함수의 극값은 절대적 (즉, 전역적) 극소가 되어야 하지만, 그것은 유일한 것이 아닐 수도 있다. 그러나 **강볼록**함수의 극값은 틀림없이 **유일한** 절대적 극소이다.

지금까지 우리는 오목성 및 볼록성의 특성을 전역적인 시각에서 다루었다. 만약 그 특성이 곡선이나 곡면의 일부, 즉 정의역 R^n의 부분집합 S에만 해당되는 것이라면, 이에 대한 극대 및 극소는 그 정의역의 부분집합에만 관련되는 상대적 (국지적)인 극대 및 극소이다. 왜냐하면 부분집합 S 이외의 상황에 대해서는 알 수 없기 때문이다. 앞에서 d^2z(또는 헤시안행렬 H)의 정부호성을 논의할 때, 우리는 정지점에서만 헤시안행렬식의 주소행렬식을 계산하였다. 이와 같이 산 또는 골짜기 형태의 확인을 정지점의 근방으로 한정함으로써, 우리는 단지 **상대적** 극대 및 극소를 논의할 수 밖에 없었다. 그러나 주소행렬식을 어디에서 계산하건 d^2z의 부호는 모든 점에서 정부호일수 있다. 이 경우에 산 혹은 골짜기는 전체 정의역에 걸치게 되고, 여기서 구한 극대 또는 극소는 당연히 절대적 극대 또는 절대적 극소이어야 할 것이다. 구체적으로 말하면, d^2z가 **모든 점에서** 음 (양) 반정부호이면, 함수 $z=f(x_1, x_2, \cdots, x_n)$은 오목 (볼록) 이고, d^2z가 **모든 점에서** 음 (양) 정부호이면, 함수 f는 강오목 (강볼록) 이어야 한다는 것이다.

지금까지의 설명은, 2계연속미분가능함수 $z=f(x_1, x_2, \cdots, x_n)$에 관하여, [그림 11.5]에 요약되어 있다. 설명을 명쾌하게 하기 위하여 이 그림에서는 오목성과 극대에 대해서만 "요약"되어 있지만, "오목", "음", 그리고 "극대"라는 단어들을 각각 "볼록", "양", 그리고 "극소"로 대체하여도 [그림 11.5]에 그려진 관계들은 계속 타당할 것이다. [그림 11.5]에서 ⇒ 기호는 종전과 같이 "의미한다"를 나타낸다 (다만 이 기호는 여기서 길게 연장되거나 굽어져 있다). 그 기호가 한 도형 (예를 들어 직사각형)에서 다른 도형 (예를 들어 타원형)으로 연결되었을 때, 전자는 후자를 의미한다. 즉 전자는 후자의 충분조건이 된다. 그것은 또한 후자는 전자의 필요조건임을 아울러 나타낸다. 그리고 ⇒ 기호가 제 1의 도형에서 제 2의 도형을 통과하여 제 3의 도형으로 연결되었을 경우에는, 제 1의 도형은 제 2의 도형의 조건을 추가하였을 때 제 3의 도형을 의미한다는 것을 나타내는 것이다.

이 같은 전제하에서 [그림 11.5]의 가운데 열을 위에서 아래로 읽으면, 1계조건은 z^*가 상대적 극대이기 위한 필요조건이며, 또 z^*가 상대적 극대라는 것은 z^*가 절대적 극대이기 위한 필요조건임을 차례로 알 수 있다. 이번에는 반대로 아래에서 위로 읽으면, z^*가 유일한 절대적 극대라는 것은 z^*가 절대적 극대이기 위한 충분조건이고, 또 z^*가 절대적 극대라는 것은 z^*가 상대적 극대이기 위한 충분조건임을 알 수 있다. 윗부분에 있는 세 개의 타원형의 도형은 정지점 z^*에서의 1계 및 2계조건에 관한 것이다. 따라서 그것들은 상대적 극대에만 관련되어 있다. 반면에 아랫부분에 있는 다이아몬드형의 도형과 삼각형의 도형은 절대적 극대에 관한 결론을 도출하기 위한 전역적인 특성을 나타내고 있다. 앞에서 d^2z의 음반정부호성은 함수 f가 오목이기 위한 **충분**조건이라는 점만 설명하였지만, [그림 11.5]는 그것이 **필요**조건도 됨을 나타내고 있는 점에 주의하여야 한다. 이와는 대조적으로 d^2z가 모든 점에서 음정부호를 갖는다는 보다 강한 특성은 함수 f가 강오목이기 위한 **충분조건**이긴 하지만 **필요조건**은 아니다. 왜냐하면 정지점에서 d^2z가 0일 때도 함수

그림 11.5

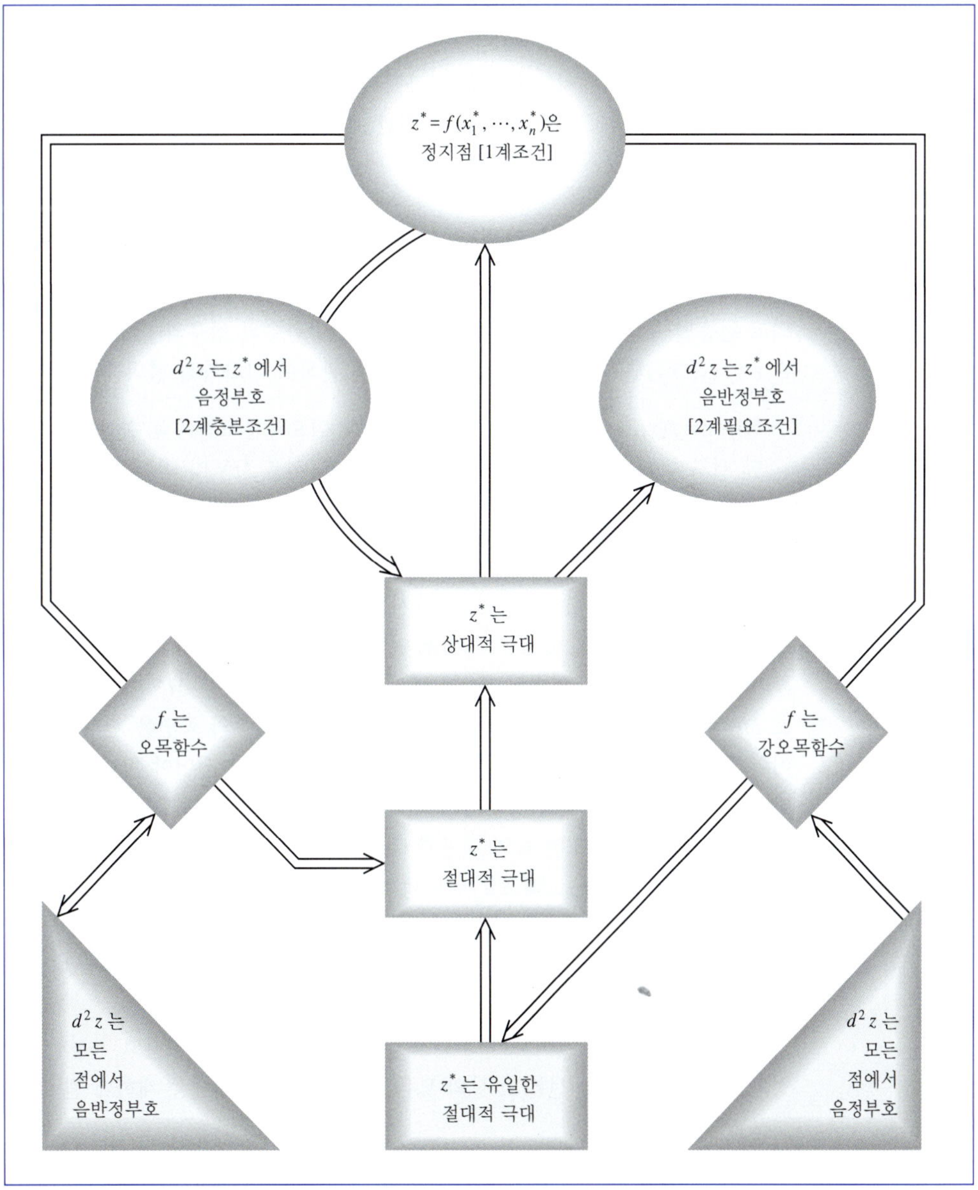

f의 강오목성은 성립할 수 있기 때문이다.

그러나 [그림 11.5]에서 나타내고자 하는 가장 중요한 점은 연장된 ⇒ 기호가 다이아몬드형의 도형을 지나는 두 가지 경우에 있다. 왼쪽 부분은, 목적함수가 **오목**함수로 주어질 때 정지점은 곧 절대적 극대가 된다는 것을 나타낸다. 한걸음 더 나아가서 오른쪽 부분은 목적함수가 **강**오목함수일 때 정지점은 곧 **유일한** 절대적 극대가 된다는 것을 나타내고 있다. 두 경우 모두, 일단 1계조건이 만족된다면, 오목성 및 강오목성은 2계조건과 효과적으로 대체되어 극대뿐만 아니라 절대적 극대이기 위한 충분조건이 됨을 보여 준다. 새로운 충분조건의 유용성은 꼭대기임에도 불구하고 d^2z가 0이 되어 2계충분조건을 만족시키지 못하는 경우를 상기하면 자명해진다. 즉 오목성 및 강오목성 조건은 이 경우도 포괄하고 있는데, 그 이유는 2계충분조건이 만족되지 않는 경우에도 이 조건은 어떤 고계충분조건이 만족되는 것을 보장하기 때문이다.† 극대화 모형이 **일반함수** 형태의 목적함수로 이루어질 때 흔히 애초부터 오목성을 가정하는 것은 이러한 이유 때문이다 (마찬가지 이유로 극소화 모형에서는 볼록성이 가정된다). 왜냐하면 그렇게 함으로써 1계조건을 적용하는 것만으로 충분하기 때문이다. 그러나 **특정한** 목적함수를 사용할 경우에는 오목성 및 볼록성을 단순히 가정할 수 없음을 주의해야 한다. 이때에는 오목성과 볼록성을 검증하여야 한다.

오목성 및 볼록성의 검증

오목성 및 볼록성은, 강이라는 접두사가 있느냐 없느냐에 상관없이, 여러 가지 방법으로 정의되고 검증될 수 있다. 제 9.3 절에서 논의한 1변수함수의 경우와 마찬가지로, 우리는 먼저 2변수함수 $z=f(x_1,x_2)$를 가지고 오목성과 볼록성에 관하여 기하학적 정의를 내리기로 한다.

> 함수 $z=f(x_1,x_2)$가 **오목** (**볼록**) 이기 위한 필요충분조건은 함수의 그래프 (곡면) 상에 위치한 서로 다른 임의의 두 점 M, N에 관해서, 선분 MN이 곡면**상**에 또는 그 **아래** (**위**) 쪽에 위치하는 것이다. 함수가 **강오목** (**강볼록**) 이기 위한 필요충분조건은 선분 MN이, M과 N을 제외하고는, 완전히 그 곡면의 **아래** (**위**) 쪽에 위치하는 것이다.

강오목함수의 경우는 [그림 11.6]에 예시되어 있는데, 곡면상의 임의의 두 점 M과 N은 점선으로 된 선분과 실선으로 된 호로 연결되어 있다. 그 호는 선분의 바로 위쪽에 있는 곡면상의 점들로 이루어진다. 강오목성은 **임의의** 두 점 M과 N에 관해서 선분 MN이 (M과 N을 제외하고) 완전히 호 MN의 아래쪽에 위치하도록 요구하므로, 강오목함수의 곡면은 전형적인 둥근 지붕 모양이 되어야 한다. 마찬가지로 강볼록함수의 곡면은 사발모양이 되어야 한다. (강오목이나 강볼록함수가 아닌) 오목 및 볼록함수의 경우에는, 선분 MN이 그 자체의 곡면상에 위치하는 것이 허용되기 때문에 곡면의 일부가, 또는 곡면 전체가 (굽어지기 보다는 평평한) 평면이 될 수도 있다.

지금까지의 논의를 그래프로 나타낼 수 없는 n차원 공간으로 일반화하기 위해서는 기하학적 정의를 그와 동일한 의미를 갖는 대수적 표현방법으로 전환하여야 한다. [그림 11.6]으로 돌아가서, $u=(u_1,u_2)$와 $v=(v_1,v_2)$를 $z=f(x_1,x_2)$의 정의역 내에 있는 서로 다른 두 순서쌍 (2차원벡터)이라고 하자. 그러면 이에 대응하는 z값 (곡면의 높이)은 각각 $f(u)=f(u_1,u_2)$와 $f(v)=f(v_1,v_2)$가 될 것이다. 변수는 모든 실수값을 취할 수 있다고 가정한 바 있으므로, u와 v가 정의역 내에 존재하면 선분 uv상의 모든 점들도 정의역 내에 존재하게 될 것이다. 그런데, 이 선분

† 역주: 이 표현은 엄밀하지 못하다. 제 3 장의 마지막 주에 예외적인 경우가 예시되어 있는 바, 이를 참조하기 바란다.

그림 11.6

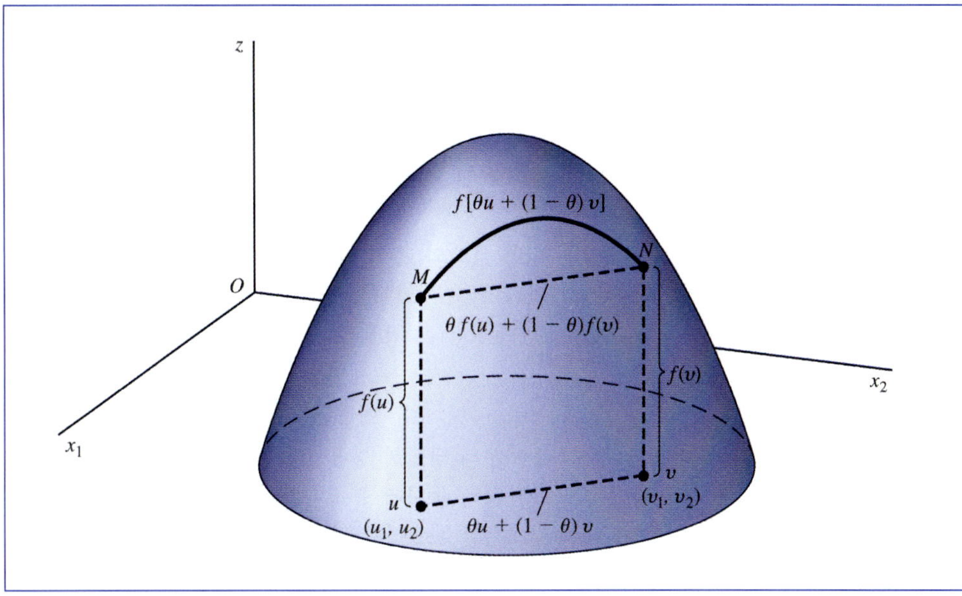

상의 각 점들은 u와 v의 "가중평균"이라는 성질을 갖는다. 따라서 우리는 이 선분을 $\theta u + (1-\theta)v$로 표시할 수 있다. 단, θ는 (u 및 v와는 달리) $0 \le \theta \le 1$ 범위의 값을 갖는 (가변) 스칼라이다.† 동일한 방식으로 $f(u)$와 $f(v)$의 모든 가중평균들의 집합을 의미하는 선분 MN도 $\theta f(u) + (1-\theta)f(v)$로 나타낼 수 있다. 그러면 곡면상의 호 MN의 높이는 어떠한가? 그 호는 선분 uv의 각 점에 대응하는 f의 함수값들을 나타내므로 $f[\theta u + (1-\theta)v]$로 쓸 수 있다. 이 표현들을 사용하여 다음의 대수적 정의를 내릴 수 있다;

함수 f가 $\begin{Bmatrix} \text{오목함수} \\ \text{볼록함수} \end{Bmatrix}$이기 위한 필요충분조건은 f의 정의역 내의 서로 다른 두 점 u와 v, 그리고 $0 < \theta < 1$에 대해서 다음의 부등식이 성립하는 것이다.

$$\underbrace{\theta f(u) + (1-\theta)f(v)}_{\text{선분의 높이}} \quad \begin{Bmatrix} \le \\ \ge \end{Bmatrix} \quad \underbrace{f[\theta u + (1-\theta)v]}_{\text{호의 높이}} \tag{11.20}$$

여기서 끝점 M과 N을 높이의 비교대상에서 제외하기 위해서 θ를 개구간 (0, 1)로 제한한 것에 주의하기 바란다.

이 정의는 약부등호 $\le$ 및 $\ge$을 각각 강부등호 $<$ 및 $>$로 대체함으로써 **강**오목성 및 **강**볼록성의 정의로 되게 할 수 있다. 이러한 대수적 정의는 함수에 포함된 변수가 몇 개라도 적용될 수 있다는 장점이 있다. 이 정의에서 u와 v를 2차원 벡터가 아니라 n차원 벡터로 보아도 좋기 때문이다.

(11.20)의 정의를 이용하여 오목성과 볼록성에 관한 다음의 세 정리를 쉽게 유도할 수 있다. 이 정리들은 함수 $f(x)$와 $g(x)$로 표현되고 있는데, 여기서 x는 변수들의 벡터로 해석할 수 있다. 즉, 이 정리들은 함수가 몇 개의 변수를 포함하더라도 타당하다.

† θ가 0과 1사이의 값을 가질 때 가중평균식 $\theta u + (1-\theta)v$를 특히 두 벡터 u와 v의 **볼록결합**(convex combination)이라고 한다. 보다 자세한 설명은 본절의 후반부에서 다루겠지만, 여기서는 $\theta = 0$일 때 이것은 벡터 v가 되고, $\theta = 1$일 때 이것은 벡터 u가 되는 것만 밝혀둔다. 그리고 θ가 0과 1의 중간값을 가질 때 이것은 두 벡터 u와 v의 평균이다.

정리 1 **(선형함수)** 만약 $f(x)$가 선형함수이면, 그것은 오목함수인 동시에 볼록함수이다. 그러나 강오목 또는 강볼록함수는 아니다.

정리 2 **(함수의 음수)** 만약 $f(x)$가 오목함수이면 $-f(x)$ 는 볼록함수이고, 그 역도 성립한다. 마찬가지로, 만약 $f(x)$가 강오목함수이면 $-f(x)$ 는 강볼록함수이고, 그 역도 또한 성립한다.

정리 3 **(함수의 합)** 만약 $f(x)$와 $g(x)$가 모두 오목 (볼록) 함수이면, $f(x)+g(x)$도 역시 오목 (볼록) 함수이다. $f(x)$와 $g(x)$가 모두 오목 (볼록) 함수이고, 더욱이 둘 중의 하나 또는 모두가 강오목 (강볼록) 함수이면, $f(x)+g(x)$는 강오목 (강볼록) 함수이다.

정리 1은 선형함수가 직선, 평면, 또는 초평면으로 그려지기 때문에 "선분 MN"은 "호 MN"과 항상 일치하게 된다는 사실로부터 당연히 성립한다. 결국 (11.20)의 두 약부등식의 등호가 동시에 만족되어 선형함수는 오목함수인 동시에 볼록함수가 되는 것이다. 그러나 강부등호는 만족되지 않기 때문에 선형함수는 강오목함수도 강볼록함수도 아니다.

우리는 정리 2로부터 오목성과 볼록성의 정의는 부등호의 방향만이 다르다는 사실을 알 수 있다. 즉 $f(x)$가 오목함수라고 가정하면 다음이 성립한다.

$$\theta f(u)+(1-\theta)f(v)\le f[\theta u+(1-\theta)v]$$

양변에 (−1)을 곱하여 부등호의 방향을 바꾸면 다음을 얻는다.

$$\theta[-f(u)]+(1-\theta)[-f(v)]\ge -f[\theta u+(1-\theta)v]$$

그런데 이것은 바로 $-f(x)$ 가 볼록함수이기 위한 조건이다. 따라서 $f(x)$가 오목함수인 경우에 대한 정리가 증명되었다. 이 결과에 대한 기하학적 해석은 매우 간단한다. 즉, 기저평면 또는 초평면에 관하여 산에 대칭되는 상은 골짜기이다. 반대의 경우도 마찬가지로 증명될 수 있다.

정리 3이 성립하는 이유를 알아보기 위해, 우선 $f(x)$와 $g(x)$가 모두 오목함수라고 가정하면 다음의 두 부등식이 성립한다.

$$\theta f(u)+(1-\theta)f(v)\le f[\theta u+(1-\theta)v] \tag{11.21}$$

$$\theta g(u)+(1-\theta)g(v)\le g[\theta u+(1-\theta)v] \tag{11.22}$$

이 두 부등식을 더하면 다음의 새로운 부등식이 얻어진다.

$$\begin{aligned}\theta[f(u)+g(u)]+(1-\theta)[f(v)+g(v)]\\ \le f[\theta u+(1-\theta)v]+g[\theta u+(1-\theta)v]\end{aligned} \tag{11.23}$$

그런데 이것은 바로 $[f(x)+g(x)]$가 오목함수이기 위한 조건이다. 따라서 오목함수에 대한 정리가 증명되었다. 볼록함수인 경우에도 마찬가지로 증명된다.

정리 3의 후반부를 알아보기 위해, $f(x)$를 강오목함수라고 가정하면 (11.21)은 다음의 강부등식이 된다.

$$\theta f(u)+(1-\theta)f(v)< f[\theta u+(1-\theta)v] \tag{11.21$'$}$$

이것을 (11.22) 에 더하면, (11.22) 에서 < 부호 또는 = 부호의 성립 여부에 관계없이, 이 두 부등식의 좌변이 우변보다 **강한 의미에서** 항상 더 작게 된다. 이것은, (11.23) 에서도 역시 **강**부등식이 성립하여, $[f(x)+g(x)]$ 도 **강**오목함수가 된다는 것을 의미하는 것이다. 한편 $f(x)$ 는 그대로 오목함수이지만, $g(x)$ 가 강오목함수인 경우에도, 즉 (11.21) 을 그대로 유지시키고 (11.22) 를 강부등식으로 전환하여도, 당연히 같은 결론에 도달한다. 이로써 오목함수에 대한 정리 3의 후반부가 증명되었으며, 볼록함수의 경우에도 마찬가지 논법으로 증명될 수 있다.

이 정리는 셋 이상의 오목 (볼록) 함수를 합하는 경우에도 타당하며, 다항함수의 오목성 및 볼록성을 판별하는 과정을 분할할 수 있도록 해준다는 점에서 매우 유용하다. 만약 다항함수의 각 항들이 모두 오목 (볼록) 함수로 밝혀지면, 그것으로 전체 다항함수는 오목 (볼록) 함수가 되기에 충분하다.

예 1

$z=x_1^2+x_2^2$ 의 오목성 또는 볼록성을 검증하라. (11.20) 을 적용하기 위해서 $u=(u_1,u_2)$ 와 $v=(v_1,v_2)$ 를 정의역 내에 있는 서로 다른 두 점이라고 하면 다음을 얻는다.

$$f(u)=f(u_1,u_2)=u_1^2+u_2^2$$
$$f(v)=f(v_1,v_2)=v_1^2+v_2^2$$

그리고

$$f[\theta u+(1-\theta)v]=f\Big[\underbrace{\theta u_1+(1-\theta)v_1}_{x_1\text{의 값}},\ \underbrace{\theta u_2+(1-\theta)v_2}_{x_2\text{의 값}}\Big]$$
$$=[\theta u_1+(1-\theta)v_1]^2+[\theta u_2+(1-\theta)v_2]^2$$

이 식을 (11.20) 에 대입하고 좌변에서 우변을 빼고, 항을 정리하면 다음을 얻는다.

$$\theta(1-\theta)\left(u_1^2+u_2^2\right)+\theta(1-\theta)\left(v_1^2+v_2^2\right)-2\theta(1-\theta)(u_1v_1+u_2v_2)$$
$$=\theta(1-\theta)[(u_1-v_1)^2+(u_2-v_2)^2]$$

θ 는 1보다 작은 양수 (즉, $0<\theta<1$) 이므로, $\theta(1-\theta)$ 는 양이어야 한다.그리고 (u_1,u_2) 와 (v_1,v_2) 는 서로 다른 두 점이므로 $u_1\neq v_1$ 또는 $u_2\neq v_2$ (또는 모두) 가 성립하여, 대괄호의 항도 역시 양이어야 한다. 따라서 (11.20) 의 강부등호 (>)가 성립하고 $z=x_1^2+x_2^2$ 은 강볼록함수이다.

또 다른 방법으로, x_1^2 및 x_2^2 항을 별개로 검증할 수도 있다. 이때 각 항이 강볼록함수이므로, 그 합도 역시 강볼록함수이다.

이 함수는 강볼록이므로, 유일한 절대적 극소를 갖는다. 즉, 이 함수는 $x_1^*=x_2^*=0$ 에서 극소값 $z^*=0$ 을 갖고, 또 이것은 사실상 유일한 절대적 극소라는 것을 쉽게 입증할 수 있다. 왜냐하면 $(x_1,x_2)\neq(0,0)$ 인 어떤 순서쌍에 대해서도 z 의 값은 0보다 더 크기 때문이다.

예 2

$z=-x_1^2-x_2^2$ 의 오목성 또는 볼록성을 검증하라. 이 함수는 [예 1] 의 함수에 (-1) 을 곱한 것이다. 따라서 정리 2에 의하여 이 함수는 강오목이다.

예 3

$z=(x+y)^2$ 의 오목성 또는 볼록성을 검증하라. 비록 이 함수의 변수는 x_1, x_2 가 아니라 x, y 로 표시되어 있지만, 하첨자 $i(i=1.2)$ 를 i 번째 변수를 나타내는 것으로 하면, 앞에서와 마찬가지로 $u=(u_1,u_2)$ 와 $v=(v_1,v_2)$ 를 정의역 내에 있는 서로 다른 두 점으로 볼 수 있고, 따라서 다음을 얻

는다.

$$f(u) = f(u_1, u_2) = (u_1 + u_2)^2$$
$$f(v) = f(v_1, v_2) = (v_1 + v_2)^2$$

그리고
$$f[\theta u + (1-\theta)v] = [\theta u_1 + (1-\theta)v_1 + \theta u_2 + (1-\theta)v_2]^2 = [\theta(u_1 + u_2) + (1-\theta)(v_1 + v_2)]^2$$

이 식을 (11.20)에 대입하고 좌변에서 우변을 빼서 간단히 하면 다음을 얻는다.

$$\theta(1-\theta)(u_1+u_2)^2 - 2\theta(1-\theta)(u_1+u_2)(v_1+v_2) + \theta(1-\theta)(v_1+v_2)^2 = \theta(1-\theta)[(u_1+u_2)-(v_1+v_2)]^2$$

[예 1]과 마찬가지로 $\theta(1-\theta)$는 양이다. 대괄호 항의 제곱은 비음이다 (이번에는 이것이 0이 되는 것을 배제할 수 없다). 따라서 (11.20)의 약부등호 (≥)가 성립하여 함수 $(x+y)^2$은 볼록함수이다. 그러나 강볼록함수는 아니다.

따라서 이 함수는 절대적 극값을 갖지만 그것은 유일하지 않을 수도 있다. 즉 $x^*+y^*=0$이기만 하면, 절대적 극소는 $z^*=0$이라는 것은 쉽게 알 수 있다. 이것이 절대적 극소임은 만약 $x+y\neq 0$이면 z는 항상 $z^*=0$보다 크다는 사실로부터 자명하다. 또 이것이 유일하지 않다는 것은 $x^*+y^*=0$의 조건을 만족하는 순서쌍 (x^*, y^*)들이 무수히 많다는 사실로부터 알 수 있다.

미분가능함수

(11.20)에서 기술한 바와 같이, 오목성과 볼록성의 정의는 도함수를 전혀 사용하지 않았기 때문에, 함수의 미분가능성 조건을 필요로 하지 않았다. 그러나 함수가 미분가능하다면, 오목성과 볼록성은 그것의 1계도함수로 정의할 수 있다. 1변수함수의 경우에 그 정의는 다음과 같다.

미분가능함수 $f(x)$가 $\begin{Bmatrix} \text{오목함수} \\ \text{볼록함수} \end{Bmatrix}$이기 위한 필요충분조건은 정의역 내의 상이한 두 점 u와 v에 대해서 다음 부등식이 성립하는 것이다.

$$f(v) \quad \begin{Bmatrix} \le \\ \ge \end{Bmatrix} \quad f(u) + f'(u)(v-u) \tag{11.24}$$

(11.24)의 약부등호 (≤, ≥)를 **강**부등호 (<, >)로 바꾸면, 오목성 및 볼록성은 **강**오목성 및 **강**볼록성으로 된다. 기하학적으로 볼 때 이 정의는, 어떤 곡선이 그것의 모든 접선상에 또는 그 아래 (위) 쪽에 위치할 때 그 곡선을 오목 (볼록) 곡선으로 규정하는 것이다. 한편, 강오목 (강볼록) 함수가 되기 위해서는, 그 곡선은 접점을 제외하고는 반드시 모든 접선의 아래 (위) 쪽에 위치해야만 한다.

[그림 11.7]에서 점 A는 곡선위에 주어진 어떤 점이고, 그 높이는 $f(u)$, 그 접선은 AB라고 하자. 그리고 x는 값 u를 기점으로 증가한다고 하자. 그러면 강오목 곡선이 (그려진대로) 봉우리의 모양을 취하도록 하기 위해서는, 곡선이 접선 AB에서부터 점진적으로 구부러져 내려가, 결국 높이 $f(v)$를 갖는 점 C는 점 B의 아래쪽에 위치하도록 하여야 한다. 이때 선분 AC의 기울기는 접선 AB의 기울기보다 더 작다. 반면에 곡선이 강오목이 **아니라면**, 그것은 선분을 포함할 수 있다. 예를 들어, 호 AC가 선분으로 변하면 그것은 곡선의 직선부분으로서의 선분 AB와 일치할 수 있

그림 11.7

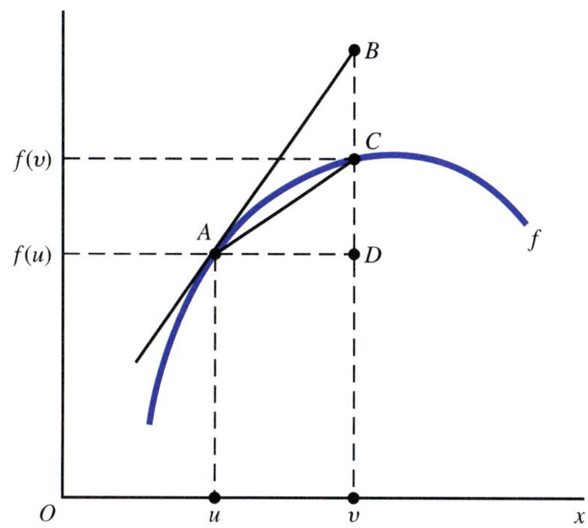

으며, 이때 AC 의 기울기와 AB 의 기울기는 같다. 이 두 상황은 다음을 의미한다.

$$\left(\text{선분 } AC \text{ 의 기울기} = \frac{DC}{AD} = \right) \frac{f(v) - f(u)}{v - u} \leq (AB \text{ 의 기울기} =) f'(u)$$

양변을 양수 $(v - u)$ 로 곱하면, 이 부등식은 오목함수에 대한 (11.24) 의 결과가 된다. u 보다 작은 x 값에 대해서도 같은 결과를 얻을 수 있다.

독립변수가 둘 이상인 함수의 경우, 이 정의는 다음과 같이 약간 수정되어야 한다:

미분가능함수 $f(x) = f(x_1, \cdots, x_n)$ 이 $\begin{Bmatrix} \text{오목함수} \\ \text{볼록함수} \end{Bmatrix}$ 이기 위한 필요충분조건은 정의역 내의 상이한 두 점 $u = (u_1, \cdots, u_n)$ 와 $v = (v_1, \cdots, v_n)$ 에 대해서 다음이 성립하는 것이다.

$$f(v) \quad \begin{Bmatrix} \leq \\ \geq \end{Bmatrix} \quad f(u) + \sum_{j=1}^{n} f_j(u)(v_j - u_j) \tag{11.24'}$$

단, $f_j(u) \equiv \partial f / \partial x_j$ 는 $u = (u_1, \cdots, u_n)$ 에서 평가된 것이다.

이 정의는 오목 (볼록) 함수 $f(x)$ 의 그래프가 함수의 접평면 또는 접초평면상에 위치하거나 또는 그 평면의 아래 (위) 쪽에 위치하여야 한다는 것을 나타낸다. **강**오목 및 **강**볼록함수의 경우에는, (11.24′) 의 약부등호가 강부등호로 바뀌어져서 강오목 (강볼록) 함수의 그래프는, 접점을 제외하고는, 항상 그것의 모든 접평면 혹은 접초평면의 아래 (위) 쪽에 위치하게 된다.

끝으로 2계미분가능함수 $z = f(x_1, \cdots, x_n)$ 을 생각하자. 이 함수에 대해서는 2계편도함수들을 구할 수 있기 때문에 $d^2 z$ 가 정의된다. 그러므로 $d^2 z$ 의 부호에 의해서 오목성과 볼록성을 검증할 수 있다.

2계미분가능 연속함수 $z = f(x_1, \cdots, x_n)$ 에서 $d^2 z$ 가 모든 점에서 $\begin{Bmatrix} \text{음} \\ \text{양} \end{Bmatrix}$ 반정부호를 갖는 것은

그 함수가 $\begin{Bmatrix} \text{오목함수} \\ \text{볼록함수} \end{Bmatrix}$이기 위한 필요충분조건이다. 또 d^2z가 모든 점에서 $\begin{Bmatrix} \text{음} \\ \text{양} \end{Bmatrix}$정부호를 갖는 것은 이 함수가 강 $\begin{Bmatrix} \text{오목함수} \\ \text{볼록함수} \end{Bmatrix}$이기 위한 충분조건이다 (그러나 **필요조건은 아니다**).

(11.25)

오목성과 강오목성에 관한 (11.25) 의 내용은 이미 [그림 11.5]에 포함되어 있음을 상기하기 바란다.

예 4

도함수조건을 사용하여 $z=-x^4$의 오목성 혹은 볼록성을 검증하라. 먼저 (11.24)를 적용하기로 한다. 이 경우, 부등식의 좌변과 우변은 각각 $-v^4$과 $-u^4-4u^3(u-v)$가 된다. 전자에서 후자를 빼고 간단히 정리하면 다음을 얻는다.

$$-v^4+u^4+4u^3(v-u)=(v-u)\left(-\frac{v^4-u^4}{v-u}+4u^3\right) \qquad \text{[인수분해]}$$

$$=(v-u)[-(v^3+v^2u+vu^2+u^3)+4u^3] \qquad \text{[(7.2) 에 의해]}$$

대괄호의 항이 $(v-u)$로 인수분해되면 $(v-u)$항이 제곱이 되어 부호의 판별을 용이하게 할 수 있는데, 이 경우에 실제로 인수분해가 가능하여 위의 식을 다음과 같이 고칠 수 있다.

$$-(v-u)^2[v^2+2vu+3u^2]=-(v-u)^2[(v+u)^2+2u^2]$$

$v\neq u$이므로 이 식은 음의 부호를 갖는다. 따라서 (11.24) 에서의 강부등호 (<)가 성립하여 함수 $z=-x^4$는 강오목함수이다. 이는 함수가 유일한 절대적 극소를 갖는 것을 의미한다. 그 극소값 $z^*=0$이 $x^*=0$에서 달성됨을 쉽게 확인할 수 있다.

이 함수는 2계미분가능함수이기 때문에 (11.25)도 적용할 수 있다. 1변수함수의 경우이므로 (11.25) 로부터,

$$d^2z=f''(x)\,dx^2=-12x^2\,dx^2 \qquad \text{[(11.2) 에 의해]}$$

을 얻는다. (0이 아닌 x의 변화만을 고려하므로) d^2x는 양이지만 $-12x^2$은 0 또는 음이 된다. 따라서 우리가 얻을 수 있는 최선의 결론은 d^2x가 모든 점에서 음반정부호이며 $z=-x^4$가 (강오목이 아니라) 오목함수라는 것이다. (11.25) 에서 도출한 이 결론은 (11.24) 로부터 얻은 애초의 결론, 즉 $z=-x^4$이 강오목함수라는 것보다 분명히 약한 결론이다. 이와 같이 약한 결론에 머무를 수밖에 없는 것은 2계도함수를 이용한 검증이 가끔 실패한다는 이유, 즉 강오목함수나 강볼록함수의 정지점에서 d^2z가 0이 될 수 있다는 사실에 기인한다. 또한 이것이 (11.25) 에서 d^2z의 음 (양) 정부호성이 강오목성 (강볼록성) 에 대한 필요조건이 아닌 충분조건으로 되는 이유이다.

예 5

$z=x_1^2+x_2^2$의 오목성 혹은 볼록성을 도함수조건을 사용하여 검증하라. 이번에는 (11.24) 대신에 (11.24′)을 이용해야 한다. 정의역내의 두 점 $u=(u_1, u_2)$와 $v=(v_1, v_2)$에 대하여, (11.24′) 의 양변은 다음과 같이 된다.

$$\text{좌변} = v_1^2+v_2^2$$

$$\text{우변} = u_1^2+u_2^2+2u_1(v_1-u_1)+2u_2(v_2-u_2)$$

좌변에서 우변을 빼고 정리하면 다음을 얻는다.

$$v_1^2 - 2v_1u_1 + u_1^2 + v_2^2 - 2v_2u_2 + u_2^2 = (v_1 - u_1)^2 + (v_2 - u_2)^2$$

$(v_1, v_2) \neq (u_1, u_2)$ 이므로 이 식은 항상 양이다. 따라서 (11.24′) 의 강부등호 (>)가 성립하고 $z = x_1^2 + x_2^2$ 는 강볼록함수이다. 이 결과는 단지 앞의 [예 1] 의 결과를 재확인한 것에 지나지 않는다.

(11.25) 를 사용하면 $f_1 = 2x_1$ 이고 $f_2 = 2x_2$ 이므로, 2계편도함수들이 어디에서 계산되는가를 불문하고 다음이 성립한다.

$$f_{11} = 2 > 0 \qquad \text{및} \qquad \begin{vmatrix} f_{11} & f_{12} \\ f_{21} & f_{22} \end{vmatrix} = \begin{vmatrix} 2 & 0 \\ 0 & 2 \end{vmatrix} = 4 > 0$$

따라서 d^2z 는 모든 점에서 양정부호이며, 이는 강볼록성에 대한 충분조건을 충족한다. 따라서 이 예에서는 (11.24′) 를 이용하거나 (11.25) 를 이용하거나, 같은 결론에 도달한다.

볼록함수 대 볼록집합

함수에 적용되는 형용사 "볼록"의 개념을 명확히 이해하기 위해서는, 그것이 **집합**에 적용될 때 그 의미가 무엇인지를 서둘러 알아둘 필요가 있다. 비록 볼록집합과 볼록함수가 서로 관련이 있기는 하지만, 양자는 별개의 개념이므로 그 둘을 혼동하지 말아야 한다.

이해를 쉽게 하기 위해 볼록집합을 기하학적으로 정의해 보기로 한다. S 를 2차원공간 또는 3차원공간에서의 점들의 집합이라고 하자. 만약 집합 S 의 어떤 두 점에 대하여 그 두 점을 연결하는 선분이 집합 S 에 완전히 포함된다면, S 를 **볼록집합**이라고 한다. 임의의 직선은 이 정의를 만족하며, 따라서 볼록집합이 됨은 확실하다. 관례에 따라 하나의 원소만으로 된 집합과 공집합은 볼록집합이라고 간주하기로 한다. 또다른 예로 [그림 11.8]을 보자. 원반 — 즉, "속이 찬" 원, 원의 둘레와 그 안의 모든 점 — 은 볼록집합이다. 왜냐하면 선분 ab (두 경계점을 연결)와 선분 cd (두 내부점을 연결)와 같이, 원반 안의 어떤 두 점을 잇는 선분도 원반 안에 포함되기 때문이다. 그러나 (속이 빈) 원은 볼록집합이 **아님**에 주의해야 한다. 마찬가지로, 삼각형, 오각형도 그 자체만으로는 볼록이 아니지만, 속이 찬 것은 볼록집합니다.[†] [그림 11.8] 에서 속이 찬 나머지 두 그림은 볼록집합이 아니다. 팔레트 (palette) 모양의 그림은 (들쭉날쭉한) 음푹 패인 부분이 있어서, gh 와 같은 선분이 집합 안에 완전히 포함되지 않는다. 그리고 열쇠 모양의 그림에는 패인 부분이 있을 뿐 아니라, 비볼록성의 또 다른 원인이 되는 구멍도 존재한다. 일반적으로 말해서, 볼록집합이 되려면, 집

그림 11.8

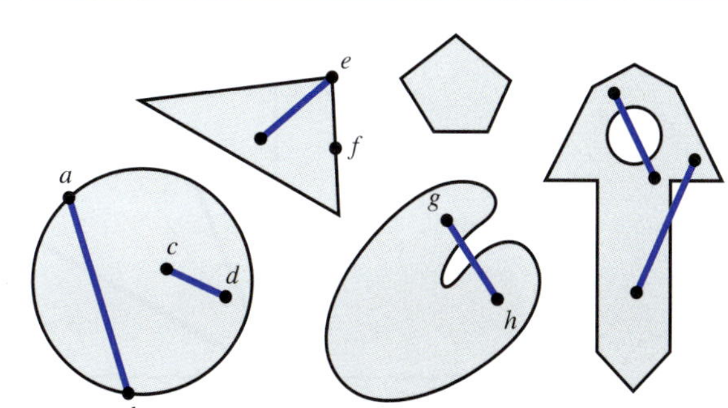

[†] 역주 : 패인 곳이 없는 볼록오각형을 전제로 한다.

합 내에 구멍이 존재하지 않아야 하며 집합의 경계선에 음푹 패인 부분이 없어야 한다.

볼록성에 관한 기하학적 정의는 3차원 공간의 점들의 집합에 대해서도 바로 적용될 수 있다. 예를 들어 속이 찬 주사위는 볼록집합이지만 속이 빈 원통은 그렇지 않다. 그러나 4차원 혹은 그 이상의 차원에서는 기하학적 정의가 더 이상 명확하지 않다. 따라서 볼록집합의 대수적 정의를 어떻게 내려야 할지를 살펴볼 필요가 있다.

이를 위하여 선형결합의 한 특수한 형태인 벡터 (점) 들의 **볼록결합** (convex combination) 의 개념을 소개하기로 한다. 두 벡터 u와 v의 선형결합은 다음과 같다.

$$k_1 u + k_2 v$$

단, k_1과 k_2는 스칼라이다. 이 두 스칼라가 모두 폐구간 [0, 1] 내에 존재하고 또 그 합이 1일 때, 그 선형결합은 볼록결합이라고 하고, 다음과 같이 표시한다.

$$\theta u + (1-\theta)v \qquad (0 \le \theta \le 1) \tag{11.26}$$

한 예로서, $\frac{1}{3}\begin{bmatrix} 2 \\ 0 \end{bmatrix} + \frac{2}{3}\begin{bmatrix} 4 \\ 9 \end{bmatrix}$는 볼록결합이다. 여기서 이 두 스칼라 승수는 1보다 작은 양수로서, 그들의 합이 1이 된다는 사실로부터, 이러한 볼록결합은 두 벡터의 **가중평균**으로 해석할 수 있다.†

(11.26) 으로 주어진 볼록결합의 특성은, 모든 가능한 θ의 값에 대해서, 결합의 결과로 얻어지는 합벡터가 점 u와 점 v를 연결하는 선분상에 위치한다는 것이다. 이는 [그림 11.9] 로 설명될 수 있는데, 여기에는 두 벡터 $u = \begin{bmatrix} u_1 \\ u_2 \end{bmatrix}$ 및 $v = \begin{bmatrix} v_1 \\ v_2 \end{bmatrix}$가 각각 (u_1, u_2) 및 (v_1, v_2)의 좌표를 갖는 두 점으로 그려져 있다. 만약 평행사변형을 만드는 $Oquv$와 같은 또 다른 벡터 q를 그리면 ([그림 4.3] 에서의 설명에 의해),

$$u = q + v \qquad \text{혹은} \qquad q = u - v$$

를 얻는다. 이때 벡터 u와 v의 볼록결합 (이를 w라 부르기로 한다) 은 벡터 q를 써서 나타낼 수

그림 11.9

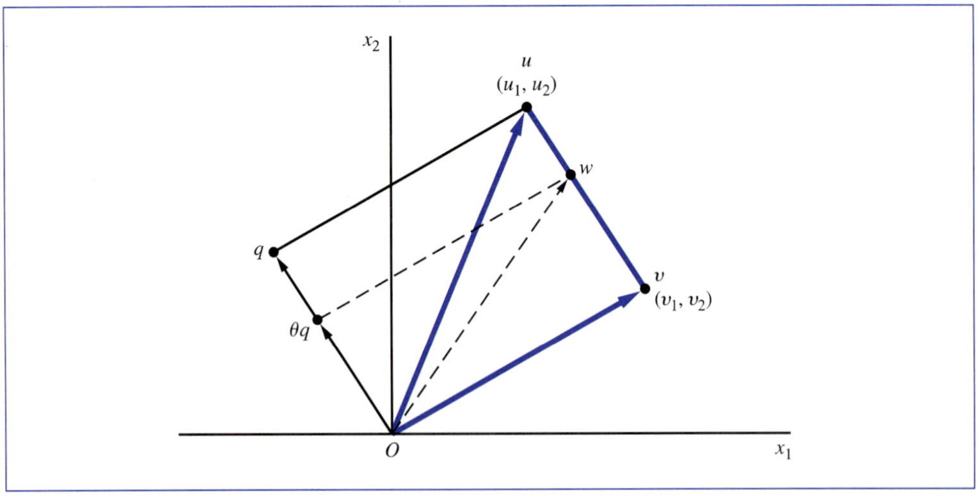

† 이것은 볼록 및 오목함수를 논의할 때 이미 설명하였다.

있다. 즉,

$$w = \theta u + (1-\theta)v = \theta u + v - \theta v = \theta(u-v) + v = \theta q + v$$

따라서 벡터 w를 그리려면 우리가 잘 알고 있는 평행사변형 방법에 의해서, w가 평행사변형의 대각선에 위치하도록 θq와 v를 단순히 더하기만 하면 된다. θ가 양의 소수이면, 벡터 θq는 단지 벡터 q를 축소한 것이므로, 벡터 θq는 선분 Oq상에 놓이게 된다. 그러므로 θq와 v를 더하면 벡터 w는 선분 uv상에 놓이게 되는데, 그 이유는 축소된 새로운 평생사변형은 원래의 평행사변형에서 qu변을 아래로 이동시킨 것에 불과하기 때문이다. 물론 벡터 w의 정확한 위치는 실수 θ의 값에 따라 변하게 되어, θ가 0에서 1로 변함에 따라 w의 위치는 v에서 u로 이동하게 된다. 따라서 u와 v를 포함한 선분 uv상의 모든 점들의 집합은 벡터 u와 v의 모든 볼록결합들의 집합과 일치한다.

이상의 논의로부터 볼록집합은 다음과 같이 다시 정의 될 수 있다.: 집합 S가 볼록이기 위한 필요충분조건은 어떤 두 점 $u \in S$ 및 $v \in S$와 모든 실수 $\theta \in [0, 1]$에 대해서, $w = \theta u + (1-\theta)v \in S$가 성립하는 것이다. 이것은 대수적 방법으로 정의된 것이므로, 벡터 u와 v가 위치한 공간의 차원에 관계없이 적용될 수 있다. 볼록집합에 관한 이 정의를 (11.20)의 볼록함수에 관한 정의와 비교하여 볼때, "볼록"이라는 똑같은 단어가 양자에 함께 사용되고 있으나 그 의미는 근본적으로 다른 것을 알 수 있다. **함수**를 설명할 때의 "볼록"이라는 단어는 곡선 혹은 곡면이 어떻게 굽어져야 하는가를 규정하는 것으로, 볼록함수는 골짜기의 형태를 이루어야 한다. 그러나 **집합**을 설명할 때의 볼록은 집합 내의 점들이 어떻게 모여 있는가를 규정하는 것으로, 집합의 내부에 구멍이 없고 그 경계선에는 움푹 패인 부분이 없어야만 한다. 그러므로 볼록함수와 볼록집합은 수학적으로 분명히 별개의 것이다.

그러나 볼록함수와 볼록집합은 전혀 관련이 없는 것은 아니다. 그 한 증거로, 볼록함수를 정의함에 있어서 정의역은 볼록집합이어야 한다는 것이다. 왜냐하면 볼록함수의 정의 (11.20)은 정의역 내의 어떤 임의의 두 점 u와 v에 대해서 u와 v의 모든 볼록집합, 즉 $\theta u + (1-\theta)v,\ 0 \le \theta \le 1$도 역시 정의역 내에 위치하는 것을 전제로 하고 있는데, 이는 정의역이 볼록집합이어야 함을 의미하는 것이기 때문이다. 이 전제를 만족시키기 위해 앞에서는 정의역이, 의심할 나위 없이 볼록집합인, n차원 공간 전체 (이때 n은 독립변수의 개수)로 이루어져 있다는 보다 강한 가정을 채택하였다. 그러나 이 n차원공간은 사실상 볼록집합이고, 또 이제는 볼록집합의 개념이 확실히 설정되었으므로, 그 가정을 충분히 완화시킬 수 있게 되었다. 이제 우리에게 필요한 가정은 정의역이, R^n 그 자체가 아니라, R^n의 볼록부분집합이라는 것이다.

볼록함수가 볼록집합과 관련되는 또 다른 측면이 있다. 만약 $f(x)$가 볼록함수라고 하면, 임의의 상수 k에 대해서 다음 집합은 볼록집합이 된다:

$$S^{\le} \equiv \{x \mid f(x) \le k\} \qquad [f(x)\ \text{볼록함수}] \tag{11.27}$$

이 볼록집합은 1변수함수의 경우에 대하여 [그림 11.10](a)에 예시되어 있다. 집합 $S^{\le}$는 점선으로 된 수평선과 그 아래쪽에 위치하는 $f(x)$ 곡선의 부분에 대응하는 모든 x값으로 구성되어 있다. 따라서 집합 $S^{\le}$는 수평축상에 굵은 점으로 표시된 선분이며, 그것은 볼록집합이다. k값이 변하면 집합 $S^{\le}$도 수평축상의 다른 선분으로 변하지만, 그것도 역시 볼록집합이다.

한 걸음 더 나아가, **오목**함수도 마찬가지 방법으로 볼록집합과 관련이 있음을 알수 있다. 우선 (11.20)에서 오목함수의 정의는 볼록함수와 마찬가지로 볼록집합인 정의역에 기초를 두고 있다.

그림 11.10

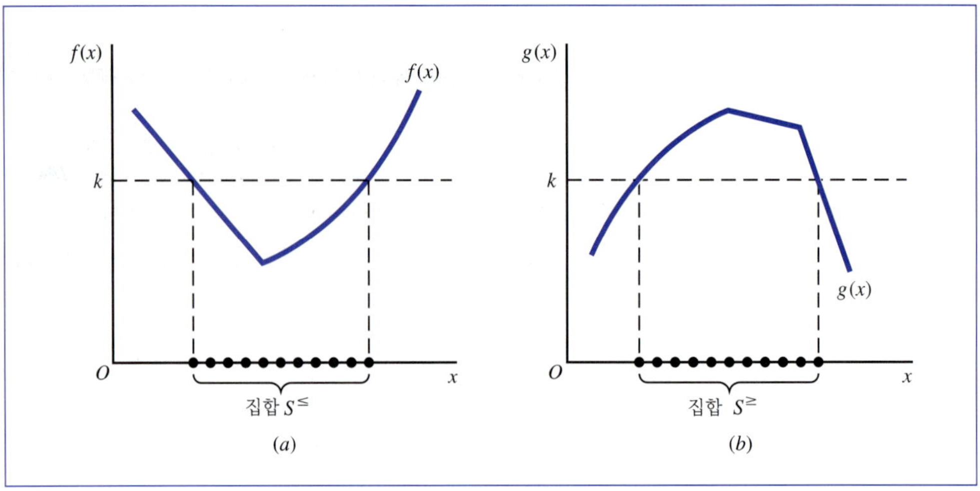

더구나 오목함수 — 예를 들어, $g(x)$ —도 주어진 어떤 상수 k에 대응하는 볼록집합을 형성 할 수 있다. 그 볼록집합은

$$S^{\geq} \equiv \{x \mid g(x) \geq k\} \qquad [g(x) \text{ 오목함수}] \tag{11.28}$$

이며, 여기에서는 ≤ 부호 대신에 ≥ 부호가 나타난다. 기하학적으로는 1변수함수를 예시한 [그림 11.10](b)에서 볼 수 있듯이, 집합 $S^{\geq}$는 점선으로 된 수평선과 그 위쪽에 위치하는 $g(x)$ 곡선의 부분에 대응하는 모든 x값을 포함한다. 따라서 집합 $S^{\geq}$도 수평축상의 선분이며 볼록집합이다.

비록 [그림 11.10]은 1변수함수의 경우만 보여 주고 있지만, (11.27)과 (11.28)에서의 $S^{\leq}$과 $S^{\geq}$에 대한 정의는 1변수함수에만 국한된 것이 아니다. 이는 x를 하나의 벡터로 해석하여도, 즉 $x=(x_1, \cdots, x_n)$이라 하여도 타당하다. 그러나 그 경우에는 (11.27)과 (11.28)은 n차원 공간에서의 볼록집합을 정의하게 된다. 주의할 것은, 볼록함수가 (11.27)을 의미하고 오목함수가 (11.28)을 의미하지만, 그 역은 성립하지 않는다는 것이다. 왜냐하면 (11.27)은 비볼록함수에 의해서도 만족될 수 있고, (11.28)은 비오목함수에 의해서도 만족 될 수 있기 때문이다. 이 문제는 제 12.4 절에서 좀 더 논의될 것이다.

연습문제 11.5

1. (11.20)을 이용하여 다음 함수가 오목, 볼록, 강오목, 강볼록 또는 그 중 어느 것도 아닌지의 여부를 검증하라.

   (a) $z=x^2$ (b) $z=x_1^2+2x_2^2$ (c) $z=2x^2-xy+y^2$

2. (11.24)와 (11.24′)를 이용하여 다음 함수가 오목, 볼록, 강오목, 강볼록 또는 그 중 어느 것도 아닌지의 여부를 검증하라.

   (a) $z=-x^2$ (b) $z=(x_1+x_2)^2$ (c) $z=-xy$

3. 문제 2. (c)의 답을 고려할 때, 이 절의 정리 3을 이용하여 문제 1. (c)에서의 함수 $z=2x^2-xy+y^2$의 검증과정을 분할할 수 있는가? 이에 답하고 설명하라.

4. 다음의 것들은 3차원 공간에서 볼록집합을 형성하는가?
   (a) 도넛 (b) 보올링 핀 (c) 둥근 구슬
5. 등식 $x^2+y^2=4$는 중심이 (0, 0)이고 반경이 2인 원을 나타낸다.
   (a) 집합 $\{(x, y) \mid x^2+y^2 \leq 4\}$를 기하학적으로 설명하라.
   (b) 이것은 볼록집합인가?
6. 다음 집합의 그래프를 그리고 그것이 볼록집합인가를 말하라.
   (a) $\{(x, y) \mid y = e^x\}$ (c) $\{(x, y) \mid y \leq 13 - x^2\}$
   (b) $\{(x, y) \mid y \geq e^x\}$ (d) $\{(x, y) \mid xy \geq 1; x > 0, y > 0\}$
7. $u = \begin{bmatrix} 10 \\ 6 \end{bmatrix}$, $v = \begin{bmatrix} 4 \\ 8 \end{bmatrix}$일 때 다음 중 어느 것이 u와 v의 **볼록**결합인가?
   (a) $\begin{bmatrix} 7 \\ 7 \end{bmatrix}$ (b) $\begin{bmatrix} 5.2 \\ 7.6 \end{bmatrix}$ (c) $\begin{bmatrix} 6.2 \\ 8.2 \end{bmatrix}$
8. 2차원 공간에서 두 벡터 u와 v가 주어졌을 때 다음을 구하고 그려 보라.
   (a) u와 v의 모든 선형결합의 집합
   (b) u와 v의 모든 비음의 선형결합의 집합
   (c) u와 v의 모든 볼록결합의 집합
9. (a) f와 g가 n변수함수인 경우에 대하여, (11.27)과 (11.28)을 다시 정의하라.
   (b) $n=2$일 때 함수 f는 (바로 세운) 아이스크림 콘 모양이고 g는 피라미드 모양이라고 하자. 집합 $S^{\leq}$와 $S^{\geq}$의 모양을 그려라.

11.6 | 경제학에의 응용

이 장을 시작할 때 우리는 선택변수가 둘 이상일 때의 일반적인 최적화문제의 예로서 다제품기업의 경우를 언급하였다. 이제 우리는 이 문제와 이와 비슷한 성질을 갖는 다른 문제들을 다룰 준비를 마친 셈이 된다.

다제품기업의 문제

예 1

먼저 완전경쟁하에서 두 제품을 생산하는 기업을 생각해 보자. 완전경쟁의 경우에 두 제품의 가격은 외생적으로 주어지므로, 이들을 각각 P_{10}, P_{20}로 표시할 수 있다. 그러면 이 기업의 수입함수는 다음과 같이 나타낼 수 있다.

$$R = P_{10}Q_1 + P_{20}Q_2$$

단, Q_i는 i 번째 제품의 단위기간당 산출량수준을 나타낸다. 그리고 이 기업의 비용함수는 다음과 같다고 가정하자.

$$C = 2Q_1^2 + Q_1Q_2 + 2Q_2^2$$

여기서 (첫번째 제품의 한계비용) $\partial C/\partial Q_1 = 4Q_1 + Q_2$는 Q_1뿐 아니라 Q_2의 함수라는 것에 주의하라. 마찬가지로 두 번째 제품의 한계비용도 역시 부분적으로 첫 번째 제품의 산출량수준에 의존한다. 그러므로 위에서 가정한 비용함수에 의하면 이 두 제품은 생산과정에서 기술적으로 서로 관련되어 있다고 생각할 수 있다.

이제 이 가상적인 기업의 이윤함수는 두 선택변수 (Q_1 및 Q_2)와 두 가격 파라미터의 함수로서 다음과 같이 나타낼 수 있다:

$$\pi = R - C = P_{10}Q_1 + P_{20}Q_2 - 2Q_1^2 - Q_1Q_2 - 2Q_2^2$$

여기서 우리의 과제는 π를 극대로 하는 Q_1과 Q_2 수준의 조합을 구하는 것이다. 이를 위해 먼저 이윤함수의 1계편도함수를 구하면 다음과 같다.

$$\begin{aligned} \pi_1 \left(\equiv \frac{\partial \pi}{\partial Q_1}\right) &= P_{10} - 4Q_1 - Q_2 \\ \pi_2 \left(\equiv \frac{\partial \pi}{\partial Q_2}\right) &= P_{20} - Q_1 - 4Q_2 \end{aligned} \qquad \textbf{(11.29)}$$

극대이기 위한 필요조건을 만족시키기 위해 두 방정식을 0으로 놓으면, 두 연립방정식

$$\begin{aligned} 4Q_1 + Q_2 &= P_{10} \\ Q_1 + 4Q_2 &= P_{20} \end{aligned}$$

을 얻게 되고, 이것을 풀면 다음과 같은 유일한 해를 얻을 수 있다.

$$Q_1^* = \frac{4P_{10} - P_{20}}{15} \qquad \text{및} \qquad Q_2^* = \frac{4P_{20} - P_{10}}{15}$$

그러므로 가격이 가령 $P_{10} = 12$, $P_{20} = 18$로 주어졌다면, $Q_1^* = 2$와 $Q_2^* = 4$를 얻게 되고 단위기간 당 극대이윤은 $\pi^* = 48$이 된다.

이것이 정말 극대이윤인지를 확인하기 위해 2계조건을 점검해 보자. (11.29)를 편미분하여 얻어지는 편도함수들로부터 다음과 같은 헤시안을 구성할 수 있다:

$$|H| = \begin{vmatrix} \pi_{11} & \pi_{12} \\ \pi_{21} & \pi_{22} \end{vmatrix} = \begin{vmatrix} -4 & -1 \\ -1 & -4 \end{vmatrix}$$

$|H_1| = -4 < 0$이고 $|H_2| = 15 > 0$이기 때문에, 헤시안행렬 (혹은 d^2z)은 음정부호이며, 따라서 위의 해가 이윤을 극대화한다는 것이 확인된다. 그런데 주소행렬식들의 부호는 어느 점에서 계산하더라도 일정하기 때문에, d^2z는 이 경우 모든 점에서 음정부호이다. 따라서 목적함수는 (11.25)에 의해 강오목함수이고, 위에서 구한 극대이윤은 유일한 절대적 극대가 된다.

예 2

이제 [예 1]의 문제를 독점시장에서 생각해 보자. 이 새로운 시장구조의 가정에 의하면, 두 제품의 가격이 산출량수준에 따라 변한다는 사실을 반영할수 있도록 수입함수를 수정하여야 한다 (두 제품의 산출량수준은 판매량수준과 같다고 가정함으로써 이 모형에서 재고축적은 고려하지 않는다). 산출량수준에 따라 변화하는 가격의 정확한 궤적은 이 독점기업이 직면한 두 제품의 수요함수들로부터 구할 수 있다.

이 독점기업이 직면한 두 수요함수를 다음과 같이 가정하자.

$$\begin{aligned} Q_1 &= 40 - 2P_1 + P_2 \\ Q_2 &= 15 + P_1 - P_2 \end{aligned} \qquad \textbf{(11.30)}$$

이 식은 두 제품이 **소비**의 측면에서 서로 관련되어 있음을 나타낸다. 구체적으로 말하면, 한 제품의 가격상승이 다른 제품의 수요를 증가시키기 때문에, 이 두 제품은 서로 대체재의 관계에 있다. (11.30)에는 수요량 Q_1과 Q_2가 가격의 함수로 표시되어 있지만, 우리의 현재 목적을 위해서는 가격 P_1과 P_2를 판매량 Q_1과 Q_2로 표시하는 것, 즉 두 제품의 평균수입함수를 아는 것이 훨씬 편리할 것이다. 그래서 (11.30)을 고쳐 쓰면

$$\begin{aligned} -2P_1 + P_2 &= Q_1 - 40 \\ P_1 - P_2 &= Q_2 - 15 \end{aligned}$$

가 되므로 (Q_1과 Q_2를 파라미터로 생각하고) 크래머의 공식을 적용하여 다음과 같이 P_1과 P_2에 관해서 풀 수 있다.

$$\begin{aligned} P_1 &= 55 - Q_1 - \ \ Q_2 \\ P_2 &= 70 - Q_1 - 2Q_2 \end{aligned} \tag{11.30'}$$

이 식은 우리가 구하려는 평균수입함수가 된다. 왜냐하면 $P_1 \equiv AR_1$, $P_2 \equiv AR_2$이기 때문이다.

결과적으로 기업의 총수입함수는 다음과 같이 나타낼 수 있다.

$$\begin{aligned} R &= P_1Q_1 + P_2Q_2 \\ &= (55 - Q_1 - Q_2)Q_1 + (70 - Q_1 - 2Q_2)Q_2 \qquad \text{[(11.30')에 의해]} \\ &= 55Q_1 + 70Q_2 - 2Q_1Q_2 - Q_1^2 - 2Q_2^2 \end{aligned}$$

또, 만약 총비용함수를

$$C = Q_1^2 + Q_1Q_2 + Q_2^2$$

이라고 가정하면, 이윤함수는 다음과 같이 된다.

$$\pi = R - C = 55Q_1 + 70Q_2 - 3Q_1Q_2 - 2Q_1^2 - 3Q_2^2 \tag{11.31}$$

이 이윤함수는 선택변수를 두 개 갖고 있는 목적함수이다. 그러나 일단 이윤을 극대화하는 산출량 수준 Q_1^* 및 Q_2^*를 구하면, 최적가격 P_1^* 및 P_2^*는 (11.30′)로부터 쉽게 얻어진다.

이 목적함수를 미분하면 다음과 같은 1계 및 2계편도함수를 얻을 수 있다.

$$\begin{aligned} &\pi_1 = 55 - 3Q_2 - 4Q_1 \qquad \pi_2 = 70 - 3Q_1 - 6Q_2 \\ &\pi_{11} = -4 \qquad \pi_{12} = \pi_{21} = -3 \qquad \pi_{22} = -6 \end{aligned}$$

π가 극대이기 위한 1계조건을 만족하기 위해서는 $\pi_1 = \pi_2 = 0$이어야만 한다. 즉,

$$\begin{aligned} 4Q_1 + 3Q_2 &= 55 \\ 3Q_1 + 6Q_2 &= 70 \end{aligned}$$

그러므로 해가 되는 (단위기간당) 산출량수준은 다음과 같다.

$$(Q_1^*, Q_2^*) = \left(8, 7\tfrac{2}{3}\right)$$

이 결과를 (11.30′)과 (11.31)에 각각 대입하면 다음을 얻는다.

$$P_1^* = 39\tfrac{1}{3} \qquad P_2^* = 46\tfrac{2}{3} \qquad \text{및} \qquad \pi^* = 488\tfrac{1}{3} \qquad \text{(단위기간당)}$$

그리고, 헤시안은 $\begin{vmatrix} -4 & -3 \\ -3 & -6 \end{vmatrix}$ 이므로

$$|H_1| = -4 < 0 \qquad 및 \qquad |H_2| = 15 > 0$$

으로 되어, π^*의 값은 극대이윤이 된다. 여기서도 주소행렬식들의 부호는 그것들이 어디서 계산되는가에 관계없이 결정된다. 그러므로 헤시안행렬은 어느 점에서나 음정부호이다. 이것은 목적함수가 강오목함수이며, 유일한 절대적 극대를 갖는다는 것을 의미한다.

가격차별

단일제품을 생산하는 기업에서도, 둘 또는 그 이상의 선택변수와 연루되는 최적화문제가 발생할 수 있다. 그러한 경우를 예로 들면, 어떤 독점기업이 단일제품을 둘 또는 그 이상의 분리된 시장 (예컨대, 국내시장과 해외시장)에 판매하고, 따라서 이윤을 극대화하기 위해서 각각의 시장에 대한 공급량 (Q_1, Q_2 등)을 결정해야 되는 경우이다. 일반적으로 시장이 다르면 수요조건도 다를 것이다. 그리고 만약 각 시장에서의 수요탄력성이 다르면, 이윤을 극대화하기 위해서 가격차별을 실시하게 될 것이다. 그러면, 이 잘 알려진 결론을 수학적으로 도출해 보자.

예 3

문제에 변화를 주기 위해서 이번에는 선택변수가 3개인 경우를 살펴보자. 즉 시장이 3개로 분리되어 있다고 가정하자. 또 구체적인 수치로 주어진 함수대신에 일반형태로 표시되는 함수를 다루기로 하자. 그리하여 우리가 다루는 독점기업은 다음과 같은 총수입함수와 총비용함수를 가진다고 가정된다.

$$R = R_1(Q_1) + R_2(Q_2) + R_3(Q_3)$$
$$C = C(Q) \qquad 단, \qquad Q = Q_1 + Q_2 + Q_3$$

기호 R_i는 i번째 시장의 수입함수이지, f_i와 같이 도함수를 의미하는 것은 아니다. 그러한 각 수입함수는 자연히 각 시장의 어떤 특정한 수요구조를 나타내게 되며, 그 수요구조는 일반적으로 다른 두 시장의 수요구조와는 다를 것이다. 한편, 비용측면을 보면, 단일기업이 3시장 모두를 대상으로 생산활동을 하므로 오직 하나의 비용함수만이 상정된다. $Q = Q_1 + Q_2 + Q_3$라는 사실에 비추어 볼 때, 총비용 C도 역시 기본적으로 모형의 선택변수를 구성하는 Q_1, Q_2 및 Q_3의 함수가 된다. 물론 $C(Q)$를 $C(Q_1 + Q_2 + Q_3)$로 쓸 수도 있다. 그러나 후자와 같은 표기법이 독립변수를 3개 포함하고 있다 하더라도 Q_i의 합이 하나로 고려되기 때문에, 이 비용함수는 1변수함수로 보아야 한다. 이와 대조적으로, 만약 비용함수가 $C(Q_1, Q_2, Q_3)$의 형태로 표시된다면, 독립변수들은 각각 별개의 변수로 취급되어야 한다.

이제 이윤함수는

$$\pi = R_1(Q_1) + R_2(Q_2) + R_3(Q_3) - C(Q)$$

가 되고, 이 함수의 1계편도함수 $\pi_i \equiv \partial/\partial Q_i (i = 1, 2, 3)$는 다음과 같다.†

$$\pi_1 = R_1'(Q_1) - C'(Q)\frac{\partial Q}{\partial Q_1} = R_1'(Q_1) - C'(Q) \qquad \left[\frac{\partial Q}{\partial Q_1} = 1 \text{이므로}\right]$$
$$\pi_2 = R_2'(Q_2) - C'(Q)\frac{\partial Q}{\partial Q_2} = R_2'(Q_2) - C'(Q) \qquad \left[\frac{\partial Q}{\partial Q_2} = 1 \text{이므로}\right] \qquad \mathbf{(11.32)}$$

$$\pi_3 = R_3'(Q_3) - C'(Q)\frac{\partial Q}{\partial Q_3} = R_3'(Q_3) - C'(Q) \qquad \left[\frac{\partial Q}{\partial Q_3} = 1 \text{이므로}\right]$$

이 식들을 동시에 0으로 놓으면 다음을 얻는다.

$$C'(Q) = R_1'(Q_1) = R_2'(Q_2) = R_3'(Q_3)$$

즉,

$$MC = MR_1 = MR_2 = MR_3$$

그러므로 생산량 Q_1, Q_2 및 Q_3의 수준은 각 시장에서의 한계수입이 총산출량 Q의 한계비용과 같아지도록 선택되어야 한다. 이 조건이 가격차별에 대해서 갖는 의미를 알아보기 위해, 먼저 각 시장에서의 MR이 그 시장에서의 가격과 어떻게 관련되어 있는가를 살펴보자. 각 시장의 수입은 $R_i = P_iQ_i$이므로 한계수입은 다음과 같이 된다.

$$\begin{aligned} MR_i \equiv \frac{dR_i}{dQ_i} &= P_i\frac{dQ_i}{dQ_i} + Q_i\frac{dP_i}{dQ_i} \\ &= P_i\left(1 + \frac{dP_i}{dQ_i}\frac{Q_i}{P_i}\right) = P_i\left(1 + \frac{1}{\varepsilon_{di}}\right) \qquad [(8.4)\text{에 의해}]^{\dagger\dagger\dagger} \end{aligned}$$

단 ε_{di}는 i번째 시장에서의 수요의 점탄력성으로 보통 음의 값을 갖는다. 결과적으로 MR과 P_i간의 관계는 다음 식으로 나타나게 된다.

$$MR_i = P_i\left(1 - \frac{1}{|\varepsilon_{di}|}\right) \qquad \textbf{(11.33)}$$

일반적으로 $|\varepsilon_{di}|$는 P_i의 함수이므로, Q_i^*가 선택되어 P_i^*가 결정되면 $|\varepsilon_{di}|$ 역시 특정한 값을 가지게 될 것이다. 그리고 그 값은 1보다 크거나, 작거나, 또는 1과 같을 것이다. 만약 $|\varepsilon_{di}| < 1$이면 (수요가 그 점에서 비탄력적이면), 그 역수는 1보다 크게 될 것이며 (11.33)의 괄호 안의 값은 음이 될 것이다. 이것은 MR_i가 음의 값을 갖는다는 것을 의미한다. 마찬가지로 $|\varepsilon_{di}| = 1$이면 (단위탄력적이면), MR_i는 0의 값을 갖게 된다. 그런데 기업의 MC는 양이기 때문에, 1계조건 $MC = MR_i$에 의하여, 기업은 양의 MC_i 수준에서 조업해야 한다. 그러므로 기업이 선택한 각 시장에서의 판매량 수준 Q_i는 수요의 점탄력성이 1보다 큰 그런 수준에서 결정될 수밖에 없다.

이제 1계조건 $MR_1 = MR_2 = MR_3$는 (11.33)에 의해 다음과 같이 변형될 수 있다.

$$P_1\left(1 - \frac{1}{|\varepsilon_{d1}|}\right) = P_2\left(1 - \frac{1}{|\varepsilon_{d2}|}\right) = P_3\left(1 - \frac{1}{|\varepsilon_{d3}|}\right)$$

이 식으로부터 이윤을 극대화하려면, 어떤 특정 시장의 $|\varepsilon_{di}|$의 값 (선택된 산출량수준에서의 값)

† $\partial C/\partial Q_i$ 를 구하기 위하여 연쇄법칙이 사용된다.

즉, $\dfrac{\partial C}{\partial Q_i} = \dfrac{dC}{dQ}\dfrac{\partial Q}{\partial Q_i}$ 이다.††

†† 역주 : 여기서 $\partial C/\partial Q_i$ 라고 할 때는 비용함수를 $C(Q_1, Q_2, Q_3)$로 보고, dC/dQ 라고 할 때는 $C(Q)$로 보고 있음에 주의할 필요가 있다.

††† 역주 : 이 관계를 유도함에 있어서는 식 (8.4)뿐 아니라 수요함수 $Q_i(P_i)$가 P_i의 단조(감소) 함수여서, 그 역함수가 존재한다는 것을 전제로 한다 (그 역함수는 물론 평균수입함수이다).

이 **작을수록**, 그 시장에 과하는 가격은 **더** 높아져야 한다는 것 — 즉 가격차별 — 을 즉시 추론할 수 있다.

이 조건이 이윤극대화를 보장하는지를 알아보기 위하여 2계조건을 검증해 보자. 먼저 (11.32)로부터 2계편도함수를 구하면 다음과 같다.

$$\pi_{11} = R_1''(Q_1) - C''(Q)\frac{\partial Q}{\partial Q_1} = R_1''(Q_1) - C''(Q)$$

$$\pi_{22} = R_2''(Q_2) - C''(Q)\frac{\partial Q}{\partial Q_2} = R_2''(Q_2) - C''(Q)$$

$$\pi_{33} = R_3''(Q_3) - C''(Q)\frac{\partial Q}{\partial Q_3} = R_3''(Q_3) - C''(Q)$$

$$\pi_{12} = \pi_{21} = \pi_{13} = \pi_{31} = \pi_{23} = \pi_{32} = -C''(Q) \qquad \left[\frac{\partial Q}{\partial Q_i} = 1 \text{ 이므로}\right]$$

따라서 (2계편도함수 기호를 간략하게 하면) 다음과 같은 헤시안 행렬식을 얻는다.

$$|H| = \begin{vmatrix} R_1'' - C'' & -C'' & -C'' \\ -C'' & R_2'' - C'' & -C'' \\ -C'' & -C'' & R_3'' - C'' \end{vmatrix}$$

그러므로 다음이 성립하면 2계충분조건은 만족될 것이다.

1. $|H_1| = R_1'' - C'' < 0$; 즉, MR_1의 기울기가 전체 산출량에 대한 MC의 기울기 보다 더 작아야 한다. ([그림 9.7](C)의 점 L을 참조) (세 시장 중 어느 것이나 "첫 번째" 시장이 될 수 있기 때문에, 이것은 사실 $R_2'' - C'' < 0$ 및 $R_3'' - C'' < 0$을 의미한다).
2. $|H_2| = (R_1'' - C'')(R_2'' - C'') - (C'')^2 > 0$; 혹은, $R_1'' R_2'' - (R_1'' + R_2'')C'' > 0$
3. $|H_3| = R_1'' R_2'' R_3'' - (R_1'' R_2'' + R_1'' R_3'' + R_2'' R_3'')C'' < 0$

마지막 두 조건은 첫 번째 조건과는 달리 경제적으로 해석하기가 쉽지 않다.† 만약 일반함수 형태의 $R_i(Q_i)$ 함수들이 모두 오목이고, 일반함수 형태의 $C(Q)$ 함수는 볼록 (즉, $-C(Q)$는 오목)이라고 가정했더라면, 이윤함수는 오목함수들의 합이므로 역시 오목함수이고, 따라서 2계조건을 검토할 필요는 없었을 것이다.

† 역주: 본문에서 설명하지 못한 2계충분조건의 나머지 두 조건의 경제적 의미를 살펴보기로 하자. 이들 두 조건은

$$2^*.\quad \frac{|H_2|}{|H_1|} = \frac{R_1'' R_2'' - C''(R_1'' + R_2'')}{R_1'' - C''} < 0$$

$$3^*.\quad \frac{|H_3|}{|H_2|} = \frac{R_1'' R_2'' R_3'' - C''(R_1'' R_2'' + R_2'' R_3'' + R_3'' R_1'')}{R_1'' R_2'' - C''(R_1'' + R_2'')} < 0$$

으로 표현해도 무방하다.

먼저 조건 2*의 의미를 알아보기 위해서 다음과 같은 상황을 상정해 보자: Q_3는 $\overline{Q_3}$ 수준에서 고정되어 있고, Q_2만이 독립적으로 변하며, Q_1은 그에 종속적으로 변화되, 이 때 Q_1에 관한 다음과 같은 1계 필요조건이 항등적으로 성립한다고 말이다. 즉,

$$\pi(Q_1, Q_2, \overline{Q_3}) = R_1'(Q_1) - C'(Q_1 + Q_2 + Q_3) \equiv 0$$

따라서 Q_2가 독립적으로 변할 때, Q_1의 종속적 변화는

$$\pi_{11}dQ_1 + \pi_{12}dQ_2 = 0 \Leftrightarrow R_1''\,dQ_1 - C''dQ_1 - C''dQ_1 - C''dQ_2 = 0$$

으로부터

$$\frac{dQ_1}{dQ_3} = \frac{C''}{R''_1 - C''}$$

임을 알 수 있다. 이러한 제약조건하에서의 π_2 를 다음과 같은 새로운 함수로 표현할 수 있다.

$$\pi_2^*(Q_1, Q_3) \equiv \pi_2(Q_1(Q_2)Q_2, \overline{Q_3})$$
$$\equiv R'_2(Q_2) - C'(Q_1(Q_2) + Q_2 + \overline{Q_3})$$

이 π_2^* 함수를 Q_2 에 관해서 미분하면

$$\frac{\partial \pi_2^*}{\partial Q_2} = R''_2 - (C'' \frac{dQ_1}{dQ_2} + C'')$$
$$= R''_2 - (\frac{(C'')^2}{R''_1 - C''} + C'')$$
$$= \frac{R''_1 R''_2 - C''(R''_1 + R''_2)}{R''_1 - C''}$$
$$= \frac{|H_2|}{|H_1|}$$

을 얻으므로 결국 조건 2^* 는 $\frac{\partial \pi_2^*}{\partial Q_2} < 0$ 와 동치이다. 즉, Q_2 의 변화에 따른 직접적인 변화 C'' 뿐만 아니라 우리가 전제로 한 상황에서 Q_2 의 변화에 따른 Q_1 의 변화를 통한 간접적인 한계비용의 변화 $C''\frac{dQ_1}{dQ_2}$ 을 모두 고려한 한계비용함수의 기울기를

$$C^{*''} = C'' + \frac{(C'')^2}{R''_1 - C''}$$

라고 정의할 때, 조건 2^* 는

$$R''_2 - C^{*''} < 0$$

이어야 한다는 것이다.

다음으로 조건 3^* 의 의미를 알기 위해서는 다음과 같은 상황을 상정한다: 각 시장에서 판매량은 모두 변할 수 있지만 Q_3 만이 독립적으로 변하고, Q_1 과 Q_2 는 그에 종속적으로 항상 최적변화하되, Q_1 및 Q_2 에 대해서는 다음과 같이 1계필요조건이 항등적으로 성립한다고 본다.

즉,

$$\pi_1 = R'_1(Q_1) - C'(Q_1 + Q_2 + Q_3) \equiv 0$$
$$\pi_2 = R'_2(Q_2) - C'(Q_1 + Q_2 + Q_3) \equiv 0$$

이를 풀어서 Q_1 과 Q_2 를 Q_3 의 함수로 나타내면, Q_1 과 Q_2 의 Q_3 에 관한 편도함수는 다음의 과정을 거쳐서 유도된다.

$$R''_1\, dQ_1 - (C''dQ_1 + C''dQ_2 + C''dQ_3) = 0$$
$$R''_2\, dQ_2 - (C''dQ_1 + C''dQ_2 + C''dQ_3) = 0$$

즉,

$$\begin{bmatrix} (R''_1 - C'') & -C'' \\ -C'' & (R''_2 - C'') \end{bmatrix} \begin{bmatrix} dQ_1 \\ dQ_2 \end{bmatrix} = \begin{bmatrix} C'' \\ C'' \end{bmatrix} dQ_3$$

로부터

$$\frac{\partial Q_1}{\partial Q_3} = \frac{C''R''_2}{(R''_1 - C'')(R''_2 - C'') - (C'')^2} = \frac{C''R''_2}{R''_1 R''_2 - (R''_1 + R''_2)}$$
$$\frac{\partial Q_2}{\partial Q_3} = \frac{C''R''_1}{(R''_1 - C'')(R''_2 - C'') - (C'')^2} = \frac{C''R''_1}{R''_1 R''_2 - (R''_1 + R''_2\, C'')}$$

을 얻는다. 그리하여 이러한 상황에서의 Q_3 에 관한 한계이윤함수를 $\pi_3^{**}(Q_3)$ 라 하면 이는 다음과 같이 정의 된다.

예 4

위의 예를 보다 확실히 이해하기 위해 수치로 주어진 함수를 다루어 보자. 독점기업이 다음과 같은 구체적인 평균수입함수들을 가지고 있다고 가정하자.

$$P_1 = 63 - 4Q_1 \qquad \text{따라서} \qquad R_1 = P_1Q_1 = 63Q_1 - 4Q_1^2$$
$$P_2 = 105 - 5Q_2 \qquad\qquad R_2 = P_2Q_2 = 105Q_2 - 5Q_2^2$$
$$P_3 = 75 - 6Q_3 \qquad\qquad R_3 = P_3Q_3 = 75Q_3 - 6Q_3^2$$

그리고 이 독점기업의 총비용함수는

$$C = 20 + 15Q$$

라고 가정하자. 그러면 한계함수들은 다음과 같이 된다.

$$R_1' = 63 - 8Q_1 \qquad R_2' = 105 - 10Q_2 \qquad R_3' = 75 - 12Q_3 \qquad C' = 15$$

$$\pi_3^{**}(Q_3) = \pi_3(Q_1(Q_3), Q_2(Q_3), Q_3) \equiv R'_3(Q_3) - C'(Q_1(Q_3) + Q_2(Q_3) + Q_3)$$

이 π_3^{**}함수를 Q_3에 관하여 미분하면,

$$\begin{aligned}\frac{\partial \pi_3^{**}}{\partial Q_3} &= R''_3 - C''(\frac{\partial Q_1}{\partial Q_3} + \frac{\partial Q_2}{\partial Q_3} - C'') \\ &= R''_3 - C''\frac{C''R''_2 + C''R''_1 + R''_1 R''_2 - C''(R''_1 + R''_2)}{R''_1 R''_2 - (R''_1 + R''_2)C''} \\ &= R''_3 - C''\frac{R''_1 R''_2 R''_3 - C''(R''_1 R''_2 + R''_2 R''_3 + R''_3 R''_1}{R''_1 R''_2 - C''(R''_1 + R''_2)} \\ &= \frac{|H_3|}{|H_2|}\end{aligned}$$

을 얻으므로 결국 조건 3^*은 $\frac{\partial \pi_3^{**}}{\partial Q_3} < 0$과 동치이다. 즉, Q_3가 변화할 때 한계비용에 미치는 그것의 직접적 효과 C''뿐만 아니라 Q_1, Q_2의 변화를 통한 간접적 효과 $C''(\frac{\partial Q_1}{\partial Q_3} + \frac{\partial Q_2}{\partial Q_3})$을 모두 고려한 한계비용함수의 기울기는

$$C^{**''} \equiv C'' + \frac{(C'')^2 R''_1 + (C'')^2 R''_2}{R''_1 R''_2 - (R''_1 + R''_2)C''}$$

라고 정의할 때 조건 3^*은

$$R''_2 - C^{**} < 0$$

이어야 한다는 것이다.

우리가 시장을 분류하기 위해 매긴 번호의 순서는 임의적이므로 이상의 논의는 모든 시장에 대해서 성립한다. 따라서 우리가 얻은 결과를 정리하면 p.340 2계충분조건은 다음과 같은 경제적 의미를 갖는 것으로 해석할 수 있다.

1. $R''_i - C'' < 0$
2. $R''_i - C^*_{(i)} < 0$ 　단, $i = 1, 2, 3$
3. $R''_i - C^{**''}_{(i)} < 0$

첫 번째 조건은 통상적인 의미에서 한계비용곡선의 기울기가 한계수입곡선의 기울기보다 크다는 것이다.

두 번째 조건은 i시장의 판매량이 변할 때 나머지 두 시장의 판매량 중 하나는 고정되어 있고 나머지 하나는 그에 따라 최적조정하는 상황하에서의, 한계비용곡선의 기울기가 한계수입 곡선의 그것보다 크다는 것이다.

세 번째 조건은 i시장의 판매량이 변할 때 나머지 두 시장의 판매량이 모두 최적조정하는 상황하에서의 한계비용곡선의 기울기가 한계수입곡선의 그것보다 크다는 것이다. 요컨대, 우리가 위에서 언급한 세 종류의 한계비용곡선의 기울기를 포괄적으로 함축하는 "일반화된 한계비용곡선의 기울기"를 상정할 수 있다면, 2계충분조건을, "일반화된 한계비용곡선의 기울기가 한계수입곡선의 기울기보다 크다"라고 해석할 수 있다.

각 한계수입 R'_i 를 총산출량의 한계비용 C' 와 같게 놓고, 이를 풀면 다음과 같은 균형량을 얻을 수 있다.

$$Q_1^* = 6 \qquad Q_2^* = 9 \qquad \text{및} \qquad Q_3^* = 5$$

즉

$$Q^* = \sum_{i=1}^{3} Q_i^* = 20$$

이들 해를 수입함수와 비용함수에 대입하면, 세 시장의 판매에서 얻어지는 총이윤은 $\pi^* = 679$ 가 된다.

이것은 수치로 주어진 특정 모형이기 때문에, 2계조건 (또는 목적함수의 오목성) 을 검증해야만 한다. 2계도함수들이

$$R_1'' = -8 \qquad R_2'' = -10 \qquad R_3'' = -12 \qquad C'' = 0$$

이므로 [예 3] 에서 주어진 3개의 2계충분조건이 모두 만족된다.

우리는 평균수입함수로부터, 이 기업이 세 시장에서 차별가격 $P_1^* = 39$, $P_2^* = 60$, 및 $P_3^* = 45$ 로 설정하게 되는 것을 쉽게 알 수 있다. 또 수요의 점탄력성은 가격이 가장 높은 두 번째 시장에서 가장 작다는 것을 쉽게 확인할 수 있다.

기업의 요소투입량 결정

기업의 선택변수는 생산량수준 Q_i 대신에 요소투입량으로도 나타난다.

예 5

경쟁적 기업의 이윤함수를 다음과 같다고 하자.

$$\pi = R - C = PQ - wL - rK \tag{11.34}$$

단, P = 가격
Q = 산출량
L = 노동투입량
K = 자본투입량
w, r = 각각 노동과 자본의 가격

기업은 경쟁시장에서 활동하므로 $P, w,$ 및 r 은 외생변수이다 (여기서 하첨자 0을 생략하였다). 내생변수들은 $K, L,$ 및 Q 세 개이다. 그러나 산출량 Q 는 생산함수

$$Q = Q(K, L)$$

을 통하여 K 와 L 의 함수가 된다. 우리는 생산함수를

$$Q = L^\alpha K^\beta$$

형태의 (제 12.6 절에서 더 자세히 논의되는) 콥-더글라스 함수 (Cobb-Douglas function) 라고 가정한다. 여기서 α 와 β 는 양의 파라미터들이다. 만약 우리가 추가로 규모수익감소를 가정하면, $\alpha + \beta < 1$ 이 된다. 이해하기 쉽도록, 우리는 $\alpha = \beta < \frac{1}{2}$ 이 되는 대칭의 경우, 즉

$$Q = L^\alpha K^\alpha \tag{11.35}$$

를 가정한다. (11.35)를 (11.34)에 대입하면, 다음을 얻는다.

$$\pi(K, L) = PL^{\alpha}K^{\alpha} - wL - rK$$

이윤극대화의 1계조건은 다음과 같이 된다.

$$\begin{aligned} \frac{\partial \pi}{\partial L} &= P\alpha L^{\alpha-1}K^{\alpha} - w = 0 \\ \frac{\partial \pi}{\partial K} &= P\alpha L^{\alpha}K^{\alpha-1} - r = 0 \end{aligned} \tag{11.36}$$

이 방정식체계를 풀면 이윤극대화를 가져다 주는 최적 L과 K를 얻을 수 있다. 그러나 먼저 이것이 정말로 극대값인지를 확인하기 위해 2계조건을 점검하기로 한다.

이 문제의 헤시안은 다음과 같다.

$$|H| = \begin{vmatrix} \pi_{LL} & \pi_{LK} \\ \pi_{KL} & \pi_{KK} \end{vmatrix} = \begin{vmatrix} P\alpha(\alpha-1)L^{\alpha-2}K^{\alpha} & P\alpha^2 L^{\alpha-1}K^{\alpha-1} \\ P\alpha^2 L^{\alpha-1}K^{\alpha-1} & P\alpha(\alpha-1)L^{\alpha}K^{\alpha-2} \end{vmatrix}$$

극대에 대한 충분조건은 $|H_1| < 0$ 및 $|H| > 0$ 이다:

$$\begin{aligned} |H_1| &= P\alpha(\alpha-1)L^{\alpha-2}K^{\alpha} < 0 \\ |H| &= P^2\alpha^2(\alpha-1)^2L^{2\alpha-2}K^{2\alpha-2} - P^2\alpha^4L^{2\alpha-2}K^{2\alpha-2} \\ &= P^2\alpha^2L^{2\alpha-2}K^{2\alpha-2}(1-2\alpha) > 0 \end{aligned}$$

그러므로, $\alpha < \frac{1}{2}$에 대하여, 2계충분조건은 충족된다.

이제 우리는 1계조건으로 되돌아가 최적의 K와 L을 풀 수 있다. K를 분리시키기 위해 (11.36)의 처음 방정식을 다시 쓰면 다음을 얻는다.

$$\begin{aligned} P\alpha L^{\alpha-1}K^{\alpha} &= w \\ K &= \left(\frac{w}{P\alpha}L^{1-\alpha}\right)^{\frac{1}{\alpha}} \end{aligned}$$

이것을 (11.36)의 두 번째 방정식에 대입하면,

$$P\alpha L^{\alpha}K^{\alpha-1} - r = P\alpha L^{\alpha}\left[\left(\frac{w}{P\alpha}L^{1-\alpha}\right)^{\frac{1}{\alpha}}\right]^{\alpha-1} - r = 0$$

을 얻거나 또는 다음을 얻는다.

$$P^{\frac{1}{\alpha}}\alpha^{\frac{1}{\alpha}}w^{(\alpha-1)/\alpha}L^{(2\alpha-1)/\alpha} = r$$

L에 대해 풀기위해 다시 정리하면 다음을 얻는다.

$$L^* = (P\alpha w^{\alpha-1}r^{-\alpha})^{1/(1-2\alpha)}$$

모형의 대칭성을 이용하면, 최적 K는 바로 다음과 같이 쓸 수 있다.

$$K^* = (P\alpha r^{\alpha-1}w^{-\alpha})^{1/(1-2\alpha)}$$

L^*와 K^*는 기업의 요소수요방정식이다. L^*와 K^*를 생산함수에 대입하면, 다음을 얻는다.

$$\begin{aligned} Q^* &= (L^*)^{\alpha}(K^*)^{\alpha} \\ &= (P\alpha w^{\alpha-1}r^{-\alpha})^{\alpha/(1-2\alpha)}(P\alpha r^{\alpha-1}w^{-\alpha})^{\alpha/(1-2\alpha)} \\ &= \left(\frac{\alpha^2 P^2}{wr}\right)^{\alpha/(1-2\alpha)} \end{aligned} \tag{11.37}$$

이것은 최적산출량을 외생변수 p, w, 및 r의 함수를 나타낸 식이 된다.

예 6

다음과 같은 상황을 가정해 보자:

(1) 어떤 가상적인 기업이 단일제품 Q를 생산하는데 두 생산요소 a와 b를 사용한다. (2) 이 기업은 제품가격 P와 마찬가지로 두 생산요소의 가격 P_a와 P_b를 통제할 수 없다: 그러므로 이들은 각각 P_0, P_{a0}, P_{b0}로 표기하기로 한다. (3) 이 생산공정은 t_0년 (t_0는 양의 상수임)이 걸린다. 따라서 장래의 판매수입이 현 시점에서 부담해야 하는 생산비용과 정확히 비교되려면, 이 판매수입은 적절히 할인되어야 한다. 할인율은 연속복리계산방식 r_0로 주어진다고 가정한다.

가정 1에 따라서 일반생산함수를 $Q=Q(a, b)$로, 한계실물생산을 Q_a, Q_b로 나타낼 수 있다. 가정 2에 의하여, 총비용을

$$C = P_{a0}a + P_{b0}b$$

로, 총수입을

$$R = P_0 Q(a, b)$$

로 표시할 수 있다. 그러나 이윤함수를 구하기 위해서는 먼저 수입을 할인해야 하는데, 총수입함수에 $e^{-r_0 t_0}$를 곱하면 현재가치로 할인된 수입을 얻는다 — 그러나 상첨자 안에 또 하첨자가 나타나는 복잡함을 피하기 위해 그것을 e^{-rt}로 쓰기로 한다. 즉 이윤함수는

$$\pi = P_0 Q(a, b)e^{-rt} - P_{a0}a - P_{b0}b$$

가 되고, 여기서 a와 b만이 선택변수이다.

이윤을 극대화하기 위해서는, 1계편도함수들

$$\begin{aligned} \pi_a \left(\equiv \frac{\partial \pi}{\partial a}\right) &= P_0 Q_a e^{-rt} - P_{a0} \\ \pi_b \left(\equiv \frac{\partial \pi}{\partial b}\right) &= P_0 Q_b e^{-rt} - P_{b0} \end{aligned} \tag{11.38}$$

가 모두 0이 되어야 한다. 이것은 다음을 의미한다.

$$P_0 Q_a e^{-rt} = P_{a0} \qquad \text{및} \qquad P_0 Q_b e^{-rt} = P_{b0} \tag{11.39}$$

$P_0 Q_a$ (제품가격과 생산요소 a의 한계생산의 곱)는 **생산요소 a의 한계생산의 가치**(value of marginal product of input a: VMP_a)를 나타내기 때문에, 첫 번째 방정식은 단지 VMP_a의 현재가치가 생산요소 a의 가격과 일치해야 한다는 것을 의미한다. 두 번째 방정식은 위와 동일한 논리를 생산요소 b에 적용한 것이다.

(11.39)를 만족하기 위해서는, P_0, P_{a0}, P_{b0} 및 e^{-rt}가 모두 양의 값을 갖기 때문에, 한계실물생산 Q_a와 Q_b는 모두 양이어야 한다. 이 사실은, 동일한 산출량수준을 가져다주는 생산요소의 조합들의 궤적으로 정의되는 **등생산곡선**(isoquant)의 해석에 중요한 함의를 준다. ab평면에 등생산

곡선을 그리면, 그것은 일반적으로 [그림 11.11] 과 같은 형태로 나타난다. 각각의 등생산곡선은 고정된 산출량수준과 관련되기 때문에, 어떤 등생산곡선에서도 다음 식이 성립하여야 한다.

$$dQ = Q_a\,da + Q_b\,db = 0$$

이 식은 등생산곡선의 기울기가

$$\frac{db}{da} = -\frac{Q_a}{Q_b} \qquad \left(= -\frac{\text{MPP}_a}{\text{MPP}_b}\right) \tag{11.40}$$

로 표시될 수 있음을 의미한다.

그러므로 Q_a 와 Q_b 가 모두 양이 되려면, 등생산곡선의 기울기가 음인 부분으로 기업의 생산요소 선택범위를 제한하여야 한다. 이에 따라 [그림 11.11] 에서 기업의 적절한 조업 범위는 두 "분계선"(ridge line) 에 의해 정의되는 음영으로 표시한 부분으로 제한된다. 이 분계선의 밖에서는 등생산곡선의 기울기가 양이 되어 한 생산요소의 한계생산은 음이 된다. 예를 들어, 점 M의 생산요소 조합에서 점 N의 생산요소 조합으로 이동하는 것은 생산요소 b를 일정하게 유지한 채 생산요소 a를 **증가시켜 보다 낮은** 등생산곡선 (보다 작은 산출) 으로 이동하는 것을 의미한다. 즉, Q_a 가 음이 된다. 마찬가지로 M' 에서 N' 로의 이동은 Q_b 가 음임을 보여 준다. 이제 분석범위를 음영으로 표시한 부분으로 한정하면 각 등생산곡선은 $b = \phi(a)$ 형태의 함수로 취급할 수 있게 된다. 왜냐하면 모든 a 의 값에 대하여 하나의 등생산곡선은 유일한 b 값을 결정하기 때문이다.

2계조건은 (11.38) 로부터 구할 수 있는 π 의 2계편도함수들과 관련된다. 도함수 Q_a 와 Q_b 가 변수 a 와 b 의 함수임을 고려하면, π_{aa}, $\pi_{ab}(=\pi_{ba})$ 및 π_{bb} 를 구할 수 있으며, 그것들을 다음과 같은 헤시안으로 배열할 수 있다.

$$|H| = \begin{vmatrix} \pi_{aa} & \pi_{ab} \\ \pi_{ab} & \pi_{bb} \end{vmatrix} = \begin{vmatrix} P_0 Q_{aa} e^{-rt} & P_0 Q_{ab} e^{-rt} \\ P_0 Q_{ab} e^{-rt} & P_0 Q_{bb} e^{-rt} \end{vmatrix} \tag{11.41}$$

그림 11.11

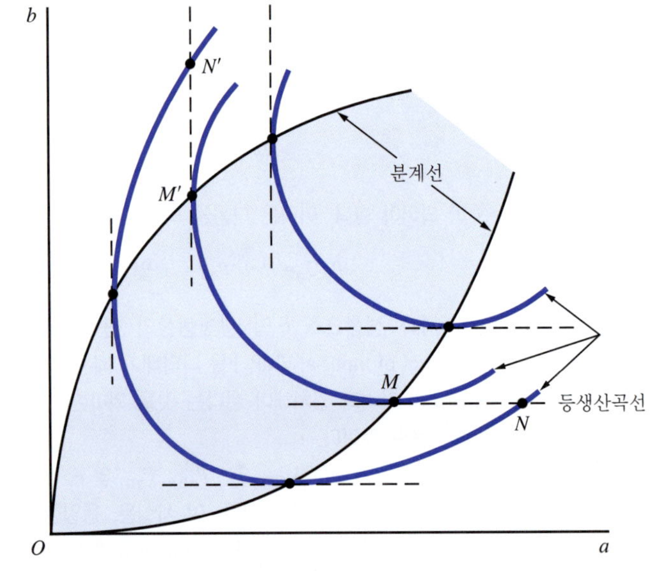

π 의 정지값이 극대이기 위한 충분조건은 다음과 같다.

$$|H_1| < 0 \qquad [\text{즉, } \pi_{aa} < 0 \text{ 이고, 이것은 } Q_{aa} < 0 \text{ 와 동치이다}]$$
$$|H_2| = |H| > 0 \qquad [\text{즉, } \pi_{aa}\pi_{bb} > \pi_{ab}^2 \text{ 이고, 이것은 } Q_{aa}Q_{bb} > Q_{ab}^2 \text{ 와 동치이다}]$$

따라서 2계조건은 π_{ij} 도함수들 또는 Q_{ij} 도함수들 중 더 편리한 것을 써서 검증할 수 있다.

기호 Q_{aa}는 생산요소 b가 고정된 반면에 생산요소 a가 변할 때의 $Q_a(\equiv \text{MPP}_a)$ 의 변화율을 나타내고, 마찬가지로 Q_{bb}는 생산요소 b만이 변할 때의 $Q_b(\equiv MPP_b)$의 변화율을 나타낸다. 그래서 2계충분조건은 부분적으로 두 생산요소의 MPP가 선택된 요소투입량 a^*와 b^*에서 **체감**한다는 조건을 필요로 한다. 그러나 MPP_a와 MPP_b가 체감한다는 사실이 2계조건의 충족을 보장하는 것은 아니다. 왜냐하면 2계조건이 $Q_{ab} = Q_{ba}$의 값도 함께 포함하고 있기 때문이다(여기서 Q_{ab}는 요소 b가 변할 때 요소 a의 MPP의 변화율을 나타낸다).

좀 더 고찰해 보면, 1계조건은 선택된 생산요소조합([그림 11.11]의 음영으로 표시한 부분)에서 등생산곡선의 기울기가 음으로 됨을 규정하듯이, 2계충분조건은 이 등생산곡선이 선택된 생산요소조합에서 강볼록이라는 것†을 규정함을 알 수 있다. 이 등생산곡선의 곡률(curvature)은 2계도함수 d^2b/da^2의 부호와 관련된다. d^2b/da^2 을 얻기 위해서는, (11.40)을 a에 관해서 전미분해야 하는데, 이때 Q_a와 Q_b는 모두 a와 b의 도함수이며 또 등생산곡선상에서 b는 a의 함수라는 사실을 염두에 두어야 한다. 즉,

$$Q_a = Q_a(a, b) \qquad Q_b = Q_b(a, b) \qquad \text{및} \qquad b = \phi(a)$$

따라서 전미분은 다음과 같이 구해진다.

$$\frac{d^2b}{da^2} = \frac{d}{da}\left(-\frac{Q_a}{Q_b}\right) = -\frac{1}{Q_b^2}\left[Q_b\frac{dQ_a}{da} - Q_a\frac{dQ_b}{da}\right] \tag{11.42}$$

등생산곡선상에서 b는 a의 함수이므로, 전미분공식 (8.9)로부터 다음을 얻을 수 있다.

$$\begin{aligned} \frac{dQ_a}{da} &= \frac{\partial Q_a}{\partial b}\frac{db}{da} + \frac{\partial Q_a}{\partial a} = Q_{ba}\frac{db}{da} + Q_{aa} \\ \frac{dQ_b}{da} &= \frac{\partial Q_b}{\partial b}\frac{db}{da} + \frac{\partial Q_b}{\partial a} = Q_{bb}\frac{db}{da} + Q_{ab} \end{aligned} \tag{11.43}$$

(11.40)을 (11.43)에 대입한 후, 그 결과를 다시 (11.42)에 대입하면, 2계도함수는 다음과 같이 된다.

$$\begin{aligned} \frac{d^2b}{da^2} &= -\frac{1}{Q_b^2}\left[Q_{aa}Q_b - Q_{ba}Q_a - Q_{ab}Q_a + Q_{bb}Q_a^2\left(\frac{1}{Q_b}\right)\right] \\ &= -\frac{1}{Q_b^3}[Q_{aa}(Q_b)^2 - 2Q_{ab}(Q_a)(Q_b) + Q_{bb}(Q_a)^2] \end{aligned} \tag{11.44}$$

괄호 안의 식 (마지막 줄)은 두 변수 Q_a, Q_b로 이루어지는 2차형식임을 알 수 있다. 만약 2계충분조건이 만족되고, 따라서

$$Q_{aa} < 0 \qquad \text{및} \qquad \begin{vmatrix} Q_{aa} & -Q_{ab} \\ -Q_{ab} & Q_{bb} \end{vmatrix} > 0$$

† 역주: 이는 등생산곡선의 식 $b = \phi(a)$에서 함수 ϕ가 강볼록함수라는 것을 뜻하는 것으로서, 이는 명제 (11.25)에 의할 때, $d^2b/da^2 > 0$가 항상 성립하는 것을 보임으로써 확인할 수 있다. 이하의 논증은 바로 이를 위한 것이다.

이 만족되면, (11.11′)에 따라 위의 2차형식은 음정부호이어야 한다. 이때 Q_b는 1계조건에서 양의 값을 갖도록 제약되었기 때문에, d^2b/da^2는 양이 된다. 따라서 이미 언급한 바와 같이, 2계조건이 만족된다고 하는 것은 (기울기가 음인) 등생산곡선이 선택된 생산요소 조합에서 강볼록임을 의미한다.

2차원의 ab 평면에 그려진 바 있는 등생산곡선 $b = \phi(a)$에 적용한 강볼록성의 개념은 3차원인 abQ 공간에 그려진 생산함수 $Q(a, b)$ 자체에 적용되는 강볼록성 개념과는 주의 깊게 구별되어야 한다. 특히 현재논의와 관련하여, 생산함수에 강오목성 또는 강볼록성의 개념 중의 하나를 적용하여야 한다면, 우리가 바라는 등생산곡선 모양을 얻기 위해서는 $Q(a, b)$는 3차원 공간에서 강오목함수 (둥근 지붕 모양)로 규정되어야 한다. 이것은 그에 대응하는 등생산곡선이 2차원 평면에서 강**볼록**함수 (U 자형 또는 U 자형의 일부분과 같은 형태)라는 규정과 명백한 대조를 이룬다.†

예 7 이자가 **사분기**마다 복리로 계산되고, 그 이자율이 사분기당 i_0라고 하자. 또한 제품의 생산에는 꼭 1사분기가 소용된다고 하자. 그러면 이윤함수는 다음과 같이 된다.

$$\pi = P_0 Q(a, b)(1 + i_0)^{-1} - P_{a0}a - P_{b0}b$$

이제 1계조건은 다음과 같이 된다.

$$P_0 Q_a(1 + i_0)^{-1} - P_{a0} = 0$$
$$P_0 Q_b(1 + i_0)^{-1} - P_{b0} = 0$$

이것은 할인방법이 다르다는 점을 제외하고는, 수학적으로 [예 5]와 똑같이 설명될 수 있다.

여러분들은 여기서도 [예 6]에서 얻은 것과 동일한 충분조건이 적용되어야 한다는 것을 알 수 있을 것이다.

연습문제 11.6

1. 만일 [예 1]의 경쟁기업이 비용함수 $C = 2Q_1^2 + 2Q_2^2$을 갖는다면
   (a) 두 제품의 생산과정은 여전히 기술적으로 관련되어 있는가?
   (b) Q_1과 Q_2의 새로운 최적수준은 얼마인가?
   (c) π_{12}의 값은 얼마인가? 이것은 경제적으로 무엇을 의미하는가?
2. 두 제품을 생산하는 어떤 기업의 수요함수와 비용함수는 다음과 같다.
   $$Q_1 = 40 - 2P_1 - P_2 \qquad Q_2 = 35 - P_1 - P_2 \qquad C = Q_1^2 + 2Q_2^2 + 10$$
   (a) 이윤극대화를 위한 1계조건을 만족하는 산출량수준을 구하라 (분수를 사용).
   (b) 2계충분조건을 검토하라. 유일한 절대적 극대값을 갖는다고 할 수 있는가?
   (c) 극대이윤은 얼마인가?
3. [예 4]의 균형가격과 균형량에서 수요의 점탄력성 $|\varepsilon_{di}|$ $(i = 1, 2, 3)$을 구하라. 수요탄력성이 가장 큰 시장과 가장 작은 시장을 찾아내라.
4. [예 4]의 비용함수가 $C = 20 + 15Q + Q^2$으로 변했을 때

† 역주: 이상의 논증은 2계조건이 등생산곡선의 강볼록성의 충분조건임을 보여준다. 그러나 그 역은 성립하지 않는다. 즉 등생산곡선이 원점에 대해서 강볼록이라는 사실이 2계조건을 보장하는 것은 아니다. pp.340–342의 역주와 비슷한 과정을 거쳐서 우리는 2계조건과 동치인 조건은 한계생산의 체감을 일반화한 "일반화된 한계생산 체감"이라고 부를 수 있는 조건임을 보일 수 있다.

(*a*) 새로운 한계비용함수를 구하라.
(*b*) 새로운 균형량을 구하라 (분수를 사용).
(*c*) 새로운 균형가격을 구하라.
(*d*) 2계충분조건이 성립함을 보여라.

5. 만약 아래의 조건들이 적용된다면 [예 6] 의 이윤함수는 어떻게 고쳐 써야 하는가?
   (*a*) 이자가 연 i_0 의 이자율로 반년마다 복리로 계산되고, 생산공정은 1년이 소요되는 경우
   (*b*) 이자가 연 i_0 의 이자율로 매분기마다 복리로 계산되고, 생산공정은 9개월이 소요되는 경우
6. $Q = Q(a, b)$일 때 산출량수준이, 가령 260이 되는 등생산곡선은 대수적으로 어떻게 표현할 수 있는가?

11.7 | 최적화의 비교정태적 측면

정태균형분석의 특별한 변형인 최적화문제는 자연히 비교정태분석의 연구대상이 된다. 이 최적화문제의 비교정태분석은 어떤 파라미터의 변화가 모형의 균형상태, 즉 선택변수의 최적치 (그리고, 목적함수의 최적치) 에 어떻게 영향을 미치는가를 밝히는 것이다. 제 3 부에서 논의한 것 이상의 새로운 분석방법은 필요하지 않기 때문에, 제 11.6 절에서 소개한 예들을 토대로 몇 가지 시례를 들면서 이 문제에 바로 접근할 수 있다.

축약형의 해

제 11.6 절의 [예 1] 은 두 파라미터 (또는 외생변수) P_{10} 및 P_{20} 를 포함하고 있다. 따라서 두 제품을 생산하는 기업의 최적산출량수준은 순전히 이 두 파라미터들로 표시할 수 있다. 즉,

$$Q_1^* = \frac{4P_{10} - P_{20}}{15} \qquad \text{및} \qquad Q_2^* = \frac{4P_{20} - P_{10}}{15}$$

이것은 축약형의 해이기 때문에, 이 모형의 비교정태적 특성은 단순히 편미분만으로 충분히 알아낼 수 있다. 즉,

$$\frac{\partial Q_1^*}{\partial P_{10}} = \frac{4}{15} \qquad \frac{\partial Q_1^*}{\partial P_{20}} = -\frac{1}{15} \qquad \frac{\partial Q_2^*}{\partial P_{10}} = -\frac{1}{15} \qquad \frac{\partial Q_2^*}{\partial P_{20}} = \frac{4}{15}$$

이 식으로부터 만약 이 기업이 생산하는 한 제품의 시장가격이 상승하거나 또는 다른 제품의 시장가격이 하락한다면, 이 기업은 이윤극대화를 위해서 가격이 상승한 제품의 생산을 증가시켜야 한다는 것을 알 수 있다.

물론 이러한 결론은 이 모형에 관한 특정한 가정으로부터 나온다. 특히, P_{10} 의 변화가 Q_2^*에 미치는 효과와 P_{20} 의 변화가 Q_1^*에 미치는 효과는 이들 두 제품의 생산측면에 있어서 가정된 기술적 관계의 결과라고 할 수 있다. 따라서 그런 관계가 존재하지 않는다면

$$\frac{\partial Q_1^*}{\partial P_{20}} = \frac{\partial Q_2^*}{\partial P_{10}} = 0$$

이 될 것이다.†

다음으로 [예 2]의 경우를 보면, 최적산출량수준은 $Q_1^* = 8$ 과 $Q_2^* = 7\frac{2}{3}$ 와 같이 구체적인 수치로 주어져 있고, 파라미터는 나타나지 않는다. 사실, 모형에 포함된 방정식에서 모든 상수는 파라미터가 아니라 수치이므로, 해를 얻기까지는 산술적인 계산과정 전체를 통하여 이 상수들은 그들 본연의 정체를 상실하게 된다. 이것이 뜻하는 중요한 점은 수치인 상수를 사용하는 것은 근본적으로 일반성의 결여를 가져오게 되어, 그 결과 균형해의 비교정태분석을 불가능하게 한다는 것이다.

그렇지만 수치로 표시된 상수를 사용하지 **않는다고**해서 비교정태분석이 자동적으로 가능해 진다는 것은 아니다. 예를 들어, 가격차별 문제 ([예 3])는 주로 균형 (이윤극대화) 조건을 다루기 위해서 설정되었고, 이 문제에 파라미터는 전혀 도입되지 않았다. 그러므로 일반함수로 표시되어 있다고 하더라도, 비교정태 문제를 분석하려면 모형을 다시 정식화 하는 것이 필요하게 된다.

일반함수모형

[예 6]에서 논의된 요소투입량 결정 문제는 일반함수모형이 몇 개의 파라미터를 포함하고 있는 경우를 나타낸 한 예이다. 사실상 [예 6]에서는 5개나 되는 파라미터 (P_0, P_{a0}, P_{b0}, r 및 t)가 포함되어 있다 (여기서도 외생변수 r_0와 t_0에 대해서는 전과 같이 하첨자 0이 생략되어 있다). 그러면 우리는 이 모형의 비교정태적인 특징을 어떻게 유도할 수 있는가?

이 문제에 대한 해답은 음함수정리를 다시 적용함으로써 얻을 수 있다. 그러나 우리가 시장모형이나 국민소득결정모형과 같이 비목적 균형을 다룰 경우에는 분석의 대상이 모형의 균형조건들이었지만, 이와는 달리 목적균형을 다루는 현재의 상황에서는 최적화의 1계조건들이 분석이 대상이 되어야 한다. [예 6]의 경우, 이들 조건은 (11.39)로 주어져 있다. (11.39)의 모든 항들을 등호의 좌변으로 모으고, Q_a와 Q_b를 모두 내생 (선택) 변수 a와 b의 함수로 명시하면, 1계조건은 다음과 같이 (8.24)의 형식으로 고쳐 쓸 수 있다.

$$\begin{aligned} F^1(a, b; P_0, P_{a0}, P_{b0}, r, t) &= P_0 Q_a(a, b)e^{-rt} - P_{a0} = 0 \\ F^2(a, b; P_0, P_{a0}, P_{b0}, r, t) &= P_0 Q_b(a, b)e^{-rt} - P_{b0} = 0 \end{aligned} \qquad \textbf{(11.45)}$$

함수 F^1과 F^2는 연속인 도함수를 갖는다고 가정된다. 따라서 내생변수 a와 b에 관한 이 방정식체계의 야코비안이 원래의 균형점에서 0이 되지 않는다면, 음함수정리를 적용할 수 있다. 그런데 이 야코비안은 단지 [예 6]에 주어진 π 함수의 헤시안행렬식에 지나지 않는다는 것을 알 수 있다. 즉,

$$|J| = \begin{vmatrix} \dfrac{\partial F^1}{\partial a} & \dfrac{\partial F^1}{\partial b} \\ \dfrac{\partial F^2}{\partial a} & \dfrac{\partial F^2}{\partial b} \end{vmatrix} = \begin{vmatrix} P_0 Q_{aa}e^{-rt} & P_0 Q_{ab}e^{-rt} \\ P_0 Q_{ab}e^{-rt} & P_0 Q_{bb}e^{-rt} \end{vmatrix} = |H| \quad \text{[(11.41)에 의해]} \qquad \textbf{(11.46)}$$

그러므로 이윤극대화의 2계충분조건이 만족된다고 가정하면, 원래의 균형점 혹은 최적점에서 $|H|$는 반드시 양이어야 하고, 따라서 $|J|$도 양이어야 한다. 이 경우, 음함수정리에 의해서 한 쌍의 묵시적함수

$$\begin{aligned} a^* &= a^*(P_0, P_{a0}, P_{b0}, r, t) \\ b^* &= b^*(P_0, P_{a0}, P_{b0}, r, t) \end{aligned} \qquad \textbf{(11.47)}$$

† 역주: 이는 비용함수에서, Q_1Q_2 항이 없어짐을 의미한다. 그렇게 되면 식 (11.29)의 첫째 식에서는 Q_2가 사라지고, 둘째 식에서는 Q_1이 사라진다.

와 한쌍의 항등식

$$\begin{aligned} P_0 Q_a(a^*, b^*)e^{-rt} - P_{a0} \equiv 0 \\ P_0 Q_b(a^*, b^*)e^{-rt} - P_{b0} \equiv 0 \end{aligned} \tag{11.48}$$

을 얻을 수 있다.

이 모형에 대한 비교정태분석을 하기 위해서는 먼저 (11.48)의 각 항등식을 전미분해야 한다. 일단 외생변수들이 모두 변화할 수 있도록 허용하기로 하면, 전미분의 결과는 dP_0, dP_{a0}, dP_{b0}, dr, dt와 함께 da^*, db^*도 포함하게 될 것이다. 등호의 좌변에 da^*, db^*를 포함하는 항들만을 두기로 하면, 다음과 같은 결과를 얻는다:

$$\begin{aligned} P_0 Q_{aa} e^{-rt} da^* + P_0 Q_{ab} e^{-rt} db^* &= -Q_a e^{-rt} dP_0 + dP_{a0} \\ &\quad + P_0 Q_a t e^{-rt} dr + P_0 Q_a r e^{-rt} dt \\ P_0 Q_{ab} e^{-rt} da^* + P_0 Q_{bb} e^{-rt} db^* &= -Q_b e^{-rt} dP_0 + dP_{b0} \\ &\quad + P_0 Q_b t e^{-rt} dr + P_0 Q_b r e^{-rt} dt \end{aligned} \tag{11.49}$$

여기서 Q의 1계도함수와 2계도함수들은 모두 균형점, 즉 a^*와 b^*에서 계산된 것이다. 또 좌변의 da^*와 db^*의 계수들은 바로 (11.46)의 야코비안을 구성하는 원소들임에 주목하기 바란다.

특정한 비교정태도함수들 — 모두 10개의 도함수들 (그 이유는?) — 을 얻기 위해서, 이제 우리는 한번에 오직 하나의 외생변수만이 변화한다고 가정하기로 한다. 우선 P_0만이 변화한다고 가정하면, $dP_0 \neq 0$이지만 $dP_{a0} = dP_{b0} = dr = dt = 0$이므로, (11.49)의 두 방정식의 우변에는 오직 첫 번째 항만이 남게 된다. 전체를 dP_0로 나누고, 비율 da^*/dP_0와 db^*/dP_0를 비교정태도함수 $(\partial a^*/\partial P_0)$와 $(\partial b^*/\partial P_0)$로 각각 해석하면, 우리는 다음과 같은 행렬방정식을 얻는다.

$$\begin{bmatrix} P_0 Q_{aa} e^{-rt} & P_0 Q_{ab} e^{-rt} \\ P_0 Q_{ab} e^{-rt} & P_0 Q_{bb} e^{-rt} \end{bmatrix} \begin{bmatrix} (\partial a^*/\partial P_0) \\ (\partial b^*/\partial P_0) \end{bmatrix} = \begin{bmatrix} -Q_a e^{-rt} \\ -Q_b e^{-rt} \end{bmatrix}$$

크래머의 법칙에 따라 그 해를 구하면 다음과 같다:

$$\begin{aligned} \left(\frac{\partial a^*}{\partial P_0}\right) &= \frac{(Q_b Q_{ab} - Q_a Q_{bb}) P_0 e^{-2rt}}{|J|} \\ \left(\frac{\partial b^*}{\partial P_0}\right) &= \frac{(Q_a Q_{ab} - Q_b Q_{aa}) P_0 e^{-2rt}}{|J|} \end{aligned} \tag{11.50}$$

원한다면 이 결과는 다른 방법으로도 얻을 수 있다. 즉 (11.48)의 두 항등식을 P_0에 관해서 단순히 (다른 네 개의 외생변수는 고정시킨 채) 전미분해도 (11.50)을 얻을 수 있는데, 이때 P_0는 (11.47)을 통해서 a^*와 b^*에 영향을 준다는 점을 유념해야 한다.

이제 (11.50)의 비교정태도함수들의 부호를 분석해 보자. 2계충분조건이 만족된다는 가정에 따라, 분모에 있는 야코비안은 양이어야 한다. 1계조건이 Q_a와 Q_b가 양인 것을 의미하는 것처럼, 2계조건은 Q_{aa}와 Q_{bb}가 음인 것을 의미한다. 더구나 $P_0 e^{-2rt}$는 반드시 양이다. $Q_{ab} > 0$이면 (즉, 한 요소의 투입증가가 다른 요소의 MPP를 증가시킨다면), $(\partial a^*/\partial P_0)$와 $(\partial b^*/\partial P_0)$는 모두 양이라고 결론지을 수 있다. 이는 제품가격의 상승이 균형점에서 모든 생산요소의 투입량을 증가시킨다는 것을 의미하는 것이다. 반면에 $Q_{ab} < 0$일 때, (11.50)의 각 도함수의 부호는 우변의 괄호 안에 있는 음의 값과 양의 값의 상대적인 크기에 따라서 결정된다.

다음에는 외생변수 r만이 홀로 변한다고 가정하자. 그러면 (11.49)의 우변에 있는 모든 항은 dr을 포함하는 항만을 제외하고 모두 0이 된다. 그 결과를 $dr \neq 0$로 나누면, 행렬방정식

$$\begin{bmatrix} P_0 Q_{aa} e^{-rt} & P_0 Q_{ab} e^{-rt} \\ P_0 Q_{ab} e^{-rt} & P_0 Q_{bb} e^{-rt} \end{bmatrix} \begin{bmatrix} (\partial a^*/\partial r) \\ (\partial b^*/\partial r) \end{bmatrix} = \begin{bmatrix} P_0 Q_a t e^{-rt} \\ P_0 Q_b t e^{-rt} \end{bmatrix}$$

을 얻고, 이것을 풀면 다음과 같은 해를 얻는다:

$$\begin{aligned} \left(\frac{\partial a^*}{\partial r}\right) &= \frac{t(Q_a Q_{bb} - Q_b Q_{ab})(P_0 e^{-rt})^2}{|J|} \\ \left(\frac{\partial b^*}{\partial r}\right) &= \frac{t(Q_b Q_{aa} - Q_a Q_{ab})(P_0 e^{-rt})^2}{|J|} \end{aligned} \qquad \textbf{(11.51)}$$

만약 Q_{ab}가 양이면, 이 두 비교정태도함수들은 모두 음이 되지만, Q_{ab}가 음이면 부호를 결정할 수 없다.

마찬가지 방법으로, 나머지 파라미터가 변화할 때의 효과도 분석할 수 있다. 실제로 (11.48)에서 r과 t가 서로 대칭적인 관계에 있기 때문에, $(\partial a^*/\partial t)$와 $(\partial b^*/\partial t)$는 모두 (11.51)과 비슷한 형태가 될 것이다.

P_{a0}와 P_{b0}가 변화할 때의 효과는 여러분들이 직접 분석해 보기 바란다. 여러분들은 2계충분조건으로 주어지는 부호의 제약이 비교정태도함수를 계산하는 데 있어서 또다시 유용하다는 사실을 알게 될 것이다. 왜냐하면 2계충분조건은 최초의 균형 (최적) 점에서의 야코비안 $|J|$뿐만 아니라 Q_{aa}와 Q_{bb}의 부호를 정할 수 있게 해주기 때문이다. 그러므로 2계조건은 극대와 극소를 구별하는 데 있어서는 말할 것도 없고 균형상태의 이동을 연구하는데 있어서도 중요한 역할을 하게 된다.

연습문제 11.7

다음의 세 문제에 대해서 $Q_{ab} > 0$임을 가정하자.

1. (11.45)부터 (11.48)까지에서 제시된 모형을 근거로 하여 비교정태도함수 $(\partial a^*/\partial P_{a0})$ 및 $(\partial b^*/\partial P_{a0})$를 구하고, 그 결과의 경제적 의미를 설명하라. 또 P_{b0}의 변화가 a^*와 b^*에 미치는 효과를 분석하라.
2. 제 11.6 절의 [예 7]에서
   (*a*) 파라미터는 모두 몇 개인가? 그것들을 열거하라.
   (*b*) 2계충분조건이 만족된다고 가정하고, (11.45)부터 (11.50)까지에서 논의한 방법에 따라 비교정태도함수 $(\partial a^*/\partial P_{a0})$ 및 $(\partial b^*/\partial P_{b0})$를 구하라. 또 그들의 부호를 확인하고, 그 경제적 의미를 설명하라.
   (*c*) $(\partial a^*/\partial i_0)$ 및 $(\partial b^*/\partial i_0)$를 구하고, 그들의 부호를 확인한 다음, 그 경제적 의미를 설명하라.
3. (11.50)의 결과는, 다른 외생변수들을 고정시킨 채 (11.48)의 두 항등식을 P_0에 관해서 전미분하여도 얻어질 수 있음을 보여라. 이때 P_0는 (11.47)에 의하여 a^*와 b^*에 영향을 미칠 수 있다는 점에 유의하라.
4. (7.27)에서 정의된 것처럼, 야코비행렬식은 1계편도함수들로 구성되어 있다. 반면에 제 11.3과 제 11.4 절에서 정의된 것처럼 헤시안 행렬식은 2계편도함수들로 구성되어 있다. 그런데 어찌하여 (11.46)에서처럼, $|J| = |H|$가 될 수 있는가?

Chapter 11 요약

❖ 다변수함수의 극대와 극소 ❖

1. 1변수함수 $z = f(x)$의 최적조건은 도함수 대신에 미분을 써서 나타낼 수 있다. 즉, 1계미분을 $dz \equiv f'(x)\,dx$, 2계미분을 $d^2z \equiv f''(x)\,dx^2$으로 정의하면, 최적화의 1계필요조건은 $dz = 0$이 성립하는 것이다. 그리고 극대의 2계필요조건은 1계필요조건이 충족되는 점에서 $d^2z \leqq 0$이라는 부등식이 성립하는 것이고, 2계충분조건은 $d^2z < 0$이 성립하는 것이다.
2. n 변수함수 $z = f(x, \cdots, z_n) \equiv f(x)$의 경우에도 1계미분을 $dz \equiv f_1(x)\,dx_1 + \cdots + f_n(x)\,dx_n$으로 정의할 수 있고, 2계미분 d^2z는 dx에 관한 2차형식으로 다음과 같이 정의할 수 있다.

$$d^2z = [dx_1 \cdots dx_n]\ H[dx_1 \cdots dx_n] \equiv (dx)'H(dx)$$

   이 경우에도 최적화의 1계필요조건은 $dz = 0$으로 나타낼 수 있고, 극대의 2계필요조건은 1계필요조건이 충족되는 점에서 $dx = 0$인 모든 dx에 관하여 $d^2z \leqq 0$으로 되는 것이고, 2계충분조건은 같은 dx에 관하여 $d^2z < 0$인 것이다.
3. 일반적으로 2차형식 $q = u'Du = \sum_{i=1}^{n}\sum_{j=1}^{n} d_{ij}u_iu_j$에 관하여 $u \neq 0$일때 $q > 0$이면 그 2차형식은 양정부호 2차형식이라고 하고, $q \geq 0$일 때는 양반정부호 2차형식이라 한다 (부호를 바꾸면 각각 음정부호 및 음반정부호 2차형식이 된다).
4. $n \times n$의 계수행렬 D의 i계주소행렬식을

$$|D_i| \equiv \begin{vmatrix} d_{11} & d_{12} & \cdots & d_{1i} \\ d_{21} & d_{22} & \cdots & d_{2i} \\ & \vdots & & \\ d_{i1} & d_{i2} & \cdots & d_{ii} \end{vmatrix}, \qquad i = 1, 2, \cdots, n$$

   라고 정의하면 2차형식 $U'DU$ 또는 행렬 D가 양정부호가 되는 필요충분조건은 $|D_1| > 0$, $|D_2| > 0, \cdots, |D_n| \equiv |D| > 0$이다. 즉 $|D_i| > 0$이 모든 $i = 1, \cdots, n$에 관하여 성립하는 것이다. 또 음정부호가 되는 필요충분조건은 $(-1)^i|D_i| > 0$이 모든 $i = 1, \cdots, n$에 관하여 성립하는 것이다.
5. 행렬방정식 $D_x = r_x$을 만족하는 스칼라 r을 행렬 D의 특성근이라 하고, x를 그에 대응하는 특성벡터라 한다.
6. 2차형식 $U'DU$ 또는 행렬 D가 양정부호가 되는 필요충분조건은 D의 모든 특성근이 양이 되는 것이다. 그리고 양반정부호가 되는 필요충분조건은 D의 모든 특성근이 비음인 것이다 (음(반) 정부호의 조건은 양을 음으로 바꾸어 놓으면 된다).
7. 상대적 극값에 관한 검증법은 <표 11.2>에 요약되어 있다.
8. 최적화의 2계조건은 함수의 오목성 및 볼록성에 의해서 대체될 수 있다. [그림 11.5]는 이 관계를 요약해서 나타내 주고 있다.

Chapter 12

등식제약하의 최적화

제 11장에서 우리는 둘 또는 그 이상의 선택변수로 이루어진 목적함수의 상대적 극값을 구하는 일반적인 해법을 알아보았다. 그 방법의 한가지 중요한 특징은, 한 변수에 관한 결정이 나머지 변수들의 선택에 아무런 영향을 미치지 않는다는 의미에서, 모든 선택변수들이 상호 독립적이라는 것이다. 예를 들면, 두 제품을 생산하는 기업은 그가 원하는 어떤 산출량수준 Q_1이나 어떤 산출량 수준 Q_2라도 선택할 수 있고, 이 두 선택은 서로 제한을 주지 않는다.

그러나 만약 이 기업이 (생산량할당과 같은) $Q_1 + Q_2 = 950$이라는 형태의 제약을 꼭 준수하면서 생산을 해야 한다면, 선택변수들 사이의 그러한 독립성은 없어지게 될 것이다. 이러한 상황에서는, 기업의 이윤극대화를 만족시키는 산출량수준 Q_1^*와 Q_2^*는 상호 동시적일 뿐만 아니라 종속적일 것이다. 왜냐하면 950이라는 결합된 할당량을 충족시키기 위해서는 Q_1^*가 증가하면 Q_2^*는 감소되어야 하기 때문이다. 이와 같은 생산량할당을 만족시키는 새로운 최적값은 일종의 **제약하의 최적치** (constrained optimum)이며, 이는 일반적으로 제 11장에서 논의한 **무제약하의 최적치** (free optimum)와는 같지 않을 것이다.

위에서 예로 든 생산할당과 같은 제약은 선택변수로서의 역할에 있어서 두 변수 간에 어떤 관계를 형성한다. 그러나 이것은 이 변수들을 서로 연결시켜 주는 다른 형태의 관계들과는 구별되어야 한다. 즉 제 11.6절의 [예 2]의 경우를 보면, 기업의 두 생산물이 생산측면 (비용함수에 반영되는)에 있어서 뿐만 아니라 소비측면 (대체재)에 있어서도 관련되어 있다. 그러나 이같은 사실만으로는 그 문제를 제약하의 최적화문제로 볼 수 없는데, 그 이유는 두 산출량 변수가 **선택변수로서는** 여전히 **독립적**이기 때문이다. 변수들이 선택변수의 자격으로서 서로 종속적인 관계를 가질 경우에만 비로소 제약하의 최적화문제가 되는 것이다.

이 장에서는 $Q_1 + Q_2 = 950$과 같은 등식제약만을 다룰 것이다. 우리의 주된 관심은 제약하의 **상대적** 극값에 관한 것이지만 **절대적** 극값에 관해서도 제 12.4절에서 논의할 것이다.

12.1 | 제약의 효과

제약을 가하는 주된 목적은, 최적화문제에 존재하는 어떤 제약요인들을 올바르게 인식하려는 데 있다.

우리는 이미 생산량할당으로 인하여 산출량 선택이 어떻게 제약받는가를 보았다. 보다 구체적으로 설명하기 위하여 단순한 효용 (지수) 함수

$$U = x_1 x_2 + 2x_1 \tag{12.1}$$

을 가지는 소비자를 생각해 보자. 이제 x_1과 x_2가 모두 양이면 한계효용 (편도함수 $U_1 = \partial U/\partial x_1$ 및 $U_2 = \partial U/\partial x_2$)은 양이 되기 때문에, 아무 제약없이 U를 극대화하려면 소비자는 두 재화를 무한량 구매해야 하는데, 이것은 현실적으로 거의 의미를 갖지 못한다. 최적화문제가 의미를 갖도록 하려면 소비자의 구매력도 역시 고려되어야 할 것이다. 즉 **예산제약** (budget constraint)이 반드시 문제에 반영되어야 한다. 만약 소비자가 일정 금액, 예컨대 60(단위 만원)을 두 재화에 모두 지출할 의사를 가지고 있고, 또 두 재화의 경상가격이 $P_{10} = 4$와 $P_{20} = 2$라고 하면, 예산제약은 선형방정식

$$4x_1 + 2x_2 = 60 \tag{12.2}$$

으로 나타낼 수 있다. 이 제약은, 앞에서 본 생산할당과 같이, x_1^*와 x_2^*의 선택을 서로 종속적으로 만든다.

이제 문제는 (12.2)의 제약하에서 (12.1)을 극대화하는 것이다. 수학적으로 보면, 제약 (이를 **제한, 종속관계, 보조조건** 등 다양하게 부른다)이 하는 일은 정의역을 축소시켜서 목적함수의 치역도 축소시키는 것이다. (12.1)의 정의역은 보통 집합 $\{(x_1, x_2) | \; x_1 \geq 0, \; x_2 \geq 0\}$으로 주어진다. 그래프로 보면 이 정의역은 [그림 12.1](*a*)에서 x_1x_2 평면의 비음상한이 된다. 그러나 예산제약 (12.2)가 부과되면, 다만 이 제약식을 충족하는 변수들의 값만이 선택되어야 하므로, 정의역은 즉시 예산선상에 위치하는 점들의 집합으로 한정된다. 이것은 또한 자동적으로 목적함수의 치역에도 영향을 주게 된다. 그리하여 효용곡면 중 이 예산제약선 바로 위쪽에 위치하는 효용곡면의 부분집합만이 의미를 갖게 된다. 이 부분집합 (곡면의 횡단면)은 [그림 12.1](*b*)에서 곡선모양으로 나타난다. 단, 여기서 효용 (U)는 세로축에 잡고 그림 (*a*)의 예산선은 가로축에 잡았다. 그러면 우리의 관심은 그림 (*b*)의 곡선상에서 극대를 찾는 일로 국한된다.

일반적으로, 함수 $z = f(x, y)$에 대한 제약하의 극값과 무제약하의 극값이 다른 점은 [그림 12.2]의 3차원 그래프로 설명할 수 있다. 이 특정한 그래프에서 무제약하의 극값은 둥근 지붕 전체의 정상이 되지만, 제약하의 극값은 예산선의 바로 위쪽에 위치하는 역U자형 곡선의 정상이 된다. 일반적으로 제약하의 극대값은 무제약하의 극대값보다 더 작지만, 우연히 두 극대값이 같아질 수도 있다. 그러나 제약하의 극대값이 무제약하의 극대값보다 결코 더 클 수는 없다.

여기서 우리가 주목해야 할 흥미 있는 사실은 만약 첫 번째 제약에 xy 평면상의 한 점에서 만나는 다른 제약을 첨가한다면, 이 두 제약은 함께 정의역을 그 한 점으로 제한하게 되어 극값의 위치

그림 12.1

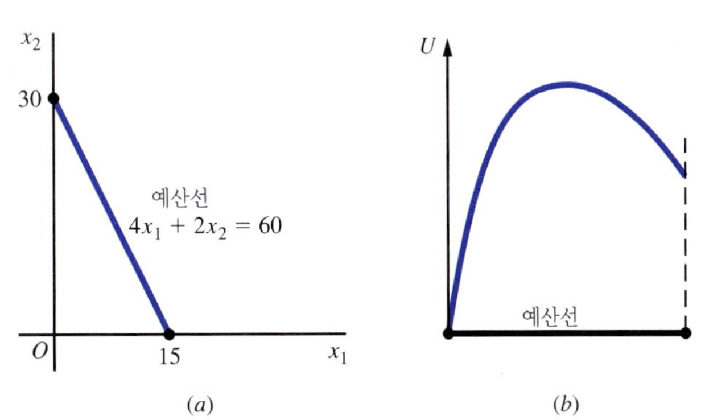

그림 12.2

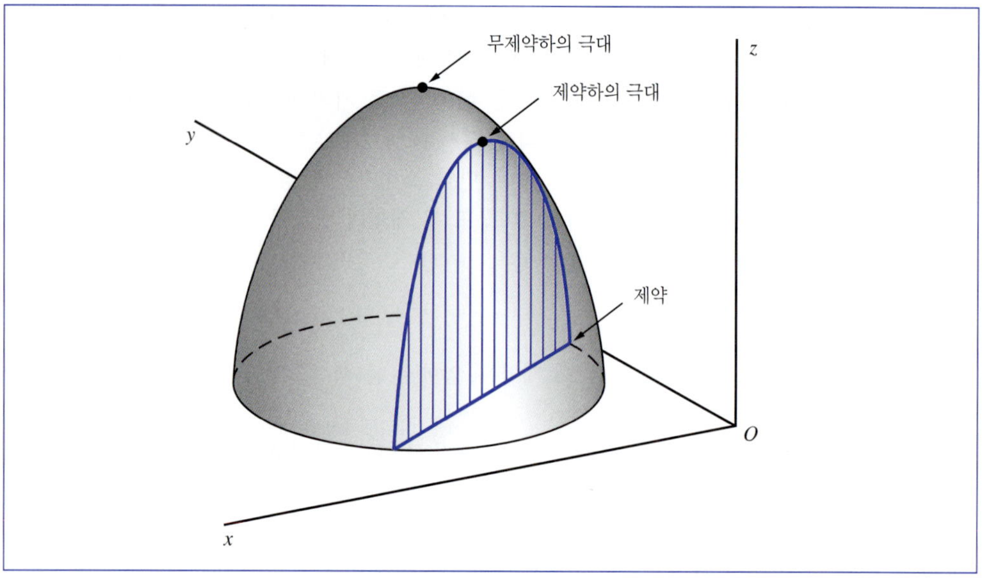

는 선택의 여지가 없이 자명하게 된다는 것이다. 문제가 의미를 가지려면, 제약은 그 갯수나 특성에 있어서, 선택의 가능성을 제한은 하되 배제하는 것이 되어서는 안 된다. 일반적으로 제약의 갯수는 선택변수의 갯수보다 적어야 한다.

12.2 | 정지값을 구하는 방법

(12.1)과 (12.2)처럼 간단한 경우라면, 제약하의 극대값은 어떤 새로운 해법을 사용하지 않더라도 쉽게 구해진다. 즉 제약 (12.2)는

$$x_2 = \frac{60 - 4x_1}{2} = 30 - 2x_1 \qquad \textbf{(12.2')}$$

이 되기 때문에, (12.2′) 를 (12.1)에 대입함으로써 목적함수와 제약조건을 결합할 수 있다. 그 결과는 오직 하나의 변수만으로 이루어진 목적함수

$$U = x_1(30 - 2x_1) + 2x_1 = 32x_1 - 2x_1^2$$

이 되고, 이것은 이미 배운 해법만으로 충분히 풀 수 있다. $dU/dx_1 = 32 - 4x_1$ 을 0으로 놓으면 해 $x_1^* = 8$ 을 얻고, 이것을 (12.2′) 에 대입하면 곧바로 $x_2^* = 30 - 2(8) = 14$ 를 얻는다. 그러면 (12.1)로부터 정지값 $U^* = 128$ 을 구할 수 있고, 2계도함수가 $d^2U/dx_1^2 = -4 < 0$ 이기 때문에, 이 정지값은 U 의 (제약하의) 극대값이 됨을 알 수 있다.†

그러나 제약 그 자체가 복잡한 함수이거나 또는 다수의 제약이 주어지는 경우에는, 변수의 대

† 여러분은 [연습문제 9.4]의 2의 화단문제에서 극대면적을 구하기 위하여 이와 동일한 대입법이 적용된 것을 기억할 수 있을 것이다. 거기서는 제약조건 (이용가능한 철망의 양)을 이용하여 두 변수 (화단의 길이와 너비) 중 한 변수를 소거하였다.

입과 소거의 방법은 번거로운 일이 될 것이다. 특히 주어진 제약식이 한 변수 (x_1)를 다른 변수 (x_2)의 명시적 함수로 나타낼 수 없는 형태일 때, 이 소거법은 실제로 아무런 쓸모가 없게 된다. 이것은 음함수정리의 조건들이 충족되어 x_2가 x_1의 음함수임이 사실인 경우에도 마찬가지이다. 그러한 경우에 우리는 **라그랑지 (미정) 승수법** [Lagrange (undetermined) multiplier method]으로 알려진 방법을 사용할 수 있는데, 우리는 이 방법이 가진 탁월한 수학적인 장점을 곧 알게 될 것이다.

라그랑지승수법

라그랑지승수법 (Lagrange-multiplier method)의 핵심은 제약하의 극값문제를 변형시켜 무제약하의 극값문제에서의 1계조건을 그대로 적용할 수 있도록 하는데 있다.

지금 $U = x_1 x_2 + 2x_1$을 $4x_1 + 2x_2 = 60$의 제약하에서 극대화하는 문제 [(12.1)과 (12.2)]가 주어졌다고 하자. 그러면 **라그랑지함수** (Lagrange function)라고 부르는, 제약이 반영된 변형된 목적함수를 다음과 같이 쓸 수 있다.

$$Z = x_1x_2 + 2x_1 + \lambda(60 - 4x_1 - 2x_2) \tag{12.3}$$

단, 기호 λ(그리스 문자 람다)는 아직 결정되지 않은 어떤 수를 나타내는 것으로, **라그랑지 (미정) 승수** (Lagrange (undetermined) multiplier)라고 한다. 만약 어떠한 방법에 의해서든 $4x_1 + 2x_2 = 60$이 성립되어 제약이 만족된다면, (12.3)의 마지막 항은 λ의 값에 관계없이 0이 된다. 이 경우에 Z와 U는 완전히 같아지게 된다. 더욱이 제약조건이 없어져 버렸으므로, 두 변수 x_1과 x_2에 관하여 **제약하에서** U의 극대값을 찾는 대신에 **무제약하에서** Z의 극대값을 찾기만 하면 된다. 따라서 문제는 (12.3)에서 괄호 안의 식을 어떻게 0으로 만들 수 있는가 하는 것이 된다.

이 문제를 해결하는 요령은 (12.3)에서, λ를 단순히 또 하나의 추가된 변수로 취급하는 것이다. 즉 $Z = Z(\lambda, x_1, x_2)$라고 생각하는 것이다. 왜냐하면 그 경우에 제약조건이 없는 극값에 대한 1계조건은 연립방정식

$$\begin{aligned} Z_\lambda(\equiv \partial Z/\partial\lambda) &= 60 - 4x_1 - 2x_2 = 0 \\ Z_1(\equiv \partial Z/\partial x_1) &= x_2 + 2 - 4\lambda = 0 \\ Z_2(\equiv \partial Z/\partial x_2) &= x_1 - 2\lambda = 0 \end{aligned} \tag{12.4}$$

이 되고, 첫 번째 방정식은 자동적으로 제약식의 충족을 보증하기 때문이다. 즉 제약을 라그랑지 함수 Z에 반영하고, 라그랑지승수를 추가되는 하나의 변수로 취급하면, 우리는 세 개의 선택변수를 가진 **제약 없는** 함수로 취급되는 Z의 정지값만을 단순히 검토함으로써, 제약하의 극값 U^*(두 개의 선택변수에 관한)를 얻을 수 있다.

(12.4)를 풀면 변수들의 임계치 $x_1^* = 8$, $x_2^* = 14$, (그리고 $\lambda^* = 4$)를 얻는데, 이 값들은 예상한 대로, 앞에서 대입법에 의해서 이미 구했던 값들과 일치한다. 더욱이, (12.3)으로부터 $Z^* = 128$을 얻는데, 이것도 위에서 구한 U^* 값과 당연히 일치한다.

일반적으로, 목적함수

$$z = f(x, y) \tag{12.5}$$

가 제약식

$$g(x, y) = c \quad (\text{단}, c \text{ 는 상수}) \tag{12.6}$$

와 함께 주어지면, 라그랑지함수는 다음과 같이 나타낼 수 있다.†

$$Z = f(x, y) + \lambda[c - g(x, y)] \tag{12.7}$$

세 변수 λ, x, y 의 함수로 취급되는 함수 Z 의 정지값을 구하기 위한 필요조건은 다음과 같다.

$$\begin{aligned} Z_\lambda &= c - g(x, y) = 0 \\ Z_x &= f_x - \lambda g_x = 0 \\ Z_y &= f_y - \lambda g_y = 0 \end{aligned} \tag{12.8}$$

(12.8) 의 첫번째 식은 단순히 제약 (12.6) 을 다시 쓴 것에 불과하기 때문에, 라그랑지함수 Z 의 정지값은 원래의 함수 z의 제약식을 자동적으로 만족하게 된다. 그리고, 식 $\lambda[c - g(x, y)]$ 는 이제 반드시 0이 되기 때문에, (12.7) 로 주어진 Z 함수의 정지값은 (12.6) 의 제약하에서 목적함수 (12.5) 의 정지값과 일치하게 된다.††

이 방법을 다음의 두 예에 적용하여 구체적으로 설명해 보기로 하자.

예 1

제약 $x + y = 6$ 아래에서 $z = xy$ 의 극값을 구하라. 먼저 극값을 구하기 위한 첫 단계는 라그랑지함수

$$Z = xy + \lambda(6 - x - y)$$

를 구성하는 것이다. Z 가 정지값을 갖기 위해서는 다음 조건이 필요하다:

$$\left.\begin{aligned} Z_\lambda &= 6 - x - y = 0 \\ Z_x &= y - \lambda = 0 \\ Z_y &= x - \lambda = 0 \end{aligned}\right\} \quad \text{또는} \quad \left\{\begin{aligned} x + y &= 6 \\ -\lambda \quad + y &= 0 \\ -\lambda + x \quad &= 0 \end{aligned}\right.$$

따라서 이 방정식체계를 크래머의 법칙이나 기타 다른 방법에 의해서 풀면

---

† 상수 c 를 제약함수에 포함시켜 (12.6) 을 $G(x, y) = 0$ 으로 쓸 수 있다. 단, $G(x, y) = g(x, y) - c$ 이다. 그러한 경우에 (12.7) 은 $Z = f(x, y) + \lambda[0 - G(x, y)] = f(x, y) - \lambda G(x, y)$ 가 되어야 한다. 본문에서 (12.6) 의 형태로 표시한 까닭은, 뒤에서 보는 바와 같이, 제약식의 상수의 변화에 대한 비교정태효과의 분석을 용이하게 하는 데 있다 [(12.16) 참조].

†† 역주 : 이상의 설명, 또는 식 (12.4) 이하의 설명은 라그랑지 1계조건이 왜 극값의 필요조건인지를 설명해 주지는 않고 다만 직관에만 호소하고 있다. 이 설명을 위해서는 "라그랑지승수정리"라고 하는 정리를 이용해야 하는데, 여기서 이를 간단히 설명하면 다음과 같다.

제약식 (12.6)에서, $g_y = 0$ 라고 가정하면, 음함수정리에 의하여 $y = \phi(x)$ 로 쓸 수 있다. 앞의 대입법에서처럼, 이를 목적식에 대입하면 목적식은 다음과 같이 x 만의 함수로 된다.

$$Z = f^*(x) \equiv f(x, \phi(x))$$

이의 정지값이 되기 위한 1계조건은,

$$\frac{df^*(x)}{dx} = f_x + f_y \phi' = f_x - f_y \frac{g_x}{g_y} = 0$$

으로 쓸 수 있다. 여기서 λ 를 $\lambda \equiv \dfrac{f_y}{g_y}$ 로 정의하면, 이 1계조건은 $f_x - \lambda g_x = 0$ 으로 변형된다.

이상을 종합하면 z 가 제약하의 정지값이 되기 위한 조건은 제약식 $g(x, y) = c$ 와 1계조건식의 변형 $f_x - \lambda g_x = 0$ 이다. 단, 여기서 λ 는 $f_y - \lambda g_y = 0$ 이 만족되도록 정의된다. 이 조건들은 바로 식 (12.8) 의 조건들과 일치한다. 그리고 이것은 라그랑지함수 (12.7) 의 정지값의 필요조건이라고 해석할 수 있다.

$$\lambda^* = 3 \qquad x^* = 3 \qquad y^* = 3$$

을 얻는다. 정지값은 $Z^* = z^* = 9$ 이고, 이 값이 극대값인지 또는 극소값인지 (또는 둘다 아닌지)를 판단하기 위해서는 2계조건을 검토해야 한다. 이것은 제 12.3 절에서 다루게 될 것이다.

예 2

제약 $x_1 + 4x_2 = 2$ 아래에서 $z = x_1^2 + x_2^2$ 의 극값을 구하라. 라그랑지함수는

$$Z = x_1^2 + x_2^2 + \lambda(2 - x_1 - 4x_2)$$

가 되며, 이 함수의 정지값이기 위한 필요조건은 다음과 같이 된다.

$$\left.\begin{aligned} Z_\lambda &= 2 - x_1 - 4x_2 = 0 \\ Z_1 &= 2x_1 - \lambda = 0 \\ Z_2 &= 2x_2 - 4\lambda = 0 \end{aligned}\right\} \quad \text{혹은} \quad \left\{\begin{aligned} x_1 + 4x_2 &= 2 \\ -\lambda + 2x_1 \qquad &= 0 \\ -4\lambda \qquad + 2x_2 &= 0 \end{aligned}\right.$$

이 연립방정식체계의 해는

$$\lambda^* = \frac{4}{17} \qquad x_1^* = \frac{2}{17} \qquad x_2^* = \frac{8}{17}$$

이 되며, 이 해에 의해서 결정되는 Z 의 정지값은 $Z^* = z^* = \frac{4}{17}$ 가 된다. 이번에도 z^* 가 극대인가 극소인가를 판별하려면, 2계조건이 검토되어야 한다.

전미분에 의한 접근방법

앞에서 함수 $z = f(x, y)$ 의 무제약하의 극값문제를 논할 때, 우리는 1계필요조건을 다음과 같은 전미분 dz 에 의해서도 나타낼 수 있음을 보았다.

$$dz = f_x\,dx + f_y\,dy = 0 \tag{12.9}$$

이와 같이 표현하는 것은 제약식 $g(x, y) = c$ 가 추가된 후에도 여전히 가능하다. 그러나 이제 제약이 부과되었기 때문에, dx 와 dy 모두를 전과 같이 "임의의" 변화로 생각할 수는 없게 되었다. 왜냐하면 만약 $g(x, y) = c$ 가 성립하면, dg 는 dc 와 일치해야 되고, c 가 상수이므로 dc 는 0이 되기 때문이다. 그러므로

$$(dg =)g_x\,dx + g_y\,dy = 0 \tag{12.10}$$

이 성립하고, dx 와 dy 는 이 관계식에 의해서 서로 종속적이 된다. 그러므로 1계필요조건은 $g = c$, 즉 $dg = 0$ [(12.10)] 의 제약하에서 $dz = 0$ [(12.9)] 이 된다. (12.9) 와 (12.10) 을 검토해 보면 금방 알 수 있듯이, 1계필요조건을 충족하기 위해서는

$$\frac{f_x}{g_x} = \frac{f_y}{g_y} \tag{12.11}$$

가 성립해야 한다. 이것은 (12.10) 을 dy 에 관해서 풀고, 그 결과를 (12.9) 에 대입함으로써 확인할 수 있다. 따라서 x 와 y 의 임계값은 (12.11) 조건과 제약식 $g(x, y) = c$ 의 두 방정식으로부터 구할 수 있다.†

그러면 이제 전미분에 의한 접근방법에서의 1계조건이 라그랑지승수법에서의 1계조건과 일치

하는가를 검토해 보자. (12.8) 의 첫 번째 방정식은 단지 제약식을 옮겨 쓴 것에 불과하며, 위의 새로운 결과도 역시 이 제약식을 충족해야 한다. 그리고 (12.8) 의 나머지 두 방정식은 각각

$$\frac{f_x}{g_x} = \lambda \quad \text{및} \quad \frac{f_y}{g_y} = \lambda \qquad \textbf{(12.11')}$$

로 고쳐 쓸 수 있는데, 이것은 (12.11) 과 완전히 일치한다. 그러나 전미분에 의한 접근방법은 단지 x^* 와 y^* 의 값만을 제공하는 데 반하여, 라그랑지승수법은 직접적인 부산물로서 λ^* 의 값도 제공한다는 점에 주목하라. 이제 곧 설명하겠지만, λ^* 는 제약식의 변화에 따른 Z^* (그리고 z^*) 의 반응도를 나타낸다. 그러므로 라그랑지승수법은 그 해가 특정한 비교정태에 관한 정보를 자동적으로 제공해준다는 이점을 가지고 있다.

라그랑지승수의 의미

λ^* 가 과연 제약조건의 변화에 대한 Z^* 의 반응도를 나타내는가를 확인해 보기 위하여 1계조건 (12.8) 에 대한 비교정태분석을 해보기로 하자. λ, x, y 는 내생변수이기 때문에 제약식에 주어진 파라미터 c만이 유일한 외생변수가 된다. 이 c 의 변화는 xy 평면에서 제약식을 나타내는 곡선을 이동시키고, 따라서 최적해를 변화시킨다. 특히 c 의 **증가** (예산의 증가 또는 생산할당의 증가) 로 인한 제약의 **완화**가 최적해에 어떠한 영향을 미치는가를 보여준다.

비교정태분석을 하려면, 우리는 음함수정리를 다시 이용해야 한다. (12.8) 의 세 방정식이 $F^j(\lambda, x, y; c) = 0\,(j = 1, 2, 3)$ 의 형태이고, 이들이 연속편도함수를 갖는다고 가정하면, 우리는 먼저 다음과 같은 내생변수에 관한 야코비안 (단, $f_{xy}=f_{yz}$, $g_{xy}=g_{yx}$) 은 최적상태에서 0이 아니라는 것을 확인해야 한다.

$$|J| = \begin{vmatrix} \frac{\partial F^1}{\partial \lambda} & \frac{\partial F^1}{\partial x} & \frac{\partial F^1}{\partial y} \\ \frac{\partial F^2}{\partial \lambda} & \frac{\partial F^2}{\partial x} & \frac{\partial F^2}{\partial y} \\ \frac{\partial F^3}{\partial \lambda} & \frac{\partial F^3}{\partial x} & \frac{\partial F^3}{\partial y} \end{vmatrix} = \begin{vmatrix} 0 & -g_x & -g_y \\ -g_x & f_{xx} - \lambda g_{xx} & f_{xy} - \lambda g_{xy} \\ -g_y & f_{xy} - \lambda g_{xy} & f_{yy} - \lambda g_{yy} \end{vmatrix} \qquad \textbf{(12.12)}$$

지금 이 시점에서 이 야코비안이 실제로 0이 아니라고 말할 수는 없다. 그러나 최적화문제의 비교정태분석 [(11.46) 의 설명을 참조] 에서의 경험이 시사하는 바에 의하면, 이 야코비안은 2계충분조건과 밀접하게 관련되며, 아울러 이 충분조건이 만족되면 균형 (최적상태) 에서 야코비안은 0이 아니지 않을까 라고 추측할 수 있다. 이에 대한 구체적인 설명은 제 12.3 절로 미루고, 여기서는 $|J| \neq 0$ 이라는 가정하에서 논의를 진행하기로 한다. 만약 $|J| \neq 0$ 이면, λ^*, x^*, y^* 는 모두 파라미터 c 의 묵시적 함수로 나타낼 수 있다. 즉,

$$\lambda^* = \lambda^*(c) \qquad x^* = x^*(c) \qquad \text{및} \qquad y^* = y^*(c) \qquad \textbf{(12.13)}$$

† 제약조건 $g = c$ 는 이미 (12.11) 을 도출할 때 방정식 $dg = 0$, 즉 (12.10) 으로서 이용되었음에도 불구하고, (12.11) 과 함께 이 제약조건을 다시 고려하여야만 한다는 것에 주의하라. $g = c$ 는 반드시 $dg = 0$ 을 의미하지만 그 역은 성립하지 않는다. 왜냐하면 $dg = 0$ 은 단순히 g = 하나의 상수 (이 때 반드시 c 가 될 필요는 없다) 를 의미하기 때문이다. 그러므로 그 제약조건이 명시적으로 고려되지 않는다면, 어떤 정보가 모르는 사이에 문제에서 빠져버리는 결과가 된다.

이 묵시적 함수들은 모두 연속도함수를 갖게 될 뿐만 아니라, 이로부터 다음과 같은 균형항등식을 얻는다.

$$\begin{aligned} c - g(x^*, y^*) &\equiv 0 \\ f_x(x^*, y^*) - \lambda^* g_x(x^*, y^*) &\equiv 0 \\ f_y(x^*, y^*) - \lambda^* g_y(x^*, y^*) &\equiv 0 \end{aligned} \tag{12.14}$$

그런데 Z의 최적값은 λ^*, x^*, y^*에 의존하므로, 즉

$$Z^* = f(x^*, y^*) + \lambda^*[c - g(x^*, y^*)] \tag{12.15}$$

이므로, 우리는 (12.13)에 의해 Z^*를 c만의 함수로 생각할 수 있다. 이제 Z^*를 c에 관해서 전미분하면 다음 식을 얻는다.

$$\begin{aligned} \frac{dZ^*}{dc} &= f_x \frac{dx^*}{dc} + f_y \frac{dy^*}{dc} + [c - g(x^*, y^*)] \frac{d\lambda^*}{dc} + \lambda^* \left(1 - g_x \frac{dx^*}{dc} - g_y \frac{dy^*}{dc}\right) \\ &= (f_x - \lambda^* g_x) \frac{dx^*}{dc} + (f_y - \lambda^* g_y) \frac{dy^*}{dc} + [c - g(x^*, y^*)] \frac{d\lambda^*}{dc} + \lambda^* \end{aligned}$$

단 f_x, f_y, g_x, g_y는 모두 최적점에서 계산된 편도함수들이다. 그러나 우변의 처음 세 항은, (12.14)에 따라, 모두 0이 되어 없어지고, 간단히

$$\frac{dZ^*}{dc} = \lambda^* \tag{12.16}$$

가 된다. 이것으로 라그랑지승수의 해값은 파라미터 c를 통한 제약의 변화가 목적함수의 최적값에 미치는 영향의 정도를 나타낸다는 앞서의 주장을 증명한 셈이 된다.†

그러나 여기서 주의해야 할 점이 있다. λ^*가 위와 같은 의미를 갖기 위해서는 Z^*를 (12.7)과 같이 나타내야 한다는 것이다. 특히 마지막 항은 $\lambda[g(x, y) - c]$가 **아니라** 반드시 $\lambda[c - g(x, y)]$로 나타내야 한다.

n변수 및 다수의 제약이 있는 경우

만약 n개의 선택변수를 첨자 표기법으로 표시하면, 라그랑지승수법은 n변수의 경우로 쉽게 일반화될 수 있다. 그러면 목적함수는

$$z = f(x_1, x_2, \ldots, x_n)$$

의 형태가 되고, 제약은

$$g(x_1, x_2, \ldots, x_n) = c$$

가 된다. 그리고, 라그랑지함수는

$$Z = f(x_1, x_2, \ldots, x_n) + \lambda[c - g(x_1, x_2, \ldots, x_n)]$$

† 역주: 이 증명은 완전하지 않다. 왜냐하면 목적함수의 최적값은 z^*인데, 증명한 것은 그와는 다른 Z^*에 관한 것이기 때문이다. 제 13.5 절의 **포락성정리** (envelope theorem) 부분, 특히 식 (13.66)을 참조

이 되어, 이에 대한 1계조건은 다음과 같은 $(n+1)$ 개의 연립방정식체계로 된다.

$$\begin{aligned} Z_\lambda &= c - g(x_1, x_2, \ldots, x_n) = 0 \\ Z_1 &= f_1 - \lambda g_1 = 0 \\ Z_2 &= f_2 - \lambda g_2 = 0 \\ &\cdots\cdots\cdots\cdots \\ Z_n &= f_n - \lambda g_n = 0 \end{aligned}$$

우리의 관심은 제약이 없는 듯이 보이는 이 라그랑지함수를 다루는 데 초점을 맞추고 있지만, 여기서도 역시 위의 연립방정식체계의 첫 번째 식은 제약식의 만족을 보장하고 있다.

제약이 둘 이상인 경우에도 라그랑지함수에 포함된 제약식의 개수만큼 승수를 도입함으로써 라그랑지승수법은 그대로 적용될 수 있다. 하나의 n 변수함수가 두 개의 제약식

$$g(x_1, x_2, \ldots, x_n) = c \qquad \text{및} \qquad h(x_1, x_2, \ldots, x_n) = d$$

하에서 성립된다면, 두 개의 미정승수 λ와 μ(그리스 문자 뮤)를 채택하여 라그랑지함수를 다음과 같이 구성할 수 있다.

$$Z = f(x_1, x_2, \ldots, x_n) + \lambda[c - g(x_1, x_2, \ldots, x_n)] + \mu[d - h(x_1, x_2, \ldots, x_n)]$$

만약 두 개의 제약식이 모두 충족되면, 즉 라그랑지함수의 마지막 두 개의 항이 모두 0이 되면, 이 라그랑지함수는 원래의 목적함수 f와 동일한 값을 갖게 될 것이다. λ와 μ를 변수로 생각하면, 총 $(n+2)$ 개의 변수가 있고, 따라서 이 경우의 1계조건은 다음과 같은 $(n+2)$ 개의 연립방정식체계로 된다:

$$\begin{aligned} Z_\lambda &= c - g(x_1, x_2, \ldots, x_n) = 0 \\ Z_\mu &= d - h(x_1, x_2, \ldots, x_n) = 0 \\ Z_i &= f_i - \lambda g_i - \mu h_i = 0 \qquad (i = 1, 2, \ldots, n) \end{aligned}$$

이로부터 우리는 λ와 μ뿐만 아니라 모든 x_i의 해를 구할 수 있다. 전과 같이 이 필요조건의 처음 두 식은 두 개의 제약식을 다시 쓴 것에 불과하다.†

연습문제 12.2

1. 라그랑지승수법을 이용하여 z의 정지값을 구하라.
   (*a*) $x + 2y = 2$의 제약하에서 $z = xy$
   (*b*) $x + y = 8$의 제약하에서 $z = x(y + 4)$
   (*c*) $x + y = 6$의 제약하에서 $z = x - 3y - xy$
   (*d*) $x + y = 0$의 제약하에서 $z = 7 - y + x^2$
2. 앞의 문제에서 제약조건을 조금 완화시킬 때, z의 최적값이 증가하는지 감소하는지를 결정하라. 또 그 율은 얼마인가?

† 역주: 이 논의의 타당성은 "라그랑지승수정리"에 의하여 합리화 될 수 있다. 그리고 이 정리에 의하면 제약조건들의 소위 **위수조건**(rank condition)을 충족하고 있어야 한다 (앞에서 본 간단한 라그랑지승수정리의 증명과정에서 $g_y \neq 0$ 라고 가정한 것은 이 위수조건의 예이다).

3. 다음 각각에 대하여 라그랑지함수와 정지값이기 위한 1계조건을 써라 (방정식을 풀 필요는 없다).
   (a) $x + y + 2w = 10$ 의 제약하에서 $z = x + 2y + 3w + xy - yw$
   (b) $2x + y + w^2 = 24$ 와 $x + w = 8$ 의 제약하에서 $z = x^2 + 2xy + yw^2$
4. 만약 제약식이 $g(x, y) = c$ 대신에 $G(x, y) = 0$ 의 형태로 주어지면, 라그랑지함수와 1계조건은 어떻게 수정되어야 하는가?
5. 전미분에 의한 접근방법을 논할 때, 주어진 제약 $g(x, y) = c$ 로부터 $dg = 0$ 이 되는 것을 추론할 수 있다고 지적하였다. 마찬가지로, $d^2 g = d(dg) = d(0) = 0$ 이라는 사실도 추론할 수 있다. 그러나, 무제약하에서 함수 $z = f(x, y)$ 의 극값을 논할 때는 $dz = 0$ 을 $d^2 z = 0$ 과 연결시키지 않고 $d^2 z$ 가 양정부호냐 음정부호냐의 사실과 관련지어 설명하였다. 이 두 경우의 불일치를 어떻게 설명할 수 있는가?
6. 만약 라그랑지함수를 (12.7) 과 같이 쓰지 않고, $z = f(x, y) + \lambda[g(x, y) - c]$ 로 쓸 경우, 라그랑지승수의 의미는 (12.16) 에서와 같이 설명할 수 있는가? 만약 새로운 해석이 있다면 그것을 설명하라.

12.3 | 2계조건

우리는 라그랑지승수를 또 하나의 추가적인 변수로 취급함으로써, 무제약하의 극값문제에서 구했던 1계조건을 제약하의 극값문제에 동일하게 적용할 수 있었다. 한 걸음 더 나아가, 2계필요조건과 충분조건도 동일하게 적용시킬 수 있으면 좋겠지만, 그렇게 할 수는 없다. 왜냐하면 Z^* 가 비록 선택변수에 관해서는 표준적인 형태의 극값이지만 라그랑지승수에 관해서는 그렇지 **않기** 때문이다. 특히, (12.15) 에서 볼 수 있듯이, x^* 및 y^* 와는 달리 λ^* 는 λ 의 어떤 임의의 값으로 대체되어도 Z^* 에는 아무런 영향을 미치지 않는다. 왜냐하면 $[c - g(x^*, y^*)]$ 가 항상 0이기 때문이다. 따라서 최적해에서의 λ 의 역할은 x 와 y 의 역할과 근본적으로 다르다고 할 수 있다.† 1계조건을 논의할 때는 λ 를 단지 또 하나의 선택변수로 취급해도 별 문제가 없었지만, 무제약하의 극값문제에 대한 2계조건을 제약하의 극값문제에 맹목적으로 적용할 수 없음을 주의해야 할 것이다. 따라서 제약이 있는 경우에는 새로운 2계조건을 도출해야 한다. 앞으로 알게 되겠지만, 이 새로운 2계조건도 역시 2계전미분 $d^2 z$ 로 나타낼 수 있다. 그러나 제약식의 존재로 말미암아 (극값의) 판정기준은 상당한 수정을 필요로 한다.

2계전미분

제약식 $g(x, y) = c$ 는 (12.10) 과 같이 $dg = g_x dx + g_y dy = 0$ 을 의미하므로, dx 와 dy 는 둘 다 더 이상 임의의 변화로 취급될 수 없다는 것을 언급한 바 있다. 물론 dx 와 dy 중에서 어느 하나, (가

† 제 13 장에서 논의될 "비선형계획법"으로 알려진 보다 일반적인 제약하의 최적화문제의 분석틀 속에서, 만약 Z^* 가 부등식제약하에서 x 와 y 에 대해 최대값 (최소값) 이면, 그것은 실제로 λ 에 대해서는 최소값 (최대값) 이 된다. 다시 말하면 점 (λ^*, x^*, y^*) 는 안장점이 된다. 현재의 경우 — Z^* 가 x, y 에 대해서는 진정한 극값이지만 λ 에 대해서는 불변량인 경우 — 는 안장점이 퇴화된 경우로 생각할 수 있을 것이다. 또한 해 (λ^*, x^*, y^*) 가 안장점과 같은 특성을 갖는다는 것은 "쌍대성" (duality) 이라는 중요한 개념을 나타내는데, 이는 이후의 장에서 논의된다.

령) dx 를 임의의 변화로 볼 수 있지만, 그 경우 나머지 하나 dy 는 (12.10), 즉 $dy = -(g_x/g_y)dx$ 를 만족하도록 선택되어야 하므로, dy 는 dx 에 종속하는 것으로 간주되어야 한다. 다시 말해서 dx 의 값이 일단 정해지면 dy 는 g_x 와 g_y 에 종속하게 되는데. 이 도함수들은 다시 x 와 y 에 종속하므로 dy 도 역시 x 와 y 에 종속하게 될 것이다. 그러므로 dx 와 dy 의 임의성에 근거하는 d^2z 에 대한 공식 (11.6) 은 더 이상 적용될 수 없다는 것이 명백해진다.

d^2z 를 나타내는 새로운 식을 얻기 위해서는 미분과정에서 (만약 dx 를 상수로 취급한다면) dy 를 x 와 y 의 종속변수로 취급해야 한다. 즉, d^2z 는 다음과 같다.

$$\begin{aligned}
d^2z = d(dz) &= \frac{\partial(dz)}{\partial x}dx + \frac{\partial(dz)}{\partial y}dy \\
&= \frac{\partial}{\partial x}(f_x\,dx + f_y\,dy)dx + \frac{\partial}{\partial y}(f_x\,dx + f_y\,dy)\,dy \\
&= \left[f_{xx}\,dx + \left(f_{xy}\,dy + f_y\frac{\partial dy}{\partial x}\right)\right]dx + \left[f_{yx}\,dx + \left(f_{yy}\,dy + f_y\frac{\partial dy}{\partial y}\right)\right]dy \\
&= f_{xx}\,dx^2 + f_{xy}\,dy\,dx + f_y\frac{\partial(dy)}{\partial x}dx + f_{yx}\,dx\,dy + f_{yy}\,dy^2 + f_y\frac{\partial(dy)}{\partial y}dy
\end{aligned}$$

세 번째 항과 여섯 번째 항은

$$f_y\left[\frac{\partial(dy)}{\partial x}dx + \frac{\partial(dy)}{\partial y}dy\right] = f_y\,d(dy) = f_y\,d^2y$$

로 정리될 수 있으므로, 구하려는 d^2z 식은 다음과 같이 된다.

$$d^2z = f_{xx}\,dx^2 + 2f_{xy}\,dx\,dy + f_{yy}\,dy^2 + f_y\,d^2y \tag{12.17}$$

이 식을 (11.6) 과 비교해 보면 오직 마지막 항 $f_y d^2y$ 만이 다른 것을 알 수 있다.

이 마지막 항은 1차항이기 때문에 (d^2y 는 $(dy)^2$ 과 **다르다**), (12.17) 의 d^2z 는 2차형식이 될 수 없다. 그렇지만 제약식 $g(x, y) = c$ 를 이용하여 d^2z 를 2차형식으로 변환시킬 수 있다. 즉, 이 제약식은 $dg = 0$ 을 의미하고, 또한 $d^2g = d(dg) = 0$ 을 의미하기 때문에, (12.17) 을 도출할 때 사용한 방법에 의하면 다음 결과를 얻는다.

$$(d^2g =)g_{xx}\,dx^2 + 2g_{xy}\,dx\,dy + g_{yy}\,dy^2 + g_y\,d^2y = 0$$

이 방정식을 d^2y 에 관하여 풀고, 그 결과를 (12.17) 에 대입하여 1차항의 d^2y 를 제거하면, d^2z 는 다음과 같은 2차형식으로 표시할 수 있다.

$$d^2z = \left(f_{xx} - \frac{f_y}{g_y}g_{xx}\right)dx^2 + 2\left(f_{xy} - \frac{f_y}{g_y}g_{xy}\right)dx\,dy + \left(f_{yy} - \frac{f_y}{g_y}g_{yy}\right)dy^2$$

(12.11′) 에 따라, 첫 번째 괄호 안의 계수는 $(f_{xx} - \lambda g_{xx})$ 로 되며, 마찬가지 방법으로 나머지 계수들도 바꿀 수 있다. 그런데, (12.8)의 도함수들을 편미분하면 2계편도함수

$$\begin{aligned}
Z_{xx} &= f_{xx} - \lambda g_{xx} \\
Z_{xy} &= f_{xy} - \lambda g_{xy} = Z_{yx} \\
Z_{yy} &= f_{yy} - \lambda g_{yy}
\end{aligned} \tag{12.18}$$

를 얻을 수 있고, 이 2계편도함수들은 위의 괄호 안의 계수들과 같다. 그러므로 라그랑지함수를 사용하여 d^2z를 나타내면 다음과 같이 된다.

$$\begin{aligned} d^2z = \quad & Z_{xx}\,dx^2 \quad + Z_{xy}\,dx\,dy \\ & + Z_{yx}\,dy\,dx + Z_{yy}\,dy^2 \end{aligned} \tag{12.17'}$$

(12.17′)의 각 항의 계수들은 단순히 선택변수 x와 y에 관한 Z의 2계편도함수들이므로, 이 편도함수들로 헤시안행렬식 (Hessian determinant)을 구성할 수 있다.

2계조건

제약 $g(x, y) = c$ 하에서 $z = f(x, y)$의 극값에 관한 2계필요조건 및 충분조건도 역시 정지점에서 계산된 2계전미분 d^2z의 대수적 부호에 의해서 결정된다. 그러나 여기에는 하나의 중요한 변화가 있다. 그것은 dx와 dy (모두 영이 아님)의 가능한 모든 값에 대해서가 **아니라**, (12.10)의 선형제약조건 $g_x dx + g_y dy = 0$을 만족하는 dx와 dy (모두 영이 아님)에 대해서**만** 2계조건이 d^2z의 정부호성 또는 반정부호성과 관계를 갖는다는 것이다. 따라서 2계**필요**조건은 다음과 같이 수정된다.

z의 극대: $dg = 0$의 제약하에서 d^2z가 음반정부호 (negative semidefinite)
z의 극소: $dg = 0$의 제약하에서 d^2z가 양반정부호 (positive semidefinite)

그리고 2계**충분**조건은 다음과 같다.

z의 극대: $dg = 0$의 제약하에서 d^2z가 음정부호 (negative definite)
z의 극소: $dg = 0$의 제약하에서 d^2z가 양정부호 (positive definite)

아래에서는 이 2계충분조건을 중점적으로 설명하기로 한다.

제약조건 $g_x dx + g_y dy = 0$을 만족하는 (dx, dy)쌍은 가능한 모든 dx와 dy로 이루어진 집합의 부분집합이므로, 제약하의 정부호성은 제 11장에서 논의된 무제약하의 극값문제에 관한 2계충분조건보다 약한 조건이 된다. 이는 바람직한 것이다. 왜냐하면, 필요조건이란 것은 극값이 될 가능성이 있는 점들을 유효하게 가려내는 장치로서의 기능을 수행하기 위해 보다 엄격해야만 쓸모가 있는 것이지만, 충분조건이란 것은 약할수록 그 유용성이 제고되기 때문이다.†

유테헤시안

무제약하의 극값문제에서와 같이, 2계충분조건은 행렬식의 형태로 표시할 수 있다. 그러나 제약하의 극값문제에서는 헤시안행렬식 $|H|$ 대신에 **유테 헤시안** (bordered-Hessian)이라고 알려진 행렬식에 접하게 된다.

이 개념을 고찰하기 위한 사전 준비로서, 먼저 선형제약하에서의 2변수 2차형식, 예를 들어

$$\alpha u + \beta v = 0 \text{ 의 제약하에서} \qquad q = au^2 + 2huv + bv^2$$

의 정부호성의 조건을 분석해 보자. 제약식은 $v = -(\alpha/\beta)u$를 의미하므로, q를 오직 하나의 변수

† "10억원 은행예금"은 분명히 재정적으로, "스테이크가 나오는 훌륭한 식사를 할 수 있는" 충분조건이 된다. 그러나 그러한 한계가 적용될 수 있는 경우는 극단적으로 제한적이기 때문에, 그런 충분조건은 실제로는 쓸모가 없다. 오히려 "지갑 안에 있는 10만원"과 같이 덜 엄격한 금전적 조건이 보다 의미 있는 충분조건이 될 것이다.

만으로 이루어진 함수로 다시 쓰면 다음과 같다.

$$q = au^2 - 2h\frac{\alpha}{\beta}u^2 + b\frac{\alpha^2}{\beta^2}u^2 = (a\beta^2 - 2h\alpha\beta + b\alpha^2)\frac{u^2}{\beta^2}$$

q가 양(음)정 부호이기 위한 필요충분조건은 괄호 안의 식이 양수(음수)가 되는 것이다. 그런데 괄호 안에 있는 식은 다음의 대칭행렬에 **음수**부호를 붙인 것과 같다.

$$\begin{vmatrix} 0 & \alpha & \beta \\ \alpha & a & h \\ \beta & h & b \end{vmatrix} = 2h\alpha\beta - a\beta^2 - b\alpha^2$$

결과적으로, 제약 $\alpha u + \beta v = 0$ 하에서

$$q\text{가}\begin{Bmatrix} \text{양정부호} \\ \text{음정부호} \end{Bmatrix}\text{이기 위한 필요충분조건은 } \begin{vmatrix} 0 & \alpha & \beta \\ \alpha & a & h \\ \beta & h & b \end{vmatrix} \begin{Bmatrix} <0 \\ >0 \end{Bmatrix} \text{이 된다.}$$

이 판별기준에서 사용된 행렬식은 원래의 2차형식 $\begin{vmatrix} a & h \\ h & b \end{vmatrix}$ 의 상단과 좌단에 테를 두른 판별행렬식에 지나지 않는다. 더군다나 그 테는 단순히 제약식의 계수 α, β와 주대각선상에 있는 원소 0으로 이루어져 있다. 이 유테판별식도 대칭이다.

예 1

$u-2v=0$의 제약하에서 $q=4u^2+4uv+3v^2$이 양정부호인지 혹은 음정부호인지를 검증하라. 먼저 유테 판별행렬식을 구성하면 $\begin{vmatrix} 0 & 1 & -2 \\ 1 & 4 & 2 \\ -2 & 2 & 3 \end{vmatrix}$ 이 된다. 이 때 uv의 계수 (4)는 둘로 나뉘어져 행렬식에 삽입됨으로써, 이 행렬식은 대칭이 된다. 이 행렬식의 값은 (-27)이므로 q는 양정부호이다.

(12.17′)의 2차형식 d^2z에 의하면, 변수 u와 v는 각각 dx와 dy가 되고, (테를 두르지 않은) 무테판별행렬식은 헤시안 $\begin{vmatrix} Z_{xx} & Z_{xy} \\ Z_{yx} & Z_{yy} \end{vmatrix}$ 이 된다. 그런데 2차형식에 대한 제약은 $g_x dx + g_y dy = 0$이기 때문에 $\alpha = g_x$ 및 $\beta = g_y$가 된다. 따라서 우리는 이 제약을 만족하는 dx와 dy에 대해서 d^2z의 정부호성에 관한 다음과 같은 행렬식 판별기준을 얻을 수 있다:

$$dg = 0\text{의 제약하에서 } d^2z\text{가}\begin{Bmatrix} \text{양정부호} \\ \text{음정부호} \end{Bmatrix}\text{이기 위한 필요충분조건은}$$

$$\begin{vmatrix} 0 & g_x & g_y \\ g_x & Z_{xx} & Z_{xy} \\ g_y & Z_{yx} & Z_{yy} \end{vmatrix} \begin{Bmatrix} <0 \\ >0 \end{Bmatrix}\text{이다.}$$

위의 행렬식을 흔히 **유테 헤시안**(bordered Hessian)이라고 부르며, $|\bar{H}|$로 표시한다. 여기서 H 자 위의 짧은 가로줄은 테를 상징하는 것이다. 이상의 논의에 따르면, 우리는 $z=f(x,y)$ 또는 $Z=f(x,y)+\lambda[c-g(x,y)]$의 정지값이 주어졌을 때, $|\bar{H}|$가 양수가 되는 것은 그 정지값이 상대적 극대이기 위한 충분조건이며, 마찬가지로 $|\bar{H}|$가 음수가 되는 것은 상대적 극소이기 위한 충분조건이라고 말할 수 있다 — 이 때 $|\bar{H}|$에 포함된 모든 도함수들은 x와 y의 임계치에서 계산된 것이다.

이제 2계충분조건을 도출하였으므로, 앞에서 주장한 바와 같이, 이 조건이 충족되면 내생변수에 관한 야코비안 (12.12)는 최적상태에서 결코 0이 아니라는 사실을 쉽게 증명할 수 있게 되었

다. (12.18) 을 (12.12) 에 대입하고, 야코비안의 첫 번째 열과 첫 번째 행에 모두 −1을 곱하면 (이 연산에 의해서 행렬식의 값은 변하지 않는다), 다음 식을 얻는다.

$$|J| = \begin{vmatrix} 0 & g_x & g_y \\ g_x & Z_{xx} & Z_{xy} \\ g_y & Z_{yx} & Z_{yy} \end{vmatrix} = |\overline{H}| \qquad \textbf{(12.19)}$$

즉, 내생변수에 관한 야코비안이 유테 헤시안과 동일하게 되는데, 이 결과는 무제약하의 극값문제에서 내생변수에 관한 야코비안이 헤시안과 동일하게 되는 (11.42) 의 경우와 유사하다. 만약 충분조건이 만족되어 최적값에서 $|\overline{H}| \neq 0$이 되면, $|J|$도 역시 0이 될 수 없다. 결과적으로 이 과정에 음함수정리를 적용할 경우에는, 보통의 조건 $|J| \neq 0$ 대신에 조건 $|\overline{H}| \neq 0$을 사용하여도 무방하다. 이것은 앞으로 제약하의 최적화문제에 대한 비교정태 분석을 할 때도 실제로 적용될 것이다.

예 2

이제 제 12.2 절의 [예 1]로 돌아가, 거기에서 구해진 정지값이 극대인가 혹은 극소인가를 확인해 보자. $Z_x = y - \lambda$, $Z_y = x - \lambda$ 이므로, 2계편도함수들은 $Z_{xx} = 0$, $Z_{xy} = Z_{yx} = 1$, $Z_{yy} = 0$이고, 테에 위치하는 원소들은 $g_x = 1$, $g_y = 1$이다. 따라서,

$$|\overline{H}| = \begin{vmatrix} 0 & 1 & 1 \\ 1 & 0 & 1 \\ 1 & 1 & 0 \end{vmatrix} = 2 > 0$$

이므로, $z^* = 9$는 극대값이다.

예 3

제 12.2 절의 [예 2]를 보면, $Z_1 = 2x_1 - \lambda$, $Z_2 = 2x_2 - 4\lambda$ 임을 알 수 있다. 그리고 $Z_{11} = 2$, $Z_{12} = Z_{21} = 0$, $Z_{22} = 2$이다. 제약식 $x_1 + 4x_2 = 2$로부터 $g_1 = 1$, $g_2 = 4$를 얻을 수 있으므로, 유테 헤시안은

$$|\overline{H}| = \begin{vmatrix} 0 & 1 & 4 \\ 1 & 2 & 0 \\ 4 & 0 & 2 \end{vmatrix} = -34 < 0$$

이 된다. 따라서 $z^* = \frac{4}{17}$는 극소값이다.

예 4

소비자의 효용이 두 기간에 걸친 소비의 함수로 되는 간단한 2기간 모형을 고려해 보자. 소비자의 효용함수는 다음과 같이 가정한다.

$$U(x_1, x_2) = x_1 x_2$$

단, x_1은 기간 1의 소비이고, x_2는 기간 2의 소비이다. 소비자는 또한 기간 1이 시작되는 시점에서 예산 B를 가지고 있다.

시장이자율은 r이고, 소비자는 이 이자율로 두 기간 동안 빌리거나 빌려줄 수 있다고 하자. 소비자의 두 기간 동안의 예산제약 B는 x_1과 x_2의 현재가치를 합한 것이 된다. 즉,

$$x_1 + \frac{x_2}{1+r} = B$$

이 효용극대화문제의 라그랑지함수는

$$Z = x_1 x_2 + \lambda\left(B - x_1 - \frac{x_2}{1+r}\right)$$

이고, 1계조건은 다음과 같다.

$$\frac{\partial Z}{\partial \lambda} = B - x_1 - \frac{x_2}{1+r} = 0$$

$$\frac{\partial Z}{\partial x_1} = x_2 - \lambda = 0$$

$$\frac{\partial Z}{\partial x_2} = x_1 - \frac{\lambda}{1+r} = 0$$

λ를 소거하기 위하여, 마지막 두 1계조건식을 결합하면 다음을 얻는다.

$$\frac{x_2}{x_1} = \frac{\lambda}{\lambda/(1+r)} = 1+r$$

이 식을 예산제약에 대입하면, 다음의 해를 얻는다.

$$x_1^* = \frac{B}{2} \quad \text{및} \quad x_2^* = \frac{B(1+r)}{2}$$

다음으로, 우리는 극대값에 대한 2계충분조건을 검토해야 한다. 이 문제의 유테 헤시안은

$$|\overline{H}| = \begin{vmatrix} 0 & -1 & -\dfrac{1}{1+r} \\ -1 & 0 & 1 \\ -\dfrac{1}{1+r} & 1 & 0 \end{vmatrix} = \frac{2}{1+r} > 0$$

이므로, 극대값 U에 대한 2계충분조건이 충족된다.

n변수의 경우

목적함수가

$$\text{제약} \quad g(x_1, x_2, \ldots, x_n) = c \text{ 하에서} \qquad z = f(x_1, x_2, \ldots, x_n)$$

의 형태를 가지더라도, 2계조건은 여전히 d^2z의 부호에 의존하게 된다. d^2z는 변수 dx_1, dx_2, $\cdots$, dx_n으로 이루어진 제약하의 2차형식이고, 관계식

$$(dg =)g_1\,dx_1 + g_2\,dx_2 + \cdots + g_n\,dx_n = 0$$

의 제약을 받기 때문에, d^2z의 양정부호 혹은 음정부호에 관한 조건은 다시 유테 헤시안과 관련된다. 그러나 이번에는 이 조건들은 헤시안의 유테 주소행렬식들로 표시되어야 한다.

유테 헤시안이

$$|\overline{H}| = \begin{vmatrix} 0 & g_1 & g_2 & \cdots & g_n \\ g_1 & Z_{11} & Z_{12} & \cdots & Z_{1n} \\ g_2 & Z_{21} & Z_{22} & \cdots & Z_{2n} \\ \cdots & \cdots & \cdots & \cdots & \cdots \\ g_n & Z_{n1} & Z_{n2} & \cdots & Z_{nn} \end{vmatrix}$$

으로 주어질 때, 순차적인 유테 주소행렬식들은 다음과 같이 정의된다.

표 12.1 제약하의 상대적 극값에 대한 행렬식 검증법 :
제약 $g(x_1, x_2, \cdots, x_n) = c$ 하에서 $z = f(x_1, x_2, \cdots, x_n)$의 극값;
단, $Z = f(x_1, x_2, \cdots, x_n) + \lambda[c - g(x_1, x_2, \cdots, x_n)]$

조 건	극 대	극 소
1계필요조건	$Z_\lambda = Z_1 = Z_2 \cdots = Z_n = 0$	$Z_\lambda = Z_1 = Z_2 \cdots = Z_n = 0$
2계충분조건†	$\lvert\overline{H}_2\rvert > 0$; $\lvert\overline{H}_3\rvert < 0$; $\lvert\overline{H}_4\rvert > 0$; $\cdots$ $(-1)^n\lvert\overline{H}_n\rvert > 0$	$\lvert\overline{H}_2\rvert, \lvert\overline{H}_3\rvert, \cdots \lvert\overline{H}_n\rvert < 0$

† 1계필요조건이 만족된 후에만 적용될 수 있다.

$$|\overline{H}_2| \equiv \begin{vmatrix} 0 & g_1 & g_2 \\ g_1 & Z_{11} & Z_{12} \\ g_2 & Z_{21} & Z_{22} \end{vmatrix} \qquad |\overline{H}_3| \equiv \begin{vmatrix} 0 & g_1 & g_2 & g_3 \\ g_1 & Z_{11} & Z_{12} & Z_{13} \\ g_2 & Z_{21} & Z_{22} & Z_{23} \\ g_3 & Z_{31} & Z_{32} & Z_{33} \end{vmatrix} \quad \text{(등등.)}$$

단, 마지막 유테 주소행렬식은 $|\overline{H}_n| = |\overline{H}|$이다. 새로이 도입된 기호에 나타나는 H자 위의 짧은 가로줄은 역시 테를 의미하며, 하첨자는 테가 둘러질 주소행렬식의 단수를 나타낸다. 예를 들어 $|\overline{H}_2|$는 (테를 두르지 않은) 헤시안의 2단주소행렬식에 $0, g_1, g_2$로 테가 둘러진 것이며, 나머지 유테 주소행렬식들도 마찬가지이다. 그러면 d^2z의 양정부호 또는 음정부호에 관한 조건은 다음과 같다.

$$dg = 0 \text{의 제약하에서 } d^2z \text{가} \begin{Bmatrix} \text{양정부호} \\ \text{음정부호} \end{Bmatrix} \text{이기 위한 필요충분조건은}$$
$$\begin{Bmatrix} |\overline{H}_2|, |\overline{H}_3|, \ldots, |\overline{H}_n| < 0 \\ |\overline{H}_2| > 0; |\overline{H}_3| < 0; |\overline{H}_4| > 0; \text{등} \end{Bmatrix} \text{이다.}$$

양정부호의 경우에는 $|\overline{H}_2|$로부터 시작하여 유테 주소행렬식들이 모두 음이어야 하며, 음정부호의 경우에는 그 부호가 교대로 변하여야 한다. 앞에서와 마찬가지로, d^2z가 양정부호이면 z의 정지값은 극소값이 되기에 충분하며, d^2z가 음정부호이면 z의 정지값은 극대값이 되기에 충분하다.

지금까지의 논의를 모두 종합하면, 제약하의 상대적 극값에 대한 조건은 <표 12.1>로 요약할 수 있다. 그러나 이 표에 언급된 기준은 완전한 것이 아니다. 2계충분조건이 필요조건은 **아니므로**, 어떤 정지값이 이 기준을 충족하지 않는다고 해서 그 정지값이 극대값 혹은 극소값이 될 가능성이 완전히 배제되는 것은 아니다. 그러나 대부분의 경제학의 응용에서는 이러한 (비교적 덜 엄격한) 2계충분조건이 충족되거나 혹은 충족되는 것으로 가정되기 때문에, 이 표에 나타난 정보만으로 충분하다. <표 12.1>의 결과와 무제약하의 극값문제에 관한 <표 11.2>를 비교해 보는 것이 유익할 것이다.

다수의 제약이 있는 경우

최적화문제에 제약이 두 개 이상 주어질 때, 2계조건의 헤시안은 두 개 이상의 테를 갖는다. n개의 선택변수와 m개의 제약 (단, $m < n$) $g^j(x_1, \cdots, x_n) = c_j$를 가정하면, 라그랑지함수는

$$Z = f(x_1, \ldots, x_n) + \sum_{j=1}^{m} \lambda_j [c_j - g^j(x_1, \ldots, x_n)]$$

이 되고, 유테 헤시안은 다음과 같이 된다.

$$|\overline{H}| \equiv \left|\begin{array}{cccc:cccc} 0 & 0 & \cdots & 0 & g_1^1 & g_2^1 & \cdots & g_n^1 \\ 0 & 0 & \cdots & 0 & g_1^2 & g_2^2 & \cdots & g_n^2 \\ \cdots & \cdots & \cdots & \cdots & \cdots & \cdots & \cdots & \cdots \\ 0 & 0 & \cdots & 0 & g_1^m & g_2^m & \cdots & g_n^m \\ \hdashline g_1^1 & g_1^2 & \cdots & g_1^m & Z_{11} & Z_{12} & \cdots & Z_{1n} \\ g_2^1 & g_2^2 & \cdots & g_2^m & Z_{21} & Z_{22} & \cdots & Z_{2n} \\ \cdots & \cdots & \cdots & \cdots & \cdots & \cdots & \cdots & \cdots \\ g_n^1 & g_n^2 & \cdots & g_n^m & Z_{n1} & Z_{n2} & \cdots & Z_{nn} \end{array}\right|$$

단, $g_i^j = \partial g^j / \partial x_i$ 는 제약함수들의 편도함수들이며, 2중하첨자를 붙인 Z 기호는 전과 같이 라그랑지함수의 2계편도함수를 나타낸다. 이것들을 명확하게 식별하기 위해서 유테 헤시안을 4개의 **영역**으로 분할하였다. 좌상단의 영역은 영으로만 구성되어 있으며 우하단의 영역은 테를 두르지 않은 헤시안에 불과하다. g_i^j 편도함수들로 구성된 나머지 두 영역은 주대각선에 대하여 서로 대칭이므로, 결국 전체 유테 헤시안은 대칭인 배열을 취하고 있다.

$|\overline{H}|$ 로부터 많은 유테 주소행렬식들이 형성될 수 있다. 이 중에서 Z_{22} 가 주대각선의 마지막 원소로 포함되는 것을 전과 같이 $|\overline{H}_2|$ 로 표기하기로 하자. $|\overline{H}_2|$ 에 하나의 열과 하나의 행을 더하면 Z_{33} 가 되고, 따라서 $|\overline{H}_3|$ 를 얻는다. 나머지 유테 주소행렬들도 마찬가지이다. 이와 같은 기호를 써서, 2계충분조건을 다음과 같은 $(n-m)$ 개의 유테 주소행렬식의 부호로 나타낼 수 있다.

$$|\overline{H}_{m+1}|, |\overline{H}_{m+2}|, \ldots, |\overline{H}_n| (= |\overline{H}|)$$

z 가 극대이기 위한 충분조건은 유테 주소행렬식 $\left|\overline{H}_{m+1}\right|$ 의 부호가 $(-1)^{m+1}$ 로 되면서, 유테 주소행렬식들의 부호가 교대하는 것이다. 그리고 z 가 극소이기 위한 충분조건은 유테 주소행렬식의 부호들이 동일하게 $(-1)^m$ 이 되는 것이다.†

여기서 제약조건의 수가 홀수인가 혹은 짝수인가에 따라서 중요한 차이가 난다는 점에 유의해야 한다. 또한 $m = 1$ 일 때 이 조건은 <표 12.1> 의 조건으로 환원됨을 알 수 있다.

연습문제 12.3

1. 유테 헤시안을 사용하여 [연습문제 12.2] 의 1에서 구한 z 의 정지값이 극대인가 또는 극소인가를 밝혀라
2. 제약하의 극대 또는 극소에 관한 2계충분조건을 논의할 때, $|\overline{H}_2|$, $|\overline{H}_3|$, $|\overline{H}_4|$, ⋯ 등의 대수적 부호는 규정되었지만 $|\overline{H}_1|$ 의 부호는 언급되지 않았다. $|\overline{H}_1|$ 에 대한 적절한 식을 쓰고 그 부호가 항상 음임을 증명하여라.
3. 제 5.3 절의 행렬식에 관한 성질 2를 사용하여 다음이 성립함을 보여라.
   (a) $|\overline{H}_2|$ 의 두 행 혹은 두 열을 적절히 서로 교환하여 행렬식의 부호를 바꾸면, 그것은 다음의 행렬식으로 변환 될 수 있다.

† 역주 : 이 2계조건의 논의도 위수조건의 충족을 전제로 해야만 타당하다. 이 조건하에서 $|\overline{H}_m|$ 의 부호는 항상 $(-1)^m$ 이다 ([연습문제 12.3] 의 2 참조). 이렇게 보면 극소화의 2계충분조건은 모든 주소행렬식의 부호가 $|\overline{H}_m|$ 의 부호와 같다는 것이고, 극대화의 조건은 그 부호로 부터 출발하여 부호가 교대하는 것이라고 말할 수 있다.

$$\begin{vmatrix} Z_{11} & Z_{12} & g_1 \\ Z_{21} & Z_{22} & g_2 \\ g_1 & g_2 & 0 \end{vmatrix}$$

(*b*) 마찬가지의 과정을 통하여 $|\overline{H}_3|$도 다음과 같이 변환될 수 있다.

$$\begin{vmatrix} Z_{11} & Z_{12} & Z_{13} & g_1 \\ Z_{21} & Z_{22} & Z_{23} & g_2 \\ Z_{31} & Z_{32} & Z_{33} & g_3 \\ g_1 & g_2 & g_3 & 0 \end{vmatrix}$$

이 결과들을 이용하여 헤시안의 주소행렬식에 테를 두르는 대안의 방법을 제시하라.

4. 4개의 선택변수와 2개의 제약으로 이루어진 제약하의 최적화문제에 대한 유테 헤시안을 써보라. 그리고 z의 극대와 극소에 대한 2계충분조건을 구체적으로 밝혀라.

12.4 | 준오목성과 준볼록성

우리는 제 11.5 절에서, 무제약하의 극값문제의 경우에, 목적함수가 오목인지 볼록인지를 알게 되면 2계조건을 검토할 필요가 없음을 보았다. 제약하의 최적화문제의 경우에도, 곡면 혹은 초곡면(hyper surface)이 적절한 형태를 갖게 되면 2계조건을 확인하는 수고를 덜 수 있게 된다. 그러나 제약하에서 요구되는 곡면의 형태는 극대에 대해서는(오목성 대신에) 준오목성이며, 극소에 대해서는(볼록성 대신에) 준볼록성이다. 이제 앞으로 설명하겠지만, 준오목성(준볼록성)은 오목성(볼록성)보다는 더 약한 조건이다. 이는 미리 예견될 수 있는 것인데, 그 이유는 2계충분조건도 역시 무제약하의 최적화문제에서 (d^2z의 부호는 모든 dx_i에 대해서 정부호이다)보다 제약하의 최적화문제에서 (d^2z의 부호는 $dg=0$을 만족하는 dx_i에 대해서만 정부호이다) 더 약하기 때문이다.

기하학적 특성

준오목성 및 준볼록성은, 오목성이나 볼록성과 마찬가지로, 강이라는 접두사가 붙을 수도 있고 안 붙을 수도 있다. 먼저 이 개념들의 기하학적 특성을 살펴보기로 한다.

> u와 v가 함수 f의 (볼록집합인) 정의역 내에 있는 임의의 서로 다른 두 점이고, 정의역 내의 선분 uv는 그 함수의 그래프 위에 호 MN을 규정한다고 하자. 단, 점 N의 높이는 점 M보다 높거나 같다고 하자. 그러면 만약 M과 N을 제외한 호 MN상의 모든 점이 점 M의 높이보다 높거나 같다면(점 N의 높이보다 낮거나 같다면), 함수 f를 **준오목(준볼록)** 함수라고 한다. 만약 M과 N을 제외한 호 MN상의 모든 점이 점 M의 높이보다 항상 높다면(점 N의 높이보다 항상 낮다면), 함수 f를 **강준오목(강준볼록)** 함수라고 한다.

이 정의에 의하면 어떠한 강준오목(강준볼록) 함수도 준오목(준볼록) 함수이지만 그 역은 성립하지 않는 것을 알 수 있다.

좀 더 확실하게 이해하기 위해, [그림 12.3]에 그려진 1변수함수의 예를 살펴보기로 하자. [그림 12.3](*a*)에서 정의역 내의 선분 uv는 N이 M보다 높은 점이 되는 곡선 상의 호 MN을 규정하고 있다. M과 N 사이에 있는 호상의 모든 점은 M보다 항상 높기 때문에 이 호는 강준오목성의 조건

그림 12.3

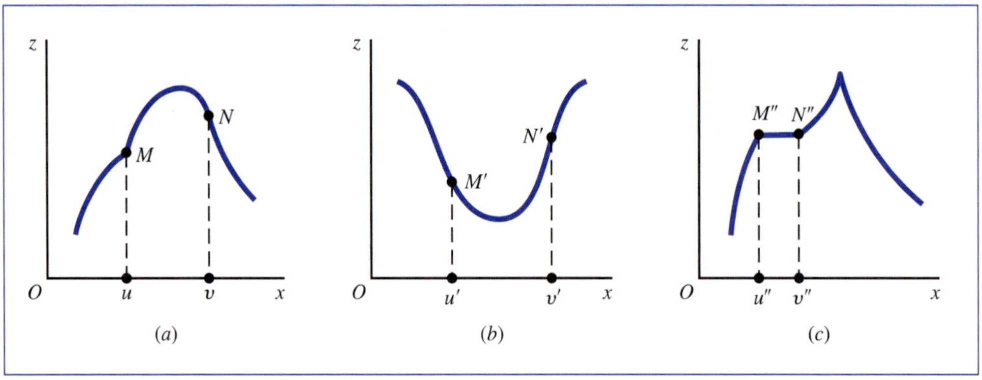

을 만족한다. 그리고 이 곡선이 강준오목이 되려면 **모든** 가능한 (u, v) 쌍이 위와 같은 조건을 만족하는 호를 가져야 한다.

[그림 12.3](a)의 함수는 실제로 이 조건을 만족한다. 이 함수는 또한 (강준오목이 아닌) 준오목성의 조건을 만족하는 것에 주의하라. 그러나 이 함수는 준볼록성의 조건은 만족하지 않는다. 왜냐하면 호 MN 상의 어떤 점은 N보다 높기 때문이다. [그림 12.3](b)의 함수는 반대의 형태를 취하고 있다. 호 $M'N'$ 상의 모든 점은 두 끝점 중에서 높은 점인 N'보다 낮으며, 이는 그려질 수 있는 다른 모든 호에 대해서 성립한다. 따라서 [그림 12.3](b)에 나타나 있는 함수는 강준볼록이다. 이 함수는 또한 (강준볼록이 아닌) 준볼록성의 조건도 만족하지만, 준오목성의 조건은 만족하지 않는 것을 알 수 있다. [그림 12.3](c)는 수평인 선분$M''N''$를 포함하고 있는데, 이 선분상의 모든 점들의 높이는 같다. 결국 이 선분 — 따라서 전체 곡선 — 은 준오목성의 조건만을 만족하고 강준오목성의 조건은 만족하지 못한다.

일반적으로 말해서, 준오목이지만 오목이 아닌 함수의 그래프는 종 또는 그것의 일부분의 형태가 되며, 준볼록함수의 그래프는 거꾸로 세운 종 또는 그것의 일부분의 형태가 된다. 종의 표면상에 오목인 부분과 볼록인 부분이 모두 존재하는 것은 (요구되는 바는 아니지만) 허용될 수 있다. 이와 같이 좀 더 포괄적인 특성을 갖기 때문에, 준오목성(준볼록성)은 오목성(볼록성)보다 약한 조건이 된다. [그림 12.4]에서는 2변수함수의 강오목성과 강준오목성을 대비시키고 있다. 이 그림에서 두 곡면은 각각 둥근 지붕과 종의 증가하는 부분만 포함하고 있는 증가함수이다. [그림 12.4](a)의 곡면은 강오목이지만 [그림 12.4](b)의 곡면은 분명히 강오목이 아니다. 그 이유는 [그림 12.4](b)의 종 아래쪽에 볼록인 부분을 포함하고 있기 때문이다. 그러나 이 함수는 강준오목함수이다. 즉, MN이나 $M'N'$와 같은 곡면상의 모든 호는, 두 끝점 사이에 있는 각 호상의 모든 점이 끝점 중에서 낮은 끝점보다 높다는 조건을 만족한다. [그림 12.4](a)를 다시 보면, 이 곡면도 강준오목이다. 비록 [그림 12.4](a)에서는 호 MN이나 $M'N'$을 예시하지는 않았지만, 모든 가능한 호는 실제로 강준오목성 조건을 만족한다는 것을 쉽게 알 수 있다. 일반적으로 강오목함수는 강준오목함수이지만, 그 역은 성립하지 않는다. 아래에서는 이러한 사실을 보다 체계적으로 설명하기로 한다.

대수적 정의

이상의 기하학적 규정을 대수적 정의로 바꾸어 표현하면 고차원의 경우로 쉽게 일반화할 수 있다.

그림 12.4

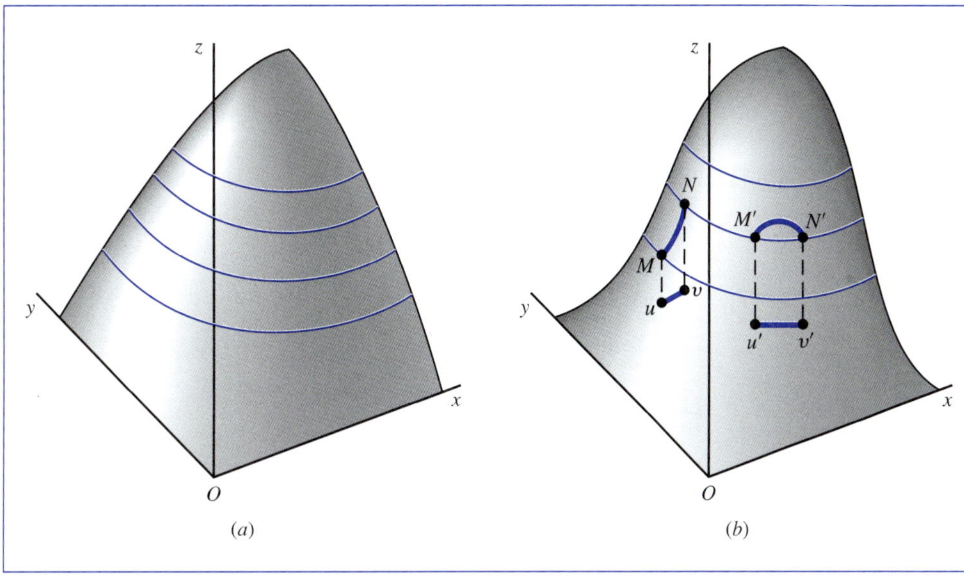

함수 f 가 $\begin{Bmatrix} \text{준오목함수} \\ \text{준볼록함수} \end{Bmatrix}$ 이기 위한 필요충분조건은 f 의 (볼록집합인) 정의역 내의 임의의 서로 다른 두점 u, v 와 $0 < \theta < 1$ 에 대해서 다음이 성립하는 것이다:

$$f(v) \geq f(u) \Rightarrow f[\theta u + (1-\theta)v] \begin{Bmatrix} \geq f(u) \\ \leq f(v) \end{Bmatrix} \tag{12.20}$$

이 정의를 **강**준오목성 및 **강**준볼록성에 적용하려면, 우변의 두 약부등호를 강부등호 $\begin{Bmatrix} > f(u) \\ < f(v) \end{Bmatrix}$ 로 대체하면 된다. (12.20) 을 오목성 및 볼록성 조건 (11.20) 과 비교해 보기 바란다.

이 정의로부터 다음의 세 정리를 쉽게 얻을 수 있다. 이 정리들은 함수 $f(x)$ 의 관점에서 설명될 것이다. 단, x 는 변수들의 벡터 $x = (x_1, x_2, \cdots x_n)$ 로 볼 수 있다.

정리 1 **(함수의 음수)** 만약 $f(x)$ 가 준오목 (강준오목) 함수이면, $-f(x)$ 는 준볼록 (강준볼록) 함수이다.

정리 2 **(오목성 대 준오목성)** 어떠한 오목 (볼록) 함수도 준오목 (준볼록) 함수이지만, 그 역은 성립하지 않는다. 마찬가지로 어떠한 강오목 (강볼록) 함수도 강준오목 (강준볼록) 함수가 될 수 있지만, 그 역은 성립하지 않는다.

정리 3 **(선형함수)** 만약 $f(x)$ 가 선형함수이면, 그것은 준오목함수인 동시에 준볼록함수이다.

정리 1은 부등식의 양변에 −1을 곱하면 부등호의 방향이 바뀐다는 사실에 기초하고 있다. $f(v) \geq f(u)$ 일 때 $f(x)$ 가 준오목함수라고 하면, (12.20) 에 의하여 $f[\theta u + (1-\theta)v] \geq f(u)$ 가 성립한다. 그런데 $-f(x)$ 에 대해서는 (부등식의 양변을 −1로 곱하여) $-f(u) \geq -f(v)$ 및 $-f[\theta u +$

$(1-\theta)v] \le -f(u)$로 나타낼 수 있으므로, 여기서 $-f(u)$를 점 N의 높이로 해석하고 $-f(v)$를 점 M의 높이로 해석하면, 함수 $-f(x)$는 (12.20)의 준볼록성에 대한 조건을 만족함을 알 수 있다. 이로써 정리 1의 네 경우 중에서 하나가 증명된 셈이다. 나머지 세 경우도 마찬가지로 증명될 수 있다.

정리 2에 대해서는 오목성이 준오목성을 의미한다는 점만 증명하기로 한다. $f(x)$가 오목함수이면 (11.20)에 의하여 다음 식이 성립한다.

$$f[\theta u + (1-\theta)v] \ge \theta f(u) + (1-\theta) f(v)$$

이제 $f(v) \ge f(u)$라고 가정하면, $f(v)$와 $f(u)$의 가중평균은 $f(u)$보다 작을 수 없다. 즉,

$$\theta f(u) + (1-\theta) f(v) \ge f(u)$$

위의 두 결과를 합하면 다음 결과를 얻는다.

$$f(v) \ge f(u) \text{이면,} \qquad f[\theta u + (1-\theta)v] \ge f(u)$$

이것은 (12.20)의 준오목성 정의를 만족한다. 그러나 준오목성에 대한 조건이 오목성을 보장하지 않는다는 점에 주의하라.

정리 2가 일단 성립하면 정리 3은 당연히 성립한다. 우리는 선형함수가 비록 강한 의미는 아니지만 오목인 동시에 볼록임을 이미 알고 있다. 따라서 정리 2에 의하면, 선형함수는 강한 의미는 아니지만 준오목인 동시에 준볼록함수이다.

앞에서 오목함수와 볼록함수를 논의할 때, 우리는 오목(볼록)함수들의 합은 또한 오목(볼록)함수라는 것을 보장하는 정리에 대하여 공부하였다. 그러나 불행하게도 이 정리는 준오목함수와 준볼록함수에는 일반화 될 수 없다. 즉, 두 준오목함수의 합이 **필연적으로** 준오목함수가 되는 것은 **아니다** ([연습문제 12.4]의 3 참조).

준오목성 및 준볼록성을 검증할 때, 다음과 같은 또 다른 정의를 이용하면 편리하다.†

x가 벡터변수일 때 함수 $f(x)$가 $\left\{\begin{matrix}\text{준오목함수}\\\text{준볼록함수}\end{matrix}\right\}$이기 위한 필요충분조건은 임의의 상수 k에 대해서, 집합 $\left\{\begin{matrix} S^{\ge} \equiv \{x \mid f(x) \ge k\} \\ S^{\le} \equiv \{x \mid f(x) \le k\}\end{matrix}\right\}$가 볼록집합이다. **(12.21)**

집합 $S^{\ge}$ 및 $S^{\le}$는 앞에서 ([그림 11.10]) 볼록함수가 (혹은 오목함수까지도) 볼록집합을 형성할 수 있음을 보이기 위해 도입되었다. 그러나 여기서는 준오목성 및 준볼록성을 검증하기 위하여 이 두 집합을 사용하고 있다. [그림 12.5]의 세 함수는 모두 오목은 물론 볼록인 부분도 포함하고 있어서 결국 오목함수도 볼록함수도 아니다. 그러나 [그림 12.5](a)의 함수는 준오목함수이다. 왜냐하면 어떤 k의 값에 대해서도 (비록 한 경우만 예시되어 있지만) 집합 $S^{\ge}$가 볼록이기 때문이다. 반면에 [그림 12.5](b)의 함수는 집합 $S^{\le}$가 볼록이므로 준볼록함수이다. [그림 12.5](c)의 함수 (단조함수)는 $S^{\ge}$ 및 $S^{\le}$가 모두 볼록집합이라는 점에서 앞의 두 경우와 구별된다. 따라서 이 함수는 준오목함수인 동시에 준볼록함수이다.

조건 (12.21)은 준오목성 및 준볼록성을 검증할 때 사용될 수는 있지만, 이 조건으로는 강한 의미와 강한 의미가 아닌 경우를 구분할 수는 없다. 또한 (12.21)로 정의되는 성질들은 그 자체만으로는 각각 오목성 및 볼록성을 성립시키기에 충분하지 못하다. 특히, 오목함수가 주어지면, 그것은

† 역주 : 이 정의와 앞의 정의가 동치라는 것은 증명을 요한다. 그러나 이 책에서는 이것이 제시되지 않고 있다.

그림 12.5

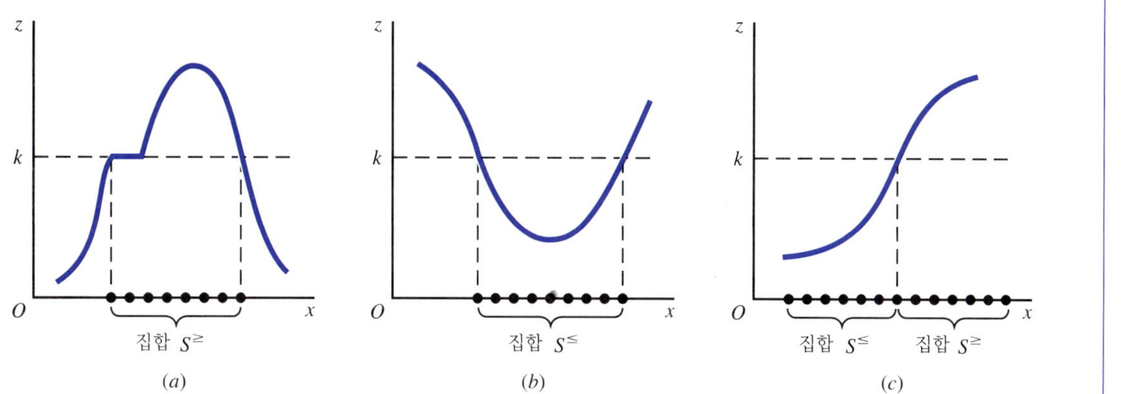

필연적으로 준오목함수가 되고 $S^{\geq}$는 볼록집합이라고 결론내릴 수는 있지만, 그러나 볼록집합 $S^{\geq}$가 주어질 때 함수 f는 오직 **준**오목함수라고 결론내릴 수 있을 뿐 반드시 오목함수라고 말할 수는 없다.

예 1

$z = x^2 (x \geq 0)$의 준오목성 및 준볼록성을 검증하라. 이 함수가 볼록이고, 또 강볼록함수인 것은 기하학적으로 쉽게 밝힐 수 있다. 따라서 이 함수는 준볼록함수이다. 흥미롭게도 이 함수는 준오목함수이기도 하다. 왜냐하면 이 함수의 그래프는 원점에서 출발하여 그 증가율이 체증하는 U자형 곡선의 오른쪽 반을 나타내므로, [그림 12.5](c)와 마찬가지로 볼록집합 $S^{\geq}$는 물론 볼록집합 $S^{\leq}$도 형성할 수 있기 때문이다.

만약 조건 (12.20)을 대신 적용하려면, 먼저 u와 v를 비음의 서로 다른 x의 두 값이라고 가정하여야 한다. 그러면

$$f(u) = u^2 \quad f(v) = v^2 \quad \text{및} \quad f[\theta u + (1-\theta)v] = [\theta u + (1-\theta)v]^2$$

을 얻는다. $f(v) \geq f(u)$, 즉 $v^2 \geq u^2$임을 가정하면, $v \geq u$, 혹은 좀 더 구체적으로 (u와 v가 서로 다르므로) $v > u$가 성립한다. 가중평균 $[\theta u + (1-\theta)v]$는 u와 v 사이에 위치하므로, 다음과 같은 연쇄부등식이 성립한다.

$$v^2 > [\theta u + (1-\theta)v]^2 > u^2 \qquad (0 < \theta < 1)$$

또는

$$f(v) > f[\theta u + (1-\theta)v] > f(u) \qquad (0 < \theta < 1)$$

(12.20)에 의하면, 이 결과로부터 함수 f가 준오목함수인 **동시에** 준볼록함수임을 알 수 있다. 그뿐 아니라 강준오목함수인 동시에 강준볼록함수이다.

예 2

$z = f(x, y) = xy\ (x, y \geq 0)$가 준오목함수임을 보여라. (12.21)의 기준을 사용하여 어떤 k에 대해서도 집합 $S^{\geq} = \{(x, y) \mid xy \geq k\}$가 볼록임을 밝히기로 한다. 이를 위해서 $xy = k$를 설정하여 k의 각 값에 대한 등수준(isovalue)곡선을 구한다. x, y와 마찬가지로 k는 음이 아니어야 한다. $k > 0$인 경우에 등수준곡선은 xy 평면의 제1상한에 나타나는 직각쌍곡선이 된다. 따라서 $S^{\geq}$는 직각쌍곡선이나 또는 그 위쪽에 위치하는 모든 점으로 이루어지는 집합이므로 볼록집합이다. $k = 0$인 또 다른

경우에는, $xy = 0$ 으로 정의되는 등수준곡선은 L자형이며, 이 때 L은 x 축과 y 축의 비음부분과 일치한다. 집합 $S^{\geq}$ 는 이제 비음 4분면 전체가 되고, 이것은 다시 볼록집합이다. 따라서 (12.21) 에 의하여 함수 $z = xy$ $(x, y \geq 0)$ 는 준오목함수이다.

(xy 평면에서 정의되는) 등수준곡선 $xy = k$ 의 형태와 (xyz 공간에서 정의되는) 곡면 $z = xy$ 의 형태를 혼동하지 않도록 주의해야 한다. 우리가 밝히고자 한 것은 z 곡면의 특성 (즉, 3차원 공간에서의 준오목성) 이었으며, 등수준곡선의 형태 (즉, k 가 양일 때 2차원 공간에서 볼록) 는 단지 (12.21) 을 적용하는 과정에서 집합 $S^{\geq}$ 을 표현하는 수단으로서만 의미가 있는 것이다.

예 3 $z = f(x, y) = (x - a)^2 + (y - b)^2$ 이 준볼록함수임을 보여라. (12.21) 을 다시 적용해 보자. $(x - a)^2 + (y - b)^2 = k$ 가 성립할 때 k 는 비음임을 알 수 있다. 각 k 에 대해서 등가곡선은 xy 평면에서 중심이 (a, b) 이고 반경이 $\sqrt{k}$ 인 원이다. $S^{\leq} = \{(x, y) | (x - a)^2 + (y - b)^2 \leq k\}$ 는 원둘레 혹은 원 안의 모든 점으로 이루어지는 집합이므로 볼록집합이다. 이것은 $k = 0$ 일 때, 즉 원이 한 개의 점 (a, b) 로 변하였을 때에도 성립한다. 하나의 점도 관례상 볼록집합으로 간주되기 때문이다. 따라서 주어진 함수는 준볼록함수이다.

미분가능함수

(12.20) 과 (12.21) 의 정의는 함수 f 가 미분가능하다는 조건을 필요로 하지 않는다. 그러나 f 가 미분가능하다면, 준오목성과 준볼록성은 1계도함수를 이용한 또 다른 방식으로 정의될 수 있다.

> 미분가능한 1변수함수 $f(x)$ 가 $\begin{Bmatrix} \text{준오목함수} \\ \text{준볼록함수} \end{Bmatrix}$ 이기 위한 필요충분조건은 정의역 내의 임의의 서로 다른 두 점 u 와 v 에 대해서 다음이 성립하는 것이다.
>
> $$f(v) \geq f(u) \Rightarrow \begin{Bmatrix} f'(u)(v-u) \\ f'(v)(v-u) \end{Bmatrix} \geq 0 \qquad \textbf{(12.22)}$$

만약 우변의 약부등호가 강부등호 (> 0) 로 바뀌면, 준오목성과 준볼록성은 **강한 의미**가 된다. 독립변수가 둘 또는 그 이상 존재할 때 이 정의는 다음과 같이 수정된다.

> 미분가능함수 $f(x_1, \cdots, x_n)$ 이 $\begin{Bmatrix} \text{준오목함수} \\ \text{준볼록함수} \end{Bmatrix}$ 이기 위한 필요충분조건은 정의역 내의 임의의 서로 다른 두 점 $u = (u_1, \cdots, u_n)$ 과 $v = (v_1, \cdots, v_n)$ 에 대해서 다음이 성립하는 것이다.
>
> $$f(v) \geq f(u) \Rightarrow \begin{Bmatrix} \sum_{j=1}^{n} f_j(u)(v_j - u_j) \\ \sum_{j=1}^{n} f_j(v)(v_j - u_j) \end{Bmatrix} \geq 0 \qquad \textbf{(12.22}'\textbf{)}$$
>
> 단, $f_j \equiv \partial f / \partial x_j$ 는 u 혹은 v 에서 계산된 편도함수이다.

여기서도 **강**준오목과 **강**준볼록함수에 대해서는 우변의 약부등호가 강부등호 (> 0) 로 바뀌어야 한다.[†]

[†] 역주: 위의 두 "정의"라는 사실은 정의가 아니라 정의 (12.20) 으로부터 유도될 수 있는 명제로 보아야 한다. 여기서는 이 유도과정을 회피하기 위하여 "정의"라는 편리한 용어를 사용하고 있을 따름이다.

끝으로, 함수 $f(x_1, \cdots, x_n)$이 2계미분가능한 연속함수라면, 준오목성과 준볼록성은 다음과 같이 유테 행렬식으로 배열된 1계편도함수와 2계편도함수에 의해서 검증될 수 있다.

$$|B| = \begin{vmatrix} 0 & f_1 & f_2 & \cdots & f_n \\ f_1 & f_{11} & f_{12} & \cdots & f_{1n} \\ f_2 & f_{21} & f_{22} & \cdots & f_{2n} \\ \cdots & \cdots & \cdots & \cdots & \cdots \\ f_n & f_{n1} & f_{n2} & \cdots & f_{nn} \end{vmatrix} \tag{12.23}$$

이 유테 행렬식 $|B|$는 앞 절에서 소개한 유테 헤시안 $|\overline{H}|$와 비슷하다. 그러나 $|\overline{H}|$와는 달리 $|B|$의 테는 외부로부터 주어지는 제약함수 g가 아닌, 함수 f의 1계도함수들로 이루어져 있다. $|B|$가 함수 f 그 자체의 도함수들에만 전적으로 의존한다는 사실이야말로, $|B|$와 그것의 순차적 주소행렬식

$$|B_1| = \begin{vmatrix} 0 & f_1 \\ f_1 & f_{11} \end{vmatrix} \quad |B_2| = \begin{vmatrix} 0 & f_1 & f_2 \\ f_1 & f_{11} & f_{12} \\ f_2 & f_{21} & f_{22} \end{vmatrix} \quad \cdots \quad |B_n| = |B| \tag{12.24}$$

들이 주어진 함수 f의 형태를 규정하는 데 사용될 수 있는 이유이다.

이제 필요조건과 충분조건을 설명하기로 하자. 이 두 조건은 모두 **비음상한**(비음 4분면과 유사한 n차원 공간)으로만 이루어진 정의역, 즉 $x_1, \cdots, x_n \geq 0$인 정의역에서 준오목성과 준볼록성에 관한 조건이 된다.†

함수 $z = f(x_1, \cdots, x_n)$이 비음상한에서 준오목함수이기 위한 필요조건은 비음상한에서 계산된 모든 편도함수들에 대하여 다음이 성립하는 것이다.

$$|B_1| \leq 0, \quad |B_2| \geq 0, \quad \ldots, \quad |B_n| \begin{Bmatrix} \leq \\ \geq \end{Bmatrix} 0 \qquad (n\text{ 이} \begin{Bmatrix} \text{홀수} \\ \text{짝수} \end{Bmatrix} \text{일때}) \tag{12.25}$$

f가 비음상한에서 준오목함수가 되는 충분조건은 비음상한에서 계산된 모든 편도함수들에 대해서 다음이 성립하는 것이다.

$$|B_1| < 0, \quad |B_2| > 0, \quad \ldots, \quad |B_n| \begin{Bmatrix} < \\ > \end{Bmatrix} 0 \qquad (n\text{ 이} \begin{Bmatrix} \text{홀수} \\ \text{짝수} \end{Bmatrix} \text{일때}) \tag{12.26}$$

$|B_1| = -f_1^2$이므로, (12.25)에서 조건 $|B_1| \leq 0$은 자동적으로 만족된다. 이를 포함시킨 것은 다만 대칭성을 위해서이다. (12.26)에서 $|B_1| \leq 0$ 조건도 마찬가지이다.

예 4

함수 $z = f(x_1, x_2) = x_1 x_2$ $(x_1, x_2 \geq 0)$는 준오목함수이다([예 2] 참조). 이제 (12.22′)에 따라†† 이를 검증해 보자. $u = (u_1, u_2)$와 $v = (v_1, v_2)$를 정의역 내의 서로 다른 두 점이라고 하면, $f(u) = u_1 u_2$이고 $f(v) = v_1 v_2$이다. 그리고 다음을 가정하자.

† 어떤 함수가 볼록인 정의역에서 오목(볼록)이면 전체 공간으로 확장하여도 오목(볼록)이 될 수 있지만, 준오목(준볼록)함수의 경우에는 적용되지 않는다. 예를 들어, 앞의 [예 1]과 [예 2]의 결론은 만약 변수들이 음의 값을 갖는다고 가정하면 성립하지 않는다. 여기에 주어진 두 조건은 Kenneth J. Arrow and Alain C. Enthoven, "Quasi-Concave Programming", *Econometrica*, October 1961, p. 797, (Theorem 5)에 그리고 Akira Takayama, *Analytical Methods in Economics*, University of Michigan Press, 1993. p.65 (정리 1.12) 기초를 둔다.

$$f(v) \geq f(u) \quad \text{혹은} \quad v_1 v_2 \geq u_1 u_2 \quad (v_1, v_2, u_1, u_2 \geq 0) \tag{12.27}$$

f 의 편도함수들은 $f_1 = x_2$, $f_2 = x_1$ 이므로, (12.22′)는 다음 조건과 같다.

$$f_1(u)(v_1 - u_1) + f_2(u)(v_2 - u_2) = u_2(v_1 - u_1) + u_1(v_2 - u_2) \geq 0$$

혹은 다시 정리하여,

$$u_2(v_1 - u_1) \geq u_1(u_2 - v_2) \tag{12.28}$$

u_1과 u_2의 값에 대해서는 네 가지의 가능성을 고려할 수 있다. 첫째, $u_1 = u_2 = 0$ 이면 (12.28) 이 만족하는 것은 명백하다. 둘째, $u_1 = 0$ 이고 $u_2 > 0$ 이면, (12.28) 은 $u_2 v_1 \geq 0$ 으로 간단히 되며, 그러면 u_2, v_1 이 모두 비음이므로 (12.28) 이 만족된다. 셋째, $u_1 > 0$ 이고, $u_2 = 0$ 이면, (12.28) 은 $0 \geq -u_1 v_2$ 로 간단히 되며, (12.28) 이 역시 만족된다. 마지막으로, u_1과 u_2가 모두 양이어서 v_1과 v_2도 모두 양이 된다고 가정하자. 그리고 (12.27) 의 양변에서 $v_2 u_1$을 빼면,

$$v_2(v_1 - u_1) \geq u_1(u_2 - v_2) \tag{12.29}$$

를 얻는다. 이에 대해서는 다시 세 가지 가능성이 나타난다.[†††]

1. 만약 $u_2 = v_2$ 이면 $v_1 \geq u_1$ 이다. (u_1, u_2) 와 (v_2, v_2) 가 서로 다른 점이기 때문에, 사실상 $v_1 > u_1$ 이다. $u_2 = v_2$ 이면 $v_1 \geq u_1$ 이라는 사실은 조건 (12.28) 이 만족됨을 의미한다.
2. 만약 $u_2 > v_2$ 이면, (12.29) 에 의하여 $v_1 > u_1$ 이 성립한다. (12.29) 의 양변을 u_2 / v_2 로 곱하면 다음을 얻는다.

$$u_2(v_1 - u_1) \geq \frac{u_2}{v_2} u_1(u_2 - v_2) > u_1(u_2 - v_2) \quad \left[\frac{u_2}{v_2} > 1 \text{이므로}\right] \tag{12.30}$$

   즉, (12.28) 은 다시 만족된다.
3. 마지막 가능성은 $u_2 < v_2$ 인 경우로, 이것은 u_2 / v_2 가 양의 소수임을 의미한다. 이 경우에 (12.30) 의 첫 번째 줄은 계속 성립한다. 두 번째 줄도, 역시 성립하는데, 음수 $(u_2 - v_2)$ 에 양의 소수 (u_2 / v_2) 를 곱한 것은 그 음수 자체보다 크기 때문이다.[††††]

(12.28) 이 어떠한 상황에서도 만족되므로, 함수 $z = x_1 x_2 (x_1, x_2 \geq 0)$ 는 준오목함수이다. 따라서 필요조건 (12.25) 도 성립되어야 한다. f 의 편도함수들이

$$f_1 = x_2 \quad f_2 = x_1 \quad f_{11} = f_{22} = 0 \quad f_{12} = f_{21} = 1$$

이므로, 이에 관한 주소행렬식은

$$|B_1| = \begin{vmatrix} 0 & x_2 \\ x_2 & 0 \end{vmatrix} = -x_2^2 \leq 0 \quad |B_2| = \begin{vmatrix} 0 & x_2 & x_1 \\ x_2 & 0 & 1 \\ x_1 & 1 & 0 \end{vmatrix} = 2x_1 x_2 \geq 0$$

[††] 역주: 식 (12.22′) 은 준오목함수의 경우 벡터 $f'_x(u)$ 와 벡터 $u - v$ 의 내적이 비음임을 의미한다. 그런데 벡터 $f'_x(u)$ 는 주어진 점 u 에서 등수준곡선 $f(x) = f(u)$ 에 그은 접선에 수직이면서 f 의 증가방향을 향하는 벡터, 즉 기울기벡터이고, 벡터 $u - v$ 는 점 u 에서 점 v 로 향하는 벡터이다. 그리고 그 내적이 비음이라는 것은 그 두 벡터가 이루는 각이 둔각이 될 수 없음을 의미한다.

이 된다. 즉 (12.25) 가 과연 만족된다. 그러나 (12.26) 의 충분조건은 어느 변수도 0이 아닌 양의 상한에서만 만족된다는 점에 주의하라.

예 5

함수 $z = f(x, y) = x^a y^b$ $(x, y > 0;\ 0 < a, b < 1)$는 준오목함수임을 보여라. 이 함수의 편도함수들은 다음과 같다.

$$f_x = ax^{a-1}y^b \quad f_y = bx^a y^{b-1}$$
$$f_{xx} = a(a-1)x^{a-2}y^b \quad f_{xy} = f_{yx} = abx^{a-1}y^{b-1} \quad f_{yy} = b(b-1)x^a y^{b-2}$$

따라서 $|B|$의 주소행렬식의 부호는 다음과 같다.

---

††† 역주 : 이 이하의 전개는 다음과 같이 생각하는 것이 쉽다.

$u_1, u_2 > 0$ 일때 $v_1, v_2 > 0$ 임은 식(12.27)에서 명백하다. 그러므로 특히 $u_2 > 0$ 이고, 식 (12.29)의 양변을 $u_2 > v_2$ 로 곱하여 다음과 같이 변형할 수 있다.

$$A \geq \frac{u_2}{u_2} B \quad 단, A \equiv u_1(v_1 - u_1),\ B \equiv u_1(u_2 - v_2) \qquad (12.29')$$

그리고 식 (12.28)은 다음과 같이 쓸 수 있다.

$$A \geq B \qquad (12.28')$$

우리가 증명해야 할 것은 (12.29′) 가 성립할 때 (12.28′) 가 성립하는 것을 보이는 것이다.

① $u_2 = u_2$ 이면 $\frac{u_2}{u_2} = 1$ 이므로, 당연한 것으로 확인된다.

② $u_2 > u_2$ 이면 $\frac{u_2}{u_2} > 1$ 이므로, $A \geq \frac{u_2}{u_2} B > B$ 이다.

③ $u_2 < u_2$ 이면 $\frac{u_2}{u_2} > 1, B < 0$ 이므로, $A \geq \frac{u_2}{u_2} B > B$ 이다.

증명 끝.

†††† 역주 : 이상의 논증에는 어떤 잘못도 없다. 그러나 $f(x_1, x_2) = x_1 x_2$ 와 같은 간단한 함수에 검증기준 (12.22′) 를 적용하는 것이 이처럼 복잡한 것이라면, 그 검증기준은 그리 실용적인 기준이 못된다고 생각된다. 그러나 그 기준은 기하학적으로 보면 매우 쉽게 이해되고 또 적용할 수 있는 기준이다.

편도함수의 벡터를 $f'_x(u) \equiv [f_1(u), \cdots f_n(u)]$ 라고 하고, $v - u = (v_1 - u_1, \cdots v_n - u_n)'$ 라 하면, 준오목함수일 때, (12.22′) 의 마지막 부등식은 $f'_x(u)(v - u) \geq 0$ 으로 쓸 수 있다. 그런데 이것은 기하학적으로는 두 벡터 $f'_x(u)$ 와 $v - u$ 가 이루는 각이 결코 둔각이 될 수 없음을 의미한다. 그러면 벡터 $f'_x(u)$ 는 기하학적으로 어떻게 나타낼 수 있는가? 이는 점 u 에서 $f(x) = f(u) =$ 일정이라는 곡선에 그은 접선과 직각을 이루면서, f 의 증가 방향을 향하는 벡터이다. 그리고 벡터 $v - u$ 는 점 u 에서 점 v 로 향하는 벡터이다. 그러므로 (12.22′) 의 명제는 $f(v) \geq f(u)$ 이고 $v \neq u$ 일 때, f 가 준오목함수이면 벡터 $f'_x(u)$ 와 $v - u$ 는 결코 둔각이 될 수 없다는 것이다. 이를 $f(x_1, x_2) = x_1 x_2$ 일 때 그림으로 나타내면 다음과 같다.

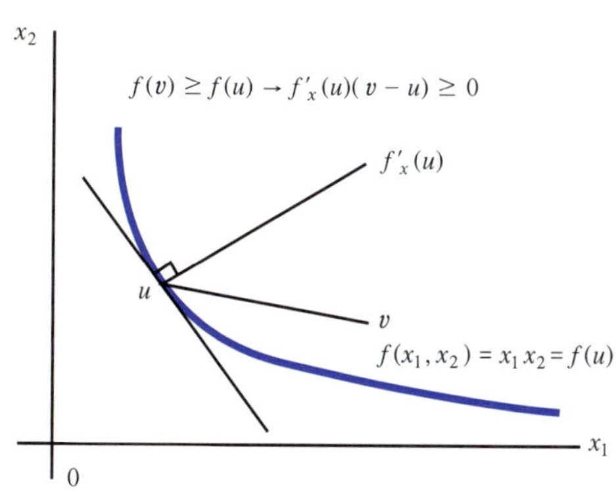

$$|B_1| = \begin{vmatrix} 0 & f_x \\ f_x & f_{xx} \end{vmatrix} = -(ax^{a-1}y^b)^2 < 0$$

$$|B_2| = \begin{vmatrix} 0 & f_x & f_y \\ f_x & f_{xx} & f_{xy} \\ f_y & f_{yx} & f_{yy} \end{vmatrix} = [2a^2b^2 - a(a-1)b^2 - a^2b(b-1)]x^{3a-2}y^{3b-2} > 0$$

이것은 (12.26) 의 준오목성에 대한 충분조건을 만족한다.

유테헤시안에 관한 재고찰

(12.23) 식으로 정의된 유테 행렬식 $|B|$는 유테 헤시안

$$|\overline{H}| = \begin{vmatrix} 0 & g_1 & g_2 & \cdots & g_n \\ g_1 & Z_{11} & Z_{12} & \cdots & Z_{1n} \\ g_2 & Z_{21} & Z_{22} & \cdots & Z_{2n} \\ \cdots & \cdots & \cdots & \cdots & \cdots \\ g_n & Z_{n1} & Z_{n2} & \cdots & Z_{nn} \end{vmatrix}$$

과 두 가지 점에서 차이가 있다: (1) $|B|$의 테에 위치한 원소들은 함수 g가 아닌 함수 f 의 1계편도함수들이다. (2) $|B|$의 나머지 원소들은 라그랑지함수 Z가 아닌 f 의 2계편도함수들이다. 그러나 제약식이 선형함수 $g(x_1, \cdots, x_n) = a_1x_1 + \cdots + a_nx_n = c$ 인 특별한 경우에는 — 경제학에서 흔히 다루어지는 경우 (제 12.5 절과 제 12.7 절을 참조) — Z_{ij} 는 f_{ij}와 일치한다. 왜냐하면 라그랑지 함수가

$$Z = f(x_1, \ldots, x_n) + \lambda(c - a_1x_1 - \cdots - a_nx_n)$$

이므로,

$$Z_j = f_j - \lambda a_j \qquad \text{및} \qquad Z_{ij} = f_{ij}$$

가 성립되기 때문이다.

이제 행렬식의 테에 관해서 보면, 선형제약함수의 1계도함수들은, $g_j = a_j$ 임을 알 수 있다. 더욱이 1계조건이 만족될 때 $Z_j = f_j - \lambda a_j = 0$ 이므로, $f_j = \lambda a_j$ 혹은 $f_j = \lambda g_j$가 성립한다. 따라서 $|B|$의 테는 $|\overline{H}|$의 테에 단순히 양의 실수 λ를 곱한 것에 지나지 않는다. $|\overline{H}|$의 가로 테와 세로 테의 λ를 차례로 인수분해하여 밖으로 뽑아내면 (제 5.3 절의 [예 5] 참조),

$$|B| = \lambda^2|\overline{H}$$

을 얻는다. 결과적으로, 선형제약식의 경우에는 두 개의 유테 행렬식이 정지점 Z에서 항상 같은 부호를 갖는다. 똑같은 논리로 주소행렬식 $|B_i|$ 와 $|\overline{H}_i|$ $(i = 1, \cdots, n)$도 정지점에서 같은 부호를 가져야 한다. 이에 따라 유테행렬식 $|B|$가 (12.26) 의 강준오목성에 대한 충분조건을 만족하면, 유테 헤시안 $|\overline{H}|$ 도 <표 12.1> 에 나타난 제약하의 극대화에 관한 2계충분조건을 만족해야 한다.

절대적 극값 대 상대적 극값

준오목성과 2계조건과의 관계를 보다 포괄적으로 나타내면 [그림 12.6] 의 도표와 같다. (이 표를 적절히 수정하면 준볼록성에도 적용할 수 있다). 이 도표는 [그림 11.5] 와 같은 의도와 양식으

로 그려졌고, 준오목성을 2계미분가능함수 $Z=f(x_1, \cdots, x_n)$ 의 제약하의 **상대적** 극대뿐만 아니라 **절대적** 극대와도 관련시키고 있다. 윗 부분의 세 개의 타원은 제약하의 상대적 극대에 대한 1계조건과 2계조건을 요약한 것이다. 가운데 줄의 직사각형들은, [그림 11.5]의 그것과 마찬가지로, 상대적 극대, 절대적 극대, 그리고 유일한 절대적 극대의 개념을 서로 연결시킨 것이다.

그러나 이 도표에서 가장 중요한 정보는 두 개의 다이아몬드와 그것들을 통과하는 연장된 ⇒ 기호에서 찾을 수 있다. 좌변의 것은, 일단 1계조건이 만족되고, 그리고 만약 다이아몬드 안의 두 개의 전제조건이 또한 충족되면, 제약하의 절대적 극대에 대한 충분조건이 만족된다는 것을 보여주고 있다. 첫 번째 전제조건은 함수 f 가 명시적 준오목이라는 것인데, 이 새로운 용어는 다음과 같이 정의된다.

함수 f 가 **명시적 준오목**(explicitly quasiconcave)이기 위한 필요충분조건은

$$f(v) > f(u) \Rightarrow f[\theta u + (1-\theta)v] > f(u$$

라는 것이다.†

---

† 역주: 명시적 준오목함수가 [그림 12.6]에 나타나 있는 것처럼 1계조건이 절대적 극대를 보장하는 충분조건이 되도록 하는 두 가지 전제 중의 하나로서 의미를 갖기 위해서는, 그것은 다음과 같이 정의되어야 옳다. 함수 f 가

i) "준오목함수이고,

ii) $f(v) > f(u) \Rightarrow f(\theta u + (1-\theta)v] > f(u)$ $(0 < \theta < 1)$ 을 충족시킬 때"

명시적 준오목함수(explicitly quasiconcave function)라고 한다.

본문에 빠져 있는 첫 번째 규정이 필요한 이유는 두 번째 규정으로부터 그것이 함축되지 않기 때문이다. 왜냐하면 두 번째 규정만으로는 $f(v) = f(u)$ 일 때 $f[\theta u + (1-\theta)v] < f(u)$ 가 될 가능성을 배제하지 않기 때문이다(이것이 배제되지 않으면 준오목함수가 아니다). 예컨대 다음과 같은 함수 $f(x)$ 를 상정해 보자.

$$\begin{cases} f(0) = 0 \\ f(x) = 1;\, x \neq 0 \end{cases}$$

이 함수는 위의 정의의 두 번째 규정을 충족시키지만 분명히 준오목함수는 아닌 것이다.

그러나 함수 f 가 연속함수인 경우에는 두 번째 규정이 f 의 준오목성을 함축한다는 사실이 알려져 있다. (관심이 있는 독자는 Diewert et. al, "Nine Kinds of Quasiconcavity and Concavity,"(Journal of Economic Theory (1981), pp.397~420을 참조) 따라서 이 경우 위 정의에서 준오목함수의 규정은 불필요하게 된다.

또한 p.382의 해설에서, 이렇게 정의된 명시적 준오목함수는 "그 곡면상의 어떠한 수평 평면부분(any horizontal plane segments)도 허용하지 않는다"고 하는 말은 지나치다. 그것은 "그 곡면상의 정상이 아닌 수평평면부분(non-top horizontal plane segments)은 허용하지 않는다"는 말로 완화되어야 한다. 예컨대 명시적 준오목함수의 정의는 아래 두 그림 중에서

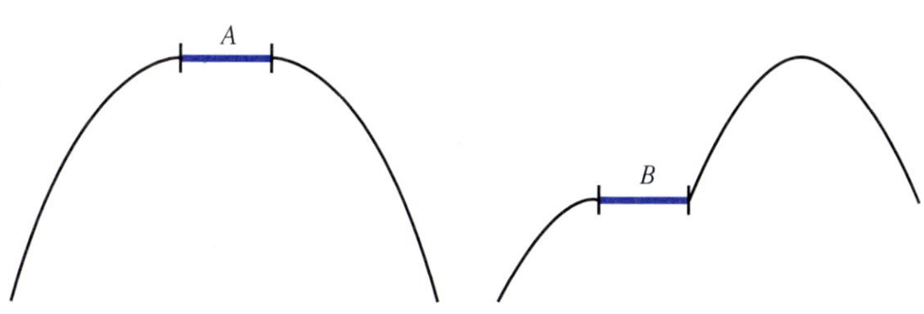

(a) (b)

(a) 의 A 와 같은 수평부분은 허용하지만 (b) 의 B 와 같은 수평부분은 허용하지 않는다. 그리고 p.383의 각주† 는 바로 B 부분이 배제되는 이유를 밝히고 있다(본문의 내용도 이 취지를 반영할 수 있도록 약간의 수정이 필요하다. p.382의 [ ] 부분은 이를 밝히기 위한 추가부분이다).

그림 12.6

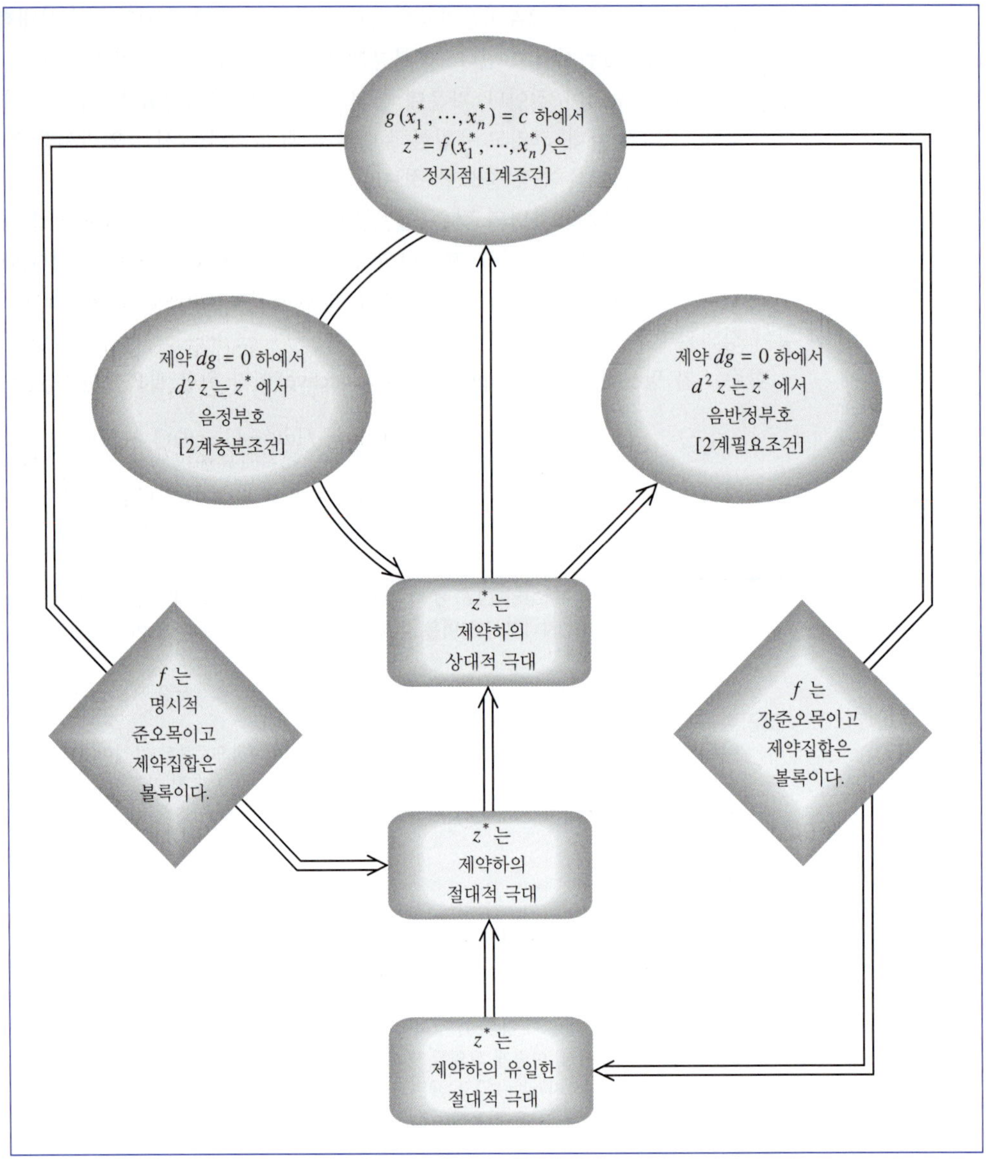

이 정의는 곡면상의 한 점 $f(v)$가 다른 점 $f(u)$보다 더 높을 때에는 그 사이에 있는 모든 점들—정의역 내의 선분 uv 바로 위쪽에 위치하는 곡면상의 점들—도 역시 $f(u)$보다 높아야 함을 의미한다. 이처럼 규정하는 것은 곡면상에서 [정상이 아닌] **수평**평면부분을 제거하기 위함이다.† **명시적** 준오목성 (explicit quasiconcavity)에 대한 조건은 **강**준오목성에 대한 조건만큼 강하지 않다. 왜냐하면 후자의 경우에는 $f(v) = f(u)$에 대해서도 $f[\theta u + (1-\theta)v] > f(u)$가 성립하여, 수평이 **아닌** 평면부분마저도 배제되기 때문이다.†† 왼쪽 다이아몬드에 나타난 또다른 조건은 집합 $\{(x_1, \cdots, x_n) | \; g(x_1, \cdots, x_n) = c\}$가 볼록이라는 것이다. 두 조건이 모두 만족되면, 우리는 정의역 내의 직선 (혹은 평면이나 초평면)의 바로 위쪽에 위치하는, [정상이 아닌] 수평부분이 배제된 곡면 (혹은 초곡면)으로서의 종 형태의 일부분을 다루게 된다. 이러한 곡면의 부분집합에서 구한 국지

적 극대는 반드시 제약하의 절대적 극대가 되는 것은 분명하다.

[그림 12.6]의 오른쪽 다이아몬드는 보다 강한 조건인 **강**준오목성을 설명하고 있다. 강준오목함수는 명시적 준오목함수이지만 그 역은 성립하지 않는다. 그러므로 명시적 준오목성이 강준오목성으로 대체되어도, 제약하의 절대적 극대는 계속 보장된다. 그러나 이때의 제약하의 절대적 극대는 또한 유일성을 갖는다. 이것은 곡면상에 어떤 평면부분도 존재하지 않는다는 사실로부터 제약하에서 다수의 극대가 발생할 가능성이 배제되기 때문이다.†††

연습문제 12.4

1. 다음과 같은 성질을 동시에 지닌 강준오목함수 $z = f(x)$를 그려라.
   (*a*) 준볼록이다. (*d*) 오목은 아니다.
   (*b*) 준볼록은 아니다. (*e*) 오목도 볼록도 아니다.
   (*c*) 볼록은 아니다. (*f*) 오목이고 또한 볼록이다.
2. 다음 함수들은 준오목함수인가? 강준오목함수인가? 먼저 그래프로 확인하고, 그런 다음 (12.20)을 이용하여 대수적으로 각각 판별하라. 단, $x \geq 0$을 가정한다.
   (*a*) $f(x) = a$ (*b*) $f(x) = a + bx$ $(b > 0)$ (*c*) $f(x) = a + cx^2$ $(c < 0)$
3. (*a*) $z = f(x)$가 제 1상한에서 종의 오른쪽 반과 같이 음의 기울기를 갖는 곡선이며 점 (0,5), (2,4), (3,2), (5,1)을 통과한다고 하자. 그리고 $z = g(x)$는 45°의 기울기를 갖는 직선이라고 하자. $f(x)$와 $g(x)$는 준오목함수인가?
   (*b*) $f(x) + g(x)$를 그려라. 이 합함수는 준오목함수인가?
4. 다음의 각 함수들에 대하여 그래프와 (12.21)을 이용하여 준오목 및 준볼록의 여부를 검증하라.
   (*a*) $f(x) = x^3 - 2x$ (*b*) $f(x_1, x_2) = 6x_1 - 9x_2$ (*c*) $f(x_1, x_2) = x_2 - \ln x_1$
5. (*a*) 3차함수 $z = ax^3 + bx^2 + cx + d$는 일반적으로 준오목함수도 준볼록함수도 아님을 확인하라.
   (*b*) 파라미터에 제약을 가함으로써, 이 함수가 $x \geq 0$에 대하여 준오목인 동시에 준볼록함수가 되게 할 수 있는가?
6. (12.22)을 이용하여 $z = x^2$ $(x \geq 0)$의 준오목성 및 준볼록성을 검증하라.
7. 함수 $z = xy$ $(x, y \geq 0)$는 준볼록함수가 아님을 보여라.
8. 유테 행렬식을 이용하여 다음 함수들의 준오목성 및 준볼록성을 검증하라.
   (*a*) $z = -x^2 - y^2$ $(x, y > 0)$ (*b*) $z = -(x+1)^2 - (y+2)^2$ $(x, y > 0)$

† 곡면이 수평인 평면부분 P를 포함하고, $f(u) \in P$, $f(v) \notin P$라고 하자. 그러면 이 두 점의 중간점들 중에서 P 위에 위치하는 점의 높이는 $f(u)$의 높이와 같게 되고, 따라서 첫 번째 조건을 위반하게 된다.

†† 곡면이 경사진 평면부분 P'를 포함하고, $f(u) = f(v)$는 모두 P' 위에 위치한다고 하자. 그러면 이 두 점의 중간점들은 모두 P' 위에 위치하고, 이 점들의 높이는 $f(u)$의 높이와 같게 되고, 따라서 강준오목에 관한 조건을 위반하게 된다.

††† 역주: [그림 12.6]에는 몇 가지 점이 추가되는 것이 바람직하다. 예를 들면 다음과 같다. (1) 2계충분조건은 유일극대의 충분조건이라는 점, (2) 다이아몬드 속의 두 번째 조건은 선형제약이라고 바로 표현할 것. (3) [그림 11.5]의 아래 두 삼각형에 대응하는 조건의 추가 및 선형제약의 경우의 특성.

12.5 | 효용극대화와 소비자수요

우리는 제약하의 최적화문제의 한 예로서 효용함수의 극대화문제를 이미 제 12.1 절에서 인용한 바 있다. 이제 이 문제를 보다 상세히 검토해 보기로 하자. 문제를 간단히 하기 위해서 우리의 가상적인 소비자는 오직 두 재화만의 선택이 허용되며, 그 한계효용함수는 둘 다 연속이며 양의 값을 갖는다고 가정하자. 두 재화의 가격은 시장에서 결정되며, 따라서 외생적으로 결정된다고 가정하자. 그러나 이 절에서는 가격 기호에서 하첨자 0을 생략하기로 한다. 만약 소비자의 구매력이 일정한 금액 B (예산: budget을 나타냄) 로 주어지면, 문제는

$$xP_x + yP_y = B$$

의 제약하에서 다음의 매끄러운 효용 (지수) 함수를 극대화하는 것이 된다.

$$U = U(x, y) \qquad (U_x, U_y > 0)$$

1계조건

이 최적화모형의 라그랑지함수는 다음과 같다.

$$Z = U(x, y) + \lambda(B - xP_x - yP_y)$$

1계조건은 다음과 같은 연립방정식체계가 된다.

$$\begin{aligned} Z_\lambda &= B - xP_x - yP_y = 0 \\ Z_x &= U_x - \lambda P_x = 0 \\ Z_y &= U_y - \lambda P_y = 0 \end{aligned} \tag{12.31}$$

위의 방정식체계의 마지막 두 방정식은

$$\frac{U_x}{P_x} = \frac{U_y}{P_y} = \lambda \tag{12.31'}$$

와 동치이므로, 1계조건은 예산제약, 즉 (12.31) 의 첫 번째 식으로 주어진 예산제약하에서 (12.31′) 가 만족되어야 함을 뜻한다. (12.31′) 는 우리가 잘 알고 있는 고전적 소비이론의 명제를 나타내고 있다. 즉, 소비자가 효용을 극대화하기 위해서는 모든 상품에 대해서 가격에 대한 한계효용의 비율이 같아지도록 예산을 할당해야 한다는 것이다. 구체적으로 말하자면, 균형상태 혹은 최적상태에서, 이 비율들은 공통의 값 λ^*를 가져야 한다. 이미 앞에서 배운 바와 같이, λ^*는 제약상수의 변화가 목적함수의 최적치에 미치는 비교정태적 효과를 나타낸다. 그러므로 현재의 문맥에서는 $\lambda^* = (\partial U^* / \partial B)$ 가 된다. 즉, 소비자의 효용이 극대화될 때 라그랑지승수의 최적치는 **화폐** (예산액) 의 **한계효용** (marginal utility of money) 으로 볼 수 있다[p. 361의 역주 참조].

만약 (12.31′) 의 조건을

$$\frac{U_x}{U_y} = \frac{P_x}{P_y} \tag{12.31''}$$

로 다시 쓰면, 1계조건은 무차별곡선에 의하여 달리 해석될 수도 있다.

그림 12.7

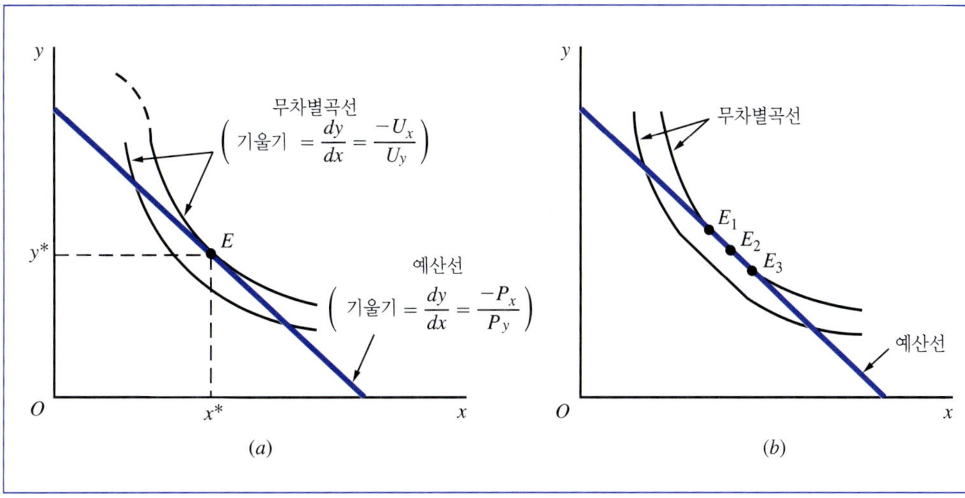

무차별곡선은 일정 수준의 효용 U를 가져다 주는 x와 y의 조합들의 궤적으로 정의된다. 이것은, 어떤 임의의 무차별곡선상에서는

$$dU = U_x\,dx + U_y\,dy = 0$$

이 되어야 하고, 따라서 $dy/dx = -U_x/U_y$ 인 것을 의미한다. 이에 따라 [그림12.7]과 같이 무차별곡선을 xy 평면에 그리면, 이 무차별곡선의 기울기 dy/dx는 한계효용의 비율 U_x/U_y에 마이너스를 붙인 것과 일치해야 한다 ($U_x, U_y > 0$ 이라고 가정하고 있기 때문에, 무차별곡선의 기울기는 음이 되어야 한다). 반대로, U_x/U_y는 무차별곡선의 기울기에 마이너스를 붙인 것이다. 이것은 두 재화 사이의 **한계대체율**(marginal rate of substitution)이라고 한다.

그러면 P_x/P_y의 의미는 무엇인가? 이제 곧 알게 되겠지만, 이 비율은 예산제약 그래프의 기울기에 마이너스를 붙인 것이다. 예산제약 $xP_x + yP_y = B$는

$$y = \frac{B}{P_y} - \frac{P_x}{P_y}x$$

로 다시 쓸 수 있으므로, [그림 12.7]에서와 같이 그것을 xy 평면에 그리면, 이는 기울기가 $-P_x/P_y$인 직선(세로축 절편은 B/P_y)이 된다.

이같은 사실에 비추어 볼 때 1계조건—(12.31″)과 예산제약을 합한 조건—은, 효용을 극대화하기 위해 소비자는 예산선의 기울기와 어떤 무차별곡선의 기울기와 같아지는 점에서 예산을 배분해야 한다는 것을 뜻한다. 이 조건은 [그림 12.7](a)의 점 E에서 만족되는데, 그 점에서 예산선은 한 무차별곡선과 접하게 된다.

2계조건

만약 우리가 지금 다루고 있는 문제에서 구한 유테 행렬식이 양이면, 즉

$$|\overline{H}| = \begin{vmatrix} 0 & P_x & P_y \\ P_x & U_{xx} & U_{xy} \\ P_y & U_{yx} & U_{yy} \end{vmatrix} = 2P_xP_yU_{xy} - P_y^2U_{xx} - P_x^2U_{yy} > 0 \qquad \textbf{(12.32)}$$

이면 (여기에 나타나는 모든 도함수들은 임계값 x^*, y^* 에서 계산된 것이다), U 의 정지값은 반드시 극대값이 된다. 그런데 (12.32) 에 U_{xx}, U_{yy}, U_{xy} 등의 도함수들이 존재한다는 것은 2계조건을 만족하기 위해서는 효용함수, 즉 무차별곡선의 형태에 어떤 제약이 가해져야 한다는 것을 시사한다. 그러면 그 제약들은 무엇인가?

먼저 무차별곡선의 형태를 생각해 볼 때, $|\overline{H}|$ 가 양이라는 것은 접점 E 에서 (우하향하는) 무차별곡선이 강볼록임을 의미함을 보일 수 있다. 무차별곡선이 우하향하는 기울기를 갖는다는 것이 $dy/dx\,(=-U_x/U_y)$ 가 음이라는 것에 의해 보장되는 것과 같이, 무차별곡선의 강볼록성은 d^2y/dx^2 가 양인 것에 의해 확인된다. d^2y/dx^2 을 얻기 위해서는 $-U_x/U_y$ 를 x 에 관해서 미분하면 된다. 그러나 이때 주의해야 할 점은 U_x 와 U_y 가 모두 (도함수이므로) x 와 y 의 함수일 뿐만 아니라, 주어진 무차별곡선상에서는 y 그 자체가 x 의 함수가 된다는 것이다. 따라서, U_x 와 U_y 는 모두 x 만의 함수로 볼 수 있고, 따라서 다음과 같은 전미분을 구할 수 있다.

$$\frac{d^2y}{dx^2} = \frac{d}{dx}\left(-\frac{U_x}{U_y}\right) = -\frac{1}{U_y^2}\left(U_y\frac{dU_x}{dx} - U_x\frac{dU_y}{dx}\right) \tag{12.33}$$

x 는 U_x 와 U_y 에 직접적으로 물론, y 를 매개로 하여 간접적으로도 영향을 미치기 때문에, 다음 결과를 얻는다.

$$\frac{dU_x}{dx} = U_{xx} + U_{yx}\frac{dy}{dx} \qquad \frac{dU_y}{dx} = U_{xy} + U_{yy}\frac{dy}{dx} \tag{12.34}$$

단, dy/dx 는 무차별곡선의 기울기를 나타낸다. 이제 접점 E — 2계조건을 논의하는데 관련되는 유일한 점 — 에서 이 기울기는 예산제약선의 기울기와 일치한다. 즉 $dy/dx = -P_x/P_y$ 이다. 따라서 (12.34) 를 다음과 같이 다시 쓸 수 있다.

$$\frac{dU_x}{dx} = U_{xx} - U_{yx}\frac{P_x}{P_y} \qquad \frac{dU_y}{dx} = U_{xy} - U_{yy}\frac{P_x}{P_y} \tag{12.34'}$$

(12.34′) 를 (12.33) 에 대입하고,

$$U_x = \frac{U_yP_x}{P_y} \quad [(12.31'')\text{ 로부터}]$$

를 이용하고 나서 U_y/P_y^2 로 인수분해하면, (12.33) 은 다음 식으로 변환된다.

$$\frac{d^2y}{dx^2} = \frac{2P_xP_yU_{xy} - P_y^2U_{xx} - P_x^2U_{yy}}{U_yP_y^2} = \frac{|\overline{H}|}{U_yP_y^2} \tag{12.33'}$$

여기서 분명한 것은 2계충분조건 (12.32) 가 만족될 때, (12.33′) 의 2계도함수는 양이며, 따라서 무차별곡선은 접점에서 강볼록이라는 것이다. 또한 무차별곡선이 접점에서 강볼록이라는 것은 (12.32) 의 충분조건이 만족된다는 것을 의미한다. 그 이유는, 무차별곡선의 기울기가 음이기 때문에 정지점이 어디에서도 존재하지 않는다면, 강볼록인 곡선에서 d^2y/dx^2 의 값이 0이 될 가능성은 배제되기 때문이다. 즉, 강볼록성은 d^2y/dx^2 가 양이 되게 하며, 따라서 (12.33′) 에 의하여 $|\overline{H}|$ 도 양이 된다.†

그러나, $|\overline{H}|$에 나타나는 도함수들은 오직 임계값 x^*와 y^*에서 계산된 것이고, 따라서 충분조건으로서의 무차별곡선의 강볼록성은 접점에 대해서만 적용되는 것이다. [그림 12.7] (*a*) 에서 점선으로 된 곡선부분이 보여 주는 바와 같이, 무차별곡선은 E 점 이외의 점에서 오목한 부분을 포함할 가능성도 있다. 그러나 효용함수가 매끄럽고 강준오목인 증가함수이면, 모든 무차별곡선은 어느 점에서도 강볼록일 것이다. 그러한 효용함수는 [그림 12.4] (*b*) 에서와 같은 곡면을 갖는다. 이 효용곡면을 xy 평면과 평행인 평면으로 자르면, 각각의 잘린 부분마다 하나의 횡단면을 얻을 수 있는데, 이 횡단면을 xy 평면에 투영하면, 강볼록이며 우하향의 기울기를 갖는 무차별곡선이 된다. 이 경우에 접점이 어느 곳에서 발생하더라도 2계충분조건은 항상 만족될 것이다.†† 더욱이 하나의 접점만이 존재할 수 있고, 그 접점은 주어진 선형의 예산선상에서 달성될 수 있는 유일한 절대적 극대의 효용수준이 된다. 이와 같은 결과는 물론 [그림 12.6] 의 오른쪽에 있는 다이아몬드 도형에서 서술된 내용과 완전히 일치하는 것이다.

지금까지 우리는 2계충분조건이 반드시 필요한 것은 아니라는 사실을 거듭 강조하였다. 이제 (12.32) 가 성립하지 않은 경우의 효용극대화문제를 설명해 보자. [그림 12.7] (*b*) 에서 예시된 것과 같이, 무차별곡선이 예산선의 일부와 겹치는 직선부분을 갖는다고 가정하자. 그러면 1계조건 $U_x/U_y = P_x/P_y$는 이제 무차별곡선의 직전부분상에 있는 모든 점, 즉 E_1, E_2, E_3에서 만족되기 때문에, 분명히 다수의 극대값을 얻는다. 이 점들은 실제로 제약하의 절대적 극대값이 된다. 그러나 직선부분에서 d^2y/dx^2가 0이기 때문에, (12.33′) 에 의해 $|\overline{H}| = 0$ 이다. 즉 (12.32) 의 2계충분조건이 만족되지 않는 경우에도 극대값은 달성될 수 있다.†††

무차별곡선에 직선부분이 존재한다는 것은 효용곡면상에 경사진 평면부분이 존재함을 의미한다. 이같은 현상은 효용함수가 강준오목인 경우가 아니라 명시적 준오목인 경우에 발생한다. [그림 12.7] (*b*) 에서 보는 바와 같이, E_1, E_2, E_3 점들은 (도달가능한 가장 높은 수준의) 동일한 무차별곡선상에 위치하고, 이 점들은 주어진 선형예산제약하에서 동일한 절대적 극대효용을 준다. [그림 12.6] 을 다시 적용하면, 이 결과는 왼쪽에 있는 다이아몬드 도형에서 서술된 내용과 완전히 일치함을 알 수 있다.

비교정태분석

소비자모형에서 가격 P_x와 P_y는, 예산액 B와 마찬가지로, 외생적으로 결정된다. 만약 2계충분조건이 만족된다고 가정하면, 1계조건 (12.31) 을 기초로 하여 소비자모형의 비교정태적 특성을 분석할 수 있다. 1계조건은 방정식 $F^j = 0$ $(j = 1, 2, 3)$ 의 집합이고, 각 F^j 함수는 연속인 편도함수를 가지는 것으로 가정된다. 이미 (12.19) 에서 지적한 바에 같이, 이 방정식체계의 내생변수에 관한 야코비안은 유테 헤시안과 동일한 값을 가져야 한다. 즉, $|J| = |\overline{H}|$ 이다. 따라서 2계조건 (12.32) 가 만족될 때 원래의 최적점에서 $|J|$는 양이 되어야 하며, 0이 아니다. 그러므로 음함수정리가 적용될 수 있고, 내생변수의 최적값들을 외생변수들의 암묵적 함수로 나타낼 수 있다. 즉,

† 역주 : 무차별곡선의 강볼록성이 한계대체율체감, 즉 $d^2y/dx^2 > 0$ 을 의미한다고 오해하고 기술된 위의 세 문장은 잘못된 것이다. 그 강볼록성은 $d^2y/dx^2 = 0$ 의 가능성을 배제하지 않는다.

†† 역주 : 이 문장 역시, 앞의 역주에 의거하여 옳지 못하다.

††† 역주 : 더 중요한 것은 2계충분조건이 충족되지 않는 경우에도 "유일한" 극대값이 달성될 수 있다는 것인데, 위의 예는 이런 점에서 부적절하다.

$$\begin{aligned} \lambda^* &= \lambda^*(P_x, P_y, B) \\ x^* &= x^*(P_x, P_y, B) \\ y^* &= y^*(P_x, P_y, B) \end{aligned} \tag{12.35}$$

이 암묵적 함수들은 비교정태적인 정보를 담고 있는 연속편도함수를 갖는다. 특히 소비자의 수요 행태를 나타내는 마지막 두 함수 x^*와 y^*의 도함수들은, 가격과 예산의 변화에 대하여 소비자가 어떻게 반응하는가를 보여 줄 수 있다. 그러나 이들 도함수를 구하기 위해서는, 먼저 (12.31)을 다음과 같은 균형항등식으로 바꾸어야 한다.

$$\begin{aligned} B - x^*P_x - y^*P_y &\equiv 0 \\ U_x(x^*, y^*) - \lambda^*P_x &\equiv 0 \\ U_y(x^*, y^*) - \lambda^*P_y &\equiv 0 \end{aligned} \tag{12.36}$$

다음으로 (모든 변수의 변화를 허용하면서) 각 항등식을 차례로 전미분하고 $U_{xy} = U_{yx}$ 임을 염두에 두면, 다음과 같은 선형방정식체계를 얻는다.

$$\begin{aligned} -P_x\,dx^* - P_y\,dy^* &= x^*dP_x + y^*dP_y - dB \\ -P_x\,d\lambda^* + U_{xx}\,dx^* + U_{xy}\,dy^* &= \lambda^*dP_x \\ -P_y\,d\lambda^* + U_{yx}\,dx^* + U_{yy}\,dy^* &= \lambda^*dP_y \end{aligned} \tag{12.37}$$

먼저 예산규모 (또는 소비자의 **소득**) 의 변화가 가져오는 효과를 분석하기 위하여, $dP_x = dP_y = 0$이고, $dB \neq 0$이라고 하자. 그리고 (12.37) 전체를 dB로 나누고 미분의 비율들을 각각 편도함수로 생각하면, (12.37)은 다음과 같은 행렬방정식으로 나타낼 수 있다.[†]

$$\begin{bmatrix} 0 & -P_x & -P_y \\ -P_x & U_{xx} & U_{xy} \\ -P_y & U_{yx} & U_{yy} \end{bmatrix} \begin{bmatrix} (\partial\lambda^*/\partial B) \\ (\partial x^*/\partial B) \\ (\partial y^*/\partial B) \end{bmatrix} = \begin{bmatrix} -1 \\ 0 \\ 0 \end{bmatrix} \tag{12.38}$$

이 계수행렬에서의 원소들의 배열은 야코비안 $|J|$에서 나타난 원소들의 배열과 완전히 일치하는 것을 알 수 있다. 또 야코비안 $|J|$는 유테 헤시안 $|\overline{H}|$와 동일한 값을 갖는다. 다만, 유테 헤시안 $|\overline{H}|$의 첫 번째 행과 첫 번째 열의 원소는 ($-P_x$와 $-P_y$가 아니라) P_x와 P_y가 된다. 이제 크래머의 법칙을 이용하면, 모두 세 개의 비교정태도함수를 얻을 수 있다. 그러나 여기서는 다음 두 개의 비교정태도함수에 대해서만 주목하기로 하자:

$$\left(\frac{\partial x^*}{\partial B}\right) = \frac{1}{|J|}\begin{vmatrix} 0 & -1 & -P_y \\ -P_x & 0 & U_{xy} \\ -P_y & 0 & U_{yy} \end{vmatrix} = \frac{1}{|J|}\begin{vmatrix} -P_x & U_{xy} \\ -P_y & U_{yy} \end{vmatrix} \tag{12.39}$$

$$\left(\frac{\partial y^*}{\partial B}\right) = \frac{1}{|J|}\begin{vmatrix} 0 & -P_x & -1 \\ -P_x & U_{xx} & 0 \\ -P_y & U_{yx} & 0 \end{vmatrix} = \frac{-1}{|J|}\begin{vmatrix} -P_x & U_{xx} \\ -P_y & U_{yx} \end{vmatrix} \tag{12.40}$$

2계조건에 의하여 $|J| = |\overline{H}|$는 양이다. 또 P_x와 P_y가 양인 것은 물론이다. 그러나 유감스럽게도 P_x, P_y, U_{ij}의 상대적 크기에 관한 추가적인 정보가 없는 한, 이 두 비교정태도함수의 부호는 결정될 수 없다. 이것은 소비자의 예산 (혹은 소득)이 증가하더라도, 그 소비자의 최적구입량 x^*와 y^*

† 행렬방정식 (12.38)은, (12.35)의 암묵적 해들을 염두에 두면서, (12.36)을 B에 관해서 전미분하여도 얻어질 수 있다.

는 증가할 수도 있고 **혹은** 감소할 수도 있다는 것을 의미한다. 만약 B가 증가함에 따라 x^*가 증가하면, 재화 x는 **정상재** (normal good) 라 하고, 감소하면 **열등재** (inferior good) 라 한다.

다음으로 P_x의 변화의 효과를 분석해 보자. 이번에는 $dP_y = dB = 0$이지만 $dP_x \neq 0$이라 하고, (12.37) 전체를 dP_x로 나누면, 또 하나의 행렬방정식

$$\begin{bmatrix} 0 & -P_x & -P_y \\ -P_x & U_{xx} & U_{xy} \\ -P_y & U_{yx} & U_{yy} \end{bmatrix} \begin{bmatrix} (\partial \lambda^*/\partial P_x) \\ (\partial x^*/\partial P_x) \\ (\partial y^*/\partial P_x) \end{bmatrix} = \begin{bmatrix} x^* \\ \lambda^* \\ 0 \end{bmatrix} \tag{12.41}$$

을 얻는다. 이 행렬방정식으로부터 다음과 같은 비교정태도함수가 얻어진다.

$$\begin{aligned} \left(\frac{\partial x^*}{\partial P_x}\right) &= \frac{1}{|J|}\begin{vmatrix} 0 & x^* & -P_y \\ -P_x & \lambda^* & U_{xy} \\ -P_y & 0 & U_{yy} \end{vmatrix} \\ &= \frac{-x^*}{|J|}\begin{vmatrix} -P_x & U_{xy} \\ -P_y & U_{yy} \end{vmatrix} + \frac{\lambda^*}{|J|}\begin{vmatrix} 0 & -P_y \\ -P_y & U_{yy} \end{vmatrix} \\ &\equiv T_1 + T_2 \qquad [T_i \text{는 } i \text{ 번째 항을 의미한다.}] \end{aligned} \tag{12.42}$$

$$\begin{aligned} \left(\frac{\partial y^*}{\partial P_x}\right) &= \frac{1}{|J|}\begin{vmatrix} 0 & -P_x & x^* \\ -P_x & U_{xx} & \lambda^* \\ -P_y & U_{yx} & 0 \end{vmatrix} \\ &= \frac{x^*}{|J|}\begin{vmatrix} -P_x & U_{xx} \\ -P_y & U_{yx} \end{vmatrix} - \frac{\lambda^*}{|J|}\begin{vmatrix} 0 & -P_x \\ -P_y & U_{yx} \end{vmatrix} \\ &\equiv T_3 + T_4 \end{aligned} \tag{12.43}$$

이 두 결과를 어떻게 해석해야 할까? 첫 번째 결과인 $\partial x^*/\partial P_x$는 P_x의 변화가 x의 최적구입량 x^*에 어떠한 영향을 미치는가를 나타내며, 따라서 그것은 x에 대한 소비자의 수요함수를 분석하는 데 기초가 된다. 이 효과는 2개의 항으로 이루어져 있는데, 첫 번째 항 T_1은 (12.39)를 이용하여 $-(\partial x^*/\partial B)x^*$로 다시 쓸 수 있다. 이러한 관점에서 보면, T_1은 B(예산 혹은 소득)의 변화가 최적구입량 x^*에 미치는 효과의 크기를 나타낸다고 생각할 수 있다. 이때 x^* 자체는 가중인자의 역할을 하고 있다. 그러나 이 도함수는 분명히 가격변화와 관련되기 때문에, T_1은 **가격변화의 소득효과**라고 해석되어야 할 것이다. P_x가 상승할 경우, 소비자의 실질소득이 감소하는 것은 실제로 B가 감소하는 것과 동일한 효과를 x^*에 주게 된다. 그렇기 때문에 이 효과를 설명해 주기 위해 $-(\partial x^*/\partial B)$ 항이 사용된다. 또 당연히 총예산액 중 x상품의 구매비중이 커질수록, 이러한 소득효과는 더 커지게 되고, 따라서 가중인자 x^*가 T_1항에 나타나게 된다. 이와 같은 해석은 소비자의 실질적인 소득감소를 미분 $dB = -x^*dP_x$로 나타냄으로써, 보다 체계적으로 설명될 수 있다. 즉,

$$x^* = -\frac{dB}{dP_x} \tag{12.44}$$

및

$$T_1 = -\left(\frac{\partial x^*}{\partial B}\right)x^* = \left(\frac{\partial x^*}{\partial B}\right)\frac{dB}{dP_x}$$

로 쓸 수 있는데, 여기서 T_1은 dP_x가 B를 통하여 x^*에 미치는 효과, 즉 소득효과를 나타낸다.

만약 소비자의 실질적인 소득감소를 이제 dB만큼의 현금지불로 보상한다면 소득효과는 상쇄

되기 때문에, 비교정태도함수 $(\partial x^*/\partial P_x)$의 나머지 부분, 즉 T_2는 전적으로 가격변화에 의해 유발된 한 상품의 다른 상품으로의 대체에 기인하는 x^*의 변화의 정도, 즉 P_x의 변화에 대한 **대체효과**가 될 것이다. 이것을 보다 명확하게 이해하기 위해 (12.37)로 되돌아가서, 소득보상으로 인해 이 상황이 어떻게 수정되는가를 살펴보자. 지금 dP_x만의 효과 $(dP_y = dB = 0)$를 분석한다면, (12.37)의 첫 번째 방정식은 $-P_x dx^* - P_y dy^* = x^* dP_x$가 된다. 그런데 소비자의 실질적인 소득감소는 식 $x^* dP_x$로 주어지기 때문에 (이 항은 첫 번째 방정식에서만 볼 수 있다), 소비자의 소득을 보상한다고 하는 것은 이 항을 0으로 놓는다는 것을 뜻한다. 만약 $x^* dP_x$항을 0으로 놓으면, (12.41)의 상수벡터는 $\begin{bmatrix} x^* \\ \lambda^* \\ 0 \end{bmatrix}$에서 $\begin{bmatrix} 0 \\ \lambda^* \\ 0 \end{bmatrix}$으로 바뀌어야 하고, 소득보상 후의 도함수 $(\partial x^*/\partial P_x)$의 상황을 설명하는 식은 다음과 같이 된다.

$$\left(\frac{\partial x^*}{\partial P_x}\right)_{\text{보상된 후}} = \frac{1}{|J|}\begin{vmatrix} 0 & 0 & -P_y \\ -P_x & \lambda^* & U_{xy} \\ -P_y & 0 & U_{yy} \end{vmatrix} = \frac{\lambda^*}{|J|}\begin{vmatrix} 0 & -P_y \\ -P_y & U_{yy} \end{vmatrix} = T_2$$

따라서, (12.42)는 다음과 같은 형태로 나타낼 수 있다.

$$\left(\frac{\partial x^*}{\partial P_x}\right) = T_1 + T_2 = \underbrace{-\left(\frac{\partial x^*}{\partial B}\right)x^*}_{\text{소득효과}} + \underbrace{\left(\frac{\partial x^*}{\partial P_x}\right)_{\text{보상된 후}}}_{\text{대체효과}} \qquad \textbf{(12.42')}$$

이 결과는 비교정태도함수 $\partial x^*/\partial P_x$를 소득효과와 대체효과의 두 부분으로 분리시킨 것으로, 소위 두 재화의 "슬루쯔키방정식" (Slutsky equation)이라 한다.†

† 역주 : 본문에서는 지출함수 (expenditure function) 및 보상수요함수 (compensated demand function)를 명시적으로 도입하지 않음으로써 식 (12.44) 및 식 (12.42′) 의 슬루쯔키방정식의 설명에 있어서 명쾌성을 결할 뿐 하니라 나아가서 큰 혼란을 야기하고 있다. 즉 $\frac{dB}{dP_x}$라는 기호가 의미를 가지려면 B가 P_x의 함수이어야 한다. 그러면 그것은 예산제약식 $B = xP_x + yP_y$ 인가? 우리는 이 식으로부터 $\frac{dB}{dP_x} = -x^*$ 라는 결과를 얻을 수 없으므로 이것은 아니다.

여기서 지출함수와 보상수요함수의 도입이 필요하게 된다. 지출함수 $B^*(P_x, P_y, U)$는 가격 P_x, P_y 및 효용수준 U가 주어져 있을 때, 이 효용수준을 달성가능하게 하는 최소지출이다. 한편 보상수요함수 $x^{**}(P_x, P_y, U)$, $y^{**}(P_x, P_y, U)$는 소득보상이 일어나서 효용수준을 유지하는 조건하의 수요함수이다. 이들 함수들을 구하는 방법은 다음의 제약하의 극소화문제와 관련된다.

$$\begin{cases} \text{제약 } V(x, y) = U \text{ 하에서} \\ \text{목적함수 } B = P_x x + P_y y \text{를 극소화하는 } x \text{와 } y \text{를 결정하는 문제} \end{cases}$$

x^*, y^*는 바로 이 문제의 해가 되며, 지출함수 B^*는

$$B^*(P_x, P_y, U) = P_x x^{**}(P_x, P_y, U) + P_y y^{**}(P_x, P_y, U) \quad \cdots\cdots ①$$

로 표현할 수 있다.

이러한 지출함수 $B^*(P_x, P_y, U)$를 P_x에 관하여 편미분하면

$$\frac{dB^*}{dP_x} = x^{**}(P_x, P_y, U) \quad \cdots\cdots ②$$

를 얻는데 이는 **세파드의 정리** (Shepard' s lemma)로 잘 알려져 있다. 그리고 보상수요함수와 통상의 수요함수 간에는

$$x^*(P_x, P_y, B^*(P_x, P_y, U)) \equiv x^{**}(P_x, P_y, U) \quad \cdots\cdots ③$$

라는 항등관계가 존재하게 되며, 세파드의 정리에 의하면

이제 $\partial x^*/\partial P_x$ 의 부호에 대해서 알아보자. 대체효과 T_2 는 $|J|>0$ 이고 $\lambda^*>0$ [(12.31′) 를 참조] 이기 때문에 분명히 음이다. 반면에 (12.39) 에 따르면, 소득효과 T_1 의 부호는 결정되지 않는다. 만약 T_1 의 부호가 음이라면, T_2 의 효과는 더욱 커지게 된다. 이 경우에 P_x 가 상승하면 x 의 구매량은 감소하고, 따라서 효용을 극대화하는 소비자의 수요곡선은 음의 기울기를 갖게 될 것이다. 이와 반대로 T_1 의 부호가 양이지만 그 크기가 상대적으로 작다면, 그만큼 대체효과는 작아지겠지만, 전체적인 효과는 수요곡선이 여전히 음의 기울기를 갖게끔 유지될 것이다. 그러나 T_1 이 양이고, T_1 이 T_2 보다 큰 경우 (예를 들어, x^* 가 소비자예산 중에서 차지하는 비중이 아주 커서 압도적인 가중인자가 되는 경우) 에는, P_x 의 상승은 x 의 구매량을 **더욱 증가**시키게 된다. 이것은 소위 **기펜재**(Giffen goods) 의 특징을 나타내는 특별한 수요상황을 나타낸다. 물론 보통의 경우에는 $\partial x^*/\partial P_x$ 는 음이 될 것으로 기대된다.

끝으로, (12.43)의 비교정태도함수인 $\partial y^*/\partial P_x = T_3 + T_4$ 를 검토해 보자. 이것은 x 재화의 가격변화가 y 재화의 최적구매량에 미치는 **교차효과**(cross effect) 를 나타낸다. T_3 항은 T_1 항과 아주 비슷한데, 이것도 역시 소득효과로 해석될 수 있다.†† 여기서도 가중인자는 다시 x^* 가 된다 (y^* 가 아니다). 왜냐하면 T_3 는 P_x 의 변화가 실질소득에 미치는 영향을 나타내는 것이고, 이 실질소득의 크기는 소비자 예산에서 차지하는 x^* 의 (y^* 가 아니다) 상대적 중요성에 의존하기 때문이다. 그러면 나머지 항 T_4 는 당연히 대체효과의 크기를 나타내는 것이 된다.

T_3 의 부호는 (12.40) 에 따라 U_{xx}, U_{yx} 등의 요인에 의해 결정되므로, 모형에 추가적인 제약이 부가되지 않는 한, 그 부호는 결정되지 않는다. 그러나 λ^*, P_x, P_y 및 $|J|$ 는 모두 양이기 때문에, 대체효과 T_4 는 반드시 양이 된다. 이와 같은 사실은 대체효과가 음의 소득효과에 의해 상쇄되지 않는 한, 현재 다루고 있는 2상품모형에서 x 재화의 가격상승은 반드시 y 재화의 구입량을 증가시키게 된다는 것을 의미한다. 다시 말해서, 소비자가 오직 두 재화만을 선택하게 되는 이 소비자모형에서는 이 두 재화는 서로 대체적인 관계를 갖는다.

이상의 분석은 P_x 가 변할 때의 효과만을 다루었지만, 위의 결과들은 P_y 가 변화할 경우에도 바

$$\frac{dB^*}{dP_x} = x^* \quad \cdots\cdots ④$$

로 된다. 또 x^* 는 균형값이다. 우리가 얻은 결과는 식 (12.44) 와 부호가 다름에 유의하라. 그 이유는 본문에서는 $\frac{dB^*}{dP_x}$ 를 가격상승에 따른 실질소득의 변화로 보았고, 여기서는 $\frac{dB^*}{dP_x}$ 를 그러한 변화를 막기 위한 보상변화로 보기 때문이다. 그리고 (12.44) 다음의 문단에서는 $dB = x^* dP_x$ 로 생각해야만 설명이 올바로 될 수 있음을 확인하기 바란다. 이처럼 본문에서는 지출함수와 보상수요함수를 명시적으로 도입하지 않음으로써 식 (12.44) 를 엄밀히 증명할 수도 없었고, 또한 흔히 알려진 세파드의 정리와 부호혼동을 야기하였다. 한편, 식 ③을 P_x 에 관해 편미분하면,

$$\frac{\partial x^*}{\partial P_x} + \frac{\partial x^*}{\partial B}\cdot\frac{\partial B^*}{\partial P_x} \equiv \frac{\partial x^{**}}{\partial P_x}$$

를 얻고, 여기에 식 ④를 적용하면 바로

$$\frac{\partial x^*}{\partial P_x} = \frac{\partial x^{**}}{\partial P_x} + \left(-\frac{\partial x^*}{\partial B}\cdot x^*\right) = T_2 + T_1 \quad \cdots\cdots ⑤$$

으로 된다. 식 (12.42′) 의 슬루쯔키방정식은 이처럼 쉽게 유도될 수 있는 것이다.

†† T_3 가 소득효과를 의미한다는 사실은, (12.40) 과 (12.44) 를 이용하여 T_3 을 다음과 같이 나타냄으로써 확인할 수 있다.

$$T_3 = -\left(\frac{\partial y^*}{\partial B}\right)x^* = \left(\frac{\partial y^*}{\partial B}\right)\frac{dB}{dP_x}$$

즉, T_3 은 P_x 의 변화가 소득인자 B 를 통하여 y 에 미치는 효과를 나타낸다.

로 이용될 수 있다. 현재의 모형에서는 변수 x와 y의 관계가 완전한 대칭이다. 따라서 P_y의 변화의 효과를 추론하려면, 이미 위에서 구한 결과들에서 x와 y의 역할을 서로 바꾸기만 하면 된다

가격과 소득의 비례적 변화

세 개의 파라미터 P_x, P_y 및 B가 모두 똑같은 비율로 변화할 때, x^*와 y^*는 어떤 영향을 받게 되는가를 알아보는 것도 흥미 있는 일이다. 이 문제도 비교정태분석의 범주에 속하지만, 위의 분석과는 달리 현재의 논의는 모든 파라미터들이 동시에 변하는 경우를 다루는 것이다.

소득과 함께 두 재화의 가격이 동일한 배수 j만큼 상승한다면, 예산제약식에 나타나는 모든 항들도 j배만큼 증가되어

$$jB - jxP_x - jyP_y = 0$$

이 된다. 그러나 공통인수 j는 약분될 수 있으므로, 새로운 제약식은 원래의 제약식과 사실상 일치한다. 더욱이 효용함수는 이들 파라미터들과 관계가 없다. 결과적으로 x와 y의 원래의 균형수준은 여전히 성립할 것이다. 즉, 현재의 모형에서 소비자 균형상태는 모든 가격들과 소득이 **똑같은** 비율로 변화하는 한 불변이다. 그러므로 이 모형에서 소비자는 어떠한 "화폐환상" (money illusion) 도 갖지 않는 것으로 간주된다.

기호로 나타내면, 이 상황은 다음과 같다.

$$x^*(P_x, P_y, B) = x^*(jP_x, jP_y, jB)$$
$$y^*(P_x, P_y, B) = y^*(jP_x, jP_y, jB)$$

이와 같이 **불변성** (invariance) 을 갖는 함수 x^*와 y^*는 보통의 함수가 아니다. 이 함수는 경제학에서 여러 가지로 흥미있게 응용되는 **동차함수** (homogeneous function) 라는 특별한 함수의 예이다. 다음 절에서 이 함수들을 검토하기로 한다.

연습문제 12.5

1. 함수 $U=(x+2)(y+1)$과 $P_x=4$, $P_y=6$, $P=130$이 주어졌다고 하자.
   (*a*) 라그랑지함수를 구하라.
   (*b*) 최적구매량수준 x^*와 y^*를 구하라.
   (*c*) 극대값이기 위한 2계충분조건이 만족되는가?
   (*d*) (*b*)에서 구한 답으로부터, 어떤 비교정태적 정보를 얻을 수 있는가?
2. 효용함수는 $U=(x+2)(y+1)$이지만, 가격과 소득 파라미터에 대해서는 특정한 수치가 주어지지 않았다고 하자.
   (*a*) 라그랑지함수를 구하라.
   (*b*) 파라미터 P_x, P_y, B를 사용하여 x^*, y^*, λ^*를 나타내라.
   (*c*) 극대이기 위한 2계충분조건이 만족되는지 확인하라.
   (*d*) $P_x=4$, $P_y=6$, $B=130$으로 놓고, 앞 문제의 해가 옳은지를 확인하라.
3. 문제 2.의 해 (x^*, y^*)로부터 어떤 비교정태적 정보를 얻을 수 있는가? 모든 비교정태도함수들을 구하고, 그들의 부호를 검토한 다음, 그 경제적 의미를 설명하라.

4. 문제 2.의 효용함수 $U=(x+2)(y+1)$과 제약식 $xP_x+yP_y=B$로부터, 우리는 x^*와 λ^*뿐만 아니라, U_{ij}와 $|\overline{H}|$도 이미 구한바 있다. 더욱이 $|J|=|\overline{H}|$인 사실도 알고 있다.
   (*a*) 이 결과를 (12.39)와 (12.40)에 대입하여 $\partial x^*/\partial B$ 및 $\partial y^*/\partial B$를 구하라.
   (*b*) (12.42)와 (12.43)에 대입하여 $\partial x^*/\partial P_x$ 및 $\partial y^*/\partial P_x$를 구하라.
   이 결과를 문제 3.에서 구한 값과 비교하라.
5. "도함수 $\partial x^*/\partial P_x$가 음이라면, x는 열등재일 수 없다"라는 명제의 타당성에 관하여 논하라.
6. 오직 dP_x의 효과만을 분석할 때, (12.37)의 첫 번째 식은 $-P_x dx^*-P_y dy^*=x^* dP_x$가 된다. 여기서 소비자의 실질적 소득의 손실을 보상하는 경우에 $x^* dP_x$항은 없어지게 되고, 이 방정식은 $-P_x dx^*-P_y dy^*=0$이 된다. 그러나 이 결과는 소비자가 최적효용수준 U^*(실질적 소득이 아니다)를 일정하게 유지하고, 이에 따라 T_2항을 전과는 달리 $(\partial x^*/\partial P_x)_{u^*\text{일정}}$로 해석할 수 있음을 보여라 [힌트 (12.31″)를 이용하라].
7. (*a*) 재화 x와 y에 대하여 한계효용체감의 법칙이 성립한다고 가정하면, 이것은 무차별곡선이 강볼록임을 의미하는가?
   (*b*) 무차별곡선이 강볼록이라고 가정하면, 이것은 재화 x와 y의 한계효용이 체감하는 것을 의미하는가?

12.6 | 동차함수

어떤 함수의 각 독립변수에 상수 j를 곱할 때 그 함수의 값이 j^r만큼 변하면, 즉

$$f(jx_1, \ldots, jx_n) = j^r f(x_1, \ldots, x_n)$$

이면, 그러한 함수를 r차동차함수(homogeneous of degree r)라고 한다. 일반적으로 j는 어떤 값이라도 가질 수 있지만, 위의 방정식이 의미를 갖기 위해서는, $(jx_1 \cdots, jx_n)$이 함수 f의 정의역 밖에 위치해서는 안된다. 이 때문에 대부분의 경제적 변수들이 비음으로 가정되는 것과 마찬가지로, 상수 j도 경제적 응용에서는 양수로 간주된다.

예 1

함수 $f(x, y, w)=x/y+2w/3x$에서 각 변수에 j를 곱하면, 다음을 얻는다.

$$f(jx, jy, jw)=\frac{(jx)}{(jy)}+\frac{2(jw)}{3(jx)}=\frac{x}{y}+\frac{2w}{3x}=f(x, y, w)=j^0 f(x, y, w)$$

이 특별한 예에서, 모든 독립변수들을 동일한 비율로 변화시켜도 함수값은 전혀 영향을 받지 **않는다**. 혹은 이것을 함수값이 $j^0(=1)$배만큼 변한다고 말할 수 있다. 이 때문에 이 함수 f를 0차동차함수라고 한다.

여러분은 제 12.5 절의 끝 부분에서 인용한 함수 x^*와 y^*는 모두 0차동차함수임을 알 수 있을 것이다.

예 2 함수

$$g(x, y, w) = \frac{x^2}{y} + \frac{2w^2}{x}$$

의 각 변수에 j를 곱하면,

$$g(jx, jy, jw) = \frac{(jx)^2}{(jy)} + \frac{2(jw)^2}{(jx)} = j\left(\frac{x^2}{y} + \frac{2w^2}{x}\right) = jg(x, y, w)$$

를 얻는다. 따라서 함수 g는 1차동차함수이다. 즉, 각 변수를 j배하면 함수값도 정확하게 j배만큼 변한다.

예 3 이제 함수 $h(x, y, w) = 2x^2 + 3yw - w^2$을 고려해 보자. 위와 마찬가지로 각 변수를 j배하면, 이번에는

$$h(jx, jy, jw) = 2(jx)^2 + 3(jy)(jw) - (jw)^2 = j^2h(x, y, w)$$

를 얻는다. 따라서 함수 h는 2차동차함수이다. 예를 들어 모든 변수를 2배해 주면 함수값은 4배가 된다.

1차동차성

생산함수의 논의에서는 1차동차함수가 광범위하게 사용된다. 이 함수는 흔히 1차동차 또는 **선형동차**함수(linearly homogeneous function)라고 부르는데, "선형"이라는 말은 "동차"라는 말을 수식하는 것이다. 그러나 어떤 사람들은 **선형이며** 동차인 함수(linear homogeneous function 또는 linear and homogeneous function)라고, 약간의 오해를 초래하기 쉬운 용어를 사용한다. 이 용어를 사용하게 되면, 함수 그 자체가 선형이라는 잘못된 생각을 갖게 할 우려가 있다. 위의 [예 2]의 함수 g를 보면, 1차동차함수가 반드시 선형일 필요는 없음을 알 수 있다. 따라서 문제의 함수가 실제로 선형이 아닌 한, "선형이며 동차인 함수"라고 오해하든가 아니면 그런 용어를 사용하는 것은 피해야 한다. 그러나 "선형동차성"(linear homogeneity)이라는 용어를 1차동차의 의미로 사용하는 것은 틀린 것이 아니다. 왜냐하면 형용사(선형)가 명사(동차성)을 수식하기 때문이다.

1차동차함수가 응용되는 주요 분야는 생산이론이기 때문에, 우리는 논의의 대상으로서 다음과 같은 형태의 생산함수를 채택하기로 하자.

$$Q = f(K, L) \tag{12.45}$$

이 함수가 미시경제학에 응용되거나 혹은 거시경제학에 응용되거나 간에, 1차동차성이라는 수학적인 가정은 규모수익불변이라는 경제적인 가정에 해당된다. 왜냐하면 1차동차성은 모든 생산요소(독립변수)를 j배하면 생산량(함수값)도 역시 정확하게 j배 증가하는 것을 의미하기 때문이다.

그러면 이 선형동차생산함수의 특성은 무엇인가?

성질 1 선형동차생산함수 $Q = f(K, L)$가 주어질 때, 노동의 평균실물생산(APP_L)과 자본의 평균실물생산(APP_K)은 단지 자본-노동비율 $k = K/L$만의 함수로 나타낼 수 있다.

이 성질을 증명해 보기로 하자. 먼저 식 (12.45)의 각 독립변수에 $j = 1/L$을 곱하면, 선형동차성에 의해 생산량은 Q에서 $jQ = Q/L$로 바뀐다. 이에 따라 (12.45)의 우변은 다음과 같이 된다.

$$f\left(\frac{K}{L}, \frac{L}{L}\right) = f\left(\frac{K}{L}, 1\right) = f(k, 1)$$

원래의 함수에서 변수 K와 L은 (언제든지) 각각 k와 1로 대체될 수 있기 때문에, 우변은 사실상 자본-노동비율만의 함수, 예컨대 $\phi(k)$가 된다. 비록 두 개의 변수 K와 L이 k에 포함되어 있지만, 이 함수는 단일변수 k의 함수가 된다. 이제 양변을 같게 놓으면 다음을 얻는다.

$$\text{APP}_L \equiv \frac{Q}{L} = \phi(k) \qquad \textbf{(12.46)}$$

그리고 APP_K를 나타내는 식은 다음과 같다.

$$\text{APP}_K \equiv \frac{Q}{K} = \frac{Q}{L}\frac{L}{K} = \frac{\phi(k)}{k} \qquad \textbf{(12.47)}$$

이와 같이 두 평균실물생산은 k만의 함수이기 때문에, 1차동차성은 K/L 비율이 일정하게 유지되는 한 (K와 L의 수준에 관계없이) 평균실물생산도 일정하게 유지된다는 것을 뜻한다. 그러므로 생산함수가 1차동차이면, APP_L과 APP_K는 모두 변수 K와 L에 대해서 **영**차동차 (homogeneous of degree zero) 함수가 된다. 왜냐하면 K와 L이 똑같은 비율로 변화 (따라서 k는 일정)하면 평균실물생산의 크기는 변하지 않기 때문이다.

성질 2 선형동차생산함수 $Q = f(K, L)$이 주어질 때, 한계실물생산 MPP_L과 MPP_K는 k만의 함수로 나타낼 수 있다.

한계생산을 구하려면, 우선 총생산을

$$Q = L\phi(k) \qquad [(12.46)\text{에 의해}] \qquad \textbf{(12.45')}$$

로 나타내고, 그 다음에 Q를 K와 L에 관해서 미분하면 된다. Q를 미분하는 과정에서 다음의 두 식이 유효하게 사용된다.

$$\frac{\partial k}{\partial K} = \frac{\partial}{\partial K}\left(\frac{K}{L}\right) = \frac{1}{L} \qquad \frac{\partial k}{\partial L} = \frac{\partial}{\partial L}\left(\frac{K}{L}\right) = \frac{-K}{L^2} \qquad \textbf{(12.48)}$$

그러면 Q를 미분한 결과는 다음과 같다.

$$\begin{aligned}\text{MPP}_K &\equiv \frac{\partial Q}{\partial K} = \frac{\partial}{\partial K}[L\phi(k)] \\ &= L\frac{\partial \phi(k)}{\partial K} = L\frac{d\phi(k)}{dk}\frac{\partial k}{\partial K} \qquad [\text{연쇄법칙}] \\ &= L\phi'(k)\left(\frac{1}{L}\right) = \phi'(k) \qquad [(12.48)\text{에 의해}] \qquad \textbf{(12.49)}\end{aligned}$$

$$
\begin{aligned}
\text{MPP}_L \equiv \frac{\partial Q}{\partial L} &= \frac{\partial}{\partial L}[L\phi(k)] \\
&= \phi(k) + L\frac{\partial \phi(k)}{\partial L} && \text{[곱의 법칙]} \\
&= \phi(k) + L\phi'(k)\frac{\partial k}{\partial L} && \text{[연쇄법칙]} \\
&= \phi(k) + L\phi'(k)\frac{-K}{L^2} && \text{[(12.48) 에 의해]} \\
&= \phi(k) - k\phi'(k) && \textbf{(12.49)}
\end{aligned}
$$

이 식들은 MPP_K 와 MPP_L 이 단지 k 만의 함수임을 보여 주고 있다.

평균생산과 마찬가지로, 한계생산도 자본-노동비율이 일정하게 고정되는 한 변하지 않는다. 즉, 한계생산은 변수 K 와 L 에 대해 0차동차함수이다.

성질 3 **(오일러의 정리 : Euler's theorem)** 만약 $Q=f(K,L)$ 이 1차동차이면, 다음 식이 성립된다.

$$K\frac{\partial Q}{\partial K} + L\frac{\partial Q}{\partial L} \equiv Q$$

증명 ▶

$$
\begin{aligned}
K\frac{\partial Q}{\partial K} + L\frac{\partial Q}{\partial L} &= K\phi'(k) + L[\phi(k) - k\phi'(k)] && \text{[(12.49) 와 (12.50) 에 의해]} \\
&= K\phi'(k) + L\phi(k) - K\phi'(k) && [k \equiv K/L\,] \\
&= L\phi(k) = Q && \text{[(12.45') 에 의해]}
\end{aligned}
$$

이 결과는 어떤 **임의의** K 와 L 의 값에 대해서도 성립한다 — 이 때문에 성질 3은 항등식으로 표시될 수 있다. 성질 3이 의미하는 것은, 1차동차함수의 값은 각 요소의 실제투입량의 수준에 관계없이 각 독립변수에 그 변수의 1계편도함수를 곱한 값들의 합으로 항상 표현될 수 있다는 것이다. 그러나 항등식 $K\frac{\partial Q}{\partial K} + L\frac{\partial Q}{\partial L} \equiv Q$ [$Q=f(K,L)$ 이 규모수익불변의 성질을 가질 때에만 적용되는 오일러의 법칙]와 방정식 $dQ = \frac{\partial Q}{\partial K}dK + \frac{\partial Q}{\partial L}dL$ [**임의의** 함수 $Q=f(K,L)$ 에 대한 Q 의 전미분]은 명백하게 구별되어야 한다.

이 성질은 경제적으로 다음과 같은 의미를 갖는다. 즉, 규모수익불변의 조건하에서 만약 각 요소에 그 요소의 한계생산만큼 지불되면, 총생산은 모든 요소의 분배몫으로 정확하게 완전분배된다는 것이다. 다시 말해 순경제이윤은 0이 된다는 것이다. 이와 같은 상황은 순수경쟁하에서의 장기균형을 묘사하는 것이 되기 때문에, 1차동차함수만의 경제학적으로 의미를 갖는 것으로 생각되었던 적이 있다. 물론 이 생각이 실제로 옳은 것은 아니다. 장기균형에서 경제적 이윤이 0이라는 것은, 실제로 사용되는 생산함수의 특정한 성질과는 관계없이, 기업의 진입과 퇴출에 의한 경쟁의 힘에 의해서 발생하는 것이다. 그리하여 어떠한 요소결합 (K, L) 에 대해서도 생산물의 완전분배를 보장하는 그런 생산함수를 가져야 하는 것이 불가결한 요건일 수는 없다. 더욱이 요소시장이 불완전경제하에 있다면, 요소에 대한 보수가 한계생산과 일치하지 않을 것이며, 결과적으로 오일러의 정리는 생산요소의 분배를 특정지우는 것과는 무관할 것이다. 그러나 1차동차생산함수는 그것이 가지는 여러 가지 매력적인 수학적 특성 때문에 사용하기에 편리한 함수임에는 틀림없다.

콥-더글라스 생산함수

경제분석에서 광범위하게 사용되는 하나의 구체적인 생산함수는 다음과 같이 정의되는 **콥-더글라스생산함수** (Cobb–Douglas production function) 이다.

$$Q = AK^{\alpha}L^{1-\alpha} \qquad \textbf{(12.51)}$$

단, A 는 양의 상수이며, α 는 1보다 작은 양수이다. 먼저 이 함수의 일반화된 형태인

$$Q = AK^{\alpha}L^{\beta} \qquad \textbf{(12.52)}$$

를 분석해 보자. 단, β 도 역시 1보다 작은 양수이며, 이것은 $(1-\alpha)$와 같을 수도 있고, 또 같지 않을 수도 있다. 이 함수의 주요한 특징은 다음과 같다: (1) 이 함수는 $(\alpha+\beta)$차 동차이다. (2) $\alpha+\beta=1$인 특별한 경우, 이 함수는 1차동차이다. (3) 이 함수의 등생산곡선은 전체적으로 음의 기울기를 갖고, K 와 L 이 양일 때 강볼록이다. (4) 이 함수는 K 와 L 이 양일 때 강준오목함수이다.

이 함수가 동차함수라는 것은, K 와 L 을 각각 jK 와 jL 로 변화시키면 생산량은

$$A(jK)^{\alpha}(jL)^{\beta} = j^{\alpha+\beta}(AK^{\alpha}L^{\beta}) = j^{\alpha+\beta}Q$$

로 변한다는 사실로부터 쉽게 알 수 있다. 즉, 이 생산함수는 $(\alpha+\beta)$차 동차함수이다. 특히 $\alpha+\beta=1$인 경우, 이 함수는 1차동차이기 때문에 규모수익불변이 존재할 것이다(그러나 이 함수는 선형함수가 아니라는 점에 유의해야 한다. 따라서 이 함수를 "**선형**이며 동차인" 함수라고 하면 혼란을 일으키게 된다).

또 등생산곡선이 음의 기울기를 갖고 강볼록이라는 것은, 도함수 dK/dL 과 d^2K/dL^2 의 부호(또는 dL/dK 와 d^2L/dK^2 의 부호)를 검토함으로써 확인할 수 있다. 어떤 주어진 양의 산출량 Q_0 에 대해서, (12.52)는

$$AK^{\alpha}L^{\beta} = Q_0 \qquad (A, K, L, Q_0 > 0)$$

로 다시 쓸 수 있다. 양변에 자연로그를 취하고 이항하면, 다음 결과를 얻는다.

$$\ln A + \alpha \ln K + \beta \ln L - \ln Q_0 = 0$$

이 식은 K 가 L 의 함수임을 묵시적으로 정의하고 있다.† 그러므로 음함수법칙과 로그법칙에 의해 다음을 얻는다.

$$\frac{dK}{dL} = -\frac{\partial F/\partial L}{\partial F/\partial K} = -\frac{(\beta/L)}{(\alpha/K)} = -\frac{\beta K}{\alpha L} < 0$$

그러면 이로부터 다음이 성립한다.

$$\frac{d^2K}{dL^2} = \frac{d}{dL}\left(-\frac{\beta K}{\alpha L}\right) = -\frac{\beta}{\alpha}\frac{d}{dL}\left(\frac{K}{L}\right) = -\frac{\beta}{\alpha}\frac{1}{L^2}\left(L\frac{dK}{dL} - K\right) > 0$$

† 음함수정리 조건은 만족되고 있다. 왜냐하면 F(우변)의 편도함수는 연속이고, 또 $\partial F/\partial K = \alpha/K \neq 0$ $(K > 0)$이기 때문이다.

이들 도함수의 부호로부터, 등생산곡선 (임의의 등생산곡선) 은 L 과 K 가 양인 LK 평면에서 음의 기울기를 갖고, 또 강볼록인 것을 알 수 있다. 물론 이같은 성질은 양의 L, K 에 대해 강준오목인 함수에서만 기대할 수 있다. 지금 우리가 다루고 있는 함수가 강준오목함수라는 것은 이와 유사한 함수를 다룬 제 12.4 절의 [예 5]를 참고하기 바란다.

이제 앞에서 언급한 1차동차성에 관한 세 가지 성질을 확인하기 위해, $\alpha + \beta = 1$ 인 경우 (좁은 의미의 콥 - 더글라스 함수) 를 검토해 보자. 먼저 이 특별한 생산함수의 총생산은 다음과 같이 표시될 수 있다.

$$Q = AK^{\alpha}L^{1-\alpha} = A\left(\frac{K}{L}\right)^{\alpha} L = LAk^{\alpha} \tag{12.51'}$$

단, Ak^{α} 는 앞에서 사용한 바 있는 일반적인 식 $\phi(k)$ 를 구체적으로 표시한 것이다. 그러므로 평균실물생산은

$$\begin{aligned} \text{APP}_L &= \frac{Q}{L} = Ak^{\alpha} \\ \text{APP}_K &= \frac{Q}{K} = \frac{Q}{L}\frac{L}{K} = \frac{Ak^{\alpha}}{k} = Ak^{\alpha-1} \end{aligned} \tag{12.53}$$

이 되고, 이것은 모두 k 만의 함수이다.

둘째로, $Q = AK^{\alpha}L^{1-\alpha}$ 를 미분하면 한계생산

$$\begin{aligned} \frac{\partial Q}{\partial K} &= A\alpha K^{\alpha-1}L^{-(\alpha-1)} = A\alpha\left(\frac{K}{L}\right)^{\alpha-1} = A\alpha k^{\alpha-1} \\ \frac{\partial Q}{\partial L} &= AK^{\alpha}(1-\alpha)L^{-\alpha} = A(1-\alpha)\left(\frac{K}{L}\right)^{\alpha} = A(1-\alpha)k^{\alpha} \end{aligned} \tag{12.54}$$

를 얻고, 이것도 또한 k 만의 함수이다.

끝으로, 오일러의 정리는 (12.54) 를 이용하여 다음과 같이 확인될 수 있다.

$$\begin{aligned} K\frac{\partial Q}{\partial K} + L\frac{\partial Q}{\partial L} &= KA\alpha k^{\alpha-1} + LA(1-\alpha)k^{\alpha} \\ &= LAk^{\alpha}\left(\frac{K\alpha}{Lk} + 1 - \alpha\right) \\ &= LAk^{\alpha}(\alpha + 1 - \alpha) = LAk^{\alpha} = Q \qquad [(12.51')\text{ 에 의해}] \end{aligned}$$

1차동차인 콥 - 더글라스 생산함수의 지수 α 와 $(1-\alpha)$는 흥미로운 경제적 의미를 가지고 있다. 만약 각 요소에 그 요소의 한계생산만큼을 보수로서 지불한다고 가정하면, 총생산 중 자본에 지불되는 상대적 분배분은

$$\frac{K(\partial Q/\partial K)}{Q} = \frac{KA\alpha k^{\alpha-1}}{LAk^{\alpha}} = \alpha$$

가 되며, 마찬가지로 노동에 지불되는 상대적 분배분은

$$\frac{L(\partial Q/\partial L)}{Q} = \frac{LA(1-\alpha)k^{\alpha}}{LAk^{\alpha}} = 1 - \alpha$$

가 된다. 즉, 각 투입변수의 지수는 총생산에서 그 투입요소가 차지하는 상대적 분배분을 나타낸다. 이 지수를 다른 측면에서 보면, 각 투입변수의 지수는 그 요소에 대한 산출의 편탄력성으로 볼 수 있다. 왜냐하면, 위에 주어진 자본의 분배분은 $\dfrac{\partial Q/\partial K}{Q/K} \equiv \varepsilon_{QK}$ 와 동치이며, 마찬가지로 노동의 분배분은 ε_{QL} 과 동치이기 때문이다.

상수 A 는 어떤 의미를 갖는가? 주어진 값 K 와 L 에 대해서, A 의 크기는 Q 의 수준에 비례적으로 영향을 미칠 것이다. 따라서 A 는 **효율파라미터** (efficiency parameter), 즉 기술상태를 나타내는 지표로 볼 수 있다.

결과의 확장

지금까지 우리는 구체적인 생산함수와 관련하여 1차동차성을 논의하였다. 그러나 앞에서 언급된 성질들은 변수 K, L, Q 를 적절히 다시 해석하면, 다른 일반적인 경우에도 똑같이 성립한다. 더욱이 지금까지 얻은 결과들은 변수들을 2변수 이상의 경우로 확장하는 것도 가능하다. 선형동차 함수

$$y = f(x_1, x_2, \ldots, x_n)$$

의 각 변수를 x_1 으로 나누면 (즉, $1/x_1$ 을 곱하면),

$$y = x_1 \phi\left(\frac{x_2}{x_1}, \frac{x_3}{x_1}, \ldots, \frac{x_n}{x_1}\right) \qquad \text{[1차동차성]}$$

을 얻게 되는데, 이것은 (12.45′) 에 해당하는 것이다. 그리고 오일러 정리는

$$\sum_{i=1}^{n} x_i f_i \equiv y \qquad \text{[오일러 정리]}$$

의 형태로 쉽게 확장시킬 수 있다. 여기서도 원래 함수 f 의 편도함수 (즉, f_i) 들은, 2변수의 경우와 마찬가지로, 변수 x_i 에 대하여 0차동차이다.

또한, 위와 같은 확장은 r 차동차함수의 경우로 비교적 쉽게 일반화될 수 있다. 먼저 동차성의 정의에 의해, r 차동차함수는 다음과 같이 나타낼 수 있다.

$$y = x_1^r \phi\left(\frac{x_2}{x_1}, \frac{x_3}{x_1}, \ldots, \frac{x_n}{x_1}\right) \qquad [r\text{ 차동차성}]$$

또 수정된 오일러의 정리는 다음 형태로 나타낼 수 있다.

$$\sum_{i=1}^{n} x_i f_i \equiv ry \qquad \text{[오일러 정리]}$$

단, 우변의 종속변수 y 에는 상수 r 이 곱해져 있다. 끝으로, 원래의 함수 f 의 편도함수인 f_i 는 x_i 변수에 대해서 모두 $(r-1)$차동차일 것이다. 그러므로 1차동차인 경우는 다만 $r = 1$ 이 되는 특수한 경우에 불과하다는 사실을 알 수 있다.

연습문제 12.6

1. 다음 함수들이 동차인가를 결정하라. 만약 동차함수라면, 그 차수는 얼마인가?
   (a) $f(x, y) = \sqrt{xy}$
   (b) $f(x, y) = (x^2 - y^2)^{1/2}$
   (c) $f(x, y) = x^3 - xy + y^3$
   (d) $f(x, y) = 2x + y + 3\sqrt{xy}$
   (e) $f(x, y, w) = \dfrac{xy^2}{w} + 2xw$
   (f) $f(x, y, w) = x^4 - 5yw^3$
2. 함수 (12.45)는 $Q = L\phi\left(\dfrac{K}{L}\right)$ 대신에 $Q = K\psi\left(\dfrac{L}{K}\right)$로 나타낼 수 있음을 보여라.
3. 규모수익불변의 경우에 오일러의 정리로부터 다음이 성립함을 보여라.
   (a) $MPP_K = 0$일 때, $APP_L = MPP_L$이다.
   (b) $MPP_L = 0$일 때, $APP_K = MPP_K$이다.
4. (12.46)에서 (12.50)까지를 이용하여, 규모수익불변의 조건 아래에서 다음이 성립하는지 검증하라.
   (a) APP_L 곡선은 $k(= K/L)$를 독립변수로 하여 (가로축으로 하여) 그려질 수 있다.
   (b) MPP_K는 APP_L 곡선의 기울기로 측정할 수 있다.
   (c) APP_K는 APP_L 곡선에 대한 반지름벡터의 기울기로 측정할 수 있다.
   (d) $MPP_L = APP_L - k(MPP_K) = APP_L - k(APP_L$ 의 기울기)이다.
5. (12.53)과 (12.54)를 이용하여, 문제 4.의 (b)(c)(d)에서 기술한 관계가 콥-더글라스 생산함수의 경우에도 성립하는 것을 확인하라.
6. 생산함수가 $Q = AK^\alpha L^\beta$로 주어져 있을 때 다음을 확인하라.
   (a) $\alpha + \beta > 1$은 규모수익체증을 의미한다.
   (b) $\alpha + \beta < 1$은 규모수익체감을 의미한다.
   (c) α와 β는 각각 자본과 노동에 대한 산출의 편탄력성이다.
7. 산출이 다음과 같이 세 요소의 함수라고 하자 : $Q = AK^\alpha L^b N^c$
   (a) 이 함수는 동차인가? 동차함수라면 몇 차인가?
   (b) 어떤 조건하에서 규모수익불변과 규모수익체증이 성립되는가?
   (c) 한계생산의 크기에 따라 요소가격이 지불될 때, 요소 N에 대한 생산의 분배분을 구하라.
8. 생산함수 $Q = g(K, L)$을 2차동차라고 하자.
   (a) 이 함수의 2차동차성을 나타내는 식을 써라.
   (b) (12.45′)와 같은 방식으로 Q를 $\phi(k)$로 표시하라.
   (c) MPP_K 함수를 구하라. MPP_K는 1차동차의 경우와 같이 여전히 k만의 함수인가?
   (d) MPP_K 함수는 K와 L에 대해 동차함수인가? 만약 그렇다면 몇 차인가?

12.7 | 생산요소의 최소비용결합

제약하의 최적화문제의 또 다른 예로서, 가령 고객의 특별 주문에 따라 특정의 산출량수준 Q_0를 생산해야 되는 경우에, 이 산출량을 최소비용으로 생산하는 요소결합을 구하는 문제를 논의하기로 하자. 여기서는 이 문제를 일반 생산함수를 이용하여 다루기로 한다. 그러나 뒤에서 동차생산함수에 대해서도 언급하게 될 것이다.

1계조건

먼저 두 개의 가변생산요소를 가지는 매끈한 생산함수 $Q = Q(a, b)$ 를 가정하자. 단, $Q_a, Q_b > 0$ 이다. 그리고 요소가격은 모두 외생적으로 주어지는 것으로 가정하자(단, 여기서도 0의 하첨자를 생략하기로 한다). 그러면, 우리는 생산의 제약

$$Q(a, b) = Q_0$$

하에서, 비용

$$C = aP_a + bP_b$$

를 최소화하는 문제를 설정할 수 있다. 그러므로 라그랑지함수는

$$Z = aP_a + bP_b + \mu[Q_0 - Q(a, b)]$$

가 된다.

C 가 최소이기 위한 1계조건을 만족하려면, 요소투입수준(선택변수)은 다음과 같은 연립방정식을 만족해야 한다.

$$\begin{aligned} Z_\mu &= Q_0 - Q(a, b) = 0 \\ Z_a &= P_a - \mu Q_a = 0 \\ Z_b &= P_b - \mu Q_b = 0 \end{aligned}$$

이 중에서 첫 번째 방정식은 단지 제약식을 다시 쓴 것에 불과하고, 나머지 두 방정식은

$$\frac{P_a}{Q_a} = \frac{P_b}{Q_b} = \mu \qquad \textbf{(12.55)}$$

라는 조건을 의미한다. 즉, 최적요소결합을 나타내는 점에서, 요소가격 대 한계생산의 비율은 각 요소에 관해서 같아져야만 된다. 이 비율은 요소의 한계생산 1단위에 대한 비용의 크기를 나타내므로, 라그랑지승수는 최적상태에 있어서의 생산의 한계비용으로 해석할 수 있다. 물론, 이같은 해석은 라그랑지승수의 최적치가 목적함수의 최적치에 대한 제약상수의 비교정태효과, 즉 $\mu^* = (§C^* / §Q_0)$ 를 나타낸다는 (12/16)의 결과와 완전히 일치하는 것이다. 이때 § 기호는 편전도함수를 나타낸다.†

식 (12,55)는

$$\frac{P_a}{P_b} = \frac{Q_a}{Q_b} \qquad \textbf{(12.55')}$$

의 형태로 달리 나타낼 수 있고, 이것은 (12.31″)에 해당된다. 이러한 형태로 표시하면, 1계조건은 등생산곡선 및 등비용선에 의해서 설명될 수 있다. (11.40)에서 배운 바와 같이, Q_a / Q_b 비율은 등생산곡선의 기울기에 음수를 취한 것이다. 즉, 이것은 ***b*에 관한 *a*의 기술적 한계대체율**(MRTS_{ab} : marginal rate of technical substitution of *a* for *b*)이다. 현재의 모형에서는 생산수준이 Q_0 로 주어져

† 역주: 여기서 § 라는 기호나 편전도함수라는 용어는 적절한 것은 아니다. 식 (12.16)과 관련된 역주에서도 언급한 바이지만, $\mu^* = \partial C / \partial Q_0$ 로 되는데, 여기서 함수 C^* 는 $C^* = C^*(P_a, P_b, Q_0)$ 로 표현되는 소위 비용함수이다. 이 함수가 전제되지 않고서는 이 도함수는 의미를 가질 수 없다.

그림 12.8

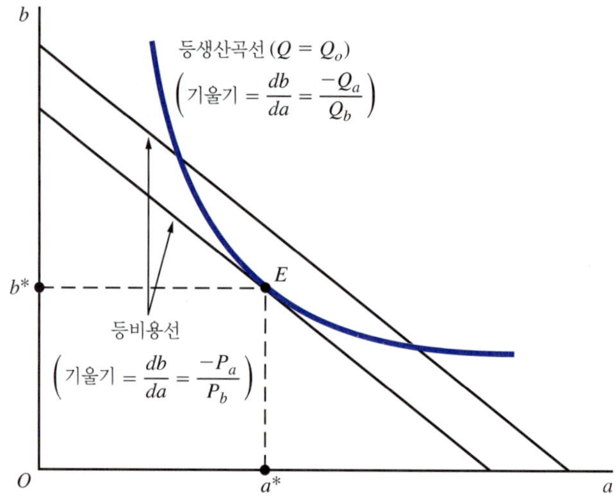

있다. 그러므로 [그림 12.8]에서와 같이 기울기가 음인 하나의 등생산곡선만이 나타난다.

한편, P_a/P_b 비율은 **등비용선**(isocosts: 이것은 소비자이론의 예산선에 해당하는 개념이다)의 기울기에 마이너스를 붙인 것이다. 등비용선은 동일한 총비용을 수반하는 요소결합들의 궤적으로 정의되며, 방정식

$$C_0 = aP_a + bP_b \qquad \text{혹은} \qquad b = \frac{C_0}{P_b} - \frac{P_a}{P_b}a$$

로 나타낼 수 있다. 단, C_0는 (파라미터적인) 비용의 크기를 나타낸다. 이를 [그림 12.8]과 같이 ab 평면에 그리면, (음의) 기울기 $-P_a/P_b$(그리고 세로축의 절편 C_0P_b)를 갖는 직선군을 얻는다. 따라서 두 비율 $\frac{P_a}{P_b}$ 와 $\frac{Q_a}{Q_b}$ 가 같다는 것은 결국 등생산곡선의 기울기와 선택된 등비용선의 기울기가 같다는 것을 의미한다. 그런데, 우리는 주어진 등생산곡선에 머물러 있어야 하므로, 이 조건으로부터 접점 E와 요소결합 (a^*, b^*)가 얻어진다.

2계조건

비용이 **최소**가 되기 위한 충분조건은 (1계조건이 만족된 후에) 유테 헤시안이 음이 되는 것이다. 즉,

$$|\overline{H}| = \begin{vmatrix} 0 & Q_a & Q_b \\ Q_a & -\mu Q_{aa} & -\mu Q_{ab} \\ Q_b & -\mu Q_{ba} & -\mu Q_{bb} \end{vmatrix} = \mu\left(Q_{aa}Q_b^2 - 2Q_{ab}Q_aQ_b + Q_{bb}Q_a^2\right) < 0$$

μ(한계비용)의 최적값은 양이므로, 이 조건은 괄호 안의 식이 E에서 계산되었을 때 음이 된다는 조건과 같다.

(11.44)로부터 상기해 보면, 등생산곡선의 곡률은 다음과 같은 2계도함수로 나타낼 수 있다.

$$\frac{d^2b}{da^2} = \frac{-1}{Q_b^3}(Q_{aa}Q_b^2 - 2Q_{ab}Q_aQ_b + Q_{bb}Q_a^2)$$

여기서 괄호 안의 식은 유테 헤시안의 괄호 안과 동일하다. Q_b가 양이므로 2계충분조건을 만족하는 것은 접점에서 d^2b/da^2가 양임을 뜻한다. 즉, 등생산곡선이 강볼록임을 의미한다. 또한 현재의 경우에, 등생산곡선의 강볼록성은 2계충분조건이 만족됨을 의미하기도 한다. 왜냐하면 등생산곡선의 기울기가 음이므로, 강볼록성은 d^2b/da^2가 양임을 의미하고 (d^2b/da^2가 0이 되는 것은 등생산곡선상의 정지점에서만 가능하다), 이것은 $|\overline{H}|<0$이 성립함을 보장하기 때문이다.† 그러나 접점에서 $|\overline{H}|<0$(따라서 등생산곡선이 강볼록)이라는 충분조건은 그 자체만으로 C가 극소화되기에 반드시 필요한 것은 아니다. 즉, 등생산곡선이 (비강) 볼록인 경우라도 C는 극소화될 수 있다. 이것은 [그림 12.7](b)와 유사한 다수의 극소값이 존재하는 상황으로, 각 극소값에 대하여 $d^2b/da^2 = 0$과 $|\overline{H}| = 0$이 성립하는 경우가 된다.

효용극대화 모형을 논의할 때 (제 12.5 절), 우리는 매끈하고 증가하는 강준오목인 효용함수 $U = U(x, y)$가 xy 평면에서 항상 강볼록이고 우하향의 기울기를 갖는 무차별곡선을 형성하는 것을 보았다. 등생산곡선의 개념은 무차별곡선의 개념과 거의 동일하므로††, 매끈하고 강준오목인 생산함수 $Q = Q(a, b)$는 ab 평면에서 항상 강볼록이고 우하향하는 기울기를 갖는 등생산곡선을 형성하는 것을 추론할 수 있다. 만약 이러한 생산함수가 가정되면, 2계충분조건은 분명히 만족될 것이며,††† 더욱이 그에 따른 C^*는 제약하의 유일한 절대적 극소값임이 분명해진다.

확장경로

이제 이 모형의 비교정태적 측면의 하나를 다루어 보기로 하자. 생산요소가격의 비율이 **고정**되어 있다는 전제하에서, Q_0가 연속적으로 증가(등생산곡선이 보다 높은 위치로 이동)한다고 가정함으로써 최소비용결합 b^*/a^*에 대한 효과를 추적해 보자. 물론 등생산곡선이 이동할 때마다 보다 높은 등비용선과 새로운 접점이 형성된다. 그러한 접점들의 자취는 기업의 **확장경로**(expansion path)로 알려져 있고, 그것은 다양한 수준의 Q_0를 최소비용으로 생산하는 데 요구되는 요소결합을 나타낸다. [그림 12.9]에는 두 가지 가능한 형태의 확장경로가 그려져 있다.

만약 등생산곡선의 강볼록성(즉, 2계조건을 만족함)을 가정하면, 1계조건 (12.55′)로부터 확장경로를 직접 도출할 수 있다. 이것을 일반화된 콥-더글라스 생산함수와 관련시켜서 설명해 보자.

조건 (12.55′)에 의하면, 요소가격의 비와 한계생산의 비가 같아져야 한다. 생산함수 $Q = Aa^{\alpha}b^{\beta}$를 써서 설명하면, 이것은 확장경로상에 있는 모든 점이

$$\frac{P_a}{P_b} = \frac{Q_a}{Q_b} = \frac{A\alpha a^{\alpha-1}b^{\beta}}{Aa^{\alpha}\beta b^{\beta-1}} = \frac{\alpha b}{\beta a} \tag{12.56}$$

† 역주: 위의 문장은 옳지 않다. 왜냐하면 괄호 안의 "이유"가 옳지 않기 때문이다. [(12.33′)와 관련된 역주 참조]. 예컨대 생산함수가 $Q = (a + b) - (a - b)^4$이고, $P_a = P_b = 1$, $Q_0 = 2$일 때, 최적해는 $a^* = b^* = 1$이고, 이 점 근방에서 등생산곡선은 강볼록이지만, 이 점에서 $d^2b/da^2 = 0$임을 확인할 수 있다.

†† 두 곡선은 모두 "등수준"곡선의 성격을 갖고 있지만, 그 응용분야가 서로 다르다. 무차별곡선은 소비모형에 사용되며, 등생산곡선은 생산모형에 사용된다.

††† 역주: 강준오목인 생산함수라고 모두 2계충분조건을 만족하지는 않는다. 그렇기 때문에 핸더슨과 콴트는 2계충분조건을 만족하는 강준오목함수를 정규강준오목함수(regular strictly quasiconcave function)라고 부르고 있다 (J. M Henderson and R. E. Quandt, Mircoeconomic Theory, 3rd ed. McGraw-Hill, 1980 참조).

그림 12.9

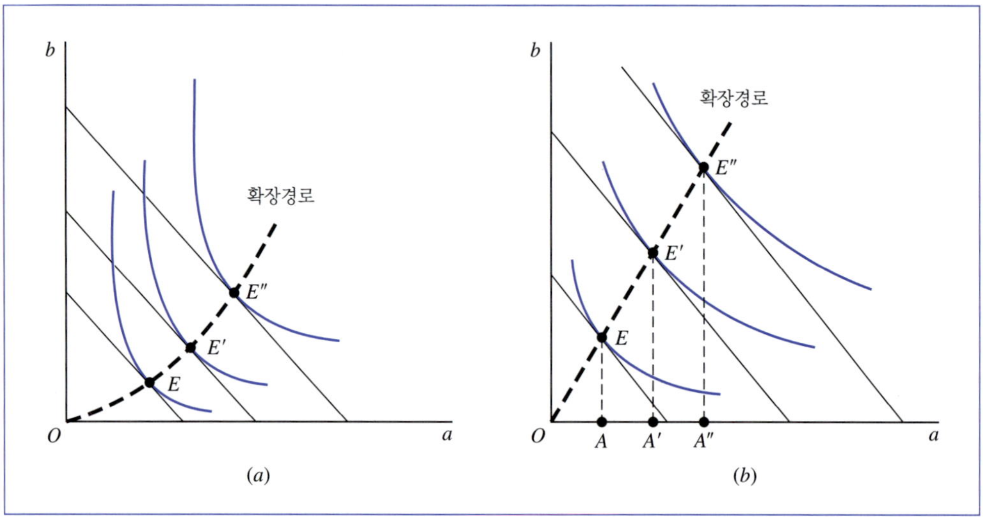

를 만족해야 되고, 따라서 최적요소비율은

$$\frac{b^*}{a^*} = \frac{\beta P_a}{\alpha P_b} = \text{일정} \tag{12.57}$$

로 됨을 의미한다. 왜냐하면, α, β 및 요소가격이 모두 상수이기 때문이다. 그 결과, 확장경로상의 모든 점은 동일한 **고정된** 요소비율을 보여 주어야 한다. 즉, 확장경로는 원점에서 출발하는 직선이어야 한다. 이 사실은 [그림 12.9](*b*)에 예시되어 있으며, 이때 여러 접점에서의 요소비율(AE/OA, $A'E'/OA'$, 및 $A''E''/OA''$)은 모두 같다.

확장경로가 직선인 것은 $\alpha + \beta = 1$의 성립 여부를 불문하고 일반화된 콥-더글라스 함수의 특성이다. (12.57)의 결론이 $\alpha + \beta = 1$이라는 가정에 의존하지 않기 때문이다. 사실, 어떠한 동차생산함수라도 (콥-더글라스 함수가 아니더라도), 주어진 요소가격에 대해서 확장경로가 직선이 된다. 그 이유는 다음과 같다: 만약 함수가 r차동차이면, 한계생산함수 Q_a와 Q_b는 요소 a와 b에 대해 $(r-1)$차동차이여야 한다. 따라서 두 요소를 모두 j배 증가시키면, Q_a와 Q_b 값은 **모두** j^{r-1}배만큼 변화하여, Q_a/Q_b 비율은 변하지 않게 된다. 그러므로 주어진 요소가격에서, 어떤 특정한 요소결합 (a_0, b_0)가 1계조건 $P_a/P_b = Q_aQ_b$를 만족하면, 요소결합 (ja_0, jb_0)도 1계조건을 만족해야 한다. 이리하여 [그림 12.9](*b*)에 그려진 바와 같이 확장경로는 직선으로 된다.

비록 어떤 **임의의** 동차생산함수라도 직선인 확장경로를 생성하지만, 동차함수의 특정한 차수는 확장경로의 해석에 중대한 차이를 야기한다. [그림 12.9](*b*)에서 보면 OE의 거리는 EE'의 거리와 같게 그려졌기 때문에, 점 E'는 점 E에 비해서 규모가 두 배가 된다. 이제 생산함수가 **1차**동차라면, E'의 산출량은 E의 그것의 두 배 ($2^1 = 2$)이여야 한다. 그러나 동차성의 차수가 **2**라면, E'의 산출량은 E의 그것은 4배 ($2^2 = 4$)일 것이다. 그리하여 동차함수의 차수가 달라짐에 따라, $Q = 1$, $Q = 2$, …에 대응하는 등생산곡선들간의 간격은 크게 달라지게 된다.

동조함수

생산함수의 동차성(어떤 차수이든 간에)은, 요소가격이 주어지면, 직선인 확장경로를 생성하는 것을 설명하였다. 그러나 직선인 확장경로는 동차생산함수에만 유일하게 성립하는 것이 아니라, **동조함수**(homothetic fuction)로 알려진 보다 일반적인 함수 역시 직선인 확장경로를 생성할 수 있다.

동조함수는 다음과 같은 형태의 합성함수이다.

$$H = h[Q(a, b)] \qquad [h'(Q) \neq 0] \tag{12.58}$$

단, $Q(a, b)$는 r차동차함수이다. 비록 동차함수로부터 도출되기는 하지만, 일반적으로 $H = H(a, b)$는 변수 a, b에 대해서 동차함수가 **아니다**. 그렇지만 $H(a, b)$의 확장경로는 $Q(a, b)$와 마찬가지로 직선이다. 이러한 결과를 얻게 되는 이유는 ab평면에 있는 임의의 주어진 점에서 H등생산곡선의 기울기와 Q등생산곡선의 기울기는 같다는 데 있다. 즉

$$\begin{aligned} H\text{등생산곡선의 기울기} &= -\frac{H_a}{H_b} = -\frac{h'(Q)Q_a}{h'(Q)Q_b} \\ &= -\frac{Q_a}{Q_b} = Q\text{등생산곡선의 기울기} \end{aligned} \tag{12.59}$$

그런데, $Q(a, b)$의 확장경로가 직선이라는 것의 필요충분조건은 임의의 주어진 $\frac{b}{a}$에 대해서

$$-\frac{Q_a}{Q_b} = \text{일정}$$

이라는 것이다. 그러나, 이 조건은 (12.59)에 의하면 임의의 주어진 $\frac{b}{a}$에 대해서

$$-\frac{H_a}{H_b} = \text{일정} \tag{12.60}$$

이 된다. 이로써 $H(a, b)$의 확장경로도 역시 직선임이 입증되었다.

동조성의 개념은 동차성의 개념에 비해 보다 일반적이다. 사실 모든 동차함수는 자동적으로 동조함수가 되지만, 동조함수는 반드시 동차함수가 되는 것은 아니다. 동차함수가 항상 동조적이라는 사실은 (12.58)로부터 알 수 있는데, 이 식에서 만약 함수 $H = h(Q)$가 $H = Q$인 특별한 형태를 갖는다고 하면, — 이때 $h'(Q) = dH/dQ \equiv 1$ — 함수 H와 동일한 함수 Q는 분명히 동조함수이다. 그리고, 어떤 함수가 동조함수이지만 동차함수는 아닌 경우를 아래의 [예 2]에서 살펴볼 것이다.

동조함수 H를 정의할 때 우리는 (12.58)에서 $h'(Q) \neq 0$으로 규정하였다. 이것은 (12.59)에서 분모가 0이 되는 것을 피하기 위한 것이다. $h \neq 0$이라는 규정은 단지 수학적 측면에서 필요한 것인 반면에, 경제학적 관점에서는 보다 강한 제약인 $h'(Q) > 0$이 요구된다. 왜냐하면 $Q(a, b)$와 같이 $H(a, b)$가 생산함수로서의 역할을 하려면, 즉 H가 산출량을 나타내려면, H_a 및 H_b는 각각 $Q(a, b)$함수의 Q_a 및 Q_b와 같은 방향으로 움직이도록 규정되어야 하기 때문이다. 즉 $H(a, b)$는 $Q(a, b)$의 단조증가변환이 되도록 제한되어야 한다.

동조생산함수(특별한 경우인 동차함수를 포함하여)는 산출수준에 대한 최적요소투입수준의 (편)탄력성이 모든 요소에 관해서 일정하다는 재미있는 특성을 가지고 있다.† 이를 증명하기 위해서, 동조함수의 확장경로가 직선이라는 것은 최적요소비율 b^*/a^*가 외생적인 산출량수준 H_0의

† 역주 : 이 편탄력성이 정의되려면, a^*, b^*가 H_0의 함수로 볼 수 있는 이유를 보여야 한다. 예컨대 $a = a^*(P_a, P_b, H_0)$로 정의되는 조건부 요소수요함수가 먼저 설명되는 것이 옳다.

변화에 의해서 영향을 받지 않음을 의미한다는 사실을 상기하자. 즉, $\partial(b^*/a^*)/\partial H_0 = 0$ 혹은

$$\frac{1}{a^{*2}}\left(a^*\frac{\partial b^*}{\partial H_0} - b^*\frac{\partial a^*}{\partial H_0}\right) = 0 \qquad \text{[몫의 법칙]}$$

이 식의 양변을 $a^{*2}H_0$로 곱하고 다시 정리하면 다음을 얻는다.

$$\frac{\partial a^*}{\partial H_0}\frac{H_0}{a^*} = \frac{\partial b^*}{\partial H_0}\frac{H_0}{b^*} \qquad \text{즉} \qquad \varepsilon_{a^*H_0} = \varepsilon_{b^*H_0}$$

이로써 위에 제시된 명제가 증명되었다.

예 1

$Q = Aa^\alpha b^\beta$일 때, $H = Q^2$이라고 하자. $Q(a, b)$가 동차함수이고 $h'(Q) = 2Q$는 양의 산출량에 대해서 양이므로, $H(a, b)$는 $Q > 0$에 대해서 동조함수이다. 이것이 (12.60)을 만족하는 것을 증명해 보자. 먼저 Q를 H에 대입하면 다음 결과를 얻는다.

$$H = Q^2 = (Aa^\alpha b^\beta)^2 = A^2a^{2\alpha}b^{2\beta}$$

따라서 등생산곡선 H의 기울기는 다음과 같이 나타낼 수 있다.

$$-\frac{H_a}{H_b} = -\frac{A^2 2\alpha a^{2\alpha-1}b^{2\beta}}{A^2a^{2\alpha}2\beta b^{2\beta-1}} = -\frac{\alpha b}{\beta a} \tag{12.61}$$

이 결과는 (12.60)을 만족하며, 확장경로가 직선임을 의미한다. (12.61)과 (12.56)을 비교하면, 함수 H가 (12.59)도 만족함을 알 수 있다.

이 예에서 $Q(a, b)$는 $(\alpha + \beta)$차 동차함수이다. 이미 본 바와 같이 $H(a, b)$도 동차함수이지만, $2(\alpha + \beta)$차이다. 그러나 일반적으로, 동조함수가 반드시 동차함수인 것은 아니다.

예 2

$Q = Aa^\alpha b^\beta$일 때, $H = e^Q$라고 하자. $Q(a, b)$가 동차이고 $h'(Q) = e^Q$가 양이므로, $H(a, b)$는 동조함수이다. 이 함수

$$H(a, b) = \exp(Aa^\alpha b^\beta)$$

로부터, 다음 식이 성립함을 쉽게 알 수 있다.

$$-\frac{H_a}{H_b} = -\frac{A\alpha a^{\alpha-1}b^\beta \exp(Aa^\alpha b^\beta)}{Aa^\alpha \beta b^{\beta-1}\exp(Aa^\alpha b^\beta)} = -\frac{\alpha b}{\beta a}$$

물론 이 결과는 [예 1]의 (12.61)과 일치한다.

그러나, 이 동조함수는 동차가 **아니다**. 그 이유는 다음과 같다.

$$\begin{aligned} H(ja, jb) &= \exp[A(ja)^\alpha(jb)^\beta] = \exp(Aa^\alpha b^\beta j^{\alpha+\beta}) \\ &= [\exp(Aa^\alpha b^\beta)]^{j^{\alpha+\beta}} = [H(a, b)]^{j^{\alpha+\beta}} \neq j^r H(a, b) \end{aligned}$$

대체탄력성

비교정태분석의 또다른 측면은, 주어진 동일한 산출량 Q_0를 생산한다는 조건하에서 (즉, 동일한 등생산곡선상에 머무르면서), 요소가격비율 P_a/P_b의 변화가 비용을 극소화하는 요소결합 b^*/a^*에 미치는 영향에 관한 것이다.

(외생적으로 주어진) 요소가격비율 P_a/P_b 가 증가하면, 요소 a 는 (이제 상대적으로 싸진) 요소 b 로 대체되기 때문에 최적요소비율 b^*/a^* 도 증가한다고 보통 생각할 수 있다. 즉, 요소대체의 **방향**은 분명하다. 그러나 그 대체의 **정도**는 어떠할 것인가? 요소대체의 정도는 다음과 같은 점탄력성을 나타내는 식으로 나타낼 수 있는데, 이것을 **대체탄력성** (elasticity of substitution) 이라고하여 σ 로 표시한다 (σ 는 "대체"를 나타내는 s 에 대응하는 그리스 문자 시그마임).

$$\sigma \equiv \frac{(b^*/a^*) \text{ 의 상대적 변화}}{(P_a/P_b) \text{ 의 상대적 변화}} = \frac{\dfrac{d(b^*/a^*)}{b^*/a^*}}{\dfrac{d(P_a/P_b)}{P_a/P_b}} = \frac{\dfrac{d(b^*/a^*)}{d(P_a/P_b)}}{\dfrac{b^*/a^*}{P_a/P_b}} \tag{12.62}$$

σ 의 값은 0과 ∞ 사이의 어떤 값이라도 될 수 있다. σ 가 커질수록 두 요소의 대체성은 증대한다. $\sigma = 0$ 인 극단적인 경우는 두 요소가 서로 보완요소로서 일정비율로 투입되는 경우이다. σ 가 무한대인 또 다른 극단적인 경우는 두 요소가 서로 완전대체요소인 경우이다. 만약 (b^*/a^*) 를 (P_a/P_b) 의 함수로 생각하면, 탄력성 σ 는 다시금 **평균**함수에 대한 **한계**함수의 비율이 된다†는 점에 주목하기 바란다.

하나의 예로서 일반화된 콥-더글라스 생산함수의 대체탄력성을 계산하여 보자. 이미 이 경우에 대해서는 비용극소화를 위한 요소의 결합이

$$\left(\frac{b^*}{a^*}\right) = \frac{\beta}{\alpha}\left(\frac{P_a}{P_b}\right) \qquad [(12.57) \text{ 로부터}]$$

가 된다는 것을 알고 있다. 이 식은 $y = ax$ 의 형태이고, 여기서 dy/dx (한계함수) 와 y/x (평균함수) 는 모두 상수 a 와 같다. 즉,

$$\frac{d(b^*/a^*)}{d(P_a/P_b)} = \frac{\beta}{\alpha} \qquad \text{및} \qquad \frac{b^*/a^*}{P_a/P_b} = \frac{\beta}{\alpha}$$

이 값들을 (12.62) 에 대입하면, 곧바로 $\sigma = 1$ 인 것을 알 수 있다. 즉, 일반화된 콥-더글라스 생산함수의 대체탄력성은 **일정**하고, 또 **1**이다. 여기서 주의해야 할 점은 이 결과를 도출하는데 $\alpha + \beta = 1$ 이라는 가정은 전혀 사용되지 않았다는 것이다. 따라서 생산함수 $Q = Aa^\alpha b^\beta$ 의 대체탄력성은 $\alpha + \beta \neq 1$ 이더라도 1이 된다.

CES 생산함수

최근에, 대체탄력성은 일정 (constant elasticity of substitution, CES) 하지만, σ 가 1이 아닌 어떤 (일정한) 값이 되는 특징을 가진 또다른 형태의 생산함수가 흔히 사용되고 있다.†† **CES 생산함수**

† σ 를 달리 표시하는 방법이 있다. 접점에서는 항상 $\frac{P_a}{P_b} = \frac{Q_a}{Q_b} = \text{MRTS}_{ab}$ 이기 때문에, 대체탄력성은 다음 식으로 정의할 수 있다.

$$\sigma = \frac{(b^*/a^*) \text{ 의 상대적 변화}}{\text{MRTS}_{ab} \text{ 의 상대적 변화}} = \frac{\dfrac{d(b^*/a^*)}{b^*/a^*}}{\dfrac{d(Q_a/Q_b)}{Q_a/Q_b}} = \frac{\dfrac{d(b^*/a^*)}{d(Q_a/Q_b)}}{\dfrac{b^*/a^*}{Q_a/Q_b}} \tag{12.62'}$$

†† K. J. Arrow, H. B. Chenery, B. S. Minhas, and R. M. Solow, "Capital-Labor Substitution and Economic Efficiency," *Review of Economic and Statistics*, August 1961, pp. 225~250.

로 알려진 이 함수의 형태는 다음과 같다.

$$Q = A[\delta K^{-\rho} + (1-\delta)L^{-\rho}]^{-1/\rho} \quad (A > 0; 0 < \delta < 1; -1 < \rho \neq 0) \tag{12.63}$$

단, K 와 L 은 두 생산요소를 나타내며, A , δ 및 ρ (그리스 문자 로)는 세 개의 파라미터이다. 파라미터 A (**효율 파라미터**)는 콥-더글라스 생산함수의 계수 A 와 같이 기술상태를 나타내는 지수 역할을 한다. 파라미터 δ (**배분 파라미터**)는 콥-더글라스 함수의 α 와 마찬가지로, 생산에서의 상대적 요소분배분과 관련된다. 그리고 파라미터 ρ (**대체 파라미터**)—콥-더글라스 함수에는 이에 해당하는 파라미터는 없다—는 뒤에서 설명하겠지만 (일정한) 대체탄력성의 값을 결정한다.

그러면 먼저, 이 함수가 1차동차임을 밝히기로 하자. K 와 L 을 각각 jK 와 jL 로 변화시키면, 산출량은 Q 로부터

$$\begin{aligned} A[\delta(jK)^{-\rho} + (1-\delta)(jL)^{-\rho}]^{-1/\rho} &= A\{j^{-\rho}[\delta K^{-\rho} + (1-\delta)L^{-\rho}]\}^{-1/\rho} \\ &= (j^{-\rho})^{-1/\rho} Q = jQ \end{aligned}$$

로 변화한다. 따라서 다른 모든 1차동차 생산함수와 마찬가지로, CES함수는 규모수익불변을 나타내고, 오일러 정리의 적용을 받고, 또 변수 K 와 L 에 대해서 0차동차인 평균생산과 한계생산을 갖는다.

또한 CES생산함수로부터 생성된 등생산곡선은 K 와 L 이 양일 때 항상 음의 기울기를 가지며 강볼록이다. 이를 확인하기 위해서 먼저 한계생산 Q_L 과 Q_K 를 나타내는 식을 구하여 보자. 이제 $[\delta K^{-\rho} + (1-\delta)L^{-\rho}]$ 를 $[\cdots]$로 간단히 표기하면 다음 결과를 얻는다.

$$\begin{aligned} Q_L \equiv \frac{\partial Q}{\partial L} &= A\left(-\frac{1}{\rho}\right)[\cdots]^{-(1/\rho)-1}(1-\delta)(-\rho)L^{-\rho-1} \\ &= (1-\delta)A[\cdots]^{-(1+\rho)/\rho}L^{-(1+\rho)} \\ &= (1-\delta)\frac{A^{1+\rho}}{A^{\rho}}[\cdots]^{-(1+\rho)/\rho}L^{-(1+\rho)} \\ &= \frac{(1-\delta)}{A^{\rho}}\left(\frac{Q}{L}\right)^{1+\rho} > 0 \qquad [(12.63)\text{에 의해}] \end{aligned} \tag{12.64}$$

또 마찬가지 방법으로 다음을 얻는다.

$$Q_K \equiv \frac{\partial Q}{\partial K} = \frac{\delta}{A^{\rho}}\left(\frac{Q}{K}\right)^{1+\rho} > 0 \tag{12.65}$$

이 두 식은 양의 K 와 L 의 값에 대해서 정의된다. 그러므로 등생산곡선(K 는 세로축에, L 은 가로축에 각각 표시된)의 기울기는 다음과 같다.

$$\frac{dK}{dL} = -\frac{Q_L}{Q_K} = -\frac{(1-\delta)}{\delta}\left(\frac{K}{L}\right)^{1+\rho} < 0 \qquad [(11.36)\text{ 참조}] \tag{12.66}$$

그러면 $d^2K/dL^2 > 0$ 임을 쉽게 증명할 수 있고 (이것은 여러분에게 연습문제로 남겨둔다), 이것은 등생산곡선이 양의 K 와 L 에 대해서 강볼록임을 의미한다.

CES생산함수가 양의 K 와 L 에 관해서 준오목임도 역시 밝힐 수 있다. (12.64)와 (12.65)를 다시 미분하면, 이 함수의 2계도함수들은 다음과 같은 부호를 갖게 된다.

$$Q_{LL} = \frac{\partial}{\partial L} Q_L = \frac{(1-\delta)(1+\rho)}{A^\rho} \left(\frac{Q}{L}\right)^\rho \frac{Q_L L - Q}{L^2} < 0 \text{ [오일러 정리에 의해 } Q_L L - Q < 0]$$

$$Q_{KK} = \frac{\partial}{\partial K} Q_K = \frac{\delta(1+\rho)}{A^\rho} \left(\frac{Q}{K}\right)^\rho \frac{Q_K K - Q}{K^2} < 0 \qquad \text{[오일러 정리에 의해 } Q_K K - Q < 0]$$

$$Q_{KL} = Q_{LK} = \frac{(1-\delta)(1+\rho)}{A^\rho} \left(\frac{Q}{L}\right)^\rho \frac{Q_K}{L} > 0$$

이들 도함수의 부호는 양의 K 와 L 에 대해서 성립되는 것으로, 이로부터 준오목성에 관한 충분조건 (12.26) 을 검증할 수 있다. 즉,

$$|B_1| = -Q_K^2 < 0 \quad \text{및} \quad |B_2| = 2Q_K Q_L Q_{KL} - Q_K^2 Q_{LL} - Q_L^2 Q_{KK} > 0$$

이 성립되는 것을 확인할 수 있다. 그러므로 CES함수는 양의 K 와 L 에 대해서 준오목이다.

끝으로, (12.64) 와 (12.65) 의 한계생산을 이용하여 CES함수의 대체탄력성을 구해보자. P_L 과 P_K 는 각각 노동용역의 가격 (임금률) 과 자본용역의 가격 (자본재의 임대율) 를 나타낸다고 하자. 비용을 극소화하는 요소결합조건 $Q_L/Q_K = P_L/P_K$ 을 만족하기 위해서는 다음 식이 성립해야 한다.

$$\frac{1-\delta}{\delta} \left(\frac{K}{L}\right)^{1+\rho} = \frac{P_L}{P_K} \qquad \text{[(12.66) 참조]}$$

즉, 최적요소비율은 (간략한 기호 c 를 도입하여) 다음과 같다.

$$\left(\frac{K^*}{L^*}\right) = \left(\frac{\delta}{1-\delta}\right)^{1/(1+\rho)} \left(\frac{P_L}{P_K}\right)^{1/(1+\rho)} \equiv c \left(\frac{P_L}{P_K}\right)^{1/(1+\rho)} \tag{12.67}$$

이제 (K^*/L^*) 를 (P_L/P_K) 의 함수로 보고, 한계함수 및 평균함수를 구하면 다음과 같다.

$$\text{한계함수} = \frac{d(K^*/L^*)}{d(P_L/P_K)} = \frac{c}{1+\rho} \left(\frac{P_L}{P_K}\right)^{1/(1+\rho)-1}$$

$$\text{평균함수} = \frac{K^*/L^*}{P_L/P_K} = c \left(\frac{P_L}{P_K}\right)^{1/(1+\rho)-1}$$

그러므로 대체탄력성은 다음과 같다.[†]

$$\sigma = \frac{\text{한계함수}}{\text{평균함수}} = \frac{1}{1+\rho} \tag{12.68}$$

이것으로부터 상수 σ 의 크기는 다음과 같이 파라미터 ρ 의 크기에 의존한다는 것을 알 수 있다.

[†] 물론 우리는 (12.67) 의 양변에 로그를 취함으로써, 같은 결과를 얻을 수 있다. 즉,

$$\ln\left(\frac{K^*}{L^*}\right) = \ln c + \frac{1}{1+\rho} \ln\left(\frac{P_L}{P_K}\right)$$

이 식에 (10.28) 의 탄력성 공식을 적용하면 다음을 얻는다.

$$\sigma = \frac{d(\ln K^*/L^*)}{d(\ln P_L/P_K)} = \frac{1}{1+\rho}$$

$$\left.\begin{array}{r} -1 < \rho < 0 \\ \rho = 0 \\ 0 < \rho < \infty \end{array}\right\} \quad \Rightarrow \quad \left\{\begin{array}{l} \sigma > 1 \\ \sigma = 1 \\ \sigma < 1 \end{array}\right.$$

CES 함수의 특별한 경우로서의 콥-더글라스 함수

위의 마지막 결과에서, $\rho = 0$ 인 경우에 대체탄력성은 1이 되는데, 우리는 이것이 콥-더글라스 함수의 특징임을 이미 알고 있다. 이것은 (1차동차인) 콥-더글라스 함수가 (1차동차인) CES함수의 특별한 경우임을 시사한다. 다만 (12.63)으로 주어진 CES함수는 분모가 영이 될 수 없기 때문에 $\rho = 0$ 일 때는 정의되지 않는다는 난점이 있다. 그러나 $\rho \to 0$ 일 때, CES함수는 콥-더글라스 함수에 접근함을 밝힐 수 있다.

이것을 증명하는데 **로피탈의 법칙** (L'Hôpital' s rule)을 사용하고자 한다. 이 법칙은 $x \to a$ 일 때 (여기서 a는 유한일 수도 있고 혹은 무한대일 수도 있다), 함수 $f(x) = m(x)/n(x)$ 의 극한을 구하는 것과 관련하여 분자 $m(x)$와 분모 $n(x)$가 다음의 두 경우 중에 하나가 될 때 사용된다: (1) $x \to a$ 일 때 분모와 분자가 모두 영에 수렴하여 0/0형태의 식이 된다. 혹은 (2) $x \to a$ 일 때 분모와 분자가 모두 $\pm\infty$로 발산하여 ∞/∞(혹은 $\infty/-\infty$, $-\infty/\infty$, $-\infty/-\infty$) 형태의 식이 된다. 이러한 두 가지 상황 아래에서는, $f(x)$ 의 극한은 그대로 둔 상태에서는 계산될 수는 없지만, 그 값은 다음 공식을 이용하여 구할 수 있다.

$$\lim_{x\to a}\frac{m(x)}{n(x)} = \lim_{x\to a}\frac{m'(x)}{n'(x)} \qquad \text{[로피탈의 법칙]} \qquad \textbf{(12.69)}$$

예 3

$x \to 1$일 때, $(1-x^2)/(1-x)$의 극한을 구하라. 여기서 $m(x)$와 $n(x)$는 x가 1에 접근함에 따라, 둘 다 영에 수렴하여 위의 (1)의 예에 해당한다. 그런데 $m'(x) = -2x$ 이고, $n'(x) = -1$이므로, 극한값은

$$\lim_{x\to 1}\frac{1-x^2}{1-x} = \lim_{x\to 1}\frac{-2x}{-1} = \lim_{x\to 1} 2x = 2$$

가 된다. 이 극한값은 제 6.4 절의 [예 2] 에서 다른 방법으로 구한 것과 일치한다.

예 4

$x \to \infty$일 때 $(2x+5)/(x+1)$의 극한을 구하라. 이 경우에 x가 무한대가 될 때 $m(x)$와 $n(x)$는 둘 다 무한대가 된다. 즉 위의 (2)의 경우에 해당한다. $m'(x) = 2$ 이고, $n'(x) = 1$이므로 극한값은

$$\lim_{x\to\infty}\frac{2x+5}{x+1} = \lim_{x\to\infty}\frac{2}{1} = 2$$

가 된다. 다시, 이 답은 제6.4절의 [예 3] 에서 다른 방법으로 구한 것과 일치한다.

그리고 (12.69)의 우변은 좌변과 마찬가지로, 0/0 혹은 ∞/∞ 형태의 식이 될 수도 있다. 이러한 경우에는 로피탈의 법칙을 다시 한 번 적용하면 된다. 즉, $x \to a$ 일 때 $m''(x)/n''(x)$ 의 극한값을 구하여, 이것을 원래 함수의 극한으로 보면 된다. 그리고 극한값을 구하고자 하는 함수 $f(x)$가 원래 $m(x)/n(x)$ 형태로 주어지지 않아, 0/0 또는 ∞/∞ 의 형태로 나타낼 수 없는 경우라도, 적당히 변형

하여 $f(x)$ 에 (12.69) 의 법칙을 적용할 수 있다. 이러한 가능성은 CES함수 (12.63) 을 $Q(\rho)$ 라는 함수로 보고, $\rho \to 0$ 일 때 이 함수의 극한을 구하는 문제에서 찾을 수 있다.

주어진 함수 $Q(\rho)$ 는 $m(\rho)/n(\rho)$ 의 형태가 아니다. 그러나 (12.63)의 양변을 A 로 나누고 자연로그를 취함으로써, $m(\rho)/n(\rho)$ 와 같은 형태의 식을 얻을 수 있다. 즉,

$$\ln\frac{Q}{A} = \frac{-\ln[\delta K^{-\rho} + (1-\delta)L^{-\rho}]}{\rho} \equiv \frac{m(\rho)}{n(\rho)} \tag{12.70}$$

더욱이, $\rho \to 0$ 일 때 $m(\rho) \to -\ln[\delta + 1 - \delta] = -\ln 1 = 0$ 이고, 또 $n(\rho) \to 0$ 임을 알 수 있다. 따라서 로피탈의 법칙을 사용하여 $\ln(Q/A)$ 의 극한값을 구할 수 있다. 일단 이 극한값을 구하고 나면, Q 의 극한값도 구할 수 있다. 왜냐하면 $Q/A = e^{\ln(Q/A)}$ 이어서 $Q = Ae^{\ln(Q/A)}$ 이므로,

$$\lim Q = \lim Ae^{\ln(Q/A)} = Ae^{\lim \ln(Q/A)} \tag{12.71}$$

가 성립하기 때문이다.

그러면 로피탈의 법칙을 적용하기 위해 먼저 (12.70) 으로부터 $m'(\rho)$ 와 $n'(\rho)$ 를 구하기로 하자. 후자는 단순히 $n'(\rho) = 1$ 이고, 전자는 다음과 같다:

$$\begin{aligned} m'(\rho) &= \frac{-1}{[\delta K^{-\rho} + (1-\delta)L^{-\rho}]}\frac{d}{d\rho}[\delta K^{-\rho} + (1-\delta)L^{-\rho}] \qquad \text{[연쇄법칙]} \\ &= \frac{-[-\delta K^{-\rho}\ln K - (1-\delta)L^{-\rho}\ln L]}{[\delta K^{-\rho} + (1-\delta)L^{-\rho}]} \qquad \text{[(10.21') 에 의해]} \end{aligned}$$

그러므로, 로피탈의 법칙에 의해 다음 결과를 얻는다:

$$\lim_{\rho\to 0}\ln\frac{Q}{A} = \lim_{\rho\to 0}\frac{m'(\rho)}{n'(\rho)} = \frac{\delta\ln K + (1-\delta)\ln L}{1} = \ln(K^{\delta}L^{1-\delta})$$

이 결과에서 e 를 $\lim_{\rho\to 0}\ln(Q/A)$ 의 멱으로 제곱한 것은 단순히 $K^{\delta}L^{1-\delta}$ 가 된다는 것을 알 수 있다. 즉 (12.71) 에 의하여 최종적으로

$$\lim_{\rho\to 0} Q = AK^{\delta}L^{1-\delta}$$

라는 결과를 얻는다. 이 식으로부터 $\rho \to 0$ 일 때 CES함수는 과연 콥-더글라스 함수에 수렴함을 알 수 있다.†

연습문제 12.7

1. [그림 12.9](*b*) 의 등생산곡선이 특정한 동차생산함수 $Q = Q(a, b)$ 로부터 도출되었다고 가정하자. $OE = EE' = E'E''$ 이고, 함수 Q 의 동차성의 차수가 다음과 같다면, 세 개의 등생산곡선이 나타내는 산출량수준들간의 비율은 얼마나 되어야 하는가?

† 역주: $\rho \to \infty$ 일 때는 $\sigma = 0$ 이 되는데, 이때 CES함수는 요소간의 대체가 불가능한 레온티에프 생산함수 ($\lim_{\rho\to 0} Q = A\min\{L, K\}$)로 됨을 보일 수 있다.

(a) 1차동차 (b) 2차동차

2. 일반화된 콥-더글라스 함수의 경우에, 비율 P_a/P_b에 대응한 비율 b^*/a^*의 곡선을 그리면 어떠한 형태가 되는가? 이 결과는 $\alpha+\beta=1$의 가정에 의존하는가? 이 곡선에서 기하학적으로는 대체탄력성을 어떻게 읽을 수 있는가?
3. 모든 양의 요소투입수준에서 CES생산함수는 각 요소에 대해 수익체감의 특성을 가지는가?
4. CES생산함수의 등생산곡선상에서는 $d^2K/dL^2>0$임을 보여라.
5. (a) CES함수에서 만약 각 생산요소가 그 요소의 한계생산에 따라 지불을 받는다고 하면, 자본의 분배분에 대한 노동의 분배분의 비율은 어떻게 되는가? δ가 커지면 자본에 대한 상대적 분배분이 증가하는가?
   (b) 콥-더글라스 함수에서 자본의 분배분에 대한 노동의 분배분의 비율은 K/L비율에 의존하는가? 이와 동일한 답이 CES함수에 대해서도 성립되는가?
6. (a) CES함수에서 $\rho=-1$인 경우는 제외된다. $\rho=-1$이라면 양의 K와 L에 대한 등생산곡선의 일반적 형태는 어떠할 것인가?
   (b) $\rho=-1$에 대해 σ가 정의되는가? $\rho\to1$일 때 σ의 극한은 얼마인가?
   (c) 위의 결과를 경제학적으로 해석하라.
7. $r>0$이 새로운 파라미터일 때 CES함수를 $Q=A[\delta K^{-\rho}=(1-\delta)L^{-\rho}]^{-r/\rho}$로 설정함으로써 규모수익체증과 규모수익체감을 도입할 수 있음을 보여라.
8. 다음 식의 극한을 구하라.

   (a) $\lim_{x\to4}\frac{x^2-x-12}{x-4}$ (c) $\lim_{x\to0}\frac{5^x-e^x}{x}$

   (b) $\lim_{x\to0}\frac{e^x-1}{x}$ (d) $\lim_{x\to\infty}\frac{\ln x}{x}$
9. 로피탈의 법칙을 이용하여 다음 식이 성립함을 보여라.

   (a) $\lim_{x\to\infty}\frac{x^n}{e^x}=0$ (b) $\lim_{x\to0^+}x\ln x=0$ (c) $\lim_{x\to0^+}x^x=1$

Chapter 12 요약

❖ 등식제약하의 최적화 ❖

1. 목적함수가 $z=f(x_1,\cdots,x_n)\equiv f(x)$이고, 제약식이 $g(x)=c$일 때, 최적화의 1계필요조건은 제약식을 충족하면서 변수가 변할 때, $dz=0$이 성립하는 것이다. 즉, $dg(x)=0$의 조건하에서 $dz=0$이 되는 것이다.
2. 제약하의 최적화문제는 목적함수와 제약식을 종합하여 정의되는 라그랑지함수 $Z=f(x)+\lambda(c-g(x))$를 이용하여 간단히 나타낼 수 있다. 즉 이를 이용하면, 1계필요조건은 $Z_\lambda=Z_1=\cdots=Z_n=0$으로 나타낼 수 있다. 그리고 여기서 $Z_\lambda=0$은 제약식 자체를 의미한다.
3. 제약하의 극대화의 2계충분조건은 1계필요조건이 충족되는 점에서 $dg=0$의 제약하에서 $d^2z<0$이 성립하는 것이다(그리고 극소화의 충분조건은 같은 제약하에서 $d^2z>0$이 성립하는 것이다).
4. 라그랑지함수의 2계편도함수들을 이용하여 $|H_i|$를 다음과 같이 정의하자.

$$|H_i| \equiv \begin{vmatrix} 0 & g_1 & \cdots & g_i \\ g_1 & Z_{11} & \cdots & Z_{1i} \\ & \vdots & & \\ g_i & Z_{i1} & \cdots & Z_{ii} \end{vmatrix}, \qquad i = 1, 2, \cdots, n$$

그러면 $dg = 0$ 의 제약하에서 $d^2 z > 0$ 이기 위한 필요충분조건은 $|H_i| < 0$, $i = 1, 2, \cdots, n$ 이 모든 i 에 관하여 성립하는 것이다 (또 $d^2 z < 0$ 이기 위한 필요충분조건은 $(-1)^i |H_i| > 0$, $i = 1, 2, \cdots, n$ 이 모든 i 에 관하여 성립하는 것이다).

5. 위의 내용을 종합한 극값에 관한 조건은 <표12.1> 에 요약되어 있다.
6. 제약이 선형방정식일 경우, 최적화의 2계조건은 함수의 준오목성 및 준볼록성에 의해서 대치될 수 있다. [그림 12.6] 은 이 관계를 요약해서 나타내 주고 있다.
7. 효용극대화문제에서 유도되는 슬루쯔키방정식은 가격효과가 소득효과와 대체효과로 분할될 수 있음을 보여 준다.
8. 생산함수가 1차동차함수이면, 이는 규모수익불변의 상태를 반영한다.
9. 1차동차의 콥 · 더글라스 생산함수는 생산요소에 대한 소득의 분배분이 일정한 상태를 반영한다.
10. 동조생산함수는 확장경로가 원점을 지나는 직선으로 나타나는 함수이다. 모든 동차함수는 동조함수이다.
11. CES생산함수는 대체탄력성이 일정한 성질을 갖는다. 특히 그것이 1일 때 그것은 콥 · 더글라스 생산함수가 된다.

Chapter 13

최적화의 추가문제

이 장은 두 가지 주요 문제를 다룬다. 하나는 비선형계획법이다. 이것은 **부등식제약**을 고려함으로써 제 12장의 제약하의 최적화문제의 기법을 확장한다. 제 12장에서는 제약이 반드시 정확하게 등식으로 충족된다; 즉 제약은 항상 구속제약이다. 이제 우리는 해에서 제약이 구속제약이 아닐 수도 있는 경우, 즉 부등식으로 충족되는 경우를 고려한다.

이장의 후반부에서는, 고전적 제약하의 최적화문제의 영역으로 되돌아가, 앞의 장들에서 다루지 않고 남겨둔 간접목적함수, 포락성정리, 쌍대개념의 문제를 논의한다.

13.1 | 비선형계획법과 쿤-터커 조건

최적화문제의 방법론적 발전의 역사를 보면, 부등식제약을 다루었던 최초의 시도들은 오로지 선형의 제약에만 집중되었다. 목적함수 뿐 아니라 제약들이 모두 선형으로만 주어지는 최적화문제를 푸는 방법론은 매우 자연스럽게 **선형계획법** (linear programming) 으로 명명되었다. 비록 선형으로 한정되었지만, 그러나 우리는 처음으로, 선택변수가 비음이 되어야 한다는, 대부분의 경제학 분석에 적합한 제약을 명시적으로 다룰 수 있게 되었다. 이것은 상당한 개선이다. 그 이후 발전된 **비선형계획법** (nonlinear programming) 은 비선형 부등식제약뿐 아니라 비선형 목적함수까지도 다룰 수 있게 해 주었고, 따라서 이 기법은 최적화문제의 방법론에서 가장 중요한 위치를 점하게 되었다.

제약에 부등식이 포함되어 있지 않고, 선택변수의 부호에 명시적인 제약이 없는 고전적 최적화문제에서는 상대적 혹은 국지적 극값이 되기 위한 1계조건은 간단히 모든 선택변수와 라그랑지승수에 관한 (매끈한) 라그랑지함수의 1계편도함수들이 영이 되는 것이다. 그런데 비선형계획문제에서는 **쿤-터커 조건**[†](Kuhn-Tucker conditions) 으로 알려진 유사한 형태의 1계조건이 있다. 그러나 앞으로 알게 되겠지만 고전적 최적화문제의 1계조건은 항상 필요조건인 반면에, 쿤-터커 조건은 어떤 전제조건이 만족되지 않으면 필요조건으로 되지 않는다. 다른 한편 어떤 특정한 상황하에서는, 쿤 터커 조건은 **충분조건**이 될 수 있을 뿐만 아니라 **필요충분조건**까지도 될 수 있다.

쿤-터커 조건은 비선형계획법에서 유일하고도 가장 중요한 수학적 결과이기 때문에, 이 조건과 그 의미를 올바로 이해하는 것은 매우 중요하다. 아래에서는 쿤-터커 조건을 편의상 두 단계로 나누어 설명하기로 한다.

[†] H. W Kuhn and A. W Tucker, "Nonlinear Programming", in J. Neyman (ed.), *Proceedings of the Second Berkeley Symposium on Mathematical Statistics and Probability*, University of California Press, Berkeley, California, 1951, pp. 481~492.

그림 13.1

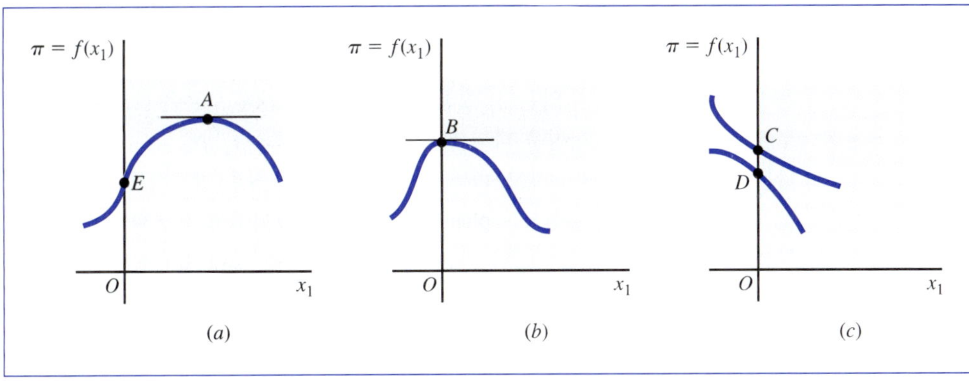

1단계: 비음제약의 효과

첫 번째 단계로, 선택변수에 대한 비음제약만 있고 그 밖에 다른 제약조건은 없는 문제를 고려해 보자. 특히 선택변수가 하나인 극대화문제는 다음과 같이 나타낼 수 있다.

$$\begin{aligned} &\text{목적식} \quad \pi = f(x_1) \\ &\text{제약식} \quad x_1 \geq 0 \end{aligned} \qquad \textbf{(13.1)}$$

단, 함수 f 는 미분가능하다고 가정한다. 비음제약 $x_1 \geq 0$ 으로부터 다음 세 가지 경우가 발생할 수 있다. 첫째, π 의 국지적 극대점이, [그림 13.1](a) 의 A 점 처럼, 음영으로 표시된 실행가능영역의 내부에서 발생하면, **내부해** (interior solution)를 갖게 된다. 이 경우 1계조건은 $d\pi/dx_1 = f'(x_1) = 0$ 으로, 고전적 최적화문제에서와 같다. 두 번째 경우는 [그림 13.1](b) 의 점 B 로 설명되는 것처럼, 국지적 극대점이 $x_1 = 0$ 인 세로축상에서도 나타날 수 있다. 이와 같은 **경계상의 해** (boundary solution)가 존재하는 경우에도, 1계조건 $f'(x_1) = 0$ 은 여전히 성립한다. 그러나 세 번째 가능성으로서, 국지적 극대점이 [그림13.1](c) 의 점 C 혹은 점 D 에서 발생할 수 있다. 왜냐하면 문제 (13.1)에서 국지적 극대점으로서의 자격을 갖추기 위해서는, 그 후보점은 단순히 실행 가능영역 **내**의 근방에 있는 점들보다 높기만 하면 되기 때문이다. 이 마지막 가능성 때문에 (13.1)과 같은 문제의 극대점은 방정식 $f'(x_1) = 0$ 뿐만 아니라 부등식 $f'(x_1) < 0$ 에 의해서도 특징지워지는 것이다. 반면에 방향이 반대인 부등식 $f'(x_1) > 0$ 은 확실히 제외시킬 수 있다. 왜냐하면 곡선의 기울기가 양이면, 비록 그 곡선상의 점이 [그림 13.1](a) 의 점 E 처럼 수직축상에 위치하더라도, 극대점이 될 수 없기 때문이다.

이상의 논의를 정리하면, 문제 (13.1)에서 x_1 의 값이 π 의 국지적 극대가 되기 위해서는 그것은 다음 세 가지 조건 가운데 하나를 충족해야 한다.

$$f'(x_1) = 0 \quad \text{및} \quad x_1 > 0 \quad [\text{점 } A] \qquad \textbf{(13.2)}$$

$$f'(x_1) = 0 \quad \text{및} \quad x_1 = 0 \quad [\text{점 } B] \qquad \textbf{(13.3)}$$

$$f'(x_1) < 0 \quad \text{및} \quad x_1 = 0 \quad [\text{점 } C \text{와 } D] \qquad \textbf{(13.4)}$$

이 세 조건은 실제로 다음과 같이 하나로 결합될 수 있다:

$$f'(x_1) \leq 0 \qquad x_1 \geq 0 \qquad \text{및} \qquad x_1 f'(x_1) = 0 \qquad \textbf{(13.5)}$$

(13.5) 의 첫 번째 부등식은 (13.2) 에서 (13.4) 까지 열거된 $f'(x)$ 에 관한 정보를 요약한 것이다. 두 번째 부등식은 x_1 에 관한 것을 같은 방법으로 요약한 것으로, 이것은 사실상 문제의 비음제약을 반복한 것에 지나지 않는다. 그리고 (13.5) 의 세 번째 부분은 (13.2), (13.3), (13.4) 에 공통적으로 적용되는 중요한 성질을 나타내는 방정식이다. 즉, 이 방정식은 x_1 과 $f'(x_1)$ 가운데 **적어도 하나는** 반드시 0이 되어야 하고, 따라서 x_1 과 $f'(x_1)$ 의 곱은 반드시 0이 되어야 함을 의미한다. 이러한 특징을 **상보적 여분성** (complementary slackness) 이라고 부른다. 전체적으로 보면 (13.5) 의 세 부분은 선택변수가 비음이어야 하는 문제에서 국지적 극대이기 위한 1계필요조건을 구성한다. 그러나 한 단계 더 나아가, 이 조건을 **전역적** 극대에 대한 필요조건으로도 볼 수 있다. 왜냐하면, 전역적 극대는 또한 국지적 극대이어야 하고, 따라서 국지적 극대이기 위한 필요조건을 만족하여야 하기 때문이다.

이제 극대화문제가 n 개의 선택변수를 포함한다면, 이는

$$\begin{aligned} &\text{목적식} \quad \pi = f(x_1, x_2, \ldots, x_n) \\ &\text{제약식} \quad x_j \geq 0 \qquad (j = 1, 2, \ldots, n) \end{aligned} \tag{13.6}$$

으로 나타낼 수 있고, 고전적 최적화문제의 1계조건 $f_1 = f_2 = \cdots = f_n = 0$ 은 앞에서와 같은 방법으로 수정되어야 한다. 그러한 수정은 (13.5) 의 결과를 각각의 선택변수 x_j 에 적용하면 된다. 그래프로 보면, 이것은 각각의 x_j 를 차례로 [그림 13.1] 의 수평축으로 간주하는 것과 같다. 그러면 수정된 1계조건은 다음과 같다:

$$f_j \leq 0 \qquad x_j \geq 0 \qquad \text{및} \qquad x_j f_j = 0 \qquad (j = 1, 2, \ldots, n) \tag{13.7}$$

단, f_j 는 편도함수 $\partial\pi/\partial x_j$ 이다.

2단계: 부등식제약의 효과

이상의 논의를 배경으로 이제 두 번째 단계로서 부등식제약도 포함시켜 보기로 한다. 설명을 간단히 하기 위해, 우선 3개의 선택변수 ($n = 3$) 와 두 개의 제약 ($m = 2$) 을 갖는 극대화문제를 다루기로 한다:

$$\begin{aligned} &\text{목적식} \quad \pi = f(x_1, x_2, x_3) \\ &\text{제약식} \quad g^1(x_1, x_2, x_3) \leq r_1 \\ &\qquad\qquad g^2(x_1, x_2, x_3) \leq r_2 \\ &\qquad\qquad x_1, x_2, x_3 \geq 0 \end{aligned} \tag{13.8}$$

이 문제에 두 개의 더미변수 s_1 과 s_2 를 도입하여 다음과 같은 형태로 변형할 수 있다:

$$\begin{aligned} &\text{목적식} \quad \pi = f(x_1, x_2, x_3) \\ &\text{제약식} \quad g^1(x_1, x_2, x_3) + s_1 = r_1 \\ &\qquad\qquad g^2(x_1, x_2, x_3) + s_2 = r_2 \\ &\qquad\qquad x_1, x_2, x_3, s_1, s_2 \geq 0 \end{aligned} \tag{13.8'}$$

만약 비음제약이 없다면, 고전적 최적화문제의 접근법에 따라 다음과 같이 라그랑지함수를 만들 수 있다.

$$Z' = f(x_1, x_2, x_3) + \lambda_1[r_1 - g^1(x_1, x_2, x_3) - s_1] + \lambda_2[r_2 - g^2(x_1, x_2, x_3) - s_2] \qquad \textbf{(13.9)}$$

그리고 이로부터 1계조건을

$$\frac{\partial Z'}{\partial x_1} = \frac{\partial Z'}{\partial x_2} = \frac{\partial Z'}{\partial x_3} = \frac{\partial Z'}{\partial s_1} = \frac{\partial Z'}{\partial s_2} = \frac{\partial Z'}{\partial \lambda_1} = \frac{\partial Z'}{\partial \lambda_2} = 0$$

으로 나타낼 수 있을 것이다.

그러나 x_j와 s_i 변수는 비음이어야 하기 때문에, 이들 변수에 대한 1계조건은 (13.7)에 따라 수정되어야 한다. 따라서 다음과 같은 조건을 얻는다:

$$\begin{array}{llll} \dfrac{\partial Z'}{\partial x_j} \le 0 & x_j \ge 0 & \text{및} & x_j \dfrac{\partial Z'}{\partial x_j} = 0 \\ \dfrac{\partial Z'}{\partial s_i} \le 0 & s_i \ge 0 & \text{및} & s_i \dfrac{\partial Z'}{\partial s_i} = 0 \\ \dfrac{\partial Z'}{\partial \lambda_i} = 0 & & & \begin{pmatrix} i = 1, 2 \\ j = 1, 2, 3 \end{pmatrix} \end{array} \qquad \textbf{(13.10)}$$

여기서 도함수 $\partial Z'/\partial\lambda_i$는 여전히 0과 같다고 놓는 것에 유의해야 한다.(그 이유는 무엇일까?)

(13.10)의 각 줄은 각기 다른 형태의 변수와 관련된다. 그러나 마지막 두 줄은 통합될 수 있고, 또 통합되는 과정에서 1계조건을 써서 더미변수를 제거시킬 수 있다. 즉 $\partial Z'/\partial s_i = -\lambda_i$이기 때문에, (13.10)의 두 번째 줄은 $-\lambda_i \le 0$, $s_i \ge 0$, 및 $-s_i\lambda_i = 0$이 되며, 이것은 결국

$$s_i \ge 0 \qquad \lambda_i \ge 0 \qquad \text{및} \qquad s_i\lambda_i = 0 \qquad \textbf{(13.11)}$$

이 된다. 또 세 번째 줄 — 이것은 (13.8′)의 제약을 달리 표현한 것이다 — 은 $s_i = r_i - g^i(x_1, x_2, x_3)$를 의미하므로, 이것을 (13.11)에 대입함으로써 (13.13)의 두 번째 줄과 세 번째 줄을 결합하여 다음과 같이 나타낼 수 있다:

$$r_i - g^i(x_1, x_2, x_3) \ge 0 \qquad \lambda_i \ge 0 \qquad \text{및} \qquad \lambda_i[r_i - g^i(x_1, x_2, x_3)] = 0$$

이 식은 결국 1계조건 (13.10)을 더미변수 **없이** 그와 동치인 형태로 표현한 것이 된다. 이제 $\partial g^i/\partial x_j$를 나타내기 위해 기호 g^i_j를 사용하여 다음과 같이 쓸 수 있다:

$$\begin{array}{llll} \dfrac{\partial Z'}{\partial x_j} = f_j - \left(\lambda_1 g^1_j + \lambda_2 g^2_j\right) \le 0 & x_j \ge 0 & \text{및} & x_j \dfrac{\partial Z'}{\partial x_j} = 0 \\ r_i - g^i(x_1, x_2, x_3) \ge 0 & \lambda_i \ge 0 & \text{및} & \lambda_i[r_i - g^i(x_1, x_2, x_3)] = 0 \end{array} \qquad \textbf{(13.12)}$$

이것이 문제 (13.8)에 대한 쿤-터커 조건이다. 혹은 더 정확히 말하면, (13.9)의 라그랑지함수 Z'로 표현된 쿤-터커 조건의 한 형태이다.

이처럼 이제 그 결과를 알았으나, 이 똑같은 쿤-터커 조건은 다른 형태의 라그랑지함수를 사용하여 보다 직접적으로 얻을 수 있다. 주어진 문제 (13.8)에서, 비음제약과 제약의 부등호를 무시하고 단순히 고전적 형태의 라그랑지함수를 다음과 같이 써보자:

$$Z = f(x_1, x_2, x_3) + \lambda_1[r_1 - g^1(x_1, x_2, x_3)] + \lambda_2[r_2 - g^2(x_1, x_2, x_3)] \qquad \textbf{(13.13)}$$

그 다음에 (1) 편도함수를 $\partial Z/\partial x_j \leq 0$, $\partial Z/\partial \lambda_i \geq 0$ 으로 놓고, (2) x_j 와 λ_i 에 비음제약을 가하고, 또 (3) 각 변수와 그 변수에 관한 Z 의 편도함수 사이에 상보적 여분성 (즉, 각 변수와 그 변수에 관한 편도함수의 곱이 0이 되는 성질) 이 성립하도록 한다. 이런 단계들을 거친 결과는 다음과 같다.

$$\begin{aligned} &\frac{\partial Z}{\partial x_j} = f_j - \left(\lambda_1 g_j^1 + \lambda_2 g_j^2\right) \leq 0 \qquad x_j \geq 0 \qquad \text{및} \qquad x_j \frac{\partial Z}{\partial x_j} = 0 \\ &\frac{\partial Z}{\partial \lambda_i} = r_i - g^i(x_1, x_2, x_3) \geq 0 \qquad \lambda_i \geq 0 \qquad \text{및} \qquad \lambda_i \frac{\partial Z}{\partial \lambda_i} = 0 \end{aligned} \tag{13.14}$$

이것은 (13.12) 와 일치하기 때문에, 쿤-터커 조건은 (Z' 가 아니라) 라그랑지함수 Z 에 의해서도 표현될 수 있음을 알 수 있다. Z' 를 Z 로 바꿈으로써, 쿤-터커 조건에 보다 직접적으로 도달할 수 있을 뿐만 아니라, (13.12) 에서 이름을 붙일 수 없었던 $r_i - g^i(x_1, x_2, x_3)$ 라는 표현이 편도함수 $\partial Z/\partial \lambda_i$ 임을 알 수 있게 되었다. 따라서 앞으로는 논의에서는 라그랑지함수 Z 에 기초를 둔 (13.14) 의 형태의 쿤-터커 조건만을 사용하기로 한다.

쿤-터커 조건의 의미†

쿤-터커 조건 (13.14) 의 일부분은 단순히 주어진 문제의 일부 측면을 반복하여 표현한 것에 지나지 않는다. 즉 조건 $x_j \geq 0$ 은 비음제약을 되풀이한 것이고, 조건 $\partial Z/\partial \lambda_i \geq 0$ 은 제약식을 되풀이한 것이다. 그러나 이 조건들은 (13.14) 에 포함시킴으로써, 두 종류의 변수 x_i (선택변수) 와 λ_i (라그랑지승수) 사이에 존재하는 뚜렷한 대칭성을 보다 명확하게 나타내는 중요한 이점을 가지고 있다. 각 범주에 속한 각 변수에는 최적해가 충족해야 되는 한계조건 — $\partial Z/\partial x_j \leq 0$ 또는 $\partial Z/\partial \lambda_i \geq 0$ — 이 대응한다. 또 각 변수는 비음이어야 한다. 그리고, 마지막으로 각 변수는 라그랑지함수 Z 의 특정한 편도함수와 결부되어 상보적 여분성을 충족해야 한다. 이것은 최적해에서 각 변수 x_j 에 대한 한계조건이 고전적 문제의 경우처럼 등식으로 성립하든지 **혹은** 문제의 그 선택변수가 0의 값을 가지든지, **혹은** 두 경우가 모두 성립하든지 해야함을 의미한다. 마찬가지로, 각 변수 λ_i 에 대해서도, 최적해에서 그 변수의 한계조건이 등식으로 성립하든지 — i 번째 제약이 과부족 없이 정확하게 충족되는 것을 의미함 — **혹은** 라그랑지승수가 0이 되는지, **혹은** 두 경우가 모두 성립하든지 해야 한다.

보다 구체적인 의미는 (13.14) 에서 $\partial Z/\partial x_j$ 와 $\partial Z/\partial \lambda_i$ 를 풀어 쓴 표현들을 살펴봄으로써 이해할 수 있다. 이 문제를 우리가 잘 알고 있는 생산문제라고 가정하자. 그러면 다음과 같이 해석할 수 있다. 즉,

$f_j \equiv$ j 번째 생산물의 한계조이윤

$\lambda_i \equiv$ i 번째 자원의 잠재가격 (i 번째 자원 1단위 사용의 기회비용)

$g_j^i \equiv$ j 번째 생산물의 추가 1단위를 생산하는데 사용된 i 번째 자원의 양

$\lambda_i g_j^i \equiv$ j 번째 생산물 1단위를 생산하는데 필요한 i 번째 자원의 한계귀속비용.

$\sum_i \lambda_i g_j^i \equiv$ j 번째 생산물의 총한계귀속비용

† 역주: 이 절에서는 쿤-터커 조건 (13.14) 가 극대화의 "필요조건"임을 전제로 하여 설명하고 있다. 또 그 조건의 "유도"과정을 보면, 그것이 필요조건일 것이라는 인상을 준다. 그러나 그것은 옳지 않을 수 있다 (제 13.3 절 참조).

따라서 한계조건

$$\frac{\partial Z}{\partial x_j} = f_j - \sum_i \lambda_i g_j^i \leq 0$$

은 j 번째 생산물의 한계조이윤이 그 생산물의 총한계귀속비용을 초과할 수 없다는 것을 규정하는 것이다 ; 즉 **과소**귀속은 허용되지 않는다. 다음으로, 상보적 여분성 조건이 의미하는 것은, 만약 최적해에서 j 번째 생산물이 실제로 생산된다면 $(x_j^* > 0)$, 고전적 최적화문제의 경우와 마찬가지로, 한계조이윤이 총한계귀속비용과 정확하게 같아져야 한다는$(\partial Z/\partial x_j = 0)$ 것이다. 그러나 만약 한계조이윤이 최적해에서 총한계귀속비용보다 적어$(\partial Z/\partial x_j < 0)$ **과다**귀속이 발생하면, 그 생산물은 생산되어서는 안 된다$(x_j^* = 0)$.[†] 이 후자의 상황은 고전적 최적화문제에서는 결코 발생할 수 없는 것이다. 왜냐하면, 만약 한계조이윤이 한계귀속비용보다 적다면, 고전적 분석틀에서는 한계조건이 등식으로 충족될 때까지 산출수준을 계속 낮추어야 하기 때문이다. 여기서 $\partial Z/\partial x_j^* < 0$ 인 상황이 최적해로서의 자격을 갖게 되는 이유는 현재의 분석틀에서는 비음제약이 명시적으로 설정되었기 때문이다. 즉, 생산수준을 감소시키더라도 $x_j^* = 0$ 인 수준 이하로는 낮출 수 없고, 또 0의 산출수준에서 여전히 $\partial Z/\partial x_j^* < 0$ 이 성립하더라도 어떻든 거기서 멈출 수밖에 없기 때문이다.

변수 λ_i 와 관련된 나머지 조건들의 의미는 보다 쉽게 이해될 수 있다. 먼저 한계조건 $\partial Z/\partial \lambda_i \geq 0$ 은 단순히 그 기업이 모든 자원의 생산능력의 범위 내에서 조업해야 한다는 것을 의미한다. 그리고 상보적 여분성조건이 규정하는 것은, 만약 i 번째 자원이 최적해에서 완전히 이용되지 않는다면$(\partial Z/\partial \lambda_i > 0)$, 그 자원의 잠재가격 — 이것은 결코 음이 될 수 없게 되어 있다 — 은 0으로 설정되어야 한다$(\lambda_i^* = 0)$ 는 것이다. 반면에 어떤 자원이 최적해에서 양의 잠재가격을 갖는다면$(\lambda_i^* > 0)$, 그것은 필연적으로 완전히 이용되는 자원이라는 것이다$(\partial Z/\partial y_j = 0)$.

또 라그랑지승수값 λ_i^* 는 i 번째 제약의 미소한 완화에 대하여 목적함수의 최적해가 반응하는 정도를 나타내는 것으로 해석할 수 있음은 물론이다. 이런 관점에서 보면, 상보적 여분성은 만약 i 번째 제약이 최적해에서 실제로 최적으로 작용하지 않는다면$(\partial Z/\partial \lambda_i > 0)$, 그 특정한 제약을 완화하더라도 조이윤의 최적값에는 아무런 영향을 미치지 못한다는 것을$(\lambda_i^* = 0)$ 의미한다. — 이것은 마치 처음부터 느슨한 허리띠를 좀 더 풀어놓는다고 해서 더 편해지는 것은 아닌 것과 같다. 반면에, i 번째 제약을 약간 완화(i 번째 자원의 투입을 증가)하는 것이 조이윤을 증가시킨다면$(\lambda_i^* > 0)$, 그 자원제약은 최적해에서 실제로 구속제약이라는 것$(\partial Z/\partial \lambda_i^* = 0)$ 을 의미한다.

n 개의 변수와 m 개의 제약의 경우

지금까지의 논의는 n 개의 선택변수와 m 개의 제약이 있는 극대화문제에 그대로 일반화시킬 수 있다. 라그랑지함수 Z 는 다음과 같이 보다 일반적인 형태를 갖는다.

$$Z = f(x_1, x_2, \ldots, x_n) + \sum_{i=1}^{m} \lambda_i [r_i - g^i(x_1, x_2, \ldots, x_n)] \tag{13.15}$$

그리고 쿤-터커 조건은 다음과 같다:

† (a)와 (b)가 실수이고 ab 이 주어져 있을 때, $a \neq 0$ 은 $b = 0$ 을 의미한다고 추론할 수 있다. 그러나 $a = 0$ 은 $b \neq 0$ 을 의미하지는 않는다. 왜냐하면 $b = 0$ 이면서 동시에 $a = 0$ 일 수도 있기 때문이다.

$$\begin{array}{llll} \dfrac{\partial Z}{\partial x_j} \le 0 & x_j \ge 0 & \text{및} & x_j \dfrac{\partial Z}{\partial x_j} = 0 \qquad [\text{극대화}] \\ \dfrac{\partial Z}{\partial \lambda_i} \ge 0 & \lambda_i \ge 0 & \text{및} & \lambda_i \dfrac{\partial Z}{\partial \lambda_i} = 0 \qquad \begin{pmatrix} i = 1, 2, \ldots, m \\ j = 1, 2, \ldots, n \end{pmatrix} \end{array} \tag{13.16}$$

여기서는 간결하게 표기하기 위해서 편도함수 $\partial Z/\partial x_j$와 $\partial Z/\partial \lambda_i$을 풀어쓰지 않았다. 쿤-터커 조건을 보다 상세히 관찰하려면, 이 조건을 (13.14)에 나타난 것과 유사하게 풀어 써 보기 바란다. 쿤-터커 조건은 문제의 차원이 증가했다는 점 이외에는 앞에서 논의한 3변수, 2제약의 경우와 조금도 다르지 않다. 또 이 조건들의 의미도 당연히 그대로 성립되어야 한다.

만약 **극소화**문제라면 어떻게 될 것인가? 이것을 다루는 한 가지 방법은 이 문제를 극대화문제로 변환시키고 나서 (13.6)을 적용하는 것이다. C를 극소화하는 것은 $-C$를 **극대화**하는 것과 같기 때문에, 그와 같은 변환은 항상 가능하다. 그리고 또 모든 제약에 -1를 곱하여 제약식의 부등호 방향을 바꾸어야 하는 것은 물론이다. 그러나 그와 같은 변환과정을 적용하는 대신에 — (13.15)에 정의된 라그랑지함수 Z를 다시 사용하여 — 다음과 같이 극소화문제의 쿤-터커 조건을 직접 적용할 수 있다:

$$\begin{array}{llll} \dfrac{\partial Z}{\partial x_j} \ge 0 & x_j \ge 0 & \text{및} & x_j \dfrac{\partial Z}{\partial x_j} = 0 \qquad [\text{극소화}] \\ \dfrac{\partial Z}{\partial \lambda_i} \le 0 & \lambda_i \ge 0 & \text{및} & \lambda_i \dfrac{\partial Z}{\partial \lambda_i} = 0 \qquad \begin{pmatrix} i = 1, 2, \ldots, m \\ j = 1, 2, \ldots, n \end{pmatrix} \end{array} \tag{13.17}$$

이 조건을 (13.16)과 비교해 보기 바란다.

식 (13.16)과 (13.17)을 수평방향(**행** 방향)으로 읽으면, 극대화와 극소화문제 양자에 대한 쿤-터커 조건은 선택변수 x_j(첫 번째 행)에 관계되는 조건들의 집합과 라그랑지승수 λ_i(두 번째 행)에 관계되는 다른 조건들의 집합으로 구성된다는 것을 알 수 있다. 반면에 이 조건을 수직방향(**열** 방향)으로 읽으면, 각각의 x_j와 λ_i에 대하여 한계조건(첫 번째 행), 비음제약조건(두 번째 행), 상보적 여분성조건(세 번째 행)이 존재한다는 사실을 알 수 있다. 그리고 어떠한 비선형문제에서도, 선택변수에 대한 한계조건의 부등식방향은 라그랑지승수에 대한 한계조건의 부등식방향과 항상 반대가 된다.

제 13.2 절에서 설명되는 어떤 전제조건하에서, 쿤-터커 극대조건 (13.16)과 극소조건 (13.17)은 각각 국지적 극대와 국지적 극소이기 위한 필요조건이 된다. 그러나 전역적 극대(극소)이면 국지적 극대(극소)이여야 하기 때문에, 쿤-터커 조건은 동일한 전제 조건하에서 전역적 극대(극소)이기 위한 필요조건으로 볼 수도 있다.

예 1

우리에게 친숙한 효용극대화문제를 비선형계획법의 틀에 맞추어 보면, 다음과 같은 부등식제약하의 문제로 된다:

$$\begin{array}{ll} \text{목적식} & U = U(x, y) \\ \text{제약식} & P_x x + P_y y \le B \\ & x, y \ge 0 \end{array}$$

이 부등식제약 때문에, 소비자는 이제 더 이상 예산액 B를 모두 지출하도록 요구받지 않는다는 점에 주목하기 바란다.

새로운 변형을 이 문제에 추가하기 위하여, 상품 x에 대해 X_0만큼의 할당량의 제약이 있다고 가정하자. 그러면 소비자는 두 번째 제약에 직면하게 되고, 이 문제는 다음과 같이 변형된다.

$$\begin{aligned} &\text{목적식} \quad U = U(x, y) \\ &\text{제약식} \quad P_x x + P_y y \le B \\ &\qquad\qquad x \le X_0 \\ &\qquad\qquad x, y \ge 0 \end{aligned}$$

라그랑지함수는

$$Z = U(x, y) + \lambda_1(B - P_x x - P_y y) + \lambda_2(X_0 - x)$$

이고, 쿤-터커 조건은 다음과 같다.

$$\begin{aligned} Z_x &= U_x - P_x\lambda_1 - \lambda_2 \le 0 & x \ge 0 \quad &\text{및} \quad xZ_x = 0 \\ Z_y &= U_y - P_y\lambda_1 \le 0 & y \ge 0 \quad &\text{및} \quad yZ_y = 0 \\ Z_{\lambda_1} &= B - P_x y - P_y y \ge 0 & \lambda_1 \ge 0 \quad &\text{및} \quad \lambda_1 Z_{\lambda_1} = 0 \\ Z_{\lambda_2} &= X_0 - x \ge 0 & \lambda_2 \ge 0 \quad &\text{및} \quad \lambda_2 Z_{\lambda_2} = 0 \end{aligned}$$

이 쿤-터커 조건의 세 번째 열이 무엇을 의미하는가를 검토하는 것이 유용하다. 특히, 조건 $\lambda_1 Z_{\lambda_1} = 0$은

$$\lambda_1(B - P_x x - P_y y) = 0$$

을 의미하므로

$$\lambda_1 = 0 \qquad \text{또는} \qquad B - P_x x - P_y y = 0$$

중에 적어도 하나가 성립해야 한다. λ_1을 예산액(소득)의 한계효용으로 해석하고,† 예산제약이 비구속제약이라면(즉 예산제약이 해에서 부등식으로 충족되어, 예산액이 모두 지출되지 않고 남는다면), B의 한계효용은 $0(\lambda_1 = 0)$이 되어야 한다.

마찬가지로, 조건 $\lambda_2 Z_{\lambda_2} = 0$은

$$\lambda_2 = 0 \qquad \text{또는} \qquad X_0 - x = 0$$

중에 적어도 하나가 성립함을 요구한다. λ_2는 할당량제약의 완화로 인한 한계효용으로 해석될 수 있기 때문에†, 만약 할당량제약이 정확히 구속되는 제약이 아니라면, 제약의 완화로 인한 한계효용은 $0(\lambda_2 = 0)$이 되어야 한다는 것을 알 수 있다.

상보적 여분성으로 부르는 이 성질은 해를 찾는데 핵심적 역할을 한다. 이제 이 문제를 다음과 같이 수치로 주어진 예로 설명하기로 한다:

$$\begin{aligned} &\text{목적식} \quad U = xy \\ &\text{제약식} \quad x + y \le 100 \\ &\qquad\qquad x \le 40 \\ &\qquad\qquad x, y \ge 0 \end{aligned}$$

† 역주 : 이와 같은 해석이 가능한 이유는 제 13.5절에서 자세히 설명된다.

이 문제의 라그랑지함수는

$$Z = xy + \lambda_1(100 - x - y) + \lambda_2(40 - x)$$

이고, 쿤-터커 조건은 다음과 같다.

$$\begin{array}{llll} Z_x = y - \lambda_1 - \lambda_2 \le 0 & x \ge 0 & \text{및} & xZ_x = 0 \\ Z_y = x - \lambda_1 \le 0 & y \ge 0 & \text{및} & yZ_y = 0 \\ Z_{\lambda_1} = 100 - x - y \ge 0 & \lambda_1 \ge 0 & \text{및} & \lambda_1 Z_{\lambda_1} = 0 \\ Z_{\lambda_2} = 40 - x \ge 0 & \lambda_2 \ge 0 & \text{및} & \lambda_2 Z_{\lambda_2} = 0 \end{array}$$

비선형 최적화문제를 푸는 전형적 방법은 시행착오의 접근방법이다. 예를 들어, 우리는 선택변수가 0값이 될 수 있는지 검토하는 것으로 시작할 수 있다. 어떤 변수를 0으로 놓으면, 특정 항들을 소거할 수 있고, 따라서 한계조건들은 언제나 좀 더 간단해진다. 그런 다음 한계부등식들을 모두 충족하는 비음의 적절한 라그랑지승수들을 찾을 수 있다면, 그 0값들은 최적이 된다. 반면에 이 0인 해가 부등식들 중의 어떤 것을 충족시키지 못하면, 하나 또는 그 이상의 선택변수가 양이 되도록 해야 한다. 각각의 양의 선택변수에 대하여, 상보적 여분성에 기초하여, 약부등식 한계조건을 등식으로 변환시킬 수 있다. 그러한 등식을 풀면, 그것이 해가 되든지, 아니면 모순이 발생하여 우리는 이제 다른 방법을 시도해야 한다. 만약 해가 존재한다면, 이 방법은 궁극적으로 그 해를 찾을 수 있게 해준다. 또한 제약들 중의 하나가 구속제약이 아니라고 가정함으로써 시작할 수 있다. 그러면, 이것과 관련된 라그랑지승수는, 상보적 여분성에 따라, 0이 되고, 따라서 그 변수가 소거된다. 만약 이 가정으로 모순이 발생한다면, 이 제약은 구속제약이 되어야 하고, 우리는 그 토대위에서 진행해야 한다.

현재의 예의 경우에는, $x=0$ 또는 $y=0$를 시도하는 것은 사리에 맞지 않는다. 그렇게 되면 $U=xy=0$이 되기 때문이다. 그러므로, x와 y는 모두 0이 아니라고 가정하고, 상보적 여분성에 기초하여, $Z_x=Z_y=0$이라고 추론한다. 이것은

$$y - \lambda_1 - \lambda_2 = x - \lambda_1 (= 0)$$

을 의미하고, 따라서

$$y - \lambda_2 = x.$$

가 된다. 이제, 해에서 할당량제약이 비구속제약이라고 가정한다. 이것은 $\lambda_2=0$을 의미한다. 그러면 $x=y$가 되고, 주어진 예산액 $B=100$으로부터 $x=y=50$이라는 잠정적 해를 얻는다. 그러나 이 해는 할당량제약 $x \le 40$을 위배한다. 그러므로 우리는 할당량제약이 구속제약이 되는 $x^*=40$이라는 대안의 가정을 채택해야 된다. 그러면 예산제약으로부터 $y^*=60$을 얻는다. 더욱이, 상보적 여분성에 의해 $Z_x=Z_y=0$이 되므로, 우리는 쉽게 $\lambda_1^*=40$ 및 $\lambda_2^*=20$을 얻을 수 있다.

예 2

다음의 극소화문제를 풀기 위하여 쿤-터커 조건을 적용해 보자:

$$\begin{array}{ll} \text{목적식} & C = (x_1 - 4)^2 + (x_2 - 4)^2 \\ \text{제약식} & 2x_1 + 3x_2 \ge 6 \\ & -3x_1 - 2x_2 \ge -12 \\ & x_1, x_2 \ge 0 \end{array}$$

이 문제의 라그랑지함수는 다음과 같다.

$$Z = (x_1 - 4)^2 + (x_2 - 4)^2 + \lambda_1(6 - 2x_1 - 3x_2) + \lambda_2(-12 + 3x_1 + 2x_2)$$

이 문제는 극소화문제이므로, 이에 해당하는 쿤-터커 조건은 (13.17) 이 되며, 이것은 네 개의 한계조건

$$\begin{aligned} \frac{\partial Z}{\partial x_1} &= 2(x_1 - 4) - 2\lambda_1 + 3\lambda_2 \geq 0 \\ \frac{\partial Z}{\partial x_2} &= 2(x_2 - 4) - 3\lambda_1 + 2\lambda_2 \geq 0 \\ \frac{\partial Z}{\partial \lambda_1} &= 6 - 2x_1 - 3x_2 \leq 0 \\ \frac{\partial Z}{\partial \lambda_2} &= -12 + 3x_1 + 2x_2 \leq 0 \end{aligned} \qquad \textbf{(13.18)}$$

과 이에 더하여 비음조건과 상보적 여분성 조건을 포함한다.

해를 구하기 위해 우리는, 처음 몇 차례의 시도가 결국 우리를 막다른 골목에 이르게 할 수 있다는 것을 의식하면서, 다시 시행착오 접근방법을 사용한다. 우선 $\lambda_1 > 0$과 $\lambda_2 > 0$을 상정하고, 이에 대응하는 두 제약을 모두 충족하는 x_1과 x_2 값을 찾을 수 있는지의 여부를 검토한다. 라그랑지승수들이 양이므로, $\partial z/\partial \lambda_1 = \partial z/\partial \lambda_2 = 0$이 되어야 한다. 따라서, (13,18) 의 마지막 두 줄은

$$2x_1 + 3x_2 = 6 \qquad \text{및} \qquad 3x_1 + 2x_2 = 12$$

로 쓸 수 있다. 이 두 방정식의 잠정적 해는 $x_1 = 4\frac{4}{5}$와 $x_2 = -1\frac{1}{5}$이 되는데, 이것은 x_2에 대한 비음제약을 위배한다.

다음으로 $x_1 > 0$와 $x_2 > 0$를 시도해 보자. x_1과 x_2가 모두 비음이면, 상보적 여분성에 의해 $\partial z/\partial x_1 = \partial z/\partial x_2 = 0$이 되어야 한다. 그러면, (13,18) 의 처음 두 줄은

$$2(x_1 - 4) - 2\lambda_1 + 3\lambda_2 = 0 \qquad \text{및} \qquad 2(x_2 - 4) - 3\lambda_1 + 2\lambda_2 = 0 \qquad \textbf{(13.19)}$$

으로 쓸 수 있다. 첫 번째 식에 2를 곱하고, 두 번째 식에 3을 곱하고 전자에서 후자를 빼면 λ_2를 제거할 수 있고, 다음의 결과를 얻는다.

$$4x_1 - 6x_2 + 5\lambda_1 + 8 = 0$$

추가로 $\lambda_1 = 0$을 가정하면, 다음과 같은 x_1과 x_2 간의 관계식을 도출할 수 있다 :

$$x_1 - \frac{3}{2}x_2 = -2 \qquad \textbf{(13.20)}$$

그러나, 두 변수의 값을 구하려면, 또 다른 x_1과 x_2 간의 관계식이 있어야 한다. 이를 위해, $\lambda_2 \neq 0$, 따라서 $\partial z/\lambda_2 = 0$을 가정하자. 그러면, (13,18) 의 마지막 줄은 (재배열 한 후) 다음과 같이 된다.

$$3x_1 + 2x_2 = 12 \qquad \textbf{(13.21)}$$

(13,20) 과 (13,21) 을 합치면, 다음과 같은 또 다른 잠정적 해를 얻을 수 있다.

$$x_1 = \frac{28}{13}\left(= 2\frac{2}{13}\right) > 0 \qquad x_2 = \frac{36}{13}\left(= 2\frac{10}{13}\right) > 0$$

이 값들을 (13,19) 에 대입하고, 라그랑지 승수에 대해 풀면 다음을 얻는다.

$$\lambda_1 = 0 \qquad \lambda_2 = \frac{16}{13}\left(=1\frac{3}{13}\right) > 0$$

네 변수의 해값이 모두 비음이고, 두 제약이 모두 충족되므로, 그것은 최종해로 받아들일 수 있다.

연습문제 13.1

1. 극소화문제의 경우에 대하여 [그림 13.1]과 비슷한 일련의 그림을 그리고, (13.2)부터 (13.4)에 대응하는 국지적 극소이기 위한 필요조건을 도출하라. 그리고 이 조건들을 (13.5)와 유사한 단일조건으로 축약하라.
2. (a) (13.16)에서, 분리된 m개의 조건

$$\lambda_i \frac{\partial Z}{\partial \lambda_i} = 0 \qquad (i = 1, \ldots, m)$$

으로 쓰는 대신에,

$$\sum_{i=1}^{m} \lambda_i \frac{\partial Z}{\partial \lambda_i} = 0$$

이라는 단일방정식 형태로 나타내는 것으로 충분함을 보여라.

(b) 분리된 n개의 조건

$$x_j \frac{\partial Z}{\partial x_j} = 0 \qquad (j = 1, \ldots, n)$$

에 대해서도 동일한 방법을 적용할 수 있는가?
3. 문제 2.에 적용된 논리에 근거하면, (13.17)조건 중에서 어떤 조건들의 집합(또는 집합들)이 단일방정식으로 축약될 수 있는가?
4. 극소화문제가 다음과 같다고 하자.

$$\begin{aligned} &\text{목적식} \quad C = f(x_1, x_2, \ldots, x_n) \\ &\text{제약식} \quad g^i(x_1, x_2, \ldots, x_n) \geq r_i \\ &\qquad\qquad x_j \geq 0 \quad \begin{pmatrix} i = 1, 2, \ldots, m \\ j = 1, 2, \ldots, n \end{pmatrix} \end{aligned}$$

라그랑지함수를 쓰고, 도함수 $\partial Z/\partial x_j$와 $\partial Z/\partial \lambda_i$를 구하고, 쿤-터커 조건 (13.17)을 풀어써라.
5. 문제 4.의 극소화문제를 극대화문제로 변환시키고, 라그랑지함수를 구성하여 x_j와 λ_i에 관한 도함수들을 구하고, 쿤-터커 극대조건 (13.16)을 적용하라. 그 결과는 문제 4.에서 얻은 결과와 일치하는가?

13.2 | 제약자격조건

선택변수공간에서, 모든 제약을 충족하는 부분집합을 **실행가능집합**(feasible set) 또는 **실행가능영역**(feasible region)이라 한다.† 쿤-터커 조건은 어떤 특정한 전제조건이 만족될 **때에만** 필요

† 역주: 역주자가 이 문장을 추가한다.

조건이 된다. 이 전제조건을 **제약자격조건** (constraint qualification) 이라 하는데, 이것은 실행가능 집합의 경계선상에 존재할 수 있는 어떤 변칙성을 배제하기 위한 목적으로 비선형계획문제의 제약함수에 특정한 제약을 가하는 것을 말한다. 이런 제약이 필요한 이유는 최적해가 불규칙적인 경계점에서 발생하게 되면 쿤-터커 조건의 유효성이 상실되기 때문이다.

경계점에서의 변칙성

먼저 구체적인 예를 들어 경계선상에서의 변칙성을 설명해 보자.

예 1

다음의 극대화문제를 고려해 보자.

$$\text{목적식} \quad \pi = x_1$$
$$\text{제약식} \quad x_2 - (1 - x_1)^3 \le 0$$
$$x_1, x_2 \ge 0$$

이 문제의 실행가능영역은, [그림 13.2] 에 그려진 것처럼, 제1상한에서 곡선 $x_2 = (1 - x_1)^3$ 의 선상이나 또는 그 아래에 위치한 점들의 집합이 된다. 이 문제의 목적은 x_1을 극대화하는 것이므로, 최적해는 점 (1, 0) 이 된다. 그러나 이 해는 쿤-터커 극대조건을 충족시키지 못한다. 이것을 확인하기 위해 우선 라그랑지함수를 구성하면 다음과 같다:

$$Z = x_1 + \lambda_1[-x_2 + (1 - x_1)^3]$$

그러면, 쿤-터커 조건의 첫 번째 한계조건은 다음과 같이 된다.

$$\frac{\partial Z}{\partial x_1} = 1 - 3\lambda_1(1 - x_1)^2 \le 0$$

최적해가 $x_1^* = 1$로서 양이기 때문에, 이 도함수는 최적점 (1, 0) 에서 상보적 여분성에 의해 0이 되어야 한다. 그러나 실제로 도함수 값은 $\partial Z / \partial x_1^* = 1$이 되어 위의 한계조건을 만족하지 않는다.

그림 13.2

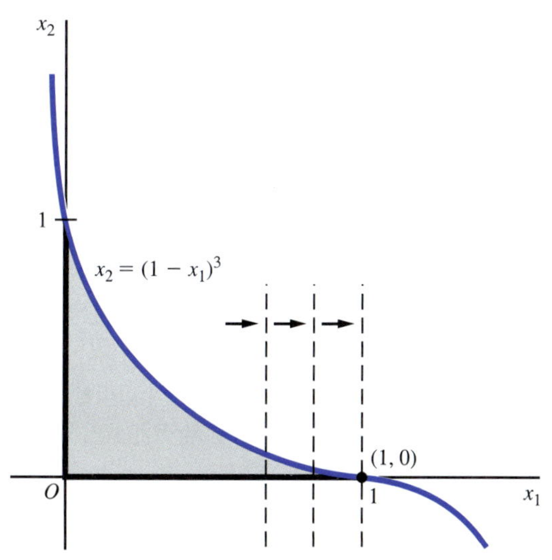

이와 같은 변칙성이 발생하는 이유는, 최적점 (1, 0) 이 밖으로 향하는 **첨점** (cusp) 에서 발생하기 때문이다. 이 첨점은 경계선상의 최적해에서 쿤–터커 조건의 유효성이 상실되는 변칙성의 한 형태가 된다. **첨점**이란 곡선의 방향이 갑자기 반대로 변할 때 생기는 뾰족한 점으로, 이 점의 한 쪽 기울기와 다른 한 쪽 곡선의 기울기가 일치한다. 이 예에서 실행가능영역의 경계선은 처음에는 제약식의 곡선을 따라 이동하지만, 점 (1, 0) 에 도달하면 갑자기 왼쪽으로 방향을 바꾸어 수평축의 궤적을 따라 이동한다. 점 (1, 0) 에서 경계의 곡선부분과 수평선부분의 기울기가 모두 0이 되므로, 이 점은 첨점이 된다.

쿤–터커 조건이 실패하는 경우는 대부분 첨점에서 발생하지만, 첨점이라고 해서 반드시 쿤–터커 조건이 충족되지 않는 것은 아니다. 즉 첨점의 존재가 최적점에서 쿤–터커 조건이 만족되지 않을 필요조건도 충분조건도 아니다. 다음의 두 예가 이것을 설명해 주고 있다.

예 2

앞의 문제에 새로운 제약식

$$2x_1 + x_2 \le 2$$

를 추가해 보자. 이 제약식의 경계선은 $x_2 = 2 - 2x_1$ 이며, [그림 13.2] 의 최적점을 통과하는 기울기가 -2인 직선으로 그려진다. 분명히 실행가능영역은 전과 같고, 따라서 최적해도 첨점이 된다. 그러나 새로운 라그랑지함수는

$$Z = x_1 + \lambda_1[-x_2 + (1 - x_1)^3] + \lambda_2[2 - 2x_1 - x_2]$$

가 되고 한계조건은 다음과 같다.

$$\frac{\partial Z}{\partial x_1} = 1 - 3\lambda_1(1 - x_1)^2 - 2\lambda_2 \le 0$$
$$\frac{\partial Z}{\partial x_2} = -\lambda_1 - \lambda_2 \le 0$$
$$\frac{\partial Z}{\partial \lambda_1} = -x_2 + (1 - x_1)^3 \ge 0$$
$$\frac{\partial Z}{\partial \lambda_2} = 2 - 2x_1 - x_2 \ge 0$$

그러면 $x_1^* = 1$, $x_2^* = 0$, $\lambda_1^* = 1$, 및 $\lambda_1^* = \frac{1}{2}$ 은 위의 네 부등식을 만족하고, 또 비음제약과 상보적 여분성 조건도 충족하는 것을 알 수 있다. 실제로 λ_1^* 가 (반드시 1이 아니라) 어떠한 양의 값을 갖더라도, 이들 조건은 모두 충족된다 — 이것은 라그랑지승수의 최적값은 반드시 유일하지 않다는 것을 보여 준다. 그러나 더 중요한 것은 쿤–터커 조건이 첨점임에도 불구하고 성립된다는 사실이다.

예 3

$$\text{목적식} \quad \pi = x_2 - x_1^2$$
$$\text{제약식} \quad -\left(10 - x_1^2 - x_2\right)^3 \le 0$$
$$-x_1 \le -2$$
$$x_1, x_2 \ge 0$$

이 문제의 실행가능영역은, [그림 13.3] 에 그려진 것처럼, 어느 곳에서도 첨점을 포함하고 있지 않다. 그러나 최적해 (2, 6) 에서 쿤–터커 조건은 만족되지 않는다. 왜냐하면 라그랑지함수는

$$Z = x_2 - x_1^2 + \lambda_1\left(10 - x_1^2 - x_2\right)^3 + \lambda_2(-2 + x_1)$$

이 되고, 두 번째 한계조건은

그림 13.3

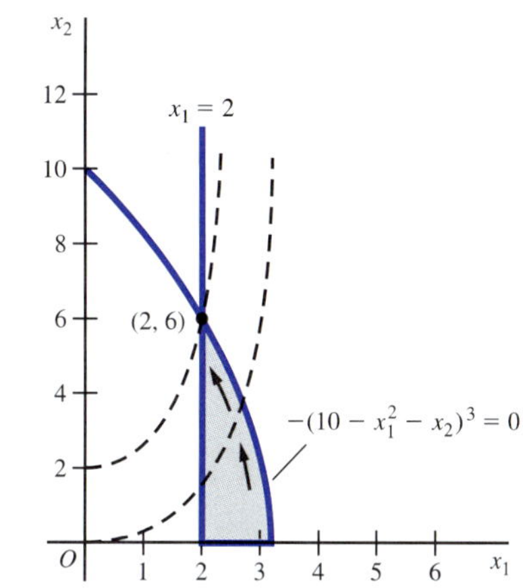

$$\frac{\partial Z}{\partial x_2} = 1 - 3\lambda_1\left(10 - x_1^2 - x_2\right)^2 \le 0$$

이 되기 때문이다. 즉 x_2^*는 양이므로, 이 도함수는 점 (2, 6)에서 0이 되어야 하는데, 실제로는 λ_1이 어떠한 값을 갖더라도(괄호 안이 0이므로) $\partial Z / \partial x_2^* = 1$이 되기 때문이다. 따라서, 첨점이 아닌 곳에서도 쿤-터커 조건은 충족되지 않을 수 있다. 더구나 [그림 13.3]에서 볼 수 있듯이 실행가능영역이 볼록집합일지라도 쿤-터커 조건은 충족되지 않을 수 있다. 첨점이 쿤-터커 조건을 충족하기 위한 필요조건도 충분조건도 될 수 없는 근본적인 이유는, 위에서 인용한 변칙성이 실행가능영역 그 자체의 형태가 아니라 제약함수의 형태와 관련되어 있기 때문이다.

제약자격조건

경계선상의 변칙성은 — 첨점이든 첨점이 아니든 간에 — 어떤 제약자격조건(constraint qualification)이 충족되면 발생하지 않는다.

이를 설명하기 위해 $x^* \equiv (x_1^*, x_2^*, \cdots, x_n^*)$는 실행가능영역의 경계점으로 해가 될 가능성이 있는 점이라고 하고, 또 $dx \equiv (dx_1, dx_2, \cdots, dx_n)$는 그 경계점으로부터의 특정한 이동방향을 나타낸다고 하자. 벡터 dx를 이동방향으로 해석하는 것은 앞에서 벡터를 방향선분(화살표)으로 해석한 것과 완전히 일치하는 것이지만, 여기서는 시발점이 원점이 아니라 점 x^*이고, 따라서 벡터 dx는 반지름벡터의 성질을 갖지 **않는다**. 이제 벡터 dx에 다음과 같은 두 종류의 제약을 가하기로 하자. 첫째, 만약 j번째 선택변수가 점 x^*에서 0이면, x_j 축상에서는 비음변화만을 허용한다. 즉,

$$dx_j \ge 0 \qquad x_j^* = 0 \text{ 일 때} \tag{13.22}$$

둘째, 만약 i번째 제약이 점 x^*에서 구속제약이면, 제약함수 $g^i(x^*)$의 값이 증가하지 않거나(극대화문제의 경우) 혹은 감소하지 않는(극소화문제의 경우) $dx_1, \cdots, dx_n$의 값만을 허용한다. 즉,

$$dg^i(x^*) = g_1^i\,dx_1 + g_2^i\,dx_2 + \cdots + g_n^i\,dx_n \quad \begin{Bmatrix} \le 0\ (\text{극대화}) \\ \ge 0\ (\text{극소화}) \end{Bmatrix} g^i(x^*) = r_i \text{ 일 때} \tag{13.23}$$

단, 편도함수 g_j^i는 모두 x^*에서 계산된 값이다.[†] 어떤 벡터 dx가 (13.22)와 (13.23)을 충족하면, 그것을 **검증벡터**(test vector)라고 부르기로 한다. 끝으로, 어떤 미분가능한 호가 (1) 점 x^*로부터 시작하여, (2) 실행가능영역 내에 완전히 포함되고, 또 (3) 주어진 검증벡터에 접하게 되면, 이 호를 그 검증벡터에 대한 **자격평가호**(qualifying arc)라고 부르기로 한다. 이를 기초로 하면 제약자격조건은 다음과 같이 간단히 나타낼 수 있다:

> 만약 실행가능영역의 경계선상에 있는 임의의 점 x^*에서 모든 검증벡터 dx에 대하여 자격평가호가 존재하면, 제약자격조건은 충족된다.

예 4

[그림 13.2]에서 [예 1]의 최적점 (1, 0)은 쿤-터커 조건을 만족하지 않는 것을 보았다. 그런데 이 점은 또한 제약자격조건도 충족하지 않음을 보기로 하자. 최적점에서 $x_2^* = 0$이기 때문에, 검증벡터는

$$dx_2 \geq 0 \qquad [(13.22)\text{에 의해}]$$

을 충족해야 한다. 그리고 (유일한) 제약 $g^1 = x_2 - (1 - x_1)^3 \leq 0$은 (1, 0)에서 구속제약이기 때문에,

$$g_1^1\, dx_1 + g_2^1\, dx_2 = 3(1 - x_1^*)^2\, dx_1 + dx_2 = dx_2 \leq 0 \qquad [(13.23)\text{에 의해}]$$

이 되어야 한다. 이상의 두 요구조건에 따라 $dx_2 = 0$일 수밖에 없다. 이와는 대조적으로, dx_1의 값은 임의로 선택할 수 있다. 예컨대, 벡터 $(dx_1, dx_2) = (2, 0)$이나 $(dx_1, dx_2) = (-1, 0)$은 모두 검증벡터가 될 수 있다. 후자의 검증벡터는 [그림 13.2]에서 점 (1, 0)에서 시작하여 정서방향으로 향하는 화살표로 그려진다(그림에는 그리지 않았음). 그리고 이 검증벡터에 대하여 어떤 자격평가호를 그릴 수 있음은 분명하다(실행가능영역의 곡선경계 자체도 자격평가호로 볼 수 있다). 반면에 $(dx_1, dx_2) = (2, 0)$은 점 (1, 0)에서 시작하여 정동방향으로 향하는 화살표로 그려진다(그림에는 그리지 않았음). 그러나, 이 벡터에 접하고 또 실행가능영역에 완전히 포함되는 매끈한 호를 그릴 수는 없기 때문에 자격평가호는 존재하지 않는다. 그러므로, 최적해 (1, 0)는 제약자격조건을 위배한다.

예 5

이제 [예 2]의 문제에서 제약식 $2x_1 + x_2 \leq 2$를 [그림 13.2]에 추가하면, (1, 0)은 제약자격조건을 충족하게 되고, 이에 따라 쿤-터커 조건도 유효하게 됨을 설명해 보자.

[예 4]에서와 같이 ($x_2^* = 0$이기 때문에) $dx_2 \geq 0$이고, 또 (첫 번째 제약이 구속제약이기 때문에) $dx_2 \leq 0$이다. 즉, $dx_2 = 0$이다. 그리고 두 번째 제약도 구속제약이 되고, 이에 따라서

$$g_1^2\, dx_1 + g_2^2\, dx_2 = 2dx_1 + dx_2 = 2dx_1 \leq 0 \qquad [(13.23)\text{에 의해}]$$

이 된다. dx_1이 비양이고, dx_2가 영이므로, [그림 13.2]에서 검증벡터로 사용될 수 있는 벡터는 단지 — 영벡터를 제외하고 — 점 (1, 0)으로부터 정서방향으로 향하는 벡터뿐이다. 이런 벡터는 모두 실행가능영역 내의 수평축 위에 놓이게 되고, 따라서 모든 검증벡터에 대하여 하나의 자격평가호를 그릴 수 있다. 그러므로, 이번에는 과연 제약자격조건이 충족된다.

[†] 역주: 부호제약 $x_j \geq 0$을 $g^i(x) \equiv -x_j \leq 0$으로 써보자. 그러면 (13.22)의 제약은 (13.23)의 제약과 본질적으로 똑같은 것을 알 수 있다.

선형제약

우리는 이미 [예 3]에서, 실행가능영역이 볼록집합인 경우라도, 그 볼록성이 필요조건으로서의 쿤-터커 조건의 타당성을 보장할 수 없음을 보았다. 그러나 실행가능영역이 오직 **선형**제약으로만 이루어진 볼록집합이라면, 제약자격조건은 항상 충족되며, 따라서 쿤-터커 조건은 최적해에서 항상 만족된다. 이 때문에 선형제약식을 갖는 비선형계획문제를 다룰 경우에는 경계선상의 변칙성을 걱정할 필요가 없다.

예 6

2변수, 2제약의 최적화문제에서 선형제약식의 결과를 설명해 보자. 극대화문제에서의 선형제약식은

$$a_{11}x_1 + a_{12}x_2 \le r_1$$
$$a_{21}x_1 + a_{22}x_2 \le r_2$$

의 형태로 쓸 수 있다. 단, 모든 파라미터는 양이라고 가정한다. 그러면 [그림 13.4]에 그려진 것처럼, 첫 번째 제약의 경계선은 $-a_{11}/a_{12} < 0$의 기울기를 갖고, 두 번째 제약의 경계선은 $-a_{21}/a_{22} < 0$의 기울기를 갖는다. 음영으로 표시된 실행가능영역의 경계점들은 다음의 다섯 가지 형태로 분류될 수 있다: (1) 두 축이 교차하는 원점, (2) J, S와 같이 하나의 축위에 있는 점, (3) K와 R처럼 하나의 축과 하나의 제약경계선이 교차하는 점, (4) L, N과 같이 하나의 제약경계선 위에 있는 점, (5) M과 같이 두 제약경계선에 교차하는 점이다. 이와 같은 여러 형태의 점들이 제약자격조건을 충족하는지의 여부를 차례로 검토해 보기로 하자.

1. 원점에서는 어떠한 제약식도 등식으로 정확하게 충족되지 않고, 따라서 (13.23)의 조건은 무시될 수 있다. 그러나 $x_1 = x_2 = 0$이므로, (13.22)에 따라 $dx_1 \ge 0$과 $dx_2 \ge 0$이 되는 검증벡터를 선택해야 한다. 즉 [그림 13.4]에 그려진 바와 같이, 원점에서의 검증벡터는 모두 정동, 정북 혹은 북동방향으로 향하는 벡터가 되어야 한다. 이런 검증벡터들은 모두 실행가능영역 내에 위치하고, 또 각 검증벡터에 대하여 자격평가호를 찾을 수 있음은 분명하다.
2. J와 같은 점에서도 역시 (13.23)의 조건을 무시할 수 있다. $x_2 = 0$이라는 사실은 $dx_2 \ge 0$을

그림 13.4

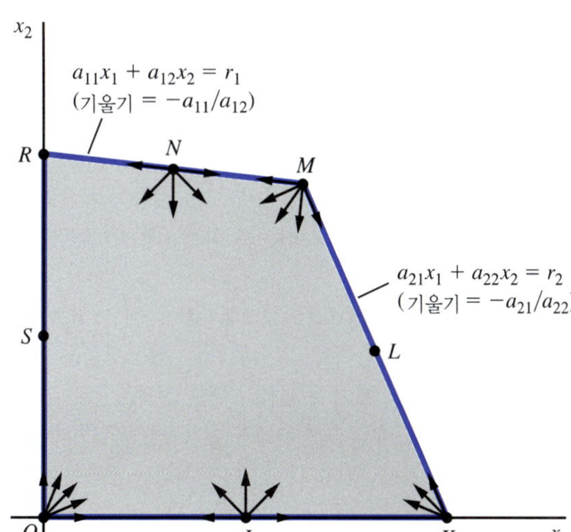

선택해야 함을 의미하지만, dx_1의 선택은 어떤 조건에도 구애받지 않는다. 그러므로 아래로 $(dx_2 < 0)$ 향하는 벡터를 제외하고는 모든 벡터가 검증벡터로 사용될 수 있다. 그리고 이런 벡터는 모두 실행가능영역 내에 위치하고, 이들 각각의 벡터에 대하여 자격평가호가 존재한다. 점 S에 관한 분석도 마찬가지이다.

3. 점 K와 R에서는 조건 (13.22)와 (13.23)이 모두 고려되어야 한다. 특히 K에서는, $x_2 = 0$이므로 $dx_2 \geq 0$이 선택되어야 하고, 따라서 아래로 향하는 화살표는 모두 배제되어야 한다. 그리고 두 번째 제약은 구속제약이 되어, 점 K에 대한 검증벡터는

$$g_1^2\, dx_1 + g_2^2\, dx_2 = a_{21}\, dx_1 + a_{22}\, dx_2 \leq 0 \tag{13.24}$$

을 만족해야 한다. 그러나 K에서는 $a_{21}x_1 + a_{22}x_2 = r_2$(두 번째 제약의 경계선)가 성립되기 때문에, 이 등식을 (13.24)조건에 첨가하여 검증벡터에 관한 제약을 다음과 같은 형태로 수정할 수 있다:

$$a_{21}(x_1 + dx_1) + a_{22}(x_2 + dx_2) \leq r_2 \tag{13.24'}$$

$(x_j + dx_j)$는 화살표의 끝에서 얻어지는 x_j의 새로운 값으로 보면, (13.24′) 조건은 모든 검증벡터의 화살촉이 두 번째 경계선이나 혹은 그보다 아래쪽에 위치해야 됨을 의미하는 것으로 해석할 수 있다. 결과적으로, 이러한 검증벡터들은 모두 실행가능영역 내에 속하게 되고, 또 각각의 검증벡터에 대하여 자격평가호를 찾을 수 있다. 점 R에 대한 분석도 마찬가지이다.

4. L이나 N과 같은 점에서는 어떤 변수도 0이 아니므로, (13.22)는 무시될 수 있다. 그러나 점 N에서는 (13.23)에 따라

$$g_1^1\, dx_1 + g_2^1\, dx_2 = a_{11}\, dx_1 + a_{12}\, dx_2 \leq 0 \tag{13.25}$$

이 성립되어야 한다. 또 점 N은 $a_{11}x_1 + a_{12}x_2 = r_1$(첫 번째 제약의 경계선)을 만족하기 때문에, 이 등식을 (13.25)에 첨가하여

$$a_{11}(x_1 + dx_1) + a_{12}(x_2 + dx_2) \leq r_1 \tag{13.25'}$$

으로 쓸 수 있다. 이 식은 [그림 13.4]에서 검증벡터의 화살끝이 첫 번째 제약의 경계선상이나 혹은 그 아래에 위치해야 함을 규정한다. 즉, 다른 경우와 본질적으로 같은 결과가 초래된다. 점 L에 대한 분석도 마찬가지이다.

5. 점 M에서도 역시 (13.22)를 무시할 수 있지만, 이번에는 (13.23)조건이 모든 검증벡터가 (13.24)와 (13.25)를 모두 만족할 것을 규정한다. 이 조건들은 (13.24′)와 (13.25′)형태로 수정될 수 있기 때문에, 이제 모든 검증벡터의 화살끝은 두 번째 제약뿐만 아니라, 첫 번째 제약의 경계선상이나 혹은 그 아래쪽에 위치해야 한다. 즉 그 결과는 다시 앞의 경우와 같다.

이 예에서 가능한 모든 형태의 경계점에 대하여 검증벡터는 모두 실행가능영역내에 위치하게 된다. 검증벡터들이 이와 같은 위치에 관한 특성을 가지면 자격평가호를 쉽게 찾을 수 있지만, 그렇다고 이것이 그 호가 존재하기 위한 전제조건은 결코 아니다. 특히, 비선형제약조건의 경계를 가진 문제에서, 그 제약경계 자체가 실행가능영역의 바깥쪽에 있는 어떤 검증벡터에 관한 자격평가호의 역할을 할 수도 있다. 그 한 예가 아래의 연습문제 중에 들어 있다.

연습문제 13.2

1. [예 3] 의 최적해 $(x_1^*, x_2^*) = (2, 6)$ 이 제약자격조건을 만족하는지의 여부를 판별하라.
2. 극대와문제가 다음과 같다.

$$\begin{array}{ll} \text{목적식} & \pi = x_1 \\ \text{제약식} & x_1^2 + x_2^2 \le 1 \\ & x_1, x_2 \ge 0 \end{array}$$

   이 극대화문제를 풀고, 그 최적해가 (*a*) 제약자격조건 그리고 (*b*) 쿤-터커 극대 조건을 만족하는가를 판별하라.
3. 극소화문제가 다음과 같다.

$$\begin{array}{ll} \text{목적식} & C = x_1 \\ \text{제약식} & x_1^2 - x_2 \ge 0 \\ & x_1, x_2 \ge 0 \end{array}$$

   이 극소화문제를 그래프로 풀어라. 최적해가 첨점에서 일어나는가? 최적해가 (*a*) 제약자격조건 및 (*b*) 쿤-터커 극소조건을 만족하는가를 판별하라.
4. 극소화문제가 다음과 같다.

$$\begin{array}{ll} \text{목적식} & C = x_1 \\ \text{제약식} & -x_2 - (1 - x_1)^3 \ge 0 \\ & x_1, x_2 \ge 0 \end{array}$$

   이 극소화문제에서 다음 사실이 성립함을 보여라. (*a*) 최적해 $(x_1^*, x_2^*) = (1, 0)$ 은 쿤-터커 조건을 만족하지 않는다. 그러나, (*b*) 새로운 승수 $\lambda_0 \ge 0$ 을 도입하고 라그랑지함수 (13.15) 를

$$Z_0 = \lambda_0 f(x_1, x_2, \ldots, x_n) + \sum_{i=1}^{m} \lambda_i [r_i - g^i(x_1, x_2, \ldots, x_n)]$$

   의 형태로 수정하면, 쿤-터커 조건은 점 (1, 0) 에서 만족될 수 있다 (주의 : 승수에 관한 쿤-터커 조건은 단지 $\lambda_1, \cdots, \lambda_m$ 에만 적용되고 λ_0 에는 적용되지 않는다).

13.3 | 경제학에의 응용

전시 배급제

전형적으로 전쟁기간동안에는 기초생활필수픔을 일반 주민들에게 배급해주는 통제가 이루어진다. 배급방법은 보통 정부가 발행한 구매쿠폰의 사용을 통하여 이루어진다. 정부는 각 소비자에게 매달 그에게 할당된 쿠폰을 지급한다. 그러면 소비자는 배급되는 재화를 구매할 때, 정해진 장수의 쿠폰을 내야 한다. 이것은 사실상 소비자가 구매시점에서 두 가격을 지불한다는 것을 의미한다. 그는 배급되는 재화의 쿠폰가격과 화폐가격을 모두 지불한다. 이 때문에 소비자가 배급되는 재화를 사려면 충분한 자금과 충분한 쿠폰을 모두 가져야 한다.

두 재화 x와 y가 모두 배급되는 경우를 고려하자. 소비자의 효용함수는 $U = U(x, y)$ 라고 하자. 소비자는 일정한 화폐예산 B를 가지고 있고, x와 y의 외생적 가격은 P_x와 P_y 이다. 또한, 소비자는, C로 표시되는, 할당된 쿠폰장수를 가지고 있고, 이것은 소비자가 x 또는 y를 구매하는데 단위

당 쿠폰가격 C_x 장과 C_y 장을 내고 살 수 있다. 그러면 소비자의 극대화문제는 다음과 같이 된다:

$$\begin{array}{ll} \text{목적식} & U = U(x, y) \\ \text{제약식} & P_x x + P_y y \le B \\ & c_x x + c_y y \le C \\ & x, y \ge 0 \end{array}$$

이 극대화문제의 라그랑지 함수는 다음과 같다.

$$Z = U(x, y) + \lambda_1(B - P_x x - P_y y) + \lambda_2(C - c_x x + c_y y)$$

단, λ_1과 λ_2는 라그랑지승수이다. 두 제약이 모두 선형이므로, 제약자격조건은 충족되고 다음의 쿤-터커 조건은 필요조건이 된다

$$\begin{array}{lll} Z_x = U_x - \lambda_1 P_x - \lambda_2 c_x \le 0 & x \ge 0 & x Z_x = 0 \\ Z_y = U_y - \lambda_1 P_y - \lambda_2 c_y \le 0 & y \ge 0 & y Z_y = 0 \\ Z_{\lambda_1} = B - P_x x - P_y y \ge 0 & \lambda_1 \ge 0 & \lambda_1 Z_{\lambda_1} = 0 \\ Z_{\lambda_2} = C - c_x x - c_y y \ge 0 & \lambda_2 \ge 0 & \lambda_2 Z_{\lambda_2} = 0 \end{array}$$

예 1

효용함수가 $U = xy^2$ 이라고 가정하자. 또한 $B = 100$, $P_x = P_y = 1$이지만, $C = 120$, $C_x = 2$, $C_y = 1$이라고 하자.

라그랑지함수의 구체적 형태는

$$Z = xy^2 + \lambda_1(100 - x - y) + \lambda_2(120 - 2x - y)$$

이 되고, 쿤-터커 조건은 다음과 같이 된다:

$$\begin{array}{lll} Z_x = y^2 - \lambda_1 - 2\lambda_2 \le 0 & x \ge 0 & x Z_x = 0 \\ Z_y = 2xy - \lambda_1 - \lambda_2 \le 0 & y \ge 0 & y Z_y = 0 \\ Z_{\lambda_1} = 100 - x - y \ge 0 & \lambda_1 \ge 0 & \lambda_1 Z_{\lambda_1} = 0 \\ Z_{\lambda_2} = 120 - 2x - y \ge 0 & \lambda_2 \ge 0 & \lambda_2 Z_{\lambda_2} = 0 \end{array}$$

다시, 해를 구하는 과정은 다소의 시행착오를 거쳐야 한다. 먼저 제약중의 하나를 비구속제약으로 선택한 다음, x와 y에 대해서 풀 수 있다. 일단 이 값들을 얻으면, 이것들을 이용하여 비구속제약으로 선택된 제약식이 충족되는지의 여부를 검토한다. 만약 그것이 충족되지 않으면, 다른 제약을 비구속제약으로 선택하여 이 과정을 반복한다. 만약 이 비구속제약이 다시 충족되지 않으면, 우리는 두 제약을 모두 구속제약으로 가정할 수 있고, 해는 단지 이 두 등식제약들을 풀어서 구할 수 있다.

1단계 두 번째 (배급) 제약이 해에서 비구속제약이라고 가정하자. 따라서 상보적 여분성에 의해 $\lambda_2 = 0$이 된다. 그러나 x, y, λ_1을 양으로 놓으면, 상보적 여분성 때문에 다음의 세 식을 얻는다:

$$\begin{aligned} Z_x &= y^2 - \lambda_1 = 0 \\ Z_y &= 2xy - \lambda_1 = 0 \\ Z_{\lambda_1} &= 100 - x - y = 0 \end{aligned}$$

x와 y에 대해서 풀면, 다음과 같은 잠정적 해를 얻는다.

$$x = 33^1/_3 \qquad y = 66^2/_3$$

그러나 이 해들을 쿠폰제약식에 대입하면,

$$2(33^1/_3) + 66^2/_3 = 133^1/_3 > 120$$

을 얻는다. 이 잠정적 해는 쿠폰제약식을 충족시키지 못하기 때문에 해가 될 수 없다.

2단계 이제 λ_1과 λ_2에 대한 가정을 반대로 해서 $\lambda_1 = 0$으로 놓자. 그러나 λ_2, x, $y > 0$이라고 놓자. 그러면 한계조건들로부터 다음을 얻는다.

$$Z_x = y^2 - 2\lambda_2 = 0$$
$$Z_y = 2xy - \lambda_2 = 0$$
$$Z_{\lambda_1} = 120 - 2x - y = 0$$

이 방정식체계를 풀면 또 다른 잠정적 해

$$x = 20 \qquad y = 80$$

을 얻는다. 이것은 $\lambda_2 = 2xy = 3,200$을 의미한다. 이 해값들은, $\lambda_1 = 0$과 함께, 예산제약식과 배급제약식을 모두 충족시킨다. 따라서 우리는 이것들을 쿤-터커 조건에 대한 최종해로 받아들일 수 있다.

이 최적해는 그러나 이상한 변칙성을 내포하고 있다. 즉 예산제약식이 해에서 구속제약으로 되면, 보통 이와 관련된 라그랑지승수는 양이 되는 것으로 생각하게 되지만, 우리는 실제로는 $\lambda_1 = 0$을 얻는다. 따라서, 이 예의 경우에는 예산제약식이 **수학적으로** 구속되고 (해에서 구속제약이 되고), 반면에 **경제적으로** 구속되지 않는다 (화폐의 한계효용이 0이다).

성수시간과 비성수시간의 가격설정

성수시간과 비성수시간에서의 가격설정과 설비구입계획의 문제는 설비능력의 제약을 받는 기업의 경우에는 통상적으로 발생하는 문제이다. 기업은 보통 1차시장을 대상으로 설비능력에 투자한다. 그러나 왕왕 그의 제품을 팔수 있는 2차시장이 존재한다. 일단 기업이 그의 1차시장을 위하여 자본설비를 구매했다면, 그것을 2차시장에서도 (설비능력까지) 자유롭게 이용할 수 있다. 전형적인 예로는 대학교가 주간강좌 (성수시간)를 충족하기 위해 설비투자를 하였지만 야간강좌 (비성수시간)를 제공할 수 있고, 극장이 야간공연 (성수시간)을 위한 설비를 주간공연 (비성수시간)에 이용할 수 있고, 트럭회사가 전용노선시장을 가지고 있지만 "귀항노선"시장에 진입할 수 있다. 설비투자비용은 성수시장의 이윤극대화를 결정하는 요인으로 이미 지불되었기 때문에, 비성수시장의 최적가격과 최적수량에는 아무런 영향을 미치지 못하는 것이 보통이다. 그러나 2차시장의 수요가 1차시장의 수요와 거의 근접하게 되면, 설비능력의 제약은 문제가 된다. 특히 가격차별을 실시하여 비성수시간에 더 낮은 가격을 과하는 것이 일반적인 관행일 때는 더욱 그러하다. 비록 2차시장이 1차시장보다 더 작더라도, (이윤을 극대화하는) 낮은 가격에서 비성수시간의 수요가 수용능력을 초과할 수 있다. 그러한 경우에는, 설비능력의 선택은 두 시장을 모두 감안해서 행해져야 하고, 따라서 문제는 고전적 비선형계획문제가 된다.

이윤극대화를 추구하는 한 기업이 다음과 같은 두 평균수입곡선에 직면하여 있다고 가정하자:

$$P_1 = P^1(Q_1) \qquad \text{주간 (성수기간)}$$
$$P_2 = P^2(Q_2) \qquad \text{야간 (비성수기간)}$$

그 기업이 사업을 운영하려면, 주간이든 야간이든 간에, 생산물 1단위당 b 원을 지불해야 하고, 그 위에 설비 1단위당 c 원의 비용으로 구매해야 한다고 하자. K 를 총설비능력이라고 하고 이를 생산물 Q 의 단위로 측정하는 것으로 하자. 그 기업은 비성수시간의 운영여부와 상관없이, 설비구매비용을 부담해야 한다. 그러면 성수시간의 고객, 비성수시간의 고객, 또는 두 고객 모두 중에서 누구에게 이 설비구매비용은 귀속될까? 기업의 이윤극대화문제는 다음과 같이 된다:

$$
\begin{aligned}
&\text{목적식} \quad && \pi(Q_1, Q_2, K) = P_1Q_1 + P_2Q_2 - b(Q_1 + Q_2) - cK \\
&\text{제약식} && Q_1 \le K \\
& && Q_2 \le K \\
&\text{단} && P_1 = P^1(Q_1) \\
& && P_2 = P^2(Q_2) \\
&\text{그리고} && Q_1, Q_2, K \ge 0
\end{aligned}
$$

총수입 R_i 는

$$R_i \equiv P_iQ_i = P^i(Q_i)Q_i$$

이고, 이것은 오직 Q_i 만의 함수이므로 이 문제는 간단히 다음과 같이 쓸 수 있다:

$$
\begin{aligned}
&\text{목적식} \quad && \pi(Q_1, Q_2, K) = R_1(Q_1) + R_2(Q_2) - b(Q_1 + Q_2) - cK \\
&\text{제약식} && Q_1 \le K \\
& && Q_2 \le K \\
&\text{그리고} && Q_1, Q_2, K \ge 0
\end{aligned}
$$

두 제약식은 모두 선형이므로 제약자격조건이 충족되고 쿤-터커 조건은 필요조건이 된다.

라그랑지함수는

$$Z = R_1(Q_1) + R_2(Q_2) - b(Q_1 + Q_2) - cK + \lambda_1(K - Q_1) + \lambda_2(K - Q_2)$$

이고, 쿤-터커 조건은 다음과 같이 된다.

$$
\begin{aligned}
Z_1 &= \mathrm{MR}_1 - b - \lambda_1 \le 0 \qquad & Q_1 &\ge 0 \qquad & Q_1Z_1 &= 0 \\
Z_2 &= \mathrm{MR}_2 - b - \lambda_2 \le 0 & Q_2 &\ge 0 & Q_2Z_2 &= 0 \\
Z_K &= -c + \lambda_1 + \lambda_2 \le 0 & K &\ge 0 & KZ_K &= 0 \\
Z_{\lambda_1} &= K - Q_1 \ge 0 & \lambda_1 &\ge 0 & \lambda_1Z_{\lambda_1} &= 0 \\
Z_{\lambda_2} &= K - Q_2 \ge 0 & \lambda_2 &\ge 0 & \lambda_2Z_{\lambda_2} &= 0
\end{aligned}
$$

단 MR_i 는 $Q_i\,(i = 1, 2)$ 의 한계수입이다.

해를 찾는 절차는 역시 시행착오 방법이다. 먼저 선택변수 모두에 대해서, $Q_1, Q_2, K > 0$ 으로 가정하자. 그러면 상보적 여분성에 의해 다음을 얻는다.

$$
\begin{aligned}
\mathrm{MR}_1 - b - \lambda_1 &= 0 \\
\mathrm{MR}_2 - b - \lambda_2 &= 0 \\
-c + \lambda_1 + \lambda_2 &= 0
\end{aligned}
\tag{13.26}
$$

여기서 λ_1 을 소거하면 두개의 식으로 줄일 수 있다:

그림 13.5

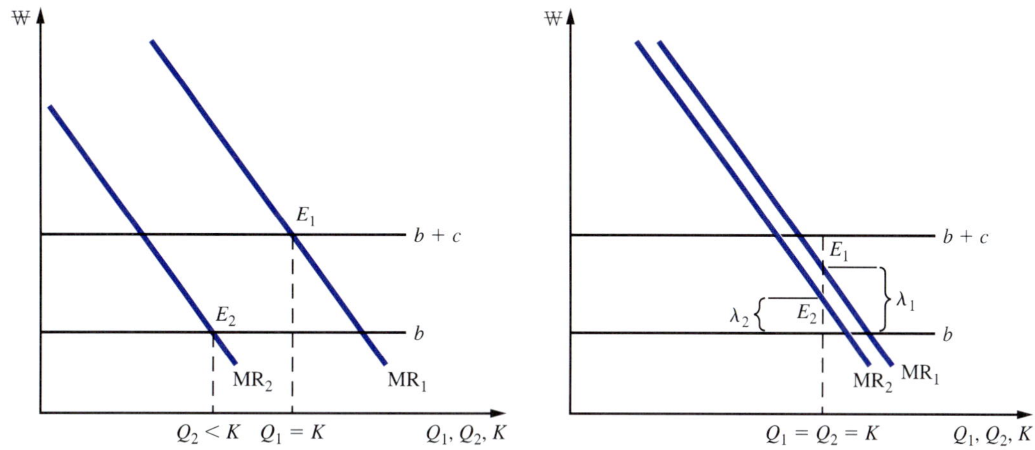

(*a*) 비성수시장의 제약이 비구속적인 경우

(*b*) 비성수시장의 제약이 구속적인 경우

$$\begin{aligned} \mathrm{MR}_1 &= b + c - \lambda_2 \\ \mathrm{MR}_2 &= b + \lambda_2 \end{aligned} \qquad \textbf{(13.26')}$$

이제 우리는, 두 단계로 진행한다.

1단계 비성수시장은 2차시장이므로, 그 한계수입곡선 (MR_2)는, [그림 13.5]에 예시된 것처럼, 1차시장의 한계수입곡선 (MR_1)보다 더 아래에 위치하게 될 것이다. 더욱이, 설비제약이 구속제약으로 될 가능성은 2차시장에서 더 크고, λ_2가 0이 될 가능성이 더 크다. 따라서, $\lambda_2 = 0$을 시도해 본다. 그러면 (13.26′)은 다음과 같이 된다.

$$\begin{aligned} \mathrm{MR}_1 &= b + c \\ \mathrm{MR}_2 &= b \end{aligned} \qquad \textbf{(13.26'')}$$

1차시장이 설비비용 c를 모두 부담한다는 사실은, [$\lambda_1 = c > 0$ 이므로], $Q_1 = K$를 의미한다. 그러나, 제약 $Q_2 \leq K$가 충족되는지의 여부를 검토하는 것은 여전히 필요하다. 만약 그것이 충족된다면, 우리는 정당한 해를 찾은 것이 된다. [그림 13.5](*a*)는 해에서 $Q_1 = K$와 $Q_2 < K$가 되는 경우를 예시하고 있다. MR_1 곡선은 $b + c$ 직선과 점 E_1에서 교차하고, MR_2 곡선은 b 직선과 점 E_2에서 교차한다.

만약 앞에서 찾은 잠정적 해에서 $Q_2 > K$가 된다면 어떻게 될까? 이 경우는 MR_2 곡선이 MR_1 곡선에 아주 가깝게 위치해서, MR_2 곡선이 b 직선을 K보다 더 큰 산출량수준에서 교차할 정도가 되면 발생하게 될 것이다. 그렇게되면 물론 두 번째 제약이 충족되지 않고, 우리는 $\lambda_2 = 0$이라는 가정을 버려야 하고, 다음 단계를 진행해야 한다.

2단계 이제 두 라그랑지승수가 모두 0보다 크다고 가정하자. 그러면 $Q_1 = Q_2 = K$가 된다. 이제 우리는 (13.26)에서 어떤 변수도 소거할 수 없고, 다음을 얻는다.

$$\begin{aligned} \text{MR}_1 &= b + \lambda_1 \\ \text{MR}_2 &= b + \lambda_2 \\ c &= \lambda_1 + \lambda_2 \end{aligned} \qquad \textbf{(13.26''')}$$

이 경우는 [그림 13.5](*b*)에 예시되어 있는데, 여기서 점 E_1과 E_2는 (13.26‴)의 처음 두 식을 충족한다. 세 번째 식으로부터, 설비구입비용 c는 두 라그랑지승수의 합이라는 것을 알 수 있다. 이것은 λ_1과 λ_2가 각각 두 시장에 귀속되는 설비비용의 몫을 나타낸다는 것을 의미한다.

예 2

평균수입함수가 성수시간동안

$$P_1 = 22 - 10^{-5} Q_1$$

이고, 비성수시간동안의 평균수입함수는

$$P_2 = 18 - 10^{-5} Q_2$$

라고 가정하자. 매 반나절동안 1단위의 생산물을 생산하려면 매일 1단위의 설비구입비용 8원이 소요된다. 1단위 설비비용은 그 설비를 성수시간에만 사용하든 비성수시간에도 사용하든 똑같다. 설비비용에 추가하여, 매 반나절 동안 (주간과 야간 구별 없이) 1단위 생산물을 생산하는데 운영비용(인건비와 유류비)으로 6원이 든다.

만약 설비제약이 2차시장에서 비구속제약이라면 ($\lambda_2 = 0$), 쿤-터커 조건은 다음과 같이 된다.

$$\begin{aligned} &\lambda_1 = c = 8 \\ &22 - 2 \times 10^{-5} Q_1 = b + c = 14 \\ &\underbrace{18 - 2 \times 10^{-5} Q_2}_{\text{MR}} = \underbrace{b}_{\text{MC}} = 6 \end{aligned}$$

이 방정식체계를 풀면 다음을 얻는다.

$$\begin{aligned} Q_1 &= 400{,}000 \\ Q_2 &= 600{,}000 \end{aligned}$$

이것은 두 번째 제약이 비구속제약이라는 가정에 반한다. $Q_2 > Q_1 = K$ 이기 때문이다.

그러므로, 두 제약이 모두 구속제약이라고 가정하자. 그러면 $Q_1 = Q_2 = K$ 이고, 쿤-터커 조건은

$$\begin{aligned} \lambda_1 + \lambda_2 &= 8 \\ 22 - 2 \times 10^{-5} K &= 6 + \lambda_1 \\ 18 - 2 \times 10^{-5} K &= 6 + \lambda_2 \end{aligned}$$

가 되고, 이로부터 다음의 해를 얻는다:

$$\begin{aligned} &Q_1 = Q_2 = K = 500{,}000 \\ &\lambda_1 = 6 \qquad \lambda_2 = 2 \\ &P_1 = 17 \qquad P_2 = 13 \end{aligned}$$

설비능력의 제약조건은 두 시장에서 구속제약이 되므로, 1차시장은 $\lambda_1 = 6$의 설비구입비용을 부담하고, 2차시장은 $\lambda_2 = 2$의 설비구입비용을 부담한다.

연습문제 13.3

1. [예 2]에서 1단위의 설비구입비용은 단지 하루 3원이라고 가정하자.
   (a) 이윤을 극대화하는 성수시간 및 비성수시간의 가격과 수량은 얼마인가?
   (b) 라그랑지승수들의 값은 얼마인가? 그 값들은 어떻게 해석할 수 있는가?
2. 어떤 소비자가 한 섬에서 살아가는데, 그는 그 곳에서 생산가능경계 $x^2+y^2 \leq 200$ 에 따라, x 와 y 두 재화를 생산하고, 그 자신을 위해 모든 재화를 다 써버린다고 하자. 그의 효용함수는
   $$U = xy^3$$
   이다. 또한 그 소비자가 생산하는 두 재화의 총산출량은 환경제약의 영향을 받는다. 그 환경제약은 $x^2+y^2 \leq 20$ 으로 주어진다고 하자.
   (a) 쿤-터커 조건을 써라.
   (b) 그 소비자의 최적 x 와 y 를 구하라, 어떤 제약이 구속제약인가를 밝혀라.
3. 해외에 발전소를 건설하려는 어떤 전기회사가 그 시설용량을 결정해야 한다고 하자. 성수기간의 전기수요는 $P_1 = 400 - Q_1$ 으로 주어지고, 비성수기간의 수요는 $P_2 = 380 - Q_2$ 로 주어진다. (두 시장에서 부담하는) 가변비용은 매 단위당 20원이고, 설비구입비용은 매 단위당 10원인데, 이 비용은 한번만 부담하고 그 설비는 두 기간동안 사용할 수 있다.
   (a) 이 문제의 라그랑지함수와 쿤-터커 조건을 써라.
   (b) 이 문제의 최적산출량과 설비용량을 구하라.
   (c) 각 시장에 귀속되는 설비구입비용은 얼마인가 (즉, λ_1과 λ_2의 값은 얼마인가)?
   (d) 이제 설비구입비용이 매 단위당 30원 (한번만 부담) 이라고 가정하자. 최적산출량, 최적설비용량, 그리고 각 시장에 귀속되는 설비구입비용 (즉 λ_1과 λ_2) 을 구하라.

13.4 | 비선형계획법의 충분성정리

앞의 여러 절에서는 부등식제약을 가진 최적화문제에서 쿤-터커 조건을 도입하였고, 또 그것이 **필요**조건으로 적용될 수 있음을 예시하였다. 특정상황 아래에서는 이 쿤-터커 조건은 또한 충분조건으로 될 수 있다.

쿤-터커 충분성정리: 오목계획법

고전적 최적화문제에서, 극대와 극소의 충분조건은 전통적으로 2계도함수나 2계미분의 부호로 표현되었다. 그러나 이 2계조건은, 제 11.5 절에서 본 바와 같이, 목적함수의 오목성 및 볼록성의 개념과 밀접하게 관련된다. 현재의 비선형계획법의 경우에도 이 충분조건을 오목성과 볼록성에 의해서 직접적으로 설명하고자 한다. 또 이 개념을 실제로 목적함수 $f(x)$ 뿐만 아니라 제약함수 $g^i(x)$ 에도 적용하고자 한다.

극대화문제에 대하여 쿤과 터커는 충분조건에 관한 다음과 같은 진술을 제시하였다. (충분성정리):

비선형계획문제가 다음과 같이 주어졌다고 하자:

$$\begin{aligned} &\text{목적식} \quad \pi = f(x) \\ &\text{제약식} \quad g^i(x) \le r_i \qquad (i = 1, 2, \ldots, m) \\ &\qquad\qquad x \ge 0 \end{aligned}$$

그리고, 다음 세 조건이 충족된다고 하자:

(a) 목적함수 $f(x)$는 비음상한에서 미분가능하고 **오목**함수이다.

(b) 각 제약함수 $g^i(x)$는 비음상한에서 미분가능하고 **볼록**함수이다.

(c) 점 x^*는 쿤-터커 극대조건을 충족한다.

그러면 x^*는 $\pi = f(x)$의 전역적 극대점이 된다.

이 정리에서 제약자격조건은 전혀 언급되지 않았다. 그 이유는 위의 조건 (c)에서 쿤-터커 조건이 x^*에서 만족된다고 이미 가정하였고, 따라서 제약자격조건은 더 이상 문제가 되지 않기 때문이다.

위의 정리가 의미하는 것은, 조건 (a), (b), (c)가 성립되면, 그것으로 x^*가 최적점이 되기에 충분하다는 것이다. 그러나 이 조건을 다른 측면에서 보면, 조건 (a)와 (b)가 주어졌을 때, 쿤-터커 극대조건은 극대이기 위한 충분조건이 된다고 해석할 수 있다. 앞 절에서, 우리는 쿤-터커 조건 그 자체만으로는 극대이기 위한 필요조건이 될 수 없지만, 제약자격조건이 충족될 때 그것은 필요조건이 된다는 것을 배웠다. 이 사실과 충분성정리를 결합함으로써, 만약 제약자격조건이 만족되고, 조건 (a)와 (b)가 성립되면, 쿤-터커 극대조건은 극대이기 위한 **필요충분**조건이 된다고 할 수 있다. 예를 들면, 모든 제약식이 선형부등식일 경우에는 제약자격조건이 충분히 충족된다.

이 충분성정리에서 다루어지고 있는 극대화문제는 보통 **오목계획법**(concave programming)이라고 한다. 이런 명칭이 붙여진 유래는 쿤과 터커가 모든 제약에 부등호 ≤ 대신에 부등호 ≥를 채택함으로써, $f(x)$ 함수와 마찬가지로, 조건 (b)에서 $g^i(x)$ 함수를 **모두 오목**함수로 규정하였기 때문이다. 그러나 극대화문제에서는, 목적함수상의 더 높은 점으로 올라가려는 시도를 "억누르기" (즉, ≤) 위해서 제약이 가해진다는 사실을 전달하려는 의도에서, 이 책에서는 쿤과 터커가 사용한 문제형태를 수정하였다. 비록 형태는 다르지만 두 문제의 내용은 본질적으로 같다. 간결을 위하여 증명은 생략한다.

위에서 말한 바와 같이, 이 충분성정리는 극대화문제만을 취급하고 있다. 그러나 **극소화**문제에 맞게 이를 변형하는 것은 어렵지 않다. 극소화문제에 대한 충분성정리로 변형하기 위해서는 문제 자체의 서술을 그에 맞추어 바꾸는 것 이외에, 조건 (a)와 (b)에서 **오목**과 **볼록**이라는 단어를 바꾸고, 조건 (c)에서 쿤-터커 **극소**조건을 사용하기만 하면 된다([연습문제 13.4]의 1 참조).

애로우-엔도벤 충분성정리: 준오목계획법

쿤-터커 충분성정리를 적용하기 위해서는 오목성과 볼록성의 규정이 반드시 충족되어야 한다. 이것은 꽤 엄격한 요건이다. 또 다른 충분성정리 — 애로우-엔도벤(Arrow-Enthoven) 충분성정리[†] — 에서는 이러한 규정을 상당히 완화시켜, 단지 목적함수와 제약함수의 **준오목성**(quasiconcavity)과 **준볼록성**(uasiconvexity)만을 요건으로 하고 있다. 요건이 이와같이 완화된 만큼, 그 충분성정리의 적용범위는 상당히 넓어진다.

애로우-엔도벤의 논문에서는 제약식이 ≥ 형태인 극대화문제를 다루면서, 목적함수 $f(x)$와 제

[†] Kenneth J. Arrow and Alain C. Enthoven, "Quasi-concave Programming", *Econometrica*, October, 1961, pp. 779~800.

약함수 $g^i(x)$가 모두 준오목함수일 때의 충분성정리를 도출하고 있다. 이로 인해 **준오목계획법**(quasiconcave programming)이란 명칭이 붙여졌다. 그러나 여기에서는 앞에서와 같이, 극대화문제의 제약식에는 $\leq$ 부등식을, 극소화문제에서는 $\geq$ 부등식을 사용하기로 한다.

애로우-엔도벤 충분성정리는 다음과 같이 진술된다:

비선형계획문제가 다음과 같이 주어졌다고 하자:

$$\begin{array}{lll} \text{목적식} & \pi = f(x) & \\ \text{제약식} & g^i(x) \leq r_i & (i = 1, 2, \ldots, m) \\ & x \geq 0 & \end{array}$$

그리고, 다음 네 조건이 충족된다고 하자:

(a) 목적함수 $f(x)$는 비음상한에서 미분가능하고 **준오목함수**이다.

(b) 각 제약함수 $g^i(x)$는 비음상한에서 미분가능하고 **준볼록함수**이다.

(c) 점 x^*는 쿤-터커 극대조건을 만족한다.

(d) 다음 중 어느 **하나**를 만족한다.

($d-i$) 적어도 한 개의 변수 x_j에 대하여 $f_j(x^*) < 0$이다.

($d-ii$) 제약식을 위반하지 않고 양의 값을 가질 수 있는 어떤 변수 x_j에 대하여 $f_j(x^*) > 0$이다.

($d-iii$) n개의 편도함수 $f_j(x^*)$는 모두 0은 아니고, x^*의 근방에서 함수 $f(x)$는 두 번 미분가능하다 [즉, $f(x)$의 모든 2계편도함수가 x^*에서 존재한다].

($d-iv$) 함수 $f(x)$는 오목함수이다.

그러면 x^*는 $\pi = f(x)$의 전역적 극대점이 된다.

이 정리의 증명은 상당히 복잡하기 때문에 여기서는 생략한다. 그러나 이 정리의 몇 가지 중요한 특징에 주목해 주기 바란다. 첫째로, 애로우와 엔도벤은 오목성-볼록성의 규정을 준오목성-준볼록성으로 완화하는 데는 성공했으나, 그들은 새로운 전제조건 (d)의 추가가 필요하게 되었다는 것이다. 그렇지만 조건 (d)의 4가지 대안들 중 어느 **하나**만 성립되면 완전한 충분조건군이 마련된다. 따라서, 사실상 위의 정리는 극대에 대한 **4**가지 서로 다른 충분조건군을 포함하고 있다. 만약 목적함수 $f(x)$가 오목함수로서 ($d-iv$)가 성립되는 경우, 애로우-엔도벤의 충분성정리는 쿤-터커 충분성정리와 동일한 것처럼 보여질지 모른다. 그러나 그렇지 않다. 왜냐하면, 애로우-엔도벤 충분성정리에서는 제약함수 $g^i(x)$가 **준볼록함수**이기만 하면 되기 때문에, 이 정리의 조건은 여전히 완화된 것이다.

이미 언급한 것처럼, (a)~(d)의 조건은 한 개의 군을 이루어 충분조건을 형성한다. 그러나 이를 달리 보아, (a), (b), (d)가 충족될 경우에, 쿤-터커 극대조건은 극대이기 위한 충분조건이 된다고 해석할 수도 있다. 더욱이 제약자격조건도 역시 충족된다면, 쿤-터커 조건은 극대이기 위한 필요충분조건이 된다.

쿤-터커 정리와 마찬가지로, 애로우-엔도벤 정리도 **극소화**문제에 적용되도록 쉽게 변경시킬 수 있다. 극소화문제의 애로우-엔도벤 충분성정리를 얻기 위해서는, 문제자체의 서술을 그에 맞추어 바꾸는 이외에, 조건 (a)와 (b)에서 **준오목**과 **준볼록**이라는 단어를 서로 바꾸고, 쿤-터커 극대조건을 쿤-터커 극소조건으로 대체하고, ($d-i$)와 ($d-ii$)에서 부등호의 방향을 반대로 하고,

$(d-iv)$ 에서 **볼록**을 **오목**으로 바꾸면 된다.

제약자격조건의 검증

우리는 제 13.2 절에서 이미 제약함수가 모두 선형이기만 하면, 제약자격조건은 만족된다고 설명하였다. 함수 $g^i(x)$가 비선형인 경우에는, 애로우와 엔도벤에 의해 제안된 다음과 같은 검증방법이 제약자격조건의 충족 여부를 결정하는 데 유용하게 사용될 수 있다.

극대화문제에서, 다음 세 조건이 충족된다고 하자:
(a) 제약함수 $g^i(x)$는 모두 미분가능하고 준볼록함수이다.
(b) 비음상한에서 제약함수들이 모두 약부등호에 의해 충족되는 점 x^0가 존재한다.
(c) 다음 중 **하나**가 성립된다:
$(c-i)$ 모든 $g^i(x)$ 함수는 볼록함수이다.
$(c-ii)$ 실행가능영역 내의 각 점 x에서 계산된 $g^i(x)$의 편도함수는 모두 0은 아니다.
그러면 제약자격조건은 충족된다.

이 검증방법은 극소화문제에도 적용되도록 쉽게 변경될 수 있다. 그렇게 하기 위해서는, 조건 (a)에서 **준오목**을 **준볼록**으로 변경하고, $(c-i)$에서 볼록을 오목으로 바꾸면 된다.

연습문제 13.4

1. 극소화문제가 다음과 같이 주어졌다고 하자:

목적식 $C = F(x)$

제약식 $G^i(x) \geq r_i \quad (i = 1, 2, \ldots, m)$

$x > 0$

(a) 이것을 극대화문제로 변형시켜라.
(b) 현재의 문제에서 쿤-터커 충분성정리의 f 함수와 g^i 함수에 해당하는 것은 어떤 것인가?
(c) 극대화문제의 충분조건을 이 문제에 적용하려면 F 함수와 G^i 함수에 각각 어떠한 오목성-볼록성 조건을 설정해야 하는가?
(d) 위의 사실에 기초하여, **극소화**에 대한 쿤-터커 충분조건을 써보라.

2. 다음 각 문제들에 쿤-터커 충분성정리가 적용될 수 있는가?

(a) 목적식 $\pi = x_1$
제약식 $x_1^2 + x_3^2 \leq 1$
$x_1, x_2 \geq 0$

(b) 목적식 $C = (x_1 - 3)^2 + (x_2 - 4)^2$
제약식 $x_1 + x_2 \geq 4$
$x_1, x_2 \geq 0$

(c) 목적식 $C = 2x_1 + x_2$
제약식 $x_1^2 - 4x_1 + x_2 \geq 0$
$x_1, x_2 \geq 0$

3. 애로우-엔도벤 충분성정리를 적용하려면 다음의 함수 가운데 어떤 함수가 **극대화**문제의 목적함수로서 수학적인 자격이 있는가?
   (a) $f(x) = x^3 - 2x$
   (b) $f(x_1, x_2) = 6x_1 - 9x_2$
   (c) $f(x_1, x_2) = x_2 - \ln x_1$ (주의: [연습문제 12.4] 의 4 참조)
4. 극대화문제의 제약이 다음과 같이 주어졌을 때 제약자격조건이 충족되는가?
   (a) $x_1^2 + (x_2 - 5)^2 \leq 4$ 및 $5x_1 + x_2 \leq 10$
   (b) $x_1 + x_2 \leq 8$ 및 $-x_1x_2 \leq -8$ (주의 : $-x_1x_2$는 볼록함수가 아니다.)

13.5 | 최적값함수와 포락성정리

최적값함수(maximum-value function)는 선택변수들이 그들의 최적값으로 지정된 목적함수이다. 이 선택변수들의 최적값은, 또 당해 문제의 외생변수들과 파라미터들의 함수이다. 일단 선택변수들의 최적값을 원래목적함수에 대입하고 나면, 그 함수는 간접적으로 오직 파라미터들만의 함수(파라미터들이 선택변수들의 최적값에 미치는 영향을 통하여)가 된다. 따라서 이 최적값함수는 또한 **간접목적함수**(indirect objective function)라고도 부른다.

무제약 최적화문제의 포락성정리†

이 간접목적함수의 의의는 무엇인가? 어떤 최적화문제에서, 직접목적함수가 주어진 파라미터들의 집합에 관해서 극대화(또는 극소화)되는 경우를 생각해보자. 그러면 간접목적함수는 이 파라미터들이 변화함에 따라 결정되는 모든 목적함수의 극대값을 추적해낸다. 그러므로 이 간접목적함수는 모형의 파라미터들의 변화로 인해 생성되는 최적화된 목적함수들의 집합의 "포락선"(envelope)이 된다. 경제학을 배우는 대부분의 학생들이 이 포락선 개념과 맨 처음 마주치게 되는 것은 단기비용함수와 장기비용함수를 비교할 때이다. 학생들은 대개 장기평균비용곡선이 모든 단기평균비용곡선들의 포락선이 된다고 배운다.(이 경우에는 어떤 파라미터가 포락선을 따라 변화하는가?) 이 개념의 정식 도출이 이절에서 검토하려는 문제 중의 하나이다.

제약이 없는 극대화문제가 다음과 같이 두 선택변수 x와 y 그리고 하나의 파라미터 ϕ를 가지고 있다고 하자:

$$\text{목적식} \qquad U = f(x, y, \phi) \tag{13.27}$$

1계필요조건은 다음과 같다.

$$f_x(x, y, \phi) = f_y(x, y, \phi) = 0 \tag{13.28}$$

만약 2계조건들이 만족되면, 이 두 식은 해

† 이 절은 포락성정리를 개관한다. 이 주제에 대한 보다 포괄적인 논의는 Eugene Sillerber & Wing Suen의 *The Structure of Economics : A Mathematical Analysis* (3rd. ed.) (McGraw-Hill, 2001) 의 제7장에서 찾을 수 있으며, 이 절은 이에 기초하고 있다.

$$x^* = x^*(\phi) \qquad y^* = y^*(\phi) \tag{13.29}$$

를 암묵적으로 정의한다. 이 해들을 목적함수에 대입하면 다음과 같은 새로운 함수를 얻는다.

$$V(\phi) = f(x^*(\phi),\ \ y^*(\phi), \phi) \tag{13.30}$$

여기서 이 새로운 함수는 x와 y의 값들이 $f(x, y, \phi)$를 극대화하는 값들일 때 f의 값이 된다. 그러므로, $V(\phi)$는 **최적값함수**(또는 간접목적함수)이다. V를 그것의 오직 하나의 독립변수인 ϕ에 관해서 미분하면, 다음을 얻는다.

$$\frac{dV}{d\phi} = f_x \frac{\partial x^*}{\partial \phi} + f_y \frac{\partial y^*}{\partial \phi} + f_\phi \tag{13.31}$$

그러나, 1계조건으로부터, 우리는 $f_x = f_y = 0$이라는 것을 알고 있다. 따라서, 처음 두 개의 항은 사라지고, 그 결과는 다음과 같이 된다.

$$\frac{dV}{d\phi} = f_\phi \tag{13.31'}$$

이 결과가 말하는 것은, 최적해에서 ϕ가 변함에 따라 x^*와 y^*의 조정이 허용되는 경우에도, 도함수 $dV/d\phi$는 x^*와 y^*를 상수로 취급할 때 얻게 되는 결과와 같다는 것이다. 주목할 것은 ϕ는 최적값함수 (13.30)에서 세 번 나타난다는 것이다. 한번은 직접적으로, 그리고 두 번은 (x^*와 y^*를 통하여) 간접적으로 말이다. 식 (13.31′)은 오로지 목적함수에 대한 ϕ의 직접적 효과만이 최적해에서 중요하다는 것을 보여준다. 이것이 포락성정리의 핵심이다. 포락성정리는, 비록 외생변수가, 내생선택변수에 대한 해의 일부로서 최적값함수에 간접적으로 들어올 수 있는 경우라 할지라도, 외생변수의 변화의 목적함수에 대한 직접적 효과만을 고려하면 된다는 것을 말해준다.

이윤함수

이제 최적값함수의 개념을 경쟁기업의 이윤함수의 도출에 응용해 보자. 이 기업이 두 생산요소, 자본 K와 노동 L을 사용하는 경우를 생각하자. 목적함수는 다음과 같다.

$$\pi = Pf(K, L) - wL - rK \tag{13.32}$$

단 P는 생산물의 가격이고, w와 r은 각각 임금률과 임대율이다.

이 문제의 1계조건은

$$\begin{aligned} \pi_L &= Pf_L(K, L) - w = 0 \\ \pi_K &= Pf_K(K, L) - r = 0 \end{aligned} \tag{13.33}$$

이고, 이것은 다음과 같은 요소수요함수를 규정한다:

$$\begin{aligned} L^* &= L^*(w, r, P) \\ K^* &= K^*(w, r, P) \end{aligned} \tag{13.34}$$

이 해 K^*와 L^*를 목적함수에 대입하면 다음을 얻는다.

$$\pi^*(w, r, P) = Pf(K^*, L^*) - wL^* - rK^* \tag{13.35}$$

여기서 $\pi^*(w, r, P)$는 **이윤함수**(간접목적함수의 하나)가 된다. 이 이윤함수는 외생변수 w, r 및 P의 함수로서의 극대이윤을 나타낸다.

이제 w 의 변화가 이 기업의 이윤에 미치는 영향을 고려해 보자. 원래의 목적함수 (13.32) 를, 다른 모든 변수를 상수로 유지하면서, w 에 관하여 미분하면, 다음을 얻는다.

$$\frac{\partial \pi}{\partial w} = -L \tag{13.36}$$

그러나, 이 결과는 노동을 자본으로 대체할 수 있는 이윤극대화 기업의 능력과 이윤극대화 행동에 따른 산출량 수준의 조정을 고려하지 않은 것이다.

이와 대조적으로, $\pi^*(w, r, P)$ 는 어떤 임의의 값 w, r, P 에 대해서도 극대이윤값이 되기 때문에, w 의 변화에 따른 π^* 의 변화는 노동에 대한 자본의 대체를 모두 고려한 것이 된다. w 의 변화로 인한 (극대) 이윤함수의 변화를 계산하기 위하여, $\pi^*(w, r, P)$ 를 w 에 관해서 미분하면,

$$\frac{\partial \pi^*}{\partial w} = (Pf_L - w)\frac{\partial L^*}{\partial w} + (Pf_K - r)\frac{\partial K^*}{\partial w} - L^* \tag{13.37}$$

를 얻는다. (13.33) 의 1계조건에 의하면, 소괄호안의 두 항은 0이기 때문에 위의 식은 다음과 같이 된다.

$$\frac{\partial \pi^*}{\partial w} = -L^*(w, r, P) \tag{13.38}$$

이 결과는, 이윤극대화를 위한 조정이 완전히 이루어진 상태에서, 임금률의 변화가 이윤의 변화에 미치는 영향은 그 요소가 일정하게 유지되든 또는 요소가격의 변화에 따라 변화하든, 똑같다는 것을 말해준다. 이 경우에 (13.38) 은 w 에 관한 이윤함수의 도함수가 요소수요함수 $L^*(w, r, P)$ 의 부호를 바꾼 것이 된다는 것을 보여준다. 앞의 절차에 따르면, 다음과 같은 추가적인 비교정태결과도 얻을 수 있다.

$$\frac{\partial \pi^*(w, r, P)}{\partial r} = -K^*(w, r, P) \tag{13.39}$$

및

$$\frac{\partial \pi^*(w, r, P)}{\partial P} = f(K^*, L^*) \tag{13.40}$$

식 (13.38), (13.39) 및 (13.40) 은 공동으로 **호텔링의 정리** (Hotelling' s lemma) 로 알려져 있다. 이 비교정태도함수들은 어떤 파라미터가 변할 때 K^* 와 L^* 의 조정을 허용함으로써 이윤함수로부터 얻은 것이다. 그러나 목적함수 (13.32) 를 K 와 L 은 일정하게 유지하면서 각 파라미터에 관하여 미분하면 이것과 같은 결과를 얻는다는 것을 쉽게 알 수 있다. 즉 호텔링의 정리는 단지 우리가 이미 (13.31′) 에서 다루었던 포락성정리의 또 다른 표현에 불과하다.

대칭관계

제약이 없는 2변수의 극대화문제

$$\text{목적식} \qquad U = f(x, y, \phi) \qquad [13.27\text{로부터}]$$

를 다시 한번 고려해 보자. 단 x 와 y 는 선택변수들이고 ϕ 는 파라미터이다. 1계조건은 $f_x = f_y = 0$ 이고, 이것은 $x^* = x^*(\phi)$ 및 $y^* = y^*(\phi)$ 를 의미한다.

우리가 관심을 갖는 것은 ϕ가 변할 때 $x^*(\phi)$와 $y^*(\phi)$의 변화방향과 최적값함수에 미치는 효과에 관한 비교정태문제이다. 최적값함수는 다음과 같다.

$$V(\phi) = f(x^*(\phi), y^*(\phi), \phi) \tag{13.41}$$

정의에 의해서, $V(\phi)$는 어떤 주어진 ϕ에 대한 f의 극대값을 제공한다.

이제 U의 실제값과 극대값 사이의 차를 나타내는 다음과 같은 새로운 함수를 생각하자:

$$\Omega(x, y, \phi) = f(x, y, \phi) - V(\phi) \tag{13.42}$$

이 새로운 함수 Ω는 $x = x^*$ 및 $y = y^*$일 때 극대값 0을 가지고, $x \neq x^*$, $y \neq y^*$일 때 $f \leq V$가 된다. 이러한 틀에서는 $\Omega(x, y, \phi)$를 세 개의 독립변수 x, y, ϕ의 함수로 볼 수 있다. $\Omega(x, y, \phi) = f(x, y, \phi) - V(\phi)$의 극대값은 1계조건과 2계조건에 의해서 결정될 수 있다.

1계 조건들은 다음과 같다 :

$$\begin{aligned} \Omega_x(x, y, \phi) &= f_x = 0 \\ \Omega_y(x, y, \phi) &= f_y = 0 \end{aligned} \tag{13.43}$$

및

$$\Omega_\phi(x, y, \phi) = f_\phi - V_\phi = 0 \tag{13.44}$$

여기서 V_ϕ는 편도함수가 아니라 전도함수다.[†] 이 새로운 함수 Ω의 1계조건 (13.43)은 $f(x, y, \phi)$에 대한 원래의 극대값조건 (13.28)에 지나지 않고, 반면에 조건 (13.44)는 사실상 포락성정리 (13.31′)을 다시 쓴 것에 불과하다는 것을 알 수 있다. 이 1계조건들은 $x = x^*(\phi)$와 $y = y^*(\phi)$일 때에는 언제든지 성립한다. 2계충분조건은 만약 Ω의 헤시안

$$H = \begin{vmatrix} f_{xx} & f_{xy} & f_{x\phi} \\ f_{yx} & f_{yy} & f_{y\phi} \\ f_{\phi x} & f_{\phi y} & f_{\phi\phi} - V_{\phi\phi} \end{vmatrix}$$

가 다음과 같은 성질을 가지면 충족된다:

$$f_{xx} < 0 \qquad f_{xx} f_{yy} - f_{xy}^2 > 0 \qquad H < 0$$

위의 헤시안을 얻을 때, 우리는 이 변수들을 (x, y, ϕ)의 순서로 배열하였고, 결과적으로 2계조건의 첫 번째 목록, $(\Omega_{xx} =) f_{xx} < 0$은 변수 x와 관련된다. 만약 우리가 다른 배열순서를 채택했다면, 첫 번째 목록은 $\Omega_{yy} = f_{yy} < 0$, 또는

$$\Omega_{\phi\phi} = f_{\phi\phi} - V_{\phi\phi} < 0 \tag{13.45}$$

이 되었을 것이다. (13.45)는 하나의 비교정태 결론에 이르는 지름길을 제공함을 보일 수 있다. 먼저, (13.44)로부터, 다음이 성립한다.

$$V_\phi(\phi) = f_\phi(x^*(\phi), y^*(\phi), \phi)$$

양변을 ϕ에 관해서 미분하면 다음을 얻는다.

[†] 역주 : 이 문장은 역주자가 추가한 것이다. V는 ϕ만의 함수이기 때문이다.

$$V_{\phi\phi} = f_{\phi x}\frac{\partial x^*}{\partial \phi} + f_{\phi y}\frac{\partial y^*}{\partial \phi} + f_{\phi\phi} \qquad \textbf{(13.46)}$$

식 (13.45)와 영의 정리를 이용하면 다음과 같이 쓸 수 있다:

$$V_{\phi\phi} - f_{\phi\phi} = f_{x\phi}\frac{\partial x^*}{\partial \phi} + f_{y\phi}\frac{\partial y^*}{\partial \phi} > 0 \qquad \textbf{(13.47)}$$

ϕ가 x에 관한 1계조건에만 등장한다면, $f_{y\phi} = 0$이 되어 (13.47)은 간단히 다음과 같이 된다.

$$f_{x\phi}\frac{\partial x^*}{\partial \phi} > 0 \qquad \textbf{(13.48)}$$

이것은 $f_{x\phi}$와 $\partial x^*/\partial\phi$는 같은 부호를 갖는다는 것을 의미한다. 따라서 파라미터 ϕ가 1계조건중 x에 관한 식에만 나타나는 것을 알고, 또 일단 목적함수 $U = f(x, y, \phi)$로부터 도함수 $f_{x\phi}$의 부호를 알아냈다면, 그 다음에는 추가작업없이 비교정태도함수 $\partial x^*/\partial\phi$의 부호를 바로 알 수 있다. 예를 들어, 이윤극대화 모형

$$\pi = Pf(K, L) - wL - rK$$

에서 1계조건은 다음과 같다.

$$\pi_L = Pf_L - w = 0$$
$$\pi_K = Pf_K - r = 0$$

여기서 외생변수 w는 1계조건 $Pf_L - w = 0$에만 나타나고, 이것은 다음과 같이 된다.

$$\frac{\partial \pi_L}{\partial w} = -1$$

그러므로 (13.48)에 의해서, $\partial L^*/\partial w$도 또한 음이 된다고 결론내릴 수 있다.

더욱이 포락성정리와 영의정리를 결합하면, **대칭관계**(reciprocity relation) $\partial L^*/\partial k = \partial K^*/\partial w$으로 알려진 관계를 도출할 수 있다. 간접이윤함수 $\pi^*(w, r, P)$로부터, 호텔링의 정리에 의하면, 다음을 얻는다.

$$\pi_w^* = \frac{\partial \pi^*}{\partial w} = -L^*(w, r, P)$$
$$\pi_r^* = \frac{\partial \pi^*}{\partial r} = -K^*(w, r, P)$$

이것을 다시 한번 미분하고 영의 정리를 적용하면, 다음을 얻는다.

$$\pi_{wr}^* = -\frac{\partial L^*}{\partial r} = -\frac{\partial K^*}{\partial w} = \pi_{rw}^*$$

또는
$$\frac{\partial L^*}{\partial r} = \frac{\partial K^*}{\partial w} \qquad \textbf{(13.49)}$$

이 결과는 **대칭관계**로 부른다. 왜냐하면 어떤 생산요소의 가격이 "다른" 요소의 수요에 미치는 효과를 나타내는 비교정태 교차효과가 대칭이 되기 때문이다. 특히, 비교정태의 의미에서 보면, r

(자본 K 에대한 임대율)이 노동 L 의 최적수요에 미치는 효과는 w(노동 L 에 대한 임금률)가 자본 L 의 최적수요에 미치는 효과와 일치한다.

제약하의 최적화문제의 포락성정리

포락성정리는 제약하의 극대화문제의 경우에서도 도출될 수 있다. 다시, 하나의 목적함수 (U), 두 선택변수 (x 및 y), 그리고 하나의 파라미터 (ϕ)를 가정한다. 그러나 이번에는 다음과 같은 제약을 도입한다.

$$g(x, y; \phi) = 0$$

문제는 이제 다음과 같이 된다.

$$\begin{aligned} &\text{목적식} \qquad U = f(x, y; \phi) \\ &\text{제약식} \qquad g(x, y; \phi) = 0 \end{aligned} \tag{13.50}$$

이 문제의 라그랑지함수는

$$Z = f(x, y; \phi) + \lambda[0 - g(x, y; \phi)] \tag{13.51}$$

이고, 1계조건들은 다음과 같다.

$$\begin{aligned} Z_x &= f_x - \lambda g_x = 0 \\ Z_y &= f_y - \lambda g_y = 0 \\ Z_\lambda &= -g(x, y; \phi) = 0 \end{aligned}$$

이 방정식체계를 풀면 다음을 얻는다.

$$x = x^*(\phi) \qquad y = y^*(\phi) \qquad \lambda = \lambda^*(\phi)$$

이 해값들을 목적함수에 대입하면, 다음을 얻는다.

$$U^* = f(x^*(\phi), y^*(\phi), \phi) = V(\phi) \tag{13.52}$$

단 $V(\phi)$는 간접목적함수, 즉 최적값함수이다. 이것은 어떤 임의의 ϕ와 제약을 충족하는 x, y가 주어질 때 U 의 극대값이 된다.

ϕ가 변화할 때 $V(\phi)$는 어떻게 변화하는가? 이를 보기 위해 먼저 V 를 ϕ에 관해서 미분하면 다음을 얻는다.

$$\frac{dV}{d\phi} = f_x \frac{\partial x^*}{\partial \phi} + f_y \frac{\partial y^*}{\partial \phi} + f_\phi \tag{13.53}$$

이 경우에는 그러나 제약하의 최적화문제에서는 반드시 $f_x = f_y = 0$이 되지는 않기 때문에 (표 12.1 참조), (13.53)은 $dV/d\phi = f_\phi$로 단순화될 수 없다. 그러나 이 x^*와 y^*를 제약식의 x와 y에 대입하면, 항등식

$$g(x^*(\phi), y^*(\phi), \phi) \equiv 0$$

을 얻고, 이것을 ϕ에 관해서 미분하면 다음을 얻는다.

$$g_x \frac{\partial x^*}{\partial \phi} + g_y \frac{\partial y^*}{\partial \phi} + g_\phi \equiv 0 \qquad \textbf{(13.54)}$$

식 (13.54)를 λ로 곱하고, 그 결과를 (13.53)과 결합하고 항들을 조정하면, 다음을 얻는다.†

$$\frac{dV}{d\phi} = (f_x - \lambda g_x)\frac{\partial x^*}{\partial \phi} + (f_y - \lambda g_y)\frac{\partial y^*}{\partial \phi} + f_\phi - \lambda g_\phi \qquad \textbf{(13.55)}$$

이 결과는 (13.31)과 같은 의미를 가지고, 1계조건에 의해서 그것은 간단히 다음과 같이 변형된다.

$$\frac{dV}{d\phi} = f_\phi - \lambda g_\phi = Z_\phi \qquad \textbf{(13.55')}$$

단 Z_ϕ는, 다른 모든 변수들을 일정하게 유지할 때, ϕ에 관한 라그랑지함수의 편도함수이다. 이것이 제약하의 최적화문제의 틀에서 포락성정리에 상당하는 것이다. 그러나 현재의 경우에는, 간접 목적함수를 도출할 때 목적함수가 라그랑지함수로 대체되었다는 것을 주목하라.

(13.55)의 결과는 제약이 없는 경우와 매우 비슷하지만, 어떤 비교정태 결과들은 파라미터들이 목적함수에만 나타나는지, 또는 제약들에만 나타나는지, 또는 두 경우 모두에 나타나는지의 여부에 결정적으로 의존하게 된다는 것을 유의해야 한다. 만약 파라미터가 목적함수에만 나타난다면, 비교정태 결과들은 제약이 없는 경우의 결과들과 일치한다.

라그랑지승수의 의미

제 12 장의 소비자선택문제에서 우리는 라그랑지승수 λ가 소비자의 예산이 변화할 때 라그랑지함수값의 변화를 나타낸다는 결과를 도출하였다. 우리는 λ를 소득의 한계효용으로 설명하였다. 이제 더 일반적인 라그랑지승수의 의미를 포락성정리를 이용하여 도출해 보자. 최적화문제

$$\begin{aligned} &\text{목적식} \qquad U = f(x, y) \\ &\text{제약식} \qquad g(x, y) = c \end{aligned}$$

를 고려한다. 단 c는 상수이다. 이문제의 라그랑지함수는

$$Z = f(x, y) + \lambda[c - g(x, y)] \qquad \textbf{(13.56)}$$

이고 1계조건은 다음과 같다.

$$\begin{aligned} Z_x &= f_x(x, y) - \lambda g_x(x, y) = 0 \\ Z_y &= f_y(x, y) - \lambda g_y(x, y) = 0 \\ Z_\lambda &= c - g(x, y) = 0 \end{aligned} \qquad \textbf{(13.57)}$$

1계조건 (13.57)의 처음 두식으로부터 다음을 얻는다.

$$\lambda = \frac{f_x}{g_x} = \frac{f_y}{g_y} \qquad \textbf{(13.58)}$$

† 역주 : 식 (13.55) 이하는 원서의 내용을 바꾸어 내용을 바로 잡았다.
†† 역주 : p. 361의 역주 참조.

이것은 목적함수의 등수준곡선(무차별곡선)의 기울기가 최적해에서 제약식의 기울기와 같아져야 한다는 조건이다.

식 (13.57)은 해

$$x^* = x^*(c) \qquad y^* = y^*(c) \qquad \lambda^* = \lambda^*(c) \tag{13.59}$$

를 암묵적으로 정의한다. 그리고 (13.59)를 라그랑지함수에 대입하면, 최적값함수

$$Z^*(c) \equiv V(c) f(x^*(c), y^*(c)) + \lambda^*(c)[c - g(x^*(c), y^*(c)] \tag{13.60}$$

을 얻는다. c에 관해서 미분하면 다음과 같이 된다.

$$\begin{aligned}\frac{dV}{dc} \equiv \frac{dZ^*}{dc} &= f_x \frac{\partial x^*}{\partial c} + f_y \frac{\partial y^*}{\partial c} + [c - g(x^*(c), y^*(c))] \frac{\partial \lambda^*}{\partial c} \\ &\quad - \lambda^*(c) g_x \frac{\partial x^*}{\partial c} - \lambda^*(c) g_y \frac{\partial y^*}{\partial c} + \lambda^*(c) \frac{dc}{dc}\end{aligned}$$

재정리하면 다음을 얻는다.

$$\frac{dZ^*}{dc} = [f_x - \lambda^* g_x] \frac{\partial x^*}{\partial c} + [f_y - \lambda^* g_y] \frac{\partial y^*}{\partial c} + [c - g(x^*, y^*)] \frac{\partial \lambda^*}{\partial c} + \lambda^*$$

괄호안의 세 개의 항은, (13.57)에 따라, 모두 0이 된다. 따라서 이식은 간단히

$$\frac{dV}{dc} = \frac{dZ^*}{dc} = \lambda^* \tag{13.61}$$

로 된다.† 이것은 최적값 λ^*는 c가 변화할 때 목적함수의 최적값의 변화율을 나타낸다는 것을 보여준다. 이 때문에 이것을 c의 "잠재가격"(shadow price)이라고 부른다. 이 경우에는 c가 단지 제약을 통해서만 이 문제에 등장하고, 그것이 원래 목적함수의 독립변수가 아니라는 것을 주목하기 바란다.

13.6 | 쌍대성과 포락성정리

소비자의 지출함수와 그의 간접효용함수는 **쌍대관계에 있는 문제들**(dual problems)의 극소값

† 역주: 원서에는 식 (13.61)의 유도과정에 오류가 있다. 이 역주에서는 이를 바로잡는다. 참고로 그 경위를 설명하면 다음과 같다. 원서의 식 (13.60)의 두 번째 등식이 식 (12.15)와 같은 식이다. 그리고 식 (13.61)의 두 번째 등식은 식 (12.16)과 같은 식이다. 그러므로 여기에서 새로 증명되어야 할 것은 본문의 식 (13.60)의 첫 번째 등식과 식 (13.61)의 첫째 등식이 성립한다는 것이다. 그런데 본문에서는 이 설명이 부족하다. 설명을 보충하면 다음과 같다.

극대값 함수 $V(c)$는 다음과 같이 정의되어야 한다.

$$V(c) = f(x^*(c), y^*(c))$$

그런데 본문의 식 (13.60)의 최우변의 꺾쇠안의 표현은 항등적으로 0이므로, 그 식의 첫째 등식 $V(c) = Z^*(c)$가 항등적으로 성립한다. 이 관계가 항등관계이므로 양변은 c에 관해 미분한 도함수들 사이에도 항등관계가 성립한다. 즉, 식 (13.61)의 첫째 등식 $\frac{dV}{dc} = \frac{dZ^*}{dc}$가 성립한다. 본문에서는 둘째 등식이 성립하는 이유만 설명하고 있다.

함수와 극대값함수를 구체적으로 나타낸다.† 지출함수는 효용함수와 소비재 가격이 주어졌을 때 일정수준의 효용을 얻을 수 있는 최소지출을 규정한다. 간접효용함수는 가격, 소득, 및 효용함수가 주어졌을 때 얻을 수 있는 최대효용을 규정한다.

원문제

효용함수가 $U(x, y)$ 이고, x 와 y 는 소비재라고 하자. 소비자는 예산액 B 를 가지고, 재화 x 와 y 의 시장가격 P_x 와 P_y 에 직면해 있다. 효용극대화문제

$$\begin{array}{lll} \text{목적식} & U = U(x, y) & \\ \text{제약식} & P_x x + P_y y = B & \text{[원문제]} \end{array} \quad (13.62)$$

는 **원문제** (primal problem) 로 간주된다. 이 문제에 대한 라그랑지함수는 우리에게 친숙한 다음 형태가 된다.

$$Z = U(x, y) + \lambda(B - P_x x - P_y y)$$

이 문제의 1계조건은 다음과 같이 된다.

$$\begin{aligned} Z_x &= U_x - \lambda P_x = 0 \\ Z_y &= U_y - \lambda P_y = 0 \\ Z_\lambda &= B - P_x x - P_y y = 0 \end{aligned} \quad (13.63)$$

이 방정식체계는 x^m, y^m, 및 λ^m 에 대한 해를 외생변수 B, P_x, P_y 의 함수로 암묵적으로 정의한다. 즉,

$$\begin{aligned} x^m &= x^m(P_x, P_y, B) \\ y^m &= y^m(P_x, P_y, B) \\ \lambda^m &= \lambda^m(P_x, P_y, B) \end{aligned}$$

해 x^m 과 y^m 은 그 소비자의 통상수요함수이다. 이를 때로는 "마샬수요함수" (Marshallian demand function) 라고 부르는데, 이 때문에 상첨자 m 으로 표시되었다.

해 x^m 과 y^m 을 효용함수에 대입하면 다음과 같이 된다.

$$U^* = U^*(x^m(P_x, P_y, B), y^m(P_x, P_y, B)) \equiv V(P_x, P_y, B) \quad (13.64)$$

단 V 는 간접효용함수이다. 즉, 원문제 (13.62) 에서 도달할 수 있는 극대효용을 나타내는 최적값함수이다. 이 함수는 나중에 다시 언급된다.

쌍대문제

이제 원문제와 관련된 그 소비자의 **쌍대문제**를 고려해보자. 이 문제는 원문제 (13.64) 에서 도출된 고정된 효용수준 U^* 를 유지하면서 x 와 y 에 대한 지출액을 극소화하는 문제이다. 즉 그 쌍대

† 경제이론에서의 쌍대성은 두개의 제약하의 최적화문제들 사이의 관계이다. 만일 한 문제가 제약하의 극대화를 규정하면, 상대방 문제는 제약하의 극소화를 규정하게 된다. 각 문제의 구조와 해는 상대방 문제의 구조와 해에 대한 정보를 제공한다.

문제는

$$\begin{array}{lll} \text{목적식} & E = P_x x + P_y y & \\ \text{제약식} & U(x, y) = U^* & \end{array} \quad [\text{쌍대문제}] \qquad \textbf{(13.65)}$$

으로 주어지며, 이 문제의 라그랑지함수는

$$Z^d = P_x x + P_y y + \mu \left[U^* - U(x, y) \right]$$

이고, 1계조건은 다음과 같다.

$$\begin{aligned} Z_x^d &= P_x - \mu U_x = 0 \\ Z_y^d &= P_y - \mu U_y = 0 \\ Z_\lambda^d &= U^* - U(x, y) = 0 \end{aligned} \qquad \textbf{(13.66)}$$

이 방정식체계는 x^h, y^h 및 μ^h 라는 기호로 표시되는 해값들의 집합을 암묵적으로 정의한다. 즉,

$$\begin{aligned} x^h &= x^h(P_x, P_y, U^*) \\ y^h &= y^h(P_x, P_y, U^*) \\ \mu^h &= \mu^h(P_x, P_y, U^*) \end{aligned}$$

여기서 x^h와 y^h는 ("실질소득"이 일정하게 유지되도록 보상이 이루어진 상태에서의) 보상수요함수 (compensated demand function) 이다. 그것들은 보통 "힉스수요함수" (Hicksian demand function) 로 부르고, 이 때문에 상첨자 h를 붙인다.

x^h와 y^h를 이 쌍대문제의 목적함수에 대입하면 다음과 같이 된다.

$$P_x x^h(P_x, P_y, U^*) + P_y y^h(P_x, P_y, U^*) \equiv E(P_x, P_y, U^*) \qquad \textbf{(13.67)}$$

여기서 E는 지출함수이다. 즉, 효용수준 U^*를 얻기 위해 필요한 최소지출액을 보여주는 최적값함수이다.

쌍대성

식 (13.63) 및 (13.66) 의 처음 두 식에서 라그랑지승수를 소거하면, 다음과 같이 쓸 수 있다.

$$\frac{P_x}{P_y} = \frac{U_x}{U_y} \qquad \textbf{(13.68)}$$

이것은 선의 **기울기조건** (tangency condition) 으로서, 소비자는 무차별곡선의 기울기와 예산선의 기울기가 같아지는 점을 선택한다는 것을 보여준다. 이 기울기조건은 두 문제에서 똑같이 성립한다. 따라서 극소화문제에서의 목표효용수준을 극대화문제로부터 얻은 값 U^*와 같게 놓으면, 다음을 얻는다.

$$\begin{aligned} x^m(P_x, P_y, B) &= x^h(P_x, P_y, U^*) \\ y^m(P_x, P_y, B) &= y^h(P_x, P_y, U^*) \end{aligned} \qquad \textbf{(13.69)}$$

즉, 극대화문제의 해와 극소화문제의 해는 모두 동일한 x와 y의 값들을 준다. 그러나 그 해들은 다른 외생변수집합들의 함수들이고, 따라서 비교정태문제의 결과는 일반적으로 다르게 된다.

원문제와 쌍대문제에서의 x와 y에 대한 해값들이 동일한 무차별곡선과 예산선의 접점에 의해서 결정된다는 사실은 쌍대문제에서의 극소화된 지출이 원문제의 주어진 예산액 B와 같다는 것을 의미한다. 즉,

$$E(P_x, P_y, U^*) = B \tag{13.70}$$

이 결과는, 식 (13.64)의 결과에 대응하는 것으로, 이 식은 원문제에서 극대화된 효용 U의 값은 쌍대문제에서 주어진 목표효용수준 U^*와 같다는 것을 나타낸다.

x와 y의 해값들은 두 문제에서 같지만, 라그랑지승수의 해값의 경우에는 그렇지 않다. (13.63)과 (13.66)의 첫 번째 식으로부터, $\lambda = U_x/P_x$ 이지만, $\mu = P_x/U_x$ 라는 것을 알 수 있다. 따라서, λ와 μ의 해값은 서로 역수가 된다. 즉,

$$\lambda = \frac{1}{\mu} \qquad \text{또는} \qquad \lambda^m = \frac{1}{\mu^h} \tag{13.71}$$

로이의 항등식

포락성정리를 적용하여 우리는 로이의 항등식(Roy's identity)을 도출할 수 있다. 로이의 항등식은 소비자의 마샬수요함수가 극대값함수의 두 편도함수의 비율에 마이너스를 붙인 것과 같다는 것을 말한다.

최적값 x^m, y^m, 및 λ^m을 문제 (13.62)의 라그랑지함수에 대입하면 다음과 같이 된다.†

$$V(P_x, P_y, B) = U(x^m, y^m) + \lambda^m\left(B - P_x x^m - P_y y^m\right) \tag{13.72}$$

(13.72)를 P_x에 관하여 미분하면, 다음을 얻는다.

$$\begin{aligned}\frac{\partial V}{\partial P_x} &= (U_x - \lambda^m P_x)\frac{\partial x^m}{\partial P_x} + (U_y - \lambda^m P_y)\frac{\partial y^m}{\partial P_x}\\ &\quad + (B - P_x x^m - P_y y^m)\frac{\partial \lambda^m}{\partial P_x} - \lambda^m x^m\end{aligned}$$

최적해에서, 1계조건 (13.63)에 의해서 이것은 간단히 다음과 같이 된다.

$$\frac{\partial V}{\partial P_x} = -\lambda^m x^m$$

다음으로, 그 극대값함수를 B에 관해서 미분하면, 다음을 얻는다.

$$\begin{aligned}\frac{\partial V}{\partial B} &= (U_x - \lambda^m P_x)\frac{\partial x^m}{\partial B} + (U_y - \lambda^m P_y)\frac{\partial y^m}{\partial B}\\ &\quad + (B - P_x x^m - P_y y^m)\frac{\partial \lambda^m}{\partial B} + \lambda^m\end{aligned}$$

다시, 최적해에서, 1계조건 (13.63)에 의해서, 이것은 간단히 다음과 같이 된다.

$$\frac{\partial V}{\partial B} = \lambda^m$$

† 역주 : 간접목적함수와 간접라그랑지함수간의 항등성이 설명되었어야 하는데 생략되었다. 설명은 불필요하게 복잡하다. 포락성정리를 적용하면 된다.

이 두 편도함수의 비율을 취하면 다음을 얻는다.

$$\frac{\partial V/\partial P_x}{\partial V/\partial B} = -x^m \tag{13.73}$$

이 결과는 **로이의 항등식**으로 알려져 있고, 이는 상품 x에 대한 마샬수요함수는, 극대값함수 V를 P_x와 B 각각에 관해서 미분하여 얻어지는 두 편도함수들의 비율에 마이너스를 붙인 것과 같다는 것을 보여준다. x와 y 간의 대칭성 때문에, y에 대한 마샬수요함수 y^m에 관해서도 (13.73)과 유사한 결과를 얻을 수 있다. 이 결과는 물론 포락성정리를 직접 적용해도 얻을 수 있다.

셰파드의 정리

제 13.5 절에서 우리는 호텔링의 정리를 도출하였다. 이것은 이윤함수의 편도함수들이 당해 기업의 요소수요함수와 생산물공급함수가 된다는 것을 보여준다. 이와 비슷한 방법을 지출함수에 적용하면 셰파드의 정리 (shephard' s lemma)를 얻는다.

소비자의 지출극소화문제 (13.65)를 고려하자. 이 문제의 1계조건으로부터 다음과 같은 해들이 암묵적으로 정의된다.

$$\begin{aligned} x^h &= x^h(P_x, P_y, U^*) \\ y^h &= y^h(P_x, P_y, U^*) \\ \mu^h &= \mu^h(P_x, P_y, U^*) \end{aligned}$$

이 해들을 목점함수에 대입하면, 지출함수 $E(P_x, P_y, U^*)$가 얻어지고, 이는 또 라그랑지함수에 이 해들을 대입한 것과 같다. 마지막 항이 항등적으로 0이기 때문이다. 즉,

$$E(P_x, P_y, U^*) = P_x x^h + P_y y^h + \mu^h[U^* - U(x^h, y^h)]$$

이 식의 P_x와 P_y에 관한 편도함수들을 구하고, 그것들을 최적점에서 계산하면, $\partial E/\partial P_x$와 $\partial E/\partial P_y$가 각각 소비자의 힉스수요함수를 나타내는 것을 알 수 있다: 즉,

$$\begin{aligned} \frac{\partial E}{\partial P_x} &= (P_x - \mu^h U_x)\frac{\partial x^h}{\partial P_x} + (P_y - \mu^h U_y)\frac{\partial y^h}{\partial P_x} + [U^* - U(x^h, y^h)]\frac{\partial \mu^h}{\partial P_x} + x^h \\ &= (0)\frac{\partial x^h}{\partial P_x} + (0)\frac{\partial y^h}{\partial P_x} + (0)\frac{\partial \mu^h}{\partial P_x} + x^h = x^h \end{aligned} \tag{13.74}$$

및

$$\begin{aligned} \frac{\partial E}{\partial P_y} &= (P_x - \mu^h U_x)\frac{\partial x^h}{\partial P_y} + (P_y - \mu^h U_y)\frac{\partial y^h}{\partial P_y} + [U^* - U(x^h, y^h)]\frac{\partial \mu^h}{\partial P_y} + y^h \\ &= (0)\frac{\partial x^h}{\partial P_y} + (0)\frac{\partial y^h}{\partial P_y} + (0)\frac{\partial \mu^h}{\partial P_y} + y^h = y^h \end{aligned} \tag{13.74'}$$

마지막으로, E를 제약량 U^*에 관하여 미분하면, 그 제약의 한계비용이 μ^h임을 알 수 있다. 즉,

$$\frac{\partial E}{\partial U^*} = (P_x - \mu^h U_x)\frac{\partial x^h}{\partial U^*} + (P_y - \mu^h U_y)\frac{\partial y^h}{\partial P_y}$$
$$+ [U^* - U(x^h, y^h)]\frac{\partial \mu^h}{\partial U^*} + \mu^h$$
$$= (0)\frac{\partial x^h}{\partial U^*} + (0)\frac{\partial y^h}{\partial U^*} + (0)\frac{\partial \mu^h}{\partial U^*} + \mu^h = \mu^h \quad \textbf{(13.74'')}$$

이 세 개의 편도함수 (13.74), (13.74′), 및 (13.74″)를 합쳐서 셰파드의 정리라고 한다.

예 1

어떤 소비자의 효용함수는 $U = xy$ 이고, 그의 예산제약은 B 이고, x 와 y 의 가격은 각각 P_x 와 P_y 라고 하자.

그 소비자의 효용극대화를 위한 선택의 문제는

목적식 $U = xy$

제약식 $P_x x + P_y y = B$

가 된다. 이 문제의 라그랑지 함수는

$$Z = xy + \lambda(B - P_x x - P_y y)$$

이고, 1계조건은 다음과 같다.

$$Z_x = y - \lambda P_x = 0$$
$$Z_y = x - \lambda P_y = 0$$
$$Z_\lambda = B - P_x x - P_y y = 0$$

이 1계조건을 풀면 다음과 같은 해를 얻는다:

$$x^m = \frac{B}{2P_x} \qquad y^m = \frac{B}{2P_y} \qquad \lambda^m = \frac{B}{2P_x P_y}$$

단 x^m 과 y^m 은 그 소비자의 마샬수요함수이다. 2계조건을 보면, 유테헤시안이

$$|\overline{H}| = \begin{vmatrix} 0 & 1 & -P_x \\ 1 & 0 & -P_y \\ -P_x & -P_y & 0 \end{vmatrix} = 2P_x P_y > 0$$

이므로, 이 해는 극대값이 된다.†

이제 우리는 x^m 과 y^m 을 효용함수에 대입함으로써 이 문제의 간접효용함수를 도출할 수 있다:

$$V(P_x, P_y, B) = \left(\frac{B}{2P_x}\right)\left(\frac{B}{2P_y}\right) = \frac{B^2}{4P_x P_y} \quad \textbf{(13.75)}$$

† 이 유테 헤시안 (그리고 [예 2]의 유테 헤시안)은 테가 (12.19) 처럼 첫 번째 행과 열이 아니라, 세 번째 행과 열에 나타난다는 것에 주목하라. 이것은 라그랑지승수를 앞장에서와 마찬가지로 첫 번째 변수가 아니라 마지막 변수로 설정했기 때문이다. 연습문제 12.3의 3은 유테 헤시안에 대한 이 두 대안의 표현은 기본행연산 및 기본열연산에 의해서 그 행렬식의 값에 영향을 주지 않으면서, 서로 변환될 수 있음을 보여준다. 그러나 선택변수가 2개 이상일 때에는 (12.19) 형식을 사용하는 것이 더 좋은데, 왜냐하면 유테 주소행렬식을 쓰는 것이 좀 더 쉽기 때문이다.

단 V는 극대화된 효용을 나타낸다. V가 극대화된 효용을 나타내기 때문에, 우리는 (13.75)에서 $V=U^*$로 놓음으로서 $B^2/4P_xP_y=U^*$를 얻는다. 이를 B에 관해서 풀면 B는

$$B=(4P_xP_yU^*)^{1/2}=2P_x^{1/2}P_y^{1/2}U^{*1/2}$$

으로 된다.

이제, 지출을 극소화하는 소비자의 쌍대문제를 생각해 보자. 쌍대문제에서, 극소지출함수 E는 원문제의 주어진 예산액 B와 같아져야 된다고 했으므로, 우리는 앞의 식으로부터

$$E(P_x, P_y, U^*)=B=2P_x^{1/2}P_y^{1/2}U^{*1/2} \tag{13.76}$$

이라는 것을 바로 알 수 있다.

이제 이 예를 이용하여 로이의 항등식 (13.73)

$$x^m=-\frac{\partial V/\partial P_x}{\partial V/\partial B}$$

을 입증해 보자. 이 문제와 관련된 V의 편도함수들을 구하면 다음과 같다.

$$\frac{\partial V}{\partial P_x}=-\frac{B^2}{4P_x^2P_y}$$

및

$$\frac{\partial V}{\partial B}=\frac{B}{2P_xP_y}$$

이 두 편도함수의 비에 마이너스를 붙이면

$$-\frac{\dfrac{\partial V}{\partial P_x}}{\dfrac{\partial V}{\partial B}}=-\frac{\left(\dfrac{B^2}{4P_x^2P_y}\right)}{\left(\dfrac{B}{2P_xP_y}\right)}=\frac{B}{2P_x}=x^m$$

이 된다. 이로써 로이의 항등식이 성립한다는 것이 확인된다.

예 2

이제 [예 1]과 관련된 효용의 일정수준이 주어졌을 때, 쌍대문제인 비용극소화문제를 생각해보자. U^*를 효용의 목표수준을 나타내는 것으로 놓으면, 문제는

목적식 $\quad P_xx+P_yy$
제약식 $\quad xy=U^*$

이 된다. 이 문제의 라그랑지함수는

$$Z^d=P_xx+P_yy+\mu(U^*-xy)$$

이고, 1계조건은

$$Z_x^d=P_x-\mu y=0$$
$$Z_y^d=P_y-\mu x=0$$
$$Z_\mu^d=U^*-xy=0$$

이 된다. 이 방정식체계를 x, y 및 μ에 대해서 풀면, 다음을 얻는다.

$$x^h = \left(\frac{P_y U^*}{P_x}\right)^{\frac{1}{2}}$$
$$y^h = \left(\frac{P_x U^*}{P_y}\right)^{\frac{1}{2}} \tag{13.77}$$
$$\mu^h = \left(\frac{P_x P_y}{U^*}\right)^{\frac{1}{2}}$$

단 x^h와 y^h는 소비자의 보상 (힉스)수요함수이다. 극소화의 2계조건을 검토하면,

$$|\bar{H}| = \begin{vmatrix} 0 & -\mu & -y \\ -\mu & 0 & -x \\ -y & -x & 0 \end{vmatrix} = -2xy\mu < 0$$

을 얻는다. 따라서 극소화에 대한 충분조건이 만족된다.

x^h와 y^h를 원래 목적함수에 대입하면, 우리는 다음과 같은 극소값함수, 즉, 지출함수를 얻는다:

$$\begin{aligned} E &= P_x x^h + P_y y^h = P_x\left(\frac{P_y U^*}{P_x}\right)^{1/2} + P_y\left(\frac{P_x U^*}{P_y}\right)^{1/2} \\ &= (P_x P_y U^*)^{1/2} + (P_x P_y U^*)^{1/2} \\ &= 2P_x^{1/2} P_y^{1/2} U^{*1/2} \end{aligned} \tag{13.76'}$$

이 결과는 [예 1]의 (13.76)과 일치한다는 것을 주목하기 바란다. 차이점은 단지 이 결과를 도출하기 위하여 사용된 방법이 다르다는데 있다. 식 (13.76′)는 지출극소화문제에서 직접 얻은 반면, (13.76)은 효용극대화문제에서 쌍대성 관계를 통하여 간접적으로 추론되었다.

이제 이 예를 이용하여 셰파드의 정리 (13.74), (13.74′) 및 (13.74″)의 타당성을 점검해 보기로 한다. 지출함수 (13.76′)를 각각 P_x, P_y 및 U^*에 대해서 미분하고, 그로부터 얻은 편도함수들을 (13.77)과 결합하면 다음을 얻는다.

$$\frac{\partial E(P_x, P_y, U^*)}{\partial P_x} = \frac{P_y^{1/2} U^{*1/2}}{P_x^{1/2}} = x^h$$
$$\frac{\partial E(P_x, P_y, U^*)}{\partial P_y} = \frac{P_x^{1/2} U^{*1/2}}{P_y^{1/2}} = y^h$$
$$\frac{\partial E(P_x, P_y, U^*)}{\partial U^*} = \frac{P_x^{1/2} P_y^{1/2}}{U^{*1/2}} = \mu^h$$

따라서 셰파드의 정리가 이 예에서 성립한다.

연습문제 13.6

1. 소비자의 효용함수가 $U(x, y) = x(y+1)$이다. 단 x와 y는 두 소비재의 양이고, 그 가격은 각각 P_x와 P_y이다. 소비자는 또한 예산 B를 가지고 있다. 그러므로 소비자의 라그랑지함수는 $x(y+1) + \lambda(B - P_x x - P_y y)$이다.

(*a*) 1계조건으로부터 수요함수에 대한 식을 구하라.

(*b*) 2계조건을 검토함으로써 이것이 극대값이라는 것을 입증하라. x^*와 y^*를 효용함수에 대입함으로써, 간접효용함수 $U^* = U(P_x, P_y, B)$를 구하고, 또 지출함수 $E = E(P_x, P_y, U^*)$를 도출하라.

(*c*) 이 문제는 다음과 같은 지출극소화의 쌍대문제로 바꿀 수 있다.

$$\text{목적식} \qquad P_x x + P_y y$$
$$\text{제약식} \qquad x(y+1) = U^*$$

이 극소화문제를 풀어 x와 y의 값을 구하고, 이 x와 y의 값들은 각각 지출함수의 편도함수들, $\partial E / \partial P_x$ 및 $\partial E / \partial P_y$와 일치함을 보여라.

13.7 | Part 4의 결론

지금까지 제 4 부에서는 최적화문제에 관한 기본적인 분석기법들을 다루었다. 다소 힘든 과정을 거치기는 했지만, 우리는 (1) 단일의 선택변수의 경우로부터 더 일반적인 n 변수의 경우까지, (2) 목적함수로는 다항함수로부터 지수함수와 로그함수까지, 그리고 (3) 제약이 없는 최적화문제로부터 제약하의 최적화문제까지 두루 논의해 왔다.

이러한 논의의 대부분은 미분학의 골격과 여러 계의 도함수를 이용하는 "고전적" 최적화문제로 이루어졌다. 그러나 이 방법의 단점 중의 하나는, 그것이 본질적으로 근시안적 분석이 될 수밖에 없다는 것이다. 도함수나 미분으로 이루어진 1계조건과 2계조건은 상대적 혹은 국지적 극값의 위치를 별 어려움 없이 결정해 줄 수 있지만, 절대적 혹은 전역적 극값을 판정하려면 추가 정보나 혹은 그 이상의 분석이 요구된다. 우리가 지금까지 볼록성, 오목성, 준볼록성, 준오목성의 개념을 자세하게 논의한 이유는 이 개념들이 상대적 극값의 영역에서 절대적 극값의 영역으로 넘어가는 유용한 디딤돌이 되기 때문이다.

미분학을 이용한 방법에서 나타나는 더 심각한 한계는 부등식 형태의 제약식을 처리할 수 없다는 데 있다. 이 이유 때문에, 예를 들어 효용극대화모형에서 예산제약식은 총지출이 주어진 소득과 정확하게 **같아지는**(적거나 혹은 같아지는 것이 아니라) 형태로 표시된다. 다시 말하면, 미분학을 이용한 방법의 한계는 소비자가 처분 가능한 소득의 일부를 저축할 수 있는 가능성을 필연적으로 부정하게 된다는 데 있다. 그리고 경제학의 상식으로서, 선택변수가 비음이 되어야 한다는 제약을 명시적으로 다룰 수 없는 것도 똑같은 이유 때문이다.

다행히도 비선형계획법으로 알려진 최적화문제의 현대적 기법을 도입함으로써 이 한계들로부터 벗어날 수 있게 되었다. 이제 우리는 비음선택변수를 포함하여, 부등식제약을 최적화문제에 광범위하게 수용할 수 있게 되었다. 이것은 최적화 방법론의 전개에서 큰 전진을 이룬 것으로 된다.

그러나 비선형계획법에서도 그 분석적 틀은 여전히 정태적이다. 그러한 최적화문제와 그 해는 오직 어떤 한 시점에서의 최적상태와만 관련되는 것이고, 어떤 주어진 상황에서 최적화를 추구하는 경제주체가 시간에 따라 어떻게 행동해야 하는가의 문제를 다룰 수는 없다. 이 후자의 질문은 **동태적 최적화문제**(dynamic optimization)의 영역에 해당되는 것이다. 이 문제를 다루기 위해서는 — 시간의 경과에 따른 변수의 움직임을 분석할 수 있는 — 동태분석의 기초를 알아야 한다. 사실, 동태분석은, 동태적 최적화문제에 응용된다는 것 이외에도, 그 자체가 경제분석의 하나의 중요한 분야이다. 이 때문에, 이제 제 5 부에서는 동태분석을 다루기로 한다.

Chapter 13 요약

❖ 최적화의 추가문제 ❖

1. 비선형계획법은 목적식과 제약식이 모두 비선형인 경우의 수리계획법으로 다음과 같은 일반적 형태를 가진다.

   목적식 $\pi = f(x)$

   제약식 $g(x) < r$

   $x \geq 0$

   단, x 는 $n \times 1$ 벡터이고, $g(x)$ 는 $m \times 1$ 벡터이다.
2. 비선형계획문제의 최적해의 필요조건 및 충분조건과 관련하여 가장 중요한 개념은 쿤-터커 조건이다.
3. 제약조건에 변칙적인 상황이 존재하지 않는 한 (즉, 소위 제약자격조건을 충족하는 한) 쿤-터커 조건은 비선형계획문제의 최적해의 필요조건이 된다. 선형제약은 항상 제약자격조건을 만족한다.
4. 쿤-터커의 충분성정리에 의하여, 극대화 비선형계획문제에서, 목적함수가 오목함수이고 제약식이 볼록함수이면 쿤-터커 조건은 최적해의 충분조건이 된다. 또 제약자격조건의 충족을 전제로 하면 쿤-터커 조건은 최적해의 필요충분조건이 된다.
5. 선형계획문제는 비선형계획문제의 특수 경우로서, 쿤-터커 충분성정리의 전제를 모두 충족한다. 따라서 이 경우 쿤-터커 조건은 최적해의 필요충분조건이 된다.
6. 애로우-엔도벤의 충분성정리는 목적함수가 준오목함수이고, 제약식이 준볼록함수인 경우, 쿤-터커 조건이 최적해의 필요충분조건이 될 추가조건을 제시하고 있다. 이는 효용극대화문제, 비용극소화문제 등에서 유용하게 이용된다.
7. 극대값함수는 최적상태에서의 목적함수를 파라미터들의 함수로 나타낸 것으로, 간접목적함수라고도 한다. 포락성정리는 간접목적함수의 비교정태분석을 지극히 단순화해주는 정리이다.

Part 5

동태분석

Dynamic Analysis

Chapter 14

동태분석과 적분법

동태분석 (dynamics) 이라는 용어가 경제분석에 적용되었을 때 갖는 의미는 시대와 경제학자에 따라 달라져 왔다.[†] 그러나 오늘날의 표준적인 용법에 따르면, 이 용어는 변수들의 특정한 시간경로를 추적 · 연구하거나 또는 충분한 시간이 주어져 있을 때 이 변수들이 일정한 (균형) 값에 수렴하려는 경향이 있는지의 여부를 알아보는 것을 목적으로 하는 분석의 유형을 의미한다. 이러한 종류의 정보는 정태분석과 비교정태분석의 결점을 메워 주기 때문에 중요하다. 정태 및 비교정태분석에서 우리는 항상 경제의 조정과정이 필연적으로 균형에 도달하게 된다는 자의적인 가정을 한다. 동태분석에서는 "도달가능성" (attainability) 의 문제를 가정에 의해서 회피해 버리지 않고 정면으로 다루게 될 것이다.

동태분석의 한 가지 두드러진 특징은 변수들에 **날짜를 붙임**으로써 (dating), **시간** (time) 을 명시적으로 고려하게 된다는 것이다. 이것은 다음과 같은 두 가지 방법으로 행해질 수 있다. 즉, 시간을 **연속적** (continuous) 변수로 취급할 수도 있고, 달리 **이산적** (discrete) 변수로 간주할 수도 있다. 전자의 경우에는, 각 시점 (point of time) 마다 변수에 어떤 일이 발생하고 있는 것이다. (연속적인 복리계산이 그 예이다). 반면에 후자의 경우에는 변수가 한 **기간** (period of time) 중에 단 한 번 변화를 겪는다 (이자가 매 6개월 말마다 복리계산되는 예를 들 수 있다). 이러한 시간 개념들 중 어느 것이 더 적절한가는 분석 대상의 상황에 따라 달라질 것이다.

우선 연속적 시간의 경우를 논의한다. 이와 관련된 수학적 기법은 **적분법** (integral calculus) 과 **미분방정식** (differential equations) 이다. 후에 제17장과 제18장에서 이산적 시간의 경우를 다루게 되는데, 여기서는 **차분방정식** (difference equations) 이 사용된다.

14.1 | 동태분석과 적분연산

일반적으로 말해서, 정태모형에서의 문제는 어떤 특정의 균형조건 (들) 을 충족시키는 내생변수들의 값을 구하는 것이다. 이를 최적화모형의 문맥에 적용하면, 그 과제는 특정한 목적함수를 최대화 (또는 최소화) 하는 선택변수들의 값을 구하는 것이 된다. 여기서는 1계조건이 균형조건이 된다. 이와는 대조적으로, 동태모형에서의 문제는, 이미 알고 있는 변화유형 (이를테면, 이미 알고 있는 순간변화율 등) 을 근거로 하여 어떤 변수의 시간경로를 묘사하는 것이 된다.

이것은 예를 통해 보면 명확해진다. 인구규모 H 가 다음과 같은 율로 변화한다고 하자.

[†] Fritz Machlup, "Static and Dynamics: Kaleidoscopic Words," *Southern Economic Journal*, October, 1959, pp.91~110; Machlup, *Essays on Economic Semantics*, Prentice–Hall, Inc., Englewood Cliffs, N.J.,1963, pp. 9~42에 재수록

$$\frac{dH}{dt} = t^{-1/2} \tag{14.1}$$

이때의 문제는 인구의 시간경로(들) $H=H(t)$ 중 어떤 것이 (14.1)의 변화율을 가져올 수 있는가를 찾아내는 것이다.

만약 처음부터 함수 $H=H(t)$를 알고 있다면, 도함수 $\frac{dH}{dt}$는 미분에 의해 구할 수 있다. 그러나 지금 당면하고 있는 문제는 그것과는 사정이 뒤바뀐 경우이다. 즉, 요구되는 것은 주어진 **도**함수로부터 **원시**함수를 구하는 것이지 그 역은 아니다. 수학적으로는 이제 미분연산의 정반대가 필요하다.

이 문제와 관련된 방법은 **적분연산**(integration) 또는 **적분법**(integral calculus)으로 알려져 있고, 이 장에서는 그 방법을 공부하고자 한다. 당분간은, 함수 $H(t)=2t^{1/2}$이 (14.1) 형태의 도함수를 가지며, 따라서 명백하게 위 문제의 한 해가 될 수 있음을 확인하는 것에 만족하기로 한다. 그러나 문제는, $H(t)=2t^{1/2}+15$, 또는 $H(t)=2t^{1/2}+99$, 또는 좀 더 일반적으로

$$H(t) = 2t^{1/2} + c \qquad [c = \text{임의의 상수}] \tag{14.2}$$

와 같은 함수들이 모두 (14.1) 형태의 도함수를 갖는다는 것이다. 그러므로 상수 c의 값이 어떤 방법으로든 확정되지 않으면, 유일한 시간경로는 결정될 수 없다. 이를 위해서는 추가적인 정보가 모형 내에 도입되어야만 하는데, 보통 이 정보는 소위 **초기조건**(initial condition) 또는 **경계조건**(boundary condition)의 형태로 주어진다.

만약 초기인구 $H(0)$의 값이 알려져 있다면 — 즉 $t=0$에서의 H의 값으로 가령 $H(0)=100$이라 하면 — 상수 c의 값은 결정될 수 있다. (14.2)에서 $t=0$으로 놓으면, 다음을 얻을 수 있다:

$$H(0) = 2(0)^{1/2} + c = c$$

그러나 $H(0)=100$이면 $c=100$이 되고, (14.2)는 다음과 같이 된다.

$$H(t) = 2t^{1/2} + 100 \tag{14.2'}$$

여기서 상수 c는 더 이상 임의의 수가 아니다. 보다 일반적으로 초기인구가 $H(0)$로 주어질 때, 시간경로는 다음과 같이 될 것이다.

$$H(t) = 2t^{1/2} + H(0) \tag{14.2''}$$

따라서 현재의 예에서 보자면, 임의의 어떤 시점에서의 인구규모 H는 초기인구 $H(0)$와 시간변수 t를 포함하는 또 다른 항의 합으로 이루어진다. 그와 같은 시간경로는 시간이 지남에 따라 변수 H가 어떻게 움직여 나가는가를 완전하게 보여 주고, 따라서 위의 동태모형의 해가 된다[방정식 (14.1) 역시 t의 함수이다. 그런데, **그것은** 왜 해라고 볼 수 없는가?].

비록 단순하기는 하지만, 이 인구 예는 경제적 동태분석문제의 핵심을 보여 주고 있다. 시간에 따른 변수의 움직임의 형태가 주어지면, 그 변수의 시간경로를 나타내는 함수를 구할 수 있다. 그 과정에서, 하나 이상의 임의의 상수가 나타나지만, 만약 **초기조건**의 형태로 충분한 추가적 정보가 주어진다면 이 값을 확정지을 수 있다.

위에서 예시한 것과 같은 단순한 유형의 문제에서는, 적분법을 사용하여 해를 구할 수 있다. 적분법이란, 주어진 도함수에서 거슬러 올라가서 그 원시함수를 찾아내는 과정을 다루는 것이다. 보

다 복잡한 경우에는, **미분방정식**으로 알려진 (적분법과 밀접하게 관련된) 수학분야의 기법을 사용한다. 미분방정식은 미분 또는 도함수를 포함하는 방정식으로 정의되므로, (14.1) 은 확실히 그 한 예이다. 따라서, 그 해를 구함으로써, 극히 단순한 것이긴 하지만, 사실상 하나의 미분방정식을 이미 풀어본 셈이 되는 것이다.

이어서 적분법의 기초적 개념들을 살펴보도록 하자. 앞에서 (t 가 아니라) x 를 독립변수로 하여 미분법을 논의했으므로, 여기에서도 그에 맞추어 x를 독립변수로 사용할 것이다. 그러나 편의상 앞으로의 논의에서는 원시함수와 도함수를 프라임 (′) 기호를 사용해서 구별하지 않고, 그 대신 각각 $F(x)$ 와 $f(x)$ 로 표기하도록 하겠다.

14.2 | 부정적분

적분의 성질

적분연산이 미분연산의 역연산임은 이미 언급하였다. 주어진 원시함수 $F(x)$ 를 미분하면 도함수 $f(x)$ 가 얻어진다고 할 때, 적분과정에서 생기는 임의의 상수의 값을 결정하는 데 필요한 적절한 정보를 이용할 수 있다면, $F(x)$ 를 구하기 위해 $f(x)$ 를 "적분"할 수 있다. 이때 함수 $F(x)$ 를 함수 $f(x)$ 의 **적분** (integration; 또는 **역도함수**: antiderivative) 이라 한다. 따라서 이들 두 종류의 과정은 가계도를 조사하는 두 가지 방법에 비유할 수 있을 것이다. 즉 **미분연산**이 함수 $F(x)$ 의 자손을 찾는 것인 데 반해, **적분연산**은 함수 $f(x)$ 의 조상을 추적하는 것이다. 그러나 다음과 같은 차이점에 주의해야 한다. (미분가능한) 원시함수 $F(x)$ 는 반드시 단 하나의 자손, 즉 유일한 도함수 $f(x)$ 낳는 반면에, 도함수 $f(x)$ 는 적분을 통해 무한히 많은 부모에게로 그 근원을 추적할 수 있다. 이것은 (14.2) 에서 알 수 있듯이, $F(x)$ 가 $f(x)$ 의 한 적분이면 $F(x)$ 에 어떤 상수를 더한 것도 역시 $f(x)$ 의 적분이 되기 때문이다.

$f(x)$ 의 x 에 관한 적분을 표시하기 위해서는 특별한 기호가 필요하다. 표준적인 기호는 다음과 같다.

$$\int f(x)\,dx$$

왼쪽 끝에 있는 기호 — [후에 설명되겠지만 합 (sum) 의 의미를 갖는] S 자를 길게 늘인 모양 — 는 **적분기호** (integral sign) 라 하며, $f(x)$ 부분은 **피적분함수** (integrand: 적분되는 함수) 라고 부른다. 그리고 dx 부분은 — 미분연산 d/dx 에서의 dx 와 비슷한 것인데 — 연산이 변수 x 에 관해 행해질 것임을 나타낸다. 그러나 $f(x)\,dx$ 를 한 덩어리로 보아 원시함수 $F(x)$ 의 미분으로 해석할 수도 있다 [즉 $dF(x)=f(x)\,dx$]. 이때 맨 앞의 적분기호는 그 미분을 생성시킨 미분연산과정을 역으로 행하라는 표시로 볼 수 있다. 이러한 새로운 표기를 사용하여

$$\frac{d}{dx}F(x)=f(x) \quad \Rightarrow \quad \int f(x)\,dx=F(x)+c \tag{14.3}$$

로 쓸 수 있는데, 여기서 임의의 **적분상수** (constant of integration) c 는 피적분함수의 복수의 부모들을 나타내기 위해 사용되고 있다.

더 상세히 말하면, 적분 $\int f(x)\,dx$ 는 확정된 수치를 갖지 않으므로, $f(x)$ 의 **부정적분**(indefinite integral)이라고 한다(이는 다음 절에서 논의할 **정적분**에 대비해서 하는 말이다). 이 부정적분의 값은 $F(x)+c$ 와 같기 때문에, (비록 c 가 확정된다고 할지라도) 일반적으로 x 값에 따라 그 값이 변한다. 따라서 도함수와 마찬가지로, 부정적분 그 자체도 변수 x 의 함수이다.

기초적 적분연산법칙

미분연산에 관한 법칙들이 있는 것과 마찬가지로, 적분연산의 법칙들도 역시 유도할 수 있다. 예상할 수 있는 바이지만, 후자는 우리가 이미 익숙해져 있는 미분에 관한 법칙들에 크게 의존한다. 예를 들어 멱함수에 대한 다음과 같은 도함수 공식을 보자.

$$\frac{d}{dx}\left(\frac{x^{n+1}}{n+1}\right)=x^n \qquad (n\neq -1)$$

여기서, $x^{n+1}/(n+1)$ 이라는 표현이 도함수 x^n 에 대한 원시함수임을 알 수 있는 것이다. 따라서 (14.3)의 $F(x)$ 와 $f(x)$ 대신에 이들을 대입함으로써, 다음과 같은 적분연산법칙 하나를 얻을 수 있다.

법칙 1 (멱법칙) $$\int x^n\,dx=\frac{1}{n+1}x^{n+1}+c \qquad (n\neq -1)$$

예 1 $\int x^3\,dx$ 를 구하라. 여기서 $n=3$ 이므로 다음이 성립한다.

$$\int x^3 dx=\frac{1}{4}x^4+c$$

예 2 $\int x dx$ 를 구하라. $n=1$ 이므로 다음을 얻는다.

$$\int x\,dx=\frac{1}{2}x^2+c$$

예 3 $\int 1 dx$ 를 구하라. 이 적분을 구하기 위해서는, $x^0=1$ 임을 상기하라. 따라서 멱법칙에서 $n=0$ 으로 놓을 수 있으므로 다음을 얻을 수 있다.

$$\int 1\,dx=x+c$$

[$1dx=dx$ 이므로, $\int 1dx$ 는 때로 간단히 $\int dx$ 로 표기된다.]

예 4 $\int \sqrt{x^3}\,dx$ 를 구하라. $\sqrt{x^3}=x^{3/2}$ 이므로 $n=\frac{3}{2}$ 이다. 그러므로, 다음이 성립한다.

$$\int \sqrt{x^3}\,dx=\frac{x^{5/2}}{\frac{5}{2}}+c=\frac{2}{5}\sqrt{x^5}+c$$

예 5 $\int \frac{1}{x^4}\,dx$, $(x\neq 0)$ 를 구하라. $\frac{1}{x^4}=x^{-4}$ 이므로 $n=-4$ 이고, 따라서 적분값은 다음과 같다.

$$\int \frac{1}{x^4}\, dx = \frac{x^{-4+1}}{-4+1} + c = -\frac{1}{3x^3} + c$$

적분연산의 결과가 정확한가는 미분연산을 통해 항상 검토할 수 있음에 주목하라. 적분연산이 정확하다면, 그 적분의 도함수는 피적분함수와 같아야만 한다.

간단한 지수함수 및 로그함수에 대한 도함수 공식이 다음과 같음은 앞에서 이미 보인 바 있다.

$$\frac{d}{dx}e^x = e^x \qquad \text{및} \qquad \frac{d}{dx}\ln x = \frac{1}{x} \qquad (x > 0)$$

이들로부터, 두 개의 다른 기초적 적분연산법칙을 유도할 수 있다.

법칙 2 (지수법칙)

$$\int e^x\, dx = e^x + c$$

법칙 3 (로그법칙)

$$\int \frac{1}{x}\, dx = \ln x + c \qquad (x > 0)$$

법칙 3에서 나타나는 피적분함수는 $\frac{1}{x} = x^{-1}$로서, 멱함수 x^n의 $n = -1$일 때의 특수한 형태라는 것은 흥미로운 사실이다. 이러한 특수한 피적분함수는 멱법칙에서는 받아들여질 수 없지만, 이제 로그법칙에 의해 적절히 취급되고 있는 것이다.

위에서 밝힌 대로, 로그는 x의 양이 아닌 값에 대해서는 존재하지 않기 때문에, 로그법칙은 $x > 0$의 제약하에서 성립한다. x의 음수값까지 고려한 보다 일반적인 공식은 다음과 같다.

$$\int \frac{1}{x}\, dx = \ln|x| + c \qquad (x \neq 0)$$

이것은 $(d/dx)\ln x = \frac{1}{x}$이 성립하듯이 $(d/dx)\ln|x| = \frac{1}{x}$이 성립함을 의미한다. 독자들은 ($x > 0$의 제약을 가진) x를 ($x \neq 0$의 제약을 가진) $|x|$로 대체하는 것이 전혀 위의 공식을 손상시키지 않음을 스스로 확인할 수 있을 것이다.

그리고 표기상의 문제로서, $\int \frac{1}{x}\, dx$가 때때로 $\int \frac{dx}{x}$로도 쓰여짐을 지적할 수 있다.

법칙 2와 법칙 3의 변형으로, 다음의 두 법칙을 유도할 수 있다.

법칙 2a

$$\int f'(x)e^{f(x)}\, dx = e^{f(x)} + c$$

법칙 3a

$$\int \frac{f'(x)}{f(x)}\, dx = \ln f(x) + c \qquad [f(x) > 0]$$

$$\text{또는} \qquad \ln|f(x)| + c \qquad [f(x) \neq 0]$$

이들 두 법칙을 유도하기 위한 기초는 (10.20)의 도함수법칙에서 찾을 수 있다.

연산의 법칙

이상의 세 법칙은 모든 적분연산법칙들의 밑바탕에 놓여있는 원리를 충분히 보여주고 있다. 각 법칙은 항상 어떤 하나의 도함수공식에 대응하고 있다. 또한 한 부류의 원시함수 전체가 주어진 피적분함수를 생성한다는 것을 나타내기 위해, 임의의 상수가(비록 주어진 경계조건을 사용하여 나중에 그 값이 확정된다 할지라도) 항상 끝에 덧붙여진다.

그러나 더 복잡한 피적분함수를 다룰 수 있기 위해서는, 적분에 관한 다음의 두 가지 연산법칙들이 필요하다.

법칙 4 **(합의 적분)** 유한개의 함수들의 합의 적분은 그들 함수들의 적분의 합이다. 함수가 2개 있는 경우에 이 법칙은 다음을 의미한다.

$$\int [f(x) + g(x)]\, dx = \int f(x)\, dx + \int g(x)\, dx$$

이 법칙은 다음의 사실로부터 쉽게 도출할 수 있다:

$$\underbrace{\frac{d}{dx}[F(x) + G(x)]}_{A} = \underbrace{\frac{d}{dx}F(x) + \frac{d}{dx}G(x)}_{B} = \underbrace{f(x) + g(x)}_{C}$$

$A = C$ 이므로, (14.3) 에 의해 다음과 같이 쓸 수 있다:

$$\int [f(x) + g(x)]\, dx = F(x) + G(x) + c \qquad \textbf{(14.4)}$$

그러나 $B = C$ 라는 사실로부터 다음을 알 수 있다:

$$\int f(x)\, dx = F(x) + c_1 \quad \text{및} \quad \int g(x)\, dx = G(x) + c_2$$

따라서 (둘을 더함으로써) 다음을 얻을 수 있다:

$$\int f(x)\, dx + \int g(x)\, dx = F(x) + G(x) + c_1 + c_2 \qquad \textbf{(14.5)}$$

상수 c, c_1, c_2 의 값은 임의적인 것이므로, $c = c_1 + c_2$ 로 놓을 수 있다. 그러면 (14.4) 와 (14.5) 의 우변이 같아지게 되고, 따라서 좌변도 같아야만 한다. 이상이 법칙 4의 증명이다.

예 6

$\int (x^3 + x + 1)\, dx$를 구하라. 법칙 4에 의해, 이 적분은 세 개의 적분의 합으로 표현할 수 있다. 즉, $\int x^3\, dx + \int x dx + \int 1 dx$가 그것이다. 이들 적분의 값은 예 1, 2, 3에서 이미 구했으므로, 이들 결과를 결합하면 다음을 얻을 수 있다.

$$\int (x^3 + x + 1)\, dx = \left(\frac{x^4}{4} + c_1\right) + \left(\frac{x^2}{2} + c_2\right) + (x + c_3) = \frac{x^4}{4} + \frac{x^2}{2} + x + c$$

마지막 식에서는 하첨자가 있는 세 개의 상수들을 단일 상수 c로 통합하여 표현하였다.

일반적으로 적분연산과정에서 나타나는 모든 부가적인 임의의 상수들은 항상 최종적인 답에서 하나의 임의의 상수로 결합하여 나타낼 수 있다.

예 7

$\int \left(2e^{2x} + \frac{14x}{7x^2+5}\right) dx$ 를 구하라. 법칙 4에 의하면, 피적분함수의 두 항을 따로 적분한 후 그 결과를 합하면 된다. $2e^{2x}$ 항은 법칙 2a의 $f'(x)\,e^{f(x)}$ 의 형태에서 $f(x) = 2x$ 인 경우이므로, 그 적분은 $e^{2x} + c_1$ 이다. 마찬가지로, 또 하나의 항 $14x/(7x^2+5)$ 는 $f(x) = 7x^2+5>0$ 일 때의 $f'(x)/f(x)$ 의 형태를 띠고 있다. 따라서 법칙 3a에 의해, 적분은 $\ln(7x^2+5) + c_2$ 가 된다. 그러므로 c_1과 c_2 를 하나의 임의의 상수 c 로 결합하면

$$\int \left(2e^{2x} + \frac{14x}{7x^2+5}\right) dx = e^{2x} + \ln(7x^2+5) + c$$

로 쓸 수 있다.

법칙 5 **(곱의 적분)** 어떤 피적분함수를 k 배 (k 는 상수) 한 것의 적분은 피적분함수의 적분의 k 배이다. 이를 기호로는 다음과 같이 나타낼 수 있다.

$$\int kf(x)\,dx = k\int f(x)\,dx$$

이 법칙이 연산상 갖는 의미는, 상수인 승수는 적분기호 밖으로 내보낼 수 있다는 것이다 (주의: **변수**항은 이런 식으로 분리될 수 **없다**!). 이 법칙을 증명하려면, k 곱하기 $f(x)$는 단지 $f(x)$를 k 번 더하는 것을 의미함을 상기하면 된다.† 그러면 법칙 4에 의하여 다음이 성립함을 알 수 있다.

$$\int kf(x)\,dx = \int \underbrace{[f(x) + f(x) + \cdots + f(x)]}_{k\text{개}}\,dx$$
$$= \underbrace{\int f(x)\,dx + \int f(x)\,dx + \cdots + \int f(x)\,dx}_{k\text{ 개}} = k\int f(x)\,dx$$

예 8

$\int -f(x)\,dx$ 를 구하라. 여기서는 $k = -1$이므로, 다음을 알 수 있다.

$$\int -f(x)\,dx = -\int f(x)\,dx$$

즉, 어떤 함수의 음의 적분은 그 함수의 적분의 음과 같다.

예 9

$\int 2x^2\,dx$ 를 구하라. 2의 인수를 분리해 밖으로 내보내고, 법칙 1을 적용하면 다음과 같다.

$$\int 2x^2\,dx = 2\int x^2\,dx = 2\left(\frac{x^3}{3} + c_1\right) = \frac{2}{3}x^3 + c$$

† 역주: 그러나 이 법칙에서는 k가 어떤 실수라도 성립하므로 k가 정수인 경우에 한정되는 아래의 증명방법은 완전한 것이 될 수 없다.

예 10

$\int 3x^2\,dx$ 를 구하라. 이 경우 상수인 승수를 분리해 내면 다음을 얻을 수 있다.

$$\int 3x^2\,dx = 3\int x^2\,dx = 3\left(\frac{x^3}{3}+c_1\right) = x^3 + c$$

앞의 예와는 대조적으로, 최종적인 답 속의 x^3 항에 어떤 분수표현도 붙어 있지 않음에 주의하라. 이러한 깨끗한 결과는 3 (피적분함수의 상수인 승수) 이 정확히 2 (그 함수의 멱) 에 1을 더한 것과 같다는 사실에 기인한다. 멱법칙 (법칙 1) 에 의하여, 그와 같은 경우에는 상수승수 $(n+1)$은 분수 $1/(n+1)$과 상쇄되어 없어지고, 답은 $(x^{n+1}+c)$가 되는 것이다.

일반적으로, 피적분함수가 $(n+1)x^n$ 의 형태일 때는, 상수 $(n+1)$ 을 밖으로 내보낸 다음 x^n 을 적분할 필요없이, 직접 $x^{n+1}+c$ 를 답으로 하면 된다.

예 11

$\int\left(5e^x - x^{-2} + \frac{3}{x}\right)dx$, $(x \neq 0)$를 구하라. 이것은 법칙 4와 법칙 5를 모두 응용한 예이다. 그리고 사실상 처음의 세 법칙들도 마찬가지로 보여 주고 있다. 이것을 자세히 살펴보면 다음과 같다:

$$\begin{aligned}\int\left(5e^x - \frac{1}{x^2} + \frac{3}{x}\right)dx &= 5\int e^x\,dx - \int x^{-2}\,dx + 3\int \frac{1}{x}\,dx \qquad [\text{법칙4와 5}]\\ &= (5e^x + c_1) - \left(\frac{x^{-1}}{-1} + c_2\right) + (3\ln|x| + c_3)\\ &= 5e^x + \frac{1}{x} + 3\ln|x| + c\end{aligned}$$

결과가 정확한지는 미분에 의해 확인할 수 있다.

치환에 관한 법칙

적분연산과정을 단순화시키는 두 가지 법칙을 더 소개하기로 한다. 이것은 적절한 때에는, 원래의 적분의 변수를 치환하는 것인데, 새로 도입된 변수로 말미암아 적분연산과정이 더 쉽게 된다면 이 법칙들은 유용한 것이 될 것이다.

법칙 6 **(치환법칙)** $f(u)(du/dx)$ 의 변수 x 에 관한 적분은 변수 u 에 관한 $f(u)$ 의 적분과 같다. 즉,

$$\int f(u)\frac{du}{dx}\,dx = \int f(u)\,du = F(u) + c$$

여기서 연산 $\int dx$ 가 연산 $\int du$ 로 바뀌었다.

적분법의 연쇄법칙이라 할 수 있는 이 법칙은 바로 미분법의 연쇄법칙을 써서 증명할 수 있다. 함수 $F(u)$ 가 주어지고 $u = u(x)$ 라 하면, 연쇄법칙에 의해 다음이 성립한다.

$$\frac{d}{dx}F(u) = \frac{d}{du}F(u)\frac{du}{dx} = F'(u)\frac{du}{dx} = f(u)\frac{du}{dx}$$

$f(u)(du/dx)$ 가 $F(u)$ 의 도함수이므로, (14.3) 으로부터 전자의 적분 (역도함수) 은 다음과 같다.

$$\int f(u)\frac{du}{dx}\,dx = F(u) + c$$

또 사실, 좌변에 있는 두 개의 dx 를 **약분**해도 같은 결과를 얻을 수 있다.

예 12

$\int 2x(x^2+1)\,dx$ 를 구하라. 이 답은 다음과 같이 먼저 피적분함수의 괄호를 풀고 그것을 적분함으로써 구할 수 있다:

$$\int 2x(x^2+1)\,dx = \int (2x^3+2x)dx = \frac{x^4}{2} + x^2 + c$$

그러나 치환법칙에 의해 답을 구할 수도 있다. $u = x^2 + 1$이라 놓자. 그러면 $du/dx = 2x$ 또는 $dx = du/2x$ 가 성립한다. dx 대신 $du/2x$ 를 대입하면 다음을 얻을 수 있다.

$$\begin{aligned}\int 2x(x^2+1)\,dx &= \int 2xu\frac{du}{2x} = \int u\,du = \frac{u^2}{2} + c_1 \\ &= \frac{1}{2}(x^4+2x^2+1) + c_1 = \frac{1}{2}x^4 + x^2 + c\end{aligned}$$

단, $c = \frac{1}{2} + c_1$ 이다. 또, $2x$ 대신 du/dx 를 대입해도 (dx 대신 $du/2x$ 가 아니라) 동일한 답을 얻을 수 있다.

예 13

$\int 6x^2(x^3+2)^{99}dx$ 를 구하라. 이 예의 피적분함수를 전개하는 것은 쉬운 일이 아니다. 따라서 이것은 치환법칙의 유효성을 알아볼 좋은 예가 된다. $u = x^3 + 2$로 놓자. 그러면 $du/dx = 3x^2$ 이고, 따라서 다음이 성립한다.

$$\begin{aligned}\int 6x^2(x^3+2)^{99}\,dx &= \int \left(2\frac{du}{dx}\right)u^{99}\,dx = \int 2u^{99}\,du \\ &= \frac{2}{100}u^{100} + c = \frac{1}{50}(x^3+2)^{100} + c\end{aligned}$$

예 14

$\int 8e^{2x+3}dx$ 를 구하라. $u = 2x + 3$ 이라고 하자. 그러면 $du/dx = 2$ 또는 $dx = du/2$ 가 성립한다. 따라서 다음을 얻을 수 있다.

$$\int 8e^{2x+3}\,dx = \int 8e^u\frac{du}{2} = 4\int e^u\,du = 4e^u + c = 4e^{2x+3} + c$$

이상의 예들이 보여 주듯이, 이 법칙은 함수 $u = u(x)$ 를 적절하게 선택함으로써, 피적분함수 (x의 함수) 를 $f(u)$ (u 의 함수) 와 du/dx (우리가 선택한 u 함수의 도함수) 의 곱으로 표현할 수 있기만 하면, 언제나 사용할 수 있다. 그러나 마지막 두 예에서 볼 수 있듯이, 이 법칙은 원래의 피적분함수를 $f(u)(du/dx)$ 의 상수배로 변환시킬 수 있을 때에도 사용할 수 있다. 이 경우에도 계속 치환법칙을 적용할 수 있는 것은, 상수인 승수를 적분기호 밖으로 내보낼 수 있으므로 치환법칙에서 요구하는 대로 피적분함수는 $f(u)(du/dx)$ 형태로 남아 있게 되기 때문이다. 그러나 변수를 치환한 결과가 $f(u)(du/dx)$ 의 **변수**배 (예를 들어 x 배) 일 때는, 피적분함수의 분해는 불가능하며, 이 법칙을 사용할 수가 없다. 사실 두 함수의 곱의 적분이나 그 함수의 비의 적분을 그 함수들 각각의 적분으로 표시할 수 있는 일반적인 공식도 없다. 적분이 대체로 미분보다 어렵고, 그리고 복잡한 피적분함수에 대해서는 적분을 직접 하기보다는 미리 마련된 적분공식표에서 답을 찾는 것이 더 편리한 이유가 여기에 있다.

법칙 7 **(부분적분법)** v 의 u 에 관한 적분은 u 의 v 에 관한 적분을 uv 에서 뺀 것과 같다. 즉, 다음이 성립한다:

$$\int v\,du = uv - \int u\,dv$$

이 법칙의 핵심은 연산 $\int du$ 를 연산 $\int dv$ 로 바꾸는 데 있다.

이러한 결과를 유도할 수 있는 근거는 비교적 간단하다. 먼저 미분연산의 곱의 법칙에서

$$d(uv) = v\,du + u\,dv$$

를 얻을 수 있다. 양변을 적분하면 (즉, 각각의 미분을 적분하면) 다음이 성립한다.

$$\int d(uv) = \int v\,du + \int u\,dv$$

또는 $$uv = \int v\,du + \int u\,dv$$ [좌변에는 어떤 상수도 필요없다. 왜 그런가?]

이때 양변에서 $\int udv$ 를 빼면 위의 법칙을 얻는다.

예 15

$\int x(x+1)^{1/2}dx$ 를 구하라. [예 12] 나 [예 13] 과는 달리, 여기서는 법칙 6에서 사용한 형태의 치환은 적합하지 않다 (왜 그런가?). 그러나 주어진 적분을 $\int vdu$ 의 형태로 보고, 법칙 7을 적용할 수 있다. 이를 위해 $v = x$ 로 놓으면 $dv = dx$ 가 성립하고, 그리고 $u = \frac{2}{3}(x+1)^{3/2}$ 이라 놓으면 $du = (x+1)^{1/2}dx$ 가 성립한다. 그러면 다음을 얻을 수 있다:

$$\begin{aligned}\int x(x+1)^{1/2}\,dx &= \int v\,du = uv - \int u\,dv \\ &= \frac{2}{3}(x+1)^{3/2}x - \int \frac{2}{3}(x+1)^{3/2}\,dx \\ &= \frac{2}{3}(x+1)^{3/2}x - \frac{4}{15}(x+1)^{5/2} + c\end{aligned}$$

예 16

$\int \ln x dx$, $(x > 0)$ 를 구하라. 로그법칙은 피적분함수 $\ln x$ 가 아니라 $\frac{1}{x}$ 인 경우를 다루므로, 그 법칙을 여기에 적용할 수는 없다. 또 법칙 6도 사용할 수 없다. 그러나 $v = \ln x$ 로 놓으면 $dv = \left(\frac{1}{x}\right)dx$ 가 성립하고, $u = x$ 라고 놓으면 $du = dx$ 가 성립하므로, 다음과 같은 적분 결과를 얻을 수 있다.[†]

$$\begin{aligned}\int \ln x\,dx &= \int v\,du = uv - \int u\,dv \\ &= x\ln x - \int dx = x\ln x - x + c = x(\ln x - 1) + c\end{aligned}$$

예 17

$\int xe^x dx$ 를 구하라. 이 경우 $v = x$, $u = e^x$ 로 놓으면 $dv = dx$, $du = e^x dx$ 가 성립한다. 법칙 7을 적용하면 다음을 얻는다.

[†] 역주: 다음 첫 행의 이후의 과정은 다음과 같이 보는 것이 좋다.

$$= uv - \int du = uv - u + c = u(v-1)\,x(\ln x - 1) + c$$

$$\int xe^x\,dx = \int v\,du = uv - \int u\,dv$$
$$= e^x x - \int e^x\,dx = e^x x - e^x + c = e^x(x-1) + c$$

앞의 다른 예에서도 마찬가지지만, 이 결과의 타당성은 미분연산에 의해 쉽게 확인할 수 있다.

연습문제 14.2

1. 다음의 적분을 구하라.

(a) $\int 16x^{-3}\,dx \quad (x \neq 0)$

(b) $\int 9x^8\,dx$

(c) $\int (x^5 - 3x)\,dx$

(d) $\int 2e^{-2x}\,dx$

(e) $\int \frac{4x}{x^2+1}\,dx$

(f) $\int (2ax+b)(ax^2+bx)^7\,dx$

2. 다음의 적분을 구하라.

(a) $\int 13e^x\,dx$

(b) $\int \left(3e^x + \frac{4}{x}\right)dx \quad (x > 0)$

(c) $\int \left(5e^x + \frac{3}{x^2}\right)dx \quad (x \neq 0)$

(d) $\int 3e^{-(2x+7)}\,dx$

(e) $\int 4xe^{x^2+3}\,dx$

(f) $\int xe^{x^2+9}\,dx$

3. 다음의 적분을 구하라.

(a) $\int \frac{3dx}{x} \quad (x \neq 0)$

(b) $\int \frac{dx}{x-2} \quad (x \neq 2)$

(c) $\int \frac{2x}{x^2+3}\,dx$

(d) $\int \frac{x}{3x^2+5}\,dx$

4. 다음의 적분을 구하라.

(a) $\int (x+3)(x+1)^{1/2}\,dx$

(b) $\int x\ln x\,dx \quad (x > 0)$

5. n개의 상수 $k_i(i = 1, 2, \cdots, n)$와 n개의 함수 $f_i(x)$가 주어졌을 때, 법칙 4와 법칙 5로부터 다음을 유도하라.

$$\int \sum_{i=1}^{n} k_i f_i(x)\,dx = \sum_{i=1}^{n} k_i \int f_i(x)\,dx$$

14.3 | 정적분

정적분의 의미

앞의 절에서 인용한 모든 적분들은 **부정** (indefinite) 적분이다. 그 각각은 어떤 변수의 함수이고, 따라서 확정적인 수 값을 갖지 않는다. 이제 주어진 연속함수 $f(x)$의 부정적분

$$\int f(x)\,dx = F(x) + c$$

에 대하여, 정의역에서 x의 두 값 a와 $b(a<b)$를 선택하여 방정식의 우변에 차례로 대입하고 그 차를 구하면 다음과 같다.

$$[F(b)+c]-[F(a)+c] = F(b)-F(a)$$

이때 이 값은 임의의 상수 c는 물론 변수 x와도 무관한 특정한 수 값이 된다. 이 값을 $f(x)$의 a에서 b까지의 **정적분**(definite integral)이라 한다. 그리고, a는 **적분연산의 하한**(lower limit of integration), b는 **적분연산의 상한**(upper limit of integration)이라 한다.

적분연산의 상한과 하한을 표시하기 위해서, 이제부터 적분기호를 $\int_a^b$의 형태로 바꾸기로 한다. 그러면 정적분의 평가는 다음과 같은 단계들로 나타낼 수 있다.

$$\int_a^b f(x)\,dx = F(x)\Big]_a^b = F(b) - F(a) \qquad \textbf{(14.6)}$$

여기서 기호 $]_a^b$($|_a^b$ 또는 $[\cdots]_a^b$으로도 표기한다)는 적분의 결과에 x 대신 b와 a를 차례로 대입하여 $F(b)$와 $F(a)$를 구한 후 (14.6)의 우변에서와 같이 그 차를 구하라는 표시이다. 그러나, 그 첫 단계로서 부정적분을 구해야만 한다. 이때 상수 c는 차를 구하는 과정에서 소거되므로 생략할 수 있다.

예 1

$\int_1^5 3x^2\,dx$를 구하라. 부정적분이 x^3+c이므로, 이 정적분 값은 다음과 같다.

$$\int_1^5 3x^2\,dx = x^3\Big]_1^5 = (5)^3-(1)^3 = 125-1 = 124$$

예 2

$\int_a^b ke^x\,dx$를 구하라. 여기서는 적분연산의 상한과 하한이 기호로 주어져 있으므로, 적분의 결과도 그 기호들로 다음과 같이 표시된다.

$$\int_a^b ke^x\,dx = ke^x\Big]_a^b = k(e^b - e^a)$$

예 3

$\int_0^4 \left(\frac{1}{1+x}+2x\right)dx$, $(x \neq -1)$을 구하라. 부정적분이 $\ln|1+x|+x^2+c$이므로, 정적분의 값은 다음과 같다:

$$\begin{aligned}\int_0^4 \left(\frac{1}{1+x}+2x\right)dx &= \Big[\ln|1+x|+x^2\Big]_0^4 \\ &= (\ln 5+16)-(\ln 1+0) \\ &= \ln 5+16 \qquad [\ln 1 = 0 \text{ 이므로}]\end{aligned}$$

적분연산의 상한과 하한 a와 b는 모두 변수 x의 값들을 가리키고 있음을 명심해야 한다. 만약 적분과정에서 변수치환의 기법(법칙 6과 법칙 7)을 사용하여 새로운 변수 u를 도입할 때, a와 b

를 u에 대한 상한과 하한으로 생각하지 않도록 주의해야 한다. 다음의 예가 이 점을 잘 보여 주고 있다.

예 4

$\int_1^2 (2x^3 - 1)^2 (6x^2)\,dx$를 구하라. $u = 2x^3 - 1$이라 놓으면 $du/dx = 6x^2$ 또는 $du = 6x^2 dx$가 성립한다. $x = 1$일 때 $u = 1$이지만, $x = 2$일 때 $u = 15$임에 주의하라. 다시 말하자면 변수 u의 하한과 상한은 각각 1과 15이어야만 한다. 주어진 적분을 u에 대해 다시 쓰면 $\int_1^2 u^2 du$가 아니라 다음과 같이 된다:

$$\int_1^{15} u^2\,du = \frac{1}{3}u^3\Big]_1^{15} = \frac{1}{3}(15^3 - 1^3) = 1{,}124\tfrac{2}{3}$$

또는 먼저 u를 x로 다시 바꾼 후 원래의 상한과 하한인 1과 2를 사용하면 다음과 같이 동일한 답을 얻을 수 있다.

$$\left[\frac{1}{3}u^3\right]_{u=1}^{u=15} = \left[\frac{1}{3}(2x^3 - 1)^3\right]_{x=1}^{x=2} = \frac{1}{3}(15^3 - 1^3) = 1{,}124\tfrac{2}{3}$$

곡선 아래의 면적으로서의 정적분

모든 정적분은 확정된 값을 갖는다. 그 값은 기하학적으로는 주어진 곡선 아래의 특정한 면적으로 해석할 수 있다.

연속함수 $y = f(x)$의 그래프가 [그림 14.1]에 그려져 있다. 정의역상의 두 점 a와 b 사이에서 그 곡선과 x축으로 둘러싸인(음영으로 표시한) 면적 A를 구하려면, 다음과 같이 해야 할 것이다. 첫째, 구간 $[a, b]$를 n개의 부분구간(반드시 길이가 같을 필요는 없다)으로 나눈다. 이 중 $n = 4$인 경우가 [그림 14.1](a)에 그려져 있다. 거기서 첫 번째 구간은 $[x_1, x_2]$이고 마지막 구간은 $[x_4, x_5]$이다. 이들 각각은 x의 변화분을 나타내므로, 이를 $\Delta x_1, \cdots, \Delta x_4$라 할 수 있다. 다음으로, 각 부분구간에 대하여 사각형의 높이가 그 구간에서 가장 큰 함수값과 같게 되도록(여기서는 각 사각형의 왼쪽 경계에서 그러하다) 직사각형을 만든다. 따라서 첫 번째 사각형은 높이가 $f(x_1)$, 너비가 Δx_1이고, 일반적으로 i번째 사각형은 높이 $f(x_i)$, 너비 Δx_i를 갖게 된다. 이들 사각형들의 총면적은 다음과 같다.

$$A^* = \sum_{i=1}^{n} f(x_i)\,\Delta x_i \qquad ([그림 14.1](a)에서\ n = 4)$$

그러나 이 값은 분명히 우리가 구하고자 하는 곡선 아래의 면적이 **아니다**. 다만 그것의 대략적인 근사치이다.

A^*와 A의 참값과의 편차는 직사각형들의 음영으로 표시하지 않은 부분만큼이다. 그만큼 A^*는 A를 **과대**평가하고 있다. 그러나 음영으로 표시하지 않은 부분의 크기가 작아져서 0에 가깝도록 될 수 있다면, 근사치 A^*는 참값 A에 그만큼 접근하게 될 것이다. 이러한 결과는 구간 $[a, b]$를 점점 더 잘게 세분하여서, n이 증가하고 Δx_i가 무한히 작아질 때 나타날 것이다. 그 때 사각형들은 (수가 늘어나는 반면에) 더욱더 가늘어지고, 곡선 위로 튀어나온 부분은, [그림 14.1](b)에서 볼 수 있듯이, 점점 작아질 것이다. 이러한 "세분화" 과정을 극한으로까지 행한다고 할 때, 만약 그 극한

그림 14.1

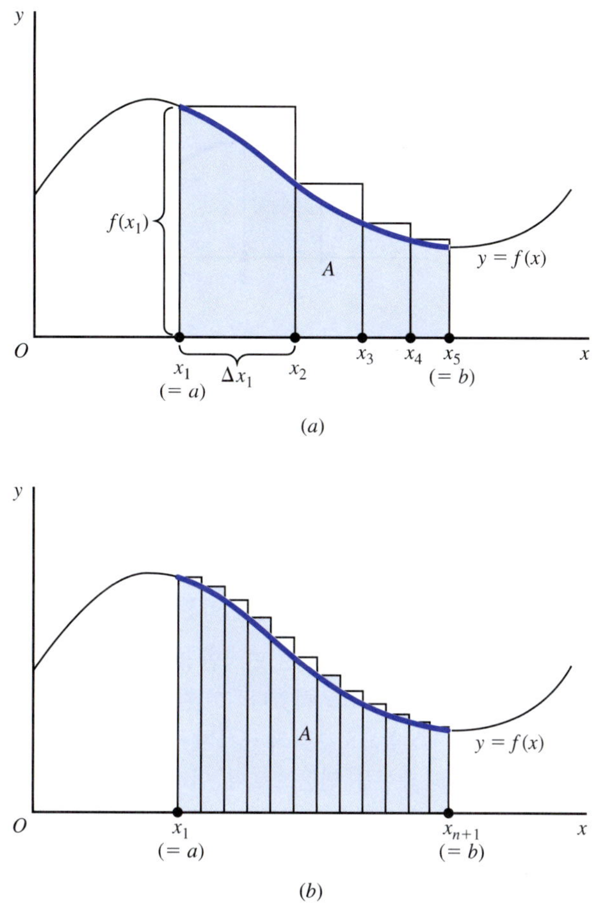

이 존재한다면(지금의 예에서는 존재한다), 다음과 같은 식이 된다.

$$\lim_{n\to\infty}\sum_{i=1}^{n} f(x_i)\,\Delta x_i = \lim_{n\to\infty} A^* = \ A \text{ 의 면적} \tag{14.7}$$

이 식이 바로 곡선 아래의 면적의 정의식이 된다.

(14.7)에서 합을 나타내는 식 $\sum_{i=1}^{n} f(x_i)\varDelta x_i$ 는 정적분을 나타내는 식인 $\int_a^b f(x)\,dx$ 와 분명한 유사성을 갖고 있다. 사실상 후자는 전자에 기초를 두고 있다. $\varDelta x_i$ 는, 제 8.1절에서 "근사치"를 논의할 때와 같은 취지에서, 미분 dx 로 대체될 수 있다. 따라서 $f(x_i)\varDelta x_i$ 를 $f(x)\,dx$ 로 쓸 수 있는 것이다. 합의 기호는 어떠한가? 합의 기호 $\sum_{i=1}^{n}$ 은 **유한개**의 항들의 합을 표시한다. $n\to\infty$ 로 놓고 그 합의 극한을 취할 때, 이와 같은 연산에 보통 사용하는 표기는 좀 번거롭다. 따라서 이를 대체할 수 있는 보다 간단한 기호가 필요하다. 그 대체물이 $\int_a^b$ 인 것이다. 여기서 길게 늘인 S 기호는 역시 합을 나타내고, a 와 b 는 ($i = 1$, n 과 마찬가지로) 이러한 합의 상한 및 하한을 표시한다. 요약하면 정적분은 (14.7) 식에서의 합의 극한을 간단하게 표현한 것이다. 즉, 다음이 성립하는 것이다.

그림 14.2

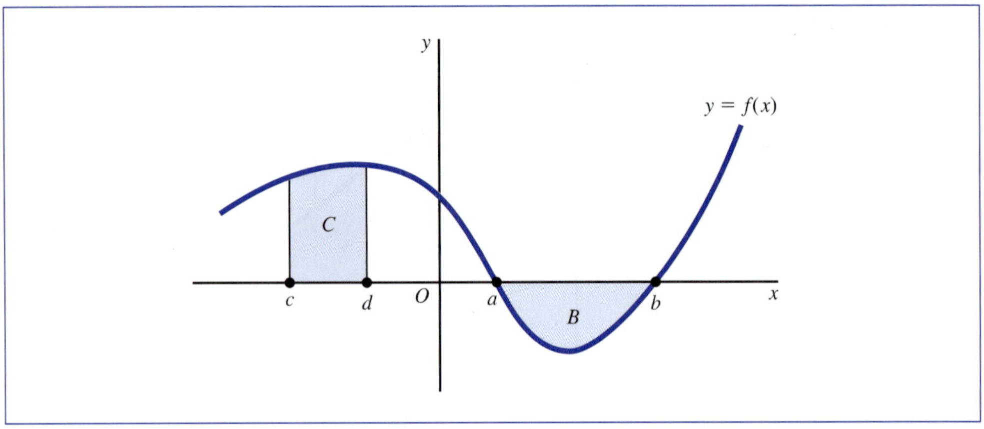

$$\int_a^b f(x)\,dx \equiv \lim_{n\to\infty} \sum_{i=1}^{n} f(x_i)\,\Delta x_i = \text{면적 } A$$

따라서 이상에서 논의한 정적분 [**리이만**(Riemann) **적분**]은 이제 **합**의 의미는 물론 **면적**의 의미도 갖는다. 왜냐하면 $\int_a^b$는 $\sum_{i=1}^{n}$ 이라는 이산적 개념에 대응하는 연속적 개념이기 때문이다.

[그림 14.1]에서는, **과대**평가된 면적인 A^*를 구간 $[a, b]$의 세분화에 의해 체계적으로 줄임으로써 면적 A에 근사시키려고 하였다. 그 결과 얻어진, 사각형의 면적들의 합의 극한은 **상방적분**(upper integral) — 상방으로부터의 근사치 — 이다. 마찬가지로 곡선 위로 돌출하게 하지 않고 곡선에 내접하게 직사각형을 만듦으로써 면적 A를 하방으로부터 근사시킬 수도 있다([연습문제 (14.3)]의 3참조). 이 새로운 사각형들의 총면적 A^{**}는 A를 **과소**평가하게 되겠지만, $[a, b]$를 세분화함에 따라 역시 $\lim_{n\to\infty} A^{**} = A$를 얻을 수 있다. 이 극한을 **하방적분**(lower integral)이라 한다. 상방적분과 하방적분의 값이 동일한 경우에만 리이만적분 $\int_a^b f(x)\,dx$가 정의되며, 함수 $f(x)$는 **리이만 적분가능**(Riemann integrable)이라고 한다. 함수 $f(x)$가 적분가능하게 되는 조건을 규정한 정리들이 있다. 적분의 기본정리에 의하면, 함수가 구간 $[a, b]$에서 연속이면 그 구간에서 적분가능하다.† 그러므로 연속함수를 취급하는 한, 이 점에 대해서는 걱정하지 않아도 된다.

또하나 주의할 점이 있다. [그림 14.1]에서는 면적 A가 완전히 곡선 $y = f(x)$의 우하향하는 부분의 아래에 놓여 있지만, 정적분과 면적이 개념적으로 같다는 것은 곡선이 우상향하는 부분에 대해서도 타당하다. 사실 두 형태의 기울기가 동시에 나타날 수도 있다. 예를 들면 $\int_0^b f(x)\,dx$를 [그림 14.1]의 곡선의 아래와 직선 Ob의 위쪽에 놓인 면적으로 계산할 수 있다.

[그림 14.2]의 면적 B를 정적분 $\int_a^b f(x)\,dx$에 의해 계산하면, 각 직사각형의 높이가 음이므로 결과는 음이 된다는 점에 주의하라. 여기에서 **음의 면적**(negative area)이라는 개념이 생겨나는데, 그것은 x축의 **아래**와 곡선의 **위쪽**에 놓인 면적이다. 그러므로 그러한 면적의 대수적인 값보다 수 값에 더 관심이 있는 경우에는 그 정적분 값의 절대값을 취해야 한다. 반면에 면적 $C = \int_c^d f(x)\,dx$는 x축의 음의 부분에 놓여있더라도 양수값을 갖는다. 왜냐하면 c에서 d로 움직일 때 각 직사각형의 너비

† 역주: 뒤에서 밝혀지겠지만, 연속성은 적분가능성의 **충분**조건이다.

와 높이가 모두 양수이기 때문이다. 이동 방향을 거꾸로 하여 두 적분극한들을 서로 바꾸면 Δx_i의 부호가 바뀌고, 따라서 정적분의 부호도 바뀐다. 이것을 면적 B에 적용해 보면, 정적분 $\int_b^a f(x)\,dx$ (b에서 a까지)는 면적 B의 부호를 바꾼 것으로, 이 면적의 수 값(즉 절대값)을 나타낸다.

정적분의 성질

이상의 논의로부터 정적분에 관한 다음의 성질들을 유도할 수 있다.

성질 1 적분의 상한과 하한을 서로 바꾸면 다음과 같이 정적분의 부호가 바뀐다.

$$\int_b^a f(x)\,dx = -\int_a^b f(x)\,dx$$

이것은 다음과 같이 증명할 수 있다.

$$\int_b^a f(x)\,dx = F(a) - F(b) = -[F(b) - F(a)] = -\int_a^b f(x)\,dx$$

정적분은 이밖에 다른 흥미로운 성질들도 가지고 있다.

성질 2 적분의 상한과 하한이 서로 같을 때, 정적분은 0의 값을 갖는다. 즉, 다음이 성립한다.

$$\int_a^a f(x)\,dx = F(a) - F(a) = 0$$

이 결과를 "면적"으로서 해석해 보면, 정의역의 어떤 한 **점** 위의(곡선아래의) 면적이 0이라는 것을 뜻한다. x축상의 한 점 위에다(1차원의) **직선**을 그릴 수는 있으나(2차원의) **면적**을 갖는 도형은 그릴 수 없기 때문에 이것은 당연한 것이다.

성질 3 정적분은 다음과 같이 유한개의 부분구간의 정적분들의 합으로 표현할 수 있다.

$$\int_a^d f(x)\,dx = \int_a^b f(x)\,dx + \int_b^c f(x)\,dx + \int_c^d f(x)\,dx \qquad (a < b < c < d)$$

이 식에는 3개의 부분구간의 적분만이 나타나 있지만, 이것을 n개의 경우로 확장할 수가 있다. 이 성질을 때로는 **가법성**(additivity property)이라고 한다.

면적으로 설명하자면 다음과 같다. 즉, x축상의 구간 $[a, d]$ 위의(곡선 아래의) 면적은 집합 $\{[a, b]\ [b, c]\ [c, d]\}$를 구성하는 부분구간들 위의 면적들을 합함으로써 얻을 수 있다. 폐구간을 다루고 있기 때문에 경계점 b와 c는 각각 **두** 구간의 면적에 포함된다는 것에 주의하라. 그렇다면 그것은 이중계산이 아닌가? 사실 이중계산이다. 그러나 다행히도 성질 2에 의해 한 점 위의 면적은 0이므로, 이중계산은 결과에 어떠한 영향도 미치지 않게 된다. 그러나 말할 필요도 없이, 어떤 **구간**에 대한 이중계산은 허용되지 않는다.

앞에서 모든 연속함수는 리이만적분가능하다고 하였다. 그러나 이제 성질 3에 의해 특정한 불연속 함수의 정적분(면적)도 구할 수 있게 되었다. [그림 14.3](a)의 계단함수를 살펴보자. 구간

그림 14.3

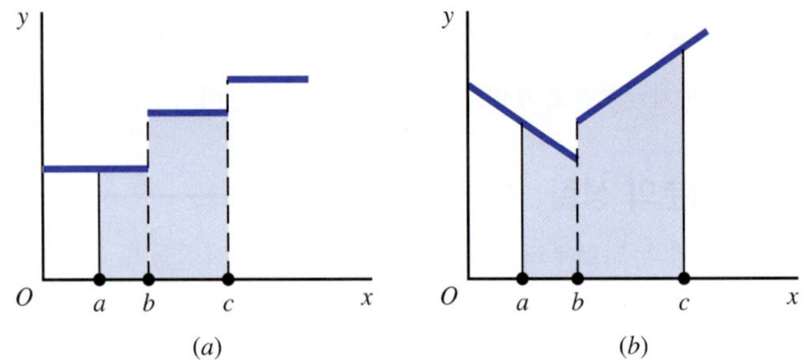

$[a, c]$상의 점 b에서 불연속임에도 불구하고, 음영으로 표시한 부분의 면적을 다음의 합으로 구할 수 있다.

$$\int_a^b f(x)\,dx + \int_b^c f(x)\,dx$$

[그림 14.3](b)의 곡선에 대해서도 마찬가지이다.

성질 4

$$\int_a^b -f(x)\,dx = -\int_a^b f(x)\,dx$$

성질 5

$$\int_a^b kf(x)\,dx = k\int_a^b f(x)\,dx$$

성질 6

$$\int_a^b [f(x)+g(x)]\,dx = \int_a^b f(x)\,dx + \int_a^b g(x)\,dx$$

성질 7 **(부분적분법)** $u(x)$와 $v(x)$가 주어져 있을 때, 다음이 성립한다.

$$\int_{x=a}^{x=b} v\,du = uv\Big|_{x=a}^{x=b} - \int_{x=a}^{x=b} u\,dv$$

위의 네 가지 성질은 부정적분의 법칙들로부터 그대로 옮겨온 것으로서, 더 이상의 설명이 필요치 않다.

부정적분에 대한 또다른 관점

부정적분에다 적분의 상한과 하한을 붙임으로써 정적분을 도입하였다. 이제 정적분의 의미를 알았으므로, 거꾸로 정적분으로부터 부정적분을 역산하는 방법을 살펴보고자 한다.

적분의 상한을 b로 고정시키는 대신, 그것을 변수로 취급하여 x로 표기하기로 하자. 이 경우 적분은 다음과 같은 형태로 된다.

$$\int_a^x f(x)\,dx = F(x) - F(a)$$

이것은 이제 x 의 함수이므로, 곡선 $f(x)$ 아래의 **가변적인** 면적을 나타낸다. 그러나 우변의 마지막 항이 상수이므로, 이 적분은 앞에서 $F(x)+c$ 로 표기했던 $f(x)$ 의 일단의 원시함수들의 일원이 된다. 그리하여 $c=-F(a)$ 로 놓으면, 위의 적분은 정확하게 부정적분 $\int f(x)\,dx$ 가 된다.

그러므로 이러한 관점에서 기호 $\int$ 과 $\int_a^x$ 를 같은 의미로 볼 수 있다. 단, 이 경우 $\int_a^x$ 에서 적분 하한은 식 $c=-F(a)$ 에 의해서 적분상수와 관련을 맺고 있는 것으로 이해해야 한다.

연습문제 14.3

1. 다음을 계산하라.

(a) $\int_1^3 \frac{1}{2}x^2\,dx$　　(d) $\int_2^4 (x^3-6x^2)\,dx$

(b) $\int_0^1 x(x^2+6)\,dx$　　(e) $\int_{-1}^1 (ax^2+bx+c)\,dx$

(c) $\int_1^3 3\sqrt{x}\,dx$　　(f) $\int_4^2 x^2\left(\frac{1}{3}x^3+1\right)dx$

2. 다음을 계산하라.

(a) $\int_1^2 e^{-2x}\,dx$　　(c) $\int_2^3 (e^{2x}+e^x)\,dx$

(b) $\int_{-1}^{e-2} \frac{dx}{x+2}$　　(d) $\int_e^6 \left(\frac{1}{x}+\frac{1}{1+x}\right)dx$

3. [그림 14.1] (a) 에서 각 부분구간에서의 함수의 최소값을 직사각형 막대의 높이로 잡는다. 즉, Δx_1은 그대로 너비로 두고, $f(x_1)$ 대신에 $f(x_2)$를 첫번째 직사각형의 높이로 잡는다. 그리고, 다른 직사각형들에 대해서도 마찬가지로 한다.
   (a) 새 직사각형들의 총면적 A^{**} 를 합의 표현을 써서 표시하라.
   (b) A^{**} 는 구하고자 하는 면적 A 보다 큰가 또는 작은가?
   (c) $[a, b]$를 더 세분하게 되면 A^{**} 는 A 의 참값에 접근하는가 또는 멀어지는가? (힌트: 도표를 사용하라.)
   (d) 부분구간의 수 n 이 ∞ 에 접근하는 극한에서, 근사치 A^{**} 는, 근사치 A^* 가 그랬던 것처럼, 참값 A 에 접근하는가?
   (e) 이상으로부터 [그림 14.1](a)의 함수 $f(x)$ 의 리이만적분가능성에 대해 어떤 결론을 얻을 수 있는가?
4. 정적분 $\int_a^b f(x)\,dx$ 는 곡선 아래의 면적을 나타낸다고 한다. 이때의 곡선은 피적분함수 $f(x)$ 의 그래프인가 아니면 원시함수 $F(x)$ 의 그래프인가? 함수 $F(x)$ 의 그래프상에서 위의 정적분은 어떻게 — 면적, 선분 또는 점 중 무엇으로 — 나타나는가?
5. 상수 c 를 다음과 같은 정적분으로 나타낼 수 있음을 확인하라.

(a) $c \equiv \int_0^b \frac{c}{b}\,dx$　　(b) $c \equiv \int_0^c 1\,dt$

14.4 | 특이적분

어떤 적분들은 "특이" (improper) 적분이라고 한다. 그것의 두 가지 형태를 간략하게 살펴보고자 한다.

상한이나 하한이 무한대인 적분

적분의 상한이나 하한이 무한대인 다음과 같은 형태의 정적분이 있을 때

$$\int_a^{\infty} f(x)\,dx \quad \text{및} \quad \int_{-\infty}^{b} f(x)\,dx$$

이들을 **특이적분** (improper integral) 이라고 한다. 이 경우 ∞는 수가 아니어서 $F(x)$에 x 대신 대입할 수 없기 때문에, 위의 적분들을 각각 다음과 같이 계산할 수는 없다:

$$F(\infty) - F(a) \quad \text{및} \quad F(b) - F(-\infty)$$

그 대신, 우리는 다시 한 번 극한의 개념에 의지해야 한다.

위에 인용한 첫 번째 특이적분은 그 적분의 상한이 ∞로 다가가는 다른 (보통의) 적분의 극한으로 다음과 같이 정의할 수 있다:

$$\int_a^{\infty} f(x)\,dx \equiv \lim_{b\to\infty} \int_a^{b} f(x)\,dx \tag{14.8}$$

이 극한값이 존재하면, 특이적분은 수렴한다고 하고, 극한값을 구하는 과정이 바로 적분값을 구하는 것이 된다. 위의 극한값이 존재하지 않으면, 특이적분은 발산한다고 하고 사실상 무의미하게 된다. 동일한 수렴과 발산의 기준을 가지고 마찬가지로 다음과 같이 정의할 수 있다:

$$\int_{-\infty}^{b} f(x)\,dx \equiv \lim_{a\to-\infty} \int_a^{b} f(x)\,dx \tag{14.8$'$}$$

예 1

$\int_1^{\infty} \frac{dx}{x^2}$를 구하라. 우선 다음을 알 수 있다:

$$\int_1^{b} \frac{dx}{x^2} = \frac{-1}{x}\bigg]_1^b = \frac{-1}{b} + 1$$

따라서, (14.8)에 의하면 구하고자 하는 적분은 다음과 같다:

$$\int_1^{\infty} \frac{dx}{x^2} = \lim_{b\to\infty} \int_1^{b} \frac{dx}{x^2} = \lim_{b\to\infty} \left(\frac{-1}{b} + 1\right) = 1$$

이 특이적분은 수렴하고, 1의 값을 갖는다.

극한을 나타내는 표현은 쓰기가 번거로우므로, 때때로 "lim" 기호를 생략하여

$$\int_1^{\infty} \frac{dx}{x^2} = \frac{-1}{x}\bigg]_1^{\infty} = 0 + 1 = 1$$

과 같이 쓰기도 한다. 그러나 이런 식으로 표기한다 하더라도, 특이적분은 극한개념으로 해석하여야 한다.

그래프상으로 이러한 특이적분은 여전히 면적의 의미를 갖는다. 그러나 이 경우 적분의 상한이 점점 큰 값을 가질 수 있으므로, 우측 경계는 [그림 14.4] (*a*) 에 나타난 것처럼 동쪽으로 무한히 확장되어야 한다. 그럼에도 불구하고, 면적의 값은 확정적인 유한한(극한) 값인 1이라고 볼 수 있는 것이다.

예 2

$\int_1^\infty \frac{dx}{x}$ 를 구하라. 앞의 문제에서처럼 우선 다음을 구한다:

$$\int_1^b \frac{dx}{x} = \ln x \Big]_1^b = \ln b - \ln 1 = \ln b$$

$b \to \infty$ 로 놓으면, (10.16′)에 의해 $\ln b \to \infty$ 가 성립한다. 따라서 이 특이적분은 발산한다.

[그림 14.4] (*b*) 는 함수 $1/x$ 의 그래프, 그리고 주어진 적분에 해당하는 면적을 나타낸다. 그래프의 모양이 언뜻 보기에는 [그림 14.4] (*a*) 와 비슷하지만, 이 경우에는 우측경계를 무한히 동쪽으로 이동시키면 면적도 무한대로 된다.

적분의 상한과 하한이 모두 무한대의 크기를 가진 경우에는 어떠한가? (14.8) 과 (14.8′) 를 그대로 확장하여 다음과 같이 정의할 수 있다.

$$\int_{-\infty}^{\infty} f(x)\,dx = \lim_{\substack{b\to+\infty \\ a\to-\infty}} \int_a^b f(x)\,dx \qquad \textbf{(14.8″)}$$

등호 우변의 극한이 존재하면, 그리고 그 경우에만, 이 특이적분은 수렴한다고 한다.

피적분함수값이 무한대인 적분

적분의 극한이 유한하다 할지라도, 피적분함수의 값이 적분구간 $[a, b]$의 어느 곳에선가 무한대의 값을 갖는다면 그 적분은 역시 특이적분이 된다. 그러한 적분을 계산하려면 앞에서와 마찬가지로 극한의 개념이 필요하다.

예 3

$\int_0^1 \frac{1}{x}\,dx$ 를 구하라. [그림 14.4] (*b*) 에서 알 수 있듯이, 피적분함수가 적분 하한에서 무한대의 값을 가지므로 ($x \to 0^+$ 에 따라 $1/x \to \infty$), 이 적분은 특이적분이다. 그러므로 먼저 다음 적분의 값을 구

그림 14.4

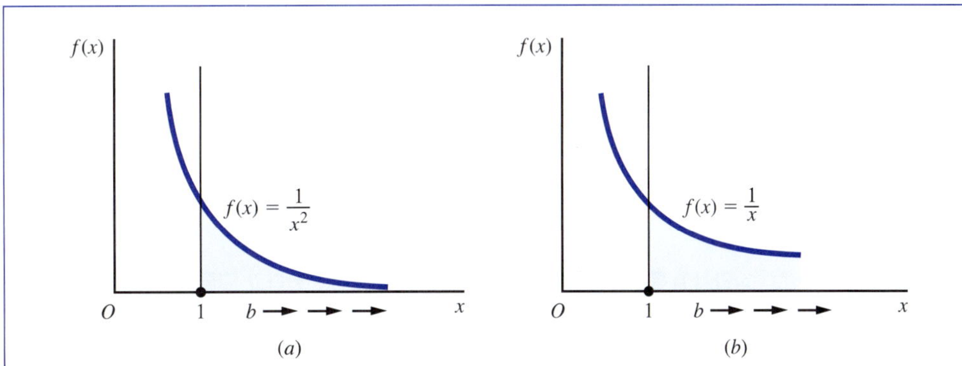

해야 한다.

$$\int_a^1 \frac{1}{x}\,dx = \ln x\Big]_a^1 = \ln 1 - \ln a = -\ln a \qquad [a > 0\text{일 때}]$$

그 다음, $a \to 0^+$ 일 때의 극한값을 아래와 같이 계산한다.

$$\int_0^1 \frac{1}{x}dx \equiv \lim_{a\to 0^+}\int_a^1 \frac{1}{x}\,dx = \lim_{a\to 0^+}(-\ln a)$$

이 극한값은 존재하지 않으므로 ($a \to 0^+$ 일 때 $\ln a \to -\infty$), 주어진 적분은 발산한다.

예 4

$\int_0^9 x^{-1/2}dx$ 를 구하라. $x \to 0^+$ 일 때 피적분함수 $1/\sqrt{x}$ 이 무한대의 값을 가지므로, 이 적분은 특이적분이다. 따라서 우선 다음을 구한다:

$$\int_a^9 x^{-1/2}\,dx = 2x^{1/2}\Big]_a^9 = 6 - 2\sqrt{a}$$

$a \to 0^+$ 일 때 이 수식의 극한값은 6 - 0 = 6 이다. 따라서 주어진 적분은 (6에) 수렴한다.

피적분함수가 적분 **상한**에서 무한대가 되는 경우도 완전히 똑같다. 그러나 피적분함수의 값이 a 나 b 가 아니라 개구간 (a, b) 에서 무한대가 되는 경우는 전혀 다른 상황이 된다. 이 경우에는, 정적분의 가법성을 이용하여 주어진 적분을 부분구간의 적분들로 나누는 것이 필요하다. p 가 구간 (a, b) 상의 한 점일 때, $x \to p$ 에 따라 $f(x) \to \infty$ 라고 가정하면, 가법성에 의해 다음을 얻을 수 있다.

$$\int_a^b f(x)\,dx = \int_a^p f(x)\,dx + \int_p^b f(x)\,dx$$

등호의 좌변에 주어진 적분은 등호의 우변의 각 부분구간의 적분이 극한을 가질 때, 그리고 오직 그 경우에만, 수렴한다고 한다.

예 5

$\int_{-1}^1 \frac{1}{x^3}dx$ 를 구하라. x 가 0에 가까워짐에 따라 피적분함수의 값이 무한대가 되므로, 주어진 적분은 다음과 같은 합으로 표시해야 한다.

$$\int_{-1}^1 x^{-3}\,dx = \int_{-1}^0 x^{-3}\,dx + \int_0^1 x^{-3}\,dx \qquad (\text{말하자면} \equiv I_1 + I_2)$$

적분 I_1은 발산하는데, 왜냐하면 다음이 성립하기 때문이다.

$$\lim_{b\to 0^-}\int_{-1}^b x^{-3}\,dx = \lim_{b\to 0^-}\left[\frac{-1}{2}x^{-2}\right]_{-1}^b = \lim_{b\to 0^-}\left(-\frac{1}{2b^2} + \frac{1}{2}\right) = -\infty$$

따라서 I_2 를 계산하지 않고도, 주어진 적분은 발산한다고 결론지을 수 있다.†

† 역주: 이 특수 경우는 그렇지 않다. 왜냐하면 극한을 취하기에 앞서서 $I_1 = -I_2$ 이기 때문에, 이 적분값은 0이다. 즉,

$$\int_{-1}^1 x^{-3}\,dx = \lim_{b\to 0^-}\int_{-1}^b x^{-3} + \lim_{b\to 0^+}\left\{\int_{-1}^b x^{-3}\,dx - \int_{-1}^b x^{-3}\,dx\right\} = 0$$

연습문제 14.4

1. [연습문제 14.3] 의 1과 2에 주어진 정적분 중에 특이적분이 존재하는지를 검토하라. 특이적분이라면 어떤 형태에 속하는 것인가를 확인하라.
2. 다음 정적분 중 특이적분은 어떤 것인가? 그리고 왜 특이적분인가?

   (a) $\int_0^{\infty} e^{-rt}\,dt$ (d) $\int_{-\infty}^{0} e^{rt}\,dt$

   (b) $\int_2^3 x^4\,dx$ (e) $\int_1^5 \frac{dx}{x-2}$

   (c) $\int_0^1 x^{-2/3}\,dx$ (f) $\int_{-3}^{4} 6\,dx$

3. 앞 문제에서 모든 **특이**적분들의 값을 계산하라.
4. [예 5]의 적분 I_2를 계산하고 그것도 역시 발산한다는 것을 보여라.
5. (a) 음이 아닌 t에 대해 함수 $y = ce^{-t}\,(c > 0)$의 그래프를 그리고, 곡선 아래의 면적을 음영으로 표시하라.

   (b) 이 면적을 나타내는 수식을 쓰고 그것이 유한한 면적인지를 알아보아라.

14.5 | 적분의 몇 가지 경제적 응용

적분은 여러 가지 방식으로, 경제적 분석에 이용된다. 이 절에서는 몇 가지 간단한 응용들을 예시하고 도마의 성장모형 (Domar growth model) 에 대한 응용은 다음 절에서 보도록 하겠다.

한계함수로부터 총함수로

총함수 (예를 들면, 총비용함수) 가 주어지면, 미분에 의해 한계함수 (예를 들면, 한계비용함수)를 구할 수 있다. 적분연산은 미분연산의 역과정이기 때문에, 반대로 주어진 한계함수로부터 적분에 의해 총함수를 얻을 수 있다.

예 1

기업의 한계비용 (MC) 이 산출량의 함수로서 $C'(Q) = 2e^{0.2Q}$ 이고, 또 고정비용이 $C_F = 90$ 일 때, 총비용함수 $C(Q)$를 구하라. $C'(Q)$를 Q에 관해 적분하면 다음을 얻는다.

$$\int 2e^{0.2Q}\,dQ = 2\frac{1}{0.2}e^{0.2Q} + c = 10e^{0.2Q} + c \tag{14.9}$$

이 결과는 임의의 상수 c로 인해 미확정적이라는 점을 제외하고는, 구하고자 하는 $C(Q)$ 함수로 볼 수 있다. 다행히 $C_F = 90$이라는 정보를 초기조건으로 이용하여 적분상수를 확정할 수 있다. $Q = 0$일 때, 총비용 C는 C_F와 같다. 그러므로 (14.9) 의 결과에서 $Q = 0$으로 놓으면, $10e^0 + c = 90$이 된다. 여기서 $c = 90 - 10 = 80$임을 알 수 있고, 따라서 비용함수는 다음과 같이 된다.

$$C(Q) = 10e^{0.2Q} + 80$$

임의의 상수 c가 변수의 초기값 $H(0)$와 같은 값을 갖는 (14.2) 의 경우와는 달리, 여기서는 $c = 80$

이지만 $C(0) \equiv C_F = 90$ 으로 양자가 다른 값을 갖는다는 점에 주의하라. 일반적으로 임의의 상수 c 가 항상 총함수의 초기값과 같다고 생각해서는 **안된다.**

예 2

한계저축성향 (MPS) 이 소득의 함수로서 $S'(Y) = 0.3 - 0.1Y^{-1/2}$ 이고, 또 소득이 81일 때 총저축 S 가 0이다. 저축함수 $S(Y)$를 구하라. MPS는 S 함수의 도함수이므로, $S'(Y)$를 적분하면 다음의 S 함수를 얻을 수 있다.

$$S(Y) = \int (0.3 - 0.1Y^{-1/2})\, dY = 0.3Y - 0.2Y^{1/2} + c$$

$Y = 81$일 때 $S = 0$이라는 사실로부터 상수 c 의 값을 구할 수 있다. 엄밀하게 말해서 이것이 **초기**조건은 아니지만 (즉, $Y = 0$과는 무관하다), 그럼에도 불구하고 이 정보를 위의 적분에 대입하여 다음과 같이 c를 확정지을 수 있다.

$$0 = 0.3(81) - 0.2(9) + c \quad \Rightarrow \quad c = -22.5$$

따라서 구하고자 하는 저축함수는 다음과 같다.

$$S(Y) = 0.3Y - 0.2Y^{1/2} - 22.5$$

이상의 두 예에서 설명한 방법은 주어진 한계함수로부터 총함수를 구하는 다른 문제들로 (예를 들어 총수입, 총소비를 구하는 문제들로) 직접 확장할 수 있다. 이런 형태의 문제에서 답 (적분) 이 맞는지 안 맞는지는 항상 미분에 의해 확인할 수 있다.

투자와 자본형성

자본형성은 주어진 자본저량 (stock) 을 증가시키는 과정이다. 이 과정이 시간에 따라 연속적이라고 본다면, 자본저량을 시간의 함수 $K(t)$ 로 표현할 수 있고, 도함수 dK/dt 로 자본형성의 속도를 나타낼 수 있다.[†] 그러나 시간 t 에서의 자본형성의 속도는 시간 t 에서의 **순투자 유량** (net investment flow) $I(t)$ 와 동일하다. 따라서 자본저량 K 와 순투자 I 는 다음 두 식에 의해 관련을 맺고 있다:

$$\frac{dK}{dt} \equiv I(t)$$

그리고 $$K(t) = \int I(t)\, dt = \int \frac{dK}{dt}\, dt = \int dK$$

위의 첫 번째 식은 항등식으로, 순투자와 자본의 증가는 같은 뜻이라는 것을 나타낸다. $I(t)$ 가 $K(t)$ 의 도함수이므로, 두 번째 식에서 볼 수 있듯이, $K(t)$ 가 $I(t)$ 의 적분 또는 역도함수라는 것은 당연하다. 두 번째 식에서의 피적분함수의 변환 역시 쉽게 이해할 수 있다. 즉 I 를 dK/dt 로 바꾼 것은 정의에 의한 것이고, 다음 변환은 치환법칙에 의해 두 개의 동일한 미분들을 소거한 것이다.

[†] 표기상의 문제로서 어떤 변수의 **시간**에 관한 도함수는 종종 $\dot{K} \equiv dk/dt$ 와 같이 그 변수 위에 점을 찍어 나타내기도 한다. 시간에 관한 도함수가 많이 나타나는 동태분석에서는 이러한 보다 간결한 기호를 사용함으로써 표기를 간략하게 할 수 있다. 그러나 점은 표시이므로 쉽게 누락되거나 잘못 찍힐 수 있다. 따라서 이 기호를 사용할 때는 상당한 주의를 기울여야 한다.

때때로 어떤 모형에서는 **조투자**(gross investment)의 개념이 순투자의 개념과 함께 사용된다. 조투자를 I_g, 순투자를 I라고 나타내면, 이 둘 사이의 관계는 다음 식과 같다.

$$I_g = I + \delta K$$

여기서 δ는 자본의 감가상각률, δK는 **대체투자**(replacement investment)의 속도를 나타낸다.

예 3

순투자의 흐름(flow)을 식 $I(t) = 3t^{1/2}$으로 나타낼 수 있고, 시간 $t = 0$에서의 초기자본저량이 $K(0)$라고 하자. 이때 자본 K의 시간경로를 구하라. $I(t)$를 t에 관해 적분하면 다음을 얻는다.

$$K(t) = \int I(t)\,dt = \int 3t^{1/2}\,dt = 2t^{3/2} + c$$

다음 단계로서, 이 식의 가장 왼쪽과 가장 오른쪽의 변에서 $t = 0$으로 놓으면, $K(0) = c$가 된다. 따라서 K의 시간경로는 다음과 같다.

$$K(t) = 2t^{3/2} + K(0) \tag{14.10}$$

(14.10)과 (14.2″)의 결과들은 기본적으로 같다는 점에 주목하라.

어떤 기간 동안의 자본형성량을 구하고자 할 때 정적분의 개념이 (K의 시간경로가 아니라) 필요하게 된다. $\int I(t)\,dt = K(t)$이므로, 다음의 정적분

$$\int_a^b I(t)\,dt = K(t)\Big]_a^b = K(b) - K(a)$$

를 사용하여, 기간 $[a, b]$동안의 총자본축적을 표시할 수 있다. 물론 이것도 $I(t)$곡선 아래의 면적을 나타낸다. 그러나 $K(t)$함수의 그래프에서는, 이 정적분은 수직거리 $K(b)$와 $K(a)$간의 차이로 나타난다. ([연습문제 14.3]의 4 참조)

$K(t)$와 $I(t)$간의 구별을 완전히 이해하기 위해서는, 투자 I가 **유량**(flow) 개념인데 비해 자본 K는 **저량**(stock) 개념이라는 점을 염두에 두어야 한다. 따라서 $K(t)$가 각 시점에서 존재하는 K의 **양**을 말해 주고 있는데 반해, $I(t)$는 각 시점에서 이루어지고 있는 (순)투자의 연간(또는 단위 기간당) **속도**에 관한 정보를 알려 주고 있다. 따라서 순투자(자본축적) **량**을 계산하기 위해서는 먼저 분석 기간의 길이를 정확히 지정하여야만 한다. 이 사실은 항등식 $dK/dt \equiv I(t)$를 $dK \equiv I(t)\,dt$로 바꿔 써 봄으로써 살펴볼 수 있다. 즉, 후자의 식은 K의 증가량 dK가 흐름의 속도 $I(t)$뿐 아니라 경과한 시간 dt에도 의존함을 의미하고 있다. $I(t)\,dt$의 표현속에 이처럼 기간을 명시할 필요가 있기 때문에 정적분이 등장하게 되며, 이 정적분은 $I(t)$ — $K(t)$가 아니라 — 아래의 **면적**을 나타낸다.

예 4

순투자가 $I(t) = 1{,}000$(연간 만원)으로 일정한 흐름을 보인다면, $t = 0$에서 $t = 1$까지의 1년 동안의 총순투자(자본형성)는 얼마인가? 말할 것도 없이, 답은 1,000만원이다. 이를 형식에 맞추어 설명하자면 다음과 같다.

$$\int_0^1 I(t)\,dt = \int_0^1 1{,}000\,dt = 1{,}000t\Big]_0^1 = 1{,}000$$

또 분석기간을 $t = 1$에서 $t = 2$까지로 보아도 같은 답을 얻을 수 있다.

예 5

투자가 $I(t) = 3t^{1/2}$(연간 1,000만원)으로 일정하지 않은 흐름을 보인다면, 기간 [1, 4] 동안의, 즉 2차년도, 3차년도, 4차년도 동안의 자본형성은 얼마인가? 이 답은 다음의 정적분을 통하여 얻을 수 있다:

$$\int_1^4 3t^{1/2}\, dt = 2t^{3/2}\Big]_1^4 = 16 - 2 = 14$$

이상의 예들을 기초로 하여, 임의의 투자속도 $I(t)$에 의한 기간 [0, t] 동안의 자본축적량은 다음의 정적분에 의해 나타낼 수 있다:

$$\int_0^t I(t)\, dt = K(t)\Big]_0^t = K(t) - K(0)$$

[그림 14.5]는 기간이 $[0, t_0]$인 경우를 예시한 것이다. 위의 식을 다른 각도로 보면 다음과 같이 시간경로 $K(t)$를 얻을 수 있다:

$$K(t) = K(0) + \int_0^t I(t)\, dt$$

즉, 임의의 시점 t에서의 K의 양은 초기의 자본량에 그 이후의 총자본축적량을 더한 것과 같다.

현금흐름의 현재가치

할인과 현재가치에 관한 앞서의 논의는 **단일의** 미래가치 V에 한정된 것이었는데, 그 논의에서 할인에 관한 공식은 다음과 같았다:

$$A = V(1+i)^{-t} \quad \text{[이산적 경우]}$$
$$A = Ve^{-rt} \quad \text{[연속적 경우]}$$

이제 미래가치들의 흐름이 있다고 하자 — 각 시점에서 얻게 되어 있는 일련의 수입들, 또는 각 시점에서 지불하게 되어 있는 일련의 비용지출들이 그 예이다. 이때 현금의 흐름들 전체의 현재가치

그림 14.5

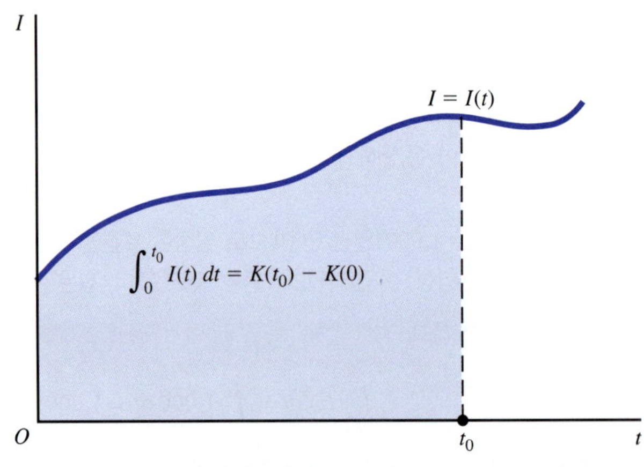

는 어떻게 계산할 수 있을까?

이산적인 경우에 있어서 3개의 미래수입 R_t $(t = 1, 2, 3)$를 t년도 말에 얻을 수 있다고 가정하고, 또한 연이율을 i라고 가정하면, R_t의 현재가치는 각각

$$R_1(1+i)^{-1} \qquad R_2(1+i)^{-2} \qquad R_3(1+i)^{-3}$$

이 된다. 따라서 총현재가치는 그들의 합으로,

$$\Pi = \sum_{t=1}^{3} R_t(1+i)^{-t} \tag{14.11}$$

이 된다(Π는 그리스 문자 파이의 대문자로, 여기서는 **현재**(present)라는 의미이다). 이것은 V가 R_t에 의해 대체되고 Σ 기호가 삽입되어 있다는 점에서 하나의 미래가치만 있을 때의 공식과 다르다.

합의 개념은 연속적인 현금흐름의 경우로 쉽게 확장될 수 있는데, 후자의 경우에는 Σ 기호가 정적분 기호로 대체되어야 한다. 연속적인 수입의 흐름이 연간 $R(t)$원의 속도라고 하자. 이것은 흐름의 속도가 $t = t_1$에서는 연간 $R(t_1)$원이고, 또 다른 시점 $t = t_2$에서는 연간 $R(t_2)$원임을 의미한다.—물론 여기서 t는 연속변수로 취급한다. 임의의 시점에서, 기간 $[t, t+dt]$동안의 수입액은 $R(t)\,dt$로 표기할 수 있다(앞에서 논의한 $dK \equiv I(t)\,dt$와 비교하라). 연간 r의 할인율로 연속적 복리로 할인하게 되면, 그 현재가치는 $R(t)e^{-rt}\,dt$가 된다. 3년간의 수입의 흐름의 총현재가치를 구하는 문제의 답은 다음의 정적분에서 찾을 수 있다:

$$\Pi = \int_0^3 R(t)e^{-rt}\,dt \tag{14.11$'$}$$

이 식은 (14.11)식의 합의 공식의 연속적인 경우에 해당하는 것으로, 단일의 미래수입만 있을 경우의 공식과 다른 점은 V가 $R(t)$로 대체되고 정적분 기호가 덧붙여졌다는 점이다.†

예 6

연간 D원의 일정한 속도로 y년 동안 지속되는 연속적 수입의 흐름이 연간 r의 율로 할인될 때 그 현재가치는 얼마인가? (14.11′)식에 의해 다음을 얻을 수 있다.

$$\begin{aligned}\Pi &= \int_0^y De^{-rt}\,dt = D\int_0^y e^{-rt}\,dt = D\left[\frac{-1}{r}e^{-rt}\right]_0^y \\ &= \frac{-D}{r}e^{-rt}\Big]_{t=0}^{t=y} = \frac{-D}{r}(e^{-ry}-1) = \frac{D}{r}(1-e^{-ry})\end{aligned} \tag{14.12}$$

따라서 Π는 D, r, y에 의존한다. 예를 들어 D = ₩3,000, $r = 0.06$, $y = 2$라고 하면 다음이 성립한다.

$$\Pi = \frac{3{,}000}{0.06}(1-e^{-0.12}) = 50{,}000(1-0.8869) = ₩5{,}655 \qquad [\text{근사치}]$$

† 합의 상한과 적분의 상한이 모두 3으로 동일한 반면, 합의 하한 1은 적분의 하한 0과 다르다는 것에 주의하라. 이것은 이산적 흐름의 경우에서는 가정에 의해 제 1 기의 수입이 $t = 1$(첫 해의 말)이 된 후에야 비로서 생기지만, 연속적인 경우에서의 수입의 흐름은 $t = 0$ 직후부터 생기기 시작하는 것으로 가정되기 때문이다.

Π 의 값은 당연히 항상 양수이다. 이것은 $(1 - e^{-\bar{r}y})$ 뿐만 아니라, D, r 의 값이 양수라는 것에서 알 수 있다. ([그림 10.3] (a) 의 제 2 상한에서 알 수 있듯이, e 가 음수인 멱으로 제곱이 되면 항상 0과 1사이의 값이 된다.)

예 7

제 10.6 절에서의 포도주의 저장문제에서 저장비용은 0이라고 가정했다. 이렇게 단순하게 가정했던 것은 비용의 흐름의 현재가치를 계산하는 방법을 우리가 모르기 때문이었다. 이제는 이 방법을 알게 되었으므로, 포도주 상인이 저장비용을 부담하는 경우를 살펴보도록 하자.

현재 시점에서의 포도주 한 통의 구입비용을 C 라 하자. 포도주의 (미래의) 판매가치는 시간에 따라 변하는 것으로서 일반적으로 $V(t)$ 로 표기할 수 있으며, 따라서 그 현재가치는 $V(t)e^{-rt}$ 가 된다. 판매가치는 단 하나의 미래가치를 나타내는 데 비해 (이 포도주 한통의 거래는 오직 한번 이루어진다), 저장비용은 어떤 기간에 걸쳐 발생하는 하나의 흐름이다. 이 비용이 연간 s 원의 속도로 일정한 흐름이라고 가정하면, 총 t 년 동안 지출하게 될 저장비용의 총 현재가치는 다음과 같다.

$$\int_0^t se^{-rt}\,dt = \frac{s}{r}(1 - e^{-rt}) \qquad \text{[(14.12) 를 보라]}$$

따라서 **순**현재가치 — 포도주 상인이 최대화하고자 하는 것 — 는 다음과 같이 표현할 수 있다.

$$N(t) = V(t)e^{-rt} - \frac{s}{r}(1 - e^{-rt}) - C = \left[V(t) + \frac{s}{r}\right]e^{-rt} - \frac{s}{r} - C$$

이것은 단일 선택변수 t 에 관한 목적함수이다.

$N(t)$ 를 최대화하기 위해서는, $N'(t) = 0$ 이 되도록 t 의 값을 선택해야 한다. 이때 1계도함수는

$$\begin{aligned} N'(t) &= V'(t)e^{-rt} - r\left[V(t) + \frac{s}{r}\right]e^{-rt} \qquad \text{[곱의 법칙]} \\ &= [V'(t) - rV(t) - s]e^{-rt} \end{aligned}$$

이고, 이것은

$$V'(t) = rV(t) + s$$

이면, 그리고 그 경우에만 0이 된다. 따라서 이 마지막 식을 판매시점 t^* 의 선택을 위한 최적화문제의 필요조건으로 볼 수 있다.

이 조건의 경제적 의미는 다음과 같이 직관적으로 쉽게 이해할 수 있다. $V'(t)$ 는 판매를 1년 후로 연기할 때의† 판매가치의 변화속도 또는 V 의 증가분을 나타내는 반면에, 우변의 두 항들은 각각 이 판매의 연기에 의해 발생하는 이자비용과 저장비용의 증가분을 표시한다 (수입과 비용은 모두 시점 t^* 에서 계산된다). 따라서 양변을 같다고 놓는 것은 우리에게는 "오래된 술을 새 부대에 담는 것"에 불과하다. 왜냐하면 그것은 단지 동일한 MC=MR 조건을 다르게 표현한 것에 불과하기 때문이다.

영구적인 현금흐름의 현재가치

만약 어떤 현금의 흐름이 영구적으로 지속된다면 — 예를 들어 영구공채로부터의 이자 또는 토

† 역주: 이 구절은 "if sale postponed for a year" 라고 되어 있는 부분이다. 그러나 이것은 판매를 1년 연기하는 것이 아니라, 시점 t^* 에서 미소한 시간만큼 연기할 때, 판매수입의 변화속도를 "연간속도" 로 측정한다는 뜻이어야 한다.

지와 같은 비소모성 자산으로부터의 수익 — 그러한 유량의 현재가치는 다음과 같은 특이적분이 된다.

$$\Pi = \int_0^\infty R(t)e^{-rt}\,dt$$

예 8

연속적인 할인율이 r일 때, 연간 D원의 일정한 속도로 발생하는 영구적인 소득흐름의 현재가치를 구하라. 특이적분을 평가할 때는 적절한 보통 적분의 극한을 취하므로, (14.12) 식에서의 결과를 이용할 수 있다. 구체적으로 다음과 같이 쓸 수 있다.

$$\Pi = \int_0^\infty De^{-rt}\,dt = \lim_{y\to\infty}\int_0^y De^{-rt}\,dt = \lim_{y\to\infty}\frac{D}{r}(1-e^{-ry}) = \frac{D}{r}$$

최종적인 답에는 파라미터 y (연수)가 없음에 주의하라. 이것은 **영구적**으로 발생하는 유량을 다루고 있으므로 당연한 결과이다. 이 결과 (현재가치 = 수익속도 ÷ 할인율)는 영구적인 수익을 낳는 자산을 소위 "자본화"할 때 나타나는 공식에 정확히 대응한다는 것을 알 수 있다.

연습문제 14.5

1. 아래와 같이 한계수입함수들이 주어져 있다고 하자.

   (a) $R'(Q) = 28Q - e^{0.3Q}$ (b) $R'(Q) = 10(1+Q)^{-2}$

   각 경우에 있어서 총수입함수 $R(Q)$를 구하라. 적분의 상수값을 확정하려면 어떠한 초기조건을 도입하여야 하는가?

2. (a) 한계수입성향이 $M'(Y) = 0.1$로 주어져 있고, $Y = 0$일 때 $M = 20$임을 안다면, 수입함수 $M(Y)$는 어떻게 되겠는가?

   (b) 한계소비성향이 $C'(Y) = 0.8 + 0.1Y^{-1/2}$으로 주어져 있고, $Y = 100$일 때 $C = Y$임을 안다면, 소비함수 $C(Y)$는 어떻게 되겠는가?

3. 투자속도는 함수 $I(t) = 12t^{1/3}$에 의해 나타낼 수 있고, $K(0) = 25$라고 하자.

   (a) 자본저량 K의 시간경로를 구하라.

   (b) 기간 [0, 1] 및 [1, 3]에 있어서의 자본축적량을 각각 구하라.

4. 연간 1,000원의 일정한 속도로 연속적인 소득의 흐름이 주어져 있다고 하자.

   (a) 소득의 흐름이 2년간 지속되고 연속적 할인율이 연간 0.05일 때, 그 현재가치 Π는 어떻게 되는가?

   (b) 소득의 흐름이 정확하게 3년 후에 중지되고 할인율이 0.04라면, 그 현재가치 Π는 어떻게 되겠는가?

5. 다음과 같은 영구적인 현금의 흐름의 현재가치는 어떻게 되는가?

   (a) 할인율 $r = 5\%$로 연간 ₩1,450의 속도

   (b) 할인율 $r = 8\%$로 연간 ₩2,460의 속도

14.6 | 도마의 성장모형

식 (14.1) 과 식(14.2) 에서의 인구증가의 문제와 식 (14.10) 에서의 자본형성의 문제에서, 공통적인 목적은 어떤 변수의 주어진 변화유형에 기초하여 그 시간경로를 묘사하는 것이다. 반면에 도마(Domar) 교수[†]의 고전적인 성장모형에서는 경제에 관한 어떤 균형조건이 충족된다면 어떤 유형의 시간경로가 요구되는 가를 규정하는 것이다.

모형의 구조

도마 모형의 기본적인 전제들은 다음과 같다:

1. 연간 투자속도 $I(t)$ 의 변화는 2중의 효과를 발생시킨다. 즉, 그것은 총수요에 영향을 주며, 또 경제의 산출능력에도 영향을 준다.
2. $I(t)$ 의 변화가 수요에 미치는 효과는 승수과정을 통해 나타나는데, 이때 그 효과는 즉각적으로 발생한다고 가정한다. 따라서 $I(t)$ 의 증가는 연간 소득흐름의 속도 $Y(t)$ 를 $I(t)$ 의 증가분의 승수배만큼 증가시킨다. 이때 승수는 $k = 1/s$ 이 된다. 단, s 는 주어진 (일정한) 한계저축성향을 나타낸다. $I(t)$ 가 소득흐름의 속도에 영향을 주는 유일한 (파라미터적) 지출이라는 가정하에서 다음과 같이 쓸 수 있다.

$$\frac{dY}{dt} = \frac{dI}{dt}\frac{1}{s} \tag{14.13}$$

3. 투자가 산출능력에 미치는 효과는 경제가 생산할 수 있는 **잠재적** 생산속도의 변화로 측정할 수 있다. 산출능력 대 자본의 비가 일정하다고 가정하면, 다음과 같이 쓸 수 있다.

$$\frac{\kappa}{K} \equiv \rho \qquad (=\text{상수})$$

여기서 κ (그리스 문자 카파) 는 연간 산출능력 또는 잠재적 산출의 흐름을 표시하고, ρ (그리스 문자 로) 는 주어진 산출능력 대 자본의 비를 나타낸다. 물론 이것은 자본저량 $K(t)$ 를 가진 경제는 잠재적으로 매년 $\kappa \equiv \rho K$ 원만큼의 생산물, 즉 소득을 생산할 수 있다는 것을 의미한다. 또, $\kappa \equiv \rho K$ (생산함수) 로부터, $d\kappa \equiv \rho dK$ 임을 알 수 있고, 따라서 다음이 성립한다.

$$\frac{d\kappa}{dt} = \rho\frac{dK}{dt} = \rho I \tag{14.14}$$

도마 모형에서 균형은 생산능력이 완전히 이용되는 상태로 정의된다. 그러므로 균형이 성립하려면, 연간 생산할 수 있는 잠재적 산출이 총수요와 정확하게 같아야 한다.[††] 즉 $Y = \kappa$ 이다. 그러나 애초에 균형상태에서 출발한다면, 위의 조건은 산출능력의 **변화**와 총수요의 **변화**를 일치시키는 것으로 된다. 즉, 다음의 조건이 된다.

[†] Evsey D. Domar, "Capital Expansion, Rate of Growth and Employment", *Econometrica*, April, 1946, pp. 137~147. Domar, *Essays in Theory of Economic Growth*, Oxford University Press, Fair Lawn. N.J., 1957, pp. 70~82에 재수록

[††] 역주: 엄밀하게 말하면 총수요의 흐름의 **속도** (Y) 와 잠재적 산출의 **속도** (κ) 가 같아야 한다고 표현되어야 한다 (이하 같음). 왜냐하면 t 는 여기서 연속시간이기 때문에, 예컨대 $Y(t)$ 는 어떤 **기간**의 소득이 아니라 t 라고 하는 **시점**에서의 소득의 흐름의 속도 (연간속도) 를 나타내기 때문이다.

$$\frac{dY}{dt} = \frac{d\kappa}{dt} \tag{14.15}$$

투자의 어떤 시간경로 $I(t)$가 항상 이러한 균형조건을 충족시킬 수 있는가?

해의 유형

이 문제에 답하기 위해서는, 먼저 (14.13) 식과 (14.14) 식을 균형조건식인 (14.15) 식에 대입하여 다음의 미분방정식을 얻는다.

$$\frac{dI}{dt}\frac{1}{s} = \rho I \qquad \text{또는} \qquad \frac{1}{I}\frac{dI}{dt} = \rho s \tag{14.16}$$

식 (14.16) 이 I 의 구체적인 변화유형을 규정하므로, 그로부터 균형 (또는 필요) 투자경로를 구할 수 있다.

이러한 간단한 경우에는, (14.16) 의 두 번째 식의 양변을 t 에 관해 직접 적분함으로써 해를 구할 수 있다. 균형에서 양변이 항등이므로 그 적분도 같게 된다. 따라서 다음을 알 수 있다.

$$\int \frac{1}{I}\frac{dI}{dt}\,dt = \int \rho s\,dt$$

치환법칙과 로그법칙에 의해 좌변은

$$\int \frac{dI}{I} = \ln|I| + c_1 \qquad (I \neq 0)$$

이 되고, 우변은 (ρs 가 상수이므로)

$$\int \rho s\,dt = \rho st + c_2$$

가 된다. 두 결과를 같다고 놓고 두 상수를 결합하면

$$\ln|I| = \rho st + c \tag{14.17}$$

가 된다. $\ln|I|$로부터 $|I|$를 구하기 위해서는, $e^{\ln x} = x$ 임을 이용하여 "$\ln|I|$의 역대수 (antilog) 를 취하는" 연산을 해야 한다. (14.17) 식의 양변의 각각을 상수 e 의 지수로 놓으면

$$e^{\ln|I|} = e^{(\rho st + c)}$$

또는 $$|I| = e^{\rho st}e^{c} = Ae^{\rho st} \qquad \text{단, } A \equiv e^{c}$$

를 얻는다. 투자가 양이라면, $|I| = I$ 이고, 따라서 위의 결과는 $I(t) = Ae^{\rho st}$ 가 된다. 여기서 A 는 임의의 상수이다. 이 임의의 상수를 소거하기 위해 방정식 $I(t) = Ae^{\rho st}$ 에서 $t = 0$ 으로 놓으면, $I(0) = Ae^{0} = A$ 를 얻는다. 이것으로 상수 A 의 값을 확정할 수 있고, 해 (필요 투자경로) 는 다음과 같이 나타낼 수 있다.

$$I(t) = I(0)e^{\rho st} \tag{14.18}$$

여기서 $I(0)$ 는 초기 투자속도를 나타내고 있다.†

† $|I| = Ae^{\rho st}$ 의 결과에서 투자를 음이라고 해도 해 (14.18) 은 타당하다. [연습문제 14.6] 의 3을 보라.

그림 14.6

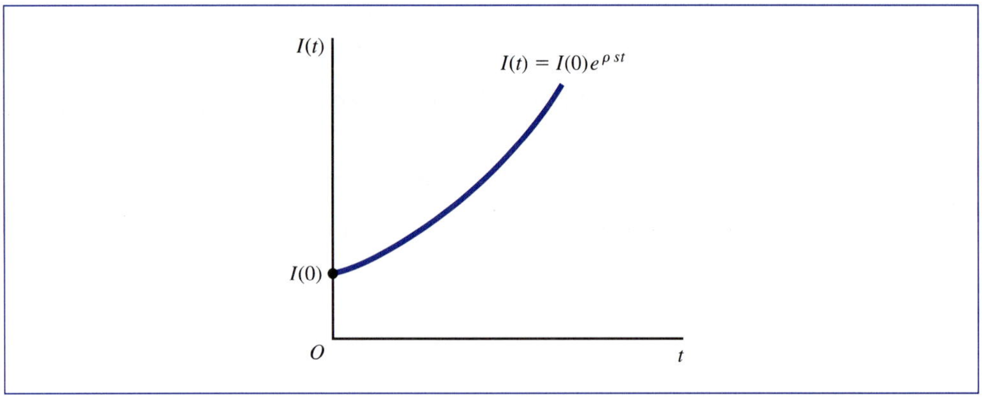

이 결과는 불안스러운 경제적 의미를 가진다. 즉 산출능력과 수요가 시간에 따라 계속 같은 수준을 유지하려면, 투자율은 [그림 14.6]에 예시된 것과 같은 경로를 따라 정확하게 ρs의 지수율로 성장해야 한다는 것이다. 분명히 산출능력 대 자본의 비 또는 한계저축성향이 크면 클수록, 투자의 필요성장률도 커진다. 그러나 어쨌든 일단 ρ와 s의 값들이 주어지고 나면, 투자의 필요성장경로는 매우 경직적으로 결정된다.

면도날 시간경로

이제 투자의 **실제**성장률(r이라고 부르기로 하자)이 **필요**성장률 ρs와 다르다면 어떤 일이 일어나는가 하는 문제를 제기해 보자.

도마의 접근방법은 **조업계수**(coefficient of utilization)를

$$u = \lim_{t \to \infty} \frac{Y(t)}{\kappa(t)} \qquad [u = 1\text{은 산출능력의 완전한 이용을 의미한다.}]$$

로 정의하여 $u = r/\rho s$임을 보이는 것이다. 따라서, $r \gtreqless \rho s$에 따라서 $u \gtreqless 1$이 된다. 다시 말하면 실제성장률과 필요성장률이 일치하지 않는 경우 $(r \neq \rho s)$, r이 ρs보다 크냐 또는 작으냐에 따라, 궁극적으로($t \to \infty$일 때) 산출능력의 부족현상이($u > 1$) 나타나거나 과잉현상이($u < 1$) 나타난다는 것이다.

그러나 산출능력의 부족과 과잉에 관한 결론은 $t \to \infty$일 경우에만 적용되는 것이 아니라 실제로 모든 시점 t에서 성립한다. 왜냐하면 주어진 성장률이 r이라는 것은,

$$I(t) = I(0)e^{rt} \qquad \text{및} \qquad \frac{dI}{dt} = rI(0)e^{rt}$$

를 의미하기 때문이다. 그러므로 (14.13)과 (14.14)에 의해 다음을 얻을 수 있다.

$$\frac{dY}{dt} = \frac{1}{s}\frac{dI}{dt} = \frac{r}{s}I(0)e^{rt}$$
$$\frac{d\kappa}{dt} = \rho I(t) = \rho I(0)e^{rt}$$

이들 두 함수간의 비율은 다음과 같다.

$$\frac{dY/dt}{d\kappa/dt} = \frac{r}{\rho s}$$

이것은 실제성장률이 r일 때, 임의의 시점 t에서 투자의 수요창출효과와 산출능력증가효과의 상대적 크기를 나타낸다. 즉, r(실제성장률)이 ρs(필요성장률)를 초과하면, $dY/dt > d\kappa/dt$이 성립하게 되고, 따라서 수요창출효과가 산출능력증가효과를 능가하여 산출능력의 부족현상을 야기하게 된다. 역으로 $r < \rho s$이면, 총수요의 부족, 따라서 산출능력의 과잉현상이 나타난다.

이 결론에서 기묘한 점은, 실제로 투자가 필요성장률보다 **빠르게** 성장하는 경우($r > \rho s$), 그 최종결과는 생산능력의 과잉현상이 아니라 **부족현상**으로 나타난다는 것이다. 그리고, 투자의 실제성장률이 필요성장률에 미치는 못하는 경우($r < \rho s$), 생산능력의 부족현상이 아닌 **과잉현상**에 처하게 된다는 것도 마찬가지로 기묘한 점이다. 사실 이러한 역설적인 결과들 때문에, 기업가들의 현재의 생산능력 상태에 따라 실제성장률 r(지금까지는 상수로 취급하였다)을 조정하는 경우, 그들은 분명히 "그릇된" 조정을 하게 될 것이다. 예를 들어, $r > \rho s$일 때 나타나게 되는 생산능력의 부족현상은 더욱더 급속한 투자율을 촉진하게 될 것이다. 그러나 이것은 당면한 상황하에서 요구되는 r의 감소 대신에 그 증가를 의미한다. 결과적으로 두 성장률간의 괴리는 줄어들지 않고 오히려 벌어지게 되는 것이다.

결론적으로 파라미터적 상수 ρ와 s가 주어졌을 때, 생산능력의 과잉현상과 부족현상을 모두 피할 수 있는 유일한 길은 투자를 성장률 $r^* = \rho s$로 균형경로를 따라 계속 조심스럽게 해나가는 것이다. 그리고 이미 살펴보았듯이, 이러한 "면도날" (razor' s edge) 시간경로로부터의 어떤 이탈도 도마가 이 모형에서 제시한 규범인 완전조업의 요청을 영구히 충족시키지 못하게 되는 결과를 초래하게 된다. 이것은 그다지 유쾌한 전망은 못된다. 다행히도, 다음 장에서 논하게 될 솔로우(Solow) 교수의 성장모형에서 볼 수 있듯이, 도마 모형의 가정을 일부 수정하게 되면 보다 신축성 있는 결과를 얻을 수 있게 된다.

연습문제 14.6

1. 도마 모형에서 명시적으로 고려하는 생산요소들은 몇 개인가? 이 사실은 생산에서의 자본-노동 비율에 관해 어떤 의미를 갖는가?
2. 제 10.2 절에서 지수함수 Ae^{rt}에서의 상수 r은 그 함수의 성장률을 나타냄을 배웠다. 이를 (14.16)식에 적용하여 적분을 통하지 않고 (14.18)을 도출하라.
3. 식 $|I| = Ae^{rt}$에서 투자가 음의 값을 갖는다 할지라도, 임의의 상수 A를 확정하면 여전히 해 (14.18)을 얻을 수 있음을 보여라.
4. (14.16)식, 즉 $\frac{1}{I}\frac{dI}{dt} = \rho s$의 양변을, 적분의 상한과 하한을 $t=0$와 $t=t$로 놓고, 변수 t에 관해 각각 정적분하고 그들을 같게 놓음으로써, (14.18)의 결과를 얻을 수도 있음을 보여라. 적분의 변수를 t에서 I로 바꿀 때 적분의 상한과 하한이 $t=0$와 $t=t$로부터 각각 $I=I(0)$와 $I=I(t)$로 바뀌는 것에 유의하라.

Chapter 14 요약

❖ 동태분석과 적분법 ❖

1. 동태분석이란 변수들의 특정한 시간경로를 추적하고 연구하거나 또는 충분한 시간이 주어졌을 때 이 변수들이 일정한 균형값에 수렴하는 경향이 있는지의 여부를 알아보는 것을 목적으로 한다.
2. 동태분석은 시간을 연속적 변수로 보느냐 이산적 변수로 보느냐에 따라 각각 미분방정식과 차분방정식을 사용하게 된다. 또 미분방정식은 적분법과 밀접하게 관련된다.
3. 적분연산은 여러 가지 기초적 적분법칙들을 이용하여 행할 수 있다.
4. 적분연산의 상하한을 명시하지 않은 것을 부정적분이라고 하고, 명시한 것을 정적분이라 한다. 즉 부정적분을 $\int f(x)\,dx = F(x) + c$ 라 할 때 그에 대응하는 정적분은 $\int_a^b f(x)\,dx = F(b) - F(a)$로 쓸 수 있다. 또 $\int_a^x f(x)\,dx = F(x) - F(a)$ 이므로 정적분을 ($c = -F(a)$ 로 볼 때) 부정적분에 의해서 나타낼 수도 있다.
5. 특이적분은 극한개념을 써서 평가할 수 있다.
6. 투자 $I(t)$ 와 자본 $K(t)$ 간의 관계는 $K(t) = \int I(t)\,dt$ 로 나타낼 수 있다.
7. 영구적인 현금의 흐름의 속도가 $R(t)$ 이고, 그 이자율이 r 이라면 그 흐름의 현재가치 Π 는

$$\Pi = \int_0^\infty R(t)\,e^{-rt}\,dt$$

로 나타낼 수 있다.

8. 도마의 성장모형은

$$\frac{1}{I}\frac{dI}{dt} = \rho s$$

로 나타낼 수 있는데 이 양변을 t 에 관하여 적분하면 $I(t) = I(0)\,e^{\rho st}$ 라는 해를 얻을 수 있다. 이 모형은 간단한 미분방정식의 예를 보여 준다. 이 해의 경로는 면도날 시간경로라는 불안정성을 보인다.

Chapter 15

연속적 시간 : 1계미분방정식

도마 (Domar) 의 성장모형에서 우리는 간단한 미분방정식을 직접 적분에 의해서 풀었다. 더 복잡한 미분방정식들에 대해서는, 여러 가지 정해진 해법들이 있다. 그러나 후자의 경우에 있어서도 해법들을 밑받침하고 있는 기본적인 착상은 여전히 적분기법들이다. 이러한 이유 때문에 미분방정식들의 해를 종종 그 방정식의 **적분**이라고 한다.

이 장에서는 **1계** (first-order) 미분방정식만 다루고자 한다. 이때 **계** (order) 란 말은 미분방정식에 나타나는 도함수 (또는 미분) 들의 최고의 계수를 뜻한다. 따라서 미분방정식에는 오직 1계도함수, 즉 dy/dt 만이 있을 수 있다.

15.1 | 상수계수와 상수항을 가진 1계선형미분방정식

1계도함수 dy/dt 는 1계미분방정식에서 있을 수 있는 유일한 도함수이지만, 그 것은 예를 들어 dy/dt, $(dy/dt)^2$ 또는 $(dy/dt)^3$ 등과 같이 여러 가지 멱을 가질 수 있다. 이때 방정식의 도함수들이 갖는 최고멱수를 그 방정식의 **차수** (degree) 라고 한다. 도함수 dy/dt 와 종속변수 y 가 1차의 차수로만 나타나고, $y(dt/dy)$ 와 같은 형태의 곱이 나타나지 않는 경우, 그 방정식을 **선형** (linear) 이라고 한다.† 따라서 1계선형미분방정식은 일반적으로 다음과 같은 형태를 취한다.††

$$\frac{dy}{dt} + u(t)y = w(t) \tag{15.1}$$

여기서 u 와 w 는, y 와 마찬가지로, t 의 함수이다. 그러나 dy/dt 나 y 와는 대조적으로, 독립변수 t 에는 어떤 제약도 없다. 따라서 함수 u 와 w 는 t^2, e^t 또는 좀 더 복잡한 t 의 함수를 나타낼 수 있다. 반면에, u 와 w 는 상수일 수도 있다.

바로 이와 같은 고려 때문에 미분방정식은 더 세밀하게 분류된다. 함수 u (종속변수 y 의 계수) 가 상수이고 함수 w 도 상수인 항일 때, (15.1)식은 **상수계수**와 **상수항**을 가지는 1계선형미분방정식의 특수한 경우가 된다. 이 절에서는 이러한 간단한 종류의 미분방정식만을 다루고자 한다.

동차미분방정식의 경우

u 와 w 가 상수함수들이고 w 가 항등적으로 0이라면, (15.1)식은 다음과 같이 될 것이다.

---

† 역주 : 이 경우 선형은 '1차' 와 다른의미로 사용되고 있음에 주목하길 바란다. (제15.5를 참조)

†† (15.1)식에서 도함수항 dy/dt 의 계수가 1임에 주의하라. 이것은 그 항이 1이외의 계수를 가질 수 없음을 의미하는 것은 아니다. 그러한 계수가 나타날 때 우리는 그 계수로 각항을 나눔으로써 방정식을 "정규화" (normalize) 할 수 있다. 이러한 이유로 (15.1)에 주어져 있는 형태는 **일반적** 표현으로 볼 수 있다.

$$\frac{dy}{dt} + ay = 0 \tag{15.2}$$

여기서 a는 상수이다. 이러한 미분방정식은 상수항이 0이기 때문에 **동차**(homogeneous) 미분방정식이라고 한다(동차방정식체계와 비교해 보라). 동차방정식을 규정하는 특징은 모든 변수들(여기서는 dy/dx 및 y)을 어떤 상수로 곱할 때, 그 방정식이 여전히 성립한다는 것이다. 따라서 상수항이 0이면 동차방정식이 되지만, 상수항이 0이 아니면 동차방정식이 될 수 없다.

식(15.2)는 다음과 같이 다시 쓸 수 있다.

$$\frac{1}{y}\frac{dy}{dt} = -a \tag{15.2'}$$

그러나, 여러분들은 도마 모형에서 보았던 미분방정식 (14.16) 식이 바로 이러한 형태라는 것을 기억할 것이다. 그러므로 유추하면 (15.2) 식 또는 (15.2′) 의 해를 곧바로 다음과 같이 쓸 수 있다.

$$y(t) = Ae^{-at} \qquad \text{[일반해]} \tag{15.3}$$

또는 $$y(t) = y(0)e^{-at} \qquad \text{[확정해]} \tag{15.3'}$$

식 (15.3)은 임의의 상수 A를 가지고 있으므로, 그것은 **일반해**(general solution)가 된다. A 대신 어떤 특정한 값이 대입될 때, 그 해는 (15.2) 의 **특수해**(particular solution)가 된다. 이러한 특수해는 A의 가능한 값들에 대응하여 무한히 많이 존재한다. $y(0)$도 A의 가능한 값들의 하나이다. 그러나 이 $y(0)$는 특별한 의미를 지닌다. 즉, $y(0)$는 해가 초기조건을 충족시키게끔 하는 유일한 값인 것이다. 이것은 임의의 상수값을 확정한 결과이므로, (15.3′)를 미분방정식 (15.2′)의 **확정해**(definite solution)라고 부르기로 한다.

미분방정식의 해에 관해서는 다음의 두 가지 점을 주의해야 한다. (1) 해는 수 값이 아니라 $y(t)$ —t가 시간을 나타낸다면 시간경로— 이다. (2) 해 $y(t)$는 도함수나 미분의 표현들을 포함하지 않는다. 따라서 t의 특정한 값을 대입하게 되면, 그에 대응하는 y값을 직접 얻을 수 있다.

비동차미분방정식의 경우

식 (15.2) 에서 0대신 0이 아닌 상수가 나타날 때 다음과 같은 **비동차**(nonhomogeneous) 선형미분방정식이 된다.

$$\frac{dy}{dt} + ay = b \tag{15.4}$$

이 방정식의 해는 두개의 항의 합으로 이루어지게 되는데 , 그중 하나는 **보조함수**(complementary function: y_c로 표시한다)라 하고, 다른 하나는 **특수적분**(particular integral: y_p로 표기한다)이라 한다. 나중에 보게 되겠지만 이들 각각은 중요한 경제적 의미를 갖는다. 여기서는 그 해법만을 제시하기로 한다. 그 근거는 나중에 분명해질 것이다.

우리의 목적이 **비**동차방정식 (15.4)의 해를 구하는 것이라 할지라도, 우리는 흔히 그것의 동차형인 (15.2) 에 의거해서 해를 구해야 한다. 편의상 후자를 (15.4) 식의 **축약방정식**(reduced equation)이라고 부르기로 한다. 비동차방정식 (15.4) 자체는 따라서 **완전방정식**(complete equation)이라 할 수 있다. 보조함수 y_c는 축약방정식의 일반해에 지나지 않고, 반면에 특수적분

y_p 는 단지 완전방정식의 **임의의** 특수해가 된다는 것이 아래에서 밝혀질 것이다.

동차형의 경우에 대한 논의로부터 우리는 이미 축약방정식의 일반해를 알고 있고, 그것은 다음과 같이 쓸 수 있다.

$$y_c = Ae^{-at} \qquad [(15.3)\text{에 의해}]$$

특수적분은 어떠한가? 특수적분은 완전방정식의 **임의의** 한 특수해이므로, 우선 해들 중 가장 단순한 형태, 즉 y 가 어떤 상수($y = k$) 일 때를 시험해 볼 수 있다. y 가 상수이면 $dy/dt = 0$ 이 되고, (15.4) 식은 $ay = b$ 가 되어 해는 $y = b/a$ 가 된다. 그러므로 $a \neq 0$ 인 한, 이 상수해는 유효한 것이 된다. 즉,

$$y_p = \frac{b}{a} \qquad (a \neq 0)$$

그러면 보조함수와 특수적분의 합이 완전방정식 (15.4) 의 일반해를 구성하게 된다: 즉,

$$y(t) = y_c + y_p = Ae^{-at} + \frac{b}{a} \qquad [\text{일반해}, a \neq 0 \text{인 경우}] \qquad \textbf{(15.5)}$$

이것이 일반해가 되는 것은 임의의 상수 A 가 있기 때문이다. 물론 초기조건을 사용하여 이 상수값을 확정지을 수 있다. $t = 0$ 일 때 y 는 $y(0)$ 의 값을 갖는다고 하자. 그러면 (15.5) 에 $t = 0$ 으로 놓으면 다음을 얻는다.

$$y(0) = A + \frac{b}{a} \qquad \text{및} \qquad A = y(0) - \frac{b}{a}$$

따라서 (15.5) 를 다음과 같이 쓸 수 있게 된다.

$$y(t) = \left[y(0) - \frac{b}{a}\right]e^{-at} + \frac{b}{a} \qquad [\text{확정해}, a \neq 0 \text{인 경우}] \qquad \textbf{(15.5')}$$

임의의 상수를 확정하기 위해 초기조건을 사용하는 것은, 완전방정식에 대한 일반해를 구한 후에, **최종** 단계에서 행하여진다는 점에 — 또 그래야만 한다는 점에 — 주의해야 한다. y_c 와 y_p 의 값이 모두 $y(0)$ 의 값과 관련되므로, 상수 A 를 확정할 때 양자를 모두 고려해야만 하기 때문이다.

예 1

초기조건이 $y(0) = 10$ 일 때, 방정식 $dy/dt + 2y = 6$ 을 풀어라. 여기서 $a = 2$ 이고 $b = 6$ 이므로, (15.5′) 식에 의해 다음과 같이 된다:

$$y(t) = (10 - 3)e^{-2t} + 3 = 7e^{-2t} + 3$$

예 2

초기조건이 $y(0) = 1$ 이라 하고, 방정식 $dy/dt + 4y = 0$ 을 풀어라. $a = 4$, $b = 0$ 이므로 다음을 얻을 수 있다:

$$y(t) = (1 - 0)e^{-4t} + 0 = e^{-4t}$$

동차형의 경우에 대한 공식인 (15.3′) 으로 부터도 같은 답을 얻을 수 있다. 동차방정식 (15.2)는 비동차방정식 (15.4)의 $b = 0$ 일 때의 특수한 경우에 불과하다. 따라서 공식 (15.3′) 역시 공식 (15.5′)

의 $b = 0$ 인 상황에서의 특수한 경우이다.

만약 $a = 0$ 이 되어 (15.5′) 의 해가 정의되지 않는 경우에는 어떻게 되겠는가? 그러한 경우에는, 미분방정식은 다음과 같이 극히 단순한 형태가 된다.

$$\frac{dy}{dt} = b \tag{15.6}$$

직접 적분함으로써 이것의 일반해는 다음처럼 쉽게 구할 수 있다.

$$y(t) = bt + c \tag{15.7}$$

여기서 c 는 임의의 상수이다. 사실상 (15.7) 을 구성하는 두 개의 항은 각각 주어진 미분방정식의 보조함수와 특수적분으로 볼 수 있다. $a = 0$ 이므로, 보조함수는 다음과 같이 간단하게 표현할 수 있다.

$$y_c = Ae^{-at} = Ae^0 = A \qquad (A = \text{임의의 상수})$$

특수적분에 관해서는, 지금처럼 $a = 0$ 인 경우 상수해 $y = k$ 는 타당하지 않게 되므로, 그 대신에 **비상수**해를 시험해 보아야 한다. 그러한 것들 중 가장 단순한 형태, 즉 $y = kt$ 를 살펴보도록 하자. $y = kt$ 이면 $dy/dt = k$ 가 성립하고, 완전방정식 (15.6) 은 $k = b$ 가 되고, 따라서 다음과 같이 쓸 수 있다.

$$y_p = bt \qquad (a = 0)$$

이 새로운 해는 과연 타당하다! 그러므로 (15.6) 식의 일반해는 다음과 같이 된다:

$$y(t) = y_c + y_p = A + bt \qquad [\text{일반해}, a = 0 \text{ 인 경우}] \tag{15.7′}$$

여기서 c 와 A 는 모두 임의의 상수에 대한 다른 표현들에 불과한 것이기 때문에, 이것은 (15.7) 의 결과와 동일하게 된다. 그러나 이번 경우에는 y_p 가 시간의 함수인 데 비해, y_c 가 상수라는 것에 주의하라. 이것은 (15.5) 에서와 정반대의 상황이다.

임의의 상수값을 확정함으로써, 확정해를 다음과 같이 구할 수 있다.

$$y(t) = y(0) + bt \qquad [\text{확정해}, a = 0 \text{ 인 경우}] \tag{15.7″}$$

예 3

초기조건이 $y(0) = 5$ 일 때, 방정식 $dy/dt = 2$ 를 풀어라.
(15.7″) 식에 의해 해는 다음과 같이 된다.

$$y(t) = 5 + 2t$$

해의 타당성 검토

미분방정식의 해가 타당한지의 여부는 항상 그 해를 미분해 봄으로써 확인할 수 있다.
해 (15.5′) 에 대해 이러한 확인을 해보면 다음과 같은 도함수를 얻을 수 있다.

$$\frac{dy}{dt} = -a\left[y(0) - \frac{b}{a}\right]e^{-at}$$

dy/dt 에 대한 위의 식과 (15.5′) 의 $y(t)$ 를 나타내는 식을 미분방정식 (15.4) 의 좌변에 대입하여 구한 해가 만약 옳은 것이라면, (15.4) 의 좌변은 (15.4) 의 우변의 상수항 b 와 정확하게 같게 된다. 실제로 그렇게 대입해 보면, 다음의 결과를 얻는다.

$$-a\left[y(0) - \frac{b}{a}\right]e^{-at} + a\left\{\left[y(0) - \frac{b}{a}\right]e^{-at} + \frac{b}{a}\right\} = b$$

따라서 이 해는 옳은 것이 된다. 다만 그 해가 초기조건을 충족시켜야 한다. 초기조건을 충족시키는지를 확인하기 위하여, 해 (15.5′) 에서 $t = 0$ 으로 놓아 보자. 그 결과는,

$$y(0) = \left[y(0) - \frac{b}{a}\right] + \frac{b}{a} = y(0)$$

과 같은 항등식이 되므로, 초기조건은 분명히 충족된다.

미분방정식의 해를 구하는 과정의 최종단계로서, 일단 구한 답의 타당성을 다음과 같은 방법으로 검토하는 습관을 갖도록 권하는 바이다: (1) 시간경로 $y(t)$ 의 도함수가 주어진 미분방정식과 모순되지 않는지를 확인한다; (2) 확정해가 초기조건을 충족시키는지를 확인한다.

연습문제 15.1

1. 다음 각 미분방정식의 y_c, y_p, 일반해, 그리고 확정해를 구하라.

   (a) $\frac{dy}{dt} + 4y = 12;\ y(0) = 2$

   (b) $\frac{dy}{dt} - 2y = 0;\ y(0) = 9$

   (c) $\frac{dy}{dt} + 10y = 15;\ y(0) = 0$

   (d) $2\frac{dy}{dt} + 4y = 6;\ y(0) = 1\frac{1}{2}$

2. 문제 1.에서 구한 해의 타당성을 검토하라.
3. 본문에서 유도한 여러 공식들 중 적절한 공식을 사용하여 다음 각각의 해를 구하라.

   (a) $\frac{dy}{dt} + y = 4;\ y(0) = 0$

   (b) $\frac{dy}{dt} = 23;\ y(0) = 1$

   (c) $\frac{dy}{dt} - 5y = 0;\ y(0) = 6$

   (d) $\frac{dy}{dt} + 3y = 2;\ y(0) = 4$

   (e) $\frac{dy}{dt} - 7y = 7;\ y(0) = 7$

   (f) $3\frac{dy}{dt} + 6y = 5;\ y(0) = 0$

4. 문제 3.에서 구한 해의 타당성을 검토하라.

15.2 | 시장가격의 동태분석

도마의 (거시적) 성장모형에서, 우리는 1계선형**동차**미분방정식의 응용예를 볼 수 있었다. **비동차**미분방정식의 경우를 예시하기 위해서, 하나의 (미시적) 동태시장모형을 살펴보도록 하자.

모형의 구조

어떤 특정 재화에 대한 수요 및 공급함수가 다음과 같다고 하자:

$$\begin{aligned} Q_d &= \alpha - \beta P \qquad (\alpha, \beta > 0) \\ Q_s &= -\gamma + \delta P \qquad (\gamma, \delta > 0) \end{aligned} \tag{15.8}$$

이때 (3.4) 식에 따르면 균형가격은 다음과 같이 된다.†

$$P^* = \frac{\alpha + \gamma}{\beta + \delta} \qquad (= \text{양의 상수}) \tag{15.9}$$

초기가격 $P(0)$가 정확하게 P^*의 수준이라면, 시장은 분명히 이미 균형상태에 있는 것이고 따라서 동태분석은 불필요하게 된다. 그러나 보다 흥미로운 $P(0) \neq P^*$의 경우에는, 적절한 조정과정을 거친 후에야 P^*에 (만약 존재한다면) 도달할 수 있는데 (도달가능하다고 할 때), 그 사이에 가격뿐만 아니라 P의 함수들인 Q_d와 Q_s도 시간에 따라 변한다. 이러한 점에서, 가격과 수량변수들은 **모두 시간의 함수**로 볼 수 있다.

우리의 동태분석의 문제는 다음과 같다. 즉, 조정과정이 이루어지기에 충분한 시간이 주어지면, 가격은 균형수준 P^*로 움직여 가는가? 즉 $t \to \infty$에 따라 시간경로 $P(t)$는 P^*에 수렴하는 경향이 있는가?

시간경로

이 문제에 답하기 위해서는 우선 시간경로 $P(t)$를 구해야만 한다. 그러나 그러기 위해서는 그보다 먼저 가격변화의 유형을 구체적으로 규정해야 한다. 일반적으로 가격변화를 지배하는 요인은 시장에서의 수요력과 공급력의 상대적 크기이다. 단순화를 위해서, 어떤 순간의 (시간에 관한) 가격의 변화율은 항상 그 순간의 **초과수요**$(Q_d - Q_s)$에 정비례한다고 가정하자. 그와 같은 변화유형을 기호로 나타내면 다음과 같다.

$$\frac{dP}{dt} = j(Q_d - Q_s) \qquad (j > 0) \tag{15.10}$$

여기서 j는 (일정한) **조정계수**(adjustment coefficient)를 나타낸다. 변화유형을 이렇게 설정하고 나면, $dP/dt = 0$이 되는 필요충분조건은 $Q_d = Q_s$임을 알 수 있다. 이와 관련해서 **균형가격**(equilibrium price)이란 용어가 두 가지 의미를 갖는다는 점에 주목할 필요가 있다. 즉, 시간적 의미(시간에 관해서 P가 일정하다는 것)와 시장청산적 의미(균형가격은 Q_d와 Q_s를 일치시키는 가격이라는 것)를 갖는 것이다. 현재의 모형에서는 두 의미가 서로 일치하지만, 모든 모형에서 다 그런 것은 아니다.

(15.8) 식의 수요함수와 공급함수에 의해 (15.10)을 다음과 같이 나타낼 수 있다.

$$\frac{dP}{dt} = j(\alpha - \beta P + \gamma - \delta P) = j(\alpha + \gamma) - j(\beta + \delta)P$$

† 우리가 시장모형에 적용하려고 하는 미분방정식 (15.4)에서 파라미터를 나타내고 있는 a, b와의 있을 수 있는 혼동을 피하기 위해, 여기서는 (3.4) 식에서의 기호 a, b, c, d를 쓰지 않고 α, β, γ, δ를 쓰기로 한다.

즉,

$$\frac{dP}{dt} + j(\beta + \delta)P = j(\alpha + \gamma) \tag{15.10'}$$

이것은 정확하게 미분방정식 (15.4)의 형태로 되어 있고 P의 계수가 0이 아니므로, 해의 공식 (15.5′)를 적용하여 해 — 시간경로 — 는 다음과 같이 쓸 수 있다.

$$\begin{aligned} P(t) &= \left[P(0) - \frac{\alpha+\gamma}{\beta+\delta}\right]e^{-j(\beta+\delta)t} + \frac{\alpha+\gamma}{\beta+\delta} \\ &= [P(0) - P^*]e^{-kt} + P^* \qquad [(15.9)\text{에 의해. 단, } k \equiv j(\beta+\delta)] \end{aligned} \tag{15.11}$$

균형의 동태적 안정성

결국 처음에 제기한 문제, 즉 $t \to \infty$에 따라 $P(t) \to P^*$가 성립하는가의 문제는, (15.11)식의 우변 첫 항이 $t \to \infty$에 따라 0으로 되는가라는 문제로 귀착되고 만다. (15.11)식에서 $P(0)$와 P^*가 모두 상수이므로, 중요한 요인은 지수함수 e^{-kt}가 된다. $k > 0$이라는 사실에 비추어 볼 때, 그것은 $t \to \infty$에 따라 0에 다가갈 것이다. 따라서 이 모형의 가정에 의하면, 가격의 시간경로는 확실히 균형상태에 접근하게 될 것이다. 이처럼 우리가 관심을 가지고 있는 변수 $P(t)$의 시간경로가 P^*의 수준에 **수렴**하게 되는 이런 종류의 상황에서 — (시장청산적 의미가 아니라) 시간에 따른 균형의 의미로 해석할 때 — 균형은 **동태적으로 안정적** (dynamically stable)이라고 한다.

동태적 안정성의 개념은 중요한 개념이다. (15.11)식을 더 상세히 분석함으로써 그것을 살펴보도록 하자. $P(0)$와 P^*의 상대적 크기에 따라, 해 (15.11)에는 세 가지 가능한 경우들이 있을 수 있다. 첫째가 $P(0) = P^*$인 경우로, 이는 $P(t) = P^*$를 의미한다. 이때는 가격의 시간경로가 [그림 15.1]에서 수평인 직선으로 나타난다. 앞에서도 언급했듯이, 이 경우 균형수준에의 도달은 기정사실이다. 둘째로, $P(0) > P^*$인 경우가 있을 수 있다. 이때는 (15.11)의 우변 첫 항은 양이지만, t의 증가가 e^{-kt}의 값을 작게 만들기 때문에, $P(t)$의 값은 감소하게 될 것이다. 따라서 [그림 15.1]의 맨 위에 있는 곡선처럼, 시간경로는 위로부터 균형수준 P^*에 접근하게 된다. 셋째로, $P(0) < P^*$인 반대의 경우에는, [그림 15.1]의 가장 아래에 있는 곡선처럼, 밑으로부터 균형수준 P^*에 접근하게 된다. 일반적으로 동태적 안정성을 갖기 위해서는, 시간경로의 균형으로부터 **편차** (deviation)가 항

그림 15.1

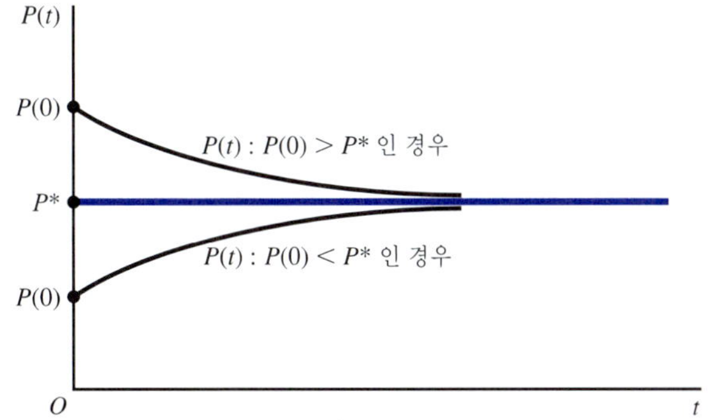

등적으로 0이거나 (첫번째 경우), 시간이 경과함에 따라 계속 감소해야 한다 (두 번째와 세 번째 경우). †

식 (15.11) 과 (15.5′) 를 비교해 보면, b/a 에 대응하는 P^* 항은 특수적분 y_p 이고, 또 지수함수로 표현된 항은 (확정해로서의) 보조함수 y_c 인 것을 알 수 있다. 따라서 이제 y_c 와 y_p 에 대한 경제적 해석을 할 수 있게 되었다. 즉, y_p 는 당해 변수의 **시간에 따른 균형** (intertemporal equilibrium) **의 수준**을 나타내고, y_c 는 **균형으로부터의 편차**를 나타낸다. 동태적 안정성은 t 가 무한히 커짐에 따라 보조함수가 점근적으로 소멸할 것을 요구하는 것이다.

이 모형에서 특수적분은 상수이고, 따라서 우리는 P^* 로 나타내지는 시간에 따른 **정상균형** (stationary equilibrium) 을 갖는다. 반면에 (15.7′) 에서처럼, 특수적분이 상수가 아니라면, 그것은 **이동균형** (moving equilibrium) 으로 해석할 수 있다. ††

모형의 다른 용도

이상에서 파라미터들의 부호가 정해졌을 때의 균형의 동태적 안정성 (시간경로의 수렴성) 을 분석하였다. 또 하나의 다른 유형의 문제가 있다. 즉, 동태적 안정성을 보장하려면 파라미터들에 대해 어떤 구체적인 제약이 가해져야 하는가 라는 것이다.

그에 대한 답은 해 (15.11) 로부터 알 수 있다. $P(0) \neq P^*$ 라고 하면, (15.11) 식의 첫 항 (y_c) 이 $t \to \infty$에 따라 0으로 다가간다는 명제는, 부등식

$$j(\beta + \delta) > 0$$

과 서로 필요충분조건의 관계에 있음을 알 수 있다. 따라서 이 마지막 부등식은 파라미터인 j (가격의 조정계수), β (Q 를 **수직**축에 잡았을 때 수요곡선의 기울기의 음수), 그리고 δ (공급곡선의 기울기) 에 대한 제약조건으로 볼 수 있다.

가격조정이 $j > 0$ 으로 "정상적"인 경우, 즉 초과수요가 가격을 하락시키지 않고 상승시키는 경우, 이 제약은 $(\beta + \delta) > 0$ 로 된다. 즉,

$$\delta > -\beta$$

이 경우에 동태적 안정성을 가지려면, 공급곡선의 기울기가 수요곡선의 기울기보다 커야 한다. (15.8) 에서 처럼, 수요곡선과 공급곡선이 정상적인 기울기 ($-\beta<0$, $\delta>0$) 를 갖는 경우에, 이 조건은 명백하게 충족된다. 그러나 곡선들 중의 하나가 "비정상적인" 기울기를 갖는 경우에도, $\delta = 1$ 과 $-\beta = \frac{1}{2}$ (양의 기울기를 갖는 수요곡선) 일 때처럼, 위의 조건은 여전히 충족될 수 있다. 후자의 경우가 [그림 15.2] 에 예시되어 있는데, 이 때 균형가격 P^* 는 보통 때처럼 두 곡선들의 교점에 의해 결정된다. 초기가격이 P_1 이라면, Q_d (거리 P_1G) 는 Q_s (거리 P_1F) 보다 크게 되고, 따라서 초과수요 (FG) 는 가격을 상승시키게 된다. 반대로 가격이 처음에 P_2 라면, **음의** 초과수요 MN 이 발생하게 되고, 이는 가격을 하락시킨다. 그러므로 두 개의 화살표들이 보여주듯이, 이 경우에 가격조정은 P^* 의 어느 편에서 시작하든 균형**으로 움직여 가게** 될 것이다. 그러나 이들 화살표가 조정의 방향을 표시해 줄 수는 있지만, 변화의 크기를 나타내 주지는 못한다는 점에 주목해야 한다. 따라

† 역주: 이 문장의 뜻은 결코 두 요건 중 하나만 충족되면 동태적 안정성을 갖는다는 것으로 해석되어서는 안된다.

†† 역주: 앞의 정의에 의하면 시간적 의미의 균형은 정상균형뿐이고, 이동평균은 거기에 포함될 수 없다. 여기서 이동균형 의미는 분명하지 않다.

그림 15.2

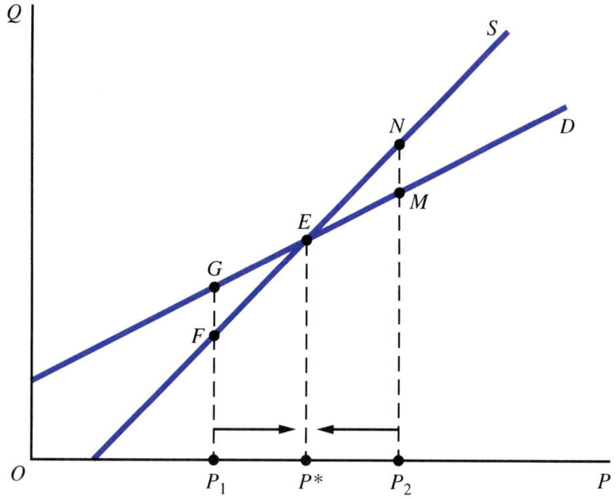

서 [그림 15.2]는 그 성격상 기본적으로 정태적이지 동태적인 것은 아니다. 그리고 앞에서 논의한 동태분석을 대치하는 것이 아니라 다만 예시하는 데 도움을 줄 수 있을 뿐이다.

연습문제 15.2

1. [그림 15.2]에서 수요곡선과 공급곡선이 모두 음의 기울기를 갖는다면, 동태적 안정성을 갖기 위해서 어떤 곡선이 더 가팔라야 하는가? 이때 구한 답이 $\delta > -\beta$ 의 기준과 일치하는가?
2. (15.10′)식을 $dP/dt + k(P - P^*) = 0$으로 바꿔 쓸 수 있음을 보여라. $P - P^* \equiv \Delta$로 놓는다면, 따라서 $d\Delta/dt = dP/dt$ 이라면, 이 미분방정식은 다시 다음과 같이 바꿔 쓸 수 있다.

$$\frac{d\Delta}{dt} + k\Delta = 0$$

   시간경로 $\Delta(t)$를 구하고 동태적 안정성의 조건을 논하라.
3. 이 절에서 논의한 동태적 시장모형은 제 3.2 절의 정태적인 모형에 따라서 아주 비슷하게 만들어진 것이다. 어떤 새로운 특징이 이처럼 정태적 모형을 동태적 모형으로 바꾸는가?
4. 수요와 공급이 각각 다음과 같다고 하자.

$$Q_d = \alpha - \beta P + \sigma \frac{dP}{dt} \qquad Q_s = -\gamma + \delta P \qquad (\alpha, \beta, \gamma, \delta > 0)$$

   (*a*) 시간에 따른 가격의 변화율이 초과수요에 정비례한다고 가정하고, 그 시간경로(일반해) $P(t)$를 구하라.
   (*b*) 시간적 의미의 균형가격을 구하라. 시장을 청산하는 균형가격을 구하라.
   (*c*) 동태적 안정성을 보장하려면 파라미터 σ에 어떤 제약을 가해야 하는가?
5. 수요와 공급이 각각 다음과 같다고 하자.

$$Q_d = \alpha - \beta P - \eta \frac{dP}{dt} \qquad Q_s = \delta P \qquad (\alpha, \beta, \eta, \delta > 0)$$

(a) 시장이 매 순간마다 청산된다고 가정하고, 시간경로 (일반해) $P(t)$를 구하라.
(b) 이 시장은 동태적으로 안정적인 (시간적 의미의) 균형가격을 갖는가?
(c) 모든 t에 있어서 $Q_d = Q_s$가 성립한다는 모형의 가정은 제 3.2 절의 정태적 시장모형의 가정과 동일하다. 그럼에도 불구하고 여기서의 모형은 동태적이다. 그 이유는 무엇인가?

15.3 | 가변계수와 가변항

1계선형미분방정식의 보다 일반적인 경우로서 다음을 생각해 보자.

$$\frac{dy}{dt} + u(t)y = w(t) \tag{15.12}$$

여기서 $u(t)$와 $w(t)$는 각각 가변계수와 가변항을 나타낸다. 이때 시간경로 $y(t)$는 어떻게 구해야 하는가?

동차미분방정식의 경우

$w(t) = 0$인 동차형의 경우에는 해는 여전히 쉽게 얻을 수 있다. 이때의 미분방정식은 다음과 같다.

$$\frac{dy}{dt} + u(t)y = 0 \qquad \text{또는} \qquad \frac{1}{y}\frac{dy}{dt} = -u(t) \tag{15.13}$$

그러므로 양변을 t에 관해 차례로 적분하면 다음을 얻는다.

$$\text{좌변} = \int \frac{1}{y}\frac{dy}{dt}\,dt = \int \frac{dy}{y} = \ln y + c \qquad (y > 0 \text{ 으로 가정})$$

$$\text{우변} = \int -u(t)\,dt = -\int u(t)\,dt$$

후자에서는 $u(t)$가 구체적인 형태로 주어지지 않았으므로 더 이상 적분할 수가 없다. 따라서 일반적인 적분 표현으로 만족할 수밖에 없다. 위의 양변을 같다고 놓으면, 다음과 같이 된다.

$$\ln y = -c - \int u(t)\,dt$$

그러면 구하고자 하는 y의 경로는 $\ln y$의 로그를 벗김으로써 얻을 수 있다.

$$y(t) = e^{\ln y} = e^{-c}e^{-\int u(t)\,dt} = Ae^{-\int u(t)\,dt} \qquad \text{단, } A \equiv e^{-c} \tag{15.14}$$

이것이 미분방정식 (15.13)의 일반해가 된다.

계수 $u(t)$의 가변성을 강조하기 위해 지금까지는 독립변수 t를 명시적으로 써왔다. 그러나 표기를 간단히 하기 위해 지금부터는 t를 생략하여 $u(t)$를 u로 쓰기로 한다.

상수계수인 경우의 일반해인 (15.3)과 비교해 볼 때, (15.14)식에서 달라진 점은 e^{-at}가 보다 복잡한 수식인 $-e^{\int uat}$ 로 대체된 것 뿐이다. 이러한 변화 뒤에 놓인 논리를 잘 이해하려면, e^{-at} 의 at 라는 표현을 적분 $\int a\,dt = at$ 로 해석하면 된다(이 우변에는 상수를 더해 주어야 한다. 그러나 e 를 상수멱으로 제곱한 결과는 역시 상수이므로, 더해지는 상수는 A 항에 흡수시켜 버릴 수 있다). 이렇게 보면 두 일반해들의 차이점은 사실상 유사점으로 되고 만다. 왜냐하면 두 경우 모두 미분방정식의 y 항의 계수―(15.2)의 상수항 a 와 (15.13)의 가변항 u―를 취하여 t 에 관해 적분한 다음 그 적분한 결과에 음의 부호를 붙어 e 의 지수로 하기 때문이다.

일단 일반해가 얻어지면 적당한 초기조건을 이용하여 확정해를 얻는 것은 비교적 쉬운 일이다.

예 1

미분방정식 $\frac{dy}{dt} + 3t^2y = 0$ 의 일반해를 구하라. 이때 $u = 3t^2$ 이고 $\int u dt = \int 3t^2 dt = t^3 + c$ 임을 알 수 있다. 그러므로 (15.14) 식에 의해 해는 다음과 같이 쓸 수 있다.

$$y(t) = Ae^{-(t^3+c)} = Ae^{-t^3}e^{-c} = Be^{-t^3} \qquad \text{단, } B \equiv Ae^{-c}$$

여기서 주목할 것은, 적분상수 c 를 생략했더라도 어떤 정보도 잃어버리지 않았을 것이라는 점이다. 왜냐하면 그때는 $y(t) = Ae^{-t^3}$ 이 되는데, A 와 B 모두 임의의 상수를 나타내므로 실제로 그 두해는 동일한 해가 되기 때문이다. 다시 말하면 c 는 e^{-c} 에만 나타나는데, 이는 다른 상수 A 에 언제나 흡수시켜 버릴 수 있는 것이다.

비동차미분방정식의 경우

$w(t) \neq 0$ 인 비동차형의 경우에는 해를 구하기가 쉽지 않다. 완전미분방정식의 개념을 이용하여 그 해를 구할 수 있는데, 이는 제 15.4 절에서 논의하고자 한다. 그러나 여기서 그 결과를 먼저 밝혀도 지장은 없을 것이다. 미분방정식 (15.12)가 주어지면, 일반해는 다음과 같이 된다.

$$y(t) = e^{-\int u\,dt}\left(A + \int we^{\int u dt}\,dt\right) \tag{15.15}$$

여기서 A 는 적당한 초기조건이 주어지면 그 값이 확정될 수 있는 임의의 상수이다.

재미있는 것은 이 일반해가, 상수계수와 상수항을 가진 미분방정식의 경우처럼 두 성분의 합으로 이루어진다는 점이다. 더구나 둘 중에서 $Ae^{-\int u dt}$ 항은 이미 (15.14)에 유도되어 있는 축약(동차)방정식의 일반해에 불과하고, 따라서 보조함수의 성격을 띤다.

예 2

미분방정식 $\frac{dy}{dt} + 2ty = t$ 의 일반해를 구하라. 여기서 $u = 2t$, $w = t$, 그리고 $\int u\,dt = t^2 + k$ (k 는 임의의 상수) 이므로, (15.15) 식에 의해 다음을 얻을 수 있다.

$$\begin{aligned}
y(t) &= e^{-(t^2+k)}\left(A + \int te^{t^2+k}\,dt\right) \\
&= e^{-t^2}e^{-k}\left(A + e^k \int te^{t^2}\,dt\right) \\
&= Ae^{-k}e^{-t^2} + e^{-t^2}\left(\frac{1}{2}e^{t^2} + c\right) \qquad [e^{-k}e^k = 1] \\
&= (Ae^{-k} + c)e^{-t^2} + \frac{1}{2} \\
&= Be^{-t^2} + \frac{1}{2} \qquad \text{단, } B \equiv Ae^{-k} + c \text{ 는 임의의 상수}
\end{aligned}$$

이 해가 옳은지는 앞서와 마찬가지로 미분에 의해 확인할 수 있다.

이 해에서 흥미있는 점은, 적분상수 c는 물론이고 적분상수 k를 생략해도 최종결과에는 아무런 영향을 미치지 않는다는 것이다. 이것은 최종적인 해에서 k와 c를 모두 임의의 상수인 B에 흡수시켜 버릴 수 있기 때문이다. 여러분은 상수 k와 c를 사용하지 않고 (15.15)를 적용하는 보다 간단한 과정을 거쳐서도 동일한 해를 얻을 수 있음을 확인해 보기 바란다.

예 3 미분방정식 $\frac{dy}{dt} + 4ty = 4t$를 풀어라. 여기서 적분상수들은 생략하기로 한다.

$$u = 4t \qquad w = 4t \qquad \text{및} \qquad \int u\,dt = 2t^2 \qquad [\text{상수생략}]$$

이므로, (15.15)에 의해 일반해는 다음과 같이 된다:

$$\begin{aligned} y(t) &= e^{-2t^2}\left(A + \int 4te^{2t^2}\,dt\right) = e^{-2t^2}\left(A + e^{2t^2}\right) \qquad [\text{상수생략}] \\ &= Ae^{-2t^2} + 1 \end{aligned}$$

예상할 수 있는 바대로, 적분상수들을 생략하면 해를 구하는 과정이 상당히 간단해진다.

(15.12)의 미분방정식 $\frac{dy}{dt} + uy = w$는 (15.4)의 미분방정식 $\frac{dy}{dt} + ay = b$보다 더 일반적이다. 왜냐하면, a, b와는 달리 u와 w는 반드시 상수일 필요가 없기 때문이다. 따라서 해의 공식 (15.15)도 해의 공식 (15.5)보다 더 일반적이다. 사실 $u = a$, $w = b$로 놓으면 (15.15)는 (15.5)로 되고 만다. 왜냐하면,

$$u = a \qquad w = b \qquad \text{및} \qquad \int u\,dt = at \qquad [\text{상수생략}]$$

일 때는 (15.15)식은 다음과 같이 되기 때문이다.

$$\begin{aligned} y(t) &= e^{-at}\left(A + \int be^{at}\,dt\right) = e^{-at}\left(A + \frac{b}{a}e^{at}\right) \qquad [\text{상수생략}] \\ &= Ae^{-at} + \frac{b}{a} \end{aligned}$$

이것은 (15.5)식과 동일하다.

연습문제 15.3

다음의 1계선형미분방정식을 풀어라. 초기조건이 주어진 경우에는 임의의 상수값을 확정하라.

1. $\frac{dy}{dt} + 5y = 15$
2. $\frac{dy}{dt} + 2ty = 0$
3. $\frac{dy}{dt} + 2ty = t;\ y(0) = \frac{3}{2}$
4. $\frac{dy}{dt} + t^2 y = 5t^2;\ y(0) = 6$

5. $2\dfrac{dy}{dt} + 12y + 2e^t = 0;\ y(0) = \dfrac{6}{7}$

6. $\dfrac{dy}{dt} + y = t$

15.4 | 완전미분방정식

이제 우리는 완전미분방정식의 개념을 소개하고, 이 해법을 이용하여 미분방정식 (15.12)에 대한 해의 공식 (15.15)를 유도하고자 한다. 완전미분방정식의 해법을 다루는 우리의 일차적 목적은 **선형**미분방정식을 풀기 위한 것이지만, 완전미분방정식 그 자체로서는 선형일 수도 있고, 비선형일 수도 있다.

완전미분방정식

2변수 함수 $F(y, t)$가 주어지면, 그 전미분은 다음과 같다.

$$dF(y,t) = \frac{\partial F}{\partial y}\,dy + \frac{\partial F}{\partial t}\,dt$$

이것을 0이라고 놓을 때 나타나는 방정식

$$\frac{\partial F}{\partial y}\,dy + \frac{\partial F}{\partial t}\,dt = 0$$

을 **완전미분방정식** (exact differential equation)이라고 한다. 왜냐하면 그 좌변이 함수 $F(y, t)$의 완전한 미분이기 때문이다. 예컨대

$$F(y,t) = y^2 t + k \qquad (k \text{ 는 상수})$$

가 주어졌을 때, 그 전미분은

$$dF = 2yt\,dy + y^2\,dt$$

가 되고, 따라서 미분방정식

$$2yt\,dy + y^2\,dt = 0 \qquad \text{또는} \qquad \frac{dy}{dt} + \frac{y^2}{2yt} = 0 \tag{15.16}$$

은 완전미분방정식이다.

일반적으로 미분방정식

$$M\,dy + N\,dt = 0 \tag{15.17}$$

이 완전하다는 명제는 $M = \partial F/\partial y$이고 $N = \partial F/\partial t$인 함수 $F(y, t)$가 존재한다는 명제와 서로 필요충분조건의 관계를 가진다. 그런데 영 (Young)의 정리에 의하면 $\partial^2 F/\partial t\partial y = \partial^2 F/\partial y\partial t$의 관계가 성립한다. 따라서 이 영의 정리를 사용함으로써 (15.17)이 완전미분방정식이 되기 위한 필요충분

조건은

$$\frac{\partial M}{\partial t} = \frac{\partial N}{\partial y} \qquad \textbf{(15.18)}$$

이 성립하는 것이라고도 말할 수 있다.† 이 마지막 식은 미분방정식의 완전성을 검증하는 간단한 방법을 제공해 준다. 이 방법을 $M = 2yt$ 이고 $N = y^2$ 인 식 (15.16) 에 적용하면, 그 결과는 $\partial M/\partial t = 2y = \partial N/\partial y$ 가 된다. 따라서 이 방정식의 완전성이 올바로 증명된다.

변수 y 의 형태에 관하여 M 과 N 의 항들에 아무런 제약도 없음에 주목하라. 따라서 완전미분방정식은 (y 에 대해서) **비선형**이어도 좋다. 그러나 그것은 (도함수에 관해서는) 항상 1계이고 1차인 미분방정식이다.

---

† 역주: 영 (Young) 의 정리에 의하여 그것이 필요조건이 됨은 자명하므로, 여기서는 그것이 충분조건이 되는 이유만을 살펴보기로 한다.

우리는 $\frac{\partial M}{\partial t} = \frac{\partial N}{\partial y}$ 의 가정하에서 $M = \partial F/\partial y$ 와 $N = \partial F/\partial t$ 를 충족하는 함수 $F(y, t)$ 의 존재를 보이고자 한다.

$$\frac{\partial F}{\partial y} = M(y, t)$$

라 놓고 이를 y 에 관하여 적분하면 다음 식을 얻는다.

$$F(y, t) = \int M(y, t)\, dy + g(t)$$

이 식은 분명히 모든 $g(t)$ 에 관하여 $M = \partial F/\partial y$ 의 조건을 충족하고 있다. 이렇게 정의된 $F(y, t)$ 가 둘째 조건, 즉, $N = \partial F/\partial t$ 를 충족하기 위해서는 어떤 조건을 필요로 할 것인가? 이를 보기 위하여 위 식을 t 에 관하여 미분하면 다음과 같다:

$$\frac{\partial F}{\partial y} = \frac{\partial}{\partial t}\int M(y, t)\, dy + \frac{dg(t)}{dt}$$

따라서 $N = \partial F/\partial t$ 의 조건이 충족되기 위해서는 다음 식이 성립해야 한다:

$$N(y, t) = \frac{\partial}{\partial t}\int M(y, t)\, dy + \frac{dg(t)}{dt}$$

이 식을 다시 쓰면 다음과 같다.

$$N(y, t) = M(y, t) - \frac{\partial}{\partial t}\int M(y, t)\, dy$$

이 식을 풀어서 $g(t)$ 를 얻고 그것이 과연 t 만의 함수가 된다면 우리가 원하던 $F(y, t)$ 는 존재하는 것이 된다. 그러면 그러기 위한 조건은 과연 무엇인가? 그것은 위 식의 우변이 y 를 포함하지 않아야 한다는 것이다. 즉 위 식의 우변을 y 에 관하여 미분한 것이 항등적으로 0이어야 한다.

$$\begin{aligned}
&\frac{\partial}{\partial y}\left\{\frac{\partial}{\partial y} N(y, t) - \frac{\partial}{\partial t}\int M(y, t)\, dy\right\} \\
&= \frac{\partial N}{\partial y} - \frac{\partial^2}{\partial y \partial t}\int M(y, t)\, dy \\
&= \frac{\partial N}{\partial y} - \frac{\partial}{\partial t}\left\{\frac{\partial}{\partial y} M(y, t)\, dy\right\} \\
&= \frac{\partial N}{\partial y} - \frac{\partial}{\partial t} M(y, t) \\
&= \frac{\partial N}{\partial y} - \frac{\partial M}{\partial t} \equiv 0
\end{aligned}$$

즉

$$\frac{\partial M}{\partial t} = \frac{\partial M}{\partial y} \qquad \textbf{(15.18)}$$

이어야 한다. 이로써 우리는 조건 (15.18) 이 성립할 때 적당한 $g(t)$ 를 찾아서 $M = \partial F/\partial y$ 와 $M = \partial F/\partial t$ 를 충족하는 $F(y, t)$ 를 구성할 수 있음을 보였다.

완전미분방정식은 그 정의상 단순히 아래와 같이 쓸 수 있다.

$$dF(y,t)=0$$

따라서 그 일반해는 분명히 다음과 같은 형태가 될 것이다.

$$F(y,t)=c$$

그러므로 완전미분방정식을 푸는 것은 기본적으로 (원시) 함수 $F(y,t)$를 찾아서 그것을 임의의 상수와 같게 놓는 것이다. 이제부터 방정식 $Mdy+Ndt=0$의 원시함수를 찾는 방법을 설명해 보자.

완전미분방정식의 해법

우선, $M=\partial F/\partial y$ 이므로, 함수 F는 변수 y에 대한 M의 적분을 포함해야 한다. 그러므로 우리는 예비적 결과를 다음과 같이 쓸 수 있다 — 이것은 아직 해의 중간단계의 형태에 불과하다;

$$F(y,t)=\int M\,dy+\psi(t) \tag{15.19}$$

여기에서 **편**미분인 M은 y에 관해서만 적분되어야 한다. 즉 $M=\partial F/\partial y$의 결과를 낳는 $F(y,t)$의 편미분에서 t가 상수로 취급받듯이, t는 이 적분과정에서도 상수로 취급되어야 한다.† $F(y,t)$를 y에 관해서 편미분하는 과정에서, 변수 t만을 포함하는 항 또는 (y가 없는) 상수항이 없어졌을 것이므로, 지금의 적분과정에서는 이러한 항들을 다시 원상회복시키는 데에 신경을 써야 한다. 이것이 우리가 (15.19) 식에 일반항 $\psi(t)$를 도입한 이유이다. 이 항은 비록 적분상수와 똑같지는 않지만, 그와 동일한 역할을 한다. $\int Mdy$를 구하는 것은 비교적 쉽다. 그러나 $\psi(t)$항의 정확한 형태를 어떻게 확정할 수 있을 것인가?

그 방법은 $N=\partial F/\partial t$라는 사실을 이용하는 것이다. 그러나 이 과정은 구체적인 예를 가지고 설명하는 것이 가장 알기 쉬울 것이다.

예 1

다음의 완전미분방정식을 풀어라.

$$2yt\,dy+y^2\,dt=0 \qquad [(15.16)\text{과 같음}]$$

이 방정식에서

$$M=2yt \quad \text{이고} \quad N=y^2$$

1단계 식 (15.19)에 의해, 우선 예비적 결과를 다음과 같이 쓸 수 있다.

$$F(y,t)=\int 2yt\,dy+\psi(t)=y^2t+\psi(t)$$

적분상수는 자동적으로 $\psi(t)$에 포함될 수 있으므로 생략했음에 주목하라.

2단계 위의 결과를 t에 관하여 편미분하면 다음과 같다.

† 어떤 사람들은 y에 관해서만 적분한다는 것을 강조하기 위해 $\int(\cdots)\partial y$라는 연산기호를 사용한다. 그러나 혼동의 염려가 거의 없으므로, 우리는 여기에서 $\int(\cdots)dy$를 계속하려 한다.

$$\frac{\partial F}{\partial t} = y^2 + \psi'(t)$$

그러나 $N = \partial F/\partial t$ 이므로, $N = y^2$ 과 $\partial F/\partial t = y^2 + \psi'(t)$ 를 같다고 놓으면, 다음식이 얻어진다.

$$\psi'(t) = 0$$

3단계 바로 위의 결과를 적분하면

$$\psi(t) = \int \psi'(t)\, dt = \int 0\, dt = k$$

로 되어, 이제 $\psi(t)$ 는 구체적인 형태를 갖게 된다. 여기서 $\psi(t)$ 는 단순히 상수이다. 그러나 보다 일반적으로 이것은 상수가 아니라 t 의 함수가 될 수 있다.

4단계 1단계와 3단계의 결과를 결합하면 다음과 같이 된다.

$$F(y, t) = y^2 t + k$$

그러면 완전미분방정식의 해는 $F(y, t) = c$ 가 된다. 그러나 상수 k 는 c 에 흡수시켜 버릴 수 있으므로, 우리는 해를 간단히 다음과 같이 쓸 수 있다.

$$y^2 t = c \qquad \text{또는} \qquad y(t) = ct^{-1/2}$$

여기서 c 는 임의의 상수이다.

예 2

미분방정식 $(t + 2y)\,dy + (y + 3t^2)\,dt = 0$ 을 풀어라. 우선, 이것이 완전미분방정식인지 아닌지를 검토해 보자. $M = t + 2y$ 와 $N = y + 3t^2$ 으로 놓으면, $\partial M/\partial t = 1 = \partial N/\partial y$ 가 성립한다. 따라서 이것은 완전미분방정식이다. 이의 해를 구하기 위해서는 [예 1]의 과정을 반복하면 된다.

1단계 (15.19)를 적용하면 다음 식을 얻는다:

$$F(y, t) = \int (t + 2y)\, dy + \psi(t) = yt + y^2 + \psi(t) \qquad [\text{상수는 } \psi(t) \text{에 포함됨}]$$

2단계 이 결과를 t 에 관해서 미분하면, 다음을 얻는다:

$$\frac{\partial F}{\partial t} = y + \psi'(t)$$

그리고 이것을 $N = y + 3t^2$ 과 같다고 놓을 수 있으므로 다음이 성립한다:

$$\psi'(t) = 3t^2$$

3단계 이 결과를 적분하면 다음을 얻는다:

$$\psi(t) = \int 3t^2\, dt = t^3 \qquad [\text{상수는 생략해도 무방함}]$$

4단계 1단계와 3단계의 결과들을 결합하면, 함수 $F(y, t)$ 의 완전한 형태를 다음과 같이 얻을 수 있다:

$$F(y, t) = yt + y^2 + t^3$$

이것은 주어진 미분방정식의 해가

$$yt + y^2 + t^3 = c$$

가 됨을 의미한다. 여러분은 이 방정식의 전미분을 0으로 놓으면, 과연 주어진 미분방정식이 도출되는지 확인해 보기 바란다.

이러한 4단계 과정은 모든 완전미분방정식을 푸는 데에 사용할 수 있다. 흥미있는 것은, 이 방법은 주어진 식이 완전미분방정식이 **아닐 때에도** 적용할 수 있다는 것이다. 그러나 이러한 점을 알아보기 위해서는 우선 적분인수라는 개념을 소개할 필요가 있다.

적분인수

때때로 비완전미분방정식의 모든 항에 특정한 어떤 공통인수를 곱함으로써 그것을 완전미분방정식이 되게 할 수 있다. 이러한 인수를 **적분인수** (integrating factor) 라고 한다.

예 3

미분방정식

$$2t\,dy + y\,dt = 0$$

은 (15.18) 식을 충족하지 않으므로 완전미분방정식이 아니다. 즉, 다음이 성립하는 것이다.

$$\frac{\partial M}{\partial t} = \frac{\partial}{\partial t}(2t) = 2 \neq \frac{\partial N}{\partial y} = \frac{\partial}{\partial y}(y) = 1$$

그러나, 각 항을 y 로 곱하면, 이 방정식은 (15.16) 식으로 된다. 그리고 이것이 완전미분방정식임은 이미 알고 있다. 따라서 이 예에서 y 는 적분인수가 된다.

비완전미분방정식에 대한 적분인수가 발견될 때는, 항상 비완전미분방정식을 완전미분방정식으로 만들 수 있고, 따라서 위의 4단계 해법을 쉽게 적용할 수 있다.

1계선형미분방정식의 해

일반적인 1계선형미분방정식

$$\frac{dy}{dt} + uy = w$$

를 (15.17)의 형태로 쓰면 다음과 같다.

$$dy + (uy - w)\,dt = 0 \tag{15.20}$$

그리고 이 방정식의 적분인수는 다음과 같이 된다.

$$e^{\int u\,dt} \equiv \exp\left(\int u\,dt\right)$$

이 적분인수는 직관적으로 결코 분명하지가 않다. 그러나 이것은 다음과 같이 **발견**될 수 있다.

I를 (미지의) 적분인수라고 하자. (15.20) 식을 I로 곱하면 그 결과 나타나는 식은 다음과 같이 완전미분방정식이 되어야 한다:

$$\underbrace{I}_{M}\ dy + \underbrace{I(uy - w)}_{N}\ dt = 0 \tag{15.20'}$$

그리고 완전성조건에 의하면 $\partial M/\partial t = \partial N/\partial y$가 성립해야 한다. M과 N의 표현을 들여다 보면, M은 I만으로 구성되어 있고, u와 w는 t만의 함수이므로, I 역시 t만의 함수라고 가정하면 완전성조건은 매우 간단히 표현된다. 왜냐하면 이때 그 조건은

$$\frac{dI}{dt} = Iu \qquad \text{또는} \qquad \frac{dI/dt}{I} = u$$

로 되기 때문이다. 그리하여 t만의 함수인 $I = I(t)$는 과연, 그 증가율이 u이기만 하면(또는 보다 명시적으로 $u(t)$이면), 적분인수로서 유효할 것이다. 따라서 $I(t)$는, 다음과 같은 형태를 취해야 한다.

$$I(t) = Ae^{\int u\,dt} \qquad [(15.13)\text{과 } (15.14)\text{를 비교}]$$

그러나 쉽게 확인할 수 있는 바와 같이, $I(t)$가 완전성조건을 충족시키는 것에 영향을 줌이 없이, 상수 A를 1로 놓을 수 있다. 따라서 우리는 더 간단한 형태인 $e^{\int u dt}$를 적분인수로 사용할 수 있다.

이 적분인수를 (15.20′)에 대입하면, 다음과 같은 완전미분방정식을 얻는다.

$$e^{\int u\,dt}\ dy + e^{\int u\,dt}(uy - w)\ dt = 0 \tag{15.20''}$$

이것은 앞에서 설명한 4단계 과정에 의해 풀 수 있다.

1단계 우선 (15.19)를 적용하면 다음을 얻는다.

$$F(y, t) = \int e^{\int u\,dt}\ dy + \psi(t) = ye^{\int u\,dt} + \psi(t)$$

피적분함수 $e^{\int udt}$는 변수 y와 독립이므로, 적분결과가 이처럼 간단히 나타나게 된다.

2단계 다음으로, 위의 결과를 t에 관하여 미분하면 다음을 얻는다.

$$\frac{\partial F}{\partial t} = yue^{\int u\,dt} + \psi'(t) \qquad [\text{연쇄법칙에 의해서}]$$

그리고 이것을 $N = e^{\int udt}(uy - w)$와 같게 놓으면 다음을 얻을 수 있다.

$$\psi'(t) = -we^{\int u\,dt}$$

3단계 이것을 곧바로 적분하면 이제 다음이 성립한다.

$$\psi(t) = -\int we^{\int u\,dt}\,dt$$

함수 $u = u(t)$와 $w = w(t)$가 구체적인 형태로 주어지지 않는 한, 이 적분에 관해 더 이상 아무것도 할 수 없으며, 우리는 이와 같은 다소 일반적인 표현에 만족해야만 한다.

4단계 이 $\psi(t)$를 1단계의 결과에 대입하면 다음을 얻는다.

$$F(y, t) = ye^{\int u\,dt} - \int we^{\int u\,dt}\,dt$$

따라서 완전미분방정식 (15.20″) 의 — 그리고 비완전 1계선형미분방정식 (15.20) 의 — 일반해는 다음과 같이 된다.

$$ye^{\int u\,dt} - \int we^{\int u\,dt}\,dt = c$$

이것을 다시 정리하고 c (임의의 상수)를 A로 대체하면 다음과 같이 쓸 수 있다.

$$y(t) = e^{-\int u\,dt}\left(A + \int we^{\int u\,dt}\,dt\right) \tag{15.21}$$

그런데, 이것은 바로 앞의 (15.15) 식에서 주어져 있는 결과인 것이다.

예 4[†]

[예 3] 의 문제 $2tdy + ydt = 0$을 풀어라.

$$dy + \frac{y}{2t}\,dt = 0$$

에서 $u(t) = \frac{1}{2}$, $w = 0$임을 안다. 그러므로 이 문제의 해는 식 (14.21)에 의하여 다음과 같이 된다:

$$y(t) = Ae^{\int udt} = Ae^{-1/2\log t} = At^{-1/2}$$

이는 [예 1] 및 [예 3] 의 해와 같다.

연습문제 15.4

1. 다음의 각 미분방정식이 완전미분방정식임을 보이고, 4단계 과정으로 그 해를 구하라.
   (a) $2yt^3\,dy + 3y^2t^2\,dt = 0$
   (b) $3y^2t\,dy + (y^3 + 2t)\,dt = 0$
   (c) $t(1 + 2y)\,dy + y(1 + y)\,dt = 0$
   (d) $\dfrac{dy}{dt} + \dfrac{2y^4t + 3t^2}{4y^3t^2} = 0$ [힌트: 우선 (15.17) 의 형태로 바꿔라]
2. 다음의 미분방정식들은 완전미분방정식인가? 만약 그렇지 않다면 가능한 적분인수들로서 t, y, y^2을 사용해 보라.
   (a) $2(t^3 + 1)\,dy + 3yt^2\,dt = 0$
   (b) $4y^3t\,dy + (2y^4 + 3t)\,dt = 0$
3. 일반적인 완전미분방정식 $Mdy + Ndt = 0$에 4단계 과정을 적용함으로써, 완전미분방정식에 대한 다음의 일반해 공식을 도출하라.
$$\int M\,dy + \int N\,dt - \int\left(\frac{\partial}{\partial t}\int M\,dy\right)dt = c$$

† 역주 : [예 4] 는 역자가 보충설명을 위해 설정한 것임

15.5 | 1계 1차비선형 미분방정식

우리는 **선형**미분방정식에서, 도함수 $\frac{dy}{dt}$ 뿐만 아니라 종속변수 y 도 **1차**로 제한하고, 그들의 곱인 $y(dy/dt)$ 도 허용하지 않았다. 그러나 y 의 멱수가 2이상일 때는, 방정식이 1차 형태의 도함수 dy/dt 만을 포함하더라도, 그것은 **비선형**미분방정식이 된다. 일반적으로 y 와 t 의 멱수에 제한이 없는 다음과 같은 형태의 방정식을 1계 1차비선형 미분방정식이라고 한다.

$$f(y,t)\,dy + g(y,t)\,dt = 0 \tag{15.22}$$

또는

$$\frac{dy}{dt} = h(y,t) \tag{15.22'}$$

이러한 방정식들 중의 어떤 것들은 다소 기계적인 과정으로 비교적 쉽게 풀 수 있다. 그 중 세 가지를 간단히 논의하기로 한다.

완전미분방정식

첫 번째 경우는 우리들에게 이제는 낯익은 완전미분방정식이다. 이미 지적했듯이, 완전미분방정식에서 변수 y 는 높은 멱수로 나타날 수 있는데, 그 예로는 (15.16)—$2yt dy + y^2 dt = 0$ —을 들 수 있다. [이것을 (15.22) 와 비교하라]. 사실 좌변의 두 항들에서 공통인수 y 를 소거하면 방정식은 선형이 되지만, 그로 인하여 완전성은 상실하게 된다.

완전미분방정식의 해법은 이미 논의하였으므로, 여기서는 더 이상의 언급을 피하기로 한다.

변수분리가능 미분방정식

(15.22) 의 미분방정식

$$f(y,t)\,dy + g(y,t)\,dt = 0$$

은, 함수 f 가 변수 y 만의 함수이고, 함수 g 가 변수 t 만의 함수로 되는 편리한 성질을 가질 수도 있다. 그러면 방정식은 다음과 같은 특정한 형태가 된다.

$$f(y)\,dy + g(t)\,dt = 0 \tag{15.23}$$

이러한 경우를 변수**분리가능** 미분방정식이라고 한다. 왜냐하면 — $f(y)$ 로 묶어서 표현한 — y 를 포함하고 있는 항들과 — $g(t)$ 로 묶어서 표현한 — t 를 포함하고 있는 항들을 수학적으로 분리할 수 있기 때문이다. 이러한 형태의 방정식을 풀기 위해서는 간단한 적분기법만이 필요하다.

예 1

방정식 $3y^2dy - tdt = 0$ 을 풀어라. 우선 이 방정식을 다음과 같이 다시 써보도록 하자.

$$3y^2\,dy = t\,dt$$

(미분형태로 되어 있는) 양변을 적분하고 그 결과들을 같다고 놓으면, 다음을 얻는다.

$$\int 3y^2\,dy = \int t\,dt \qquad \text{또는} \qquad y^3 + c_1 = \frac{1}{2}t^2 + c_2$$

따라서 일반해는 다음과 같이 쓸 수 있다.

$$y^3 = \frac{1}{2}t^2 + c \qquad \text{또는} \qquad y(t) = \left(\frac{1}{2}t^2 + c\right)^{1/3}$$

여기서 주목할 점은, 각 항의 적분이 각각 다른 변수에 관하여 행해졌다는 것이다. 변수분리가능 방정식을 비교적 쉽게 다룰 수 있는 것은 바로 이 때문이다.

예 2 방정식 $2t\,dy + y\,dt = 0$을 풀어라. 언뜻보면, 이 미분방정식은 이 범주에 속하지 않는것처럼 보인다. 왜냐하면 그 일반적 형태인 (15.23)에 따르지 않기 때문이다. 구체적으로 말하자면, dy와 dt의 계수들이 "그릇된" (wrong) 변수를 포함하고 있는 것처럼 보인다. 그러나 이 방정식은 $-2yt\,(\neq 0)$로 모든 항을 나누어 — 간단히 변형하면, 다음과 같이 분리가능 변수의 형태가 될 수 있다.

$$\frac{1}{y}\,dy + \frac{1}{2t}\,dt = 0$$

[예 1]에서의 경험으로부터, 우리는 다음과 같은 과정을 밟아 이 문제의 해를 구할 수 있다 † (이항 과정을 생략했음).

$$\int \frac{1}{y}\,dy + \int \frac{1}{2t}\,dt = c$$

따라서

$$\ln y + \frac{1}{2}\ln t = c \qquad \text{또는} \qquad \ln(yt^{1/2}) = c$$

따라서 해는 다음과 같이 된다.

$$yt^{1/2} = e^c = k \qquad \text{또는} \qquad y(t) = kt^{-1/2}$$

여기에서 k는 이미 앞에서 사용한 기호 c, A 등과 같이 임의의 상수이다.

지금 [예 2]에서 한 방법과는 달리, 우리는 이 방정식을 우선 완전미분방정식으로 변형시켜 (적분인수 y에 의해) 풀 수도 있었다. 제 15.4절의 [예 1]에서 이미 주어진 해는 방금 변수분리의 방법에 의해 얻은 해와 물론 같아야만 한다. 요컨대, 주어진 미분방정식을 풀 수 있는 방법들에는 여러 가지가 있고, 그러므로 우리는 그 중 하나를 선택할 수 있다. 그리고 미분방정식이 어떤 특정한 방법으로 잘 안 풀리는 경우에는 적절히 변형을 하면 잘 풀릴 수도 있다.

선형으로 환원가능한 미분방정식

미분방정식 $dy/dt = h(y, t)$가 다음과 같은 비선형 형태를 취한다고 가정하자.

$$\frac{dy}{dt} + Ry = Ty^m \qquad \textbf{(15.24)}$$

† 적분결과에서, 엄격히 말한다면, $\ln|y|$와 $\frac{1}{2}\ln|t|$라고 썼어야 했다. 그러나 경제적 의미에서 흔히 그러하듯, y와 t가 양수라고 가정할 수 있다면, 위의 결과가 나올 것이다.

여기서 R과 T는 t의 함수들이고, m은 0이나 1이 아닌 임의의 수이다 ($m = 0$ 또는 $m = 1$ 이면 어떻게 되는가?). 이 방정식은 — **베르누이 방정식** (Bernoulli equation) 이라고 부른다 — 항상 선형미분방정식으로 환원시켜서 풀 수 있다.

그 환원과정은 비교적 간단하다. 우선 (15.24)를 y^m으로 나누어 다음의 식을 얻는다.

$$y^{-m}\frac{dy}{dt} + Ry^{1-m} = T$$

여기서 기호를 단순화하기 위하여 y^{1-m}을 z라고 놓자. 즉

$$z = y^{1-m} \qquad \left[\text{따라서} \frac{dz}{dt} = \frac{dz}{dy}\frac{dy}{dt} = (1-m)y^{-m}\frac{dy}{dt}\right]$$

그러면 앞의 방정식은 다음과 같이 쓸 수 있다.

$$\frac{1}{1-m}\frac{dz}{dt} + Rz = T$$

또 $(1-m)dt$를 각 항에 곱한 후 정리하면, 그 방정식을 다음과 같이 변형시킬 수 있다.

$$dz + [(1-m)Rz - (1-m)T]\,dt = 0 \qquad \textbf{(15.24')}$$

이것은 식 (15.20)형태의 1계선형미분방정식임을 알 수 있는데, 다만 변수 y 대신에 z로 바뀌었을 뿐이다.

분명히, 우리는 이것의 해 $z(t)$를 구하기 위해 공식 (15.21)을 적용할 수 있다. 그리고 나서 우리는 마지막 단계로, z를 다시 y로 되돌릴 수 있다.

예 3

방정식 $dy/dt + ty = 3ty^2$을 풀어라. 이것은 $m = 2$(따라서 $z = y^{1-m} = y^{-1}$), $R = t$이고 $T = 3t$인 베르누이 방정식이다. 따라서 식 (15.24′)에 의해, 선형화된 미분방정식을 아래와 같이 쓸 수 있다:

$$dz + (-tz + 3t)\,dt = 0$$

공식 (15.21)을 적용하면, 이 해는 다음과 같음을 알 수 있다.

$$z(t) = A\exp\left(\tfrac{1}{2}t^2\right) + 3$$

(연습삼아서 이 해를 도출해 보기 바란다.)

우리의 주된 관심은 $z(t)$보다는 해 $y(t)$에 있으므로, $z = y^{-1}$ 또는 $y = z^{-1}$의 식을 사용하여 역변환시켜야 한다. 그러므로 $z(t)$의 역수를 취함으로써, 원하는 해

$$y(t) = \frac{1}{A\exp\left(\tfrac{1}{2}t^2\right) + 3}$$

을 얻을 수 있다. 이것은 임의의 상수 A를 포함하고 있으므로 일반해이다.

예 4

방정식 $dy/dt + (\frac{1}{t})y = y^3$을 풀어라. 여기서 $m = 3$(따라서 $z = y^{-2}$), $R = \frac{1}{t}$이고, $t = 1$임을 알 수 있다. 따라서 이 방정식은 다음과 같은 형태로 선형화할 수 있다.

$$dz + \left(\frac{-2}{t}z + 2\right)dt = 0$$

공식 (15.21)에 의해, 이 미분방정식의 해는 다음과 같이 된다:

$$z(t) = At^2 + 2t$$

그리고, $y = z^{-1/2}$의 역변환을 사용하면, 원래의 변수 y로 표시한 일반해는 다음과 같이 쓸 수 있다:

$$y(t) = (At^2 + 2t)^{-1/2}$$

연습삼아서, 이 마지막 두 예의 해들의 타당성을 미분을 통하여 확인해 보기 바란다.

연습문제 15.5

1. 다음의 각 경우에 대해서, 방정식이 (1) 변수분리가능인지 (2) 선형인지 그렇지 않으면 선형화될 수 있는지를 결정하라.

   (a) $2t\,dy + 2y\,dt = 0$ (c) $\dfrac{dy}{dt} = -\dfrac{t}{y}$

   (b) $\dfrac{y}{y+t}dy + \dfrac{2t}{y+t}dt = 0$ (d) $\dfrac{dy}{dt} = 3y^2t$

2. y와 t가 양수라고 하고, 문제 1.의 (a)와 (b)를 변수분리에 의해 풀어라. 미분을 사용해서 답을 검산하라.
3. 문제 1.의 (c)를 변수분리가능 방정식과 베르누이 방정식으로 풀어라.
4. 문제 1.의 (d)를 변수분리가능 방정식과 베르누이 방정식으로 풀어라.
5. [예 4]의 중간해 $z(t) = At^2 + 2t$가 옳다는 것을, 도함수 dz/dt가 선형화된 미분방정식과 일치함을 보임으로써 확인하라.

15.6 | 정성적 그래프 접근방법

앞에서 논의한 여러 유형의 비선형미분방정식(완전미분방정식, 변수분리가능 방정식 그리고 베르누이 방정식)들은 모두 **정량적** 방법으로(quantitatively) 그 해를 구하였다. 즉, 우리는 모든 경우에 각각의 t값에 대응하는 변수 y의 값을 규정하는 해로서 시간경로 $y(t)$를 추구하고, 또 찾아낸 것이다.

때때로, 우리는 주어진 미분방정식으로부터 정량적 해를 구하지 못할 수도 있다. 그러나 이런 경우에도, 미분방정식 자체를 직접 관찰하거나 또는 그 그래프를 분석함으로써, 적어도 시간경로의 **정성적**(qualitative) 특징들 — 주로, $y(t)$의 수렴 여부 — 을 확인할 수 있다. 더욱이 정량적 해를 구할 수 있을 때도, 시간경로의 정성적 측면이 우리의 주요한 또는 유일한 관심사라면, 우리는 여전히 이 정성적 분석의 기법을 사용할 수 있다.

그림 15.3

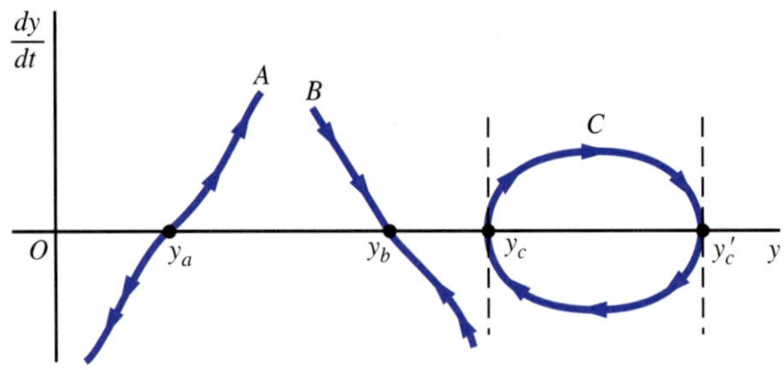

위상도

1계미분방정식이 다음과 같은 일반적 형태로 주어져 있다고 하자.

$$\frac{dy}{dt} = f(y)$$

이때 이 식이 변수 y에 관해 선형이든 비선형이든, [그림 15.3]에서처럼, 이 식의 그래프 $\frac{dy}{dt}$를 y에 대해서 그릴 수 있다. $\frac{dy}{dt}$가 y만의 함수이기만 하면 항상 가능한 이와 같은 기하학적 표현을 **위상도**(phase diagram)라고 한다. 그리고 함수 f를 나타내는 그래프를 **위상곡선**(phase line)이라고 한다. (이와 같은 형태의 미분방정식 — 시간변수 t가 함수 f의 별개의 독립변수로 나타나지 않는 형태 — 을 **자율적**(autonomous) 미분방정식[†]이라고 한다.) 일단 위상곡선이 알려지고 나면, 그것의 형태는 시간경로 $y(t)$에 대한 중요한 정성적 정보를 제공한다. 다음 두 개의 일반적인 설명에서 그 까닭을 알아낼 수 있다.

1. 가로축의 **위쪽에서는** 어디서든지 ($\frac{dy}{dt} > 0$가 성립하는 곳), y는 시간의 경과와 더불어 증가해야 하고, 이는 y축 방향으로 볼 때 y가 왼쪽으로부터 오른쪽으로 움직여야 함을 뜻한다. 마찬가지 논리로, 가로축의 **아래쪽에서는** 어디서든지 변수 y는 왼쪽으로 움직여야 한다. 왜냐하면 $\frac{dy}{dt} < 0$은 시간이 경과함에 따라 y가 감소함을 의미하기 때문이다. 이와 같은 이동방향의 추세는 [그림 15.3]에서 예로 든 위상곡선에서 왜 화살표가 그와 같이 그려졌는지를 설명해 준다. 가로축의 위에서는 화살표들은 모두 오른쪽을 향하고 있다 — 경우에 따라서 북동쪽, 남동쪽 또는 정확하게 동쪽을 향한다. 그러나 y 축의 아래에서는 반대이다. 더욱이 이러한 결과는 y의 대수적 부호와는 관계가 없다. 위상곡선 A(또는 다른 위상곡선)가 세로축의 왼쪽으로 옮겨지더라도 화살표의 방향은 영향을 받지 않게 된다.
2. y의 균형수준은 — 시간적인 의미에서 —, 만약 존재한다면, (y가 시간에 따라 정지적인) $\frac{dy}{dt} = 0$인 가로축 상에서만 생길 것이다. 그러므로 균형수준을 찾기 위해서는, 위상곡선과 y축의 교점[††]만을 고려하면 된다. 반면에 균형의 동태적 안정성을 알아보려면, y의 초기위치

[†] 역주 : y의 변화 dy/dt가, t에 직접적인 영향을 받지 않고 y만에 의해서 결정된다는 의미로 "자율"이라는 수식어가 붙는 것으로 해석될 수 있다.

[††] 그러나 모든 교점들이 균형을 나타내는 것은 아니다. 우리는 [그림 15.3]의 위상곡선 C를 논의할 때 이점을 알게 될 것이다.

그림 15.4

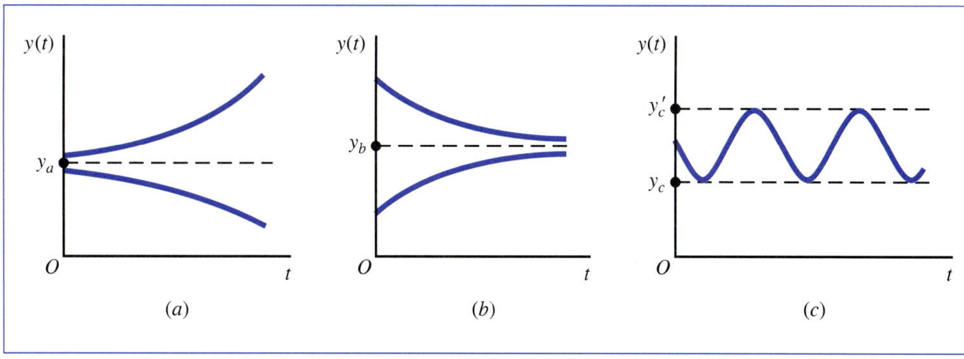

에 관계없이, 위상곡선이 y로 하여금 항상 교점에 있는 균형으로 향하도록 인도하고 있는지를 또한 확인해야 한다.

시간경로의 유형

위에서의 일반적인 설명을 기초로, [그림 15.3]에서 예로 보인 위상곡선들로부터 세 가지 다른 형태의 시간경로를 관찰 할 수 있다.

위상곡선 A는 y_a 점에서 균형이 성립하고 있다. 그러나 y_a의 **위쪽이든 아래쪽이든** 화살표는 일관되게 균형으로부터 멀어지고 있다. 따라서 우연히 $y(0) = y_a$이면 균형은 얻어질 수 있지만, 보다 보편적인 $y(0) \neq y_a$인 경우에는 y는 ($y(0) > y_a$이면) 항상 증가하거나 또는 ($y(0) < y_a$이면) 항상 감소한다. 거기다가 이 경우에 y의 y_a로부터의 편차는 가속적으로 커지는 경향이 있다. 왜냐하면 위상곡선의 화살표들을 따라감에 따라, y축으로부터 점점 멀어지고, 따라서 $\frac{dy}{dt}$ 값도 계속 증가하기 때문이다. 그러므로 위상곡선 A로 나타내어지는 시간경로 $y(t)$는 [그림 15.4](a)에서의 곡선으로도 나타낼 수 있다.(이 그림은 dy/dt를 y에 대해 그리는 대신에 y를 t에 대해 그린 것이다.) 이때의 균형 y_a는 동태적으로 불안정하다.

이와는 반대로, 위상곡선 B는 y_b에서 안정적 균형이 성립함을 나타낸다. $y(0) = y_b$이면, 균형은 즉시 성취된다. 그러나 위상곡선 B의 중요한 특징은, $y(0) \neq y_b$일지라도, 위상곡선을 따른 움직임에 의해 y가 y_b를 향해 간다는 것이다. 그러므로 이런 유형의 위상곡선에 대응한 시간경로 $y(t)$는 [그림 15.4](b)에 나타난 것과 같은 형태를 갖는다.(이 그림은 동태적 시장모형을 연상시킨다.)

위의 논의에 의하면, 일반적으로 균형의 동태적 안정성 또는 시간경로의 수렴에 결정적 역할을 하는 것은 교차점에서의 위상곡선의 기울기라는 것을 알 수 있다. y_a에서처럼 (유한한) **양**의 기울기는 동태적 **불안정성**을 가져오고, 반면에 y_b에서처럼 (유한한) **음**의 기울기는 동태적 **안정성**을 가져온다.

이와 같은 일반화는 위상곡선을 그리지 않고도 주어진 미분방정식에 대한 정성적 추론을 할 수 있게 해준다. (15.4)에 있는 다음의 선형미분방정식을 예로 들어보자.

$$\frac{dy}{dt} + ay = b \qquad \text{또는} \qquad \frac{dy}{dt} = -ay + b$$

위상곡선은 분명히 (일정한) 기울기 $-a$ (여기서는 0이 아니라고 가정)를 가지므로, 우리는 금방

(위상곡선을 그리지 않고도) 다음을 추론할 수 있다.

$$a \gtrless 0 \quad \Leftrightarrow \quad y(t)\text{가} \begin{Bmatrix} \text{균형으로 수렴} \\ \text{균형으로부터 발산} \end{Bmatrix}$$

당연히, 이 결과는 이 방정식의 정량적 해가 말해 주는 결과와 완전히 일치한다.

$$y(t) = \left[y(0) - \frac{b}{a}\right]e^{-at} + \frac{b}{a} \qquad [(15.5')\text{ 로부터}]$$

우리는, 균형이 아닌 곳으로부터 출발할 때, $y(t)$의 수렴 여부는 $t \to \infty$에 따라 $e^{-at} \to 0$이 성립하는가에 의존함을 앞에서 살펴보았다. $t \to \infty$에 따라 $e^{-at} \to \infty$라는 명제와 $a > 0$라는 명제는 서로 필요충분조건의 관계에 있다. 만약 $a < 0$이면, $t \to \infty$에 따라 $e^{-at} \to \infty$가 되고, $y(t)$는 수렴할 수 없다. 따라서, 우리의 결론은 그것이 정량적으로 구해졌든 정성적으로 구해졌든 동일하다.

이제 위상곡선 C를 논의해야 하는데, 이것은 가로축을 가로지르고 있는 닫힌 고리이므로, **함수**가 아니라 $\frac{dy}{dt}$와 y 간의 **계수**(relation)이다.† 이 경우에 나타나는 흥미있는 새로운 점은 시간경로가 주기적으로 파동을 나타낼 가능성이 있다는 것이다. 위상곡선 C가 그려져 있는 형태에서 알 수 있듯이, y는 y_c와 y'_c 사이에서 영구적으로 파동을 그릴 것이다. 물론 주기적 파동을 발생시키려면, 고리는 $\frac{dy}{dt}$가 음과 양을 반복하도록 가로축 위에 걸쳐져야 한다. 거기다가, 두 개의 교점 y_c와 y'_c에서 위상곡선의 기울기는 무한대가 되어야 한다. 그렇지 않으면 y_a나 y_b와 비슷한 교점이 생겨서, 연속적인 화살표들의 흐름이 생길 수 없다. 이러한 고리형 위상곡선에 대응하는 $y(t)$의 시간경로의 형태는 [그림 15.4](c)에 나타나 있다. $y(t)$가 상한 y'_c나 y_c와 만날 때마다, $\frac{dy}{dt} = 0$(국지적 극값) 임에 주목하라. 그러나 이러한 값들은 분명히 y의 균형값들을 나타내지는 않는다. [그림 15.3]에서 보자면, 이는 위상곡선과 y축 간의 모든 교점이 균형점인 것은 아니라는 것을 의미한다.

이상을 요약해 보면, 균형의 동태적 안정성(또는 시간경로의 수렴)을 연구하기 위한 방법으로는 시간경로 자체를 찾는 것과 또는 단순히 그 위상곡선으로부터 추론하는 두 가지 대안을 가지고 있다. 우리는 솔로우의 성장모형을 가지고 두번째 방법의 예를 보이고자 한다. 지금부터는 y의 시간적 균형값을 y^* 대신에 $\bar{y}$로 표시하기로 한다.

연습문제 15.6

1. 다음 각 경우의 위상곡선을 그리고, 그 정성적 의미를 논하라.
   (a) $\frac{dy}{dt} = y - 7$ (c) $\frac{dy}{dt} = 4 - \frac{y}{2}$
   (b) $\frac{dy}{dt} = 1 - 5y$ (d) $\frac{dy}{dt} = 9y - 11$
2. 다음 각 경우에 대해서 위상곡선을 그리고 그것을 해석하라.
   (a) $\frac{dy}{dt} = (y+1)^2 - 16 \qquad (y \geq 0)$

† 이것은 2계미분방정식 $(dy/dt)^2 = f(y)$로부터 나온다.

(b) $\frac{dy}{dt} = \frac{1}{2}y - y^2 \qquad (y \geq 0)$

3. 미분방정식이 $\frac{dy}{dt} = (y-3)(y-5) = y^2 - 8y + 15$ 로 주어져 있다.
   (a) 가능한 y 의 균형수준들이 하나는 $y=3$ 과 다른 하나는 $y=5$ 에서 두개 존재함을 보여라.
   (b) $y=3$ 과 $y=5$ 에서 $\frac{d}{dy}(\frac{dy}{dt})$ 의 부호를 구하라. 이 경과로부터 무엇을 추론해 낼 수 있는가?

15.7 | 솔로우의 성장모형

노벨상 수상자인 솔로우 교수의 성장모형†이 밝히고자 하는 바는, 다른 무엇보다도, 도마(Domar) 모형의 면도날성장경로가 그 모형에서 채택하고 있는 특수한 생산함수의 가정의 결과라는 것과, 그렇지 않은 상황에서는 정교하게 균형을 잡아야 할 필요성이 발생하지 않을 수 있다는 것이다.

모형의 구조

도마 모형에서는, 산출은 자본만의 함수라고 명시적으로 규정된다. 즉 $\kappa = \rho K$ 이다(생산능력 즉, 잠재적 산출은 자본저량의 상수배이다). 생산함수에서 노동투입이 빠져있다는 것은 노동이 항상 자본과 **고정**비율로 결합된다는 것을 의미한다.†† 따라서 생산요소들 중 오직 하나만을 명시적으로 고려하는 것이 가능해진다. 그러나 이와는 대조적으로 솔로우는 자본과 노동이 **가변**비율로 결합될 수 있는 경우를 분석하고자 하였다. 그러므로 그의 생산함수는 다음의 형태를 가진다.

$$Q = f(K, L) \qquad (K, L > 0)$$

여기서 Q 는 산출, K 는 자본, 그리고 L 은 노동을 나타내는데 모두 **거시적** 의미로 사용되었다. f_K 와 f_L 은 양수(양의 한계생산을 의미)이고, f_{KK} 와 f_{LL} 은 음수(각 투입물의 수익체감을 의미)라고 가정한다. 더욱이, 생산함수 f 는 1차동차(규모수익불변)로 간주된다. 따라서 다음과 같이 나타낼 수 있다.

$$Q = Lf\left(\frac{K}{L}, 1\right) = L\phi(k) \qquad \text{단,}\ k \equiv \frac{K}{L} \tag{15.25}$$

f_K 와 f_{KK} 의 부호에 관한 가정에 비추어 볼 때, 이 새로운 함수 ϕ(이는 k 만의 함수라는 점에 유의하기 바란다)는 1차도함수가 양이고, 2차도함수가 음으로 규정되어야 한다. 이것을 보이기 위해서는, 우선 (12.49)로부터 다음을 상기해 본다.

$$f_K \equiv \text{MPP}_K = \phi'(k)$$

그러므로 $f_K > 0$ 은 자동적으로 $\phi'(k) > 0$ 을 의미한다. 그리고

† Robert M. Solow, "A Contribution to the Theory of Economic Growth," *Quartely Journal of Economics*, February, 1956, pp. 65~94.

†† 역주 : 그리고 이것은 또한 두 요소 중 노동은 언제나 필요한 만큼 공급될 수 있다는 것을 전제로 한다.

$$f_{KK} = \frac{\partial}{\partial K}\phi'(k) = \frac{d\phi'(k)}{dk}\frac{\partial k}{\partial K} = \phi''(k)\frac{1}{L} \qquad \text{[(12.48) 을 보라]}$$

이므로, 가정 $f_{KK} < 0$ 로부터 $\phi''(k) < 0$ 가 직접 도출된다. 따라서 이 ϕ 함수는 — (12.46) 에 의하면, 모든 자본-노동 비율에 대한 APP_L 을 알려준다 — k 가 증가함에 따라 증가하지만 그 증가율은 감소한다.

Q 가 K 와 L 에 의존한다고 할 때, 변수 L 과 K 가 어떻게 결정되는가를 규정할 필요가 있다. 이에 관한 솔로우의 가정들은 다음과 같다.

$$\dot{K}\left(\equiv \frac{dK}{dt}\right) = sQ \qquad \text{[}Q\text{ 의 일정비율이 투자된다]} \tag{15.26}$$

$$\frac{\dot{L}}{L}\left(\equiv \frac{dL/dt}{L}\right) = \lambda \qquad (\lambda > 0) \qquad \text{[노동력은 지수적으로 증가한다]} \tag{15.27}$$

기호 s 는 (일정한) 한계저축성향을 나타내고, λ 는 (일정한) 노동증가율을 나타낸다. 이러한 가정들의 동태적 성격에 주목하기 바란다. 즉, 이 가정들은 K 와 L 의 **수준들이** 어떻게 결정되는가를 규정하는 것이 아니라, 그것들의 **변화율들이** 어떻게 결정되는가를 규정한다.

방정식 (15.25), (15.26), 그리고 (15.27)은 완결된 모형을 구성한다. 이 모형을 풀기 위해 우리는 이 모형을 우선 하나의 변수에 관한 하나의 방정식으로 압축시키고자 한다. 우선, (15.25)를 (15.26)에 대입하면 다음을 얻을 수 있다.

$$\dot{K} = sL\phi(k) \tag{15.28}$$

그러나, $k \equiv K/L$ 이고 $K \equiv kL$ 이므로, 이 두번째 항등식을 미분함으로써 $\dot{K}$ 에 관한 또다른 표현을 얻을 수 있다. 즉,

$$\begin{aligned} \dot{K} &= L\dot{k} + k\dot{L} && \text{[곱의 법칙]} \\ &= L\dot{k} + k\lambda L && \text{[(15.27)에 의해]} \end{aligned} \tag{15.29}$$

(15.29)를 (15.28)과 같다고 놓고 공통인수 L 을 소거하고 나면, 그 결과는 다음과 같이 된다:

$$\dot{k} = s\phi(k) - \lambda k \tag{15.30}$$

이 방정식 — 파라미터 s 와 λ 를 가지는 변수 k 에 관한 미분방정식 — 은 솔로우 성장모형의 기본 방정식이다.

정성적 그래프분석

식(15.30)은 일반함수형태로 되어 있기 때문에, 구체적인 정량적 해를 얻을 수는 없다. 그러나 그것을 정성적으로 분석할 수는 있다. 이를 위해서는 세로축에 $\dot{k}$ 를, 가로축에 k 를 놓고 위상곡선을 그려야 한다.

그러나 식(15.30)의 오른쪽에 두 개의 항이 있으므로, 우선 이것들을 서로 다른 두 개의 곡선으로 표시해 보자. k 의 선형함수인 λk 항은 원점을 지나고 기울기가 λ 인 직선으로, [그림 15.5](a) 에 그려져 있다. 반면에 $s\phi(k)$ 항은, 그것이 단지 $\phi(k)$ 곡선의 일정 (0과 1 사이의) 배수일 뿐이므로, $\phi(k)$ 와 마찬가지로 감소하는 율로 증가하는 곡선으로 나타난다. K 가 필요불가결한 생산요소라면,

$s\phi(k)$ 곡선은 원점으로부터 출발해야만 한다. 왜냐하면 $K=0$ 이고 따라서 $k=0$ 이면 Q가 0이 되어야 하고, $\phi(k)$와 $s\phi(k)$도 마찬가지로 0이 되기 때문이다. 곡선이 실제로 그려진 모양은, $s\phi(k)$가 λk를 초과하는 k의 구간이 존재하고, 따라서 이 두 곡선이 어떤 양의 k값, 즉 $\bar{k}$에서 교차한다는 암묵적인 가정을 반영하고 있다.

이 두 곡선들에 기초하여, 각각의 k 값에 대응하는 $\dot{k}$값은 두 곡선간의 수직거리로 측정할 수 있다. [그림 15.5](*b*)에서와 같이, k에 대응하는 $\dot{k}$값을 표시하면, 우리가 필요로 하는 위상곡선을 도출할 수 있다. [그림 15.5](*a*)에서 이 두 곡선은 자본–노동 비율이 $\bar{k}$일 때 교차하므로, [그림 15.5](*b*)에서 위상곡선은 $\bar{k}$에서 수평축과 교차해야만 한다. 이것은 $\bar{k}$가 (시간에 걸친) 균형 자본–노동비율임을 의미한다.

위상곡선이 $\bar{k}$에서 음의 기울기를 가지므로, 균형은 안정적임을 쉽게 알 수 있다. 즉, k의 초기값이 임의의 (양의) 값으로 주어질 때, 모형은 동태적으로 이동하여 균형수준 $\bar{k}$에 수렴한다. 주요한 점은 일단 이러한 균형에 도달하면 — 그리하여 자본–노동 비율이 (정의에 의해) 시간이 경과해도 변하지 않으면 — 자본은 노동과 동일한 증가율 λ로 증가하게 된다는 것이다. 이것은 나아가서 순투자가 증가율 λ로 증가해야 함을 의미한다 ([연습문제 15.7]의 2를 보라). 그러나 여기서 "해야한다" 는 말은 전제조건의 의미가 아니라 자동적으로 그렇게 됨을 뜻한다는 것에 주목하라. 따라서 솔로우 모형이 보이고자 하는 것은, 노동증가율이 λ로 주어지면 도마의 모형에서와 같은 미묘한 균형의 문제를 야기시키지 않고, 경제는 저절로 투자가 λ의 증가율로 (K, L의 증가율과 같은 율로), 증가하는 균제적 성장 상태에 궁극적으로 도달할 수 있다는 점이다. 나아가서 식(15.25)를 만족하려면, 자본–노동 비율이 $\bar{k}$ 수준에서 불변일 때 $\phi(k)$는 일정하므로, Q도 동일한 비율로 증가해야만 한다. 이처럼 관련되는 모든 변수들이 동일한 비율로 증가하는 상태를 **균제상태**(steady state)라고 한다. 이 개념은 모든 관련되는 변수들이 불변인 상태를 나타내는 **정지상태**(stationary state) 즉, 증가율이 0인 상태라는 개념을 일반화한 개념이다.

그림 15.5

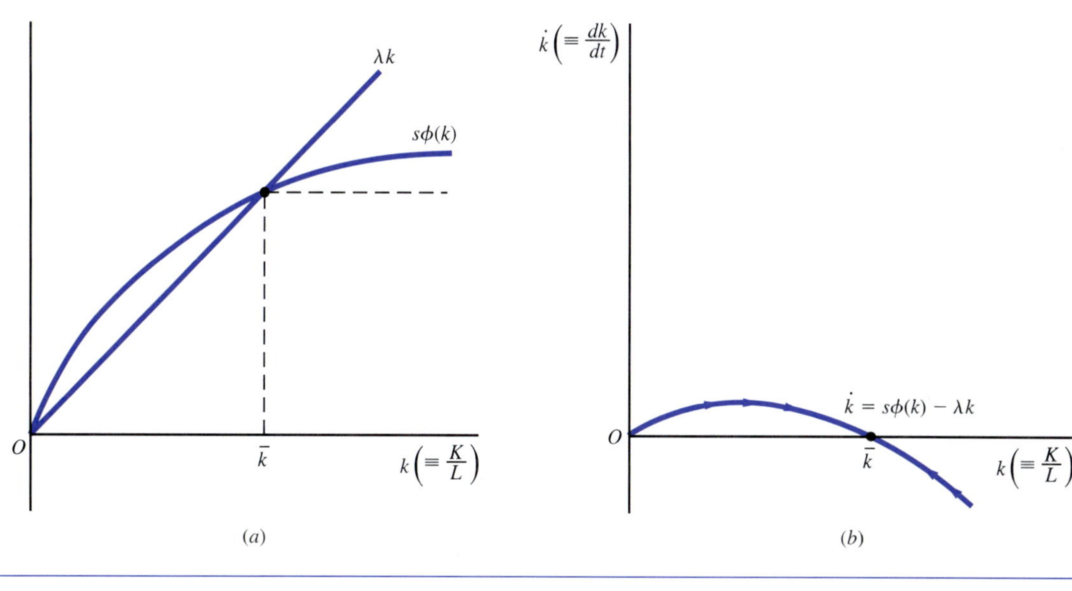

위의 분석에서 생산함수가 편의상 시간이 경과해도 변하지 않는다고 가정했음에 주목하라. 반면에 기술상태가 진보하게 된다면, 생산함수는 적절히 수정되어야만 할 것이다. 예컨대, 앞서와는 달리 다음과 같이 쓸 수 있다.

$$Q = T(t)f(K, L) \qquad \left(\frac{dT}{dt} > 0\right)$$

기술의 척도라고 할 수 있는 T 는 시간의 증가함수이다. 곱해지는 항 $T(t)$가 증가하므로, 고정된 양의 K와 L은 현재보다 미래에 산출물을 더 많이 생산할 수 있다. 이 경우에, [그림 15.5]의 $s\phi(k)$ 곡선은 계속적으로 상향 이동하게 되고, 따라서 λk 직선과 점점 더 높은 곳에서 교차하게 되기 때문에 $\bar{k}$ 값도 점점 더 커지게 된다. 그러므로 기술진보가 있게 되면, 순차적인 균제상태에서, 그 경제의 대표적 노동자는 점점 더 많은 자본장비를 가지면서 생산성향상을 수반하게 된다.

정량적 예

위의 분석은 모형 속에 있는 일반함수 $\phi(k)$ 때문에 정성적일 수밖에 없었다. 그러나, 예컨대 생산함수를 1차동차 콥-더글라스 (Cobb-Douglas) 함수라고 가정하면 정량적 해도 구할 수 있다.

생산함수를 다음과 같이 써 보자.

$$Q = K^{\alpha}L^{1-\alpha} = L\left(\frac{K}{L}\right)^{\alpha} = Lk^{\alpha}$$

따라서 $\phi(k) = k^{\alpha}$ 이다. 그러면 (15.30)식은 다음과 같이 된다.

$$\dot{k} = sk^{\alpha} - \lambda k \qquad \text{즉} \qquad \dot{k} + \lambda k = sk^{\alpha}$$

이것은 $R = \lambda$, $T = s$ 이고 $m = \alpha$ 인 변수 k 의 베르누이 방정식 [(15.24)를 보라] 이다. $z = k^{1-\alpha}$ 로 놓으면, 그 선형화된 방정식을 다음과 같이 구할 수 있다.

$$dz + [(1-\alpha)\lambda z - (1-\alpha)s]\,dt = 0$$

또는

$$\frac{dz}{dt} + \underbrace{(1-\alpha)\lambda}_{a} z = \underbrace{(1-\alpha)s}_{b}$$

이것은 상수계수 a와 상수항 b를 가진 선형미분방정식이다. 따라서 공식 (15.5′)에 의해 다음을 얻을 수 있다.

$$z(t) = \left[z(0) - \frac{s}{\lambda}\right]e^{-(1-\alpha)\lambda t} + \frac{s}{\lambda}$$

$z = k^{1-\alpha}$ 를 대입하면, 다음과 같은 최종해를 얻을 수 있다.

$$k^{1-\alpha} = \left[k(0)^{1-\alpha} - \frac{s}{\lambda}\right]e^{-(1-\alpha)\lambda t} + \frac{s}{\lambda}$$

여기서 $k(0)$는 자본-노동비율 k 의 초기값이다.

이 해가 k 의 시간경로를 결정한다. $(1-\alpha)$와 λ가 모두 양수이므로, $t \to \infty$ 에 따라 지수함수식은 0으로 접근함을 알 수 있다. 따라서 다음이 성립한다.

$$k^{1-\alpha} \to \frac{s}{\lambda} \qquad \text{또는} \qquad k \to \left(\frac{s}{\lambda}\right)^{1/(1-\alpha)} \qquad (t \to \infty \text{에 따라})$$

그러므로, 자본-노동 비율은 균형값으로서의 상수에 접근할 것이다. 이러한 균형 또는 균제상태의 값인 $(s/\lambda)^{1/(1-\alpha)}$은 저축성향 s와 같은 방향으로, 노동증가율 λ와 반대방향으로 변한다.

연습문제 15.7

1. (15.30) 식을 k로 나누고, 그 결과로 나타나는 식을 k, K와 L의 증가율을 가지고 해석하라.
2. 자본이 λ의 비율로 증가하면 (즉, $K = Ae^{\lambda t}$), 순투자 I도 λ의 율로 증가해야 함을 보여라.
3. 솔로우 모형에서 원래의 투입변수들은 K와 L이다. 그러나 기본방정식 (15.30)은 자본-노동 비율 k에 중점을 두고 있다. 이와 같은 중점의 이동은 모형의 어떤 가정(들) 때문에 가능한가를 설명하라.
4. 다음 각 경우의 위상도를 그리고, 시간경로 $y(t)$의 정성적 특징을 논하라.
   (a) $\dot{y} = 3 - y - \ln y$ (b) $\dot{y} = e^y - (y + 2)$

Chapter 15 요약

❖ 연속적 시간 : 미분방정식 ❖

1. 시간을 연속적으로 볼 때 동태모형은 미분방정식으로 나타내진다.
2. 계수가 모두 상수이고 또 상수항을 가질 때 1계선형미분방정식은 다음과 같은 일반형태를 가진다.

$$\frac{dy}{dt} + ay = b$$

이 미분방정식의 일반해는 특수적분 y_p와 보조함수 y_c의 합으로 주어진다.

3. $a \neq 0$일 때 특수적분은 $y_p = \frac{b}{a}$로 놓을 수 있다. 이는 이 동태모형의 균형값이라는 의미를 갖는다.
4. 보조함수 y_c는 원래의 미분방정식의 축약형 (또는 동차형) $dy/dt + ay = 0$의 일반해를 말하는데 이는 다음과 같이 정의된다.

$$y_c = Ae^{-at} \qquad A\text{는 임의의 상수}$$

5. 그리하여 y의 일반해는 다음과 같이 나타낼 수 있다.

$$y(t) = y_p + y_c = \frac{b}{a} + Ae^{-at} \qquad (a \neq 0)$$

6. 초기조건 $t = 0$일 때의 y의 값 $y(0)$가 주어지면 y의 확정해는 다음과 같다.

$$y(t) = \frac{b}{a} + \left(y(0) - \frac{b}{a}\right)e^{-at} \qquad (a \neq 0)$$

7. 시간 t가 무한대로 될 때 $y(t)$가 균형값 $\frac{b}{a}$로 수렴하면, 그 모형은 안정적이라고 한다. 위의 모형에서 $a > 0$이면 초기조건에 관계없이 그 모형은 안정적이다.
8. 1계선형미분방정식은 t의 함수인 계수 $a(t)$와 t의 함수인 "상수"항 $b(t)$를 가질 수도 있다. 이 경우 해를 구하는 방법은 적절히 선택되어야 한다.
9. 미분방정식에서 도함수 $\frac{dy}{dt}$와 함수 $y(t)$가 비선형으로 나타날 때 이를 1계비선형미분방정식이라고 한다. 이 해법 역시 적절히 선택되어야 한다.
10. 1계미분방정식이 $dy/dt = f(y)$의 형태의 비선형 자율미분방정식일 때 우리는 위상도를 이용하여 해의 정성적 분석을 행할 수 있다.
11. 솔로우의 간단한 성장모형은 1계비선형미분방정식으로 나타낼 수 있고 위상도를 이용하여 그 성질을 분석할 수 있다.

Chapter 16

고계미분방정식

제 15 장에서 우리는 **1계**미분방정식 (2계 이상의 도함수 또는 미분이 나타나지 않는 미분방정식) 을 푸는 방법들을 논의했다. 그러나, 때때로 어떤 모형들은 2계 혹은 그보다 높은 계의 미분을 포함하고 있다. 예컨대 소득변수 Y 의 "변화율의 변화율" 을 묘사하는 함수가 다음과 같이 주어진다고 하자.

$$\frac{d^2 Y}{dt^2} = kY$$

우리는 이것으로부터 Y 의 시간경로를 찾아야 한다. 이런 경우에 주어진 함수는 **2계** 미분방정식을 구성하고 있으며, $Y(t)$ 의 시간경로를 찾는 일은 곧 2계미분방정식을 **푸는** 것이 된다. 이 장에서는 이와 같은 고계미분방정식의 해법들과 그 경제적 응용들을 다루게 된다. 그러나 여기서 우리의 논의는 **선형**의 경우에 국한하여 진행하기로 한다.

n 계선형미분방정식의 한 간단한 형태는 다음과 같다:

$$\frac{d^n y}{dt^n} + a_1 \frac{d^{n-1} y}{dt^{n-1}} + \cdots + a_{n-1}\frac{dy}{dt} + a_n y = b \tag{16.1}$$

혹은 이를 다음과 같이 나타낼 수 있다.

$$y^{(n)}(t) + a_1 y^{(n-1)}(t) + \cdots + a_{n-1} y'(t) + a_n y = b \tag{16.1$'$}$$

이 방정식에서 가장 높은 계의 도함수가 n 계도함수이므로, 이것은 ***n* 계** 미분방정식이라고 한다. 종속변수 y 뿐만 아니라 모든 도함수들이 1차의 형태로만 나타나고, 나아가서 y 와 그 도함수들이 서로 곱해진 항이 없기 때문에, 이것은 **선형**미분방정식이 된다. 또한 이 미분방정식의 특징은 **계수**가 **상수** (a 들) 이며 **상수항** (b) 을 가진다는 것이다. 계수가 상수라는 것은 이 장에서 계속 사용하게 될 가정이다. 반면에, 여기에서는 우선 상수항 b 를 취했지만 나중에 제 16.5 절에서는 이 상수항 대신에 가변항을 취하게 될 것이다.

16.1 | 상수계수와 상수항을 가지는 2계선형미분방정식

설명의 편의상, 우선 $n = 2$ 인 **2계**미분방정식의 해법에 관해 논의하도록 하자. 이때 우리가 관심을 갖는 미분방정식은 다음과 같은 간단한 형태가 될 것이다.

$$y''(t) + a_1 y'(t) + a_2 y = b \tag{16.2}$$

여기서 a_1, a_2, b 들은 모두 상수이다. 만약 상수항 b가 항등적으로 0이라면 위의 미분방정식은 **동차**방정식이 되고, b가 0이 아닌 상수라면 **비동차**방정식이 된다. 우리는 (16.2) 식이 비동차방정식이라는 가정하에 논의를 진행할 것이다. 비동차방정식 (16.2)를 푸는 과정에서, 동차형의 해는 부산물로서 자동적으로 구해진다.

이러한 점에서, 제 15.1 절에서의 설명을 상기해 보자. 그 설명은 여기에서도 그대로 적용될 수 있다: 만약 y_c가 **보조함수**, 즉 (16.2) 식의 동차형의 일반해 (임의의 상수가 있는 해) 이고 y_p가 **특수적분**, 즉 원래의 식 (16.2)의 **특수해**라면, $y(t) = y_c + y_p$가 원래의 미분방정식의 일반해가 된다. 앞에서의 설명과 마찬가지로, y_c 항은 각 시점에서 시간경로 $y(t)$가 균형으로부터 얼마나 이탈하는가를 보여주는 반면에, y_p 항은 변수 y의 시간적인 의미에서의 균형값을 알려준다.†

특수적분

상수계수와 상수항을 가진 미분방정식의 경우, 특수적분을 구하는 것은 비교적 쉽다. 특수적분은 (16.2) 식의 **임의의** 해, 즉 이 비동차방정식을 충족시키는 임의의 y값이기 때문에, 우리는 항상 가장 간단한 형태의 해를 시도해 보아야 한다. 즉, "y가 어떤 상수"라고 보는 것이 이에 해당할 것이다. y가 어떤 상수이면, 다음이 성립한다.

$$y'(t) = y''(t) = 0$$

그러므로 (16.2)는 사실상 $a_2 y = b$가 되고, 그 해는 $y = b/a_2$가 된다. 따라서 우리가 원하는 특수적분은 다음과 같이 된다.

$$y_p = \frac{b}{a_2} \qquad (a_2 \neq 0 \text{ 인 경우}) \tag{16.3}$$

y_p의 값을 구하는 과정이 $y'(t) = 0$이라는 조건을 포함하므로, y_p의 값을 시간적인 의미에서의 균형값으로 간주하는 근거는 자명해진다.

예 1

다음 미분방정식의 특수적분을 구하라.

$$y''(t) + y'(t) - 2y = -10$$

여기서 관계되는 계수들은 $a_2 = -2$, $b = -10$이다. 따라서 특수적분은 $y_p = -10/(-2) = 5$가 된다.

만약 $a_2 = 0$이 되어서 수식 b/a_2의 값이 존재할 수 없다면 어떻게 해야 하는가? 그러한 경우에는 y_p에 대한 상수해가 타당하지 않게 되므로, 어떤 **비상수** (nonconstant) 형태의 해를 구해야만 된다. 가장 간단한 경우로서 $y = kt$를 시험해 볼 수 있다. $a_2 = 0$이므로 미분방정식은 이제 다음과 같이 된다.

$$y''(t) + a_1 y'(t) = b$$

그런데 $y = kt$라고 한다면 $y'(t) = k$와 $y''(t) = 0$이 성립하게 되고, 따라서 이 방정식은 $a_1 k = b$로 되고 만다. 결국 k의 값은 b/a_1가 되고, 따라서 다음과 같은 특수해를 얻을 수 있게 된다.

† 역주: 그러나 그 설명에 의하더라고, 이 명제가 항상 성립하는 것은 아니다 (예컨대 $a_2 = 0$일 때).

$$y_p = \frac{b}{a_1}t \qquad (a_2 = 0;\ a_1 \neq 0 \text{ 인 경우}) \tag{16.3′}$$

이 경우에 y_p는 시간의 비상수함수이므로, 우리는 y_p를 이동균형(a moving equilibrium)으로 파악하고자 한다.

예 2

미분방정식 $y''(t) + y'(t) = -10$ 의 y_p를 구하라. 여기서 $a_2 = 0$, $a_1 = 1$, 그리고 $b = -10$이다. 따라서 (16.3′)식에 의해 다음과 같이 쓸 수 있다.

$$y_p = -10t$$

만약 a_1 역시 0이라면 수식 bt/a_1가 정의될 수 없으므로, $y = kt$ 형태의 해 역시 타당하지 않게 된다. 이러한 경우에 우리는 $y = kt^2$ 형태의 해를 시험해 보아야 한다. $a_1 = a_2 = 0$ 이면, 미분방정식은 이제 다음과 같이 간단한 형태로 되고 만다.

$$y''(t) = b$$

만약 $y = kt^2$ 이라고 한다면, $y'(t) = 2kt$ 와 $y''(t) = 2k$ 가 성립하게 되고, 따라서 미분방정식은 $2k = b$와 같이 쓸 수 있게 된다. 그러므로 $k = \frac{b}{2}$를 얻을 수 있고 특수적분은 다음과 같이 된다.

$$y_p = \frac{b}{2}t^2 \qquad (a_1 = a_2 = 0 \text{ 인 경우}) \tag{16.3″}$$

이 특수적분이 나타내고 있는 균형 역시 이동균형이다.

예 3

미분방정식 $y''(t) = -10$을 구하라. 계수들이 $a_1 = a_2 = 0$이고 $b = -10$이므로 공식 (16.3″)을 적용할 수 있다. 구하고자 하는 해는 $y_p = -5t^2$이 된다.

보조함수

식 (16.2)의 보조함수는 그것의 동차형

$$y''(t) + a_1 y'(t) + a_2 y = 0 \tag{16.4}$$

의 일반해로 정의된다. 이것으로부터 동차형의 해가 원래의 방정식을 푸는 과정에서 **부산물**로 생긴다고 한 이유를 알 수 있을 것이다.

이와 같은 방정식을 앞에서 다루어 본적은 없지만, 1계미분방정식의 특수적분을 구하는 과정에서 얻은 경험으로부터 도움이 되는 시사를 얻을 수 있다. 앞에서 유도한 해들인 (15.3), (15.3′), (15.5), (15.5′)들로부터 Ae^{rt} 형태의 지수함수 표현이 상수계수들을 가진 1계미분방정식의 보조함수에 매우 특징적으로 나타남을 알 수 있다. 그렇다면 2계미분방정식의 경우에도 $y = Ae^{rt}$ 형태의 해를 시험해 보는 것이 어떻겠는가?

$y = Ae^{rt}$를 시험적인 해로 취한다면, y의 도함수들에 관한 다음의 사실들도 받아들여야 한다.

$$y'(t) = rAe^{rt} \qquad \text{및} \qquad y''(t) = r^2Ae^{rt}$$

이와 같은 y, $y'(t)$, $y''(t)$ 에 대한 표현들을 근거로 미분방정식 (16.4)는 다음과 같이 변형될 수 있다.

$$Ae^{rt}(r^2 + a_1 r + a_2) = 0 \tag{16.4$'$}$$

이 (16.4′)를 충족하는 A와 r값을 선택할 수 있는 한, 시험적 해인 $y = Ae^{rt}$는 타당한 것이 된다. 이것은 $A = 0$으로 놓아야 하거나 r이 다음의 방정식을 만족해야함을 뜻한다.

$$r^2 + a_1 r + a_2 = 0 \tag{16.4$''$}$$

그러나 (임의의) 상수 A의 값은 문제에서 주어진 초기조건들로부터 구해져야 하므로, 우리 마음대로 $A = 0$이라고 놓을 수는 없다. 그러므로 식 (16.4″)을 만족하는 r의 값들을 찾는 것이 중요하게 된다.

방정식 (16.4″)는 동차방정식 (16.4) 혹은 원래의 방정식 (16.2)의 **특성방정식**(characteristic equation 또는 auxiliary equation)이라고 알려져 있다. 이것은 r에 관한 2차방정식이기 때문에, **특성근**(characteristic roots)이라고 불리는 다음과 같은 두 개의 근(해)이 존재한다.†

$$r_1, r_2 = \frac{-a_1 \pm \sqrt{a_1^2 - 4a_2}}{2} \tag{16.5}$$

이 두 개의 근은 서로 간단하면서도 재미있는 관계를 지니고 있는데, 이것은 계산 결과를 검산하는 편리한 수단으로 쓰일 수 있다. 즉, 두 근의 **합**은 항상 $-a_1$과 같고, 그들의 곱은 항상 a_2가 된다. 이것의 증명은 다음과 같다:

$$\begin{aligned} r_1 + r_2 &= \frac{-a_1 + \sqrt{a_1^2 - 4a_2}}{2} + \frac{-a_1 - \sqrt{a_1^2 - 4a_2}}{2} = \frac{-2a_1}{2} = -a_1 \\ r_1 r_2 &= \frac{(-a_1)^2 - \left(a_1^2 - 4a_2\right)}{4} = \frac{4a_2}{4} = a_2 \end{aligned} \tag{16.6}$$

이 두 개의 근의 값은 우리가 해 $y = Ae^{rt}$에서 r의 값으로 취할 수 있는 유일한 값들이다. 그러나 이것은 사실상 다음과 같은 **두 개**의 해가 존재함을 의미한다.

$$y_1 = A_1 e^{r_1 t} \quad \text{및} \quad y_2 = A_2 e^{r_2 t}$$

여기서 A_1과 A_2는 두 임의의 상수들이고, r_1과 r_2는 식 (16.5)에서 구할 수 있는 특성근들이다. 그러나 우리는 단 **하나의** 일반해를 구하고자 하므로 하나가 남는 것처럼 보인다. 이제 우리에게는 두 개의 대안이 있게 된다: (1) y_1이나 y_2 중의 하나를 임의로 택한다. (2) 두 개를 어떤 방법으로 결합한다.

첫 번째 대안은 간단하기는 하지만 받아들일 수가 없다. y_1이나 y_2에는 임의의 상수가 단지 하나밖에 없는데, **2계**미분방정식의 일반해가 되려면 **두 개의** 임의의 상수를 포함해야만 하는 것이다. 그 이유는 $y(t)$에서부터 $y''(t)$를 얻기 위해 두 번 미분하는 동안 두 개의 상수를 "잃어버리기" 때문이다. 그러므로 2계미분방정식으로부터 원시함수 $y(t)$로 돌아가려면, 두 개의 상수가 복원되

† 2차방정식 (16.4″)는 정규화되어 있음에 주목하라. 즉, r_2 항의 계수는 1이다. 미분방정식의 특성근을 찾기 위해 공식 (16.5)를 적용할 때, 우리는 우선 특성방정식이 정규화되어 있는가를 확인해야만 한다.

어야 한다. 따라서 두 개의 상수 A_1과 A_2를 포함하도록 y_1과 y_2를 결합하는 두 번째 대안을 택할 수밖에 없다. 과연 (16.4)의 일반해로서 우리는 간단하게 그들의 **합**인 y_1+y_2를 취할 수 있다. 이제 y_1과 y_2가 각각 (16.4)식을 충족한다면, 그 합인 y_1+y_2도 그것을 충족함을 보이도록 하자. y_1과 y_2가 정말로 (16.4)의 해들이라면, 이들 각각을 (16.4)식에 대입함으로써 다음과 같은 두 개의 방정식이 성립하게 된다는 것을 알 수 있다.

$$y_1''(t)+a_1y_1'(t)+a_2y_1=0$$
$$y_2''(t)+a_1y_2'(t)+a_2y_2=0$$

그리고 이 두 방정식을 합함으로써 다음을 얻을 수 있다:

$$\underbrace{[y_1''(t)+y_2''(t)]}_{=\frac{d^2}{dt^2}(y_1+y_2)}+a_1\underbrace{[y_1'(t)+y_2'(t)]}_{=\frac{d}{dt}(y_1+y_2)}+a_2(y_1+y_2)=0$$

따라서, y_1이나 y_2와 마찬가지로, 그 합인 y_1+y_2도 방정식 (16.4)를 충족시킨다. 그러므로 동차방정식 (16.4)의 일반해, 즉 원래 우리가 구하고자 하는 방정식 (16.2)의 동차해는 $y_c=y_1+y_2$로 쓸 수 있게 된다.

그러나 특성근을 구하는 공식인 (16.5)를 좀더 자세히 검토해 보면, r_1과 r_2의 값들에 관한 한, 세 가지의 가능한 경우들이 있을 수 있고, 그 중 어떤 경우에는 위에서 얻은 $y_c=y_1+y_2$의 결과를 수정해야 할 필요가 있다는 것을 알 수 있다.

경우 1 **(서로 다른 실근)** $a_1^2>4a_2$일 때, (16.5)식에 나타나 있는 제곱근 표현은 실수가 되고, 두 근인 r_1과 r_2는 **서로 다른** 실수값을 가진다. 왜냐하면 r_1은 $-a_1$에다 제곱근 표현을 더하여 얻어지지만, r_2는 $-a_1$에서 제곱근 표현을 빼서 얻어지기 때문이다. 이 경우에는 과연 다음과 같이 쓸 수 있다:

$$y_c=y_1+y_2=A_1e^{r_1t}+A_2e^{r_2t}\qquad(r_1\neq r_2)\tag{16.7}$$

두 개의 특성근들이 서로 다르므로, 지수함수인 두 항들은 선형독립이다.(즉, 어느 것도 다른 것의 배수가 아니다).† 따라서 A_1과 A_2는 별개의 실체로서, 초기조건에 따라 결정되는 두 개의 상수를 제공해 준다.

예 4

다음의 미분방정식을 풀어라.

$$y''(t)+y'(t)-2y=-10$$

이 방정식의 특수적분은 $y_p=5$임을 이미 [예 1]에서 알고 있다. 여기서는 그 보조함수를 찾도록 하자. 방정식의 계수들이 $a_1=1$이고 $a_2=-2$이므로, 특성근들은 (16.5)식에 의해 다음과 같이 된다.

$$r_1,r_2=\frac{-1\pm\sqrt{1+8}}{2}=\frac{-1\pm3}{2}=1,-2$$

(검산: $r_1+r_2=-1=-a_1$; $r_1r_2=-2=a_2$.) 특성근들이 서로 다른 실수이므로, 보조함수는

† 역주: 이 괄호안의 표현은 여기서 사용하는 "선형독립"이란 용어의 새로운 정의이다.

$y_c = A_1 e^t + A_2 e^{-2t}$ 와 같이 된다. 그러므로 일반해는 다음과 같이 쓸 수 있다.

$$y(t) = y_c + y_p = A_1 e^t + A_2 e^{-2t} + 5 \tag{16.8}$$

상수 A_1과 A_2의 값들을 확정하기 위해서는, 이제 **두 개의** 초기조건이 필요하다. 이 초기조건들이 $y(0) = 12$와 $y'(0) = -2$라고 하자. 즉 $t = 0$일 때, $y(t)$와 $y'(t)$는 각각 12와 -2의 값을 가지는 것이다. (16.8) 식에서 $t = 0$으로 놓게 되면, 다음을 얻을 수 있다:

$$y(0) = A_1 + A_2 + 5$$

식 (16.8)을 t에 관하여 미분하고 $t = 0$이라고 놓으면, 다음이 성립한다:

$$y'(t) = A_1 e^t - 2A_2 e^{-2t} \quad \text{이고} \quad y'(0) = A_1 - 2A_2$$

여기서 두 개의 초기조건들을 충족하려면 $y(0) = 12$와 $y'(0) = -2$가 되어야 하므로, 다음과 같이 두 개의 방정식으로 구성된 연립방정식이 나타나게 된다:

$$\begin{aligned} A_1 + \ \ A_2 &= 7 \\ A_1 - 2A_2 &= -2 \end{aligned}$$

이 연립방정식의 해는 $A_1 = 4$, $A_2 = 3$이 된다. 그러므로 주어진 미분방정식의 확정해는 다음과 같다:

$$y(t) = 4e^t + 3e^{-2t} + 5 \tag{16.8$'$}$$

우리는 이 해가 과연 타당한가를 앞에서처럼 미분을 통하여 알아볼 수 있다. (16.8′) 식의 1계도함수와 2계도함수는 다음과 같다.

$$y'(t) = 4e^t - 6e^{-2t} \qquad \text{및} \qquad y''(t) = 4e^t + 12e^{-2t}$$

(16.8′) 식과 함께 이 두 식들을 주어진 미분방정식에 대입하게 되면, 그 결과는 -10 = -10이라는 항등식이 된다. 따라서 위의 해는 옳은 것이다. 여러분은 (16.8′)식이 두 초기조건도 모두 충족함을 쉽게 보일 수 있다.

경우 2 **(중근)** 미분방정식의 계수들이 $a_1^2 = 4a_2$의 관계를 충족시키는 것이라면, (16.5) 에서의 제곱근 표현은 없어지고, 두 개의 특성근들은 다음과 같이 동일한 값을 갖게 된다.

$$r(= r_1 = r_2) = -\frac{a_1}{2}$$

이러한 특성근들은 **중근** [repeated roots 또는 multiple(여기서, double) roots]이라고 한다.

우리가 보조함수를 $y_c = y_1 + y_2$라고 쓴다면, 이 경우에 그 합은 단 하나의 항으로 되고 상수도 하나밖에 남지 않게 된다. 즉, 다음과 같이 된다.

$$y_c = A_1 e^{rt} + A_2 e^{rt} = (A_1 + A_2)e^{rt} = A_3 e^{rt}$$

우리는 이것만을 가지고는 2계미분방정식으로부터 그 원래의 함수를 복원시킬 수 없다. 이렇게 "하나로 찌부러지는 것"을 배제하는 유일한 방법은 $A_3 e^{rt}$항과 선형독립이면서 (16.4)식을 충족하는 또 다른 항, 즉 합을 구성하는 항으로서 자격있는 또 다른 항을 찾는 것이다.

이와 같은 요구조건을 충족시키는 표현으로 A_4를 생각해 보자.† 변수 t가 배수로서 도입되었으므로, 이것은 A_3e^{rt}항과 선형독립이 된다. 따라서 새로운 상수 A_4를 도입할 수 있게 된다. 그러나 A_4te^{rt}가 (16.4) 식을 충족시킬 것인가? $y = A_4te^{rt}$ 라고 하면, 그 1계도함수와 2계도함수는 미분의 곱셈법칙에 의해 다음과 같이 된다:

$$y'(t) = (rt+1)A_4e^{rt} \qquad \text{및} \qquad y''(t) = (r^2t+2r)A_4e^{rt}$$

y, y', 그리고 y''를 (16.4) 식의 좌변에 대입하면 다음을 얻을 수 있다:

$$[(r^2t+2r)+a_1(rt+1)+a_2t]A_4e^{rt}$$

여기서 $a_1^2 = 4a_2$ 이고 $r = -a_1/2$ 이므로, 이 바로 위의 수식은 항등적으로 0이 되고, 따라서 (16.4) 식의 우변과 항상 같게 된다. 이것은 A_4te^{rt}가 해의 요건을 갖추었음을 의미한다.

그러므로 중근의 경우에 보조함수는 다음과 같다.

$$y_c = A_3e^{rt} + A_4te^{rt} \tag{16.9}$$

예 5

다음 미분방적식을 풀어라.

$$y''(t)+6y'(t)+9y = 27$$

여기서 계수들은 $a_1 = 6$, $a_2 = 9$이다. 그러므로, $a_1^2 = 4a_2$가 성립하여서 특성근들은 중근이 된다. 공식 (16.5)에 따르면, $r = -a_1/2 = -3$을 얻을 수 있다. 따라서 (16.9)의 결과에 맞추어서, 보조함수는 다음과 같이 쓸 수 있다:

$$y_c = A_3e^{-3t} + A_4te^{-3t}$$

주어진 미분방정식의 일반해는 이제 쉽게 구할 수 있게 되었다. 특수적분으로서 상수해를 시험해 보면, $y_p = 3$을 얻게 된다. 따라서 원래의 미분방정식의 일반해는 다음과 같이 된다.

$$y(t) = y_c + y_p = A_3e^{-3t} + A_4te^{-3t} + 3$$

두 개의 임의의 상수들의 값은 두 개의 초기조건들을 가지고 확정시킬 수 있다. 초기조건이 $y(0) = 5$와 $y'(0) = -5$라고 하자. 위에서 구한 일반해에 $t = 0$을 대입하면 $y(0) = 5$가 된다. 즉 다음과 같다.

$$y(0) = A_3 + 3 = 5$$

따라서 $A_3 = 2$가 된다. 다음에 이 일반해를 미분하고 $t = 0$과 $A_3 = 2$를 대입하면, $y'(0) = -5$가 된다. 즉, 다음과 같다:

$$y'(t) = -3A_3e^{-3t} - 3A_4te^{-3t} + A_4e^{-3t}$$

및 $$y'(0) = -6 + A_4 = -5$$

† 역주: 이것이 너무 자의적이라고 생각되면, $y(t) = A_4tke^{rt}$ 로 놓고, 보조함수의 자격을 갖추기 위해서는 k가 0 또는 1이어야 한다는 것을 보이는 방법을 쓸 수 있다.

여기에서 $A_4 = 1$임을 알 수 있다. 따라서 주어진 방정식의 확정해는 최종적으로 다음과 같이 쓸 수 있다:

$$y(t) = 2e^{-3t} + te^{-3t} + 3$$

경우 3 **(복소근)** 계수 a_1과 a_2의 상대적 크기에 관한 세 번째의 가능성, 즉 $a_1^2 < 4a_2$인 경우가 남아 있다. 이 경우에는 공식 (16.5)는 제곱근 표현 안에 **음수**(negative)를 포함하게 되어, **허수**(imaginary)와 **복소수**(complex)의 개념을 도입하기 전에는 이를 적절히 다룰 수 없다. 그러므로 당분간 우리는 이러한 경우가 있다는 것만 지적하고, 자세한 논의는 다음의 두 절로 미루도록 한다.

이상에서 언급한 세 가지 경우는 [그림 16.1]에서 세 개의 곡선에 의해 묘사되어 있으며, 각각은 2차함수 $f(r) = r^2 + a_1 r + a_2$의 다른 형태를 나타낸다. 우리가 앞에서 배웠듯이, 이러한 함수를 0으로 놓으면 그 결과는 2차**방정식** $f(r) = 0$이 되고, 이 방정식을 푸는 것은 단순히 "2차 **함수**를 0으로 만들어 주는 값들을 찾는 것"이다. 그림에서 이것은 방정식의 근들을 $f(r) = 0$인 가로축상에서 찾을 수 있음을 의미한다.

[그림 16.1]에서 가장 아래에 있는 곡선은 가로축과 두 번 교차한다. 따라서 우리는 모두 2차방정식 $f(r) = 0$을 충족하고, 또 모두 실수값을 가지는 서로 다른 근 r_1과 r_2를 구할 수 있다. 그러므로 가장 아래의 곡선은 [경우 1]을 나타내고 있다. 가운데 곡선은 가로축과 단 한 번 r_3에서 만남을 알 수 있다. r_3는 방정식 $f(r) = 0$을 충족하는 유일한 r값이다. 그러므로 가운데 곡선은 [경우 2]를 나타낸다. 마지막으로 맨 위의 곡선은 가로축과 전혀 만나지 않고, 따라서 방정식 $f(r) = 0$을 충족하는 실근이 없음을 알 수 있다. 이러한 경우에 실근은 없지만, 다음 절에서 알 수 있듯이 방정식을 충족하는 두 개의 복소근이 존재한다.

그림 16.1

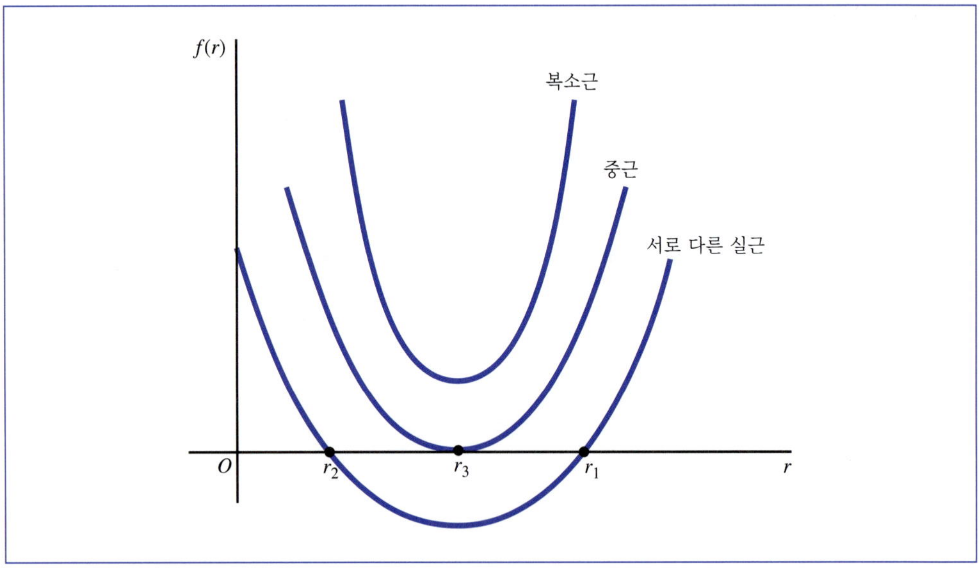

균형의 동태적 안정성

[경우 1]과 [경우 2]에서 균형의 동태적 안정성을 위한 조건은 특성근들의 대수적 부호에 의존한다.

[경우 1]에서 보조함수 (16.7)은 두 지수함수인 $A_1e^{r_1t}$와 $A_2e^{r_2t}$로 구성되어 있다. 여기서 계수 A_1과 A_2는 임의의 상수이다. 그들의 값은 문제에서 주어지게 되는 초기조건에 의존한다. 따라서 동태적으로 안정적인 균형($t \to \infty$에 따라 $y_c \to 0$)이 초기조건이 어떠하든 관계없이 성립한다는 명제는 특성근들인 r_1, r_2가 모두 **음수**라는 명제와 서로 필요충분조건이 됨을 알 수 있다. 여기에서 '모두'라는 말을 강조했는데, 이는 동태적 안정성을 위한 조건은 특성근 가운데 어느 **하나**라도 양수이거나 0인 것을 허용하지 **않기** 때문이다. 예컨대 $r_1 = 2$이고 $r_2 = -5$이면, 언뜻보기에 두 번째 특성근이 절대값이 크므로 첫 번째 것을 압도할 것처럼 보인다. 그러나 사실은 궁극적으로 우세한 것은 **양의** 특성근이다. 왜냐하면 t가 증가함에 따라서 e^{2t}는 점점 커지지만 e^{-5t}는 점점 작아지기 때문이다.

중근을 가지는 [경우 2]에서는 그 보조함수인 (16.9)가 낯익은 e^{rt} 수식뿐만 아니라 te^{rt}도 포함한다. 초기조건이 무엇이든 첫 번째 항이 0에 접근할 필요충분조건은 $r < 0$인 것이다. 그러나 이것이 te^{rt}도 소멸됨을 보장할 수 있는가? 실제로 te^{rt} 수식(보다 일반적으로는 $t^k e^{rt}$)은 e^{rt} $(r \neq 0)$와 동일한 일반적 시간경로 유형을 가진다. 따라서 조건 $r < 0$은 $t \to \infty$에 따라 보조함수가 0으로 접근할 필요충분조건이며, 시간에 걸쳐서 동태적으로 안정적인 균형을 가져온다.

연습문제 16.1

1. 다음 각 방정식의 특수적분을 구하라.
   (a) $y''(t) - 2y'(t) + 5y = 2$
   (b) $y''(t) + y'(t) = 7$
   (c) $y''(t) + 3y = 9$
   (d) $y''(t) + 2y'(t) - y = -4$
   (e) $y''(t) = 12$
2. 다음 각 방정식의 보조함수를 구하라.
   (a) $y''(t) + 3y'(t) - 4y = 12$
   (b) $y''(t) + 6y'(t) + 5y = 10$
   (c) $y''(t) - 2y'(t) + y = 3$
   (d) $y''(t) + 8y'(t) + 16y = 0$
3. 문제 2.의 각 미분방정식들의 일반해를 구하고, 또 초기조건 $y(0) = 4$와 $y'(0) = 2$를 이용하여 확정해를 구하라.
4. 문제 3.에서 구한 시간적 의미에서의 균형들은 동태적으로 안정적인가?
5. [예 5]의 확정해는 (a) 주어진 두 개의 초기조건을 충족하고 (b) 주어진 미분방정식에 상응하는 1계와 2계도함수들을 가짐을 증명하라.
6. $t \to \infty$에 따라, $r < 0$이면 $te^{tr} \to 0$이고, $r \geq 0$이면 $te^{rt} \to \infty$임을 보여라.

16.2 | 복소수와 주기함수

2계선형 미분방정식 $y''=(t)+a_1y'(t)+a_2y=b$ 의 계수들이 부등식 $a_1^2<4a_2$ 을 충족하는 것이라면, 공식 (16.5) 로 규정되는 특성근은 **음수**의 제곱근을 포함하게 될 것이다. 양의 실수나 음의 실수의 제곱은 항상 양수이고, 0의 제곱은 0이므로 **비음**의 실수만이 실수인 제곱근을 가질 수 있다. 그래서 지금까지 그랬듯이, 실수체계에만 우리의 관심을 국한시킨다면, 이 [경우 3]에 대해서는 특성근들을 이용할 수 없게 된다. 이 사실 때문에 우리는 실수체계 밖의 수들을 고려하게 된다.

실수와 복소수

개념적으로, $i\equiv\sqrt{-1}$ 이라는 수, 즉 제곱하면 −1이 되는 수를 정의할 수 있다. i 는 음수의 제곱근이므로, 이것은 분명히 실수가 아니다. 그러므로 이런 수를 **허수**(imaginary number) 라고 한다. 이것을 이용하여 우리는 많은 다른 허수들을, $\sqrt{-9}=\sqrt{9}\sqrt{-1}=3i$, $\sqrt{-2}=\sqrt{2}\,i$ 등과 같이 쓸 수 있다.

여기서 한걸음 더 나아가면, $(8+i)$ 와 $(3+5i)$ 처럼 **실수**부분과 **허수**부분을 포함하는 또다른 종류의 수를 구성할 수 있다. **복소수**(complex number) 라고 불리는 이런 수들은 일반적으로 $(h+vi)$ 의 형태로 나타낼 수 있다. 여기서 h 와 v 는 모두 실수이다†. 물론 $v=0$ 이면 복소수는 실수로 되고 말며, 반면에 $h=0$ 이면 그것은 허수가 된다. 따라서 **모든 실수의 집합**(그것을 R 로 부르자) 은 **모든 복소수의 집합**(그것을 C 로 부르자) 의 부분집합이 된다. 마찬가지로, **모든 허수의 집합**(I 로 부르자) 역시 C 의 부분집합이 된다. 즉 R ⊂ C 이고, I ⊂ C 이다. 나아가서 실수와 허수는 서로 배타적이므로, R 집합과 I 집합은 서로 공통부분이 존재하지 않게 된다. 즉, R ∩ I = Φ 이다.††

복소수 $(h+vi)$ 는 그래프로 [그림 16.2] 처럼 소위 **아르강 다이아그램**(Argand diagram) 으로 표시할 수 있다. h 를 **실수축** 위에 수평으로 표시하고 v 를 **허수축** 위에 수직으로 표시하면, 수 $(h+vi)$ 는 점 (h, v) 로 표시할 수 있다. 이 점을 그림에서는 C 로 표시하고 있다. h 와 v 의 값들은 물론 대수적 부호를 가지며, 따라서 $h<0$ 이면, C 는 원점의 왼쪽에 위치한다. 마찬가지로 v 가 음이면, 그 점이 수평축의 아래쪽에 위치하게 된다.

h 와 v 값이 주어지면, 직각삼각형의 빗변의 제곱은 다른 두 변의 제곱의 합과 같다는 피타고라스정리(Pythagoras' theorem) 를 사용하여 선분 OC 의 길이도 계산할 수 있다. OC 의 길이를 R (radius vector를 나타냄) 로 나타내면 다음이 성립한다.

$$R^2=h^2+v^2 \qquad \text{및} \qquad R=\sqrt{h^2+v^2} \tag{16.10}$$

여기에서 제곱근은 항상 양으로 잡는다. R 의 값은 때때로 복소수 $(h+vi)$ 의 **절대값**(absolute value 또는 modulus) 이라고 부른다. (h 와 v 의 부호를 바꾸는 것은 복소수 R 의 절대값에 아무런 영향을 미치지 못함에 주목하라). 그러면 h 와 v 처럼, R 도 실수값을 가지지만, 이들과는 달리 R 은 항상 양이다. 우리는 계속 이어지는 다음의 논의에서 R 이란 수가 매우 중요하다는 것을 알게 될 것이다.

† 우리는 일반적인 복소수를 나타내기 위한 기호로 h (수평을 나타내는 horizontal) 와 v (수직을 나타내는 vertical) 를 사용한다. 왜냐하면 우리는 곧 2차원 도표에서 h 를 수평축으로, v 를 수직축으로 나타낼 것이기 때문이다.

†† 역주: O 는 R 의 원소이기도 하고 I 의 원소이기도 하다고 보는 것이 편리하며, 그렇게 보면 $R\cap I=[\{0\}$ 으로 된다.

그림 16.2

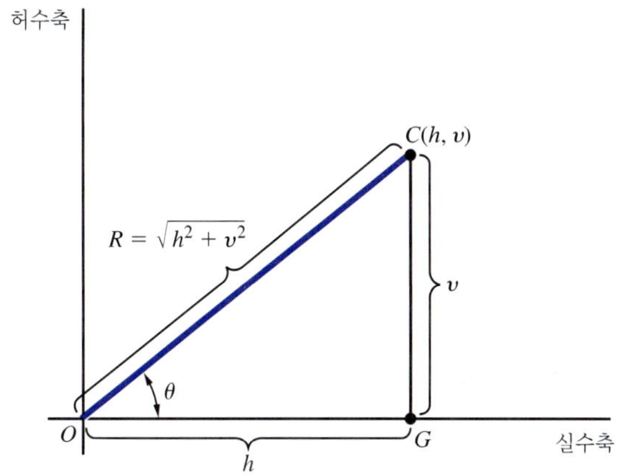

복소근

이제 공식 (16.5)로 돌아가서 복소특성근(complex characteristic root)의 경우를 조사해 보자. 2계미분방정식의 계수들이 $a_1^2 < 4a_2$ 의 관계식을 충족하는 것들일 때, (16.5) 식에서의 제곱근 표현은 다음과 같이 쓸 수 있다.

$$\sqrt{a_1^2 - 4a_2} = \sqrt{4a_2 - a_1^2}\sqrt{-1} = \sqrt{4a_2 - a_1^2}\,i$$

그리고 다음과 같은 간단한 표기법을 채택하기로 하자.

$$h = \frac{-a_1}{2} \qquad \text{및} \qquad v = \frac{\sqrt{4a_2 - a_1^2}}{2}$$

그러면 두 개의 제곱근은 다음과 같이 한 쌍의 **공액복소수**(conjugate complex numbers)로 표시될 수 있다:

$$r_1, r_2 = h \pm vi$$

이 두 개의 복소근은 항상 같이 나타나므로 "공액"이라는 형용사가 붙어 있는데, 하나는 h와 vi의 **합**이고, 다른 하나는 h와 vi의 **차**가 된다. 이것들은 동일한 절대값 R을 가짐에 주목하라.

예 1

특성방정식 $r^2 + r + 4 = 0$의 근을 구하라. 위의 공식을 적용하면 다음을 얻을 수 있다.

$$r_1, r_2 = \frac{-1 \pm \sqrt{-15}}{2} = \frac{-1 \pm \sqrt{15}\sqrt{-1}}{2} = \frac{-1}{2} \pm \frac{\sqrt{15}}{2}i$$

이것들은 한 쌍의 공액복소수들을 형성한다.

앞에서처럼 계산이 옳은가는 (16.6) 식을 사용하여 알아볼 수 있다. 우리의 계산 결과가 옳다면, $r_1 + r_2 = -a_1 (= -1)$이 되고, $r_1 r_2 = a_2 (= 4)$가 되어야 한다. 다음이 성립함을 알 수 있으므로 이 계산은 옳았다.

$$r_1 + r_2 = \left(\frac{-1}{2} + \frac{\sqrt{15}i}{2}\right) + \left(\frac{-1}{2} - \frac{\sqrt{15}i}{2}\right)$$
$$= \frac{-1}{2} + \frac{-1}{2} = -1$$

그리고
$$r_1 r_2 = \left(\frac{-1}{2} + \frac{\sqrt{15}i}{2}\right)\left(\frac{-1}{2} - \frac{\sqrt{15}i}{2}\right)$$
$$= \left(\frac{-1}{2}\right)^2 - \left(\frac{\sqrt{15}i}{2}\right)^2 = \frac{1}{4} - \frac{-15}{4} = 4$$

복소근의 경우 (경우 3) 에서도, 우리는 미분방정식의 보조함수를 (16.7) 에 따라 다음과 같이 표시할 수 있다.

$$y_c = A_1 e^{(h+vi)t} + A_2 e^{(h-vi)t} = e^{ht}(A_1 e^{vit} + A_2 e^{-vit}) \tag{16.11}$$

그러나 새로운 특징이 나타나 있다. 즉, 이제 수 i는 괄호 안의 두 표현들의 지수에 나타나고 있다. 이와 같은 허수의 지수함수를 어떻게 해석해야 할 것인가?

해석을 수월하게 하기 위해서, 이 표현을 동치인 **원함수** (circular-function) 형태로 변형시키는 것이 유익함을 알 수 있을 것이다. 이제 곧 알게 되겠지만, 이 원함수는 변수의 주기적 파동을 포함하는 것이 특징이다. 따라서 원함수 형태로 변형될 수 있는 보조함수 (16.11) 은 주기적인 유형의 시간경로를 발생시킬 것으로 기대된다.

원함수

[그림 16.3] 에 그린 것처럼, 중심이 원점이고 반지름이 R 인 원을 생각해 보자. 그 반지름이 시계바늘과 반대 방향으로 회전한다고 하자. 즉, OA 에서 출발하면, 그것은 점점 OP 로 접근하고, 계속하여 OB, OC, OD 로 나아갈 것이다. 그리고 마지막에는 OA 로 되돌아온다. 거기서부터는 그러한 순환이 반복될 뿐이다.

특정한 위치, 가령 OP 에서 고려하면, 시계바늘은 선분 OA 와 θ 의 각을 이루고 바늘 끝 (P) 는 수직거리 v 와 수평거리 h 를 결정할 것이다. 회전과정에서 각 θ 가 변함에 따라서, R 은 변하지 않지만, v 와 h 는 변할 것이다. 따라서 비율 v/R 와 h/R 는 θ 가 변함에 따라서 변한다. 즉 이 두 개의 비율은 모두 θ 의 함수인 것이다. 특히 v/R 와 h/R 는 각각 θ 의 **사인** (함수), 그리고 θ 의 **코사인** (함수) 이라고 부르고, 다음과 같이 정의된다:

$$\sin\theta \equiv \frac{v}{R} \tag{16.12}$$

$$\cos\theta \equiv \frac{h}{R} \tag{16.13}$$

이 함수들은 원과의 관계에 비추어 **원함수**라고 부른다. 그러나 이 함수들은 삼각형과도 관련이 있으므로, **삼각함수** (trigonometric function) 라고도 부른다. 또 다른 멋진 이름은 **시누소이드함수** (sinusoidal function) 이다. 사인함수와 코사인함수는 유일한 원함수들은 아니다. 흔히 보게 되는 또 다른 것으로서는 **탄젠트** (tangent) 함수라는 것이 있는데, 이는 아래와 같이 정의된다.

그림 16.3

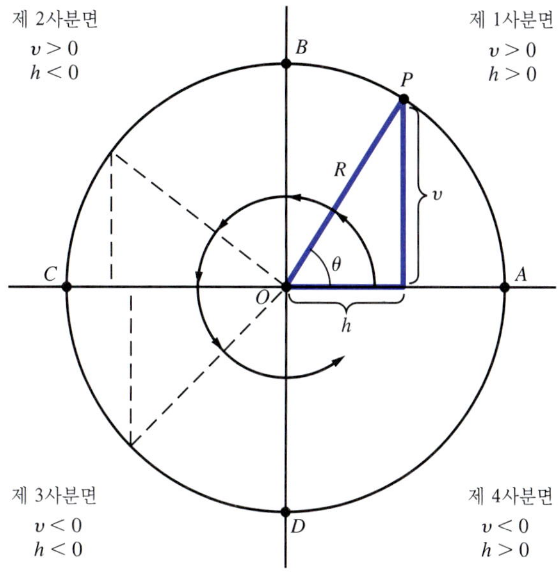

$$\tan\theta = \frac{\sin\theta}{\cos\theta} = \frac{v}{h} \qquad (h \neq 0)$$

그러나 지금 우리의 주요한 관심은 사인함수와 코사인함수에 있다.

원함수에서 독립변수는 각 θ 이다. 따라서 이때의 사상은 **각**으로부터 **두 길이의 비율로** 옮겨가는 것이 된다. 보통 각은 **도**(degree)로 측정된다(예컨대 30°, 45°, 및 90°). 그러나 해석학적 연구에서는 각을 **호도**(radian)로 측정하는 것이 더 편리하다. 호도로 측정할 때의 이점은, 주기함수의 도함수들이 더 간결한 형태로 표현된다는 것이다. 이는 마치 밑수 e가 지수와 로그함수에서 간결한 형태를 제공하는 것과 같다. 그러나 1호도의 크기는 정확하게 얼마인가? 이것을 설명하기 위해 [그림 16.3]으로 되돌아 가도록 하자. 거기서 **호 *AP*** 의 길이가 반경 R과 정확히 같아지도록, 점 P를 그렸다. 그러면 1호도(약자 rad)는 ([그림 16.3]에서) 길이가 R인 호에 의해 형성되는 각 θ의 크기로 정의될 수 있다. 원주의 길이는 $2\pi R$ ($\pi = 3.14159\cdots$)이므로, 완전한 원은 2π 호도의 각을 가져야만 한다. 그러나 도로 측정하면, 완전한 원은 각이 360°이다. 따라서 360°와 2π 호도를 같게 하면, 다음의 결과를 얻을 수 있다.

도	360	270	180	90	45	0
호도	2π	$\frac{3\pi}{2}$	π	$\frac{\pi}{2}$	$\frac{\pi}{4}$	0

사인함수와 코사인함수의 성질

길이 R이 주어졌을 때, 사인 θ의 값은 각 θ의 변화에 따른 v값의 변화에 의존한다. 출발점 OA에서는 $v = 0$이다. 시계바늘이 반시계방향으로 움직임에 따라, v는 점점 증가하는 양의 값을 갖게 되고, 시계바늘이 OB와 일치할 때, 즉 $\theta = \frac{\pi}{2}$ 호도(= 90°)일 때 $v = R$로서 최대값을 가진다. 시계바늘이 그이상 움직이면 v의 값은 점점 작아져, 그것이 OC 일때, 즉 $\theta = \pi$ 호도 (= 180°) 일 때 v의 값은 0이 되고, 그때까지 v의 값은 감소한다. 시계바늘이 제 3 사분면에 들어감에 따라서 v는 음의 값을 갖게 된다. OD에서 $v = -R$이 된다. 제 4 사분면에서 v는 여전히 음이지만, $-R$로부터 $v = 0$으로 값이 증가하게 된다. 즉 바늘이 OA로 돌아올 때, 즉 $\theta = 2\pi$ 호도 (= 360°) 일 때 $v = 0$이 된다. 그 후로 순환은 계속 반복된다.

이와 같은 v의 값이 (16.12) 식에 대입되면, <표 16.1>의 $\sin\theta$라는 행에 나오는 결과를 얻게 된다. 그러나 사인함수의 보다 완전한 묘사를 보려면, $\sin\theta$의 값이 θ에 대응하여 그려져 있는 [그림 16.4] (a)를 보는 것이 좋다.

이와는 대조적으로, 코사인 θ의 값은 θ의 변화에 따른 h의 변화에 의존한다. 출발점 OA에서는 $h = R$이다. 그리고 $\theta = \frac{\pi}{2}(OC)$에서 $h = 0$이 될 때까지 h는 점점 작아진다. 제 2사분면에서 h는 음이 되고, $\theta = \pi(OC)$ 일 때 $h = -R$이 된다. 제 3 사분면에서 h의 값은 $-R$로부터 0으로 점점 커지고, $\theta = \frac{3}{2}\pi(OD)$ 일 때 $h = 0$이 된다. 제 4 사분면에서 h는 다시 양이 되고 시계바늘이 $OA(\theta = 2\pi)$로 돌아올 때 h는 다시 R이 된다. 순환은 그곳에서 다시 반복된다.

이러한 h값들을 (16.13) 식에 대입하면, <표 16.1>의 맨 아래 행의 결과가 나오지만, [그림 16.4] (b)가 코사인 함수를 보다 완벽하게 묘사하고 있다.

$\sin\theta$ 함수와 $\cos\theta$ 함수는 동일한 정의역으로 모든 실수 (θ의 호도 값) 의 집합을 가진다. 이러한 점에서 **음**의 각은 시계바늘이 제방향으로 회전하는 것을 의미한다고 할 수 있다. 예컨대 시계방향으로 OA에서 OD로 움직이면 $-\frac{\pi}{2}$ 호도 (= −90°C) 가 된다. 또한 두 함수는 동일한 치역 [−1, 1]을

그림 16.4

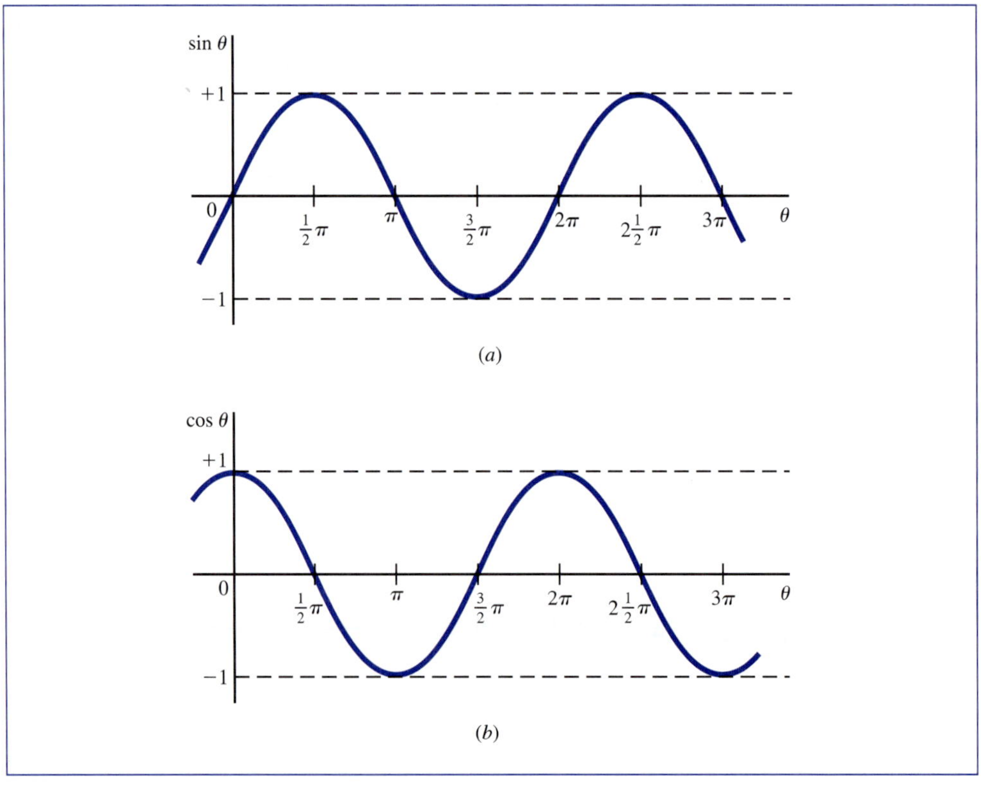

표 16.1

θ	0	$\frac{1}{2}\pi$	π	$\frac{3}{2}\pi$	2π
$\sin\theta$	0	1	0	−1	0
$\cos\theta$	1	0	−1	0	1

가진다. 이러한 이유로 [그림 16.4]에 있는 사인 θ와 코사인 θ의 그래프는 일정한 수평띠 안에 한정된다.

사인함수와 코사인함수의 중요한 성질은 둘 다 **주기함수**라는 것이다. 즉, 그것들의 값은 각 θ가 2π 호도를 경과할 때마다 반복된다. 그러므로 각 함수는 2π의 **주기**를 가진다고 말한다. 이와 같은 주기성을 고려해 볼 때, 다음의 방정식이 성립한다(n은 임의의 정수) :

$$\sin(\theta + 2n\pi) = \sin\theta \qquad \cos(\theta + 2n\pi) = \cos\theta$$

즉 2π의 임의의 정수배를 각 θ에 더하거나 빼도 사인 θ와 코사인 θ의 값은 영향을 받지 않는다.

사인과 코사인 함수의 그래프는 각 주기마다 파동의 범위가 ± 1로 일정함을 알려주고 있다. 이것은 때때로 **진폭**(amplitude of fluctuation)이 1이라고 표현되기도 한다. 동일한 주기와 동일한 진폭을 고려해 볼 때, $\cos\theta$ 곡선이 우측으로 $\frac{\pi}{2}$ 만큼 이동한다면, $\sin\theta$ 곡선과 정확하게 일치할 것이다. 그러므로 이들 두 곡선은 **위상**(phase)에 있어서만 다르다. 즉, 각 주기의 정점의 위치만이 다르다고 할 수 있다. 이것은 기호로는 다음식으로 표현될 수 있다.

$$\cos\theta = \sin\left(\theta + \frac{\pi}{2}\right)$$

사인함수와 코사인함수는 일련의 항등식을 만족한다. 이 가운데 흔히 사용되는 것들은 다음과 같다.

$$\begin{aligned} \sin(-\theta) &\equiv -\sin\theta \\ \cos(-\theta) &\equiv \cos\theta \end{aligned} \tag{16.14}$$

$$\sin^2\theta + \cos^2\theta \equiv 1 \quad [\text{단}, \sin^2\theta \equiv (\sin\theta)^2 \text{ 등등}] \tag{16.15}$$

$$\begin{aligned} \sin(\theta_1 \pm \theta_2) &\equiv \sin\theta_1\cos\theta_2 \pm \cos\theta_1\sin\theta_2 \\ \cos(\theta_1 \pm \theta_2) &\equiv \cos\theta_1\cos\theta_2 \mp \sin\theta_1\sin\theta_2 \end{aligned} \tag{16.16}$$

항등식 (16.14)는 코사인함수가 수직축에 대해 대칭인 데 비해(즉, θ와 $-\theta$가 동일한 코사인 값을 가진다), 사인함수는 그렇지 아니함을 강조하고 있다. (16.15) 식에서 알 수 있듯이, 어떠한 θ에 대해서도 사인과 코사인의 제곱의 합은 항상 1이다. 항등식 (16.16)은 θ_1과 θ_2의 합과 차의 사인과 코사인 값을 말해 주고 있다.

마지막으로 미분에 관하여 알아보자. $\sin\theta$와 $\cos\theta$는 모두 연속이고 뾰족점을 갖지 않는 함수이므로 미분이 가능하다. 도함수 $d(\sin\theta)/d\theta$ 및 $d(\cos\theta)/d\theta$는 각각 $\Delta\theta \to 0$일 때 $\Delta(\sin\theta)/\Delta\theta$ 및 $\Delta(\cos\theta)/\Delta\theta$의 극한을 취함으로써 구할 수 있다. 증명없이 그 결과들을 서술하면 다음과 같다.

$$\frac{d}{d\theta}\sin\theta = \cos\theta \tag{16.17}$$

$$\frac{d}{d\theta}\cos\theta = -\sin\theta \qquad \textbf{(16.18)}$$

그러나 이러한 도함수를 구하는 공식들은 θ가 호도로 측정되었을 때만 유효하다. 예컨대 도로 측정이 된다면, (16.17) 식은 $d(\sin\theta)/d\theta = (\pi/180)\cos\theta$가 될 것이다. 해석학적 연구에서 도보다 호도가 선호되는 것은 $(\pi/180)$라는 인수를 제거하기 위함이다.

예 2 $\theta = \frac{\pi}{2}$일 때 $\sin\theta$곡선의 기울기를 구하라. 사인 곡선의 기울기는 그것의 도함수 $(=\cos\theta)$에 의해 주어진다. 따라서 $\theta = \frac{\pi}{2}$에서 기울기는 $\cos(\pi/2) = 0$이 된다. [그림 16.4]에서 이 결과를 확인할 수 있다.

예 3 $\sin\theta$의 2계도함수를 구하라. (16.17) 식으로부터 $\sin\theta$의 1계도함수는 $\cos\theta$임을 알 수 있으므로, 구하고자 하는 2계도함수는 다음과 같다.

$$\frac{d^2}{d\theta^2}\sin\theta = \frac{d}{d\theta}\cos\theta = -\sin\theta$$

오일러 관계식

제 9.5 절에서 원하는 계수까지, 유한이고 연속인 도함수들을 갖는 함수는 다항함수로 전개될 수 있음을 보았다. 더욱이 테일러(Taylor) 급수(임의의 점 x_0에서 전개)나 매클로린(Maclaurin) 급수($x_0 = 0$에서 전개)의 잉여항(remainder term) R_n이 그 항들의 수 n이 무한대로 감에 따라 0으로 접근한다면, 다항식은 무한급수로 나타낼 수 있다. 이제 우리는 사인함수와 코사인함수를 전개하고, 그런 다음 (16.11) 식에서 만난 허수의 지수함수가 어떻게 동치인 전개식을 가지는 주기함수로 변환될 수 있는가를 보이려 한다.

사인함수를 $\phi(\theta) = \sin\theta$로 쓰자. 그러면 $\phi(0) = \sin 0 = 0$이 된다. 계속적인 미분에 의해 다음의 결과를 얻을 수 있다.

$$\left.\begin{aligned} \phi'(\theta) &= \cos\theta \\ \phi''(\theta) &= -\sin\theta \\ \phi'''(\theta) &= -\cos\theta \\ \phi^{(4)}(\theta) &= \sin\theta \\ \phi^{(5)}(\theta) &= \cos\theta \\ \vdots \quad & \quad \vdots \end{aligned}\right\} \Rightarrow \left\{\begin{aligned} \phi'(0) &= \cos 0 = 1 \\ \phi''(0) &= -\sin 0 = 0 \\ \phi'''(0) &= -\cos 0 = -1 \\ \phi^{(4)}(0) &= \sin 0 = 0 \\ \phi^{(5)}(0) &= \cos 0 = 1 \\ \vdots \quad & \quad \vdots \end{aligned}\right.$$

(9.14)에 x 대신 θ를 대입하면, 다음과 같이 잉여항을 가지는 매클로린급수가 된다:

$$\sin\theta = 0 + \theta + 0 - \frac{\theta^3}{3!} + 0 + \frac{\theta^5}{5!} + \cdots + \frac{\phi^{(n+1)}(p)}{(n+1)!}\theta^{n+1}$$

그런데, 마지막(잉여)항에 있는 $\phi^{(n+1)}(P)$는, $\theta = P$에서 평가된 $(n+1)$계 도함수들의 값을 나타내는 것으로, $\pm\cos p$ 혹은 $\pm\sin p$의 형태만을 가지며, 따라서 n의 값에 관계없이 $[-1, 1]$ 구간의 값만을 가진다. 반면에 $(n+1)!$은 $n \to \infty$에 따라 θ^{n+1}보다 훨씬 빨리 증가하게 된다. 그러므로,

$n \to \infty$ 에 따라 잉여항은 0에 접근할 것이고, 우리는 매클로린급수를 무한급수로 표현할 수 있게 된다. 즉,

$$\sin\theta = \theta - \frac{\theta^3}{3!} + \frac{\theta^5}{5!} - \frac{\theta^7}{7!} + \cdots \qquad \textbf{(16.19)}$$

마찬가지로, $\psi(\theta) = \cos\theta$ 라고 쓰게 되면, $\psi(0) = \cos 0 = 1$ 이 성립하고, 계속적인 미분에 의해 다음의 도함수를 얻을 수 있다.

$$\left.\begin{aligned} \psi'(\theta) &= -\sin\theta \\ \psi''(\theta) &= -\cos\theta \\ \psi'''(\theta) &= \sin\theta \\ \psi^{(4)}(\theta) &= \cos\theta \\ \psi^{(5)}(\theta) &= -\sin\theta \\ \vdots \quad & \quad \vdots \end{aligned}\right\} \Rightarrow \left\{\begin{aligned} \psi'(0) &= -\sin 0 = 0 \\ \psi''(0) &= -\cos 0 = -1 \\ \psi'''(0) &= \sin 0 = 0 \\ \psi^{(4)}(0) &= \cos 0 = 1 \\ \psi^{(5)}(0) &= -\sin 0 = 0 \\ \vdots \quad & \quad \vdots \end{aligned}\right.$$

이러한 도함수들을 기초로, $\cos\theta$ 를 다음과 같이 전개할 수 있다.

$$\cos\theta = 1 + 0 - \frac{\theta^2}{2!} + 0 + \frac{\theta^4}{4!} + \cdots + \frac{\psi^{(n+1)}(p)}{(n+1)!}\theta^{n+1}$$

이 잉여항이 또한 $n \to \infty$ 에 따라 0으로 접근하므로, 코사인함수도 무한급수로 다음과 같이 표현할 수 있다:

$$\cos\theta = 1 - \frac{\theta^2}{2!} + \frac{\theta^4}{4!} - \frac{\theta^6}{6!} + \cdots \qquad \textbf{(16.20)}$$

이제 우리는 (16.19) 식과 (16.20) 식으로부터 모든 가능한 θ 값에 대하여 사인과 코사인 값의 표를 만들 수 있다. 그러나 우리의 1차적인 관심은 허수의 지수함수와 주기함수간의 관계를 규명하는데 있다. 이를 위하여 이제 두 개의 지수표현 $e^{i\theta}$ 와 $e^{-i\theta}$ 를 전개해 보자, 여러분은 이것의 앞의 (10.6) 식에서 나온 e^x 의 특수한 경우에 지나지 않음을 알 수 있을 것이다. e^x 는 다음과 같이 전개할 수 있다.†

$$e^x = 1 + x + \frac{1}{2!}x^2 + \frac{1}{3!}x^3 + \frac{1}{4!}x^4 + \cdots$$

그러므로 $x = i\theta$ 로 놓으면, 다음을 얻을 수 있다.††

$$\begin{aligned} e^{i\theta} &= 1 + i\theta + \frac{(i\theta)^2}{2!} + \frac{(i\theta)^3}{3!} + \frac{(i\theta)^4}{4!} + \frac{(i\theta)^5}{5!} + \cdots \\ &= 1 + i\theta - \frac{\theta^2}{2!} - \frac{i\theta^3}{3!} + \frac{\theta^4}{4!} + \frac{i\theta^5}{5!} - \cdots \\ &= \left(1 - \frac{\theta^2}{2!} + \frac{\theta^4}{4!} - \cdots\right) + i\left(\theta - \frac{\theta^3}{3!} + \frac{\theta^5}{5!} - \cdots\right) \end{aligned}$$

† 역주: 사실 이것은 지수함수의 정의로 보는 것이 온당하다.

†† 역주: 그러나 앞에서 지수함수 e^x 는 그 정의역을 모든 실수의 집합으로 하는 것이었다. 그런데 여기서 허수 $i\theta$ 를 정의역의 원소로 보는 것은 앞에서의 정의를 확장하지 않고는 불가능하다. 이하의 전개는 이 확장을 전제로 하고 있음을 주의할 필요가 있다.

마찬가지로 $x=-i\theta$ 로 놓으면, 다음의 결과가 나온다.

$$\begin{aligned} e^{-i\theta} &= 1 - i\theta + \frac{(-i\theta)^2}{2!} + \frac{(-i\theta)^3}{3!} + \frac{(-i\theta)^4}{4!} + \frac{(-i\theta)^5}{5!} + \cdots \\ &= 1 - i\theta - \frac{\theta^2}{2!} + \frac{i\theta^3}{3!} + \frac{\theta^4}{4!} - \frac{i\theta^5}{5!} - \cdots \\ &= \left(1 - \frac{\theta^2}{2!} + \frac{\theta^4}{4!} - \cdots\right) - i\left(\theta - \frac{\theta^3}{3!} + \frac{\theta^5}{5!} - \cdots\right) \end{aligned}$$

(16.19) 식과 (16.20) 식을 위의 두 결과에 대입함으로써, **오일러 관계식** (Euler relations) 으로 알려진 다음 한 쌍의 항등식들을 쉽게 얻을 수 있다:

$$e^{i\theta} \equiv \cos\theta + i\sin\theta \tag{16.21}$$

$$e^{-i\theta} \equiv \cos\theta - i\sin\theta \tag{16.21'}$$

이들은 허수의 지수함수를 그와 동치인 사인과 코사인의 선형결합으로 변화시키는 것을 가능하게 하고, 또 그 역변환도 가능하게 한다.

예 4

$e^{i\pi}$ 의 값을 구하라. 우선 이 표현을 삼각함수로 바꾸자. (16.21) 식에서 $\theta=\pi$ 로 놓으면, $e^{i\pi}=\cos\pi + i\sin\pi$ 가 된다. 그런데, $\cos\pi=-1$ 이고 $\sin\pi=0$ 이므로, $e^{i\pi}=-1$ 이 된다.

예 5

$e^{-1i\pi/2}=i$ 임을 보여라. (16.21′) 식에서 $\theta=\frac{\pi}{2}$ 로 놓으면, 다음을 얻을 수 있다:

$$e^{-i\pi/2} = \cos\frac{\pi}{2} - i\sin\frac{\pi}{2} = 0 - i(1) = -i$$

복소수의 여러 가지 표현

이제까지 우리는 한 쌍의 공액복소수를 일반적인 형태 $(h \pm vi)$ 로 표시해 왔다. h 와 v 가 아르강(Argand) 다이아그램의 직교좌표체계에서 가로좌표와 세로좌표를 나타내므로, $(h \pm vi)$ 는 한 쌍의 공액복소수의 **직교좌표 형태** (Cartesian form) 를 나타낸다. 주기함수와 오일러 관계식에 관한 논의의 부산물로서, 우리는 이제 $(h \pm vi)$ 를 두 가지 방법으로 표현할 수 있다.

[그림 16.2] 에서, h 와 v 값이 정해지기만 하면, 각 θ 와 R 값 역시 결정됨을 알 수 있다. θ 와 R 이 주어지면 아르강 다이아그램에서 유일한 점을 찾아낼 수 있으므로, 우리는 θ 와 R 을 특정의 복소수를 표시하기 위해 사용할 수 있다. (16.12) 식과 (16.13) 식에 있는 사인함수와 코사인함수의 정의를 다음과 같이 다시 써보자.

$$v = R\sin\theta \quad \text{및} \quad h = R\cos\theta \tag{16.22}$$

그러면 공액복소수 $(h \pm vi)$ 는 다음과 같이 변환될 수 있다:

$$h \pm vi = R\cos\theta \pm Ri\sin\theta = R(\cos\theta \pm i\sin\theta)$$

이렇게 함으로써 우리는 사실상 그 복소수를 직교좌표 (h 와 v) 로부터 소위 **극좌표** (polar coordinates)

인 (R 과 θ) 로 변환시켰다. 따라서 위의 방정식의 오른편에 있는 표현은 한 쌍의 공액복소수의 **극좌표 형태** (polar form) 의 한 예가 된다.

나아가서, 오일러 관계식에 비추어 볼 때, 극좌표 형태는 다음과 같이 **지수 형태** (exponential form) 로 고쳐쓸 수 있다: $R(\cos\theta \pm i\sin\theta) = Re^{\pm i\theta}$. 그러므로 우리는 공액복소수에 관하여 다음과 같이 모두 세 가지의 다른 표현들을 가지게 되었다:

$$h \pm vi = R(\cos\theta \pm i\sin\theta) = Re^{\pm i\theta} \qquad \textbf{(16.23)}$$

R 과 θ 의 값이 주어진다면, h 와 v 로의 변환은 간단하다. 즉, (16.22) 의 두 방정식을 사용하면 된다. 그 역변환은 어떠한가? h 와 v 의 값이 주어지면, 그에 대응하는 R 값 $\sqrt{h^2+v^2}$ 을 찾는 것은 어렵지 않다. 그러나 θ 에 관해서는 좀 복잡해진다. 원하는 θ 값은 두 개의 조건 $\cos\theta = \frac{h}{R}$ 와 $\sin\theta = \frac{v}{R}$ 를 충족하는 것이다. 그러나 주어진 h 와 v 에 대해서 θ 는 유일하지 않다 (왜?). 다행히도 이 문제는 심각하지는 않다. 왜냐하면 우리의 관심을 정의역 중에서 구간 $[0, 2\pi)$ 에 한정시킴으로써, 그러한 불확정성의 문제는 쉽게 해결되기 때문이다.

예 6

복소수 $5e^{3i\pi/2}$ 의 직교좌표 형태를 구하라. 여기에서 $R = 5$ 이고 $\theta = 3\pi/2$ 이다. 그러므로 (16.22) 식과 <표 16.1>에 의해 다음을 알 수 있다.

$$h = 5\cos\frac{3\pi}{2} = 0 \quad \text{및} \quad v = 5\sin\frac{3\pi}{2} = -5$$

따라서 직교좌표 형태는 간단히 $h + vi = -5i$ 가 된다.

예 7

$(1+\sqrt{3}i)$ 의 극좌표 형태와 지수형태를 구하라. 이 경우에 $h = 1$ 이고 $v = \sqrt{3}$ 이다. 따라서 $R = \sqrt{1+3} = 2$ 가 된다. 이 문제에서 θ 의 값을 구함에 있어서 <표 16.1>은 소용이 안되지만, 일부 $\sin\theta$ 와 $\cos\theta$ 의 값을 추가로 나열한 <표 16.2>는 도움이 될 것이다. 특히 우리는 $\cos\theta = \frac{h}{R} = \frac{1}{2}$ 이고, $\sin\theta = \frac{v}{R} = \frac{\sqrt{3}}{2}$ 이 되는 h 의 값을 찾고 있다. $\theta = \frac{\pi}{3}$ 가 이러한 요구를 충족시켜 주고 있다. 따라서 (16.23) 식에 의해 우리가 원하는 변환은 다음과 같이 된다.

$$1+\sqrt{3}i = 2\left(\cos\frac{\pi}{3} + i\sin\frac{\pi}{3}\right) = 2e^{i\pi/3}$$

다음 문제로 넘어가기 전에, (16.23) 의 중요한 확장 결과를 보기로 한다. 복소수의 n 제곱, 즉 $(h \pm vi)^n$ 를 생각해 보자. 이것의 극좌표 형태와 지수 형태를 어떻게 구할 것인가? 지수 형태는 구하기가 쉽다. $h \pm vi = Re^{i\theta}$ 이므로 다음이 성립한다.

$$(h+vi)^n = (Re^{i\theta})^n = R^n e^{in\theta}$$

마찬가지로 다음과 같이 쓸 수 있다.

$$(h-vi)^n = (Re^{-i\theta})^n = R^n e^{-in\theta}$$

멱수 n 은 두 곳에서 변화를 초래한다. 즉 (1) R 이 R^n 이 되고, (2) θ 가 $n\theta$ 가 된다. 이 두 개의 변화가 (16.23) 식에 나타나 있는 극좌표 형태에 대입되면 다음을 얻을 수 있다.

표 16.2

θ	$\frac{\pi}{6}$	$\frac{\pi}{4}$	$\frac{\pi}{3}$	$\frac{3\pi}{4}$
$\sin\theta$	$\frac{1}{2}$	$\frac{1}{\sqrt{2}}\left(=\frac{\sqrt{2}}{2}\right)$	$\frac{\sqrt{3}}{2}$	$\frac{1}{\sqrt{2}}\left(=\frac{\sqrt{2}}{2}\right)$
$\cos\theta$	$\frac{\sqrt{3}}{2}$	$\frac{1}{\sqrt{2}}\left(=\frac{\sqrt{2}}{2}\right)$	$\frac{1}{2}$	$\frac{-1}{\sqrt{2}}\left(=\frac{-\sqrt{2}}{2}\right)$

$$(h \pm vi)^n = R^n(\cos n\theta \pm i \sin n\theta) \tag{16.23'}$$

즉, 다음이 성립한다.

$$[R(\cos\theta \pm i \sin\theta)]^n = R^n(\cos n\theta \pm i \sin n\theta)$$

드므와브르의 정리 (De Moivre' s theorem) 라고 알려진 이 결과는, 복소수를 n 제곱하려면, 단지 R을 R^n으로, θ를 $n\theta$로 함으로써 극좌표를 수정하면 된다는 것을 보여주고 있다.

연습문제 16.2

1. 다음 2차 방정식의 근을 구하라.
   (a) $r^2 - 3r + 9 = 0$ (c) $2x^2 + x + 8 = 0$
   (b) $r^2 + 2r + 17 = 0$ (d) $2x^2 - x + 1 = 0$
2. (a) 1호도는 몇 도인가?
   (b) 1도는 몇 호도인가?
3. [그림 16.3]과 피타고라스 정리를 사용하여 다음을 증명하라.
   (a) $\sin^2\theta + \cos^2\theta \equiv 1$ (b) $\sin\frac{\pi}{4} = \cos\frac{\pi}{4} = \frac{1}{\sqrt{2}}$
4. 항등식 (16.14), (16.15), (16.16)을 이용하여 다음을 증명하라.
   (a) $\sin 2\theta \equiv 2\sin\theta\cos\theta$
   (b) $\cos 2\theta \equiv 1 - 2\sin^2\theta$
   (c) $\sin(\theta_1 + \theta_2) + \sin(\theta_1 - \theta_2) \equiv 2\sin\theta_1\cos\theta_2$
   (d) $1 + \tan^2\theta \equiv \frac{1}{\cos^2\theta}$
   (e) $\sin\left(\frac{\pi}{2} - \theta\right) \equiv \cos\theta$ (f) $\cos\left(\frac{\pi}{2} - \theta\right) \equiv \sin\theta$
5. 연쇄법칙을 이용하여 다음을 구하라.
   (a) $\frac{d}{d\theta}\sin f(\theta)$와 $\frac{d}{d\theta}\cos f(\theta)$의 도함수들을 구하는 공식들을 써라. 여기에서 $f(\theta)$는 θ의 함수이다.
   (b) $\cos\theta^3$, $\sin(\theta^2 + 3\theta)$, $\cos e^\theta$, $\sin\left(\frac{1}{\theta}\right)$의 도함수를 구하라.
6. 오일러 관계식으로부터 다음을 도출하라.
   (a) $e^{-i\pi} = -1$ (c) $e^{i\pi/4} = \frac{\sqrt{2}}{2}(1 + i)$

(b) $e^{i\pi/3} = \frac{1}{2}(1 + \sqrt{3}i)$ (d) $e^{-3i\pi/4} = -\frac{\sqrt{2}}{2}(1 + i)$

7. 다음 복소수의 직교좌표 형태를 구하라.

(a) $2\left(\cos\frac{\pi}{6} + i\sin\frac{\pi}{6}\right)$ (b) $4e^{i\pi/3}$ (c) $\sqrt{2}e^{-i\pi/4}$

8. 다음 복소수의 극좌표 형태를 구하라.

(a) $\frac{3}{2} + \frac{3\sqrt{3}}{2}i$ (b) $4(\sqrt{3} + i)$

16.3 | 복소근의 경우의 분석

복소수와 주기함수의 개념을 알아보았으므로, 이제는 제 16.1 절에서 언급한 복소근의 경우 [경우 3]를 다룰 수 있게 되었다. 특성근의 성질에 따라서 분류한 이 세 가지 경우는 미분방정식의 보조함수에만 관련이 된다. 따라서 다음의 동차형에 우리의 관심을 국한시킬 수 있다:

$$y''(t) + a_1 y'(t) + a_2 y = 0 \quad [(16.4)\text{를 다시 씀}]$$

보조함수

계수 a_1, a_2 의 값들이 $a_1^2 < 4a_2$ 의 관계를 충족하는 것일 때, 특성근은 다음과 같이 한 쌍의 공액복소수가 된다:

$$r_1, r_2 = h \pm vi$$

여기서 $h = -\frac{1}{2}a_1$ 이고 $v = \frac{1}{2}\sqrt{4a_2 - a_1^2}$ 이다. 따라서 이미 보았듯이 보조함수는 다음과 같다:

$$y_c = e^{ht}(A_1 e^{vit} + A_2 e^{-vit}) \quad [(16.11)\text{를 다시 씀}]$$

우선 괄호 안에 있는 허수의 지수함수를 동치의 삼각함수로 변환시킴으로써 보조함수를 주기함수로 해석할 수 있다. 이것은 오일러 관계식을 이용하여 할 수 있다. (16.21) 식과 (16.21′) 식에서 $\theta = vt$ 라고 하면 다음을 얻는다:

$$e^{vit} = \cos vt + i\sin vt \quad \text{및} \quad e^{-vit} = \cos vt - i\sin vt$$

이로부터 (16.11) 의 보조함수는 다음과 같이 다시 쓸 수 있다:

$$\begin{aligned} y_c &= e^{ht}[A_1(\cos vt + i\sin vt) + A_2(\cos vt - i\sin vt)] \\ &= e^{ht}[(A_1 + A_2)\cos vt + (A_1 - A_2)i\sin vt] \end{aligned} \quad \textbf{(16.24)}$$

더욱이, 간단한 표기

$$A_5 \equiv A_1 + A_2 \quad \text{및} \quad A_6 \equiv (A_1 - A_2)i$$

그림 16.5

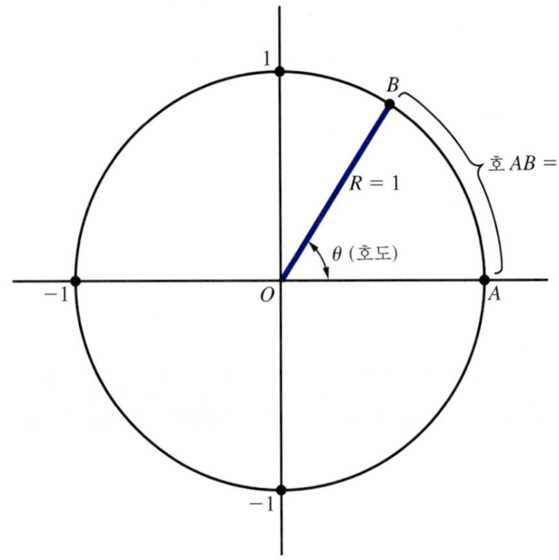

를 사용한다면, (16.24) 식은 다음과 같이 간단하게 된다.†

$$y_c = e^{ht}(A_5 \cos vt + A_6 \sin vt) \qquad \textbf{(16.24')}$$

여기서 이 새로운 임의의 상수 A_5와 A_6는 나중에 확정되어야할 값들이다.

세심한 사람은 앞의 과정에서 θ를 vt로 대체한 것에 대해 어색함을 느낄지 모른다. 변수 θ는 각을 측정하지만, vt는 t(여기서는 시간을 나타냄)의 단위로 측정이 된다. 그러므로 어떻게 $\theta = vt$의 대체관계가 성립할 수 있는가? 이러한 의문에 대한 해답은, [그림 16.5]에 있는 **단위원**(unit circle: $R = 1$인 원)을 이용하여 구할 수 있다. 사실 우리는 θ를 각을 나타내기 위해 사용해 왔다. 그러나 각을 호도로 측정했으므로 θ값은 항상 반지름 R에 대한 호 AB의 비율이다. 특히 $R = 1$일 때 다음을 얻을 수 있다.

† A_6를 정의함에 있어서, 그 속에 i를 포함하도록 하는 것은 결코 "깔대 밑으로 먼지를 쓸어 넣는" 식의 시도는 아니다. 왜냐하면 A_6는 임의의 상수이므로 실수뿐만 아니라 허수도 취할 수 있다. 또한 정의된 것처럼, A_6가 반드시 허수인 것도 아니다. 사실, A_1과 A_2가 공액복소수이며, 즉 $m \pm ni$이면, A_5와 A_6는 모두 실수이다. 즉, $A_5 = A_1 + A_2 = (m + ni) + (m - ni) = 2m$ 이고 $A_6 = (A_1 - A_2)\,i = [(m + ni) - (m - ni)]\,i = (2ni)\,i = -2n$ 이다.††

†† 역주(위의) : $y_c = y - y_p$ 이고 y와 y_p가 실수이므로 y_c도 실수이다. 그러므로 식 (15.24)의 좌변은 항등적으로 실수이어야 한다. 이는 $A_1 + A_2$는 실수이고 $A_1 - A_2$는 순허수임을 의미한다. 즉 $A_1 + A_2$을 해치지 않고 다음과 같이 쓸 수 있다:

$$A_1 + A_2 = 2c \qquad (\text{단, } c \text{ 와 } d \text{ 는 실수})$$
$$A_1 - A_2 = 2di$$

따라서

$$A_1 = c + di\,,\ A_2 = c - di$$

로서 A_1과 A_2는 단순한 임의의 상수가 아니라 반드시 공액복소수인 상수이어야 한다. 그러므로 A_6를 $(A_1 - A_2)\,i$로 정의하면 그것은 항상 실수여야 하는 것이지 위의 각주에서 말하는 것처럼 실수로 될 수도 있고 허수로 될 수도 있는 것은 아니다.

$$\theta \equiv \frac{\text{호 } AB}{R} \equiv \frac{\text{호 } AB}{1} \equiv \text{호 } AB$$

다시 말해서 θ는 호도로 측정한 각일 뿐 아니라, (각도가 아니고 수인) 호 AB의 길이이기도 하다. 시계열을 그림으로 나타낼 때처럼 시간의 경과를 직선 위에 표시하지 않고 시계반대방향으로 움직이면서 단위원의 원주상에 표시한다면, 우리가 시간의 경과를 호도로 측정한 각 θ의 크기가 증가하는 것으로 파악하든, 아니면 호 AB의 길이가 길어지는 것으로 파악하든 상관이 없다. 더욱이 $R \neq 1$일지라도, 이 경우에는 θ가 (호 AB)/R과 같다는 것, 즉 각 θ와 호 AB가 같은 것이 아니라 서로 일정한 비례관계를 갖는다는 점을 제외하고는, 같은 논리가 적용될 수 있다. 따라서 $\theta = vt$로 대체하는 것은 정당하다.†

예문과 그 풀이

초기조건이 $y(0) = 3$이고 $y'(0) = 11$인 다음 미분방정식을 풀어라.

$$y''(t) + 2y'(t) + 17y = 34$$

이 문제에서 $a_1 = 2$, $a_2 = 17$이고 $b = 34$이므로, 그 특수적분은 다음과 같음을 쉽게 알 수 있다:

$$y_p = \frac{b}{a_2} = \frac{34}{17} = 2 \qquad [(16.3)\text{에 의해}]$$

더욱이 $a_1^2 = 4 < 4a_2 = 68$이므로, 특성근은 한 쌍의 공액복소수 $(h \pm vi)$가 된다. 단,

$$h = -\frac{1}{2}a_1 = -1 \qquad \text{및} \qquad v = \frac{1}{2}\sqrt{4a_2 - a_1^2} = \frac{1}{2}\sqrt{64} = 4$$

이다. 그러므로 (16.24′)식에 의해 보조함수는 다음과 같이 된다:

$$y_c = e^{-t}(A_5 \cos 4t + A_6 \sin 4t)$$

y_c와 y_p를 결합하면, 일반해를 다음과 같이 표현할 수 있다:

$$y(t) = e^{-t}(A_5 \cos 4t + A_6 \sin 4t) + 2$$

상수 A_5와 A_6의 값을 확정하려면 두 개의 초기조건을 이용하면 된다. 우선 일반해에서 $t = 0$으로 놓으면 다음을 얻을 수 있다:

$$\begin{aligned} y(0) &= e^0(A_5 \cos 0 + A_6 \sin 0) + 2 \\ &= (A_5 + 0) + 2 = A_5 + 2 \qquad [\cos 0 = 1;\ \sin 0 = 0] \end{aligned}$$

초기조건 $y(0) = 3$에 의해 $A_5 = 1$이 됨을 알 수 있다. 다음으로 $y'(t)$와 $y'(0)$를 구하기 위해 일반해를 t에 관해 미분해 보자.— 연쇄법칙을 염두에 두고서 곱셈법칙과 도함수공식 (16.17)과 (16.18)을 이용한다([연습문제 16.2]의 5).

† 역주: 이 문단의 설명은 사실상 불필요하고, 또 오해를 가져오기 쉽게 되어 있다. 여기서 θ는 호도로 표시한 각의 크기이고, v가 호도로 표시한 단위 시간당 각속도라고 해석하면, θ와 vt 간의 단위 문제는 제기되지 않으며, 또 원래 제기되어서도 안된다.

$$y'(t) = -e^{-t}(A_5 \cos 4t + A_6 \sin 4t) + e^{-t}[A_5(-4 \sin 4t) + 4A_6 \cos 4t]$$

따라서

$$\begin{aligned} y'(0) &= -(A_5 \cos 0 + A_6 \sin 0) + (-4A_5 \sin 0 + 4A_6 \cos 0) \\ &= -(A_5 + 0) + (0 + 4A_6) = 4A_6 - A_5 \end{aligned}$$

두 번째 초기조건 $y'(0) = 11$과 $A_5 = 1$에 의해, $A_6 = 3$이 된다.† 그러므로 확정해는 다음과 같이 된다:

$$y(t) = e^{-t}(\cos 4t + 3 \sin 4t) + 2 \tag{16.25}$$

앞에서와 같이 y_p 항 (=2)은 시간적 의미의 균형수준으로 해석할 수 있고, 반면에 y_c 항은 균형으로부터의 이탈을 나타낸다. y_c에 주기함수가 존재하므로, 시간경로 (16.25)는 파동의 유형을 나타낼 것으로 기대된다. 그러나 그것은 어떠한 구체적인 형태를 취할 것인가?

시간경로

우리는 [그림 16.4]에서 보았듯이, 사인과 코사인함수의 경로에는 익숙하다. 이제 우리는 사인과 코사인함수가 변형되고 결합된 것들의 경로를 공부함으로써, 보조함수 (16.24′)

$$y_c = e^{ht}(A_5 \cos vt + A_6 \sin vt)$$

를 해석하고, 특히 (16.25)의 y_c 항을 해석할 수 있도록 해보자.

우선 $(A_5 \cos vt)$항을 조사해보자. $(\cos vt)$는 (vt)의 주기함수로서, 주기가 2π (= 6.2832)이고 진폭이 1이다. 주기가 2π라는 것은 (vt)가 2π씩 증가할 때마다 그래프의 모양이 반복된다는 것을 뜻한다. 그러나 t만이 독립변수일 때는, t가 $2\pi/v$씩 증가할 때마다 모양이 반복된다. 그래서 t에 관해서는 $(\cos vt)$의 주기를 $2\pi/v$로 간주할 것이다 — 동태적 경제분석에서는 이것이 적절한 것이 된다 (그러나 진폭은 여전히 1이다). 이제 상수 A_5를 $(\cos vt)$에 곱하면, **파동**의 범위는 ± 1로부터 $\pm A_5$로 바뀌게 된다. 따라서 이 상수에 의해 주기는 영향을 받지 않지만 진폭은 A_5가 된다. 간단히 말해서, $(A_5 \cos vt)$는 주기가 $2\pi/v$이고 진폭이 A_5인 t의 코사인함수이다. 마찬가지로, $(A_6 \sin vt)$는 주기가 $2\pi/v$이고 진폭이 A_6인 t의 사인함수이다.

주기가 같으므로, $(A_5 \cos vt + A_6 \sin vt)$는 t가 $2\pi/v$만큼 증가할 때마다 순환을 반복할 것이다. 이것을 더 엄밀히 설명하기 위해, 주어진 A_5와 A_6값에 대해서 우리는 항상 다음의 관계식들을 충족하는 두 개의 상수 A와 ε을 찾을 수 있음에 주목하도록 하자.††

$$A_5 = A \cos \varepsilon \qquad \text{및} \qquad A_6 = -A \sin \varepsilon$$

따라서 우리는 위에 언급한 합을 다음과 같이 표현할 수 있다.

$$\begin{aligned} A_5 \cos vt + A_6 \sin vt &= A \cos \varepsilon \cos vt - A \sin \varepsilon \sin vt \\ &= A(\cos vt \cos \varepsilon - \sin vt \sin \varepsilon) \\ &= A \cos(vt + \varepsilon) \qquad [(16.16)\text{에 의해}] \end{aligned}$$

† 여기에서, 우리가 A_6의 정의에 허수 i를 포함했음에도 불구하고, A_6가 실수가 되었음에 주목하라.

†† 역주: 이는 A_5와 A_6가 실수일 때만 가능한데, 앞의 역주에서 설명한 대로 과연 A_5와 A_6는 항상 실수이므로, 이는 **항상** 가능하다.

그림 16.6

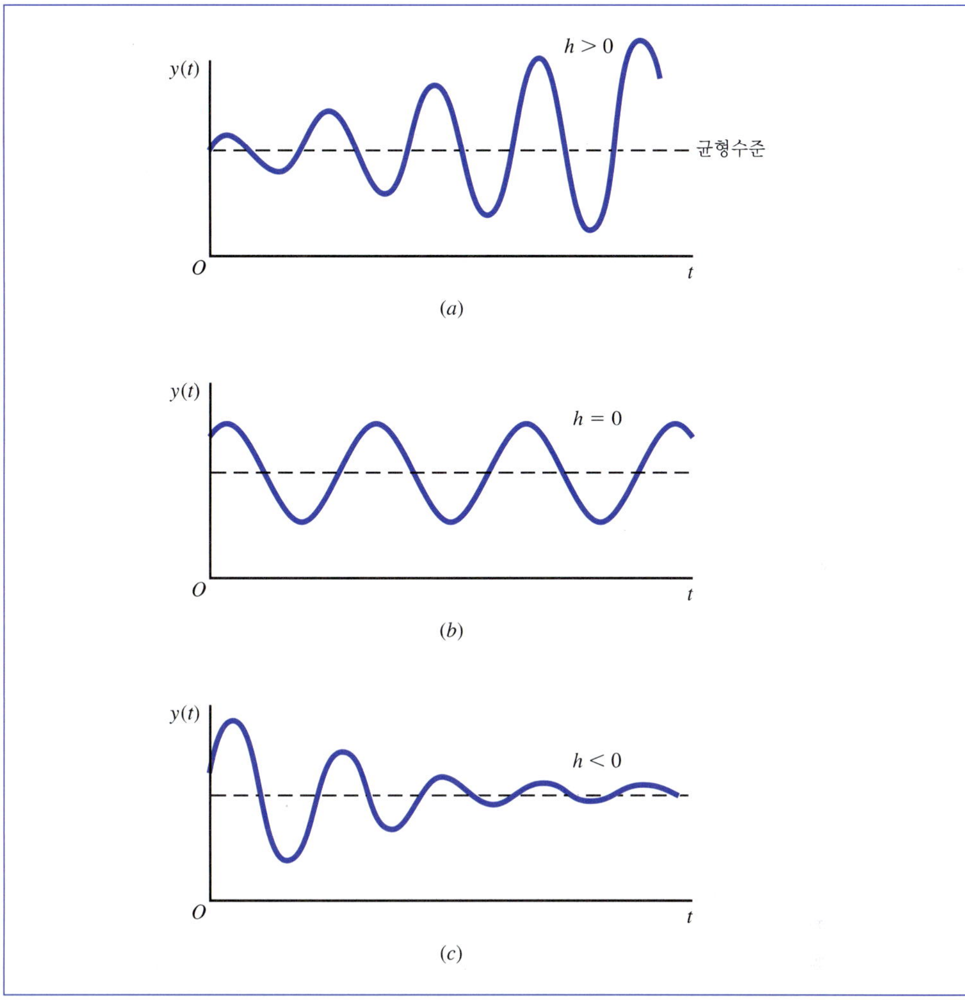

이것은 진폭이 A 이고 주기가 $2\pi/v$ 인 t 의 변형된 코사인함수이다. 왜냐하면 t 가 $2\pi/v$ 만큼씩 증가할 때마다, $(vt+\varepsilon)$ 은 2π 씩 증가하게 되고, 이때 코사인 곡선에 의한 하나의 순환이 완성된다.

y_c 가 $(A_5 \cos vt + A_6 \sin vt)$ 만으로 구성되어 있었다면, 그것은 y 의 시간경로가 y_p 로 나타내지는 y 의 균형값 주위를 일정한 진폭으로 끝없이 파동한다는 것을 의미했을 것이다. 그러나 사실은 거기에 e^{ht} 라는 항이 곱해져 있고 우리는 이 항도 고려해야만 한다. 이 항은 대단히 중요하다. 왜냐하면, 이제 보겠지만, 그것이 시간경로가 수렴할 것인지 아닌지 하는 문제의 열쇠를 쥐고 있기 때문이다.

만약 $y > 0$ 이면, e^{ht} 는 t 가 증가함에 따라 계속 증가할 것이다. 이것은 $(A_5 \cos vt + A_6 \sin vt)$ 의 진폭을 점점 크게 하는 효과를 미치며, 각 순환마다 균형으로부터의 이탈을 점점 크게 만들 것이다. [그림 16.6](a) 에 나타나 있듯이, 이 경우의 시간경로는 **확산적 파동** (explosive fluctuation) 으로 특징지워진다. 한편, $h=0$ 이면 $e^{ht}=1$ 이고, 보조함수는 간단히 $(A_5 \cos vt + A_6 \sin vt)$ 가 될 것이고, 일정한 진폭을 가질 것이다. 이 두 번째 경우에는, 모든 순환은 [그림 16.6](b) 에 나타나 있듯이 균형으로부터 일정한 이탈 유형을 보이게 될 것이다. 이것은 **고정적 파동** (uniform fluctuation)

을 가진 시간경로이다. 마지막으로 $h<0$ 이면, e^{ht} 는 t 가 증가함에 따라 계속 감소할 것이고, 각 순환마다 진폭은 물결이 소멸하듯이 앞의 순환보다 점점 작아질 것이다. 이 경우는 [그림 16.6] (c) 에 나타나 있으며, 시간경로는 **수축적 파동**(damped fluctuation)으로 특징지워진다. (16.25)에 있는 해는 $h=-1$ 이며, 이 마지막 경우에 해당된다. 수축적 파동만이 **수렴**(convergent)하는 시간경로를 낳는다는 것은 분명하다. 나머지 두 경우에, 시간경로는 **비수렴**(nonconvergent) 또는 **발산**(divergent)이라 한다.†

[그림 16.6]에 있는 세 개의 그림에서 그 균형은 정상균형으로 가정한다. 만약 그 균형이 이동균형이라면, 세 가지 유형의 시간경로는 여전히 균형 주위를 파동할 것이다. 그러나 이동균형은 일반적으로 수평적 직선이라기 보다는 곡선으로 그려지기 때문에, 그 파동은 예컨대 장기추세(secular trend) 주위에서 발생하는 일련의 경기순환의 성격을 띠게 될 것이다.††

균형의 동태적 안정성

한 변수의 시간경로의 수렴이라는 개념은 어쩔 수 없이 그 변수의(시간적인 의미에서의) 균형의 동태적 안정성이라는 개념과 연결된다. 특히 시간경로가 수렴하는 것은 그 균형이 동태적으로 안정적이기 위한 필요충분조건이다. 그러므로 $y(t)$ 경로가 수렴하기 위한 조건인 $h<0$ ([그림 16.6] (c))은 또한 y 의 균형이 동태적 안정성을 갖기 위한 조건이기도 하다.

특성근이 실근인 [경우 1]과 [경우 2]에 있어서 균형의 동태적 안정성조건은 모든 특성근이 음이라는 것을 이야기한 바 있다. 복소근을 가지는 지금의 경우 [경우 3]에는, 조건은 보다 구체적인 것 같다. 즉 복소근 $(h \pm vi)$ 가운데 실수부분 (h) 이 음이기만 하면 되기 때문이다. 그러나 세 가지 경우를 합쳐서, 언뜻 보기에는 서로 다른 조건들을 일반적으로 적용될 수 있는 하나의 조건으로 통합할 수가 있다. 임의의 실근 r 을 허수부분이 $0\,(v=0)$ 인 복소근으로 해석해 보자. 그러면 "모든 특성근의 **실수**부분이 음"이라는 조건은 세 가지 경우에 모두 적용될 수 있고, 이것은 우리가 필요로 하는 유일한 조건이 된다.

연습문제 16.3

다음 각 방정식의 y_p 와 y_c, 일반해, 확정해를 구하라.

1. $y''(t) - 4y'(t) + 8y = 0;\ y(0) = 3,\ y'(0) = 7$
2. $y''(t) + 4y'(t) + 8y = 2;\ y(0) = 2\frac{1}{4},\ y'(0) = 4$
3. $y''(t) + 3y'(t) + 4y = 12;\ y(0) = 2,\ y'(0) = 2$
4. $y''(t) - 2y'(t) + 10y = 5;\ y(0) = 6,\ y'(0) = 8\frac{1}{2}$
5. $y''(t) + 9y = 3;\ y(0) = 1,\ y'(0) = 3$
6. $2y''(t) - 12y'(t) + 20y = 40;\ y(0) = 4,\ y'(0) = 5$
7. 위의 여섯 개 미분방정식들 중 어느 것이 (a) 수축적 파동, (b) 고정적 파동, (c) 발산적 파동의 시간경로를 나타내는가?

† 발산이란 말은 비수렴형태 중에서 고정적인 경우보다는 확산적인 경우에 보다 잘 맞음에도 불구하고, 우리는 **비수렴**과 **발산**을 구별하지 않고 같은 의미로 사용할 것이다.

†† 역주: 그러나 이런 현상은 2계선형미분방정식에서는 결코 나타나지 않는다.

16.4 | 가격예상하의 시장모형

앞에서 다룬 동태적 시장모형에서 Q_d와 Q_s는 모두 현재의 가격 P만의 함수로 간주되었다. 그러나 때때로 구매자와 판매자는 그들의 시장행위를 그 당시의 가격뿐만 아니라 그 시점의 가격**동향**(trend)에 기초하여 행한다. 왜냐하면 가격동향이 미래의 가격수준에 관하여 어떤 **예상**을 하게 하고, 이러한 예상이 다시 그들의 수요와 공급의 결정에 영향을 미치게 될 수 있기 때문이다.

가격동향과 가격예상

연속적 시간 개념에서, 가격동향에 관한 정보는 우선 두 개의 도함수 dP/dt(가격 상승 여부)와 d^2P/dt^2(체증하는 율로 증가하는지의 여부)에서 찾아 볼 수 있다. 가격동향을 고려하기 위해, 이 두 개의 도함수들을 다음과 같이 수요함수와 공급함수의 추가적 독립변수들로 포함하도록 하자:

$$Q_d = D[P(t), P'(t), P''(t)]$$
$$Q_s = S[P(t), P'(t), P''(t)]$$

이 함수들의 선형형태에만 관심을 국한시키고 그 독립변수에 대한 표시를 P, P', P''로 간단히 하면, 다음과 같이 쓸 수 있다.

$$\begin{aligned} Q_d &= \alpha - \beta P + mP' + nP'' \qquad (\alpha, \beta > 0) \\ Q_s &= -\gamma + \delta P + uP' + wP'' \qquad (\gamma, \delta > 0) \end{aligned} \tag{16.26}$$

이때 파라미터 α, β, γ 및 δ는 단지 앞의 시장모형에서 사용하던 것이지만, m, n, u와 w는 새로운 것이다.

네 개의 새로운 파라미터는, 부호가 아직 제한되지는 않았지만, 구매자와 판매자의 가격예상을 반영한다. 예컨대 $m > 0$이면, 가격상승은 Q_d를 증가시킨다. 이것은 구매자들이 가격상승이 **계속될** 것으로 예상하고, 가격이 상대적으로 낮은 지금 구매를 증대시키려고 함을 의미한다. 반면에 m의 부호가 반대이며, 구매자들은 가격상승 경향이 곧 반전될 것으로 예상하여, 현재의 구매를 줄이고 가격이 낮아지기를 기다린다는 것을 의미한다. 파라미터 n을 포함시키는 것은 구매자의 행위가 dP/dt의 변화율에도 의존함을 뜻한다. 따라서 새로운 파라미터 m과 n은 모형속에 가격예상이라는 중요한 요소를 삽입한 셈이다. 파라미터 u와 w는 이 모형이 판매자의 입장에서 유사한 의미를 가지도록 하고 있다.

단순화된 모형

문제를 간단히 하기 위해서 수요함수만이 가격예상을 포함하고 있다고 가정하자. 특히 (16.26)식에서 m과 n을 0이 아니라고 하고, 그러나 $u = w = 0$이라고 하자. 나아가서 모든 시점에서 시장은 청산된다고 하자. 그러면 수요함수와 공급함수가 같다고 놓아서 다음의 미분방정식(정규화시킴)을 얻을 수 있다.

$$P'' + \frac{m}{n}P' - \frac{\beta+\delta}{n}P = -\frac{\alpha+\gamma}{n} \tag{16.27}$$

이 방정식은 (16.2)와 같은 형태이다. 다만 기호를 다음과 같이 대체했을 뿐이다.

$$y = P \qquad a_1 = \frac{m}{n} \qquad a_2 = -\frac{\beta+\delta}{n} \qquad b = -\frac{\alpha+\gamma}{n}$$

이 모형에서 P의 변화유형은 1계도함수 P' 뿐만 아니라 2계도함수 P''를 포함하고 있기 때문에, 이 모형은 제 15.2 절에 나온 동태적 시장모형과는 분명히 다르다.

그러나 이 모형이 앞의 모형과 또다른 점에서 다르다는 사실에 주목하라. 제 15.2 절에는 동태적 조정과정 $dP/dt = j(Q_d - Q_s)$가 있다. 이 방정식은 $Q_d = Q_s$와 $dP/dt = 0$이 동치이므로 균형의 시간적 의미와 시장청산적 의미가 그 모형에서는 일치되고 있다. 이와는 대조적으로 지금 모형에서는 모든 시점에서 시장이 균형이라고 가정하고 있다. 따라서 시장에서의 모든 가격은 그것이 시간적 의미에서의 균형가격은 아닐지 몰라도 시장을 청산한다는 의미에서는 균형가격이다. 다시 말해서 균형의 두 가지 의미가 지금은 분리되어 있다. 또한 도함수를 포함하고 있는 조정과정 $dP/dt = j(Q_d - Q_s)$가 앞의 시장모형을 동태적으로 만들고 있음에 주목하라. 조정과정이 없는 지금의 모형에서는 모형의 동태적 성질은 예상항 mP'와 nP''로부터 나온다.

가격의 시간경로

이 모형의 (시간적 의미의) 균형가격 — 즉 특수적분 P_p(앞에서는 y_p) — 은 (16.3) 식을 이용하여 쉽게 구할 수 있다. 그것은 다음과 같다.

$$P_p = \frac{b}{a_2} = \frac{\alpha + \gamma}{\beta + \delta}$$

이것은 양의 상수이므로 정상균형을 나타낸다.

보조함수 P_c(앞에서는 y_c)에 관해서는 아래의 세 가지 경우가 있다.

경우 1 (서로 다른 실근)

$$\left(\frac{m}{n}\right)^2 > -4\left(\frac{\beta + \delta}{n}\right)$$

이 경우의 보조함수는 (16.7) 식에 의해 다음과 같이 된다:

$$P_c = A_1 e^{r_1 t} + A_2 e^{r_2 t}$$

단, 여기서

$$r_1, r_2 = \frac{1}{2}\left[-\frac{m}{n} \pm \sqrt{\left(\frac{m}{n}\right)^2 + 4\left(\frac{\beta + \delta}{n}\right)}\right] \tag{16.28}$$

따라서 일반해는 다음과 같이 된다:

$$P(t) = P_c + P_p = A_1 e^{r_1 t} + A_2 e^{r_2 t} + \frac{\alpha + \gamma}{\beta + \delta} \tag{16.29}$$

경우 2 (실근의 중근)

$$\left(\frac{m}{n}\right)^2 = -4\left(\frac{\beta + \delta}{n}\right)$$

이 경우에 특성근의 값은 다음의 하나뿐이다:

$$r = -\frac{m}{2n}$$

따라서 (16.9) 식에 의해 일반해는 다음과 같이 쓸 수 있다:

$$P(t) = A_3 e^{-mt/2n} + A_4 t e^{-mt/2n} + \frac{\alpha + \gamma}{\beta + \delta} \tag{16.29'}$$

경우 3 **(복소근)**

$$\left(\frac{m}{n}\right)^2 < -4\left(\frac{\beta + \delta}{n}\right)$$

이러한 경우에 특성근은 아래와 같이 한 쌍의 공액복소수가 된다:

$$r_1, r_2 = h \pm vi$$

단,
$$h = -\frac{m}{2n} \qquad \text{및} \qquad v = \frac{1}{2}\sqrt{-4\left(\frac{\beta + \delta}{n}\right) - \left(\frac{m}{n}\right)^2}$$

그러므로 (16.24′) 식에 의해 다음과 같은 일반해를 얻을 수 있다:

$$P(t) = e^{-mt/2n}(A_5 \cos vt + A_6 \sin vt) + \frac{\alpha + \gamma}{\beta + \delta} \tag{16.29''}$$

이 결과로부터 두 가지 일반적인 결론이 도출될 수 있다. 첫째로, $n > 0$ 이면, $-4(\beta+\delta)/n$ 는 음이고 따라서 $\left(\frac{m}{n}\right)^2$ 보다 작다. 그러므로 즉각적으로 [경우 2]와 [경우 3]이 배제된다. 더욱이 n 이 양이므로 (β 와 δ도 양이다), (16.28) 식에서 제곱근 안의 표현은 반드시 $\left(\frac{m}{n}\right)^2$ 를 초과하고, 따라서 제곱근은 $\left|\frac{m}{n}\right|$ 보다 큼에 틀림없다. (16.28) 식에 있는 $\pm$ 부호는 양의 특성근 (r_1)과 음의 특성근 (r_2)을 낳는다. 따라서 (16.29) 식에서 상수 A_1 의 확정치가 우연히 0이 되지 않는 한, 이 균형은 동태적으로 불안정하게 된다.

둘째로, $n < 0$ 이면 세 가지 경우가 모두 가능해진다. [경우 1]에서는, m 이 음수이면 두 개의 특성근은 모두 음이다 (왜?). 흥미 있게도 [경우 2]의 중근도 m 이 음수이면 음이 된다. 더욱이 [경우 3]의 복소수에서 실수부분 h 는 [경우 2]의 중근과 같은 값을 가지므로, m 이 음수이면 h 도 음이 된다. 간단히 말해서, 세 가지 경우 모두 파라미터 m 과 n 이 모두 음수일 때 균형의 동태적 안정성이 보장된다.

예 1

수요와 공급함수가 각각 다음과 같다고 하자:

$$Q_d = 42 - 4P - 4P' + P''$$
$$Q_s = -6 + 8P$$

그리고 초기조건 $P(0) = 6$, $P'(0) = 4$ 라고 하자. 모든 시점에서 시장이 청산된다고 가정하고, 시간경로 $P(t)$를 구하라.

이 예에서 파라미터들의 값은 다음과 같다.

$$\alpha = 42 \qquad \beta = 4 \qquad \gamma = 6 \qquad \delta = 8 \qquad m = -4 \qquad n = 1$$

n이 양수이므로, 앞서의 논의로부터 [경우 1]만 생긴다는 것을 알 수 있다. 그리고 두 개의 실근 r_1과 r_2의 부호는 반대가 될 것이다. 파라미터들의 값을 (16.28)식에 대입하면 이를 확인할 수 있다. 즉, 다음과 같다:

$$r_1, r_2 = \frac{1}{2}(4 \pm \sqrt{16 + 48}) = \frac{1}{2}(4 \pm 8) = 6, -2$$

그러면, (16.29)식에 의해 일반해는 아래와 같이 된다:

$$P(t) = A_1 e^{6t} + A_2 e^{-2t} + 4$$

더욱이 초기조건을 고려하면, $A_1 = A_2 = 1$임을 알 수 있게 되고. 따라서 확정해는 다음과 같다.

$$P(t) = e^{6t} + e^{-2t} + 4$$

양의 특성근 $r_1 = 6$을 보건대, 시간적 의미의 균형 ($P_p = 4$)은 동태적으로 불안정하다.

위의 해는 공식 (16.28)과 (16.29)에 의해 얻어졌다. 이와는 달리, 우리는 우선 수요함수와 공급함수를 같다고 놓아, 미분방정식

$$P'' - 4P' - 12P = -48$$

을 얻고, 그 다음 이 방정식을 (16.2)식의 특수한 경우로 보고 이를 풀 수 있다.

예 2 수요와 공급함수가 다음과 같다고 하자:

$$Q_d = 40 - 2P - 2P' - P''$$
$$Q_s = -5 + 3P$$

초기조건이 $P(0) = 12$, $P'(0) = 1$일 때, 시장이 항상 청산된다는 가정하에 $P(t)$를 구하라.

여기에서 파라미터 m과 n은 모두 음수이다. 그러므로, 앞에서 우리가 행한 일반적 논의에 의하면, 이 균형은 동태적으로 안정적일 수밖에 없다. 원하는 해를 구하기 위해서, 우선 Q_d와 Q_s를 같게 놓고 미분방정식을 구한 후 -1을 곱하면 다음을 얻는다.

$$P'' + 2P' + 5P = 45$$

균형은 다음의 특수적분에 의해 주어진다.

$$P_p = \frac{45}{5} = 9$$

이 미분방정식의 특성방정식

$$r^2 + 2r + 5 = 0$$

으로부터, 특성근은 다음과 같은 복소근임을 알 수 있다:

$$r_1, r_2 = \frac{1}{2}(-2 \pm \sqrt{4-20}) = \frac{1}{2}(-2 \pm 4i) = -1 \pm 2i$$

이것은 $h = -1$이고 $v = 2$임을 의미한다. 따라서 일반해는 다음과 같다:

$$P(t) = e^{-t}(A_5 \cos 2t + A_6 \sin 2t) + 9$$

임의의 상수 A_5와 A_6의 값을 확정하기 위해서, 일반해에서 $t = 0$이라고 놓으면 다음을 얻는다:

$$P(0) = e^0(A_5 \cos 0 + A_6 \sin 0) + 9 = A_5 + 9 \qquad [\cos 0 = 1;\ \sin 0 = 0]$$

더욱이 일반해를 미분하고 $t = 0$으로 놓으면, 다음과 같이 됨을 알 수 있다.

$$P'(t) = -e^{-t}(A_5 \cos 2t + A_6 \sin 2t) + e^{-t}(-2A_5 \sin 2t + 2A_6 \cos 2t)$$

[곱셈법칙과 연쇄법칙]

$$\begin{aligned} P'(0) &= -e^0(A_5 \cos 0 + A_6 \sin 0) + e^0(-2A_5 \sin 0 + 2A_6 \cos 0) \\ &= -(A_5 + 0) + (0 + 2A_6) = -A_5 + 2A_6 \end{aligned}$$

따라서 초기조건 $P(0) = 12$와 $P'(0) = 1$에 의해서, $A_5 = 3$ 및 $A_6 = 2$가 된다.
따라서 확정해는 다음과 같다:

$$P(t) = e^{-t}(3 \cos 2t + 2 \sin 2t) + 9$$

이러한 시간경로는 분명히 주기적 파동을 가진다. 이때 주기는 $2\pi/v = \pi$가 된다. 즉 t가 π =3.14159 … 만큼씩 증가할 때마다 한번씩 완전히 순환한다. e^{-t}를 보건대 파동은 수축된다. 초기가격 $P(0) = 12$에서 출발하는 시간경로는 파동하면서 균형가격 $P_p = 9$에 수렴한다.

연습문제 16.4

1. (16.26)에 있는 파라미터 m, n, u, w가 모두 0이 아니라고 하자.
   (a) 시장이 항상 청산된다고 가정하고, 모형의 새로운 미분방정식을 써라.
   (b) 시간적 의미의 균형가격을 구하라.
   (c) 어떤 경우에 주기적 파동이 배제되는가?
2. 수요와 공급함수가 (16.26)에서와 같고, $u = w = 0$이라고 하자.
   (a) 시장이 항상 청산되는 것이 아니고, $\frac{dP}{dt} = j(Q_d - Q_s)$ $(j > 0)$에 따라서 조정된다고 할 때, 이에 적절한 새로운 미분방정식을 써라.
   (b) 시간적 의미의 균형가격 $\overline{P}$와 시장청산적 균형가격 P^*를 구하라.
   (c) 파동하는 가격경로를 가질 조건을 말하라. $n > 0$이면 파동이 발생할 수 있는가?
3. 수요함수와 공급함수가

$$Q_d = 9 - P + P' + 3P'' \qquad Q_s = -1 + 4P - P' + 5P''$$

   로 주어지고 $P(0) = 4$, $P'(0) = 4$라고 하자.
   (a) 시장은 항상 청산된다고 하고, 가격경로를 구하라.
   (b) 시간경로는 수렴하는가? 파동을 수반하는가?

16.5 | 인플레이션과 실업의 상호작용

이 절에서는 2계미분방정식의 예로서, 인플레이션과 실업을 다루는 거시모형을 소개하겠다.

필립스 관계

인플레이션과 실업문제에 관한 현대적 분석에서 가장 널리 사용되는 개념은 필립스 관계 (phillips relation)[†]이다. 원래의 형태에서 이 관계는 명목임금의 증가율과 실업률 사이에 경험적으로 확립된 역의 관계가 존재함을 말해주고 있다. 즉,

$$w = f(U) \qquad [f'(U) < 0] \tag{16.30}$$

여기서 소문자 w는 명목임금 W의 증가율(즉, $w \equiv \dot{W}/W$)을 나타내고, U는 실업률을 나타낸다. 따라서 이것은 노동시장에만 해당된다. 그러나 나중에는 필립스 관계를 **인플레이션율**(w 대신에)과 실업률을 연결시키는 함수로 수정 사용하게 되었다. 이러한 수정은, 비용가산적 가격설정방법(mark-up pricing)이 널리 사용되어, 양의 값을 갖는 w (명목임금 비용이 증가함을 반영)는 반드시 인플레이션적 함축을 가진다는 주장에 의해서 정당화될 수 있다. 그리고 이것은 w와 마찬가지로 인플레이션율도 U의 함수로 만든다. 그러나 양의 w가 가지는 인플레이션 압력은 노동생산성의 증가에 의해 상쇄될 수 있다. 특히 명목임금이 생산성보다 더 빨리 증가하는 크기만큼만 인플레이션 효과가 생길 수 있다. 노동생산성의 증가는 외생적이라고 가정하며 여기에서 T라고 표기한다. 인플레이션율 — 즉, 물가수준 P의 증가율 — 을 소문자 p로 표시하면($p \equiv \dot{P}/P$) 우리는 다음과 같이 쓸 수 있다.

$$p = w - T \tag{16.31}$$

(16.30)식과 (16.31)식을 결합하고, $f(U)$가 선형함수라고 보면, 우리는 다음과 같은 수정된 필립스 관계를 얻는다.

$$p = \alpha - T - \beta U \qquad (\alpha, \beta > 0) \tag{16.32}$$

기대가 가미된 필립스 관계

보다 최근에, 경제학자들은 기대가 가미된 필립스 관계

$$w = f(U) + g\pi \qquad (0 < g \le 1) \tag{16.30'}$$

를 즐겨 사용하여 왔다. 여기서 π는 기대인플레이션율을 나타낸다. 프리드만 교수[††]가 설명하고 있듯이, (16.30′)의 기저에 깔린 생각은, 인플레이션 경향이 충분히 오래 계속되면, 사람들은 모종의 인플레이션 기대를 하게 되고 이러한 기대를 그들의 명목임금 요구에 구체화시키려고 노력한다는 것이다. (16.32)식에 이러한 착상을 보태게 되면, 다음의 방정식이 도출된다:

[†] A. W. Phillips, "The Relationship Between Unemployment and the Rate of Change of Money Wage Rates in the United Kingdom, 1861~1957," *Economica*, November 1958, pp. 283~299.

[††] Milton Friedman, "The Role of Monetary Policy," *American Economic Review*, March, 1968, pp. 1~17.

$$p = \alpha - T - \beta U + g\pi \qquad (0 < g \leq 1) \tag{16.33}$$

기대 인플레이션율을 나타내는 이 새로운 변수의 도입과 함께, 어떻게 기대 인플레이션이 형성되는가에 관한 가설이 필요해진다.[†] 여기에서 우리는 다음과 같은 **적응적 기대**(adaptive expectations) 가설을 채택하고자 한다:

$$\frac{d\pi}{dt} = j(p - \pi) \qquad (0 < j \leq 1) \tag{16.34}$$

이 방정식은 π의 절대적 크기를 설명하기보다는, 시간이 흐름에 따른 π의 변화 유형을 묘사한다는 사실에 주목하기 바란다. 실제의 인플레이션율 p가 기대 인플레이션율 π를 초과하는 것으로 판명되면, 너무 낮은 것이 밝혀진 기대 인플레이션율은 상향 조정된다$(d\pi/dt > 0)$. 반대로 p가 π에 못 미치면, π는 하향 조정된다. 형식상으로, (16.34) 식은 시장모형의 조정과정 $dP/dt = j(Q_d - Q_s)$와 아주 비슷하다. 그러나 여기에서 조정과정의 배후에 있는 추진력은 Q_d와 Q_s의 차이가 아니라, **실제** 인플레이션율과 **기대** 인플레이션율의 차이이다.

인플레이션으로부터 실업으로의 피드백

(16.33) 식과 (16.34) 식이 완전한 모형을 구성하는 것으로 간주하는 것도 가능하다. 그러나 두 개의 방정식이 세 개의 변수를 가지고 있으므로, 하나의 변수는 외생변수로 취급되어야 한다. 예컨대 π와 p가 내생변수라면, U는 외생변수로 취급되어야 한다. 더 바람직한 방법은 변수 U를 설명하기 위해 세 번째 방정식을 도입해서, 모형의 행태적 성격을 더 풍부하게 하는 것이다. 더 중요한 것은 이것이 우리로 하여금 인플레이션율로부터 실업으로의 피드백 효과를 고려할 수 있게 한다는 것이다. 방정식 (16.33)은 주로 경제의 공급측면으로부터, U가 어떻게 p에 영향을 주는가를 말해 준다. 그러나 반대로 p도 U에 영향을 줄 수 있다. 예컨대 인플레이션율은 사람들의 소비-저축 결정에 영향을 주어, 국내 생산에 대한 총수요에 영향을 미치고, 이것이 이번에는 실업률에 영향을 미친다. 심지어 정부의 수요관리정책의 집행에 있어서도, 인플레이션율은 그 정책들의 유효성에 중요한 영향을 미치게 된다. 명목지출수준(재정정책)이 주어져 있을 때, 인플레이션율에 따라서 그 실질지출 수준이 변할 것이다. 마찬가지로, 주어진 명목통화 증가율(통화정책)이 주어져 있을 때, 인플레이션율에 따라서 그 실질통화 증가율이 달라질 것이다. 그리고 나아가서 이러한 사실이 산출과 실업에 상이한 영향을 미치게 될 것이다.

문제를 간단히 하기 위해 통화정책에 의한 피드백만을 고려하자. 명목통화량을 M, 그 증가율을 $m \equiv \dot{M}/M$으로 표시하고 다음을 가정하자.[††]

$$\frac{dU}{dt} = -k(m - p) \qquad (k > 0) \tag{16.35}$$

앞의 (10.25) 식에 따르면, $(m - p)$는 다음과 같이 **실질**통화증가율을 나타낸다.

$$m - p = \frac{\dot{M}}{M} - \frac{\dot{P}}{P} = r_M - r_P = r_{(M/P)}$$

[†] 이것은 예상 가격을 나타내는 새로운 변수의 도입없이 가격예상을 논의했던 바로 앞 절의 논의와 대조적이다. 그 결과 예상의 형성에 관한 가정들은 (16.26) 식에서는 파라미터 m, n, u, w에 암묵적으로만 체화되어 있었다.

[††] 앞에서 우리는 화폐수요 M_d와 구별하기 위해 화폐공급을 M_s로 표기했다. 그러나 여기에서는 혼동의 염려가 없으므로 하첨자가 없는 M을 사용할 수 있다.

따라서 (16.35) 식은 dU/dt 가 실질통화증가율과 역의 관계에 있음을 규정하고 있는 것이다. 변수 p 가 이제는 dU/dt 결정에 들어오기 때문에, 이 모형은 이제 인플레이션으로부터 실업으로의 피드백을 포함하게 된다.

π 의 시간경로

(16.33), (16.34) 와 함께 (16.35) 는 세 개의 변수 π, p, U 에 관한 완결된 모형을 구성하고 있다. 그러나 우리는 세 변수 가운데 두 개를 소거함으로써, 이 모형을 단 하나의 변수에 관한 하나의 미분방정식으로 만들 수 있다. 그 하나의 변수를 π라고 하자. 우선 (16.33) 식을 (16.34) 식에 대입하면 다음을 얻을 수 있다:

$$\frac{d\pi}{dt} = j(\alpha - T - \beta U) - j(1-g)\pi \qquad \textbf{(16.36)}$$

이 방정식이 U 대신에 dU/dt 의 수식을 포함하고 있었다면, (16.35) 식을 직접 대입할 수 있었을 것이다. 그러나 (16.36) 식의 현재 상태로서는 우선 그 식을 t 에 관하여 미분함으로써 의도적으로 dU/dt 항을 만들어내야만 한다. 그 결과는 다음과 같다:

$$\frac{d^2\pi}{dt^2} = -j\beta\frac{dU}{dt} - j(1-g)\frac{d\pi}{dt} \qquad \textbf{(16.37)}$$

그리고 나서 (16.35) 식을 여기에 대입하면 다음을 얻을 수 있다:

$$\frac{d^2\pi}{dt^2} = j\beta km - j\beta kp - j(1-g)\frac{d\pi}{dt} \qquad \textbf{(16.37}'\textbf{)}$$

아직 소거되어야 할 p 변수가 남아 있다. 이것을 소거하기 위해서는 (16.34) 식이 다음을 의미하고 있음에 주목해야 한다:

$$p = \frac{1}{j}\frac{d\pi}{dt} + \pi \qquad \textbf{(16.38)}$$

이 결과를 (16.37′) 식에 대입하고 간단히 하면, 마침내 단 하나의 변수 π 에 관한 원하는 미분방정식을 얻게 된다. 즉,

$$\frac{d^2\pi}{dt^2} + \underbrace{[\beta k + j(1-g)]}_{a_1}\frac{d\pi}{dt} + \underbrace{(j\beta k)}_{a_2}\pi = \underbrace{j\beta km}_{b} \qquad \textbf{(16.37}''\textbf{)}$$

이 방정식의 특수적분은 다음과 같이 간단히 표현된다.

$$\pi_p = \frac{b}{a_2} = m$$

따라서 기대 인플레이션율의 균형값은 오직 명목통화증가율에 의존한다.

보조함수에 관해서 살펴보자면, 두 개의 특성근은 앞서와 마찬가지로 다음과 같이 된다:

$$r_1, r_2 = \frac{1}{2}\left(-a_1 \pm \sqrt{a_1^2 - 4a_2}\right) \qquad \textbf{(16.39)}$$

그런데 (16.37″) 식에서 알 수 있듯이, a_1과 a_2는 모두 양수이다. 선험적으로 a_1^2이 $4a_2$보다 큰지, 같은지 또는 작은지 여부를 결정할 수는 없다. 따라서 특성근의 세 가지 경우 — 서로 다른 실근, 중근 또는 복소근 — 가 모두 생길 수 있다. 그러나 어떠한 경우가 되든, 지금의 모형에서 균형은 동태적으로 안정적이다. 이것은 다음과 같이 설명될 수 있다. 우선 $a_1^2 > 4a_2$인 [경우 1]이 성립한다고 하자. 그러면 (16.39)에서의 제곱근 표현은 실수가 된다. a_2가 양수이므로, $\sqrt{a_1^2 - 4a_2}$는 반드시 $\sqrt{a_1^2} = a_1$보다 작게 된다. 그리하여 r_1과 r_2는 모두 음수가 되고, 이것은 동태적으로 안정적인 균형을 의미하게 된다. $a_1^2 = 4a_2$ (즉 [경우 2])이면 어떻게 되는가? 이 경우에 제곱근은 0이고, 따라서 $r_1 = r_2 = -a_1/2 < 0$이 된다. 그리고 이 중근이 음수라는 것은 또다시 동태적 안정성을 의미한다. 마지막으로 세 번째 경우에서, 복소근의 실수부분은 $h = -a_1/2$가 된다. 이것은 [경우 2]의 중근과 같은 값을 가지므로, 동태적 안정성에 관하여 동일한 결론이 성립한다.†

비록 우리는 π의 시간경로만을 연구했지만, 이 모형은 분명히 다른 변수들에 관한 정보도 제공할 수 있다. 예컨대 U 변수의 시간경로를 찾으려면, 우리는 모형을 π 대신 U에 관한 미분방정식으로 바꾸든지 ([연습문제 16.5]의 2를 보라), **아니면** 이미 찾아낸 π의 경로로부터 U의 경로를 도출해 냄으로써 ([예 1]을 보라), 그 작업을 시작할 수 있다.

예 1

위의 모형의 세 방정식들이 구체적으로 다음의 형태를 가진다고 하자:

$$p = \frac{1}{6} - 3U + \pi \tag{16.40}$$

$$\frac{d\pi}{dt} = \frac{3}{4}(p - \pi) \tag{16.41}$$

$$\frac{dU}{dt} = -\frac{1}{2}(m - p) \tag{16.42}$$

그러면 파라미터의 값들은 $\beta = 3$, $h = 1$, $j = \frac{3}{4}$, $k = \frac{1}{2}$이 되는 셈이고, 따라서 (16.37″)에 의해 다음을 알 수 있다.

$$a_1 = \beta k + j(1 - g) = \frac{3}{2} \qquad a_2 = j\beta k = \frac{9}{8} \qquad \text{및} \qquad b = j\beta km = \frac{9}{8}m$$

특수적분은 $b/a_2 = m$이고, $a_1^2 < 4a_2$이므로, 특성근들은 다음과 같이 복소수가 된다:

$$r_1, r_2 = \frac{1}{2}\left(-\frac{3}{2} \pm \sqrt{\frac{9}{4} - \frac{9}{2}}\right) = \frac{1}{2}\left(-\frac{3}{2} \pm \frac{3}{2}i\right) = -\frac{3}{4} \pm \frac{3}{4}i$$

즉 $h = -\frac{3}{4}$ 및 $v = \frac{3}{4}$이다. 결국 기대 인플레이션율에 대한 일반해는 다음과 같이 된다:

$$\pi(t) = e^{-3t/4}\left(A_5 \cos \frac{3}{4}t + A_6 \sin \frac{3}{4}t\right) + m \tag{16.43}$$

이것도 균형값 m을 중심으로 수축적 파동의 시간경로를 묘사하고 있다.

이것으로부터 우리는 또한 p와 U 변수에 대한 시간경로를 도출할 수 있다. (16.41) 식에 의하면, p는 다음 방정식과 같이 π와 $d\pi/dt$에 의해 표현될 수 있다.

† 역주: 이상의 설명은, 일반적으로 조건 a_1, $a_2 > 0$이 동태적 안정성을 위한 필요충분조건임을 보여 준다.

$$p = \frac{4}{3}\frac{d\pi}{dt} + \pi$$

일반해 (16.43)에 나타난 π의 경로는 다음의 도함수를 의미한다.

$$\frac{d\pi}{dt} = -\frac{3}{4}e^{-3t/4}\left(A_5 \cos\frac{3}{4}t + A_6 \sin\frac{3}{4}t\right)$$
$$+ e^{-3t/4}\left(-\frac{3}{4}A_5 \sin\frac{3}{4}t + \frac{3}{4}A_6 \cos\frac{3}{4}t\right) \quad \text{[곱셈법칙과 연쇄법칙]}$$

해 (16.43)과 지금 구한 그것의 도함수를 사용하여 다음을 구할 수 있다.

$$p(t) = e^{-3t/4}\left(A_6 \cos\frac{3}{4}t - A_5 \sin\frac{3}{4}t\right) + m \tag{16.44}$$

기대 인플레이션율 π와 마찬가지로, **실제** 인플레이션율 p도 진동하면서 균형값 m에 수렴하는 시간경로를 가지고 있다.

U변수에 관해 살펴보자면, (16.40)식으로부터 그것이 π와 p에 의해 다음과 같이 표현될 수 있음을 알 수 있다.

$$U = \frac{1}{3}(\pi - p) + \frac{1}{18}$$

그러므로 해 (16.43)과 (16.44)에 의해, 실업률의 시간경로를 다음과 같이 쓸 수 있다.

$$U(t) = \frac{1}{3}e^{-3t/4}\left[(A_5 - A_6)\cos\frac{3}{4}t + (A_5 + A_6)\sin\frac{3}{4}t\right] + \frac{1}{18} \tag{16.45}$$

이 경로는, 동태적으로 안정적인 U의 시간적 의미의 균형값 $\bar{U}$가 $\frac{1}{18}$이고 수축적 파동을 하는 것이다.

π와 p의 균형값들은 모두 통화정책 파라미터 m과 같으므로, m값 — 명목통화증가율 — 은 π와 p의 시간경로가 그 주위를 파동하게 되는 중심축을 제공해 준다. m값이 변하면 즉시 π와 p의 새로운 균형값이 전의 값을 대체할 것이고, 통화정책이 변하는 시점에서의 π와 p의 값은, 그 값이 어떠한 것이 되든, 이 새로운 π와 p의 시간경로가 시작되는 초기값이 될 것이다.

이와는 대조적으로, 균형값 $\bar{U}$는 m에 의존하지 않는다. 식 (16.54)에 의하면, U는 명목통화증가율에 관계없이, 따라서 균형인플레이션율에 관계없이 상수 $\frac{1}{18}$에 수렴한다. U의 이러한 상수 균형값을 **자연실업률**(natural rate of unemployment)이라고 부른다. 자연실업률이 임의의 균형인플레이션율과 양립할 수 있다는 사실은 Up공간에서 p축에 평행인 수직의 직선에 의해 나타낼 수 있다. U와 p의 균형값을 서로 연관지우는 이 수직선은 **장기 필립스 곡선**(long-run Phillips curve)이라고 알려져 있다. 그러나 이 곡선이 수직이라는 것은 이 모형에서 가정한 특수한 파라미터 값 때문이다. [연습문제 16.4]에서처럼 그값이 변하면, 장기 필립스 곡선은 더 이상 수직이 아닐 것이다.

연습문제 16.5

1. 인플레이션 – 실업 모형에서, (16.33)식과 (16.34)식은 유지하고, (16.35)는 버리면서 U는 외생변수라고 하자.
   (a) 어떤 종류의 미분방정식이 생기는가?

(b) 몇 개의 특성근을 얻을 수 있는가? 보조함수에서 주기적 파동은 생길 것인가?

2. 본문에서 우리는 인플레이션 – 실업 모형을 변수 π 의 미분방정식으로 표현했다. 그러나 그 모형은 변수 U에 관한 2계미분방정식으로 압축될 수 있음을 보여라. 단 이 새로운 방정식은, (16.37″) 식에서와 같은 계수 a_1, a_2를 가지지만 다른 상수항 $b = kj[\alpha - T - (1 - g)m]$을 가진다

3. 적응적 기대의 가설 (16.34)를 소위 "완전예상" (perfect foresight)의 가설 $\pi = p$로 바꾸고, 그러나 (16.33) 식과 (16.35) 식은 유지하기로 하자.
   (a) 변수 p에 관한 미분방정식을 도출하라.
   (b) 변수 U에 관한 미분방정식을 도출하라.
   (c) 이러한 미분방정식들은 우리가 적응적 기대의 가설에서 얻은 방정식과 어떻게 다른가?
   (d) 새로운 미분방정식들이 의미있는 것으로 되려면 파라미터에 관한 제약을 어떻게 바꾸어야 하는가?

4. [예 1]에서, (16.41) 식과 (16.42) 식은 유지하고, (16.40) 식은 $P = \frac{1}{6} - 3U + \frac{1}{3}\pi$로 대체하라.
   (a) $p(t)$, $\pi(t)$, $U(t)$를 구하라.
   (b) 시간경로는 여전히 파동을 그리게 되는가? 여전히 수렴하는가?
   (c) $\bar{p}$ 와 $\bar{U}$, 즉 p와 U의 균형값들은 무엇인가?
   (d) $\bar{U}$는 $\bar{p}$와 함수적으로 관련이 없다는 것은 여전히 타당한가? 이제 장기 필립스곡선에서 이 두 개의 균형값을 연결한다면, 우리는 여전히 수직선을 얻게 되는가? 수직인 장기 필립스곡선을 도출함에 있어서 [예 1]의 어떤 가정이 결정적인가?

16.6 | 가변항을 가진 미분방정식

제 16.1 절에서 살펴본 미분방정식

$$y''(t) + a_1 y'(t) + a_2 y = b$$

에서 우변에 있는 b는 상수이다. 만약 b 대신에 우변에 **가변항** (variable term), 즉 bt^2, e^{bt} 또는 $b\sin t$와 같은 t의 함수들을 가지게 되면 어떻게 될 것인가? 그때에는 우리는 특수적분 y_p를 수정해야만 한다. 다행히도 보조함수는 가변항의 존재에 의해 영향을 받지 않는다. y_c는 우변이 항상 0인 동차형 방정식만을 다루기 때문이다.

미정계수법

우리는 **미정계수법** (method of undetermined coefficient)이라고 알려진 y_p를 찾는 방법을 설명하고자 한다. 이것은 가변항과 그 도함수들이 모두 **유한** (finite) 개의 서로 다른 유형의 표현 (상수배수는 제외)만을 포함하는 한, 상수계수의 가변항을 가진 미분방정식에 적용될 수 있다. 이 방법은 구체적인 예를 가지고 설명하는 것이 좋다.

예 1

다음 방정식의 특수적분을 구하라.

$$y''(t) + 5y'(t) + 3y = 6t^2 - t - 1 \tag{16.46}$$

정의상, 특수적분은 주어진 방정식을 만족하는 하나의 y 값이다. 즉 t 값에 관계없이 좌변을 언제나 항등식으로 우변과 같게 만드는 y 값이다. 우변이 수식 t^2, t 및 상수의 배수를 포함하는데 비해, 좌변은 함수 $y(t)$와 도함수 $y'(t)$, $y''(t)$를 포함하고 있으므로, 우리는 다음과 같은 질문을 하게 된다: 어떠한 일반적인 형태의 함수 $y(t)$가 그 1계도함수, 2계도함수들과 더불어 세 가지 유형의 표현 즉 t^2, t 및 상수를 제공하는가? 이 질문의 분명한 해답은 $B_1t^2 + B_2t + B_3$ 형태의 함수이다(여기에서 B_i는 결정되어야 할 계수이다). 왜냐하면 그 특수적분을

$$y(t) = B_1t^2 + B_2t + B_3$$

와 같이 쓰면

$$y'(t) = 2B_1t + B_2 \quad \text{및} \quad y''(t) = 2B_1 \tag{16.47}$$

을 도출할 수 있고, 또 이 세 개의 방정식은 사실 앞에서 말한 유형의 표현들로 구성되어 있기 때문이다. 이것들을 (16.46) 식에 대입하고 동류항끼리 모으면 다음을 얻는다.

$$\text{좌변} = (3B_1)t^2 + (10B_1 + 3B_2)t + (2B_1 + 5B_2 + 3B_3)$$

그리고 이것을 우변과 각 항끼리 같다고 놓으면, 다음과 같이 계수들을 결정할 수 있다.

$$\left.\begin{aligned} 3B_1 &= 6 \\ 10B_1 + 3B_2 &= -1 \\ 2B_1 + 5B_2 + 3B_3 &= -1 \end{aligned}\right\} \Rightarrow \left\{\begin{aligned} B_1 &= 2 \\ B_2 &= -7 \\ B_3 &= 10 \end{aligned}\right.$$

따라서 구하고자 하는 특수적분은 다음과 같이 쓸 수 있다.

$$y_p = 2t^2 - 7t + 10$$

이 방법은 표현의 유형들의 수가 유한개일 때만 성립한다([연습문제 16.6]의 1을 보라). 일반적으로 이러한 선행조건이 충족될 때, 특수적분은 가변항 및 그것의 모든 도함수들에 포함된 서로 다른 유형의 모든 표현들의 선형결합으로 나타난다. 특히, 원래의 가변항이나 그것의 도함수들이 상수항을 포함하면, 특수적분도 상수를 포함해야 함에 주목하라.

예 2

또하나의 예로서, 가변항 $(b \sin t)$에 적합한 특수적분의 일반적 형태를 찾아보자. 이 경우에 미분을 반복하면, 순차적인 도함수들로 $(b \cos t)$, $(-b \sin t)$, $(-b \cos t)$, $(b \sin t)$, ... 등이 도출되고, 이것들은 두 개의 서로 다른 유형의 표현만을 가진다.
그러므로 우리는 $(B_1 \sin t + B_2 \cos t)$ 형태의 특수적분을 시험해 볼 수 있다.

미정계수법의 변형

어떤 경우에는 위의 방법을 적용하는 것이 곤란해지기도 한다. 미분방정식

$$y''(t) + 5y'(t) = 6t^2 - t - 1$$

처럼, y 항의 계수가 0일 때, 앞에서 시도한 y_p의 형태 $B_1t^2 + B_2t + B_3$는 타당하지 않게 된다. 그 이유는 $y(t)$항이 없고, (16.47) 식에 나타나 있는 $y'(t)$, $y''(t)$만이 좌변에 대입될 것이므로, 우변의

$6t^2$과 같다고 놓을 B_1t^2항이 좌변에 없기 때문이다. 이러한 종류의 곤란을 피하는 방법은 $t(B_1t^2+B_2t+B_3)$를 대신 사용하는 것이다. 혹 이것도 실패하면(즉 미분방정식이 $y''(t)=6t^2-t-1$로 주어질 때), $t^2(B_1t^2+B_2t+B_3)$ 등을 사용하면 된다.

사실, 다음 예와 같은 또 다른 어려운 상황에서도 이러한 방법을 사용할 수 있다.

예 3

다음의 특수적분을 구하라.

$$y''(t)+3y'(t)-4y=2e^{-4t} \quad \textbf{(16.48)}$$

여기서, 가변항은 e^{-4t} 형태이지만, 그것의 순차적인 도함수들(즉, $-8e^{-4t}$, $32e^{-4t}$, $-128e^{-4t}$ 등) 역시 모두 그것과 같은 형태를 가진다. 다음의 해를 시도해 보도록 하자.

$$y(t)=Be^{-4t} \qquad [y'(t)=-4Be^{-4t},\quad y''(t)=16Be^{-4t}]$$

이것을 (16.48) 식에 대입하면, 다음과 같은 기대하지 않았던 결과가 나온다.

$$\text{좌변}=(16-12-4)Be^{-4t}=0 \quad \textbf{(16.49)}$$

이것은 분명히 우변항 $2e^{-4t}$와 같다고 놓을 수 없다.

이러한 일이 생긴 이유는 가변항의 지수의 계수 (-4)가 우연히 (16.48) 식의 특성방정식

$$r^2+3r-4=0 \quad (\text{특성근 } r_1, r_2=1, -4)$$

의 근들 중의 하나와 일치하기 때문이다. 이미 우리가 아는 바와 같이, 특성방정식은 미분과정을 통해 얻어진다.† 그러나 (16.49) 식에 있는 (16 − 12 − 4)도 같은 과정을 통해서 도출된다. 그러므로 (16 − 12 − 4)가 단순히 (r^2+3r-4)에서 $r=-4$로 하는 특별한 형태에 지나지 않음은 놀라운 일이 아니다. −4는 우연히 한 특성근이므로, 2차식

$$r^2+3r-4=16-12-4$$

는 항등적으로 0이 되어야 한다.

이러한 상황에 대처하기 위해 우리는 다음의 해를 대신 사용해 볼 수 있다.

$$y(t)=Bte^{-4t}$$

그러면 그 도함수들은 아래와 같이 된다:

$$y'(t)=(1-4t)Be^{-4t} \qquad \text{및} \qquad y''(t)=(-8+16t)Be^{-4t}$$

이것을 (16.48) 식에 대입하면, 그 좌변은 $-5Be^{-4t}$가 된다. 이것을 우변과 같다고 놓으면, 계수는 $B=-\frac{2}{5}$가 된다. 따라서, (16.48) 식의 구하고자 하는 특수적분은 다음과 같이 쓸 수 있다:

$$y_p=\frac{-2}{5}te^{-4t}$$

† 식 (16.4″)에 이르는 본문에서의 논의를 보라.

연습문제 16.6

1. 미분방정식 $y''(t) + ay'(t) + by = t^{-1}$에는 미정계수법이 적용될 수 없음을 보여라.
2. 다음 각 방정식의 특수적분을 미정계수법으로 구하라.

(a) $y''(t) + 2y'(t) + y = t$ (c) $y''(t) + y'(t) + 2y = e^t$
(b) $y''(t) + 4y'(t) + y = 2t^2$ (d) $y''(t) + y'(t) + 3y = \sin t$

16.7 | 고계선형미분방정식

앞절에서 소개한 해법들은 n 계선형미분방정식에 곧바로 적용될 수 있다. 상수계수와 상수항을 가진 미분방정식은 일반적으로 다음과 같이 쓸 수 있다:

$$y^{(n)}(t) + a_1 y^{(n-1)}(t) + \cdots + a_{n-1}y'(t) + a_n y = b \qquad \textbf{(16.50)}$$

해법

이처럼 상수계수와 상수항을 가진 경우에, 고계도함수들의 존재는 앞에서 논의한 특수적분의 해법에 중대한 영향을 미치지는 않는다.

가장 간단한 형태의 해 $y = k$를 시도해 보면, $y'(t)$ 로부터 $y^{(n)}(t)$ 까지의 모든 도함수들은 0이 될 것이다. 그러므로 (16.50) 식 $a_n k = b$ 로 간단히 되어 버리고 다음을 얻을 수 있다.

$$y_p = k = \frac{b}{a_n} \qquad (a_n \neq 0) \qquad [(16.3)\text{과 비교}]$$

그러나 a_n 이 0인 경우에는, $y = kt$ 형태의 해를 시도해야만 한다. 그러면 $y'(t) = k$ 이고 모든 고계도함수들은 소멸되므로, (16.50) 식은 $a_{n-1}k = b$ 로 간단히 되고 만다. 따라서 특수적분은 다음과 같이 된다.

$$y_p = kt = \frac{b}{a_{n-1}}t \qquad (a_n = 0;\, a_{n-1} \neq 0) \qquad [(16.3')\text{과 비교}]$$

만약 $a_n = a_{n-1} = 0$ 이 되면, 이 바로 앞의 해도 타당하지 않게 된다. 그 대신에 $y = kt^2$ 형태의 해가 시도되어야만 한다. 이와 같은 과정이 계속 어떻게 진행될 것인가는 자명하다.

보조함수에 관해서 살펴보자면, 미분방정식에 고계도함수들을 포함하는 것은 특성방정식의 차수를 높이는 역할을 한다. 보조함수는 다음의 동차형 (축약) 방정식의 일반해로서 정의된다:

$$y^{(n)}(t) + a_1 y^{(n-1)}(t) + \cdots + a_{n-1}y'(t) + a_n y = 0 \qquad \textbf{(16.51)}$$

해로서 $y = Ae^{rt} (\neq 0)$를 시도하고, 이것이 $y'(t) = rAe^{rt}$, $y''(t) = r^2 Ae^{rt}$, $\cdots$ $y^{(n)}(t) = r^n Ae^{rt}$ 를 의미한다는 사실을 이용하면, (16.51) 식을 다음과 같이 다시 쓸 수 있다.

$$Ae^{rt}(r^n + a_1 r^{n-1} + \cdots + a_{n-1}r + a_n) = 0$$

다음의 (n 차 다항) 특성방정식을 만족하는 r 값은 어떠한 것이든 이 방정식을 만족한다.

$$r^n + a_1 r^{n-1} + \cdots + a_{n-1} r + a_n = 0 \qquad \textbf{(16.51')}$$

물론 이 다항식에서는 n 개의 특성근이 존재하며, 이들의 각각은 (16.51) 식의 일반해에 포함되어야만 한다. 따라서 보조함수는 일반적으로 다음의 형태를 가진다.

$$y_c = A_1 e^{r_1 t} + A_2 e^{r_2 t} + \cdots + A_n e^{r_n t} \qquad \left(= \sum_{i=1}^{n} A_i e^{r_i t} \right)$$

그러나 전과 마찬가지로, n 개의 특성근이 모두 서로 다른 실수가 아닌 경우에는 약간의 수정이 필요하다. 우선, 중근 $r_1 = r_2 = r_3$ 가 존재한다고 하자. 그러면 "하나로 찌그러드는 것"을 피하기 위하여, 우리는 처음의 3개 항을 $A_1 e^{r_1 t} + A_2 t e^{r_1 t} + A_3 t^2 e^{r_1 t}$ 로 써야 한다 [(16.9) 식과 비교]. 또한 $r_4 = r_1$ 인 경우에는, 네 번째 항은 $A_4 t^3 e^{r_1 t}$ 등으로 변형되어야 한다.

둘째로, 다음 두 개의 특성근이 복소수라고 하자.

$$r_5, r_6 = h \pm vi$$

그러면 위의 해에서 다섯 번째와 여섯 번째 항은 다음과 같이 결합되어야 한다.

$$e^{ht}(A_5 \cos vt + A_6 \sin vt) \qquad [(16.24') \text{ 참조}]$$

마찬가지로, 두 쌍의 **서로 다른** 공액복소근이 존재하면, 두 개의 삼각함수 표현이 있게 된다† (다른 값을 가지는 h, v 집합과 두 개의 임의의 상수를 각각 가진다). 나아가서, 두 쌍의 **중복** (repeated) 복소근이 있게 되면, 우리는 배수항으로 하나는 e^{ht}, 다른 하나는 te^{ht} 를 사용해야만 한다. 또한 h 와 v 가 중복 복소근에서 동일한 값을 갖더라고, 각각은 다른 값의 임의의 상수를 할당받아야 한다.

일단 y_p 와 y_c 가 구해지면, 우리가 그 해를 구하고자 하는 방정식인 (16.50) 식의 일반해를 쉽게 얻을 수 있다. 전과 마찬가지로, 그것은 단순히 보조함수와 특수적분의 합, $y(t) = y_p + y_c$ 가 된다. 이러한 일반해에는 총 n 개의 임의의 상수들이 있게 된다. 따라서, 확정해를 구하려면 n 개의 초기 조건들이 필요해진다.

예 1

다음 미분방정식의 일반해를 구하라.

$$y^{(4)}(t) + 6y'''(t) + 14y''(t) + 16y'(t) + 8y = 24$$

이 4계미분방정식의 특수적분은 간단히 다음과 같다.

$$y_p = \frac{24}{8} = 3$$

(16.51′) 식에 의해 특성방정식은

$$r^4 + 6r^3 + 14r^2 + 16r + 8 = 0$$

† 복소근은 항상 공액으로 나타나므로, 미분방정식이 **홀수계** (odd order) 이면, 즉 n 이 홀수이면, 우리는 그것이 **적어도 하나** (at least one) 의 실근을 가진다고 확신할 수 있음은 흥미있는 사실이다.

이 되고, 이것은 다시 아래와 같이 인수분해할 수 있다.

$$(r+2)(r+2)(r^2+2r+2)=0$$

여기서 처음 두 개의 괄호로부터 중근 $r_1=r_2=-2$를 얻을 수 있다. 그러나 마지막 (2차) 식에서 $h=-1$이고 $v=1$인 복소근 r_3, $r_4=-1\pm i$가 얻어진다. 따라서 보조함수는

$$y_c=A_1e^{-2t}+A_2te^{-2t}+e^{-t}(A_3\cos t+A_4\sin t)$$

로 되고, 다음과 같은 일반해를 얻을 수 있게 된다.

$$y(t)=A_1e^{-2t}+A_2te^{-2t}+e^{-t}(A_3\cos t+A_4\sin t)+3$$

네 개의 초기조건이 주어지면, 네 개의 상수 A_1, A_2, A_3, A_4 의 값들을 확정할 수 있다.

이 예에서 모든 특성근들은 실수이면서 음수이거나, 복소수이면서 실수부분이 음수임에 주목하라. 그러므로 시간경로는 수렴하게 되고, 그 균형은 동태적으로 안정적이 된다.

수렴과 루드의 정리

고차특성방정식의 해를 구하는 일이 항상 쉬운 것은 아니다. 이러한 이유로, 특성근들을 구하지 않으면서 시간경로의 수렴, 발산 여부를 확인하는 방법을 찾을 수 있다면 커다란 도움이 될 것이다. 다행히도 그러한 방법이 존재하며, 그것은 미분방정식에 대한 하나의 정성적인 (그래프를 사용하지 않으면서) 분석방법을 제공해 주게 된다.

이 방법은 **루드의 정리**† (Routh theorem) 에서 발견할 수 있는데, 이 정리의 내용은 다음과 같다:

n 차 다항방정식

$$a_0r^n+a_1r^{n-1}+\cdots+a_{n-1}r+a_n=0$$

에서 모든 근들의 실수부분이 음이라는 명제는 다음과 같은 일련의 행렬식들 중 처음 n 개의 값이 모두 양이라는 명제와 서로 필요충분조건을 이룬다.

$$|a_1|;\quad \begin{vmatrix} a_1 & a_3 \\ a_0 & a_2 \end{vmatrix};\quad \begin{vmatrix} a_1 & a_3 & a_5 \\ a_0 & a_2 & a_4 \\ 0 & a_1 & a_3 \end{vmatrix};\quad \begin{vmatrix} a_1 & a_3 & a_5 & a_7 \\ a_0 & a_2 & a_4 & a_6 \\ 0 & a_1 & a_3 & a_5 \\ 0 & a_0 & a_2 & a_4 \end{vmatrix};\quad \ldots$$

이 정리를 적용함에 있어서 $|a_1|\equiv a_1$ 임을 기억해야 한다. 나아가서 $m>n$ 인 모든 m 에 대해서 $a_m=0$ 이라고 놓아야 함을 이해해야 한다. 예컨대, 3차다항방정식이 주어지면 $(n=3)$, 우리는 위의 행렬식들 가운데 처음 **세 개**의 부호를 조사할 필요가 있고, 그러기 위해서는 $a_4=a_5=0$ 이라고 놓아야 하는 것이다.

이 정리가 수렴 여부의 문제에 어떻게 관련되는가는, 시간경로 $y(t)$ 가 초기조건에 관계없이 수렴하려면 미분방정식의 모든 특성근의 실수부분이 음수이어야 한다는 사실을 기억하면 자명해진

† 이 정리에 관한 논의와 그 증명의 개요는 Paul A. Samuelson, *Foundations of Economic Analysis*, Harvard University Press, 1947, pp. 429~435와 그곳에 인용된 참고문헌을 참고하기 바란다.

다. 특성방정식 (16.51′) 은 $a_0 = 1$ 인 n 차다항방정식이므로, 루드의 정리는 수렴판정에 직접적 도움이 될 수 있다. 사실, 특성방정식 (16.51′) 의 계수들은 주어진 미분방정식 (16.51) 의 계수들과 전적으로 동일하므로, a_0 를 항상 1이라고 놓는다면, (16.51) 식의 계수를 직접 위의 행렬식에 대입하여 수렴 여부를 판정하는 것은 완전히 타당한 것이 된다. 그리고 정리에서 사용된 조건이 "필요충분조건" 이라는 사실에 주목하기 바란다.

예 2 루드의 정리에 의해 [예 1] 의 미분방정식이 수렴하는 시간경로를 가지는지의 여부를 판정하라. 이 방정식은 4계미분방정식이므로 $n = 4$ 이다. 계수는 $a_0 = 1$, $a_1 = 6$, $a_2 = 14$, $a_3 = 16$, $a_4 = 8$ 이고, $a_5 = a_6 = a_7 = 0$ 이다. 이것들을 처음 네 개의 행렬식들에 대입하면, 그 값은 각각 6, 68, 800, 그리고 6,400이 된다. 이것들은 모두 양수이므로, 그 시간경로는 수렴한다고 결론지을 수 있다.

연습문제 16.7

1. 다음 각 방정식의 특수적분을 구하라.
   (a) $y'''(t) + 2y''(t) + y'(t) + 2y = 8$
   (b) $y'''(t) + y''(t) + 3y'(t) = 1$
   (c) $3y'''(t) + 9y''(t) = 1$
   (d) $y^{(4)}(t) + y''(t) = 4$
2. y_p, y_c 를 (따라서 일반해를) 구하라.
   (a) $y'''(t) - 2y''(t) - y'(t) + 2y = 4$
   [힌트: $r^3 - 2r^2 - r + 2 = (r-1)(r+1)(r-2)$]
   (b) $y'''(t) + 7y''(t) + 15y'(t) + 9y = 0$
   [힌트: $r^3 + 7r^2 + 15r + 9 = (r+1)(r^2 + 6r + 9)$]
   (c) $y'''(t) + 6y''(t) + 10y'(t) + 8y = 8$
   [힌트: $r^3 + 6r^2 + 10r + 8 = (r+4)(r^2 + 2r + 2)$]
3. 문제 2.에서 구한 특성근의 부호를 기초로, 균형의 동태적 안정성에 관해 분석하라. 루드의 정리를 이용하여 답을 확인하라.
4. 특성근을 구하지 않고서, 다음 미분방정식의 시간경로가 수렴하는지의 여부를 결정하다.
   (a) $y'''(t) - 10y''(t) + 27y'(t) - 18y = 3$
   (b) $y'''(t) + 11y''(t) + 34y'(t) + 24y = 5$
   (c) $y'''(t) + 4y''(t) + 5y'(t) - 2y = -2$
5. 루드의 정리에 의해 2계선형미분방정식 $y''(t) + a_1 y'(t) + a_2 y = b$ 의 해의 경로는, 계수 a_1 과 a_2 가 모두 양수이기만 하면, 초기조건에 관계없이 수렴함을 보여라.

Chapter 16 요약

❖ 고계미분방정식 ❖

1. 미분방정식에 등장하는 최고계의 도함수가 n 계이고 도함수들과 변수 $y(t)$가 선형으로 결합되어 있을 때 우리는 이를 n 계선형방정식이라 부르고 그 일반형태를 다음과 같이 쓸 수 있다.

$$\frac{d^n y}{dt^n} + a_1 \frac{d^{n-1} y}{dt^{n-1}} + \cdots + a_{n-1} \frac{dy}{dt} + a_n y = b$$

(단, 편의상 a_i 와 b 는 상수로 본다)

2. n 계선형미분방정식의 일반해 역시 특수적분 y_p 와 보조함수 y_c 의 합으로 나타낼 수 있다.
3. $a_n \neq 0$ 일 때 y_p 는 $y_p = b/a_n$ 로 놓을 수 있다. 이때 y_p 는 이 모형의 균형값으로 해석할 수 있다.
4. 보조함수 y_c 는 그 미분방정식의 축약형 ($b = 0$ 인 형태) 의 일반해로서 그 모형의 특성근들에 의해 나타낼 수 있다. 단, 특성근 r 은 특성방정식

$$r^n + a_1 r^{n-1} + \cdots + a_{n-1} r + a_n = 0$$

의 해를 의미한다.

5. n 개의 특성근 $r_1, \cdots, r_n$ 들이 서로 다른 실근일 때, 보조함수는 다음과 같이 나타낼 수 있다:

$$y_c = A_1 e^{r_1 t} + A_2 e^{r_2 t} + \cdots + A_n e^{r_n t}$$

단, A_1, A_2, $\cdots A_n$ 등은 초기조건들에 의해서 확정될 상수들이다.

6. n 개의 특성근 중 예컨대 처음 3개가 같을 때 (즉, $r_1 = r_2 = r_3$ 일 때), 보조함수의 우변의 처음 3개항은 다음과 같이 변형된다:

$$e^{r_1 t}(A_1 + A_2 t + A_3 t^2)$$

7. n 개의 특성근 중 예컨대 마지막 두 개가 공액복소수 $h \pm vi$ 일 때 (단, h 와 v 는 실수), 보조함수의 우변의 마지막 두 항은 다음과 같이 변형된다.

$$e^{ht}(A_{n-1} \cos vt + A_n \sin vt)$$

8. 이 동태모형이 초기조건에 관계없이 항상 안정적일 필요충분조건은, 모든 특성근의 실수부분이 음이라는 것이다. 동태적 안정조건의 하나는 루드의 정리 (Routh theorem) 에서 찾을 수 있다.
9. 동태적 시장모형은 미분방정식으로 나타낼 수 있고, 이를 풀어서 그 동태적 특성을 분석할 수 있다.
10. 인플레이션과 실업의 상호작용에 관한 모형은 미분방정식으로 나타내어 분석할 수 있다.
11. 방정식에서 상수항 대신 가변항 $b(t)$가 들어오는 경우, 특수적분의 형태는 적절히 변형되어야 하나, 보조함수의 형태는 전혀 영향을 받지 않는다.

Chapter **17**

이산적 시간 : 1계차분방정식

연속적인 시간의 경우에서는, 변수 y 의 변화유형은 도함수 $y'(t)$, $y''(t)$ 등으로 구체화된다. 이 속에 포함되는 시간의 변화는 무한소이다. 그 대신 시간이 **이산** (discrete) 변수이어서, 변수 t 가 정수 값만을 가진다고 볼 때는 도함수의 개념은 분명히 더 이상 적절하지 않게 된다. 그럴 때는, 변수 y 의 변화 유형은, $y(t)$ 의 도함수 또는 미분보다는, 소위 **차분** (differences) 으로 묘사해야 한다. 따라서 미분방정식의 기법은 **차분방정식** (difference equation) 의 기법으로 대체되어야 한다.

우리가 이산적 시간을 다룰 때, 변수 y 의 값은, $t = 1$ 에서부터 $t = 2$ 로 옮겨갈 때처럼, 변수 t 가 하나의 정수에서 다음 정수로 변할 때만 변한다. 그 사이에는 y 에 대해 아무 일도 생기지 않는 것으로 본다. 이렇게 볼 때, t 를 **시점** (points) 이 아니라 **기간** (periods) 으로 해석하는 것이 보다 편리하다. 즉, $t = 1$ 은 기간 1을, $t = 2$ 는 기간 2 등을 의미하도록 하는 것이다. 그러면 우리는 단순하게 y가 매 기간에서 유일한 값을 갖는 것으로 간주할 수 있다. 이러한 해석에 비추어, 이산적 시간에 관계된 경제적 동태분석을 종종 **기간분석** (period analysis) 이라고 부른다. 그러나 여기에서 "기간"은 달력의 의미가 아니라 분석적 의미임을 강조할 필요가 있다. 그러므로, 어떤 특정 경제모형에서 한 기간이 어떤 길이의 달력의 시간을 의미한다고 해도, 다른 모형에서는 전혀 다른 것을 의미할 수 있다. 더욱이 동일한 모형에서도, 각각의 계속되는 기간이 반드시 같은 길이의 달력의 시간을 의미하는 것으로 해석될 필요는 없다. 분석적 의미에서 보자면, 기간은 변수 y 가 변화를 겪기 전에 경과하는 시간의 길이에 불과하다.

17.1 | 이산적 시간, 차분, 차분방정식

동태분석의 시간을 연속적 시간으로부터 이산적 시간으로 바꿀 때, 문제의 형식이 바뀌기는 하지만 그 동태분석의 기본적 성격은 바뀌지 않는다. 기본적으로 이 경우에도 동태적 문제는 시간의 경과에 따른 변수 y 의 변화유형으로부터 그 시간경로를 찾는 일이다. 그러나 그 변화유형은 이제 차분몫 $\Delta y/\Delta t$ 로 표시되어야만 한다. 이것은 도함수 dy/dt 의 이산적 시간에 대응하는 개념이다. 그렇지만 이제 t 는 정수 값만을 취할 수 있음을 기억하면, 우리가 두 개의 인접한 기간의 y 값을 비교할 때, $\Delta t = 1$ 이어야 한다. 이러한 이유로 차분들의 비 $\Delta y/\Delta t$ 를 Δy 로 간단히 표현할 수 있다. 이것을 y 의 **1계차분** (first difference) 이라고 한다. 따라서 차분을 의미하는 기호 Δ 는 (y) 의 1계차분을 취하라는 지시로 해석할 수 있다. 그러므로 이것은 기호 d/dt 의 이산적 시간에 대응하는 개념이다.

물론, "차분을 하는데" (differencing) 관련되는 두 개의 인접한 기간들이 어느 것이냐에 따라서, Δy 라는 표현은 다양한 값들을 가질 수 있다. 모호함을 피하기 위해, y 에 시간하첨자를 붙여서 1

계차분을 보다 분명하게 다음과 같이 정의하도록 하자:

$$\Delta y_t \equiv y_{t+1} - y_t \tag{17.1}$$

여기에서 y_t는 y의 t 기간에서의 값을 의미하고, y_{t+1}은 t의 바로 다음 기간에서의 값을 의미한다. 이 부호를 가지고, y의 변화유형을 다음과 같은 방정식으로 묘사할 수 있다.

$$\Delta y_t = 2 \tag{17.2}$$

또는

$$\Delta y_t = -0.1 y_t \tag{17.3}$$

이와 같은 형태의 방정식을 **차분방정식**이라고 한다. 한편으로 이 바로 위의 두 개의 방정식과 다른 한편으로 미분방정식 $dy/dt = 2$와 $dy/dt = -0.1y$ 사이의 커다란 유사성에 주목하기 바란다.

차분방정식이라는 이름은 Δy_t와 같은 차분으로부터 유래된 것이지만, 보다 사용하기 쉽고, Δ라는 표현을 전혀 사용하지 않는 다른 형태의(동일한 내용의) 차분방정식이 있다. (17.1)에 의해, (17.2) 식을 다음과 같이 다시 쓸 수 있다.

$$y_{t+1} - y_t = 2 \tag{17.2'}$$

또는

$$y_{t+1} = y_t + 2 \tag{17.2''}$$

(17.3)에 대응하는 형태는 다음과 같다.

$$y_{t+1} - 0.9 y_t = 0 \tag{17.3'}$$

또는

$$y_{t+1} = 0.9 y_t \tag{17.3''}$$

(17.2″) 식과 (17.3″) 식이 전기의 y값을 알 때 금기의 y값을 계산하기에는 편리할 것이다. 그러나 앞으로의 논의에서는 (17.2′) 식과 (17.3′) 식의 형태를 주로 사용할 것이다.

차분방정식에서 시간하첨자의 선택은 어느 정도 임의적이라는 사실에 주목하는 것이 중요하다. 예컨대, 아무런 의미의 변화가 없이 (17.2′) 식은 $y_t - y_{t-1} = 2$로 다시 쓸 수 있다. 단, $(t-1)$은 t의 바로 전기를 나타낸다. 또는 $y_{t+2} - y_{t+1} = 2$로 써도 마찬가지이다.

또한 우리는 하첨자를 가진 y를 일관되게 사용했지만, 그 대신에 $y(t)$, $y(t+1)$, $y(t-1)$을 사용해도 좋다는 사실을 지적할 수 있다. 그러나 연속적 시간과 이산적 시간 모두 $y(t)$를 사용하는 것을 피하기 위해, 기간분석에서는 하첨자를 사용하는 방법을 택하고자 한다.

미분방정식과 마찬가지로, 차분방정식도 선형 또는 비선형, 동차 또는 비동차, 1계 또는 2계(또는 고계)등으로 분류할 수 있다. (17.2′) 식을 예로 들어보자. 그것은 다음과 같이 분류될 수 있다. (1) 그것은 선형이다. 왜냐하면(어떤 기간에서의 값이든) y항은 2차(또는 그 이상의) 멱수로 제곱되지 않았고, 그리고 다른 기간의 y항에 의해 곱해지지도 않았기 때문이다. (2) 그것은 우변(여기에는 y항이 없다)이 0이 아니기 때문에 비동차이다. (3) 그것은 1계이다. 왜냐하면 단지 1기간 시차만을 포함하는 **1계차분** Δy_t 만이 존재하기 때문이다.(이와는 대조적으로 제 18장에서 논의할 2계차분방정식은 2기간 시차를 포함하며, 따라서 y_t 뿐만 아니라 y_{t+1}, y_{t+2} 의 세 개의 y 항을 수반한다.)

사실, (17.2′) 식은 상수계수와 상수항 (= 2) 을 가진 것으로도 특징지울 수 있다. 우리가 앞으로 고려할 것은 상수계수인 경우뿐이므로, 이러한 성질은 앞으로도 계속 암묵적으로 가정될 것이다. 가변항의 경우를 다루는 방법은 제 18장에서 논의할 것이지만, 이 장에서는 상수항이라는 특징도 계속 유지할 것이다.

또, (17.3′) 식은 역시 선형이고 1계이지만, (17.2′) 식과 달리 동차임을 확인해 보기 바란다.

17.2 | 1계차분방정식의 해법

미분방정식을 푸는 데 있어서, 우리의 목표는 시간경로 $y(t)$를 구하는 것이었다. 알다시피, 그러한 시간경로는 시간의 함수로서 그것은 어떠한 도함수(또는 미분)의 표현도 가지고 있지 않으며, 주어진 미분방정식 및 초기조건과 전혀 모순이 없다. 차분방정식에서 우리가 찾는 시간경로도 본질적으로 같다. 즉, 그것은 t 의 함수 — 매기의 y 값을 정의하는 공식 — 이며, 주어진 차분방정식 및 초기조건과도 모순이 없는 것이어야 한다. 또 이것은 Δy_t (또는 $y_{t+1} - y_t$) 와 같은 차분의 표현을 포함해서는 안 된다.

미분방정식을 푸는 것은 결국 적분의 문제이다. 그러면 차분방정식은 어떻게 풀까?

반복법

일반적인 해법을 설명하기 전에, 우선 비교적 진부한 방법, 즉, **반복법**(iterative method) 을 설명하도록 하자. 이것은 세련된 방법은 아니지만, 소위 "해"의 기본적인 성질을 대단히 잘 드러낸다.

이 장에서의 우리의 관심은 1계의 경우에만 있다. 따라서 차분방정식은 단지 **두 개**의 인접한 기간들 사이에서의 y 의 변화유형을 묘사한다. 일단 그러한 변화유형이 (17.2″) 와 같이 구체화되고, 또 초기값 y_0 가 주어지면, 그 방정식으로부터 y_1 을 구하는 것은 문제가 안 된다. 마찬가지로, 일단 y_1 이 구해지면, y_2 는 곧 구해지고, 차분방정식에 구체화된 변화유형의 반복적 적용에 의해 그 다음 값들을 계속 구할 수 있다. 그리고 나면 이 반복의 결과는 우리로 하여금 시간경로를 추론할 수 있게 해줄 것이다.

예 1

초기값을 $y_0 = 15$ 로 가정하고, 차분방정식 (17.2)를 풀어라. 반복법을 사용하기 위해서는 그 차분방정식의 다른 형태인 (17.2″)를 사용하는 것이 보다 편리하다. 즉 $y_0 = 15$ 이고 $y_{t+1} = y_t + 2$ 를 사용한다. 이 방정식으로부터 한 단계 한 단계의 과정을 밟아서 다음을 도출할 수 있다.

$$y_1 = y_0 + 2$$
$$y_2 = y_1 + 2 = (y_0 + 2) + 2 = y_0 + 2(2)$$
$$y_3 = y_2 + 2 = [y_0 + 2(2)] + 2 = y_0 + 3(2)$$
$$\cdots\cdots\cdots\cdots\cdots\cdots\cdots\cdots$$

그리고, 일반적으로는 임의의 기간 t 에 대해서 다음과 같이 된다.

$$y_t = y_0 + t(2) = 15 + 2t \tag{17.4}$$

이 마지막 방정식은 (초기 $t = 0$을 포함하여) 어떤 기의 y 값도 나타내고 있다. 그러므로 이것은 (17.2)의 해가 된다.

이 반복법은 세련된 방법은 아니지만 — 이것은 간단한 미분방정식을 직접적인 적분으로 푸는 것에 대응한다 — 시간경로가 어떻게 생성되는가를 명확하게 보여 준다. 일반적으로, y_t 값은 바로 전기의 y 값 (y_{t-1})에 어떤 특정한 방법으로 의존하게 된다. 따라서 초기값 y_0가 주어지면, 미리 규정된 변화유형에 의해 순차적으로 y_1, y_2, ...가 도출된다.

예 3

차분방정식 (17.3)을 풀어라. 이번에는 초기값이 구체화되지 않았다고 하고 그것을 y_0로 표기하자. 또 이번에도 (17.3) 식의 변형인 (17.3″) 식, 즉 $y_{t+1} = 0.9y_t$로 다루는 것이 편리하다. 반복에 의해 다음을 얻을 수 있다.

$$\begin{aligned} y_1 &= 0.9y_0 \\ y_2 &= 0.9y_1 = 0.9(0.9y_0) = (0.9)^2 y_0 \\ y_3 &= 0.9y_2 = 0.9(0.9)^2 y_0 = (0.9)^3 y_0 \\ &\cdots\cdots\cdots\cdots\cdots\cdots \end{aligned}$$

이것은 다음 해로 요약할 수 있다.

$$y_t = (0.9)^t y_0 \tag{17.5}$$

흥미를 돋우기 위해 우리는 이 예에 경제적 의미를 부여할 수 있다. 간단한 승수분석에 의하면, 0기에 단 한 번의 투자지출이 있으면, 그 이후 계속되는 기간들에서 지출을 수반하고, 이것은 다시 계속되는 기간들에서 다른 크기의 소득증가를 초래한다. **소득증가분** (income increment)을 y로 나타내면, y_0는 0기의 투자량과 같게 된다. 그러나 그 이후의 소득증가분은 한계소비성향(MPC)에 의존할 것이다. 만약 MPC = 0.9이고, 매기의 소득은 다음 기에서만 소비된다면, y_0의 90%는 1기에 소비될 것이고, 이것은 1기의 소득증가 $y_1 = 0.9y_0$를 초래할 것이다. 마찬가지 논리로 $y_2 = 0.9y_1$이 된다. 이것은 정확하게 위에서 인용한 반복법의 결과와 같다. 다시 말해서, 소득발생의 승수과정은 (17.3″) 식과 같은 차분방정식으로 묘사할 수 있고, (17.5) 식과 같은 해는 임의의 기간 t에서의 소득증가분의 크기를 말해 줄 것이다.

예 3

다음의 동차차분방정식을 풀어라.

$$my_{t+1} - ny_t = 0$$

이것을 정규화하고 정리하면 다음과 같이 쓸 수 있다.

$$y_{t+1} = \left(\frac{n}{m}\right) y_t$$

이것은 0.9가 (n/m)으로 바뀐 것을 제외하고는 [예 2]의 (17.3″)식과 같다. 그러므로, 유추에 의해 해는 다음과 같이 될 것이다.

$$y_t = \left(\frac{n}{m}\right)^t y_0$$

여기서 $(\frac{n}{m})^t$에 주목하자. 여러 다른 t값들이 그에 대응하는 y값들을 초래하는 것은 이 항을 통해서이다. 그러므로 이것은 미분방정식의 해에서의 e^{rt}에 대응된다. 이것을 보다 일반적으로 b^t로 쓰고, 보다 일반적인 상수배수 A(y_0 대신)를 덧붙이면, [예 3]의 일반적 동차차분방정식의 해는 다음과 같은 형태가 된다.

$$y_t = Ab^t$$

우리는 이것이 미분방정식에서 Ae^{rt}가 한 것과 동일한 역할을 하게 된다는 것을 알게 될 것이다.[†] 그렇지만, 둘 모두 지수표현들이긴 하지만 전자는 밑수가 b이고 후자는 밑수가 e이다. 여기서 우리는, 연속적 시간에서의 시간경로 $y(t)$의 유형이 r의 값에 크게 의존하듯이, 이산적 시간에서의 시간경로 y_t의 유형은 b의 값에 크게 의존한다고 주장할 수 있다.

일반적 해법

지금까지 여러분은 미분방정식과 차분방정식간에 유사한 점들이 많다는 인상을 받았을 것이다. 이로부터 유추할 수 있는 것처럼, 이제 우리가 설명할 차분방정식의 일반적 해법도 미분방정식의 그것과 매우 유사하다.

다음과 같은 1계차분방정식의 해를 구해보자.

$$y_{t+1} + ay_t = c \tag{17.6}$$

여기에서 a와 c는 두 개의 상수이다. 일반해는 두 성분의 합으로 이루어진다. 즉, 원래의 완전한 비동차방정식 (17.6)의 **임의의** 해인 **특수적분**(particular integral) y_p [††] 그리고 (17.6)의 축약방정식

$$y_{t+1} + ay_t = 0 \tag{17.7}$$

의 일반해인 **보조함수** y_c의 합이다. y_p는 앞서와 마찬가지로 y의 균형수준을 나타내고,[†††] y_c는 시간경로의 균형으로부터의 이탈을 나타낸다. y_c와 y_p의 합이 **일반**해를 구성하는 것은 임의의 상수의 존재 때문이다. 전과 마찬가지로, 확정해를 구하려면, 초기조건이 필요하다.

우선 보조함수를 다루도록 하자. [예 3]에서의 우리의 경험에 의하면 $y_t = Ab^t$ 형태의 해를 시도해 볼 수 있다($Ab^t \neq 0$이다. 그렇지 않으면 y_t는 단순히 t축 위에 놓이는 수평의 직선에 지나지 않을 것이다). 이 경우에 $y_{t+1} = Ab^{t+1}$이 된다. 만약 y_t와 y_{t+1}의 이 값들이 타당하다면, 동차방정식 (17.7)은 다음과 같이 된다.

$$Ab^{t+1} + aAb^t = 0$$

여기서 0이 아닌 공통인수 Ab^t를 소거하면

$$b + a = 0 \qquad 즉 \qquad b = -a$$

[†] [예 1]의 해 (17.4)식은 Ab^t 형태의 항을 포함하고 있지 않으므로, 여러분은 이 주장에 이의를 제기하고 싶을지 모르겠다. 그러나 [예 1]에서는, $b = n/m = 1/1 = 1$이 되어서 Ab^t이 상수가 되어 버렸기 때문에 그런 결과가 나온 것이다.

[††] 역주 : 여기서 "적분"이 포함되어 있지 않음에도 불구하고, 우리는 이 용어(특수적분)를 미분방정식으로 빌려쓰고 있다. 어떤 이들은 그것을 특수해(particular solution)라고 부른다.

[†††] 역주 : 미분방정식의 경우에 언급한 대로, 항상 그러하지는 않음에 주의할 필요가 있다.

가 된다. 이것은 시험적 해가 성립하려면 $b=-a$ 라고 놓아야 함을 의미한다. 따라서 보조함수는 다음과 같이 될 수밖에 없다.

$$y_c\,(= Ab^t) = A(-a)^t$$

이제 원래의 방정식 (17.6) 의 특수적분을 구해보자. 이 점에 관한 한, [예 3]은 전혀 도움이 되지 않는다. 왜냐하면 [예 3]은 동차방정식에 관한 것이기 때문이다. 그러나 우리는 y_p 가 (17.6) 식을 만족하는 **임의의** 해임을 알고 있다. 따라서 가장 간단한 형태의 시험적인 해 $y_t = k$ (상수)가 타당하다면, 아무런 어려움도 없게 된다. 이제, $y_t = k$ 이면, y 는 시간이 경과해도 동일한 값을 유지하게 되고, 따라서 $y_{t+1} = k$ 역시 성립해야 한다. 이것들을 (17.6) 식에 대입하면 다음을 얻을 수 있다.

$$k + ak = c \qquad \text{즉} \qquad k = \frac{c}{1+a}$$

이 특정한 k 값은 방정식을 만족하므로, 특수적분은 다음과 같이 쓸 수 있다.

$$y_p(= k) = \frac{c}{1+a} \qquad (a \neq -1)$$

이것은 상수이므로 이 경우는 정상균형이 된다.

그러나 [예 1]에서처럼 $a=-1$ 이면, 특수적분 $c/(1+a)$ 는 정의되지 않고, 비동차방정식 (17.6) 의 다른 해를 찾아 보아야만 한다. 이 경우에는 친숙한 수법인 $y_t = kt$ 형태의 해를 시도해 보도록 한다. 물론, 이것은 $y_{t+1} = k(t+1)$ 을 의미한다. 이것을 (17.6) 식에 대입하면 다음을 얻을 수 있다.

$$k(t+1) + akt = c \qquad \text{즉} \qquad k = \frac{c}{t+1+at} = c \qquad [a=-1\text{ 이므로}]$$

따라서 $$y_p(= kt) = ct$$

이러한 형태의 특수적분은 t 의 비상수함수이다. 그러므로 이것은 이동균형을 나타낸다.[†]

이제 y_c 와 y_p 를 더함으로써, 우리는 일반해를 다음 두 가지 형태 중의 하나로 쓸 수 있다:

$$y_t = A(-a)^t + \frac{c}{1+a} \qquad [a \neq -1\text{ 인 경우의 일반해}] \qquad \textbf{(17.8)}$$

$$y_t = A(-a)^t + ct = A + ct \qquad [a = -1\text{ 인 경우의 일반해}] \qquad \textbf{(17.9)}$$

임의의 상수 A 가 있으므로, 이들 중 어느 것도 완전히 확정적인 해는 아니다. 이 임의의 상수를 없애기 위하여, $t=0$ 일 때 $y_t = y_0$ 라는 초기조건을 이용한다. (17.8) 식에서 $t=0$ 으로 하면 다음이 성립한다.

$$y_0 = A + \frac{c}{1+a} \qquad \text{및} \qquad A = y_0 - \frac{c}{1+a}$$

따라서 (17.8) 식의 확정해는 다음과 같이 된다.

$$y_t = \left(y_0 - \frac{c}{1+a}\right)(-a)^t + \frac{c}{1+a} \qquad [a \neq -1\text{ 인 경우의 확정해}] \qquad \textbf{(17.8')}$$

[†] 역주: 이 표현도 적절하지 않다(미분방정식의 경우 참조).

반면에 (17.9) 식에서 $t=0$ 으로 하면 $y_0=A$ 가 되고, 따라서 (17.9) 식의 확정해는 다음과 같이 된다.

$$y_t = y_0 + ct \qquad [a=-1 \text{ 인 경우의 확정해}] \qquad \mathbf{(17.9')}$$

이 결과를 위의 [예 1]에 적용하면, 그 해는 반복법에 의해 구한 해 (17.4)와 동일하다.

여러분은 각각의 해의 타당성을 다음 두 단계를 밟아서 검증할 수 있다. 첫째, (17.8′) 식에서 $t=0$ 으로 놓음으로써, $y_0=y_0$ 라는 항등식이 생기는가를 알아본다. 이것은 초기조건을 충족함을 의미한다. 둘째로, y_t 식 (17.8′)와 y_{t+1} 식 —(17.8′)에서 t 를 $(t+1)$ 로 치환해서 얻어진 식 — 을 (17.6) 식에 대입함으로써, 그 식이 $c=c$ 라는 항등식으로 되는가를 알아본다. 이것은 시간경로가 주어진 차분방정식과 일치함을 의미한다. (17.9′)의 타당성에 대한 검증도 유사한 방법으로 할 수 있다.

예 4

다음 1계차분방정식을 풀어라.

$$y_{t+1} - 5y_t = 1 \qquad \left(y_0 = \tfrac{7}{4}\right)$$

(17.8′)식의 도출과정을 따라서, 우리는 $y_t = Ab^t$ 를 y_c 로서 시도해 볼 수 있다 (이는 $y_{t+1} = Ab^{t+1}$ 을 함축한다). 이 값들을 동차방정식 $y_{t+1} - 5y_t = 0$ 에 대입하고, 공통인수 Ab^t 를 소거하면 $b=5$ 가 된다. 따라서 다음을 얻을 수 있다.

$$y_c = A(5)^t$$

y_p 를 구하기 위해 $y_t = k$ 라고 놓아 보자. 이것은 또 $y_{t+1} = k$ 를 의미하게 된다. 이것들을 차분방정식에 대입하면, $k=-\frac{1}{4}$ 이 된다. 그러므로 다음이 성립한다.

$$y_p = -\tfrac{1}{4}$$

따라서 주어진 차분방정식의 일반해는 다음과 같이 된다.

$$y_t = y_c + y_p = A(5)^t - \tfrac{1}{4}$$

여기에서 $t=0$ 으로 하고, 초기조건 $y_0 = \frac{7}{4}$ 을 사용하면, $A=2$ 가 된다. 따라서 확정해는 다음과 같이 쓸 수 있다.

$$y_t = 2(5)^t - \tfrac{1}{4}$$

이 예에서 주어진 차분방정식은 (17.6) 식의 특수한 경우로서, $a=-5$, $c=1$이고 $y_0=\frac{7}{4}$ 이며, (17.8′) 식이 이러한 형태의 차분방정식의 해를 구하는 "공식"이므로, 구체적인 파라미터 값들을 (17.8′)에 대입함으로써 원하는 해를 구할 수 있었을 것이고 그 결과는 다음과 같았을 것이다.

$$y_t = \left(\frac{7}{4} - \frac{1}{1-5}\right)(5)^t + \frac{1}{1-5} = 2(5)^t - \frac{1}{4}$$

이는 앞의 결과와 완전히 일치한다.

(17.6) 식에 있는 y_{t+1} 항은 계수가 1임에 주목하라. 주어진 차분방정식에서 이항의 계수가 1이 아니면, 공식 (17.8′)는 사용하기 전에 정규화되어야만 한다.

연습문제 17.2

1. 다음 차분방정식을 (17.2″) 식의 형태로 바꾸어라:
   (a) $\Delta y_t = 7$
   (b) $\Delta y_t = 0.3y_t$
   (c) $\Delta y_t = 2y_t - 9$
2. 다음 차분방정식을 반복법으로 풀어라:
   (a) $y_{t+1} = y_t + 1$ $(y_0 = 10)$
   (b) $y_{t+1} = \alpha y_t$ $(y_0 = \beta)$
   (c) $y_{t+1} = \alpha y_t - \beta$ $(t = 0$ 일때 $y_t = y_0)$
3. 앞 문제의 방정식들을 (17.6) 식의 형태로 다시 쓰고, 공식 (17.8′)나 (17.9′) 중 적당한 것을 사용하여 풀어라. 반복법으로 구한 답과 이것들을 비교하라.
4. 다음 각 차분방정식에 대해, (17.8′)식과 (17.9′)식의 도출에 사용된 과정으로 y_c, y_p 및 확정해를 구하라:
   (a) $y_{t+1} + 3y_t = 4$ $(y_0 = 4)$
   (b) $2y_{t+1} - y_t = 6$ $(y_0 = 7)$
   (c) $y_{t+1} = 0.2y_t + 4$ $(y_0 = 4)$

17.3 | 균형의 동태적 안정

연속적 시간의 경우에, 균형의 동태적 안정성은 보조함수에 있는 Ae^{rt} 항에 의존한다. 기간분석에서는, 보조함수에 있는 Ae^{rt} 항이 동일한 역할을 수행한다. 이것에 관한 해석은 Ae^{rt} 보다 좀 더 복잡하므로, 논의를 더 진행하기 전에 이것을 분명히 하도록 하자.

b의 중요성

균형이 동태적으로 안정적이냐 아니냐 하는 문제는, $t \to \infty$ 에 따라 보조함수가 0으로 수렴하느냐 하지 않느냐 하는 문제이다. 기본적으로는, t 가 무한대로 증가함에 따른 Ab^t 항의 경로를 분석해야만 한다. 분명히, (이 지수항의 밑수인) b 의 값은 이 점에서 큰 역할을 한다. 우선 계수 A 를 무시함으로써 ($A = 1$ 이라고 가정), b 의 중요성만을 고려해보자.

분석의 목적을 위해서, 가능한 b 값의 범위 $(-\infty, +\infty)$ 를, <표 17.1> 의 처음 두 열처럼, b 의 크기가 줄어드는 순서로 일곱 개의 서로 다른 구간으로 나눌 수 있다. 이 구간들은 [그림 17.1] 에서 수직축 b 위에 +1, 0, −1을 분계점으로 구분되어 있다. 사실 이 분계점들 자체가 구간 II, IV, VI 을 구성하고 있다. 반면에 구간 III 과 V 는 각각 모든 양의 소수와 모든 음의 소수에 해당된다. 나머지 두 개의 구간 I 과 VII 은 b 의 절대값이 1보다 큰 구역이다.

각 구간에서 지수의 표현 b^t 는 서로 다른 시간경로의 유형을 초래한다. 이것은 <표 17.1> 과 [그림 17.1] 에 나타나 있다. 구간 I $(b > 1)$ 에서는, t 가 증가함에 따라 b^t 은 체증하는 율로 증가하고 있다. 이러한 시간경로의 구조는 [그림 17.1] 의 맨 위의 그래프 형태를 취할 것이다. 이 그래프는

표 17.1
b 값의 분류

구간	b 의 값	b^t 의 값		b^t 의 값 $t=0$	$t=1$	$t=2$	$t=3$	$t=4$ ⋯
I	$b>1$	$(\|b\|>1)$		1	2	4	8	16
II	$b=1$	$(\|b\|=1)$	$(1)^t$	1	1	1	1	1
III	$0<b<1$	$(\|b\|<1)$	예, $\left(\frac{1}{2}\right)^t$	1	$\frac{1}{2}$	$\frac{1}{4}$	$\frac{1}{8}$	$\frac{1}{16}$
IV	$b=0$	$(\|b\|=0)$	$(0)^t$	0	0	0	0	0
V	$-1<b<0$	$(\|b\|<1)$	예, $\left(-\frac{1}{2}\right)^t$	1	$-\frac{1}{2}$	$\frac{1}{4}$	$-\frac{1}{8}$	$\frac{1}{16}$
VI	$b=-1$	$(\|b\|=1)$	$(-1)^t$	1	−1	1	−1	1
VII	$b<-1$	$(\|b\|>0)$	예, $(-2)^t$	1	−2	4	−8	16

부드러운 곡선이 아니라 계단함수†로 나타내고 있음에 주목할 필요가 있다. 이것은 우리가 기간분석을 다루기 때문이다. 구간 II ($b=1$) 에서는, 모든 t 의 값들에서 b^t 의 값은 1이다. 따라서 그 그래프는 수평선이다. 다음으로 구간 III에서는, b^t 은 양의 소수의 정수제곱이다. 멱수가 증가함에 따라, b^t은 항상 양수이기는 하지만 감소한다. 다음의 경우, $b=0$ 인 구간 IV는 $b=1$의 경우와 매우 유사하다. 그러나 여기에서 $b^t=1$이 아니라 $b^t=0$이므로, 그 그래프는 수평축과 일치한다.†† 그러나 앞에서 $Ab^t \neq 0$이라는 가정, 즉 $b \neq 0$을 채택했으므로, 이 경우는 별로 중요하지 않게 된다.

음의 영역들을 보면 흥미 있는 새로운 현상의 생긴다. 즉 b^t 의 값은 구간에 따라 양의 값과 음의 값을 **반복**한다! 이러한 사실은 <표 17.1>의 마지막 세행과 [그림 17.1]의 마지막 세 그래프에

† 역주 : 정의역은 $t=0, 1, 2, \cdots$ 등 정수이므로, 엄밀히 말하면 계단함수가 아니라 점으로 표현되어야 한다.

†† 역주 : <표 17.1> 에서 저자는 $b=0$ 이고 $t=0$ 일 때

$$b^t = 0^\circ = 0$$

으로 놓고 있다. 일반적으로 0° 은 불확정형으로서 임의의 값을 취할 수 있다. 그러나 우리가 다루고 있는 특정한 문제의 맥락에서는 그것이 1이어야 한다. 왜냐하면 그래야만 $y_t = Ab^t$ 에서 $b=0$ 일 때도 A 를 y 의 초기치 y_0 로 볼 수 있기 때문이다.

이러한 역주자의 주석에 대하여 저자는 $0^\circ=1$로 볼 때 시간경로가 하향계단형을 취하게 되고 이것이 설명하기 힘들다고 회답해 왔다. 그러나 이것은 전혀 문제가 되지 않는다. 왜냐하면, t 의 정의역은 $(0, 1 \cdots)$이고 −1 이하는 포함되지 않는다. 즉,

$$\begin{cases} y_0 \text{ 은 임의의 상수} \\ y_{t+1} = 0 \qquad t = 0,\ 1,\ 2,\ \cdots \end{cases}$$

와 같은 시간경로는 충분히 현실적이기 때문이다.

또한 저자가 계속 본문에서와 같은 $0^\circ=0$ 의 해석을 고집할 경우에는 p.574의 식 (17.8′) 에서 한 가지 모순을 감수해야 한다. 왜냐하면 식 (17.8′) 는 $a=0$ 이고 $t=0$ 일 때

$$y_0 = (y_0 - c)\,0^\circ + c$$

가 되어서 $0^\circ=0$ 이면 $y_0=c$ 로 모순된 결과를 낳는다. 이러한 모순은 $0^\circ=1$로 해석할 때에만 제거된다. $0^\circ=1$로 해석하는 것이 타당한 또 하나의 예를 우리는 무한기하급수의 공식에서 찾을 수 있다.

$$\sum_{i=0}^{\infty} a^i = 1/(1-a) \quad \text{또} \quad -1<a<1$$

에서 $a=0$ 일 때 우변은 1로서 이 때 등호가 성립하기 위해서는 $0^\circ=1$ 이어야만 한다.

그림 17.1

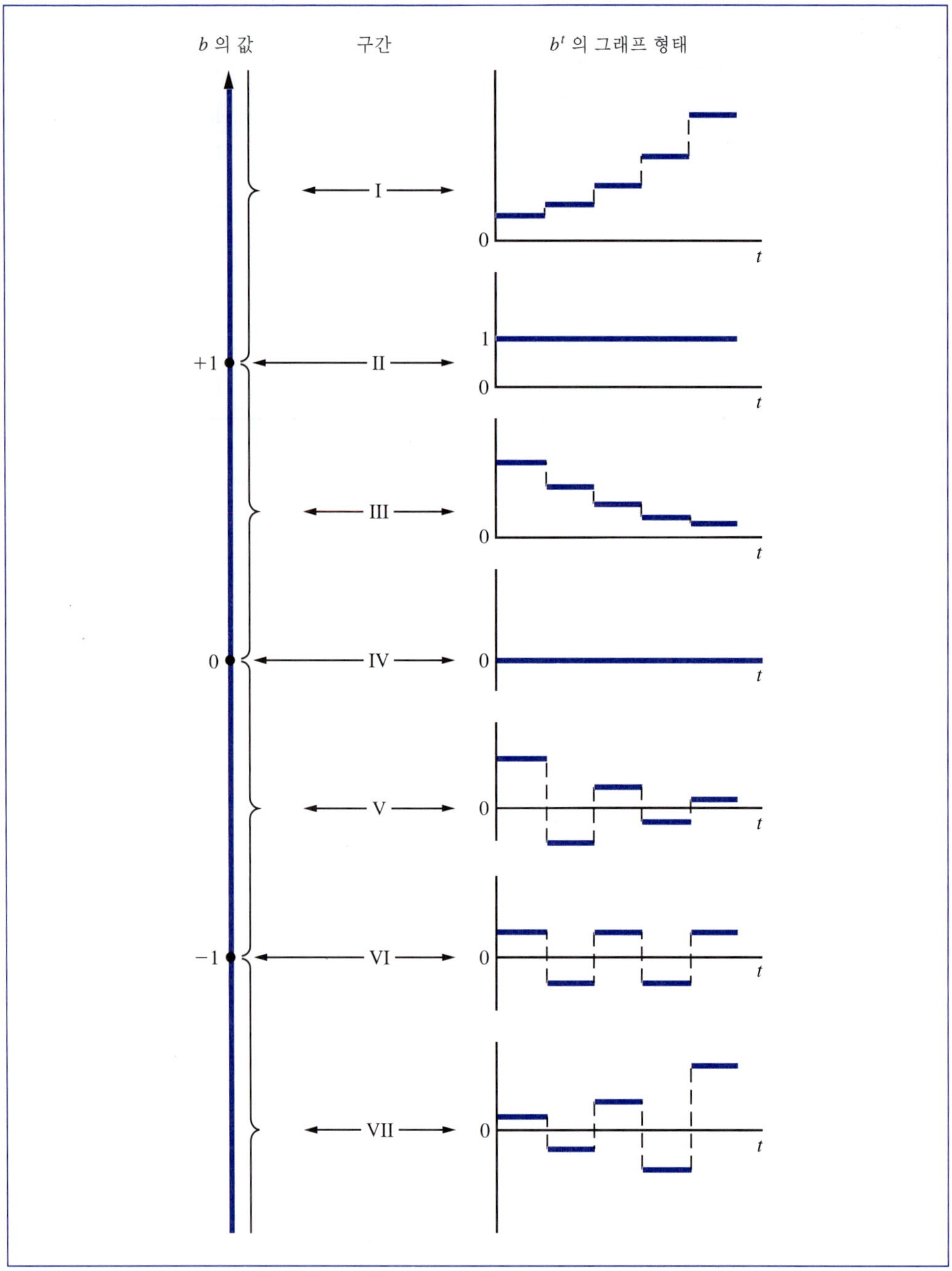

잘 나타나 있다. 구간 V에서는, b는 음의 소수이고 b^t는 음양을 반복하면서 수평축에 접근한다(구간 III과 비교). 대조적으로 $b = -1$(구간 VI) 일 때는, +1, −1을 영구적으로 반복하게 된다. 마지막으로, $b < -1$(구간 VII) 일 때는, 음양을 반복하면서 점점 더 수평축으로부터 이탈한다.

주목할 것은, 시간경로의 파동현상이 하나의 Ae^{rt} 항만으로는 생길 수 없었는데 (2계미분방정식의 복소근의 경우는 한 **쌍**의 복소근을 필요로 한다), 하나의 b^t (또는 Ab^t)항에 의해 파동이 생길 수 있다는 것이다. 그러나 파동의 성격이 약간 다르다는 것에 주목하자. 주기함수의 경우와는 달리, [그림 17.1]에 나타난 파동은 부드럽지가 않다. 이러한 이유로, 많은 사람들이 파동(fluctuation)과 진동을 서로 같은 의미로 사용하지만, 우리는 이 새롭고 부드럽지 못한 유형의 파동을 나타내기 위해 **진동**(oscillation)이라는 용어를 사용할 것이다.

다음과 같은 일반적 설명으로써 위의 논의의 핵심을 전달할 수 있다. 즉, b^t $(b \neq 0)$의 시간경로는 아래와 같게 된다.

$$\left.\begin{matrix} b > 0 \\ b < 0 \end{matrix}\right\} \text{일때} \quad \left\{\begin{matrix} \text{비진동 (nonoscillatory)} \\ \text{진동 (oscillatory)} \end{matrix}\right.$$

$$\left.\begin{matrix} |b| > 1 \\ |b| < 1 \end{matrix}\right\} \text{일때} \quad \left\{\begin{matrix} \text{발산 (divergent)} \\ \text{수렴 (convergent)} \end{matrix}\right.$$

e^{rt}의 수렴은 r의 **부호**에 의존하지만, b^t의 수렴은 b의 **절대값에** 의존함에 주목하자.

A의 역할

이제까지 우리는 배수 A의 역할을 의도적으로 논의에서 제외해 왔다. 그러나 A의 ― 두 가지 ― 효과는 비교적 쉽게 설명할 수 있다.

첫째로, A의 **크기**는 b^t의 값을 "확대" (blow up) 시키거나 (가령 $A = 3$이라면), "축소" (pare down) 시킬 수 있다 (가령 $A = \frac{1}{5}$이라면). 즉 이것은 시간경로의 기본적 구조를 변형시킴이 없이 **규모효과**(scale effect)를 발생시킬 수 있다.

반면에 A의 **부호**는 경로의 형태에 실질적 효과를 미친다. 왜냐하면, 만약 b^t이 $A = -1$에 의해 곱해지면, [그림 17.1]에 있는 각 경로는 수평축에 관해 대칭(mirror image)으로 나타나기 때문이다. 따라서 음수인 A는 규모효과뿐 아니라 **대칭효과**(mirror effect)를 발생시킬 수 있다.

균형에의 수렴

위의 논의는 균형수준으로부터의 이탈을 나타내는 보조함수안의 Ab^t항에 대한 해석이다. 만약 Ab^t항에 $y_p = 5$라는 항이 추가되면, 시간경로는 수직으로 상수 5만큼 상향 이동해야 한다. 이것은 결코 시간경로의 수렴, 발산에는 영향을 미치지 않는다. 그러나 이것은 수렴, 발산이 측정되는 수준을 바꿀 것이다. [그림 17.1]이 나타내는 것은 Ab^t 표현의 0으로의 수렴여부이다. y_p가 포함될 때, 그것은 시간경로 $y_t = y_c + y_p$가 균형수준 y_p로 수렴하는지의 여부의 문제로 된다.

이러한 점에서, $b = 1$(구간 II) 인 특수한 경우에 대한 설명을 추가하도록 하자. 시간경로

$$y_t = A(1)^t + y_p = A + y_p$$

를 보면, 배수항 $(1)^t = 1$이 발산적 효과가 없으므로, 그것이 수렴한다는 인상을 준다. 그러나 y_t가 이제 균형값 y_p 대신 $(A + y_p)$라는 값을 취함을 주목하라. 사실 ($A = 0$이 아닌 한) 이것은 결코 y_p에 도달할 수 없다. 이러한 상황의 예로서 (17.9)의 시간경로를 들 수 있는데, 거기에는 $y_p = ct$라는 이동균형이 포함되어 있다. 이러한 시간경로는 발산하는 것으로 간주되어야 하는데, 그 이유는 특수적분 속에 t가 포함되어서가 아니라, A가 0이 아니면 이동균형으로부터 일정한 이탈이 있기 때문이다. 따라서 시간경로 y_t의 균형 y_p로의 수렴조건을 규정함에 있어서 우리는 $b = 1$인 경우를 배제해야만 한다.

요약하면, 해

$$y_t = Ab^t + y_p$$

가 수렴할 필요충분조건은 $|b| < 1$이라는 것이다.†

예 1 $y_t = 2(-\frac{4}{5})^t + 9$는 어떤 종류의 시간경로를 나타내는가? $b = -\frac{4}{5} < 0$이므로, 시간경로는 진동한다. 그러나 $|b| = \frac{4}{5} < 1$이므로, 진동은 수축되고, 시간경로는 균형수준 9로 수렴한다.

여러분은 $2(-\frac{4}{5})^t$과 $-2(\frac{4}{5})^t$을 혼동하지 않도록 주의하기 바란다. 이것들은 전혀 다른 시간경로를 나타내고 있다.

예 2 $y_t = 3(2)^t + 4$의 시간경로의 특징은 무엇인가? $b = 2 > 0$이므로, 진동은 일어나지 않는다. 그러나, $|b| = 2 > 1$이므로, 시간경로는 균형수준 4로부터 발산할 것이다.

연습문제 17.3

1. 다음 시간경로의 성질을 논의하라:
   (a) $y_t = 3^t + 1$
   (b) $y_t = 2\left(\frac{1}{3}\right)^t$
   (c) $y_t = 5\left(-\frac{1}{10}\right)^t + 3$
   (d) $y_t = -3\left(\frac{1}{4}\right)^t + 2$
2. [연습문제 17.2] 의 4의 각 차분방정식에서 구한 시간경로의 성질은 무엇인가?
3. 다음의 해를 구하고, 시간경로가 진동하는지 그리고 수렴하는지를 결정하라:
   (a) $y_{t+1} - \frac{1}{3}y_t = 6 \quad (y_0 = 1)$
   (b) $y_{t+1} + 2y_t = 9 \quad (y_0 = 4)$
   (c) $y_{t+1} + \frac{1}{4}y_t = 5 \quad (y_0 = 2)$
   (d) $y_{t+1} - y_t = 3 \quad (y_0 = 5)$

17.4 | 거미집 모형

경제분석에서 1계차분방정식이 사용되는 예를 보이기 위해, 단일 상품에 대한 두 종류의 시장모형을 예시하고자 한다. **거미집 모형** (cobweb model)이라고 알려진 첫째 번 것은 Q_s를 현재가격의 함수가 아니라 전기의 가격의 함수로 다룬다는 점에서, 앞에서 본 시장모형과 다르다.

모형

생산자의 산출 결정이 실제의 판매가 일어나는 기간보다 한 기간 앞서 이루어져야 하는 상황을

† 역주: 이 문단의 설명은 y_p가 "이동균형"이라는 전제하에서 이루어지고 있다. 우리가 이 전제를 받아들이지 않는다면, $b = 1$일 때는 y_p가 발산하기 때문에 그 해가 안정균형이 될 수 없다고 말할 수 있다.

생각해 보자 — 산출물의 수확과 판매보다 상당기간 앞서서 생산계획이 이루어져야 하는 농업생산이 그런 경우이다. t 기의 산출량 결정이 t 기의 가격 P_t 에 기초한다고 가정하자. 그러나, 이 산출물은 $(t+1)$ 기까지 팔릴 수 없으므로, P_t 는 Q_{st} 가 아니라 $Q_{s,t+1}$ 을 결정할 것이다. 따라서, 우리는 이제 다음과 같은 "시차" 공급함수 (lagged supply function) 를 가지게 된다.[†]

$$Q_{s,t+1} = S(P_t)$$

또는 시간하첨자들을 한 기간씩 뒤로 옮기게 되면 다음과 같은 형태의 함수를 얻을 수 있다.

$$Q_{st} = S(P_{t-1})$$

이와 같은 공급함수가 다음과 같은 형태의 수요함수

$$Q_{dt} = D(P_t)$$

와 상호작용할 때 재미있는 동태적 가격의 변화유형이 나타나게 된다.

이 (시차) 공급함수와 (무시차) 수요함수가 선형이라고 보고, 매기의 시장가격은 항상 시장을 청산시키는 수준에서 결정된다면, 다음과 같은 세 개의 방정식들을 가지는 시장모형을 얻게 된다:

$$\begin{aligned} Q_{dt} &= Q_{st} \\ Q_{dt} &= \alpha - \beta P_t \qquad (\alpha, \beta > 0) \\ Q_{st} &= -\gamma + \delta P_{t-1} \qquad (\gamma, \delta > 0) \end{aligned} \tag{17.10}$$

그러나, 마지막 두 개의 방정식을 처음의 방정식에 대입하게 되면, 이 모형은 아래와 같은 하나의 1계차분방정식이 될 것이다:

$$\beta P_t + \delta P_{t-1} = \alpha + \gamma$$

이 방정식을 풀려면, 우선 정규화한 후 시간하첨자를 1기 앞당기는 것이 바람직하다. 그러한 작업을 행한 결과는 다음과 같다.

$$P_{t+1} + \frac{\delta}{\beta} P_t = \frac{\alpha + \gamma}{\beta} \tag{17.11}$$

이는 (17.6) 에서 다음을 대체한 것에 불과하다.

$$y = P \qquad a = \frac{\delta}{\beta} \qquad 및 \qquad c = \frac{\alpha + \gamma}{\beta}$$

여기서 δ 와 β 가 양수이므로, $a \neq -1$ 이 된다. 따라서 공식 (17.8′) 를 적용하면 다음과 같은 시간경로를 얻을 수 있다.

$$P_t = \left(P_0 - \frac{\alpha + \gamma}{\beta + \delta} \right) \left(-\frac{\delta}{\beta} \right)^t + \frac{\alpha + \gamma}{\beta + \delta} \tag{17.12}$$

단, P_0 는 초기가격을 나타낸다.

[†] 우리는 여기에서, 한 기간의 모든 산출량은 저장되지 않고 시장에 출하됨을 암묵적으로 가정하고 있다. 이러한 가정은 문제의 상품이 변질되기 쉬운 물건이거나 재고를 전혀 유지하지 않는 물건일 때 적절하다. 재고가 고려되는 모형은 다음 절에서 다룰 것이다.

거미집

이 시간경로에 대해서 세 가지를 이야기할 수 있다. 우선 $(\alpha+\gamma)/(\beta+\delta)$는 차분방정식의 특수적분을 구성하며, 시간적 의미에서 모형의 균형가격으로 간주될 수 있다.[†] 즉, 다음과 같다:

$$\overline{P}=\frac{\alpha+\gamma}{\beta+\delta}$$

이것은 상수이므로 정상균형이 된다. $\overline{P}$를 우리의 해에 대입하면, 시간경로 P_t는 다음 형태로 다시 쓸 수 있다.

$$P_t=(P_0-\overline{P})\left(-\frac{\delta}{\beta}\right)^t+\overline{P} \qquad \textbf{(17.12')}$$

이것으로부터 두 번째 점, 즉 $(P_0-\overline{P})$의 의미를 도출할 수 있다. 이것은 Ab^t 항에서 상수 A에 해당되므로, 이것의 부호는 시간경로가 균형의 위에서 시작할지 아래에서 시작할지의 문제와 관련되고(대칭효과), 반면에 이것의 크기는 균형에서 얼마나 떨어질 것인가(규모효과)를 결정한다. 마지막으로, Ab^t의 b에 해당하는 $(-\delta/\beta)$가 있다. 우리의 모형이 β, $\delta>0$를 가정하고 있으므로, 우리는 진동하는 시간경로를 도출할 수 있다. 이제 곧 알게 되겠지만, 거미집 현상을 일으키는 것은 바로 이것이다. 물론 모형에서 **세 가지** 형태의 진동이 발생할 수 있다. <표 17.1> 이나 [그림 17.1]에 의하면, 진동은 다음과 같은 유형을 나타낼 수 있다.

$$\delta \gtreqless \beta \text{ 일때} \quad \begin{cases} \text{발산 (explosive)} \\ \text{고정 (uniform)} \\ \text{수축 (damped)} \end{cases}$$

여기에서 "고정진동"은 구간 VI의 시간경로를 말한다.

거미집을 형상화시키기 위해, 모형 (17.10)을 [그림 17.2]에 나타내 보자. (17.10)의 두 번째 방정식은 기울기가 β이고 우하향하는 선형수요함수이다. 마찬가지로, Q 축이 **시차**공급량을 나타내도록 하면, 우리는 세 번째 식을 기울기가 δ인 선형공급곡선으로 나타낼 수 있다. $\delta>\beta$인 경우(S가 D보다 기울기가 급하다)와 $\delta<\beta$(S가 D보다 기울기가 완만하다)인 경우가 각각 그림 (*a*)와 (*b*)에 나타나 있다. 그러나 각 경우에 D와 S의 교점은 시간적 의미에서의 균형가격 $\overline{P}$를 가져올 것이다.

그림 (*a*)처럼, $\delta>\beta$일 때는 수요와 공급의 상호작용으로 말미암아 다음과 같이 발산적 진동이 생긴다. 초기가격이 P_0 ($\overline{P}$보다 크다고 가정)로 주어지면, 우리는 화살표를 따라가서 다음 기(1기)의 공급량이 Q_1임을 S 곡선 상에서 읽을 수 있다. 시장을 청산시키려면, 1기의 수요량은 Q_1이어야 하는데, 이것은 가격이 P_1(아래로 향한 화살표를 보라)일 때에만 가능하다. 이제 S곡선에 의해, 가격 P_1은 2기의 공급량 Q_2를 결정한다. 2기에서 시장을 청산시키려면, 수요곡선에 의해 가격은 P_2가 되어야 한다. 이러한 논리를 반복하면, 우리는 다음 기들의 가격과 수량을 단순히 그림의 화살표를 따라감으로써 추적해 낼 수 있다. 이렇게 함으로써 수요곡선과 공급곡선 주위에 "거미집"을 만들 수 있게 된다. 이 경우에, 가격수준 P_0, P_1, P_2, ⋯ 등을 비교함으로써, 시간이 경과함

[†] 균형을 시장청산적 의미로 파악한다면, 매기에 성립되는 가격은 균형가격이다. 왜냐하면 우리는 모든 t에 대해 $Q_{dt}-Q_{st}$라고 가정했기 때문이다.

그림 17.2

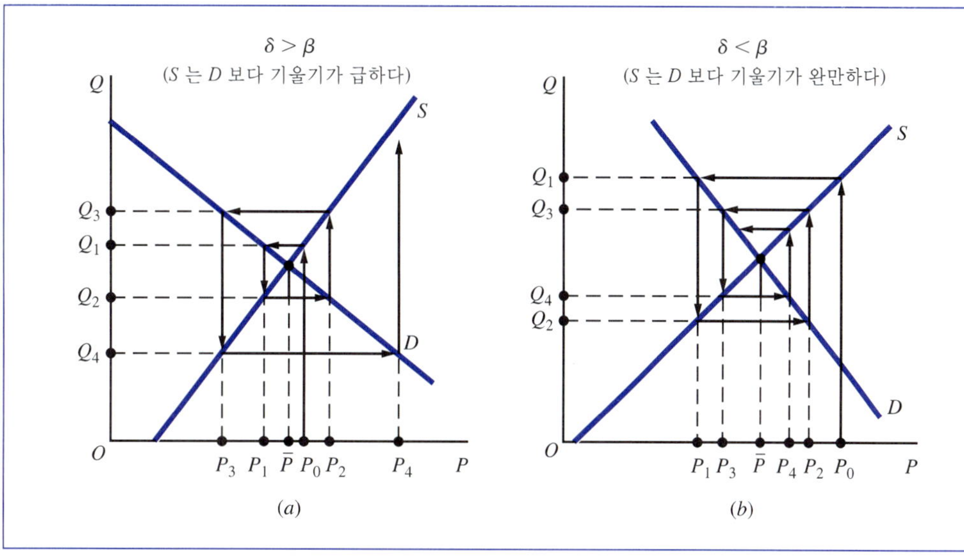

에 따른 변화의 진동형태뿐 아니라 가격의 $\bar{P}$ 로부터의 이탈이 점점 커진다는 경향도 관찰할 수 있다. 안에서 밖으로 거미집이 짜지므로, 이 시간경로는 발산하고 진동도 발산한다.

이와는 대조적으로, $\delta < \beta$ 인 그림 (b)의 경우에는, 밖에서 안으로 거미집이 짜진다. P_0 에서 시작하여 화살표를 따라가면, 우리는 점점 수요곡선과 공급곡선의 교점인 $\bar{P}$ 에 접근할 것이다. 여전히 진동은 하지만 이 가격경로는 수렴한다.

[그림 17.2]에서 우리는 $\delta = \beta$ 인 세 번째 경우는 보이지 않았다. 그러나 그래프 분석의 과정은 다른 두 개와 완전히 유사하다. 그러므로 이것은 여러분에게 연습문제로 남겨둔다.

위의 논의는 P 의 시간경로(즉 P_t)만을 다루었다. 그러나 P_t 가 구해지면, 바로 Q 의 시간경로를 구할 수 있다. (17.10)의 두 번째 방정식은 Q_{dt} 를 P_t 와 연결시키고, 따라서 (17.12) 식 또는 (17.12′) 식이 수요방정식에 대입되면, Q_{dt} 의 시간경로는 즉시 구해질 수 있다. 더욱이, 매기마다 Q_{dt} 는 Q_{st} 와 일치해야 하므로(시장의 청산), Q_{dt} 대신 단순히 Q_t 로서 시간경로를 언급할 수 있다. [그림 17.2]를 기초로 하여 이러한 대체의 타당성은 쉽게 보일 수 있다. D 곡선상의 각 점은 P_t 를 Q_t 에 연결시킨다. 그러므로 수요함수는 가격의 시간경로를 수량의 시간경로로 변환하는 데 사용할 수 있다.

그리고 [그림 17.2]의 그래프 기법은 D 와 S 곡선이 비선형일 때도 적용될 수 있음에 주목하기 바란다.

연습문제 17.4

1. (17.10)에 기초하여 Q 의 시간경로를 구하고, 그 수렴조건을 분석하라.
2. $\delta = \beta$ 인 경우에, 가격은 같은 진폭으로 진동한다는 것을 보이기 위해 [그림 17.2]와 유사한 그림을 그려라.
3. 거미집 모형에서 수요와 공급이 다음과 같이 주어질 때, 균형가격을 구하고, 그 균형이 안정적인가를 결정하라:

(a) $Q_{dt} = 18 - 3P_t \qquad Q_{st} = -3 + 4P_{t-1}$
(b) $Q_{dt} = 22 - 3P_t \qquad Q_{st} = -2 + P_{t-1}$
(c) $Q_{dt} = 19 - 6P_t \qquad Q_{st} = 6P_{t-1} - 5$

4. 모형 (17.10) 에서, $Q_{dt} = Q_{st}$ 조건과 수요함수는 그대로 유지하고, 공급함수는 다음과 같이 바꾸자.

$$Q_{st} = -\gamma + \delta P_t^*$$

여기에서 P_t^*는 t 기의 **기대가격** (expected price)을 나타낸다. 더욱이 판매자들은 다음과 같은 "적응적" (adaptive) 가격기대를 가진다고 하자: †

$$P_t^* = P_{t-1}^* + \eta(P_{t-1} - P_{t-1}^*) \qquad (0 < \eta \le 1)$$

여기에서 η는 기대조정계수이다.

(a) 위의 방정식에 대해 경제적 해석을 하라. 이 식은 어떤 점에서 적응적 기대의 방정식 (16.34)와 비슷한가? 그리고 어떤 점에서 다른가?

(b) η가 극대값을 가지면 어떻게 되는가? 거미집 모형을 현재의 모형의 특별한 경우로 볼 수 있는가?

(c) 새로운 모형을 다음의 1계차분방정식으로 나타낼 수 있음을 보여라.

$$P_{t+1} - \left(1 - \eta - \frac{\eta\delta}{\beta}\right) P_t = \frac{\eta(\alpha + \gamma)}{\beta}$$

(힌트: 공급함수를 P_t^*에 대해 풀고, $Q_{st} = Q_{dt} = \alpha - \beta P_t$ 임을 이용하라.)

(d) 가격의 시간경로를 구하라. 이 경로는 반드시 진동하는가? 진동할 수 있는가? 있다면 어떤 경우인가?

(e) 시간경로 P_t는 그것이 진동한다고 할 때, $1 - 2/\eta < -\delta/\beta$ 이어야만 수렴함을 보여라. 거미집 모형의 해 (17.12) 또는 (17.12′) 와 비교하여, 새로운 모형에서 안정을 위한 $-\delta/\beta$ 값의 범위는 넓어졌는가, 좁아졌는가?

5. 앞에서 본 동태적 시장모형들처럼, 거미집 모형은 기본적으로 제 3.2 절에서 본 정태적 시장모형에 기초하고 있다. 지금의 경우에는 어떠한 경제적 가정이 모형을 동태화시키는 요인인가? 설명하라.

17.5 | 재고가 있는 시장모형

앞에서 설명한 모형에서는, 가격은 매기간 생산되는 산출물이 그대로 다 수요되게끔 결정된다고 가정하였다. 이 가정이 의미하는 바는 그 상품이 부패하기 쉬워서 저장할 수 없거나, 아니면 저장이 가능하다 하더라도 재고를 쌓아두지 않는다는 것이다. 그러나 이 절에서는, 판매자들이 상품의 재고를 가지는 모형을 설명하고자 한다.

모형

이 모형의 가정은 다음과 같다.

† Marc Nerlove, "Adaptive Expectations and Cobweb Phenomena," *Quarterly Journal of Economics*, May, 1958, pp. 227~240을 보라.

1. 수요량 Q_{dt} 와 그 기간의 생산량 Q_{st} 는 둘 다 그 기의 가격 (P_t) 의 시차가 없는 선형함수이다.
2. 가격의 조정은 시장에서 매기간의 수요와 공급이 일치하게끔 이루어지는 것이 아니라, 판매자들의 가격설정 과정을 통해 이루어진다. 즉 매기초마다 판매자들은 재고의 상황을 고려한 후, 그 기간의 가격을 설정한다. 이때, 전기에 설정한 가격으로 말미암아 재고가 증가했다면 금기에는 전기보다 낮은 수준의 가격을 설정하고, 반대로 재고가 감소했다면 금기의 가격은 더 높은 수준에서 설정한다.
3. 매기마다 이루어지는 가격조정은 판매자가 관찰한 재고(저량)의 변화에 반비례한다.

이 가정들에 의거하여, 모형을 구성하는 방정식들을 다음과 같이 쓸 수 있다:

$$\begin{aligned} Q_{dt} &= \alpha - \beta P_t & (\alpha, \beta > 0) \\ Q_{st} &= -\gamma + \delta P_t & (\gamma, \delta > 0) \\ P_{t+1} &= P_t - \sigma(Q_{st} - Q_{dt}) & (\sigma > 0) \end{aligned} \tag{17.13}$$

단, σ 는 **재고에 의해 유발된** 가격조정계수를 나타낸다. 여기서 (17.13)은 제 15.2 절의 시장모형의 이산적인 시간형태의 대응물에 불과하다는 것에 주의하자. 다만 여기서는 **초과수요** $(Q_{dt} - Q_{st})$ 대신에 **재고** $(Q_{st} - Q_{dt})$ 에 의해 가격조정 과정을 표현하고 있을 뿐이다. 그러나 그 분석결과는 상당히 다른데, 한 예로, 이산적인 시간의 경우에는 진동현상이 나타난다. 이제 가격의 시간경로 P_t 를 도출하고 그것을 분석해 보기로 한다.

시간경로

(17.13)에서 처음 2개의 식을 마지막 식에 대입시키면, 모형은 다음과 같은 단일차분방정식으로 정리될 수 있다:

$$P_{t+1} - [1 - \sigma(\beta + \delta)]P_t = \sigma(\alpha + \gamma) \tag{17.14}$$

그리고, (17.8′)에 의해서 그 해는 다음과 같이 주어진다:

$$\begin{aligned} P_t &= \left(P_0 - \frac{\alpha + \gamma}{\beta + \delta}\right)[1 - \sigma(\beta + \delta)]^t + \frac{\alpha + \gamma}{\beta + \delta} \\ &= (P_0 - \overline{P})[1 - \sigma(\beta + \delta)]^t + \overline{P} \end{aligned} \tag{17.15}$$

따라서, 모형의 동태적 안정성은 $1 - \sigma(\beta + \delta)$ 의 값에 의존하게 되는 것이 확실하다. 편의상 이것을 b 로 표시하기로 한다.

<표 17.1>을 참조해 보면, 지수식 b^t 를 분석하고자 할 때 b 값에 대해 7개의 서로 다른 특징을 갖는 구역을 정의할 수 있음을 알 수 있다. 그러나, 우리의 모형규정 $(\sigma, \beta, \delta > 0)$에 의해서 처음의 두 구역이 실제로 배제될 수 있기 때문에, <표 17.2>에 나타나 있는 5가지의 가능한 경우만 남게 된다. 이들 각 구역에서, 둘째 열의 b 에 의한 규정은, 셋째 열에 나타난 바와 같이 동치의 σ 에 의한 규정으로 바꿀 수 있다. 예를 들어, 구역 III을 보면, b 에 의한 규정이 $0 < b < 1$ 이다. 따라서 다음과 같이 쓸 수 있다:

$$\begin{aligned} &0 < 1 - \sigma(\beta + \delta) < 1 \\ &-1 < -\sigma(\beta + \delta) < 0 \qquad \text{[위 부등식의 각 변에서 1을 뺀다]} \end{aligned}$$

및 $$\frac{1}{\beta+\delta} > \sigma > 0 \qquad [-(\beta+\delta)\text{로 각각을 나눈다}]$$

이 마지막 부등식에 의해 구역 III에 대해서 원하는 σ 에 의한 규정을 얻을 수 있다. 나머지 다른 구역들에 대해서도 마찬가지로 b 값에 의한 규정을 σ 값에 의한 규정으로 바꿀 수 있다. 각 구역에 대한 시간경로는 이미 [그림 17.1]에서 알고 있기 때문에, 이 σ 에 의한 규정으로부터 주어진 σ, β, δ 의 값들을 써서 시간경로 P_t 의 일반적 성질을 파악할 수 있게 된다. 이것은 <표 17.2> 의 마지막 열에 요약되어 있다.

예 1

이 모형에서 상정하고 있는 판매자들은 재고의 감소 (증가) 량의 10%만큼† 가격을 올려 (내려) 설정하고, 수요곡선은 -1, 공급곡선은 15의 기울기 (둘 다 가격축에 대한 기울기) 를 가진다면, 가격의 시간경로 P_t 는 어떻게 되는가?

여기서 우리는 $\sigma=0.1$, $\beta=1$, $\delta=15$ 임을 알 수 있다. $1/\beta+\delta=1/16$, 그리고 $2/\beta+\delta=1/8$ 이 되므로, σ 의 값 (1/10) 은 이 두 개의 값 사이에 위치한다. 그러므로 이 [예 1] 의 경우는 구역 V 에 해당한다. 그리고 가격의 시간경로 P_t 는 수렴하는 진동으로 특징지워진다.

그래프에 의한 분석결과의 요약

σ 에 의한 규정으로 5가지 가능한 경우를 포함하고 있는 <표 17.2> 의 내용은, 그 결과를 그림으로 표시함으로써 보다 더 쉽게 파악할 수 있다. 그 σ 에 의한 규정은 기본적으로 파라미터 σ 와 $(\beta+\delta)$ 간의 상대적 크기의 비교를 통해 이루어지고 있기 때문에, 우리는 [그림 17.3] 에서와 같이, σ 값을 $(\beta+\delta)$ 값에 대해 그려보고자 한다. 모형의 규정에 의하면 σ 와 $(\beta+\delta)$ 는 모두 양수이기 때문에, 우리는 제 1 상한에만 관심을 가지면 된다. <표 17.2> 에 의하면, 분명히 구역 IV와 VI 는 방정식 $\sigma=1/\beta+\delta$ 과 $\sigma=2/\beta+\delta$ 에 의해 각각 결정된다. 그런데 이 각각은 직각쌍곡선의 방정식이기 때문에, 두 구역의 그림은 [그림 17.3] 에서 두 쌍곡선으로 나타나게 된다. 일단 이러한 두 쌍곡선들을 얻고 나면, 나아가서 다른 세 구역도 곧 찾을 수 있다. 예를 들어, 구역 III은 두 쌍곡선 중 낮은 것보다 아래에 있는 점들의 집합이고, 이 때 $\sigma<1/\beta+\delta$ 가 성립한다. 마찬가지로 구

표 17.2 시간경로의 유형들

구역	$b \equiv 1-\sigma(\beta+\delta)$	σ 의 값	시간경로 P_t 의 특성
III	$0<b<1$	$0<\sigma<\frac{1}{\beta+\delta}$	진동하지 않고 수렴함
IV	$b=0$	$\sigma=\frac{1}{\beta+\delta}$	균형상태로 남아 있음 **
V	$-1<b<0$	$\frac{1}{\beta+\delta}<\sigma<\frac{2}{\beta+\delta}$	진폭이 작아지면서 진동함
VI	$b=-1$	$\sigma=\frac{2}{\beta+\delta}$	진폭이 일정하게 진동함
VII	$b<-1$	$\sigma>\frac{2}{\beta+\delta}$	진폭이 커지면서 진동함

** 이 때 가격이 균형수준에 머물러 있다는 사실은 직접 (17.14) 로부터도 알 수 있다. $\sigma=1/(\beta+\delta)$ 이므로 P_t 의 계수는 0 이 되고, (17.14) 는 $P_{t+1}=\sigma(\alpha+\gamma)=(\alpha+\gamma)/(\beta+\delta)=\overline{P}$ 가 된다.

† 역주 : 여기서 σ 는 무명수가 아니기 때문에 10%라고 나타내는 것은 부당하다. 다만, $\sigma=0.1$ 일 뿐이다. 그리고 σ 의 단위는 (가격) / (수량)의 차원을 갖는다.

그림 17.3

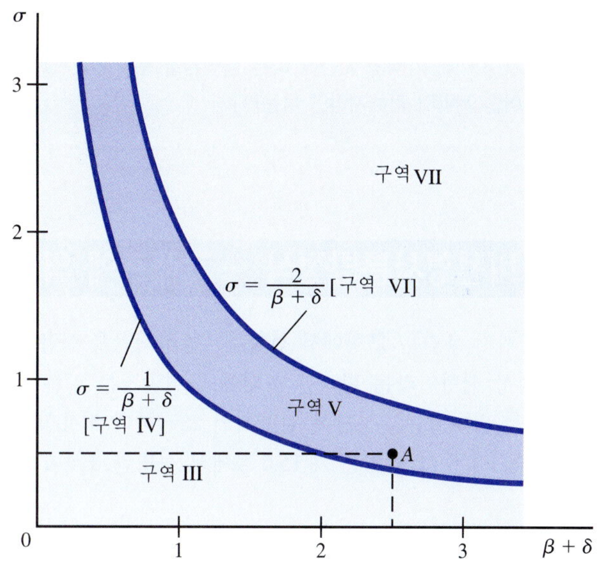

역 V는 두 쌍곡선 사이에 있는 점들의 집합이고, 높은 쌍곡선보다 위에 놓여 있는 점들은 구역 VII에 해당한다.

예 2

모형 (17.13)에서 $\sigma = \frac{1}{2}$, $\beta = 1$, $\delta = \frac{3}{2}$이라면, 가격의 시간경로 P_t는 수렴하겠는가? 이렇게 주어진 파라미터의 값들은 [그림 17.3]에서 점 A에 해당한다. 이것은 구역 V에 속하기 때문에, 시간경로는 진동하기는 하지만 수렴한다.

앞에서 설명한 두 모형에서 우리는 분석결과를 각각 여러 가능한 경우들의 집합으로 표현하였다. 즉, 거미집 모형에서는 세 가지의 진동하는 경로들이었고, 재고모형에서는 다섯 가지의 시간경로들이었다. 물론 이렇게 분석결과가 풍부한 것은 파라미터를 사용하여 모형을 만들었기 때문이다. 그리고 분석결과를 이와 같이 한 가지로 분명하게 나타낼 수 없다는 사실은, 당연히 단점이 아니라 장점이다.

연습문제 17.5

1. (17.14)를 풀 때, 공식으로서 (17.9′) 대신에 왜 (17.8′)를 사용해야 하는가?
2. 〈표 17.2〉를 참조하여, 구역 IV에서 구역 VII까지에 대해 b에 의한 규정을 σ에 의한 규정으로 바꾼 것이 타당한가를 알아보라.
3. 모형 (17.13)이 다음과 같은 수치를 갖는다고 하자:

$$Q_{dt} = 21 - 2P_t$$
$$Q_{st} = -3 + 6P_t$$
$$P_{t+1} = P_t - 0.3(Q_{st} - Q_{dt})$$

이때, 가격의 시간경로 P_t를 구하고 그것이 수렴하는가를 알아보라.

4. 모형 (17.13)에서 매기의 공급량이 가격의 함수가 아니라, 가령 $Q_{st} = k$로 고정되었다고 가정하자. 이 때, 가격의 시간에 따른 움직임을 분석하라. 그 해가 경제적 의미를 갖기 위해서는 k 값에 어떤 제약이 가해져야만 하는가?

17.6 | 비선형차분방정식 — 그래프에 의한 정성적인 분석

지금까지 우리는 모형에서 **선형**차분방정식만을 사용하였다. 그러나, 경제생활에서 나타나는 현상이 항상 선형이라는 편리한 형태에 들어맞지는 않는다. 다행하게도, 비선형성이 1계차분방정식 모형에서 나타날 때, 상당히 일반적인 조건하에 적용할 수 있는 쉬운 분석방법이 있다. 그래프를 이용하게 되는 이 방법은 제 15.6 절에서 설명한, 1계미분방정식에 관한 정상적인 분석과 아주 비슷하다.

위상도

비선형차분방정식으로서 변수 y_{t+1}과 y_t만이 나타나는

$$y_{t+1} + y_t^3 = 5 \qquad 또는 \qquad y_{t+1} + \sin y_t - \ln y_t = 3$$

과 같은 방정식은 모두

$$y_{t+1} = f(y_t) \tag{17.16}$$

로 대표시킬 수 있다. 단, 여기서 f는 y_t만의 함수이기만 하면 아무리 복잡한 함수이어도 좋다. 두 변수 y_{t+1}과 y_t를 직교좌표평면에서 서로 다른 것에 대해 그린 도형이 바로 **위상도**(phase diagram)이고, 그때 f에 해당하는 곡선이 **위상곡선**(phase line)이다. 이들을 이용하면 반복적 과정에 의해 변수의 시간경로를 분석할 수 있게 된다.

여기서 위상도와 위상곡선이란 용어는 미분방정식의 경우에 유추하여 사용하였다. 그러나 위상도를 그릴 때 하나의 서로 다른 점이 있음에 유의해야 한다. 미분방정식의 경우에는, [그림 15.3]에서처럼 dy/dt를 y에 대해 그렸기 때문에, 차분방정식의 경우에도 똑같이 하기 위해서는 Δy_t를 수직축에 놓고 y_t를 수평축에 놓아야 한다. 이렇게 하는 것이 불가능하지는 않지만, [그림 17.4]에서와 같이, y_{t+1}을 수직축에 두는 것이 훨씬 더 편리하다. [그림 17.4]의 각 도형에서 45° 선이 있음에 주목하기 바란다. 왜냐하면, 그래프 분석을 할 때 이 선이 크게 도움을 주기 때문이다.

이제 분석의 구체적 과정을 [그림 17.4](a)에 의해 설명하기로 한다. 거기에 $y_{t+1} = f_1(y_t)$라는 특정한 차분방정식을 나타내는 위상곡선(f_1이라고 이름 붙였음)을 그려놓았다. 만약(수평축에 표시한) 초기값 y_0가 주어진다면, 다음과 같이 반복적 과정에 의해 y의 그 다음의 모든 기의 값들을 찾아낼 수 있게 된다. 우선 방정식

$$y_1 = f_1(y_0)$$

에 따르면, 위상곡선 f_1은 초기값 y_0를 y_1으로 사상하기 때문에, 우리는 y_0로부터 똑바로 위로 위

그림 17.4

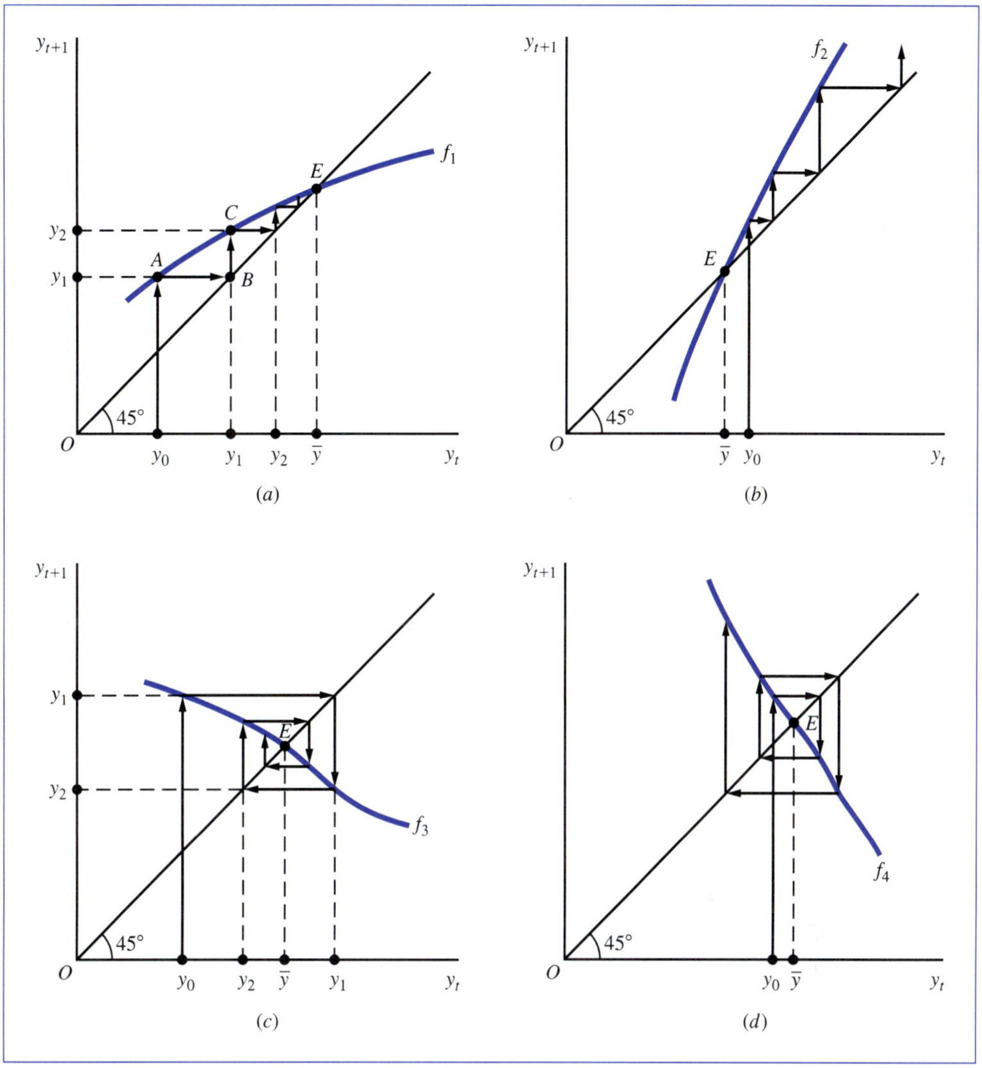

상곡선까지 올라가서 A 점에 도달하여 수직축에서 그 높이를 읽으면 y_1의 값을 얻을 수 있다. 그 다음으로 우리는, 방정식

$$y_2 = f_1(y_1)$$

에 따라 y_1을 y_2로 사상하고자 한다. 이를 위해서는 우선, 앞서의 y_0와 마찬가지로, 수평축에다 y_1를 잡아야 한다. y_1의 값을 수직축으로부터 수평축으로 옮기는 이 작업은 45° 선을 이용함으로써 매우 쉽게 이루어질 수 있다. 왜냐하면, 기울기가 +1인 45° 선은 (2, 2)와 (5, 5)처럼 수직좌표와 수평좌표가 같은 점들의 궤적이기 때문이다. 즉, y_1으로부터 출발해서 옆으로 45° 선까지 가서 B 점에 도달하고 그 다음 똑바로 아래로 수평축까지 내려오면 우리가 찾고자 하는 수평축에서의 y_1을 찾을 수 있다. 이 과정을 반복하면, y_1을 위상곡선 위의 C 점을 통하여 y_2로 사상하고, 다시 45° 선을 이용하여 y_2를 수평축으로 옮기는 등을 계속할 수 있게 된다.

이제 반복적 과정이 어떻게 진행되는가가 분명해진 이상, 우리는 y_0 로부터 화살표 방향을 따라 (위상곡선 위의) A 점에 도달하고, 거기서부터 (45° 선 위의) B 점으로 가고, 다시 (위상곡선 위의) C 점으로 가는 등등을 함으로써 원하는 반복적 과정을 얻을 수 있다. 즉 수평축과 수직축은 전혀 이용하지 않고, 단지 위상곡선과 45° 선을 왔다 갔다 하는 것으로 충분한 것이다.

시간경로의 유형

바로 앞에서 설명한 그래프상의 반복적 과정은 [그림 17.4]의 다른 세 도형에도 물론 똑같이 적용할 수 있다. 사실상 이 네 도형들은 위상곡선의 기본적인 네 가지 종류들을 설명하고 있다. 여기서 각각의 도형은 서로 다른 유형의 시간경로를 나타낸다. 처음 2개의 위상곡선 f_1 과 f_2 는 양의 기울기를 가지는 것이 특징인데, 하나는 1보다 작고, 다른 하나는 1보다 크다. 즉, 다음이 성립한다:

$$0 < f_1'(y_t) < 1 \qquad \text{및} \qquad f_2'(y_t) > 1$$

반면에 다른 2개는 음의 기울기를 가지고 있다. 구체적으로는 다음과 같다:

$$-1 < f_3'(y_t) < 0 \qquad \text{및} \qquad f_4'(y_t) < -1$$

[그림 17.4]의 각 도형에서 y 의 균형값 $\bar{y}$ 는 위상곡선과 45° 선의 교점인 E 에 위치하고 있다. 그 이유는 다음과 같다. 45° 선 위의 점이기도 한 위상곡선 위의 점 E 는 y_t 를 같은 크기의 y_{t+1} 로 사상하는데, $y_{t+1} = y_t$ 일 때 정의상 y_t 는 시간적인 의미에서 균형상태에 있게 된다. 우리가 하고자 하는 주요한 일은, 초기값 y_0 가 $\bar{y}$ 와 다르게 주어졌을 때, 위상곡선이 시사하고 있는 변화의 형태가 $\bar{y}$ 로 향하는 것 (수렴) 을 뜻하는지 아니면 $\bar{y}$ 로부터 멀어지는 것 (발산) 을 뜻하는지를 알아보는 것이다.

위상곡선 f_1 에 있어서, 반복적 과정은 진동없는 평탄한 경로를 따라서 y_0 를 $\bar{y}$ 로 향하게 한다. y_0 가 $\bar{y}$ 의 오른쪽에 위치하고 있을 때에도, 비록 왼쪽 방향이긴 하지만 $\bar{y}$ 를 향한 진동없는 평탄한 움직임이 있을 것이라는 점을 확인해 볼 수 있다. 이러한 시간경로들은 균형으로 수렴하는 것들인데, 그 일반적인 형태는 [그림 17.1]의 구역 III에 보여진 것과 같은 유형일 것이다.

그러나, 기울기가 1보다 큰 위상곡선 f_2 가 주어져 있을 때는, 발산하는 시간경로가 나타난다. 초기값 y_0 가 $\bar{y}$ 보다 크게 주어져 있을 때, 화살표 방향으로 계속 따라가게 되면 균형으로부터 멀어지는, 즉 점점 더 큰 y 값으로 된다. 그리고, 초기값이 $\bar{y}$ 보다 작을 때는, 시간경로가 반대 방향이긴 하지만 비슷하게 지속적으로 발산하게 된다는 것을 확인할 수 있다.

f_3 와 f_4 에서처럼, 위상곡선이 음의 기울기를 갖고 있을 때는, 지속적 움직임 대신에 진동현상이 생기고, 균형치를 **초과하는** (overshooting) 현상이 일어난다. 즉 그림 (c) 에서, y_0 는 $\bar{y}$ 보다 큰 y_1 으로 가고, 그 다음에는 $\bar{y}$ 에 미달하는 y_2 로 가는 등등의 현상이 나타나는 것이다. 그러한 경우에 시간경로가 수렴하는 것은 위상곡선의 기울기의 절대값이 1보다 작을 때이다. 위상곡선 f_3 가 바로 수렴하는 경우인데, 초과의 정도는 기가 계속됨에 따라 줄어든다. 반면에 기울기의 절대값이 1보다 큰 f_4 의 경우에는, 그 반대 현상이 일어나게 되어 결국은 시간경로가 발산하게 된다.

위상곡선 f_3 와 f_4 의 진동하는 시간경로는 [그림 17.2]의 거미집을 연상시킨다. 그러나, [그림 17.4]의 (c) 나 (d) 에서, 거미집은 (시차를 포함하고 있는) 위상곡선과 45° 선의 주위에 지어진 것이고, 수요곡선과 (시차가 있는) 공급곡선의 주위에 지어진 것이 아니다. 여기서 45° 선은 y 값을 옮기기 위한 기계적 목적 때문에 사용하였지만, [그림 17.2]에서의 D 곡선 ([그림 17.4]에서 45° 선이

하는 역할을 하고 있음)은 모형에 없어서는 안 될 부분이다. 보다 구체적으로는, 일단 공급곡선상에서 Q_{st}가 결정되면, 화살표를 수요곡선에 도달하게끔 하여 시장을 청산시키는 가격을 찾는 것이다 (시장청산은 거미집 모형의 규칙이기 때문이다). 따라서 축들을 명명하는 데 있어 기본적인 차이점이 존재하는 것이다. 즉, [그림 17.2]에는 완전히 다른 2개의 변수 P, Q가 있지만, [그림 17.4]에서 축들은 동일한 변수 y의 연속되는 두 기간의 값들을 나타내고 있다. 그러나, (17.10)의 별개의 수요함수와 공급함수 대신에 거미집 모형을 요약하고 있는 (17.11)의 차분방정식의 그래프를 분석하게 되면, 그 그림은 [그림 17.4]에 나타난 바와 같은 위상곡선이 된다. 즉, 거미집 모형을 그래프로 분석하는 데에는, 동일한 결과를 가져오는 두 가지 서로 다른 방법이 존재하는 것이다.

위의 위상곡선의 분석으로부터 얻을 수 있는 기본적인 규칙은, 그 기울기의 대수적 **부호**가 **진동** 여부를 결정하고, 그 기울기의 **절대값이 수렴** 여부를 결정한다는 것이다. 만약 위상곡선이 양의 기울기를 가진 부분과 음의 기울기를 가진 부분을 모두 포함하고 있고, 또 기울기의 절대값이 어떤 구역에서는 1보다 크고 다른 구역에서는 1보다 작다면, 이 경우의 시간경로는 물론 더 복잡할 것이다. 그러나, 그러한 경우에 대해서도, 도형에 의한 반복적 분석과정을 쉽게 적용할 수 있다. 물론, 반복적 과정을 시작할 수 있기 위해서는 그 전에 초기값이 주어져야만 할 것이다. 이처럼 이보다 복잡한 경우에는 다른 초기값이 주어지면 전혀 다른 종류의 시간경로가 나타날 수 있다(다음의 [연습문제 17.6]의 2와 3을 참조).

상한가격이 존재하는 시장

이하에서는 비선형차분방정식의 경제적 예를 보이고자 한다. [그림 17.4]에서 네 개의 비선형 위상곡선들은 모두 부드러운 곡선이었다. 그러나, 지금 이 예에서는 뾰족점을 갖는 위상곡선의 경우를 보이고자 한다.

논의의 출발점으로서, 거미집 모형의 **선형**차분방정식 (17.11)을 택하여 그것을 다음과 같이 다시 써 보기로 한다.

$$P_{t+1} = \frac{\alpha+\gamma}{\beta} - \frac{\delta}{\beta}P_t \qquad \left(\frac{\delta}{\beta} > 0\right) \tag{17.17}$$

이 방정식은 $P_{t+1}=f(P_t)$의 형태이고, $f'(P_t) = -\delta/\beta < 0$이 성립한다. 우리는 그 기울기의 절대값이 1보다 크다는(발산하는 진동을 의미함) 가정 하에, 이 선형위상곡선을 [그림 17.5]에 그려 놓았다.

이제 법정상한가격(legal price ceiling) $\hat{P}$ ["P 해트(모자)"라고 읽는다]가 주어졌다고 하자. P_t의 수준에 관계없이, 이제는 P_{t+1}이 $\hat{P}$ 수준을 넘어서는 것이 금지되어 있으므로, 이 상황은 [그림 17.5]에서 수평선으로 나타낼 수 있다. 이렇게 되면 위상곡선 중 $\hat{P}$보다 위에 놓여 있는 부분이 쓸모없게 된다. 이것을 달리 보자면, $\hat{P}$보다 위에 있는 위상곡선의 부분을 아래로 구부려서 꺾여진 위상곡선을 만드는 것이라고 할 수 있다.[†] 이 때 꺾여진 부분을 생각해 보면, 새로운 위상곡선(굵은 선)은 비선형일 뿐만 아니라 뾰족점을 가지고 있다. 계단함수처럼 이 꺾여진 선을 대수적으로 표현하기 위해서는 다음과 같이 두 개의 방정식을 필요로 한다.

[†] 엄밀히 이야기하자면, 수평축 위의 $\hat{P}$보다 오른쪽에 놓여 있는 위상선의 부분도 "구부려야"한다. 그러나, 일단 다른 쪽을 구부린 이상 지금처럼 구부리지 않고 그대로 두어도 괜찮다. 그 이유는 (45° 선에 의해서) P_{t+1}의 값을 수평축으로 옮길 때 $\hat{P}$라는 상한가격도 자동적으로 p_t축으로 옮겨지기 때문이다.

그림 17.5

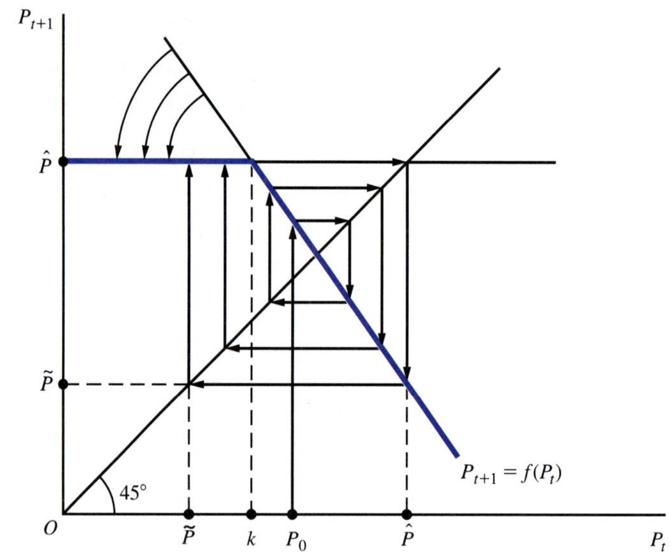

$$P_{t+1} = \begin{cases} \hat{P} & (P_t \le k \text{일 때}) \\ \dfrac{\alpha+\gamma}{\beta} - \dfrac{\delta}{\beta}P_t & (P_t > k \text{일 때}) \end{cases} \qquad \textbf{(17.17')}$$

단, k는 꺾여진 부분에서의 P_t 값을 나타낸다.

초기가격으로 P_0를 가정하고, 가격의 시간경로를 반복적 과정에 의해 추적해 보기로 하자. 위상곡선 가운데 음의 기울기를 가지는 부분이 유효하게 되는, 반복적 과정의 첫 단계에서는, 발산진동 현상이 뚜렷이 나타난다. 그러나 얼마의 기간이 지나고 나면, 화살표는 상한가격에 도달하게 되고, 그 후부터 가격의 시간경로는 $\hat{P}$와 사실상의 **하한가격**(price floor) $\tilde{P}$ ["P 틸드" (tilde, 혹은 wiggle) 라고 읽는다] 사이에서 끊임없는 순환적인 움직임을 하게 된다. 이와 같이 상한가격이 존재하게 되면, 모형에 내재하는 발산하려는 성향은 유효하게 억제되어, 그 전에는 진폭이 점점 커지는 진동이었던 것이 이제는 진폭이 일정한 진동으로 주도된다.

이러한 분석의 결과에 있어 주목할 만한 사실은 다음과 같다. 즉, 위상곡선이 선형일 경우에는, 시간경로가 진폭이 일정하게 진동할 필요충분조건은 위상곡선의 기울기가 −1이라는 것에 반해, 지금과 같이 비선형성을 도입한 후에는 위상곡선의 기울기가 −1이 아닐 때에도 그러한 분석결과가 나타날 수 있다. 이러한 사실은 경제적으로 상당한 중요성을 지닌다. 만약 우리가 어떤 변수의 실제 시간경로가 진폭이 일정하게 진동한다는 사실을 발견하고 **선형**모형에 의해 이 현상을 설명하고자 한다면, 그 위상곡선의 기울기가 −1이라는 상당히 특수한 비현실적인 모형 규정에 의존하지 않을 수 없게 된다. 그러나 이때 뾰족점을 갖는 형태로든 그렇지 않은 형태로든 비선형성을 도입하게 되면 더 합당한 많은 가정을 사용할 수가 있고, 그 각각은 진폭이 일정한 진동현상을 같은 정도로 잘 설명할 수 있다.

연습문제 17.6

1. 차분방정식 모형에서, 변수 t는 정수값만을 취할 수 있다. 이 사실은 [그림 17.4]의 위상도에서 y_t와 y_{t+1}이 이산변수라는 것을 의미하는가?
2. 위상곡선으로 역 U자형 곡선의 왼쪽 반을 사용하고 그것이 45° 선과 L(왼쪽)과 R(오른쪽)의 두 점에서 교차한다고 하자.
   (a) 이것은 균형점이 여러 개 있는 경우인가?
   (b) 만약 초기값 y_0가 L의 왼쪽에 있다면, 어떠한 종류의 시간경로가 얻어지겠는가?
   (c) 초기값이 L과 R 사이에 놓여 있다면 어떻게 되겠는가?
   (d) 초기값이 R의 오른쪽에 놓여 있다면 어떻게 되겠는가?
   (e) L과 R에서 균형의 동태적 안정성에 대해 각각 어떤 결론을 얻을 수 있는가?
3. 위상곡선으로 역 U자형 곡선을 사용하고, 그 기울기가 양인 부분은 45° 선과 L점에서 교차하고 기울기가 음인 부분은 45° 선과 R에서 교차한다고 하자. 이때, 바로 앞의 문제에서 제기한 다섯 개의 질문들에 대해 답하라. (주의 : 위상곡선을 구체적으로 어떻게 그리느냐에 따라 대답이 달라질 것이기 때문에, 가능한 여러 경우들에 대해서 생각해 보라.)
4. [그림 17.5]에서 법정상한가격을 철회하고 대신에 최소가격 P_m을 설정한다고 하자.
   (a) 위상곡선은 어떻게 바뀌겠는가?
   (b) 위상곡선은 꺾여지는가? 그리고 비선형인가?
   (c) 역시 가격의 시간경로가 진폭이 일정하게 진동하는가?
5. (17.17′)와 [그림 17.5]를 참조해서, 상수 k를 다음과 같이 표현할 수 있음을 보여라.

$$k = \frac{\alpha + \gamma}{\delta} - \frac{\beta}{\delta}\hat{P}$$

Chapter 17 요약

❖ 이산적 시간 : 1계차분방정식 ❖

1. 시간을 이산적으로 볼 때, 동태모형은 차분방정식으로 나타내어진다.
2. 계수가 모두 상수이고, 또 상수항을 가질 때, 1계선형차분방정식은 다음과 같은 일반형태를 가진다.

$$y_{t+1} + ay_t = c$$

   이 차분방정식의 일반해는 특수적분 y_p와 보조함수 y_c의 합으로 주어진다.

3. $1 + a \neq 0$일 때, 특수적분은 $y_p = \frac{c}{1+a}$로 놓을 수 있다. 이는 이 모형의 균형값으로 해석할 수 있다.
4. 보조함수 y_c는 원래의 차분방정식의 축약형(또는 동차형) $y_{t+1} + ay_t = 0$의 일반해를 말하는데, 이는 다음과 같이 나타내진다.

$$y_c = A(-a)^t \qquad \text{단, } A\text{는 임의의 상수}$$

5. 그리하여 y의 일반해는 다음과 같이 나타낼 수 있다.

$$y_t = \frac{c}{1+a} + A(-a)^t \qquad (1+a \neq 0)$$

6. 초기조건으로 $t = 0$ 일 때의 y 의 값이 y_0 로 주어지면, y 의 확정해는 다음과 같다.

$$y_t = \frac{c}{1+a} (y_0 - \frac{c}{1+a}) (-a)^t \qquad (1+a \neq 0)$$

7. 시간 t 가 무한대로 될 때, y_t 가 균형값 $\frac{c}{1+a}$ 로 수렴하면, 그 모형은 안정적이라 한다. 위의 모형에서 $|a| < 1$ 이면 초기조건에 관계없이 그 모형은 안정적이다.
8. $a < 0$ 이면 그 모형의 시간경로는 지속적으로 같은 방향으로 움직인다. 그러나 $a > 0$ 이면, 그 경로는 진동한다.
9. 거미집 모형은 1계선형차분방정식으로 나타나는 단일시장모형의 한 예이다. 재고가 있는 시장모형도 1계차분방정식으로 나타내어 질 수 있다.
10. 1계차분방정식이 $y_{n+1} = f(y_t)$ 의 형태의 비선형 자율미분방정식 일 때, 우리는 위상도를 이용하여 해의 정성적 분석을 행할 수 있다.

Chapter 18

고계차분방정식

제 17장에서 설명한 경제적 모형들은 P_t와 P_{t-1}을 서로 관련시키는 차분방정식에 관계된 것들이다. 어떤 한 기간의 P값을 알면 그 다음 기의 P값을 유일하게 결정할 수 있기 때문에, 가격의 초기값 P_0가 일단 주어지면 가격의 시간경로를 완전하게 알 수 있다. 그러나, 어떤 경제적 변수가 기간 t에 취하는 값(가령, y_t)은 y_{t-1}뿐만 아니라 y_{t-2}에도 의존하는 경우가 있을 수 있다. 이러한 상황에서 2계의 차분방정식이 나타나게 된다.

엄밀하게 말하자면, **2계차분방정식** (second-order difference equation)이란 $\Delta^2 y_t$의 표현 [y_t의 2계차분 (Second difference)이라 부름]을 포함하면서, 3계 이상의 차분은 갖지 않는 차분방정식이다. Δ^2라는 기호는 앞에서 사용한 d^2/dt^2라는 기호의 이산적 시간에서의 대응물인데, 다음과 같이 "2계차분을 취하라"는 기호이다:

$$\begin{aligned}\Delta^2 y_t &= \Delta(\Delta y_t) = \Delta(y_{t+1} - y_t) && \text{[(17.1)에 의해]}\\ &= (y_{t+2} - y_{t+1}) - (y_{t+1} - y_t) && \text{[다시 (17.1)에 의해]}^\dagger\\ &= y_{t+2} - 2y_{t+1} + y_t\end{aligned}$$

이와 같이 y_t의 2계차분은 2기의 시차를 포함하는 항들의 합으로 바꾸어 표현할 수 있다. $\Delta^2 y_t$와 Δy_t 같은 표현들을 다루기는 아주 곤란하기 때문에, 우리는 2계차분방정식을 변수에 2기 시차를 포함하는 방정식이라고 재정의하고자 한다. 마찬가지로 3계차분방정식은 3기의 시차를 포함하는 방정식이라는 등으로 정의할 수 있다.

우선, 2계차분방정식의 해법을 생각해 보기로 하고, 3계이상의 차분방정식에 대한 일반화는 제 18.4 절로 미루기로 한다. 이 장에서는 논의를 쉽게 하기 위해, 상수계수를 가진 선형차분방정식의 경우만을 다루고자 한다. 그러나, 상수항 (constant term)과 가변항 (variable term)의 경우를 아래에서 모두 검토할 것이다.

18.1 | 상수계수와 상수항을 가진 2계차분방정식

단순한 2계차분방정식은 다음과 같은 형태를 가진다.

† 즉, 우선 $(y_{t+1} - y_t)$의 수식에서 하첨자들을 1기만큼 앞으로 보내서 $(y_{t+2} - y_{t+1})$이라는 새로운 표현을 얻은 다음 이로부터 원래의 표현을 뺀다. 이때 결과적으로 나타나는 차분은 $\Delta y_{t+1} - \Delta y_t$로 쓸 수 있기 때문에, 우리는 다음과 같은 연산규칙을 얻을 수 있다는 사실에 주목하기 바란다:

$$\Delta(y_{t+1} - y_t) = \Delta y_{t+1} - \Delta y_t$$

이것은 합이나 차의 도함수에 적용되는 규칙과 비슷함을 알 수 있다.

$$y_{t+2} + a_1 y_{t+1} + a_2 y_t = c \tag{18.1}$$

여러분들은 이 방정식이 선형이고, 비동차이고, 그리고 상수계수 (a_1, a_2)와 상수항 c를 갖고 있음을 알 수 있을 것이다.

특수해

식 (18.1)의 해는 앞서와 같이 2개의 성분을 갖고 있다고 예상할 수 있다. 즉, y의 균형수준을 나타내는 특수해 y_p와 매 기간에 대해서 균형으로부터의 이탈을 나타내는 보조함수 y_c가 그것이다. 원래의 차분방정식의 임의의 한 해로 정의되는 특수해는 때로는 단순히 $y_t = k$의 형태로 된 해를 시도해 봄으로써 그것을 찾아 낼 수 있다. 이 y의 일정한 값을 (18.1)에 대입하면, 다음과 같은 결과를 얻는다.

$$k + a_1 k + a_2 k = c \qquad \text{즉} \qquad k = \frac{c}{1 + a_1 + a_2}$$

따라서 $(1 + a_1 + a_2) \neq 0$인 한, 그 특수적분은 다음과 같다.

$$y_p(= k) = \frac{c}{1 + a_1 + a_2} \qquad (a_1 + a_2 \neq -1 \text{ 인 경우}) \tag{18.2}$$

예 1

$y_{t+2} - 3y_{t+1} + 4y_t = 6$의 특수적분을 구하라. 여기서 $a_1 = -3$, $a_2 = 4$, $c = 6$이다. 그런데, $a_1 + a_2 \neq -1$이기 때문에, (18.2)에 의해 그 특수해는 다음과 같다:

$$y_p = \frac{6}{1 - 3 + 4} = 3$$

$a_1 + a_2 = -1$일 때는 $y_t = k$의 해를 시험해 보는 것은 소용없게 되고, 대신 $y_t = kt$의 해를 시도해 보아야 한다. 이 후자를 (18.1)에 대입하고, 이제 $y_{t+1} = k(t+1)$과 $y_{t+2} = k(t+2)$라는 사실을 상기하면, 다음과 같은 식이 성립함을 알 수 있다.

$$k(t+2) + a_1 k(t+1) + a_2 kt = c$$

및

$$k = \frac{c}{(1 + a_1 + a_2)t + a_1 + 2} = \frac{c}{a_1 + 2} \qquad [a_1 + a_2 = -1 \text{ 이므로}]$$

따라서 우리는 다음과 같은 특수해를 얻을 수 있다.

$$y_p(= kt) = \frac{c}{a_1 + 2} t \qquad (a_1 + a_2 = -1;\ a_1 \neq -2 \text{ 인 경우}) \tag{18.2'}$$

예 2

$y_{t+2} + y_{t+1} - 2y_t = 12$의 특수해를 구하라. 여기서 $a_1 = 1$, $a_2 = -2$, $c = 12$이다. 이 경우에 공식 (18.2)는 분명히 적용될 수가 없지만, (18.2′)는 적용할 수 있다. 그리하여

$$y_p = \frac{12}{1 + 2} t = 4t$$

이다. 이 특수해는 이동균형†을 나타내고 있다.

† 역주 : 1계 차분방정식의 해당부분의 역주를 참고할 것.

$a_1 + a_2 = -1$ 이고, 동시에 $a_1 = -2$ 일 때(즉, $a_1 = -2$ 이고, $a_2 = 1$ 일 때)는 $y_t = kt^2$ 의 형태 [따라서 $y_{t+1} = k(t+1)^2$ 이 됨]를 가진 해를 시도해 볼 수 있다. 이 경우에 특수해는 다음과 같이 된다는 것을 여러분들은 확인해 볼 수 있을 것이다.

$$y_p = kt^2 = \frac{c}{2}t^2 \qquad (a_1 = -2; a_2 = 1 \text{인 경우}) \tag{18.2''}$$

그러나, 이 공식은 차분방정식 $y_{t+2} - 2y_{t+1} + y_t = c$ 라는 유일한 경우에만 적용할 수 있기 때문에, 그 유용성은 상당히 제한되어 있다.

보조함수

보조함수를 찾아내기 위해서는 다음과 같은 축약방정식을 논의해야 한다.

$$y_{t+2} + a_1 y_{t+1} + a_2 y_t = 0 \tag{18.3}$$

1계차분방정식을 다루어 본 경험에 의하면, Ab^t 라는 표현이 이러한 축약방정식의 일반해에 있어서 큰 역할을 하였다. 따라서, $y_t = Ab^t$ 의 형태의 해를 시도해 보자(이것은 또한 $y_{t+1} = Ab^{t+1}$ 등을 의미한다). 이제 우리의 과제는 A 와 b 의 값을 결정하는 일이다.

이 시험적인 해를 (18.3) 에 대입하면 다음과 같이 된다.

$$Ab^{t+2} + a_1 Ab^{t+1} + a_2 Ab^t = 0$$

또, 공통인수 Ab^t (0이 아님)을 지워버리고 나면 다음 식을 얻는다.

$$b^2 + a_1 b + a_2 = 0 \tag{18.3'}$$

이 2차방정식은 (18.3) 또는 (18.1)의 **특성방정식**으로서, (16.4″) 의 비견될 수 있고, 다음의 구 **특성근**을 갖는다.

$$b_1, b_2 = \frac{-a_1 \pm \sqrt{a_1^2 - 4a_2}}{2} \tag{18.4}$$

이 각각의 근은 해 Ab^t 에서 받아들여질 수 있다. 그러나 미분방정식의 경우에서처럼, 동차차분방정식 (18.3) 의 일반해는 각각 임의의 상수가 곱해지는 두 **선형독립**인 성분들로 구성되어야 하기 때문에, 사실상 $\boldsymbol{b_1}$ **과** $\boldsymbol{b_2}$ **모두**가 일반해에 나타나야 한다.

특성근에 관해서는 (18.4) 에 있는 제곱근에 따라서 3가지 가능한 경우가 나타날 수 있다.† 여러분들은 이것이 제 16.1 절의 2계미분방정식에 대한 분석과 아주 비슷하다는 것을 알 수 있을 것이다.

경우 1 **(서로 다른 실근)** $a_1^2 > 4a_2$ 일 때, (18.4) 에서의 제곱근은 실수이고, 따라서 b_1 과 b_2 는 실수이고 서로 다르게 된다. 이때, b_1^t 와 b_2^t 는 서로 선형독립이고, 보조함수는 간단히 다음과 같이 이 표현들의 선형결합으로 표현될 수 있다:

† 역주 : 이 문장은 의미가 명쾌하지 못하다(미분방정식의 해당부분에 대한 역주를 참조할 것).

$$y_c = A_1 b_1^t + A_2 b_2^t \tag{18.5}$$

이 결과를 (16.1)과 비교해 보기 바란다.

예 3

$y_{t+2} + y_{t+1} - 2y_t = 12$의 해를 구하라. 이 차분방정식은 계수로 $a_1 = 1$, $a_2 = -2$를 가지고 있다. 따라서 (18.4)의 공식을 이용하면 b_1, $b_2 = 1$, -2가 되는 특성근들을 얻을 수 있다. 그리하여, 보조함수는 다음과 같다.

$$y_c = A_1(1)^t + A_2(-2)^t = A_1 + A_2(-2)^t$$

[예 2]에 의해 이 차분방정식의 특수해는 $y_p = 4t$임을 알고 있으므로, 일반해를 다음과 같이 쓸 수 있다.

$$y_t = y_c + y_p = A_1 + A_2(-2)^t + 4t$$

이제 두 임의의 상수들인 A_1과 A_2에 대해 그 값을 정해 주어야 하는데, 이를 위해서는 2개의 초기조건이 필요하다. $y_0 = 4$, $y_1 = 5$가 주어져 있다고 하자. 그렇다면, 일반해에서 차례로 $t = 0$, $t = 1$로 놓음으로써 다음과 같은 식들을 얻을 수 있다.

$$y_0 = A_1 + A_2 \qquad [= 4,\ \text{첫째 초기조건에 의해}]$$
$$y_1 = A_1 - 2A_2 + 4 \qquad [= 5,\ \text{둘째 초기조건에 의해}]$$

따라서, 임의의 상수들은 $A_1 = 3$, $A_2 = 1$로 확정되고, 결국 확정해는 다음과 같이 쓸 수 있다.

$$y_t = 3 + (-2)^t + 4t$$

경우 2 **(중근)** $a_1^2 = 4a_2$ 일 때, (18.4)의 제곱근은 0이 되고, 특성근은 중근이 된다. 즉,

$$b(= b_1 = b_2) = -\frac{a_1}{2}$$

여기서, (18.5)의 형태로 보조함수를 나타내면, 두 성분은 하나로 합쳐지게 된다. 즉,

$$A_1 b_1^t + A_2 b_2^t = (A_1 + A_2)b^t \equiv A_3 b^t$$

그러나 이제 상수 하나가 부족하기 때문에 이것은 보조함수로 적당하지 않다.

빠진 성분은 $A_3 b^t$ 항과 선형독립이어야 한다. 이것을 찾아내기 위해서는, 전에 사용했던 방법인 b^t에다 변수 t를 곱해 볼 수 있다. 그러므로 새로운 항은 $A_4 tb^t$의 형태가 된다. $A_3 b^t$에다 상수계수를 곱해서 $A_4 tb^t$의 수식을 얻은 것은 불가능하므로, $A_4 tb^t$이 $A_3 b^t$과 선형독립인 것은 자명하다. $A_4 tb^t$이 실제로 $A_3 b^t$ 처럼 동차방정식 (18.3)의 해가 된다는 것은, $y_t = A_4 tb^t$을 [따라서 $y_{t+1} = A_4(t+1)b^{t+1}$ 등을] (18.3) 식에 대입하여† 그 식이 항등식 $0 = 0$이 된다는 것을 알아봄으로써 쉽게 확인할 수 있다.

그러므로 중근의 경우에 보조함수는 다음과 같다.

$$y_c = A_3 b^t + A_4 tb^t \tag{18.6}$$

† 이 대입에서, $a_1^2 = 4a_2$ 와 $b = -\frac{a_1}{2}$ 이 성립하고 있다는 것을 기억해야 한다.

이 결과를 (16.9)와 비교해 보기 바란다.

예 4

$y_{t+2}+6y_{t+1}+9y_t=4$ 의 보조함수를 구하라. 계수들이 $a_1=6$, $a_2=9$ 이기 때문에, 특성근은 $b_1=b_2=-3$ 이 된다. 따라서 다음의 결과를 얻을 수 있다.

$$y_c = A_3(-3)^t + A_4t(-3)^t$$

여기서 한 걸음 더 나아가서, $y_p=\frac{1}{4}$ 임을 쉽게 알 수 있기 때문에, 이 차분방정식의 일반해는 다음과 같다.

$$y_t = A_3(-3)^t + A_4t(-3)^t + \frac{1}{4}$$

두 개의 초기조건이 주어지면, A_3 와 A_4 의 확정적인 값도 구할 수 있다.

경우 3 (복소근) 마지막으로 $a_1^2 < 4a_2$ 가 성립할 때는, 특성근은 공액복소수가 된다. 구체적으로는 다음과 같은 형태가 될 것이다.

$$b_1, b_2 = h \pm vi$$

여기서

$$h = -\frac{a_1}{2} \qquad \text{및} \qquad v = \frac{\sqrt{4a_2 - a_1^2}}{2} \tag{18.7}$$

이다. 따라서 보조함수는 다음과 같이 된다.

$$y_c = A_1b_1^t + A_2b_2^t = A_1(h+vi)^t + A_2(h-vi)^t$$

이 상태로는 y_c 의 의미를 쉽사리 파악할 수 없다. 그러나 다행히도, (16.23′)에 나타나 있는 드 므와브르(De Moivre)의 정리를 이용하면, 이 보조함수를 우리가 잘 알고 있는 삼각함수의 항들로 쉽게 변환시킬 수 있다.

드 므와브르의 정리에 의해서 다음과 같이 쓸 수 있다.

$$(h \pm vi)^t = R^t(\cos\theta t \pm i\sin\theta t)$$

단, R 값(항상 양의 값을 취함)은 (16.10)에 의해서 다음과 같다.

$$R = \sqrt{h^2+v^2} = \sqrt{\frac{a_1^2+4a_2-a_1^2}{4}} = \sqrt{a_2} \tag{18.8}$$

그리고, θ 는 구간 $[0, 2\pi)$에서의 각의 호도값으로서 다음의 조건을 충족한다.

$$\cos\theta = \frac{h}{R} = \frac{-a_1}{2\sqrt{a_2}} \qquad \text{및} \qquad \sin\theta = \frac{v}{R} = \sqrt{1-\frac{a_1^2}{4a_2}} \tag{18.9}$$

그러므로 보조함수는 다음과 같이 변환될 수 있다:

$$\begin{aligned} y_c &= A_1 R^t(\cos\theta t + i\sin\theta t) + A_2 R^t(\cos\theta t - i\sin\theta t) \\ &= R^t[(A_1 + A_2)\cos\theta t + (A_1 - A_2)i\sin\theta t] \\ &= R^t(A_5\cos\theta t + A_6\sin\theta t) \end{aligned} \tag{18.10}$$

단, A_5와 A_6는 각각 다음과 같은 내용을 줄여서 표현한 것이다.†

$$A_5 \equiv A_1 + A_2 \qquad \text{및} \qquad A_6 \equiv (A_1 - A_2)i$$

보조함수 (18.10)은 미분방정식의 보조함수인 (16.24′)와 두 가지 중요한 점에서 다르다. 첫째, 수식 $\cos\theta t$와 $\sin\theta t$가 앞에서 사용한 $\cos vt$와 $\sin vt$를 대신하고 있다. 둘째, 배수로서 R^t(밑수가 R인 지수)가 자연지수함수 e^{ht}를 대신하고 있다. 간단히 말하자면, 해당 복소근의 직교좌표(h와 v)로부터 그 극좌표(R과 θ)로 변환시킨 것이다. 일단 h와 v의 값이 알려지면, R와 θ의 값은 (18.8)과 (18.9)에 의해 결정될 수 있다. 그리고, $a_1^2 < 4a_2$이고 따라서 근들이 복소수라는 것이 우선 확실하다면, (18.8)과 (18.9)의 공식을 이용하여 a_1과 a_2의 값으로부터 직접 R과 θ의 값을 계산할 수 있다.

예 5

$y_{t+2} + \frac{1}{4}y_t = 5$의 일반해를 구하라. 계수가 $a_1 = 0$과 $a_2 = \frac{1}{4}$이기 때문에, 이것은 $a_1^2 < 4a_2$인 복소근의 예이다. (18.7)에 의해 근의 실수와 허수부분들은 각각 $h = 0$, $v = \frac{1}{2}$이다. 따라서 (18.8)로부터 R은 다음과 같다.

$$R = \sqrt{0 + \left(\frac{1}{2}\right)^2} = \frac{1}{2}$$

θ의 값은 다음의 두 방정식, 즉,

$$\cos\theta = \frac{h}{R} = 0 \qquad \text{및} \qquad \sin\theta = \frac{v}{R} = 1$$

을 충족시키는 것이기 때문에, 〈표 16.1〉로부터 다음을 알 수 있다.

$$\theta = \frac{\pi}{2}$$

결국, 보조함수는 다음과 같이 된다.

$$y_c = \left(\frac{1}{2}\right)^t \left(A_5\cos\frac{\pi}{2}t + A_6\sin\frac{\pi}{2}t\right)$$

y_p를 찾기 위해서, 원래의 방정식에서 상수해 $y_t = k$를 시험해 보도록 하자. 이때 $k = 4$가 되고, 따라서 $y_p = 4$이며 일반해는 다음과 같다.

$$y_t = \left(\frac{1}{2}\right)^t \left(A_5\cos\frac{\pi}{2}t + A_6\sin\frac{\pi}{2}t\right) + 4 \tag{18.11}$$

† 역주: 여기서 A_1과 A_2는 서로 공액복소수이고 A_5와 A_6는 실수이다(미분방정식에 관한 해당부분 참조)

예 6

$y_{t+2} - 4y_{t+1} + 16y_t = 0$의 일반해를 구하라. 우선 특수해가 $y_p = 0$라는 것은 쉽게 알 수 있다. 이 사실은 일반해 $y_t (= y_c + y_p)$가 y_c와 같다는 것을 의미한다. y_c를 알려면, 계수들이 $a_1 = -4$, $a_2 = 16$이기 때문에 복소근이 생긴다는 것에 주목해야 한다. 그러므로 a_1과 a_2의 값을 직접 (18.8)과 (18.9)에 대입하여 다음을 얻을 수 있다.

$$R = \sqrt{16} = 4$$

$$\cos\theta = \frac{4}{2 \cdot 4} = \frac{1}{2} \quad \text{및} \quad \sin\theta = \sqrt{1 - \frac{16}{4 \cdot 16}} = \sqrt{\frac{3}{4}} = \frac{\sqrt{3}}{2}$$

〈표 16.2〉로부터 마지막 두 방정식을 풀면 θ는 다음과 같다.

$$\theta = \frac{\pi}{3}$$

그러므로 보조함수 — 여기서는 동시에 일반해이기도 하다 — 는 다음과 같다.

$$y_c (= y_t) = 4^t \left(A_5 \cos\frac{\pi}{3}t + A_6 \sin\frac{\pi}{3}t \right) \tag{18.12}$$

시간경로의 수렴

1계차분방정식에서처럼, 여기서도 시간경로 y_t의 수렴여부는 오직 $t \to \infty$가 됨에 따라 y_c가 0에 수렴하느냐의 여부에 달려 있다. 그러므로 비록 여기서는 하나가 아닌 **두 개의** 특성근을 고려해야 하지만, [그림 17.1]에서 살펴보았던 표현 b^t의 여러 가지 경우들은 여기에서도 그대로 적용될 수 있다.

우선, 서로 다른 실수근들의 경우 $(b_1 \neq b_2)$를 살펴보자. $|b_1| > 1$이고 $|b_2| > 1$이면, 보조함수 (18.5)의 두 성분들 — $A_1 b_1^t$과 $A_2 b_2^t$ — 은 모두 발산하게 되고, 따라서 y_c도 발산하게 된다. 반대로 $|b_1| < 1$이고 $|b_2| < 1$일 때는, y_c의 두 항들은 모두 t가 무한히 커짐에 따라 0으로 수렴하고, y_c도 그렇게 될 것이다. $|b_1| > 1$이지만 $|b_2| < 1$일 때는 어떻게 되겠는가? 이러한 중간 경우에는 $A_2 b_2^t$항은 0으로 가까이 가지만 다른 항인 $A_1 b_1^t$은 0으로부터 점점 멀어지게 된다는 것은 자명하다. 따라서 $A_1 b_1^t$ 항의 영향이 결국 지배적이 되고 시간경로는 발산하게 된다.

절대값이 더 큰 근을 **우세근**(dominant root)이라 부르기로 하자. 그렇다면 적어도 시간경로가 궁극적으로 수렴하느냐 혹은 발산하느냐 하는 점에 관해 시간경로의 성격을 사실상 정하는 것은 우세근일 것이다. 그러므로, **시간경로가 수렴할 — 초기조건이 어떻든 간에 — 필요충분조건은 우세근의 절대값이 1보다 작다는 것**이라고 말할 수 있다. 우리는 이 명제가, 두 근의 절대값이 모두 1보다 크거나 작은 경우(앞에서 설명했음)와, 한 근의 절대값이 정확히 1인 경우(앞에서 설명하지 않았음)에 대해서 타당하다는 것을 확인할 수 있다. 그러나, 비록 궁극적인 수렴여부는 오직 우세근에만 의존한다고 하더라도, **비**우세근(nondominant root)이 적어도 처음 기간 동안에는 시간경로에 뚜렷한 영향을 끼친다는 것을 주목해야 한다. 그러므로 y_t의 정확한 형태는 여전히 두 근에 의존하다.

특성근이 중근인 경우를 보면, 우리는 보조함수가 (18.6)에 나타난 바대로 $A_3 b^t$과 $A_4 t b^t$의 항들로 구성되어 있다는 것을 알고 있다. 전자는 이미 우리에게 친숙한 것이지만, 배수 t가 있는 후자는 조금 더 설명할 필요가 있다. $|b| > 1$이면, t가 커짐에 따라 b^t항은 발산하고 배수 t는 그 발

산하려는 경향을 단지 더욱 강화시켜 줄 것이다. 반대로 $|b|< 1$ 이면, b^t 부분 (t 가 커짐에 따라 0으로 수렴함) 과 t 부분은 서로 반대 방향으로 움직일 것이다. 즉, t 값은 b^t 을 강화하기 보다는 상쇄시킬 것이다. 그렇다면 이 중 어느 힘이 더 지배적인 것이 되겠는가? 이에 대한 대답은 b^t 의 수축하려는 힘이 t 의 발산하려는 힘을 항상 누르게 된다는 것이다. 이 때문에 중근의 경우에도, 수렴하기 위한 기본적인 필요조건은 여전히 특성근의 절대값이 1보다 작다는 것이다.

예 7

앞의 [예 3] 과 [예 4] 의 해들의 수렴 여부를 분석하라. [예 3] 을 보면, 그 해는 다음과 같았다.

$$y_t = 3 + (-2)^t + 4t$$

여기서 특성근들은 각각 1과 -2이고 $[3(1)^t = 3$이다], 이동균형으로 $4t$ 가 존재한다. 우세근은 -2가 되고, 따라서 시간경로는 발산하게 된다.

[예 4]의 해는 다음과 같았다.

$$y_t = A_3(-3)^t + A_4t(-3)^t + \frac{1}{4}$$

여기서 $|b| = 3$ 이므로 시간경로는 발산한다.

이제 특성근이 복소수인 경우를 살펴보자. 이때 보조함수의 일반적인 형태는 (18.10) 에 나타나 있다. 즉,

$$y_c = R^t(A_5 \cos\theta t + A_6 \sin\theta t)$$

여기서 괄호 안의 표현은 (16.24′) 의 그것처럼 주기성을 지니며 파동하는 시간경로를 만들어 낸다. 그러나 차분방정식의 경우에는 변수 t 가 단지 0, 1, 2, ⋯ 와 같은 정수값들만을 취할 수 있기 때문에, 주기함수의 그래프 위에 있는 점들의 부분집합만을 떼어 사용해야 한다. 그러한 각 점에서의 y 값은 그 부분집합 속의 다음 점에 도달하기까지 전 기간 동안 계속 지배하게 된다. [그림 18.1] 에 예시한 대로, 이때 결과적으로 나타나는 시간경로는 통상의 진동하는 형태도 아니고 (계속되는 기간들에 있어 y_p 의 위와 아래를 교대로 왔다갔다 하지 않음), 통상의 파동하는 형태도 아니며 (부드럽지 않음), 차라리 일종의 **계단**파동 (stepped fluctuation) 을 보여 주고 있다.† 그렇지만

그림 18.1

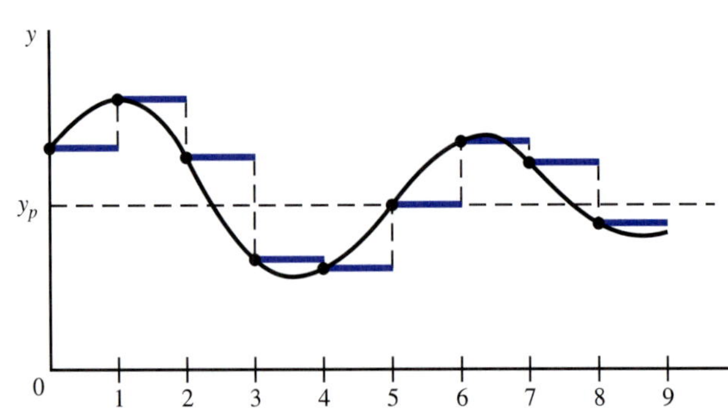

† 역주 : 엄밀히 말하면 파동하는 이산적 점렬이라고 해야 한다.

시간경로의 수렴에 관한 한, 결정적인 요인은 바로 R^t 항이다. 이것은 (16.24′)에서 e^{ht} 항처럼, 계단파동의 폭이 t가 커짐에 따라 커질 것인지 작아질 것인지를 결정해 준다. 현재의 경우에는, 파동의 폭이 줄어들 필요충분조건은 $R<1$인 것이다. R은 정의에 의하여 공액복소수의 특성근들 $(h \pm vi)$의 절대값이므로, 수렴하기 위한 조건은 역시 특성근들의 절대값이 1보다 작아야 한다는 것이다.

이상을 요약하면 다음과 같다. 특성근의 세 가지의 모든 경우에 대해서, 시간경로가 균형수준(정상적인 것이든 이동하는 것이든)으로 — 초기조건이 어떠한 것이든 관계없이 — 수렴할 필요충분조건은 모든 특성근의 절대값이 1보다 작다는 것이다.

예 8 (18.11)과 (18.12)의 시간경로들은 수렴하는가? (18.11)에서는 $R=\frac{1}{2}$이기 때문에, 시간경로는 정상균형 (= 4)으로 수렴할 것이다. 반면에 (18.12)에서는 $R=4$이고, 따라서 시간경로는 균형수준(= 0)으로 수렴하지 않는다.

연습문제 18.1

1. 다음 각각에 대해서 특성방정식을 써 보고 특성근들을 구하라 :

   (a) $y_{t+2} - y_{t+1} + \frac{1}{2}y_t = 2$ (c) $y_{t+2} + \frac{1}{2}y_{t+1} - \frac{1}{2}y_t = 5$

   (b) $y_{t+2} - 4y_{t+1} + 4y_t = 7$ (d) $y_{t+2} - 2y_{t+1} + 3y_t = 4$

2. 문제 1. 의 각각에 대해서 그 특성근들을 기초로 해서, 그 시간경로가 진동하는지 혹은 계단파동을 그리는지를 말하고, 그리고 그것이 발산하는가의 여부도 알아보라.
3. 문제 1. 에서 각 방정식의 특수해를 구하라. 이들은 정상균형을 나타내는가, 혹은 이동균형을 나타내는가?
4. 다음의 차분방정식들을 풀어라.

   (a) $y_{t+2} + 3y_{t+1} - \frac{7}{4}y_t = 9$ $(y_0 = 6;\ y_1 = 3)$

   (b) $y_{t+2} - 2y_{t+1} + 2y_t = 1$ $(y_0 = 3;\ y_1 = 4)$

   (c) $y_{t+2} - y_{t+1} + \frac{1}{4}y_t = 2$ $(y_0 = 4;\ y_1 = 7)$

5. 문제 4. 에서 얻은 시간경로들을 분석하라.

18.2 | 새뮤엘슨의 승수 · 가속도 상호작용 모형

2계차분방정식의 경제학적 응용예로서 최초의 노벨경제학상 수상자인 새뮤엘슨 교수의 고전적인 상호작용 모형을 들고자 한다. 그의 상호작용 모형은 가속도원리와 승수원리가 함께 작용할 때 소득결정의 동태적 과정을 탐구하고 있다.† 이 모형은 다른 무엇보다도, 승수와 가속도가 상호작용

† Paul A. Samuelson, "Interactions between the Multiplier Analysis and the Principle of Acceleration," *Review of Economic Statistics*, May, 1939, pp. 75~78; 이것은 American Economic Association, *Readings in Business Cycle Theory*, Richard D. Irwin, Inc., Homewood, Ill., 1944, pp. 261~269에 재수록되었음.

함으로써 주기적인 파동을 내생적으로 발생시킬 수 있다는 사실을 보이는 데 도움을 주고 있다.

모형

국민소득 Y_t가 세 가지 지출의 흐름, 즉 소비 C_t, 투자 I_t, 정부지출 G_t로 구성되어 있다고 하자. 소비는 경상소득의 함수가 아니고 전기의 소득 Y_{t-1}의 함수라고 가정한다. 분석의 단순화를 위해, C_t가 Y_{t-1}에 정확히 비례한다고 가정한다. "유발된" 지출의 성격을 지닌 투자는 소비지출의 지배적인 추세의 함수이다. 물론 이 모형에 가속도원리가 들어오는 것은 이 유발된 투자를 통해서이다. 구체적으로 우리는 I_t가 소비의 증가분 $\Delta C_{t-1} \equiv C_t - C_{t-1}$과 고정된 비율의 비례관계를 맺고 있다고 가정한다. 반면에 세 번째의 성분인 G_i는 외생적인 것으로 받아들인다. 즉, G_i가 상수라고 가정하여 간단히 G_0로 나타내기로 한다.

이러한 가정들은 다음의 방정식들로 바꾸어 표현할 수 있다:

$$
\begin{aligned}
Y_t &= C_t + I_t + G_0 \\
C_t &= \gamma Y_{t-1} \qquad\qquad (0 < \gamma < 1) \\
I_t &= \alpha(C_t - C_{t-1}) \qquad (\alpha > 0)
\end{aligned}
\tag{18.13}
$$

여기서 γ(그리스 문자 감마)는 한계소비성향을 나타내고, α는 **가속도계수**(acceleration coefficient 또는 줄여서 accelerator)를 나타낸다. 만약 모형에서 유발투자를 없애 버리면, 동태적 승수과정을 표현하고 있는 1계차분방정식(제 17.2 절 [예 2]를 참조할 것)을 얻게 된다. 그러나 유발투자를 포함하게 되면, 승수와 가속도의 상호작용을 묘사하는 2계차분방정식을 얻게 되는 것이다.

두 번째 방정식을 이용하면, I_t를 다음과 같이 소득으로 표현할 수 있다;

$$I_t = \alpha(\gamma Y_{t-1} - \gamma Y_{t-2}) = \alpha\gamma(Y_{t-1} - Y_{t-2})$$

이것과 C_t의 식을 (18.13)의 첫 번째 방정식에 대입하고 정리하면, 주어진 모형은 다음의 단일방정식으로 압축될 수 있다.

$$Y_t - \gamma(1+\alpha)Y_{t-1} + \alpha\gamma Y_{t-2} = G_0$$

또는, 같은 것을 다음과 같이(하첨자를 미래로 2기 옮겨서) 표현할 수도 있다.

$$Y_{t+2} - \gamma(1+\alpha)Y_{t+1} + \alpha\gamma Y_t = G_0 \tag{18.14}$$

이것은 상수계수와 상수항을 가진 2계선형차분방정식이기 때문에, 앞에서 설명한 방법으로 그 해를 구할 수 있다.

해

(18.2)로부터 다음과 같은 특수해를 얻게 된다.

$$Y_p = \frac{G_0}{1-\gamma(1+\alpha)+\alpha\gamma} = \frac{G_0}{1-\gamma}$$

$1/(1-\gamma)$은 단지 유발투자가 없을 경우에 나타날 승수에 지나지 않는다. 그리하여 이 소득수준이 "국민소득 = 총지출"이라는 균형조건 [(3.24)참조]을 충족한다는 의미에서, $G_0/(1-\gamma)$ — 외

생적 지출항목에 승수를 곱한 것 — 는 균형소득 Y^*를 주고 있다. 그러나 이것은 그 모형의 특수해이기 때문에, 시간적 의미에서의 균형소득 $\overline{Y}$이기도 한 것이다.

보조함수에 관해서는 세 가지 가능한 경우들이 있다. 이 모형에 있어서, [경우 1] ($a_1^2 > 4a_2$)은 다음과 같은 부등식에 의해서 특징지워진다.

$$\gamma^2(1+\alpha)^2 > 4\alpha\gamma \quad \text{또는} \quad \gamma(1+\alpha)^2 > 4\alpha$$

또는

$$\gamma > \frac{4\alpha}{(1+\alpha)^2}$$

마찬가지로, [경우 2]와 [경우 3]을 특징지우기 위해서는, 위의 마지막 부등식에서 > 부호를 각각 = 와 < 로 바꾸기만 하면 된다. [그림 18.2]에 방정식 $\gamma = 4\alpha\,(/1+a)^2$의 그래프를 그렸다. 앞에서 논의한 바에 따르면, 정확하게 이 곡선 **상에** 놓여 있는 점 (α, γ)들은 [경우 2]에 해당한다. 반면에 곡선보다 **위쪽에** 놓여 있는 (α, γ)의 순서쌍들은 (γ 값이 보다 더 큼) [경우 1]과 관계가 있고, 곡선보다 **아래쪽에** 있는 점들은 [경우 3]과 관계가 있다.

이렇게 세부분으로 나눈 것은, [그림 18.2]에 나타나 있는 바와 같이, 주기적 파동이 승수와 가속도의 상호작용으로부터 내생적으로 발생할 수 있는 조건을 명확히 나타내고 있는 점에서 흥미롭다. 그러나 이것은 Y의 시간경로가 수렴하느냐 혹은 발산하느냐에 대해서는 아무것도 말해 주지 못하고 있다. 그러므로 위의 각 경우들에 대해서 **수렴할 때**와 **발산할 때**를 구분하는 일이 남아 있다. 물론 특정한 수치예를 들어 그만한 가치가 있는 설명을 시도하고자 한다. 즉, 수렴현상과 발산현상이 나타나는 일반적인 조건을 살펴보고자 하는 것이다.

그림 18.2

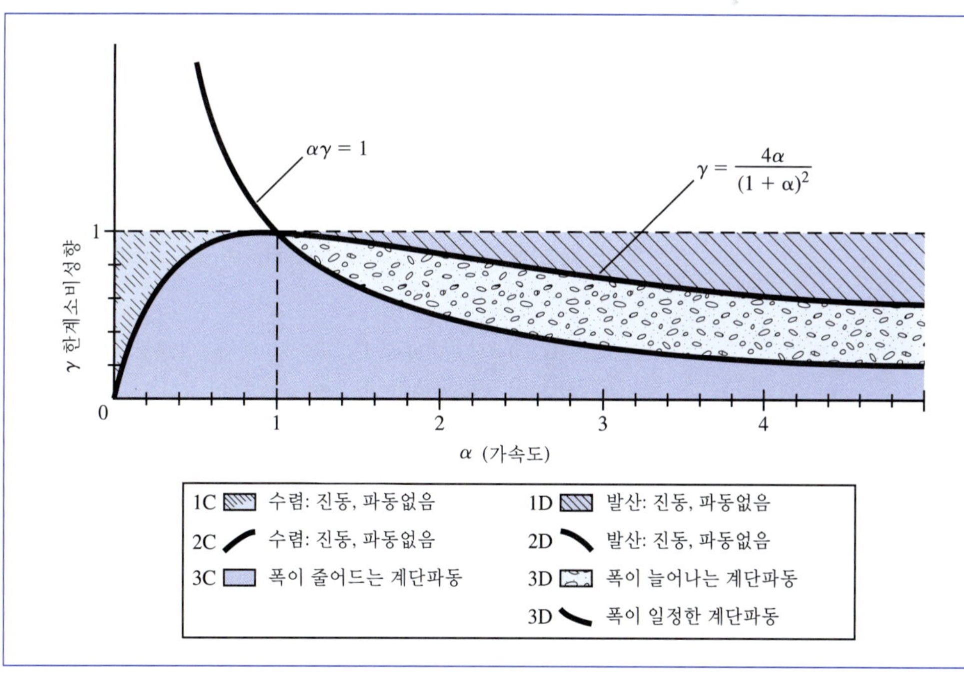

수렴과 발산

차분방정식 (18.14) 의 특성방정식은 다음고 같다.

$$b^2 - \gamma(1+\alpha)b + \alpha\gamma = 0$$

그리고 두 특성근은 다음과 같다.

$$b_1, b_2 = \frac{\gamma(1+\alpha) \pm \sqrt{\gamma^2(1+\alpha)^2 - 4\alpha\gamma}}{2}$$

수렴이냐 혹은 발산이냐 하는 문제는 b_1과 b_2의 값들에 의존하고, 더 나아가서 b_1과 b_2는 파라미터인 α와 γ의 값들에 의존하기 때문에, 수렴과 발산에 관한 조건들은 α와 γ 값들에 의해 표현될 수 있다. 이를 위해서는, 두 특성근이 다음의 두 방정식에 의해 항상 상호 관련되어 있다는 — (16.6) 에 의해 — 사실을 이용할 수 있다;

$$b_1 + b_2 = \gamma(1+\alpha) \qquad \textbf{(18.15)}$$

$$b_1 b_2 = \alpha\gamma \qquad \textbf{(18.15')}$$

이 두 방정식에 의해 우리는 다음과 같은 것을 알 수 있다.

$$\begin{aligned}(1-b_1)(1-b_2) &= 1 - (b_1+b_2) + b_1 b_2 \\ &= 1 - \gamma(1+\alpha) + \alpha\gamma = 1 - \gamma\end{aligned} \qquad \textbf{(18.16)}$$

$0<\gamma<1$이라는 모형의 특성을 생각해 보면, 두 특성근에다 다음과 같은 조건을 부과할 필요가 있다.

$$0 < (1-b_1)(1-b_2) < 1 \qquad \textbf{(18.17)}$$

이제 특성근들이 실수이며, 서로 다른 [경우 1]의 수렴의 문제를 검토해 보자. 정의에 의해서 α와 γ는 모두 양수이기 때문에, (18.15′) 에 의해서 $b_1 b_2 > 0$ 임을 알 수 있는데, 이것은 b_1과 b_2가 같은 대수적 부호를 가진다는 것을 의미한다. 또한 $\gamma(1+\alpha) > 0$ 이기 때문에, (18.15) 는 b_1과 b_2가 모두 양수라는 것을 말해 주고 있다. 그러므로, [경우 1]에 있어서 시간경로 Y_t는 결코 진동할 수 없다.

b_1과 b_2의 부호들이 이제 알려져 있기는 하지만, [경우 1]에 있어서는 사실상 5개의 (b_1, b_2)값의 조합을 생각할 수 있는데, 그 각각은 그에 대응하는 α와 γ 값들에 관해서 고유한 의미를 가지고 있다. 즉, 다음과 같다:

$$\begin{array}{llcl}
(i) & 0 < b_2 < b_1 < 1 & \Rightarrow & 0 < \gamma < 1;\ \alpha\gamma < 1 \\
(ii) & 0 < b_2 < b_1 = 1 & \Rightarrow & \gamma = 1 \\
(iii) & 0 < b_2 < 1 < b_1 & \Rightarrow & \gamma > 1 \\
(iv) & 1 = b_2 < b_1 & \Rightarrow & \gamma = 1 \\
(v) & 1 < b_2 < b_1 & \Rightarrow & 0 < \gamma < 1;\ \alpha\gamma > 1
\end{array}$$

b_1과 b_2가 모두 1보다 작은 양수인 가능성 (i)의 경우는, (18.17) 의 조건을 충족시키고 따라서 $0<\gamma<1$이라는 모형의 특성에 들어 맞는다. 이때는 두 특성근들의 곱도 1보다 작은 양수이어야 하고, 이 사실은 (18.15′) 에 의해 $\alpha\gamma<1$이 성립함을 의미한다. 이 가능성 (i)의 경우와는 대조적으

로, 그 다음의 세가지 가능성들은 모두 (18.17)의 조건을 위반하고 있고, 이때 나타나는 γ 값들은 우리가 다루고 있는 모형에 맞지 않게 된다 ([연습문제 18.2]의 3을 참조하라). 따라서 이 세 가지 가능성은 고려 대상에서 제외되어야 한다. 그러나 가능성 (v)는 우리가 받아들일 수 있는 경우이다. b_1과 b_2가 모두 1보다 크기 때문에, $(1-b_1)(1-b_2)<1$이면 (18.17)은 여전히 충족된다. 그러나 이번에는 (18.15′)에 의해 $\alpha\gamma>1$ ($\alpha\gamma<1$이 아니라)이 성립한다. 이상에서 얻을 수 있는 결론은 다음과 같다. 즉 [경우 1]안에는 우리가 타당한 것으로 받아들일 수 있는 가능성들이 단지 2개뿐이라는 것이다. 그 중 첫 번째 [가능성(i)]는 1보다 작은 양수인 b_1과 b_2의 특성근을 가지고 있고, 따라서 Y의 시간경로는 수렴하게 된다. 그리고, 가능성 (v)는 그 특성근들이 1보다 크고, 따라서 발산하는 시간경로를 가진다. 그러나 α와 γ의 값에 관해서만 볼 때, 수렴하느냐 혹은 발산하느냐의 여부는 단지 $\alpha\gamma<1$인가 아니면 $\alpha\gamma>1$인가에 달려 있다. 이러한 정보는 <표 18.1>의 윗부분에 요약되어 있는데, 이 표에서는 수렴하는 경우를 1C, 발산하는 경우를 1D로 나타내고 있다.

특성근이 중근인 [경우 2]에 대한 분석도 기본적으로 비슷하다. 이때 특성근은 $b=\gamma(1+\alpha)/2$인데, α와 γ가 양수이기 때문에 양의 부호를 가지며, 따라서 진동현상도 없다. 그리고 이번에는 b의 값을 단지 세 가지의 가능한 경우들로 분류할 수 있다:

$$
\begin{array}{lll}
(vi) & 0<b<1 & \Rightarrow \quad \gamma<1;\alpha\gamma<1 \\
(vii) & b=1 & \Rightarrow \quad \gamma=1 \\
(viii) & b>1 & \Rightarrow \quad \gamma<1;\alpha\gamma>1
\end{array}
$$

가능성 (vi)의 경우에서는, $b(=b_1=b_2)$는 1보다 작은 양수이고, 따라서 α와 γ값에 관한 것은 [경우1]안의 가능성 (i)과 완전히 일치한다. 마찬가지로, $b(=b_1=b_2)$가 1보다 큰 $(viii)$의 경우에는 $1<b<2$인 경우에만 (18.17)을 충족할 수 있고, 그 때에는 가능성 (v)와 같은 결과가 된다. 반면에, (vii)의 경우는 (18.17)의 조건을 위반하기 때문에 배제해야 한다. 그리하여, 우리가 받아들일 수 있는 가능한 경우는 앞서와 마찬가지로 역시 2개만 있게 된다. 그 중 첫 번째인 (vi)의 경우에는 수렴하는 시간경로를 낳는 반면, $(viii)$의 경우는 발산하는 시간경로를 가진다. α와 γ의 값에 관해서만 볼 때, 수렴하는 경우와 발산하는 경우는 또다시 $\alpha\gamma<1$, $\alpha\gamma>1$과 관련되어 있다. 이 결과들은 <표 18.1>의 중간 부분에 나타나 있는데, 수렴하는 경우는 2C, 발산하는 경우는 2D로 표시되어 있다.

마지막으로, 특성근들이 복소수인 [경우 3]에서는, 계단파동이 있게 되고, 따라서 내생적인 경

표 18.1 새뮤엘슨 모형의 여러 경우들

대분류	소분류	α와 γ의 값들	Y_t의 시간경로
1. 서로 다른 실근			
$\gamma>\dfrac{4\alpha}{(1+\alpha)^2}$	1C: $0<b_2<b_1<1$	$\alpha\gamma<1$	진동하지도 않고
	1D: $1<b_2<b_1$	$\alpha\gamma>1$	파동하지도 않음
2. 중근			
$\gamma=\dfrac{4\alpha}{(1+\alpha)^2}$	2C: $0<b<1$	$\alpha\gamma<1$	진동하지도 않고
	2D: $b>1$	$\alpha\gamma>1$	파동하지도 않음
3. 복소근			
$\gamma<\dfrac{4\alpha}{(1+\alpha)^2}$	3C: $R<1$	$\alpha\gamma<1$	계단파동을 함
	3D: $R\geq1$	$\alpha\gamma\geq1$	

기변동현상이 존재하게 된다. 이때 수렴과 발산에 대한 단서를 얻기 위해서는 절대값 $R=\sqrt{a_2}$ [(18.8)참조]를 살펴보아야 하는데, 여기서 a_2는 차분방정식 (18.1) 에서 y_t 항의 계수이다. 우리가 지금 다루고 있는 모형에서는 $R=\sqrt{\alpha\gamma}$ 가 성립하는데, 여기에는 다음의 세 가지 가능성이 있을 수 있다:

$$
\begin{aligned}
&(ix) \quad R < 1 \quad \Rightarrow \quad \alpha\gamma < 1 \\
&(x) \quad R = 1 \quad \Rightarrow \quad \alpha\gamma = 1 \\
&(xi) \quad R > 1 \quad \Rightarrow \quad \alpha\gamma > 1
\end{aligned}
$$

위의 세 가지 모두가 우리가 다루고 있는 모형에서 받아들일 수 있는 것들 ([연습문제 18.2] 의 4 참조) 이지만, $R<1$ 의 경우만이 수렴하는 시간경로를 가지며 <표 18.1> 에서는 3C라고 표시되어 있다. 그리고 다른 두 가지 경우는 합해서 3D라고 표시되어 있다.

요컨대, 우리는 <표 18.1> 로부터 시간경로가 수렴할 필요충분조건은 $\alpha\gamma<1$ 이라고 결론지을 수 있다.

그래프에 의한 요약

이상의 분석은, 처음에 몇 가지 경우들을 대분류하고 다시 그 각 경우를 소분류하는 것과 같은 다소 복잡한 결과를 가져왔다. 따라서 그 분류방법을 한 눈에 볼 수 있게끔 그림으로 나타내 보인다면 이상의 분석을 이해하는 데 도움이 될 것이다. 이것이 [그림 18.2] 에 나타나 있다.

우리의 모형에서 받아들일 수 있는 모든 (α, γ)순서쌍들의 집합은 [그림 18.2] 에서 여러 형태들이 그려져 있는 직사각형으로 나타나 있다. 그런데, 모형에서는 $\gamma=0$ 와 $\gamma=1$, 그리고 $\alpha=0$ 의 값들을 배제하고 있기 때문에, 그 직사각형에는 변이 없다. 우리는 <표 18.1> 에서 대분류의 세 가지 경우들을 구분하기 위해, 이미 방정식 $\gamma=4\alpha/(1+\alpha)^2$ 의 그래프를 [그림 18.2] 에다 그려 놓았다. 앞에서 살펴보았던 대로, 그 곡선상의 점들은 대분류 2에 해당하고, 곡선보다 아래쪽에 있는 점들 (γ 값이 더 큼을 의미함) 은 대분류 1에 속하고, 그리고 곡선보다 아래쪽에 있는 점들 (γ 값이 더 작음) 은 대분류3에 해당한다. 이 각각의 경우들에 대하여 수렴할 때와 발신할 때를 구분해 주기 위해서, 우리는 또다른 경계선으로 $\alpha\gamma=1$ (직각쌍곡선) 의 그래프를 추가로 그린다. 이 직각쌍곡선보다 위쪽에 놓여 있는 점들은 부등식 $\alpha\gamma>1$ 을 충족하는 반면, 그 아래에 위치하고 있는 점들은 $\alpha\gamma<1$ 에 대응하고 있다. 이제는 <표 18.1> 에서의 소분류의 경우들을 쉽게 구분할 수 있다. 대분류 1의 안에서, 그 쌍곡선보다 아래에 있는 점들, 즉 끊어진 빗금으로 표시한 구역은 소분류 1C에 해당하고, 끊어지지 않은 빗금으로 표시한 구역은 소분류 1D에 해당한다. 곡선 $\gamma=4\alpha/(1+\alpha)^2$ 상에 위치한 점들이 해당하는 대분류 2안에서는, 그 곡선이 양의 기울기를 가진 부분은 소분류 2C이고, 음의 기울기를 가진 부분은 소분류 2D이다. 마지막으로, 대분류 3안에서는, 직각쌍곡선이 점으로 표시한 구역 (소분류 3C) 과 자갈 모양으로 표시한 구역 (소분류 3D) 을 구분해 주고 있다. 이 중 후자의 구역은 $\alpha\gamma \geq 1$ 에 의해 규정되어 **약부등호**가 성립하기 때문에, 직각쌍곡선 **상**의 점들도 포함한다는 사실에 주의해야 한다.

[그림 18.2] 는 모형에 대한 정성적 분석의 모든 결과들을 모아 놓은 것이기 때문에, 어떤 한 순서쌍 (α, γ) 가 주어졌을 때 우리는 항상 [그림 18.2] 에 그 점을 그려 넣음으로써 올바른 소분류를 찾아낼 수 있다.

예 1 가속도 계수가 0.8이고 한계소비성향이 0.7이면, 위의 모형에서 어떤 시간경로가 나타나겠는가? 순서쌍 (0.8, 0.7)은 점으로 표시한 구역, 즉 소분류 3C에 위치하고 있다. 따라서 시간경로의 특징은 그 폭이 줄어드는 계단파동이 된다.

예 2 $\alpha = 2$ 와 $\gamma = 0.5$ 이면 어떤 결과가 나타나겠는가? 이때 순서쌍 (2, 0.5)는 정확히 직각쌍곡선상에 위치하게 되고, 따라서 소분류 3D에 해당한다. Y 의 시간경로는 역시 계단파동을 보이지만, 그 파동의 폭이 늘어나지도 줄어들지도 않는다. 우리는 이러한 상황을, 진폭이 일정한 진동(uniform oscillation)과 폭이 일정한 파동(uniform fluctuation)의 경우로부터 유추하여, "폭이 일정한 계단파동"(uniform stepped fluctuation)이라고 명명할 수 있을 것이다. 그 이유는 [그림 18.1]에 나타난 바와 마찬가지로, 사인 곡선이나 코사인 곡선상에 있는 점들 중 t의 정수값에 대응하는 점들만 받아들일 수 있지만, 파동의 각 주기에서 그것은 전혀 다른 점들과 대응될 수 있기 때문이다.

연습문제 18.2

1. [그림 18.2]를 참조하여 다음의 α 와 γ 값들이 어느 소분류에 속하는가를 알아보고, 그때의 시간경로의 특징을 묘사하라.
   (a) $\alpha = 3.5; \gamma = 0.8$ (c) $\alpha = 0.2; \gamma = 0.9$
   (b) $\alpha = 2; \gamma = 0.7$ (d) $\alpha = 1.5; \gamma = 0.6$
2. 문제 1. 의 (a)와 (c)에서 주어진 α 와 γ 의 값들로부터, 각 경우에 특성근들의 수치를 계산하고 그 시간경로의 특징을 알아보아라. 이 결과들과 앞에서 얻은 결과들이 일치하는가?
3. [경우 1]의 가능성 (ii), (iii), (iv)로부터 도출한 값은 모형에서 받아들일 수 없다는 것을 확인하라.
4. [경우 3]에서 $\gamma \geq 1$은 결코 성립하지 않음을 보여라.

18.3 | 이산적 시간에서의 인플레이션과 실업

앞의 연속적 시간 모형에서 논의한 인플레이션과 실업과의 상호작용은 이산적 시간에서도 다룰 수 있다. 우리는 이 절에서 앞에서와 기본적으로 같은 경제적 가정들을 사용하여, 앞서의 모형이 어떻게 차분방정식모형으로 바뀌어질 수 있는가를 설명하고자 한다.

모형

앞서의 연속적 시간 모형(제 16.5 절)은 다음의 3개의 미분방정식들로 구성되어 있었다:

$$p = \alpha - T - \beta U + g\pi \qquad \text{[예상이 가미된 필립스관계]} \qquad \textbf{(16.33)}$$

$$\frac{d\pi}{dt} = j(p - \pi) \qquad \text{[적응적 기대]} \qquad \textbf{(16.34)}$$

$$\frac{dU}{dt} = -k(m - p) \qquad \text{[통화정책]} \qquad \textbf{(16.35)}$$

여기에는 3개의 내생변수, 즉 p(실제 인플레이션율)와 π(예상 인플레이션율) 그리고 U(실업율)가 있다. 그리고 이 모형에서는 6개의 파라미터가 있다. 그 중에서 파라미터 m— 명목통화증가율(혹은, 통화의 팽창률)—은 그 크기가 정책적 결정에 의해 정해진다는 점에서 다른 것들과 다르다.

기간분석 모형으로 바뀌어질 때, 필립스관계식 (16.33)은 다음과 같이 된다.

$$p_t = \alpha - T - \beta U_t + g\pi_t \qquad (\alpha, \beta > 0; 0 < g \leq 1) \tag{18.18}$$

적응적 기대 방정식에서는 도함수를 다음과 같이 차분의 표현으로 바꾸어야 한다.

$$\pi_{t+1} - \pi_t = j(p_t - \pi_t) \qquad (0 < j \leq 1) \tag{18.19}$$

마찬가지로, 통화정책 방정식도 바꾸어야 한다.† 즉,

$$U_{t+1} - U_t = -k(m - p_{t+1}) \qquad (k > 0) \tag{18.20}$$

이상의 세 방정식들이 새로운 인플레이션-실업 모형을 구성하고 있다.

p에 관한 차분방정식

이 새로운 모형을 분석하기 위한 첫 단계로, 앞에서와 마찬가지로, 모형을 한 변수에 관한 하나의 방정식으로 압축시켜 보자. 그 변수를 p라고 하자. 따라서 우리는 (18.18)식에다 관심을 집중시킬 것이다. 그러나 다른 두 방정식들과는 달리, (18.18)식은 그 자체로서는 어떤 변화의 유형을 묘사하고 있지 않기 때문에, 그러한 것을 우리가 만들어야 한다. 이를 위해서는 다음의 정의에 따라 p_t의 1계차분을 취해 주면 된다.

$$\Delta p_t \equiv p_{t+1} - p_t$$

여기에서 다음의 두 단계가 필요하다. 우선, (18.18)식에서 시간을 나타내는 하첨자들을 미래로 1기만큼씩 이동시켜서, 다음 식을 얻는다.

$$p_{t+1} = \alpha - T - \beta U_{t+1} + g\pi_{t+1} \tag{18.18$'$}$$

그 다음으로, (18.18′)식에서 (18.18)식을 빼서, 원하는 변화의 유형을 가져다주는 p_t의 1계차분을 얻는다:

$$\begin{aligned} p_{t+1} - p_t &= -\beta(U_{t+1} - U_t) + g(\pi_{t+1} - \pi_t) \\ &= \beta k(m - p_{t+1}) + gj(p_t - \pi_t) \qquad \text{[(18.20)과 (18.19)에 의해]} \end{aligned} \tag{18.21}$$

(18.21)의 두 번째 줄에서, (18.19)와 (18.20)에 주어진 다른 두 변수들의 변화유형을 p 변수의 변화유형 속에다 통합시켰다는 사실을 주목해야 한다. 그리하여 (18.21)식은 모형의 모든 정보들을 포함하고 있는 것이다.

그러나 π_t항은 p를 연구하는데 있어서 이질적인 것이기 때문에 앞의 방정식에서 없앨 필요가 있다. 이를 위해서는 다음의 식을 이용하면 된다.

† 우리는 U_t의 변화는 $(m - p_{t+1})$, 즉 기간 $(t+1)$에서의 실질통화의 증가율에 의존한다고 가정하였다. 이와는 달리, 그것이 기간 t에서의 실질통화의 증가율 $(m - p_t)$에 의존한다고 가정할 수도 있다([연습문제 18.3]의 4 참조).

$$g\pi_t = p_t - (\alpha - T) + \beta U_t \qquad [(18.18)\text{에 의해}] \tag{18.22}$$

이것을 (18.21) 식에 대입하고 항들을 정리하면, 다음과 같은 식을 얻게 된다.

$$(1+\beta k)p_{t+1} - [1 - j(1-g)]\,p_t + j\beta U_t = \beta km + j(\alpha - T) \tag{18.23}$$

그러나 이제는 U_t 항을 제거해야 할 것이다. 그러기 위해서는 (18.23) 식을 1계차분하여 $(U_{t+1} - U_t)$ 항을 얻고, (18.20)을 이용하여 이 항을 제거하면 된다. 이러한 다소 긴 대입과정을 마친 후에야, 비로소 우리가 바라던 p 변수만의 차분방정식을 얻게 되는데, 그것을 적절히 정규화하면 이는 다음과 같은 형태를 취하게 된다.

$$p_{t+2} - \underbrace{\frac{1+gj+(1-j)(1+\beta k)}{1+\beta k}}_{a_1} p_{t+1} + \underbrace{\frac{1-j(1-g)}{1+\beta k}}_{a_2} p_t = \underbrace{\frac{j\beta km}{1+\beta k}}_{c} \tag{18.24}$$

p의 시간경로

차분방정식 (18.24) 의 특수적분에 의해 구할 수 있는 p 의 균형수준은 다음과 같다.

$$\overline{p} = \frac{c}{1+a_1+a_2} = \frac{j\beta km}{\beta kj} = m \qquad [(18.2)\text{에 의해}]$$

그러므로, 연속적 시간 모형에서처럼, 균형인플레이션율은 통화의 팽창률과 정확히 일치한다.

다음으로 보조함수에 관해서 살펴보면, a_1^2 과 $4a_2$ 의 상대적 크기에 따라 그 특성근들은 서로 다른 실수들일 수도 (경우 1), 중근일 수도 (경우 2), 복소근일 수도 (경우 3) 있다. 이 모형에서는 다음 관계가 성립한다.

$$a_1^2 \gtreqless 4a_2 \quad \Longleftrightarrow \quad [1+gj+(1-j)(1+\beta k)]^2 \gtreqless 4[1-j(1-g)](1+\beta k) \tag{18.25}$$

예를 들어 $g = \frac{1}{2}$, $j = \frac{1}{3}$ 및 $\beta k = 5$ 이면, $a_1^2 = (5\frac{1}{6})^2$ 이고 $4a_2 = 20$ 이 된다; 그러므로 이때는 [경우 1]이 타당하게 된다. 그러나 $g = j = 1$ 이면, $a_1^2 = 4$ 이고 $4a_2 = 4(1+\beta k) > 4$ 가 성립하므로, [경우 3]이 타당하다. 이 모형에는 파라미터들의 수가 많기 때문에, 새뮤엘슨 모형에서의 [그림 18.2]와 같이 경우를 분류하는 그림을 만든다는 것은 불가능하다.

그러나 수렴여부에 대한 분석은 제 18.2 절과 마찬가지로 진행할 수 있다. 구체적으로 살펴보면 다음과 같다. 두 특성근들인 b_1과 b_2는 다음의 두 관계식을 충족하는 것이어야 한다는 것을 (16.6)에 의해 알 수 있다.†

$$b_1 + b_2 = -a_1 = \frac{1+gj}{1+\beta k} + 1 - j > 0 \tag{18.26}$$

$$b_1 b_2 = a_2 = \frac{1-j(1-g)}{1+\beta k} \in (0,\,1) \tag{18.26'}$$

[(18.24) 참조]

또한 이 모형에서는 다음 관계가 성립한다.

† 역주 : 첫째 등호는 (16.6)에 의하고, 둘째 등호는 (18.24)에 의하며, 부등호는 (18.8)~(18.20)의 모형의 규정에 의한다.

$$(1-b_1)(1-b_2) = 1-(b_1+b_2)+b_1b_2 = \frac{\beta jk}{1+\beta k} > 0 \tag{18.27}$$

이제, 두 특성근 b_1과 b_2가 서로 다른 실수인 [경우 1]을 살펴보자. 그 둘의 곱인 b_1b_2는 양수이기 때문에, b_1과 b_2는 같은 부호를 가져야 한다. 더욱이 그 둘을 합한 것도 양수이기 때문에 b_1과 b_2는 모두 양수이어야 하고, 이 사실은 진폭현상이 존재하지 않음을 의미한다. (18.27)을 보면, b_1도 b_2도 1이 되어서는 안 됨을 알 수 있는데, 이는 그렇지 않을 경우 $(1-b_1)(1-b_2)$가 0이 되어서 (18.27)의 부등식이 충족되지 않기 때문이다. 이 사실을 새뮤엘슨 모형에서 열거했던 (b_1, b_2)조합의 여러 가지 가능성에 관해서 살펴보면, 가능성 (*ii*)와 가능성(*iv*)가 여기서는 있을 수 없게 된다. 특성근들 중 한 근은 1보다 크고 다른 근은 1보다 작은 것도 받아들일 수 없는 경우인데, 이는 $(1-b_1)(1-b_2)$가 음이 되기 때문이다. 이리하여 가능성 (*iii*)도 배제된다. 그러므로 b_1과 b_2는 모두 1보다 **크거나**, 모두 1보다 **작거나** 해야 함을 알 수 있다. 그러나 $b_1 > 1$이고 $b_2 > 1$이게 되면(가능성(*v*)의 경우), (18.26′)가 충족되지 않는다. 따라서 유일하게 남게 되는 것은 가능성(*i*)이고, 이때는 b_1과 b_2가 모두 1보다 작은 양수이어서 p의 시간경로는 수렴한다.

[경우 2]에 대한 분석도 기본적으로 크게 다르지 않다. 실제로 동일한 논리에 의해, 중근인 특성근 b는 이 모형에서 오직 1보다 작은 양수이어야만 한다는 것을 알 수 있다. 즉, 가능성(*vi*)은 있을 수 있지만, 가능성(*vii*)과 가능성(*viii*)은 있을 수 없다. [경우 2]에 있어서 p의 시간경로는 역시 진동하지 않고 수렴하는 것이 된다.

[경우 3]에 있어서, 시간경로가 수렴하려면 R(복소수 특성근들의 절대값) 이 1보다 작아야 한다. (18.8)에 의하면, $R = \sqrt{a_2}$이다. 그리고 a_2는 1보다 작은 양수이기 때문에 [(18.26′)를 보라], $R < 1$이 성립한다. 이리하여, [경우 3]에 있어서의 p의 시간경로도 역시 계단파동이긴 하지만 수렴한다.

*U*에 관한 분석

p의 시간경로 대신에 실업률의 시간경로를 분석하려고 할 때는 (18.20) 식을 출발점으로 삼을 수 있다. 그 방정식에서 p항을 제거하기 위해서, 우선 (18.18′) 식을 대입하여 다음과 같은 식을 얻는다.

$$(1+\beta k)U_{t+1} - U_t = k(\alpha - T - m) + kg\pi_{t+1} \tag{18.28}$$

다음으로, 남은 다른 방정식 (18.19)을 대입할 수 있도록 하기 위해서, (18.28)식을 1계차분시켜서 다음의 식을 얻는다.

$$(1+\beta k)U_{t+2} - (2+\beta k)U_{t+1} + U_t = kg(\pi_{t+2} - \pi_{t+1}) \tag{18.29}$$

등호의 오른편에 π의 차분표현이 있다는 사실을 주목하면서, 적응적 기대 방정식을 미래로 1기 옮긴 식을 거기에다 대입해서 다음의 식을 얻을 수 있다.

$$(1+\beta k)U_{t+2} - (2+\beta k)U_{t+1} + U_t = kgj(p_{t+1} - \pi_{t+1}) \tag{18.30}$$

이 식에는 모형의 모든 정보들이 들어 있다.

그러나, 우리가 원하는 U에 관한 차분방정식을 얻기 위해서는 먼저 p와 π 변수들을 제거시켜야 한다. 이를 위해서는 (18.20) 식을 변형시킨 다음의 식을 이용하면 된다.

$$kp_{t+1} = U_{t+1} - U_t + km \qquad \textbf{(18.31)}$$

그리고, (18.22)식의 모든 항들에 $(-kj)$를 곱하고 시간에 관한 하첨차를 미래로 1기 옮겨서 다음과 같은 식을 얻을 수 있다.

$$\begin{aligned} -kjg\pi_{t+1} &= -kjp_{t+1} + kj(\alpha - T) - \beta kjU_{t+1} \\ &= -j(U_{t+1} - U_t + km) + kj(\alpha - T) - \beta kjU_{t+1} \\ &\qquad\qquad [(18.31)\text{에 의해}] \\ &= -j(1+\beta k)U_{t+1} + jU_t + kj(\alpha - T - m) \qquad \textbf{(18.32)} \end{aligned}$$

이상의 두 작업들은 p_{t+1}과 π_{t+1}을 U 변수로서 표현하는 것이기 때문에, 이것들을 (18.30) 식에 대입하면, 드디어!, 원하는 U 변수만의 차분방정식을 얻게 된다. 즉,

$$U_{t+2} - \frac{1+gj+(1-j)(1+\beta k)}{1+\beta k}U_{t+1} + \frac{1-j(1-g)}{1+\beta k}U_t = \frac{kj[\alpha - T - (1-g)m]}{1+\beta k} \qquad \textbf{(18.33)}$$

이 방정식에서 등호의 왼쪽에 있는 두 상수계수들 (a_1과 a_2)은 p에 관한 차분방정식[즉, (18.24)식]에서의 그것들과 동일하다는 것에 주목할 필요가 있다. 따라서, 앞에서 p의 시간경로의 보조함수에 대한 분석결과는 그대로 여기서도 적용될 수 있다. 그러나 (18.33) 식에서 등호의 오른편에 있는 상수항은 (18.24)식의 그것과 다르다. 따라서 두 경우에 특수해들은 서로 다르게 나타날 것이다. 이것은 당연한 결과로 볼 수 있는데, 왜냐하면 이것이 우연의 일치로 그렇게 될 수는 있어도, 균형실업률이 균형인플레이션율과 같아야 할 내재적 이유는 없기 때문이다.

장기필립스관계

균형실업률이 다음과 같다는 것은 쉽게 확인할 수 있다.

$$\overline{U} = \frac{1}{\beta}[\alpha - T - (1-g)m]$$

그러나, 우리는 균형인플레이션율이 $\overline{p} = m$이라는 것을 알고 있기 때문에, $\overline{U}$와 $\overline{p}$를 다음처럼 연결시킬 수 있다.

$$\overline{U} = \frac{1}{\beta}[\alpha - T - (1-g)\overline{p}] \qquad \textbf{(18.34)}$$

이 방정식은 **균형**실업률과 **균형**인플레이션율에만 관련되기 때문에, 장기필립스관계를 묘사한다고 할 수 있다.

경제학자들은 (18.34)에서 $g = 1$인 특수한 경우에 대해서 상당한 관심을 보여왔다. $g = 1$이 되면, $\overline{p}$항은 0의 계수를 갖게 되고 따라서 없어져 버린다. 즉, $\overline{U}$는 $\overline{p}$의 상수함수가 되는 것이다. 실업률을 수평축에 그리는 표준적인 필립스곡선에서는, 이 결과는 장기필립스곡선이 수직선임을 의미한다. 그렇다면, 이때의 $\overline{U}$ 값 (**자연실업률**이라고 불려짐)은 어떠한 균형인플레이션율과도 모순이 없게 된다. 이 사실은, 단기에 존재하는 인플레이션과 실업이라는 두 현상 사이의 상충관계(trade-off)가 장기에는 존재하지 않는다는 주목할 만한 정책적 함의를 지니고 있다.

그러나, $g<1$ 이면 어떻게 되겠는가? 그때는, (18.34) 식에서 $\overline{p}$ 의 계수가 음이 된다. 그러면 장기필립스곡선은 음의 기울기를 가지게 되고, 따라서 인플레이션과 실업 사이에 상충관계가 존재하게 된다. 그러므로 장기필립스곡선이 수직인가 아니면 음의 기울기를 갖는가 하는 것은 결정적으로 파라미터 g 의 값에 달려 있다. 그런데 이 g 값은, 예상이 가미된 필립스관계식을 통하여, 예상 인플레이션율이 임금구조와 실제의 인플레이션율에 영향을 미칠 수 있는 정도를 측정하고 있다. 이상의 설명은 여러분에게 조금도 낯설지 않을 것이다. 왜냐하면 이 주제는 제 16.5 절의 [예 1]에서 이미 논의되었고, 또 [연습문제 16.5] 의 4에서 다루어 보았던 것이기 때문이다.

연습문제 18.3

1. (18.23) 에서 (18.24) 로 가는 중간단계들을 설명하라.
2. 이 절에서 논의한 모형을 변수 π 에 관한 차분방정식으로 압축시키면, 그 결과는 p 대신 π 가 나타난다는 점을 제외하고는 (18.24) 와 같음을 보여라.
3. 이 절에서 논의한 모형에서 p 와 U 의 시간경로들은 모두 수렴한다는 것을 알았다. 만약에 우리가 $g \le 1$이라는 가정을 버린다면 시간경로는 발산할 수 있는가? 만약 발산한다면, [경우 1], [경우 2], [경우 3] 에서 발산하는 가능성으로는 어떠한 것들이 있는가?
4. (18.18) 과 (18.19) 의 방정식들을 그대로 두고 (18.20) 식을 다음처럼 바꾼다고 하자.

$$U_{t+1} - U_t = -k(m - p_t)$$

   (a) 변수 p 에 관한 새로운 차분방정식을 유도하라.
   (b) 이 차분방정식은 전과는 다른 $\overline{p}$ 를 가져오는가?
   (c) $j = g = 1$이라고 하자. 이때, 특성근들이 각각 [경우 1], [경우 2], [경우 3] 에 속할 조건을 구하라.
   (d) $j = g = 1$이라고 하자. $\beta k = 3,\ 4,\ 5$ 인 각각의 경우에 관하여, p 의 시간경로 (수렴 혹은 발산도 포함하여) 를 묘사하라.

18.4 | 가변항과 고계방정식으로의 일반화

이제부터 우리의 분석을 다음의 두 방향, 즉 가변항을 가진 경우와 고계차분방정식으로 확장시켜 보도록 하자.

cm^t 형태의 가변항

2계차분방정식 (18.1) 에서의 상수항 c 를 가변항 — t 의 어떤 함수 — 이 대신할 때, 그 영향은 특수해에만 미친다 (왜 그러한가?). 새로운 특수해를 구하기 위하여, 앞에서와 마찬가지로 미정계수법을 사용할 수 있다. 미분방정식의 경우 (제 16.6 절 참조), 그 방법은, 가변항과 그것의 모든 계수의 도함수들이 서로 다른 유형의 표현들 (상수배수가 곱해져 있는 것은 별문제로 하고) 을 유한개만 가질 것을 요구하고 있다. 이 전제조건이 차분방정식에 적용될 경우에는 다음과 같이 바뀌어져야 한다. 즉, "가변항과 그것의 모든 계수의 **차분들**은 서로 다른 유형의 표현들(상수배수가 곱해져 있는 것은 별문제로 하고)을 유한개만 가져야 한다"는 것이다. c와 m이 상수인 cm^t 형태의 가변항에 대해 그 구체적 예를 통해 이 방법을 설명하도록 하자.

예 1

$y_{t+2}+y_{t+1}-3y_t=7^t$의 특수해를 구하라. 여기서는 $c=1$이고 $m=7$이다. 우선 가변항 7^t을 계속적으로 차분시킬 때, 유한개의 표현유형들이 생기는가를 알아보도록 하자. 차분시키는 규칙($\Delta y_t=y_{t+1}-y_t$)에 의하면, 7^t 항의 1계차분은 다음과 같다.

$$\Delta 7^t = 7^{t+1} - 7^t = (7-1)7^t = 6(7)^t$$

마찬가지로, 2계차분 $\Delta^2(7^t)$은 다음처럼 나타낼 수 있다.

$$\Delta(\Delta 7^t) = \Delta 6(7^t) = 6(7)^{t+1} - 6(7)^t = 6(7-1)7^t = 36(7)^t$$

2보다 큰 계수의 모든 차분들도, 1계나 2계의 경우처럼, 7^t의 어떤 배수라는 것을 확인해 볼 수 있다. 이와 같이 단 하나의 표현 유형만이 존재하기 때문에 우리는 특수해로서 $y_t=B(7)^t$의 해를 시도해 볼 수 있다. 여기서 B는 미정계수이다.

이 시험적 해와 그것의 기간 $(t+1)$과 $(t+2)$에 해당하는 형태들을 주어진 차분방정식에 대입하면 다음을 얻게 된다.

$$B(7)^{t+2} + B(7)^{t+1} - 3B(7)^t = 7^t \qquad \text{혹은} \qquad B(7^2+7-3)(7)^t = 7^t$$

그리하여,

$$B = \frac{1}{49+7-3} = \frac{1}{53}$$

가 되고, 따라서 특수해를 다음과 같이 쓸 수 있다.

$$y_p = B(7)^t = \frac{1}{53}(7)^t$$

물론 이것은 이동균형을 나타낸다. 여러분은 이 해가 옳다는 것을 다음의 과정을 거쳐 확인해 볼 수 있다. 즉, 그 해를 주어진 차분방정식에 대입하여 $7^t=7^t$라는 항등식이 나타나는가를 살펴보면 되는 것이다.

[예 1]에서 얻은 결론은 가변항 7^t의 경우에서 cm^t의 경우로 쉽게 일반화시킬 수 있다. 앞의 예에서의 경험에 의하면, cm^t의 모든 계수의 차분들은 같은 유형의 표현(즉, Bm^t)을 가진다고 예상할 수 있다. 여기서 B는 상수를 나타낸다. 그러므로, 다음의 차분방정식이 주어져 있을 때, 그 특수해로 $y_t=Bm^t$의 해를 시험해 볼 수 있다.

$$y_{t+2} + a_1 y_{t+1} + a_2 y_t = cm^t \qquad \textbf{(18.35)}$$

시험적 해인 $y_t=Bm^t$ ($y_{t+1}=Bm^{t+1}$ 등등을 의미함)에 의하면, 방정식 (18.35)를 다음과 같이 쓸 수 있다.

$$Bm^{t+2} + a_1 Bm^{t+1} + a_2 Bm^t = cm^t$$

또는

$$B(m^2 + a_1 m + a_2)m^t = cm^t$$

따라서 시험적 해에서의 계수 B는 다음과 같이 될 것이다.

$$B = \frac{c}{m^2 + a_1 m + a_2}$$

그리고, 우리가 찾고 있는 (18.35) 의 특수해는 다음과 같이 쓸 수 있다.

$$y_p = Bm^t = \frac{c}{m^2 + a_1 m + a_2} m^t \qquad (m^2 + a_1 m + a_2 \neq 0) \tag{18.36}$$

B의 분모는 0이 되어서는 안 된다는 사실에 주의해야 한다. 만약 0이 되면[†], 그때는 시험적 해로서 $y_t = Bm^t$ 대신에 $y_t = Btm^t$를 사용해야 한다. 그리고 그것도 안 되면 $y_t = Bt^2 m^t$를 사용해야 한다.

ct^n 형태의 가변항

c는 임의의 상수이고 n은 양의 정수일 때, 이제 ct^n 형태의 가변항에 대해서 살펴보기로 한다.

예 2

$y_{t+2} + 5y_{t+1} + 2y_t = t^2$의 특수해를 구하라. t^2(ct^n의 $c = 1$과 $n = 2$일 때의 특수한 경우)의 처음 3기까지의 차분들은 다음과 같다:[††]

$$\begin{aligned}
\Delta t^2 &= (t+1)^2 - t^2 = 2t + 1 \\
\Delta^2 t^2 &= \Delta(\Delta t^2) = \Delta(2t+1) = \Delta 2t + \Delta 1 \\
&= 2(t+1) - 2t + 0 = 2 \qquad [\Delta \text{상수} = 0] \\
\Delta^3 t^2 &= \Delta(\Delta^2 t^2) = \Delta 2 = 0
\end{aligned}$$

더 이상 계속 차분시키게 되면 그 결과는 0이 될 뿐이므로, 서로 다른 유형의 표현들로서는 다음 3개가 존재한다. 즉 t^2(가변항 그 자체로부터)과 t, 그리고 상수(2계 이상의 차분들로부터)가 그것이다.

그러므로, 특수해로 미정계수 B_0, B_1, B_2를 가진 다음의 해를 시도해 보자.

$$y_t = B_0 + B_1 t + B_2 t^2$$

이 해는 다음을 의미한다.

$$\begin{aligned}
y_{t+1} &= B_0 + B_1(t+1) + B_2(t+1)^2 \\
&= (B_0 + B_1 + B_2) + (B_1 + 2B_2)t + B_2 t^2 \\
y_{t+2} &= B_0 + B_1(t+2) + B_2(t+2)^2 \\
&= (B_0 + 2B_1 + 4B_2) + (B_1 + 4B_2)t + B_2 t^2
\end{aligned}$$

[†] 제 16.6 절의 [예 3]에서의 상황과 비슷하게, 이러한 경우는 상수 m이 주어진 차분방정식의 특성근과 일치하게 될 때 발생한다. 위의 차분방정식의 특성근들은 방정식 $b^2 + a_1 b + a_2 = 0$을 충족시키는 b의 값들이다. 그러므로, 한 특성근의 값이 우연히 m일 때는, $m^2 + a_1 m + a_2 = 0$이 성립해야 한다.

[††] 이 결과를 다음과 같은 t^2의 처음 3계까지의 도함수들과 비교해 보기 바란다:

$$\frac{d}{dt}t^2 = 2t \qquad \frac{d^2}{dt^2}t^2 = 2 \qquad \text{그리고} \qquad \frac{d^3}{dt^3}t^2 = 0$$

이들을 주어진 차분방정식에 대입하면 다음을 얻을 수 있다.

$$(8B_0+7B_1+9B_2)+(8B_1+14B_2)t+8B_2t^2=t^2$$

양변의 동류항끼리 같다고 놓으면, 미정계수들은 다음의 연립방정식을 충족시켜야 함을 알 수 있다;

$$\begin{aligned} 8B_0+7B_1+\ \ 9B_2&=0\\ 8B_1+14B_2&=0\\ 8B_2&=1 \end{aligned}$$

이를 풀면 $B_0=\frac{13}{256}$, $B_1=-\frac{7}{32}$ 그리고 $B_2=\frac{1}{8}$이 되어, 다음과 같은 특수해를 얻을 수 있다.

$$y_p=\frac{13}{256}-\frac{7}{32}t+\frac{1}{8}t^2$$

가변항 t^2의 경우를 분석할 때 사용했던 방법은 ct^n의 경우로 일반화시킬 수 있다. 이때의 시험적 해에는, 주어진 가변항에 대응하는 것으로 B_nt^n항이 있어야 한다는 것은 명백하다. 그리고 ct^n항을 모든 계수에 걸쳐 차분시키게 되면 서로 다른 형태의 표현들인 t^{n-1}, t^{n-2}, $\cdots$, t와 B_0(상수) 들이 생기에 되므로, 가변항 ct^n의 경우에서의 이 새로운 시험적 해는 다음과 같이 써야 한다.

$$y_t=B_0+B_1t+B_2t^2+\cdots+B_nt^n$$

그러나 분석의 나머지 과정은 완전히 같다.

이러한 시험적 해는 타당하지 않은 것일 수도 있다. 그때 사용할 수 있는 방법 — 이미 앞서 다른 경우들에서 수없이 사용한 방법 — 은 그 최초의 시험적 해에다 t의 적당한 멱수(power)의 제곱을 곱하는 것이다. 즉, $y_t=t(B_0+B_1t+B_2t^2+\cdots+B_nt^n)$을 시험해 보는 등등의 과정을 거치는 것이다.

고계선형차분방정식

차분방정식의 **계수**(order)는 그 방정식에 있는 가장 높은 차분의 계수를 가리킨다. 그러나 그것은 시차기간의 최대수를 가리키기도 한다. 그리하여 n계선형차분방정식(상수계수와 상수항을 가지는)은 일반적으로 다음과 같이 표현할 수 있다.

$$y_{t+n}+a_1y_{t+n-1}+\cdots+a_{n-1}y_{t+1}+a_ny_t=c \tag{18.37}$$

이것의 특수해를 구하는 방법은 앞서와 크게 다르지 않다. 전처럼 출발점으로 $y_t=k$(정상균형의 경우)를 시험해 볼 수 있다. 이것이 안 되면, 그때는 $y_t=kt$, $y_t=kt^2$, $\cdots$의 순서로 이들을 시험한다.

그러나, 보조함수를 구하고자 할 때에는 이제 특성방정식, 즉

$$b^n+a_1b^{n-1}+\cdots+a_{n-1}b+a_n=0 \tag{18.38}$$

형태의 n차다항식의 방정식을 이용하게 된다. 여기에는 이제 n개의 특성근 b_i($i=1, 2, \cdots, n$)가 있는데, 그들 모두가 다음과 같이 보조함수에 들어간다:

$$y_c=\sum_{i=1}^{n}A_ib_i^t \tag{18.39}$$

물론 근들이 서로 다른 실수일 때에만 위와 같은 표현이 가능하다. 다중근들(가령 $b_1 = b_2 = b_3$)이 있을 때는, (18.39)의 합에서 처음 세 항들을 다음과 같이 수정해야 한다.

$$A_1 b_1^t + A_2 t b_1^t + A_3 t^2 b_1^t \qquad [(18.6) \text{ 참조}]$$

또, 한 쌍의 공액복소수근들 — 가령, b_{n-1}, b_n — 이 있을 때는, (18.39)의 합에서 마지막 두 항들은 다음과 같은 표현으로 변한다.

$$R^t(A_{n-1}\cos\theta t + A_n \sin\theta t)$$

어떤 다른 쌍의 복소수근들에도 이러한 수식의 표현이 적용될 수 있다. 복소근들의 쌍이 중복되어 있을 경우에는, 둘 중의 하나에는 배수로서 R^t 대신에 tR^t을 곱해야 한다.

y_p와 y_c를 모두 구한 다음에는, 차분방정식 (18.37)의 일반해는 전처럼 그 둘을 합해서 얻을 수 있다. 즉,

$$y_t = y_p + y_c$$

그러나, 이 해에는 임의의 상수들이 전부 n개 있기 때문에, 그 값들을 정해 주기 위해서는 n개의 초기조건들이 있어야 한다.

예 3

다음의 3계차분방정식의 일반해를 구하라.

$$y_{t+3} - \frac{7}{8}y_{t+2} + \frac{1}{8}y_{t+1} + \frac{1}{32}y_t = 9$$

$y_t = k$의 해를 시험해 봄으로써, 특수해는 $y_p = 32$임을 쉽게 알 수 있다. 보조함수에 대해서 살펴보면, 3차의 특성방정식은

$$b^3 - \frac{7}{8}b^2 + \frac{1}{8}b + \frac{1}{32} = 0$$

이고, 이를 인수분해하면 아래와 같다.

$$\left(b - \frac{1}{2}\right)\left(b - \frac{1}{2}\right)\left(b + \frac{1}{8}\right) = 0$$

그러므로 특성근들은 $b_1 = b_2 = \frac{1}{2}$과 $b_3 = -\frac{1}{8}$이 된다. 따라서 보조함수는 다음과 같다.

$$y_c = A_1\left(\frac{1}{2}\right)^t + A_2 t\left(\frac{1}{2}\right)^t + A_3\left(-\frac{1}{8}\right)^t$$

두 번째 항은 계수 t를 포함하고 있다는 것에 주의하라. 이는 중근이 있기 때문이다. 주어진 차분방정식의 일반해는 단지 y_c와 y_p의 합이 된다.

이 예에서 세 개의 특성근들은 모두 그 절대값이 1보다 작다. 그러므로 이때의 해는 정상균형수준 32로 수렴하는 시간경로를 나타내고 있다고 말할 수 있다.

수렴과 슈르의 정리

쉽게 풀 수 없는 고계차분방정식이 있을 때, 실제 정량적인 해를 구하지 않고도 그 시간경로가

수렴하는가의 여부를 알아볼 수 있는 정성적인 분석방법이 있다. 시간경로가 수렴할 필요충분조건은 그 특성방정식의 모든 근의 절대값이 1보다 작다는 것임을 이미 알고 있을 것이다. 이 사실을 염두해 두면, 다음의 정리 — **슈르의 정리**† (Schur theorem) 라고 알려져 있음 — 를 바로 적용할 수 있게 된다.

n 차다항방정식

$$a_0 b^n + a_1 b^{n-1} + \cdots + a_{n-1} b + a_n = 0$$

의 모든 특성근들의 절대값이 1보다 작을 필요충분조건은 다음 n 의 행렬식들의 값이 모두 양이 되는 것이다.

$$\Delta_1 = \left|\begin{array}{c:c} a_0 & a_n \\ \hdashline a_n & a_0 \end{array}\right| \qquad \Delta_2 = \left|\begin{array}{cc:cc} a_0 & 0 & a_n & a_{n-1} \\ a_1 & a_0 & 0 & a_n \\ \hdashline a_n & 0 & a_0 & a_1 \\ a_{n-1} & a_n & 0 & a_0 \end{array}\right| \qquad \cdots$$

$$\Delta_n = \left|\begin{array}{cccc:cccc} a_0 & 0 & \cdots & 0 & a_n & a_{n-1} & \cdots & a_1 \\ a_1 & a_0 & \cdots & 0 & 0 & a_n & \cdots & a_2 \\ \cdots & & & & \cdots & & & \\ a_{n-1} & a_{n-2} & \cdots & a_0 & 0 & 0 & \cdots & a_n \\ \hdashline a_n & 0 & \cdots & 0 & a_0 & a_1 & \cdots & a_{n-1} \\ a_{n-1} & a_n & \cdots & 0 & 0 & a_0 & \cdots & a_{n-2} \\ \cdots & & & & \cdots & & & \\ a_1 & a_2 & \cdots & a_n & 0 & 0 & \cdots & a_0 \end{array}\right|$$

이 정리의 조건은 필요충분조건이라는 점에 주의해야 한다. 따라서, 슈르의 정리는 앞에서 미분방정식과 관련하여 설명한 루드의 정리 (Routh theorem) 의 차분방정식에서의 완전한 대응물이 된다.

앞의 행렬식들을 만드는 절차는 간단하다. 이것은 각 행렬식을 네 **부분**으로 분할하는 끊어진 선들을 이용하면 훌륭하게 설명될 수 있다. 그와 같이 분할된 k 번째 행렬식, 즉 Δ_k 의 각 부분들을 $k \times k$ 배분행렬식 (subdeterminant) 으로 구성되어 있다. **왼쪽 위의** 부분을 보면, 대각선에는 a_0 만 있고, 대각선보다 위쪽에는 0만 있으며, 대각선 아래쪽으로 매 항마다 아래로 갈수록 하첨자의 크기가 점점 더 커진다. 이러한 왼쪽 윗부분을 전치시키면, **오른쪽 아래의** 부분을 얻을 수 있다. 다음으로 **오른쪽 위의** 부분을 살펴보면, 여기서는 대각선에는 a_n 계수들만 있고, 대각선보다 아래쪽에는 0만 있으며, 대각선 위쪽으로는 매 행마다 위로 갈수록 하첨자의 크기가 점점 더 작아진다. 그리고 이 부분의 원소들을 전치시키면, **왼쪽 아래의** 부분을 얻는다.

이 정리의 적용은 간단하다. 특성방정식의 계수들은 원래의 차분방정식에서 등호의 왼편에 있는 계수들과 같기 때문에, 앞의 행렬식을 만들 때 그것들을 직접 이용할 수 있다. 우리가 다루고 있는 차분방정식에서는 항상 $a_0 = 1$ 임을 주의하도록 하자.

예 4

차분방정식 $y_{t+2} + 3y_{t+1} + 2y_t = 12$ 의 시간경로는 수렴하는가? 이때는 $n = 2$ 이고 $a_0 = 1$, $a_1 = 3$ 그리고 $a_2 = 2$ 가 된다. 그러므로, 다음이 성립함을 알 수 있다.

† 이 정리와 그 역사에 관한 논의는 다음을 참조하라. John S. Chipman, *The Theory of Inter-Sectoral Money Flows and Income Formation*, The John Hopkins Press, Baltimore, 1951, pp. 119~120.

$$\Delta_1 = \begin{vmatrix} a_0 & a_2 \\ a_2 & a_0 \end{vmatrix} = \begin{vmatrix} 1 & 2 \\ 2 & 1 \end{vmatrix} = -3 < 0$$

이것은 벌써 수렴조건을 충족시키지 못하기 때문에, Δ_2에 관해서는 살펴볼 필요가 없다.

실제로 이 차분방정식의 특성근들은 b_1, $b_2 = -1$, -2임을 쉽게 알 수 있고, 이 사실은 시간경로가 발산함을 의미한다.

예 5

$y_{t+2} = \frac{1}{6}y_{t+1} - \frac{1}{6}y_t = 2$의 시간경로의 수렴 여부를 슈르의 정리에 의해 판정하라. 여기서 계수들의 값은 $a_0 = 1$, $a_1 = \frac{1}{6}$, $a_2 = -\frac{1}{6}$이다. ($n = 2$임). 그러므로,

$$\Delta_1 = \begin{vmatrix} a_0 & a_2 \\ a_2 & a_0 \end{vmatrix} = \begin{vmatrix} 1 & -\frac{1}{6} \\ -\frac{1}{6} & 1 \end{vmatrix} = \frac{35}{36} > 0$$

$$\Delta_2 = \begin{vmatrix} a_0 & 0 & a_2 & a_1 \\ a_1 & a_0 & 0 & a_2 \\ a_2 & 0 & a_0 & a_1 \\ a_1 & a_2 & 0 & a_0 \end{vmatrix} = \begin{vmatrix} 1 & 0 & -\frac{1}{6} & \frac{1}{6} \\ \frac{1}{6} & 1 & 0 & -\frac{1}{6} \\ -\frac{1}{6} & 0 & 1 & \frac{1}{6} \\ \frac{1}{6} & -\frac{1}{6} & 0 & 1 \end{vmatrix} = \frac{1,176}{1,296} > 0$$

이들은 과연 수렴을 위한 필요충분조건을 충족하고 있다.

연습문제 18.4

1. 차분 기호 Δ의 정의를 이용하여 다음을 구하라:

   (a) Δt (b) $\Delta^2 t$ (c) Δt^3

   그리고 이 결과를 미분했을 때의 결과와 비교하여라.

2. 다음 각각의 특수해를 구하라:

   (a) $y_{t+2} + 2y_{t+1} + y_t = 3^t$

   (b) $y_{t+2} - 5y_{t+1} - 6y_t = 2(6)^t$

   (c) $3y_{t+2} + 9y_t = 3(4)^t$

3. 다음의 특수해들을 구하라:

   (a) $y_{t+2} - 2y_{t+1} + 5y_t = t$

   (b) $y_{t+2} - 2y_{t+1} + 5y_t = 4 + 2t$

   (c) $y_{t+2} + 5y_{t+1} + 2y_t = 18 + 6t + 8t^2$

4. 가변항이 $m^t + t^n$의 형태를 취할 때, 시험적 해는 $B(m)^t + (B_0 + B_1 t + \cdots + B_n t^n)$으로 되어야 한다고 생각하는가? 왜 그러한가?

5. 다음의 특성근들과 보조함수를 구하라:

   (a) $y_{t+3} - \frac{1}{2}y_{t+2} - y_{t+1} + \frac{1}{2}y_t = 0$

   (b) $y_{t+3} - 2y_{t+2} + \frac{5}{4}y_{t+1} - \frac{1}{4}y_t = 1$

   [힌트 : 두 특성방정식 모두에서 $(b - \frac{1}{4})$의 인수를 뽑아내라.]

6. 다음 차분방정식들의 해가 수렴하는가를 슈르의 정리에 의해 판정하라:

   (a) $y_{t+2} + \frac{1}{2}y_{t+1} - \frac{1}{2}y_t = 3$

(b) $y_{t+2} - \frac{1}{9}y_t = 1$

7. 다음과 같은 3계차분방정식의 경우에, 슈르의 정리에서 요구하는 방정식들은 정확하게 어떠한 형태들인가?

$$y_{t+3} + a_1 y_{t+2} + a_2 y_{t+1} + a_3 y_t = c$$

Chapter 18 요약

❖ 고계차분방정식 ❖

1. 차분방정식에 등장하는 최고시차가 n 이고, 모든 시차변수들이 선형으로 결합되어 있을 때, 우리는 이를 n 계선형차분방정식이라고 부르고, 그 일반형태를 다음과 같이 쓸 수 있다.

$$y_{t+n} + a_1 y_{t+n-1} + \cdots + a_{n-1} y_{t+1} + a_n y_t = c$$

(단, 편의상 a_i 와 c 는 모두 상수로 본다)

2. n 계선형차분방정식의 일반해 역시 특수적분 y_p 와 보조함수 y_c 의 합으로 나타낼 수 있다.

3. $1 + a_1 + \cdots + a_{n-1} + a_n \neq 0$ 일 때, 우리는 y_p 를

$$y_p = \frac{c}{1 + a_1 + \cdots a_{n-1} + a_n}$$

로 놓을 수 있다. 여기서 y_p 는 이 모형의 균형값으로 해석할 수 있다.

4. 보조함수 y_c 는 그 차분방정식의 축약형 ($c = 0$ 인 형태) 의 일반해로 정의할 수 있고, 이는 그 모형의 특성근들에 의해서 나타낼 수 있다. 단 특성근 b 는 특성방정식

$$b^n + a_1 b^{n-1} + \cdots a_{n-1} b + a_n = 0$$

의 해를 의미한다.

5, n 개의 특성근 $b_1, \cdots b_n$ 들이 모두 다른 실근일 때, 보조함수는 다음과 같이 나타낼 수 있다.

$$y_c = A_1 b_1^t + A_1 b_2^t + \cdots + A_n b^{t_n}$$

단, $A_1, \cdots, A_n$ 등은 초기조건들에 의해서 확정될 상수들이다.

6. n 개의 특성근 중 예컨대 처음 3개가 같을 때 (즉 $b_1 = b_2 = b_3$ 일 때), 보조함수의 우변의 처음 3개항은 다음과 같이 변형된다.

$$b_1^t (A_1 + A_2 t + A_3 t^2)$$

7. n 개의 특성근 중 예컨대 마지막 두 개가 공액복소수 $h \pm vi = Re^{\pm i\theta}$ 일때 (단, h, v 는 실수), 보조함수의 우변의 마지막 두 항은 다음과 같이 변형된다.

$$R^t (A_{n-1} \cos \theta t + A_n \sin \theta t)$$

8. 이 동태모형이 초기조건에 관계없이 항상 안정적일 필요충분조건은, 모든 특성근들의 절대값들이 모두 1보다 작다는 것이다. 이 안정조건의 하나는 슈르의 정리 (Schur theorem)에서 찾을 수 있다.

9. 새뮤엘슨의 승수-가속도 상호작용모형은 2계선형차분방정식으로 나타내어 분석할 수 있

다.

10. 인플레이션과 실업의 상호작용에 관한 모형도 차분방정식으로 나타내어 분석할 수 있다.
11. 상수항 c 대신 가변항 $c(t)$가 들어오는 경우, 특수적분은 적절히 변형되어야 한다.

Chapter 19

연립미분방정식과 연립차분방정식

지금까지 우리는 경제적 동태분석에 관해 논의하면서 단일동태방정식(미분 혹은 차분방정식)만을 분석하였다. 이 장에서는 연립동태방정식체계를 분석하는 방법에 관해 논의하고자 한다. 이러한 작업은 여러 변수들을 동시에 다룰 것을 요구하기 때문에, 여러분들은 이하의 분석이 아주 복잡해지리라고 예상할지도 모른다. 그러나 실은 단일동태방정식에 대해 얻은 결과 중 많은 부분을 연립동태방정식체계로 쉽게 확장할 수 있다. 예를 들어, 동태분석체계의 해는 여전히 특수적분 또는 특수해(여러 변수들의 균형값들)와 보조함수(균형으로부터의 이탈)로 구성된다. 보조함수는 여전히 축약방정식, 즉 주어진 방정식체계의 동차형으로부터 유도된다. 그리고 체계의 동태적 안정성은 역시 보조함수의 특성근의 부호(미분방정식체계일 경우), 또는 그 절대값(차분방정식체계일 경우)에 의존한다. 이처럼 동태분석체계의 문제는 단일동태방정식의 그것보다 단지 약간 더 복잡할 뿐이다.

19.1 | 연립동태방정식체계의 발생

연립동태방정식체계는 다음 두 가지 방식으로부터 생겨날 수 있다. 우선, 주어진 상호작용하는 변화유형들의 **집합**으로부터 이루어질 수 있다. 둘째로, 하나의 변화유형이 2계(혹은 그 이상의) 동태방정식으로 구성되어 있다면, 이 **단 하나**의 주어진 변화유형으로부터 발생할 수도 있다.

상호작용하는 변화유형들

주어진 상호작용하는 변화유형들의 집합의 경우에 대한 가장 분명한 예는, 다부문 모형에서 각 부문이 동태방정식으로 묘사되고 있으면서, 각 부문이 다른 부문들중 적어도 한 부문에 영향을 미치는 경우이다. 가령 동태적 투입산출모형에서는 n 개의 산업들에서 각각 산출량의 변화가 발생하면 이것은 다른 산업들에 대해 동태적으로 영향을 미치게 된다. 이와같이 해서 동태분석체계가 구성된다. 마찬가지로, 동태적 일반균형시장 모형은 가격 조정에 있어 서로 연관을 맺고 있는 n 개의 상품들을 포함하고 있어서 이것 역시 동태분석체계가 된다.

그러나 상호작용하는 변화유형들은 단일부문 모형에서도 찾을 수 있다. 이러한 모형에서 여러 변수들은, 각기 다른 부문 또는 상품을 의미하는 것이 아니고, 한 경제의 다른 **측면**을 나타낸다. 그럼에도 불구하고, 그 변수들은 동태적인 행동에 있어서 서로 영향을 미치게 되고, 따라서 상호작용의 체계를 이루게 된다.† 이것의 구체적인 예는 제 18 장의 인플레이션 – 실업 모형에서 찾을 수

† 두 변수 y_1과 y_2에 관한 두 동태분석방정식에서 y_1의 변화유형은 y_1 그 자체에만 의존하고, y_2도 역시 그러하다면, 이것은 사실 연립방정식체계가 아니다. 그 대신에, 이들은 단지 별개의 두 동태분석방정식들이라고 할 수 있고, 그 각각의 방정식은 “연립성”을 요구하지 않고 따로따로 분석할 수 있다.

있다. 거기서 예상 인플레이션율 π 는 〔변화유형 (18.19) 에 따라서〕 π 뿐만 아니라 실업률 U 에도 의존(실제 인플레이션율 p 를 통하여) 하고 있다. 그리고 (18.20) 을 보면 알 수 있듯이, U 의 변화유형도 (역시 p 를 통하여) π 에 의존함을 알 수 있다. 이와같이 해서, π 와 U 의 동태분석과정은 동시에 결정되어야만 하는 것이다. 그러므로 앞서의 인플레이션 – 실업 모형은 연립동태방정식모형으로 취급할 수 있었을 것이고, 이렇게 되면 그 모형을 단일변수로 구성된 한 방정식으로 압축시키기 위해서 취했던 기다란 대입과 소거과정은 필요없게 된다. 아래의 제 19.4 절에서는 그 모형을 동태분석체계로 취급하여 다시 다룰 것이다. 한편, 같은 모형을 단일방정식으로도 또는 방정식체계로도 분석할 수 있다는 생각은 동태분석체계를 얻는 두 번째 방법을 논의하는 데 있어서 자연스러운 단서가 된다.

고계동태방정식의 변환

한 변수에 관한 n 계미분 (또는 차분) 방정식이 주어져 있다고 하자. 그러면, 아래에서 자세히 보이겠지만, 이 방정식을 수학적으로 동치인 동태연립방정식체계로, 즉 n 개의 변수로 된 n 개의 **1**계 연립미분 (또는 차분) 방정식들로 이루어진 체계로, 항상 바꿀 수 있다. 특히 2계미분방정식은 두 개의 변수에 관한 두 개의 1계연립미분방정식들로 다시 표현할 수 있다.† 이리하여 우리는 단지 하나의 (고계) 동태방정식에서 출발했다 하더라도, 수학적 변환을 거쳐서 동태방정식체계를 유도할 수 있는 것이다. 이 사실은 다음과 같은 중요한 함의를 지니고 있다. 즉, 동태방정식체계를 논의할 때 **1**계방정식들만 고려하면 된다는 것이다. 왜냐하면, 2계 이상의 방정식이 주어질 때는, 우선 그것을 1계방정식들로 항상 바꿀 수 있기 때문이다. 이렇게 되면 다루어야 할 방정식들의 수는 늘어나겠지만, 그 계수는 최소로 줄일 수 있는 것이다.

이 변화과정을 예시하기 위해서 다음의 단일차분방정식을 고려해 보자.

$$y_{t+2} + a_1 y_{t+1} + a_2 y_t = c \qquad \textbf{(19.1)}$$

여기서 다음과 같이 인위적인 새로운 변수 x_t 를 정의하자.

$$x_t \equiv y_{t+1} \quad [x_{t+1} \equiv y_{t+2} \text{ 를 의미함}]$$

그러면 원래의 2계방정식은 다음과 같은 **두 개**의 1계 (1기 시차를 갖는) 연립방정식으로 바꾸어 표현할 수 있다.

$$\begin{aligned} x_{t+1} \qquad + a_1 x_t + a_2 y_t &= c \\ y_{t+1} - \quad x_t \qquad\qquad &= 0 \end{aligned} \qquad \textbf{(19.1}'\textbf{)}$$

(변수 x_t 를 정의하고 있는) 두 번째 방정식이 충족되는 한, 첫 번째 방정식은 원래의 주어진 방정식과 똑같다는 것을 쉽게 알 수 있다. 3계 이상의 단일방정식도, 더 많은 변수를 새로 만들어서 사용할 뿐 마찬가지의 절차를 거쳐서, 동치인 1계연립방정식체계로 바꿀 수 있다. 예를 들어 3계방정식

$$y_{t+3} + y_{t+2} - 3y_{t+1} + 2y_t = 0 \qquad \textbf{(19.2)}$$

† 역으로, 두 변수들에 관한 두 개의 1계미분 (또는 차분) 방정식들은 한 변수에 관한 하나의 2계방정식으로 통합할 수 있다.

은 다음과 같이 바꿀 수 있다.

$$\begin{aligned} w_{t+1} \qquad\qquad &+ w_t - 3x_t + 2y_t = 0 \\ x_{t+1} \qquad &- w_t \qquad\qquad\quad = 0 \\ y_{t+1} \quad &- \quad x_t \qquad\quad = 0 \end{aligned} \tag{19.2$'$}$$

여기서, $x_t \equiv y_{t+1}$(따라서 $x_{t+1} \equiv y_{t+2}$)과 $w_t \equiv x_{t+1}$(따라서 $w_{t+1} \equiv x_{t+2} \equiv y_{t+3}$)이다.

완전히 똑같은 방식으로, n 계**미분**방정식을 n 개의 1계방정식들의 체계로 바꾸어 표현할 수 있다. 예를 들어 다음과 같은 2계미분방정식이 주어져 있다고 하자.

$$y''(t) + a_1 y'(t) + a_2 y(t) = 0 \tag{19.3}$$

이때 다음과 같이 정의되는 새로운 변수 $x(t)$를 도입할 수 있다.

$$x(t) \equiv y'(t) \qquad [x'(t) \equiv y''(t) \text{ 를 의미함}]$$

그러면, (19.3)은 다음과 같은 2개의 1계방정식들로 다시 쓸 수 있게 된다.

$$\begin{aligned} x'(t) \qquad &+ a_1 x(t) + a_2 y(t) = 0 \\ y'(t) - &\quad x(t) \qquad\qquad = 0 \end{aligned} \tag{19.3$'$}$$

여기서 여러분들은 두 번째 방정식은 (19.1′)에서처럼 새로 도입한 x 변수를 정의해 주는 기능을 한다는 것을 알 수 있을 것이다. 고계수의 미분방정식을 변환할 때도 기본적으로 같은 방법을 사용할 수 있다. 단 하나 다른 점은 새로운 변수를 더 많이 도입해야만 한다는 것이다.

19.2 | 연립동태방정식의 해법

연립미분방정식과 연립차분방정식을 푸는 방법은 아주 비슷하다. 따라서 이 절에서는 그 둘을 함께 다루고자 한다. 이하에서는 상수계수만을 가진 선형방정식체계에 논의를 국한시킬 것이다.

연립차분방정식

다음과 같은 선형차분방정식체계가 주어져 있다고 하자.

$$\begin{aligned} x_{t+1} \qquad &+ 6x_t + 9y_t = 4 \\ y_{t+1} - &\quad x_t \qquad\quad = 0 \end{aligned} \tag{19.4}$$

위의 두 방정식 모두를 충족시키는 x와 y의 시간경로를 어떻게 찾아낼 것인가? 우리가 해야 할 일은 기본적으로 다음과 같다. 즉, 앞에서와 마찬가지로 특수적분과 보조함수를 구하고, 이들을 더해서 두 변수의 시간경로를 구하면 되는 것이다.

특수적분은 균형수준을 나타내는 것이기 때문에, 이들을 $\bar{x}$와 $\bar{y}$로 표기하기로 하자. 앞에서처럼, 우선 상수해인 $x_{t+1} = x_t = \bar{x}$ 와 $y_{t+1} = y_t = \bar{y}$ 를 시험해 보는 것이 좋다. 이들 시험적인 해를 (19.4)에 대입하면 다음을 얻는다.

$$\left.\begin{aligned} 7\bar{x} + 9\bar{y} &= 4 \\ -\bar{x} + \ \bar{y} &= 0 \end{aligned}\right\} \quad \Rightarrow \quad \bar{x} = \bar{y} = \frac{1}{4} \tag{19.5}$$

그러므로 이 시험적 해들은 주어진 문제의 올바른 해이다(그러나 이런 상수해들이 맞지 않을 때는 $x_t = k_1 t$, $y_t = k_2 t$ 등등의 형태를 지닌 해를 시험해 보아야 한다).

보조함수로서는, 앞에서의 경험에 비추어 다음과 같은 형태의 시험적 해를 택해보아야 할 것이다.

$$x_t = mb^t \qquad \text{및} \qquad y_t = nb^t \tag{19.6}$$

단, 여기서 m과 n은 임의의 상수들이고 밑수 b는 특성근†을 나타낸다. 위의 식으로부터 다음의 결과가 자동적으로 도출될 수 있다.

$$x_{t+1} = mb^{t+1} \qquad \text{및} \qquad y_{t+1} = nb^{t+1} \tag{19.7}$$

문제를 단순화시키기 위해서, 두 변수들의 계수들은 서로 다를 수 있지만 그 밑수는 다같이 0이 아닌 b로 놓았음에 주목해야 한다.†† 시험적 해들인 (19.6)이 (19.4)의 **축약**형(동차형)을 만족시킬 수 있게끔 하는 b, m, n을 찾는 것이 우리가 하고자 하는 일이다.

시험적 해들을 (18.4)의 축약형에다 대입하고 0이 아닌 공통인수 b^t를 제거하고 나면, 다음의 두 방정식들을 얻는다.

$$\begin{aligned} (b+6)m + 9n &= 0 \\ -m + bn &= 0 \end{aligned} \tag{19.8}$$

당분간 b를 파라미터로 간주한다고 할 때, 위의 식은 두 변수 m과 n의 선형동차방정식체계로 생각할 수 있다. (19.8)의 체계는 동차형이기 때문에, 그 계수행렬이 비특이행렬일 때는 0인 해 $m = n = 0$만 있을 수 있다(제 5.5 절의 <표 5.1>을 참조하라). 그 경우에는, (19.6)의 보조함수들은 모두 항등적으로 0이 되고, 이 사실은 x와 y가 그들의 균형수준들인 $\bar{x}$와 $\bar{y}$로부터 결코 이탈하지 않음을 의미한다. 그러한 상황은 우리의 흥미를 끌 수 없는 특별한 경우일 것이기 때문에, 이 체계의 계수행렬이 **특이행렬**이라고 규정함으로써 이 자명한 해의 경우를 배제하기로 한다. 즉, 계수행렬의 행렬식의 값을 다음과 같이 0으로 놓는다.

$$\begin{vmatrix} b+6 & 9 \\ -1 & b \end{vmatrix} = b^2 + 6b + 9 = 0 \tag{19.9}$$

이 2차방정식으로부터, 우리는 $b(=b_1=b_2)=-3$이 (19.8)에서 m과 n이 다같이 0이 되지 않는 유일한 값이라는 것을 알 수 있다. 그러므로 우리는 이 b값만을 사용하고자 한다. 방정식 (19.9)는 주어진 연립차분방정식체계의 **특성방정식**이라 부르고, 그 근들을 그 체계의 **특성근**이라 부른다.

일단 b의 구체적인 값이 주어지면, (19.8)로부터 그에 대응하는 m과 n의 해값들을 구할 수 있다. 그러나 (19.8)이 동차형이기 때문에, (m, n)의 해는 무한 개 존재하게 되고, 그것은 k가 상수일 때 $m = kn$ 형태의 방정식으로 표현할 수 있다. 사실, 각 특성근 b_i에 대해서, 일반적으로 서로 다른 해방정식이 $m_i = k_i n_i$가 있게 된다. $b_1 = b_2$로 되는 중근의 경우에도, 보조함수에서 우리는 여전히 서로 다른 두개의 방정식, $m_1 = k_1 n_1$과 $m_2 = k_2 n_2$를 이용해야 한다. 또한 중근의 경우에는, (18.6)에 의해서 보조함수는 다음과 같이 쓰여져야 한다는 것을 기억할 것이다:

† 역주: 여기서 특성근은 아직 정의되지 않았다. 특성근에 관한 언급은 너무 이르다.

†† 역주: 그렇게 놓은 이유의 설명이 부족하다.

$$x_t = m_1(-3)^t + m_2 t(-3)^t$$
$$y_t = n_1(-3)^t + n_2 t(-3)^t$$

물론 m_i 와 n_i 사이의 비례인자들은 주어진 방정식체계 (19.4) 를 충족해야 하고, 따라서 $y_{t+1} = x_t$ 가 되어야 한다. 즉

$$n_1(-3)^{t+1} + n_2(t+1)(-3)^{t+1} - m_1(-3)^t + m_2 t(-3)^t$$

양변을 $(-3)^t$ 로 나누면,

$$-3n_1 - 3n_2(t+1) = m_1 + m_2 t$$

을 얻거나, 또는 재조정하면

$$-3(n_1 + n_2) - 3n_2 t = m_1 + m_2 t$$

을 얻는다. 등호의 양변에서 t 를 포함한 항들을 같게 놓고, 마찬가지로 t 를 포함하지 않는 항들을 같게 놓으면, 다음을 얻는다.

$$m_1 = -3(n_1 + n_2) \qquad \text{및} \qquad m_2 = -3n_2$$

이제 $n_1 = A_3$, $n_2 = A_4$ 로 쓰면, 다음을 얻는다.

$$m_1 = -3(A_3 + A_4) \qquad m_2 = -3A_4$$

따라서 보조함수는 다음과 같이 쓸 수 있다.

$$\begin{aligned} x_c &= -3(A_3 + A_4)(-3)^t - 3A_4 t(-3)^t \\ &= -3A_3(-3)^t - 3A_4(t+1)(-3)^t \\ y_c &= A_3(-3)^t + A_4 t(-3)^t \end{aligned} \tag{19.10}$$

단, A_3 와 A_4 는 임의의 상수이다. 이제 일반해는 (19.5) 의 특수적분들과 방금 구한 보조함수들을 더함으로써 얻을 수 있다. 그리고 나면 적절한 초기 혹은 경계조건들을 이용하여 두 임의의 상수 A_3 와 A_4 의 값을 확정시켜 주는 일만이 남는다.

위에서 구한 해의 한 가지 중요한 특징은, 두 시간경로가 모두 같은 b^t 의 표현을 가지고 있기 때문에, 그들은 같이 수렴하든가 혹은 같이 발산하든가 한다는 것이다. 이것이 그럴듯하게 들리는 이유는, 동태적으로 상호의존하고 있는 변수들을 가진 모형에서는, 체계의 어디에선가 어떠한 동태적 움직임이라도 있게 되면 일반균형은 성립할 수 없기 때문이다. $b = -3$ 으로 중근인 현재의 경우에는, x 와 y 의 시간경로들은 모두 발산하는 진동을 하게 된다.

행렬표기

단일방정식의 해법과 방정식체계의 해법 사이에 존재하는 기본적인 유사성을 분명히 나타내기 위하여, 앞에서의 설명은 행렬표기의 이점을 이용하지 않고 이루어졌다. 이제 이 행렬표기를 어떻게 이용할 수 있는가를 살펴보도록 하자. 단지 2개의 방정식들로 구성된 단순한 체계에다 행렬표기를 적용하는 것은 무의미한 것으로 보일지 모르지만, 그 표기법은 n 개 방정식의 경우로의 확장 가능성 때문에 해 볼 만한 작업이다.

우선, 주어진 체계 (19.4)는 다음과 같이 나타낼 수 있다.

$$\begin{bmatrix} 1 & 0 \\ 0 & 1 \end{bmatrix} \begin{bmatrix} x_{t+1} \\ y_{t+1} \end{bmatrix} + \begin{bmatrix} 6 & 9 \\ -1 & 0 \end{bmatrix} \begin{bmatrix} x_t \\ y_t \end{bmatrix} = \begin{bmatrix} 4 \\ 0 \end{bmatrix} \tag{19.4$'$}$$

혹은 더 간단히,

$$Iu + Kv = d \tag{19.4$''$}$$

로 나타낼 수 있다. 단, I는 2×2 항등행렬이고, K는 x_t와 y_t항의 계수들로 이루어진 2×2 행렬이며, u, v, d는 다음과 같이 정의되는 열벡터들이다.†

$$u = \begin{bmatrix} x_{t+1} \\ y_{t+1} \end{bmatrix} \qquad v = \begin{bmatrix} x_t \\ y_t \end{bmatrix} \qquad d = \begin{bmatrix} 4 \\ 0 \end{bmatrix}$$

여러분들은 이상한 점 하나를 발견할 수 있을 것이다. 즉, $Iu = u$가 성립하는데 왜 I를 없애 버리지 않는가? 이에 대한 대답은 이렇다. 항등행렬이 비록 지금은 필요 없어 보일지 모르지만, 다음 단계의 연산에서 필요하게 되기 때문에 (18.4″)에서처럼 이를 그대로 유지하는 것이다.

특수해로서 상수해 $x_{t+1} = x_t = \overline{x}$ 와 $y_{t+1} = y_t = \overline{y}$ 를 시험해 볼 경우, 이것은 사실상 $u = v = \begin{bmatrix} \overline{x} \\ \overline{y} \end{bmatrix}$로 놓는 것에 해당한다. 따라서 (19.4″)식은 아래와 같이 간단해질 것이다.

$$(I + K)\begin{bmatrix} \overline{x} \\ \overline{y} \end{bmatrix} = d$$

만약 역행렬 $(I + K)^{-1}$가 존재한다면, 특수해는 다음과 같이 표현할 수 있다.

$$\begin{bmatrix} \overline{x} \\ \overline{y} \end{bmatrix} = (I + K)^{-1}\, d \tag{19.5$'$}$$

물론 이 식은 일반적인 공식이다. 왜냐하면 $(I + K)^{-1}$가 존재하는 한 어떠한 행렬 K나 벡터 d에 대해서도 타당한 것이기 때문이다. 우리의 구체적인 수치예를 여기에 적용하면, 다음을 얻을 수 있다.

$$(I + K)^{-1}\, d = \begin{bmatrix} 7 & 9 \\ -1 & 1 \end{bmatrix}^{-1} \begin{bmatrix} 4 \\ 0 \end{bmatrix} = \begin{bmatrix} \frac{1}{16} & -\frac{9}{16} \\ \frac{1}{16} & \frac{7}{16} \end{bmatrix} \begin{bmatrix} 4 \\ 0 \end{bmatrix} = \begin{bmatrix} \frac{1}{4} \\ \frac{1}{4} \end{bmatrix}$$

그러므로, $\overline{x} = \overline{y} = \dfrac{1}{4}$ 이 되고, 이것은 (19.5)의 결과와 일치한다

이제 보조함수에 대해서 살펴보기로 한다. 시험적 해들인 (19.6)과 (19.7)에 의하면, u와 v 벡터들은 아래와 같은 구체적인 형태를 갖는다.

$$u = \begin{bmatrix} mb^{t+1} \\ nb^{t+1} \end{bmatrix} = \begin{bmatrix} m \\ n \end{bmatrix} b^{t+1} \qquad \text{및} \qquad v = \begin{bmatrix} mb^t \\ nb^t \end{bmatrix} = \begin{bmatrix} m \\ n \end{bmatrix} b^t$$

이들은 축약방정식 $Iu + kv = 0$에 대입하면 다음을 얻을 수 있다.

† 여기서 기호 v는 벡터를 나타내고 있다. 이것과 복소수를 나타내는 표기인 $h \pm vi$ (여기서 v는 스칼라임)에서의 v를 혼동하지 말기 바란다.

$$I\begin{bmatrix} m \\ n \end{bmatrix} b^{t+1} + K\begin{bmatrix} m \\ n \end{bmatrix} b^t = 0$$

또는 b^{-t} (스칼라임)을 양변에 곱한 후에 인수분해하면 다음과 같다.

$$(bI + K)\begin{bmatrix} m \\ n \end{bmatrix} = 0 \qquad \textbf{(19.8')}$$

단, 0은 영벡터를 나타낸다. 시험적 해들을 확정하기 위해 b, m, n의 적절한 값들을 찾고자 할 때 이용하여야 할 것은 바로 이 동차방정식체계이다.

m과 n에 대해서 0인 해를 피하기 위해서는, 다음이 필요하다.

$$|bI + K| = 0 \qquad \textbf{(19.9')}$$

그리고 이것이 특성근 b_i들을 구하는 데 사용할 특성방정식이다. 그리고,

$$bI = \begin{bmatrix} b & 0 \\ 0 & b \end{bmatrix} \quad \text{및} \quad K = \begin{bmatrix} 6 & 9 \\ -1 & 0 \end{bmatrix}$$

을 위의 방정식에 대입하면, 정확히 (19.9) 식이 나타나게 되고, 따라서 특성근은 중근인 $b = -3$이 되어서 앞에서의 결과와 일치하게 된다.

일반적으로 각 특성근 b_i가 주어지면 (19.8′) 식으로부터 m과 n에 대한 무한개의 해의 집합을 얻을 수 있다. 그러나 이 해들은 방정식 $m_i = k_i n_i$에 의해 서로 관련을 맺게 된다.† 그러므로 각 b_i 값에 대해 다음과 같이 쓸 수 있다.

$$n_i = A_i \qquad \text{및} \qquad m_i = k_i A_i$$

단, A_i는 나중에 그 값이 확정될 임의의 상수이다. 이것을 시험적 해들에 대입하면, 보조함수들의 구체적 형태를 얻을 수 있다. 모든 특성근들이 서로 다른 실수일 때, (18.5)를 적용해서 다음과 같이 쓸 수 있다.

$$\begin{bmatrix} x_c \\ y_c \end{bmatrix} = \begin{bmatrix} \Sigma m_i b_i^t \\ \Sigma n_i b_i^t \end{bmatrix} = \begin{bmatrix} \Sigma k_i A_i b_i^t \\ \Sigma A_i b_i^t \end{bmatrix}$$

그러나 중근일 때는 대신에 (18.6)을 적용해야 하고, 따라서 보조함수들은(x_c에 대하여) $m_1 b^t + m_2 t b^t$와 (y_c에 대하여) $n_1 b^t + n_2 t b^t$와 같이, 배수 t가 추가된 항들을 포함하게 될 것이다. m_i와 n_i 사이의 비례인자들은, 우리의 수치예에서 (19.10)으로 예시된 것처럼, 주어진 방정식체계에서 규정된 변수 x와 y 사이의 관계에 의해서 결정된다. 마지막으로, 복소근일 경우에는 보조함수들은 (18.10)에 따라서 써야 한다.

최종적으로, 일반해를 구하기 위해서는, 단지 다음과 같이 합을 만들면 된다.

$$\begin{bmatrix} x_t \\ y_t \end{bmatrix} = \begin{bmatrix} x_c \\ y_c \end{bmatrix} + \begin{bmatrix} \overline{x} \\ \overline{y} \end{bmatrix}$$

† 역주: 여기서 k_i는 임의의 해의 조합 (m_i, n_i)에 의해서 확정된다 (따라서 무한개의 해의 집합 (m_i, n_i)는 서로 비례관계를 갖는다).

그리고 나면 임의의 상수인 A_t 들의 값을 정해 주는 일만 남게 된다.

이상에서 설명한 방법을 n 개의 방정식체계로 확장하는 것은 자명해 진다. 그러나 n 이 클 때에는, 특성방정식 — n 차다항식의 방정식 — 을 쉽게 풀수 없게 된다. 그 경우에, 체계 내의 변수들의 시간경로들에 관한 어떤 정성적인 결과만을 알고자 할 때에는, 앞에서와 마찬가지로 슈르의 정리가 도움이 된다.† 여러분들은 모든 변수들의 시험적 해들에서 동일한 밑수 b 를 사용했음을 기억할 것이다. 따라서 그 보조함수들에는 동일한 b_i^t 표현들이 나타나야 하고, 수렴 여부에 관해 같은 결과를 낳게 된다. 이와같이 되어서, 슈르의 정리를 한 번만 적용하면, 체계의 모든 변수들의 시간경로들이 수렴하는가 혹은 발산하는가를 알 수 있는 것이다.

연립미분방정식

바로 앞에서 설명한 해법은 1계선형 **미분**방정식체계의 경우에도 적용할 수 있다. 단 하나 수정해야 할 중요한 점은 시험적 해들을 다음과 같이 바꾸는 것이다.

$$x(t) = me^{rt} \qquad \text{및} \qquad y(t) = ne^{rt} \tag{19.11}$$

그리고 이것은 다음을 의미한다.

$$x'(t) = rme^{rt} \qquad \text{및} \qquad y'(t) = rne^{rt} \tag{19.12}$$

지금까지의 표기의 관례를 따라서, 이하에서는 특성근들을 b 대신 r 로 나타낸다.

다음과 같은 방정식체계가 주어져 있다고 하자:

$$\begin{aligned} x'(t) + 2y'(t) + 2x(t) + 5y(t) &= 77 \\ y'(t) + x(t) + 4y(t) &= 61 \end{aligned} \tag{19.13}$$

우선 이것을 행렬표기로 다시 쓰자.

$$Ju + Mv = g \tag{19.13$'$}$$

여기서 행렬들은 다음과 같다.

$$J = \begin{bmatrix} 1 & 2 \\ 0 & 1 \end{bmatrix} \qquad u = \begin{bmatrix} x'(t) \\ y'(t) \end{bmatrix} \qquad M = \begin{bmatrix} 2 & 5 \\ 1 & 4 \end{bmatrix} \qquad v = \begin{bmatrix} x(t) \\ y(t) \end{bmatrix} \qquad g = \begin{bmatrix} 77 \\ 61 \end{bmatrix}$$

(19.13) 의 첫 번째 방정식에 $2y't$ 항이 있기 때문에, (19.4″) 에서의 항등행렬 대신에 행렬 J 를 사용해야 한다는 점에 주의해야 한다. 물론 J 가 비특이행렬이라면 (따라서 J^{-1} 가 존재한다면), (19.13′) 의 모든 항들에다 J^{-1} 를 앞곱함으로써 그식을 어떤 의미에서 **정규화**시킬 수 있고, 그 결과로 다음을 얻을 수 있다.

$$J^{-1}Ju + J^{-1}Mv = J^{-1}g \qquad \text{또는} \qquad \begin{aligned} &Iu + Kv = d \\ &(K \equiv J^{-1}M;\, d \equiv J^{-1}g) \end{aligned} \tag{19.13$''$}$$

이 새로운 형태는 (19.4″) 와 완전히 같은 것이긴 하지만, 벡터 u 와 v 는 두 상황에서 전혀 서로 다른 의미를 지닌다는 것을 명심해야 한다. 이하에서 논의를 전개할 때는 (19.13′) 에 주어진 $Ju +$

† 역주: 이는 정확한 표현이 아니다. 앞의 (19.10) 이 옳지 않은 것도 이로부터 연유한다.

$Mv = g$ 식에 초점을 맞추기로 한다.

특수적분들을 찾기 위해서, 상수해 $x(t) = \bar{x}$와 $y(t) = \bar{y}$ (이것은 $x'(t) = y'(t) = 0$을 의미한다)를 시험해 보기로 하자. 이러한 상수해들이 타당하다면, u, v 벡터들은 $v = \begin{bmatrix} \bar{x} \\ \bar{y} \end{bmatrix}$, $u \begin{bmatrix} 0 \\ 0 \end{bmatrix}$가 되고, 따라서 (19.13′)는 $Mv = g$로 쓸 수 있다. 이와같이 해서 $\bar{x}$와 $\bar{y}$에 대한 해는 다음과 같이 쓸 수 있게 된다.

$$\begin{bmatrix} \bar{x} \\ \bar{y} \end{bmatrix} = \bar{v} = M^{-1}g \qquad \textbf{(19.14)}$$

여러분은 이것을 (19.5′)와 비교해 보기 바란다. 우리의 현재의 문제에서 주어진 구체적 수치를 대입하면, 다음과 같은 특수적분들을 얻을 수 있다.

$$\begin{bmatrix} \bar{x} \\ \bar{y} \end{bmatrix} = \begin{bmatrix} 2 & 5 \\ 1 & 4 \end{bmatrix}^{-1} \begin{bmatrix} 77 \\ 61 \end{bmatrix} = \begin{bmatrix} \frac{4}{3} & -\frac{5}{3} \\ -\frac{1}{3} & \frac{2}{3} \end{bmatrix} \begin{bmatrix} 77 \\ 61 \end{bmatrix} = \begin{bmatrix} 1 \\ 15 \end{bmatrix}$$

다음으로 보조함수들을 알아보도록 하자. (19.11)과 (19.12)에서 제시하고 있는 시험적 해들을 이용하면, u와 v 벡터들은 다음과 같이 된다.

$$u = \begin{bmatrix} m \\ n \end{bmatrix} re^{rt} \qquad 및 \qquad v = \begin{bmatrix} m \\ n \end{bmatrix} e^{rt}$$

이들을 축약방정식

$$Ju + Mv = 0$$

에 대입하면 다음을 얻는다.

$$J\begin{bmatrix} m \\ n \end{bmatrix} re^{rt} + M\begin{bmatrix} m \\ n \end{bmatrix} e^{rt} = 0$$

또는 스칼라 e^{-rt}를 양변의 모든 항들에 곱하고 인수분해하면 다음과 같다.

$$(rJ + M)\begin{bmatrix} m \\ n \end{bmatrix} = 0 \qquad \textbf{(19.15)}$$

여러분들은 이 결과를 (19.8′)와 비교해 보기 바란다. 우리는 m과 n에 대해서 0**이 아닌** 해들을 찾고자(따라서 우리의 시험적 해들도 0이 아닌 해들이 됨)하기 때문에 다음의 조건이 필요하다.

$$|rJ + M| = 0 \qquad \textbf{(19.16)}$$

(19.9′)에 대응하는 것으로서, 이 마지막 방정식 — 주어진 방정식체계의 특성방정식 — 을 풀면 우리가 필요로 하는 특성근 r_i들을 구할 수 있다.† 그리고 나서, 이 r_i들에 대응하는 m_i와 n_i의 값들(0이 아닌 값들)을 찾아낼 수 있다.

현재의 예에서 특성방정식은 다음과 같다.

$$|rJ + M| = \begin{vmatrix} r+2 & 2r+5 \\ 1 & r+4 \end{vmatrix} = r^2 + 4r + 3 = 0 \qquad \textbf{(19.16′)}$$

† 역주: (19.13″)의 표기에 따를 때 $j^{-1} \neq 0$이면 $|rJ + M| = 0 \leftrightarrow |rI + K| = 0$임을 쉽게 확인할 수 있다. 과연 이 예에서 $|rI + K| = r^2 + 4r + 3 = 0$이므로 이 특성근은 (19.16′)의 그것과 같다.

특성근들은 $r_1 = -1$, $r_2 = -3$이 되고, 이들을 (19.15)에 대입하면 다음과 같다.

$$\begin{bmatrix} 1 & 3 \\ 1 & 3 \end{bmatrix}\begin{bmatrix} m_1 \\ n_1 \end{bmatrix} = 0 \qquad (r_1 = -1 \text{ 일 때})$$

$$\begin{bmatrix} -1 & -1 \\ 1 & 1 \end{bmatrix}\begin{bmatrix} m_2 \\ n_2 \end{bmatrix} = 0 \qquad (r_2 = -3 \text{ 일 때})$$

따라서 $m_1 = -3n_1$ 과 $m_2 = -n_2$가 성립하는데, 이 사실을 다음과 같이 표현할 수도 있다.

$$\begin{matrix} m_1 = 3A_1 \\ n_1 = -A_1 \end{matrix} \quad \text{및} \quad \begin{matrix} m_2 = A_2 \\ n_2 = -A_2 \end{matrix}$$

이제 r_i, m_i, n_i들을 모두 구했기 때문에, 보조함수들을 다음과 같이 지수 표현들의 선형결합으로 나타낼 수 있다:

$$\begin{bmatrix} x_c \\ y_c \end{bmatrix} = \begin{bmatrix} \Sigma m_i e^{r_i t} \\ \Sigma n_i e^{r_i t} \end{bmatrix} \quad [\text{서로 다른 실근일 때}]$$

그리고 일반해는 다음과 같이 될 것이다.

$$\begin{bmatrix} x(t) \\ y(t) \end{bmatrix} = \begin{bmatrix} x_c \\ y_c \end{bmatrix} + \begin{bmatrix} \overline{x} \\ \overline{y} \end{bmatrix}$$

현재 우리의 예에서 해는 다음과 같다.

$$\begin{bmatrix} x(t) \\ y(t) \end{bmatrix} = \begin{bmatrix} 3A_1 e^{-t} + A_2 e^{-3t} + 1 \\ -A_1 e^{-t} - A_2 e^{-3t} + 15 \end{bmatrix}$$

나아가서, 초기조건이 $x(0) = 6$과 $y(0) = 12$로 주어져 있다면, 임의의 상수들의 값은 $A_1 = 1$, $A_2 = 2$로 된다. 이것은 위의 해를 확정시켜 준다.

앞에서와 마찬가지로, $e^{r_i t}$의 표현들이 $x(t)$와 $y(t)$의 시간경로들에 공통적으로 들어 있기 때문에, 그 시간경로들은 모두 수렴하든가 혹은 모두 발산하든가 해야 한다. 현재의 경우에는 특성근들이 −1과 −3이기 때문에, 두 시간경로들은 각각의 균형수준들인 $\overline{x} = 1$ 과 $\overline{y} = 15$로 모두 수렴한다.

우리의 예는 단지 2개의 방정식으로 구성된 체계이긴 하지만, 이상에서 설명한 방법을 일반적인 n개 방정식체계로 확장할 수 있다. 앞서와 마찬가지로, n이 클경우에는 정량적인 분석을 위한 해는 구하기 힘들겠지만, 일단 특성방정식을 구하고 나면 루드(Routh)의 정리를 이용하여 정성적인 분석을 할 수 있다.†

특성방정식에 관한 몇 가지 설명

지금까지 우리는 "특성방정식"이란 용어를 각기 다른 **세 가지** 문맥에서 사용하였다. 우선 제 11.3 절에서는, 행렬의 특성방정식에 관해 이야기하였다. 그리고 제 16.1 절과 제 18.1 절에서는, 이 용어를 단일선형미분방정식과 차분방정식에 적용하였다. 마지막으로 이 절에서는, 선형차분(또는 미분)방정식체계에 특성방정식을 도입하였다. 이 셋 사이에 어떤 연관이 있는가?

† 역주: 여기서도 특성방정식 (19.16)을 n차다항방정식으로 본다. 그리고 루드의 정리를 이용하려면, 이 다항식의 계수를 계산해야 하는데 그것이 그리 쉬운 작업이 아니다.

그들 사이에 연관은 존재하며, 또 그 연관의 정도는 매우 밀접한 것이다. 우선 단일방정식과 그와 동등한 방정식체계가 주어져 있을 때 — 방정식 (19.1)과 방정식체계 (19.1′) 혹은 방정식 (19.3)과 방정식체계 (19.3′)가 그 예이다 — 그 특성방정식들은 같아야 한다. 예를 들어 차분방정식 (19.1), $y_{t+2}+a_1y_{t+1}+a_2y_t=c$ 를 보자. 우리는 이 방정식의 상수계수들을 다음과 같이 2차방정식에 그대로 옮김으로써 그 특성방정식을 만드는 법을 이미 알고 있다.

$$b^2+a_1b+a_2=0$$

(19.1)과 동등한 체계인 (19.1′)에 대해서는 어떠한가? 그 방정식체계를 (19.4″)에서처럼 $Iu+Kv=d$ 로 표현하면, $K=\begin{bmatrix} a_1 & a_2 \\ -1 & 0 \end{bmatrix}$ 이 성립된다. 따라서 특성방정식은 아래와 같다.

$$|bI+K|=\begin{vmatrix} b+a_1 & a_2 \\ -1 & b \end{vmatrix}=b^2+a_1b+a_2=0 \qquad \text{[(19.9′)에 의해]} \qquad \textbf{(19.17)}$$

이는 앞에서 주장한 바와 같이 단일방정식으로부터 얻은 특성방정식과 동일하다. 당연히 이러한 결과는 미분방정식의 경우에 대해서도 성립하며, 단지 그 차이라는 것은 미분방정식의 경우에는 기호 b 대신에 기호 r 을 사용하였다는 점이다.

차분(또는 미분)방정식체계의 특성방정식과 어떤 특정한 정방행렬 — 이하에서 D 라고 부를 것임 — 의 특성방정식을 연관시키는 것도 가능하다. (11.14)의 정의를 참조하면서, 기호 r 대신에 차분방정식에 해당하는 기호인 b 를 사용하면, 행렬 D 의 특성방정식을 다음과 같이 쓸 수 있다.

$$|D-bI|=0 \qquad \textbf{(19.18)}$$

일반적으로, 행렬식 $|D-bI|$ 의 모든 원소들에다 −1을 곱할 때, 행렬 D 에 **짝수**개의 행(혹은 열)이 존재하면 행렬식의 값은 변하지 않고, D 에 **홀수**개의 행이 있게 되면 행렬식의 부호가 바뀌게 된다. 그러나 현재의 경우에는 $|D-bI|$ 의 값이 0이기 때문에, 그 모든 원소들에다 −1을 곱하는 것은 행렬 D 의 차원에 관계없이 아무 문제도 생기지 않게 된다. 그러나, 행렬식 $|D-bI|$ 의 모든 원소들에다 −1을 곱하는 것은 행렬 $(D-bI)$ 에다 그 행렬식의 값을 취하기 전에 −1을 곱하는 것과 같기 때문에(제 5.3 절의 예 6 참조), (19.18)을 다음과 같이 다시 쓸 수 있다.

$$|bI-D|=0 \qquad \textbf{(19.18′)}$$

이것을 (19.17)과 같다고 놓아 보면, 행렬 D 를 $D=-K$ 가 되게 잡을 때 그 특성방정식이 방정식체계 (19.1′)의 특성방정식과 같다는 것은 분명하다. 이 행렬 $-K$ 는 다음과 같은 특수한 의미를 지니고 있다. 즉, 방정식체계의 **축약**형인 $Iu+Kv=0$ 을 취해서 그것을 $Iu=-Kv$ 또는 간단히 $u=-Kv$ 와 같은 형태로 표현해 보면, $-K$ 는 이 특정한 방정식에서 벡터 $v=\begin{bmatrix} x_t \\ y_t \end{bmatrix}$ 를 벡터 $u=\begin{bmatrix} x_{t+1} \\ y_{t+1} \end{bmatrix}$ 로 변환시켜 주는 행렬임을 알 수 있게 된다.

미분방정식체계인 (19.3′)에 대해서도 마찬가지로 같은 논리를 적용할 수 있다. 그러나 (19.3′)와는 달리, 그 첫째 항이 Iu 가 아니고 Ju 인 (19.13′)의 $Ju+Mv=g$ 와 같은 체계에서는, 그 특성방정식은 다음과 같은 형태가 된다.

$$|rJ+M|=0 \qquad \text{[(19.16′) 참조]}$$

이 경우에는, 행렬 D 에 대한 표현을 얻으려면, 우선 방정식 $Ju+Mv=g$ 를 (19.13″)의 형태로 정

규화해야 하고, 그 다음에 $D=-K=-J^{-1}M$ 으로 놓아야 한다.†

요컨대 (1) 단일차분 또는 미분방정식, (2) 이와 동등한 방정식체계, 그리고 (3) 그 방정식체계로부터 얻을 수 있는 적절한 행렬 D가 주어져 있을 때, 각각의 특성방정식을 구해 보면 모두 같은 것이 되게 할 수 있다.

연습문제 19.2

1. 차분방정식체계 (19.4)는 앞의 제 18.1 절의 [예 4]에서 풀었던 단일방정식 $y_{t+2}+6y_{t+1}+9y_t=4$와 동등하다는 것을 보여라. 그리고 서로 다른 두 방법으로 얻은 해들을 비교하여 보아라.
2. 차분방정식 (19.2)의 특성방정식과 방정식체계 (19.2′)의 특성방정식이 같다는 것을 보여라.
3. 다음 두 차분방정식체계들을 풀어라.

   (a) $x_{t+1} + x_t + 2y_t = 24$

   $y_{t+1} + 2x_t - 2y_t = 9$ [단, $x_0 = 10$, $y_0 = 9$ 임]

   (b) $x_{t+1} - x_t - \frac{1}{3}y_t = -1$

   $x_{t+1} + y_{t+1} - \frac{1}{6}y_t = 8\frac{1}{2}$ [단, $x_0 = 5$, $y_0 = 4$ 임]
4. 다음 두 미분방정식체계들을 풀어라.

   (a) $x'(t) - x(t) - 12y(t) = -60$

   $y'(t) + x(t) + 6y(t) = 36$ [단, $x(0) = 13$, $y(0) = 4$ 임]

   (b) $x'(t) - 2x(t) + 3y(t) = 10$

   $y'(t) - x(t) + 2y(t) = 9$ [단, $x(0) = 8$, $y(0) = 5$ 임]
5. 미분방정식체계 (19.13)의 특성방정식과 같은 특성방정식을 갖는 행렬 D를 구하라. 그리고 두 특성방정식이 정말 같다는 것을 확인하라.

19.3 | 동태적 투입산출모형

우리가 처음 대했던 투입산출분석은 다음과 같은 문제에 관한 것이었다. 즉 모든 산업에서의 투입수요들과 최종수요(개방체계)를 정확히 충족시키자면, 각 산업은 얼마만큼을 생산해야만 하는가 하는 것이었다. 그 문제는 정태적인 것이었고, 연립방정식체계를 풀어서 모든 산업에서의 **균형**산출수준을 구하는 것이었다. 이러한 모형에다 몇 가지 추가적인 경제적 고려사항들을 더하면, 투입산출체계는 동태적인 성격을 띠게 되고, 제 19.2 절에서 논의한 형태의 차분 또는 미분방정식체계가 나타난다.

모형을 동태화시키는 경제적 고려사항들로서 이하에서는 세 가지를 살펴보고자 한다. 그러나 분석의 단순화를 위해서, 2산업개방체계만을 예로 들어 설명하고자 한다. 그런데 행렬표기를 사용할 것이기 때문에, 이것을 n개 산업의 경우로 일반화하는 것은 어렵지 않을 것이다. 그 행렬들의

† 역주 : 이 주장이 의미를 갖기 위해서는 앞의 역주가 필요하다.

차원만 적절하게 변화시키면 되기 때문이다. 그러한 일반화를 용이하게 하기 위해서는, 변수들을 x_t와 y_t로 나타내지 말고, $x_{1,t}$와 $x_{2,t}$로 나타내어서 필요할 때는 표기를 $x_{n,t}$로 확장시키는 것이 바람직하다. 투입산출모형에서 x_i는 i번째 산업의 (원으로 측정한) 산출량을 나타낸다는 것을 여러분들은 기억하고 있을 것이다. 여기서 새로운 하첨자 t는 시간차원이 더해졌음을 나타낸다. 그리고 투입계수의 기호인 a_{ij}는 그 전처럼 j번째 상품을 한 단위 생산하는 데 필요한 i번째 상품의 원 가치를 나타내고, d_i도 앞에서처럼 i번째 상품에 대한 최종수요를 나타낸다.

생산에서의 시차

정태적 2산업개방체계에서, 산업 1의 산출량은 다음과 같이 수요수준과 같게 놓아야 한다:

$$x_1 = a_{11}x_1 + a_{12}x_2 + d_1$$

이제 생산에 1기의 시차가 존재하여, 기간 t의 수요량은 그 기의 산출량이 아닌 $(t+1)$기의 산출량을 결정한다고 가정하자. 이 새로운 상황을 묘사하려면, 위의 방정식을 다음과 같은 형태로 바꾸어야 한다.

$$x_{1,t+1} = a_{11}x_{1,t} + a_{12}x_{2,t} + d_{1,t} \tag{19.19}$$

마찬가지로, 산업 Ⅱ에 대해서도 다음과 같이 쓸 수 있다.

$$x_{2,t+1} = a_{21}x_{1,t} + a_{22}x_{2,t} + d_{2,t} \tag{19.19$'$}$$

이와 같이 해서 이제 연립차분방정식체계를 얻게 되었는데, 바로 이것이 동태적 투입산출모형을 구성한다.

행렬표기로 나타내면, 위의 체계는 다음의 방정식이 된다.

$$x_{t+1} - Ax_t = d_t \tag{19.20}$$

단, $x_{t+1} = \begin{bmatrix} x_{1,t+1} \\ x_{2,t+1} \end{bmatrix} \quad x_t = \begin{bmatrix} x_{1,t} \\ x_{2,t} \end{bmatrix} \quad A = \begin{bmatrix} a_{11} & a_{12} \\ a_{21} & a_{22} \end{bmatrix} \quad d_t = \begin{bmatrix} d_{1,t} \\ d_{2,t} \end{bmatrix}$

분명히, (19.20)식은 두 가지 점을 제외하고는 (19.4″)식과 같은 형태로 되어 있다. 우선, 벡터 x_{t+1}은 벡터 u와 달리 항등행렬 I를 "계수"로 가지고 있지 않다는 것이다. 그러나 앞에서 설명했듯이, 이 사실은 수학적으로 크게 중요하지 않다. 두 번째로 더욱 본질적인 차이는, 시간하첨자를 가진 벡터 d_t는 최종수요 벡터를 시간의 함수로 본다는 것을 의미한다. 만약 이 함수가 상수함수가 아니라면, 특수해를 찾는 방법에는 수정이 가해져야 한다. 그러나 보조함수를 구하는 방법은 바뀌지 않는다. 다음의 예를 통해서 그 방법이 어떻게 바뀌는지를 살펴보도록 한다.

예 1 지수형태의 최종수요 벡터가 아래와 같이 주어져 있다고 할 때, 동태적 투입산출모형 (19.20)의 특수해들을 구하라.

$$d_t = \begin{bmatrix} \delta^t \\ \delta^t \end{bmatrix} = \begin{bmatrix} 1 \\ 1 \end{bmatrix}\delta^t \qquad (\delta = \text{양의 스칼라})$$

제 18.4 절에서 도입한 미정계수법에 따라서, $x_{1,t} = \beta_1\delta^t$와 $x_{2,t} = \beta_2\delta^t$ (β_1과 β_2는 미정계수들임) 형태의 해들을 시험해 보도록 한다. 즉, 다음 해를 시험해 본다.

$$x_t = \begin{bmatrix} \beta_1 \delta^t \\ \beta_2 \delta^t \end{bmatrix} = \begin{bmatrix} \beta_1 \\ \beta_2 \end{bmatrix} \delta^t \tag{19.21}$$

이것은 다음을 의미한다.†

$$x_{t+1} = \begin{bmatrix} \beta_1 \delta^{t+1} \\ \beta_2 \delta^{t+1} \end{bmatrix} = \begin{bmatrix} \beta_1 \delta \\ \beta_2 \delta \end{bmatrix} \delta^t = \begin{bmatrix} \delta & 0 \\ 0 & \delta \end{bmatrix} \begin{bmatrix} \beta_1 \\ \beta_2 \end{bmatrix} \delta^t$$

위의 시험적 해들이 타당하다면, 방정식체계 (19.20)은 다음처럼 될 것이다.

$$\begin{bmatrix} \delta & 0 \\ 0 & \delta \end{bmatrix} \begin{bmatrix} \beta_1 \\ \beta_2 \end{bmatrix} \delta^t - \begin{bmatrix} a_{11} & a_{12} \\ a_{21} & a_{22} \end{bmatrix} \begin{bmatrix} \beta_1 \\ \beta_2 \end{bmatrix} \delta^t = \begin{bmatrix} 1 \\ 1 \end{bmatrix} \delta^t$$

또는, 공통의 스칼라 배수 $\delta^t \neq 0$을 소거하면 다음과 같다.

$$\begin{bmatrix} \delta - a_{11} & -a_{12} \\ -a_{21} & \delta - a_{22} \end{bmatrix} \begin{bmatrix} \beta_1 \\ \beta_2 \end{bmatrix} = \begin{bmatrix} 1 \\ 1 \end{bmatrix} \tag{19.22}$$

가장 왼쪽에 있는 상수행렬이 비특이행렬이라고 가정하면, 크래머의 법칙을 이용해서 β_1과 β_2의 값을 쉽게 찾을 수 있다.

$$\beta_1 = \frac{\delta - a_{22} + a_{12}}{\Delta} \qquad \text{및} \qquad \beta_2 = \frac{\delta - a_{11} + a_{21}}{\Delta} \tag{19.22$'$}$$

단, $\Delta \equiv (\delta - a_{11})(\delta - a_{22}) - a_{12}a_{21}$이다. 이제 β_1과 β_2는 완전히 파라미터들의 알려진 값들로만 표현되어 있기 때문에, 특수해들의 구체적인 형태를 알기 위해서는 이 β_1과 β_2를 시험적 해 (19.21)에 대입하기만 하면 된다.

여기서 다룬 것보다 더 일반적인 형태의 최종수요 벡터는 [연습문제 19.3]의 1에 나와 있다.

(19.20)에 대한 보조함수들을 찾는 방법은 제 19.2 절의 그것과 다를 것이 없다. 주어진 예의 방정식체계의 동차형은 $x_{t+1} - Ax_t = 0$이므로, 특성방정식은 다음과 같이 된다.

$$|bI - A| = \begin{vmatrix} b - a_{11} & -a_{12} \\ -a_{21} & b - a_{22} \end{vmatrix} = 0 \qquad \text{[(19.9$'$) 참조]}$$

이것으로부터 특성근 b_1과 b_2를 구할 수 있고, 그 이후에 해를 구하는 나머지 과정들을 밟을 수 있을 것이다.

초과수요와 산출량조정

(19.20) 형태의 모형은 다른 경제적 가정으로부터 유도할 수도 있다. 각 생산물에 대한 초과수요가 항상 그 만큼의 산출량조정을 유발하게 되는 상황을 생각해 보자. 첫 번째 생산물에 대한 t

† 여러분들은 벡터 $\begin{bmatrix} \beta_1 \delta \\ \beta_2 \delta \end{bmatrix}$를 다음과 같은 여러 개의 형태들로 바꾸어 쓸 수 있다는 것을 알 수 있을 것이다.

$$\begin{bmatrix} \beta_1 \\ \beta_2 \end{bmatrix} \delta \quad \text{또는} \quad \delta \begin{bmatrix} \beta_1 \\ \beta_2 \end{bmatrix} \quad \text{또는} \quad \delta \begin{bmatrix} 1 & 0 \\ 0 & 1 \end{bmatrix} \begin{bmatrix} \beta_1 \\ \beta_2 \end{bmatrix} = \begin{bmatrix} \delta & 0 \\ 0 & \delta \end{bmatrix} \begin{bmatrix} \beta_1 \\ \beta_2 \end{bmatrix}$$

우리는 이 중에서 세 번째 것을 택하고자 하는데, 그 이유는 다음 단계에서 $\begin{bmatrix} \delta & 0 \\ 0 & \delta \end{bmatrix}$를 다른 2×2 행렬에다 더하고자 하기 때문이다. 그 때, 처음 두 개의 형태들은 그 차원이 덧셈을 하는 데 있어 적합하지 않다.

기의 초과수요는

$$\underbrace{a_{11}x_{1,t} + a_{12}x_{2,t} + d_{1,t}}_{(\text{수요})} - \underbrace{x_{1,t}}_{(\text{공급})}$$

와 같기 때문에, 산출량의 조정 (증가) $\Delta x_{1,t}$ 는 정확히 이와 일치하여야 한다. 즉,

$$\Delta x_{1,t}(\equiv x_{1,t+1} - x_{1,t}) = a_{11}x_{1,t} + a_{12}x_{2,t} + d_{1,t} - x_{1,t}$$

그러나, 이 방정식의 양변에 $x_{1,t}$ 를 더하면, 그 결과는 (19.19) 와 같게 된다. 마찬가지로, 산출량조정에 관한 우리의 가정은 두 번째 산업에 대해서 (19.19′) 와 같은 방정식을 가져다 준다. 요컨대, 전혀 다른 경제적 가정으로부터 동일한 수학적 모형을 유도할 수 있는 것이다.†

지금까지는 투입산출모형을 이산적 시간에서만 보아 왔다. 비교의 목적을 위해서 산출량조정 과정을 연속적 시간에서 고려해 보자.

연속적 시간모형을 채택하게 되면, 기호 $x_{i,t}$ 대신에 기호 $x_i(t)$를, 그리고 차분 $\Delta x_{i,t}$ 대신에 도함수 $x'_i(t)$를 사용해야 한다. 이러한 변화를 염두에 두면, 우리의 산출량조정 가정을 다음의 두 미분방정식들로 표현할 수 있다:

$$\begin{aligned} x_1'(t) &= a_{11}x_1(t) + a_{12}x_2(t) + d_1(t) - x_1(t) \\ x_2'(t) &= a_{21}x_1(t) + a_{22}x_2(t) + d_2(t) - x_2(t) \end{aligned}$$

임의의 시점 $t = t_0$ 에 대해서, 기호 $x_i(t_0)$ 는 그 순간에 있어서의 단위 시간당 (가령 1개월당) 산출물 흐름의 속도를 말해 주고 있으며, $d_i(t_0)$ 는 그 순간에 있어서의 1개월당 최종수요의 속도를 나타낸다. 이와 같이 해서, 각 방정식에서 오른쪽 항들의 합은 $t = t_0$ 에서 측정한 1개월당 초과수요의 속도를 나타내게 된다. 한편, 왼쪽에 있는 도함수 $x'_i(t_0)$ 는 $t = t_0$ 에서 초과수요 때문에 발생한 산출량조정의 1개월당의 속도를 나타낸다. 이러한 조정은 한 달이라는 기간 동안의 초과수요를 제거하여 균형을 가져다 줄 것이다. 그러나 이것은 초과수요와 산출량조정이 모두 그 기간 동안 현재의 속도들에서 변하지 않고 머물러 있는 경우에 한한다. 그러나 실제로는, 초과수요가 시간이 흐름에 따라 변하게 되고, 따라서 그에 의해 유발되는 산출량조정도 변하게 되어서, 결과적으로 고양이가 쥐를 쫓는 게임과 같은 상황이 되고 만다. 만약 해가 수렴하는 성질의 것이라면, 고양이 (산출량조정) 는 결국 점근적으로는 ($t \to \infty$ 에 따라) 쥐 (초과수요) 를 잡을 수 있을 것이다.

이 미분방정식체계를 적절하게 정리하고 나면, 아래와 같이 (19.13′) 의 형태로 쓸 수 있다 (′표시는 전치가 아니라 도함수를 나타낸다):

$$Ix' + (I - A)x = d \tag{19.23}$$

단, $x' = \begin{bmatrix} x_1'(t) \\ x_2'(t) \end{bmatrix} \quad x = \begin{bmatrix} x_1(t) \\ x_2(t) \end{bmatrix} \quad A = \begin{bmatrix} a_{11} & a_{12} \\ a_{21} & a_{22} \end{bmatrix} \quad d = \begin{bmatrix} d_1(t) \\ d_2(t) \end{bmatrix}$

보조함수들은 앞에서와 마찬가지 방법으로 구할 수 있다. 특히 특성근들은 다음의 방정식으로부터 구할 수 있다.

† 역주: 따지고 보면 전혀 다른 가정이 아니라 같은 가정이다. 왜냐하면, 현재의 초과수요만큼 다음 기의 산출량 조정이 일어난다는 것은 다음 기의 산출량이 현재의 수요량과 같음을 의미하기 때문이다.

$$|rI + (I - A)| = \begin{vmatrix} r+1-a_{11} & -a_{12} \\ -a_{21} & r+1-a_{22} \end{vmatrix} = 0 \quad [(19.16) \text{ 참조}]$$

특수적분들에 대해서는, 최종수요 벡터가 시간의 비상수함수들인 $d_1(t)$, $d_2(t)$를 그 원소로서 포함하고 있다면, 앞에서 찾은 해법에 수정이 필요하게 된다. 이것을 간단한 예를 들어서 설명하기로 한다.

예 2 최종수요 벡터가 아래와 같이 주어졌을 때, 동태모형 (19.23)의 특수적분들을 구하라.

$$d = \begin{bmatrix} \lambda_1 e^{\rho t} \\ \lambda_2 e^{\rho t} \end{bmatrix} = \begin{bmatrix} \lambda_1 \\ \lambda_2 \end{bmatrix} e^{\rho t} \quad (\text{단, } \lambda_i \text{와 } \rho \text{는 상수들임})$$

미정계수법을 이용하여, $x_i(t) = \beta_i e^{\rho t}$ 형태의 해들을 시험해 볼 수 있는데, 물론 이것은 $x'_i(t) = \rho \beta_i e^{\rho t}$를 의미한다. 행렬표기로 이들을 다음과 같이 쓸 수 있다.

$$x = \begin{bmatrix} \beta_1 \\ \beta_2 \end{bmatrix} e^{\rho t} \tag{19.24}$$

그리고 $$x' = \rho \begin{bmatrix} \beta_1 \\ \beta_2 \end{bmatrix} e^{\rho t} = \begin{bmatrix} \rho & 0 \\ 0 & \rho \end{bmatrix} \begin{bmatrix} \beta_1 \\ \beta_2 \end{bmatrix} e^{\rho t} \quad [\text{예 1의 각주를 참조}]$$

이것을 (19.23)에 대입해서 (0이 아닌) 공통의 스칼라 배수 $e^{\rho t}$를 소거하면, 다음을 얻는다.

$$\begin{bmatrix} \rho & 0 \\ 0 & \rho \end{bmatrix} \begin{bmatrix} \beta_1 \\ \beta_2 \end{bmatrix} + \begin{bmatrix} 1-a_{11} & -a_{12} \\ -a_{21} & 1-a_{22} \end{bmatrix} \begin{bmatrix} \beta_1 \\ \beta_2 \end{bmatrix} = \begin{bmatrix} \lambda_1 \\ \lambda_2 \end{bmatrix}$$

또는

$$\begin{bmatrix} \rho+1-a_{11} & -a_{12} \\ -a_{21} & \rho+1-a_{22} \end{bmatrix} \begin{bmatrix} \beta_1 \\ \beta_2 \end{bmatrix} = \begin{bmatrix} \lambda_1 \\ \lambda_2 \end{bmatrix} \tag{19.25}$$

만약 가장 왼쪽의 행렬이 비특이행렬이라면, 크래머의 법칙을 적용해서 계수 β_i들의 값들을 다음과 같이 결정할 수 있다.

$$\beta_1 = \frac{\lambda_1(\rho+1-a_{22}) + \lambda_2 a_{12}}{\Delta}$$
$$\beta_2 = \frac{\lambda_2(\rho+1-a_{11}) + \lambda_1 a_{21}}{\Delta} \tag{19.25'}$$

단, $\Delta \equiv (\rho+1-a_{11})(\rho+1-a_2) - a_{12}a_{21}$이다. **미정계수**들을 이같이 결정하고 나면, 이들을 시험적 해인 (19.24)에 대입해서 원하는 특수적분들을 구할 수 있다.

자본형성

동태적 투입산출체계를 발생시킬 수 있는 또다른 경제적 문제는 자본형성인데, 이는 재고의 축적까지 포함한다.

정태적 논의에서, 우리는 경상수요를 충족시키는 데 필요한 각 생산물의 산출수준만 고려하였다. 재고축적이나 자본형성에 대한 필요는 무시하거나 최종수요 벡터에 포함시켰다. 자본형성을 도입하기 위해서, 투입계수행렬 $A = [a_{ij}]$와 더불어, 이제 자본계수행렬

$$C = [c_{ij}] = \begin{bmatrix} c_{11} & c_{12} \\ c_{21} & c_{22} \end{bmatrix}$$

를 고려하기로 한다. 단, c_{ij} 는 j 번째 산업에서 1원어치의 산출량이 증가한 결과, 그 산업에서 새로운 자본으로 필요한 i 번째 상품의 (i 번째 상품의 성격에 따라 설비가 될 수도 있고 재고가 될 수도 있음) 원 가치를 나타내고 있다. 예를 들어 청량음료 (j 번째) 산업에서 산출물이 1원어치 증가할 때, 이 산업에서 2원어치의 병 제조설비 (i 번째 상품) 가 필요하게 된다면, $c_{ij} = 2$ 가 성립된다. 이와 같이, 이러한 자본계수는 한계자본/산출량 비율을 나타내고 있는데, 여기서 이 비율은 한 가지 종류의 자본 (i 번째 상품) 에만 국한되어 있다. 투입계수 a_{ij} 처럼, 자본계수들도 고정되어 있다고 가정한다. 여기서 우리는 다음과 같은 착상을 도입한다. 즉, 경제체계에서 각 상품을 투입수요와 최종수요뿐만 아니라 자본형성을 위한 수요까지 충족시키도록 생산한다는 것이다.

시간이 **연속적**이라면, 산출량 증가는 도함수 $x'_i(t)$ 로 표현되고, 따라서 각 산업에서의 산출량 수준은 다음과 같아야 한다.

$$\begin{aligned} x_1(t) &= a_{11}x_1(t) + a_{12}x_2(t) + c_{11}x_1'(t) + c_{12}x_2'(t) + d_1(t) \\ x_2(t) &= \underbrace{a_{21}x_1(t) + a_{22}x_2(t)}_{(\text{투입수요})} + \underbrace{c_{21}x_1'(t) + c_{22}x_2'(t)}_{(\text{자본수요})} + \underbrace{d_2(t)}_{(\text{최종수요})} \end{aligned}$$

이는 행렬표기로는 다음의 방정식으로 표현된다.

$$Ix = Ax + Cx' + d$$

또는

$$Cx' + (A - I)x = -d \tag{19.26}$$

만약 시간이 **이산적**이라면, 자본형성을 위한 t 기의 수요는 산출량의 증가분인 $x_{i,t} - x_{i,t-1}$ $(\equiv \Delta x_{i,t-1})$ 에 근거할 것이므로, 산출량수준은 다음과 같아야 한다.

$$\begin{bmatrix} x_{1,t} \\ x_{2,t} \end{bmatrix} = \underbrace{\begin{bmatrix} a_{11} & a_{12} \\ a_{21} & a_{22} \end{bmatrix}\begin{bmatrix} x_{1,t} \\ x_{2,t} \end{bmatrix}}_{(\text{투입수요})} + \underbrace{\begin{bmatrix} c_{11} & c_{12} \\ c_{21} & c_{22} \end{bmatrix}\begin{bmatrix} x_{1,t} - x_{1,t-1} \\ x_{2,t} - x_{2,t-1} \end{bmatrix}}_{(\text{자본수요})} + \underbrace{\begin{bmatrix} d_{1,t} \\ d_{2,t} \end{bmatrix}}_{(\text{최종수요})}$$

또는 $$Ix_t = Ax_t + C(x_t - x_{t-1}) + d_t$$

그러나, 시간을 나타내는 하첨자들을 1기만큼씩 미래로 옮기고 나서 항들을 정리하면, 위의 방정식을 다음과 같은 형태로 쓸 수 있다.

$$(I - A - C)x_{t+1} + Cx_t = d_{t+1} \tag{19.27}$$

미분방정식체계 (19.26) 과 차분방정식체계 (19.27) 은 물론 제 19.2 절의 방법에 따라서 풀 수 있다. 그리고 이러한 두 행렬방정식들은, 단지 행렬들을 n 개 산업의 경우에 대해 적절하게 다시 정의하고, 행렬들의 차원을 그에 대응하여 바꿈으로써, 모두 n 개 산업의 경우로 확장될 수 있다는 것은 말할 나위가 없다.

이상에서 우리는 시차와 조정 메카니즘과 같은 것들을 고려함으로써 어떻게 동태적 투입산출모형이 생겨날 수 있는가를 논의하였다. 일반균형시장모형에 대해서도 비슷한 고려를 적용하면,

이 역시 마찬가지로 동태화될 것이다. 그러나 그러한 모형들의 구조는 기본적으로 투입산출모형과 같기 때문에, 그에 대한 논의는 여기서 생략하기로 하고, 단지 그 예가 되는 [연습문제 19.3]의 6과 7을 참조해 주기 바란다.

연습문제 19.3

1. [예 1]에서 최종수요 벡터가 $d_t = \begin{bmatrix} \lambda_1 \delta^t \\ \lambda_2 \delta^t \end{bmatrix}$ 로 바뀐다면, 특수해들은 어떻게 되겠는가? 이의 답을 구한 후에, [예 1]의 답은 이것의 $\lambda_1 = \lambda_2 = 1$ 일 때의 특수한 경우임을 보여라.
2. (a) (19.22)식을 아래처럼 더 간단하게 쓸 수 있음을 보여라.

$$(\delta I - A)\beta = u$$

   (b) 위의 5개 기호 중에서 어떤 것들이 스칼라인가? 벡터는? 행렬은?
   (c) $(\delta I - A)$가 비특이행렬이라고 가정하고, β에 대한 해를 행렬형태로 표현하라.
3. (a) (19.25)식을 더욱 간단하게 다음과 같이 쓸 수 있음을 보여라.

$$(\rho I + I - A)\beta = \lambda$$

   (b) 다섯 개의 부호 중에서 스칼라, 벡터, 행렬을 나타내는 것은 각각 어느 것인가?
   (c) $(\rho I + I - A)$가 비특이라고 가정하고, β의 해를 행렬 형태로 써라.
4. (19.20)에 나타나 있는 이산시간 생산시차 투입산출모형에서, $A = \begin{bmatrix} \frac{3}{10} & \frac{4}{10} \\ \frac{3}{10} & \frac{2}{10} \end{bmatrix}$, $d_t = \begin{bmatrix} \left(\frac{12}{10}\right)^t \\ \left(\frac{12}{10}\right)^t \end{bmatrix}$ 가 주어져 있다고 하자. 이때, (a) 특수해들, (b) 보조함수들을 구하라. 그리고 (c) 초기의 산출량을 $x_{1,0} = \frac{187}{39}$과 $x_{2,0} = \frac{72}{31}$로 가정하고, 시간경로들을 구하라 (모든 계산에서 소수를 사용하지 말고 분수를 사용하라).
5. (19.23)에 나타나 있는 연속시간 산출량조정 투입산출모형에서, $A = \begin{bmatrix} \frac{3}{10} & \frac{4}{10} \\ \frac{3}{10} & \frac{2}{10} \end{bmatrix}$, $d = \begin{bmatrix} e^{t/10} \\ 2e^{t/10} \end{bmatrix}$ 이 주어져 있다고 하자. 이때 (a) 특수적분들, (b) 보조함수들을 구하라. 그리고 (c) 초기조건들을 $x_1(0) = \frac{53}{6}$과 $x_2(0) = \frac{25}{6}$ 로 가정하고서 시간경로를 구하라 (모든 계산에서 소수를 사용하지 말고 분수를 사용하라).
6. n상품 시장에서, 모든 Q_{di}와 Q_{si} $(i = 1, 2, \cdots, n)$들은 n개의 가격 $P_1, \cdots, P_n$ 의 함수로 생각할 수 있고, 따라서 각 상품에 대한 초과수요 $E_i \equiv Q_{di} - Q_{si}$ 도 그렇게 간주할 수 있다. 선형성을 가정하면, 우리는 다음처럼 쓸 수 있다.

$$E_1 = a_{10} + a_{11}P_1 + a_{12}P_2 + \cdots + a_{1n}P_n$$
$$E_2 = a_{20} + a_{21}P_1 + a_{22}P_2 + \cdots + a_{2n}P_n$$
$$\cdots\cdots\cdots\cdots\cdots\cdots\cdots\cdots\cdots\cdots$$
$$E_n = a_{n0} + a_{n1}P_1 + a_{n2}P_2 + \cdots + a_{nn}P_n$$

   또는 행렬표기로,

$$E = a + AP$$

   (a) 위에서 마지막 4개의 기호들은 스칼라, 벡터, 행렬들 중 각각 어느 것을 나타내는가? 그리고, 그들의 차원은 각각 어떻게 되는가?
   (b) 모든 가격이 시간의 함수라고 간주하고, $\frac{dP_i}{dt} = \alpha_i E_i$ $(i = 1, 2, \cdots, n)$라고 가정하자. 이 방

정식들은 경제적으로 어떤 의미를 갖는가?

(c) 각 $\frac{dP_i}{dt}$ 가 n개의 가격들의 선형함수임을 보여 주는 미분방정식들을 써 보아라.

(d) P' 를 도함수 $\frac{dP_i}{dt}$ 들로 이루어진 $n \times 1$ 열벡터라고 하고, 주대각원소로 $\alpha_1, \alpha_2, \cdots, \alpha_n$ (이 순서로), 그 밖에는 0의 원소를 가진 $n \times n$ 대각행렬을 α 라고 하면, 위의 미분방정식체계를 행렬표기로 $P' - \alpha AP = \alpha a$ 와 같이 쓸 수 있음을 보여라.

7. 문제 6.의 n개 상품시장에 있어서, 이산시간모형은 $\Delta P_t t = \alpha_i E_{i,t}$ $(t = 1, 2, \cdots, n)$ [단, $E_{i,t} = a_{i0} + a_{i1}P_{1,t} + a_{i2}P_{2,t} + \cdots + a_{in}P_{n,t}$ 임] 와 같은 차분방정식들로 구성될 것이다.

(a) 초과수요 방정식체계를 써 보고, 그것을 행렬표기로 $E_t = \alpha + AP_t$ 와 같이 나타낼 수 있음을 보여라.

(b) α 가 문제 6.에서 정의한 $n \times n$ 대각행렬일 때, 가격조정 방정식들은 $P_{t+1} - P_t = aE_t$ 로 쓸 수 있음을 보여라.

(c) 현재의 이산시간모형의 차분방정식체계는 $P_{t+1} - (I + \alpha A)P_t = \alpha a$ 의 형태로 표현할 수 있음을 보여라.

19.4 | 인플레이션-실업 모형: 재론

지금까지는 다부문 동태체계를 투입산출모형을 예로 들어 설명하였는데, 이제는 일부문에서의 연립동태방정식체계의 경제적 예를 설명하고자 한다. 이를 위해서 이미 앞에서 각각 다른 형태로 두 번씩이나 다루었던 인플레이션-실업 모형을 다시 이용할 수 있다.

연립미분방정식

제 16.5 절에서는 인플레이션-실업 모형이 연속적 시간의 틀에서 다음의 3개의 방정식들로 제시되었다.

$$p = \alpha - T - \beta U + g\pi \qquad (\alpha, \beta > 0;\ 0 < g \le 1) \tag{16.33}$$

$$\frac{d\pi}{dt} = j(p - \pi) \qquad (0 < j \le 1) \tag{16.34}$$

$$\frac{dU}{dt} = -k(\mu - p) \qquad (k > 0) \tag{16.35}$$

여기서는 (16.35)에서 m 대신에 그리스 문자 μ를 채택하였는데, 이것은 제 19.2 절에서 방법론을 논의할 때 이미 사용한 기호 m과의 혼동을 피하기 위해서이다. 제 16.5 절에서 이 모형을 다룰 때에는, 아직 연립동태방정식체계를 다룰 준비가 되어 있지 않았기 때문에, 주어진 모형을 한 변수에 관한 단일방정식으로 압축시켜서 문제를 해결하였다. 이러한 접근방법은 매우 귀찮은 대입과 소거의 과정을 필요로 하였다. 이제는 이 모형에 π와 U에 대한 두 개의 주어진 변화유형이 같이 존재하고 있음을 고려해서, 이 모형을 두 개의 연립미분방정식들로 구성된 하나의 체계로 취급하고자 한다.

(16.33)을 다른 두 방정식들에 대입하고 도함수들인 $\frac{d\pi}{dt} \equiv \pi'(t)$ 및 $\frac{dU}{dt} \equiv U'(t)$를 더 간단하게

π' 와 U' 로 쓰게 되면, 그 모형은 아래의 형태를 띤다.

$$\begin{aligned} \pi' \quad + j(1-g)\pi + j\beta U &= j(\alpha - T) \\ U' - \qquad kg\pi + k\beta U &= k(\alpha - T - \mu) \end{aligned} \tag{19.28}$$

또는 행렬표기로는

$$\underbrace{\begin{bmatrix} 1 & 0 \\ 0 & 1 \end{bmatrix}}_{J} \begin{bmatrix} \pi' \\ U' \end{bmatrix} + \underbrace{\begin{bmatrix} j(1-g) & j\beta \\ -kg & k\beta \end{bmatrix}}_{M} \begin{bmatrix} \pi \\ U \end{bmatrix} = \begin{bmatrix} j(\alpha - T) \\ k(\alpha - T - \mu) \end{bmatrix} \tag{19.28$'$}$$

과 같다. 이 체계로부터 π 와 U 의 시간경로들을 동시에 찾아낼 수 있다. 그 다음에 원한다면 (16.33) 식을 이용해서 p 의 경로를 유도할 수 있다.

해의 경로

특수적분들을 구하기 위해서는, 단지 (19.28′)에서 $\pi' = U' = 0$ 으로 놓고 (π 와 U 를 시간에 따라 정상적이 되게 한다) π 와 U 를 풀 수 있다. 앞의 (19.14) 의 논의에서는, 그러한 해들을 역행렬을 취함으로써 얻었지만, 크래머의 법칙을 사용할 수도 있다. 어느 방법으로 하든 우리는 다음의 결과를 얻을 수 있다.

$$\overline{\pi} = \mu \qquad \text{및} \qquad \overline{U} = \frac{1}{\beta}[\alpha - T - (1-g)\mu] \tag{19.29}$$

$\overline{\pi} = \mu$ (균형예상인플레이션율이 통화팽창률과 같다) 라는 결과는 제 16.5 절에서 도달한 결과와 일치한다. 실업률에 대해서는 그 절에서 균형수준을 찾고자 하지 않았다. 그렇지만 그 균형수준을 찾아보았더라면 ([연습문제 16.5] 의 2에 주어진 U 에 관한 미분방정식에 의해서), 그 답은 (19.29) 에서의 $\overline{U}$ 의 해와 다르지 않았을 것이다.

다음으로, 시험적 해들인 me^{rt} 와 ne^{rt} 에 근거하고 있는 보조함수들을 살펴보자.
우리는 다음의 축약행렬방정식으로부터 m, n, r 을 결정할 수 있다.

$$(rJ + M)\begin{bmatrix} m \\ n \end{bmatrix} = 0 \qquad [(19.15)\text{로부터}]$$

이것은 현재의 맥락에서는 다음의 형태를 띤다.

$$\begin{bmatrix} r + j(1-g) & j\beta \\ -kg & r + k\beta \end{bmatrix} \begin{bmatrix} m \\ n \end{bmatrix} = \begin{bmatrix} 0 \\ 0 \end{bmatrix} \tag{19.30}$$

위의 동차형 체계에서 m 과 n 에 대한 자명한 해들을 배제하기 위해, 계수행렬의 행렬식은 0이 되어야 한다. 즉, 다음의 식이 성립하여야 한다.

$$|rJ + M| = r^2 + [k\beta + j(1-g)]r + k\beta j = 0 \tag{19.31}$$

특성방정식 $r^2 + a_1 r + a_2 = 0$ 의 특정한 모습인 위의 2차방정식은

$$a_1 = k\beta + j(1-g) \qquad \text{및} \qquad a_2 = k\beta j$$

라는 계수들을 갖는다. 그리고, 예상할 수 있는 일이지만, 이것들은 (16.37″)—현재의 모형을 변수 π 에 관해 단일방정식으로 바꾼 것—에서의 a_1 과 a_2 의 값들과 정확히 같다. 그 결과로 특성근들의 세 가지 경우에 대한 앞에서의 분석은 여기서도 똑같이 타당하게 적용할 수 있다. 그 분석결과들 가운데에는 그 모형에서 특성근들이 실수이든 복소수이든 관계없이 각 특성근들의 실수 부분은 항상 음이라는 것이 있었다. 따라서 이 해의 경로들은 항상 수렴한다.

예 1

파라미터들의 값이 다음과 같이 주어졌을 때, π 와 U 의 시간경로들을 구하라.

$$\alpha - T = \frac{1}{6} \qquad \beta = 3 \qquad g = 1 \qquad j = \frac{3}{4} \qquad \text{및} \qquad k = \frac{1}{2}$$

이 파라미터들의 값들은 제 16.5 절의 그것들을 그대로 옮긴 것이기 때문에, 이 예를 분석한 결과들을 그 절에서의 결과들과 비교하여 확인해 볼 수 있다.

우선, 특수적분들이 아래와 같음을 쉽게 알 수 있다.

$$\overline{\pi} = \mu \qquad \text{및} \qquad \overline{U} = \frac{1}{3}\left(\frac{1}{6}\right) = \frac{1}{18} \qquad [(19.29)\text{ 에 의해}] \tag{19.32}$$

특성방정식은

$$r^2 + \frac{3}{2}r + \frac{9}{8} = 0 \qquad [(19.31)\text{ 에 의해}]$$

이고, 두 특성근들은 다음과 같이 복소근이 된다:

$$r_1, r_2 = \frac{1}{2}\left(-\frac{3}{2} \pm \sqrt{\frac{9}{4} - \frac{9}{2}}\right) = -\frac{3}{4} \pm \frac{3}{4}i \qquad \left(h = -\frac{3}{4},\ v = \frac{3}{4}\text{ 임}\right) \tag{19.33}$$

이 두 특성근들을 파라미터들의 값과 함께 (19.30) 식에 대입하면, 각각 다음의 행렬방정식들을 얻는다.

$$\begin{bmatrix} -\frac{3}{4}(1-i) & \frac{9}{4} \\ -\frac{1}{2} & \frac{3}{4}(1+i) \end{bmatrix} \begin{bmatrix} m_1 \\ n_1 \end{bmatrix} = \begin{bmatrix} 0 \\ 0 \end{bmatrix} \qquad \left[r_1 = -\frac{3}{4} + \frac{3}{4}i\text{ 로부터}\right] \tag{19.34}$$

$$\begin{bmatrix} -\frac{3}{4}(1+i) & \frac{9}{4} \\ -\frac{1}{2} & \frac{3}{4}(1-i) \end{bmatrix} \begin{bmatrix} m_2 \\ n_2 \end{bmatrix} = \begin{bmatrix} 0 \\ 0 \end{bmatrix} \qquad \left[r_2 = -\frac{3}{4} - \frac{3}{4}i\text{ 로부터}\right] \tag{19.34'}$$

r_1 과 r_2 는—(19.31) 에 의해서—계수행렬을 비특이행렬로 만들어 주는 값들이기 때문에, 위의 행렬방정식 각각은 사실상 독립적 방정식을 단지 하나만 포함하고 있다. 그 하나의 독립적 방정식은 임의의 상수들인 m_i 와 n_i 사이의 비례관계만을 결정해 줄 수 있다.† 현재의 예에서 그 관계는 아래와 같다.

† 역주: 비례상수가 복소수임에 주의하기 바란다. 이 예에서 m_1 과 m_2 는 공액복소수이고, 또 n_1 과 n_2 도 역시 공액복소수이다. 그러므로 다음에 정의되는 A_5 와 A_6 는 실수이다.

$$\frac{1}{3}(1-i)m_1 = n_1 \quad 및 \quad \frac{1}{3}(1+i)m_2 = n_2$$

따라서, 보조함수들을 다음과 같이 표현할 수 있다.

$$\begin{bmatrix} \pi_c \\ U_c \end{bmatrix} = \begin{bmatrix} m_1 e^{r_1 t} + m_2 e^{r_2 t} \\ n_1 e^{r_1 t} + n_2 e^{r_2 t} \end{bmatrix}$$

$$= e^{ht}\begin{bmatrix} m_1 e^{vit} + m_2 e^{-vit} \\ n_1 e^{vit} + n_2 e^{-vit} \end{bmatrix} \qquad [(16.11)\text{에 의해}]$$

$$= e^{ht}\begin{bmatrix} (m_1+m_2)\cos vt + (m_1-m_2)i\sin vt \\ (n_1+n_2)\cos vt + (n_1-n_2)i\sin vt \end{bmatrix} \qquad [(16.24)\text{에 의해}]$$

표기의 단순화를 위해서 새로운 임의의 상수들을 다음과 같이 정의하자.

$$A_5 \equiv m_1 + m_2 \quad 및 \quad A_6 \equiv (m_1 - m_2)i$$

그러면 다음이 성립한다.†

$$n_1 + n_2 = \frac{1}{3}(A_5 - A_6) \qquad (n_1 - n_2)i = \frac{1}{3}(A_5 + A_6)$$

이들을 이용하고, (19.33) 에서의 h 와 v 값들을 보조함수들에 대입하면, 다음의 결과가 나타난다.

$$\begin{bmatrix} \pi_c \\ U_c \end{bmatrix} = e^{-3t/4}\begin{bmatrix} A_5 \cos\frac{3}{4}t + A_6 \sin\frac{3}{4}t \\ \frac{1}{3}(A_5 - A_6)\cos\frac{3}{4}t + \frac{1}{3}(A_5 + A_6)\sin\frac{3}{4}t \end{bmatrix} \tag{19.35}$$

마지막으로, (19.32) 의 특수적분들과 위의 보조함수들을 결합해서 π 와 U 에 관한 해의 경로들을 얻을 수 있다. 예상할 수 있듯이, 이 경로들은 제 16.5 절에서의 (16.43) 과 (16.45) 의 경로들과 완전히 일치한다.

연립차분방정식

인플레이션 – 실업 모형을 이산적 시간의 연립방정식으로 다루는 것은 앞에서의 연속적 시간의 논의와 기본적으로 비슷하다. 따라서 이하에서는 단지 중요한 점들만 설명하고자 한다.

이 모형은 제 18.3 절에서 주어진 적이 있는데, 다음과 같은 세 개의 방정식들로 구성되어 있다. 그 중 두 방정식은 각각 π 와 U 의 변화유형을 묘사하고 있다. 즉,

† 이것은 다음으로부터 알 수 있다:

$$n_1 + n_2 = \frac{1}{3}(1-i)m_1 + \frac{1}{3}(1+i)m_2 = \frac{1}{3}[(m_1+m_2) - (m_1-m_2)i]$$
$$= \frac{1}{3}(A_5 - A_6)$$
$$(n_1 - n_2)i = \left[\frac{1}{3}(1-i)m_1 - \frac{1}{3}(1+i)m_2\right]i = \frac{1}{3}[(m_1-m_2) - (m_1+m_2)i]i$$
$$= \frac{1}{3}(A_6 + A_5) \qquad [i^2 \equiv -1]$$

$$p_t = \alpha - T - \beta U_t + g\pi_t \tag{18.18}$$

$$\pi_{t+1} - \pi_t = j(p_t - \pi_t) \tag{18.19}$$

$$U_{t+1} - U_t = -k(\mu - p_{t+1}) \tag{18.20}$$

p 를 소거하고 동류항끼리 모으고 나면, 모형을 다음과 같이 차분방정식체계로 다시 쓸 수 있다.

$$\underbrace{\begin{bmatrix} 1 & 0 \\ -kg & 1+\beta k \end{bmatrix}}_{J} \begin{bmatrix} \pi_{t+1} \\ U_{t+1} \end{bmatrix} + \underbrace{\begin{bmatrix} -(1-j+jg) & j\beta \\ 0 & -1 \end{bmatrix}}_{K} \begin{bmatrix} \pi_t \\ U_t \end{bmatrix} = \begin{bmatrix} j(\alpha - T) \\ k(\alpha - T - \mu) \end{bmatrix} \tag{19.36}$$

해의 경로

정상균형들이 존재한다면, (19.36) 에 대한 특수해들은 $\overline{\pi} = \pi_t = \pi_{t+1}$ 과 $\overline{U} = U_t = U_{t+1}$ 로 나타낼 수 있다. $\overline{\pi}$ 와 $\overline{U}$ 를 (19.36) 에 대입하고 그 체계를 풀면 (역행렬을 취하는 방법 혹은 크래머의 법칙에 의해) 다음을 얻는다.

$$\overline{\pi} = \mu \qquad \text{및} \qquad \overline{U} = \frac{1}{\beta}[\alpha - T - (1-g)\mu] \tag{19.37}$$

$\overline{U}$ 값은 제 18.3 절에서 구한 것과 같다. 그 절에서 $\overline{\pi}$ 는 구하지 않았지만, [연습문제 18.3] 의 2에서의 정보에 의하면 $\overline{\pi} = \mu$ 임을 알 수 있고 이것은 (19.37) 과 일치한다. 사실 (19.37) 의 결과들은 (19.29) 에 나타나 있는 연속시간의 경우의 균형값들과도 동일함을 알 수 있다.

보조함수들을 이번에는 시험적 해들 mb^t 와 nb^t 에 근거해서 찾으려면, 다음의 축약행렬방정식에서 논의를 시작해야 한다.

$$(bJ + K)\begin{bmatrix} m \\ n \end{bmatrix} = 0$$

또는, (19.36) 에 의해

$$\begin{bmatrix} b-(1-j+jg) & j\beta \\ -bkg & b(1+\beta k)-1 \end{bmatrix} \begin{bmatrix} m \\ n \end{bmatrix} = \begin{bmatrix} 0 \\ 0 \end{bmatrix} \tag{19.38}$$

이 동차형체계에서 0이 되는 자명한 해를 회피하기 위해서는, 다음이 성립해야 한다.

$$\begin{aligned} |bJ + K| = (1+\beta k)b^2 - [1 + gj + (1-j)(1+\beta k)]b \\ + (1-j+jg) = 0 \end{aligned} \tag{19.39}$$

이 2차방정식을 정규화시키면 $b^2 + a_1 b + a_2 = 0$ 형태의 특성방정식을 얻게 되는데, 이때 계수 a_1 과 a_2 는 제 18.3 절의 (18.24) 와 (18.33) 에서와 동일하다. 따라서, 특성근들의 세 가지 경우에 대해서 그 절에서 행한 분석은 여기서도 똑같이 적용할 수 있다.

각 특성근 b_i 가 알려지면, (19.38) 에 의해서, 임의의 상수 m_i 와 n_i 간에 존재하는 특정한 비례관계를 알 수 있게 되고, 바로 이러한 사실은 U 에 대한 보조함수에서의 임의의 상수들과 π 에 대한 보조함수에서의 임의의 상수들을 연결시킬 수 있게 해준다.[†] 그리고 마지막으로 보조함수들과 특수해들을 결합함으로써 π 와 U 의 시간경로들을 얻을 수 있다.

연습문제 19.4

1. 크래머 법칙을 이용하여 (19.29) 를 확인하라.
2. 방정식체계 (19.34) 에서 첫 번째 방정식을 이용하든 두 번째 방정식을 이용하든 m_1 과 n_1 사이에는 같은 비례관계가 존재함을 보여라.
3. 다음 모형에서 π 와 U 의 시간경로 (일반해) 를 구하라.

$$p = \frac{1}{6} - 2U + \frac{1}{3}\pi$$
$$\pi' = \frac{1}{4}(p - \pi)$$
$$U' = -\frac{1}{2}(\mu - p)$$

4. 다음 모형에서 π 와 U 의 시간경로 (일반해) 를 구하라.

(a)
$$p_t = \frac{1}{2} - 3U_t + \frac{1}{2}\pi_t$$
$$\pi_{t+1} - \pi_t = \frac{1}{4}(p_t - \pi_t)$$
$$U_{t+1} - U_t = -(\mu - p_{t+1})$$

(b)
$$p_t = \frac{1}{4} - 4U_t + \pi_t$$
$$\pi_{t+1} - \pi_t = \frac{1}{4}(p_t - \pi_t)$$
$$U_{t+1} - U_t = -(\mu - p_{t+1})$$

19.5 | 2변수 위상도

앞의 절들에서는 **선형**동태분석체계에 대한 **정량적** (quantitative) 해들을 다루었다. 그러나 이 절에서는 **비선형**미분방정식체계에 대한 **정성적 · 도형적인** (qualitative-graphic) 위상도 분석을 논의하고자 한다. 보다 구체적으로는, 다음과 같은 일반적 형태를 가지는 2변수에 관한 1계미분방정식체계에 초점을 둘 것이다.

$$x'(t) = f(x, y)$$
$$y'(t) = g(x, y)$$

시간에 관한 도함수들인 $x'(t)$ 와 $y'(t)$ 는 x 와 y 에만 의존하고, 변수 t 는 f 와 g 함수에 독립변수로서 들어가지 않는다는 것에 주목해야 한다. 이 체계를 **자율체계** (autonomous system) 로 만들어 주는 이 특성은 위상도 기법을 적용하기 위한 전제조건이 된다.[††]

2변수 위상도도 제 15.6 절에서 소개한 1변수 위상도처럼, 단지 정성적 문제들 — 균형 (들) 의

[†] 역주 : 앞의 연속시간 모형의 예에서 알 수 있듯이, 이 비례관계라는 제약 때문에 확정해는 두 개의 초기조건으로 확정될 수 있는 것이다.

[††] 앞의 제 15.6 절에서 설명했던 1변수 위상도에서는 방정식 $dy/dt = f(x)$ 는 변수 t 를 독립변수로 가지는 것이 허용되지 않았으므로 이 함수 역시 자율방정식으로 제한된다.

위치와 그 동태적 안정성에 관한 것들 — 에만 답을 줄 수 있다는 점에서 제약이 있다. 그러나, 역시 1변수 위상도처럼, 이것은 비선형체계들을 선형체계들과 똑같이 쉽게 다룰 수 있으며, 일반함수들로 표현한 문제를 특정한 함수들로 나타낸 문제와 똑같이 쉽게 해결할 수 있다는 점에서 앞의 단점을 보상하는 장점들을 가지고 있다.

위상공간

(자율) 미분방정식 $dy/dt = f(y)$ 에 대한 1변수 위상도 [그림 15.3]을 작성할 때, 우리는 2차원 위상공간에서 단지 두 축에 dy/dt 와 y 를 잡고 그림을 그렸다. 그러나 변수들의 개수가 **두 배가** 된 지금은 축이 더 필요한 듯이 보이는데, 이를 어떻게 처리할 것인가? 다행히도 이에 대한 대답은 2차원 공간이면 충분하다는 것이다.

이것이 가능한 이유를 알기 위해서는, 위상도 작성에서 가장 핵심적인 일이 시간의 흐름에 따른 변수(들)의 이동방향을 결정하는 것이라는 점에 주목해야 한다. [그림 15.3]의 화살표들에 구체적으로 나타나 있는 바와 같은, 바로 이러한 정보야말로 우리로 하여금 최종적인 정성적 추론을 유도할 수 있도록 해주는 것이다. 방금 지적한 화살표들을 그리기 위해서는 단지 두 가지가 필요하다. 즉, (1) 분계선(demarcation line) — "$dy/dt = 0$"인 선을 말함 — 과 (2) 실직선(real line)이다. 분계선은 균형(들)이 될 수 있는 후보들의 위치를 알려 주고, 더 중요하게는 위상공간을 두 영역(하나는 $dy/dt > 0$ 으로 특징지워지고, 다른 하나는 $dy/dt < 0$ 으로 특징지워짐)으로 분할하는 일을 한다. 실직선은 dy/dt 가 0이 아닐 때 y 의 증가와 감소를 표시하기 위해서 필요하다. [그림 15.3]에서는, 위의 항목 (1)에서 지적한 분계선은 수평축에서 찾을 수 있다. 그러나 그 축은 실제로는 항목 (2)에서 지적한 실직선으로도 사용되고 있다. 이 사실은 $dy/dt > 0$ 이 되는 영역과 $dy/dt < 0$ 이 되는 영역을 구분해 주기만 한다면(가령, 전자는 + 부호를, 그리고 후자는 − 부호를 붙여서), 별다른 손실없이 dy/dt 를 나타내는 수직축을 버릴 수 있다는 것을 의미한다. 이렇게 한 축이 없어도 된다는 사실이 2차원 공간에 2변수 위상도를 그리는 것을 가능하게 해 준다. 이제 우리는 하나의 실직선 대신에 **두 개의** 실직선을 필요로 한다. 그러나 이것은 2차원도형에서의 통상적인 x 축과 y 축에 의해 자동적으로 충족된다. 그리고 역시 우리는 $dx/dt = 0$ 과 $dy/dt = 0$ 을 나타내기 위하여 **두 개의** 분계선(혹은 분계곡선)을 필요로 한다. 그러나 이들은 모두 2차원 공간에 그릴 수 있다. 일단 이 분계곡선들을 그리고 나면, 그 어느 쪽이 + 부호를 가지고 어느 쪽이 − 부호를 가지는지를 각각 결정하는 것은 어렵지 않은 일이다.

분계곡선

다음과 같은 자율미분방정식체계가 주어져 있다고 하자.

$$\begin{aligned} x' &= f(x, y) \\ y' &= g(x, y) \end{aligned} \qquad \textbf{(19.40)}$$

단, x' 와 y' 는 각각 시간에 관한 도함수 $x'(t)$ 와 $y'(t)$ 를 줄여서 나타낸 것이다. 두 분계곡선들(demarcation curves) — $x' = 0$ 및 $y' = 0$ 으로 나타냄 — 은 아래의 두 방정식의 그래프들을 의미한다.

$$f(x, y) = 0 \qquad [x' = 0 \text{ 곡선}] \qquad \textbf{(19.41)}$$

$$g(x, y) = 0 \qquad [y' = 0 \text{ 곡선}] \qquad \textbf{(19.42)}$$

f 함수의 구체적 형태가 알려져 있다면, (19.41)은 y를 x에 대해서 풀 수 있고 그해를 xy 평면에 $x'=0$의 곡선으로 그릴 수 있는 것이다. 그러나 비록 그렇지 않다고 해도, 음함수정리를 이용해서 $x'=0$ 곡선의 기울기가 다음과 같음을 알아낼 수 있다.

$$\left.\frac{dy}{dx}\right|_{x'=0} = -\frac{\partial f/\partial x}{\partial f/\partial y} = -\frac{f_x}{f_y} \qquad (f_y \neq 0) \tag{19.43}$$

편도함수 f_x와 $f_y(\neq 0)$들의 부호가 알려져 있는 한, $x'=0$ 곡선의 기울기에 대한 정성적인 단서를 (19.43)으로부터 얻을 수 있다. 같은 방법으로, $y'=0$ 곡선의 기울기도 다음의 도함수로부터 추론해 낼 수 있다.

$$\left.\frac{dy}{dx}\right|_{y'=0} = -\frac{g_x}{g_y} \qquad (g_y \neq 0) \tag{19.44}$$

더 구체적인 예를 들어 설명하기 위해 다음을 가정하자.

$$f_x < 0 \qquad f_y > 0 \qquad g_x > 0 \qquad \text{및} \qquad g_y < 0 \tag{19.45}$$

그러면, $x'=0$ 곡선과 $y'=0$ 곡선은 모두 양의 기울기를 갖게 된다. 추가적으로

$$-\frac{f_x}{f_y} > -\frac{g_x}{g_y} \qquad [x'=0 \text{ 곡선이 } y'=0 \text{ 곡선보다 더 가파름}]$$

라고 가정하면, [그림 19.1]에 나타낸 바와 같은 상황이 생겨난다. 여기서 분계선들은 곡선일 수 있음에 주의해야 한다. 그리고 이제 이 곡선들은 더 이상 양축들과 일치할 필요가 없음에 주의해야 한다.

E 점에서 교차하고 있는 두 분계곡선들은 위상공간을 Ⅰ에서 Ⅳ까지의 번호가 붙은 서로 다른 네 영역으로 나누고 있다. x와 y가 모두 정상적인(즉, $x'=y'=0$인) 점 E는 이 체계의 균형수준을 나타내고 있다. 그러나 E와 다른 모든 점들에서는, x 또는 y(또는 둘 모두)가 시간이 흐름에 따라, 그 점에서의 시간에 관한 도함수 x'와 y'들의 부호가 의미하는 방향으로 변화하게 된다. 현재의 경우에는 $x'=0$ 곡선의 왼쪽(오른쪽)으로 $x'>0$ $(x'<0)$이 성립하고 있고, 따라서 이 곡선의 왼쪽(오른쪽)에는 +(−) 부호가 있어야 한다. 이러한 부호의 결정은 다음과 같은 사실에 근거하고 있다.

$$\frac{\partial x'}{\partial x} = f_x < 0 \qquad [(19.40)\text{과 } (19.45)\text{에 의해}] \tag{19.46}$$

이 부등식은 위상공간에서 서쪽에서 동쪽으로 계속 움직여 감에 따라(즉, x가 증가함에 따라) x'가 지속적으로 감소하고, 따라서 x'의 부호는 +, 0, −의 순서로 세 단계를 거쳐야 한다는 것을 의미한다. 마찬가지로, 도함수

$$\frac{\partial y'}{\partial y} = g_y < 0 \qquad [(19.40)\text{과 } (19.45)\text{에 의해}] \tag{19.47}$$

은 남쪽에서 북쪽으로 계속 움직여 감에 따라(즉 y가 증가함에 따라) y'는 지속적으로 감소하고, 따라서 y'의 부호는 +, 0, −의 순서로 세 단계를 거쳐야 한다는 것을 의미하고 있다. 이와 같이 해서, [그림 19.1]에서 $y'=0$ 곡선의 아래쪽에는 + 기호가, 위쪽에는 − 기호가 있어야 하는 것이다.

그림 19.1

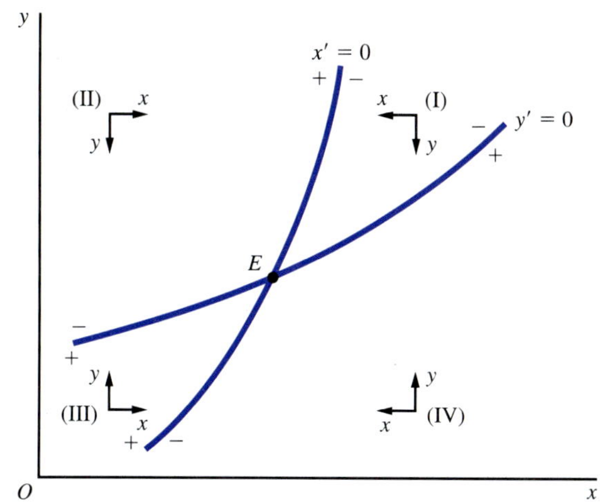

시간이 흐름에 따라 x와 y가 어떻게 이동하는가를 나타내 주기 위해 일단의 방향을 표시하는 화살표들을 이러한 +와 − 부호들에 근거해서 그릴 수 있다. 영역 Ⅰ의 모든 점들에 대해서, x'와 y'는 모두 음이다. 따라서 시간이 지남에 따라 x와 y는 모두 감소하여야 하고, 이것은 x가 **서쪽으로** y가 **남쪽으로** 움직여야 함을 의미한다. 초기점이 영역 Ⅰ에 위치하게 되면, 영역 Ⅰ의 두 화살표가 나타내고 있듯이, 시간이 지남에 따른 이동은 일반적으로 남서쪽 방향으로 이루어져야 한다. x'와 y'가 모두 양인 영역 Ⅲ은 정확히 이와 반대의 상황이 나타나게 되고, 따라서 x와 y 변수들은 모두 시간이 지남에 따라 증가하게 된다. 이와 대조적으로, 영역 Ⅱ에서는 x'와 y'가 서로 다른 부호를 가진다. 여기서는 x'가 양이고 y'이 음이기 때문에, x는 **동쪽**으로 y는 **남쪽**으로 움직여야 한다. 그리고 영역 Ⅳ에서는 영역 Ⅱ와 정반대의 상황이 나타나게 된다.

유선

이러한 방향 화살표들이 의미하는 바를 보다 잘 파악하기 위해서는 위상도에다 일련의 흐름선 즉 **유선들**(streamlines)을 그려 볼 수 있다. **위상궤도**(phase trajectory), 또는 줄여서 **궤도**(trajectory) 또는 **위상경로**(phase path)라고도 부르는 이 유선들은, 초기점이 임의로 주어졌을 때 그 체계가 그 점으로부터 동태적으로 어떻게 움직여 나가는가를 파악할 수 있게 해준다. 이러한 유선들 중 몇 개가 [그림 19.2]에 예시되어 있다. 여기서 [그림 19.2]는 [그림 19.1]에서 $x'=0$곡선과 $y'=0$곡선을 그대로 옮겨 놓은 것이다. 위상공간에서 모든 점들은 반드시 하나의 유선상에 위치해야 하므로, 유선들은 무한개가 존재해야 하고, 이들 모두는 각 영역에서 xy 화살표들이 의미하는 방향에 관한 조건들을 충족시켜야 한다. 그러나 위상도의 일반적인 정성적 특징을 묘사하기 위해서는 통상적으로 몇 개의 대표적 유선들이면 충분할 것이다.

[그림 19.2]에서의 유선들에 관해 몇 가지 특징들을 지적할 수 있다. 첫째, 모든 유선들은 E점으로 통한다는 것이다. 이 사실로부터 E점이 안정적(여기서는 전역적으로 안정적) 균형이라는 것을 알 수 있다. 나중에 우리는 이와 다른 유형의 유선배열구조를 볼 수 있을 것이다. 둘째로, 어떤 유선들은(A 점을 지나는 유선과 같은 것) 한 영역에만 머물러 있는 반면, 다른 어떤 유선들은(B

그림 19.2

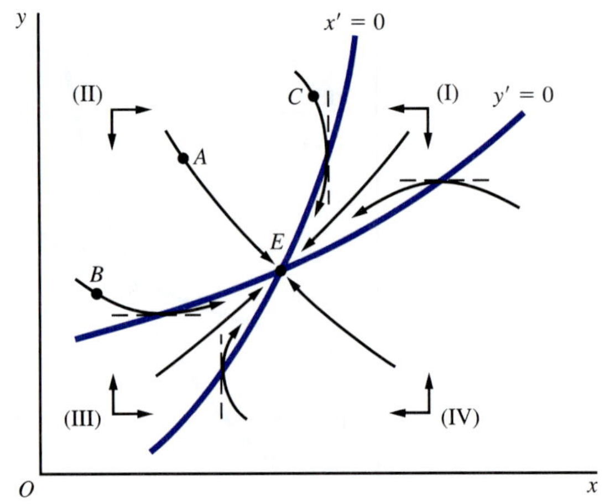

점과 C 점을 지나는 유선들과 같은 것) 한 영역에서 다른 영역으로 넘나든다는 것이다. 셋째로, 어떤 한 유선이 한 영역에서 다른 영역으로 넘어갈 때는, 그것은 무한대의 기울기를 갖거나 ($x'= 0$ 곡선을 넘어갈 때), 0의 기울기를 가져야 한다는 ($y'= 0$ 곡선을 넘어갈 때) 것이다. 이러한 것은 $x'= 0$ 곡선 ($y'= 0$ 곡선) 상을 따라서는 $x(y)$가 정상적이어야 하고, 따라서 유선이 이 곡선을 지나갈 동안에는 수평 (수직) 방향으로의 움직임은 없어야 한다는 사실 때문이다. 유선의 기울기에 관한 이러한 조건이 충족된다는 것을 확실하게 해주기 위해서는, 위상도에 분계곡선들을 그려넣은 후, 유선들을 그릴 때 지표가 되도록 $x'= 0$ 곡선을 지나는 몇 개의 짧은 수직점선들과 $y'= 0$ 곡선을 지나는 몇 개의 짧은 수평점선들을 표시하는 것이 바람직하다.†

네 번째, 즉 마지막으로, 유선들이 시간이 지남에 따른 x와 y의 움직임의 방향들을 명시적으로 알려 주고 있지만, 위상도가 t (시간) 에 관한 축을 고려하고 있지 않기 때문에, 이동의 속도와 가속도에 관한 구체적인 정보는 그들로부터 얻어낼 수 없다는 것이다. 물론, 유선이 **시간**경로와 대조적인 **위상**경로라는 다른 명칭을 갖고 있는 것은 이러한 이유 때문이다. 우리가 속도에 관해 알 수 있는 단 하나의 사실은 정성적인 것이다. 즉 유선을 따라 $x'= 0$ ($y'= 0$) 곡선에 가까이 가면 갈수록, 수평 (수직) 방향으로의 접근 속도는 점점 감소해야 한다는 것이다. 이것은 x' (y') 가 0의 값을 갖는 분계곡선으로 움직여 감에 따라 도함수 $x' \equiv dx/dt$ ($y' \equiv dy/dt$) 의 절대값이 지속적으로 감소하기 때문이다.

균형의 유형들

특정한 균형점 주위의 유선들의 배열구조가 어떻게 되어 있는가에 따라 그 균형은 다음 네 가지 종류 중의 하나가 된다. 즉, (1) 결절점 (nodes), (2) 안장점 (saddle points), (3) 초점 (foci 또는 focuses), (4) 중심점 (vortices 또는 vortexes).

결절점은 그 주위의 유선들이 순환하지 않고 그 점을 향해 움직여가거나 (**안정**결절점) 또는 순

† 이것을 기억하기 쉽도록 하자면, $x'= 0$ 곡선을 지나는 점선들은 x 축에 **수직**이어야 하고 마찬가지로, $y'= 0$ 곡선을 지나는 점선들은 y 축에 수직이어야 한다는 점을 주목하면 된다.

환하지 않고 그 점으로부터 계속 멀어져 가는 (**불안정결절점**) 균형점이다. 우리는 이미 [그림 19.2]에서 안정적 결절점과 마주친 바 있었다. [그림 19.3] (*a*) 에는 불안정적 결절점이 나타나 있다. 이 특정한 예에서는, 유선들은 한 영역에서 다른 영역으로 넘나들지 않는다는 점이 주목된다. 그리고 이 예에서 $x'=0$ 곡선과 $y'=0$ 곡선은 선형으로 되어 있고, 사실 그들 자체가 유선들이 된다.

안장점은 어떤 방향들에서는 안정적이지만 다른 방향들에서는 그렇지 않은, 말하자면 이중성격을 가진 균형점이다. [그림 19.3] (*b*) 의 예를 참조해서 이것을 더욱 정확하게 설명하자면, 안장점은 균형을 향해 똑바로 그리고 지속적으로 움직여 오는 정확히 한 쌍의 유선들 — 안장점의 **안정지류** (branches) — 과, 똑바로 그리고 지속적으로 균형으로부터 멀어져 가는 정확히 한 쌍의 유선들 — **불안정지류** — 을 갖고 있다. 다른 모든 궤도들은 처음에는 안장점을 향해 다가오다가 조만간 그로부터 멀어져 가게 된다. 물론 안장점이란 명칭이 붙게 된 계기도 이러한 이중성격 때문이다. 안정성은 안정지류들에서만 성립하고 당연히 얻어지는 것은 아니기 때문에, 안장점은 일반적

그림 19.3

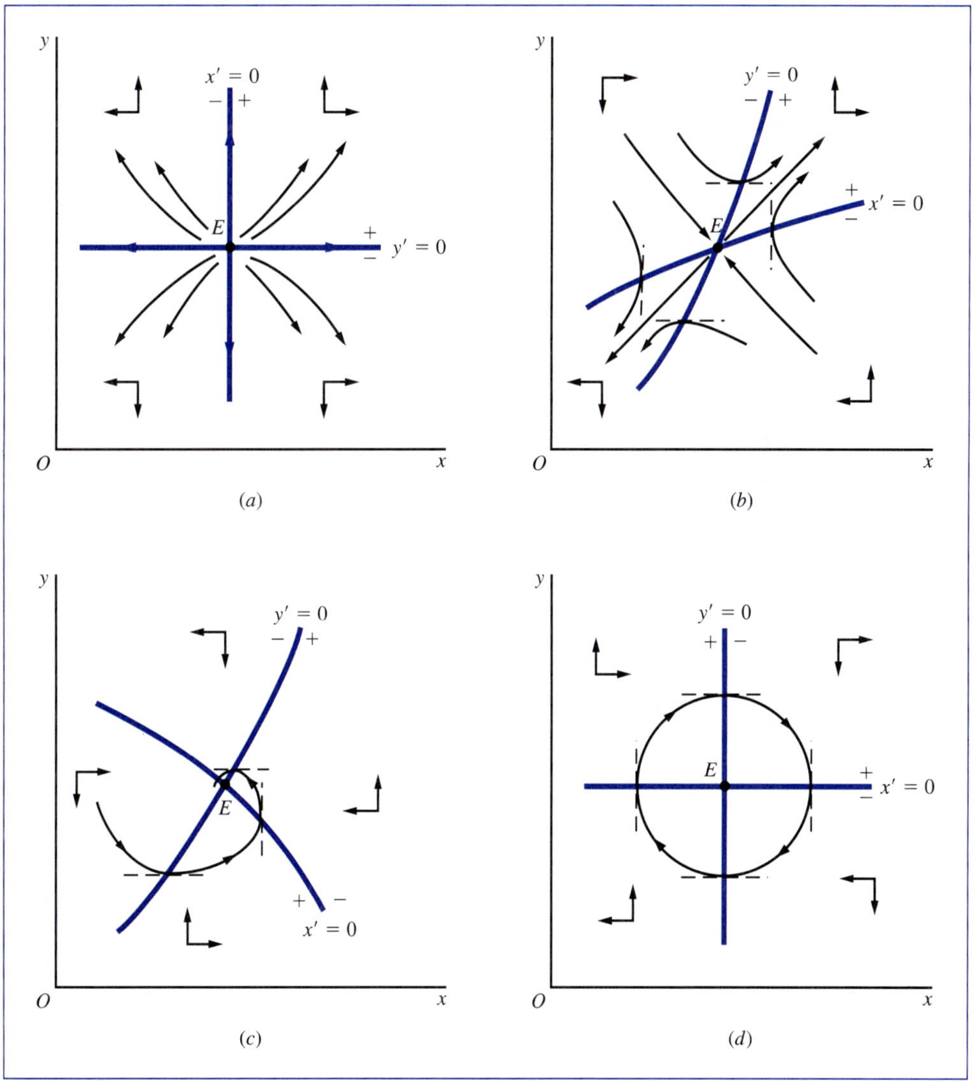

으로 **불안정적** 균형으로 분류된다.

세 번째 유형의 균형인 **초점**은 소용돌이치며 돌아가는 궤도들이 그 특징인데, 이 궤도들 모두는 순환적으로 균형을 향해서 가거나 (**안정초점**), 순환적으로 그것으로부터 멀어지거나 (**불안정초점**) 한다. [그림 19.3] (*c*) 는 안정적 초점을 나타내고 있는데, 혼란을 피하기 위해서 단지 하나의 유선만 그려 넣었다. 과연 무엇 때문에 이 소용돌이치는 움직임이 생기는가? 이에 대한 대답은 $x'=0$ 곡선과 $y'=0$ 곡선이 위치하고 있는 모양에 놓여 있다. [그림 19.3] (*c*) 에서 두 분계곡선의 기울기를 살펴보면, 두 분계곡선이 특정한 일단의 xy 화살표들이 규정하는 방향으로 움직여 가고 있는 유선을 교대로 가로막게끔 되어 있다. 따라서 유선은 자주 한 영역에서 다른 영역으로 넘어가지 않을 수 없게 되고, 결과적으로 나선형태를 이루며 움직여 나가게 된다. 우리가 안정초점 (여기에서의 경우가 그러함) 을 가지게 될지, 아니면 불안정초점을 가지게 될지는 두 분계곡선의 상대적 위치에 달려 있다. 그러나 어느 경우든 한 영역에서 다른 영역으로 넘어가는 점에서 유선의 기울기는 여전히 무한대 ($x'=0$ 곡선을 건너감) 이거나 0 ($y'=0$ 곡선을 건너감) 이어야 한다.

마지막으로, **중심점** (vortex 또는 center) 이 있을 수 있다. 이것은 세 번째 경우와 마찬가지로 소용돌이치는 유선들을 가진 균형이지만, 여기서는 유선들이 균형 주위의 궤도를 끊임없이 회전하는 고리들의 군 (동심원들 또는 동심타원들) 을 이룬다. 이것의 예는 [그림 19.3] (*d*) 에 있는데, 여기서도 단 하나의 유선만을 나타내었다. 이러한 종류의 균형은 E 점으로부터 떨어져 있는 초기점에서는 결코 도달할 수 없기 때문에, 중심점이 불안정적 균형으로 분류되는 것은 당연하다.

[그림 19.3] 에서의 모든 예들은 균형이 하나만 존재하는 경우들을 나타내고 있다. 그러나 비선형성이 충분히 크면, 두 분계곡선은 두 번 이상 교차할 수 있고, 따라서 여러 개의 균형점들이 있을 수 있다. 그러한 경우에는 같은 위상도에 위에서 설명한 균형의 유형들 중 몇 개가 결합해서 나타날 수도 있다. 그렇게 되면 다루어야 할 영역이 네 개보다 더 많아지게 되지만 위상도를 분석하는 원리는 기본적으로 같다.

옵스트모형에서의 인플레이션과 통화정책의 규칙

2변수 위상도의 한 경제적 예로서, 이하에서는 옵스트 (Obst) 교수의 모형[†]을 설명하고자 한다. 이 모형은 "인플레이션 조정메카니즘"이 작용하고 있을 때는 통상적인 유형의 반주기적 통화정책의 규칙은 그 효력을 잃게 된다는 것 (따라서 다른 새로운 유형의 것이 필요하다는 것) 을 보이려 하고 있다. 이러한 모형은 어떤 **주어진** 통화팽창률의 함의를 연구하는 대신에, 더 나아가서 두 개의 서로 다른 통화정책의 **규칙**들 (이 각각은 여러 가지 인플레이션 상황에 따라서 취해야 할 통화적 대응책을 규정해 주고 있음) 의 유효성을 살펴본다는 점에서 인플레이션에 관한 앞서의 논의와는 대비가 된다.

이 모형의 가장 중요한 가정은 다음의 인플레이션 조정메카니즘이다.

$$\frac{dp}{dt} = h\left(\frac{M_s - M_d}{M_s}\right) = h\left(1 - \frac{M_d}{M_s}\right) \qquad (h > 0) \qquad \textbf{(19.48)}$$

이는 통화의 초과공급 ($M_s > M_d$) 의 효과는 물가수준 P 를 상승시키는 것이 아니라 인플레이션율

[†] Norman P. Obst, "Stabilization Policy with an Inflation Adjustment, Mechanism" *Quarterly Journal of Economics*, May 1978, pp. 355~359. 이 논문에서는 위상도를 사용하지 않았지만, 본문에서와 같은 위상도는 이 모형으로부터 쉽게 작성될 수 있다.

p를 상승시킨다는 것을 나타내고 있다. 따라서 화폐시장의 청산은 물가의 안정상태를 의미하는 것이 아니라, 단지 인플레이션율의 안정을 의미하게 된다. 분석의 편의를 위해서, (19.48) 식의 두 번째 등호는 분석의 초점을 통화의 초과공급에서 통화의 수요공급비율 M_d/M_s (이하에서 μ로 표시함) 로 옮기고 있다. M_d가 명목국민생산 PQ에 정비례한다는 가정을 추가하면, 우리는 다음과 같이 쓸 수 있다.

$$\mu \equiv \frac{M_d}{M_s} = \frac{aPQ}{M_s} \qquad (a > 0)$$

이때 여러 변수들의 성장률들은 다음의 식과 관련을 맺고 있다.

$$\begin{aligned} \frac{d\mu/dt}{\mu} &= \frac{da/dt}{a} + \frac{dP/dt}{P} + \frac{dQ/dt}{Q} - \frac{dM_s/dt}{M_s} \\ & \qquad\qquad [(10.24)\text{와 } (10.25)\text{에 의해}] \\ &\equiv p + q - m \qquad [a = \text{상수}] \end{aligned} \tag{19.49}$$

여기서 소문자 p, q, m들은 각각 인플레이션율, (외생적) 실질국민생산의 성장율, 그리고 통화팽창률을 나타내고 있다.

미분방정식체계를 구성하는 두 식 (19.48)과 (19.49)는 (당분간 m을 외생적으로 취급한다고 할 때) 함께 p와 μ의 시간경로들을 결정할 수 있다. 시간에 관한 도함수들인 $p'(t)$와 $\mu'(t)$를 기호 p'와 μ'로 나타내면, 이 체계를 다음과 같이 보다 간단히 표현할 수 있게 된다.

$$\begin{aligned} p' &= h(1-\mu) \\ \mu' &= (p + q - m)\mu \end{aligned} \tag{19.50}$$

h가 양이므로 $p' = 0$과 $1 - \mu = 0$은 서로 동치임을 알 수 있다. 마찬가지로 μ가 항상 양이기 때문에 $\mu' = 0$과 $p + q - m = 0$은 서로 동치가 된다. 이와같이 해서 $p' = 0$과 $\mu' = 0$의 분계곡선들은 다음의 방정식들로 나타낼 수 있게 된다.

$$\mu = 1 \qquad [p' = 0 \text{ 곡선}] \tag{19.51}$$

$$p = m - q \qquad [\mu' = 0 \text{ 곡선}] \tag{19.52}$$

[그림 19.4] (a)에 나타나 있듯이, 이 곡선들은 각각 수평선과 수직선으로 그려지게 되고, E 점에서 유일한 균형이 성립하게 된다. 균형값 $\overline{\mu} = 1$은 균형에서 M_d와 M_s가 같고 따라서 화폐시장이 청산된다는 것을 의미한다. 균형 인플레이션율이 양으로 나타난 것은 $m > q$라는 암묵적 가정을 반영하는 것이다.

$p' = 0$ 곡선은 앞의 논의에서 $x' = 0$ 곡선에 대응하는 것이기 때문에, 짧은 수직점선들이 있어야 한다. 그리고 $\mu' = 0$ 곡선은 수평점선들을 가져야 할 것이다. (19.50) 식으로부터 다음을 알 수 있다.

$$\frac{\partial p'}{\partial \mu} = -h < 0 \qquad \text{및} \qquad \frac{\partial \mu'}{\partial p} = \mu > 0 \tag{19.53}$$

이 사실은 $p' = 0$ 곡선을 따라 북쪽으로 움직여 가면 p'의 부호가 차례로 (+, 0, −)를 가지게 되고, 그리고 $\mu' = 0$ 곡선을 따라 동쪽으로 움직여 가면 μ'의 부호가 차례로 (−, 0, +)를 가지게 된다는 것을 의미한다. 따라서, [그림 19.4] (a)에 나타낸 바와 같이 네 쌍의 방향화살표들을 얻을 수 있고,

이들로부터 E 점 주위를 반시계방향으로 궤도를 그리며 선회하는 유선들(그림에는 그 중 하나만 나타내었음)을 그릴 수 있다. 물론 이 경우는 E 점이 중심점의 균형이 된다. 경제가 처음부터 E 점에 위치하고 있지 않다면, 균형에 도달한다는 것은 불가능하다. 그 대신에 끊임없는 파동현상이 존재하게 된다.

그러나 위에서 얻은 결론은 통화팽창률이 **외생적**이라고 가정한 데서 나오는 결과이다. 그렇다면 이제 반인플레이션적 통화정책의 규칙을 채택함으로써 m 을 내생화시킨다면 어떻게 되겠는가? "통상적" 인 통화정책의 규칙은 통화팽창률을 인플레이션율과 반대방향으로 움직이게 할 것을 요구할 것이다. 즉,

$$m = m(p) \qquad m'(p) < 0 \qquad \text{[통상적인 통화정책의 규칙]} \tag{19.54}$$

이러한 규칙은 (19.50) 의 두 번째 방정식을 아래와 같이 변화시킨다.

$$\mu' = [p + q - m(p)]\mu \tag{19.55}$$

그리고 (19.52) 식을 다음과 같이 바꾸어 놓는다.

$$p = m(p) - q \qquad \text{[통상적인 통화정책 규칙하의 } \mu' = 0 \text{ 곡선]} \tag{19.56}$$

$m(p)$ 가 단조적이라는 것이 주어지면, 이 방정식을 충족시키는 p 의 값은 단지 하나 — 이것을 가령 p_1 이라고 하자 — 존재하게 된다. 따라서 새로운 $\mu' = 0$ 곡선은 앞에서와는 다른 점인 $p_1 = m(p_1) - q$ 에서 수평축과 만나기는 하지만, 여전히 수직의 직선으로 나타나게 된다. 나아가서 (19.55) 식으로부터 다음을 알 수 있다.

$$\frac{\partial \mu'}{\partial p} = [1 - m'(p)]\mu > 0 \qquad \text{[(19.54) 에 의해]}$$

이것은 (19.53) 에 있는 도함수와 **정성적으로는** 조금도 다르지 않다. 따라서 이 경우의 방향화살표

그림 19.4

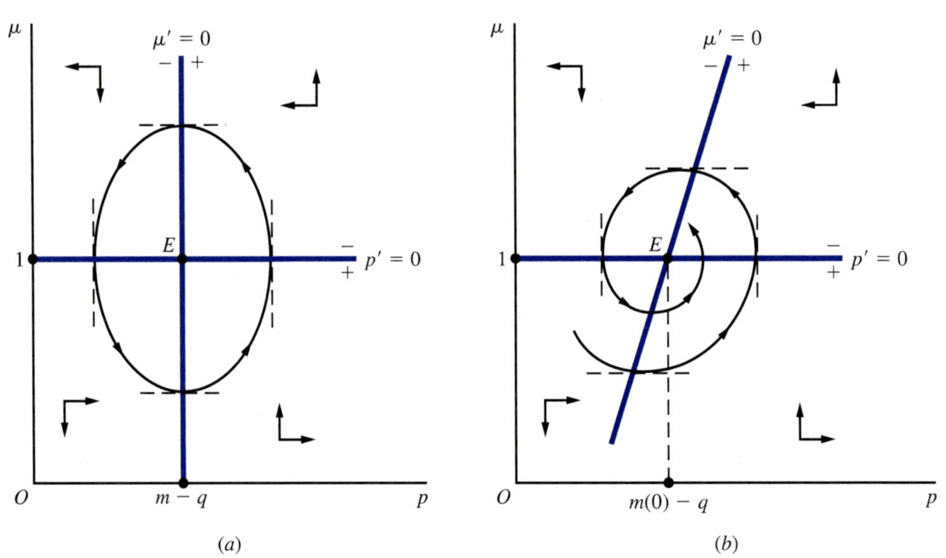

들도 [그림 19.4](*a*) 에서의 그것들과 같게 된다. 요컨대 전처럼 중심점을 나타내는 위상도를 얻게 되는 것이다.

옵스트가 제안하고 있는 대안으로서의 통화정책의 규칙은 m 에다 인플레이션율의 **수준**이 아니라 그 **변화율**을 다음과 같이 연결시키는 것이다.

$$m = m(p') \qquad m'(p') < 0 \quad \text{[옵스트의 통화정책의 규칙]} \tag{19.57}$$

이 규칙하에서 (19.55) 식과 (19.56) 식은 각각 다음처럼 될 것이다.

$$\mu' = [p + q - m(p')]\mu \tag{19.58}$$

$$p = m(p') - q \quad \text{[옵스트의 통화정책의 규칙하의 } \mu' = 0 \text{ 곡선]} \tag{19.59}$$

이번에는 $\mu' = 0$ 곡선은 양의 기울기를 가진다. (19.59) 식을 연쇄법칙을 이용하여 μ 에 관해 미분하면

$$\frac{dp}{d\mu} = m'(p')\frac{dp'}{d\mu} = m'(p')(-h) > 0 \qquad \text{[(19.50) 에 의해]}$$

을 얻게 되고, 따라서 역함수법칙에 의해, $\mu' = 0$ 곡선의 기울기인 $d\mu/dp$ 도 역시 양이 된다. 이러한 새로운 상황은 [그림 19.4](*b*) 에 예시되어 있는데, 거기서는 단순화를 위해 $\mu' = 0$ 곡선을 임의로 주어진 기울기를 갖는† 직선으로 묘사하고 있다. 기울기가 달라졌음에도 불구하고, 편도함수

$$\frac{\partial \mu'}{\partial p} = \mu > 0 \qquad \text{[(19.58) 로부터]}$$

은 (19.53) 과 같고, 따라서 μ 의 움직임에 관한 방향화살표들은 [그림 19.4](*a*) 에서의 방향을 그대로 유지하게 된다. 이제 유선들은 (그림에서는 그 중 하나만 나타냈음) 균형점인 $\overline{\mu} = 1$ 과 $\overline{p} = m(0) - q$ [여기서 $m(0)$ 는 $p' = 0$ 에서 평가한 $m(p')$ 의 값을 나타냄]를 향하여 안쪽으로 빙빙 돌아가게 된다. 이와 같이 해서, 이러한 옵스트의 통화정책의 규칙은 중심점을 안정초점으로 바꾸어 줄 수 있고, 따라서 인플레이션율의 끊임없는 변동을 점근적으로 제거할 수 있다. 그리고 더 나아가서 $\mu' = 0$ 곡선이 충분히 평평하게 되면, 중심점을 안정적 결절점으로 바꾸어 주는 것도 가능하다.

연습문제 19.5

1. 모형이 두 개의 1계방정식 대신에 하나의 2계미분방정식 $y''(t) = f(y', y)$로 이루어져 있다 해도, 2변수 위상도를 사용할 수 있음을 보여라.
2. [그림 19.1] 에서 $x' = 0$ 곡선과 $y' = 0$ 곡선의 양 쪽에 있는 + 와 − 기호들은 각각, 편도함수 $\partial x'/\partial x$ 와 $\partial y'/\partial y$ 에 근거하고 있다. 이와 같은 결론을 편도함수 $\partial x'/\partial y$ 와 $\partial y'/\partial x$ 로부터도 얻을 수 있는가?

† 이 기울기는 $m'(p')$ 의 절대값에 반비례한다. 통화팽창률 m 이 인플레이션율의 변화율 p' 에 민감하게 반응하면 할수록 [그림 19.4](*b*) 에서 $\mu = 0$ 곡선은 더욱 더 평평해질 것이다.

3. 유선이 $x'=0$곡선 ($y'=0$곡선)을 넘어갈 때 무한대 (0)의 기울기를 갖지 않으면 그 유선은 yx 화살표들이 의미하는 방향에 관한 제약조건들을 반드시 어기게 된다는 것을, [그림 19.2]를 이용해서 보여라.
4. 미분방정식체계 (19.40)의 특수한 경우로서 다음과 같이 가정하자.
   (*a*) $f_x = 0 \qquad f_y > 0 \qquad g_x > 0$ 및 $g_y = 0$
   (*b*) $f_x = 0 \qquad f_y < 0 \qquad g_x < 0$ 및 $g_y = 0$
   이 각 경우에 대해서 적절한 위상도를 작성하여 유선들을 그려 넣고, 균형의 성격이 어떠한가를 알아보아라.
5. (*a*) 다음 조건들이 성립한다면, 미분방정식체계 (19.40)으로부터 안정결절점 **혹은** 안정초점이 나타날 수 있음을 보여라.

   $$f_x < 0 \qquad f_y > 0 \qquad g_x < 0 \qquad \text{및} \qquad g_y < 0$$

   (*b*) (*a*)에서 그린 위상도의 어떤 특징(들) 때문에 (결절점 또는 초점으로) 결과가 달라지는가?
6. 옵스트 모형에 있어서, [그림 19.4] (*b*)의 양의 기울기를 갖는 $\mu'=0$곡선이 충분히 평평하게 되면, 유선들은 한 영역에서 다른 영역으로 넘나든다는 특징은 남아 있지만, 초점이 아닌 결절점으로서의 균형으로 수렴하게 된다는 것을 보여라.

19.6 | 비선형미분방정식체계의 선형근사

비선형미분방정식체계를 정성적으로 분석할 수 있는 또다른 하나의 기법은 그 체계의 **선형근사** (linear approximation)를 이용하여 추론하는 것인데, 이 선형근사란 주어진 체계를 균형점 주위에서 테일러전개하여 얻는 것이다.[†] 우리는 제 9.5 절로부터 다음과 같은 사실을 알고 있다. 즉, 임의의 함수 $\phi(x)$에 대해 선형 (또는 더 높은 계수의 다항식) 근사를 하게 되면, 전개하는 그 점에서는 $\phi(x)$의 정확한 값을 알 수 있지만, 그 점으로부터 멀어져 감에 따라 근사오차는 점점 더 커진다는 것이다. 같은 사실이 비선형체계를 선형근사시켰을 때도 성립한다. 즉, 전개하는 그 점 — 여기서는 균형점 E가 됨 — 에서는 선형근사는 원래의 비선형체계와 정확하게 같은 균형점을 가리키게 된다. 그리고 E점 주위의 충분히 작은 근방 (neighborhood)에서는, 그 선형근사가 원래의 체계에서와 같은 개괄적 유선배열구조를 가진다. 그러므로 안정성에 관한 분석을 균형 주위의 작은 근방에 국한시키는 한, 선형근사는 충분한 정보를 제공해 줄 수 있다. 이러한 분석은 **국지적 안정성분석** (local stability analysis)으로 불리는데, 그 자체로도 사용할 수 있고 또는 위상도 분석을 보충하는 것으로도 사용할 수 있다. 이하에서는 2변수 경우만을 다루고자 한다.

테일러전개와 선형화

임의의 (모든 계수의 도함수들이 존재하는) 1변수함수 $\phi(x)$가 주어져 있을 때, 점 x_0 주위에서 테일러전개 (Taylor expansion)를 하면 다음의 급수를 얻는다.

$$\phi(x) = \phi(x_0) + \phi'(x_0)(x - x_0) + \frac{\phi''(x_0)}{2!}(x - x_0)^2 + \cdots$$

[†] 균형점이 여러 개 존재하는 경우에는 그 각 균형점에서 별개의 선형근사를 필요로 한다.

$$+\frac{\phi^{(n)}(x_0)}{n!}(x-x_0)^n + R_n$$

여기서 $(x-x_0)$의 여러 멱수의 항들을 포함하고 있는 다항식은 우변에 나타나고 있다. 2변수함수 $f(x, y)$를 임의의 점 (x_0, y_0)주위에서 테일러전개한 결과도 비슷한 구조를 가진다. 그러나 두 개의 변수들이 있기 때문에, 테일러전개한 뒤 나타나는 다항식에는 $(x-x_0)$뿐만 아니라 $(y-y_0)$ — 사실, 이 두 표현들의 곱에 대해서도 — 의 여러 멱수의 항들도 나타난다. 즉,

$$\begin{aligned} f(x,y) &= f(x_0,y_0) + f_x(x_0,y_0)(x-x_0) + f_y(x_0,y_0)(y-y_0) \\ &\quad + \frac{1}{2!}[f_{xx}(x_0,y_0)(x-x_0)^2 + 2f_{xy}(x_0,y_0)(x-x_0)(y-y_0) \\ &\quad + f_{yy}(x_0,y_0)(y-y_0)^2] + \cdots + R_n \end{aligned} \tag{19.60}$$

여기서 $(x-x_0)$와 $(y-y_0)$의 계수들은 모두 전개하는 점 (x_0, y_0)에서 평가한 f의 **편**도함수들의 값이라는 점에 주의하기 바란다.

어떤 함수의 테일러급수로부터, 선형근사 — 또는 줄여서 선형화 — 는 단지 2개 이상의 모든 항들을 떨어버림으로써 얻을 수 있다. 이와 같이 해서, 1변수의 경우에 선형근사는 다음의 x에 관한 선형함수이다.

$$\phi(x_0) + \phi'(x_0)(x-x_0)$$

마찬가지로, (19.60) 식의 선형근사는 다음과 같은 x와 y에 관한 선형함수이다:

$$f(x_0,y_0) + f_x(x_0,y_0)(x-x_0) + f_y(x_0,y_0)(y-y_0)$$

그리고, 이 결과에다 함수기호 f 대신에 g를 대입하면, $g(x, y)$에 관한 선형화도 얻을 수 있다. 따라서 다음의 비선형체계

$$\begin{aligned} x' &= f(x,y) \\ y' &= g(x,y) \end{aligned} \tag{19.61}$$

가 주어져 있을 때, 이것의 테일러 전개점 (x_0, y_0)주위에서의 선형근사는 아래와 같이 쓸 수 있다.

$$\begin{aligned} x' &= f(x_0,y_0) + f_x(x_0,y_0)(x-x_0) + f_y(x_0,y_0)(y-y_0) \\ y' &= g(x_0,y_0) + g_x(x_0,y_0)(x-x_0) + g_y(x_0,y_0)(y-y_0) \end{aligned} \tag{19.62}$$

함수 f와 g의 구체적 형태들이 알려져 있다면 $f(x_0, y_0)$, $f_x(x_0, y_0)$, $f_y(x_0, y_0)$와 그리고 g 함수의 값들을 구체적으로 알 수 있게 되고, 따라서 선형체계 (19.62)를 정량적으로 풀 수 있게 된다. 그러나 f와 g가 **일반함수 형태**로만 주어져 있다고 해도, f_x, f_y, g_x, g_y의 부호들을 확인할 수만 있다면, 여전히 정성적 분석은 가능하다.

축약선형근사식

국지적 안정성을 분석하기 위해서, 선형근사식 (19.62)를 더 간단한 형태로 바꿔놓을 수 있다. 첫째로, 전개점은 균형점 $(\bar{x}, \bar{y})$이기 때문에 (x_0, y_0)를 $(\bar{x}, \bar{y})$로 바꿔야 한다. 그리고 더욱 중요한 것은, 균형점에서는 정의상 $x' = y' = 0$이기 때문에

$$f(\overline{x},\overline{y}) = g(\overline{x},\overline{y}) = 0 \qquad \text{[(19.61) 에 의해]}$$

이 성립하고, 따라서 (19.62) 에서 각 방정식의 오른편의 첫 번째 항은 없애버릴 수 있게 된다. 이렇게 한 후, (19.62) 의 오른편에 남아 있는 항들을 전개해서 다시 정리해 보면, 다음과 같은 선형근사식의 또다른 모습을 볼 수 있다.

$$\begin{aligned} x' - f_x(\overline{x},\overline{y})x - f_y(\overline{x},\overline{y})y &= -f_x(\overline{x},\overline{y})\overline{x} - f_y(\overline{x},\overline{y})\overline{y} \\ y' - g_x(\overline{x},\overline{y})x - g_y(\overline{x},\overline{y})y &= -g_x(\overline{x},\overline{y})\overline{x} - g_y(\overline{x},\overline{y})\overline{y} \end{aligned} \tag{19.63}$$

이 (19.63) 에서 등호의 우변의 각 항은 상수임에 주의하기 바란다. 우리가 이렇게 상수항들을 분리시키는 작업을 수행한 것은, 그들 모두를 없애서 선형근사식의 축약방정식을 얻고자 하기 때문이다. 이렇게 해서 얻은 결과를 행렬표기로 다음과 같이 표현할 수 있다.

$$\begin{bmatrix} x' \\ y' \end{bmatrix} - \begin{bmatrix} f_x & f_y \\ g_x & g_y \end{bmatrix}_{(\overline{x},\overline{y})} \begin{bmatrix} x \\ y \end{bmatrix} = \begin{bmatrix} 0 \\ 0 \end{bmatrix} \tag{19.64}$$

이것이 바로 (19.61) 의 축약선형근사식을 이루고 있다. 정성적 분석은 특성근들에 대한 지식에만 의존하고, 나아가서 그 특성근들은 체계의 축약방정식들에만 의존하기 때문에, (19.64) 식은 국지적 안정성 분석에 필요한 모든 것을 포함한다.

한 걸음 더 나아가면, 축약선형근사식의 가장 두드러지는 특징은, 균형 $(\overline{x}, \overline{y})$ 에서 평가한 편도함수들의 행렬 — 비선형체계 (19.61) 의 야코비행렬 (Jacobian matrix) — 에 있다. 따라서 결국 균형이 국지적으로 안정적이냐 혹은 불안정적이냐 하는 것은 오직 이 야코비행렬의 구조에 달려 있다. 이하의 논의에서는 표기의 간편화를 위해, 균형에서 평가한 야코비행렬을 J_E 로, 그리고 그 원소들은 a, b, c, d 로 나타내기로 한다. 즉,

$$J_E \equiv \begin{bmatrix} f_x & f_y \\ g_x & g_y \end{bmatrix}_{(\overline{x},\overline{y})} \equiv \begin{bmatrix} a & b \\ c & d \end{bmatrix} \tag{19.65}$$

그리고 이하에서는 두 미분방정식들이 함수적으로 독립 (functionally independent) 이라고 가정할 것이다. 그러면 항상 $|J_E| \neq 0$ 이 성립하게 될 것이다. ($|J_E| = 0$ 인 경우에 관해서는 [연습문제 19.6] 의 4를 참조).

국지적 안정성 분석

(19.16) 에 의하면, 그리고 (19.65) 를 이용하면, 축약선형근사식의 특성방정식은 다음과 같다.

$$\begin{vmatrix} r-a & -b \\ -c & r-d \end{vmatrix} = r^2 - (a+d)r + (ad-bc) = 0$$

여기서 특성근들은 분명히 $(a+d)$ 와 $(ad-bc)$ 의 표현들에 전적으로 의존한다. 이중 후자는 (19.65) 의 야코비행렬의 행렬식에 불과하다. 즉,

$$ad - bc = |J_E|$$

그리고 전자는 그 야코비행렬의 주대각원소들의 **합**을 나타내는데, 이는 J_E 의 **트레이스** (trace) 라고 부르며 기호 trJ_E 로 나타낸다. 즉,

$$a + d = \text{tr } J_E$$

따라서, 특성근들을 아래와 같이 표현할 수 있다.

$$r_1, r_2 = \frac{\text{tr } J_E \pm \sqrt{(\text{tr } J_E)^2 - 4|J_E|}}{2}$$

$(trJ_E)^2$ 과 $4|J_E|$ 간의 상대적 크기가 두 특성근들이 실근인지 혹은 복소근인지를, 즉 x와 y의 시간경로들이 진동하지 않는 것인지 혹은 진동하는 것인지를 결정한다. 반면에 균형의 동태적 안정성을 알아보자면, 두 특성근들의 대수적 부호를 확인할 필요가 있다. 이를 위해서는 다음의 두 관계식이 큰 도움이 된다.

$$r_1 + r_2 = \text{tr } J_E \qquad [(16.5)\text{와 } (16.6) \text{ 참조}] \qquad \textbf{(19.66)}$$
$$r_1 r_2 = |J_E| \qquad \textbf{(19.67)}$$

경우 1 **$(trJ_E)^2 > 4|J_E|$인 경우** 이 경우 특성근들은 서로 다른 실근이 되고, 따라서 진동현상은 있을 수 없다. 그러므로, 이때의 균형은 결절점 혹은 안장점은 될 수 있어도, 초점이나 중심점은 결코 될 수 없다. $r_1 \neq r_2$ 라는 것을 생각하면, 두 특성근들의 부호에는 다음 세 가지의 서로 다른 가능한 경우들이 존재한다. 즉, 둘 다 모두 음인 경우, 둘 다 모두 양인 경우, 그리고 둘이 서로 다른 부호를 가지는 경우가 그것이다.† (19.66)과 (19.67)에 있는 정보들을 고려하면, 이 세 가지 가능한 경우들은 다음과 같은 특성들을 가진다는 것을 알 수 있다:

$$\begin{array}{lll} (i) & r_1 < 0, r_2 < 0 & \Rightarrow \quad |J_E| > 0;\ \text{tr } J_E < 0 \\ (ii) & r_1 > 0, r_2 > 0 & \Rightarrow \quad |J_E| > 0;\ \text{tr } J_E > 0 \\ (iii) & r_1 > 0, r_2 < 0 & \Rightarrow \quad |J_E| < 0;\ \text{tr } J_E \gtreqless 0 \end{array}$$

두 특성근들이 모두 음수인 경우 (*i*)에서는, 보조함수 x_c와 y_c가 모두 t가 무한대로 다가감에 따라 0으로 가게 된다. 따라서 이때의 균형은 안정결절점이 된다. 경우 (*ii*)에서는 이와 정반대가 성립하고, 이때의 균형은 불안정결절점이 된다. 이들과 대조적으로, 두 특성근들이 서로 다른 부호를 가지는 경우 (*iii*)에서는, 안장점이 나타난다.

$$x_c = A_1 e^{r_1 t} + A_2 e^{r_2 t}$$
$$y_c = k_1 A_1 e^{r_1 t} + k_2 A_2 e^{r_2 t}$$

여기서, A_1과 A_2는 초기조건들로부터 그 값을 결정해야 할 임의의 상수들이다. 만약 초기조건이 $A_1 = 0$이 되게끔 주어진다면, 양수인 특성근 r_1은 보조함수에서 사라지고, 음수인 특성근 r_2가 균형을 안정적으로 만들어 주게 된다. 이러한 초기조건들은 안장점의 안정지류상에 놓여 있는 점들과 관련이 있다. 반대로 초기조건이 $A_2 = 0$이 되게끔 주어진다면, 음수인 특성근 r_2는 보조함수에서 사라지고, 양수인 특성근 r_1이 균형을 불안정적으로 만들어 주게 된다. 이러한 초기조건들은 불안정지류상에 놓여있는 점들과 관련이 있다. 다른 모든 초기조건들에서는 $A_1 \neq 0$이 성립하기 때문에, 보조함수들이 발산하게 된다. 이와 같이 해서, 경우 (*iii*)에서는 안장점이 나타나게 된다.

† $|J_E| = 0$ 이인 경우는 배제하고 있기 때문에 어떤 특성근도 0의 값을 가질 수는 없다.

경우 2 $(trJ_E)^2 = 4|J_E|$**인 경우** 특성근들은 이 경우 중근이기 때문에, 두 특성근들의 부호에 대해서 다음의 두 가지 경우만이 일어날 수 있다.

$$(iv) \quad r_1 < 0, r_2 < 0 \quad \Rightarrow \quad |J_E| > 0; \text{tr } J_E < 0$$
$$(v) \quad r_1 > 0, r_2 > 0 \quad \Rightarrow \quad |J_E| > 0; \text{tr } J_E > 0$$

이 두 경우는 경우 (*i*)과 경우 (*ii*)를 단지 그대로 옮겨 놓은 것이다. 그러므로 이들은 각각 안정결절점과 불안정적 결절점을 말해 주고 있다.

경우 3 $(trJ_E)^2 < 4|J_E|$**인 경우** 특성근들이 복소수 $h \pm vi$ 들인 이 경우에는, 주기적 파동현상이 있게 되고, 따라서 이때의 균형은 초점과 중심점들 중 하나가 되어야 한다. (19.66)과 (19.67)에 의하면, 다음을 알 수 있다.

$$\text{tr } J_E = r_1 + r_2 = (h + vi) + (h - vi) = 2h$$
$$|J_E| = r_1 r_2 = (h + vi)(h - vi) = h^2 + v^2$$

따라서 trJ_E는 h와 같은 부호를 가져야 하고, $|J_E|$는 항상 양수가 된다. 그러므로 다음의 세 가지 가능한 경우들이 있을 수 있다:

$$(vi) \quad h < 0 \quad \Rightarrow \quad |J_E| > 0; \text{tr } J_E < 0$$
$$(vii) \quad h > 0 \quad \Rightarrow \quad |J_E| > 0; \text{tr } J_E > 0$$
$$(viii) \quad h = 0 \quad \Rightarrow \quad |J_E| > 0; \text{tr } J_E = 0$$

이들은 각각 수축하는 파동, 발산하는 파동, 그리고 진폭이 일정한 파동과 관련이 있다. 즉, 경우 (*vi*)은 안정적 초점, 경우 (*vii*)은 불안정적 초점, 그리고 경우 (*viii*)은 중심점을 의미하는 것이다.

$|J_E|$와 trJ_E의 부호들로부터 정성적인 결론을 쉽게 추론하기 위해 이상의 논의의 결론들을 <표 19.1>에 요약하여 놓았다.† 이 표에 관해서 다음의 세 가지 특징을 특히 주목할 필요가 있다. 첫째로, $|J_E|$가 음수이면, 안장점 유형의 균형만이 결부된다. 따라서 우리는 $|J_E| < 0$를 안장점에 대한 필요충분조건으로 받아들일 수 있다. 둘째로, trJ_E는 단지 두 경우에만 — 안장점이나 중심점일 때 — 0의 값을 갖는다. 그러나, 이 두 상황들은 $|J_E|$의 부호에 의해 서로 구별할 수 있다. 따라서 양수 $|J_E|$와 더불어 trJ_E가 0인 것은 중심점에 대한 필요충분조건이 된다. 셋째로, trJ_E가 음수인 것은 동태적 안정성을 위한 필요조건은 되지만, 안장점 때문에 충분조건은 **아니다**. 그렇지만 음수 trJ_E와 양수 $|J_E|$가 같이 있게 되면, 이는 동태적 안정성에 대한 필요충분조건이 된다.

† 역주 : 이 표와 함께 이 표를 그림으로 나타낸 다음 그림을 참조하면 이해에 도움이 될 것이다.

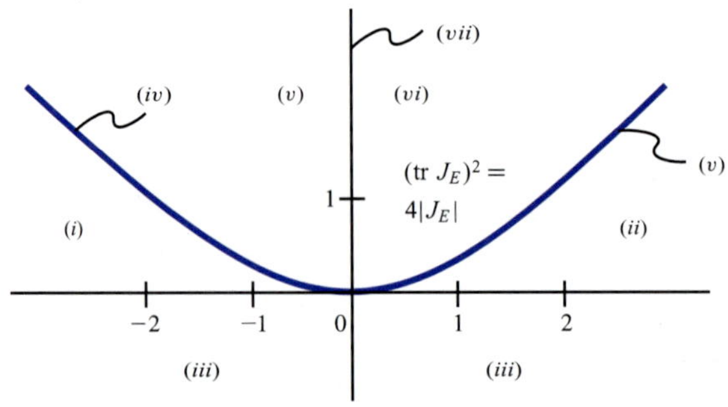

표 19.1 2변수 비선형미분방정식체계의 국지적 안정성 분석

경우		$\lvert J_E \rvert$의 부호	trJ_E의 부호	균형의 유형
1. $(trJ_E)^2 > 4\lvert J_E \rvert$	(i)	+	−	안정결절점
	(ii)	+	+	불안정결절점
	(iii)	−	+, 0, −	안장점
2. $(trJ_E)^2 = 4\lvert J_E \rvert$	(iv)	+	−	안정결절점
	(v)	+	+	불안정결절점
3. $(trJ_E)^2 < 4\lvert J_E \rvert$	(vi)	+	−	안정초점
	(vii)	+	+	불안정초점
	(viii)	+	0	중심점

<표 19.1>은 **비선형**체계에 대한 선형근사식과 관련된 조건들을 논의한 결과를 요약한 것이다. 그러나 이 표의 내용들은 원래 **선형**인 체계에 대한 정성적 분석의 경우에도 분명히 적용할 수 있다. 이 후자에 있어서, 야코비행렬의 원소들은 주어진 상수들이고, 따라서 그들을 균형점에서 평가할 필요가 없게 된다. 그리고 이때 근사를 취하는 과정은 아무 곳에도 없기 때문에, 안정성에 관한 추론은 더 이상 "국지적"성격에 국한되지 않고 전역적으로 타당성을 갖게 된다.

예 1

다음의 비선형체계의 국지적 안정성을 분석하라

$$\begin{aligned} x' &= f(x, y) = xy - 2 \\ y' &= g(x, y) = 2x - y \end{aligned} \qquad (x, y \geq 0)$$

우선 $x' = y' = 0$으로 놓고, 그리고 x와 y의 비음 조건에 주의하면, 유일한 균형 E를 $(\bar{x}, \bar{y}) = (1, 2)$에서 찾을 수 있다. 그 다음 x'와 y'의 편도함수들을 구해서 E에서 그들을 평가하면 다음을 얻는다.

$$J_E = \begin{bmatrix} f_x & f_y \\ g_x & g_y \end{bmatrix}_{(\bar{x},\bar{y})} = \begin{bmatrix} y & x \\ 2 & -1 \end{bmatrix}_{(1,2)} = \begin{bmatrix} 2 & 1 \\ 2 & -1 \end{bmatrix}$$

그런데 $\lvert J_E \rvert = -4$로 음수이기 때문에, 여기서의 균형 E는 국지적으로 안장점이라는 결론을 내릴 수 있다.

야코비행렬의 첫째 행은 원래 변수 x와 y를 포함하고 있지만, 둘째 행은 그렇지 않다는 것에 주목하라. 이러한 차이가 생기는 이유는 주어진 체계의 두 번째 방정식은 원래 선형이고 따라서 선형화시킬 필요가 없기 때문이다.

예 2

다음의 비선형체계가 주어져 있다고 하자.

$$\begin{aligned} x' &= x^2 - y \\ y' &= 1 - y \end{aligned}$$

이때 $x' = y' = 0$으로 놓으면, 두 균형점 $E_1 = (1, 1)$과 $E_2 = (-1, 1)$을 찾아낼 수 있다. 따라서 두 개의 서로 다른 선형화가 필요하다. 야코비행렬 $\begin{bmatrix} 2x & -1 \\ 0 & -1 \end{bmatrix}$을 두 균형점에서 차례로 평가하면, 다음을 얻을 수 있다.

$$J_{E1} = \begin{bmatrix} 2 & -1 \\ 0 & -1 \end{bmatrix} \quad \text{및} \quad J_{E2} = \begin{bmatrix} -2 & -1 \\ 0 & -1 \end{bmatrix}$$

이 행렬들 중에서 첫 번째 것은 행렬식의 값이 음수가 되어서, $E_1 = (1, 1)$은 국지적으로 안장점이 된다. 위의 두 번째 행렬로부터, $|J_{E2}| = 2$, $trJ_{E2} = -3$임을 알 수 있고, 따라서 <표 19.1>에 의하면 $E_2 = (-1, 1)$은 [경우 1]에서 국지적으로 안정결절점이 된다.

예 3

다음의 선형체계는 안정적 균형을 갖는가?

$$x' = x - y + 2$$
$$y' = x + y + 4$$

이러한 정성적 질문에 답하기 위해서는 단지 축약방정식들에 관심을 가지면 되기 때문에, 위에서 상수들인 2와 4는 무시할 수 있다. 주어진 체계가 선형체계이기 때문에, 예상할 수 있는 것처럼, 야코비행렬 $\begin{bmatrix} 1 & -1 \\ 1 & 1 \end{bmatrix}$은 네 개의 상수를 그 원소들로 가지고 있다. 이 행렬식과 트레이스는 모두 2가 되기 때문에, 균형은 [경우 3]에 해당하고, 불안정초점이 된다. 이러한 결론은 이 체계의 균형을 직접 구하지 않고 도달한 것임에 주의하라. 그리고 이 예에서 얻은 결론은 전역적으로 타당하다는 것에도 주의하라.

예 4

다음의 옵스트 모형 (19.50)에서, 통화팽창률 m이 외생적이라고 (즉, 어떠한 통화정책의 규칙도 채택하지 않는다고) 가정하고 그 국지적 안정성을 분석하라.

$$p' = h(1 - \mu)$$
$$\mu' = (p + q - m)\mu$$

[그림 19.4] (a)에 의하면, 이 모형의 균형은 $E = (\bar{p}, \bar{\mu}) = (m - q, 1)$이다. 이 E점에서 평가한 야코비행렬은 다음과 같다.

$$J_E = \begin{bmatrix} \dfrac{\partial p'}{\partial p} & \dfrac{\partial p'}{\partial \mu} \\ \dfrac{\partial \mu'}{\partial p} & \dfrac{\partial \mu'}{\partial \mu} \end{bmatrix}_E = \begin{bmatrix} 0 & -h \\ \mu & p + q - m \end{bmatrix}_{(m-q,1)} = \begin{bmatrix} 0 & -h \\ 1 & 0 \end{bmatrix}$$

여기서 $|J_E| = h > 0$ 및 $trJ_E = 0$이 성립하기 때문에 <표 19.1>에 따르면 이 균형은 국지적으로 중심점이 된다. 이러한 결론은 앞의 절에서의 위상도 분석의 결과와 일치한다.

예 5

다음의 통화정책의 규칙을 채택한다고 가정하고 옵스트 모형의 국지적 안정성을 분석하라.

$$p' = h(1 - \mu) \qquad \text{[(19.50)으로부터]}$$
$$\mu' = [p + q - m(p')]\mu \qquad \text{[(19.58)로부터]}$$

현재의 모형에서, p'는 μ의 함수이기 때문에, 함수 $m(p')$는 μ의 함수이기도 한 것에 주의하라. 따라서 $\partial\mu'/\partial\mu$를 구하려면, 곱셈의 법칙을 적용해야 한다. $p' = \mu' = 0$이 성립하게 되는 균형점 E에서, $\bar{\mu} = 1$, $\bar{p} = m(0) - q$가 된다. 그러므로, E점에서 평가한 야코비행렬의 값은 다음과 같다.

$$J_E = \begin{bmatrix} 0 & -h \\ \mu & p + q - m(p') - m'(p')(-h)\mu \end{bmatrix}_E = \begin{bmatrix} 0 & -h \\ 1 & m'(0)h \end{bmatrix}$$

여기서 $m'(0)$은 (19.57)에 따르면 음수가 된다. $|J_E| = h > 0$ 및 $trJ_E = m'(0)h < 0$이 성립하기

때문에, <표 19.1> 에 따르면 안정초점 혹은 안정결절점을 갖게 되는데, 이 둘 중 어느 것을 갖느냐 하는 것은 $(trJ_E)^2$ 과 $4|J_E|$의 상대적 크기에 달려 있다. 이에 관해 구체적으로 살펴보면, 도함수 $m'(0)$의 절대값이 크면 클수록, trJ_E 의 절대값은 더 커지게 되고 따라서 $(trJ_E)^2$ 이 $4|J_E|$ 를 능가할 가능성이 더 커지게 되어, 안정초점 대신에 안정결절점이 나타나기가 쉽다. 이 결론은 다시 한번 위상도 분석을 통해 얻은 결과와 일치하고 있다.

연습문제 19.6

1. 다음의 비선형체계들이 주어졌을 때, 각각의 국지적 안정성을 분석하라.
   (a) $x' = e^x - 1$
   $y' = ye^x$
   (b) $x' = x + 2y$
   $y' = x^2 + y$
   (c) $x' = 1 - e^y$
   $y' = 5x - y$
   (d) $x' = x^3 + 3x^2y + y$
   $y' = x(1 + y^2)$
2. 다음과 같은 조건들이 주어졌을 때, <표 19.1>을 이용하여 비선형체계가 국지적으로 어떤 유형의 균형을 갖는가를 알아보라.
   (a) $f_x = 0$ $f_y > 0$ $g_x > 0$ 및 $g_y = 0$
   (b) $f_x = 0$ $f_y < 0$ $g_x < 0$ 및 $g_y = 0$
   (c) $f_x < 0$ $f_y > 0$ $g_x < 0$ 및 $g_y < 0$
   여기서 얻은 결과들이 [연습문제 19.5]의 4와 [19.5]의 5에서의 답들과 일치하는가?
3. 통상적인 통화정책의 규칙을 채택한다고 가정하고, 옵스트 모형에서의 국지적 안정성을 분석하라.
4. 다음의 두 체계의 야코비행렬식의 값은 모두 0이다. 그 각각에 대해 위상도를 작성하고, 존재하는 모든 균형들의 위치를 찾아내라:
   (a) $x' = x + y$
   $y' = -x - y$
   (b) $x' = 0$
   $y' = 0$

Chapter 19 요약

❖ 연립미분방정식과 연립차분방정식 ❖

1. 연립동태분석체계는 상호작용하는 변화유형들의 집합으로 이루어질 수도 있고, 하나의 고계동태방정식 (미분방정식 또는 차분방정식)을 변형하여 얻어질 수도 있다.
2. 모든 고계동태방정식은 연립 1계동태방정식체계로 변형할 수 있고, 또 그 역도 성립한다. 그러므로 모든 연립동태방정식체계는 1계방정식만으로 이루어진 것으로 보아도 무방하다.
3. 변수가 2개인 연립 1계차분방정식체계는 다음과 같이 표기할 수 있다.

$$y_{1t+1} + k_{11} y_{1t} + k_{12} y_{2t} = d_1$$
$$y_{2t+1} + k_{21} y_{1t} + k_{22} y_{2t} = d_2$$

이를 행렬로 나타내면 다음과 같다.

$$y_{t+1} + K y_t = d$$

4. 이 체계의 해 역시 특수적분과 보조함수의 합으로 나타낼 수 있다.
5. $|I+K| \neq 0$ 일 때, 특수적분은 다음과 같이 놓을 수 있다.

$$y_p = (I+K)^{-1} d = \begin{bmatrix} \overline{y_1} \\ \overline{y_2} \end{bmatrix}$$

그리고 이는 이 체계의 균형값 $\bar{y}_1$, $\bar{y}_2$ 의 벡터로 볼 수 있다.

6. 이 체계의 보조함수는 다음과 같이 쓸 수 있다.

$$y_c = \begin{bmatrix} y_{1c} \\ y_{2c} \end{bmatrix} = \begin{bmatrix} \Sigma k_i A_i b_i^t \\ \Sigma A_i b_i^t \end{bmatrix} \quad (b_1 \neq b_2 \text{ 인 실수일 때})$$

단, b_i 는 이 체계의 특성방정식

$$|bI + K| = 0$$

의 서로 다른 실근이고 그리고 k_i 는 $(b_i I + K)\begin{bmatrix} k_1 \\ 1 \end{bmatrix} = 0$ 을 충족하는 값이고, A_1 는 초기조건에 의하여 확정될 임의의 상수이다.

7. 변수가 2개인 연립미분방정식체계는 다음과 같이 표기할 수 있다.

$$y'_1(t) + k_{11} y_1(t) + k_{12} y_2(t) = g_1$$
$$y'_2(t) + k_{21} y_1(t) + k_{22} y_2(t) = g_2$$

또는

$$y'(t) + K y(t) = g$$

8. $|K| \neq 0$ 일 때 이 체계의 특수적분은 다음과 같이 놓을 수 있다.

$$y_p = K^{-1} g \equiv \begin{bmatrix} \overline{y_1} \\ \overline{y_2} \end{bmatrix}$$

그리고 이는 이 체계의 균형값 $\bar{y}_1, \bar{y}_2$ 들의 벡터로 볼 수 있다.

9. 이 체계의 보조함수는 다음과 같이 쓸 수 있다.

$$y_c = \begin{bmatrix} y_{1c} \\ y_{2c} \end{bmatrix} = \begin{bmatrix} \Sigma k_i A_i r_i^t \\ \Sigma A_i r_i^t \end{bmatrix} \quad (r_1 \neq r_2 \text{ 인 실수일 때})$$

단, r_i 는 이 체계의 특성방정식

$$|rI + K| = 0$$

의 서로 다른 실근이고, k_i 는 $(b_i I + K)\begin{bmatrix} k_I \\ 1 \end{bmatrix} = 0$ 을 충족하는 값이고, A_i 는 초기조건에 의하여 확정될 임의의 상수이다.

10. 투입산출모형은 여러 가지 방법으로 동태화하여 연립차분방정식으로 표현할 수 있다.

11. 앞에서 다룬 인플레이션 – 실업모형은 연립차분방정식 또는 연립미분방정식으로 보고 분석을 진행할 수 있다. 그러나 그 결과는 어떤 방법에 의하거나 같다.

12. 2변수 1계미분방정식체계가

$$x'(t) = f(x, y)$$
$$y'(t) = g(x, y)$$

의 일반형태를 가지는 자율체계의 경우, 이것이 비록 선형이 아님에도 불구하고 위상도를 써서 그 체계의 동태적 성질을 정성적으로 분석할 수 있다.

13. 옵스트의 인플레이션과 통화정책의 규칙에 관한 모형은 이 위상도에 의해서 그 정성적 분석이 가능하다.

14. 비선형미분방정식체계는 선형근사에 의하여 균형점 근방에서 국지적 동태적 성질을 분석할 수 있다.

예 1

극대원리의 사용을 예시하기 위하여, 우선 경제적 문제가 아닌 간단한 예 — 즉 어떤 주어진 점 A에서 어떤 주어진 직선에 이르는 최단경로를 찾는 문제 — 를 생각해 보자. [그림 20.1]에서 우리는 점 A를 ty 평면의 수직축 위에 그렸고, 주어진 직선은 $t = T$에서 수직인 직선으로 그렸다. 또, 무한히 많은 가능한 경로 가운데 길이가 다른 세 개의 경로가 그려져 있다. 각 경로의 길이는 미소경로선분들의 총합이다. 단 각 미소경로선분은 미소운동 dt와 dy에 의해서 만들어지는 직각삼각형의(그리지 않은) 빗변으로 간주될 수 있다. 이 빗변을 dh로 표시하면, 피타고라스의 정리에 의하여 다음을 얻는다.

$$dh^2 = dt^2 + dy^2$$

양변을 dt^2으로 나누고 제곱근을 취하면 다음을 얻는다.

$$\frac{dh}{dt} = \left[1 + \left(\frac{dy}{dt}\right)^2\right]^{1/2} = [1 + (y')^2]^{1/2} \tag{20.7}$$

그러면 그 경로의 총길이는 (20.7)을 $t = 0$에서 $t = T$까지 t에 관해서 적분함으로써 구할 수 있다. 제어변수 u를 $y' = u$로 놓으면, (20.7)은 다음과 같이 표시할 수 있다.

$$\frac{dh}{dt} = (1 + u^2)^{1/2} \tag{20.7'}$$

식 (20.7′)의 적분을 극소화하는 것은 물론 (20.7′)의 마이너스의 적분을 극대화하는 것과 같다. 따라서 최단경로문제는 다음과 같이 된다.

$$\text{목적식} \quad \int_0^T -(1 + u^2)^{1/2} dt$$

$$\text{제약식} \quad y' = u$$

$$\text{및} \quad y(0) = A \quad y(T) \ : \text{무제약}$$

그림 20.1

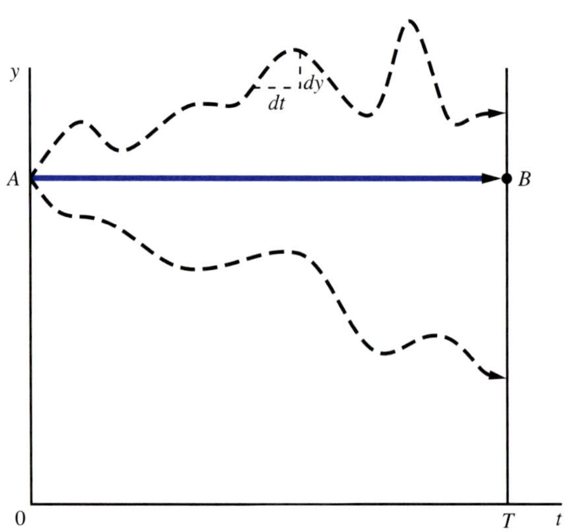

이 문제의 해밀톤함수는 (20.3)에 따라 다음과 같이 된다.

$$H = -(1+u^2)^{1/2} + \lambda u$$

H는 u에 관해서 미분가능하고, 또 u에는 제한이 없기 때문에, H를 극대화하는데는 다음과 같은 1계조건이 사용될 수 있다.

$$\frac{\partial H}{\partial u} = -\frac{1}{2}(1+u^2)^{-1/2}(2u) + \lambda = 0$$

$$\text{즉} \quad u(t) = \lambda(1-\lambda^2)^{-1/2}$$

2계조건을 점검해 보면,

$$\frac{\partial^2 H}{\partial u^2} = -(1+u^2)^{-3/2} < 0$$

이 되고, 따라서 $u(t)$의 해가 해밀톤함수를 극대화하는 것이 입증된다. $u(t)$는 λ의 함수이므로, 공상태변수 λ에 대한 해가 필요하다. 이 공상태변수에 대한 운동방정식은 다음과 같다.

$$\lambda' = -\frac{\partial H}{\partial y} = 0$$

여기서 마지막 등식이 성립하는 것은 H에 y가 등장하지 않기 때문이다. 따라서 λ는 상수이다. 이 상수의 값을 확정하기 위하여, 우리는 횡단조건 $\lambda(T) = 0$을 사용할 수 있다. λ는 오직 하나의 값만을 가질 수 있고, 이제 이 횡단조건에 의해서 그 값이 0이라는 것을 알았으므로, 우리는 이제 모든 t에 대하여 실제로 $\lambda(t) = 0$임을 안다. 따라서 다음과 같이 쓸 수 있다.

$$\lambda^*(t) = 0 \quad \text{모든 } t \in [0, T] \text{에 대하여}$$

이로부터 제어변수의 최적경로는 다음과 같이 된다.

$$u^*(t) = \lambda^*[1-(\lambda^*)^2]^{-1/2} = 0$$

마지막으로, 상태변수에 대한 운동방정식을 이용하면,

$$y' = u = 0$$

$$\text{즉,} \quad y^*(t) = c_0 \quad (\text{상수})$$

가 되고, 여기에 초기조건

$$y(0) = A$$

를 결합하면, $c_0 = A$라고 결론내릴 수 있고, 상태변수의 최적경로는 다음과 같다.

$$y^*(t) = A \quad \text{모든 } t\text{에 대하여}$$

[그림 20.1]에서 이 경로는 직선 AB다. 즉, 최단경로는 기울기가 0인 직선임이 밝혀졌다.

예 2

다음 극대화문제의 최적제어경로를 구하라.

$$\text{목적식} \quad \int_0^1 (y - u^2)\, dt$$
$$\text{제약식} \quad y' = u$$
$$\text{및} \quad y(0) = 5 \qquad y(1) \text{ 무제약}$$

이 문제는 u에 제약을 가하지 않는다는 것을 제외하고는 최적제어문제 (20.1)의 형식이다.

이 문제의 해밀톤함수,

$$H = y - u^2 + \lambda u$$

는 u의 오목함수이고 u는 아무런 제약도 받지 않으므로, 1계조건

$$\frac{\partial H}{\partial u} = -2u + \lambda = 0$$

은 극대화의 필요조건이다. 또 H는 오목함수이기 때문에 충분조건도 된다. 이 1계조건으로부터 다음을 얻을 수 있다.

$$u(t) = \frac{\lambda}{2} \quad \text{및} \quad y' = \frac{\lambda}{2} \tag{20.8}$$

공상태변수 λ에 대한 운동방정식은 다음과 같다.

$$\lambda' = -\frac{\partial H}{\partial y} = -1 \tag{20.8'}$$

이 두 식은 이 문제에 대한 미분방정식체계를 구성한다.

우선 (20.8′)를 직접 적분함으로써 λ의 해를 구할 수 있다. 즉,

$$\lambda(t) = c_1 - t \qquad (c_1\text{은 임의의 상수})$$

또한 극대원리 (20.6)의 횡단조건에 의하여, $\lambda(1) = 0$ 이어야 한다. 이 마지막 식에서 $t = 1$로 놓으면, $c_1 = 1$이 되므로, 공상태변수의 최적경로는 다음과 같다:

$$\lambda^*(t) = 1 - t$$

이를 식 (20.8)에 대입하면 $y' = \frac{1}{2}(1 - t)$를 얻고, 이것을 적분하면 다음을 얻는다.

$$y(t) = \frac{1}{2}t - \frac{1}{4}t^2 + c_2 \qquad (c_2\text{는 임의의 상수})$$

임의의 상수 c_2는 초기조건 $y(0) = 5$를 이용함으로써 확정될 수 있다. 위의 방정식에서 $t = 0$으로 놓으면, $5 = y(0) = c_2$를 얻는다. 따라서 상태변수의 최적경로는

$$y^*(t) = \frac{1}{2}t - \frac{1}{4}t^2 + 5$$

가 되고, 이에 대응하는 제어변수의 최적경로는 다음과 같다.

$$u^*(t) = \frac{1}{2}(1 - t)$$

예 3 다음 극대화문제의 최적제어경로를 구하라.

$$\text{목적식} \quad \int_0^2 (2y - 3u)\, dt$$

$$\text{제약식} \quad y' = y + u$$

$$y(0) = 4 \qquad y(2) \text{ 무제약}$$

$$\text{및} \quad u(t) \in [0, 2]$$

이 문제에서는 제어변수의 영역이 폐집합 [0, 2]로 제한된다는 사실 때문에 경계해가 생길 가능성이 있다.

해밀톤함수는 다음과 같다.

$$H = 2y - 3u + \lambda(y + u) = (2 + \lambda)y + (\lambda - 3)u$$

이 함수는 u의 1차함수이다. 함수 H의 그래프를 u에 대하여 uH 공간에 그리면, 기울기가 $\partial H/\partial u = \lambda - 3$인 직선이 된다. [그림 20.2]에 예시된 것처럼, 이 직선의 기울기는 $\lambda > 3$ (직선 1)이면 양이지만, $\lambda < 3$ (직선 2)이면 음이 된다. 만약 λ가 3을 초과할 때에는 언제든지, H의 극대값은 제어영역의 위쪽의 경계에서 발생하고, 우리의 선택은 $u = 2$다. 반면에, λ가 3에 못 미치면, H를 극대화하기 위해서 우리는 $u = 0$을 선택해야 한다. 요컨대, $u^*(t)$는 다음과 같이 $\lambda(t)$에 따라 달라진다:

$$\lambda(t) \begin{Bmatrix} > \\ < \end{Bmatrix} 3 \text{ 이면,} \qquad u^*(t) = \begin{Bmatrix} 2 \\ 0 \end{Bmatrix} \tag{20.9}$$

따라서 $\lambda(t)$를 구하는 것이 매우 중요하다. 이를 위해, 우리는 공상태방정식

$$\lambda' = -\frac{\partial H}{\partial y} = -2 - \lambda \quad \text{즉} \quad \lambda' + \lambda = -2$$

그림 20.2

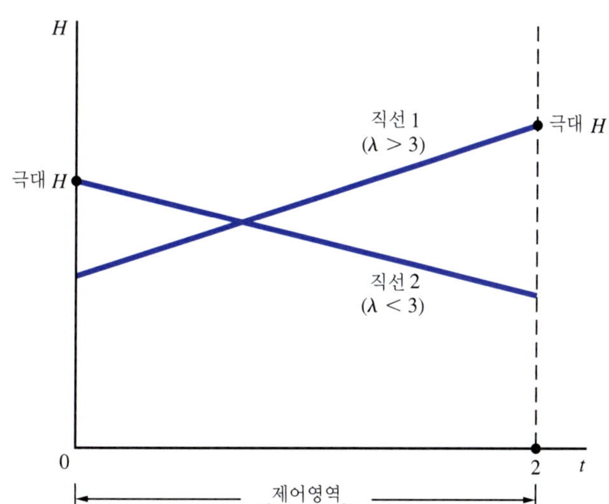

로부터 시작한다. 이 방정식의 일반해는 다음과 같다.

$$\lambda(t) = Ae^{-t} - 2 \qquad [(15.5)에\ 의해]$$

여기서 A는 임의의 상수이다. 횡단조건 $\lambda(T) = \lambda(2) = 0$을 이용하면, $A = 2e^2$을 얻을 수 있기 때문에 공상태변수 λ의 확정해는 다음과 같이 된다.

$$\lambda^*(t) = 2e^{2-t} - 2 \qquad \textbf{(20.10)}$$

이것은 t의 감소함수로서, 초기값 $\lambda^*(0) = 2e^2 - 2 = 12.788$로부터, 말기값 $\lambda^*(2) = 2e^2 - 2 = 0$까지 계속 감소한다. 이것은 λ^*가 어떤 임계시점 τ에서, $\lambda = 3$이 되는 점을 통과해야 된다는 것을 의미한다. 그 임계시점이란 최적의 u가 $u^* = 2$에서 $u^* = 0$으로 전환되어야 하는 시점이다.

이 임계시점 τ를 구하기 위하여, (20.10)에서 $\lambda^*(\tau) = 3$으로 놓으면 다음을 얻는다.

$$3 = \lambda^*(\tau) = 2e^{2-\tau} - 2 \quad 즉 \quad e^{2-\tau} = \frac{5}{2} = 2.5$$

양변에 자연로그를 취하면 다음을 얻는다.

$$\ln e^{2-\tau} = \ln 2.5 \quad 즉 \quad 2 - \tau = \ln 2.5$$

그리하여 그 임계시점은

$$\tau = 2 - \ln 2.5 = 1.084 \qquad (근사치)$$

가 되고, 최적제어 시간구간 [0, 2]는 두 위상으로 구성된다:

$$위상\ 1:\ t \in [0, \tau),\quad u^* = 2 \qquad 위상\ 2:\ t \in [\tau, 2],\quad u^* = 0$$

20.2 | 여러가지 말기조건

말기조건이 최적제어문제 (20.1)의 그것과 다를 때 극대원리는 어떻게 되겠는가? 최적제어문제 (20.1)의 말기조건은 수직의 말기직선이다. 즉 [그림 20.1]에 예시된 것처럼, 말기시점은 고정되어 있지만 말기상태에는 제약이 없다. 극대화문제에 대한 극대원리는 다음과 같은 조건을 요구한다:

(*i*) $H(t, y, u^*, \lambda) \geq H(t, y, u, \lambda)$ 모든 $t \in [0, T]$에 대하여

(*ii*) $y' = \dfrac{\partial H}{\partial \lambda}$

(*iii*) $\lambda' = -\dfrac{\partial H}{\partial y}$

(*iv*) $\lambda(T) = 0$

말기조건이 달라지면, 조건 (*i*), (*ii*) 및 (*iii*)은 그대로 이지만, 조건 (*iv*) (횡단조건)는 적절히 수정되어야 한다.

고정된 말기점

말기점이 고정되어, T 와 y_T 가 모두 주어진 값으로서 말기조건이 $y(T) = y_T$ 의 형태를 취하는 경우에는 그 말기조건 자체가 하나의 상수를 확정짓는 정보를 제공해주게 된다. 이 경우에는, 어떤 횡단조건도 필요치 않다.

수평말기직선

말기상태가 주어진 목표수준 y_T 에서 고정되어 있지만, 말기시점 T 에는 제약이 없는 경우를 생각해 보자. 이 경우 우리는 주어진 목표에 빠르게 또는 한가하게 도달할 수 있는 신축성을 가지게 된다. 그러면 우리는 [그림 20.3](a) 에 예시된 것과 같은, 수평말기직선을 가지게 되고, y 의 목표수준에 도달하는 말기시점을 T_1, T_2, T_3 등 가운데서 선택할 수 있다. 이 경우 횡단조건은 공상태변수에 대한 제약이 아니라 $t = T$ 에서의 해밀톤함수에 대한 제약이 된다:

$$[H]_{t=T} = 0 \tag{20.11}$$

절단된 수직말기직선

말기시점 T 가 고정되어 있고, 말기의 상태변수의 값에는 제약이 없지만 다만 $y_T \geq y_{min}$ (여기서

그림 20.3

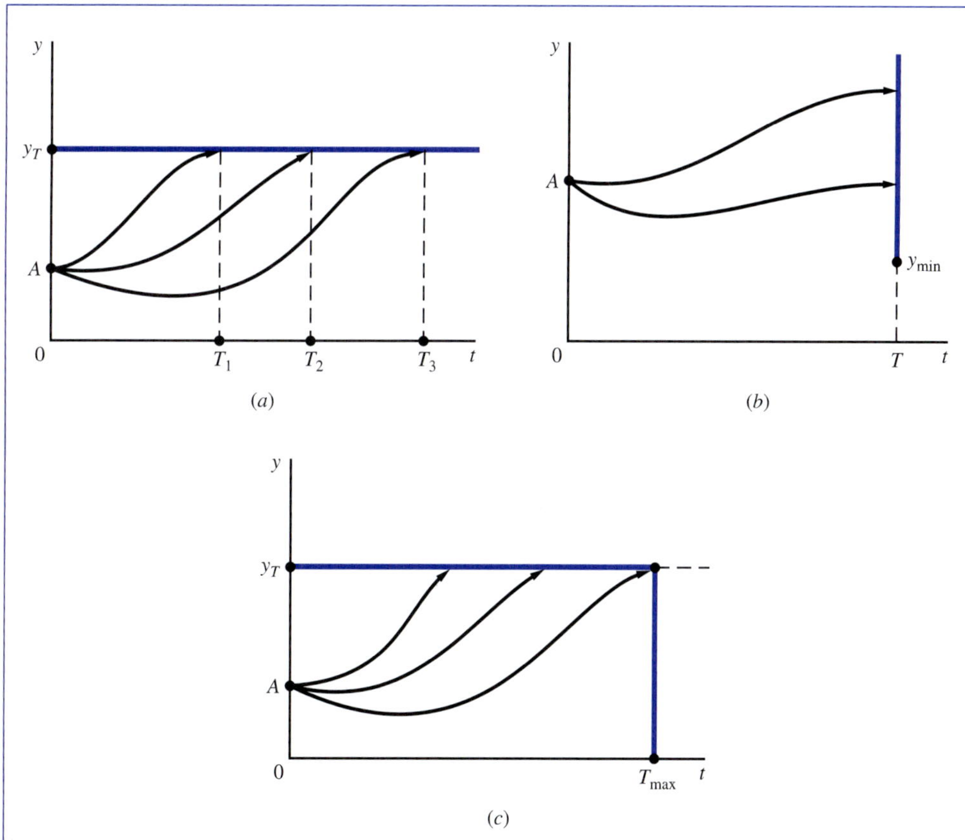

y_{min} 은 주어진 y 의 최소 허용수준을 나타낸다) 라는 조건을 충족해야 한다면, 우리는 [그림 20.3](b) 에서 예시된 것처럼, 절단된 수직말기직선에 직면하게 된다.

이 경우의 횡단조건은 쿤-터커 조건에서의 상보적 여분성조건과 비슷하게 나타낼 수 있다: 즉,

$$\lambda(T) \geq 0 \qquad y_T \geq y_{min} \qquad (y_T - y_{min})\,\lambda(T) = 0 \tag{20.12}$$

이런 종류의 문제를 푸는 실제적인 접근방법은 우선 횡단조건으로 $\lambda(T) = 0$ 을 시험하고, 그 결과 얻게되는 y_T^* 가 제약 $y_T^* \geq y_{min}$ 을 충족하는가를 검증하는 것이다. 만약 충족한다면, 그 문제는 풀린 것이 된다. 만약 그렇지 않다면, 이 문제를 y_{min} 을 말기의 상태변수값으로 하는 주어진 말기점 문제로 취급한다.

절단된 수평말기직선

말기상태가 y_T 에 고정되어 있고, 말기시점에는 제약이 없지만 $T \leq T_{max}$ (여기서 T_{max} 는 주어진 y_T 에 도달하는데 허용될 수 있는 가장 늦은 시점 즉, 시한을 나타낸다) 라는 조건의 제약을 받는다면, 우리는 [그림 20.3](c) 에 예시된 것처럼, 절단된 수평말기직선에 직면하게 된다. 횡단조건은 다음과 같이 된다.

$$[H]_{t=T_{max}} \geq 0 \qquad T \leq T_{max} \qquad (T - T_{max})[H]_{t=T_{max}} = 0 \tag{20.13}$$

이것도 다시 상보적 여분성조건과 비슷한 형태로 나타난다.

이런 종류의 문제를 푸는 실제적인 방법은 우선 $[H]_{t=T_{max}} = 0$ 를 시험해 보는 것이다. 그 결과 얻게 되는 해값이 $T^* \leq T_{max}$ 이면, 그 문제는 풀린 것이 된다. 만약 그렇지 않으면, 우리는 T_{max} 를 고정된 말기시점으로 본다. 이것과 주어진 y_T 의 값은 하나의 고정된 말기점을 정의한다. 즉 문제는 고정된 말기점 문제로 된다.

예 1

다음과 같은 극대화문제를 생각해보자.

목적식 $\int_0^1 (y - u^2)\,dt$

제약식 $y' = u$

및 $y(0) = 2 \qquad y(1) = a$

여기서 $y(1)$은 수치값이 아니라 파라미터로 지정되어 있지만, 말기점은 고정되어 있다고 보아야 한다.

해밀톤함수

$$H = y - u^2 + \lambda u$$

는 u에 관한 오목함수이고, 따라서 H를 극대화하기 위하여 $\partial H/\partial u = 0$ 으로 놓을 수 있다:

$$\frac{\partial H}{\partial u} = -2u + \lambda = 0$$

즉

$$u = \frac{\lambda}{2}$$

이다. 이것은 $u(t)$를 풀려면 우선 $\lambda(t)$를 풀어야 한다는 것을 나타낸다.

두 운동방정식은 다음과 같다.

$$y'(=u) = \frac{\lambda}{2}$$

$$\lambda'\left(= -\frac{\partial H}{\partial y}\right) = -1$$

이 마지막 식을 직접 적분하면

$$\lambda(t) = c_1 - t \qquad (c_1 \text{은 임의의 상수})$$

를 얻고, 이것은

$$y' = \frac{1}{2}c_1 - \frac{1}{2}t$$

를 의미한다. 다시 한번, 직접 적분하면 다음을 얻는다.

$$y(t) = \frac{c_1}{2}t - \frac{1}{4}t^2 + c_2 \qquad (c_2 \text{는 임의의 상수})$$

두 임의의 상수를 확정하기 위하여 초기조건 $y(0) = 2$와 말기조건 $y(1) = a$를 이용한다. 위의 방정식에 $t = 0$과 $t = 1$을 차례로 대입하면,

$$2 = y(0) = c_2 \qquad a = y(1) = \frac{c_1}{2} - \frac{1}{4} + c_2$$

를 얻는다. 즉, $c_2 = 2$이고 $c_1 = 2a - \frac{7}{2}$이다.

그러므로 이 문제의 최적경로들은 다음과 같다:

$$y^*(t) = (a - \frac{7}{4})t - \frac{1}{4}t^2 + 2$$
$$\lambda^*(t) = 2a - \frac{7}{2} - t$$
$$u^*(t) = a - \frac{7}{4} - \frac{1}{2}t$$

예 2

다음 극대화문제에서 y의 최적경로를 구하라.

목적식 $\int_0^T -(t^2 + u^2)\,dt$

제약식 $y' = u$

및 $y(0)4 \qquad y(T) = 5 \qquad T$ 무제약

이 문제는 수평말기직선의 경우를 예시한다. 여기서 말기상태값은 고정되어 있지만, y가 그 목표수준에 도달하는 시점에는 제약이 없다. 사실 T의 최적값을 풀어내는 것도 우리 과제 중 하나다.

해밀톤함수

$$H = -t^2 - u^2 + \lambda u$$

는 u에 관한 오목함수이므로, H를 극대화하는데 우리는 1계조건

$$\frac{\partial H}{\partial u} = -2u + \lambda = 0$$

즉

$$u = \frac{\lambda}{2} \tag{20.14}$$

를 이용할 수 있다. H가 오목함수이므로 2계조건을 확인할 필요는 없지만, 그것은 $\partial^2 H / \partial u^2 = -2 < 0$이 되어, H의 극대화의 충분조건이 충족됨을 쉽게 확인할 수 있다.

λ에 대한 운동방정식은

$$\lambda' = -\frac{\partial H}{\partial y} = 0$$

이다. 이것은 λ가 상수라는 것을 의미한다. 그러나 우리는 이 시점에서 그것의 정확한 값을 결정할 수는 없다.

이제 y에 대한 운동방정식을 보기로 하면, 이 식은

$$y' = u = \frac{\lambda}{2} \qquad \text{[(20.14)에 의해서]}$$

이고, 우리는 이것을 직접 적분함으로써 다음을 얻는다.

$$y(t) = \frac{\lambda}{2}t + c \tag{20.15}$$

초기조건에서 $y(0) = 4$ 이므로, $c = 4$ 가 된다. 또한 횡단조건 (20.11)은 다음과 같이 된다.

$$[H]_{t=T} = -T^2 - \frac{\lambda^2}{4} + \frac{\lambda^2}{2} = -T^2 - \frac{\lambda^2}{4} = 0 \qquad \text{[(20.14)에 의해서]}$$

이 방정식을 T에 대해서 풀고, 양의 제곱근을 취하면, 다음을 얻는다.

$$T = \frac{\lambda}{2} \tag{20.16}$$

λ가 상수이므로, T도 상수이다. 이제 그 정확한 값을 구해보자.

말기상태를 규정하는 $y(T) = 5$ 를 (20.15)에 대입하고, $c = 4$ 를 적용하면, 다음을 얻는다.

$$y(T) = \frac{\lambda}{2}T + 4 = 5$$

식 (20.16)에 의해서, 이 마지막 방정식은 $T^2 = 1$로 다시 쓸 수 있다. 따라서 제곱근을 취하면, 최적 도달시점은

$$T^* = 1 \qquad \text{(음의 근은 부적절하다)}$$

이 되는 것을 알 수 있다.

이로부터, 우리는 다음의 결과를 쉽게 추론할 수 있다:

$$\lambda^*(t) = 2T^* = 2 \qquad \text{[(20.16)에 의해]}$$
$$u^*(t) = \frac{\lambda}{2} = 1 \qquad \text{[(20.14)에 의해]}$$

$$y^*(t) = t + 4 \qquad [(20.15)에\ 의해]$$

이 최종결과가 보여주는 것은, 이 예의 최적 y경로는 주어진 초기점에서 수평의 말기직선으로 가는 직선이 된다는 것이다.

연습문제 20.2

다음 극대화문제들에서 제어변수, 상태변수 및 공상태변수의 최적경로를 구하라.

1. 목적식 $\int_0^1 (y - u^2)\,dt$
   제약식 $y' = u$
   및 $y(0) = 2 \qquad y(1)$ 무제약

2. 목적식 $\int_0^8 6y\,dt$
   제약식 $y' = y + u$
   $y(0) = 10 \qquad y(8)$ 무제약
   및 $u(t) \in [0, 2]$

3. 목적식 $\int_0^T -(au + bu^2)\,dt$
   제약식 $y' = y - u$
   및 $y(0) = y_0 \qquad y(t)$ 무제약

4. 목적식 $\int_0^T (yu - u^2 - y^2)\,dt$
   제약식 $y' = u$
   및 $y(0) = y_0 \qquad y(t)$ 무제약

5. 목적식 $\int_0^{20} -\frac{1}{2}u^2\,dt$
   제약식 $y' = u$
   및 $y(0) = 10 \qquad y(20) = 0$

6. 목적식 $\int_0^4 3y\,dt$
   제약식 $y' = y + u$
   $y(0) = 5 \qquad y(4) \geq 300$
   및 $0 \leq u(t) \leq 2$

7. 목적식 $\int_0^1 -u^2\,dt$
   제약식 $y' = y + u$
   및 $y(0) = 1 \qquad y(1) = 0$

8. 목적식 $\int_1^2 (y + ut - u^2)\,dt$
   제약식 $y' = u$
   및 $y(1) = 3 \qquad y(2) = 4$

9. 목적식 $\int_0^2 (2y - 3u - au^2)\,dt$
   제약식 $y' = u + y$
   및 $y(0) = 5 \qquad y(2)$ 무제약

20.3 | 자립형문제(Autonomous Problems)

일반적인 제어문제의 틀에서는 시간변수 t가 목적함수와 상태방정식에 적접 들어올 수 있다. 그 일반적인 형식은 다음과 같다.

$$\begin{aligned} &\text{목적식} \quad \int_0^T F(t, y, u)\, dt \\ &\text{제약식} \quad y' = f(t, y, u) \\ &\text{및} \qquad\quad \text{경계조건들} \end{aligned}$$

여기서 t가 명시적으로 F와 f에 들어온다는 것은 언제라는 날짜가 중요하다는 것을 의미한다. 즉, 작용 $u(t)$에 의해서 생성된 값은 그 작용의 수준뿐만 아니라 정확하게 언제 그 작용이 발생하는가에도 의존하는 것이다.

시간변수 t가 목적함수와 상태방정식에 직접 들어있지 않은 문제는 다음과 같이 나타낼 수 있다:

$$\begin{aligned} &\text{목적식} \quad \int_0^T F(y, u)\, dt \\ &\text{제약식} \quad y' = f(y, u) \\ &\text{및} \qquad\quad \text{경계조건들} \end{aligned}$$

이러한 문제를 **자립형문제** (autonomous problem) 라고 부른다. 이러한 문제에서는 해밀톤함수가

$$H = F(y, u) + \lambda f(y, u)$$

의 형태를 취하여 t를 직접 독립변수로 포함하지 않기 때문에, 운동방정식들의 해를 구하는 일이 비교적 쉽다. 더욱이 위상도를 이용한 분석이 가능하다.

목적함수가 다음과 같은 형태를 취하는 경우가 있다:

$$\int_0^T G(y, u)e^{-rt}\, dt$$

즉, 다른 모든 점에서는 자립형문제와 같지만, 시간 t가 오직 할인인자 e^{-rt}의 일부분으로 들어있는 경우다. 엄밀하게 말하면, 이 문제는 자립형문제가 아니다. 그러나 이 문제는 소위 **당시가치 해밀톤함수** (current-value Hamiltonian) 를 써서 자립형문제로 쉽게 변환시킬 수 있다. 당시가치 해밀톤함수는 다음과 같이 정의된다:

$$H_c \equiv He^{rt} = G(y, u) + \mu f(y, u) \qquad \textbf{(20.17)}$$

여기서

$$\mu \equiv \lambda e^{rt} \qquad \textbf{(20.18)}$$

는 **당시가치 라그랑지승수** (current-value Lagrange multiplier) 이다. 현재의 (할인되지 않은) 가치에 초점을 맞춤으로써, 우리는 원래의 해밀톤함수에서 t를 제거할 수 있다.

H 대신에 H_c 를 사용하려면, 우리는 극대원리를 다음과 같이 바꾸어야 한다:

$$\begin{aligned}
&(i)\ H_c(y, u^*, \mu) \geq H_c(y, u, \mu) && \text{모든 } t \in [0, T] \text{ 에 대하여} \\
&(ii)\ y' = \frac{\partial H_c}{\partial \mu} && \\
&(iii)\ \mu' = -\frac{\partial H_c}{\partial y} + r\mu && \\
&(iv)\ \mu(T) = 0 && \text{(수직말기직선 일 때)} \\
&\quad \text{또는 } [H_c]_{t=T} = 0 && \text{(수평말기직선 일 때)}
\end{aligned} \tag{20.19}$$

20.4 | 경제적 응용례

생애효용극대화

어떤 소비자가 효용함수 $U(C(t))$ 를 가진다고 가정하자. 단 $C(t)$ 는 시간 t 에서의 소비이다. 소비자의 효용함수는 오목함수이고, 다음의 성질을 가진다:

$$U' > 0 \qquad U'' < 0$$

그 소비자는 또한 초기의 자본저량 K_0 를 가지고 있고, 이 자본저량으로부터 도출되는 다음과 같은 소득흐름을 가진다:

$$Y = rK$$

여기서 r 은 시장이자율이다. 그 소비자는 이 소득을 C 를 구매하는데 사용한다. 게다가 소비 C 가 소득 Y 를 초과하면 자본저량은 그만큼 감소하고, 소비되지 않은 어떤 소득도 투자로서 자본저량에 추가된다. 즉, 다음관계가 성립한다:

$$K' \equiv I = Y - C = rK - C$$

소비자의 생애효용극대화문제는 다음과 같이 나타낼 수 있다.

$$\begin{aligned}
&\text{목적식} && \int_0^T U(C(t))e^{-\delta t}\,dt \\
&\text{제약식} && K' = rK(t) - C(t) \\
&\text{및} && K(0) = K_0 \qquad K(T) \geq 0
\end{aligned}$$

여기서 δ 는 그 소비자의 개인적 시간선호율이다 $(\delta \geq 0)$. 또 모든 t 에 대하여 $C(t) > 0$ 과 $K(t) > 0$ 인 것으로 가정한다.[수명 T 는 주어진 것으로 본다].

이 문제의 해밀톤함수는

$$H = U(C(t))e^{-\delta t} + \lambda(t)\,[rK(t) - C(t)]$$

이 된다. 여기서 C 는 제어변수이고, K 는 상태변수이다. $U(C)$ 가 오목함수이고, 제약식은 C 에 관해서 선형이므로, 해밀톤함수는 C 에 관해서 오목함수이다. 따라서 H 의 극대화는 간단히 $\partial H/\partial C = 0$ 으로 놓음으로써 달성될 수 있다. 그리하여 극대원리의 조건식들은 다음과 같다.

$$\frac{\partial H}{\partial C} = U'(C)e^{-\delta t} - \lambda = 0 \tag{20.20}$$

$$K' = rK(t) - C(t) \tag{20.20'}$$

$$\lambda' = -\frac{\partial H}{\partial K} = -r\lambda \tag{20.20''}$$

식 (20.20)은 그 소비자의 개인적 시간선호율로 할인된 한계효용이 추가자본 1단위의 현재잠재가격과 같아져야 한다는 것을 의미한다. 식 (20.20)을 t에 관해서 미분하면 다음을 얻는다.

$$U''(C)\,C'(t)\,e^{-\delta t} - \delta U'(C)\,e^{-\delta t} = \lambda' \tag{20.21}$$

식 (20.20)과 (20.20″)로부터 다음을 얻는다.

$$\lambda' = -r\lambda = -rU'(C)e^{-\delta t}$$

이것을 (20.21)에 대입하면,

$$U''(C)C'(t)e^{-\delta t} - \delta U'(C)e^{-\delta t} = -rU'(C)\,e^{-\delta t}$$

을 얻거나, 또는 공통인자 $e^{-\delta t}$로 약분하고 다시 조정하면

$$\frac{-U''(C)}{U'(C)}C'(t) = r - \delta$$

를 얻는다. $U'>0$이고 $U''>0$이므로, 도함수 $C'(t)$의 부호는 $(r-\delta)$와 같아져야 한다. 그러므로 $r>\delta$이면 최적소비는 시간이 지남에 따라 증가하고, $r<\delta$이면 최적소비는 시간에 따라 감소할 것이다.

식 (20.20″)을 직접 풀면, 다음을 얻는다.

$$\lambda(t) = \lambda_0 e^{-rt}$$

여기서 $\lambda_0>0$은 적분상수이다. 이것을 (20.20)과 결합하면, 다음을 얻는다.

$$U'(C(t)) = \lambda e^{\delta t} = \lambda_0 e^{(\delta - r)t}$$

이 식은 $r>\delta$이면 소비의 한계효용은 시간이 지남에 따라 최적으로 감소하지만, $r<\delta$이면 시간에 따라 증가한다는 것을 보여준다.

말기조건 $K(T) \geq 0$은 현재의 문제가 절단된 수직말기직선의 경우임을 확인해 주기 때문에, 적정한 횡단조건은 (20.12)에 의해서 다음과 같이 된다.

$$\lambda(T) \geq 0 \quad K(T) \geq 0 \quad K(T)\lambda(T) = 0$$

여기서 해답의 열쇠가 되는 조건은 상보적 여분성조건이다. 이 조건은 자본저량 K가 말기시점에 소진되거나 아니면 자본의 잠재가격 λ가 말기시점에 0으로 되어야 한다는 것을 의미한다. 가정에 의해 $U'(C)>0$이므로, 한계효용은 0이 될 수 없다. 그러므로 자본의 한계가치는 0이 될 수 없다. 이것은 말기시점 T가 되면 자본저량이 소진되어야 한다는 것이 이 모형의 최적의 뜻임을 의미한다.

재생불능자원

어떤 재생불능자원의 저량이 $s(t)$라고 하고, $q(t)$는 t에서의 채굴률이라고 하자. 즉,

$$s' = -q$$

라고 하자. 이 채굴된 자원은 다음과 같이 최종소비재 c를 생산하는데 쓰인다:

$$c = c(q) \quad 단 \quad c' > 0, \;\; c'' < 0 \tag{20.22}$$

이 소비재는 어떤 대표적 소비자의 효용함수에 포함되어 있는 오직 하나의 독립변수이고, 그 효용함수는 다음과 같은 성질을 가진다:

$$U = U(c) \quad 단 \quad U' > 0, \;\; U'' < 0 \tag{20.22$'$}$$

그 소비자는 주어진 기간 $[0, T]$동안 그의 효용함수를 극대화하기를 원한다. c는 q의 함수이므로, 채굴률 q는 제어변수 역할을 하게 될 것이다. 문제를 간단히 하기 위하여, 시간의 경과에 따른 할인문제는 무시한다. 그러면 우리의 동태적 최적화문제는 상태변수 $s(t)$에 대한 비음제약과 재생불능자원의 저량제약 하에서 효용함수를 극대화하는 최적채굴률 q를 선택하는 문제로 된다. 즉 문제는 다음과 같이 설정된다:

$$\begin{aligned} &목적식 && \int_0^T U(c(q))\,dt \\ &제약식 && s' = -q \\ &및 && s(0) = s_0 \qquad s(T) \geq 0 \end{aligned} \tag{20.23}$$

단 s_0와 T는 주어진 값이다.

이 문제에 대한 해밀톤함수는

$$H = U(c(q)) - \lambda q$$

가 된다. 함수 U와 함수 c의 설정된 성질에 의해서 H는 q의 오목함수이다. 그러므로 우리는 $\partial H/\partial q = 0$으로 놓음으로써 H를 극대화할 수 있다. 즉

$$\frac{\partial H}{\partial q} = U'(c(q))c'(q) - \lambda = 0 \tag{20.24}$$

H의 오목성이 (20.24)가 H를 극대화한다는 것을 보증해 주는 것은 분명하지만, 우리는 $\partial^2 H/\partial q^2$가 음이라는 2계조건을 쉽게 점검할 수 있다.

극대원리는

$$\lambda' = -\frac{\partial H}{\partial s} = 0$$

을 규정하고, 이것은

$$\lambda(t) = c_0 \qquad [c_0 는 적분상수] \tag{20.25}$$

임을 의미한다.

적분상수 c_0를 결정하기 위하여 횡단조건을 검토하자. 이 모형은 $s(T) \ge 0$을 요구하기 때문에, 그것은 절단된 수직말기직선을 가지고, 따라서 (20.12)를 적용한다:

$$\lambda(T) \ge 0 \qquad s(T) \ge 0 \qquad s(T)\lambda(T) = 0$$

실제의 적용에서는 첫 단계로 $\lambda(T) = 0$을 시도해서 q에 대해 풀고, 그 해가 타당한지를 본다. $\lambda(t)$는 상수이므로, $\lambda(T) = 0$을 시도한다는 것은 모든 t에 대해서 $\lambda(t) = 0$을 의미하고, 식 (20.24)에서

$$U'(c)c'(q) = 0$$

이어야 한다†. 그러나 이것은 불가능하다. 왜냐하면 우리의 모형설정에서 $U'(c) > 0$, $c'(q) > 0$로 가정되어 있기 때문이다. 시험적 해 $\lambda(T) = 0$가 타당하지 않기 때문에, 우리는 이제 그 대신 $\lambda(T) > 0$을 취한다. 그러나 이 경우에도, 식 (20.25)에 의해 λ는 여전히 상수이다. 그러므로 식 (20.24)에 의해서 q는 상수해를 가진다. 즉,

$$q^*(t) = q^*$$

q가 상수이면, 운동방정식

$$s' = -q$$

는 쉽게 적분될 수 있고, 그 결과는 다음과 같다.

$$s(t) = -qt + c_1 \qquad [c_1 \text{은 적분상수}]$$

초기조건 $s(0) = s_0$ 를 이용하면, 적분상수 c_1은

$$c_1 = s_0$$

가 되고, 상태변수 s의 최적경로는

$$s(t) = s_0 - q^*t \tag{20.26}$$

가 된다.

q의 값인 상수 q^*는 아직 정해지지 않았다. 이제 $\lambda(T) > 0$이므로, 횡단조건에 의하면 $s(T) = 0$이다. 식 (20.26)에 $t = T$를 대입하면,

$$s_0 - q_2^*T = 0$$

이 되어야 한다. 따라서 상수인 최적채굴률 q^*는

$$q^* = \frac{s_0}{T}$$

로 된다. 이제 식 (20.25)의 c_0 즉, 상수인 공상태변수의 최적값 λ는 q^*를 식 (20.24)에 대입하여 구할 수 있다.

† 역주: 이하의 설명은 원서의 잘못을 바로잡기 위하여 원서를 대폭 수정하였다.

연습문제 20.4

1. 다음 극대화문제를 풀어라.

목적식	$\int_0^T (K - \alpha K^2 - I^2)dt$	$(\alpha > 0)$
제약식	$K' = I - \delta K$	$(\delta > 0)$
및	$K(0) = K_0$	$K(T)$ 무제약

2. 다음의 재생불능자원문제에서 최적 채굴경로를 구하라.

목적식	$\int_0^T \ln(q)e^{-\delta t}dt$	
제약식	$s' = -q$	
및	$s(0) = s_o$	$s(t) \geq 0$

20.5 | 무한시지평

이 절에서는 무한계획기간에 걸친 동태적 최적화문제를 소개한다. 무한시지평모형은 앞에서 설명한 것들과는 다르게 횡단조건과 최적시간경로에 관하여 복잡한 문제를 발생시키는 경향이 있다. 여기서 이 문제들을 본격적으로 다루기보다는, **신고전파 최적성장모형**(neoclassical optimal growth model)을 사용하여 그 방법론을 예시하기로 한다.

신고전파 최적성장모형

표준적인 신고전파 생산함수는 산출 Y를 두 생산요소, 즉 노동 L과 자본 K의 함수로 표시한다. 그 일반적 형태는 다음과 같다.

$$Y = Y(K, L)$$

여기서 $Y(K,L)$은 선형동차함수이고, 다음과 같은 성질들을 가진다:

$$Y_L > 0 \qquad Y_K > 0 \qquad Y_{LL} < 0 \qquad Y_{KK} < 0$$

이 생산함수를 1인당 기준으로 다시 쓰면, 다음과 같이 된다.

$$y = \phi(k) \qquad \text{그리고} \qquad \phi'(k) > 0 \qquad \text{및} \qquad \phi''(k) < 0$$

단 $y = Y/L$, $k = K/L$ 이다. 총산출 Y는 소비 C 또는 총투자 I에 할당된다. δ를 자본저량 K의 감가상각률이라고 하면, 순투자 즉 "자본저량의 변화"는 다음과 같이 쓸 수 있다:

$$K' = I - \delta K = Y - C - \delta K$$

1인당 소비를 $c \equiv C/L$로 나타내면, 다음과 같은 식을 얻는다:

$$\frac{1}{L}K' = y - c - \delta k \qquad \textbf{(20.27)}$$

식 (20.27)의 우변은 1인당 기준이지만, 좌변은 그렇지 않다. 이것을 1인당 기준으로 통일시키기 위하여, 다음을 주목한다:

$$K' = \frac{dK}{dt} = \frac{d}{dt}(kL) = k\frac{dL}{dt} + L\frac{dk}{dt} \tag{20.28}$$

만약 인구증가율† 이

$$\frac{dL/dt}{L} = n \quad \text{즉} \quad \frac{dL}{dt} = nL$$

이면, (20.28)은

$$K' = knL + Lk' \quad \text{즉} \quad \frac{1}{L}K' = kn + k'$$

이 된다. 이것을 (20.27)에 대입하면, 후자의 식은 다음과 같이 전적으로 1인당 변수들로 표시되는 방정식으로 변환된다:

$$k' = y - c - (n+\delta)k = \phi(k) - c - (n+\delta)k \tag{20.27$'$}$$

$U(c)$를 (1인당 기준으로 표시된) 사회후생함수라고 하자. 그리고

$$U'(c) > 0 \quad \text{및} \quad U''(c) < 0$$

라고 가정하자. 그리고 경계해의 가능성을 제거하기 위하여 다음을 가정한다:

$$c \to 0 \text{ 에 따라} \quad U'(c) \to \infty$$

및

$$c \to \infty \text{ 에 따라} \quad U'(c) \to 0$$

만약 ρ가 사회적 할인율을 나타내고, 초기 인구 L_0를 1로 정규화 하면, 목적함수는 다음과 같이 나타낼 수 있다.

$$\begin{aligned} V &= \int_0^\infty U(c)e^{-\rho t}L_0 e^{nt}\,dt = \int_0^\infty U(c)e^{-(\rho-n)t}\,dt \\ &= \int_0^\infty U(c)e^{-rt}\,dt \qquad \text{단 } r = \rho - n \end{aligned}$$

우리의 이 신고전파 최적성장모형에서는, 효용은 지속적으로 n의 성장률로 증가하는 인구에 의해서 가중된다. 그러나 $r = \rho - n > 0$이라 놓으면, 이 모형은 양의 할인율 r만 있고 인구가중치가 없는 모형과 수학적으로 전혀 다르지 않다.

이제 최적성장모형은 다음과 같이 된다.

† 이 모형에서 우리는 노동력과 인구를 같은 것으로 가정한다.

$$
\begin{aligned}
&\text{목적식} && \int_0^\infty U(c)e^{-rt}\,dt \\
&\text{제약식} && k' = \phi(k) - c - (n+\delta)k \\
&\text{및} && k(0) = k_0 \\
& && 0 \le c(t) \le \phi(k)
\end{aligned}
\tag{20.29}
$$

여기서 k는 상태변수이고 c는 제어변수이다.

이 문제의 해밀톤함수는 다음과 같다.

$$H = U(c)e^{-rt} + \lambda[\phi(k) - c - (n+\delta)k]$$

H는 c에 관한 오목함수이므로, H의 극대값은 제어영역 $[0 < c < f(k)]$의 내부해에 해당하고, 따라서

$$
\begin{aligned}
&\frac{\partial H}{\partial c} = U'(c)e^{-rt} - \lambda = 0 \\
\text{즉}\quad & U'(c) = \lambda e^{rt}
\end{aligned}
\tag{20.30}
$$

으로부터 H의 극대값을 구할 수 있다. 식 (20.30)의 경제적 의미는 최적경로를 따라 1인당소비의 한계효용이 e^{rt}로 가중된 자본의 잠재가격 (λ)과 같아져야 한다는 것이다. 2계조건을 검토해보면 다음을 얻는다.

$$\frac{\partial^2 H}{\partial c^2} = U''(c)e^{-rt} < 0$$

그러므로 해밀톤함수는 극대화된다.

극대원리로부터 우리는 다음의 두 운동방정식을 얻는다.

$$
\begin{aligned}
& k' = \frac{\partial H}{\partial \lambda} = \phi(k) - c - (n+\delta)k \\
\text{및}\quad & \lambda' = -\frac{\partial H}{\partial k} = -\lambda[\phi'(k) - (n+\delta)]
\end{aligned}
$$

이 두 운동방정식은 $U'(c) = \lambda e^{rt}$와 함께 원칙적으로 c, k, λ에 대한 해를 규정해야 한다. 그러나 이 정도 수준의 일반적인 분석에서는, 우리는 이모형의 정성적 분석을 설명하는 것 이상으로는 아무 것도 할 수 없다. 더 이상의 어떤 분석을 시도하려면, 효용함수와 생산함수가 모두 구체적 형태로 주어져야 할 것이다.

당시가치 해밀톤함수

앞의 모형은 자립형문제의 한 예이기 때문에 (t는 효용함수 또는 상태방정식에서 별도의 독립변수가 아니며, 다만 할인인자에만 나타난다), 우리는 다음과 같이 쓸 수 있는 당시가치 해밀톤함수를 이용할 수 있다:

$$H_c = He^{rt} = U(c) + \mu[\phi(k) - c - (n+\delta)k] \qquad [(20.17)\ \text{참조}]$$

단 $\mu = \lambda e^{rt}$이다.

극대원리는 다음 조건들을 요구한다:

$$\frac{\partial H_c}{\partial c} = U'(c) - \mu = 0 \quad \text{또는} \quad \mu = U'(c) \qquad \textbf{(20.31)}$$

$$k' = \frac{\partial H_c}{\partial \mu} = \phi(k) - c - (n+\delta)k \qquad \textbf{(20.31')}$$

$$\begin{aligned}\mu' &= -\frac{\partial H_c}{\partial k} + r\mu = -\mu[\phi'(k) - (n+\delta)] + r\mu \\ &= -\mu[\phi'(k) - (n+\delta+r)]\end{aligned} \qquad \textbf{(20.31'')}$$

식 (20.31′)과 (20.31″)은 자립형 미분방정식체계를 구성한다. 이것은 위상도에 의한 정성적 분석을 가능하게 해준다.

위상도 작성

미분방정식 (20.31′)과 (20.31″)의 변수들은 k 와 μ 이다. 식 (20.31)은 c 그 자체가 아니라, c 의 함수, 즉 $U'(c)$ 를 포함하기 때문에, 위상도를 작성하는데는 $k\mu$ 공간이 아니라, kc 공간에서 작성하는 것이 더 간단할 것이다. 이를 위하여 μ 를 소거해 보도록 하자. 식 (20.31)에 의하면 $\mu = U'(c)$ 이므로, 이를 t 에 관해서 미분하면 다음을 얻는다.

$$\mu' = U''(c)c'$$

μ 와 μ' 에 대한 이 식을 (20.31″)에 대입하면, 다음을 얻는다.

$$c' = -\frac{U'(c)}{U''(c)}[\phi'(k) - (n+\delta+r)]$$

이것은 c 에 관한 미분방정식이다. 이제 우리는 다음과 같은 자립형 미분방정식체계를 갖게 되었다.

$$k' = \phi(k) - c - (n+\delta)k \qquad \textbf{(20.31')}$$

및

$$c' = -\frac{U'(c)}{U''(c)}[\phi'(k) - (n+\delta+r)] \qquad \textbf{(20.32)}$$

위상도를 kc 공간에 그리기 위하여, 우선 우리는 다음과 같이 정의되는 $k' = 0$ 곡선과 $c' = 0$ 곡선을 그린다:

$$c = \phi(k) - (n+\delta)k \qquad (k' = 0) \qquad \textbf{(20.33)}$$

및

$$\phi'(k) = n + \delta + r \qquad (c' = 0) \qquad \textbf{(20.34)}$$

이 두 곡선은 [그림 20.4]에 예시되어 있다. $k' = 0$ 곡선에 대한 방정식 (20.33)은, 솔로우 성장모형의 기본방정식, (15.30)과 같은 구조를 가진다. 따라서 $k' = 0$ 곡선은 [그림 15.5](b)의 그것과 대체적으로 같은 모양이 된다. 반면에 $c' = 0$ 곡선은 수직선으로 그려지는데, 왜냐하면 주어진 모형설정 $\phi'(k) > 0$ 과 $\phi''(k) < 0$ 의 조건 아래에서는, $\phi(k)$ 가 우상향 오목곡선과 관련되고, 또 이 곡선위의 각 점에서의 기울기가 다르기 때문에, 오직 하나의 k 값만이 (20.34)를 충족할 수 있기 때문이다. 이 두 곡선의 교차점 E 에서 k 와 c 의 시간적 균형값들이 결정된다. 왜냐하면 점 E 에서는 k 와 c 의

그림 20.4

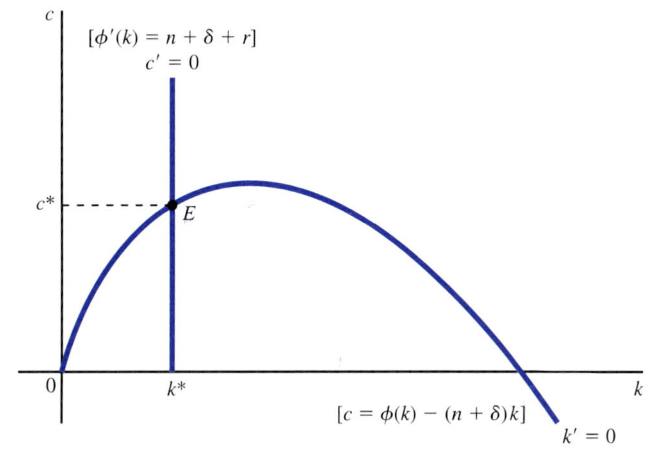

값 가운데 어느 것도 시간에 걸쳐 변화하지 않고, **균제상태** (steady state) 로 귀착되기 때문이다. 우리는 이 값들이 시간적 의미의 균형값들이므로 $\bar{k}$ 와 $\bar{c}$ 로 표기할 수 있겠지만, 이들은 또한 최적성장의 균형값들을 나타내기 때문에 그 대신에 k^* 와 c^* 로 표기할 것이다.

위상도 분석

[그림 20.4]의 교차점 E 는 유일한 균제상태다. 그러나 만약 우리가 처음에 E 가 아닌 다른 어떤 점에 있다면 어떻게 될까? 1계미분방정식체계 (20.31′)과 (20.32)로 되돌아가보면, 우리는 다음을 추론할 수 있다:

$$\frac{\partial k'}{\partial c} = -1 < 0 \qquad \text{및} \qquad \frac{\partial c'}{\partial k} = -\frac{U'(c)}{U''(c)}\phi''(k) < 0$$

$\partial k'/\partial c < 0$ 이므로, 곡선 $k' = 0$ 의 아래에 있는 모든 점들에서는 $k' > 0$ 이 되고, 이 곡선의 위에 있는 모든 점들에서는 $k' < 0$ 이 된다. 마찬가지로, $\partial c'/\partial k < 0$ 이므로, 직선 $c' = 0$ 의 왼쪽에 있는 모든 점들에서는 $c' > 0$ 이 되고, 이 직선의 오른쪽에 있는 모든 점들에서는 $c' < 0$ 이 된다. 따라서 곡선 $k' = 0$ 과 직선 $c' = 0$ 은 위상공간을 네 개의 구역으로 나누고, 각 구역은 그 자체의 서로 다른 한 쌍의 c' 와 k' 의 부호를 가진다. 이 부호쌍들은 [그림 20.5]에서 각 구역의 직각을 이루는 방향화살표들에 반영되어 있다.

각 구역에서의 방향화살표들을 따라 흐르는 유선들은 점 E 의 균제상태가 안장점이라는 것을 말해준다. 만약 초기점이 안장점의 두 안정지류 가운데 어느 하나에 위치한다면, 이 체계의 역학은 우리를 점 E 로 향하게 할 것이다. 그러나 안정지류 위에 위치하지 않는 어떠한 초기점도 점 E 주위로 다가오다가 그것에 도달하지 못하고 조만간 그로부터 멀어지거나, 또는 점 E 로부터 지속적으로 멀어져가게 될 것이다. 이 후자의 유선들을 따라가면, 결국 ($t \to \infty$ 에 따라) 우리는 $k = 0$ (자본의 고갈) 또는 $c = 0$ (소비의 고갈) 이라는 사태로 떨어지게 된다.— 이 두 사태 모두 경제적으로 받아들일 수 없는 사태이다. 따라서 오직 가능한 대안은, 우리를 균제상태 E 로 인도하는 안정

그림 20.5

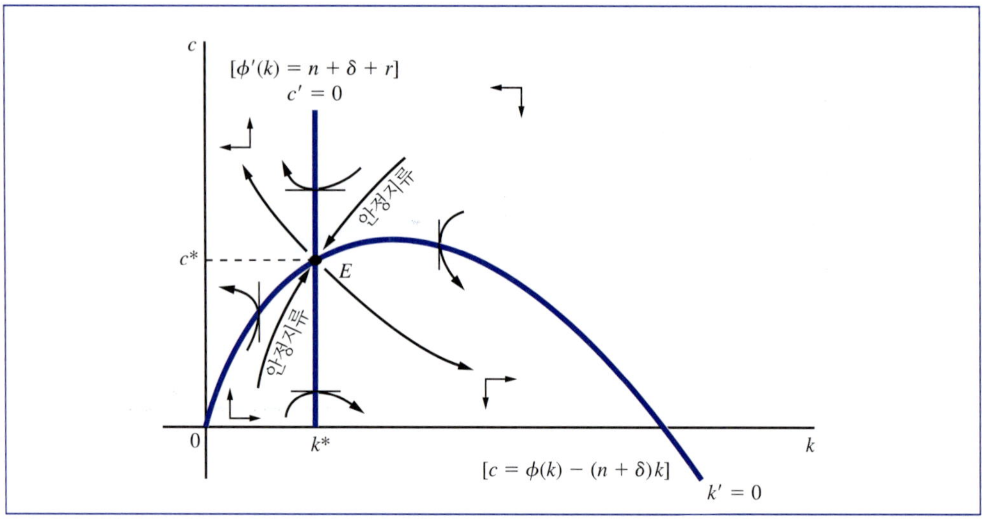

지류 위에 우리의 경제를 위치시킬 수 있도록 (k, c)의 쌍을 선택하는 것이다. 말하자면 그 안정지류는 오즈의 마법사에 나오는 "노랑벽돌길"인 셈이다.† 우리는 횡단조건을 명시적으로 논의하지 않았지만, 만약 그것을 논의했더라면, 그것은 우리를 균제상태 E로 인도했을 것이다. 그 곳에서의 1인당 소비는 일정수준으로 영속될 수 있다.

20.6 | 동태분석의 한계점

이 책의 제 2 부에서 설명한 정태분석은, 모형에서 어떤 조건들이 주어져 있을 때 균형은 어디에 위치하겠는가의 문제만을 다루었다. 즉, 주된 문제는, **일단 도달되면**, 변수의 어떤 값들이 계속해서 그 상태에 머물러 있으려는 성질을 갖겠는가 하는 것이다. 그러나 그러한 균형수준에의 **도달가능성**은 문제 삼지 않고 당연히 도달가능한 것으로 받아들였다. 다음으로 제 3 부에서 비교정태분석의 영역으로 넘어갔을 때, 핵심적인 문제는 다음과 같이 더 흥미로운 문제로 옮겨갔다. 즉, 파라미터에 어떤 변화가 발생한다면 이에 대응하여 균형의 위치는 어디로 이동하겠는가 하는 것이었다. 그러나 여기서도 도달가능성의 문제는 무시하였다. 제 5 부에서 동태분석에 이르렀을 때에야 비로소 도달가능성의 문제를 정면으로 다루게 되었던 것이다. 여기서 우리는 구체적으로 다음과 같은 질문을 던진다. 즉, 초기에 우리가 균형으로부터 벗어나 있다면 — 가령, 최근 어떤 파라미터의 값이 변화하여 균형상태를 교란시켰기 때문에 — 그 모형에 존재하는 여러 힘들은 과연 우리를 새로운 균형의 위치로 향해 움직이게 할 것인가 하는 것이다. 나아가서 이러한 동태분석을 통하여 우리는, 균형으로 다가가는(다가갈 경우) 과정에서 변수가 지나는 경로의 특징(한 방향으로 지속적인 움직임을 하는가, 그렇지 않으면 파동 또는 진동을 하는가)까지 파악할 수 있다. 따라서 동태분석의 중요성은 자명하다 할 것이다.

† 역주: 여기서 "노랑벽돌길(yellow brick road)"이란 오즈의 마법사(The Wizard of Oz)에 나오는 것으로, Dorothy와 그의 친구들이 그들을 도와줄 마법사를 찾기 위해 따라갔던 희망의 길이다.

그러나, 동태분석에 관한 논의를 마무리함에 있어서, 우리는 그 분석의 한계점들도 정확히 알고 있어야 한다. 그 중 하나는, 분석을 쉽게 해 주기 위해서, 동태모형을 흔히 선형방정식체계로 설정한다는 것이다. 이렇게 함으로써 단순성은 얻을 수 있지만, 선형성의 가정은 많은 경우 현실성의 희생을 수반한다. 제 17.6 절의 상한가격모형에서 보았듯이, 선형모형에서 나오는 시간경로가 비선형모형의 그것에 항상 가까이 가는 것이 아니기 때문에, 선형동태모형의 결과를 해석하고 적용하는 데에는 주의가 따라야 한다. 그렇지만, 이 점과 관련하여, 정성적-그래프 접근방법은 매우 귀중한 도움을 줄 수 있다. 상당히 일반적인 조건하에서 분석을 복잡하게 만들지 않으면서도 비선형성을 모형에 도입할 수 있기 때문이다.

동태경제모형에서 흔히 발견할 수 있는 또 다른 결점은, 미분 또는 차분방정식에서 계수들을 상수로 취급하는 것이다. 계수들의 주된 역할은 모형의 파라미터들의 값을 규정해 주는 것이기 때문에, 계수들의 고정성 - 역시 모형을 수학적으로 다루기 쉽도록 해주기 위한 가정 - 은 기본적으로 우리가 다루고 있는 문제의 경제적 환경을 "동결"시키는 작용을 한다. 바꾸어 말하자면, 그것은 어떠한 외생적 요인도 침범할 수 없는 일종의 경제적 진공상태에서 그 모형의 내생적 조정과정을 연구하는 것과 같다. 물론, 어떤 경우에서는, 많은 경제적 파라미터들이 오랜 기간에 걸쳐 비교적 일정하게 머물러 있는 경향이 있기 때문에, 이러한 문제가 그렇게 심각하지 않을 수도 있다. 그리고, 어떤 다른 경우에서는, 비교동태분석을 통해서, 파라미터들의 값이 변할 때 어떤 변수의 시간경로가 어떤 영향을 받는가를 알아볼 수도 있는 것이다. 그렇지만, 멀리 미래까지 걸쳐 있는 시간경로를 해석할 때, 만일 상수계수와 같은 단순화 가정하에서 모형을 분석했다면, 시간경로 중 멀리 떨어져 있는 부분의 타당성에 관한 설명에서는 항상 과신하지 않도록 주의해야 한다.

물론 여기에서처럼 동태적 분석의 한계를 지적하는 것은 결코 그 분석의 가치를 깎아 내리고자 하는 것이 아니다. 지금까지 이 책에서 제시했던 모든 종류의 분석에는 나름대로 한계가 있음을 그 때마다 각각 지적하였다는 것을 여러분은 기억할 것이다. 그러므로 옳게 해석하고 적절하게 적용하는 한, 동태분석은 — 다른 모든 종류의 분석처럼 — 경제적 현상을 연구하는 데 있어 중요한 역할을 할 수 있는 것이다. 특히 동태분석의 기법은 최적화문제의 연구를 이 장의 동태적 최적화 문제의 영역까지 확장시키는 것을 가능하게 해주었고, 동태적 최적화에서 우리가 찾는 해는 하나의 정태적 최적상태가 아니라 하나의 전체 최적시간경로다.

Chapter 20 요약

❖ 최적제어이론 ❖

1. 동태적 최적화문제의 고전적 접근방법은 **변분법** (calculus of variations) 이라고 부른다. 그러나 이 방법론의 최근 전개과정 중에서, **최적제어이론** (optimal control theory) 으로 알려진 더 강력한 접근방법이 변분법을 대부분 대신하게 되었다.
2. 동태적 최적화문제에서 우리는 계획기간 전체동안 취해야 할 최상의 행동방식을 찾으려고 시도하게 된다.
3. 최적제어문제에는 세 개의 변수가 있다. 즉 시간변수 t, 상태변수 y, 및 제어변수 u 이다. 해밀톤함수를 통하여 공상태변수 λ 가 도입된다. 이 해밀톤함수는 다음과 같이 정의된다:

$$H(t, y, u, \lambda) \equiv F(t, y, u) + \lambda(t)\ f(t, y, u)$$

4. 극대원리는 최적제어문제를 풀기 위한 주된 분석도구이다. 이렇게 이름이 붙여진 이유는 그 원리가 우리에게 **모든 시점에서** 해밀톤함수 H 를 극대화하도록 u 를 선택하라고 요구하기 때문이다.
5. 극대원리는 또한 **공상태변수 λ 에 대한 운동방정식**뿐만 아니라 **상태변수 y 에 대한 운동방정식**을 통하여, y 와 λ 가 시간이 지남에 따라 어떻게 변화해야 하는가를 규정한다.
6. 극대원리는 또한 초기조건, 말기조건, 횡단조건 등이 주어졌을때, 각 변수의 확정적 최적시간경로를 구할 수 있게 해준다.
7. 시간변수 t 가 목적함수와 상태방정식에 직접 들어있지 않은 문제를 **자립형문제** (autonomous problem) 라고 부른다. 이 경우에는 운동방정식들의 해를 구하는 일이 비교적 쉽고, 더욱이 위상도를 이용한 분석이 가능하다.
8. 다른 모든 점에서는 자립형문제와 같지만, 시간 t 가 오직 할인인자 e^{-rt} 의 일부분으로 들어있는 경우에는, 소위 **당시가치 해밀톤함수** (current-value Hamiltonian) 를 써서 자립형문제로 쉽게 변환시킬 수 있다.

Appendix A The Greek Alphabet

Α	α	alpha
Β	β	beta
Γ	γ	gamma
Δ	δ	delta
Ε	ε	epsilon
Ζ	ζ	zeta
Η	η	eta
Θ	θ	theta
Ι	ι	iota
Κ	κ	kappa
Λ	λ	lambda
Μ	μ	mu
Ν	ν	nu
Ξ	ξ	xi
Ο	o	omicron
Π	π	pi
Ρ	ρ	rho
Σ	σ	sigma
Τ	τ	tau
ϒ	υ	upsilon
Φ	ϕ (or φ)	phi
Χ	χ	chi
Ψ	ψ	psi
Ω	ω	omega

Appendix B Mathematical Symbols

1. **Sets**

$a \in S$	a is an element of (belongs to) set S
$b \notin S$	b is not an element of set S
$S \subset T$	set S is a subset of (is contained in) set T
$T \supset S$	set T includes set S
$A \cup B$	the union of set A and set B
$A \cap B$	the intersection of set A and set B
$\tilde{S}$	the complement of set S
$\{ \}$ or $\varnothing$	the null set (empty set)
$\{a, b, c\}$	the set with elements a, b, and c
$\{x \mid x \text{ has property } P\}$	the set of all objects with property P
$\min\{a, b, c\}$	the smallest element of the specified set
R	the set of all real numbers
R^2	the two-dimensional real space
R^n	the n-dimensional real space
(x, y)	ordered pair
(x, y, z)	ordered triple
(a, b)	open interval from a to b
$[a, b]$	closed interval from a to b

2. **Matrices and Determinants**

A' or A^T	the transpose of matrix A
A^{-1}	the inverse of matrix A
$\lvert A \rvert$	the determinant of matrix A
$\lvert J \rvert$	Jacobian determinant
$\lvert H \rvert$	Hessian determinant
$\lvert \overline{H} \rvert$	bordered Hessian determinant
$r(A)$	the rank of matrix A
$\text{tr}A$	the trace of A

0	null matrix (zero matrix)
$u \cdot v$	the inner product (dot product) of vectors u and v
$u'v$	the scalar product of two vectors

3. **Calculus**

Given $y = f(x)$, a function of a single variable x:

$\lim_{x\to\infty} f(x)$	the limit of $f(x)$ as x approaches infinity
dy	the first differential of y
d^2y	the second differential of y
$\frac{dy}{dx}$ or $f'(x)$	the first derivative of the function $y = f(x)$
$\left.\frac{dy}{dx}\right\rvert_{x=x_0}$ or $f'(x_0)$	the first derivative evaluated at $x = x_0$
$\frac{d^2y}{dx^2}$ or $f''(x)$	the second derivative of $y = f(x)$
$\frac{d^ny}{dx^n}$ or $f^{(n)}(x)$	the nth derivative of $y = f(x)$
$\int f(x)\,dx$	indefinite integral of $f(x)$
$\int_a^b f(x)\,dx$	definite integral of $f(x)$ from $x = a$ to $x = b$

Given the function $y = f(x_1, x_2, \ldots, x_n)$:

$\frac{\partial y}{\partial x_i}$ or f_i	the partial derivative of f with respect to x_i
$\nabla f \equiv \text{grad } f$	the gradient of f
$\frac{dy}{dx_i}$	the total derivative of f with respect to x_i
$\frac{\S y}{\S x_i}$	the partial total derivative of f with respect to x_i

4. **Differential and Difference Equations**

$\dot{y} \equiv \frac{dy}{dt}$	the time derivative of y
Δy_t	the first difference of y_t
$\Delta^2 y_t$	the second difference of y_t
y_p	particular integral
y_c	complementary function

5. **Others**

$\sum_{i=1}^{n} x_i$	the sum of x_i as i ranges from 1 to n

$p \Rightarrow q$	p only if q (p implies q)
$p \Leftarrow q$	p if q (p is implied by q)
$p \Leftrightarrow q$	p if and only if q
iff	if and only if
$\|m\|$	the absolute value of the number m
$n!$	n factorial $\equiv n(n-1)(n-2)\cdots(3)(2)(1)$
$\log_b x$	the logarithm of x to base b
$\log_e x$ or $\ln x$	the natural logarithm of x (to base e)
e	the base of natural logarithms and natural exponential functions
$\sin\theta$	sine function of θ
$\cos\theta$	cosine function of θ
R_n	the remainder term when the Taylor series involves an nth-degree polynomial

Appendix

C A Short Reading List

Abadie, J. (ed.): *Nonlinear Programming,* North-Holland Publishing Company, Amsterdam, 1967. (A collection of papers on certain theoretical and computational aspects of nonlinear programming; Chapter 2, by Abadie, deals with the Kuhn-Tucker theorem in relation to the constraint qualification.)

Allen, R. G. D.: *Mathematical Analysis for Economists,* Macmillan & Co., Ltd., London, 1938. (A clear exposition of differential and integral calculus; determinants are discussed, but not matrices; no set theory, and no mathematical programming.)

______: *Mathematical Economics,* 2d ed., St. Martin's Press, Inc., New York, 1959. (Discusses a legion of mathematical economic models; explains linear differential and difference equations and matrix algebra.)

Almon, C.: *Matrix Methods in Economics,* Addison-Wesley Publishing Company, Inc., Reading, Mass., 1967. (Matrix methods are discussed in relation to linear-equation systems, input-output models, linear programming, and nonlinear programming. Characteristic roots and characteristic vectors are also covered.)

Baldani, J., J. Bradfield, and R. Turner: *Mathematical Economics,* The Dryden Press, Orlando, 1996.

Baumol, W. J.: *Economic Dynamics: An Introduction,* 3d ed., The Macmillan Company, New York, 1970. (Part IV gives a lucid explanation of simple difference equations; Part V treats simultaneous difference equations; differential equations are only briefly discussed.)

Braun, M.: *Differential Equations and Their Applications: An Introduction to Applied Mathematics,* 4th ed., Springer-Verlag, Inc., New York, 1993. (Contains interesting applications of differential equations, such as the detection of art forgeries, the spread of epidemics, the arms race, and the disposal of nuclear waste.)

Burmeister, E., and A. R. Dobell: *Mathematical Theories of Economic Growth,* The Macmillan Company, New York, 1970. (A thorough exposition of growth models of varying degrees of complexity.)

Chiang, Alpha C.: *Elements of Dynamic Optimization,* McGraw-Hill Book Company, 1992, now published by Waveland Press, Inc., Prospect Heights, Ill.

Clark, Colin W.: *Mathematical Bioeconomics: The Optimal Management of Renewable Resources,* 2nd ed., John Wiley & Sons, Inc., Toronto, 1990. (A thorough explanation of optimal control theory and its use in both renewable and nonrenewable resources.)

Coddington, E. A., and N. Levinson: *Theory of Ordinary Differential Equations,* McGraw-Hill Book Company, New York, 1955. (A basic mathematical text on differential equations.)

Courant, R.: *Differential and Integral Calculus* (trans. E. J. McShane), Interscience Publishers, Inc., New York, vol. I, 2d ed., 1937, vol. II, 1936. (A classic treatise on calculus.)

______, and F. John: *Introduction to Calculus and Analysis,* Interscience Publishers, Inc., New York, vol. I, 1965, vol. II, 1974. (An updated version of the preceding title.)

Dorfman, R., P. A. Samuelson, and R. M. Solow: *Linear Programming and Economic Analysis,* McGraw-Hill Book Company, New York, 1958. (A detailed treatment of linear programming, game theory, and input-output analysis.)

Franklin, J.: *Methods of Mathematical Economics: Linear and Nonlinear Programming, Fixed-Point Theorems,* Springer-Verlag, Inc., New York, 1980. (A delightful presentation of mathematical programming.)

Frisch, R.: *Maxima and Minima: Theory and Economic Applications* (in collaboration with A. Nataf), Rand McNally & Company, Chicago, Ill., 1966. (A thorough treatment of extremum problems, done primarily in the classical tradition.)

Goldberg, S.: *Introduction to Difference Equations,* John Wiley & Sons, Inc., New York, 1958. (With economic applications.)

Hadley, G.: *Linear Algebra,* Addison-Wesley Publishing Company, Inc., Reading, Mass., 1961. (Covers matrices, determinants, convex sets, etc.)

______: *Linear Programming,* Addison-Wesley Publishing Company, Inc., Reading, Mass., 1962. (A clearly written, mathematically oriented exposition.)

______: *Nonlinear and Dynamic Programming,* Addison-Wesley Publishing Company, Inc., Reading, Mass., 1964. (Covers nonlinear programming, stochastic programming, integer programming, and dynamic programming; computational aspects are emphasized.)

Halmos, P. R.: *Naive Set Theory,* D. Van Nostrand Company, Inc., Princeton, N.J., 1960. (An informal and hence readable introduction to the basics of set theory.)

Hands, D. Wade: *Introductory Mathematical Economics,* 2nd ed., Oxford University Press, New York, 2004.

Henderson, J. M., and R. E. Quandt: *Microeconomic Theory: A Mathematical Approach,* 3d ed., McGraw-Hill Book Company, New York, 1980. (A comprehensive mathematical treatment of microeconomic topics.)

Hoy, M., J. Livernois, C. McKenna, R. Rees, and T. Stengos: *Mathematics for Economics,* 2nd ed., The MIT Press, Cambridge, Mass. 2001.

Intriligator, M. D.: *Mathematical Optimization and Economic Theory,* Prentice Hall, Inc., Englewood Cliffs, N.J., 1971. (A thorough discussion of optimization methods, including the classical techniques, linear and nonlinear programming, and dynamic optimization; also applications to the theories of the consumer and the firm, general equilibrium and welfare economics, and theories of growth.)

Kemeny, J. G., J. L. Snell, and G. L. Thompson: *Introduction to Finite Mathematics,* 3d ed., Prentice Hall, Inc., Englewood Cliffs, N.J., 1974. (Covers such topics as sets, matrices, probability, and linear programming.)

Klein, Michael W.: *Mathematical Methods for Economics,* 2nd ed., Addison-Wesley Publishing Company, Inc., Reading, Mass. 2002.

Koo, D.: *Elements of Optimization: With Applications in Economics and Business,* Springer-Verlag, Inc., New York, 1977. (Clear discussion of classical optimization methods, mathematical programming as well as optimal control theory.)

Koopmans, T. C. (ed.): *Activity Analysis of Production and Allocation,* John Wiley & Sons, Inc., New York, 1951, reprinted by Yale University Press, 1972. (Contains a number of important papers on linear programming and activity analysis.)

______: *Three Essays on the State of Economic Science,* McGraw-Hill Book Company, New York, 1957. (The first essay contains a good exposition of convex sets; the third essay discusses the interaction of *tools* and *problems* in economics.)

Lambert, Peter J., *Advanced Mathematics for Economists: Static and Dynamic Optimization,* Blackwell Publishers, New York, 1985.

Leontief, W. W.: *The Structure of American Economy, 1919–1939,* 2d ed., Oxford University Press, Fair Lawn, N.J., 1951. (The pioneering work in input-output analysis.)

Samuelson, P. A.: *Foundations of Economic Analysis,* Harvard University Press, Cambridge, Mass., 1947. (A classic in mathematical economics, but very difficult to read.)

Silberberg, Eugene, and Wing Suen: *The Structure of Economics: A Mathematical Analysis,* 3rd ed., McGraw-Hill Book Company, New York, 2001. (Primarily a microeconomic focus, this book has a strong discussion of the envelope theorem and a wide variety of applications.)

Sydsæter, Knut, and Peter Hammond: *Essential Mathematics for Economic Analysis,* Prentice Hall, Inc., London, 2002.

Takayama, A.: *Mathematical Economics,* 2nd ed., The Dryden Press, Hinsdale, Ill., 1985. (Gives a comprehensive treatment of economic theory in mathematical terms, with concentration on two specific topics: competitive equilibrium and economic growth.)

Thomas, G. B., and R. L. Finney: *Calculus and Analytic Geometry,* 9th ed., Addison-Wesley Publishing Company, Inc., Reading, Mass., 1996. (A clearly written introduction to calculus.)

Appendix D Answers to Selected Exercises

Exercise 2.3

1. (*a*) $\{x \mid x > 34\}$

3. (*a*) $\{2, 4, 6, 7\}$ (*c*) $\{2, 6\}$ (*e*) $\{2\}$

8. There are 16 subsets.

9. *Hint:* Distinguish between the two symbols $\notin$ and $\not\subset$.

Exercise 2.4

1. (*a*) $\{(3, a), (3, b), (6, a), (6, b), (9, a), (9, b)\}$

3. No.

5. Range $= \{y \mid 8 \leq y \leq 32\}$

Exercise 2.5

2. (*a*) and (*b*) differ in the sign of the slope measure; (*a*) and (*c*) differ in the vertical intercept.

4. When negative values are permissible, quadrant III has to be used too.

5. (*a*) x^{19}

6. (*a*) x^6

Exercise 3.2

1. $P^* = 2\frac{3}{11}$, and $Q^* = 14\frac{2}{11}$

3. *Note:* In 2(*a*), $c = 10$ (not 6).

5. *Hint:* $b + d = 0$ implies $d = -b$.

Exercise 3.3

1. (*a*) $x_1^* = 5$, and $x_2^* = 3$

3. (*a*) $(x - 6)(x + 1)(x - 3) = 0$, or $x^3 - 8x^2 + 9x + 18 = 0$

5. (*a*) -1, 2, and 3 (*c*) -1, $\frac{1}{2}$, and $-\frac{1}{4}$

Exercise 3.4

3. $P_1^* = 3\frac{6}{17}$ $\quad P_2^* = 3\frac{8}{17}$ $\quad Q_1^* = 11\frac{7}{17}$ $\quad Q_2^* = 8\frac{7}{17}$

Exercise 3.5

1. (*b*) $Y^* = (a - bd + I_0 + G_0)/[1 - b(1 - t)]$

$T^* = [d(1 - b) + t(a + I_0 + G_0)]/[1 - b(1 - t)]$

$C^* = [a - bd + b(1 - t)(I_0 + G_0)]/[1 - b(1 - t)]$

3. *Hint:* After substituting the last two equations into the first, consider the resulting equation as a quadratic equation in the variable $w \equiv Y^{1/2}$. Only one root is acceptable, $w_1^* = 11$, giving $Y^* = 121$ and $C^* = 91$. The other root leads to a negative C^*.

Exercise 4.1

1. The elements in the (column) vector of constants are: $0, a, -c$.

Exercise 4.2

1. (*a*) $\begin{bmatrix} 7 & 3 \\ 9 & 7 \end{bmatrix}$ $\quad$ (*c*) $\begin{bmatrix} 21 & -3 \\ 18 & 27 \end{bmatrix}$

3. In this special case, AB happens to be equal to $BA = \begin{bmatrix} 1 & 0 & 0 \\ 0 & 1 & 0 \\ 0 & 0 & 1 \end{bmatrix}$.

4. (*b*) $\underset{(2 \times 2)}{\begin{bmatrix} 49 & 3 \\ 4 & 3 \end{bmatrix}}$ $\quad$ (*c*) $\underset{(2 \times 1)}{\begin{bmatrix} 3x + 5y \\ 4x + 2y - 7z \end{bmatrix}}$

6. (*a*) $x_2 + x_3 + x_4 + x_5$ $\quad$ (*c*) $b(x_1 + x_2 + x_3 + x_4)$

7. (*b*) $\sum_{i=2}^{4} a_i(x_{i+1} + i)$ $\quad$ (*d*) *Hint:* $x^0 = 1$ for $x \neq 0$

Exercise 4.3

1. (*a*) $uv' = \begin{bmatrix} 15 & 5 & -5 \\ 3 & 1 & -1 \\ 9 & 3 & -3 \end{bmatrix}$ $\quad$ (*c*) $xx' = \begin{bmatrix} x_1^2 & x_1x_2 & x_1x_3 \\ x_2x_1 & x_2^2 & x_2x_3 \\ x_3x_1 & x_3x_2 & x_3^2 \end{bmatrix}$

(*e*) $u'v = 13$ $\quad$ (*g*) $u'u = 35$

3. (*a*) $\sum_{i=1}^{n} P_iQ_i$ $\quad$ (*b*) $P \cdot Q$ or $P'Q$ or $Q'P$

5. (*a*) $2v = \begin{bmatrix} 0 \\ 6 \end{bmatrix}$ $\quad$ (*c*) $u - v = \begin{bmatrix} 5 \\ -2 \end{bmatrix}$

7. (*a*) $d = \sqrt{27}$

9. (*c*) $d(v, 0) = (v \cdot v)^{1/2}$

Exercise 4.4

1. (*a*) $\begin{bmatrix} 5 & 17 \\ 11 & 17 \end{bmatrix}$

2. No; it should be $A - B = -B + A$.

4. (*a*) $k(A + B) = k[a_{ij} + b_{ij}] = [ka_{ij} + kb_{ij}] = [ka_{ij}] + [kb_{ij}] = k[a_{ij}] + k[b_{ij}] = kA + kB$ (Can you justify each step?)

Exercise 4.5

1. (*a*) $AI_3 = \begin{bmatrix} -1 & 5 & 7 \\ 0 & -2 & 4 \end{bmatrix}$ (*c*) $I_2x = \begin{bmatrix} x_1 \\ x_2 \end{bmatrix}$

3. (*a*) 5×3 (*c*) 2×1

4. *Hint:* Multiply the given diagonal matrix by itself, and examine the resulting product matrix for conditions for idempotency.

Exercise 4.6

1. $A' = \begin{bmatrix} 0 & -1 \\ 4 & 3 \end{bmatrix}$ and $B' = \begin{bmatrix} 3 & 0 \\ -8 & 1 \end{bmatrix}$

3. *Hint:* Define $D \equiv AB$, and apply (4.11).

5. *Hint:* Define $D \equiv AB$, and apply (4.14).

Exercise 5.1

1. (*a*) (5.2) (*c*) (5.3) (*e*) (5.3)

3. (*a*) Yes. (*d*) No.

5. (*a*) $r(A) = 3$; A is nonsingular. (*b*) $r(B) = 2$; B is singular.

Exercise 5.2

1. (*a*) -6 (*c*) 0 (*e*) $3abc - a^3 - b^3 - c^3$

3. $|M_b| = \begin{vmatrix} d & f \\ g & i \end{vmatrix}$ $|C_b| = -\begin{vmatrix} d & f \\ g & i \end{vmatrix}$

4. (*a*) *Hint:* Expand by the third column.

5. 20 (not -20)

Exercise 5.3

3. (*a*) Property IV. (*b*) Property III (applied to both rows).

4. (*a*) Singular. (*c*) Singular.

5. (*a*) Rank < 3 (*c*) Rank < 3

7. A is nonsingular because $|A| = 1 - b \neq 0$.

Exercise 5.4

1. $\sum_{i=1}^{4} a_{i3}\,|C_{i2}|$ $\sum_{j=1}^{4} a_{2j}\,|C_{4j}|$

3. (*a*) Interchange the two diagonal elements of A; multiply the two off-diagonal elements of A by -1.

(*b*) Divide by $|A|$.

4. (a) $E^{-1} = \frac{1}{20}\begin{bmatrix} 3 & 2 & -3 \\ -7 & 2 & 7 \\ -6 & -4 & 26 \end{bmatrix}$ (c) $G^{-1} = \begin{bmatrix} 1 & 0 & 0 \\ 0 & 0 & 1 \\ 0 & 1 & 0 \end{bmatrix}$

Exercise 5.5

1. (a) $x_1^* = 4$, and $x_2^* = 3$ (c) $x_1^* = 2$, and $x_2^* = 1$
2. (a) $A^{-1} = \frac{1}{7}\begin{bmatrix} 1 & 2 \\ -2 & 3 \end{bmatrix}$; $x^* = \begin{bmatrix} 4 \\ 3 \end{bmatrix}$ (c) $A^{-1} = \frac{1}{15}\begin{bmatrix} 1 & 7 \\ -1 & 8 \end{bmatrix}$; $x^* = \begin{bmatrix} 2 \\ 1 \end{bmatrix}$
3. (a) $x_1^* = 2, x_2^* = 0, x_3^* = 1$ (c) $x^* = 0, y^* = 3, z^* = 4$
4. *Hint:* Apply (5.8) and (5.13).

Exercise 5.6

1. (a) $A^{-1} = \frac{1}{1-b+bt}\begin{bmatrix} 1 & 1 & -b \\ b(1-t) & 1 & -b \\ t & t & 1-b \end{bmatrix}$

$$\begin{bmatrix} Y^* \\ C^* \\ T^* \end{bmatrix} = \frac{1}{1-b+bt}\begin{bmatrix} I_0 + G_0 + a - bd \\ b(1-t)(I_0+G_0) + a - bd \\ t(I_0+G_0) + at + d(1-b) \end{bmatrix}$$

(b) $|A| = 1 - b + bt$ $|A_1| = I_0 + G_0 - bd + a$

$|A_2| = a - bd + b(1-t)(I_0+G_0)$ $|A_3| = d(1-b) + t(a + I_0 + G_0)$

Exercise 5.7

1. $x_1^* = 69.53$, $x_2^* = 57.03$, and $x_3^* = 42.58$
3. (a) $A = \begin{bmatrix} 0.10 & 0.50 \\ 0.60 & 0 \end{bmatrix}$; the matrix equation is $\begin{bmatrix} 0.90 & -0.50 \\ -0.60 & 1.00 \end{bmatrix}\begin{bmatrix} x_1 \\ x_2 \end{bmatrix} = \begin{bmatrix} 1{,}000 \\ 2{,}000 \end{bmatrix}$.

   (c) $x_1^* = 3{,}333\frac{1}{3}$, and $x_2^* = 4{,}000$
4. Element 0.33: 33¢ of Commodity II is needed as input for producing \$1 of Commodity I.

Exercise 6.2

1. (a) $\Delta y/\Delta x = 8x + 4\Delta x$ (b) $dy/dx = 8x$ (c) $f'(3) = 24, f'(4) = 32$
3. (a) $\Delta y/\Delta x = 5$; a constant function.

Exercise 6.4

1. Left-side limit = right-side limit = 15; the limit is 15.
3. (a) 5 (b) 5

Exercise 6.5

1. (a) $-3/4 < x$ (c) $x < 1/2$
3. (a) $-7 < x < 5$ (c) $-4 \leq x \leq 1$

Exercise 6.6

1. (a) 7 (c) 17
3. (a) $2\frac{1}{2}$ (c) 2

Exercise 6.7

2. (*a*) $N^2 - 5N - 2$ (*b*) Yes. (*c*) Yes.

3. (*a*) $(N + 2)/(N^2 + 2)$ (*b*) Yes. (*c*) Continuous in the domain.

6. Yes; each function is continuous and smooth.

Exercise 7.1

1. (*a*) $dy/dx = 12x^{11}$ (*c*) $dy/dx = 35x^4$ (*e*) $dw/du = -2u^{-1/2}$

3. (*a*) $f'(x) = 18$; $f'(1) = f'(2) = 18$

(*c*) $f'(x) = 10x^{-3}$; $f'(1) = 10$, $f'(2) = 1\frac{1}{4}$

Exercise 7.2

1. $\text{VC} = Q^3 - 5Q^2 + 12Q$; $\dfrac{d\text{VC}}{dQ} = 3Q^2 - 10Q + 12$ is the MC function.

3. (*a*) $3(27x^2 + 6x - 2)$ (*c*) $12x(x + 1)$ (*e*) $-x(9x + 14)$

4. (*b*) $\text{MR} = 60 - 6Q$

7. (*a*) $(x^2 - 3)/x^2$ (*c*) $30/(x + 5)^2$

8. (*a*) a (*c*) $-a/(ax + b)^2$

Exercise 7.3

1. $-2x[3(5 - x^2)^2 + 2]$

3. (*a*) $18x(3x^2 - 13)^2$ (*c*) $5a(ax + b)^4$

5. $x = \frac{1}{7}y - 3$, $dx/dy = \frac{1}{7}$

Exercise 7.4

1. (*a*) $\partial y/\partial x_1 = 6x_1^2 - 22x_1x_2$, and $\partial y/\partial x_2 = -11x_1^2 + 6x_2$

(*c*) $\partial y/\partial x_1 = 2(x_2 - 2)$, and $\partial y/\partial x_2 = 2x_1 + 3$

3. (*a*) 12 (*c*) 10/9

5. (*a*) $U_1 = 2(x_1 + 2)(x_2 + 3)^3$, and $U_2 = 3(x_1 + 2)^2(x_2 + 3)^2$

Exercise 7.5

1. $\partial Q^*/\partial a = d/(b + d) > 0$ $\partial Q^*/\partial b = -d(a + c)/(b + d)^2 < 0$

$\partial Q^*/\partial c = -b/(b + d) < 0$ $\partial Q^*/\partial d = b(a + c)/(b + d)^2 > 0$

2. $\partial Y^*/\partial I_0 = \partial Y^*/\partial \alpha = 1/(1 - \beta + \beta\delta) > 0$

Exercise 7.6

1. (*a*) $|J| = 0$; the functions are dependent.

(b) $|J| = -20x_2$; the functions are independent.

Exercise 8.1

1. (*a*) $dy = -3(x^2 + 1)\,dx$ (*c*) $dy = [(1 - x^2)/(x^2 + 1)^2]\,dx$

3. (*a*) $dC/dY = b$, and $C/Y = (a + bY)/Y$

Exercise 8.2

2. (*a*) $dz = (6x + y)\,dx + (x - 6y^2)\,dy$

3. (*a*) $dy = [x_2/(x_1 + x_2)^2]\,dx_1 - [x_1/(x_1 + x_2)^2]\,dx_2$
4. $\varepsilon_{QP} = 2bP^2/(a + bP^2 + R^{1/2})$
6. $\varepsilon_{XP} = -2/(Y_f^{1/2}P^2 + 1)$

Exercise 8.3

3. (*a*) $dy = 3[(2x_2 - 1)(x_3 + 5)\,dx_1 + 2x_1(x_3 + 5)\,dx_2 + x_1(2x_2 - 1)\,dx_3]$
4. *Hint:* Apply the definitions of differential and total differential.

Exercise 8.4

1. (*a*) $dz/dy = x + 10y + 6y^2 = 28y + 9y^2$
(*c*) $dz/dy = -15x + 3y = 108y - 30$
3. $dQ/dt = [a\alpha A/K + b\beta A/L + A'(t)]K^{\alpha}L^{\beta}$
4. (*b*) $\S W/\S u = 10uf_1 + f_2 \quad \S W/\S v = 3f_1 - 12v^2 f_2$

Exercise 8.5

5. (*a*) Defined; $dy/dx = -(3x^2 - 4xy + 3y^2)/(-2x^2 + 6xy) = -9/8$
(*b*) Defined; $dy/dx = -(4x + 4y)/(4x - 4y^3) = 2/13$
7. The condition $F_y \neq 0$ is violated at (0, 0).
8. The product of partial derivatives is equal to -1.

Exercise 8.6

1. (*c*) $(dY^*/dG_0) = 1/(S' + T' - I') > 0$
3. $(\partial P^*/\partial Y_0) = D_{Y_0}/(S_{P^*} - D_{P^*}) > 0 \quad (\partial Q^*/\partial Y_0) = D_{Y_0}S_{P^*}/(S_{P^*} - D_{P^*}) > 0$
$(\partial P^*/\partial T_0) = -S_{T_0}/(S_{P^*} - D_{P^*}) > 0 \quad (\partial Q^*/\partial T_0) = -S_{T_0}D_{P^*}/(S_{P^*} - D_{P^*}) < 0$

Exercise 9.2

1. (*a*) When $x = 2$, $y = 15$ (a relative maximum).
(*c*) When $x = 0$, $y = 3$ (a relative minimum).
2. (*a*) The critical value $x = -1$ lies outside the domain; the critical value $x = 1$ leads to $y = 3$ (a relative minimum).
4. (*d*) The elasticity is one.

Exercise 9.3

1. (*a*) $f''(x) = 2a,\ f'''(x) = 0 \qquad$ (*c*) $f''(x) = 6(1 - x)^{-3},\ f'''(x) = 18(1 - x)^{-4}$
3. (*b*) A straight line.
5. Every point on $f(x)$ is a stationary point, but the only stationary point on $g(x)$ we know of is at $x = 3$.

Exercise 9.4

1. (*a*) $f(2) = 33$ is a maximum.
(*c*) $f(1) = 5\frac{1}{3}$ is a maximum; $f(5) = -5\frac{1}{3}$ is a minimum.
2. *Hint:* First write an area function A in terms of one variable (either L or W) alone.
3. (*d*) $Q^* = 11 \qquad$ (*e*) Maximum profit $= 111\frac{1}{3}$

5. (*a*) $k < 0$ (*b*) $h < 0$ (*c*) $j > 0$
7. (*b*) S is maximized at the output level 20.37 (approximately).

Exercise 9.5

1. (*a*) 120 (*c*) 4 (*e*) $(n+2)(n+1)$
2. (*a*) $1 + x + x^2 + x^3 + x^4$
3. (*b*) $-63 - 98x - 62x^2 - 18x^3 - 2x^4 + R_4$

Exercise 9.6

1. (*a*) $f(0) = 0$ is an inflection point. (*c*) $f(0) = 5$ is a relative minimum.
2. (*b*) $f(2) = 0$ is a relative minimum.

Exercise 10.1

1. (*a*) Yes. (*b*) Yes.
3. (*a*) $5e^{5t}$ (*c*) $-12e^{-2t}$
5. (*a*) The curve with $a = -1$ is the mirror image of the curve with $a = 1$ with reference to the horizontal axis.

Exercise 10.2

1. (*a*) 7.388 (*b*) 1.649
2. (*c*) $1 + 2x + \frac{1}{2!}(2x)^2 + \frac{1}{3!}(2x)^3 + \cdots$
3. (*a*) $\$70e^{0.12}$ (*b*) $\$690e^{0.10}$

Exercise 10.3

1. (*a*) 4 (*c*) 4
2. (*a*) 7 (*c*) -3 (*e*) 6
3. (*a*) 26 (*c*) $\ln 3 - \ln B$ (*f*) 3

Exercise 10.4

1. The requirement prevents the function from degenerating into a constant function.
3. *Hint:* Take log to base b.
4. (*a*) $y = e^{(3\ln 8)t}$ or $y = e^{6.2385t}$ (*c*) $y = 5e^{(\ln 5)t}$ or $y = 5e^{1.6095t}$
5. (*a*) $t = (\ln y)/(\ln 7)$ or $t = 0.5139 \ln y$
   (*c*) $t = 3\ln(9y)/(\ln 15)$ or $t = 1.1078 \ln(9y)$
6. (*a*) $r = \ln 1.05$ (*c*) $r = 2\ln 1.03$

Exercise 10.5

1. (*a*) $2e^{2t+4}$ (*c*) $2te^{t^2+1}$ (*e*) $(2ax+b)e^{ax^2+bx+c}$
3. (*a*) $5/t$ (*c*) $1/(t+19)$ (*e*) $1/[x(1+x)]$
5. *Hint:* Use (10.21), and apply the chain rule.
7. (*a*) $3(8-x^2)/[(x+2)^2(x+4)^2]$

Exercise 10.6

1. $t^* = 1/r^2$

2. $d^2A/dt^2 = -A(\ln 2)/4\sqrt{t^3} < 0$

Exercise 10.7

1. (*a*) $2/t$ (*c*) $\ln b$ (*e*) $1/t - \ln 3$

3. $r_y = kr_x$

7. $|\varepsilon_d| = n$

11. $r_Q = \varepsilon_{QK} r_K + \varepsilon_{QL} r_L$

Exercise 11.2

1. $z^* = 3$ is a minimum.

3. $z^* = c$, which is a minimum in case (*a*), a maximum in case (*b*), and a saddle point in case (*c*).

5. (*a*) Any pair (x, y) other than $(2, 3)$ yields a positive z value.
(*b*) Yes. (*c*) No. (*d*) Yes ($d^2z = 0$).

Exercise 11.3

1. (*a*) $q = 4u^2 + 4uv + 3v^2$ (*c*) $q = 5x^2 + 6xy$

3. (*a*) Positive definite. (*c*) Neither.

5. (*a*) Positive definite. (*c*) Negative definite. (*e*) Positive definite.

6. (*a*) $r_1, r_2 = \frac{1}{2}(7 \pm \sqrt{17})$; $u'Du$ is positive definite.
(*c*) $r_1, r_2 = \frac{1}{2}(5 \pm \sqrt{61})$; $u'Fu$ is indefinite.

7. $v_1 = \begin{bmatrix} 2/\sqrt{5} \\ 1/\sqrt{5} \end{bmatrix}, v_2 = \begin{bmatrix} -1/\sqrt{5} \\ 2/\sqrt{5} \end{bmatrix}$

Exercise 11.4

1. $z^* = 0$ (minimum)

3. $z^* = -11/40$ (minimum)

4. $z^* = 2 - e$ (minimum), attained at $(x^*, y^*, w^*) = (0, 0, 1)$

5. (*b*) *Hint:* See (11.16).

6. (*a*) $r_1 = 2$ $r_2 = 4 + \sqrt{6}$ $r_3 = 4 - \sqrt{6}$

Exercise 11.5

1. (*a*) Strictly convex. (*c*) Strictly convex.

2. (*a*) Strictly concave. (*c*) Neither.

3. No.

5. (*a*) Disk. (*b*) Yes.

7. (*a*) Convex combination, with $\theta = 0.5$. (*b*) Convex combination, with $\theta = 0.2$.

Exercise 11.6

1. (*a*) No. (*b*) $Q_1^* = P_{10}/4$ and $Q_2^* = P_{20}/4$
3. $|\varepsilon_{d1}| = 1\frac{5}{8}$ $|\varepsilon_{d2}| = 1\frac{1}{3}$ $|\varepsilon_{d3}| = 1\frac{1}{2}$
5. (*a*) $\pi = P_0 Q(a,b)(1+\frac{1}{2}i_0)^{-2} - P_{a0}a - P_{b0}b$

Exercise 11.7

1. $(\partial a^*/\partial P_{a0}) = P_0 Q_{bb} e^{-rt}/|J| < 0$ $(\partial b^*/\partial P_{a0}) = -P_0 Q_{ab} e^{-rt}/|J| < 0$
2. (*a*) Four. (*b*) $(\partial a^*/\partial P_0) = (Q_b Q_{ab} - Q_a Q_{bb})P_0(1+i_0)^{-2}/|J| > 0$
   (*c*) $(\partial a^*/\partial i_0) = (Q_a Q_{bb} - Q_b Q_{ab})P_0^2(1+i_0)^{-3}/|J| < 0$

Exercise 12.2

1. (*a*) $z^* = 1/2$, attained when $\lambda^* = 1/2$, $x^* = 1$, and $y^* = 1/2$
   (*c*) $z^* = -19$, attained when $\lambda^* = -4$, $x^* = 1$, and $y^* = 5$
4. $Z_\lambda = -G(x,y) = 0$ $Z_x = f_x - \lambda G_x = 0$ $Z_y = f_y - \lambda G_y = 0$
5. *Hint:* Distinguish between identical equality and conditional equality.

Exercise 12.3

1. (*a*) $|\overline{H}| = 4$; z^* is a maximum. (*c*) $|\overline{H}| = -2$; z^* is a minimum.

Exercise 12.4

2. (*a*) Quasiconcave, but not strictly so. (*c*) Strictly quasiconcave.
4. (*a*) Neither. (*c*) Quasiconvex, but not quasiconcave.
5. *Hint:* Review Sec. 9.4.
7. *Hint:* Use either (12.21) or (12.25′).

Exercise 12.5

1. (*b*) $\lambda^* = 3$, $x^* = 16$, $y^* = 11$ (*c*) $|\overline{H}| = 48$; condition is satisfied.
3. $(\partial x^*/\partial B) = 1/2P_x > 0$ $(\partial x^*/\partial P_x) = -(B+P_y)/2P_x^2 < 0$
   $(\partial x^*/\partial P_y) = 1/2P_x > 0$ etc.
5. Not valid.
7. No to both (*a*) and (*b*)—see (12.32) and (12.33′).

Exercise 12.6

1. (*a*) Homogeneous of degree one. (*c*) Not homogeneous.
   (*e*) Homogeneous of degree two.
4. They are true.
7. (*a*) Homogeneous of degree $a+b+c$.
8. (*a*) $j^2 Q = g(jK, jL)$ (*b*) *Hint:* Let $j = 1/L$.
   (*d*) Homogeneous of degree one in K and L.

Exercise 12.7

1. (*a*) $1:2:3$ (*b*) $1:4:9$

2. *Hint:* Review Figs. 8.2 and 8.3.

4. *Hint:* This is a total derivative.

6. (*a*) Downward-sloping straight lines. (*b*) $\sigma \to \infty$ as $\rho \to -1$

8. (*a*) 7 (*c*) $\ln 5 - 1$

Exercise 13.1

3. The conditions $x_j(\partial Z/\partial x_j) = 0$ and the conditions $\lambda_i(\partial Z/\partial \lambda_i) = 0$ can be condensed.

5. Consistent.

Exercise 13.2

1. No qualifying arc can be found for a test vector such as $(dx_1, dx_2) = (1, 0)$.

3. $(x_1^*, x_2^*) = (0, 0)$ is a cusp. The constraint qualification is satisfied (all test vectors are horizontal and pointing eastward); the Kuhn-Tucker conditions are satisfied, too.

4. All the conditions can be satisfied by choosing $y_0^* = 0$ and $y_1^* \geq 0$.

Exercise 13.4

2. (*a*) Yes. (*b*) Yes. (*c*) No.

4. (*a*) Yes. (*b*) Yes.

Exercise 14.2

1. (*a*) $-8x^{-2} + c, (x \neq 0)$ (*c*) $\frac{1}{6}x^6 - \frac{3}{2}x^2 + c$

2. (*a*) $13e^x + c$ (*c*) $5e^x - 3x^{-1} + c, (x \neq 0)$

3. (*a*) $3\ln|x| + c, (x \neq 0)$ (*c*) $\ln(x^2 + 3) + c$

4. (*a*) $\frac{2}{3}(x+1)^{3/2}(x+3) - \frac{4}{15}(x+1)^{5/2} + c$

Exercise 14.3

1. (*a*) $4\frac{1}{3}$ (*b*) $3\frac{1}{4}$ (*e*) $2\left(\frac{a}{3} + c\right)$

2. (*a*) $\frac{1}{2}(e^{-2} - e^{-4})$ (*c*) $e^2\left(\frac{1}{2}e^4 - \frac{1}{2}e^2 + e - 1\right)$

3. (*b*) Underestimate. (*e*) $f(x)$ is Riemann integrable.

Exercise 14.4

1. None.

2. (*a*), (*c*), (*d*) and (*e*).

3. (*a*), (*c*) and (*d*) convergent; (*e*) divergent.

Exercise 14.5

1. (*a*) $R(Q) = 14Q^2 - \frac{10}{3}e^{0.3Q} + \frac{10}{3}$ (*b*) $R(Q) = 10Q/(1+Q)$

3. (*a*) $K(t) = 9t^{4/3} + 25$

5. (*a*) 29,000

Exercise 14.6

1. Capital alone is considered. Since labor is normally necessary for production as well, the underlying assumption is that K and L are always used in a fixed proportion.
3. *Hint:* Use (6.8).
4. *Hint:* $\ln u - \ln v = \ln \frac{u}{v}$

Exercise 15.1

1. (*a*) $y(t) = -e^{-4t} + 3$ (*c*) $y(t) = \frac{3}{2}(1 - e^{-10t})$
3. (*a*) $y(t) = 4(1 - e^{-t})$ (*c*) $y(t) = 6e^{5t}$ (*e*) $y(t) = 8e^{7t} - 1$

Exercise 15.2

1. The D curve should be steeper.
3. The price adjustment mechanism generates a differential equation.
5. (*a*) $P(t) = A \exp\left(-\frac{\beta + \delta}{\eta} t\right) + \frac{\alpha}{\beta + \delta}$ (*b*) Yes.

Exercise 15.3

1. $y(t) = Ae^{-5t} + 3$
3. $y(t) = e^{-t^2} + \frac{1}{2}$
5. $y(t) = e^{-6t} - \frac{1}{7}e^{t}$
6. *Hint:* Review Sec. 14.2, Example 17.

Exercise 15.4

1. (*a*) $y(t) = (c/t^3)^{1/2}$ (*c*) $yt + y^2 t = c$

Exercise 15.5

1. (*a*) Separable; linear when written as $\frac{dy}{dt} + \frac{1}{t} y = 0$

   (*c*) Separable; reducible to a Bernoulli equation.
3. $y(t) = (A - t^2)^{1/2}$

Exercise 15.6

1. (*a*) Upward-sloping phase line; dynamically unstable equilibrium.

   (*c*) Downward-sloping phase line; dynamically stable equilibrium.
3. The sign of the derivative measures the slope of the phase line.

Exercise 15.7

1. $r_k = r_K - r_L$ [*cf.* (10.25)]
4. (*a*) Plot $(3 - y)$ and $\ln y$ as two separate curves, and then subtract. A single equilibrium exists (at a y value between 1 and 3) and is dynamically stable.

Exercise 16.1

1. (*a*) $y_p = 2/5$ (*c*) $y_p = 3$ (*e*) $y_p = 6t^2$

3. (*a*) $y(t) = 6e^t + e^{-4t} - 3$ (*c*) $y(t) = e^t + te^t + 3$

6. *Hint:* Apply L'Hôpital's rule.

Exercise 16.2

1. (*a*) $\frac{3}{2} \pm \frac{3}{2}\sqrt{3}i$ (*c*) $-\frac{1}{4} \pm \frac{3}{4}\sqrt{7}i$

3. (*b*) *Hint:* When $\theta = \pi/4$, line OP is a 45° line.

5. (*a*) $\frac{d}{d\theta} \sin f(\theta) = f'(\theta) \cos f(\theta)$ (*b*) $\frac{d}{d\theta} \cos\theta^3 = -3\theta^2 \sin\theta^3$

7. (*a*) $\sqrt{3} + i$ (c) $1 - i$

Exercise 16.3

1. $y(t) = e^{2t}(3\cos 2t + \frac{1}{2}\sin 2t)$

3. $y(t) = e^{-3t/2}\left(-\cos\frac{\sqrt{7}}{2}t + \frac{\sqrt{7}}{7}\sin\frac{\sqrt{7}}{2}t\right) + 3$

5. $y(t) = \frac{2}{3}\cos 3t + \sin 3t + \frac{1}{3}$

Exercise 16.4

1. (*a*) $P'' + \frac{m-u}{n-w}P' - \frac{\beta+\delta}{n-w} = -\frac{\alpha+\gamma}{n-w} \quad (n \neq w)$ (*b*) $P_p = \frac{\alpha+\gamma}{\beta+\delta}$

3. (*a*) $P(t) = e^{t/2}\left(2\cos\frac{3}{2}t + 2\sin\frac{3}{2}t\right) + 2$

Exercise 16.5

1. (*a*) $\frac{d\pi}{dt} + j(1-g) = j(\alpha - T - \beta U)$

(*b*) No complex roots; no fluctuation.

3. (*c*) Both are first-order differential equations. (*d*) $g \neq 1$

4. (*a*) $\pi(t) = e^{-t}\left(A_5\cos\frac{\sqrt{2}}{4}t + A_6\sin\frac{\sqrt{2}}{4}t\right) + m$ (*c*) $\overline{P} = m; \overline{U} = \frac{1}{18} - \frac{2}{9}m$

Exercise 16.6

2. (*a*) $y_p = t - 2$ (*c*) $y_p = \frac{1}{4}e^t$

Exercise 16.7

1. (*a*) $y_p = 4$ (*c*) $y_p = \frac{1}{18}t^2$

3. (*a*) Divergent. (*c*) Convergent.

Exercise 17.2

1. (*a*) $y_{t+1} = y_t + 7$ (*c*) $y_{t+1} = 3y_t - 9$

3. (*a*) $y_t = 10 + t$ (*c*) $y_t = y_0\alpha^t - \beta(1 + \alpha + \alpha^2 + \cdots + \alpha^{t-1})$

Exercise 17.3

1. (*a*) Nonoscillatory; divergent. (*c*) Oscillatory; convergent.

3. (*a*) $y_t = -8(1/3)^t + 9$ (*c*) $y_t = -2(-1/4)^t + 4$

Exercise 17.4

1. $Q_t = \alpha - \beta(P_0 - \overline{P})(-\delta/\beta)^t - \beta\overline{P}$

3. (*a*) $\overline{P} = 3$; explosive oscillation. (*c*) $\overline{P} = 2$; uniform oscillation.

5. The lag in the supply function.

Exercise 17.5

1. $a = -1$

3. $P_t = (P_0 - 3)(-1.4)^t + 3$, with explosive oscillation.

Exercise 17.6

1. No.

2. (*b*) Nonoscillatory, explosive downward movement.

(*d*) Damped, steady downward movement toward R.

4. (*a*) At first downward-sloping, then becoming horizontal.

Exercise 18.1

1. (*a*) $\frac{1}{2} \pm \frac{1}{2}i$ (*c*) $\frac{1}{2}, -1$

3. (*a*) 4 (stationary) (*c*) 5 (stationary)

4. (*b*) $y_t = \sqrt{2}^{\,t}\left(2\cos\frac{\pi}{4}t + \sin\frac{\pi}{4}t\right) + 1$

Exercise 18.2

1. (*a*) Subcase 1D. (*c*) Subcase 1C.

3. *Hint:* Use (18.16).

Exercise 18.3

3. Possibilities *v*, *viii*, *x*, and *xi* will become feasible.

4. (*a*) $p_{t+2} - [2 - j(1-g) - \beta k]p_{t+1} + [1 - j(1-g) - \beta k(1-j)]p_t = j\beta km$

(*c*) $\beta k \gtreqless 4$

Exercise 18.4

1. (*a*) 1 (*c*) $3t^2 + 3t + 1$

3. (*a*) $y_p = \frac{1}{4}t$ (*c*) $y_p = 2 - t + t^2$

5. (*a*) $1/2, -1$ and 1

Exercise 19.2

2. $b^3 + b^2 - 3b + 2 = 0$

3. (*a*) $x_t = -(3)^t + 4(-2)^t + 7 \qquad y_t = 2(3)^t + 2(-2)^t + 5$

4. (*a*) $x(t) = 4e^{-2t} - 3e^{-3t} + 12 \qquad y(t) = -e^{-2t} + e^{-3t} + 4$

Exercise 19.3

2. (*c*) $\beta = (\delta I - A)^{-1}u$

3. (*c*) $\beta = (\rho I + I - A)^{-1}\lambda$

5. (*c*) $x_1(t) = 4e^{-4t/10} + 2e^{-11t/10} + \frac{17}{6}e^{t/10}$; $\; x_2(t) = 3e^{-4t/10} - 2e^{-11t/10} + \frac{19}{6}e^{t/10}$

Exercise 19.4

4. (*a*)
$$\begin{bmatrix} \pi_c \\ U_c \end{bmatrix} = \begin{bmatrix} A_1 \\ \dfrac{23-\sqrt{193}}{48}A_1 \end{bmatrix}\left(\frac{33+\sqrt{193}}{64}\right)^t + \begin{bmatrix} A_2 \\ \dfrac{23+\sqrt{193}}{48}A_2 \end{bmatrix}\left(\frac{33-\sqrt{193}}{64}\right)^t + \begin{bmatrix} \mu \\ \dfrac{1}{6}(1-\mu) \end{bmatrix}$$

Exercise 19.5

1. The single equation can be rewritten as two first-order equations.

2. Yes.

4. (*a*) Saddle point.

Exercise 19.6

1. (*a*) $|J_E| = 1$ and tr $J_E = 2$; locally unstable node.

(*c*) $|J_E| = 5$ and tr $J_E = -1$; locally stable focus.

2. (*a*) Locally a saddle point. (*c*) Locally stable node or stable focus.

4. (*a*) The $x' = 0$ and $y' = 0$ curves coincide, and provide a lineful of equilibrium points.

Exercise 20.2

1. $\lambda^* = 1 - t \qquad u^* = \dfrac{1-t}{2} \qquad y^* = \dfrac{t}{2} - \dfrac{t^2}{4} + 2$

6. $\lambda^*(t) = 3e^{4-t} - 3 \qquad u^*(t) = 2 \qquad y^*(t) = 7e^t - 2$

Exercise 20.4

1. $\lambda^* = \delta/(\delta^2 + \alpha) \qquad K^* = 1/2(\delta^2 + \alpha)$

Index

ㅇ

O

P

Q

R

S

역주자 약력

Profile

정기준(鄭基俊)

서울대학교 상과대학 경제학과 졸업
서울대학교 대학원 경제학과(경제학 석사)
미국 클레어몬트 대학원대학(경제학 박사)
전 서울대학교 사회과학대학 경제학부 교수
현 서울대학교 경제학부 명예교수
대한민국 학술원 회원

이성순(李成舜)

서울대학교 문리과대학 수학과 졸업
미국 클레어몬트 대학원대학(경제학 석사)
미국 클레어몬트 대학원대학(경제학 박사)
현 성균관대학교 경제학부 교수